Fiscalité et Sécurité sociale

Finances publiques

Collection dirigée par Thierry LAMBERT

Les finances publiques connaissent un développement important et se diversifient. Les finances de l'État, les finances communautaires, les finances internationales et comparées, la science et la technique fiscales ne sont que quelques-uns des domaines couverts par les finances publiques contemporaines.

La présente collection a pour vocation de publier des travaux originaux (thèses, essais, colloques...) ou de facture plus classique (manuels, commentaires de textes, recueils de documents...).

Elle a aussi pour ambition de rééditer des ouvrages aujourd'hui introuvables, mais fort utiles, dès lors qu'ils s'imposent comme référence et qu'ils sont agrémentés d'une préface substantielle.

Déjà parus

Fidèle MENGUE ME ENGOUANG, *Les finances publiques du Gabon*, 2018.
DIOUKHANÉ Abdourahmane, *Les finances locales sénégalaises*, 2018.
ATECK A DJAM Félix, *Droit du contentieux fiscal camerounais, Nouvelle édition,* 2017.
Mahrez ZAHED, *La démarche de performance dans la gestion locale. Les collectivités territoriales face aux défis de la nouvelle gouvernance*, 2017.
PALMA-AMALRIC Valérie, *L'autonomie financière des autorités indépendantes*, 2017.
ALLOUARD Ophélie, *Les frontières fiscales dans l'Union européenne appliquées à la fiscalité des entreprises*, 2016.
DIOUKHANÉ Abdourahmane, *Les juridictions financières dans l'UEMOA. La Cour des comptes du Sénégal*, 2016.
EVINA OBAM Richard, *La politique discale au Cameroun depuis les années 1980*, 2016.
ONANGA OPISSINA Vianney, *Problématique de la TVA dans l'espace OHADA*, 2016.
EISINGER Thomas, *Les métamorphoses de la question tarifaire*, 2015.
CARUANA Nicolas, *La fiscalité environnementale. Entre impératifs fiscaux et objectifs environnementaux, une approche conceptuelle de la fiscalité environnementale*, 2015.
DAL VECCHIO Frédéric, *L'opposabilité des conventions de droit privé en droit fiscal*, préface de Thierry Lambert, 2014.
VAPAILLE Laurence (sous la direction de), *Refonder l'impôt sur le revenu ?*, 2013.
RIU Isabelle, *Sociétés et établissements stables en droit fiscal international et de l'Union européenne*, préface de Daniel Gutmann, 2012.
ALBERT Jean-Luc (sous la direction de), *Mélanges en l'honneur de Jean - Pierre Lassale, Gabriel Montagnier et Luc Saïdj. Figures lyonnaises des finances publiques*, 2012.
EVAH-MANGA Emmanuel, *Le contrôle de gestion dans les collectivités territoriales. Une approche sociologique. Une approche sociologique*, préface de Jean-Pierre Sueur et Christian Guyon, 2012.

Aurélie Dort

Fiscalité et Sécurité sociale

Étude de la fiscalisation des ressources de la Sécurité sociale

Préface d'Eric Oliva

L'Harmattan

5-7, rue de l'Ecole-Polytechnique, 75005 Paris

http://www.editions-harmattan.fr

ISBN : 978-2-343-16992-7
EAN : 9782343169927

PREFACE

Par Eric Oliva, professeur des Universités, Université d'Aix-Marseille, Faculté de droit et de science politique

Les finances sociales sont devenues, comme l'avait du reste, dès 1931, prédit Gaston Jèze, les plus importantes finances publiques. Elles dépassent de loin les finances de l'Etat et des collectivités territoriales et représentent, en France, près de 58,5% du total des dépenses publiques. Les recettes des administrations de sécurité sociale s'élèvent à près de 600 Milliards d'Euros en 2017 dont près de 380 milliards de cotisations sociales et un peu moins de 180 milliards de recettes proprement fiscales, dont 99 milliards d'euros pour la seule Contribution sociale généralisée dont le produit est supérieur à celui de l'impôt sur le revenu. Ces simples chiffres attestent de l'importance du sujet de la thèse de Madame Aurélie Dort consacrée à la fiscalisation des ressources de la sécurité sociale. Certes les cotisations sociales demeurent toujours les recettes les plus importantes de la sécurité sociale, mais elles viennent encore de baisser en compensation de la suppression du Crédit d'impôt en faveur de la compétitivité et de l'emploi et surtout elles ne sont plus l'unique mode de financement des dépenses liées à la sécurité sociale. C'est ainsi que, lorsqu'à l'issue de l'obtention du Master finances publiques et fiscalité, Madame Dort a fait part de son intention de mener une recherche dans le secteur des finances sociales, nous avons, avec le Doyen Gilbert Orsoni, naturellement songé au sujet de la fiscalisation de la sécurité sociale.

Ce sujet marquait en effet une rupture avec le mode de financement traditionnel retenu à l'origine et construit autour du système bismarckien. Le choix de compléter les ressources de la sécurité sociale par des impositions de toutes natures avait été cependant, en France, plus pragmatique que dogmatique. Il fut plus probablement guidé par un souci d'égalité devant les charges publiques et la volonté de ne pas faire peser le poids des assurances sociales sur les seuls actifs salariés, aboutissant à grever le travail d'un coût élevé dans un contexte de concurrence fiscale et sociale mondialisé et de croissance des dépenses liées à la protection sociale. Le sujet traité par Madame Aurélie Dort est au centre de l'une des plus importantes et contemporaines questions de société en relation avec le caractère social de la République rappelé par l'article 1er de la Constitution du 4 octobre 1958 et la mise en œuvre des droits économiques et sociaux garantis notamment par le Préambule de la Constitution de 1946.

Le sujet présentait, sur le plan épistémologique, l'intérêt de montrer le rapprochement de deux disciplines financières que sont les finances sociales et le droit fiscal ou plus généralement la fiscalité. En effet, dès lors qu'il a été décidé de financer une part de la protection sociale au moyen de l'impôt, le droit des finances sociales a acquis une indéniable dimension fiscale. Celle-ci n'avait pourtant guère fait l'objet d'aucune étude systématique et il était grand temps de combler un vide doctrinal.

L'un des premiers apports du travail de Madame Dort a été de définir l'expression fiscalisation qui, si elle peut d'une manière générale se comprendre, se heurte à une série d'obstacles rendant sa définition hasardeuse. L'auteur a pris le parti de retenir une définition large de l'expression qui se situait au centre de sa thèse en révélant trois dimensions du phénomène de fiscalisation.

En premier lieu, la fiscalisation traduit une certaine publicisation des finances sociales construites, à l'origine, autour d'un rapport plutôt privé, de nature assurancielle permettant de se prémunir contre certains risques sociaux. En second lieu, la fiscalisation révèle également l'imprégnation du droit des finances sociales par le droit fiscal en ce sens que les techniques issues du droit fiscal se diffusent dans le droit de la sécurité sociale. En troisième lieu, la fiscalisation des ressources de la sécurité sociale aboutit à une uniformisation du droit des ressources publiques tant sur le plan national, dans la mesure où les dépenses sociales ne sont plus seulement couvertes par les seuls assurés sociaux mais par l'ensemble des contribuables, que sur le plan international puisque de nombreux Etats et en particulier, les pays nordiques ou le Royaume uni ont fait le choix du financement de leurs dépenses sociales au moyen de l'impôt.

L'ouvrage présente également le mérite de traiter d'un sujet relativement nouveau dans la mesure où, à l'échelle du droit français, la fiscalisation des ressources de la sécurité sociale, qui s'est développée à partir des années 1990, est un phénomène relativement récent et en définitive assez peu conceptualisé. Le sujet appelait ainsi une nécessaire délimitation en excluant la dimension sociale de la fiscalité, c'est-à-dire les cas dans lesquels l'impôt (notamment l'impôt sur le revenu des personnes physiques) prend en considération certains éléments sociaux dans le cadre par exemple des abattements ou exonérations. Cette question intéressante relevait davantage de la socialisation du droit fiscal et elle a été délibérément écartée de l'ouvrage de Madame Dort car elle était trop éloignée de son sujet.

La recherche a été très fructueuse car elle constitue la première monographie portant sur un sujet capital qui révèle le particularisme du système français de financement de la sécurité sociale. Madame Dort a très rapidement envisagé l'hypothèse d'un budget unique portant sur l'ensemble des ressources fiscales et faisant l'objet d'un débat général. L'idée a été émise en 2018 parmi les pistes de réforme constitutionnelle étudiées par la nouvelle majorité. Rares sont les thèses qui peuvent avancer des solutions sérieusement examinées par la suite dans le cadre des grands projets de réforme politique. Dans le même sens, Madame Dort aborde la question de la fusion de la contribution sociale généralisée et de l'impôt sur le revenu qui, pour l'instant, peine à émerger notamment à cause de certains obstacles constitutionnels sérieux. Enfin dans le cadre d'un travail véritablement universitaire et de manière peut-être moins spectaculaire, Madame Dort s'attache à montrer dans le cadre d'une analyse quasi systémique, l'imbrication des techniques fiscales et sociales issue des évolutions récentes de la discipline. Son travail qui constitue de ce point de vue, une première, révèle ainsi la complexité du droit des finances de la sécurité sociale et sa nature hybride. Il servira, de ce point de vue, sans aucun doute de futures recherches portant sur la dimension fiscale des phénomènes juridiques et sociaux. Au-delà sa réflexion pourra également nourrir les recherches autour des relations d'influence dans le droit, telles que la constitutionnalisation, l'internationalisation ou la globalisation ou la mondialisation. En effet la fiscalisation telle qu'elle a été conceptualisée par les analyses de Madame Dort contribue d'une manière plus générale à apporter une grille de lecture permettant d'analyser l'influence d'un phénomène particulier sur le droit en général ou une branche particulière de ce dernier.

La thèse de Madame Dort qui a été soutenue le 10 décembre 2016 devant un jury composé de Monsieur le professeur Etienne Douat (Rapporteur), de Monsieur le professeur Vincent Dussart (Rapporteur), de Monsieur Jean-Luc Matt, conseiller d'Etat, (Suffragant), de Madame Caterina Severino (Suffragante), de Monsieur le professeur Jean-Luc Albert (suffragant), et de Monsieur le professeur Eric Oliva (Directeur de la recherche), a été saluée par l'ensemble du jury qui lui a décerné les félicitations à l'unanimité.

Madame Dort a réalisé un Master de Finances publiques et Fiscalité à la faculté de droit d'Aix-en-Provence de l'Université d'Aix-Marseille. Elle a obtenu la mention très bien et fut major de sa promotion. Elle a obtenu dans la foulée un contrat doctoral qui lui a permis de réaliser sa thèse dans le cadre d'un financement public. Elle a parallèlement exercé les fonctions de chargé de Travaux dirigés en Finances publiques mais aussi en droit fiscal, en droit constitutionnel et en droit administratif. Elle fut à l'issue de ses trois années de contrat doctoral recrutée en qualité d'Attachée temporaire d'enseignement et de recherches. Elle a été qualifiée par la Commission nationale des universités sur la liste d'aptitude aux fonctions de Maître de conférences.

Nul doute que cette thèse et l'ouvrage qui en est issu augurent d'une carrière que nous souhaitons riche et prospère tant les finances sociales ont besoin en France de spécialistes au sein de notre université.

Eric Oliva

AIX-MARSEILLE UNIVERSITÉ
ÉCOLE DOCTORALE SCIENCES JURIDIQUES ET POLITIQUES
FACULTÉ DE DROIT ET DE SCIENCE POLITIQUE

FISCALITÉ ET SÉCURITÉ SOCIALE
Étude de la fiscalisation des ressources de la Sécurité sociale

Thèse pour le doctorat en droit présentée et soutenue publiquement par

AURÉLIE DORT

JURY

DIRECTEUR DE THÈSE
ÉRIC OLIVA
Professeur à l'Université d'Aix-Marseille

RAPPORTEURS
ÉTIENNE DOUAT
Professeur à l'Université de Montpellier - IPAG
VINCENT DUSSART
Professeur à l'Université de Toulouse 1 Capitole

SUFFRAGANTS
JEAN-LUC ALBERT
Professeur à l'Université d'Aix-Marseille
JEAN-LUC MATT
Maître des requêtes au Conseil d'État
CATERINA SEVERINO
Maître de conférences HDR à l'Université de Toulon
Qualifiée aux fonctions de Professeur des universités

Aix-en-Provence ~ 10 décembre 2016

« La faculté n'entend donner aucune approbation ni improbation aux opinions émises dans cette thèse. Ces opinions doivent être considérées comme propres à leur auteur. »

REMERCIEMENTS

Je tiens à remercier Monsieur le Professeur Éric Oliva pour m'avoir confié ce sujet et pour avoir su me diriger en me prodiguant ses conseils et critiques bienveillantes tout au long de la réalisation de ce travail ainsi que pour sa disponibilité.

Je tiens également à exprimer ma gratitude à tous les membres du Centre d'Études fiscales et financières pour leur disponibilité et les précieux échanges qui ont permis d'enrichir ma réflexion. Une pensée particulière s'adresse à Céline, Mohamad, David, Julien et Jean pour leur soutien et leurs encouragements constants.

Mes remerciements s'adressent aux professionnels du droit pour avoir répondu à mes interrogations et fourni de nombreux éclairages pratiques sur le sujet.

Toute ma reconnaissance se place ensuite vers mes amis et ma famille qui ont su me soutenir, m'accompagner et me supporter durant les années de recherche et les mois de rédaction. Je leur suis reconnaissante pour la bienveillance et le soutien indéfectible dont ils ont fait preuve. Ces pages sont dédiées à Brigitte et Pierre, sans qui ce travail n'aurait pu aboutir.

TABLE DES PRINCIPAUX SIGLES ET ABRÉVIATIONS

AB

AAH	......	Allocation adultes handicapés
ACOSS	......	Agence centrale des organismes de sécurité sociale
ADA	......	Allocation pour demandeur d'asile
al.	......	Alinéa
APEC	......	Association pour l'emploi des cadres
ASI	......	Allocation supplémentaire d'invalidité
ASPA	......	Allocation de solidarité pour les personnes âgées
ASS	......	Allocation de solidarité spécifique
Ass.	......	Assemblée plénière (du Conseil d'État ou de la Cour de cassation)
ASSO	......	Administration de Sécurité sociale
ATA	......	Allocation temporaire d'attente
AV	......	Allocation veuvage
BAPSA	......	Budget annexe des prestations sociales agricoles
BCE	......	Banque centrale européenne

C

C3S	......	Contribution sociale de solidarité des sociétés
CADES	......	Caisse d'amortissement de la dette sociale
Cass.	......	Cour de cassation
Cass. Civ., 2e	......	Deuxième chambre civile de la Cour de cassation
Cass. soc	......	Chambre sociale de la Cour de cassation
CDAS	......	Commissions départementales d'aide sociale
CE	......	Conseil d'État
CEDH	......	Convention européenne de sauvegarde des droits de l'homme et des libertés fondamentales
CEE	......	Communauté économique européenne
CGI	......	Code général des impôts
CICE	......	Crédit d'impôt pour la compétitivité et l'emploi
civ.	......	Chambre civile de la Cour de cassation
CJCE	......	Cour de justice des Communautés européennes
CJUE	......	Cour de Justice de l'Union Européenne
CMU	......	Couverture maladie universelle

CNAF	……	Caisse nationale des allocations familiales
CNAM TS	……	Caisse nationale d'assurance maladie des travailleurs salariés
CNAVTS	……	Caisse nationale d'assurance vieillesse des travailleurs salariés
CNSA	……	Caisse nationale de solidarité pour l'autonomie
COG	……	Convention d'objectifs et de gestion
coll.	……	Collection
comm.	……	Commentaire(s)
concl.	……	Conclusion(s)
Cons. Const.	……	Conseil Constitutionnel
CPO	……	Conseil des prélèvements obligatoires
CRA	……	Commission de recours amiable
CRDS	……	Contribution au remboursement de la dette sociale
CSG	……	Contribution sociale généralisée
CSS	……	Code de la sécurité sociale

DE

DC	……	Décision de conformité
DDHC	……	Déclaration des droits de l'homme et du citoyen
DGD	……	Dotation générale de décentralisation
dir.	……	Dirigé – présidé par, directeur(s) de publication
DNLF	……	Direction nationale de la lutte contre la fraude
DOFP	……	Débat d'orientation des finances publiques
DRASS	……	Directeur régional des affaires sanitaires et sociales
éd. rééd.	……	Édition / Éditeur – réédition
EEE	……	Espace économique européen
ESFP	……	Examen de la situation fiscale et personnelle

FGHI

fasc.	……	Fascicule(s)
FOREC	……	Fonds de financement de la réforme des cotisations patronales de Sécurité sociale
FRR	……	Fonds de réserve des retraites
FSI	……	Fonds de solidarité invalidité
FSV	……	Fonds de solidarité vieillesse
HCFP	……	Haut conseil des finances publiques
in	……	Dans
ITAF	……	Impôts et taxes affectées

J

JO	……	Journal officiel
JOCE	……	Journal officiel des communautés européennes
JORF	……	Journal officiel de la République française
JOUE	……	Journal officiel de l'Union européenne
JCP (A, CI ou E, G, N, S)	……	*La semaine juridique (Juris-Classeur périodique) :* *A : édition administration et collectivités territoriales ;* *Ci ou E : édition entreprise et affaires ;* *G : édition générale ;* *N : édition notariale* *S : édition sociale*

LMN

LF	……	Loi de finances
LFSS	……	Loi de financement de la Sécurité sociale
LGDJ	……	Librairie Générale de Droit et de Jurisprudence
LOLF	……	Loi organique relative aux lois de finances
LOLFSS	……	Loi organique relative aux lois de financement de la Sécurité sociale
LOPGFP	……	Loi organique relative à la programmation et à la gouvernance des finances publiques
LPF	……	Livre des procédures fiscales
MNC	……	Mission nationale de contrôle et d'audit des organismes de sécurité sociale
MSE	……	Modèle social européen
Nouv. Cah. CC	……	Les nouveaux cahiers du Conseil constitutionnel

OPQR

OCDE	……	Organisation de coopération et de développement économiques
OIT	……	Organisation internationale du Travail
ONDAM	……	Objectif national de dépenses d'assurance maladie
PIB	……	Produit intérieur brut
PLF	……	Projet de loi de finances
PLFSS	……	Projet de loi de financement de la Sécurité sociale
PQE	……	Programme de qualité et d'efficience
PUAM	……	Presses Universitaires d'Aix-Marseille

PUF	……	Presses Universitaires de France
QPC	……	Question prioritaire de constitutionnalité
RATP	……	Régie autonome des transports parisiens
RDLF	……	Revue des droits et libertés fondamentaux
RDSS	……	*Revue de droit sanitaire et social*
RFFP	……	*Revue française de finances publiques*
RSA	……	Revenu de solidarité active

STUV

s.	……	Suivant(e)(s)
ss-sect.	……	Sous-section: formation de jugement du Conseil d'État
SEC	……	Système européen de comptabilité
Sect.	……	Section
SNCF	……	Société nationale des chemins de fer français
t.	……	Tome(s)
TASS	……	Tribunal des affaires de Sécurité sociale
TFUE	……	Traité sur le Fonctionnement de l'Union Européenne
TRACFIN	……	Traitement du renseignement et action contre les circuits financiers clandestins
trad.	……	Traduction – traduit par
TSCA	……	Taxe spéciale sur les conventions d'assurance
TSCG	……	Traité sur la stabilité, la coordination et la gouvernance
UNCAM	……	Union nationale des caisses d'assurance maladie
UNOCAM	……	Union Nationale des Organismes Complémentaires d'Assurance Maladie
URSSAF	……	Union de Recouvrement des Cotisations de Sécurité Sociale et d'Allocations Familiales
vol.	……	Volume(s)

SOMMAIRE

- Une table des matières est proposée à la fin de la thèse -

PARTIE 1 LA FISCALISATION – IMPRÉGNATION : LA FISCALITÉ, UN MODÈLE DE FINANCEMENT DE LA SÉCURITÉ SOCIALE 63

TITRE 1 LA MUTATION DES FINANCES SOCIALES 67

CHAPITRE 1 LA SOCIALISATION DES FINANCES PUBLIQUES ...69
CHAPITRE 2 UNE FISCALISATION FRAGMENTÉE 139

TITRE 2 L'ÉVOLUTION DES TECHNIQUES ET PROCÉDURES SOCIALES...211

CHAPITRE 1 DES TECHNIQUES ET PROCÉDURES SOCIALES INTRIQUÉES...213
CHAPITRE 2 UNE AUTONOMIE PRÉSERVÉE 285

PARTIE 2 LA FISCALISATION – INSTRUMENTALISATION : LA FISCALITÉ, UN INSTRUMENT DE FINANCEMENT DE LA SÉCURITÉ SOCIALE 349

TITRE 1 LA PARLEMENTARISATION DES FINANCES SOCIALES...351

CHAPITRE 1 LA VALORISATION DE L'AUTORISATION PARLEMENTAIRE...353
CHAPITRE 2 LA MUTATION DES COMPÉTENCES BUDGÉTAIRES...407

TITRE 2 LA RÉALISATION D'UNE RÉFORME STRUCTURELLE ..483

CHAPITRE 1 LA FISCALISATION, UN INSTRUMENT AU SERVICE DE L'UNIFORMISATION DES SYSTÈMES DE PROTECTION SOCIALE..485
CHAPITRE 2 LA FISCALISATION, UN INSTRUMENT AU SERVICE DE L'UNIFICATION DES PRÉLÈVEMENTS OBLIGATOIRES........541

INTRODUCTION

> « *Les révolutions les plus profondes et les plus durables ne sont pas toujours les plus spectaculaires* » [1].

1. « *Sur le plan fiscal comme sur d'autres,* [...] *les révolutions sont en un sens la prolongation et l'aboutissement des réformes accomplies, des réformes préparées, des réformes inachevées* » [2]. Même si elle demeure pour l'instant partiellement inachevée, la fiscalisation de la Sécurité sociale constitue une réforme structurelle dont l'enjeu est « *de dépasser les simples visées économiques pour inscrire les prélèvements obligatoires dans un projet politique dont la finalité est sociale* » [3]. La fiscalisation doit être redéfinie (**III**) car elle ne traduit plus seulement l'action ciblée de la fiscalité (**I**) sur les ressources de la Sécurité sociale (**II**), mais constitue l'imprégnation du droit fiscal dans le droit de la Sécurité sociale, aboutissant à la globalisation des finances publiques et à l'uniformisation des modèles sociaux.

I. L'ACTION DE LA FISCALITÉ SUR LA SÉCURITÉ SOCIALE

2. L'étude de la fiscalisation des ressources de la Sécurité sociale désigne un rapport étroit entre deux objets en relation, la Sécurité sociale et la fiscalité. L'étude de la fiscalisation consiste à identifier l'ensemble des éléments qui mettent en évidence l'action de la fiscalité sur la Sécurité sociale, afin d'en mesurer les effets. La Sécurité sociale apparaît comme une notion polysémique qui désigne à la fois une institution, une politique

---

[1] LAROQUE (P.), *Réflexions sur le problème social*, Paris, Les Éditions Sociales Françaises, 1953, p.7.

[2] ARDANT (G.), *Histoire de l'impôt*, Paris : Fayard, Coll. « Les grandes études historiques », vol. 2 : *Du XVIIIe au XXIe siècle*, 1972, p.10.

[3] LEROY (M.), *L'impôt, l'État et la société – La sociologie fiscale de la démocratie interventionniste*, Paris, Economica, Coll. Finances publiques, 2010, p.123.

et un droit (**A**). La fiscalité ne doit plus être limitée aux seules techniques et procédures fiscales applicables à l'impôt car elle s'inscrit comme la science du droit fiscal au profit de la science des finances (**B**).

A. La Sécurité sociale, une institution, une politique, un droit

3. L'expression « Sécurité sociale » désigne l'institution qui a pour fonction de protéger les individus contre les risques sociaux. Elle constitue le « *calque de l'anglais social security* » [4] qui est employé pour la première fois aux États-Unis dans le cadre du *Social Security Act* de 1935 [5]. Il s'agit ici de la première utilisation dans le cadre d'un texte législatif. L'origine de ce terme remonte, selon Miguel GARCIA CRUZ, à Simon BOLIVAR en 1819 lorsqu'il affirmait que « *le système de gouvernement le plus parfait est celui qui engendre la plus grande somme de bien-être, la plus grande somme de sécurité sociale, et la plus grande somme de sécurité politique* » [6]. La Sécurité sociale constitue « *une réforme permanente* » [7] dont l'objet est de répondre aux besoins de la population en leur procurant des droits tout en recherchant la préservation de l'équilibre financier. Lord BEVERIDGE estimait en 1942 qu'« *à un moment révolutionnaire de l'histoire du monde il faut être révolutionnaire et non pas faire du rapiéçage* » [8]. La Sécurité sociale a ainsi formé une révolution sociale dès son instauration puisqu'elle met en exergue le besoin des hommes à la sécurité . Les hommes aspirent à la sécurité car « *l'être humain a besoin de sécurité et de liberté* » [9]. Léon DUGUIT considère d'ailleurs que l'être humain est « *par nature un être social et ses actes n'ont de valeur que dans la mesure où ils sont des actes sociaux,* [...] *des actes qui tendent à la réalisation de la solidarité*

---

[4] AGRON (L.), *Histoire du vocabulaire fiscal*, Paris, LGDJ, 2000, p.84.
[5] BEC (C.), *La Sécurité sociale, une institution de la démocratie*, Paris, Gallimard, Coll. Bibliothèque des sciences humaines, 2014, p.111.
[6] GARCIA CRUZ (M.), *Le concept de la sécurité sociale dans les pays d'Amérique*, Bull. Ass. Nt. Sec. Soc. IV n° 6, juin 1951, p.211 ; cité par DURAND (P.), *La politique contemporaine de Sécurité sociale* [1953], Paris, Dalloz, 2005, p.13.
[7] DAMON (J.), FERRAS (B.), *La Sécurité sociale*, PUF, Coll. Que-sais-je ?, 2015, p.27.
[8] Cité par KERSCHEN (N.), « L'influence du rapport Beveridge sur le plan français de sécurité sociale de 1945 », *Revue française de science politique*, 45e année, n° 4, 1995, p.573.
[9] PRADIER-FODERE (M.-P.), *Principes généraux du droit, de politique et de législation*, Paris, Guillaumin, 1869, p.3.

sociale » [10]. Les hommes ont naturellement des aspirations sociales. Le contrat social dans l'État sert alors « *de base à tous les droits* » [11].

4. La nature de la Sécurité sociale conserve une « *réelle indétermination* » [12] puisque l'on identifie des systèmes de sécurité sociale, des politiques, des normes et un droit de la sécurité sociale. L'institution a été créée au lendemain de la Seconde guerre mondiale par trois ordonnances : celle du 4 octobre 1945 portant organisation de la Sécurité sociale [13] et celles du 19 octobre 1945 [14]. Ces ordonnances constituent « *l'acte de naissance d'un système financier hors du schéma budgétaire étatique* » [15] puisque l'article 1er de l'ordonnance du 4 octobre 1945 dispose qu'« *il est institué une organisation de la sécurité sociale destinée à garantir les travailleurs et leurs familles contre les risques de toute nature susceptibles de réduire ou de supprimer leur capacité de gain, à couvrir les charges de maternité et les charges de famille qu'ils supportent* ». La Sécurité sociale est conçue comme « *la garantie donnée à chaque homme qu'en toutes circonstances il pourra assurer dans les conditions satisfaisantes sa subsistance et celle des personnes à sa charge* » [16]. La Sécurité sociale se compose d'un ensemble d'institutions

---

[10] DUGUIT (L.), *Traité de droit constitutionnel*, t.1 – La règle de droit – Le problème de l'État, Paris, Ed. Fontemoing, 3e éd., 1927, p.XIX ; Cité également par MARTIN (A.), « Le droit et les valeurs dans la pensée de Léon Duguit », in *Mélanges en l'honneur de Dmitri Georges Lavroff – La Constitution et les valeurs*, Paris, Dalloz, 2005, p.460.

[11] ROUSSEAU (J.-J.), *Du Contrat social*, Chap. IX, Livre I - Repris par FAGUET (E.), *Politique comparée de Montesquieu, Rousseau et Voltaire*, Paris, Société française d'imprimerie et de librairie, 1902, p.124, [Rééd.] ROUSSEAU (J.-J.), *Du Contrat social,* Genève, Les éditions du Cheval Ailé, Coll. Œuvres immortelles, 1947, p.201.

[12] PRÉTOT (X.), *Droit de la sécurité sociale*, Paris, Dalloz, Coll. Mémento Dalloz, 2011, 13e éd., p.3.

[13] Ordonnance n° 45-2250 du 4 octobre 1945 portant organisation de la Sécurité sociale, JORF du 6 octobre 1945, p.6280.

[14] Ordonnance n° 45-2453 du 19 octobre 1945 modifiant et codifiant la législation sur les accidents de travail et les maladies professionnelles et adaptant cette législation à l'organisation de la Sécurité sociale, JORF du 20 octobre 1945, p.6714 ; Ordonnance n° 45-2454 du 19 octobre 1945 fixant le régime des assurances sociales applicable aux assurés des professions non agricoles, JORF n° 0247 du 20 octobre 1945, p.6721.

[15] DUFOUR (A.-C.), *Les pouvoirs du Parlement sur les finances de la sécurité sociale – Étude des lois de financement de la Sécurité sociale*, Paris, Dalloz, 2012, Coll. Bibliothèque parlementaire et constitutionnelle, p.14.

[16] LAROQUE (P.), « De l'assurance sociale à la sécurité sociale : l'expérience française », *Revue internationale du travail*, 1948, n° 57, p.567. Cité par GALANT (H.- C.), *Histoire politique de la Sécurité sociale française 1945-1952*, Paris, Librairie Armant Colin, 1955, p.27.

et comprend les caisses de Sécurité sociale, les organismes de tutelle, la commission des comptes de la Sécurité sociale, la mission d'évaluation et de contrôle de la Sécurité sociale, le comité d'alerte sur l'évolution des dépenses maladie, le comité national de lutte contre les fraudes, le conseil d'orientation des retraites, le Haut conseil pour l'avenir de l'assurance maladie, le Haut conseil du financement de la protection sociale, et le Haut conseil de la famille. Ces institutions forment la Sécurité sociale d'un point de vue institutionnel.

5. La Sécurité sociale française inscrit en droit interne la reconnaissance juridique de la Sécurité sociale en tant qu'organisation. L'institution de la Sécurité sociale provient de ces ordonnances[17], et non du Préambule de la Constitution du 27 octobre 1946 qui ne la mentionne pas expressément dans l'alinéa 11 mais dispose que la Nation *« garantit à tous, notamment à l'enfant, à la mère et aux vieux travailleurs, la protection de la santé, la sécurité matérielle, le repos et les loisirs. Tout être humain qui, en raison de son âge, de son état physique ou mental, de la situation économique, se trouve dans l'incapacité de travailler a le droit d'obtenir de la collectivité des moyens convenables d'existence »*. La Sécurité sociale fait ainsi l'objet d'une reconnaissance institutionnelle avant d'être reconnue comme un droit à bénéficier de prestations sociales. L'ambition originelle du projet de Sécurité sociale de 1945 était d'avoir des individus libres et solidaires, en sécurité et responsables, dès lors la Sécurité sociale tend *« à l'avènement d'une liberté réelle et non plus seulement formelle »* [18] et apparaît ainsi « *comme la condition d'une véritable démocratie* » [19]. Avec les choix opérés en 1945, la notion de « besoin social » s'est liée à celle de risque social [20]. Le besoin social devient un besoin de sécurité sociale des hommes et constitue alors un « besoin public ». Cette notion reconnue par Gaston JÈZE antérieurement à la création de la Sécurité sociale est selon lui « *très difficile à préciser* » puisqu'elle traduit « *un caractère plus politique que financier* » et que « *les dépenses publiques faites en vue de satisfaire* [...] *des besoins*

---

[17] PRÉTOT (X.), « Alinéa 11 », in CONAC (G.), PRÉTOT (X.), TEBOUL (G.) (dir.), *Le Préambule de la Constitution de 1946 – Histoire, analyse et commentaires*, Coll. Études – Thèmes et commentaires, Paris, Dalloz, 2001, p.261.

[18] DURAND (P.), *La politique contemporaine de Sécurité sociale* [1953], Paris, Dalloz, 2005, p.614.

[19] *Ibid.*

[20] CHAUCHARD (J.-P.), FRIOT (B.), « Faut-il couper le cordon entre travail et protection sociale ? », *Revue de droit du travail*, 2011, p.677.

publics non immédiats sont très considérables » [21]. En transformant le besoin social en besoin public, la politique des États se transforme ainsi en une politique de prévoyance [22]. Les dépenses engendrées par la politique sociale sont considérées comme d'intérêt public [23]. Influencée par les assurances sociales allemandes et le système généralisé d'assurances sociales proposé par Lord BEVERIDGE, la législation sociale française a réalisé « *des compromis entre les tendances qui lui ont donné naissance* » [24]. La législation sociale apparaît ainsi comme « *condition de la liberté des individus* »[25], dès lors pour que la liberté soit effective, l'État doit organiser les services publics car ils sont « *le moyen pour l'État de remplir les obligations nouvelles qu'il contracte envers l'individu et de distribuer à chacun les soins, l'éducation, les secours à défaut desquels il n'y a pas de sécurité sociale et, par conséquent, pas de liberté véritable* » [26]. À ce titre, la création de la Sécurité sociale et d'un droit à la sécurité sociale devient ainsi encore plus légitime et démocratique.

6. La Sécurité sociale est constitutionnalisée en 1958 car elle est expressément consacrée dans l'article 34 de la Constitution qui prévoit que « *la loi détermine les principes fondamentaux* [...] *du droit du travail, du droit syndical et de la sécurité sociale* ». François LUCHAIRE considère alors la Sécurité sociale comme une « *obligation constitutionnelle en raison des termes de l'article 34 de la Constitution de 1958* » et précise que la Sécurité sociale possède un autre « *fondement constitutionnel dans le droit à la sûreté* » puisque la notion de sécurité renvoie désormais à la Sécurité sociale, « *c'est-à-dire la protection contre les risques de l'existence* » [27]. En transposant la jurisprudence et le raisonnement tenu par le Conseil constitutionnel lorsque ce dernier a consacré, à partir de

---

[21] JÈZE (G.), *Cours élémentaire de science des finances et de législation financière française*, Paris, La mémoire du droit, Coll. de la faculté Jean Monnet, Préf. Gilbert Orsoni, 2013, p.49.
[22] *Ibid.*
[23] *Ibid*, p.50.
[24] NETTER (F.), *La Sécurité sociale et ses principes* [1959], Paris Dalloz, 2005, p.20.
[25] *Ibid*, p.23.
[26] CAPITANT (R.), Séance du 8 mars 1946, JO Débats, p.645. Cité par RANGEON (F.), « Droits-libertés et droits-créances : les contradictions du préambule de la Constitution de 1946 », in *Le préambule de la Constitution de 1946, Antinomies juridiques et contradictions politiques*, Centre universitaire de recherches administratives et politiques, PUF, 1996, p.178.
[27] LUCHAIRE (F.), « La sûreté : droit de l'homme ou sabre de M. Prudhomme ? », *RDP*, 1989, p.615.

l'article 34 de la Constitution, la valeur constitutionnelle de la libre administration des collectivités locales[28], la Sécurité sociale constitue une obligation constitutionnelle [29].

7. La politique sociale détermine la nature du financement de la Sécurité sociale puisque l'importance respective donnée à l'impôt ou aux cotisations sociales résulte d'un choix politique inhérent à la politique de sécurité sociale retenue par les gouvernants. La politique sociale traduit « *l'action publique sociale politiquement souhaitée* »[30], et elle est ainsi l'un des instruments de l'action étatique. La politique sociale se compose des différentes actions mises en œuvre par les gouvernants afin d'augmenter le bien-être global de la société et d'assurer les droits sociaux des citoyens. Les politiques sociales comprennent des politiques de Sécurité sociale dont la portée et les actions sont plus ciblées. François EWALD considère que « *la politique de Sécurité sociale* [...] *ne désigne pas une essence ou une idée de la protection sociale incarnée dans une institution. C'est une manière pour la société de se rapporter à elle-même, une sorte de convertisseur du social en politique* » [31]. Le social devient politique et amène ainsi le politique à traiter du social. Thierry TAURAN considère d'ailleurs que « *la Sécurité sociale est bien plus qu'un ensemble de règles, qu'une organisation ou qu'un système ; elle est une "politique", ce terme présentant l'avantage de mettre l'accent sur son caractère dynamique* » [32]. Les politiques de sécurité sociale sont élaborées et mises en œuvre par la Direction de la Sécurité sociale. Avant

---

[28] Cons. Const., Décision n° 83-168 DC du 20 janvier 1984, *Loi portant dispositions statutaires relatives à la fonction publique territoriale*, JO du 21 janvier 1984, p.368, Recueil p.38, Considérant n° 4.

[29] « *Pour le Président F. Luchaire, la rédaction de ce texte [l'article 34 alinéa 4 de la Constitution] donne valeur constitutionnelle à l'existence même d'une sécurité sociale. L'auteur relève en effet que le Conseil a consacré la valeur constitutionnelle de la libre administration des collectivités locales à partir du même article 34 qui réserve à la loi la détermination de ses principes fondamentaux. Il conviendrait donc de transposer cette jurisprudence à la Sécurité sociale.* » - ESPLUGAS (P.), *Conseil constitutionnel et service public*, Paris, LGDJ, Coll. Bibliothèque constitutionnelle et de science politique – t.80, 1994, p.74.

[30] LEROY (M.), *L'impôt, l'État et la société – La sociologie fiscale de la démocratie interventionniste*, Paris, Economica, Coll. Finances publiques, 2010, p.121.

[31] EWALD (F.), *L'État providence*, Paris, Grasset, 1986, p.542 ; Cité également par PELLET (R.), « Étatisation, fiscalisation et budgétisation de la sécurité sociale », *Droit social*, n° 3, 1995, p.305.

[32] TAURAN (T.), « La Sécurité sociale dans la pensée de Paul Durand : entre solidarité et modernité », *RDSS*, 2015, p.535.

leur mise en œuvre, elles sont débattues au sein de l'Assemblée nationale et du Sénat. Les politiques de Sécurité sociale sont également évaluées et contrôlées car, s'inspirant des mécanismes existants dans la LOLF, une démarche d'objectifs et de résultats s'applique aux lois de financement de la Sécurité sociale. La qualité et l'efficience des politiques sociales sont évaluées dans les programmes de qualité et d'efficience. Les politiques de sécurité sociale peuvent constituer des politiques financières sociales et mettre ainsi en œuvre l'aspect social des politiques financières. Les politiques de sécurité sociale et fiscales influencent directement le financement de la Sécurité sociale. L'exemple le plus révélateur en la matière est la TVA sociale car le basculement présidentiel a modifié le financement de la Sécurité sociale. Adoptée dans la loi de finances rectificative de mars 2012 [33] à la fin de la présidence de Nicolas SARKOZY, elle a été abrogée lors des premiers mois de François HOLLANDE par la deuxième loi de finances rectificative pour 2012 [34] avant même d'être appliquée. L'actuelle majorité présidentielle a également décidé de modifier le financement de la Sécurité sociale en accentuant la fiscalisation des ressources de la Sécurité sociale. Il est ainsi prévu une hausse de la contribution sociale généralisée ayant pour objectif de financer la suppression de 0,75 point de cotisation maladie et 1,45 point de cotisation chômage pour les salariés dès le 1er janvier 2018 [35]. Il est en effet prévu que les cotisations chômage soient intégralement supprimées d'ici le 1er octobre 2018 après la suppression des 0,95 point de cotisation restant. Le financement de la Sécurité sociale est directement tributaire des politiques fiscales et sociales.

8. La Sécurité sociale constitue également un droit. Le droit de la sécurité sociale a été mis en place en même temps que la Sécurité sociale avec l'instauration de règles juridiques venant régir son contenu. La reconnaissance d'un droit à la sécurité sociale est initiée par le droit international. Malgré leurs faiblesses normatives, les sources du droit à la sécurité sociale ont permis leur intégration et adaptation en droit interne. La déclaration universelle des droits de l'homme en 1948 consacre un droit à la sécurité sociale qui a ensuite été intégré à l'article 12 de la Charte sociale européenne de 1961 et maintenu dans sa version révisée de 1996.

---

[33] Loi n° 2012-354 du 14 mars 2012 de finances rectificative pour 2012, JORF n° 0064 du 15 mars 2012, p.4690.

[34] Loi n° 2012-958 du 16 août 2012 de finances rectificative pour 2012, JORF n° 0190 du 17 août 2012, p.13479.

[35] Exposé général des motifs, Projet de Loi de finances pour 2018.

Le droit à la sécurité sociale demeure toutefois absent du droit interne puisque le Préambule de la Constitution de 1946 reconnaît un droit à la sécurité matérielle et non à la sécurité sociale, et le Conseil constitutionnel reconnaît l'existence d'un droit à la protection de la santé, à la protection sociale et non à la sécurité sociale. Même si le droit à la sécurité sociale n'a pas encore expressément été reconnu, il s'extrait progressivement du droit de la sécurité sociale, et constitue dès lors un droit en gestation [36]. Michel BORGETTO considère d'ailleurs que « *le Préambule non seulement a jeté les bases d'institutions de sécurité sociale mais encore a reconnu, de manière au moins implicite, l'existence d'un droit véritable à cette même sécurité sociale* » [37]. La Sécurité sociale est ainsi une notion complexe dont le contenu renvoie à une institution, une politique et un droit.

9. Elle ne doit cependant pas être assimilée à la protection sociale qui comprend la Sécurité sociale, l'aide sociale et l'intégralité du champ des administrations de Sécurité sociale (ASSO). Le financement des dépenses de santé est désormais plus large que le financement des dépenses de Sécurité sociale car le concept même de finances sociales est plus étendu que celui de Sécurité sociale qui peut s'entendre plus « *strictement* » [38] à travers les lois de financement de la Sécurité sociale et les régimes obligatoires de base de la Sécurité sociale. Les finances sociales constituent en effet le financement des dépenses sociales dont l'existence est antérieure à la création des lois de financement de la Sécurité sociale, même si elles sont, certes, venues institutionnaliser et consacrer juridiquement l'existence et l'appartenance des finances sociales au sein des finances publiques. La décision du 20 janvier 1961 [39] initie toutefois l'émergence et le développement des finances sociales [40]. Les finances sociales peuvent également être perçues comme les dépenses des administrations de Sécurité sociale. Les administrations de Sécurité sociale se composent des régimes obligatoires de base, des régimes

---

[36] Voir en ce sens, les paragraphes n° 287 et s.

[37] BORGETTO (M.), *La notion de fraternité en droit public français,* Paris, LGDJ/Montchrestien, 1993, p.520.

[38] DAMAREY (S.), *Finances publiques*, Paris, Lextenso, Coll. Manuels, 2e éd., 2008, p.140.

[39] Cons. Const., Décision n° 60-11 DC du 20 janvier 1961, *Loi relative aux assurances maladie, invalidité et maternité des exploitants agricoles et des membres non-salariés de leur famille*, JO du 24 janvier 1961, p.982, Rec.29.

[40] JÈZE (G.), *Cours élémentaire de science des finances et de législation financière française*, *op.cit.*, p.XVIII.

complémentaires obligatoires ainsi du régime d'indemnisation chômage et les fonds qui participent à leur financement, ainsi que de la Caisse d'amortissement de la dette sociale, du fonds de réserve pour les retraites, mais aussi les organismes dépendant des assurances sociales. Le champ des administrations de Sécurité sociale est alors plus étendu que celui de la Sécurité sociale et des lois de financement de la Sécurité sociale. Le champ d'étude retenu est celui des lois de financement de la Sécurité sociale (LFSS), d'autant plus que ce périmètre a été élargi avec la loi organique n°2005-881 du 2 août 2005 [41]. La loi organique n°96-646 du 22 juillet 1996 [42] qui donnait un *« cadre organique à la définition du contenu des lois de financement de la Sécurité sociale »* et plaçait « *le pilotage financier de la sécurité sociale au cœur du débat parlementaire »* [43] , n'intégrait pas certains fonds concourant au financement des régimes obligatoires de base de sécurité sociale. La protection sociale agricole était ainsi partiellement exclue du champ des lois de financement de la Sécurité sociale avec le vote du budget annexe des prestations sociales agricoles (BAPSA) en loi de finances. Le fonds destiné au financement de l'autonomie était également exclu du champ des lois de financement de la Sécurité sociale mais également de celui des lois de finances. Désormais, conformément à l'article LO.111-3 du Code de la sécurité sociale (CSS), le périmètre institutionnel des lois de financement de la Sécurité sociale se compose des régimes obligatoires de base de la Sécurité sociale, des fonds de financement tels que le Fonds de solidarité vieillesse (FSV) ou le Fonds de réserve des retraites (FRR), la Caisse nationale de solidarité pour l'autonomie (CNSA) et la Caisse d'amortissement de la dette sociale (CADES). Le Conseil d'État dans son rapport public de 2010 estime que les régimes complémentaires ne relèvent pas du champ d'application des lois de financement de la Sécurité sociale, et donc de cette étude [44] . Les dispositions concernant le financement des organismes de retraite complémentaire sont considérées comme n'appartenant pas au domaine des lois de financement de la

---

[41] Loi organique n° 2005-881 du 2 août 2005 relative aux lois de financement de la Sécurité sociale, JORF n°179 du 3 août 2005, p.12633.

[42] Loi organique n°96-646 du 22 juillet 1996, relative aux lois de financement de la Sécurité sociale JORF n°170 du 23 juillet 1996, p.11103.

[43] JÉGOU (J.-J.), Avis n°71 présenté au nom de la commission des Finances, du contrôle budgétaire et des comptes économiques de la Nation sur le projet de loi de financement de la Sécurité sociale pour 2006, Assemblée nationale, 2005, p.12.

[44] Conseil d'État, *Rapport public 2010, Activité juridictionnelle et consultative des juridictions administratives*, ECDE, La documentation française, p.124.

Sécurité sociale puisque les organismes bénéficiaires des versements concernés « *ne sont pas des régimes obligatoires de base de la sécurité sociale* » [45] et n'affectent donc pas directement l'équilibre financier de ces régimes. Lorsque les organismes bénéficiaires des mesures initialement prévues en loi de financement de la Sécurité sociale ne sont pas des régimes obligatoires de base de la Sécurité sociale, ou ne relèvent pas des autres organismes mentionnés par l'article LO. 111-3 du Code de la sécurité sociale, les dispositions sont considérées comme « *étrangères au champ des lois de financement de la Sécurité sociale* » [46]. Ponctuellement, seront toutefois abordés des aspects n'appartenant pas au domaine des lois de financement de la Sécurité sociale et relevant de la protection sociale, afin d'étayer la logique d'ensemble dans laquelle la fiscalisation s'inscrit. L'aide sociale ainsi que le régime d'indemnisation du chômage seront donc abordés puisque la fiscalisation constitue un mécanisme employé au sein de la Sécurité sociale dont les répercussions concernent le champ de la protection sociale.

B. La fiscalité, la science du droit fiscal au profit de la science des finances

10. La fiscalisation forme le pont entre la fiscalité et la Sécurité sociale. La fiscalisation permet d'améliorer la gestion de la Sécurité sociale à travers l'influence du droit fiscal et des règles de finances publiques, dès lors il n'y a « *pas de bonnes finances sans une bonne politique, pas de prospérité véritable, pas même de sécurité vraiment assurée, sans des finances bien administrées* »[47]. La fiscalité traduit un « *état d'esprit* » [48] qui ne peut être réduit au droit fiscal, elle englobe les dimensions économiques, politiques et sociologiques du droit fiscal qui permettent de mieux comprendre les règles de droit inhérentes à ce

---

[45] Cons. Const., Décision n° 2000-437 DC du 19 décembre 2000, *Loi de financement de la Sécurité sociale pour 2011*, JO du 24 décembre 2000, p.20576, Recueil, p.190, Considérant n° 53.

[46] Cons. Const., Décision n° 2005-528 DC du 15 décembre 2005, *Loi de financement de la Sécurité sociale pour 2006*, JO du 20 décembre 2005, p.19561, Recueil, p.157, Considérant n° 27.

[47] MARION (M.), *Histoire financière de la France depuis 1715*, t.1, Paris, Rousseau, 1914, p.1.

[48] MAGSOF (G.), *Le langage de l'impôt*, Paris, Éditions Méthodes et Stratégies, Coll. Connaître et Parler, 1994, p.1.

droit [49]. Le droit fiscal est défini comme « *l'ensemble des règles juridiques relatives aux impositions* »[50], il appartient ainsi à la fiscalité qui traduit un fait politique et social [51]. François GÉNY affirmait que « *le droit fiscal trouve sa loi en lui-même et en lui seul, bien plus, qu'il se constitue à soi-même cette loi, qu'il se la fait, sinon sans souci du reste, à tout le moins suivant sa nature et ses visées propres, se résumant dans ce qu'on place sous le vocable de "fiscalité"* » [52]. La fiscalité ne peut ainsi être réduite aux « *règles du code général des impôts et du livre des procédures fiscales* »[53], et renvoie au système fiscal [54] dans sa globalité. La fiscalité est unanimement perçue comme l'ensemble des règles, procédures et pratiques administratives relatives à l'impôt [55]. Elle « *met en cause l'homme et une certaine manière de vivre* », elle est « *au cœur des relations de pouvoir* » [56]. La fiscalité peut être utilisée comme une « *arme conjoncturelle* » [57] à la disposition des gouvernants, dès lors les dispositions fiscales adoptées par le Parlement et la conjoncture ont une influence réciproque. Dans le cadre de la fiscalité, le droit fiscal s'applique aux impositions mais il ne peut être cantonné aux seuls impôts puisque son influence s'exerce notamment sur les cotisations sociales. La pensée inhérente à cette étude sera celle de Jean-Baptiste COLBERT, reprise par Paul LEROY-BAULIEU, lorsqu'il affirmait qu'« *il faut rendre la matière des finances si simple qu'elle puisse être facilement entendue par toutes sortes de personnes* » [58]. Elle ne sera donc pas limitée aux seules dimensions juridiques et fiscales du sujet, d'autant plus qu'« *une meilleure compréhension du phénomène fiscal passe* [...] *par une prise en compte plus généreuse de ses multiples dimensions, juridiques,*

---

[49] COLLET (M.), *Droit fiscal*, Paris, PUF, 5e éd., 2015, p.9-10.

[50] LAMARQUE (J.), NÉGRIN (O.), AYRAULT (L.), *Droit fiscal général*, Paris, Lexis Nexis, 3e éd., 2014, p.1.

[51] ROSA (A.), *Solidarité et impôt – Recherche sur les fondements de l'impôt moderne*, Paris, Dalloz, Coll. Bibliothèque parlementaire et constitutionnelle, 2015, p.21.

[52] GÉNY (F.), « Le particularisme du droit fiscal », *Revue trimestrielle de droit civil*, 1931, pp.797-833, réed. in *Mélanges R. Carré de Malberg*, Paris, Sirey, 1933, p.196.

[53] PELLET (R.), *Les finances sociales : économie, droit et politique*, Paris, LGDJ, Coll. Systèmes - Finances publiques, 2001, p.187.

[54] Bureau international du travail, *Sécurité sociale : Quelle méthode de financement ? Une analyse internationale*, Genève, BIT, 1983, p.30.

[55] LUPPI (P.), *Fiscalité et nouvelles technologies*, Thèse dactylographiée, Aix-en-Provence, 1999, p.16.

[56] *Ibid.*

[57] PERRET (C.), « Le parlement et la fiscalité », *Pouvoirs*, n° 23, 1982, p.33.

[58] LEROY-BEAULIEU (P.), *Traité de la science des finances*, Paris, Ed. Guillaumin et Cie, Felix Alcan, 7e éd., 1906, t.1 – Des revenus publics, p.1.

techniques, économiques, administratives et sociologiques » [59]. La fiscalité apparaît alors comme « *une science* » [60] traduisant la représentation d'un ensemble de techniques en action soumises à l'évolution rapide des mentalités et des conceptions fiscales.

11. La fiscalité fait écho à la science des finances telle que préférée par Gaston JÈZE[61], et met « *en plein relief le rapport qui doit exister entre les institutions financières d'un État, les buts sociaux visés et la situation économique générale de ce pays* » [62]. La présente étude s'inscrit dans le contexte juridique de la science des finances car elle ne se limite pas à étudier seulement l'augmentation du recours à l'impôt dans le financement du service public de la Sécurité sociale. La fiscalisation est un phénomène plus complexe et ses conséquences doivent être traitées en tant que partie intégrante du processus qui constitue un instrument de financement de la Sécurité sociale, mais aussi un modèle. Des données économiques sont toutefois intégrées afin de mieux comprendre les conséquences structurelles de la fiscalisation sans pour autant qu'elles ne prédominent puisque cet angle d'approche ne constitue pas l'intérêt majeur de cette étude. La science des finances suppose également le recours à la comparaison des droits. Afin de mieux cerner la spécificité française du financement de la Sécurité sociale, des comparaisons sont effectuées avec d'autres États ayant des structures de financement différentes. Cette comparaison des droits existants permet une mise en perspective qui enrichit la réflexion et permet de mieux cerner les concours du système français de Sécurité sociale afin de mesurer les répercussions structurelles de la fiscalisation. La thèse ne s'inscrit donc pas dans une étude comparatiste en opposant deux systèmes de financement de la Sécurité sociale. Les pays appartenant au modèle scandinave de Sécurité sociale sont donc abordés à titre de comparaison

---

[59] GEFFROY (J.-B.), « Impôt » in ALLAND (D.), RIALS (S.), *Dictionnaire de la culture juridique*, Paris, PUF, 2003, p.812.
[60] LUPPI (P.), *Fiscalité et nouvelles technologies*, *op.cit.*, p.17.
[61] « [...] *il existe, parmi les savants qui s'occupent de finances, plusieurs grandes tendances : [...] 4° les autres considèrent les phénomènes financiers tels qu'ils se présentent en fait, dans leur milieu politique, social, économique, juridique ; ils les étudiant comme des phénomènes complexes, avec tous les facteurs qui les conditionnent : ils prétendent faire ainsi de la science des finances. C'est le point de vue qui a mes préférences* », in JÈZE (G.), *Cours élémentaire de science des finances et de législation financière française*, *op.cit.*, p.16-17.
[62] JÈZE (G.), *Cours élémentaire de science des finances et de législation financière française*, *op.cit.*, p.16.

et d'opposition avec le système français de Sécurité sociale. L'exemple norvégien devient alors récurrent dans cette étude puisqu'il met en évidence une structure sociale différente de celle retenue en France, tout en permettant des comparaisons en raison des réflexions communes inhérentes aux deux structures. Michel BOUVIER affirme d'ailleurs que « *la science des finances publiques, entendue comme pluridisciplinaire par nécessité, et ayant pour objet d'étude des phénomènes sociaux tout à la fois très politiques et très techniques, oblige à une confrontation polymorphe et permanente de la théorie et de la pratique* » [63]. Par ces confrontations, il s'avère que la fiscalisation amène à repenser le financement de la Sécurité sociale, et notamment la classification des prélèvements obligatoires et leur définition. Au lieu de séparer les types de financement, il devient alors pertinent de les « mêler » au sein du système de Sécurité sociale afin d'« unifier » le système de protection sociale [64]. Puisque la science des finances « *est essentiellement une science sociale* »[65], l'étude des problèmes financiers ne peut être faite sans prendre en considération les conséquences juridiques et sociales des choix opérés par les gouvernants. Les finances sociales s'inscrivent dans la science des finances et ne peuvent ainsi se limiter aux seuls aspects juridiques, ainsi qu'aux seules frontières de la France.

12. La notion de finances sociales remonte à la création des premières dépenses de santé alors financées par l'État et l'assistance. Leur étude est en revanche beaucoup plus récente, même si le premier ouvrage concernant directement « *les finances sociales de la nation* » a été rédigé en 1956 par Jacques DOUBLET [66]. Néanmoins l'intérêt pour les finances sociales, en tant qu'objet d'études à part entière, est intervenu plus tardivement puisque la doctrine a commencé à s'y intéresser activement dans les années quatre-vingt-dix, dont l'une des premières pierres [67] fut

---

[63] BOUVIER (M.), « Tradition et modernité de la science des finances publiques », *RFFP*, n° 41, 1993, p.267.

[64] BORGETTO (M.), « L'évolution récente du système de Sécurité sociale en matière de redistribution », *Recherches et prévisions*, n° 73, septembre 2003, Dossiers Famille et droit social, p.49.

[65] JÈZE (G.), *Cours élémentaire de science des finances et de législation financière française*, *op.cit.*, p.9.

[66] DOUBLET (J.), *Les finances sociales de la nation : cours commun technique*, Paris, 1956, 169 p.

[67] Avec la thèse de PELLET (R.), *Recherche sur la notion de finances sociales : l'intervention du droit financier public dans le régime général de sécurité sociale*, Thèse dactylographiée, Montpellier, 1991, 497 p.

posée avec le VIe colloque de la Société française de finances publiques « Les finances sociales : unité ou diversité » de 1994 [68]. Encore à l'heure actuelle, rares sont les manuels dédiés exclusivement aux finances sociales. Par leur interdisciplinarité, « *l'étude des finances sociales échappe, dès lors aux catégories qui constituent autant de repères pour la distinction des disciplines* » [69]. Elles se sont développées en marge des principes financiers rendant ainsi obligatoire leur intégration aux finances publiques, ainsi que la redéfinition du domaine des finances publiques afin de mieux mesurer leur poids dans la société [70]. Loïc PHILIP estimait à ce titre qu'afin « *de pouvoir donner une vue cohérente des finances publiques* », cela nécessite « *une intégration des finances des organismes sociaux au sein des finances publiques* » [71] qui sera permise et accentuée par la fiscalisation. Les finances publiques se sont bornées pendant longtemps aux seules finances publiques étatiques, l'émergence et le développement des finances sociales ont ainsi amené le développement des finances publiques. Les finances publiques étaient définies comme les finances des personnes morales de droit public, les finances de nature publique, mais également les finances de l'économie publique [72]. Le périmètre des finances publiques s'étend désormais à l'ensemble de l'action publique [73], y compris en matière de protection sociale. La globalisation des finances publiques est alors considérée comme l'aboutissement de la fiscalisation des ressources de la Sécurité sociale, et pourrait à terme, se traduire par l'intégration pleine et entière des finances des organismes sociaux au sein des finances publiques en intégrant les cotisations obligatoires dans les impositions de toutes natures [74]. Les

---

[68] PHILIP (L.) (dir.), *Les finances sociales, unité ou diversité ?*, Paris, Economica, 1995, 254 p.

[69] PRÉTOT (X.), « L'évolution des finances sociales. Quelques réflexions d'ordre économique, juridique et politique … », *RFFP*, n° 87, 2004, p.130.

[70] « *déterminer le domaine des finances publiques permet de mesurer leur poids dans nos sociétés* », OLIVA (É.), « Essai de définition normative du domaine des finances publiques », in *Mélanges Loïc Philip, Constitution et finances publiques*, Paris, Economica, 2005, p.493.

[71] PHILIP (L.) « La protection sociale et les nouvelles frontières entre finances publiques et finances privées », *RFFP*, n° 79, 2002, p.40.

[72] SAIDJ (L.), « Finances publiques », in PHILIP (L.), *Dictionnaire encyclopédique de finances publiques*, t.1, Paris, Economica, 1991, p.807.

[73] LEROY (M.), « Les périmètres publics et privés des finances », *op.cit.*, p.30.

[74] PHILIP (L.) « La protection sociale et les nouvelles frontières entre finances publiques et finances privées », *RFFP*, n° 79, 2002, p.41.

finances sociales se caractérisent par leur « *diversité* »[75], mais aussi par leur appartenance aux finances publiques en raison de la mission de service public que constitue la Sécurité sociale, par l'augmentation du recours à l'impôt dans le financement de cette mission, ainsi que par la qualification des organismes nationaux de Sécurité sociale en tant qu'administration publique. Les finances sociales peuvent ainsi être rattachées de plein droit aux finances publiques puisque les assurances sociales ont un caractère de service public, les cotisations sociales sont des prélèvements obligatoires, les administrations de Sécurité sociale font partie des administrations publiques au sens de la comptabilité nationale, et les lois de financement de la Sécurité sociale viennent les encadrer [76].

13. Étudier les effets de la fiscalisation sur les politiques sociales et fiscales nécessite une étude juridique. Robert LAFORE considère que « *concevoir une politique sociale, comme toutes les autres politiques, passe par son encodage dans et par du droit* » [77]. Les conséquences juridiques de la fiscalisation sont constitutionnelles mais aussi parlementaires. Cette implication du droit constitutionnel se justifie par la définition du droit constitutionnel qui englobe le droit de la Constitution, mais aussi la constitutionnalisation du droit car « *l'ensemble des branches du droit* [subit] *l'influence de la Constitution et de son droit* » [78]. Georges VEDEL considère que le droit constitutionnel n'est qu'« *un point de vue partiel sur la réalité politique et sociale* » [79]. La fiscalisation représente un phénomène financier dont l'étude prend en compte « *tous les facteurs, non seulement des facteurs financiers, économiques, mais aussi des facteurs politiques, sociaux* [et] *juridiques* » [80]. Joseph BARTHÉLEMY et Paul DUEZ affirmaient en 1933 que « *le droit constitutionnel est sorti du droit financier ; à son tour le droit constitutionnel domine le droit*

---

[75] PRÉTOT (X.), « La Sécurité sociale et les finances publiques », *RFFP*, n° 51, 1995, p.133.
[76] CRUCIS (HM.), *Finances publiques*, Paris, Lextenso, Coll. Focus droit, 2e éd., 2009, p.121.
[77] LAFORE (R.), « La juridicisation des problèmes sociaux : la construction juridique de la protection sociale », *Informations sociales*, n° 157, 2010, p.19.
[78] FAVOREU (L.), « Le droit constitutionnel, droit de la Constitution et constitution du droit », *RFDC*, 1990, n° 1, p.71.
[79] VEDEL (G.), « Conceptions sociales et organisation politique », *Droit social*, fasc. XXXI, 1947, p.12.
[80] JÈZE (G.), *Cours élémentaire de science des finances et de législation financière française*, *op.cit.*, p.8.

financier » [81]. Le droit constitutionnel ne peut dès lors être écarté de cette étude. La fiscalisation se répercute sur les finances publiques, et donc sur les finances sociales. Les difficultés constitutionnelles et parlementaires doivent être traitées. La fiscalisation affecte les règles financières et procédurales des assemblées en matière de lois financières, dès lors le droit parlementaire est un aspect important de cette étude puisqu'il a pour objet « *l'encadrement procédural des assemblées* » [82]. La fiscalisation se répercute également sur la protection des droits sociaux. Les prestations sociales doivent être financées et dépendent ainsi des cotisations sociales et de l'impôt. Les droits sociaux relèvent du droit constitutionnel mais également du droit des libertés fondamentales. Ils sont donc doublement concernés par cette étude puisque la fiscalisation modifie le financement des droits sociaux. Le rattachement au droit social dans le cadre de cette recherche est double car elle se rattache juridiquement à la branche du droit comprenant le droit de la protection sociale et le droit du travail, mais elle se rattache également à la protection de l'individu *in concreto*, dans la réalité historique, économique et sociale de son environnement [83]. Le terme social regroupe alors des considérations diverses aux contours imprécis. Pierre LAROQUE considère d'ailleurs qu'il traduit un état d'esprit [84] puisque le droit social, et plus généralement la matière sociale, peuvent être interprétés dans une conception plus ou moins « *large* » [85]. Le droit de la sécurité sociale, tout comme le droit social, sont néanmoins des droits « *structuré*[s] *par la hiérarchie des normes* » et « *marqué*[s] *par la prédominance de la norme légale* » [86]. La création même de la Sécurité sociale ne peut être dissociée du droit social car celui-ci a pour but de produire des normes entraînant la mise en place d'une protection des individus contre les risques sociaux et garantissant des droits pour l'individu. Le développement de la Sécurité sociale, sa généralisation au

---

[81] BARTHÉLÉMY (J.), DUEZ (P.), *Traité de droit constitutionnel*, Paris, Dalloz, 1933, rééd. Paris, Economica, 1985 ; Cité par DUSSART (V.) et ROUSSILLON (H.), « Préface », in BAUDU (A.), *Contribution à l'étude des pouvoirs budgétaires du Parlement en France*, Paris, Dalloz, 2010, p.XV.

[82] HUTIER (S.), *Le contrôle parlementaire par le Conseil constitutionnel*, Bayonne, Institut universitaire Varenne, Coll. Thèses, 2016, p.13.

[83] DESMONS (E.), « Droit privé, droit public », in ALLAN (D.), RIALS (S.) (dir.), *Dictionnaire de la culture juridique*, Paris, PUF, 2003, p.554.

[84] LAROQUE (P.), « Contentieux social et juridiction sociale », *ECDE*, 1953, p.23.

[85] CADIET (L.), « Jurisprudence administrative et jurisprudence judiciaire en matière sociale : le jeu des influences », *Droit social*, 1991, n° 3, p.200.

[86] CYTERMANN (L.) et WANECQ (T.), *Les politiques sociales*, Paris, PUF, Coll. Manuel, 2010, p.9.

fil des années, s'inscrit dans ce souhait de tendre vers une démocratie sociale garantissant l'accès aux droits sociaux qui représentent « *l'un des éléments les plus essentiels de la construction démographique en même temps que l'un des acquis les plus solides de la conscience juridique contemporaine* » [87]. L'État de droit se pare alors de vertus sociales afin de donner « *naissance à l'État de droit social* »[88], et la solidarité devient alors «*à l'origine de la mutation de l'État de droit en État de droit social* » [89].

14. Cette étude ne sera dissociée ni du droit public ni du droit privé puisque « *la discipline du droit et des politiques sociales n'est pas reconnue en tant que telle, mais émiettée entre la discipline juridique – où elle constitue un appendice médiocrement attractif du droit privé, alors que le droit de la protection sociale est au moins autant du droit public que du droit privé* » [90]. Le droit de la sécurité sociale relève majoritairement du droit privé, mais les règles financières qui lui sont applicables évoluent et se rapprochent progressivement de celles retenues par le droit public. La fiscalisation conforte l'attrait de la matière vers le droit public puisque le droit fiscal a fécondé « *la pensée politique avec la montée en importance de l'impôt comme instrument de financement des missions de l'État* » [91]. La Sécurité sociale est un service public, mais les règles de droit privé qui la régissent, traduisent désormais, suite à la fiscalisation, « *une pénétration de plus en plus importante du droit public dans le fonctionnement de la Sécurité sociale* » [92]. Colette BEC estime d'ailleurs qu'il s'agit là d'« *un bon indicateur de la volonté publique d'attribuer à la question de la protection une autre finalité* » [93]. L'étude de la fiscalisation amène ainsi à dépasser les clivages juridiques

---

[87] DESMONS (E.), « Droit privé, droit public », in ALLAN (D.), RIALS (S.) (dir.), *Dictionnaire de la culture juridique*, Paris, PUF, 2003, p.556.
[88] DESWARTE (M.-P.), « Droits sociaux et État de droit », *RDP*, 1995, p.985.
[89] STEICHEN (A.), « La justice fiscale entre la justice commutative et la justice distributive », in *L'impôt, Archives de philosophie du droit*, t.46, Paris, Dalloz, p.268.
[90] LAROQUE (M.), « L'administration de l'État providence », *Pouvoirs*, n° 94, 2000, pp.59-73.
[91] MARCHESSOU (P.), "Droit fiscal et pensée politique", in *Pensée politique et droit*, Association française des historiens des idées politiques, Actes du Colloque de Strasbourg (11-12 septembre 1997), Aix-en-Provence, Presses universitaires d'Aix-Marseille, 1998, p.482.
[92] BEC (C.), *La Sécurité sociale, une institution de la démocratie*, Paris, Gallimard, Coll. Bibliothèque des sciences humaines, 2014, p.117.
[93] *Ibid.*

traditionnels au sein tant de la *summa divisio* droit public-droit privé que des prélèvements obligatoires.

II. <u>UNE ACTION CIBLÉE SUR LES RESSOURCES DE LA SÉCURITÉ SOCIALE</u>

15. Les ressources sont des moyens financiers à la disposition d'une personne morale qui peuvent être issues de recettes[94], dès lors les recettes font les ressources. La présente étude ne peut se limiter aux recettes de la Sécurité sociale et doit donc prendre en compte toutes les ressources, d'autant plus que les rédacteurs de la Constitution ont considéré que « *la notion de ressources publiques est plus large que celle de ressources budgétaires* » [95]. Les ressources financières sont concernées dans leur intégralité et non exclusivement les ressources fiscales afin d'illustrer l'imprégnation du droit fiscal dans le droit social et révéler ainsi la fiscalisation dans son intégralité. Les cotisations sociales, mais aussi les transferts, ou autres dotations budgétaires sont donc intégrés à cette étude. Dès 1963, la grande diversité des régimes constitue « *la première difficulté à laquelle on se heurte, lorsque l'on veut examiner les problèmes du financement de la sécurité sociale en France* » [96]. La difficulté ne tient donc pas à la notion de ressources, mais à son contenu. L'analyse du financement de la Sécurité sociale apparaît alors « *malaisé*[e] [...] *du fait de l'hétérogénéité des régimes existants et des nombreux transferts entre régimes* » [97]. Le besoin de diversifier les procédés de financement des institutions de Sécurité sociale apparaît car l'État ne peut atteindre la totalité des ressources budgétaires par un unique impôt [98]. La fiscalisation traduit initialement le recours à des ressources aux natures diverses (**A**) répondant aux logiques d'assurance et de solidarité (**B**) et inhérentes au

---

[94] CORNU (G.) en association avec CAPITANT (H.), *Vocabulaire juridique*, Paris, PUF, 8e éd., 2007, p.767 et 823.
[95] HAMON (L.), *Dalloz*, 1962, Jur., p.179.
[96] MABIT (C.), *Rapport présenté, au nom du Conseil économique et social sur l'évolution des prestations sociales et financement de la sécurité sociale*, 1963, n° 18, JORF, p.682.
[97] TOULOUSE (J.-B.), de LEUSSE (J.-F.), ROLLAND (Y.) et PILLOT (X.), *Finances publiques et politiques publiques*, Paris, Economica, 1987, p.591.
[98] DURAND (P.), *La politique contemporaine de Sécurité sociale* [1953], Paris, Dalloz, 2005, p.279.

service public (**C**). Par son application constante et son évolution, la fiscalisation induit désormais une uniformisation des prélèvements.

A. Des ressources aux natures diverses

16. Les prélèvements finançant la Sécurité sociale sont de diverses natures juridiques parmi lesquelles figurent notamment des cotisations sociales et des impositions de toutes natures. Les cotisations sociales sont nombreuses et variées car elles concernent les activités professionnelles et la mise en place de régimes socio-professionnels distincts a nécessairement conduit à la multiplication de différentes cotisations [99]. Si les dépenses de Sécurité sociale sont assimilées à des charges publiques depuis la décision n° 60-11 DC[100], la définition de cotisations sociales a soulevé quelques difficultés car à l'instar des impositions de toutes natures, elles ne sont pas constitutionnellement ou légalement définies. La doctrine pose quatre critères permettant de définir la qualification de cotisation sociale : elle doit être obligatoire, statutaire, affectée au régime de protection sociale et son recouvrement doit être effectué par un organisme de protection sociale [101]. Ces critères sont complétés en 1990 par le Conseil d'État avec le critère du lien permanent de la cotisation et le statut du bénéficiaire du régime [102]. Cependant la définition qui est reprise et appliquée par les juridictions françaises est celle donnée par le Conseil constitutionnel en 1993 lorsqu'il dispose qu'il s'agit des « *cotisations versées aux régimes obligatoires de sécurité sociale qui résultent de l'affiliation à ces régimes constituent des versements à caractère obligatoire de la part des employeurs comme des assurés ; que ces cotisations ouvrent vocation à des droits aux prestations et avantages*

---

[99] FERRAS (B.), MATT (J.-L.), « La question du financement », *Vie sociale*, n° 10, 2015, p.133.

[100] Cons. Const., Décision n° 60-11 DC du 20 janvier 1961, *Loi relative aux assurances maladie, invalidité et maternité des exploitants agricoles et des membres non-salariés de leur famille*, JO du 24 janvier 1961, p.982, Recueil p.29 ; AJDA, 1961.87, obs. Anon ; Dalloz 1962.177, note L. Hamon ; FAVOREU (L.) et PHILIP (L.), *Les grandes décisions du Conseil constitutionnel*, Paris, Dalloz, 15e éd., 2009, pp.68-79.

[101] PHILIP (L.), « La CSG et la notion d'impôt », *Droit fiscal*, 1991, n° 14, p.614; PRÉTOT (X.), « Prélèvements sociaux et prélèvements fiscaux », pp.121-147, in PHILIP (L.), *Les finances sociales, unité ou diversité ?*, Paris, Economica, 1995, 254 p.

[102] CE, Ass., 26 octobre 1990, n° 72641 et n° 72642, *Union des sociétés d'assurance du secteur privé et autres.*

servis par ces régimes » [103]. La définition des cotisations sociales regroupe désormais les « *versements à caractère obligatoire ouvrant des droits aux prestations et avantages servis* » par les régimes obligatoires de la Sécurité sociale [104]. Les cotisations sociales constituent le financement originaire de la Sécurité sociale mais elles ne sont désormais plus les seules à fournir des ressources destinées à financer les prestations sociales.

17. L'impôt est à la fois un objet du droit fiscal et un fait social [105]. Il n'est pas « *à un paradoxe près* » [106] puisque la notion d'impôt constitue « *l'une des plus fondamentales, mais en même temps l'une des plus problématiques du droit public financier* » [107]. La définition de l'impôt, communément admise, le conçoit comme une « *prestation pécuniaire requise des particuliers par voie d'autorité, à titre définitif, et sans contrepartie, en vue de la couverture des charges publiques* » [108]. Elle a cependant fait l'objet de nombreuses définitions et adaptations suivant les auteurs puisqu'il s'agit d'une notion qui n'est pas légalement ou constitutionnellement définie. La complexité du système fiscal est causée, selon Henry-Michel CRUCIS, par l'appartenance de l'impôt à deux fonctions et conceptions complémentaires. La conception classique de l'impôt érige celui-ci en « *moyen de couverture des dépenses publiques* » [109] et la conception moderne conçoit l'impôt comme un instrument d'intervention fiscale, comme un « *moyen direct de poursuivre*

---

103 Cons. Const., Décision n° 93-325 DC du 13 août 1993, *Loi relative à la maîtrise de l'immigration et aux conditions d'entrée, d'accueil et de séjour des étrangers en France*, JO du 18 août 1993, p.11722, Recueil, p.224, Considérant n° 119.

104 Cons. Const., Décision n° 2014-698 DC du 6 août 2014, *Loi de financement rectificative de la sécurité sociale pour 2014*, JO du 9 août 2014, p.13358, Considérant n° 7.

105 BOUVIER (M.), *Introduction au droit fiscal général et à la théorie de l'impôt*, Paris, LGDJ, 13e édition, 2016, p.7 ; Cité également par ROSA (A.), *Solidarité et impôt – Recherche sur les fondements de l'impôt moderne*, Paris, Dalloz, Coll. Bibliothèque parlementaire et constitutionnelle, 2015, p.7.

106 ORSONI (G.), « L'impôt entre symbolique et représentation », in ALBERT (J.-L.) (dir.), *Mélanges en l'honneur de Jean-Pierre Lassale, Gabriel Montagnier et Luc Saïdj*, Paris, L'harmattan, 2012, p.309.

107 AMSELEK (P.), « Impositions et cotisations obligatoires », in Mélanges Loïc Philip, *Constitution et finances publiques*, Economica, 2005, p.239.

108 NÉGRIN (O.), « Une légende fiscale : la définition de l'impôt de Gaston Jèze », *Revue de droit public*, 2008, n° 1, pp.119-131.

109 CRUCIS (H.-M.), *Finances publiques*, Paris, Lextenso, Coll. Focus droit, 2e éd., 2009, p.140.

des objectifs économiques, sociaux, éducatifs, culturels, etc. » [110]. L'impôt n'est donc plus seulement un moyen permettant la couverture des charges publiques, il devient « *un facteur et un révélateur des relations entre l'État et la société,* [...] *une institution indissociablement politique et sociale, qui participe des rapports de pouvoirs et façonne les relations sociales* » [111]. L'impôt appartient à la catégorie des impositions de toutes natures qui relèvent de l'article 34 de la Constitution du 4 octobre 1958. Ces deux notions ne doivent pas être confondues[112], même si la notion d'impôt est alors parfois associée, à tort, à celle d'imposition de toutes natures qui regroupe des prélèvements fiscaux aux natures variées comprenant les impôts mais aussi des taxes. L'impôt peut désormais être défini comme une prestation pécuniaire obligatoire visant à couvrir les charges publiques à titre définitif, qu'elles soient d'ordre étatiques, locales ou sociales, afin de subvenir aux besoins d'un service public ou d'une mission d'intérêt général, tout en respectant les facultés contributives de chacun et en restant dénué de contrepartie directe et déterminée, bien que son affectation soit possible mais encadrée. Les taxes sont des impositions de toutes natures et sont prélevées lors de la fourniture d'un service. Elles se distinguent ainsi « *de la redevance par l'absence d'équivalence entre le service rendu et le montant de la taxe* » [113]. Certains prélèvements sont qualifiés de taxes dans leur dénomination, alors qu'ils constituent des impôts. Tel est notamment le cas de la taxe de solidarité additionnelle. Instituée par l'article L.862-4 du Code de la sécurité sociale, elle est assise sur « *le montant des sommes stipulées au profit d'une mutuelle régie par le code de la mutualité* ». Elle est additionnelle aux cotisations d'assurance maladie complémentaire versées par les personnes physiques résidentes en France. La cotisation d'assurance maladie complémentaire permet de bénéficier de l'assurance complémentaire souscrite. Le paiement de la taxe n'est donc pas lié à l'utilisation faite par l'assuré. De plus, elle n'ouvre pas droit à des prestations sociales, dès lors elle est sans contrepartie directe et constitue donc un impôt. Cette complémentarité entre les impôts et les taxes s'illustre au sein du financement de la Sécurité sociale, dès lors les impôts et taxes affectées forment une qualification juridique spécifique en tant que prélèvements obligatoires explicitement

---

[110] *Ibid.*

[111] DELALANDE (N.) et SPIRE (A.), *Histoire sociale de l'impôt*, Paris, La Découverte, Coll. Repères, 2010, p.4.

[112] LAMARQUE (J.), NÉGRIN (O.), AYRAULT (L.), *Droit fiscal général*, *op.cit.*, p.2.

[113] ROSA (A.), *Solidarité et impôt – Recherche sur les fondements de l'impôt moderne*, *op.cit.*, p.18.

affectés au financement de la Sécurité sociale. Si les statisticiens ont défini les prélèvements obligatoires comme « *l'ensemble des contributions obligatoires effectuées sans contrepartie au profit d'administrations publiques et des institutions communautaires européennes* » [114], cette définition ne permet pas de prendre en compte l'ampleur et l'importance des prélèvements obligatoires. La notion même de prélèvements obligatoires rassemble des prélèvements de natures diverses. Les prélèvements obligatoires constituent des prélèvements publics imposés par la loi. Il apparaît néanmoins que le concept de prélèvement obligatoire ne peut désormais se limiter aux seuls aspects comptable et statistique et doit devenir un concept juridique. Recourir à la notion de prélèvements obligatoires permet une « *articulation* » entre les aspects sociaux et les aspects fiscaux [115]. Les impôts et taxes affectées traduisent également cette articulation bien qu'ils constituent toutefois une notion abstraite regroupant des prélèvements aux natures diverses dont l'unique point commun est leur affectation, dès lors ils peuvent être rapprochés de la notion d'impositions de toutes natures. Seul le Conseil des prélèvements obligatoires donne une définition « positive » des taxes affectées en estimant que ces dernières doivent respecter quatre critères. Une taxe affectée doit ainsi être soit une imposition de toutes natures, soit une contribution rendue obligatoire par un acte législatif ou réglementaire. Elle est affectée à une entité, dotée ou non de la personnalité morale, elle finance une mission d'intérêt général, et sa suppression ou son remplacement par une dotation budgétaire sont possibles constitutionnellement [116]. La notion de taxes affectées est ainsi liée à celle d'imposition de toutes natures. Néanmoins si la qualification d'imposition de toutes natures a une « *portée bien précise* »[117], tel n'est pas le cas de son contenu. Le Conseil constitutionnel opère une interprétation casuistique des prélèvements qui lui sont soumis afin de déterminer leur appartenance ou non aux impositions de toutes natures. La notion d'impositions de toutes natures est certes affirmée par la Constitution mais elle n'est pas pour autant définie de manière positive. La notion d'impositions de toutes natures est « *moins une catégorie sans critère*

---

[114] *Ibid.*

[115] Conseil des prélèvements obligatoires, *L'activité du Conseil des prélèvements obligatoires pour les années 2006 à 2011*, 2011, p.22.

[116] *Ibid*, p.38.

[117] PRÉTOT (X.), « Le Conseil constitutionnel, les finances publiques et les finances sociales – La jurisprudence de l'année 2009 », *RFFP*, 2010, n° 110, p.233.

qu'une catégorie fourre-tout » [118] puisqu'il n'existe pas de définition constitutionnelle ou légale [119] de la notion. Elle revêt d'ailleurs « *une dimension sans cesse plus large* [...] *parce que leur produit, comme leur finalité, ne se limitent pas au financement des budgets de l'État et des collectivités territoriales, et que, toujours en termes d'objectif, il s'est agi de passer du financement de la puissance publique à celui du service public et même parfois, par voir de conséquence, à la simple prise en compte d'un intérêt public* » [120]. Les impositions de toutes natures ne peuvent et ne doivent pas être assimilées à l'impôt, et inversement. Les impositions de toutes natures reposent toutefois sur une exigence de solidarité. Dans la conception d'Edgard ALLIX, l'impôt apparaît comme le « *prélèvement que la Souveraineté exige de l'individu, en vertu du principe de la solidarité nationale, pour subvenir aux dépenses d'intérêt général et aux charges résultant des dettes de l'État* » [121]. Afin de répondre à une logique solidaire, l'impôt est utilisé pour financer des soins prodigués. Le « droit des pauvres », mis en place au XVIIe siècle, était une « *contribution levée sur le public au profit des pauvres, dans les théâtres et autres lieux de plaisir* » [122] dont le produit était affecté premièrement à l'hôpital Saint-Julien, puis en faveur de l'Hôtel Dieu[123], ensuite en faveur des « *indigents qui ne sont pas dans les hospices* » [124]. L'utilisation de

[118] PRÉTOT (X.), « La distinction entre impôts et cotisations sous le regard du juge », in *Impôt et cotisation : quel financement pour la protection sociale ?* Un colloque organisé par le Conseil d'État le 27 juin 2014, Paris, La documentation française, Coll. Droits et Débats, 2015, p.63.

[119] LAMARQUE (J.), NÉGRIN (O.), AYRAULT (L.), *Droit fiscal général*, *op.cit.*, p.1.

[120] ORSONI (G.), « Taxinomie fiscale », in *Mélanges en l'honneur de Pierre Beltrame*, Aix-en-Provence, PUAM, 2010, p.422.

[121] ALLIX (E.), *Traité élémentaire de science des finances et de législation financière française*, 1921, p.365 ; Cité également par SÉBASTIEN (G.), « Edgard Allix, un réformateur méconnu », in RAIMBAULT DE FONTAINE (S.) (dir.), *Doctrines fiscales : à la redécouverte de grands classiques*, Paris, L'Harmattan, Coll. « Finances publiques », 2007, p.43.

[122] NIELLY, *Droit des pauvres*, in SAY (L.), *Dictionnaire des finances* – t.I. A. - D., Paris, Berger-Levrault, 1889, p.1550.

[123] « *les lettres patentes de Charles VI, du 24 avril 1407, accordant aux ménétriers de Saint- Julien de « demander et cueillir l'aumône Saint-Julien aux noces où ils seront loués, et par dons accoutumés » ; l'arrêt du Parlement du 27 janvier 1541, autorisant les Confrères de la Passion à représenter leurs mystères de 1 heure à 5 heures de l'après-midi et réclamant, pour cette faveur, 1 000 livres tournois « à bailler aux pauvres* », in FOSSEYEUX (M.), *L'Hôtel-Dieu de Paris au XVIIe au XVIIIe siècle*, Paris, Berger-Levrault, 1912, p.118.

[124] Article 2 de la Loi du 7 frimaire an V (27 novembre 1796) : « *Le produit de la recette sera employé à secourir les indigents qui ne sont pas dans les hospices* ».

l'impôt à des fins sociales se retrouve également à travers le droit de plaidoirie, institué en 1921 et affecté par la loi du 12 janvier 1948 au financement d'une pension de retraite [125]. Sous la Vᵉ République, l'affectation des ressources fiscales au financement de la Sécurité sociale devient abondante puisque cela concerne la contribution sur la prime d'assurance automobile de 1967, les droits sur les tabacs et alcools, le financement du budget annexe des prestations sociales agricoles. La contribution sociale généralisée n'est donc pas le premier prélèvement affecté à la Sécurité sociale puisque les contributions sur les spécialités pharmaceutiques ont été affectées à la Caisse nationale d'assurance maladie depuis 1983 [126]. Benjamin FERRAS considère cependant l'affectation de « *véritables recettes publiques* » [127] au BAPSA [128] dans la loi de finances pour 1960 [129] comme étant la première étape de la fiscalisation [130]. L'impôt est ainsi de plus en plus souvent utilisé dans une logique solidaire. Dès lors la solidarité devient l'un des fondements de l'impôt où son importance résulte « *surtout de son principe même, consistant à structurer et consolider le lien social* » [131].

B. DES RESSOURCES ENTRE ASSURANCE ET SOLIDARITÉ

18. La dualité entre le système assurantiel et celui fondé sur la solidarité était primordiale au moment de la création de la Sécurité sociale.

---

[125] Alinéa 1, article 3 de la loi n° 48-50 du 12 janvier 1948 relative aux droits de plaidoirie des avocats : « *Le montant desdites allocations est versé à une caisse privée, dite caisse nationale des barreaux français, dotée de la personnalité civile, à laquelle seront obligatoirement affiliés tous les avocats, tant inscrits au tableau que stagiaires, des barreaux du territoire métropolitain.* »

[126] Loi n° 83-25 du 19 janvier 1983 portant diverses mesures relatives à la sécurité sociale (mesures destinées à combler le déficit de la sécurité sociale), JORF du 20 janvier 1983, p.374.

[127] DURAND (P.), *La politique contemporaine de Sécurité sociale* [1953], *op.cit.*, p.285.

[128] Voir en ce sens, MAZEROLLES (A.), « Le problème du financement des prestations familiales agricoles », *Revue de Science et Législation financières*, 1949, pp.46-56 et « Le budget annexe des prestations familiales agricoles », *Revue de Science et Législation financières*, 1949, pp.447-457.

[129] Loi n° 59-1454 du 26 décembre 1959 portant loi de finances pour 1960, JORF du 27 décembre 1959, p.12363.

[130] FERRAS (B.), « Cotisations sociales, impôts et démocratie », in BOUVIER (M.) (dir.), *Réforme des finances publiques, Démocratie et bonne gouvernance*, Paris, LGDJ, 2004, p.268.

[131] CRUCIS (H.-M.), *Finances publiques*, Paris, Lextenso, Coll. Focus droit, 2e éd., 2009, p.140

La situation a toutefois évolué sous l'influence de la fiscalisation. Cette dualité existe dès l'origine de la Sécurité sociale puisqu'en 1945 les « *lois allemandes de Bismarck* » [132] ont su inspirer le système français de Sécurité sociale [133] même si l'alinéa premier de l'article L.111-1 du Code de la sécurité sociale dispose que « *la sécurité sociale est fondée sur le principe de solidarité nationale.* ». Depuis la loi n° 2015-1702 du 21 décembre 2015[134], ce n'est plus uniquement l'organisation de la Sécurité sociale qui repose sur le principe de solidarité nationale, mais toute la Sécurité sociale. La Sécurité sociale permet l'expression de l'assistance et de la solidarité mais Francis NETTER considère que « *c'est à l'homme qu'incombe le devoir de prendre soin de son existence, c'est à lui qu'il appartient au premier chef par ses propres efforts de se procurer la sécurité de l'existence et de se mettre à l'abri de la misère* » [135]. La solidarité est conçue comme « *un fait permanent, toujours identique à lui-même, l'élément constitutif irréductible de tout groupement social* » [136]. Elle s'oppose à la logique assurantielle et repose sur le système fondé par Lord BEVERIDGE en 1942 dans le rapport *Social Insurance and Allied Service*. L'opposition entre la logique assurantielle et solidaire traduit une « *dichotomie* » [137] aux contours obscurs puisque « *le système de sécurité sociale mis en place à la Libération n'a jamais relevé totalement de la logique de l'assurance professionnelle à l'allemande, c'est-à-dire d'un système totalement indépendant de l'État* » [138]. La distinction entre la logique assurantielle et solidaire, autrefois essentielle, n'a désormais « *plus guère de fondement* » [139]. La Sécurité sociale française réalise « *une*

---

[132] Bureau international du travail, *Sécurité sociale : Quelle méthode de financement ? Une analyse internationale*, Genève, BIT, 1983, p.74.

[133] Les lois allemandes bismarckiennes s'inspirent des Codes prussiens de 1810, 1845 et 1869.

[134] Loi n° 2015-1702 du 21 décembre 2015 de financement de la sécurité sociale pour 2016, JORF n° 0296 du 22 décembre 2015, p.23635.

[135] NETTER (F.), *La Sécurité sociale et ses principes* [1959], *op.cit.*, p.13.

[136] DUGUIT (L.), *Traité de droit constitutionnel*, 3e éd., t.1 – La règle de droit – Le problème de l'État, Paris, Ed. Fontemoing, 1927, 763 p.

[137] LAGRAVE (M.), « Assurance et solidarité dans la Sécurité sociale », *Droit social*, 1996, p.502.

[138] PHILIP (L.) « La protection sociale et les nouvelles frontières entre finances publiques et finances privées », *RFFP*, n° 79, 2002, p.34.

[139] PHILIP (L.), « L'indispensable clarification du mode de financement de la sécurité sociale », in *Politiques et management public*, vol. 20, n° 1, 2002. Reconfigurer l'action publique : big bang ou réforme ? Actes du onzième colloque international – Nice, jeudi 4 et vendredi 5 octobre 2001 – t.1, p.1.

synthèse pragmatique et assez équilibrée » [140] entre ces deux logiques, mais les difficultés suscitées par le financement et les modalités de sa mise en œuvre demeurent toutefois d'actualité puisqu'elles tendent à bouleverser cet équilibre.

19. La Sécurité sociale traduit une aspiration sociale des hommes à la sécurité. Cette aspiration sociale trouve son origine dans l'Ancien régime où elles étaient perçues comme une « *aspiration à une révolution généralisée qui permettrait de préparer une synthèse totale des connaissances et des aspirations de l'homme d'où se dégagerait une nouvelle conception du monde* » [141]. Les lois morales étaient alors considérées comme étant « *la base fondamentale du pacte social* [visant] *la sécurité des intérêts individuels et des intérêts collectifs et sociaux et nationaux* » [142]. D'abord présentes dans le Contrat social de Jean-Jacques ROUSSEAU, ces aspirations sociales ont ensuite été développées dans le socialisme en tant que doctrine politique et économique prônant la solidarité ainsi que des valeurs d'égalité et de justice sociale. Jean-Jacques ROUSSEAU affirmait que « *le contrat social, dans l'État, sert de base à tous les droits* » [143]. Le contrat social apparaît comme une source de transformation sociale. Avec la Révolution française, les corporations ont été supprimées et les associations professionnelles ont été interdites en réaction à l'Ancien Régime et ceci par la « *Loi Le Chapelier* »[144]. Les révolutionnaires ont ainsi « *cassé les fragiles fondements d'une entraide naissante* »[145] pour confier à la Nation le soin de veiller sur l'existence

---

[140] PHILIP (L.), « L'indispensable clarification du mode de financement de la sécurité sociale », in *Politiques et management public*, vol. 20, n° 1, 2002. Reconfigurer l'action publique : big bang ou réforme ? Actes du onzième colloque international – Nice, jeudi 4 et vendredi 5 octobre 2001 – t.1. p.1.

[141] AUBERY (P.), « L'anarchisme des littérateurs au temps du symbolisme » *in* Institut français d'histoire sociale, *Le Mouvement social : bulletin trimestriel de l'Institut français d'histoire sociale*, 1969, n°69, p.24

[142] Groupe d'Etudes sociales organiques du Havre, *Essai de Constitution morale et sociale : but et moyens*, Le Havre, A. Brindeau, 1885, p.39

[143] ROUSSEAU (J.-J.), *Du Contrat social*, Chap. IX, Livre I - Repris par FAGUET (E.), *Politique comparée de Montesquieu, Rousseau et Voltaire*, Paris, Société française d'imprimerie et de librairie, 1902, p.124, [Rééd.] ROUSSEAU (J.-J.), *Du Contrat social,* Genève, Les éditions du Cheval Ailé, Coll. Œuvres immortelles, 1947, p. 201

[144] Décret du 14 juin 1791 relatif aux assemblées d'ouvriers et artisans de même état et profession, dit « Loi Le Chapelier », Recueil Duvergier, p.25-26

[145] BONNICI (B.), La politique de santé en France, Paris, PUF, 3e éd., coll. « Que sais-je », 2004, p.5 ; cité également par DUFOUR (A.-C.), *Les pouvoirs du Parlement sur les*

des plus démunis. Ce besoin de sécurité est néanmoins resté « *un besoin permanent et profond de tous les hommes* »[146]. Une fois la sécurité politique et civile acquise, les hommes ont souhaité la prolonger sur le plan économique et social afin d'être protégé contre les menaces de la misère.

20. Préalablement aux notions d'assurance et de solidarité, la notion d'assistance sociale prédominait. Gaston JÈZE affirmait d'ailleurs que « *le point de vue social des problèmes financiers n'ait apparu qu'à une date récente, avec le développement de la politique sociale : assistance sociale, interventionnisme* »[147]. Issue des règles morales, l'assistance était « *sous-tendue par un fondement religieux* » et traduisait « *un objectif primordial de défense sociale contre les marginaux* »[148]. La Révolution française de 1789 est venue amener une nouvelle conception de l'assistance en ce qu'elle tend à devenir un droit à l'assistance. Cette notion d'assistance est notamment présente dans l'article 21 de la Constitution du 24 juin 1793 énonçant que « *Les secours publics sont une dette sacrée. La société doit la subsistance aux citoyens malheureux, soit en leur procurant du travail, soit en assurant les moyens d'exister à ceux qui sont hors d'état de travailler* ». Dès 1796, la protection sociale est financée sous le Directoire par « *des dons, et des impôts locaux comme les centimes additionnels et le droit des pauvres* »[149]. Néanmoins le système d'assistance publique se met en place dès 1889 avec le Congrès d'international de l'assistance publique qui prévoit notamment le « *principe de l'assistance obligatoire à l'indigent par les collectivités publiques* »[150]. Le droit à l'assistance publique deviendra ensuite le droit à l'aide sociale. Jusqu'en 1914, la protection sociale s'organisait autour de « *la prévoyance libre, destinée aux classes sociales les plus aisées, la moyenne et petite bourgeoisie, à travers la mutualité et les assurances*

---

finances de la sécurité sociale – Étude des lois de financement de la Sécurité sociale, Paris, Dalloz, 2012, Coll. Bibliothèque parlementaire et constitutionnelle, p.3.

[146] LAROQUE (P), *Réflexions sur le problème social*, Paris, Les Editions Sociales Françaises, 1953, p.

[147] JÈZE (G.), *Cours élémentaire de science des finances et de législation financière française*, *op.cit.*, p.32.

[148] DUPEYROUX (JJ.), BORGETTO (M.) et LAFORE (R.), *Droit de la sécurité sociale*, Paris, Dalloz, Coll. Précis, 17e édition, 2011, p. 14.

[149] DUFOUR (A.-C.), *Les pouvoirs du Parlement sur les finances de la sécurité sociale – Étude des lois de financement de la Sécurité sociale*, *op.cit.*, p.4.

[150] LAROQUE (M.), L'administration de l'Etat providence, Pouvoirs, n°94, 2000, p.60. (pp. 59-73)

privées » [151]. La protection sociale formait ainsi « *un assemblage de lois sectorielles reposant sur des logiques et des organismes différents* » [152] puisqu'elle était à la fois « *privée ou publique, individuelle ou collective, facultative ou obligatoire, locale ou nationale, territoriale ou sectorielle* » [153] . La première guerre mondiale va constituer un accélérateur du système de protection sociale puisqu'elle permet la réintégration de l'Alsace-Moselle. Cette réintégration va s'accompagner du maintien intégral des assurances sociales dont elles bénéficiaient depuis 1873, avant de les élargir à l'ensemble du territoire français. À cette époque, la France n'avait rien d'équivalent que l'on pouvait substituer au régime en vigueur en Alsace et en Moselle [154]. Dans un certain nombre de secteurs, l'application pure et simple des lois françaises eut été pour l'Alsace-Lorraine une « *véritable régression* » [155] puisque le droit allemand avait élaboré une législation d'ensemble sans équivalent en France. Le droit de l'assurance maladie s'est alors figé avec la traduction en français de la loi du Reich sur les assurances sociales (*Reichsversicherungsordnung*) de 1914. Lors du rattachement à la France en 1918, « *il n'a pas été procédé à une application immédiate et générale de la législation française dans les départements du Haut-Rhin, du Bas-Rhin et de la Moselle* » [156]. La législation en vigueur le jour de l'Armistice dans le Reichland Alsace-Lorraine était par conséquent très composite puisqu'elle comportait des textes d'origine française antérieurs à l'annexion allemande de 1870 et non abrogés par l'Allemagne, des lois dites lois d'Alsace-Lorraine adoptées par le Parlement local et les lois dites d'Empire applicables à tout le territoire allemand. Si l'assistance était initialement une faveur obtenue par l'assisté nécessitant un état de besoin, elle a cessé de l'être pour devenir un droit tout comme l'assurance confère « *un droit contre l'assureur* » [157]. L'opposition entre les deux « *tend à s'atténuer* » puisque « *l'affirmation d'un sentiment de solidarité a fait reconnaître comme un devoir social l'assistance des indigents*

---

[151] DREYFUS (M.), « L'émergence tardive des assurances sociales en Europe », in *Les assurance sociales en Europe*, Rennes, Presses universitaires de Rennes, 2009, p.80.

[152] *Ibid.*

[153] *Ibid.*

[154] Voir en ce sens, MILLERAND (A.), *Le retour de l'Alsace-Lorraine à la France*, Paris, 1923, p.70 et s. ; Cité également par GIBAUD (B.), *De la mutualité à la Sécurité sociale*, Paris, Editions ouvrières, 1986, p.94.

[155] WOEHRLING (JM), « Perspectives sur le droit local », *JCAM*, Fascicule n°30, 2001, p.12

[156] *Ibid*, p.4.

[157] DURAND (P.), *La politique contemporaine de Sécurité sociale* [1953], *op.cit.*, p. 602.

malades, âgés ou infirmes »[158]. C'est d'ailleurs dans ce même état d'esprit, dans ce souhait de développer cette notion d'assistance qu'ont été prises la loi dite d'assistance publique du 7 août 1851 qui pose les bases du service public hospitalier actuel, la loi du 15 juillet 1893[159] sur l'assistance médicale gratuite qui institue les domiciles de secours et la loi du 14 juillet 1905[160] qui établit l'assistance obligatoire aux vieillards indigents, infirmes et incurables où l'assistance sociale apparaît alors comme une « *nécessité sociale* »[161]. Il en est de même pour le décret n°53-1186 du 29 novembre 1953 portant réforme des lois d'assistance[162]. Si les assurances sociales se sont développées tardivement en France, elles ont tout de même « *ouvert la voie à la Sécurité sociale* »[163].

21. L'opposition entre la logique assurantielle et la logique solidaire est désormais moindre[164] puisque la nécessité de financer des prestations sociales prime sur la logique retenue pour les financer. Les problèmes financiers rencontrés par la Sécurité sociale figurent désormais « *au premier plan de ceux que pose la politique de sécurité sociale* »[165] et la nature du financement retenu conditionne la nature du système de Sécurité sociale. L'utilisation de l'impôt comme solution aux problèmes financiers de la Sécurité sociale renforce la solidarité puisqu'il est « *d'abord un objet et un rapport de solidarité, l'absence de contrepartie à son paiement constitue le critère distinctif essentiel et la marque de la solidarité qu'il matérialise* »[166]. Il organise ainsi la solidarité dans l'intérêt général. Cette imbrication de la politique sociale, de la solidarité, et de l'effort budgétaire matérialisé par l'impôt, n'est pas récente puisque Paul LEROY-BAULIEU affirmait qu'« *à cette vieille passion de la guerre se joignent des passions plus nouvelles, plus nobles, mais toujours onéreuses, qui se traduisent par la politique dite sociale, la solidarité imposée, l'effort budgétaire pour*

---

[158] *Ibid.*, p. 603.
[159] *Recueil Duverger*, 1893, p.351.
[160] JO, 16 juillet 1905, p.4349 ; *Recueil Duverger*, 1905, p.435.
[161] JUERY (J.), *L'assistance aux vieillards, infirmes et incurables et la loi du 14 juillet 1905*, Paris, Sirey, 1906, p.11.
[162] JORF du 3 décembre 1953, p.10759.
[163] DREYFUS (M.), « L'émergence tardive des assurances sociales en Europe », *op.cit.*, p.126.
[164] DUFOURCQ (N.), « Sécurité sociale : le mythe de l'assurance », *Droit social,* 1994, p.295.
[165] DURAND (P.), *La politique contemporaine de Sécurité sociale* [1953], *op.cit.*, p.276.
[166] ROSA (A.), *Solidarité et impôt – Recherche sur les fondements de l'impôt moderne*, *op.cit.*, p.12.

atténuer les différences des conditions humaines et pour assurer, quelles que soient les infortunes ou les fautes individuelles, à chacun un minimum de bien-être » [167]. L'augmentation des recettes publiques afin de financer les politiques sociales était ainsi pleinement envisagée et souhaitée.

22. La fiscalisation modifie les normes applicables mais aussi le financement de la Sécurité sociale puisqu'elle devient une révolution sociale et traduit une « *aspiration à une révolution généralisée qui permettrait de préparer une synthèse totale des connaissances et des aspirations de l'homme d'où se dégagerait une nouvelle conception du monde* » [168]. Les différentes conceptions de l'impôt se retrouvent également au sein des logiques inhérentes à la Sécurité sociale puisque Gaston JÈZE opposait la théorie de l'impôt-solidarité, soutenue désormais par Audrey ROSA[169], à la théorie de l'impôt-contrepartie ou de l'impôt-prime d'assurance [170]. Si l'opposition entre la logique assurantielle et solidaire est désormais moindre, elle a toutefois été régulièrement mise en exergue par le pouvoir normatif. L'ordonnance n° 84-198 du 21 mars 1984 relative au revenu de remplacement des travailleurs involontairement privés d'emploi et portant modification du code du travail dispose qu'avec les décrets pris pour son application, ils instituent « *deux régimes distincts : un régime d'assurance financé par les contributions des employeurs et des salariés et un régime de solidarité* » [171]. Cette opposition a ensuite été réaffirmée avec vigueur lors des débats

---

[167] LEROY-BEAULIEU (P.), *Traité de la science des finances*, Paris, Ed. Guillaumin et Cie, Felix Alcan, 7e éd., 1906, t.1 – Des revenus publics, p.I-II.

[168] AUBERY (P.), « L'anarchisme des littérateurs au temps du symbolisme » *in* Institut français d'histoire sociale, *Le Mouvement social : bulletin trimestriel de l'Institut français d'histoire sociale*, 1969, n° 69, p.24.

[169] ROSA (A.), *Solidarité et impôt – Recherche sur les fondements de l'impôt moderne*, *op.cit.*, 500 p.

[170] « *la théorie de l'impôt-solidarité (le contribuable n'a rien d'autre à attendre du paiement de l'impôt que la satisfaction provenant de la poursuite d'activités intéressant la collectivité toute entière) pour laquelle il exprimait de très loin sa préférence, à la théorie de l'impôt-contrepartie (l'impôt devant alors la somme versée par les citoyens en échange des services rendus par l'État) ou de l'impôt-prime d'assurance (l'impôt serait le prix à payer par les membres de la collectivité en garantie de leur sécurité)* », QUEROL (F.), « Gaston Jèze et la théorie du partage équitable de l'effort fiscal » in RAIMBAULT DE FONTAINE (S.) (dir.), *Doctrines fiscales : à la redécouverte de grands classiques*, Paris, L'Harmattan, Coll. « Finances publiques », 2007, p.18.

[171] Ordonnance n° 84-198 du 21 mars 1984 relative au revenu de remplacement des travailleurs involontairement prives d'emploi et portant modification du code du travail, JORF du 22 mars 1984, p.896.

accompagnant la mise en place de la contribution sociale généralisée (CSG) par la loi n° 90-1168 du 29 décembre 1990 [172]. Si l'impôt constitue « *l'expression possible et la plus évidente de la solidarité* » [173], son utilisation dans le financement de la Sécurité sociale et la détermination de sa nature a initialement posé quelques difficultés. La CSG est certes parfois qualifiée « *"super" cotisation* » [174], mais elle constitue une imposition de toutes natures [175]. Les problématiques soulevées par la CSG ont également concerné la contribution pour le remboursement de la dette sociale (CRDS). Mise en place par l'ordonnance n° 96-50 du 24 janvier 1996 [176] à un taux de 0,5%, la CRDS finance la Caisse d'amortissement de la dette sociale et regroupent sept contributions pour le remboursement de la dette sociale qui s'appliquent aux revenus d'activité et de remplacement, aux revenus du patrimoine, aux produits de placement, aux ventes de métaux précieux, bijoux, objets d'art, de collection et d'antiquité, et aux jeux de hasard. L'étude de la fiscalisation intègre donc naturellement l'étude de l'impôt, de la solidarité et leur imbrication au sein des modèles sociaux. Le rapport MABIT prévoit d'ailleurs que la solution aux difficultés rencontrées dans le financement de la Sécurité sociale « *doit résulter d'un partage entre les contributions professionnelles au titre de la solidarité professionnelle et de la participation de l'État au titre de la solidarité nationale* » [177]. L'interventionnisme fiscal constitue parfois « *un instrument au maniement difficile et à l'efficacité limitée* » [178], mais son efficacité est indéniable dans le financement de la Sécurité sociale car il a permis d'apporter des ressources nécessaires sur le long terme, et contribué à améliorer les procédures et techniques mises en place dans le recouvrement des ressources la Sécurité sociale. De plus, il est devenu impossible de faire abstraction des réalités économiques et sociales lors de la détermination du budget de la Sécurité sociale. La fiscalisation tend à uniformiser le financement de la Sécurité sociale en atténuant les

---

[172] Loi n° 90-1168 du 29 décembre 1990 de finances pour 1991, JORF n° 303 du 30 décembre 1990, p.16367.

[173] PONTIER (J.-M.), « De la solidarité nationale », *RDP*, 1983, p.922.

[174] LIBAULT (D.), « Le financement de la sécurité sociale après la contribution sociale généralisée », *Droit social*, 1992, p.117.

[175] Voir en ce sens le paragraphe n° 132.

[176] JORF n° 21 du 25 janvier 1996, p.1226.

[177] MABIT (C.), *Rapport présenté, au nom du Conseil économique et social sur l'évolution des prestations sociales et financement de la sécurité sociale*, 1963, n° 18, JORF, p.689.

[178] AGLAE (M.-J.), « De l'impôt et ses limites », *RFFP*, 2012, n° 120, p.45.

divergences et en renforçant les convergences entre le droit fiscal et le droit de la sécurité sociale.

C. DES RESSOURCES INHÉRENTES AU SERVICE PUBLIC

23. Les notions d'impôt et de solidarité sont inhérentes à cette étude où elles constituent le pont entre la fiscalité et la Sécurité sociale. Une troisième notion, le service public, sert également à renforcer cette interconnexion existante entre les deux. La Sécurité sociale bénéficie en effet d'un « *statut hybride* » [179] puisqu'elle est à la fois un service public et une institution autonome. Un service public est « *une activité d'intérêt général exercée par une personne publique, ou sous son contrôle, et soumise à un régime plus ou moins exorbitant du droit commun* » [180]. L'objectif du service public est de « *donner une satisfaction, aussi complète, aussi rapide que possible, à certains besoins communs de la population* » [181]. Il n'existe pas de forme unique du service public mais « *des formes très variées impliquant des différences profondes* » [182]. La Sécurité sociale en constitue une puisqu'il s'agit d'« *une affaire de l'État, d'un État qui ne saurait désormais en raison même de ses fondements constitutionnels, échapper à ses responsabilités* » [183]. La Sécurité sociale s'inscrit sous la responsabilité de l'État qui doit protéger les besoins sociaux de la population et fournir des prestations sociales adéquates. Stéphane CAPORAL pousse la réflexion en estimant que « *toute prestation fournie par l'État est donc un "service public"* » [184]. La Sécurité sociale par sa nature même constitue un service public administratif[185], et plus

[179] BEC (C.), *La Sécurité sociale, une institution de la démocratie*, Paris, Gallimard, Coll. Bibliothèque des sciences humaines, 2014, p.156

[180] BOYER-CAPELLE (C.), *Le service public et la garantie des droits et libertés*, Thèse dactylographiée, Université de Limoges, 2009, p.21.

[181] JÈZE (G.), *Cours élémentaire de science des finances et de législation financière française*, *op.cit.*, p.38.

[182] BERTHELEMY (H.), « Défense de quelques vieux principes », in *Mélanges Maurice Hauriou*, Recueil Sirey, 1929, p.818.

[183] PRÉTOT (X.), « L'État et la Sécurité sociale, Réflexions sur le service public », *Droit social*, 1991, n° 12, p.800.

[184] CAPORAL (S.), *L'affirmation du principe d'égalité dans le droit public de la Révolution française (1789-1799)*, Paris, Aix en Provence, Economica, PUAM, Coll. Droit public positif, 1995, p.73.

[185] DONNADIEU (R.), « Droit public et droit social en matière de Sécurité sociale », *Droit social*, 1991, n° 6, p.236.

précisément un service public constitutionnel [186]. L'obligation de gérer la Sécurité sociale sous forme de service public ne résulte pas de l'article 34 alinéa 4 de la Constitution qui laisse au législateur le choix des moyens [187]. La Sécurité sociale constitue un service public dont l'organisation vise à atteindre un but social, il convient alors de « *comparer d'un côté la valeur sociale que représente, pour la collectivité, ce service public et, de l'autre, les charges économiques qu'il va entraîner pour l'ensemble des individus : le fonctionnement d'un service public s'analyse en une dépense publique qui aura pour conséquence un prélèvement sur le patrimoine des individus* » [188]. La Sécurité sociale illustre ces considérations puisqu'elle traduit désormais un service public unique en son genre dont les dépenses qu'elle engendre se répercutent sur les finances publiques. Si d'après Gaston JÈZE, « *la notion de service public,* [et] *la détermination des cas dans lesquels il convient d'organiser des services publics ne font pas l'objet principal de la finance publique* » [189], cette affirmation n'est désormais plus avérée puisque le volume financier de la Sécurité sociale l'érige en objet principal des finances publiques. Henri BERTHÉLEMY affirme que les administrations publiques ont deux rôles, celui consistant à donner des ordres et celui consistant à rendre service. La Sécurité sociale intervient dans ce deuxième rôle car « *l'administration, pour nous rendre des services et nous procurer des avantages dont l'initiative privée ne nous fournit pas l'équivalent, organise des institutions dans la pratique desquelles l'autorité ne joue aucun rôle* » [190]. Le service public ne peut intervenir sans l'État, tout comme la Sécurité sociale qui « *n'apparaît véritablement qu'avec l'intervention de l'État, seul à même de définir, dans ses buts comme dans ses moyens, une politique d'ensemble s'appliquant à toute la Nation* » [191]. L'impôt, la solidarité, le service public sont alors inhérents à l'étude de la fiscalisation car l'impôt est non

---

[186] BOYER-CAPELLE (C.), *Le service public et la garantie des droits et libertés*, Thèse dactylographiée, Université de Limoges, 2009, p.89 ; ESPLUGAS (P.), *Conseil constitutionnel et service public*, Paris, LGDJ, Coll. Bibliothèque constitutionnelle et de science politique – t.80, 1994, p.76.

[187] ESPLUGAS (P.), *Conseil constitutionnel et service public*, Paris, LGDJ, Coll. Bibliothèque constitutionnelle et de science politique – t.80, 1994, p.75.

[188] JÈZE (G.), *Cours élémentaire de science des finances et de législation financière française*, *op.cit.*, p.16.

[189] *Ibid*, p.9.

[190] BERTHÉLEMY (H.), « Défense de quelques vieux principes », *op.cit.*, p.88.

[191] PRÉTOT (X.), « L'État et la Sécurité sociale », Réflexions sur le service public, *Droit social* 1991, n° 12, p.800.

seulement un moyen privilégié de financement des services publics mais il renforce également la solidarité qui améliore le fonctionnement du service public.

III. UNE FISCALISATION REDÉFINIE

24. Santi ROMANO considère que « *les inexactitudes dans les définitions d'idées très abstraites naissent et se perpétuent souvent à la faveur de l'indétermination des mots qui y correspondent, de la pauvreté d'un langage qui ne fournit pas de termes différents pour distinguer ces idées de leurs voisines* » [192]. La fiscalisation illustre cette considération puisqu'elle est couramment entendue comme la « *substitution d'une ressource fiscale à un autre procédé de financement* » [193]. Elle est également perçue comme l'« action de fiscaliser », ou plus généralement comme la « *part de l'impôt dans le total des ressources d'une collectivité publique* » [194]. Laure AGRON y consacre un paragraphe en affirmant que c'est « *le substantif né de fiscaliser* » [195]. Étymologiquement, il s'agit de « l'action de soumettre à l'impôt ». Laure AGRON recense la première utilisation du terme « fiscalisation » dans Le Monde en 1966 qui dispose que « *la fiscalisation partielle de ces prestations ne pourrait être évitée longtemps* », nous avons cependant pu recenser une première utilisation le 17 mars 1861 qui évoque « *la fiscalisation des impôts respectifs* » [196]. Cette expression sera reprise régulièrement afin de désigner le recours au fisc, la soumission au droit fiscal, dès lors « *la fiscalisation des impôts* » [197] apparaît naturelle. L'expression « *dépenses de la*

---

[192] ROMANO (S.), *L'ordre juridique*, Paris, Dalloz, 2002, 2e éd., p.6.

[193] CORNU (G.) en association avec CAPITANT (H.), *Vocabulaire juridique*, Paris, PUF, 8e éd., 2007, p.413

[194] *Le Grand Larousse Universel*, t.6, Paris, Larousse, 1995, p.4293.

[195] AGRON (L), *Histoire du vocabulaire fiscal*, Paris, LGDJ, 2000, p.100.

[196] BACQUA (N.) et DUPONT (P.), Bulletin annoté des lois, décrets, arrêtés, avis du Conseil d'État, etc., Paris, t.XIV, 1861, p.104 ; DUVERGIER (J.-B.), Collection complète des lois, décrets, ordonnances, règlements et avis du Conseil d'État, Paris, t.61, 1861, p.134 ; TOUSSAINT (V), Code manuel des armateurs et des capitaines de la marine marchande ou résumé de leurs droits et de leurs devoirs à terre et en cours de voyage dans leurs rapports avec le commerce et les administrations de la marine des douanes et des contributions directes, Havre, 1861, p.463 ; WEISS (A.), *Traité théorique et pratique de droit international*, Paris, L. Raose, 1894, p.635.

[197] Le temps du 28/08/1904, p.4.

fiscalisation » [198] intervient plus tardivement en 1887. Elle sera ensuite utilisée de différentes manières afin de décrire : « *une fiscalisation jadis reconnue* » [199] en 1888, « *la fiscalisation des boissons alcooliques* » [200] en 1895, « *une fiscalisation privée* » [201] en 1896 et 1901, la « *fiscalisation des taxes d'excise* » [202] en 1899, et l'expression « *remis à la douane pour la fiscalisation* » [203] en 1908. L'utilisation du terme fiscalisation est donc antérieure à la Sécurité sociale. Avec la création de la Sécurité sociale, il a toutefois pris un nouveau sens et concerne la prise en charge par l'impôt des exonérations de cotisations, dès lors le recours au droit fiscal avait lieu pour financer une dépense initialement financée par des cotisations. Elle s'illustre ensuite dans le Rapport MABIT de 1963 comme « *le financement de l'ensemble des prestations sociales sur fonds publics* » [204]. Depuis l'instauration de la CSG et de la CRDS, la fiscalisation a évolué et ce terme s'est généralisé puisqu'il signifie plus simplement le recours au droit fiscal dans le financement de la Sécurité sociale et pas forcément la substitution des ressources. Tel est le cas de la fiscalisation très médiatisée des allocations familiales, ou encore de la « *fiscalisation sélective des dépenses de santé* » [205] lorsque l'expression utilisée traduit l'augmentation du recours à l'impôt qui devient un instrument d'intervention économique et social et permet de financer l'augmentation des dépenses de santé liées à l'aggravation d'un risque maladie suscité par le comportement du consommateur. La fiscalisation sélective en matière d'alcool, de tabacs, de boissons sucrées et édulcorées [206] intervient dans ce but.

---

[198] Le Rappel du 30 novembre 1887 concernant les travaux du port de Pernambuco au Brésil.

[199] Le Journal des chambres de commerce et d'industrie des chambres consultatives et des chambres syndicales, Janvier 1888, n° 1, p.24.

[200] Revue des vins et liqueurs, Paris, 1895, vol. 19, p.40.

[201] Journal des chemins de fer des mines et des travaux publics, 1896, p.627 – Journal des finances du 02/11/1901, p.2.

[202] La Revue de statistique, 1899-1900, p.311.

[203] Revue des vins et liqueurs, Paris, 1908, vol.32, p.1106.

[204] MABIT (C.), *Rapport présenté, au nom du Conseil économique et social sur l'évolution des prestations sociales et financement de la sécurité sociale*, 1963, n° 18, JORF, p.688.

[205] SAINT-JOURS (Y.), *La faute dans le droit général de la Sécurité sociale*, Paris, Librairie générale de droit et de jurisprudence, R. Pichon et R. Durand-Auzias, 1972, p.32.

[206] Article 1613 ter et quater du Code général des impôts.

25. La recherche de financements nouveaux permettant de financer l'augmentation constante des dépenses sociales [207] a suscité de nombreuses difficultés, mais elle a aussi entraîné un « *bouleversement économique et social* » [208] se traduisant par l'évolution du financement de la sécurité sociale et par l'emprunt de techniques et procédures fiscales dans le droit de la sécurité sociale. Le droit de la sécurité sociale a dû s'adapter à ce bouleversement. Georges VEDEL affirmait alors qu'« *il reste à savoir si les formes classiques lorsqu'elles sont conservées en cas de bouleversement économique et social ne changent pas complètement de sens et n'enferment pas un contenu concret tout différent* » [209]. Le bouleversement engendré par l'utilisation de l'impôt dans le financement de la Sécurité sociale n'a pas remis en cause l'existence de la Sécurité sociale, mais la fiscalisation a pris un sens nouveau dont le contenu diffère de celui existant lors de la création de la Sécurité sociale. Pierre JOXE considérait d'ailleurs en 1994 que « *les fictions juridiques sur lesquelles reposent les systèmes de protection sociale et leur financement sont en train d'éclater lentement* » [210]. L'acceptation du financement par l'impôt oblige une remise en cause des « *idées reçues concernant la nature et les fonctions* » [211] de la Sécurité sociale.

26. La fiscalisation a pendant longtemps été réduite à la seule « *substitution progressive d'un financement par fiscalisation au financement par contribution* » [212]. Dans ce sens, Rémi PELLET affirme qu'elle a été « *dessinée avec la création de la CSG* » allant même jusqu'à la qualifier de « *régression politique* » [213] . N'ayant jamais été juridiquement définie, elle a fait l'objet d'une limitation due bien souvent à un abus de langage plus qu'à l'aboutissement d'une étude de la réalité du phénomène. La fiscalisation est perçue uniquement comme une

---

[207] Si les dépenses publiques étaient de 1 016,2 milliards d'euros en 2007, elles sont en 2013 de 1208,2 milliards d'euros. Source : Insee.

[208] VEDEL (G.), « Conceptions sociales et organisation politique », *Droit Social*, fasc. XXXI, 1947, p.12.

[209] *Ibid.*

[210] DUFOUR (A.-C.), *Les pouvoirs du Parlement sur les finances de la sécurité sociale – Étude des lois de financement de la Sécurité sociale*, *op.cit.*, p.XVI.

[211] BICHOT (J.), « CSG : la solidarité professionnelle se meurt, vive la solidarité nationale ! », *Droit social*, 1991, n° 1, p.74.

[212] ALFANDARI (E.), « Les incidences des réformes sur la cohésion des systèmes de protection sociale », *RDSS*, n° 4, 1996, p.881.

[213] PELLET (R.), « Étatisation, fiscalisation, budgétisation de la Sécurité sociale », *Droit social*, 1995, n° 3, p.297.

substitution et non comme une imprégnation. L'intérêt de cette étude est donc d'approfondir les conséquences d'une telle substitution par le biais de la réaffirmation du principe de solidarité nationale et du principe d'égalité en constatant la mise en exergue de la constitutionnalité de ce financement ; mais c'est aussi l'occasion d'affirmer que la fiscalisation ne se réduit pas à cette simple substitution. L'expression « fiscalisation » signifie également l'influence du droit fiscal sur le droit de la sécurité sociale dans le recouvrement des ressources publiques, mais aussi la mise en place de techniques initialement fiscales au sein du droit de la sécurité sociale. Cette fiscalisation renforce le rôle de l'État dans le financement de la Sécurité sociale et traduit une uniformisation des modèles sociaux européens puisque la fiscalisation n'est pas un phénomène spécifique à la France. Le sens originel de cette expression est alors retrouvé car la fiscalisation traduit une imprégnation du droit fiscal dans le droit de la sécurité sociale qui conserve toutefois des spécificités acquises lors du développement du système de Sécurité sociale. La fiscalisation constitue ainsi un mécanisme complexe qui peut être schématisé au sein de la typologie suivante :

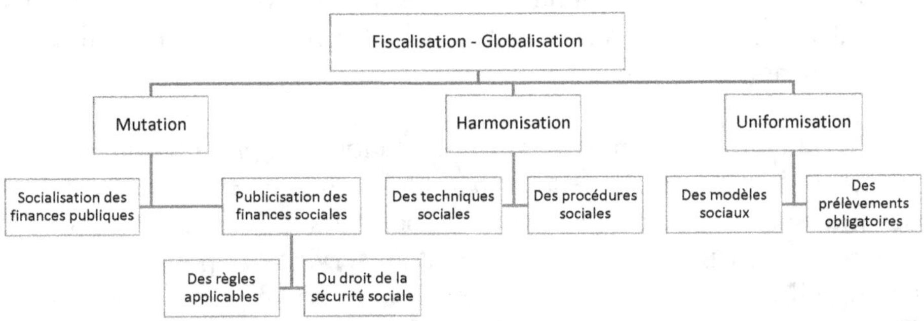

27. La fiscalisation englobe trois processus différents. Elle contient une *fiscalisation-mutation*, dès lors les finances publiques se socialisent, et les finances sociales se publicisent. Cette publicisation se retrouve également au sein des règles applicables aux cotisations sociales, et donc au sein du droit de la sécurité sociale. Cette mutation renvoie ensuite à une *fiscalisation-harmonisation* qui traduit la diffusion des normes fiscales sur les techniques et procédures sociales et tend à les harmoniser afin d'atteindre des objectifs communs. Cette harmonisation se transforme ensuite en une *fiscalisation-uniformisation* qui permet l'uniformisation des modèles sociaux au niveau européen ainsi que des prélèvements obligatoires. Elle traduit la nécessaire mise en place d'une qualification juridique des prélèvements obligatoires et illustre le regroupement des prélèvements sociaux et fiscaux au sein d'une qualification juridique commune issue de l'instauration d'un régime juridique similaire, mais aussi le regroupement des modèles sociaux au sein d'un modèle unique contenant des financements divers et répondant autant aux logiques d'assurance que de solidarité. Ces processus érigent la fiscalisation en globalisation des finances publiques. La *fiscalisation-globalisation* concerne l'ensemble des finances publiques indifféremment de leur caractère social ou non, elle se répercute sur les composants du système social et même plus généralement sur la structure du modèle social. La fiscalisation tend vers un statut juridique unique du prélèvement obligatoire, elle aspire également à mettre en place des lois financières uniques à travers la tendance du droit de la sécurité sociale à s'inspirer des techniques et principes budgétaires. Elle renforce et étend les compétences parlementaires, dès lors les principes budgétaires s'uniformisent et les distinctions entre les finances publiques et les finances sociales s'amoindrissent. La fiscalisation permet la globalisation des finances publiques, mais aussi la globalisation du droit des finances publiques. Fiscaliser serait alors tendre vers une qualification juridique unique du prélèvement obligatoire, mais aussi vers une compétence normative unique s'exprimant dans une loi financière unique relative aux prélèvements obligatoires.

28. La fiscalisation traduit une révolution, soit plus qu'« une simple adaptation, tardive et d'ailleurs imparfaite, du mode de financement de la Sécurité sociale aux objectifs que les pouvoirs publics ont entendu lui assigner » [214]. Elle devient l'instrument au service des pouvoirs publics. La fiscalisation ne se limite pas à un simple basculement d'un financement par cotisation à un financement par l'impôt, mais constitue un mouvement dynamique et progressif. Si initialement elle provient d'un besoin croissant de financement et de l'impossibilité de financer toutes les prestations sociales avec des cotisations sociales, elle a entraîné une nécessaire diversification des ressources qui s'est répercutée sur leur régime et leur recouvrement au point de faire évoluer la structure du financement de la Sécurité sociale mais aussi du droit de la sécurité sociale et du système social auquel il appartient. La fiscalisation constitue un mécanisme au service de la globalisation des finances, dès lors la fiscalité apparaît comme un modèle d'influence permettant de penser l'utilisation

---

[214] PRÉTOT (X.), « Le financement de la Sécurité sociale – Réflexions sur la légitimité des prélèvements publics », *RFFP*, n° 88, 2004, p.60.

du droit fiscal comme une imprégnation du droit fiscal dans la détermination des ressources de la Sécurité sociale ainsi que dans les procédures qui lui sont associées, mais aussi comme un instrument au service du financement de la Sécurité sociale et même plus généralement au service des politiques sociales et de l'État social. La fiscalisation traduit l'utilisation de la fiscalité de deux manières différentes. La fiscalité sert de modèle d'influence du financement des dépenses sociales puisqu'elle inspire les règles et techniques sociales, et même plus généralement le droit de la Sécurité sociale. Elle traduit alors une imprégnation du droit fiscal sur le droit de la Sécurité sociale. La fiscalisation, initiée par la CSG, consiste en une substitution des cotisations sociales par des recettes fiscales. Néanmoins, le besoin croissant de ressources de la Sécurité sociale a modifié ce schéma théorique initial. Le législateur crée ainsi de plus en plus d'impôts et taxes affectés qui ne viennent pas nécessairement en contrepartie d'une baisse des cotisations sociales. Avec l'accentuation de cette logique financière et sociale, la différence entre impositions et cotisations de Sécurité sociale se réduit. La fiscalisation des ressources de la Sécurité sociale, en tant que conséquence de la socialisation des finances sociales, entraîne une remise en question de la pertinence de la différenciation entre les prélèvements sociaux et les prélèvements fiscaux. La fiscalisation est donc une notion polysémique qui traduit soit le recours à l'impôt dans le financement de la Sécurité sociale, soit la publicisation des finances sociales. Le droit de la sécurité sociale emprunte des concepts et techniques au droit fiscal, mais il utilise également ce dernier afin de construire des concepts qui lui sont propres. Si la constitutionnalisation, selon Louis FAVOREU, passe par « la diffusion des normes constitutionnelles »[215], la fiscalisation peut se rapprocher de ce concept puisqu'elle implique la diffusion des normes fiscales en dehors de son champ d'application initial. Néanmoins, l'existence d'un renvoi, explicite ou implicite, vers un autre droit n'exclut pas systématiquement l'autonomie de celui-ci. Le droit de la sécurité sociale et le droit fiscal conservent leur autonomie qui demeure toutefois relative puisqu'un droit ne peut être complètement autonome, qu'il soit fiscal ou social. La fiscalisation des ressources de la Sécurité sociale concerne non seulement les finances sociales, mais aussi le droit qui les régit. Elle traduit la publicisation des finances sociales mais surtout plus largement la

[215] FAVOREU (L.), « La constitutionnalisation du droit », in *L'unité du droit, Mélanges en hommage à Roland Drago*, 1999, pp.25-42. Repris par FAVOREU (L.), *La Constitution et son juge*, Paris, Economica, 2014, p.1088.

publicisation du droit de la sécurité sociale. Malgré la publicisation opérée, les cloisons demeurent entre le droit fiscal et le droit de la sécurité sociale, ainsi qu'entre le droit privé et le droit public. La fiscalisation permet de trouver le juste équilibre entre la nécessité financière et le respect des caractéristiques juridiques propres au système social et fiscal. La fiscalisation traduit alors une imprégnation. Néanmoins, la fiscalisation sert également d'instrument de financement des dépenses sociales puisqu'elle permet l'uniformisation des modèles sociaux et des prélèvements obligatoires. La fiscalisation s'entend comme la création de nouveaux impôts affectés à la Sécurité sociale. La globalisation du droit des finances publiques s'inspire des règles existantes en droit de la sécurité sociale avec l'affectation des ressources, mais aussi des règles existantes en droit des finances publiques étatiques à travers la recherche de l'équilibre budgétaire. La fiscalisation traduit une parlementarisation des finances sociales dans l'aspect organique comme fonctionnel puisque ce processus traduit une valorisation de l'autorisation parlementaire à travers le développement des lois de financement de la Sécurité sociale mais aussi une mutation des principes budgétaires qui tendent à devenir des principes financiers applicables tant aux finances sociales qu'aux finances publiques étatiques. La fiscalisation tend vers un statut juridique unique du prélèvement obligatoire, elle aspire également à mettre en place des lois financières uniques à travers la tendance du droit de la sécurité sociale à s'inspirer des techniques et principes budgétaires. Elle renforce et étend les compétences parlementaires, dès lors les principes budgétaires s'uniformisent et les distinctions entre les finances publiques et les finances sociales s'amoindrissent. La fiscalisation permet la globalisation des finances publiques, mais aussi la globalisation du droit des finances publiques. Elle diffère du simple ajustement et constitue une réforme structurelle puisqu'elle concerne l'ensemble du financement de la Sécurité sociale et se met progressivement en place. Il est toutefois regrettable de constater qu'en matière fiscale et financière les réformes structurelles se sont accumulées afin d'augmenter les ressources de l'État au détriment de la simplification du droit des finances publiques. Les conséquences structurelles de la fiscalisation sont doubles puisque la fiscalisation entraîne une uniformisation des modèles sociaux au niveau européen, mais aussi l'uniformisation des prélèvements obligatoires. Les modèles sociaux européens sont alors à la recherche de l'équilibre financier mais également du juste équilibre entre l'impôt et les cotisations sociales dans le financement des systèmes de protection sociale. Cette recherche du juste équilibre est d'ailleurs accentuée par un contexte

PARTIE 1
LA FISCALISATION – IMPRÉGNATION : LA FISCALITÉ, UN MODÈLE DE FINANCEMENT DE LA SÉCURITÉ SOCIALE

29. Provenant du latin *impraegnatio*, l'imprégnation désigne la pénétration d'une influence. Le financement de la Sécurité sociale s'imprègne des règles et techniques existantes au sein de la fiscalité. La fiscalité s'érige alors progressivement en une source d'inspiration et d'influence du financement de la Sécurité sociale. Le terme de modèle est traditionnellement entendu comme une représentation schématique d'un processus, d'une démarche raisonnée, mais il traduit également une inspiration, une empreinte. Le modèle sert, grâce à ses qualités, de références à l'imitation ou à la reproduction. Cette notion de modèle est inhérente à toutes les branches du droit puisqu'elle concerne tant les modèles sociaux, que les modèles de justice constitutionnelle, les modèles de séparation des pouvoirs ou encore les modèles de gestion des services publics qui opposent les services publics administratifs et les services publics industriels et commerciaux. Ces modèles sont construits à partir de la réalité de la situation existante et permettent d'extraire un sens général à partir de réalités particulières. L'objet, qui constitue un modèle, constitue un modèle d'inspiration. Dès lors la fiscalité constitue un modèle d'influence puisqu'elle traduit l'imprégnation du droit fiscal au sein du financement de la Sécurité sociale, et plus généralement au sein du droit de la Sécurité sociale.

30. La notion de modèle en matière de protection sociale concerne soit le modèle beveridgien[216], soit le modèle bismarckien [217]. Ces modèles sont qualifiés de « *modèle social* » [218] pour désigner l'un des deux d'une manière plus générale et de « *modèle continental* » [219] pour désigner le modèle bismarckien. Ce sont les ordonnances de 1945 qui viennent donner « *à notre "modèle social" sa forme moderne et décisive* » [220]. Pour Claire AUBIN, « *le concept de "modèle" prête à discussion* » [221] puisque les systèmes sociaux s'influencent mutuellement et tendent ainsi à se différencier de la représentation schématique de départ. Cette notion se retrouve également en droit fiscal puisque Paul AMSELEK évoque en 2005 le « *modèle fiscal* » [222] comme source d'inspiration des procédures de recouvrement des organismes sociaux. Le ministère de l'économie, de l'industrie et de l'emploi met ainsi en exergue « *trois types de modèles fiscaux* » [223] provenant de « *choix fiscaux* [traduisant] *la volonté du législateur circonscrite par des impératifs économiques et sociaux* » [224]. Le droit fiscal s'érige en représentation d'une démarche, car il se compose

---

[216] PELLET (R.), *Les finances sociales : économie, droit et politique*, Paris, LGDJ, Coll. Systèmes - Finances publiques, 2001, p.96 ; CRUCIS (HM.), *Finances publiques*, Paris, Lextenso, Coll. Focus droit, 2e éd., 2009, p.122 ; MARIÉ (R.), « Vers un basculement du système de sécurité sociale dans le modèle beveridgien ? », *RDSS* 2011, pp.727-737.

[217] FERRAS (B.), « Cotisations sociales, impôts et démocratie », in BOUVIER (M.) (dir.), *Réforme des finances publiques, Démocratie et bonne gouvernance*, Paris, LGDJ, 2004, p.264 ; Bureau international du travail, *Sécurité sociale : Quelle méthode de financement ? Une analyse internationale*, Genève, BIT, 1983, p.3.

[218] ATTALI (J.), *Tous ruinés dans dix ans ? Dette publique : la dernière chance*, Paris, Fayard, Coll. Le Livre de poche, 2010, p.168 - CYTERMANN (L.) et WANECQ (T.), *Les politiques sociales*, Paris, PUF, Coll. Manuel, 2010, p.346 et s.

[219] BORGETTO (M.), LAFORE (R.), *La république sociale – Contribution à l'étude de la question démocratique en France*, Paris, PUF, 2000, p.362. Ce système est qualifié de « *modèle professionnel continental* », in CHAUCHARD (J.-P.), FRIOT (B.), « Faut-il couper le cordon entre travail et protection sociale ? », *Revue de droit du travail*, 2011, p.677.

[220] TAURAN (T.), « La Sécurité sociale dans la pensée de Paul Durand : entre solidarité et modernité », *RDSS*, 2015, p.537.

[221] AUBIN (C.), « A la recherche du modèle social européen », *Droit social*, 2008, p.484.

[222] AMSELEK (P.), « Impositions et cotisations obligatoires », in Mélanges Loïc Philip, *Constitution et finances publiques*, Paris, Economica, 2005, p.239.

[223] Il s'agit des modèles d'« *économie fermée* », de « *concurrence fiscale* » et de « *développement de l'emploi* », in Ministère de l'économie, de l'industrie et de l'emploi, « Documentation d'orientation sur les évolutions de la politique fiscale », 25 juillet 2008, p.45.

[224] ROSA (A.), *Solidarité et impôt – Recherche sur les fondements de l'impôt moderne*, *op.cit.*, p.29.

de différents modèles mais influence tant les prélèvements obligatoires dans le financement des ressources de la Sécurité sociale que le droit de la sécurité sociale. L'intérêt d'une telle imprégnation est qu'elle permet non seulement d'en mesurer les effets mais qu'elle permet également d'en étudier les composants. S'interroger sur la notion de fiscalisation revient à étudier la terminologie employée et le sens qui lui est donné. La terminologie est importante puisqu'elle permet « *parfois mieux que des définitions trop abstraites, de mesurer la réalité d'une évolution dans la notion de l'impôt* » [225]. Il convient dès lors de demeurer quelque peu méfiant en matière d'impôt où le vocabulaire utilisé a parfois permis de camoufler la nature profonde du prélèvement. Tel est le cas avec l'expression fiscalisation où « *la polysémie du terme est redoutable* » [226].

31. Si « *les définitions juridiques ne disent pas la vérité* [et] *se bornent à remplir une fonction au sein d'un système juridique donné* »[227], la notion même de fiscalisation doit être redéfinie. L'impôt est non seulement le moyen d'expression du droit fiscal depuis sa création, mais aussi l'un des composants de cette fiscalisation, que celle-ci soit entendue comme le simple passage des cotisations sociales à l'impôt dans le financement de la Sécurité sociale ou d'une manière beaucoup plus générale comme la soumission au droit et aux règles fiscales. Si l'« *on conçoit que l'histoire de l'impôt* [est] *un peu l'histoire de nos sociétés* »[228], le sens donné à la fiscalisation a évolué au point d'en revenir à son sens originel tout en conservant ses acquis et désigner l'imprégnation du droit fiscal sur les techniques et procédures de recouvrement dans le cadre du financement des dépenses sociales. La « *tendance à la fiscalisation* » [229] désigne traditionnellement l'augmentation du recours à

---

225 ORSONI (G.), *L'évolution de la notion d'impôt*, Thèse dactylographiée, Aix-en-Provence, 1975, p.19.

226 Si l'expression citée concerne initialement l'État, une telle expression peut être reprise concernant le terme même de fiscalisation. DENQUIN (J.-M.), « L'objet du droit constitutionnel : État, Constitution, Démocratie », in TROPER (M.), CHAGNOLLAUD (D.) (dir.), *Traité international de droit constitutionnel –Théorie de la Constitution*, t.1, Paris, Dalloz, 2012, p.44.

227 DESRAMEAUX (A.), *Finances publiques*, Paris, PUF, 2013, p.230.

228 ARDANT (G.), *Histoire de l'impôt*, Paris : Fayard, Coll. « Les grandes études historiques », vol. 1 : *De l'Antiquité au XVIIème siècle*, 1971, p.12.

229 BORGETTO (M.), « L'évolution récente du système de Sécurité sociale en matière de redistribution », *op.cit.*, p.45.

l'impôt[230], et écarte ainsi à tort l'influence du droit fiscal sur les techniques et procédures du droit social dans le recouvrement des ressources de la Sécurité sociale. La fiscalisation traduit ainsi une imprégnation car elle permet de concevoir la fiscalité comme un modèle de financement, tant dans la détermination de ses ressources que dans les procédures qui leur sont associées.

Titre premier : La mutation des finances sociales
Titre second : L'évolution des techniques et procédures sociales

[230] Voir en ce sens, PELLET (R.), « Le financement de la Sécurité sociale », *Cahiers Français*, n° 329 – Budget de l'État et finances publiques, Paris, La documentation française, Novembre-Décembre 2005, pp.80-86.

TITRE 1
LA MUTATION DES FINANCES SOCIALES

32. Le financement social, entendu comme le financement des dépenses sociales, est aussi ancien que les dépenses sociales elles-mêmes puisque toute prestation doit être financée pour exister sur le long terme. Initialement prévues par des cotisations sociales, les ressources du financement des prestations sociales ont dû être diversifiées afin de perdurer. Si la fiscalisation doit être redéfinie, elle conserve toutefois la signification majoritairement partagée traduisant un basculement du mode de financement et donc la mutation des finances sociales. Le financement de la Sécurité sociale a la spécificité d'être non seulement rattaché aux finances publiques, mais d'être partagé entre les cotisations sociales et l'impôt. À ce titre, Paul DURAND affirme que « *quel que soit le mode de financement* [...] *il est, d'une manière générale, nécessaire de spécialiser les ressources de la Sécurité sociale* » [231]. La spécialisation des ressources de la Sécurité sociale est ainsi inhérente à la Sécurité sociale, dès lors l'instauration de la contribution sociale généralisée ou des lois de financement de la Sécurité sociale n'a pas perturbé le partage des ressources entre plusieurs types de financement. Les finances sociales existaient bien avant la création de la Sécurité sociale et l'utilisation de l'impôt dans le financement de la Sécurité sociale est antérieure à la CSG. Grâce au développement de la Sécurité sociale, et notamment à son accroissement normatif et financier, la mutation des finances sociales émerge à travers la socialisation des finances publiques (**Chapitre premier**), et la fragmentation de la fiscalisation (**Chapitre second**).

[231] DURAND (P.), *La politique contemporaine de Sécurité sociale* [1953], *op.cit.*, p.317.

CHAPITRE 1
LA SOCIALISATION DES FINANCES PUBLIQUES

33. La Sécurité sociale doit évoluer et traduire son « *adaptation à une société dont les besoins, les souhaits, mais aussi les contraintes ne sont plus les mêmes qu'en 1945* » [232]. Cette évolution se répercute tant dans ses principes que dans ses prestations et son financement. Le financement social s'inscrit dans le cadre des charges et ressources publiques au sens de l'article 40 de la Constitution, dès lors elle s'intègre également aux finances publiques. Les finances sociales sont des composantes des charges publiques (**Section 1**). En raison de la conjoncture économique et sociale, la fiscalisation est devenue l'instrument des politiques budgétaires et sociales permettant de mieux financer la Sécurité sociale. Néanmoins, elle révèle une crainte sous-jacente au renforcement du rôle de l'État en matière sociale. Si l'État doit renforcer la maîtrise des dépenses publiques et qu'il est à même de déterminer le financement accordé à la Sécurité sociale, ne risque-t-il pas de limiter les droits sociaux afin de réduire les dépenses sociales ? Cette crainte apparaît à la fois certaine et relative. Si l'État demeure responsable de la situation financière de la protection sociale et des finances publiques, le financement du social doit être maintenu, même en période de crise financière (**Section 2**).

SECTION 1 : LES FINANCES SOCIALES COMPOSANTES DES CHARGES PUBLIQUES

34. De nombreux auteurs considèrent que les finances sociales existent uniquement depuis l'instauration des lois de financement de la Sécurité sociale. Les finances sociales constituent cependant le financement des dépenses sociales dont l'existence est antérieure à la création de ces lois, même si elles sont, certes, venues institutionnaliser et consacrer juridiquement l'existence et l'appartenance des finances

[232] PRÉTOT (X.), « L'avenir de la Sécurité sociale », *Droit Social*, n° 12, 1985, p.888.

sociales au sein des finances publiques. Les modalités de financement des dépenses sociales ont été déterminées à la création de la Sécurité sociale (**Paragraphe premier**). Le financement choisi a ensuite été maintenu, même en période de crise financière (**Paragraphe second**).

§1. Les modalités du financement déterminées à la création de la Sécurité sociale

35. La Sécurité sociale est une protection contre les risques, dès lors elle apporte une protection financière lors de la survenance d'un risque. La prise en charge des dépenses sociales est liée au caractère social de la République affirmé par l'article premier de la Constitution du 4 octobre 1958 qui dispose que « *la France est une République indivisible, laïque, démocratique et sociale* ». Cette reconnaissance s'inscrit dans la continuité de l'alinéa 11 du Préambule de la Constitution du 27 octobre 1946 qui garantit la protection de la santé et une sécurité matérielle lorsqu'il prévoit que la Nation « *garantit à tous, notamment à l'enfant, à la mère et aux vieux travailleurs, la protection de la santé, la sécurité matérielle, le repos et les loisirs* ». Avec la création de la Sécurité sociale, il est devenu nécessaire de financer les prestations sociales nouvellement créées et les dépenses de santé occasionnées (**A**). Le financement de ces dépenses est apparu non seulement comme une nécessité mais révèle cependant une augmentation relative des cotisations en comparaison avec les autres modes de financement (**B**).

A. Le nécessaire financement des dépenses de santé

36. Une problématique ancienne. Dès 1910, le gonflement croissant des dépenses publiques destinées à guérir le paupérisme et l'extension concomitante de ce fléau préoccupe à juste titre, notamment en France et en Angleterre, les financiers, les moralistes et les hommes d'État [233] . Concomitamment au développement de la société, le financement des dépenses de santé est rapidement devenu primordial, dès lors la nécessité de financer les dépenses sociales n'est pas une problématique récente puisque l'idée d'un financement en général des

[233] BARTHELEMY (J). « L'effort charitable de la Troisième République », *Revue de droit public*, t.XXVII, 1910, pp.340-341 ; cité également par BEC (C.), *La Sécurité sociale, une institution de la démocratie*, Paris, Gallimard, Coll. Bibliothèque des sciences humaines, 2014, p.48.

dépenses sociales puise ses racines dans un contexte historique particulier [234]. Les perspectives de financement de protection sociale dépendent de la dynamique de longue période propre aux dépenses de santé, de retraite et de prise en charge de la perte d'autonomie, eu égard notamment à l'allongement de la durée de la vie [235]. La prise en charge des soins de l'assurance maladie est au cœur de la protection sociale, d'autant plus que la Sécurité sociale est couramment perçue comme étant « *synonyme d'assurance maladie* » [236]. L'influence bismarckienne sur le modèle de Sécurité sociale français est importante car l'ouverture des droits est conditionnée par le versement de cotisations et l'attribution des prestations sociales est directement liée à la position dans l'emploi [237]. Le montant des prestations est ainsi calculé en fonction du montant et de la durée des cotisations versées, et les assurances sociales sont obligatoires. Le cadre général est longtemps resté celui d'un « *système qui vise le maintien du revenu des personnes assurées en cas de réalisation du risque* » [238]. Des difficultés financières sont rapidement intervenues mais l'élargissement de la population couverte et l'augmentation du nombre de cotisants en découlant sont venus y remédier. Néanmoins en 1967, l'organisation de la Sécurité sociale met en place une nouvelle distinction entre quatre branches dont l'objectif est d'opérer un meilleur contrôle des dépenses de chacune d'entre elles. L'article 1er de l'ordonnance n° 67-706 du 21 août 1967 [239] dispose que la Sécurité sociale se compose d'une caisse nationale d'assurance maladie (CNAMTS) et de caisses régionales et primaires des travailleurs salariés, d'une caisse nationale des allocations familiales (CNAF) et des caisses d'allocations familiales, d'une caisse nationale d'assurance vieillesse des travailleurs salariés (CNAVTS) et d'une caisse régionale d'assurance vieillesse pour les départements d'Alsace-Moselle, d'une agence centrale des organismes de sécurité sociale (ACOSS), d'unions de recouvrement, d'unions ou fédérations de

---

234 COUTANT (A.), *Fiches d'Institutions et Politiques sociales*, Paris, Ellipses, 2010, p.12.

235 Haut Conseil du financement de la protection sociale, *État des lieux du financement de la protection sociale en France*, t.1, 31 octobre 2012, p.71.

236 PHILIP (L.) « La protection sociale et les nouvelles frontières entre finances publiques et finances privées », *RFFP*, n° 79, 2002, p.38.

237 PALIER (B.), « Les évolutions du système de protection sociale en Europe et en France, une perspective institutionnelle comparée », *Pouvoirs*, n° 82, 1997, p.152.

238 PALIER (B.), GIULIANO (B.), « Entre Bismarck et Beveridge "Crises" de la sécurité sociale et politique(s) », *Revue française de science politique*, 45e année, n° 4, 1995, p.669.

239 Ordonnance n° 67-706 du 21 août 1967 relative à l'organisation administrative et financière de la Sécurité sociale, JORF du 22 août 1967, p.8403.

caisses, et de caisses générales de sécurité sociale pour les départements d'outre-mer. L'article 13 de cette même ordonnance met en place trois types de cotisations : des cotisations forfaitaires, des cotisations dues au titre des assurances maladie, maternité, invalidité, décès et des cotisations dues au titre des accidents du travail et des maladies professionnelles. Il rappelle également que sont fixés par décret *« les différents taux des cotisations et les plafonds des rémunérations gains ou pensions servant de base au calcul de ces cotisations »*. Cette ordonnance n°67-706 s'inscrit dans le cadre de la Réforme JEANNENEY avec les ordonnances n° 67-707[240], n° 67-708 [241] et 67-709 [242]. Ces ordonnances constituent à l'époque pour la Sécurité sociale une réforme organisationnelle d'ampleur, et traduisent notamment « *le renforcement de la logique assurancielle* » [243]. Progressivement la France a su se doter d'un système d'assurance et protection sociale destiné à prémunir tout ou partie de la population contre des risques liés à la santé, à la vie courante, au travail [244]. La logique assurantielle de la Sécurité sociale représente un coût certain qui a été exacerbé par le développement de la logique solidaire de la Sécurité sociale ainsi que par la généralisation de la Sécurité sociale et l'extension de sa prise en charge qui ont également occasionné de nouvelles dépenses de santé qu'il a fallu financer. Les dépenses sociales ont alors une importance financière qui atteint ou dépasse souvent celle du budget de l'État [245]. Tel est le cas de la France dont les finances sociales excèdent les finances publiques purement étatiques puisque les recettes des régimes obligatoires de Sécurité sociale pour 2016 sont de 467,3 milliards d'euros[246], alors que les recettes fiscales nettes de l'État prévues

---

[240] Ordonnance n° 67-707 du 21 août 1967 portant modification du livre V du code de la santé publique relatif à la pharmacie, de diverses dispositions du code de la sécurité sociale relatives aux prestations et de la loi n° 66-419 du 18 juin 1966 relative à certains accidents du travail et maladies professionnelles, JORF du 22 août 1967, p.8409.

[241] Ordonnance n° 67-708 du 21 août 1967 relative aux prestations familiales, JORF du 22 août 1967, p.8413.

[242] Ordonnance n° 67-709 du 21 août 1967 portant généralisation des assurances sociales volontaires pour la couverture du risque maladie et des charges de la maternité, JORF du 22 août 1967, p.8414.

[243] PELLET (R.), « Les assurances sociales sont-elles solubles dans la fiscalité ? Mise en perspective historique de la décision Cons. Constit. n° 2014-698 DC, 6 août 2014 », *Journal de droit de la santé et de l'assurance maladie*, (n° 1), 2014, p.17.

[244] TOULOUSE (J.-B.), de LEUSSE (J.-F.), ROLLAND (Y.) et PILLOT (X.), *Finances publiques et politiques publiques*, Paris, Economica, 1987, p.553.

[245] *Ibid.*

[246] Loi n° 2015-1702 du 21 décembre 2015 de financement de la sécurité sociale pour 2016, JORF n° 0296 du 22 décembre 2015, p.23635.

dans le projet de loi de finances pour 2017 atteignent environ 292 milliards d'Euros [247]. Par son poids financier, la protection sociale est alors « *un enjeu* » [248] d'importance. Par conséquent, limiter les finances publiques aux seules finances de l'État ne paraît plus guère réaliste [249]. Le « budget social » représente actuellement « *une masse considérable nettement supérieure au seul budget de l'État* » [250]. Le périmètre des finances publiques s'est considérablement élargi avec la mise en place des lois de financement de la Sécurité sociale puisque cela a permis au Parlement de statuer sur les finances sociales qui ont « *dépassé en volume les finances de l'État* » [251]. Cette « *inexorable croissance* » [252] a entraîné une transformation des finances publiques au sein desquels les finances sociales donnent une représentation somme toute exacte de l'institution, une institution qui tire de l'intervention accrue de la représentation nationale « *une légitimité nouvelle et incontestable* » [253]. L'impact politique des finances sociales et leur poids financier en perpétuelle évolution érigent les cotisations sociales au premier plan et il apparaît nécessaire d'enrayer « *la dérive alarmante des comptes de la Sécurité sociale* » [254] puisque depuis 1975, le volume des ressources et des charges afférentes à la sécurité sociale l'a emporté sur le volume des ressources et des charges inscrites au budget de l'État. Depuis lors, l'écart n'a cessé de se creuser [255].

---

[247] Loi n° 2016-1917 du 29 décembre 2016 de finances pour 2017, JORF n°0303 du 30 décembre 2016.

[248] TOULOUSE (J.-B.), de LEUSSE (J.-F.), ROLLAND (Y.) et PILLOT (X.), *Finances publiques et politiques publiques*, *op.cit.*, p.554.

[249] OLIVA (É.), « Essai de définition normative du domaine des finances publiques », in *Mélanges Loïc Philip, Constitution et finances publiques*, Paris, Economica, 2005, p.494.

[250] GAUDEMET (P. M.), « Finances sociales », in PHILIP (L.), *Dictionnaire encyclopédique de finances publiques*, t.1, Paris, Economica, 1991, p.815.

[251] OLIVA (É.), « La "reconstitution" du droit constitutionnel financier », *RFDC*, 4/n° 100, 2014, p.1023.

[252] HERTZOG (R.), « Le ménage à trois : État, collectivités locales et sécurité sociale, ou pourquoi l'autonomie fiscale des collectivités locales ne progressera pas », *Annuaire des collectivités locales*, t.22, 2002, p.61.

[253] PRÉTOT (X.), « L'évolution des finances sociales. Quelques réflexions d'ordre économique, juridique et politique … », *RFFP*, n° 87, 2004, p.145.

[254] FRAISSEIX (P.), « Le Parlement et la Sécurité sociale : la consolidation de ce couple par la révision constitutionnelle du 22 février 1996 », *RDP*, n° 3, 1998, p.749.

[255] PRÉTOT (X.), « L'évolution des finances sociales. Quelques réflexions d'ordre économique, juridique et politique … », *op.cit.*, p.131.

37. Une augmentation et une évolution constantes. Les dépenses sociales poursuivent « *leur progression à un rythme autonome* » [256] depuis l'instauration de la Sécurité sociale. Dès 2010, les dépenses de protection sociale s'élevaient à 43% des dépenses publiques, 57% si on leur ajoute les dépenses de santé [257] qui depuis 2009 excèdent 30% du PIB. Xavier PRÉTOT estime que la dépense échappe à toute maîtrise et à toute cohérence [258] et que ce constat justifie la constante augmentation des dépenses de la Sécurité sociale. Les difficultés financières de la Sécurité sociale ne sont, en effet, pas choses nouvelles puisqu'en 1987, Jean-Pierre POULLIER considérait que « *dans un contexte économico-politique qui éprouve des difficultés considérables à enrayer un gonflement rapide de la dette publique et à faire reculer les taux de chômage, les régimes de protection sociale servent à la fois d'instrument de paix sociale et de révélateur de tensions structurelles* » [259]. En 2012, les recettes de la sécurité sociale ont néanmoins progressé à un rythme plus rapide que les dépenses et ceci pour la deuxième année consécutive. Ces évolutions ont entraîné une « *nette réduction du déficit courant des régimes d'assurance sociale* »[260], mais demeurent insuffisantes pour permettre la résorption totale des déficits sociaux accumulés. Par conséquent, la maîtrise des dépenses et de leur évolution demeure « *l'un des défis majeurs de la protection sociale* » [261].

---

[256] DE VILLEPIN (R.), « Vingt ans de finances publiques », *Économie et statistique*, n° 139, Décision 1981, p.59.

[257] Haut Conseil du financement de la protection sociale, *État des lieux du financement de la protection sociale en France*, t.1, 31 octobre 2012, p.17.

[258] PRÉTOT (X.), « Le financement de la Sécurité sociale – Réflexions sur la légitimité des prélèvements publics », *RFFP*, n° 88, 2004, p.62.

[259] POULLIER (J.-P.), « Les dépenses de santé : une croissance inéluctable ? », *RFFP*, n° 18, 1987, p.75.

[260] MIKOU (M.) et BARNOUIN (T.), *Les comptes de la protection sociale en France et en Europe en 2012*, Études et Résultats, n° 888, Drees, Juillet 2014, p.1.

[261] PRÉTOT (X.), « L'évolution des finances sociales. Quelques réflexions d'ordre économique, juridique et politique … », *op.cit.*, p.141.

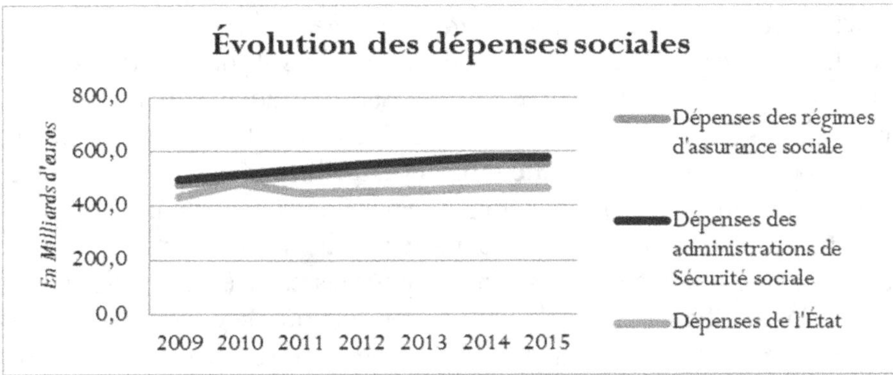

Source : Aurélie Dort. Données issues de l'INSEE[262]

L'évolution des modalités de financement des ressources de la Sécurité sociale souhaite freiner l'évolution des dépenses de santé et traduit une évolution de structure caractérisée par un « *rééquilibrage relatif des masses affectées au bénéfice des branches maladie et vieillesse et au détriment de la branche famille* » [263]. Afin de conserver les spécificités du système de santé français, les finances sociales sont érigées au premier plan des finances publiques avec un poids financier supérieur à celui de l'État. La Sécurité sociale reste majoritairement financée par les cotisations sociales lesquelles continuent de représenter l'essentiel des ressources de la Sécurité sociale, cependant il est indéniable que « *leur part a fortement diminué avec le recours progressif à la fiscalisation* » [264] car elles ne permettent plus de financer entièrement la Sécurité sociale.

38. L'impôt, une solution nécessaire et efficace. Les cotisations sociales ne permettant plus la couverture des dépenses sociales, le recours à l'impôt est apparu comme une solution nécessaire car l'impôt est « *la base de la solidarité financière* » [265] dans la mesure où il permet de financer les dépenses collectives grâce à la participation de tous. L'impôt

---

[262] Ce graphique ne peut contenir les données antérieures à l'année 2009 puisque les données relatives aux dépenses des régimes d'assurance sociale n'ont pas été consolidées par l'INSEE antérieurement à cette date.

[263] FERRAS (B.), MATT (J.-L.), « La question du financement », *Vie sociale*, n° 10, 2015, p.139.

[264] FERRAS (B.), MATT (J.-L.), « La question du financement », *Vie sociale*, n° 10, 2015, p.131.

[265] PHILIP (L.), « Solidarité et politique fiscale », in *La solidarité en droit public,* Textes issus du colloque de Besançon organisé par le Centre d'études de droit public de l'Université de Franche-Comté, 21 et 22 avril 1999, Paris, L'Harmattan, 2005, p.241.

devient « *le signe et le moyen de la solidarité* » [266] et renforce l'aspect solidaire du système de Sécurité sociale, dès lors il joue un rôle central dans la construction de l'État, en lui donnant les moyens de financer ses interventions [267]. L'impôt est ainsi amené à financer le prix des avantages que la société procure [268]. Cette utilisation de l'impôt afin de financer les aides et prestations sociales ne constitue pas une nouveauté inhérente à la Vᵉ République puisque le Parlement affectait déjà sous l'Ancien Régime des taxes au financement d'institutions pour les pauvres, les vieillards ou les enfants abandonnés [269] . La protection sociale était alors essentiellement financée par des dons et des impôts locaux [270]. L'impôt n'est donc plus uniquement un moyen de couvrir les charges publiques, et devient « *une avance pour obtenir la protection de l'ordre social, une contribution imposée à chacun par tous* » [271]. Cependant « *si la santé n'a pas de prix, elle a néanmoins un coût que les pouvoirs publics ont tenté de réguler* »[272], dès lors l'impôt vise à subvenir à l'augmentation des dépenses sociales qui possèdent un poids financier de plus en plus conséquent. Si « *la structure du financement de la Sécurité sociale vaut beaucoup mieux que sa réputation* »[273], elle constitue toutefois l'un des atouts de la protection sociale. L'impôt apparaît comme une solution

---

[266] GUTMANN (D.), « Du droit à la philosophie de l'impôt », in *L'impôt, Archives de philosophie du droit*, t.46, Paris, Dalloz, 2002, p.10.

[267] Conseil des prélèvements obligatoires, *La fiscalité affectée – Constat, enjeux et réformes*, Paris, La documentation française, Juillet 2013, p.11.

[268] MIRABEAU, *L'adresse aux français sur la contribution patriotique*, 1789, in MIRABEAU, *Mémoires biographiques, littéraires et politiques*, Paris, Ed. Délaunay Libraire, t.6, 1835, p.452. Cité également par LEROY-BEAULIEU (P.), *Traité de la science des finances*, Paris, Ed. Guillaumin et Cie, Felix Alcan, 7ᵉ éd., 1906, t.1 – Des revenus publics, p.147 et VAPAILLE (L.), (dir.), *Refonder l'impôt sur le revenu ?*, Paris, L'Harmattan, Coll. Finances publiques, 2013, p.29-30.

[269] DUFOUR (A.-C.), *Les pouvoirs du Parlement sur les finances de la sécurité sociale – Étude des lois de financement de la Sécurité sociale, op.cit.*, p.3.

[270] *Ibid.*

[271] MIRABEAU, *L'adresse aux français sur la contribution patriotique*, 1789, in MIRABEAU, *Mémoires biographiques, littéraires et politiques*, Paris, Ed. Délaunay Libraire, t.6, 1835, p.452. Cité également par LEROY-BEAULIEU (P.), *Traité de la science des finances*, Paris, Ed. Guillaumin et Cie, Felix Alcan, 7ᵉ éd., 1906, t.1 – Des revenus publics, p.147 et VAPAILLE (L.), (dir.), *Refonder l'impôt sur le revenu ?*, Paris, L'Harmattan, Coll. Finances publiques, 2013, p.29-30.

[272] RODRIGUEZ (M.), *Le service public et la loi organique relative aux lois de finances du 1ᵉʳ août 2001 – Contributions de la réforme des finances publiques à la modernisation de l'État*, Aix-en-Provence, PUAM, 2013, p.262.

[273] LIBAULT (D.), « Le financement de la sécurité sociale après la contribution sociale généralisée », *op.cit.*, p.118.

adéquate permettant la sauvegarde et le maintien du système de Sécurité sociale, et permet de relativiser la hausse des cotisations sociales.

B. L'augmentation relative des cotisations sociales

39. Un financement originel par cotisations. En France, la tradition bismarckienne est importante puisque l'ouverture des droits est conditionnée par le versement de cotisations et l'attribution des prestations sociales est directement liée à la position dans l'emploi [274]. Le montant des prestations est alors calculé en fonction du montant et de la durée des cotisations versées ainsi qu'en fonction de la nature de l'emploi exercé. En raison de l'augmentation des besoins, la logique d'assurance est cependant rapidement devenue insuffisante et ne permet plus de financer la Sécurité sociale à elle seule. Les cotisations sociales représentent en France, la forme « *la plus importante des prélèvements obligatoires* » [275], qu'il s'agisse des cotisations salariales comme des cotisations patronales. Alain EUZÉBY estime d'ailleurs que la forte progression des dépenses de protection sociale a largement participé à l'alourdissement du poids des prélèvements obligatoires [276]. Les cotisations sociales constituent alors « *un élément important des débats relatifs au financement et à l'avenir de la protection sociale* » [277]. Les cotisations des employeurs et des bénéficiaires directs se sont, par conséquent, progressivement multipliées tandis que leur caractère obligatoire se renforçait et que l'État étendait son contrôle sur leur gestion [278]. Le financement de la Sécurité sociale par le biais des cotisations s'inscrit alors dans la perspective traditionnelle de régimes à caractère socio-professionnel et dotés de leur autonomie administrative et financière [279]. Au fur et à mesure que la politique de Sécurité sociale est parvenue à mieux assurer la couverture des risques sociaux, la charge

---

[274] PALIER (B.), « Les évolutions du système de protection sociale en Europe et en France, une perspective institutionnelle comparée », *Pouvoirs*, n° 82, 1997, p.152.
[275] EUZÉBY (A.), « Les cotisations sociales en France : problèmes et perspectives », *Droit social*, n° 12, 1987, p.864.
[276] *Ibid.*
[277] *Ibid.*
[278] GAUDEMET (P.-M.), « La fiscalisation des prélèvements sociaux », *Revue internationale de droit comparé*, 1986, Vol. 38, n° 2, p.715.
[279] PRÉTOT (X.), « La Sécurité sociale et les finances publiques », *RFFP*, n° 51, 1995, p.134.

financière de la Sécurité sociale s'est naturellement élevée[280], tout en maintenant avec elle le recours aux cotisations sociales.

40. Une augmentation relative des cotisations sociales. Les recettes de la Sécurité sociale ont également augmenté au même titre que les recettes des administrations de Sécurité sociale et les recettes de l'État.

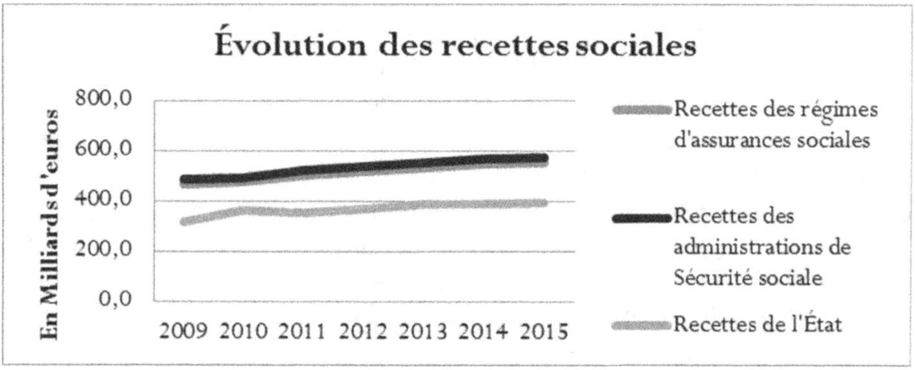

Source : Aurélie Dort. Données issues de l'INSEE

Néanmoins la structure du financement de la Sécurité sociale a évolué puisque si les cotisations sociales des régimes de base ont augmenté et sont passées de 264 à 303,5 milliards d'euros, les transferts reçus d'organismes tiers, les contributions publiques et les autres produits ont quant à eux diminué. La CSG et les impôts et taxes affectées ont également augmenté.

[280] DURAND (P.), *La politique contemporaine de Sécurité sociale* [1953], *op.cit.*, p.282.

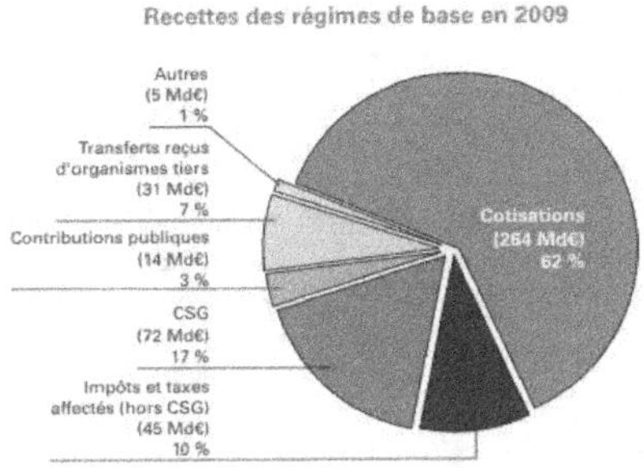

Source : La LFSS 2009 en chiffres, p.5

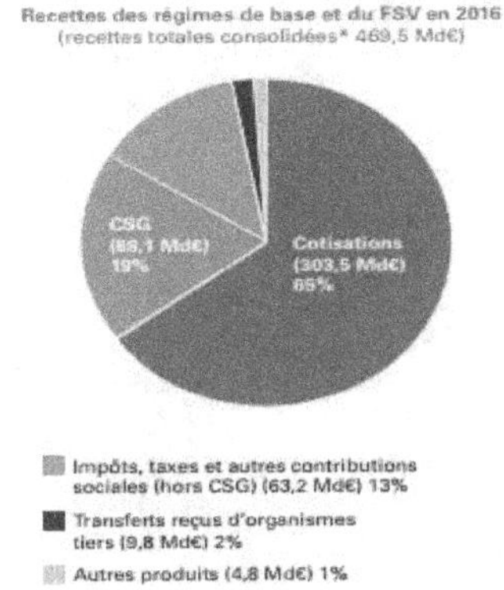

Source : La LFSS 2016 en chiffres, p.7

Les finances publiques se sont bornées pendant longtemps aux seules finances publiques étatiques, dès lors Paul LEROY-BAULIEU affirmait que même si le domaine de l'État peut être appelé dans l'avenir à fournir au trésor public des recettes plus abondantes que celles qu'il produit actuellement, « *c'est encore l'impôt qui restera longtemps, si ce n'est toujours, la source principale des revenus publics* » [281]. Cette affirmation demeure exacte tant que l'on se cantonne au domaine des finances publiques étatiques. Néanmoins au sein des finances sociales les cotisations constituent le premier mode de financement de la protection sociale et ceci malgré l'augmentation du recours à l'impôt. L'augmentation du poids des cotisations sociales est toutefois relative puisque si leur poids financier est croissant, leur part dans le financement de la Sécurité sociale tend à diminuer depuis la création de la Sécurité sociale.

[281] LEROY-BEAULIEU (P.), *Traité de la science des finances*, Paris, Ed. Guillaumin et Cie, Felix Alcan, 7e éd., 1906, t.1 – Des revenus publics, p.145.

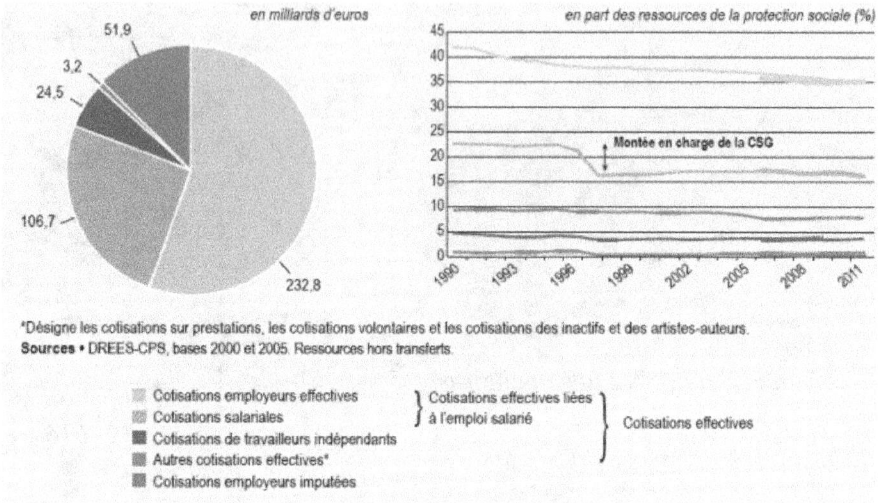

Source : La protection sociale en France et en Europe en 2011, DRESS, éd. 2013.

Source : Conseil d'État, Dossier de participation au Colloque du 27 juin 2014 « Impôt et cotisation : quel financement pour la protection sociale ? », p.18

Dans le projet de loi de financement de la Sécurité sociale (PLFSS) pour 2016, les cotisations sociales représentent 64% des recettes de la Sécurité sociale alors qu'elles représentaient 79,9% des recettes en 1992. Elles constituent toutefois une ressource difficilement remplaçable dans un contexte budgétaire tendu [282] et occupent « *une place prépondérante mais en déclin dans le financement de la Sécurité sociale* » [283]. Afin de préserver la compétitivité des entreprises, l'augmentation des charges sociales a dû être limitée. Elles constituent cependant toujours la principale catégorie de prélèvement, bien que leur poids ait sensiblement diminué depuis 1980 [284].

41. Une particularité française. Si « *l'avenir des fameuses cotisations, auxquelles est liée toute l'histoire des systèmes de Sécurité sociale, n'est plus ce qu'il était* » [285], les cotisations sociales restent

[282] WANECQ (T.), « Les cotisations sociales, un enjeu économique et financier complexe », *Droit social*, 2009, p.349.

[283] Cour des comptes, *La Sécurité sociale*, Rapport sur l'application des lois de financement de la Sécurité sociale, 2015, p.151.

[284] WANECQ (T.), « Les cotisations sociales, un enjeu économique et financier complexe », *op.cit.*, p.349.

[285] DUPEYROUX (J.-J.), « Libres propos sur les cotisations », *Droit social*, 1993, n° 6, p.509.

néanmoins bien présentes dans le financement de la Sécurité sociale. Cette évolution des cotisations sociales n'est cependant pas identique au sein de tous les États membres de l'OCDE. Le recours aux cotisations sociales dans le système norvégien est moins important que dans le système français, même si les cotisations de sécurité sociale norvégiennes ont considérablement augmenté ces dernières années alors qu'en France elles se sont maintenues après une chute significative dans les années 1990, correspondant au développement de la contribution sociale généralisée.

Chart 4. **Tax structures in OECD member countries, 1965-2012**
Graphique 4. **Structure de la fiscalité dans les pays membres de l'OCDE, 1965-2012**

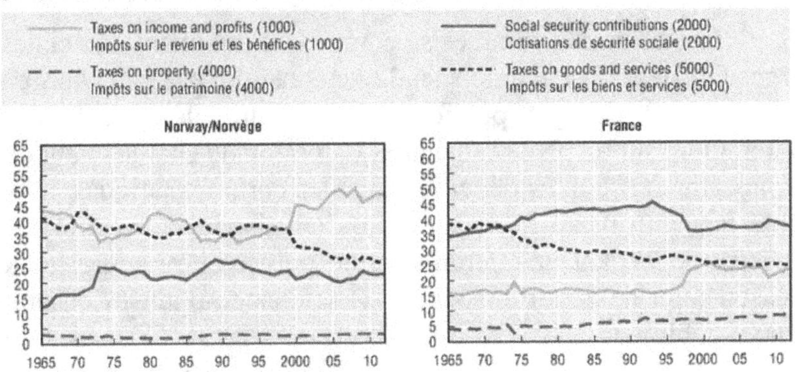

Source : OCDE, « Niveaux et structures des impôts, 1965-2013 », Revue Statistiques, 2014, p.53 et 55.

L'évolution des modalités de financement de la Sécurité sociale est spécifique à chaque État, mais leur objectif est commun : elle vise à augmenter le recouvrement des charges publiques et à financer l'augmentation des dépenses sociales. Les cotisations sociales et les impôts constituent alors indistinctement des charges publiques.

§2. LE RATTACHEMENT DES COTISATIONS SOCIALES AUX CHARGES PUBLIQUES

42. Lorsque Robert Édouard CHARLIER considère qu'« *il y a des charges publiques, il faut les couvrir* »[286], il met en avant la fonction

[286] Cette citation est attribuée à Gaston JÈZE par de nombreux auteurs dont WALINE (M.), *Cour d'institutions financières 1955-1956*, Paris, Les cours de droit, 1956, p.6 ;

essentielle de l'impôt qui réside dans la couverture des charges publiques et lie ainsi la notion d'impôt à celle de charges publiques. Par conséquent, en rattachant les cotisations sociales aux charges publiques au sens de l'article 40 de la Constitution, le Conseil constitutionnel a effectué un premier lien entre les ressources de la Sécurité sociale et le financement par l'impôt. La notion de charges publiques apparaît alors comme un concept large et dual (**A**). Les cotisations sociales sont alors soumises par extension au principe d'égalité devant les charges publiques (**B**).

A. La dualité des charges publiques

43. Les charges publiques se composent des charges sociales et des charges fiscales. Si la charge sociale ne constitue pas une charge fiscale, elles sont des charges publiques qui se traduisent et s'apprécient différemment sur un plan budgétaire. La notion de charges publiques, qui regroupe en son sein les dépenses sociales comme étatiques, traduit une dualité tant au niveau de la notion qu'au niveau budgétaire (**1**). Elles traduisent cependant une certaine unité puisqu'elle intègre les régimes d'assistance et de Sécurité sociale (**2**) et concerne ainsi l'ensemble des finances publiques.

1. Une dualité au sein de la notion de charge publique

44. La notion de charges publiques. La « charge » désigne ce qui pèse, un poids sur les épaules de la personne ou l'objet qui le supporte. L'expression de « charges publiques » désigne le poids supporté par la collectivité afin de répondre à la satisfaction de tout « *besoin public* » [287]. Cette expression peut néanmoins avoir deux sens. La première conception

---

ORSONI (G.), *L'évolution de la notion d'impôt*, Thèse dactylographiée, Aix-en-Provence, 1975, p.8., et plus récemment par le Code constitutionnel, *Commentaire de l'article 13 de la Déclaration des droits de l'homme et du citoyen du 26 août 1789.* Cependant cette phrase est énoncée par CHARLIER (R. –É.), *Cours d'institutions financières 1959-1960*, Paris, Les cours de droit, 1960, p.26, sans référence à Gaston JÈZE. La phrase « Il y a des dépenses publiques, il faut les couvrir » est également attribuée à Gaston Jèze bien que certains auteurs n'en trouvent aucune « *trace explicitement dans ses écrits principaux* », CONAN (M.), « Gaston JÈZE et l'utilité de la dépense publique – L'élaboration d'une théorie générale des dépenses publiques », *La Revue du Trésor*, n° 2, 2008, p.159.

[287] BELIN (M.), « Le principe d'égalité devant les charges publiques à l'époque révolutionnaire et son influence sur la jurisprudence administrative moderne », *RDP*, 1934, p.345.

de la notion de charges publiques intervient lorsque l'on se place du côté de la collectivité concernée. Elle s'oppose à sa deuxième conception, entendue du côté des particuliers qui vont supporter le poids, la charge, des dépenses publiques. Les charges publiques étaient initialement perçues comme les impositions venant frapper l'ensemble de la population et Alexis de TOCQUEVILLE affirmait alors que « *la noblesse française s'obstine à demeurer à part des autres classes ; les gentilshommes finissent par se laisser exempter de la plupart des charges publiques qui pèsent sur elles* » [288]. Les charges publiques étaient naturellement rattachées à l'impôt puisque l'établissement de l'impôt a pour objet la couverture des charges publiques [289]. Stéphane CAPORAL considère d'ailleurs que l'expression d'impôt et celle de charges publiques sont le plus souvent synonymes dans la mesure où les charges que constituent les dépenses publiques sont couvertes par l'impôt voté par les représentants, et elles s'identifient donc totalement à lui [290]. Émile WORMS disposait cependant que l'impôt conduit de lui-même à une détermination des charges suivant les forces respectives [291]. La notion de « charges suivant les forces respectives » fait ainsi écho à la conception actuelle des charges publiques puisqu'elle prend en compte les facultés contributives. Chacun doit alors contribuer aux dépenses publiques « *non pas également, mais proportionnellement, à ce qu'il gagne ou à ce qu'il possède, par la raison fort naturelle que l'on doit concourir aux frais de la protection sociale suivant la quantité de biens protégée* » [292]. Les charges publiques devaient dès lors permettre de financer les frais de la protection sociale. Elles se distinguent donc de l'impôt puisqu'elles sont beaucoup plus larges et permettent de mieux traduire la diversité des ressources prélevées même si elles conservent tout de même un caractère

---

[288] De TOCQUEVILLE (A.), *L'Ancien Régime et la Révolution*, Paris, Calmann Levy, 8e éd., 1877, p.199.

[289] DUSSART (M-L.), « Les choix des politiques fiscales du législateur, l'égalité devant les charges publiques et le pouvoir d'appréciation du juge constitutionnel », *RDP*, n° 4, 2010, p.1010.

[290] CAPORAL (S.), *L'affirmation du principe d'égalité dans le droit public de la Révolution française (1789-1799)*, Paris, Aix-en-Provence, Economica, PUAM, Coll. Droit public positif, 1995, p.110.

[291] WORMS (E.), *Exposé élémentaire et critique de la science des finances*, Paris, A. Giard, 1891, p.202.

[292] THIERS (A.), *De la propriété*, Paris, Paulin, Lheureux et Cie, 1848, p.352. Cité par également WORMS (E.), *Exposé élémentaire et critique de la science des finances*, Paris, A. Giard, 1891, p.250.

unitaire [293]. Initialement la Constitution ne visait textuellement que les finances de l'État[294], mais le préambule de la Constitution de 1946 élargit cette conception et vise les « *charges qui résultent des calamités nationales* ». La notion de charges publiques s'est donc élargie au fil des années[295], au point d'englober « *toutes sortes de sujétions subies par les particuliers dans l'intérêt public* » [296]. Le choix du terme « sujétion » présente l'avantage de ne pas réduire le champ des charges publiques à leur seul aspect étatique. La notion de charges publiques devient la traduction juridique pour les citoyens des sujétions de toute nature pesant sur la collectivité[297], et permet l'intégration des charges sociales qui sont également supportées par les citoyens pour satisfaire l'intérêt général.

45. La charge sociale supportée par l'entreprise. La notion même de charge sociale peut être appréciée de plusieurs manières. Dans une première conception des charges sociales, communément admise, elle fait référence à la charge sociale supportée par l'entreprise. Les charges sociales représentent l'ensemble des contributions des employeurs au financement de la protection sociale, c'est-à-dire « *l'ensemble des prélèvements que l'employeur doit verser aux organismes sociaux* » [298] alors que les charges publiques ne concernent pas les recettes mais bien les dépenses, dès lors le revenu est « *l'élément stable par essence des charges sociales* » [299]. Les charges sociales sont ainsi d'autant plus importantes que le financement de la sécurité sociale fait davantage appel à des contributions des employeurs, assises sur les salaires et moins à la participation de l'État[300], et ceci d'autant plus qu'elles se sont fortement

[293] Voir en ce sens, CAPORAL (S.), *L'affirmation du principe d'égalité dans le droit public de la Révolution française (1789-1799)*, Paris, Aix-en-Provence, Economica, PUAM, Coll. Droit public positif, 1995, p.198 et s.

[294] OLIVA (É.), « La "reconstitution" du droit constitution financier », *RFDC*, 4/n° 100, 2014, p.1023.

[295] GAUDEMET (P.-M.), « Réflexions sur le principe d'égalité devant les charges publiques – Grandeur et misères d'un principe », in *Mélanges Stassinopoulos*, Athènes, 1974, p.337.

[296] DELVOLVÉ (P.), *Le principe d'égalité devant les charges publiques*, Paris, LGDJ, 1969, p.7.

[297] CAPORAL (S.), *L'affirmation du principe d'égalité dans le droit public de la Révolution française (1789-1799)*, *op.cit.*, p.195.

[298] BREMONT (J.), GELEDAN (A.), *Dictionnaire économique et social*, Paris, Hatier, 5e éd., 1990, p.334.

[299] JOUBERT (A.), « L'assiette des cotisations sociales », *Droit social*, 1993, n° 6, p.535.

[300] NETTER (F.), *La Sécurité sociale et ses principes [1959]*, *op.cit.*, p.274.

accrues sous la pression du développement de la protection sociale [301]. La notion de charges sociales est par conséquent étroitement liée au principe de la « *participation financière des employeurs au financement de la protection sociale de leurs salariés* » [302]. Cette conception des charges sociales fait écho à la distinction opérée entre les cotisations sociales patronales et les cotisations sociales salariales. La charge sociale s'oppose de ce fait à la charge fiscale [303] au même titre que les prélèvements sociaux aux prélèvements fiscaux. La charge sociale s'identifie alors à la charge fiscale lorsque des prélèvements fiscaux viennent financer la protection sociale, tel est notamment le cas de la CSG et de la Contribution au remboursement de la dette sociale (CRDS). Elle ne se cantonne alors plus qu'aux taux légaux de cotisations [304].

46. La charge sociale en tant que dépense des administrations de sécurité sociale. Dans une seconde conception, les charges sociales concernent les dépenses des administrations de Sécurité sociale, et concernent les dépenses des régimes d'assurance sociale auxquels l'affiliation est rendue obligatoire par la loi ou par la réglementation, ainsi que des organismes financés par ces régimes. La notion d'administrations de Sécurité sociale comprend les régimes obligatoires, les régimes complémentaires obligatoires, la Caisse d'amortissement de la dette sociale, le Fonds de réserve pour les retraites, ainsi que les autres fonds participant au financement des organismes mentionnés précédemment tel le Fonds de solidarité vieillesse. Paul-Marie GAUDEMET a une conception différente de la notion de charges sociales et considère que « *ces charges qui trouvent dans la société leur origine et dans le bien commun leur justification peuvent être dites "charges sociales" par opposition aux charges purement fiscales* » [305]. Il fait complètement abstraction de la Sécurité sociale puisque le caractère social vise ici la protection de l'individu mais considère toutefois que ces « charges sociales » constituent néanmoins des charges publiques.

---

301 EUZÉBY (A.), « Charges sociales », in PHILIP (L.), *Dictionnaire encyclopédique de finances publiques*, Economica, 1991, p.286.
302 *Ibid*, p.285.
303 La charge fiscale s'entend comme « *l'ensemble des impôts sur les salaires versés par les employeurs* », AGRON (L.), *Histoire du vocabulaire fiscal*, LGDJ, Bibliothèque de science financière, t.36, 2000, p.221.
304 JAMBU-MERLIN(R.), *La Sécurité sociale*, Paris, Armand Colin, Coll. U, 1970, p.329.
305 GAUDEMET (P.-M.), « Réflexions sur le principe d'égalité devant les charges publiques – Grandeur et misères d'un principe », in *Mélanges Stassinopoulos*, Athènes, 1974, p.342.

47. Le renforcement des charges publiques à travers les charges sociales. Si les charges sociales sont des charges publiques, les charges publiques ne sont pas nécessairement des charges sociales. La notion de charges publiques diffère en effet de celle de charges sociales dans la mesure où les charges publiques supposent une répartition en fonction des facultés contributives[306], alors que les charges sociales expriment des évènements qui font surgir un besoin susceptible de compensation [307]. Suite à la création de la Sécurité sociale, nous assistons de ce fait à l'émergence des charges sociales et au renforcement des charges publiques, et ceci quelle que soit la conception retenue. Gaston JÈZE estimait alors que les opérations financières consistent dans une « *répartition des charges publiques entre des individus* » [308]. Tout problème financier se ramène à ceci : le fonctionnement des services publics entraîne des consommations de services personnels et de choses ; il faut répartir, entre les individus, la charge qui résulte de ces consommations ; il faut déterminer qui doit supporter cette charge et dans quelle mesure [309]. Il était nécessaire pour le législateur de prendre en compte ces évolutions puisque cela a notamment permis de dissocier la charge budgétaire de l'État de celle de la Sécurité sociale. Il faut néanmoins attendre la décision n°94-351 DC pour que le Conseil constitutionnel qualifie directement les charges sociales de charges permanentes et dispose que parmi les dépenses permanentes de personnel « *figure le service des prestations sociales dues par l'État dont les pensions de retraite font partie* » [310]. Cette problématique est inhérente aux lois de finances et n'apparaît donc pas dans le budget de la Sécurité sociale puisque les normes budgétaires diffèrent, dès lors la charge s'entend comme relevant de la mission pour les finances étatiques et relevant des objectifs de dépenses par branches ou de l'objectif national de dépenses d'assurance maladie pour les finances sociales. La charge publique se traduit sur le plan budgétaire d'une manière différente en fonction du domaine où elle s'applique et dispose ainsi d'une signification différente.

---

[306] ORSONI (G.), *L'évolution de la notion d'impôt*, Thèse dactylographiée, Aix-en-Provence, 1975, p.14.

[307] NETTER (F.), *La Sécurité sociale et ses principes* [1959], *op.cit.*, p.192.

[308] JÈZE (G.), *Cours élémentaire de science des finances et de législation financière française*, *op.cit.,* p.2.

[309] *Ibid.*

[310] Cons. Const., Décision n° 94-351 DC du 29 décembre 1994, *Loi de finances pour 1995*, JO du 30 décembre 1994, p.18935, Recueil p.140.

48. La charge publique appréciée au niveau de la mission. La charge publique s'apprécie depuis la LOLF de manière distincte suivant le domaine des finances publiques concerné. En effet, avant la loi organique relative aux lois de finances (LOLF) [311], l'article 42 de l'ordonnance du 2 janvier 1959 [312] prolonge l'article 40 de la Constitution [313] lorsqu'il dispose qu'aucun article additionnel, aucun amendement à un projet de loi de finances ne peut être présenté, sauf s'il tend à supprimer ou à réduire effectivement une dépense, à créer ou à accroître, une recette ou à assurer le contrôle des dépenses publiques. Si cet article emploie le terme de dépenses à la place de celui de charges, les charges sont mentionnées à l'article 6 de l'ordonnance de 1959 et font alors référence aux « charges permanentes » de l'État. L'article 47 de la loi organique relative aux lois de finances [314] dispose qu'au sens des articles 34 et 40 de la Constitution, la charge s'entend, s'agissant des amendements s'appliquant aux crédits, de la mission. La détermination de la charge relève du Gouvernement en vertu de l'article 7 de la LOLF puisque la charge est assimilée à la mission [315], et non au programme dont la création est par ailleurs « *moins formaliste* » [316]. La charge ne doit pas être entendue de manière stricte [317] puisque cela n'inclut pas les « tâches de gestion » car le Conseil constitutionnel a estimé que l'augmentation des dépenses peut résulter, pour les services compétents, des tâches de gestion imposées par la proposition de loi, dès lors que celle-ci n'est ni directe, ni certaine [318]. Ce changement terminologique opéré par la substitution de la mission à la notion de charge publique amène

---

[311] Loi organique n°2001-692 du 1er août 2001 relative aux lois de finances, JORF n° 177 du 2 août 2001, p.12480.

[312] Ordonnance n°59-2 du 2 janvier 1959 portant loi organique relative aux lois de finances, JORF du 3 janvier 1959, p.180.

[313] SOMMACCO (V.), *Le droit d'amendement et le juge constitutionnel en France et en Italie*, Paris, LGDJ, Coll. Bibliothèque constitutionnelle et de science politique – t.111, 2002, p.275.

[314] Loi organique n°2001-692 du 1er août 2001 relative aux lois de finances, JORF n°177 du 2 août 2001, p.12480.

[315] PARIENTE (A.), « Le droit d'amendement parlementaire en matière financière », *JCP G*, 2003, n° 31-35, p.1450 ; BAUDU (A.), « L'incertaine renaissance parlementaire en matière budgétaire et financière », *RDP*, 2010, n°5, p.1431.

[316] HERTZOG (R.), « Quelques aspects de la loi organique relative aux lois de finances dans ses rapports avec le système administratif », *AJDA*, 2006, p.534.

[317] LAMY (P.), SUTTER (G.), « Article 40 », in CAMBY (J.-P.), *La réforme du budget de l'État*, Paris, LGDJ, Coll. Systèmes, 3e éd., 2011, p.297.

[318] Cons. Const., Décision n° 99-149 DC, 9 novembre 1999, *Loi relative au pacte civil de solidarité*, JO du 16 novembre 1999, p.16962, Recueil, p.116.

notamment à se demander s'il existe encore des limites au pouvoir d'initiative des parlementaires en matière financière dans la mesure où les parlementaires peuvent opérer « *par amendement des compensations de charges entre programmes ou dotations au sein d'une même mission* » [319].

49. La charge sociale appréciée au niveau de l'ONDAM. Concernant les finances sociales, l'article 7 de la Loi organique relative aux lois de financement de la Sécurité sociale (LOLFSS) [320] dispose qu'au sens de l'article 40 de la Constitution, la charge s'entend, s'agissant des amendements aux projets de loi de financement de la Sécurité sociale s'appliquant aux objectifs de dépenses, de chaque objectif de dépenses par branche ou de l'objectif national de dépenses d'assurance maladie. La charge est assimilée aux objectifs de dépenses par branches ou de l'objectif national de dépenses d'assurance maladie (ONDAM). Cette assimilation est retranscrite dans l'article LO.111-7-1 du Code de la sécurité sociale. Les objectifs de dépenses figurent dans les lois de financement de la Sécurité sociale en vertu de l'article LO.111-3 du Code de la sécurité sociale. L'ONDAM permet en théorie de mieux suivre et contrôler les dépenses de santé. En pratique, les ajustements existent afin de rectifier les éventuels écarts puisque celui-ci a parfois été dépassé [321]. Rappelons que l'ONDAM est présenté « *comme un outil de formalisation de l'évolution des dépenses comprises dans son champ, outil autour duquel devaient s'articuler de véritables mécanismes de régulation* » [322] dans la mesure où la définition de son contenu ne résulte d'aucun texte. Par ailleurs, si l'ONDAM fixe un plafond, un objet de dépenses à respecter, cela n'empêche pas l'augmentation constante et supérieure à l'évolution des recettes [323] des dépenses de soins entrant dans le champ

---

[319] FAVOREU (L.) et PHILIP (L.), *Les grandes décisions du Conseil constitutionnel*, Paris, Dalloz, 15e éd., 2009, p.79.

[320] Loi organique n° 2005-881 du 2 août 2005 relative aux lois de financement de la Sécurité sociale, JORF n° 179 du 3 août 2005, p.12633.

[321] PELLET (R.), « La loi organique sur le financement de la Sécurité sociale et la réforme du système de santé », *Gazette du Palais*, 12 mars 2009, n°71, p.9.

[322] DUFOUR (A.-C.), « LFSS et système de santé. Les lois de financement de la Sécurité sociale à l'épreuve du Pacte budgétaire », *RFFP*, 2014, n° 128, p.205 ; DUFOUR (A.-C.), *Les pouvoirs du Parlement sur les finances de la Sécurité sociale. Étude des lois de financement de la Sécurité sociale*, Paris, Dalloz, Coll. Bibliothèque parlementaire et constitutionnelle, 2012, p.253 et s.

[323] PLATEL (B.), « La réforme du financement de l'assurance maladie », *LPA*, 03 mars 2005, n° 44, p.29.

de l'ONDAM et ceci en dépit du consensus présent en finances sociales estimant que « *la Sécurité sociale ne doit pas engendrer de la dette et en transférer la charge sur les générations futures* » [324]. De plus, seul l'objectif pour la branche maladie peut être opposable [325] car les dépenses de cette branche sont facilement ajustables et ajustées en cours d'années et d'une année sur l'autre, ce qui n'est pas le cas des autres branches. Cette hétérogénéité d'interprétation, quant à la notion même de charges sociales, ne doit pas faire perdre de vue leur intégration aux charges publiques qui a notamment permis d'ouvrir le champ des finances publiques. Les charges publiques ne sont pas nécessairement des charges sociales mais les charges sociales sont indéniablement des charges publiques, et ceci depuis le rattachement des divers régimes d'assistance et de Sécurité sociale.

2. Le rattachement des « divers régimes d'assistance et de Sécurité sociale » aux charges publiques

50. La décision du 20 janvier 1961. Avant la création de la Sécurité sociale, les charges publiques désignaient les dépenses des administrations publiques, c'est-à-dire celles de l'État, des collectivités locales et des organismes publics qui en dépendent ou en émanent. Gilbert ORSONI considère d'ailleurs que l'expression administrations publiques revêt le même contenu que la notion de charges publiques [326]. L'expression « charges publiques » renvoie dès lors à celles de ressources publiques « *ne serait-ce que par l'identité de champ de référence* » [327]. La conception des charges publiques a évolué après la création de la Sécurité sociale lorsqu'avec la décision du 20 janvier 1961 [328], le Conseil constitutionnel a entendu « *assimiler les cotisations de Sécurité sociale*

---

[324] LIBAULT (D.), « Crise et Sécurité sociale : problématique, enjeux et perspectives », *RFFP*, 2011, n°115, p.15.

[325] MATT (J.-L.), *La sécurité sociale : organisation et financement*, Paris, LGDJ, Coll. Systèmes. Finances publiques, 2001, p.64.

[326] ORSONI (G.), *Science et législation financières*, Paris, Economica, 2005, p.65.

[327] *Ibid*, p.337.

[328] Cons. Const., Décision n° 60-11 DC du 20 janvier 1961, *Loi relative aux assurances maladie, invalidité et maternité des exploitants agricoles et des membres non-salariés de leur famille*, , JO du 24 janvier 1961, p.982, Recueil p.29 ; AJDA, 1961.87, obs. Anon ; Dalloz 1962.177, note L. Hamon ; FAVOREU (L.) et PHILIP (L.), *Les grandes décisions du Conseil constitutionnel*, Paris, Dalloz, 15e éd., 2009, pp.68-79.

aux ressources et charges publiques au sens des dispositions de l'article 40 de la Constitution qui restreignent le droit d'amendement des membres du Parlement en matière financière » [329]. Cette décision s'inscrit dans la continuité de la constitutionnalisation des finances publiques provenant de l'intégration au bloc de constitutionnalité de l'ordonnance du 2 janvier 1959 [330]. La charge publique est désormais entendue comme « *englobant, outre les charges de l'État, toutes celles antérieurement visées par l'article 10 du décret du 19 juin 1956 sur le mode de présentation du budget de l'État et, en particulier, celles des divers régimes d'assistance et de Sécurité sociale* ». Le Conseil constitutionnel allègue ensuite que cette interprétation est confirmée tant par les débats du Comité consultatif constitutionnel que par le rapprochement entre les termes de l'article 40 précité et ceux du projet de loi déposé le 16 janvier 1958 qui tendaient à la révision de l'article 17 de la Constitution du 27 octobre 1946. Le Conseil constitutionnel affirme alors ce qui relève des charges et ressources publiques au sens de l'article 40 de la Constitution et élargit par la même occasion la définition initiale des charges publiques qui « *doivent englober non seulement les dépenses figurant au budget de l'État mais aussi la charge nette résultant de la gestion des comptes spéciaux du Trésor, les charges des collectivités territoriales, ainsi que celles des divers régimes d'assistance et de sécurité sociale* » [331]. Les charges publiques ne doivent alors pas s'entendre comme des seules charges et ressources de l'État [332]. Le Conseil constitutionnel renvoie au décret du 19 juin 1956 [333] et retient une conception extensive des charges

---

329 PRÉTOT (X.), « Prélèvements sociaux et prélèvements fiscaux », in PHILIP (L.), *Les finances sociales, unité ou diversité ?*, Paris, Economica, 1995, pp.140-141.

330 Cons. Const., Décision n° 60-8 DC du 11 août 1960, *Loi de finances rectificative pour 1960*, JO du 13 août 1960, p.7599, Recueil p.25.

331 DOUAT (É.), Fasc. 1461 : Droit constitutionnel financier, *JCP A*, 2014, p.23.

332 BAUFUME (B.), *Le droit d'amendement et la constitution sous la cinquième république*, Paris, LGDJ, Coll. Bibliothèque constitutionnelle et de science politique – t.77, 1993, p.88.

333 « *aucune mesure législative ou réglementaire susceptible soit d'entraîner une dépense nouvelle, l'accroissement d'une dépense déjà existante, ou une majoration de la charge nette résultant de la gestion des comptes spéciaux du Trésor, soit de provoquer une perte de recette ou encore, soit d'accroître les charges, soit de réduire les ressources des départements et communes ou des divers régimes d'assistance ou de sécurité sociale, ne peut intervenir en cours d'année sans avoir fait l'objet, s'il y a lieu, d'une ouverture préalable de crédits et sans qu'aient été dégagées pour un montant équivalent, soit des ressources nouvelles ne figurant pas parmi les recettes prévues au budget, soit des économies entraînant la suppression ou la réduction d'une dépense antérieurement*

publiques en suivant le comité consultatif constitutionnel qui prônait une conception extensive des charges publiques et des ressources publiques [334]. Les charges publiques désignent désormais les charges des administrations publiques d'une manière générale, mais également celles de l'ensemble des administrations de sécurité sociale. Toutefois, si initialement les régimes complémentaires obligatoires étaient exclus du champ de l'article 40 [335], telle n'est plus la conception actuelle [336] car seuls en sont désormais exclus les régimes complémentaires facultatifs.

51. Une conception extensive de la notion de charges publiques. Rémi PELLET estime néanmoins que dans cette décision fondatrice « *le Conseil constitutionnel a jugé, sans présenter aucune justification ni critère* » [337] lorsqu'il a intégré les charges des divers régimes d'assistance ou de sécurité sociale aux charges publiques visées par l'article 40 de la Constitution. Cette décision a cependant permis de trancher le débat sur la nature publique ou privée des ressources et des charges de la Sécurité

---

autorisée », Décret n° 56-601 du 19 juin 1956 déterminant le mode de présentation du budget de l'État, JORF du 20 juin 1936, p.5632.

[334] MARINI (P.), *Rapport d'information n° 263 (2013-2014), La recevabilité financière des amendements et des propositions de loi au Sénat*, fait au nom de la commission des finances, déposé le 7 janvier 2014, pp.19-21 ; PHILIP (L.), *Les fondements constitutionnels des finances publiques*, Paris, Economica, 1995, p.39.

[335] PELLET (R.), « Les juridictions et la notion de ''ressources et charges publiques'' sociales », Actes du colloque de l'Université de Versailles, 29 janv. 1999, *Revue juridique des Barreaux*, juillet-septembre 1999, pp.45-51 ; FAVOREU (L.) et PHILIP (L.), *Les grandes décisions du Conseil constitutionnel*, Paris, Dalloz, 15e éd., 2009, p.77 ; GARIAZZO (O.), « Article 40 », in LUCHAIRE (F.), CONAC (G.), PRÉTOT (X.), *La Constitution de la République française*, Paris, Economica, 2009, 3e éd., p.1017.

[336] MARINI (P.), *Rapport d'information n° 263 (2013-2014), La recevabilité financière des amendements et des propositions de loi au Sénat*, fait au nom de la commission des finances, déposé le 7 janvier 2014, pp.42-43. Cette conception a été appliquée par la Commission des affaires sociales lorsqu'elle a déclaré irrecevable au titre de l'article 40 la Proposition de loi relative à l'extension du régime de retraite complémentaire obligatoire aux conjoints et aides familiaux de l'agriculture. Le président de la Commission Pierre MÉHAIGNERIE considère « *en effet, si les régimes complémentaires de sécurité sociale, même obligatoires, n'entrent, en principe, pas dans le champ de l'article 40, il n'en va pas de même quand un tel régime bénéficie d'un fort soutien financier public. Or, c'est le cas du régime de retraite complémentaire obligatoire des exploitants agricoles, pour lequel ce soutien financier représente plus du tiers des recettes. Dès lors, une proposition de loi qui élargit les bénéficiaires d'un tel régime accroît directement les charges de celui-ci et est donc irrecevable* ».

[337] PELLET (R.), « Étatisation, fiscalisation et budgétisation de la Sécurité sociale », *Droit social*, n° 3, 1995, p.296.

sociale [338], et ceci même si elle n'a pas fait l'unanimité. En effet, Louis FAVOREU et Loïc PHILIP estiment notamment que l'expression « charge publique » ne devrait pas s'appliquer aux dépenses d'organismes sociaux, c'est-à-dire à des dépenses gérées essentiellement par des organismes privés, mais ils admettent néanmoins que cette intégration « *se justifie compte tenu de leur importance et des responsabilités qu'assume l'État en ce domaine* » [339]. La justification légitime cette intégration initialement contestée dont l'aboutissement majeur réside dans l'éclaircissement apporté à la nature des charges des régimes sociaux, et dans l'unification qui en résulte.

52. Des charges publiques unifiées. Le Conseil constitutionnel pouvait en effet difficilement échapper à la question de l'incidence de la notion de charges publiques dans le domaine de la Sécurité sociale car la Sécurité sociale revêt « *le caractère d'un service public relevant de l'État* » [340]. L'inclusion des dépenses de la protection sociale au sein de la notion de charges publiques s'explique par leur importance croissante depuis la seconde guerre mondiale. La décision du 20 janvier 1961 [341] apparaît prémonitoire [342] car elle constitue le préalable à l'intégration des charges sociales aux finances publiques qui a pris son essor avec les lois de financement de la Sécurité sociale et les lois organiques. Étienne DOUAT émet tout de même une réserve en considérant que cela réduit également la marge de manœuvre du Parlement [343] puisque « *plus le champ de l'irrecevabilité financière est étendu moins l'initiative parlementaire est importante* » [344]. Cette décision initie toutefois

---

[338] ROQUES (X.), « Le Parlement et le contrôle des finances de la Sécurité sociale », *Droit social*, n° 3, 1996, p.290 ; LASCOMBE (M.), « Le Parlement et les finances sociales : l'échec relatif des lois de financement de la Sécurité sociale », *RDSS*, 2004, p.646.

[339] FAVOREU (L.) et PHILIP (L.), *Les grandes décisions du Conseil constitutionnel*, Paris, Dalloz, 15e éd., 2009, p.76-77.

[340] PRÉTOT (X.), « La Sécurité sociale et les finances publiques », *RFFP*, n° 51, 1995, p.137.

[341] Cons. Const., Décision n° 60-11 DC du 20 janvier 1961, *Loi relative aux assurances maladie, invalidité et maternité des exploitants agricoles et des membres non-salariés de leur famille*, JO du 24 janvier 1961, p.982, Rec.29.

[342] FAVOREU (L.) et PHILIP (L.), *Les grandes décisions du Conseil constitutionnel*, *op.cit.*, p.77.

[343] DOUAT (É.), BADIN (X.), *Finances publiques*, Paris, Coll. Thémis, Droit public, PUF, 2006, p.302.

[344] MAUCOUR-ISABELLE (A.), *La rénovation des pouvoirs budgétaires du Parlement sous la Ve République*, Paris, Dalloz, 2005, p.45.

l'émergence et le développement des finances sociales [345]. Malgré l'unification incontestable opérée, la polysémie du terme demeure[346]. L'intégration des cotisations sociales au sein des charges publiques a notamment pour conséquence de voir appliquer les principes constitutionnels financiers aux cotisations sociales, tel le principe d'égalité devant les charges publiques parmi lequel le contrôle effectué consiste à savoir si les citoyens sont soumis à la même charge sans distinction quant à la nature de la charge publique.

B. L'application du principe d'égalité devant les charges publiques aux cotisations sociales

53. Le principe d'égalité devant les charges publiques. La notion de charges publiques intervient fréquemment dans la jurisprudence du Conseil constitutionnel à travers le principe d'égalité devant les charges publiques, « *un des principes fondamentaux sur lesquels est fondée notre organisation politique et juridique* » [347]. Jean BELIN le qualifie d'ailleurs de « *principe fondamental en droit fiscal de l'égalité devant la charge publique de l'impôt* » [348]. Ce principe est évoqué pour la première fois en 1979 par le Conseil Constitutionnel lorsqu'il dispose que la loi a déterminé des critères qui ne sont contraires ni au principe de l'égalité devant la loi ni à son corollaire, celui de l'égalité devant les charges publiques [349], mais la consécration de sa valeur constitutionnelle intervient en 1981 [350]. Ce principe est au nombre des droits et libertés que la Constitution garantit, au sens de son article 61-1 [351], et d'après le

---

[345] JÈZE (G.), *Cours élémentaire de science des finances et de législation financière française*, *op.cit.*, p.XVIII.

[346] Voir en ce sens les paragraphes n°44 et s.

[347] DELVOLVÉ (P.), *Le principe d'égalité devant les charges publiques*, Paris, LGDJ, 1969, p.426.

[348] BELIN (M.), « Le principe d'égalité devant les charges publiques à l'époque révolutionnaire et son influence sur la jurisprudence administrative moderne », *op.cit.*, p.336.

[349] Cons. Const., Décision n° 79-107 DC, 12 juillet 1979, *Loi relative à certains ouvrages reliant les voies nationales ou départementales*, JO du 13 juillet 1979, Recueil p.31, Considérant n° 4.

[350] Cons. Const., Décision n° 81-133 DC du 30 décembre 1981, *Loi de finances pour 1982*, JO du 31 décembre 1981, p.3609, Recueil p.41, Considérant n° 6.

[351] Cons. Const., Décision n° 2010-11 QPC, 9 juillet 2010, *Mme Virginie M.* [Pension militaire d'invalidité], JO du 10 juillet 2010, p.12840, Rectificatif, JO du 7 août 2010, p.14620, Recueil p.136, Considérant n°4 ; Cons. Const., Décision n° 2010-16 QPC, 23

Conseil constitutionnel [352] il se traduit de deux manières : l'interdiction des distinctions excessives et l'interdiction des assimilations excessives [353] . Cette distinction fait l'objet d'une unique mention par Guillaume de la TAILLE [354], bien que la prohibition de la « distinction excessive » ait également été mentionnée par André BARILARI [355] à l'occasion de la décision 2009-599 DC sur la taxe carbone [356] du fait des importantes exonérations accompagnant le dispositif. Le principe d'égalité devant les charges publiques fait l'objet d'une « *conception particulièrement extensive* » [357] par le Conseil constitutionnel car celui-ci intervient aussi bien dans l'hypothèse où la loi prévoit l'octroi de prestations que dans les cas où elle impose des sujétions [358]. Le principe d'égalité devant les charges publiques découle de l'article 13 de la DDHC de 1789 qui dispose que pour l'entretien de la force publique, et pour les dépenses d'administration, une contribution commune est indispensable : elle doit être également répartie entre tous les citoyens, en raison de leurs facultés. Certes, la Déclaration ne formule pas ce principe de manière explicite, néanmoins il se dégage « *au surplus, de la lecture de la Déclaration tout entière* » [359].

54. Un principe constitutionnel financier. Le principe d'égalité devant les charges publiques, dès lors qu'il s'entend « *de toutes les*

---

juillet 2010, *M. Philippe E.* [Organismes de gestion agréés] JO du 24 juillet 2010, p.13728, Rectificatif, JO du 7 août 2010, p.14620, Recueil p.164, Considérant n°4.

[352] Il s'agit de la classification retenue par le Conseil constitutionnel au sein des tables analytiques.

[353] Voir en ce sens, l'Annexe 2 – Principe d'égalité devant les charges publiques.

[354] « *ainsi que le soulignent d'ailleurs les tables analytiques des décisions du Conseil constitutionnel, le principe d'égalité devant les charges publiques s'oppose aux assimilations excessives entre situations par trop différentes* » DE LA TAILLE (G.), « Le principe constitutionnel de proportionnalité de l'impôt aux capacités contributives s'applique-t-il aux intérêts de retard et aux majorations pour mauvaise foi ? », *JCP E,* n° 31-34, 31 Juillet 2014, p.1423 ; *Droit fiscal* n° 28, 10 Juillet 2014, comm. 439.

[355] BARILARI (A.), « La contribution carbone et le Conseil constitutionnel : une censure annoncée ? », *JCP G*, n° 3, 18 janvier 2010, p.61.

[356] Cons. Const., Décision n° 2009-599 DC, 29 décembre 2009, *Loi de finances pour 2010,* JO du 31 décembre 2009, p.22995, Recueil p.218.

[357] MELIN-SOUCRAMANIEN (F.), *Le principe d'égalité dans la jurisprudence du Conseil constitutionnel, Le principe d'égalité dans la jurisprudence du Conseil constitutionnel*, Paris, Economica, Coll. « Droit public positif », 1997, p.114 et s.

[358] Cons. Const., Décision n° 87-237 DC du 30 décembre 1987, *Loi de finances pour 1988,* JO du 31 décembre 1987, p.15761, Recueil, p.63.

[359] MORANGE (G.), « Valeur juridique des principes contenus dans la Déclaration des Droits », *RDP*, 1945, p.245.

limitations que la loi peut imposer à l'activité individuelle » [360], n'a pas vocation à s'appliquer uniquement dans le domaine fiscal comme l'a démontré Ferdinand MÉLIN-SOUCRAMANIEN [361] lorsqu'il distingue l'égalité devant les charges publiques fiscales de l'égalité devant les charges publiques non fiscales. François LUCHAIRE considère cependant que le principe d'égalité devant les charges publiques n'a pas encore acquis une « *valeur absolue qui le rendrait applicable à toute intervention – ou abstention – d'une collectivité publique* », même s'il reconnaît ensuite qu'il s'étend tout de même dans le domaine fiscal [362]. La place du principe d'égalité devant les charges publiques diffère suivant les conceptions retenues par les auteurs. Ainsi, Ferdinand MÉLIN-SOUCRAMANIEN considère que l'égalité devant les charges publiques est « *conçue comme une "application particulière", ou une conséquence directe, du principe général d'égalité devant la loi* » [363]. Jean LAMARQUE, Olivier NEGRIN et Ludovic AYRAULT conçoivent quant à eux le principe d'égalité devant les charges publiques comme un mécanisme correcteur dont la distinction avec le principe d'égalité devant l'impôt demeure relative puisque les champs de ces principes sont étroitement imbriqués [364]. La « *conquête de l'égalité de tous devant l'impôt* » [365] est issue de l'article 101 de la Constitution du 24 juin 1793 qui disposait que nul citoyen n'est dispensé de l'honorable obligation de contribuer aux charges publiques [366]. L'égalité devant les charges se distingue alors de l'égalité devant l'impôt, mais aussi de l'égalité devant la loi [367], même si l'égalité devant les charges publiques est parfois perçue comme une

---

[360] BELIN (M.), « Le principe d'égalité devant les charges publiques à l'époque révolutionnaire et son influence sur la jurisprudence administrative moderne », *op.cit.*, p.336.

[361] MELIN-SOUCRAMANIEN (F.), *Le principe d'égalité dans la jurisprudence du Conseil constitutionnel*, *op.cit.*, p.114 et s.

[362] LUCHAIRE (F.), « Un janus constitutionnel : l'égalité », *RDP*, 1986, p.1266. Voir en ce sens, PHILIP (L.), « Le principe constitutionnel d'égalité en matière fiscale », *Droit fiscal,* 1990, n° 12, pp.464-467.

[363] MELIN-SOUCRAMANIEN (F.), *Le principe d'égalité dans la jurisprudence du Conseil constitutionnel*, *op.cit.*, p.114.

[364] LAMARQUE (J.), NEGRIN (O.), AYRAULT (L.), *Droit fiscal général*, *op.cit.*, p.703.

[365] WORMS (E.), *Exposé élémentaire et critique de la science des finances*, Paris, A. Giard, 1891, p.233.

[366] Cité également par MEHL (L.), BELTRAME (P.), *Science et technique fiscale*, Paris, PUF, 1984, p.72 ; ROSA (A.), *Solidarité et impôt – Recherche sur les fondements de l'impôt moderne*, *op.cit.*, p.53.

[367] De TOCQUEVILLE (A.), *L'Ancien Régime et la Révolution*, Paris, Calmann Lévy, 8e éd., 1877, p.27.

conséquence du principe général [368]. Cette réflexion est d'ailleurs poussée à son paroxysme lorsque Bruno GENEVOIS ne distingue plus le principe d'égalité devant l'impôt de l'égalité devant les charges publiques lorsqu'il affirme que « *le principe d'égalité devant l'impôt et les charges publiques peut être aussi bien rattaché au principe d'égalité devant la loi que déduit des dispositions de l'article 13 de la Déclaration des droits de 1789* » [369]. Malgré ces conceptions différentes, il n'en demeure pas moins que le principe d'égalité avec ses composantes est fortement impliqué dans l'interventionnisme fiscal [370].

55. Un « *véritable "Janus bifrons"* » [371]. Le principe d'égalité devant les charges publiques est empreint d'une dualité importante : il s'oppose à l'égalité devant la loi, il distingue l'assimilation de la distinction, il oppose les charges publiques fiscales et non fiscales, et il interdit de rompre l'égalité ou oblige au contraire à réparer le préjudice découlant d'une éventuelle rupture d'égalité. Le principe d'égalité devant les charges publiques constitue alors selon Georges VEDEL un « *véritable "Janus bifrons"* » [372] puisqu'il génère des règles imposant un comportement positif ou négatif, auxquelles une responsabilité pour faute se rattache de façon banalement accessoire, et un pur mécanisme de réparation supposant aucune violation de la légalité, et jouant même pour obliger à réparation l'infaillible législateur [373]. Ces deux déclinaisons sont d'ailleurs applicables dans le domaine du financement de la Sécurité sociale. En effet, dans la décision n° 97-393 DC relative à la loi de financement de la Sécurité sociale pour 1998, le Conseil constitutionnel rappelle cette interdiction des distinctions excessives et l'applique à la détermination du taux de la CSG [374]. Le Conseil constitutionnel applique

---

[368] LEBEN (C.), « Le Conseil constitutionnel et le principe d'égalité devant la loi », *RDP*, 1982, p.315.
[369] GENEVOIS (B.), « La jurisprudence du Conseil constitutionnel en 1986 », *AIJC*, 1986, p.445.
[370] AGLAE (M.-J.), « De l'impôt et ses limites », *RFFP*, n° 120, 2012, p.48.
[371] VEDEL (G.), Préface, in DELVOLVÉ (P.), *Le principe d'égalité devant les charges publiques*, Coll. « Bibliothèque de droit public », t. LXXXVIII, Paris, Librairie générale de droit et de jurisprudence, 1969, p.XIV.
[372] VEDEL (G.), Préface, in DELVOLVÉ (P.), *Le principe d'égalité devant les charges publiques*, Coll. « Bibliothèque de droit public », t. LXXXVIII, Paris, Librairie générale de droit et de jurisprudence, 1969, p.XIV.
[373] *Ibid.*
[374] « *les dispositions de la loi de financement de la Sécurité sociale qui se bornent à majorer les taux de la contribution sociale généralisée (CSG) applicables aux différentes*

également l'interdiction des assimilations excessives dans la décision n° 90-285 DC lorsqu'il considère que les prélèvements institués par la loi se caractérisent par une prépondérance de cotisations qui ne sont ni assises sur l'ensemble des revenus ni soumises à une règle de progressivité. De plus, à la différence des cotisations sociales, les contributions nouvelles ne seront pas déductibles de l'impôt sur le revenu, dont les taux sont progressifs. Par conséquent et dans ces conditions, il dispose que le choix par le législateur d'un taux unique applicable aux contributions sociales qu'il institue ne peut être regardé comme contraire à l'article 13 de la Déclaration de 1789 [375]. Le principe d'égalité devant les charges publiques et la distinction sous-jacente entre les distinctions et les assimilations excessives concernent donc les finances sociales, ainsi que plus spécifiquement les cotisations sociales.

56. Un principe applicable aux cotisations sociales. Benoît JEAN-ANTOINE estime que le Conseil constitutionnel n'applique pas l'article 13 en ce qui concerne les cotisations sociales mais parle de principe plus général d'égalité devant la loi [376]. Le Conseil constitutionnel s'est en effet abstenu pendant longtemps de mentionner l'article 13 de la Déclaration des Droits de l'Homme et du Citoyen (DDHC) ainsi que le raisonnement appliqué en matière d'égalité devant les charges publiques concernant les cotisations sociales. Cette affirmation, exacte au moment de la rédaction de la thèse précitée, ne l'est plus. Que ce soit dans le cadre du contrôle *a priori* ou dans le cadre du contrôle *a posteriori*, le Conseil constitutionnel applique, en matière de cotisations sociales, le principe d'égalité devant les charges publiques en mentionnant expressément le raisonnement suivi et l'article 13 de la DDHC. Tel est notamment le cas de la décision

---

catégories d'assiette sont sans incidence, par elles-mêmes, sur les taux des cotisations d'assurance maladie. Il appartiendra toutefois au pouvoir réglementaire de fixer les nouveaux taux des cotisations d'assurance maladie de façon à ne pas créer de rupture caractérisée de l'égalité entre catégories socioprofessionnelles à l'occasion de l'augmentation des taux de la contribution sociale généralisée et de la diminution corrélative des taux des cotisations d'assurance maladie prévue par la loi » Cons. Const., Décision n° 97-393 DC du 18 décembre 1997, *Loi de financement de la Sécurité sociale pour 1998*, JO du 23 décembre 1997, p.18649, Recueil p.320, Considérant n° 7.

[375] Cons. Const., Décision n° 90-285 DC du 28 décembre 1990, *Loi de finances pour 1991*, JO du 30 décembre 1990, p.16609, Recueil p.95, Considérants n° 40 et 41.

[376] JEAN-ANTOINE (B.), *Les normes constitutionnelles financières en droit français de 1789 à nos jours*, Paris, LGDJ, Coll. Bibliothèque Finances publiques et fiscalité, t.51, 2010, p.437-438.

n° 2010-24 QPC [377] et de la décision n° 2013-682 DC [378]. Dans cette première décision de 2010, le Conseil constitutionnel se fonde sur l'article 13 de la DDHC et dispose que « *pour assurer le respect du principe d'égalité, le législateur doit fonder son appréciation sur des critères objectifs et rationnels en fonction des buts qu'il se propose ; que cette appréciation ne doit cependant pas entraîner de rupture caractérisée de l'égalité devant les charges publiques* » [379]. Il considère qu'en l'espèce, il n'y avait pas de rupture caractérisée devant les charges publiques [380]. L'article 13 de la DDHC est également expressément mentionné dans la décision n° 2011-180 QPC [381]. Le raisonnement du Conseil constitutionnel dans cette décision est particulièrement intéressant puisqu'il se fonde sur le principe d'égalité devant l'impôt avant d'affirmer *in fine* que le dispositif contesté ne crée pas de rupture caractérisée de l'égalité devant les charges publiques. En 2013, le Conseil constitutionnel renouvelle ce syllogisme et applique le principe d'égalité devant les charges publiques aux cotisations sociales en rappelant son fondement juridique et le raisonnement tenu [382]. Le Conseil constitutionnel applique

---

[377] Cons. Const., Décision n° 2010-24 QPC du 6 août 2010, *Association nationale des sociétés d'exercice libéral et autres* [Cotisations sociales des sociétés d'exercice libéral], JO du 7 août 2010, p.14617, Recueil p.209.

[378] Cons. Const., Décision n° 2013-682 DC du 19 décembre 2013, *Loi de financement de la Sécurité sociale pour 2014*, JO du 24 décembre 2013, p.21069, Recueil p.1094.

[379] Cons. Const., Décision n° 2010-24 QPC du 6 août 2010, *Association nationale des sociétés d'exercice libéral et autres* [Cotisations sociales des sociétés d'exercice libéral], JO du 7 août 2010, p.14617, Recueil p.209, Considérant n°6.

[380] « *en réservant l'extension de l'assiette des cotisations sociales aux dividendes versés dans les sociétés d'exercice libéral, le législateur a pris en considération la situation particulière des travailleurs non-salariés associés de ces sociétés et répondu à un objectif d'intérêt général en rapport direct avec l'objet de la loi ; qu'en limitant le champ des dividendes soumis à cotisations sociales à ceux qui représentent une part significative du capital social de la société et des primes d'émission et des sommes versées en compte courant détenus par les intéressés, il a défini des critères objectifs et rationnels ; que la délimitation du champ de l'assiette des cotisations sociales qui en résulte ne crée pas de rupture caractérisée de l'égalité devant les charges publiques* », Cons. Const., Décision n° 2010-24 QPC du 6 août 2010, *Association nationale des sociétés d'exercice libéral et autres* [Cotisations sociales des sociétés d'exercice libéral], JO du 7 août 2010, p.14617, Recueil p.209, Considérant n°9.

[381] Cons. Const., Décision n° 2011-180 QPC du 13 octobre 2011, *M. Jean-Luc O. et autres* [Prélèvement sur les « retraites chapeau »], JO du 15 octobre 2011, p.17463, Recueil p.498, Considérant n° 3 à 8.

[382] « *qu'aux termes de l'article 13 de la Déclaration de 1789 : « Pour l'entretien de la force publique, et pour les dépenses d'administration, une contribution commune est indispensable : elle doit être également répartie entre tous les citoyens, en raison de leurs*

toutefois antérieurement à ces deux décisions le principe d'égalité devant les charges publiques en matière de cotisations sociales dans les décisions n° 90-285 DC et n° 97-393 DC évoquées précédemment, ainsi que dans la décision n° 98-404 DC [383]. Dans ces décisions, le Conseil constitutionnel sanctionne la loi en invoquant l'absence de critères objectifs et rationnels en rapport avec l'objet de la loi sans mentionner explicitement les charges publiques, bien qu'un tel moyen ait été expressément soulevé par les requérants. En effet, le Conseil constitutionnel se fonde parfois sur le principe d'égalité devant les charges publiques sans mentionner explicitement les articles 6 et 13 de la DDHC. Par conséquent, en se libérant des références de texte, « *l'emploi de l'affirmation jurisprudentielle* » [384] du principe d'égalité devant les charges publiques rejoint les méthodes et techniques retenues par le Conseil d'État.

57. Un principe applicable devant la juridiction administrative. L'application du principe d'égalité devant les charges publiques existe depuis longtemps dans la jurisprudence du Conseil d'État [385]. Son application en matière de cotisations sociales est plus récente puisque la première application du principe d'égalité en matière de cotisations

---

facultés » ; qu'en vertu de l'article 34 de la Constitution, il appartient au législateur de déterminer, dans le respect des principes constitutionnels et compte tenu des caractéristiques de chaque impôt, les règles selon lesquelles doivent être appréciées les facultés contributives ; que le principe d'égalité ne fait pas obstacle à ce que soient établies des impositions spécifiques ayant pour objet d'inciter les redevables à adopter des comportements conformes à des objectifs d'intérêt général, pourvu que les règles que le législateur fixe à cet effet soient justifiées au regard desdits objectifs ; que, dans tous les cas, il ne doit pas en résulter de rupture caractérisée de l'égalité devant les charges publiques [...] *qu'il résulte de tout ce qui précède qu'au regard tant de l'objectif d'intérêt général qu'il s'est fixé que des conséquences des règles qu'il a retenues, le législateur pouvait, dans une mesure très limitée, assujettir les entreprises à des taux de forfait social différents ; qu'en prévoyant au 3° du paragraphe I de l'article 14 des écarts de taux de 8 % et de 12 %, le législateur a institué des différences de traitement qui entraînent une rupture caractérisée de l'égalité devant les charges publiques* », Cons. Const., Décision n° 2013-682 DC du19 décembre 2013, *Loi de financement de la Sécurité sociale pour 2014*, JO du 24 décembre 2013, p.21069, Recueil p.1094, Considérant n°55.

[383] Cons. Const., Décision n° 98-404 DC du 18 décembre 1998, *Loi de financement de la Sécurité sociale pour 1999*, JO du 27 décembre 1998, p.19663, Recueil p.315, Considérant n°16 à 19.

[384] BRAIBANT (G.), « Le principe d'égalité dans la jurisprudence du Conseil constitutionnel et du Conseil d'État », in Conseil constitutionnel, *La déclaration des droits de l'homme et du citoyen*, Colloque des 25 et 26 mai 1989, Paris, PUF, 1989, p.100.

[385] Première utilisation du principe d'égalité devant les charges publiques : CE, 2 juin 1944, *Fays*, Lebon p.159.

sociales concerne l'égalité des citoyens et non celle devant les charges publiques, lorsque le Conseil d'État était amené, en 1987, à se prononcer sur le moyen tiré de la rupture de l'égalité des citoyens concernant la cotisation d'accident de travail [386]. Ce n'est qu'à partir de l'année 2000 que ce dernier se fonde sur l'égalité devant les charges publiques en considérant que le principe général d'égalité devant les charges publiques ne s'oppose pas à ce que des personnes affiliées à des régimes de sécurité sociale différents, lesquels forment un ensemble dont aucune disposition ne peut être envisagée isolément, soient soumises à des règles d'assiette différentes pour le calcul du montant des cotisations [387]. Ce considérant est d'ailleurs repris ultérieurement et modifié légèrement de manière casuistique. Tel est notamment le cas dans l'arrêt du 6 septembre 2006 [388], dans celui du 30 janvier 2008 [389]. Plus récemment, le Conseil d'État a saisi le Conseil constitutionnel d'une QPC [390] relative aux articles L.380-2 et L.380-3-1 du Code de la sécurité sociale sur le motif qu'ils porteraient atteinte au principe d'égalité devant les charges publiques. Le Conseil constitutionnel a alors déclaré dans la décision n° 2015-460 QPC du 26

---

[386] CE, 1e et 4e ss-sect., 12 juin 1987, req. n° 48943, *Syndicat national des industries de boulangerie et fabrications annexes*, Inédit au Recueil Lebon ; D. 1988, somm.290 ; V. GIRO (P.), « Egalite devant la loi », in DUHAMEL (O.) et MENY (Y.), *Dictionnaire constitutionnel*, Paris, PUF, 1992, p.366.

[387] CE, 3e et 8e ss-sect., 17 nov. 2000, req. n° 185772, *URSSAF de la Haute-Garonne*, Lebon p.517 ; CE, 1e et 6e ss-sect., 6 septembre 2006, req. n° 277752, *Union des familles en Europe*, Lebon p.393 ; CE, Sect., 17 nov. 2000, req. n° 188298, *URSSAF de la Haute-Garonne*, Inédit au Recueil Lebon.

[388] « *le principe général d'égalité devant les charges publiques ne s'oppose pas à ce que des personnes affiliées à des régimes de sécurité sociale différents, lesquels forment un ensemble dont les dispositions ne peuvent être envisagées isolément, soient soumises à des règles d'assiette différentes pour le calcul du montant des cotisations dues par leur employeur* », CE, 1e et 6e ss-sect., 6 septembre 2006, req. n° 277752, *Union des familles en Europe.*

[389] « *si le principe d'égalité ne s'oppose pas à ce que des personnes affiliées à des régimes de sécurité sociale différents, lesquels forment chacun un ensemble dont les dispositions ne peuvent être envisagées isolément, soient soumises à des règles d'assiette, de liquidation et de taux différentes, il fait obstacle, eu égard à l'objet même de la mesure, à ce que les cotisations dues pour valider une même période de travail, au titre d'un même régime et qui n'avaient pu légalement donner lieu à cotisation, soient calculées en faisant application de taux différents selon que les intéressés ont poursuivi leur carrière professionnelle dans ce régime ou, au contraire, ont été affiliés ultérieurement à un autre régime* », CE, 1e et 6e ss-sect., 30 janvier 2008, req. n° 273438, *Fédération générale agroalimentaire CFDT*.

[390] CE, 1e et 6e ss-sect., 21 janvier 2015, req. n° 383004 .

mars 2015 [391] la conformité à la Constitution des dispositions attaquées en prenant soin d'émettre tout de même deux réserves d'interprétation dans ses considérants 15 et 23. Les dispositions contestées ne sont pas contraires au principe d'égalité devant les charges publiques car la différence de traitement résulte du choix des résidents français travaillant en Suisse de ne pas être affilé à l'assurance maladie en Suisse.

58. Une distinction obsolète. Même si le principe d'égalité devant les charges publiques n'interdit pas toutes les inégalités [392], il n'en demeure pas moins qu'il est un des principes intervenant de manière régulière dans la jurisprudence fiscale. Son intervention croissante dans le domaine des finances sociales tend à démontrer qu'il n'a rien d'un mythe [393]. L'intégration des charges sociales aux charges publiques a eu des répercussions sur le principe d'égalité devant les charges publiques. S'il est en effet pleinement applicable aux charges sociales et donc aux cotisations sociales, son sens en a été modifié au point d'en perdre « *de sa rigueur* » [394]. La qualification des charges publiques est devenue moins importante car il n'est plus essentiel de distinguer la nature de la charge tant que ces charges demeurent imposées aux citoyens qui vont devoir en porter le poids. Le lien mis en exergue par Pierre LAROQUE [395] entre la solidarité nationale et l'égale répartition des charges est ainsi réaffirmé. Pierre DELVOLVÉ pousse la réflexion en estimant que « *peu à peu, on passe de l'égalité devant les charges publiques à la solidarité devant les*

[391] Cons. Const., Décision n° 2015-460 QPC du 26 mars 2015, *Comité de défense des travailleurs frontaliers du Haut-Rhin et autre* [Affiliation des résidents français travaillant en Suisse au régime général d'assurance maladie - assiette des cotisations], JO n° 0075 du 29 mars 2015 p.5775.

[392] « *Le droit fiscal est par essence un droit inégalitaire* », FOUQUET (O.), « Le Conseil constitutionnel et le principe d'égalité devant l'impôt », *Nouv. Cah. CC*, 2011/4, n° 33, p.8.

[393] « *Le principe d'égalité devant les charges publiques ne serait-il alors qu'un mythe* ? », in GAUDEMET (P.-M.), « Réflexions sur le principe d'égalité devant les charges publiques – Grandeur et misères d'un principe », in *Mélanges Stassinopoulos*, Athènes, 1974, p.346.

[394] DELVOLVÉ (P.), *Le principe d'égalité devant les charges publiques*, Paris, LGDJ, 1969, p.416.

[395] « *La Sécurité sociale, pour être efficace et juste, devait reposer sur une solidarité nationale, condition d'une équitable répartition des charges, et d'une égalité suffisante des avantages* », LAROQUE (P.), « Quarante ans de sécurité sociale », *Revue française des affaires sociales*, 1985, n° 3, p.11. Repris par BORGETTO (M.), « Egalite, solidarité... équité ? », in *Le Préambule de la constitution de 1946 : antinomies juridiques et contradictions politiques*, 1996, CURAPP, PUF, p.260.

charges sociales » [396]. Par la solidarité nationale, les charges publiques affectent l'ensemble de la population. Le financement doit ainsi être maintenu face à la crise financière.

SECTION 2 : UN FINANCEMENT MAINTENU FACE À LA CRISE FINANCIÈRE

59. La conception de la politique budgétaire a évolué ces dernières années dans la mesure où si antérieurement « *l'action à exercer par le moyen du budget est davantage commandée par la situation économique que par l'état des finances publiques* » [397], la logique inverse est désormais retenue en France où l'état de nos finances publiques, caractérisé par un fort taux d'endettement, détermine le budget. La crise économique et financière ainsi que les politiques européennes d'austérité adoptées afin de remédier aux conséquences de la crise ont contribué à un renouvellement des cadres de pensée, faisant du juge, un garant des droits sociaux et, partant, un acteur majeur de l'État de droit social [398]. La fiscalisation est justifiée par un besoin impérieux de ressources financières (**Paragraphe premier**), mais elle est contrebalancée par la garantie d'un seuil minimal de protection sociale (**Paragraphe second**).

§1. UN BESOIN IMPÉRIEUX DE RESSOURCES FINANCIÈRES

60. Les droits sociaux sont des droits-créances qui nécessitent une mise en œuvre étatique. Les ressources financières qui leur sont allouées doivent leur permettre d'exister. Ce besoin financier apparaît impérieux et doit être mis en perspective avec l'exigence du bon usage des deniers publics (**A**) et la nécessaire réduction de la dette sociale (**B**).

---

[396] DELVOLVÉ (P.), *Le principe d'égalité devant les charges publiques*, *op.cit.*, p.417.
[397] HELLER (W.), GOEDHART (C.), GUINDEY (G.) et autres, *Politique Budgétaire et Équilibre économique, Leçons du passé, problèmes et perspectives,* OCDE, décembre 1968, p.15.
[398] ROMAN (D.), « La jurisprudence sociale des Cours constitutionnelles en Europe : vers une jurisprudence de crise ? », *Nouv. Cah. CC*, n° 45, 2014, p.63-64.

A. La crise financière face à l'exigence du bon usage des deniers publics

61. Une exigence constitutionnelle. Le bon usage, ou bon emploi des deniers publics, est une exigence à valeur constitutionnelle dégagée par le Conseil constitutionnel [399]. Il faut toutefois attendre la décision n° 2006-545 DC pour voir cette exigence rattachée aux articles 14 et 15 de la DDHC de 1789 [400]. Cette exigence constitutionnelle apparaît comme un moyen de préservation des finances publiques. Elle a vocation à s'appliquer aux finances publiques dans leur globalité. Cette exigence s'applique donc en matière de Sécurité sociale. Le Conseil constitutionnel a ainsi reconnu que l'indemnisation du préjudice susceptible de résulter du transfert d'opérations de gestion déléguées à des mutuelles ne saurait, sans méconnaître le principe d'égalité devant les charges publiques et le bon emploi des deniers publics, permettre l'allocation d'indemnités ne correspondant pas au préjudice subi du fait de la modification des dispositions législatives ou réglementaires relatives aux délégations de gestion des risques par les régimes obligatoires de base de sécurité sociale [401]. En vertu de ce principe, et conformément au principe d'égalité devant les charges publiques, une indemnisation allouée à des personnes privées ne doit pas excéder le montant de leur préjudice [402]. Le bon usage des deniers publics est fréquemment utilisé en matière de service

[399] Cons. Const., Décision n° 2003-473 DC du 26 juin 2003, *Loi habilitant le Gouvernement à simplifier le droit*, JO du 3 juillet 2003, p.11205, Recueil p.382, Considérant n° 10 et 18 ; Cons. Const., Décision n° 2003-489 DC du 29 décembre 2003, *Loi de finances pour 2004*, JO du 31 décembre 2003, p.22636, Recueil p.487, Considérant n° 33.

[400] Cons. Const., Décision n° 2006-545 DD du 28 décembre 2006, *Loi pour le développement de la participation et de l'actionnariat salarié et portant diverses dispositions d'ordre économique et social*, JO du 31 décembre 2006, p.20320, Recueil p.138, Considérant n° 24 ; Cons. Const., Décision n° 2009-575 DC du 12 février 2009, *Loi pour l'accélération des programmes de construction et d'investissement publics et privés*, JO du 18 février 2009, p.2847, Recueil, p.48, Considérant n° 4.

[401] Cons. Const., Décision n° 2015-723 DC du 17 décembre 2015, *Loi de financement de la Sécurité sociale pour 2016*, JO n° 0296 du 22 décembre 2015, p.23685, Considérant n° 38.

[402] Cons. Const., Décision n° 2010-624 DC du 20 janvier 2011, *Loi portant réforme de la représentation devant les cours d'appel*, JO du 26 janvier 2011, p.1550, Recueil, p.66, Considérant n° 17 ; Cons. Const., Décision n° 2016-736 DC du 4 août 2016, *Loi relative au travail, à la modernisation du dialogue social et à la sécurisation des parcours professionnels*, Considérant n° 15.

public [403]. Cette exigence constitutionnelle, qui est également qualifiée d'objectif à valeur constitutionnelle[404], ne peut toutefois être invoquée à l'appui d'une QPC [405]. Le bon usage des deniers publics se limite ainsi à une application comptable liée à la nature des deniers concernés.

62. La bonne gestion publique, solution à la crise. Initialement la crise était avant tout financière, elle est désormais marquée par plusieurs crises de natures différentes [406]. Les conséquences de cette crise ne sont plus uniquement budgétaires, et certains auteurs retiennent le concept de polycrise [407]. Est entendu par « crise », « *une situation dans laquelle de nombreux problèmes doivent être traités rapidement pour éviter qu'elle ne s'aggrave* » [408] ou un « *symptôme de transformations radicales opérant au niveau des relations entre le système économique et les systèmes légaux et politiques* » [409]. Il s'agit donc d'une problématique amenant de grandes difficultés et devant être traitée rapidement sous peine d'avoir des conséquences fortement dommageables. Le souhait de limiter la crise financière et trouver de nouveaux moyens de financer l'action publique sociale politiquement souhaitée est une « *question de choix démocratique* » [410], même si la décision politique renvoie ensuite au problème de la bonne gestion publique. La bonne gestion publique apparaît comme la solution permettant d'assurer un redressement

---

[403] Cons. Const., Décision n° 2008-567 DC du 24 juillet 2008, *Loi relative aux contrats de partenariat*, JO du 29 juillet 2008, p.12151, Recueil, p.341, Considérant n° 9 et 14.

[404] Cons. Const., Décision n° 2014-434 QPC du 5 décembre 2014, *Société de laboratoires de biologie médicale Bio Dômes Unilabs SELAS* [Tarif des examens de biologie médicale], JO n° 0283 du 7 décembre 2014 p.20465, Considérant n° 7.

[405] Cons. Const., Décision n° 2014-434 QPC du 5 décembre 2014, *Société de laboratoires de biologie médicale Bio Dômes Unilabs SELAS* [Tarif des examens de biologie médicale], JO n° 0283 du 7 décembre 2014 p.20465, Considérant n° 7.

[406] European Union Agency for Fundamental Rights, *L'Union européenne, une communauté de valeurs : sauvegarder les droits fondamentaux en période de crise*, Focus, Luxembourg, 2013, p.5.

[407] RODOPOULOS (I.), « La crise financière est-elle (aussi) une crise du droit pénal ? Esquisse d'une dialectique entre une crise factuelle et une crise normative », *RSC*, 2013, p.1.

[408] European Union Agency for Fundamental Rights, *L'Union européenne, une communauté de valeurs : sauvegarder les droits fondamentaux en période de crise*, Focus, Luxembourg, 2013, p.5.

[409] ROMAINVILLE (C.), « Austérité européenne, déséquilibres constitutionnels et droits fondamentaux », *Revue Roumaine de Droit comparé,* Supplément 2014, p.131.

[410] LEROY (M.), *L'impôt, l'État et la société – La sociologie fiscale de la démocratie interventionniste*, Paris, Economica, Coll. Finances publiques, 2010, p.121.

économique solide [411]. Le bon usage des deniers publics s'inscrit ainsi en conséquence de la décision politique choisie pour limiter l'influence de la crise financière à l'origine d'une « *raréfaction budgétaire* » [412]. Si la recherche de moyens financiers nouveaux est nécessaire, la tentation est forte [413] de réduire les droits sociaux afin de venir limiter l'augmentation du taux des prélèvements obligatoires. Philippe SÉGUIN considérait toutefois qu'« *il faut bien distinguer la crise économique, financière et sociale que nous connaissons, de la maladie chronique que connaissent nos finances publiques* » [414]. Il estimait alors que si nous souffrons d'une sorte d'addiction à la dépense, et il ne faut surtout pas profiter de la crise pour la parer des vertus keynésiennes [415]. La crise ne doit donc pas être la réponse permettant de justifier l'augmentation et le maintien systématique des déficits publics, même si le contexte économique et financier national et international depuis 2008 met malheureusement en lumière les limites de l'exercice législatif quand il s'agit de remédier à la crise profonde et durable de nos finances publiques [416]. La bonne gestion des finances publiques permet de limiter les conséquences de la crise financière. En raison de leur nature, les lois de finances et de financement de la Sécurité sociale constituent des instruments permettant la maîtrise de la bonne gestion des finances publiques. Benoit CHEVAUDEZ constate une « *impuissance des lois de finances à décider de véritables priorités budgétaires* » [417]. Ce constat apparaît quelque peu alarmiste puisqu'en période de raréfaction budgétaire, les contrôles financiers sont accrus. Si le Gouvernement considère la dette comme étant sous contrôle [418], le taux d'endettement français est tout de même de 96,1% du PIB annuel en 2015 pour un taux de 95,3% en 2014. Ces constats doivent tout de même être

---

[411] ALTER (R.), « Renforcer la bonne gestion publique pour assurer un redressement économique solide », *Perspectives Gestions publiques*, Publication de l'Institut de la gestion publique et du développement économique, 2009, n° 32, p.1.

[412] FRANÇOIS-LUBIN (B.), « La lutte contre la fraude aux prestations à l'épreuve du droit à l'aide sociale », *RDSS*, 2011, p.116.

[413] Oscar WILDE affirmait dans le Portrait de Dorian GREY que « *Le seul moyen de se débarrasser d'une tentation est d'y céder. Essayer de lui résister, et votre âme aspire maladivement aux choses qu'elle s'est défendues* ».

[414] SEGUIN (P.), « La dégradation des finances publiques et ses remèdes », *RFDA*, n° 1, 2010, p.194.

[415] *Ibid.*

[416] ARTHUIS (J.), « La dégradation des finances publiques : La loi en échec, le contrôle et l'évaluation en cours », *Pouvoirs*, n° 134, 2010, p.84.

[417] CHEVAUDEZ (B.), « La crise et les règles françaises de gouvernance des finances publiques », *Revue de l'OFCE*, 2011, n° 116, p.302.

[418] Projet de loi de règlement du budget et d'approbation des comptes, n° 3781, 2015, p.9.

relativisés par l'évolution du déficit public qui lui est à la baisse (3,6% du PIB en 2015 contre 4.0% en 2014), ainsi que par l'introduction de taux d'intérêt négatif.

63. L'équivalent du principe de bonne gestion financière. Jean-Paul COSTA considère que non seulement le retour de l'État peut être l'occasion d'un renouveau des droits sociaux, mais aussi que la crise financière, bien qu'elle puisse pousser les États dans la direction d'une restriction accrue en matière de droits sociaux, en raison du coût de leur protection doit au contraire inciter nos sociétés à modifier leur rapport à l'argent, et à insuffler plus de solidarité et de justice sociale [419]. Le bon usage ou bon emploi des deniers publics renvoie au principe de bonne gestion financière qui constitue un principe budgétaire de l'UE [420]. Le règlement européen n° 966-2012 du Parlement européen et du Conseil du 25 octobre 2012 [421] renforce ce principe qui renvoie aux principes d'efficacité, d'efficience et d'économie [422]. L'article 30 du règlement financier européen dispose que le principe d'économie renvoie aux moyens mis en œuvre par l'institution dans le cadre de la réalisation de ses activités qui sont rendus disponibles en temps utile, dans les quantités et qualités appropriées et au meilleur prix, que le principe d'efficience vise le meilleur rapport entre les moyens mis en œuvre et les résultats obtenus et que le principe d'efficacité vise l'atteinte des objectifs spécifiques fixés et l'obtention des résultats escomptés [423]. Vítor CALDEIRA affirme que « *pour améliorer la gestion financière de l'UE, il ne s'agit pas de choisir entre dépenser l'argent, respecter les règles et obtenir des résultats. Il*

---

[419] COSTA (J.-P.), « La Cour européenne des droits de l'homme et la protection des droits sociaux », exposé prononcé lors de la rentrée solennelle du Barreau de Bruxelles dans le cadre d'un colloque « Droit et solidarité », Bruxelles, le 22 janvier 2009 ; Cité également par NIVARD (C.), « La justice sociale dans la jurisprudence conventionnelle », in BURGORGUE LARSEN (L.) (dir.), *La justice sociale saisie par les juges en Europe*, Paris, Pedone, 2013, Coll. Cahiers européens, n° 4, p.80.

[420] OLIVA (É.), « Les principes budgétaires et comptables à valeur constitutionnel. Considérations autour de la « vraie » constitution financière de la France », in *Long cours*, Mélanges en l'honneur de Pierre Bon, Paris, Dalloz, 2014, p.461.

[421] Règlement (UE, EURATOM) n° 966/2012 du Parlement européen et du Conseil du 25 octobre 2012 relatif aux règles financières applicables au budget général de l'Union et abrogeant le règlement (CE, Euratom) n° 1605/2002 du Conseil, JOUE du 26 octobre 2012, L.298/1.

[422] Commission européenne, *Le règlement financier applicable au budget général de l'Union et ses règles d'application*, 2013, p.62.

[423] Commission européenne, *Le règlement financier applicable au budget général de l'Union et ses règles d'application*, 2013, p.62.

s'agit de parvenir à faire les trois à la fois » [424]. S'il n'est pas reconnu comme un principe budgétaire à part entière en droit interne, tel n'est pas le cas dans le droit de l'Union européenne où les objectifs de l'exercice doivent être réalisés « *conformément au principe de bonne gestion financière* » [425]. Un accord interinstitutionnel a d'ailleurs été pris afin de renforcer la coopération en matière budgétaire et la bonne gestion financière [426]. La bonne gestion financière s'applique au sein du budget de l'UE mais les États membres ont tout de même pour responsabilité spécifique de veiller à ce que les principes de bonne gestion financière soient dûment appliqués et respectés dans la mesure où ils perçoivent ou gèrent et dépensent la majeure partie des ressources budgétaires de l'UE [427]. Le rapport annuel 2015 sur la gestion et la performance du budget de l'UE relève les progrès réalisés dans le domaine de la bonne gestion financière en matière d'indicateurs de mesure servant à évaluer le rapport coût-efficacité des contrôles ainsi que les montants exposés par domaine [428]. Ces progrès font suite à la volonté du Président JUNCKER de renforcer les principes de bonne gestion financière [429]. Si la Cour des comptes européenne assure la bonne gestion financière de l'UE, la Commission européenne s'évertue à maîtriser les dépenses administratives et réduire les effectifs des institutions européennes en

---

[424] Discours de M. Vítor CALDEIRA, Président de la Cour des comptes européenne pour la présentation des rapports annuels relatifs à l'exercice 2013, 9 décembre 2014, ECA/14/57, p.4 ; Cité également par Annexe au PLF pour 2016, *Relations financières avec l'Union européenne*, 2015, p.68.

[425] Cour de justice de l'Union européenne, Rapport sur la gestion budgétaire et financière de l'exercice 2015, JOUE du 15 juin 2016, C.215/2.

[426] Accord interinstitutionnel du 2 décembre 2013 entre le Parlement européen, le Conseil et la Commission sur la discipline budgétaire, la coopération en matière budgétaire et la bonne gestion financière (2013/C 373/01), JOUE du 20 décembre 2013, C.373/1.

[427] Commission européenne, Rapport de la Commission au Parlement européen et au Conseil, *Protection des intérêts financiers de l'Union européenne - Lutte contre la fraude*, Rapport annuel, 2015, Rendu le 14 juillet 2016, COM(2016) 472 final, p.30.

[428] Commission européenne, Rapport de la Commission au Parlement européen, au Conseil et à la cour des comptes européennes, *Rapport annuel 2015 sur la gestion et la performance du budget de l'UE*, Rendu le 05 juillet 2016, COM(2016) 446 final, p.7.

[429] Commission européenne, Rapport de la Commission au Parlement européen et au Conseil, *Protection des intérêts financiers de l'Union européenne - Lutte contre la fraude*, Rapport annuel, 2014, Rendu le 31 juillet 2015, COM(2015) 386 final, p.4 ; Commission européenne, Rapport de la Commission au Parlement européen, au Conseil et à la Cour des comptes, Synthèse des réalisations de la Commission en matière de gestion pour l'année 2014, Rendu le 3 juin 2015, COM(2015) 279 final, p.2 ; Commission européenne, Rapport de la Commission au Parlement européen et au Conseil sur le suivi de la décharge pour l'exercice 2013, Rendu le 8 octobre 2015, COM(2015) 505 final, p.2.

application de l'accord interinstitutionnel afin de respecter la coordination en matière budgétaire ainsi que la bonne gestion financière [430]. Cette dernière ainsi que le bon emploi des deniers publics apparaissent alors comme une technique financière permettant le retour à l'équilibre financier et budgétaire des administrations publiques, quelles qu'elles soient, et notamment au Fonds social européen [431]. La bonne gestion financière renvoie alors au concept de gouvernance [432] existant en matière de finances publiques et qui s'applique aux finances publiques dans leur intégralité. Ces principes de bonne gestion financière, quelle que soit leur dénomination, sont renforcés en période de crise économique et budgétaire.

64. La Sécurité sociale influencée par la crise financière. Les finances publiques, dont les finances sociales, ont été influencées par la crise financière. Cette incidence s'exprime sur le plan budgétaire, en matière de recettes comme en matière de dépenses de protection sociale. Les comptes de la Sécurité sociale ont été particulièrement ébranlés par la crise financière puisqu'ils sont sensibles à la conjoncture [433], et d'autant plus que les fluctuations de la croissance ont une forte incidence sur les recettes du régime [434] compte tenu de « *la sensibilité des soldes des branches à l'évolution de la masse salariale et des prix* » [435]. Les prélèvements assis sur la masse salariale répartis entre les cotisations sur les revenus d'activité et la CSG représentent un taux d'environ 78% des recettes du régime général depuis 2014. La masse salariale assise sur le secteur privé représente en moyenne 60% des revenus du régime général. Les recettes du régime général dépendent donc de celle-ci.

---

[430] GRELIER (E.), Commission des affaires étrangères, Compte rendu n° 005 du mardi 13 octobre 2015, Séance de 17h.

[431] Règlement européen n° 2015/2195 de la Commission du 9 juillet 2015 complétant le règle (UE) n° 1304/2013 du Parlement européen et du Conseil relatif au Fonds social européen, en ce qui concerne la définition des barèmes standards de coûts unitaires et des montants forfaitaires pour le remboursement des dépenses des États membres par la Commission, JOUE du 28 novembre 2015, L.313/1.

[432] OLIVA (É.), « La loi organique du 17 décembre 2012 relative à la programmation et à la gouvernance des finances publiques : l'inclusion dans l'ordre juridique national de la règle d'équilibre des administrations publiques », *RFDA*, 2013, n° 2, p.441.

[433] MONIER (F.), « La crise et les comptes de la sécurité sociale en 2008-2010 », *RFFP*, n° 115, 2011, p.18.

[434] *Ibid*, p.19.

[435] Cour des comptes, *Les comptes de la Sécurité sociale*, Résultats 2015, Prévisions 2016, juin 2016, p.8.

Évolution de la masse salariale dans les recettes du régime général et du FSV				
	2013	**2014**	**2015**	**2016**
Régime général (RG)	322,9	332,7	337,4	345
Total Revenu d'activité (RA)	254,2	259,6	262	269,1
Total Revenus du Secteur Privé (RsP) dans RA	193,3	197,6	200,4	206,7
% RA.RG	78,72%	78,03%	77,65%	78,00%
% RsP dans RA	76,04%	76,12%	76,49%	76,81%
%RsP dans RG	59,86%	59,39%	59,40%	59,91%

Source : Aurélie Dort. Données élaborées à partir de Cour des comptes, Les comptes de la Sécurité sociale, 2015, p.15 et 51.

L'influence de la masse salariale sur les recettes est donc considérable « *mais non exclusive* » [436]. La diminution de la masse salariale par le contexte de crise et l'augmentation des assurances chômages ont eu raison des améliorations antérieures à la crise. La Sécurité sociale peine à s'en remettre puisqu'après la forte dégradation consécutive à la crise économique des années 2008-2009, le passif net de la Sécurité sociale « *connaît pour la première fois en 2014 une légère amélioration, qui reflète essentiellement la poursuite de la réduction des déficits des régimes de base et du FSV (12,7 Md€ en 2014 contre 16,0 Md€ en 2013 et 19,1 Md€ en 2012) et de l'amortissement de la dette portée par la CADES (12,7 Md€ en 2014 contre 12,4 en 2013)* » [437]. La crise financière peut amener une réduction de la couverture de la population, soit par des réformes drastiques des régimes publics, soit par une impossibilité à conserver une assurance privée [438]. Malgré les difficultés financières accrues par la crise, l'importance de la Sécurité sociale lors d'une crise financière tient « *à la continuité des droits assurée à l'ensemble de la population* » [439]. Néanmoins les prévisions à la hausse de la croissance mais aussi de la masse salariale et de l'inflation devraient permettre à la Sécurité sociale de revenir progressivement sur les déficits accumulés puisque « *la prévision de croissance du PIB commune au projet de loi de*

[436] MONIER (F.), « La crise et les comptes de la sécurité sociale en 2008-2010 », *RFFP*, n° 115, 2011, p.19.
[437] Cour des comptes, *Les comptes de la Sécurité sociale*, 2015, p.340.
[438] VINQUANT (J.-P.), « Crise et dépenses d'assurance maladie », *RFFP*, n° 115, 2011, p.72.
[439] *Ibid*, p.73.

finances et au projet de loi de financement pour 2016 avait été fixée à 1,5%, celle de la masse salariale à 2,8% et l'inflation à 1% » [440]. L'évolution de la masse salariale en cours devient ainsi le principal déterminant de la croissance des cotisations du régime général [441] même si l'évolution des cotisations reste moindre en comparaison à l'évolution de la masse salariale en raison des baisses de cotisations amenées par le Pacte de responsabilité. Malgré les difficultés financières accrues par la crise, la Sécurité sociale a tout de même réussi à préserver la continuité des droits puisqu'elle a pu, dans une certaine mesure, amortir la crise à travers la mutualisation des risques.

65. La mutualisation du risque, amortisseur de la crise. La Sécurité sociale ne peut toutefois amortir toutes les conséquences de la crise puisque le seul financement public ne suffit pas et qu'une part des risques sociaux a toujours été laissée à la charge des particuliers [442]. Le Conseil d'État considère que « *ce n'est pas vraiment le risque qui est socialisé, ce sont ses conséquences dommageables et leur indemnisation* » [443]. Est qualifié de risque, tout événement susceptible de venir diminuer ou supprimer les gains d'un assuré social ou d'augmenter ses charges. Si la Sécurité sociale ne peut empêcher la réalisation des risques, elle pallie les conséquences liées à leur réalisation. Les risques sont liés au marché du travail [444]. La prise en charge du risque se retrouve à travers la mutualisation du risque mais aussi par la mise en œuvre de la solidarité qui permet de répartir le risque « *entre la totalité des membres de la collectivité nationale* » [445]. La mutualisation du risque apparaît comme une technique permettant la réalisation de l'assurance sociale puisqu'elle permet une répartition de la charge prévenant la réalisation du risque au sein de la société. L'obligation d'affiliation entraîne l'élargissement de la masse assurable et favorise la mutualisation des risques. Cette dernière sert ainsi la solidarité puisqu'elle permet de diminuer les risques en transférant la charge des risques sur plusieurs

---

[440] Cour des comptes, *Les comptes de la Sécurité sociale*, Résultats 2015, Prévisions 2016, juin 2016, p.8.
[441] *Ibid*, p.34.
[442] PHILIP (L.) « La protection sociale et les nouvelles frontières entre finances publiques et finances privées », *RFFP*, n° 79, 2002, p.38.
[443] Conseil d'État, *Responsabilité et socialisation du risque*, Rapport public, Études et documents du Conseil d'État, 2005, p.205.
[444] KESSLER (F.), « Réflexions sur les mutations récentes du droit de la protection sociale », *RDSS*, 2005, p.620.
[445] Conseil d'État, *Le risque*, Rapport annuel, 2011, p.87.

agents en se doublant d'une forte socialisation [446] du risque lui-même. Cette socialisation s'exprime également à travers le développement de la dimension sociale de l'impôt prélevé antérieurement à la réalisation du risque. La solidarité est donc inhérente à la mutualisation, mais également à la socialisation. La solidarité peut conduire à une indemnisation déconnectée de toute cotisation ou prélèvement spécifique [447] et entraîne ainsi une socialisation du risque à travers la Sécurité sociale et les fonds d'indemnisation. Le Conseil d'État considère qu'il y a « socialisation du risque » dans trois hypothèses : lorsque l'indemnisation des conséquences dommageables d'un risque est sans lien avec la responsabilité, ou lorsque le financement de cette indemnisation est, soit *a priori* soit *a posteriori*, déconnecté de cotisations ou prélèvements individuels, ou encore lorsque la puissance publique est impliquée dans cette indemnisation, même en l'absence de responsabilité directe dans un dommage [448]. La socialisation, au même titre que la mutualisation, fait « *appel à une solidarité élargie au-delà du cercle des co-assurés, y compris la solidarité nationale* » [449]. La socialisation du risque opérée par l'assistance ou l'assurance apparaît comme une technique permettant la réalisation de la solidarité qui constitue « *la justification et l'instrument de la réforme sociale* » [450]. La mutualisation des risques est une technique reconnue par le Conseil constitutionnel puisqu'il considère que la possibilité, pour un accord d'entreprise, de déroger à un accord de niveau supérieur est exclue en matière de salaires minima, de classifications et de garanties collectives dans le cadre de la mutualisation de certains risques et des fonds de la formation professionnelle [451]. Le législateur poursuit dès lors un but d'intérêt général lorsqu'il entend faciliter l'accès de toutes les entreprises d'une même branche à une protection complémentaire et assurer un régime de mutualisation des risques, en renvoyant aux accords professionnels et interprofessionnels le soin d'organiser la couverture de

---

[446] Conseil d'État, *Responsabilité et socialisation du risque*, *op.cit.*, p.253.

[447] Conseil d'État, *Le risque*, *op.cit.*, p.88.

[448] Conseil d'État, *Responsabilité et socialisation du risque*, *op.cit.*, p.205 ; Cité également par FRANK (A.), « Quelle place pour la solidarité nationale », *RDSS*, 2015, p.71.

[449] Conseil d'État, *Responsabilité et socialisation du risque*, *op.cit.*, p.205.

[450] BORGETTO (M.), « Solidarité », in ALLAN (D.), RIALS (S.) (dir.), *Dictionnaire de la culture juridique*, Paris, PUF, 2003, p.1428.

[451] Cons. Const., Décision n° 2004-494 DC, 29 avril 2004, *Loi relative à la formation professionnelle tout au long de la vie et au dialogue social*, JO du 5 mai 2004, p.7998, Recueil p.91, Considérant n° 12.

ces risques auprès d'un ou plusieurs organismes de prévoyance [452]. Si le Conseil constitutionnel admet que le législateur puisse porter atteinte à la liberté d'entreprendre et à la liberté contractuelle dans un but de mutualisation des risques, il ne saurait porter à ces libertés une atteinte d'une nature telle que l'entreprise soit liée avec un cocontractant déjà désigné par un contrat négocié au niveau de la branche et au contenu totalement prédéfini [453]. Le Conseil constitutionnel a ainsi estimé dans cette décision que les dispositions concernées portaient à la liberté d'entreprendre et à la liberté contractuelle *« une atteinte disproportionnée au regard de l'objectif poursuivi de mutualisation des risques »* [454]. La socialisation des risques n'est toutefois pas reconnue directement par le Conseil constitutionnel. La crise a ainsi été en partie amortie par le système de Sécurité sociale puisque les cotisations aux régimes de Sécurité sociale sont « *proportionnelles au revenu et indépendante du niveau de risque représenté par les assurés* » [455]. Le système français se démarque des modèles assurantiels financés par des cotisations forfaitaires proportionnelles au risque. La différence entre la socialisation du risque et sa mutualisation se révèle dans un climat de crise [456]. Les logiques de socialisation et de mutualisation des dépenses et des risques constituent certes ce qui sépare le plus la conception sociale en vigueur en Europe de celle d'autres ensembles géographiques [457], mais elles sont remises en cause dans un contexte économique plus concurrentiel [458]. Le risque va se socialiser encore plus afin de compenser les conséquences de la crise.

66. La performance au profit de la Sécurité sociale. La crise financière, que ce soit en matière de finances sociales ou non, est amoindrie par le développement et le maintien de la performance des organismes publics. C'est par le biais de la performance que la Sécurité sociale « *se doit d'accentuer encore ses efforts de gestion tout en préservant les garanties du meilleur service pour le plus grand*

---

[452] Cons. Const., Décision n° 2013-672 DC, 13 juin 2013, *Loi relative à la sécurisation de l'emploi*, JO du 16 juin 2013, p.9976, Recueil p.817, Considérant n° 10.
[453] *Ibid*, Considérant n° 11.
[454] *Ibid*, Considérant n° 13.
[455] VINQUANT (J.-P.), « Crise et dépenses d'assurance maladie », *op.cit.*, p.71.
[456] *Ibid.*
[457] CHAPON (S.), « L'Europe sociale : quelle réalité aujourd'hui ? », *RMCUE*, 2004, p.259.
[458] *Ibid*, p.256.

nombre » [459]. La performance est directement mentionnée par le Code de la sécurité sociale puisque le Chapitre 4 quater du Titre 1er est intitulé « Prospective et performance du service public de la sécurité sociale ». L'article L.114-23 du CSS dispose d'ailleurs que dans le respect des lois de financement de la sécurité sociale, l'autorité compétente de l'État conclut avec les organismes nationaux de sécurité sociale une convention-cadre de performance du service public de la sécurité sociale. Un fonds est également mis en place afin d'améliorer la performance de la Sécurité sociale par l'article L.114-24 du CSS [460]. La performance des organismes de sécurité sociale se développe à travers les conventions d'objectifs et de gestion [461] mais également à travers le contrôle et la lutte contre la fraude [462]. La performance du service public de la Sécurité sociale est évaluée par le Groupe Benchmarking qui s'engage chaque année dans une réflexion sur la performance des organismes de protection sociale [463]. Le socle de la performance des organismes de sécurité sociale est apprécié comme étant « *leur capacité à recouvrer des cotisations / payer des cotisations dans un délai maîtrisé* » [464]. L'annexe 2 du PLFSS fixe comme objectif d'assurer un haut niveau de performance [465] en raison de la nécessité impérieuse d'optimiser l'emploi des deniers publics, pour les prestations servies aussi bien que pour la gestion [466]. La diminution de la dette sociale tout en maintenant le niveau des prestations sociales permet d'accentuer la performance de la Sécurité sociale puisque les fonds alloués au remboursement de la dette ne peuvent financer des prestations sociales. Afin de maintenir le niveau de prestations sociales, il convient donc de réduire la dette sociale.

---

[459] GODINEAU (F.), LENIERE (L.), « Maintenir la performance du service public de la sécurité sociale dans un contexte de crise », *RFFP*, n° 115, 2011, p.103.

[460] « *le fonds de prospective et de performance de la sécurité sociale finance des études et des actions concourant à la modernisation et à l'amélioration de la performance du service public de la sécurité sociale, notamment la réalisation d'audits ou de projets, et contribue aux dépenses de fonctionnement résultant des missions de contrôle et d'évaluation des organismes de sécurité sociale* ».

[461] Voir en ce sens le paragraphe n° 280.

[462] Voir en ce sens le paragraphe n° 212 et s.

[463] Sécurité sociale, *Le service public de la Sécurité sociale - Les 10 ans du Benchmarking de la Sécurité sociale*, 2013, p.1.

[464] Annexe 2, *Objectifs et moyens des organismes de sécurité sociale*, PLFSS 2016, p.33.

[465] *Ibid*, p.53.

[466] *Ibid*, p.55.

B. La nécessaire réduction de la dette sociale

67. La notion de dette sociale. Les déficits de la Sécurité sociale ne sont pas récents ou nouveaux, mais récurrents dès les années qui suivirent sa création. Des mesures d'augmentation des recettes ou de réduction des dépenses ont été régulièrement prises [467]afin d'éviter que ces déficits ne perdurent. À partir des années 1990, les déficits ont perduré au point de former la « dette sociale ». Cette notion renvoie au déficit accumulé par la Sécurité sociale à la date de la promulgation de l'ordonnance de 1996 puisque jusqu'en 1993, la résorption des déficits et le rétablissement de l'équilibre financier de la sécurité sociale ont été recherchés au moyen de l'accroissement des recettes et de la réduction des dépenses [468]. Le Gouvernement souhaite donc apurer les comptes des exercices écoulés et procéder au rétablissement de l'équilibre financier de la Sécurité sociale en raison de la progression du déficit au cours des années récentes [469]. Il ne s'agit pas de la seule conception de la dette sociale puisqu'elle se conçoit également comme « *le devoir strict de chacun à l'égard de la collectivité, ou solidarité sociale* » [470]. Les secours publics sont une dette sacrée [471] où la dette sociale prend des allures solidaires. Le remboursement de cette dette paraît difficilement obligatoire de prime abord, mais le renforcement de la solidarité et des droits sociaux a rendu obligatoire le remboursement de la dette sociale qui s'érige alors en « droit à ». Tout comme la solidarité, le mutualisme et la notion de dette sociale apparaissent plus ou moins directement incarnés par l'État social [472]. Il devient alors dans l'intérêt de l'État social de chercher à maîtriser les finances publiques qui lui permettent de maintenir son taux de prestations sociales.

68. L'affectation de ressources fiscales. Afin de pouvoir améliorer la situation financière de la Sécurité sociale, la CRDS a été mise en place

---

[467] PELLET (R.), *Les finances sociales : économie, droit et politique*, Paris, LGDJ, Coll. « Systèmes », 2001, p.79.
[468] PRÉTOT (X.), « L'apurement de la dette et le rétablissement de l'équilibre financier de la sécurité sociale », (ordonnances n° 95-50 et 96-51 du 24 janvier 1996) », *Dalloz*, 1996, p.77.
[469] *Ibid*, p.83.
[470] BLAIS (M.-C.), « Aux origines de la solidarité publique, l'œuvre de Léon Bourgeois », *Revue française des affaires sociales*, n° 1-2, 2014, p.14.
[471] TABUTEAU (D.), « Topologie des politiques sociales », *Droit social*, 2012, n° 6, p.621.
[472] *Ibid*, p.623.

par l'ordonnance n° 96-50 du 24 janvier 1996 [473] à un taux de 0,5%. Les contributions pour le remboursement de la dette sociale sont au nombre de sept et s'appliquent aux revenus d'activité et de remplacement, aux revenus du patrimoine, aux produits de placement, aux ventes de métaux précieux, bijoux, objets d'art, de collection et d'antiquité, et aux jeux de hasard. La CRDS finance la Caisse d'amortissement de la dette sociale. L'article 2 de l'ordonnance instituant la CRDS dispose que la Caisse d'amortissement de la dette sociale a pour mission d'apurer la dette sociale. Selon l'article 20 de la loi organique du 2 août 2005 [474], tout nouveau transfert de dette à la Caisse d'amortissement de la dette sociale est accompagné d'une augmentation des recettes de la caisse permettant de ne pas accroître la durée d'amortissement de la dette sociale. La France n'est cependant pas la première à affecter des ressources fiscales à un fonds autonome afin de rembourser la dette publique puisque, bien avant elle, l'Angleterre a créé en 1716 le « *Sinking Fund* » qui fonctionne avec la Banque d'Angleterre afin de rembourser la dette publique [475]. La CADES est financée par des ressources fiscales mais elle fait également l'objet de transferts et de versements annuels. Elle dispose ainsi du versement annuel du Fonds de réserve pour les retraites. Ce versement est prévu à l'article L.135-6 du CSS qui dispose qu'à compter du 1er janvier 2011 et jusqu'en 2024, le fonds verse chaque année, au plus tard le 31 octobre, 2,1 milliards d'euros à la Caisse d'amortissement de la dette sociale afin de participer au financement des déficits, au titre des exercices 2011 à 2018 pour les régimes obligatoires d'assurance vieillesse ainsi que le fonds de solidarité vieillesse. Il a été prévu et maintenu depuis la LFSS pour 2011 [476]. Jusqu'à la LFSS pour 2016, les ressources fiscales affectées à la CADES se composaient de la CRDS dont le taux est fixé à 0,50%, d'une fraction de la CSG (0,48%) ainsi que d'une fraction du prélèvement social sur les revenus du capital (1,3%). La loi de financement de la Sécurité sociale pour 2016 est toutefois venue simplifier la nature des recettes affectées à la CADES en attribuant 0.12 point de CSG supplémentaire en remplacement des 1,3% de prélèvement social sur le

---

[473] JORF n° 21 du 25 janvier 1996, p.1226.

[474] Loi organique n° 2005-881 du 2 août 2005 relative aux lois de financement de la Sécurité sociale, JORF n° 179 du 3 août 2005, p.12633.

[475] PELLET (R.), « Notes de lectures sur l'échec historique des Caisses d'amortissement de la dette publique », *Regards*, n° 42, 2012, p.42.

[476] Loi n° 2010-1594 du 20 décembre 2010 de financement de la sécurité sociale pour 2011, JORF n° 0295 du 21 décembre 2010, p.22409.

capital. L'article 24 de la LFSS pour 2016 [477] bascule ainsi l'affectation de la CSG à la CADES de 0,48 à 0,60%. Ce basculement est donc financièrement neutre [478], mais il permet surtout de simplifier les ressources fiscales de la CADES qui sont désormais partagées entre deux prélèvements fiscaux et le virement du Fonds de réserve pour les retraites. Bien qu'il ne soit pas le seul, la fiscalisation apparaît comme un des moyens permettant à la CADES d'amortir la dette sociale en plus de permettre un retour à l'équilibre financier de la Sécurité sociale. L'importance de la fiscalisation en la matière apparaît duale puisqu'elle permet de limiter les déficits actuels mais aussi de limiter l'accumulation de la dette sociale en préservant un minimum de ressources pour la CADES afin que celle-ci puisse intervenir sur les marchés financiers.

69. Une dette sociale présente sur les marchés financiers. La Sécurité sociale a pour particularité budgétaire qu'initialement elle « *ne peut pas se refinancer sur les marchés monétaires* » [479] puisque sa dette ne peut qu'être comblée par de nouvelles ressources ou reprise par le budget de l'État. Les administrations de sécurité sociale, tout comme les administrations publiques locales, doivent gérer elles-mêmes leur dette publique. La gestion de la dette sociale est en effet distincte de celle de l'État puisqu'elle relève de la Caisse d'amortissement de la dette sociale, établissement public national à caractère administratif placé sous la tutelle conjointe du ministre de l'Économie, des Finances et de l'Industrie et par les ministres chargés de la sécurité sociale. Elle est donc un démembrement de l'État tout en étant classée parmi les organismes de sécurité sociale. La notation de la CADES est donc avantageuse puisqu'elle est adossée à celle de l'État [480]. La stratégie de financement de la CADES doit ainsi permettre d'assurer un accès constant aux liquidités dans les meilleures conditions de coût possibles par l'émission de titre sur les marchés de capitaux. La dette sociale fait l'objet d'une grande diversité puisqu'elle est répartie entre différents emprunts ayant

---

[477] Loi n° 2015-1702 du 21 décembre 2015 de financement de la sécurité sociale pour 2016, JORF n° 0296 du 22 décembre 2015, p.23635.

[478] DELATTRE (F.), Avis n° 139 présenté au nom de la commission des finances sur le projet de loi adopté par l'Assemblée nationale, de financement de la Sécurité sociale pour 2016, Sénat, 2015, p.30.

[479] DUPEYROUX (J.-J.), BORGETTO (M.) et LAFORE (R.), *Droit de la sécurité sociale*, Paris, Dalloz, Coll. Précis, 17e éd., 2011, p.796.

[480] DUPEYROUX (J.-J.), BORGETTO (M.) et LAFORE (R.), *Droit de la sécurité sociale*, *op.cit.*, p.798.

des maturités différentes, mais aussi des devises différentes ainsi que des instruments différents. Pour qu'elle puisse continuer d'amortir la dette sociale, il convient au préalable d'équilibrer les comptes de la Sécurité sociale afin d'éviter la création de « nouvelles dettes » et empêcher ainsi l'amortissement des anciennes. La CADES est donc complètement indissociable des efforts de rééquilibrage des comptes de la Sécurité sociale [481] que ce soit par le biais du recours à la CRDS ou par le biais des marchés financiers. La Cour des comptes considère d'ailleurs que « *le financement des déficits sociaux est assuré à des niveaux jamais atteints et à des conditions plutôt favorables grâce à la faiblesse des taux d'intérêt dans un contexte de grave crise financière* » [482].

70. Les transferts accordés à la CADES. L'article 4 bis de l'ordonnance du 24 janvier 1996 prévoit que « *tout nouveau transfert de dette à la Caisse d'amortissement de la dette sociale est accompagné d'une augmentation du produit d'impositions de toute nature ou de la réalisation d'actifs affecté à la caisse permettant de ne pas accroître la durée d'amortissement de la dette sociale* ». Tout transfert de dette ne doit donc pas accroître la durée d'amortissement de la dette sociale et la loi de financement de la Sécurité sociale doit prévoir l'ensemble des ressources affectées au remboursement de la dette sociale jusqu'au terme prévu pour celui-ci. Le Conseil constitutionnel est mis à même de vérifier que ces ressources sont suffisantes pour que ce terme ne soit pas dépassé afin de ne pas dégrader les conditions de l'équilibre financier puisque « *les lois de financement de la Sécurité sociale ne pourront pas conduire, par un transfert sans compensation au profit de ladite caisse d'amortissement de recettes affectées aux régimes de sécurité sociale et aux organismes concourant à leur financement, à une dégradation des conditions générales de l'équilibre financier de la sécurité sociale de l'année à venir* » [483]. L'amortissement de la dette sociale est estimé à l'horizon 2025 et les différents transferts doivent donc s'accompagner d'un transfert de ressources afin de ne pas repousser cette échéance. C'est en vertu de l'article 20 de la loi organique du 2 août 2005 que, dans la loi de

---

[481] RACT-MADOUX (P.), « La CADES et la gestion de la dette sociale », in PELLET (R.), *Finances publiques et redistribution sociale*, Paris, Economica, 2006, p.351.

[482] Cour des comptes, *La Sécurité sociale*, Rapport, 2011, p.104.

[483] Cons. Const., Décision n° 2010-616 DC du 10 novembre 2010, *Loi organique relative à la gestion de la dette sociale*, JO du 16 novembre 2010, p.20350, Recueil, p.317, Considérant n° 5.

financement de la Sécurité sociale pour 2009 [484], le transfert de 27 milliards d'euros s'est accompagné d'une attribution de 0.2 point de CSG à la CADES. Dans le même sens, la loi de financement de la Sécurité sociale pour 2011 [485] attribue 0.28 point de CSG (portant ainsi la CSG attribuée à la CADES à 0.48 point), 1,3% du prélèvement social sur les revenus du capital ainsi qu'un versement annuel par le Fonds de réserve des retraites de 2,1 Md€ de 2011 à 2024. Quant à la loi de financement de la Sécurité sociale pour 2012 [486], elle attribue 220 milliards d'euros de ressources pérennes qui sont issues de la modification du régime d'imposition des plus-values immobilières et de la modification de l'abattement pour frais professionnels de CSG et CRDS de 3% à 1,75%. En 2015, la CADES a repris 10 milliards d'euros de dette en application du décret du 13 février 2015 [487] pour en amortir 13,5 milliards [488]. En 2016, il est prévu qu'elle reprenne 23,6 milliards d'euros en vertu du décret du 4 février 2016 [489] qui dispose que la CADES reprend les déficits prévisionnels de la branche vieillesse du régime général et du Fonds de solidarité vieillesse pour l'exercice 2015 ainsi que les déficits cumulés de la branche maladie et de la branche famille du régime général pour les exercices 2013, 2014 et d'une partie du déficit 2015 de la branche maladie. L'importance de ce montant par rapport à celui de l'année précédente s'explique par l'article 26 de la loi de financement de la Sécurité sociale pour 2016 [490] qui a supprimé la limite de 10 milliards par an qui était inhérente à l'article 4 de l'ordonnance du 24 janvier 1996. Dans la mesure où l'intérêt de ces transferts est parfois mal compris par

---

[484] Loi n° 2008-1330 du 17 décembre 2008 de financement de la sécurité sociale pour 2009, JORF n° 0294 du 18 décembre 2008, p.19291.

[485] Loi n° 2010-1594 du 20 décembre 2010 de financement de la sécurité sociale pour 2011, JORF n° 0295 du 21 décembre 2010, p.22409.

[486] Loi n° 2011-1906 du 21 décembre 2011 de financement de la sécurité sociale pour 2012, JORF n° 0296 du 22 décembre 2011, p.21682.

[487] Décret n° 2015-170 du 13 février 2015 relatif aux transferts à la Caisse d'amortissement de la dette sociale des déficits du régime général et du Fonds de solidarité vieillesse à effectuer en 2015 en application de la loi de financement de la Sécurité sociale pour 2011, JORF n° 0039 du 15 février 2015, p.2922.

[488] Cour des comptes, *Les comptes de la Sécurité sociale*, Résultats 2015, Prévisions 2016, juin 2016, p.178.

[489] Décret n° 2016-110 du 4 février 2016 relatif au transfert à la Caisse d'amortissement de la dette sociale des déficits du régime général et du Fonds de solidarité vieillesse à effectuer en 2016, JORF n° 0030 du 5 février 2016.

[490] Loi n° 2015-1702 du 21 décembre 2015 de financement de la sécurité sociale pour 2016, JORF n° 0296 du 22 décembre 2015, p.23635.

les parlementaires, l'article 2 de la loi organique du 13 novembre 2010 [491] a mis en place la présence d'une nouvelle annexe en cas de transfert présent dans la LFSS. Depuis cette loi, le 8° du III de l'article LO.111-4 du CSS dispose que « *lorsqu'un projet de loi de financement de la Sécurité sociale prévoit le transfert d'actifs à la Caisse d'amortissement de la dette sociale ou l'augmentation de ses ressources par la réalisation d'actifs publics, cette annexe fournit les éléments permettant d'apprécier l'intérêt financier de cette opération* ». Cette annexe indique notamment la rentabilité passée et la rentabilité prévisionnelle des actifs concernés et le coût de la dette amortie par la Caisse d'amortissement de la dette sociale. Le transfert anticipé de 23,6 milliards d'euros opéré par la LFSS pour 2016 est ainsi justifié par le niveau historiquement bas de taux sur les marchés obligatoires [492]. Des transferts sont également prévus vers la Caisse des dépôts et consignations lorsque l'ACOSS dispose d'une trésorerie excédentaire, celle-ci peut ainsi dégager des produits financiers. De plus, la convention 2015-2018 entre l'ACOSS et la Caisse des dépôts et consignations prévoit notamment que « *les excédents de trésorerie présents sur le compte CDC en fin de journée sont rémunérés* »[493]. La maîtrise de la dette sociale et la stratégie financière permettant de l'amortir améliorent la maîtrise de la dette publique.

71. La maîtrise de la dette publique à travers la dette sociale. Afin de maîtriser la dette publique, ses composants doivent l'être également d'autant plus que depuis la crise financière relayée par la crise des dettes souveraines, la maîtrise de la dette publique est devenue une question clé de la politique économique et sociale [494]. La dette sociale constitue une partie non négligeable de la dette publique puisque *« le passif net (ou « dette ») de la sécurité sociale, mesuré par ses capitaux propres négatifs qui représentent le cumul des déficits passés restant à financer, s'élevait à 110,7 Md€ au 31 décembre 2014, soit l'équivalent de 5,2 points de PIB »* [495]. Il devient nécessaire de réduire la dette sociale qui

---

[491] Loi organique n° 2010-1380 du 13 novembre 2010 relative à la gestion de la dette sociale, JORF n° 0265 du 16 novembre 2010, p.20346.

[492] Annexe 8, *Les comptes du FSV, de la CADES, du FRR, de la CNSA, du fonds CMU et des organismes ou fonds financés par des régimes obligatoires de base*, PLFSS 2016, p.27.

[493] Annexe 9, *Impact du projet de loi de financement de la Sécurité sociale pour 2016 sur les comptes et les besoins de trésorerie*, PLFFS 2016, p.8.

[494] ECKERT (C.), « Le contrôle de la dette publique par le Parlement : un enjeu politique devenu majeur », *RFFP*, n° 123, 2013, p.3

[495] Cour des comptes, *Les comptes de la Sécurité sociale*, 2015, p.340

n'a eu de cesse d'augmenter depuis les années 2000 au point d'être qualifiée comme étant une « profonde anomalie » par Didier MIGAUD dans son discours lors de l'audience solennelle de rentrée du 9 janvier 2014. La dette sociale représente plus de 10% du PIB et elle est portée par la CADES mais aussi par les hôpitaux et l'Unedic [496]. Afin de pouvoir amortir la dette sociale, il faut veiller à limiter les nouveaux déficits et donc tendre vers l'équilibre financier de la Sécurité sociale. La Cour des comptes recommande d'ailleurs à ce titre que « *les déficits de la sécurité sociale devraient désormais être résorbés par des économies effectives et fortes sur la dépense et non par la hausse des prélèvements obligatoires* » [497]. Quels que soient les moyens employés, la perspective d'extinction de la dette sociale ne doit pas être repoussée et l'ambition de redressement réclame « *une articulation fine entre pilotage par la norme, crédibilité du diagnostic et mesures effectives* » [498]. Le suivi de la dette sociale se retrouve également au sein du PQE Financement puisque l'indicateur n° 1-6 est relatif au suivi de la dette sociale portée par la CADES qui estime que les perspectives d'extinction de la dette s'établissent désormais à entre 2022 et 2026 [499]. La fiscalisation apparaît ici comme l'augmentation du recours à l'impôt mais aussi comme la diffusion des règles fiscales puisque l'amortissement de la dette sociale obéit à ces deux visions. L'amortissement de la dette sociale est facilité grâce à l'affectation de ressources fiscales à la CADES ainsi qu'aux règles financières mettant en avant la recherche de l'équilibre financier de la Sécurité sociale. La maîtrise de la dette sociale doit donc se faire à travers son amortissement et le maintien d'un certain niveau de fiscalisation permettant un retour à l'équilibre financier de la Sécurité sociale. Aussi tentante que soit la solution de diminuer les prestations sociales afin de retrouver un équilibre financier plus rapidement, elle ne doit pas être adoptée, encore moins dans un contexte financier difficile où l'assurance chômage devient de plus en plus nécessaire. La crise financière apparaît alors comme un « *bon test de l'effectivité des droits fondamentaux* » [500].

---

[496] VANLERENBERGHE (J.-M.), *Rapport d'information fait au nom de la mission d'évaluation et de contrôle de la Sécurité sociale et de la commission des affaires sociales sur la situation des finances sociales*, Sénat, 2016, p.20.

[497] Cour des comptes, *La Sécurité sociale*, Rapport, 2013, p.140.

[498] BOUSQUET (C.), « Gestion de la dette sociale : la vertu contrariée par la crise ? », *RFFP*, n° 115, 2011, p.54.

[499] Programme de Qualité et d'Efficience « Financement », PLFSS, 2016, p.88.

[500] FINES (F.), « L'atteinte aux droits fondamentaux était-elle le prix du sauvetage de la zone euro ? », *RDLF*, 2014, Chron. n° 20.

§2. La garantie d'un seuil minimal de protection sociale

72. L'exigence de recourir à des fonds supplémentaires et la fiscalisation qu'elle implique ne doivent pas limiter l'expression des droits sociaux. Un seuil minimal de protection sociale est garanti au sein des États sociaux à travers l'exigence de non-dénaturation des droits (**A**) mais aussi à travers la mise en place de moyens annexes permettant le maintien d'un minimum de protection sociale (**B**).

A. L'exigence de non-dénaturation des droits

73. Crise financière et maintien des droits. Diane ROMAN considère que « *la crise économique ne peut servir d'excuse aux États pour se défausser de leurs obligations* » [501]. La crise économique ne peut donc justifier que des atteintes excessives soient faites au respect des droits sociaux [502]. Si théoriquement la crise financière ne peut et ne doit pas entraîner la réduction des droits sociaux, il s'avère toutefois qu'en Grèce, l'application des politiques fiscales et salariales restrictives a amené « *l'aggravation de la récession, la destruction du tissu social, la dévaluation interne, l'abolition des droits sociaux et le démantèlement de l'État-providence* » [503]. La Grèce a ainsi réduit les dépenses de santé, et la couverture en services de santé pour la population. Cette réduction a été aggravée en 2011 par la fusion administrative des fonds d'assurance santé avec l'Organisation nationale pour la prestation des soins de santé (EOPPY) qui « *a créé une gamme de prestations commune visant principalement à réduire les avantages auxquels ont droit les assurés* » [504]. Le système grec de santé apparaissait toutefois comme inéquitable [505] bien avant la crise. Si la crise financière a augmenté les

[501] ROMAN (D.), « L'opposabilité des droits sociaux », *Informations sociales*, 2013, n° 4, p.36.
[502] *Ibid.*
[503] ECONOMOU (C.), « L'impact de la crise financière et des mesures d'austérité sur l'état de santé des Grecs et le système de santé en Grèce », *Revue française des affaires sociales*, 2015, n° 3, p.200.
[504] *Ibid*, p.203.
[505] "*Research conducted before the current economic crisis has documented amply that the financing of the Greek health care system is significantly inequitable.*", in ECONOMOU (C.), KAITELIDOU (D.), KENTIKELENIS (A.), SISSOURAS (A.),

facteurs de risque en matière de santé et affecté la santé publique et la promotion de la santé [506], elle offre toutefois l'opportunité de permettre de réhabiliter la place de l'État [507]. L'État est plus fortement sollicité en cas de crise financière puisque l'une des conséquences de la récente crise économique et financière est que les pressions sont de plus en plus fortes, en raison, d'une demande croissante de compensation des effets sociaux de la crise et d'une perte de recettes publiques [508]. L'État doit trouver le juste équilibre entre la réduction des déficits publics et le maintien des dépenses sociales. Le Conseil européen précise cependant qu'il n'est pas possible de réaliser d'importantes économies à court terme sans ralentir considérablement la croissance des dépenses de sécurité sociale, qui représentent plus de la moitié des dépenses publiques [509]. Ce constat était déjà affirmé par le Conseil européen dans sa recommandation du 14 juillet 2015 [510]. Le souhait de placer le redressement des finances publiques avant le maintien des droits sociaux est donc indirectement issu de l'UE puisque « *la Commission européenne et plus généralement les institutions européennes ont mieux défini leurs objectifs de maîtrise des dépenses publiques (ou d'austérité) que leurs objectifs de politique sociale (ou de solidarité)* » [511] . Les droits sociaux apparaissent alors comme vulnérables [512] face à la crise et aux mesures d'austérité prises pour en sortir.

MARESSO (A.), *The impact of financial crises on the health system and health in Greece*, European Observatory on Health Systems and Policies, 2014, p.26.

[506] ECONOMOU (C.), « L'impact de la crise financière et des mesures d'austérité sur l'état de santé des Grecs et le système de santé en Grèce », *Revue française des affaires sociales*, 2015, n° 3, p.202.

[507] SANVITI (R.), « La guerre financière », *Humanisme et Entreprise*, 2009, n° 3, p.45.

[508] SIROVÁTKA (T.), « Les politiques sociales en République tchèque pendant la crise et l'Union européenne », *Revue française des affaires sociales,* 2015, n° 3, p.137.

[509] Commission européenne, Recommandation du Conseil concernant le programme national de réforme de la France pour 2016 et portant avis du Conseil sur le programme de stabilité de la France pour 2016, Rendu le 18 mai 2016, COM(2016) 330 final, p.4.

[510] Recommandation du Conseil du 14 juillet 2015 concernant le programme national de réforme de la France pour 2015 et portant avis du Conseil sur le programme de stabilité de la France pour 2015, JOUE du 18 août 2015, C.272/53.

[511] GRAZIANO (P.), HARTLAPP (M.), « La fin de l'Europe sociale ? Évaluation du rôle des changements politiques et organisationnels au sein du système politique de l'Union européenne », *Revue française des affaires sociales*, 2015, n° 3, p.92.

[512] KOUKIADAKI (A.), « La crise économique et les droits collectifs des travailleurs en Europe », *Revue française des affaires sociales*, 2015, n° 3, p.69.

74. Le maintien d'un seuil minimal de protection dans l'UE. La Cour de justice de l'Union européenne a toutefois pris en compte la crise et l'objectif de stabilité de la zone euro dans sa jurisprudence en veillant au maintien d'un seuil minimal de protection des droits fondamentaux dans le droit de l'Union. En veillant à maintenir un seuil minimal, elle affirme qu'une régression des droits est possible. L'article 52§2 de la Charte des droits fondamentaux de l'Union européenne précise que « *les droits reconnus par la présente Charte qui font l'objet de dispositions dans les traités s'exercent dans les conditions et limites définies par ceux-ci* ». La Cour de Justice a cependant reconnu que « *des restrictions peuvent être apportées à l'exercice des droits fondamentaux, notamment dans le cadre d'une organisation commune du marché, à condition que ces restrictions répondent effectivement à des objectifs d'intérêt général poursuivis par la Communauté et ne constituent pas, par rapport au but poursuivi, une intervention démesurée et intolérable, qui porterait atteinte à la substance même de ces droits* » [513]. Une régression des droits fondamentaux est possible dès lors que cela ne constitue pas une intervention démesurée et intolérable qui porterait atteinte à la substance même du droit. La Cour effectue alors un contrôle de « proportionnalité » entre l'atteinte au droit et son but poursuivi. La régression est donc possible dès lors qu'elle n'est pas jugée excessive. Ce raisonnement va être repris sous la crise économique puisque la CJUE dispose que « *dans les circonstances exceptionnelles qui marquent actuellement la situation économique et sociale en Grèce, il convient donc de reconnaître la priorité aux intérêts invoqués par la République hellénique consistant, d'une part, à préserver la paix sociale et à prévenir les troubles sociaux* » [514]. Cette exigence du maintien d'un seuil minimal des conséquences de la crise sur les droits fondamentaux est d'ailleurs mise en avant par le président du Comité des droits économiques, sociaux et culturels dans une lettre adressée aux États parties au Pacte international relatif à ces droits, au sujet de leur protection énoncée dans le contexte de crise économique

---

[513] CJCE, 13 avril 2000, aff. C-292/97, *Kjell Karlsson e.a.*, Recueil I-2760, pt 45 ; Cité également par GAUDIN (H.), BLANQUET (M.), ANDRIANTSIMBAZOVINA (J.), FINES (F.), *Les grands arrêts de la Cour de Justice de l'Union européenne*, Paris, Dalloz, 2014, p.211.

[514] Ordonnance du Président du Tribunal, le 19 septembre 2012, aff. T-52/12, *Grèce c. Commission* ; Cité également par FINES (F.), « L'atteinte aux droits fondamentaux était-elle le prix du sauvetage de la zone euro ? », *RDLF*, 2014, Chron. n° 20.

et financière du 16 mai 2012 [515]. L'exigence du seuil minimal de protection est donc reprise, ainsi que la notion de proportionnalité de l'action envisagée entre les mesures prises et le respect des droits fondamentaux. Le Comité européen des droits sociaux du Conseil de l'Europe maintient une position constante en affirmant que « *si les restrictions touchant aux prestations disponibles dans le cadre d'un système national de protection sociale ne constituent pas automatiquement une violation de la Charte sociale européenne, les États ne sauraient adopter des politiques régressives qui portent atteinte à leurs obligations fondamentales minimales* » [516]. La crise économique ne peut donc justifier de lutter contre elle par des moyens qui font régresser les droits sociaux au-dessous d'un plancher de subsistance, déterminé par la substance même des droits fondamentaux [517].

75. L'effet plancher en droit interne. La crise ne doit pas justifier une diminution excessive des droits sociaux. Ce caractère excessif se traduit par l'interdiction de l'« effet cumulé » qui aurait pour conséquence d'entraîner une dégradation significative du niveau de vie et des conditions de vie d'un nombre important des pensionnés [518]. Les mesures restrictives de par leur mise en place ne doivent donc pas entraîner d'effet cumulé de nature à entraver l'existence même du droit [519]. Cela consiste

---

[515] « *Tout changement de politique ou ajustement envisagé doit satisfaire les critères suivants : premièrement, la politique en question doit être temporaire et ne rester en vigueur que le temps que durera la période de crise. Deuxièmement, elle doit être nécessaire et proportionnée à la situation, c'est-à-dire que l'adoption de toute autre politique, ou l'absence de mesures, aurait des effets encore plus néfastes sur les droits économiques, sociaux et culturels. Troisièmement, la politique ne doit pas être discriminatoire et doit comprendre toutes les mesures possibles, y compris sur le plan fiscal, pour favoriser les transferts sociaux afin d'atténuer les inégalités qui tendent à se creuser en période de crise, et faire en sorte que les droits des personnes et des groupes défavorisés et marginalisés ne soient pas touchés de façon disproportionnée. Quatrièmement, la politique en question doit prévoir un minimum indispensable de droits ou un seuil minimum de protection sociale, tel que défini par l'Organisation internationale du Travail, et les protéger en toutes circonstances* ».

[516] ROMAN (D.), « La jurisprudence sociale des Cours constitutionnelles en Europe : vers une jurisprudence de crise ? », *Nouv. Cah. CC*, n° 45, 2014, p.70.

[517] MARGUENAUD (J.-P.), MOULY (J.), « Le Comité européen des droits sociaux face au principe de non régression en temps de crise économique », *Droit social*, 2013, p.344.

[518] Résolution CM/ResChS(2014)11, *Syndicat des pensionnés de la Banque agricole de Grèce (ATE) c. Grèce*, Réclamation n° 80/2012.

[519] Décision du Comité européen des droits sociaux du Conseil de l'Europe du 23 mai 2012 (réclamations n° 65/2011 et n° 66/2011) et du 7 décembre 2012.

à appliquer un effet « plancher », à défaut d'appliquer un effet cliquet puisque ce n'est plus la régression qui est critiquée, mais son excès. L'effet plancher empêche les « *adaptations législatives de diminuer la protection jusqu'au point d'atteindre la substance des droits fondamentaux* » [520]. Le plancher de subsistance est déterminé par la substance même du droit fondamental. Il constitue le noyau dur des droits fondamentaux. Les droits fondamentaux peuvent être limités au nom de motifs ou d'exigences impérieux. Néanmoins le respect des droits fondamentaux ne peut aboutir à affaiblir l'État dans des proportions excessives [521]. Ces restrictions sont qualifiées de « *limites aux limites* » [522] et sont constituées « *par la nécessité de ne pas remettre en cause le "contenu essentiel", de ne pas "dénaturer" le droit fondamental* » [523]. N'est pas sanctionnée la régression dans la protection des droits fondamentaux mais la régression excessive dans la protection de ces droits. En d'autres termes cet objectif de stabilité de la zone euro ne peut pas justifier une éradication complète du droit en cause [524]. L'effet plancher de l'atteinte aux droits fondamentaux est pleinement utilisé et exprimé par le comité européen. En effet, le comité admet qu'un État puisse justifier une atteinte à la Charte pour des considérations d'ordre économique [525], mais la crise économique ne doit pas se traduire par une baisse de la protection des droits reconnus par la Charte et les gouvernements se doivent de prendre toutes les mesures nécessaires pour faire en sorte que ces droits soient effectivement garantis au moment où le besoin de protection se fait le plus sentir.

76. Une exigence de non-dénaturation du droit inhérente aux États sociaux. L'exigence de non-dénaturation du droit n'est pas propre

---

520 MARGUENAUD (J.-P.), MOULY (J.), « Le Comité européen des droits sociaux face au principe de non régression en temps de crise économique », *Droit social*, 2013, p.340.

521 OLIVA (É.), « La lutte contre la fraude fiscale : un principe à valeur constitutionnelle ? » *in Le Contentieux fiscal en Débats*, Actes du colloque sur le contentieux fiscal, Aix-en-Provence, 15 et 16 novembre 2013, Paris, LGDJ, 2014, p.10.

522 FAVOREU (L.) et *alii*, *Droit et libertés fondamentales*, 6e éd., Paris, Dalloz, 2012, §203.

523 *Ibid.*

524 OLIVA (É.), « La lutte contre la fraude fiscale : un principe à valeur constitutionnelle ? » *in Le Contentieux fiscal en Débats*, Actes du colloque sur le contentieux fiscal, Aix-en-Provence, 15 et 16 novembre 2013, Paris, LGDJ, 2014, p.20.

525 NIVARD (C.), « Comité européen des droits sociaux (CEDS). Seconde condamnation des mesures d'austérité grecques par le Comité européen des droits sociaux », *Lettre « Actualités Droit – Libertés du CREDOF »*, 11 mai 2013.

à la conception française des droits fondamentaux, puisqu'on la retrouve dans le droit de l'Union, mais aussi, par exemple, dans les droits nationaux allemands et espagnols. La Constitution espagnole prévoit en effet dans son article 53 que l'exercice des droits fondamentaux doit respecter leur contenu essentiel. La Loi fondamentale allemande le prévoit dans son article 19 §2 qui dispose qu'il ne doit en aucun cas être porté atteinte à la substance d'un droit fondamental. Cette protection de la garantie minimum des droits sociaux est aussi inscrite dans le droit italien puisque le Conseil d'État considère que créer les conditions minimales d'un État social et aider à garantir au plus grand nombre de citoyens possible un droit social fondamental qui contribue à la vie de chaque personne et reflète tous les jours et à tous égards l'image universelle de la dignité humaine, sont des tâches dont l'État ne peut abdiquer en aucune circonstance[526]. Il revient d'ailleurs à la Cour constitutionnelle italienne de garantir la mesure minimum essentielle de la protection des situations subjectives que la Constitution qualifie de droits, seuil au-dessous duquel serait déterminée, avec le contournement des principes constitutionnels, la violation de ces droits [527]. S'appuyant sur cette jurisprudence, la Cour constitutionnelle complète ces propos en affirmant qu'il appartient au pouvoir discrétionnaire du législateur d'opérer les évaluations dans la préparation des moyens de faire face aux obligations de l'État dans le domaine des droits sociaux, et à la Cour d'assurer la mesure minimale nécessaire à la protection des droits [528]. Cette protection se retrouve

---

[526] « *creare le condizioni minime di uno Stato sociale, concorrere a garantire al maggior numero di cittadini possibile un fondamentale diritto sociale, quale quello all'abitazione, contribuire a che la vita di ogni persona rifletta ogni giorno e sotto ogni aspetto l'immagine universale della dignità umana, sono compiti cui lo Stato non può abdicare in nessun caso.* », Arrêt n° 217/1988, Consiglio di Stato, 1988, II, p.263 ; Cité également par D'ONGHIA (M.), « La justice constitutionnelle italienne en matière de protection sociale et le principe de l'équilibre financier », *Revue française des affaires sociales*, 2001, n° 2, p.206.

[527] « *Nel rispetto dell'ampia discrezionalità che deve essere riconosciuta al legislatore, a questa Corte, nell'esercizio del controllo di costituzionalità sulle leggi, compete tuttavia di garantire la misura minima essenziale di protezione delle situazioni soggettive che la Costituzione qualifica come diritti, misura minima al di sotto della quale si determinerebbe, con l'elusione dei precetti costituzionali, la violazione di tali diritti* », arrêt n° 27/1998, Giurisprudenza costituzionale, JO du 04.03.1998, n° 9 ; Cité également par D'ONGHIA (M.), « La justice constitutionnelle italienne en matière de protection sociale et le principe de l'équilibre financier », *Revue française des affaires sociales*, 2001, n° 2, p.206.

[528] « *ha affermato che rientra nella discrezionalità del legislatore operare le valutazioni nella predisposizione dei mezzi necessari a fare fronte agli obblighi dello Stato in*

également en Suède puisque chaque individu a droit à un certain nombre de prestations publiques indépendamment de sa situation financière. Certains considèrent que « *cela révèle la compréhension d'un État qui garantit non seulement un minimum de sécurité au citoyen et leur donne les mêmes droits mais vise également à instaurer une véritable égalité sociale* » [529]. Cela renvoie à la conception même des droits sociaux faits par les États. Alain SUPIOT estime d'ailleurs que la conception du Conseil constitutionnel des droits sociaux est « *celle de droits purement individuels, qui ne procèdent plus d'un régime instituant une solidarité entre les membres d'une même profession, mais prennent la forme d'une créance sur un organisme financier ou un assureur* » [530]. Les droits sociaux apparaissent toutefois comme un complément indispensable aux libertés vu que ces dernières ne peuvent être exercées sans un minimum de protection sociale [531]. Les droits sociaux sont vulnérables et doivent être préservés. Cette protection s'avère d'autant plus nécessaire en cas de difficultés financières.

77. Un nouvel horizon pour la protection des droits fondamentaux. La protection des droits fondamentaux, et notamment des droits sociaux, semble en ces contextes de crises financières et économiques, être le nouvel objectif à atteindre. Certains le qualifient d'ailleurs de « *nouvel horizon de la protection des droits fondamentaux dans l'Union européenne* » [532]. La Cour constitutionnelle italienne a déclaré inconstitutionnelle la loi du 22 décembre 2011 prévoyant le gel de l'indexation sur l'inflation des retraites supérieures à trois fois le montant minimum de la pension car elle portait atteinte aux droits fondamentaux liés à la sécurité sociale [533]. Diane ROMAN affirme qu'« *aucun obstacle*

---

materia di diritti sociali, mentre compete alla Corte garantire la misura minima essenziale di protezione dei diritti », Arrêt n° 293/2011, Giurisprudenza costituzionale, JO du 16.11.2011, n° 48.

[529] BUTT (M. E.), KÜBERT (J.), et SCHULTZ (C. A.), *Droits sociaux fondamentaux en Europe*, Parlement européen, Direction générale des Études, Document de travail, Série Affaires sociales, SOCI 104 FR, PE 168.629, 1999, p.30.

[530] SUPIOT (A.), « État social et mondialisation : analyse juridique des solidarités », Annuaire du Collège de France, 2013-2014, p.816.

[531] BUTT (M. E.), KÜBERT (J.), et SCHULTZ (C. A.), *Droits sociaux fondamentaux en Europe, op.cit.*, p.9.

[532] TINIERE (R.), « L'invocabilité des principes de la Charte des droits fondamentaux dans les litiges horizontaux », *RDLF*, 2014, Chron. n° 14.

[533] « *Risultano, dunque, intaccati i diritti fondamentali connessi al rapporto previdenziale, fondati su inequivocabili parametri costituzionali: la proporzionalità del trattamento di*

théorique ne s'oppose ainsi à la justiciabilité des droits sociaux » [534]. Cette protection des droits sociaux se retrouve également en Colombie où « *la politique jurisprudentielle du minimum vital a servi à faire en sorte que les retraités, sans égard à la crise économique de l'État, puissent conserver la substance de leur droit à une pension de retraite ou d'invalidité* » [535]. Les droits sociaux sont particulièrement surveillés en Colombie puisque la Cour constitutionnelle colombienne retient et sanctionne « un état de choses inconstitutionnel » en matière d'assistance aux populations déplacées. La décision T-025 de la Cour constitutionnelle colombienne de 2004 déclare un état de choses inconstitutionnel en « *prenant en compte d'une part, le caractère massif, prolongé et réitéré de la violation des droits fondamentaux des requérants mais aussi de toutes les personnes se trouvant dans une situation identique, et d'autre part, le caractère structurel du problème lié à l'insuffisance des moyens financiers mis en place par l'État pour améliorer la condition de ces populations* » [536]. La Cour a d'ailleurs créé la Section spéciale de Suivi de la Décision T-025 [537]. L'État colombien doit mettre en œuvre les moyens nécessaires pour financer un minimum de protection sociale pour les personnes déplacées et la Cour veille à ce que les mesures adoptées postérieurement à sa décision T-025 assurent la bonne exécution de la décision. La dernière décision en date est la décision Auto 009 du 27 janvier 2015. La Cour constitutionnelle colombienne met en place un mécanisme de surveillance afin de contrôler directement la bonne application de sa décision. La justiciabilité des droits sociaux qui renvoie « *à une soumission potentielle à l'examen et au contrôle d'une juridiction* » [538]est poussée à son paroxysme. La crise peut apparaître

---

quiescenza, inteso quale retribuzione differita (art. 36, primo comma, Cost.) e l'adeguatezza (art. 38, secondo comma, Cost.) ». Cour constitutionnelle italienne, Décision n° 70/2015 du 10/03/2015, Publiée au JO le 06/05/2015, n° 18.

[534] ROMAN (D.), « L'opposabilité des droits sociaux », *Informations sociales*, 2013, n° 4, p.36.

[535] MOLINA (C.), « La protection des droits sociaux en Colombie », *La Revue des droits de l'homme*, 2013, n° 3.

[536] HENAO PÉREZ (J. C.), « La Cour constitutionnelle colombienne, son système de contrôle de constitutionnalité et les évolutions jurisprudentielles récentes », *Nouv. Cah. CC*, n° 34, 2012, p.210.

[537] *Ibid.*

[538] ROMAN (D.), « La justiciabilité des droits sociaux ou les enjeux de l'édification d'un État de droit social », *La Revue des droits de l'homme*, 2012, n° 1.

comme l'occasion de changer [539], d'ajuster les droits sociaux afin de les recentrer. À travers le maintien ou la création de moyens annexes, un minimum de protection sociale apparaît comme garanti.

B. Des moyens annexes garantissant la protection sociale

78. Le développement des minima sociaux. La solidarité au sein de la société est d'autant plus nécessaire en période de crise budgétaire. Les minima sociaux jouent à ce titre un rôle précieux d'amortisseur et permettent de réduire l'intensité de la pauvreté des ménages [540]. La solidarité imprègne toute la protection sociale et pas uniquement la Sécurité sociale [541]. Prévus pour se placer entre l'assurance et l'aide sociale, les revenus minima ont été créés pour se substituer à la protection tirée de l'assurance ou la compléter quand celle-ci était inexistante ou insuffisante [542]. Ils constituent « *un des piliers de notre système social* » [543] et se dénombrent désormais au nombre de dix : l'allocation adultes handicapés (AAH), l'allocation pour demandeur d'asile (ADA), l'allocation supplémentaire d'invalidité (ASI), l'allocation de solidarité spécifique (ASS), l'allocation de solidarité pour les personnes âgées (ASPA), l'allocation temporaire d'attente (ATA) l'allocation veuvage (AV), la prime transitoire de solidarité (PTS), le revenu de solidarité active (RSA), et le revenu de solidarité outre-mer (RSO). Le Rapport « Repenser les minima sociaux. Vers une couverture socle commune » préconise, comme son nom l'indique, la création d'une « couverture socle commune » qui viendrait remplacer les dix minima actuels [544] afin de simplifier le système existant tout en préservant la situation des actuels bénéficiaires. L'article 87 de la loi de finances pour 2017 [545] met en œuvre

---

[539] "*fundamental rights, including fundamental social rights, from different sources can be a means to contest the crisis-imposed changes to social rights*", KILPATRICK (C.) et DE WITTE (B.), *Social Rights in Times of Crisis in the Eurozone: The Role of Fundamental Rights' Challenges*, European University Institute, Department of Law, 2014, p.7.

[540] SIRUGUE (C.), *Repenser les minima sociaux. Vers une couverture socle commune*, Rapport au Premier ministre, 2016, p.16.

[541] Voir en ce sens le paragraphe n° 293.

[542] BELORGEY (J.-M.) et FOUQUET (A.), *Minima sociaux, revenus d'activité, précarité*, Commissariat général du Plan, 2000, p.25.

[543] SIRUGUE (C.), *op.cit.*, p.3.

[544] *Ibid*, p.5.

[545] Loi n° 2016-1917 du 29 décembre 2016 de finances pour 2017, JORF n°0303 du 30 décembre 2016.

cette réforme et vise l'harmonisation et la simplification des minima sociaux en s'inspirant directement de ce rapport. La création d'une couverture sociale commune permettrait d'améliorer l'accès des bénéficiaires aux minima sociaux et d'assurer « *une meilleure cohérence d'ensemble, garante de l'équité du système* » [546]. Les minima sociaux par leur nature même reposent sur le principe de solidarité. Ils permettent non seulement de compenser la diminution de la solidarité sociale et familiale entraînée par l'instabilité dans l'emploi et par la réduction de la taille des ménages [547], mais aussi d'amortir les chocs macroéconomiques [548]. Une pension garantie, financée par le budget de l'État, assure un niveau minimum de ressources aux assurés sociaux qui n'ont eu que de très faibles revenus professionnels, voire aucun [549]. Si la solidarité s'exprime également dans les minima sociaux et dans l'État social, ce dernier n'a pas pour autant vocation à garantir un seuil minimal de protection, mais un « *certain bien-être social, un mieux-être social, soit une véritable transmutation que la notion de risque ne permet justement pas de saisir* » [550]. Les minima sociaux apparaissent comme l'expression de la garantie du financement de la Sécurité sociale dans le sens où toute personne a droit à un minimum de protection sociale et l'État doit financer ce minimum. Les minima sociaux se trouvent au sein de l'aide sociale mais aussi au sein de la Sécurité sociale à travers la CMU notamment. Les personnes qui ne relèvent pas d'une couverture maladie obligatoire peuvent toutefois bénéficier de la Sécurité sociale grâce à la CMU. Dans sa décision n° 99-416 DC du 23 juillet 1999 [551], le Conseil constitutionnel s'est prononcé sur la loi portant création d'une couverture maladie universelle où il rappelle que l'objectif de la couverture maladie universelle est de généraliser la couverture de base de la Sécurité sociale et non de mettre en cause la diversité des régimes.

---

[546] SIRUGUE (C.), *op.cit.*, p.6.

[547] BELORGEY (J.-M.) et FOUQUET (A.), *op.cit.*, p.16.

[548] SIRUGUE (C.), *op.cit.*, p.46.

[549] VASSELLE (A.) et CAZEAU (B.), Rapport d'information n° 377 fait au nom de la commission d'évaluation et de contrôle de la Sécurité sociale de la commission des Affaires sociales sur la protection sociale et la réforme des retraites en Suède, Sénat, 2007, p.62.

[550] RAMAUX (C.), « Quelle théorie pour l'État social ? Apports et limites de la référence assurantielle. Relire François Ewald 20 ans après L'État providence », *Revue française des affaires sociales*, 2007, n° 1, p.15.

[551] Cons. Const., Décision n° 99-416 DC du 23 juillet 1999, *Loi portant création d'une couverture maladie universelle*, JO du 28 juillet 1999, p.11250, Recueil, p.100, Considérant n° 9.

79. Un encouragement à la protection complémentaire. La protection sociale complémentaire concerne tous les régimes de la Sécurité sociale. L'assurance complémentaire santé constitue « *un élément substantiel de l'accès aux soins* » [552], et la LFSS pour 2016 poursuit « la généralisation » de son accès. La mise en place de la protection universelle maladie modifie la protection complémentaire puisqu'en intégrant les régimes spéciaux dans le régime général, ces derniers deviennent des institutions à double fonction [553] puisqu'ils font partie du régime de base mais s'inscrivent comme régime complémentaire en raison du surcroît de prestations auxquels ils peuvent donner droit. La généralisation de la complémentaire santé pour les salariés a été opérée par la loi relative à la sécurisation de l'emploi qui prévoit l'obligation qu'au 1er janvier 2016 tous les salariés aient une protection complémentaire en matière de santé et de prévoyance que l'employeur devra financer au moins pour moitié [554]. Le Conseil constitutionnel précise, dans les commentaires de la décision n° 2013-672 DC, qu'« *une assurance complémentaire obligatoire, gérée dans un cadre contractuel privé, même régulé, ne relève pas, en effet, de la sécurité sociale au sens de l'article 34 de la Constitution* » [555]. Cette précision s'inscrit dans le sens de la décision car le Conseil constitutionnel se fonde, non pas sur les principes fondamentaux de la Sécurité sociale, mais sur l'article 34 de la Constitution qui dispose que « *la loi détermine les principes fondamentaux* [...] *des obligations civiles et commerciales* ». Néanmoins afin d'augmenter la protection sociale, les pouvoirs publics autorisent les particuliers à se doter d'une protection sociale complémentaire facultative et individuelle pouvant ouvrir droit à des avantages fiscaux. Tel est le cas des plans d'épargne retraite, introduits par la loi portant réforme des retraites [556]. Cette loi offre à toute personne la possibilité de se constituer, une épargne en vue de la retraite dans des conditions de sécurité financière et d'égalité devant l'impôt, que celle-ci soit à titre facultatif et individuel,

---

552 Annexe B, LFSS pour 2016.

553 TABUTEAU (D.), « La protection universelle maladie (PUMA) : une transfiguration législative de l'assurance maladie (première partie) », *RDSS*, 2015, p.1060.

554 Commentaire du Conseil constitutionnel sur la décision n° 2013-672 DC, 13 juin 2013, *Loi relative à la sécurisation de l'emploi*, JORF du 16 juin 2013, p.9976, Recueil p.817, p.3.

555 Commentaire du Conseil constitutionnel sur la décision n° 2013-672 DC, 13 juin 2013, *Loi relative à la sécurisation de l'emploi*, JORF du 16 juin 2013, p.9976, Recueil p.817, p.14.

556 Loi n° 2003-775 du 21 août 2003 portant réforme des retraites, JORF n° 193 du 22 août 2003, p.14310.

dans le cadre de son activité professionnelle ou à titre privé [557]. Mis en place par l'article 79 du projet de loi, le plan d'épargne retraite vise « *à la constitution d'une rente viagère liquidée au départ en retraite* » [558]. Cette rente viagère permet de garantir la sécurisation patrimoniale des sommes investies pour protéger l'épargne longue et favorise « *une allocation juste et transparente de leurs gains aux cotisants* » [559]. Par cet ajout, le contribuable peut se doter d'une protection complémentaire afin d'anticiper ses futurs besoins à la retraite. Le plan d'épargne retraite est défini par l'article 108 de la loi comme « *un contrat d'assurance souscrit auprès d'une entreprise relevant du code des assurances, d'une institution de prévoyance* [...] *ou d'un organisme mutualiste* [...], *par un groupement d'épargne individuelle pour la retraite en vue de l'adhésion de ses membres* ». Il a pour objet l'acquisition et la jouissance de droits viagers personnels payables à l'adhérent à compter de la date de liquidation de sa pension dans un régime obligatoire d'assurance vieillesse. Ce dispositif fait l'objet d'un encadrement fiscal puisque l'article 163 quatervicies, crée par l'article 111 de la loi, prévoit que sont déductibles du revenu net global, les cotisations ou les primes versées par chaque membre du foyer fiscal aux plans d'épargne individuelle pour la retraite. Est également déductible le montant cumulé des cotisations ou primes versées aux régimes de retraite supplémentaire. Afin d'inciter le contribuable à y recourir, deux déductions fiscales ont été mises en place par l'article 81 du projet [560]. Cet encadrement [561] par des dispositifs

---

[557] Épargne retraite, Article 163 quatervicies du code général des impôts ; BOI-IR-BASE-20-50 et BOI-RSA-PENS-30-10-20-III, p.1.

[558] Exposé des motifs, Article 79 du projet de loi portant réforme des retraites.

[559] Exposé des motifs, Article 79 du projet de loi portant réforme des retraites.

[560] « *la déduction, pour la détermination du revenu net global imposable à l'impôt sur le revenu, des cotisations ou primes versées au plan d'épargne pour la retraite sous un plafond déterminé par la loi qui tient compte des cotisations versées aux autres régimes supplémentaires ainsi que, le cas échéant, de l'abondement des employeurs aux plans partenariaux d'épargne salariale volontaires pour la retraite (PPESVR) ; et la déduction sans limite, pour la détermination des revenus professionnels imposables, des cotisations de retraite versées aux régimes de retraite légalement obligatoires (régimes de base de sécurité sociale et régimes complémentaires, notamment ARRCO, AGIRC), ainsi que la déduction, sous un plafond fixé par la loi, des cotisations versées aux régimes professionnels de retraite supplémentaire* », Exposé des motifs, Article 81 du projet de loi portant réforme des retraites.

[561] SARLAT (G.), « Marchés financiers et protection sociale », *Les Tribunes de la santé*, 2012, n° 3, p.43.

réglementaires [562] et fiscaux fait office d'incitation à la protection sociale complémentaire. Ces mesures constituent un « *encouragement fiscal à l'épargne retraite* » [563]. Elles ont été prises avant la crise économique de 2008 et 2009, et ont pour objectif d'inciter à la protection complémentaire afin de permettre une meilleure protection sociale pour les assurés. Ce système se retrouve également en Espagne où « *les retraites publiques par répartition peuvent être complétées par un système de plan d'épargne privé dont l'affiliation se fait sur une base volontaire* » [564]. Ces prestations complémentaires existent également au sein du système anglais, même si depuis 2016 la pension publique de base et la pension publique complémentaire ont été regroupées en une pension forfaitaire unique « *dont le niveau serait supérieur à celui des prestations de retraite sous condition de ressources existantes* » [565]. Les retraites complémentaires ne sont toutefois pas une protection absolue à la crise financière puisqu'elles ont été éprouvées par les coupes budgétaires et sont « *depuis le 1er avril 2013 et pour trois ans, moins revalorisées que l'inflation, en application d'un accord entre partenaires sociaux gestionnaires des régimes complémentaires* » [566]. Les revalorisations concernent non seulement la protection complémentaire, mais aussi les prestations sociales « générales ».

80. La revalorisation des prestations encadrée. Les revalorisations des prestations sociales ont été modifiées par l'article 67 de la loi de finances pour 2016 [567] ainsi que par l'article 89 de la LFSS pour 2016 [568]. Les dates de revalorisation sont alignées pour l'ensemble des prestations. Les prestations familiales et d'invalidités sont revalorisées au 1er avril selon l'article L.551-2 du CSS, tandis que les

---

[562] Décret n° 2004-1546 du 30 décembre 2004 pris pour l'application des articles 83, 154 bis, 154 bis-0 A et 163 quatervicies du code général des impôts relatif à la déduction des cotisations de retraite et de prévoyance et des cotisations versées au titre de l'épargne retraite et modifiant l'annexe III à ce code, JORF n° 1 du 1 janvier 2005, p.134.

[563] Direction générale des impôts, BOI, 5 B-11-05 n° 34 du 21 février 2005.

[564] Caisse nationale des allocations familiales, *Crise et protection sociale en Europe – Les budgets sociaux face à la crise en Allemagne, Espagne, Grèce et Royaume-Uni*, 2012, p.19.

[565] *Ibid*, p.31.

[566] COLLOMBET (C.), HILTUNEN (A.), « Les systèmes de protection sociale européens face à la crise : entre ajustements paramétriques et mutations structurelles », *Informations sociales*, 2013, n° 6, p.74.

[567] Loi n° 2015-1785 du 29 décembre 2015 de finances pour 2016, JORF n° 0302 du 30 décembre 2015, p.24614.

[568] Loi n° 2015-1702 du 21 décembre 2015 de financement de la sécurité sociale pour 2016, JORF n° 0296 du 22 décembre 2015, p.23635.

prestations de retraite sont revalorisées au 1er octobre depuis 2014. Cette réforme des modalités de calcul de la revalorisation des prestations participe, selon l'annexe B de la LFSS pour 2016, à la maîtrise de la dépense. La revalorisation s'effectue désormais *« sur la base d'un coefficient égal à l'évolution de la moyenne annuelle des prix à la consommation, hors tabac, calculée sur les douze derniers indices mensuels de ces prix publiés par l'Institut national de la statistique et des études économiques l'avant-dernier mois qui précède la date de revalorisation des prestations concernées* » en vertu de l'article L.161-25 du CSS. La principale nouveauté est la mise en place d'une règle de « bouclier ». L'article L.161-25 du CSS dispose en effet que si le coefficient précédemment défini est inférieur à un, alors il est porté à cette valeur. Cette règle de « bouclier » permet de garantir en cas d'inflation négative le maintien des prestations à leur niveau antérieur, dans un cadre général où la revalorisation ne sera plus fonction que d'évolutions connues, et non prévisionnelles, et exclura ainsi toute nécessité de correction a posteriori [569]. Le 1er avril 2016, cette règle de bouclier a trouvé à s'appliquer puisque « *les montants de l'allocation de base, de la prime à la naissance et de la prime à l'adoption de la prestation d'accueil du jeune enfant (PAJE) sont maintenus à leur niveau en vigueur au 1er avril 2013 jusqu'à ce que le montant du complément familial mentionné à l'article L.522-1 du même code soit supérieur ou égal au montant de l'allocation de base* » [570]. L'encadrement de la revalorisation apparaît comme une protection supplémentaire pour les assurés qui ne peuvent se voir allouer un moindre montant sous prétexte d'une inflation négative. Cet encadrement permet de limiter la baisse des prestations sociales qui ne peut être inférieure à ce qu'elle était prévue initialement. De fait, elles ne pourront être inférieures aux montants déterminés au 1er avril et 1er octobre 2015. Les lois financières permettent ainsi un encadrement des prestations sociales tout en garantissant un minimum de prestations. La Cour constitutionnelle italienne a d'ailleurs appliqué le principe d'égalité de traitement pour censurer des mesures de blocage de la revalorisation

[569] Annexe B, LFSS pour 2016.

[570] Circulaire interministérielle n° DSS/SD2B/2016/77 du 15 mars 2016 relative à la revalorisation des prestations familiales servies en métropole au 1er avril 2016, p.2.

des pensions de retraite [571]. La revalorisation annuelle des prestations sociales permet de « *garantir le pouvoir d'achat des ménages* » [572].

81. La généralisation de l'universalité. Même si l'universalité est considérée comme coûteuse [573], il faut distinguer plusieurs moyens pour y parvenir. L'universalité de la branche maladie est conçue comme le regroupement des prestations sociales liées à la branche maladie au sein d'un même régime. Il s'agit davantage d'une universalité administrative que d'une universalité de prestations au sens de la CMU. Instituée par l'article 59 de la LFSS pour 2016, elle poursuit l'objectif défini par la CMU de base qui est de généraliser la couverture de base de la Sécurité sociale [574]. Il ne s'agit donc pas d'introduire un revenu de base généreux et inconditionnel, qui aurait d'ailleurs pour conséquence d'accentuer la volonté de partager les risques économiques et les ressources avec d'autres citoyens au nom de la solidarité sociale [575]. Au même titre que la branche famille, la branche maladie devient universelle. L'article 32 de la LFSS pour 2016 apparaît comme « *le corollaire financier logique* » [576] de l'article 59 puisqu'il dispose que la branche maladie intègre les prestations des autres régimes. Sont ainsi intégrées dans les dépenses de la branche maladie du régime général, la quasi-totalité des prestations en nature des autres régimes maladie. Le régime général recouvre désormais 98% des

---

[571] Cour constitutionnelle italienne, Décision n° 70/2015 du 10/03/2015, Publiée au JO le 06/05/2015, n° 18. Cité également par SUPIOT (A.), « Dossier – La sécurité sociale entre transformisme et réformisme », *RDSS*, 2015, p.7.

[572] Direction de la recherche, des études, de l'évaluation et des statistiques, *La protection sociale en France et en Europe en* 2013, Coll. Études et statistiques, 2015, p.26.

[573] "*Universal benefits are expensive, and taxpayers can be suspected of resisting paying for generous welfare benefits that cannot be reserved for citizens who behave in accordance with social norms.*", in BAY (A.-H.) et PEDERSEN (A. W.), "The limits of social solidarity: Basic Income, Immigration and the Legitimacy of the Universal Welfare state", *Acta Sociologica*, n° 4, Vol.49, 2006, p.422.

[574] Cons. Const., Décision n° 99-416 DC du 23 juillet 1999, *Loi portant création d'une couverture maladie universelle*, JO du 28 juillet 1999, p.11250, Recueil, p.100, Considérant n° 9.

[575] "*The introduction of a generous and unconditional basic income would, by implication, put a high demand on the willingness to share economic risks and resources with fellow citizens - in short, on social solidarity.*", in BAY (A.-H.) et PEDERSEN (A. W.), "The limits of social solidarity: Basic Income, Immigration and the Legitimacy of the Universal Welfare state", *Acta Sociologica*, n° 4, Vol.49, 2006, p.420.

[576] TABUTEAU (D.), « La protection universelle maladie (PUMA) : une rationalisation inachevée du financement de la sécurité sociale (seconde partie) », *RDSS*, 2016, p.132.

dépenses d'assurance maladie [577]. Seules « *les branches maladie des régimes des personnels de la SNCF, de la RATP, des clercs et employés de notaires et des mines* » [578] ne sont pas intégrées. Afin d'avoir une cohérence financière [579], les prélèvements obligatoires affectés au financement de ces dépenses ont été intégrés dans les comptes du régime général. La mise en place de cette protection universelle entraîne un produit exceptionnel de 0,7 milliard d'euros de CSG [580]. La répartition de la CSG est modifiée puisque le produit de CSG que les organismes sociaux reçoivent correspondra désormais au montant recouvré sur leurs assurés [581]. La répartition de la CSG ne s'effectue donc plus en fonction de l'évolution de la valeur de point de la CSG mais « au réel » puisqu'elle prend en compte les montants de CSG acquittés par les personnes affiliées à chacun de ces régimes. Les comptes de la CNAM ont désormais vocation « *à retracer la quasi-totalité des dépenses d'assurance maladie et les recettes qui les financent* » [582]. L'annexe B de la LFSS pour 2016 dispose que cette mise en place « *vise à universaliser la prise en charge des frais de santé, afin de simplifier les démarches pour les assurés comme pour les organismes gestionnaires et de garantir ainsi la continuité des droits* ». Ce nouveau régime ne modifie toutefois pas le niveau des droits à la prise en charge des assurés sociaux, mais elle simplifie l'ouverture des droits. La prise en charge des frais de santé devient une prestation universelle [583]. La notion d'assurance-maladie tend à s'effacer comme au sein de l'article L.111-2-1 qui renvoie désormais « *au caractère universel, obligatoire et solidaire de la prise en charge des frais de santé assurée par la Sécurité sociale* » et non plus au caractère universel, obligatoire et solidaire de l'assurance-maladie. L'universalité ne s'applique donc pas aux indemnités journalières qui relèvent de l'assurance sociale. L'incidence financière de cette réforme est positive puisqu'elle a pour objectif de réaliser « *20 millions d'euros d'économies sur les frais de gestion des caisses d'assurance maladie dès 2016 et, à*

---

577 *Ibid.*

578 VANLERENBERGHE (J.-M.), *Rapport d'information fait au nom de la mission d'évaluation et de contrôle de la Sécurité sociale et de la commission des affaires sociales sur la situation des finances sociales*, Sénat, 2016, p.76.

579 Cour des comptes, *Les comptes de la Sécurité sociale*, Résultats 2015, Prévisions 2016, juin 2016, p.16.

580 *Ibid*, p.11.

581 *Ibid*, p.16.

582 *Ibid*, p.70.

583 TABUTEAU (D.), « La protection universelle maladie (PUMA) : une transfiguration législative de l'assurance maladie (première partie) », *RDSS*, 2015, p.1058.

terme, 100 millions d'euros » [584]. Cette réforme s'inscrit donc non seulement dans un souhait de simplification de l'organisation administrative de la branche maladie, mais également dans un contexte d'économies budgétaires. Cette réforme traduit aussi l'uniformisation croissante des prélèvements obligatoires puisqu'elle amène à reconsidérer la notion de cotisations sociales.

*

Breviarium. *Le recours à l'impôt dans le financement de la Sécurité sociale est devenu une exigence impérieuse causée par un besoin croissant de recettes mais aussi par la nécessité de renforcer l'aspect solidaire du système fiscal et social. Bien qu'elle suscite des interrogations quant au maintien des droits sociaux dans un contexte financier difficile, la fiscalisation permet à l'État d'obtenir des ressources supplémentaires tout en renforçant l'aspect solidaire des prélèvements opérés mais elle permet également d'amortir les déficits sociaux accumulés tout en limitant l'accroissement de la dette. La fiscalisation des ressources de la Sécurité sociale ne peut s'apprécier indépendamment du contexte financier dans lequel elle se place.*

---

[584] DELATTRE (F.), Avis n° 139 présenté au nom de la commission des finances sur le projet de loi adopté par l'Assemblée nationale, de financement de la Sécurité sociale pour 2016, Sénat, 2015, p.74.

CHAPITRE 2
UNE FISCALISATION FRAGMENTÉE

82. Le financement de la Sécurité sociale repose « *en marge des principes politiques qui déterminent, depuis la Révolution française, l'aménagement et l'évolution des finances publiques* » [585] puisqu'il vise à couvrir les risques et draine en même temps des montants particulièrement élevés, supérieurs au produit des prélèvements obligatoires que gère le budget de l'État. Si le sens donné au terme même de « fiscalisation » a été pendant longtemps propre à chaque auteur qui l'utilisait, certaines pensées ont subsisté. La fiscalisation a ainsi été communément perçue comme le basculement d'un financement par cotisations sociales à un financement par l'impôt. Néanmoins, Paul-Marie GAUDEMET estimait en 1986 que le problème de la fiscalisation des prélèvements sociaux se pose en France depuis des décennies et qu'il « *consiste à savoir dans quelle mesure les prestations sociales doivent être financées par leurs bénéficiaires au moyen d'une assurance volontaire ou forcée et ce au nom de la prévoyance et dans quelle mesure elles doivent être couvertes par des prélèvements fiscaux opérés sur l'ensemble de la collectivité ou sur certaines catégories d'assujettis et ce au nom de la solidarité* » [586]. L'analyse du financement de la Sécurité sociale doit nécessairement prendre en compte l'étude des cotisations sociales qui représentent encore les principales ressources de la Sécurité sociale, mais elle ne saurait négliger l'examen des impositions de toutes natures et leur émergence croissante dans le financement de la protection sociale. Jean-Marc DUPUIS considère d'ailleurs que « *le débat sur le financement de la protection sociale s'éternise* » [587].

83. La fiscalisation est considérée dans son sens traditionnel, comme une « *ressource supplémentaire destinée à faire face à des augmentations de dépenses de protection sociale sans augmenter les cotisations des*

---

[585] PRÉTOT (X.), « Le financement de la Sécurité sociale – Réflexions sur la légitimité des prélèvements publics », *RFFP*, n° 88, 2004, p.49.

[586] GAUDEMET (P.-M.), « La fiscalisation des prélèvements sociaux », *Revue internationale de droit comparé*, 1986, Vol. 38, n° 2, p.705.

[587] DUPUIS (J.-M.), « Les enjeux du financement de la protection sociale », *Droit social*, 1995, p.619.

employeurs ou des assurés » [588]. La fiscalisation prend alors la forme d'une substitution totale ou partielle à certaines cotisations ou d'une solution visant à combler un déficit financier, dès lors le recours au financement fiscal pose des problèmes de choix assez délicats [589]. Le recours à l'impôt dans le financement de la Sécurité sociale se justifie par la définition même de l'impôt. La fiscalisation apparaît cependant limitée (**Section 1**) car elle ne conduit pas à exclure les cotisations sociales du financement de la Sécurité sociale. Elle se révèle toutefois incohérente (**Section 2**) face à la diversité des impositions de toutes natures intervenant désormais dans le financement de la Sécurité sociale.

SECTION 1 : UNE FISCALISATION LIMITÉE

84. Le maintien des cotisations sociales en parallèle de l'émergence des impositions de toutes natures dans le financement de la Sécurité sociale n'est pas un choix anodin puisque l'alternative entre la cotisation et l'impôt répond à *« un choix quant à la philosophie du système »* [590]. Les cotisations sociales traduisent la logique initiale de la Sécurité sociale, une logique contributive par la prise en charge d'éventuels risques. Même si la création de la Sécurité sociale est ancienne, les cotisations sociales ne font pas l'objet d'une définition normative ou constitutionnelle, dès lors elles ont été définies de manière jurisprudentielle (**Paragraphe premier**). Les cotisations sociales, qui sont partagées entre les cotisations patronales et salariales, constituent un financement important mais non exclusif dans le financement de la Sécurité sociale (**Paragraphe second**).

§1. LES COTISATIONS SOCIALES, UN FINANCEMENT MAJEUR AUX CONTOURS JURISPRUDENTIELS

85. Si l'impôt fait l'objet d'une utilisation croissante dans le financement de la Sécurité sociale, les cotisations sociales constituent

---

[588] EUZÉBY (A.), « Les cotisations sociales en France : problèmes et perspectives », *Droit social*, n° 12, 1987, p.870.
[589] EUZÉBY (A.), « Les cotisations sociales en France : problèmes et perspectives », *op.cit.*, p.870.
[590] PRÉTOT (X.), « Le financement de la Sécurité sociale – Réflexions sur la légitimité des prélèvements publics », *op.cit.*, p.51.

toujours le premier moyen de financement de la Sécurité sociale. Le caractère jurisprudentiel de la qualification de cotisations sociales constitue un atout permettant l'évolution et l'adaptation de la notion. Si la notion de cotisation a été par la suite définie de manière jurisprudentielle, elle ne revêt aucune unité conceptuelle [591]. Elle recouvre en réalité des notions distinctes, dès lors le Conseil constitutionnel est parfois amené à la réaffirmer car elle constitue une construction prétorienne à part entière (**A**), dotée de caractéristiques propres (**B**).

A. Une construction prétorienne

86. La notion de cotisations a été définie de manière jurisprudentielle et constitue un prélèvement obligatoire perçu par voie d'autorité. La cotisation sociale a comme caractéristique d'être en adéquation avec l'ouverture des droits qu'elle entraîne (**1**). Elle est également affectée, mais même si ce critère de l'affectation reste déterminant il n'est plus aussi primordial qu'à son origine (**2**).

1. L'adéquation nécessaire entre la cotisation et l'ouverture des droits

87. Le lien entre l'obligation à cotiser et le droit aux prestations. La cotisation sociale découle du « *lien entre l'obligation à cotiser et le droit aux prestations* » [592]. La qualification de cotisation sociale doit ainsi être réservée aux seuls prélèvements dont le paiement ouvre droit aux prestations et avantages servis par le régime qui perçoit le produit de la cotisation. Cette conception est d'ailleurs mise en exergue par le Conseil constitutionnel dans la décision n° 93-325 DC [593], et par le Conseil d'État dans l'arrêt *Martin* [594]. La cotisation sociale s'entend alors comme les « *cotisations versées aux régimes obligatoires de sécurité sociale qui résultent de l'affiliation à ces régimes constituent des versements à caractère obligatoire de la part des employeurs comme des assurés ; que*

---

[591] PRÉTOT (X.), « La Sécurité sociale et les finances publiques », *RFFP*, n° 51, 1995, p.134.

[592] PRÉTOT (X.), « L'évolution des finances sociales. Quelques réflexions d'ordre économique, juridique et politique … », *RFFP*, n° 87, 2004, p.138.

[593] Cons. Const., Décision n° 93-325 DC du 13 août 1993, *Loi relative à la maîtrise de l'immigration et aux conditions d'entrée, d'accueil et de séjour des étrangers en France*, JO du 18 août 1993, p.11722, Recueil p.224.

[594] CE, 3e et 8e ss-sect., 7 janvier 2004, req. n° 237395, *Martin, RJS* 04/2004, n°451.

ces cotisations ouvrent vocation à des droits aux prestations et avantages servis par ces régimes » [595]. Le lien entre la cotisation et l'ouverture des droits apparaît alors comme fondamental à la qualification de cotisations sociales. Emmanuel GLASER précisait d'ailleurs dans les conclusions sur l'arrêt *Martin* que « *ce n'est ni l'objet du prélèvement, ni son affectation à un organisme social qui détermine la nature d'une cotisation sociale, mais le lien étroit qui existe entre l'obligation de cotiser et le droit aux prestations* » [596]. Néanmoins, si les cotisations sociales ouvrent un droit à la sécurité sociale, l'ouverture de ce droit n'est pas proportionnelle au montant versé.

88. L'ouverture du droit indépendante du taux. L'ouverture d'un droit aux prestations n'est pas conditionnée par le montant versé par le cotisant, dès lors le taux des cotisations n'est pas lié à l'utilisation des prestations sociales, et inversement l'utilisation des droits par le cotisant ne conditionne pas le montant du taux applicable. La législation allemande qui a fortement inspiré le modèle français de Sécurité sociale prévoyait autant de cotisations que de risques et mettait en place le paiement de cotisations distinctes pour chaque branche d'assurance sociale. La France a retenu une conception différente avec « *le principe d'une cotisation unique* » [597], dès lors l'article 38 de l'ordonnance du 4 octobre 1945 prévoit une détermination annuelle des bases de répartition des cotisations entre les différents organismes de sécurité sociale. Cette répartition complexifie le système et n'assure pas pour autant l'autonomie des ressources [598] puisque cette ventilation administrative complique sensiblement le fonctionnement financier du système, et ne garantit pas, au même degré que la pluralité des cotisations, l'autonomie des ressources car des modifications dans la répartition permettent de détourner, au profit d'un risque, des fonds qui devraient être affectés à la couverture d'un autre risque. Ce système avec une cotisation interprofessionnelle à taux unique n'a toutefois pas perduré. Si les bases de répartition sont fixées par le

---

[595]Cons. Const., Décision n° 93-325 DC du 13 août 1993, *Loi relative à la maîtrise de l'immigration et aux conditions d'entrée, d'accueil et de séjour des étrangers en France*, JO du 18 août 1993, p.11722, Recueil p.224.

[596] GLASER (E.), Concl. sur CE, 7 janvier 2004, n° 237395, *Martin*, *BDCF*, avril 2004, n° 50. Cité également dans l'intervention de Jean-Marc Sauvé, vice-président du Conseil d'État, en ouverture de la 4ème édition des Entretiens du Conseil d'État en droit social, le 27 juin 2014.

[597] DURAND (P.), *La politique contemporaine de Sécurité sociale* [1953], Paris, Dalloz, 2005, p.319.

[598] *Ibid.*

ministre, le taux des cotisations est ensuite déterminé pour chaque catégorie de risques par la caisse régionale de Sécurité sociale liée au risque concerné qui peuvent alors diminuer ou augmenter les taux en fonction des besoins de la caisse. Les besoins de la caisse déterminaient le taux. Désormais, les taux sont fixés par décret [599] ou arrêté [600] car les lois de financement de la Sécurité sociale ne peuvent le faire[601] mais elles interviennent toutefois en la matière puisque l'article 7 de la loi de financement de la Sécurité sociale pour 2016 dispose que « *pour chacune des périodes du 1er janvier au 31 mars 2016 et du 1er avril au 31 décembre 2016, la réduction de taux mentionnée à l'article L.241-6-1 du code de la sécurité sociale* [concernant les cotisations assises sur les rémunérations ou gains perçus par les salariés des professions non agricoles et agricoles] *est calculée en fonction de la rémunération annuelle totale perçue en 2016* ». Le taux des cotisations est applicable différemment suivant la nature de la cotisation, dès lors elle s'applique à la rémunération inférieure au plafond de Sécurité sociale pour les cotisations vieillesse ou à l'ensemble de la rémunération pour les cotisations de la branche maladie et pour les cotisations d'allocations familiales et d'accidents du travail. La détermination du taux est donc liée à la nature de la contrepartie obtenue puisque le taux varie suivant les branches concernées, et donc suivant la nature du risque.

89. Une contrepartie indispensable. La cotisation sociale ne peut exister sans une véritable contrepartie, car par sa nature même, elle ouvre un droit à contrepartie [602] sous forme de prestation, lors de la réalisation

[599] Décret n° 2015-1852 du 29 décembre 2015 relatif au taux des cotisations d'assurance maladie du régime général et de divers régimes de sécurité sociale, JORF n°0303 du 31 décembre 2015, p.25289.

[600] Arrêté du 21 décembre 2015 modifiant l'arrêté du 17 octobre 1995 relatif à la tarification des risques d'accidents du travail et des maladies professionnelles et fixant les tarifs des cotisations d'accidents du travail et des maladies professionnelles des activités professionnelles relevant du régime général de la sécurité sociale pour 2016, JORF n°0296 du 22 décembre 2015, p.23728.

[601] Voir en ce sens le paragraphe n°339.

[602] « *Considérant, en premier lieu, que les cotisations d'assurance maladie à la charge des travailleurs indépendants non agricoles sont des cotisations ouvrant des droits aux prestations et avantages servis par le régime obligatoire de sécurité sociale des travailleurs indépendants ; qu'en faisant porter ces cotisations sur une assiette correspondant à l'ensemble des revenus des travailleurs indépendants les dispositions contestées n'ont pas modifié leur nature de cotisations ; que, par suite, ces cotisations ne relèvent pas de la catégorie des impositions de toutes natures au sens de l'article 34 de la Constitution* », Cons. Const., Décision n° 2012-659 DC du 13 décembre 2012, *Loi de*

d'un risque social, sous réserve que l'assuré-cotisant remplisse les conditions pour bénéficier d'une couverture [603]. Ce lien entre la cotisation et la prestation est ainsi perçu comme « *le reflet d'un concept spécifique, celui de la nécessaire contribution au système d'assurance sociales* » [604], et a d'ailleurs été mis en exergue dans la décision n° 2014-698 DC [605] selon laquelle les prestations sont calculées sur la même assiette que les cotisations. Toutefois ce critère de la contrepartie importe peu lorsque la solidarité nationale est concernée. Xavier PRÉTOT considère ainsi qu'il faut admettre « *que le critère de la solidarité nationale l'emporte, le cas échéant, sur le critère du lien entre l'obligation de cotiser et le droit à prestations, une cotisation relevant ainsi de la catégorie des impositions de toutes natures lorsqu'elle procède du principe de la solidarité nationale, peu important qu'elle comporte ou non des droits en contrepartie pour ceux qui sont amenés à en acquitter le montant* » [606]. La solidarité nationale permet ainsi de dépasser le clivage traditionnel entre impositions de toutes natures et cotisations sociales. Le Conseil constitutionnel a estimé, concernant la CSG, que les trois contributions qui la composent ont pour finalité commune de mettre en œuvre le

---

financement de la Sécurité sociale pour 2013, JO du 18 décembre 2012, p.19861, Recueil, p.680, Considérant n° 12.

603 FERRAS (B.), MATT (J.-L.), « La question du financement », *Vie sociale*, n° 10, 2015, p.134.

604 *Ibid.*

605 « *Considérant que les dispositions contestées portent sur les cotisations sociales d'assurance vieillesse et d'assurance maladie dues par les salariés relevant du régime obligatoire de sécurité sociale des travailleurs salariés et par les salariés relevant du régime obligatoire de sécurité sociale des travailleurs salariés agricoles ; que ces cotisations salariales d'assurance vieillesse à la charge des travailleurs salariés et des travailleurs salariés agricoles sont des versements à caractère obligatoire ouvrant des droits aux prestations et avantages servis par la branche vieillesse du régime obligatoire de sécurité sociale des travailleurs salariés et par la branche vieillesse du régime obligatoire de sécurité sociale des travailleurs salariés agricoles, lesquels sont soumis à un plafond et déterminés en particulier en fonction de la durée de cotisation ainsi que des salaires sur lesquels ont porté ces cotisations ; que ces cotisations salariales d'assurance maladie à la charge des travailleurs salariés et des travailleurs salariés agricoles sont des versements à caractère obligatoire ouvrant des droits aux prestations et avantages servis par la branche maladie du régime obligatoire de sécurité sociale des travailleurs salariés et par la branche maladie du régime obligatoire de sécurité sociale des travailleurs salariés agricoles* », Cons. Const., Décision n° 2014-698 DC du 6 août 2014, *Loi de financement rectificative de la sécurité sociale pour 2014*, JO du 9 août 2014, p.13358, Considérant n° 12.

606 PRÉTOT (X.), « La notion de cotisation de Sécurité sociale », *Droit social*, 1993, p.523.

principe de solidarité nationale, dès lors un prélèvement qui n'ouvre pas droits en contrepartie, et qui procède du principe de solidarité nationale est qualifié d'impositions de toutes natures. La solution retenue peut cependant paraître surprenante car la CSG est affectée au financement des prestations familiales. Les cotisations sociales doivent ainsi répondre aux principes de la solidarité professionnelle et non à la solidarité nationale.

90. Une fiscalisation par affectation à des dépenses de solidarité. Néanmoins cette distinction entre la solidarité professionnelle et la solidarité nationale tend à disparaître puisque des cotisations financent des prestations répondant à une logique de solidarité nationale. Telle est le cas de la couverture maladie universelle (CMU). Instaurée par la loi du 27 juillet 1999 [607], la couverture maladie universelle permet à tout individu résidant en France métropolitaine ou dans un département d'outre-mer, de manière régulière et stable, de bénéficier de la Sécurité sociale lorsque ce dernier ne relève d'aucune couverture maladie obligatoire. Cette affiliation permet de couvrir l'ensemble de la population française par une assurance de base. La CMU de base est à la charge de la branche maladie du régime général de la Sécurité sociale, auquel sont obligatoirement affiliés ses bénéficiaires sous réserve du versement de cotisations (à un taux de 8%) par une minorité d'entre eux dont les ressources dépassent un plafond minimum de ressources (9 601 € par foyer à compter du 1er octobre 2014). Elle traduit le passage d'une solidarité professionnelle à une solidarité nationale, et constitue un droit pour tous à l'accès aux soins, sous réserve de remplir une condition de résidence. La couverture maladie universelle a été mise en place dans le cadre de l'alinéa 11 du Préambule de la Constitution de 1946 qui dispose que la Nation « *garantit à tous, notamment à l'enfant, à la mère et aux vieux travailleurs, la protection de la santé* ». Le Conseil constitutionnel s'est prononcé sur la loi portant création d'une couverture maladie universelle dans sa décision n° 99-416 DC du 23 juillet 1999 [608] dans laquelle il a rappelé que l'objectif de la couverture maladie universelle est de généraliser la couverture de base de

---

[607] « *toute personne résidant en France métropolitaine ou dans un département d'outre-mer de façon stable et régulière relève du régime général lorsqu'elle n'a droit à aucun autre titre aux prestations en nature d'un régime d'assurance maladie et maternité* », Article 3, Loi n° 99-641 du 27 juillet 1999 portant création d'une couverture maladie universelle, JORF n° 0172 du 28 juillet 1999, p.11229.

[608] Cons. Const., Décision n° 99-416 DC du 23 juillet 1999, *Loi portant création d'une couverture maladie universelle*, JO du 28 juillet 1999, p.11250, Recueil, p.100, Considérant n° 9 ; Dalloz 2000 p.422.

la Sécurité sociale et non de mettre en cause la diversité des régimes. Le régime de la Couverture maladie universelle respecte donc le principe d'égalité ainsi que la protection constitutionnelle du droit au respect à la vie privée. Cela peut alors être considéré comme une fiscalisation par affectation à des dépenses de solidarité qui se distingue alors de la fiscalisation des dépenses sociales puisque cette dernière s'inscrit dans la logique assurantielle des cotisations. La CMU représente ainsi « *l'affirmation du fait que l'accès à la santé ne dépend pas du statut de cotisant* » [609]. La CMU de base est cependant supprimée au profit de la protection universelle maladie. En vertu de l'article 59 de la loi de financement de la Sécurité sociale pour 2016 [610], le champ d'application de la CMU est intégré dans celui de la protection universelle maladie. À travers cette nouvelle création, l'universalité entame une généralisation [611] et la solidarité est renforcée au sein de toute la branche Maladie, comme pour la branche Famille. La fiscalisation par affectation à des dépenses de solidarité est ainsi renforcée. Les cotisations sociales sont obligatoires et d'ordre public, dès lors le caractère obligatoire est le « *corollaire du caractère normalement obligatoire de l'assujettissement au régime* » [612]. Elles sont non seulement obligatoires, mais elles sont également affectées. Cette affectation demeure un caractère déterminant mais non primordial pour retenir ou écarter la qualification de cotisations sociales.

2. Le critère déterminant mais non primordial de l'affectation

91. Une affectation à un régime. L'un des éléments caractéristiques des cotisations sociales réside dans leur affection puisqu'elles sont majoritairement et directement affectées au régime. Aimé BRUXELLES considérait déjà en 1932 que « *si la cotisation présente par certains côtés, notamment économiques, des analogies, d'ailleurs assez lointaines, avec l'impôt, une assimilation entre ces deux sortes de*

---

609 PISANI-FERRY (J.), « Séance de clôture », *Droits et Débats*, Intervention lors du colloque organisé par le Conseil d'État le 27 juin 2014 « Impôt et cotisation : quel financement pour la protection sociale ? », p.143.

610 Loi n° 2015-1702 du 21 décembre 2015 de financement de la sécurité sociale pour 2016, JORF n° 0296 du 22 décembre 2015, p.23635.

611 Voir en ce sens le paragraphe n° 81.

612 PRÉTOT (X.), « La notion de cotisation de Sécurité sociale », *Droit social*, 1993, p.522.

prélèvements sur la fortune des individus est impossible quant à leur nature juridique. La raison principale en est que la cotisation d'assurances sociales demeure, en tout état de cause, affectée au profit, non pas de l'État, mais d'un particulier, lequel est, en l'espèce, un salarié » [613]. L'affectation des cotisations sociales n'est pas destinée à financer une dépense particulière car elle est attribuée au régime responsable des prestations sociales concernées par le prélèvement. La répartition et le prélèvement des cotisations sociales sont effectués par les URSSAF qui sont pleinement compétentes en matière d'assiette et de recouvrement des cotisations en vertu de l'article L.213-1 du Code de la sécurité sociale. Les caisses nationales assurent la gestion des fonds nationaux et l'ACOSS celle de la trésorerie commune des différentes branches gérées par la CNAF, par la CNAM et par la CNAVTS en vertu de l'alinéa 1er de l'article L.225-1 du Code de la sécurité sociale. Si l'affectation est possible en finances sociales, ce n'est pas le cas en principe dans les finances publiques étatiques [614], dès lors la règle en ce qui concerne les LFSS est l'affectation et non pas la non affectation qui présenterait des risques de dérives importants puisque l'ensemble des ressources devrait alors permettre de financer l'ensemble des dépenses [615]. Le Conseil constitutionnel l'a d'ailleurs réaffirmé dans sa décision n° 99-424 DC [616]. L'affectation des impositions de toutes natures

---

[613] BRUXELLES (A.), *Nature juridique et caractères des cotisations d'assurances sociales dans la législation française*, Thèse, Grenoble, Ed. BOSC Frères, M. et L. RIOU, 1932, p.33.

[614] Voir en ce sens les paragraphes n° 312 et s.

[615] OLIVA (É.), *Finances publiques*, Paris, Sirey, Coll. Aide-mémoire, 3e éd., 2015, p.266

[616] « *Considérant que les députés requérants font en outre grief à la loi déférée de ne pas retracer deux impositions : la contribution sur les heures supplémentaires et la contribution sociale sur les bénéfices des sociétés, affectées par la loi de financement de la Sécurité sociale précitée au fonds de financement de la réforme des cotisations patronales de sécurité sociale ; Considérant que ces contributions, dont la première est prévue par une loi actuellement déférée au Conseil constitutionnel, sont affectées à un établissement public ; que les dépenses de ce dernier n'incombent pas par nature à l'État ; que lesdites contributions n'ont donc pas nécessairement à figurer dans la loi de finances, ainsi qu'il ressort du premier alinéa de l'article premier de l'ordonnance du 2 janvier 1959 susvisée, lequel prévoit que les lois de finances déterminent la nature, le montant et l'affectation des ressources de l'État ; qu'en vertu du deuxième alinéa de l'article 31 de ladite ordonnance, il appartient seulement au législateur, dans le cadre de la première partie de la loi de finances, de procéder à l'autorisation générale de perception des impôts affectés aux collectivités et aux établissements publics ; que, dès lors, nonobstant les inconvénients inhérents à toute débudgétisation du point de vue du contrôle des finances publiques, les principes d'unité et d'universalité budgétaires n'ont pas été méconnus* », Cons. Const., Décision n° 99-424 DC, 29 décembre 1999, *Loi de*

est certes réputée impossible [617], mais au sein des finances sociales, elle est largement utilisée, dès lors ce critère ne permet plus d'exclure la qualification d'impositions de toutes natures.

92. Un critère ne permettant plus d'exclure la qualification d'impositions de toutes natures. Si les cotisations sociales sont naturellement affectées à un régime, le critère de l'affectation est toutefois déterminant mais non primordial pour exclure la notion d'imposition de toutes natures puisque la contribution sociale de solidarité a été qualifiée d'imposition de toutes natures dans la décision n° 91-302 DC du 30 décembre 1991 [618], alors que son produit est affecté directement aux régimes des non-salariés. Le Conseil constitutionnel dispose que « *la "cotisation de solidarité" instituée par l'article 1126 du code rural, qui est soumise à des règles voisines de celles applicables à la "contribution sociale de solidarité", présente elle aussi le caractère d'une imposition ; que pour les motifs précédemment indiqués, une disposition procédant à son abrogation est au nombre de celles pouvant être comprises dans un texte de loi de finances* ». La contribution sociale de solidarité est un prélèvement payé par toute personne morale exerçant une activité dans le secteur concurrentiel qui est destiné à financer le régime de protection sociale des travailleurs indépendants. Le taux de la contribution sociale de solidarité des sociétés (C3S) est de 0,16% puisqu'il comprend un taux de 0,13% du chiffre d'affaires hors taxe de l'année précédente pour la C3S et une contribution additionnelle à la C3S de 0,03% qui participe au financement du Fonds de solidarité vieillesse. L'article 3 de la loi de financement rectificative de la Sécurité sociale pour 2014 [619] a prévu qu'elle disparaisse progressivement d'ici 2017. Cette disparition progressive se poursuit avec l'article 9 de la loi de financement de la Sécurité sociale pour 2016 [620]. Un abattement sur l'assiette de la C3S a été mis en place. Par conséquent, sont exonérées depuis le 1er janvier 2015, les entreprises dont le chiffre d'affaires n'excède pas 3 250 000

---

finances pour 2000, JO du 31 décembre 1999, p.19991, Recueil p.156, Considérants n° 11 et 12.

[617] Voir en ce sens le paragraphe n° 314.

[618] Cons. Const., Décision n° 91-302 DC du 30 décembre 1991, *Loi de finances pour 1992*, JO du 31 décembre 1991, p.17434, Recueil, p.137, Considérant n° 12 ; *RDP*, 1993.5 chron. ROUSSEAU (D).

[619] Loi n° 2014-892 du 8 août 2014 de financement rectificative de la sécurité sociale pour 2014, JORF n° 0183 du 9 août 2014, p.13344.

[620] Loi n° 2015-1702 du 21 décembre 2015 de financement de la sécurité sociale pour 2016, JORF n° 0296 du 22 décembre 2015, p.23635.

euros. Ce plafond a été repoussé à 19 millions d'euros à compter du 1er janvier 2016, et cet abattement s'applique également à la contribution additionnelle à la C3S. L'article 112 de la loi de finances rectificatives pour 2016 [621] réforme les modalités de recouvrement de la C3S pour les contribuables ayant un chiffre d'affaires supérieur à un million d'euros. Afin de diminuer le décalage entre l'année de réalisation et la comptabilisation, il institue une contribution supplémentaire affectée à la Sécurité sociale. Cela permet aux organismes sociaux de percevoir une partie du produit pendant l'année de réalisation. L'article 4 du projet de loi de financement de la Sécurité sociale pour 2018 prévoit cependant la fusion de la C3S et de sa contribution additionnelle. Ces prélèvements constituaient en effet des contributions juridiquement distinctes alors qu'ils possèdent des modalités d'assiette, de recouvrement et d'affectation identiques. Cette fusion aboutirait dès lors à l'obtention d'une unique contribution au taux de 0,16%. Cet article 4 prévoit également la suppression de la contribution supplémentaire instaurée par la loi de finances rectificative pour 2016[622]. Dans la mesure où les redevables étaient tenus de verser leur acompte avant le 15 décembre 2017, l'adoption de la loi de financement de la Sécurité sociale pour 2018 laisse ainsi supposer qu'aucun acompte ne sera ainsi versé en décembre 2017. Si l'affection permet théoriquement de déterminer la nature du prélèvement, elle est insuffisante concernant les prélèvements sociaux. La CSG n'a pas été qualifiée de cotisations sociales puisque « *le paiement est sans incidence directe sur les droits aux prestations de celui qui s'en acquitte* » [623]. La simple affectation ne permet pas de différencier les impositions de toutes natures des cotisations sociales en droit interne, dès lors la nature de l'organisme bénéficiaire du prélèvement affecté ne permet pas de déterminer la nature du prélèvement. Le critère de l'affectation a cependant été un des critères permettant à la CJCE de retenir la qualification de cotisations sociales pour la CSG et la CRDS [624]. La taxe sur les véhicules à moteur illustre le caractère non déterminant de l'affectation dans la qualification du prélèvement.

---

[621] Loi n° 2016-1918 du 29 décembre 2016 de finances rectificative pour 2016, JORF n°0303 du 30 décembre 2016.

[622] Article 4, Projet de loi de financement de la Sécurité sociale pour 2018.

[623] PRÉTOT (X.), « L'évolution des finances sociales. Quelques réflexions d'ordre économique, juridique et politique … », *op.cit.*, p.139.

[624] Voir en ce sens, le paragraphe n° 132.

93. L'illustration à travers la taxe sur les véhicules terrestres à moteur. L'affectation des prélèvements constitue une spécificité sociale, mais elle n'est plus un critère primordial et déterminant pour qualifier les prélèvements concernés. La taxe sur les véhicules terrestres à moteur est désormais considérée comme une taxe alors qu'elle a été affectée à divers organismes sociaux. La qualification juridique de cette contribution a évolué en fonction des concepts retenus. C'est ainsi qu'a été instaurée en 1967 une prime additionnelle de 3% sur les polices d'assurance des véhicules à moteur pour compenser le surcroît de charges pour la Sécurité sociale occasionné par la fréquence et la gravité des accidents de la circulation. Elle est définie par l'article 14 de l'ordonnance de 1967[625]. Elle est alors qualifiée de cotisation et non d'imposition par la doctrine [626], mais aussi par le Conseil d'État dans un arrêt du 26 octobre 1990 [627], et ceci malgré son absence de « *lien avec un revenu* » [628]. La loi de financement de la Sécurité sociale pour 2002 [629] a supprimé l'affectation du produit de cette cotisation à la branche maladie ainsi que la condition liée à l'affiliation à l'assurance maladie pour y être assujetti. Le II de l'article 13 de la loi de financement de la Sécurité sociale pour 2002 supprime la précédente affectation à la CNAMTS puisque la totalité du produit de la contribution est ensuite affectée au fonds de financement de la réforme des cotisations patronales de Sécurité sociale (FOREC). Sans lien contributif, elle peut alors être qualifiée d'impositions de toutes

---

[625] « *est créé au profit des régimes obligatoires d'assurance maladie une cotisation due par toute personne physique ou morale qui, soit en qualité d'employeur, soit en qualité d'affilié, cotise à un régime obligatoire d'assurance maladie ou bénéficie d'un tel régime en qualité d'ayant droit d'affilié et qui est soumise à l'obligation d'assurance en matière de circulation de véhicules terrestres à moteur instituée par la loi n° 58-208 du 27 février 1958. Cette cotisation est proportionnelle aux primes ou cotisations afférentes à l'assurance obligatoire en matière de circulation de véhicules terrestres à moteur instituée par la loi du 27 février 1958. Elle est recouvrée par les sociétés d'assurance ou les assureurs agréés, dans les mêmes conditions et en même temps que ces primes* », Ordonnance n° 67-706 du 21 août 1967 relative à l'organisation administrative et financière de la Sécurité sociale, JORF du 22 août 1967, p.08403.

[626] PRÉTOT (X.), « Le financement de la Sécurité sociale – Réflexions sur la légitimité des prélèvements publics », *RFFP*, n° 88, 2004, p.58.

[627] CE, Ass. 26 oct. 1990, req. n° 72641 et 72642, *Union des sociétés d'assurance du secteur privé et autres*, Lebon, p.293 ; *AJDA*, 1991.328, obs.PRÉTOT (X.) ; *Droit Social.*, 1991.140, concl. HUBERT (P.).

[628] FERRAS (B.), MATT (J.-L.), « La question du financement », *Vie sociale*, n° 10, 2015, p.141.

[629] Loi n° 2001-1246 du 21 décembre 2001 de financement de la sécurité sociale pour 2002, JORF n° 299 du 26 décembre 2001, p.20552.

natures, comme l'affirme d'ailleurs Jean-Luc MATT dans son rapport particulier « *Le cadre juridique de réformes de l'IR et de la CSG* » [630]. Le rapport législatif du Sénat [631] prévoit toutefois une nécessaire redéfinition « *par voie législative* » en tant que taxe. Le prélèvement a par la suite été qualifié de taxe lorsque le Sénat l'a référencé en tant que telle dans le financement du FOREC, lequel a d'ailleurs été supprimé par l'article 34 de la loi de finances pour 2004 [632] et l'article 3 de la loi de financement de la Sécurité sociale pour 2004 [633]. La taxe sur les véhicules terrestres à moteur a par la suite été affectée à la CNAF. Cependant l'article 22 de la loi de financement de la Sécurité sociale pour 2015 [634] a supprimé la contribution sur les véhicules à moteurs [635] puisqu'il abroge les articles L.137-6 à L.137-9 du Code de la sécurité sociale. Le caractère de l'affectation n'était donc pas primordial dans la détermination de la qualification juridique de la contribution sur les véhicules terrestres à moteur puisque bien qu'affectée à la CNAF, elle était qualifiée de taxe.

94. Une qualification parfois obscure pour un prélèvement non affecté. Le Conseil constitutionnel peut être amené à écarter la qualification de cotisations de Sécurité sociale [636], mais aussi celle de cotisations sociales [637]. Les contributions destinées au financement des régimes complémentaires de retraite et de prévoyance contribuent à la protection sociale, mais ne sont pas comme les cotisations du régime de Sécurité sociale, définies par la loi mais par contrat ne peuvent avoir la

---

630 MATT (J.-L.), *Impôt sur le revenu, Contribution sociale généralisée : quelles réformes ? – Rapport particulier « Le cadre juridique de réformes de l'IR et de la CSG »*, Conseil des prélèvements obligatoires, 2015, p.9.

631 VASSELLE (A.), *Rapport n° 60 (2001-2002) sur le Projet de loi de financement de la Sécurité sociale pour 2002 : examen des articles et tableau comparatif*, fait au nom de la commission des affaires sociales, déposé le 7 novembre 2001, Sénat, p.41.

632 Loi n° 2003-1311 du 30 décembre 2003 de finances pour 2004, JORF n° 302 du 31 décembre 2003 p.22530.

633 Loi n° 2003-1199 du 18 décembre 2003 de financement de la sécurité sociale pour 2004, JORF n° 293 du 19 décembre 2003, p.21641.

634 Loi n° 2014-1554 du 22 décembre 2014 de financement de la sécurité sociale pour 2015, JORF n° 0297 du 24 décembre 2014, p.21748.

635 BAPT (G.), *Rapport n° 2252 fait au nom de la commission des affaires sociales sur le projet de loi de financement de la Sécurité sociale pour 2015*, t.I, déposé le 16 octobre2014, Assemblée Nationale, p.113.

636 Cons. Const., Décision n° 90-285 DC du 28 décembre 1990, *Loi de finances pour 1991*, JO du 30 décembre 1990, p.16609, Recueil, p.95, Considérant n° 24. .

637 Cons. Const., Décision n° 91-302 DC du 30 décembre 1991, *Loi de finances pour 1992*, JO du 31 décembre 1991, p.17434, Recueil, p.137, Considérant n° 12.

même qualification juridique que celles-ci d'autant que l'autonomie des partenaires sociaux peut conduire à définir leur assiette sur d'autres bases [638]. Une certaine incertitude pèse sur la notion de cotisation de Sécurité sociale. Selon Xavier PRÉTOT, elle constitue « *le reflet de l'ambiguïté qui caractérise, depuis 1945, notre système de Sécurité sociale* » [639]. Les cotisations sociales mériteraient toutefois de voir leurs concours redéfinis car elles constituent toujours le financement principal de la Sécurité sociale même si elles ont perdu leur exclusivité comme source de financement des régimes de base de sécurité sociale [640]. Après des années de souplesse, le Conseil constitutionnel les a redéfini en précisant leurs caractéristiques propres.

B. Une qualification aux caractéristiques propres

95. Francis NETTER considère qu'*en matière de sécurité sociale, la création d'une cotisation correspond à « la spécialisation d'une ressource pour la satisfaction d'un besoin »* [641]. Cette spécialisation ne change pas la nature du besoin, mais permet de le satisfaire plus complètement, ce qui peut entraîner une augmentation des dépenses. La qualification de cotisations sociales demeure indépendante de l'assiette des cotisations (**1**) et exclut les facultés contributives (**2**).

1. Une qualification indépendante de l'assiette des cotisations mais soumise au plafond de la Sécurité sociale

96. Une assiette définie. L'assiette des cotisations est la rémunération et non le salaire. Si l'assiette des cotisations sociales se trouve dans la rémunération, le fait que les cotisations sociales portent principalement sur les salaires alourdit le coût du facteur travail [642]. Elles portent sur toutes les sommes et tous les avantages attribués en contrepartie ou à l'occasion du travail effectué en vertu de l'article L.242-

---

[638] BARTHELEMY (J.), « Cotisations des régimes complémentaires et cotisations du régime général », *Droit social*, 1993, p.550.
[639] PRÉTOT (X.), « La notion de cotisation de Sécurité sociale », *Droit social*, 1993, p.526.
[640] FERRAS (B.), MATT (J.-L.), « La question du financement », *Vie sociale*, n° 10, 2015, p.140.
[641] NETTER (F.), *La Sécurité sociale et ses principes* [1959], Paris Dalloz, 2005, p.267.
[642] COUDREAU (D.), « Prélèvements sociaux », *Droit social*, 1990, p.271.

1 du Code de la sécurité sociale [643], dès lors « *le fait générateur de la dette de cotisation est l'activité professionnelle* » [644]. L'assiette des cotisations ne porte donc que sur les salaires, les revenus de remplacement et ignore les revenus du patrimoine [645]. Cela concerne le salaire brut, mais aussi les avantages en nature et en espèces, ainsi que les primes et indemnités, les prestations sociales complémentaires ou les revenus de remplacement en cas de maladie, maternité et accident de travail uniquement. Par conséquent, l'assiette des cotisations ne peut être inférieure à la rémunération minimale légale.

97. Une assiette soumise au respect du principe d'égalité devant les charges publiques. Le Conseil constitutionnel veille au respect du principe d'égalité devant les charges publiques dans la détermination de l'assiette des cotisations. Celui-ci a notamment émis une réserve à ce sujet en considérant que « *l'assiette de la cotisation définie au deuxième alinéa du paragraphe IV de l'article L.380-3-1 du code de la sécurité sociale ne saurait, sans méconnaître le principe d'égalité devant les charges publiques, inclure des revenus du foyer fiscal qui ont déjà été soumis à une cotisation au titre de l'affiliation d'une personne à un régime d'assurance maladie obligatoire* » [646]. En vertu du principe d'égalité devant les charges publiques, une cotisation ne peut ainsi reposer sur un revenu ayant déjà été soumis à une cotisation.

98. L'assiette, un critère non décisif pour la qualification du prélèvement. Si l'assiette de la cotisation est soumise au principe

---

[643] « *pour le calcul des cotisations des assurances sociales, des accidents du travail et des allocations familiales, sont considérées comme rémunérations toutes les sommes versées aux travailleurs en contrepartie ou à l'occasion du travail, notamment les salaires ou gains, les indemnités de congés payés, le montant des retenues pour cotisations ouvrières, les indemnités, primes, gratifications et tous autres avantages en argent, les avantages en nature, ainsi que les sommes perçues directement ou par l'entremise d'un tiers à titre de pourboire. La compensation salariale d'une perte de rémunération induite par une mesure de réduction du temps de travail est également considérée comme une rémunération, qu'elle prenne la forme, notamment, d'un complément différentiel de salaire ou d'une hausse du taux de salaire horaire* »

[644] FERRAS (B.), MATT (J.-L.), « La question du financement », *op.cit.*, p.133.

[645] DOUAT (É.), BADIN (X.), *Finances publiques*, Paris, 3e éd., PUF, Coll. Thémis, 2006, p.339.

[646] Cons. Const., Décision n° 2015-460 QPC du 26 mars 2015, *Comité de défense des travailleurs frontaliers du Haut-Rhin et autre* [Affiliation des résidents français travaillant en Suisse au régime général d'assurance maladie - assiette des cotisations], JO n° 0075 du 29 mars 2015, p.5775, Considérant n° 23.

d'égalité devant les charges publiques, elle ne permet pas au Conseil constitutionnel de déterminer la qualification juridique du prélèvement concerné. En effet, dans la décision n° 2012-659 DC, le Conseil constitutionnel considère que « *les cotisations d'assurance maladie à la charge des travailleurs indépendants non agricoles sont des cotisations ouvrant des droits aux prestations et avantages servis par le régime obligatoire de sécurité sociale des travailleurs indépendants ; qu'en faisant porter ces cotisations sur une assiette correspondant à l'ensemble des revenus des travailleurs indépendants les dispositions contestées n'ont pas modifié leur nature de cotisations ; que, par suite, ces cotisations ne relèvent pas de la catégorie des impositions de toutes natures au sens de l'article 34 de la Constitution ; que le législateur pouvait, sans méconnaître l'étendue de sa compétence, renvoyer au pouvoir réglementaire le soin de fixer leur taux* » [647]. La modification de l'assiette n'a pas affecté la nature du prélèvement, le Conseil constitutionnel a ainsi pu écarter la qualification d'impositions de toutes natures indépendamment de l'assiette.

99. Une soumission au plafond de la Sécurité sociale. Le Conseil constitutionnel s'intéresse à l'assiette des cotisations, mais également à leur plafonnement. À l'instar de la Norvège, les cotisations sociales françaises font l'objet d'un seuil minimal, d'un plancher, et d'un plafonnement. Cela s'inscrit dans la logique bismarckienne qui consiste à définir des taux des cotisations fixes jusqu'à un certain seuil appelé « plafond de la Sécurité sociale ». Le montant de ce plafond est resté « *assez éloigné du salaire minimum* » [648]. Actuellement, le plafond de la Sécurité sociale est revalorisé chaque année en respectant les articles D.242-16 à D.242-19 du Code de la sécurité sociale. Ce plafond n'est désormais applicable que pour les régimes de retraite complémentaire, les cotisations vieillesses et la contribution au fonds national d'aide au logement. Le plafonnement des cotisations maladie a été supprimé dans le régime général en 1984. Le projet de loi de financement de la Sécurité sociale pour 2013 prévoyait dans son article 11 de déplafonner l'assiette des cotisations d'assurance maladie à la charge des travailleurs indépendants non agricoles, plafond qui engendre un caractère dégressif

---

[647] Cons. Const., Décision n° 2012-659 DC du 13 décembre 2012, *Loi de financement de la Sécurité sociale pour 2013*, JO du 18 décembre 2012, p.19861, Recueil p.680, Considérant n° 12.

[648] LEHMANN (E.), L'HORTY (Y.), « Renforcer la progressivité des prélèvements sociaux », *Revue française d'économie*, 2014/1, p.29.

des prélèvements sociaux sur ces travailleurs indépendants [649]. Le Conseil constitutionnel a déclaré ce déplafonnement inconstitutionnel au regard de l'égalité entre les assurés d'un même régime en considérant qu'« *en soumettant à un régime dérogatoire de taux de cotisations certains des assurés d'un régime français d'assurance maladie, la deuxième phrase du second alinéa de l'article L.131-9 du code de la sécurité sociale crée une rupture d'égalité entre les assurés d'un même régime qui ne repose pas sur une différence de situation en lien avec l'objet de la contribution sociale ; que, par suite, les dispositions de la deuxième phrase du second alinéa de l'article L.131-9 du code de la sécurité sociale doivent être déclarées contraires à la Constitution* » [650]. Le plafond de la Sécurité sociale pour 2015 a été fixé par arrêté du 26 novembre 2014 [651]. Il est prévu que ce plafond soit modifié par un prochain arrêté suite à la présentation des résultats des comptes de la Sécurité sociale pour 2016, ainsi que les comptes prévisionnels tendanciels pour 2017 et 2018 par la Commission des comptes de la Sécurité sociale. Dans son rapport, elle prévoit de revaloriser le montant du plafond de la Sécurité sociale de 1,6% pour l'année 2018. Le plafond annuel de la Sécurité sociale 2018 serait ainsi porté à 39 852 euros au lieu de 39 228 euros soit 3 321 euros par mois. Ce dernier conserve son utilité puisqu'il sert de référence pour le calcul des droits à prestations et donc pour le niveau des revenus de remplacement [652].

100. Une origine ancienne. Le plafond de cotisations a été mis en place dès 1945 afin de nuancer l'intégration du principe d'uniformité de la Sécurité sociale. Le principe d'uniformité des prestations est un des trois grands principes du Rapport *Social Insurance and Allied Service* écrit par Lord BEVERIDGE en 1942. Avec l'unité et l'universalité, ils forment la règle dite des trois « U ». Si les deux premiers ont été repris et appliqués par le plan de Sécurité sociale français, ce n'est pas le cas du principe d'uniformité qui est traduit par Lord BEVERIDGE comme « *la*

---

649 Conseil Constitutionnel, Commentaire de la décision n° 2012-659 DC du 13 décembre 2012, *Loi de financement de la Sécurité sociale pour 2013*, p.4.

650 Cons. Const., Décision n° 2012-659 DC du 13 décembre 2012, *Loi de financement de la Sécurité sociale pour 2013*, JO du 18 décembre 2012, p.19861, Recueil p.680, Considérant n° 15.

651 Arrêté du 26 novembre 2014 portant fixation du plafond de la sécurité sociale pour 2015, JORF n° 0284 du 9 décembre 2014, p.20502.

652 DOUAT (É.), BADIN (X.), *Finances publiques*, Paris, 3e éd., PUF, Coll. Thémis, 2006, p.335.

volonté de reconnaître aux personnes protégées de la même catégorie l'égalité d'obligations et de droits au regard des diverses éventualités couvertes par la sécurité sociale »[653]. Le principe d'uniformité possède deux déclinaisons : d'une part l'uniformité des cotisations et d'autre part l'uniformité des prestations. La première déclinaison est fondée sur les besoins plus que sur les revenus car les cotisations varient uniquement en fonction du niveau de protection garanti et en fonction de la catégorie sociale, et non des revenus. La seconde déclinaison entraîne un droit à obtenir des garanties identiques pour tous car les prestations sont d'un montant identique dans une situation identique. Les rédacteurs du plan français de Sécurité sociale ont cependant refusé d'appliquer ce principe puisque les cotisations sociales et les prestations sont fixées en rapport avec la rémunération antérieure. Les prestations prennent alors la forme de « revenus de remplacement ». Ce refus d'intégrer le principe d'uniformité dans le plan français doit toutefois être nuancé puisqu'un plafond de cotisations a été mis en place en 1945. Pour les individus moins aisés se situant sous ce plafond, les revenus de remplacement permettent de maintenir entièrement le niveau de vie antérieur. Pour les individus au-dessus de ce plafond, les prestations constituent un minimum de base, sans rapport avec les revenus antérieurs, qui doit alors être complété par les prestations complémentaires pour permettre le maintien du niveau de vie antérieur. L'application du principe d'uniformité dans le système français de Sécurité sociale trouve donc sa traduction dans l'instauration de ce plafond de cotisation qui permet l'intervention des régimes complémentaires professionnels qui sont d'ailleurs devenus obligatoires par la suite.

101. Des critères inhérents aux cotisations sociales. Le maintien de ce plafonnement et le lien entre la proportionnalité des prestations et les cotisations correspondantes[654] ont d'ailleurs été réaffirmés par le Conseil constitutionnel dans la décision n° 2014-698DC lorsqu'il considère que « *ces cotisations salariales d'assurance vieillesse à la charge des travailleurs salariés et des travailleurs salariés agricoles sont des versements à caractère obligatoire ouvrant des droits aux prestations et*

---

[653] Cité par KERSCHEN (N.), « L'influence du rapport Beveridge sur le plan français de sécurité sociale de 1945 », *Revue française de science politique*, 45e année, n° 4, 1995, p.570.

[654] MATT (J.-L.), *Impôt sur le revenu, Contribution sociale généralisée : quelles réformes ? – Rapport particulier « Le cadre juridique de réformes de l'IR et de la CSG »*, Conseil des prélèvements obligatoires, 2015, p.9.

avantages servis par la branche vieillesse du régime obligatoire de sécurité sociale des travailleurs salariés et par la branche vieillesse du régime obligatoire de sécurité sociale des travailleurs salariés agricoles, lesquels sont soumis à un plafond et déterminés en particulier en fonction de la durée de cotisation ainsi que des salaires sur lesquels ont porté ces cotisations ». Cette décision a une portée significative tant juridiquement que politiquement car elle redéfinit la notion de cotisations sociales et remet en cause partiellement le pacte de responsabilité.

2. *Une qualification étrangère aux facultés contributives*

102. Le caractère contributif des cotisations sociales. La notion de cotisations sociales ne peut donc être dissociée de l'appartenance à un régime de sécurité sociale et le lien entre le versement des cotisations et le droit aux prestations servies par le régime [655], mais le niveau de corrélation entre cotisations et prestations demeure toutefois difficile à appréhender [656]. Dans la décision n° 97-393 DC du 18 décembre 1997 [657], le Conseil constitutionnel a admis que « *des conditions de ressources soient fixées pour bénéficier de prestations familiales, pourtant financées par des cotisations patronales assises sur tous les salaires* » [658], mais il a également émis une réserve d'interprétation en considérant « *qu'aux termes de l'article 34 de la Constitution : "la loi détermine...les principes fondamentaux de la sécurité sociale" ; que, si, en vertu de cette disposition, relèvent du domaine de la loi tant la création de l'allocation de garde d'enfants que l'institution des règles selon lesquelles son montant constitue une fraction des cotisations sociales patronales et salariales légales ou conventionnelles, est plafonné et est majoré selon l'âge de l'enfant gardé et les ressources de la personne ou du ménage, il appartient au pouvoir réglementaire de fixer cette fraction et les divers*

---

[655] PRÉTOT (X.), « La Sécurité sociale et les finances publiques », *RFFP*, n° 51, 1995, p.136.

[656] MATT (J.-L.), *Impôt sur le revenu, Contribution sociale généralisée : quelles réformes ? – Rapport particulier « Le cadre juridique de réformes de l'IR et de la CSG »*, Conseil des prélèvements obligatoires, 2015, p.9.

[657] Cons. Const., Décision n° 97-393 DC du 18 décembre 1997, *Loi de financement de la Sécurité sociale pour 1998*, JO du 23 décembre 1997, p.18649, Recueil, p.320.

[658] MATT (J.-L.), *Impôt sur le revenu, Contribution sociale généralisée : quelles réformes ? – Rapport particulier « Le cadre juridique de réformes de l'IR et de la CSG »*, *op.cit.*, p.9.

plafonds prévus par le législateur de manière à ne pas créer, entre familles, des différences de traitement injustifiées » [659]. À travers la décision n° 2014-698 DC [660], le Conseil constitutionnel tend à considérer que chaque cotisation sociale doit revêtir un caractère contributif, car il considère alors qu'avec la mise en place des dispositions contestées, « *un même régime de sécurité sociale continuerait, en application des dispositions contestées, à financer, pour l'ensemble de ses assurés, les mêmes prestations malgré l'absence de versement, par près d'un tiers de ceux-ci, de la totalité des cotisations salariales ouvrant droit aux prestations servies par ce régime ; que, dès lors, le législateur a institué une différence de traitement, qui ne repose pas sur une différence de situation entre les assurés d'un même régime de sécurité sociale, sans rapport avec l'objet des cotisations salariales de sécurité sociale* ». Avec l'existence du plafond de la Sécurité sociale et des cotisations de solidarité qui n'ouvrent aucun droit supplémentaire, la jurisprudence du Conseil constitutionnel reste à nuancer sur ce point. Jean-Luc MATT affirme toutefois à ce propos qu'en tout état de cause, le Conseil constitutionnel semble avoir fermé la porte à toute évolution de jurisprudence par sa décision n° 2014-698 DC du 6 août 2014 qui a rappelé que l'objet exclusif des cotisations salariales consiste à ouvrir des droits et non à mener une politique redistributive [661]. Cette décision clarifie dès lors la notion de cotisations sociales.

103. La clarification apportée par la décision n° 2014-698 DC. Le Conseil constitutionnel, dans la décision n° 2014-698 DC, a censuré l'article 1er de la loi de financement rectificative de la Sécurité sociale pour 2014 qui prévoyait « *d'instaurer une réduction dégressive des cotisations salariales de sécurité sociale* » [662]. Dans le considérant n° 12, il rappelle la définition des cotisations sociales en considérant qu'il s'agit de « *versements à caractère obligatoire ouvrant des droits aux*

---

[659] Cons. Const., Décision n° 97-393 DC du 18 décembre 1997, *Loi de financement de la Sécurité sociale pour 1998*, JO du 23 décembre 1997, p.18649, Recueil, p.320, Considérant n° 46.

[660] Cons. Const., Décision n° 2014-698 DC du 6 août 2014, *Loi de financement rectificative de la sécurité sociale pour 2014*, JO du 9 août 2014, p.13358.

[661] MATT (J.-L.), *Impôt sur le revenu, Contribution sociale généralisée : quelles réformes ? – Rapport particulier « Le cadre juridique de réformes de l'IR et de la CSG »*, *op.cit.*, p.19.

[662] Cons. Const., Décision n° 2014-698 DC du 6 août 2014, *Loi de financement rectificative de la sécurité sociale pour 2014*, JO du 9 août 2014, p.13358, Considérant n° 7.

prestations et avantages servis » par les régimes obligatoires de la Sécurité sociale. Le Conseil constitutionnel rappelle également que les cotisations salariales d'assurance vieillesse ainsi que les prestations de cette même branche « *sont soumises à un plafond et déterminées en particulier en fonction de la durée de cotisation ainsi que des salaires sur lesquels ont porté ces cotisations* ». À la lecture de l'étude préalable d'impact, le Conseil constitutionnel a estimé que les dispositions contestées instauraient une réduction dégressive des cotisations salariales de sécurité sociale [663] et maintenaient inchangés, pour tous les salariés, l'assiette de ces cotisations ainsi que les prestations et avantages auxquels ces cotisations ouvrent droit [664]. Il veille ainsi au respect de la nature particulière [665] des cotisations sociales qui est « *d'ouvrir droit à des prestations et avantages servis par le régime de sécurité sociale* » [666], et maintient la nature des cotisations sociales dans la continuité des décisions précédentes [667], dès lors les cotisations sociales continuent d'être des prélèvements distincts des impositions de toutes natures. Cette distinction que le Conseil constitutionnel opère entre les cotisations sociales et les impositions de toutes natures ne laisse place qu'à très peu de nuances. Il affirme d'ailleurs en ce sens dans ses commentaires qu'« a*u total, tout est lié dans le régime juridique des cotisations sociales, bien distinct de celui des impositions de toute nature. C'est parce que les cotisations sociales ont pour objet d'ouvrir des droits à prestations qu'elles ne peuvent pas prendre en compte les facultés contributives. C'est parce qu'elles ne prennent pas en compte les facultés contributives qu'elles ne sont pas additionnées dans le calcul du caractère confiscatoire d'une addition d'impositions* » [668]. Les facultés contributives constituent alors l'un des critères permettant la distinction entre les prélèvements sociaux et les prélèvements fiscaux.

---

[663] Conseil Constitutionnel, Commentaire de la décision n° 2014-698 DC du 6 août 2014, *Loi de financement rectificative de la sécurité sociale pour 2014*, p.7.
[664] *Ibid.*
[665] *Ibid*, p.5.
[666] *Ibid.*
[667] Cons. Const., Décision n° 2012-659 DC du 13 décembre 2012, *Loi de financement de la Sécurité sociale pour 2013*, JO du 18 décembre 2012, p.19861, Recueil, p.680, Considérant n° 12.
[668] Conseil Constitutionnel, Commentaire de la décision n° 2014-698 DC du 6 août 2014, *Loi de financement rectificative de la sécurité sociale pour 2014*, p.8.

104. Les cotisations sociales soumises au principe d'égalité devant les charges publiques, indépendamment des facultés contributives. Les cotisations sociales doivent respecter le principe d'égalité, et notamment le principe d'égalité devant les charges publiques [669]. Néanmoins, le critère des facultés contributives ne leur est pas applicable car il relève du domaine des impositions de toutes natures, dès lors le Conseil constitutionnel « *réserve aux impositions de toute nature sa jurisprudence sur la prise en compte des facultés contributives. La cotisation sociale est ainsi, pour l'assuré, marquée par sa proportionnalité* » [670]. La différence de traitement est admise par le juge constitutionnel si elle est en rapport avec l'objet des cotisations ou avec une différence de situation et si elle est justifiée par un critère objectif et rationnel [671]. Le Conseil constitutionnel tolère donc des modulations car il considère que « *les modulations apportées par le législateur aux caractéristiques des cotisations sociales qui financent les différentes branches de la sécurité sociale ne peuvent être appréciées indépendamment de ces prestations, qui diffèrent elles-mêmes selon les branches* » [672]. Il dispose en se fondant sur l'article 13 de la Déclaration de 1789 que « *pour assurer le respect du principe d'égalité, le législateur doit fonder son appréciation sur des critères objectifs et rationnels en fonction des buts qu'il se propose ; que cette appréciation ne doit cependant pas entraîner de rupture caractérisée de l'égalité devant les charges publiques* » [673], dès lors « *le législateur a institué une différence de traitement, qui ne repose pas sur une différence de situation entre les assurés d'un même régime de sécurité sociale, sans rapport avec l'objet des cotisations salariales de sécurité sociale* » [674]. Le principe d'égalité

---

[669] Voir en ce sens les paragraphes n°53 et s.

[670] Conseil Constitutionnel, Commentaire de la décision n° 2014-698 DC du 6 août 2014, *Loi de financement rectificative de la sécurité sociale pour 2014*, p.4 ; PISSALOUX (J.-L.), « Le Conseil constitutionnel et les finances sociales. Commentaire de la décision n° 2014-698 DC du 6 août 2014 relative à la loi de financement rectificative de la sécurité sociale pour 2014 », *Gestion et finances publiques*, 2015, n° 1-2, p.106.

[671] BADEL (M.), « Le Conseil constitutionnel arbitre économique et politique : l'exemple de la loi de financement rectificative de la sécurité sociale pour 2014 », *Constitutions, Revue de droit constitutionnel appliqué*, 2015, n° 1, p.85.

[672] Conseil Constitutionnel, Commentaire de la décision n° 2014-698 DC du 6 août 2014, *Loi de financement rectificative de la sécurité sociale pour 2014*, p.5.

[673] Cons. Const., Décision n° 2014-698 DC du 6 août 2014, *Loi de financement rectificative de la sécurité sociale pour 2014*, JO du 9 août 2014, p.13358, Considérant n° 11.

[674] *Ibid*, Considérant n° 13.

devant les charges publiques peut être retenu en raison de considérations d'intérêt général mais ce critère n'a pas encore été appliqué en matière de cotisations sociales.

105. Une décision politiquement contrariante, mais juridiquement constante. La décision n° 2014-698 DC du 6 août 2014 divise la doctrine entre ceux qui considèrent qu'elle simplifie et réaffirme les jurisprudences antérieures[675], et ceux qui, au contraire, considèrent qu'elle brouille les frontières entre les prélèvements sociaux et les prélèvements fiscaux[676]. Le Conseil constitutionnel a eu une lecture économique et très politique du principe [677] d'égalité qui traduit une « *vision purement assurantielle de la sécurité sociale* » [678]. La censure du Conseil constitutionnel des dispositions de l'article 1er intervient à juste titre [679]

---

[675] Elle constitue « *l'aboutissement de la jurisprudence* » du juge constitutionnel qui a tiré « *toutes les conséquences de la distinction* », CAMBY (J.-P.), « Impositions, cotisations, Constitution », *RFFP*, n°128, 2014, p.237.; « *cette décision du Conseil constitutionnel n'innove pas en elle-même* », BARILARI (A.), « La définition traditionnelle des cotisations sociales ou l'arbre qui cache la forêt », *RFFP*, n° 128, 2014, p.218.; le Conseil constitutionnel a donné « *toute sa portée à la définition des cotisations sociales* », MATT (J.-L.), *Impôt sur le revenu, Contribution sociale généralisée : quelles réformes ? – Rapport particulier « Le cadre juridique de réformes de l'IR et de la CSG »*, Conseil des prélèvements obligatoires, 2015, p.8. ; Cette décision a « *clarifié la distinction entre prélèvements proportionnels et progressifs* », PELLET (R.), « Les assurances sociales sont-elles solubles dans la fiscalité ? Mise en perspective historique de la décision Cons. constit. n° 2014-698 DC, 6 août 2014 », *Journal de droit de la santé et de l'assurance maladie*, n° 1, p.22.; La décision « *est cependant tout à fait conforme à la jurisprudence antérieure du Conseil constitutionnel* » et elle a « *le mérite de rappeler que, dans un État de droit, les pouvoirs publics ne peuvent prendre des mesures certes positives socialement mais qui ne respecteraient point les règles et principes relevant de la norme suprême* », PISSALOUX (J.-L.), « Le Conseil constitutionnel et les finances sociales. Commentaire de la décision n° 2014-698 DC du 6 août 2014 relative à la loi de financement rectificative de la sécurité sociale pour 2014 », *Gestion et finances publiques*, 2015 (n° 1-2), p.108.

[676]« *les frontières qui séparent les différentes catégories et les régimes juridiques qui leur sont associés* », COLLET (M.), « Le Conseil constitutionnel et la distinction des impôts et des cotisations sociales », *Droit fiscal*, n°40, 2014, p.8.

[677] BADEL (M.), « Le Conseil constitutionnel arbitre économique et politique : l'exemple de la loi de financement rectificative de la sécurité sociale pour 2014 », *op.cit.*, p.85.

[678] BARTHELEMY (J.), « Loi de financement rectificative de la sécurité sociale pour 2014 : le Conseil constitutionnel et la réduction des cotisations sociales des bas salaires », *Droit social*, 2014 (n° 10), p.868.

[679] PISSALOUX (J.-L.), « Le Conseil constitutionnel et les finances sociales. Commentaire de la décision n° 2014-698 DC du 6 août 2014 relative à la loi de financement rectificative de la sécurité sociale pour 2014 », *Gestion et finances publiques*, 2015 (n° 1-2), p.107.

dès lors que le principe d'égalité n'était pas respecté. La décision du Conseil constitutionnel, bien que politiquement contrariante, s'inscrit juridiquement dans la logique du raisonnement tenu par le Conseil constitutionnel. La notion de cotisation sociale est ainsi toujours distincte de celle des impositions de toutes natures mais « *conserve son ambiguïté au sein de l'ensemble des ressources publiques* » [680], d'autant plus que les cotisations sociales ne sont pas exclusives dans le financement de la Sécurité sociale.

§2. LES COTISATIONS SOCIALES, UN FINANCEMENT NON EXCLUSIF

106. Le développement historique de la législation sociale explique « *la répartition des cotisations entre l'employeur, le travailleur et l'État* » [681]. Cette dualité juridique existante entre les cotisations patronales et les cotisations salariales a été maintenue, dès lors les cotisations sociales constituent une obligation partagée entre les employeurs et les salariés (**A**). Ces modalités de financement ont été maintenues malgré le développement des politiques d'exonération et l'émergence de moyens nouveaux (**B**), autres que le recours aux impositions de toutes natures.

A. Une obligation partagée

107. Les cotisations sociales, une obligation de cotiser. La notion de cotisations sociales repose sur l'idée que pour bénéficier de la protection d'un régime, il faut pour cela cotiser. L'obligation de cotiser demeure indissociable de la désignation des catégories de personnes qui y sont soumises et cette obligation ne prend la plénitude de son sens qu'une fois fixées, aussi, les conditions d'appartenance à cette catégorie [682]. Initialement le produit des cotisations servait à financer les allocations familiales et non les retraites. Avec le vieillissement de la population [683], la tendance s'est inversée, dès lors les cotisations sociales

---

[680] PRÉTOT (X.), « La Sécurité sociale et les finances publiques », *RFFP*, n° 51, 1995, p.135.

[681] NETTER (F.), *La Sécurité sociale et ses principes* [1959], *op.cit.*, p.254.

[682] LABROT (X. F.), *La répartition des compétences entre loi et règlement en matière de sécurité sociale*, Thèse, Aix-en-Provence, 1994, p.117.

[683] TAURAN (T.), « La sécurité sociale dans la pensée de Paul Durand : entre solidarité et modernité », *RDSS*, 2015, p.535.

ne représentent qu'une partie des charges sociales pesant sur l'entreprise, *qu'un des éléments* [684]. Toutefois, l'augmentation des cotisations sociales est limitée puisqu'« *à trop alourdir la contribution demandée aux entreprises on risque de porter atteinte à leur compétitivité internationale pour le plus grand dommage des travailleurs eux-mêmes. En outre, ces cotisations mises à la charge des entreprises sont sources de distorsions économiques dans la mesure où elles pèsent plus lourdement sur les entreprises de main-d'œuvre que sur les autres* » [685]. Les cotisations patronales se répercutent directement sur la compétitivité. Des exonérations sont alors mises en place afin de favoriser l'emploi et limiter cet impact négatif sur la compétitivité.

108. Le partage entre cotisations patronales et salariales. L'existence de la dualité entre cotisations patronales et salariales est la norme dans la plupart des pays de l'OCDE [686]. Cette distinction n'est cependant pas toujours retenue, puisque la Russie « *a supprimé toute cotisation salariale* » [687] depuis 1920. Financée pendant longtemps par un système de taxe sociale unique, elle dispose désormais d'un système de sécurité sociale à part entière subordonnée à l'existence de Caisse de Sécurité sociale. Dans la plupart des pays de l'OCDE, certains prélèvements sont à la fois à la charge du salarié et à la charge de l'employeur. En France, cela concerne les cotisations de Sécurité sociale, les cotisations de retraite complémentaire obligatoire, les cotisations d'assurance chômage, et les cotisations destinées au financement de l'Association Pour l'Emploi des Cadres (APEC). Certaines cotisations sont cependant uniquement à la charge de l'employeur, comme les cotisations d'allocations familiales, les cotisations d'accidents du travail, le forfait social et le versement transport, la contribution solidarité autonomie et la cotisation au régime de garantie des salaires (cotisation AGS). Si la dualité est la norme, la répartition des cotisations sociales entre les cotisations salariales et les cotisations patronales relève du choix des États.

---

684 PRÉTOT (X.), « La notion de cotisation de Sécurité sociale », *Droit social*, 1993, p.516.

685 GAUDEMET (P.-M.), « La fiscalisation des prélèvements sociaux », *Revue internationale de droit comparé*, 1986, Vol. 38, N° 2, p.709.

686 WANECQ (T.), « Les cotisations sociales, un enjeu économique et financier complexe », *Droit social*, 2009, p.349.

687 JAMBU-MERLIN (R.), *La Sécurité sociale*, Paris, Armand Colin, Coll. U, 1970, p.80.

109. Une dualité économiquement illusoire. Pour Éric HEYER, cette distinction entre cotisations salariales et patronales n'est qu'administrative et n'a que peu de justification économique. Il propose alors « *de faire disparaître cette distinction, en fusionnant les cotisations patronales avec les cotisations salariales, hors chômage et accidents du travail, tout en garantissant le revenu du salarié : cela ne modifierait pas le degré de taxation total des revenus du travail (coin socialo-fiscal) mais rendrait le modèle de financement plus transparent, plus lisible, plus incitatif et permettrait d'éviter les confusions entre coût du travail, cotisations sociales et niveau des salaires* » [688]. Cette conception est partagée au sein des économistes puisque Jacques BICHOT considère également que la distinction traditionnelle entre cotisations salariales et patronales ne correspond à aucune réalité économique dans la mesure où « *la part salariale n'est pas spécialement à la charge des employés, ni la part patronale spécialement à la charge des employeurs* » [689]. Cette distinction ne permet de déterminer qui supporte la charge de la cotisation, dès lors elle n'a plus lieu d'être et devient purement illusoire [690] car elle n'a pas de sens à moyen terme [691]. La distinction apparaît alors comme stérile[692]. Pour rejeter cette distinction, les économistes se fondent sur la théorie de l'incidence fiscale [693]. L'incidence fiscale se compose de deux principes : d'une part, celui qui paye légalement l'impôt n'est pas celui qui le supporte effectivement et d'autre part, la cotisation est payée par le côté le plus inélastique, par celui qui ne peut transférer la charge. La notion d'incidence suppose le déplacement volontaire de la charge fiscale. La Direction de la Sécurité sociale reconnaît d'ailleurs l'existence de cette théorie de l'incidence fiscale puisqu'elle affirme dans sa note du 23 février 2006 qu'« *en distinguant les cotisations patronales et salariales,*

---

[688] HEYER (E.), « Fiscalité des entreprises en France. Un état des lieux et quatre propositions », *Revue de l'OFCE*, 2015/3, n° 139, p.117.

[689] BICHOT (J.), « Protection sociale : clarifier les idées avant de réformer », *Droit social*, n° 12, 1988, p.842.

[690] SALIN (P.), « Contre l'impôt. Ou de quelques raisons de diminuer la fiscalité », *Pouvoirs*, 2014/4, n° 151, p.50.

[691] STERDYNIAK (H.), TOUZE (V.), « Compte rendu de la conférence de consensus sur la fiscalité des ménages et des entreprises du 20 mai 2014. », *Revue de l'OFCE*, 3/2015 (N° 139), p.22.

[692] BICHOT (J.), « Protection sociale : clarifier les idées avant de réformer », *op.cit.*, p.842.

[693] JEANJEAN (P.), « Incidence des cotisations sociales dans une économie en croissance », *Revue économique*, Volume 28, n° 5, 1977. pp.765-792 ; DURAND (P.), *La politique contemporaine de Sécurité sociale* [1953], Paris, Dalloz, 2005, p.291 et s.

cette analyse ne pose pas la question de l'incidence fiscale des prélèvements » [694]. Par conséquent, cette dualité qui caractérise, depuis plus d'un siècle, les assurances sociales [695] est toutefois à relativiser puisqu'« *en matière d'incidence, il n'a jamais été vrai que les cotisations "employeur" étaient à la charge des entreprises et que les cotisations "salarié" étaient à la charge des salariés, au moins lorsqu'on n'est pas au voisinage du SMIC* » [696]. Les cotisations sociales, qu'elles soient patronales ou salariales, sont prélevées à la source et calculées sur la base du salaire brut. Une telle distinction tient ses fondements et son origine dans l'histoire de la Sécurité sociale. Il apparaît « normal » que les salariés participent au financement de la Sécurité sociale puisqu'ils retirent le bénéfice de la Sécurité sociale et que « *le versement d'une cotisation permet de reconnaître aux assurés un droit aux prestations de sécurité sociale* » [697] qui est fondé sur le versement de cotisations obligatoires [698]. La participation de l'employeur se justifie également par le fait qu'ils retirent un profit du travail d'autrui et « *doivent donc participer à la garantie des moyens d'existence que donne la sécurité sociale* » [699]. La Sécurité sociale constitue une rémunération indirecte ou un complément du salaire [700], et elle doit alors être à la charge de l'employeur. Jacques LE CACHEUX expose une seconde raison venant justifier cette distinction : la négociation du salaire puisque la détermination du salaire net du salarié dépend des cotisations patronales mais surtout salariales. Il nuance cependant cette justification en considérant qu'elle n'a des effets qu'à court terme puisqu'à plus long terme elle perd tout son sens [701]. Les cotisations sociales, qu'elles soient patronales ou salariales, se présentent alors « *comme une part du salaire dont les assurés ne bénéficient pas*

694 Note DSS, « L'évolution du financement de la sécurité sociale », 23 février 2006, p.8.
695 DUPEYROUX (J.-J.), « Libres propos sur les cotisations », *Droit social*, 1993, n° 6, p.509.
696 PISANI-FERRY (J.), « Séance de clôture », *Droits et Débats*, Intervention lors du colloque organisé par le Conseil d'État le 27 juin 2014 « Impôt et cotisation : quel financement pour la protection sociale ? », p.143.
697 DURAND (P.), *La politique contemporaine de Sécurité sociale* [1953], *op.cit.*, p.281.
698 NETTER (F.), *La Sécurité sociale et ses principes* [1959], *op.cit.*, p.250.
699 DURAND (P.), *La politique contemporaine de Sécurité sociale* [1953], *op.cit.*, p.281.
700 NETTER (F.), *La Sécurité sociale et ses principes* [1959], *op.cit.*, p.251.
701 Le CACHEUX (J.), *Débat public : Les Français et l'impôt*, Paris, La documentation française, Paris, 2008, p.73.

directement, mais qui est destinée à leur garantir des revenus de remplacement dans les périodes d'inactivité forcée » [702].

110. Une opposition juridique. La détermination quant à savoir qui supporte la charge financière du système « *n'intéresse que l'ordre juridique* » [703], car elle permet d'engager la responsabilité de la personne supportant juridiquement la charge en cas de défaut de paiement. Toutefois cela reste à nuancer dans la mesure où les employeurs interviennent à double titre au niveau des cotisations. Ils subissent les cotisations patronales, mais ils s'occupent également du prélèvement des cotisations salariales qui sont prélevées directement à la source. Leur responsabilité pénale est alors susceptible d'être engagée dans le recouvrement de ces cotisations salariales en vertu de l'article L.244-6 du Code de la sécurité sociale. La distinction juridique entre cotisations salariales et patronales est donc raisonnée car elle permet d'identifier les différentes cotisations et d'impliquer le salarié et l'employeur dans le financement de la Sécurité sociale, mais elle ne permet pas d'identifier la personne en supportant réellement le poids. La mise à la charge intégrale de l'employeur de la cotisation des allocations familiales constitue « *un des principes fondamentaux de la sécurité sociale* » [704]. Le Conseil constitutionnel, amené à se prononcer sur la modification du taux de la cotisation, a affirmé que les dispositions en cause « *ne touchent pas au principe selon lequel celle-ci est intégralement à la charge de l'employeur* » [705]. Le partage de l'obligation de cotiser entre employeurs et salariés est compris au nombre des principes fondamentaux de la Sécurité sociale au sens de l'article 34 de la Constitution [706]. Cette dualité entre cotisations patronales et salariales est donc constitutionnellement garantie. Les cotisations de la branche maladie et de la branche assurance

---

[702] EUZÉBY (A.), « Les cotisations sociales en France : problèmes et perspectives », *Droit social*, n° 12, 1987, p.868.

[703] DURAND (P.), *La politique contemporaine de Sécurité sociale* [1953], Paris, Dalloz, 2005, p.291.

[704] Cons. Const., Décision n° 60-10 L du 20 décembre 1960, *Nature juridique de l'article 10 de l'ordonnance n° 58-1374 du 30 décembre 1958 portant loi de finances pour 1959 et de l'article 3 de l'ordonnance n° 59-246 du 4 février 1959 portant loi de finances rectificative pour 1959*, JO du 31 décembre 1960, p.12111, Recueil p.39, Considérant n° 4.

[705] *Ibid.*

[706] *Ibid*, Considérant n° 2 ; Cons. Const., Décision n° 84-136 L du 28 février 1984, *Nature juridique des dispositions de l'article L 426-1 du code de l'aviation civile tel qu'il résulte de la loi n° 72-1090 du 8 décembre 1972*, JO du 2 mars 1984, p.764, Recueil p.111, Considérant n° 3.

vieillesse sont partagées entre l'employeur et le salarié, tandis que les cotisations pour les prestations familiales et les accidents du travail sont exclusivement à la charge de l'employeur. Le Code de la sécurité sociale détermine les personnes supportant la charge financière, dès lors ce partage se retrouve d'une part dans les articles L.241-2 et L.241-3 du Code de la sécurité sociale, d'autre part dans les articles L.241-5 et L.241-6 du même Code. À titre d'exemple, l'article L.241-8 du CSS dispose que « *la contribution de l'employeur reste exclusivement à sa charge, toute convention contraire étant nulle de plein droit* ». Ce partage est d'ailleurs rappelé dans l'avis de M. BENMAKHLOUF à l'occasion de quatre arrêts de la Cour de cassation [707]. Le Conseil constitutionnel distingue également les cotisations patronales et salariales [708]. Rémi PELLET considère d'ailleurs qu'« *en traitant différemment les cotisations patronales et les cotisations salariales, la décision du 6 août 2014 respecte donc bien la cohérence du système juridique de la Sécurité sociale : au lieu de brouiller la frontière qui sépare ces deux catégories de charges, le juge l'a clarifiée* » [709]. La répartition des charges n'est alors que la mise en œuvre d'un moyen qui n'a qu'une importance très relative en face du but à atteindre [710].

111. Une opposition appliquée par d'autres pays. La distinction entre les cotisations salariales et patronales n'est toutefois pas le propre de la France. La Norvège distingue également les cotisations salariales et patronales [711]. Le taux des cotisations salariales en Norvège est de 8,2%. Les cotisations salariales disposent d'un double plafond puisqu'elles ne sont pas dues en dessous d'un certain seuil (environ 50 000 NOK) et elles

---

[707] Cass., Ass. Plén., n° 509 du 6 février 2004, n° 01-21.435, Bull. 2004, APN, n°3, p.7 ; Cass., Ass. Plén., n° 510 du 6 février 2004, n° 03-30.070, Bull. 2004, APN, n°3, p.7 ; Cass., Ass. Plén., n° 511 du 6 février 2004, n° 03-30.086, Bull. 2004, APN, n°3, p.7 ; Cass., Ass. Plén., n° 511 du 6 février 2004, n° 03-30.305, Bull. 2004, APN, n°3, p.7.

[708] Cons. Const., Décision n° 2014-698 DC du 6 août 2014, *Loi de financement rectificative de la sécurité sociale pour 2014*, JO du 9 août 2014, p.13358.

[709] PELLET (R.), « Les assurances sociales sont-elles solubles dans la fiscalité ? Mise en perspective historique de la décision Cons. constit. n° 2014-698 DC, 6 août 2014 », *Journal de droit de la santé et de l'assurance maladie*, n° 1, 2014, p.24.

[710] BRUXELLES (A.), *Nature juridique et caractères des cotisations d'assurances sociales dans la législation française*, Thèse, Grenoble, Ed. BOSC Frères, M. et L. RIOU, 1932, p.109.

[711] « *The National Insurance Scheme is partly financed by social security contributions, both from employers and the insured, and partly by taxes. Contributions from employees and self-employed persons are calculated on the basis of gross income from employment.* », European Commission, *Your social security rights in Norway*, 2013, p.6.

ne doivent pas représenter plus de 25% du revenu lorsque celui-ci excède un certain seuil (environ 40 000 NOK) [712]. Le taux des cotisations patronales varie selon le district, même si le taux plein est de 14,1%. Par exemple, dans les districts du Nord où les implantations d'entreprises sont difficiles, le taux est de 0%. Ces applications régionales différenciées sont d'ailleurs considérées comme étant des aides d'État [713]. Concernant les travailleurs indépendants, leur taux est de 11,4%. La Norvège a pour particularité de recouvrir en même temps l'impôt sur le revenu et les cotisations sociales. Les cotisations sociales sont intégrées à l'impôt sur le revenu lors de la déclaration et du recouvrement. Elles sont payées à l'administration fiscale qui les reverse ensuite à la sécurité sociale.

112. Une volonté affirmée de diminution des prélèvements sociaux. L'OCDE dispose d'ailleurs dans son rapport sur « Les réformes structurelles : impact sur la croissance et options pour l'avenir » que « *ces réformes passent par une diminution du "coin fiscal salarial", c'est-à-dire des coûts de main-d'œuvre prélevés sous forme d'impôts et de cotisations sociales* » [714], puisque ces deux types de prélèvements prélevés sur le travail sont parmi les plus importants de l'OCDE. Si la volonté de diminuer les prélèvements obligatoires concerne autant les cotisations salariales que patronales, le Pacte de solidarité et de responsabilité s'est inscrit dans cette logique de diminution et prévoit une diminution progressive des cotisations sociales employeurs sur les bas salaires.

113. Une utilisation remise en cause. Les cotisations sociales françaises représentent désormais un peu moins des deux tiers du financement de la Sécurité sociale et peuvent être des cotisations sociales

---

[712] « *Contributions from employees and self-employed persons are calculated on the basis of pensionable income. Contributions on pensionable income are not paid on income less than NOK 49 650. The contributions shall not exceed 25 per cent of income exceeding this threshold amount.* », in Norwegian Ministry of Labour and Social Affairs, *The Norwegian Social Insurance Scheme*, 2015, p.5.

[713] « *the scheme of regionally differentiated social security contributions in Norway involved State aid within the meaning of Article 61 of the Agreement on the European Economic Area* », Judgment of the Court of 20 May 1999 in Case E-6/98, *Government of Norway v. EFTA Surveillance Authority* (Action for annulment of a decision of the EFTA Surveillance Authority - State aid - General measures - Effect on trade - Aid schemes), Official Journal C 223, 05/08/1999 p.0007.

[714] OCDE, *Les réformes structurelles en France : impact sur la croissance et options pour l'avenir*, 2014, p.1.

effectives, prises en charge par l'État ou prises en charge par la Sécurité sociale. Pour Jean-Jacques DUPEYROUX, les cotisations engendrent « *le malaise, voire la suspicion* » [715] qui est, selon lui, causée par la remise en question de l'équité des cotisations sociales, de leur aptitude à mettre en œuvre une authentique solidarité [716]. Selon l'annexe 4 du PLFSS 2016, les cotisations sociales sont « *des versements qui, pour l'assuré, donnent droit à des prestations sociales, lors de la réalisation d'un risque couvert par la protection sociale* » [717]. Anne-Claire DUFOUR considère d'ailleurs que « *le premier mérite de l'annexe 4 jointe au PLFSS réside dans la définition qu'elle donne des neuf catégories de recettes servant à financer les régimes ou organismes de sécurité sociale* » [718]. Il permet également de constater que les cotisations sociales ne constituent pas l'unique financement de la Sécurité sociale et de mesurer le développement des politiques d'exonérations et l'émergence de moyens nouveaux.

B. Le développement des politiques d'exonérations et l'émergence de moyens nouveaux

114. Les modalités de financement de la Sécurité sociale se sont diversifiées, les cotisations sociales ont été maintenues malgré le développement des politiques d'exonérations et d'allégements des cotisations (**1**) et l'émergence de moyens nouveaux (**2**) comme les dépenses de transferts et les contributions publiques.

1. Le développement des politiques d'exonérations et d'allègements des cotisations

115. Une mise en place progressive. Depuis le début des années 1990, l'État augmente le recours à l'impôt dans le financement de la Sécurité sociale mais il développe également des mesures d'exonération générale de cotisations sociales, ciblées en particulier sur les bas salaires. Si des mesures d'exonérations de cotisations sociales ont été mises en

---

715 DUPEYROUX (J.-J.), « Libres propos sur les cotisations », *Droit social*, 1993, n° 6, p.509.

716 *Ibid.*

717 Annexe 4, *Comptes détaillés des régimes et des organismes concourant à leur financement*, PLFSS 2015 , p.6.

718 DUFOUR (A.-C.), *Les pouvoirs du Parlement sur les finances de la sécurité sociale – Étude des lois de financement de la Sécurité sociale*, *op.cit.*, p.141.

place dès 1979 [719], la première politique d'exonération de cotisations sociales sur les bas salaires date de 1993. La loi du 27 juillet 1993 [720] instaure une exonération des cotisations patronales d'allocations familiales pour les salaires jusqu'à 1,1 SMIC et une réduction de moitié pour ceux compris entre 1,1 et 1,2 SMIC [721]. Cependant, le rythme de création des mesures d'exonérations a « *progressivement accéléré à partir de 1987 : 4 nouveaux dispositifs cette année-là, 5 entre 1989 et 1994, 13 entre 1995 et 1999, 8 entre 2000 et 2004, 19 entre 2005 et 2007* » [722]. Les mesures d'exonérations prises dans le cadre des « allégements Fillon » et instaurées par la loi du 17 janvier 2003 [723] regroupaient plusieurs dispositifs qui permettaient ainsi de mettre en place un dispositif de réduction générale des cotisations patronales de Sécurité sociale. L'État est également intervenu *via* les paniers fiscaux de 2006 et 2007 en compensant les allégements généraux de cotisations sociales par le biais d'une affectation de neuf recettes fiscales aux régimes concernés. Cette affectation est prévue par l'article 56 de la loi de finances pour 2006 [724].

---

[719] La loi n° 79-13 du 3 janvier 1979 (JORF du 4 janvier 1979, p.24) prévoit une exonération de cotisations sociales pour les apprentis occupés par les employeurs inscrits au répertoire des métiers et les employeurs inscrits au registre du commerce qui occupent moins de 11 salariés. Cette mesure a été codifiée à l'article L.118-6 du Code du travail. Cette mesure d'exonération a été complétée par l'article 18 de la loi n° 87-572 du 23 juillet 1987 (JORF du 24 juillet 1987, p.8258) qui prévoit que les employeurs non visés par cet article du Code du travail sont également exonérés des « *cotisations des assurances sociales, des accidents du travail et des allocations familiales due par l'employeur au titre des salaires versés aux apprentis* ». L'article 143 de la loi de finances pour 2007 (Loi n° 2006-1666 du 21 décembre 2006 de finances pour 2007, JORF n° 299 du 27 décembre 2006, p.19641) revient partiellement sur cette situation puisque la cotisation accidents du travail – maladies professionnelles n'est plus exonérée pour les contrats conclus après le 1er janvier 2007.

[720] Loi n° 93-953 du 27 juillet 1993 relative au développement de l'emploi et de l'apprentissage, JORF n° 172 du 28 juillet 1993, p.10601.

[721] GOURNAC (A.), Rapport n° 500, tendant à alléger les charges sur les bas salaires, Sénat, 17 juin 1998.

[722] Annexe 5, *Recettes et dépenses des régimes par catégories et par branche*, PLFSS 2015, p.20.

[723] Loi n° 2003-47 du 17 janvier 2003 relative aux salaires, au temps de travail et au développement de l'emploi, JORF du 18 janvier 2003, p.1080.

[724] Loi n° 2005-1719 du 30 décembre 2005 de finances pour 2006, JORF n° 304 du 31 décembre 2005, p.20597

116. Le CICE et le Pacte de responsabilité. Deux dispositifs coexistent dans le but de réduire le niveau global du coût du travail [725]. Il s'agit du crédit d'impôt pour la compétitivité et l'emploi (CICE), et du Pacte de responsabilité. L'article 66 de la loi de finances rectificative pour 2012 [726] a créé le CICE qui « *peut en effet être considéré, au plan de ses effets, comme une alternative à l'augmentation du point de sortie des allègements généraux, équivalent à un allègement non dégressif de cotisations* » [727]. Le CICE se traduit par une réduction de l'impôt sur les sociétés ou de l'impôt sur le revenu égale à 4% en 2013 [728], à 6% depuis 2014 des rémunérations versées, plafonnées à 2,5 fois le SMIC. L'assiette du CICE est celle servant au calcul des cotisations patronales de sécurité sociale. Si le CICE ne participe pas directement au financement de la protection sociale car il touche l'impôt sur les sociétés et l'impôt sur le revenu, il s'analyse sur le plan économique comme une réduction du coût du travail pour les employeurs, comme un allégement de leurs charges. L'article 2 de la loi du 8 août 2014 [729] met en œuvre le pacte de responsabilité. Gérard BAPT, rapporteur sur le projet de loi de financement rectificative de la Sécurité sociale pour 2014, considère d'ailleurs que *cet article constitue le cœur du dispositif du pacte de responsabilité, celui de la réduction du coût du travail sur les bas salaires et de l'abaissement des cotisations d'allocations familiales des travailleurs indépendants* [730]. Cette mesure prévoit l'amplification des allégements généraux de cotisations patronales actuels pour les salaires inférieurs à 1,6 SMIC, doublée d'une réduction linéaire de 1,8 point des cotisations d'allocations familiales pour la même fourchette de rémunérations, pour les employeurs ainsi que la réduction forfaitaire de 3,1 points des cotisations personnelles d'allocations familiales des travailleurs indépendants jusqu'à 3 SMIC, puis d'une réduction dégressive de ces mêmes cotisations jusqu'à

---

[725] LEHMANN (E.), L'HORTY (Y.), « Renforcer la progressivité des prélèvements sociaux », *Revue française d'économie*, 2014/1, Volume XXIX, p.25.

[726] Loi n° 2012-1510 du 29 décembre 2012 de finances rectificative pour 2012, JORF n° 0304 du 30 décembre 2012, p.20920.

[727] Annexe 5, *Recettes et dépenses des régimes par catégories et par branche*, PLFSS 2015, p.20.

[728] Haut Conseil du financement de la protection sociale, *Point d'étape sur les évolutions du financement de la protection sociale*, Mars 2014, p.76.

[729] Loi n° 2014-892 du 8 août 2014 de financement rectificative de la sécurité sociale pour 2014, JORF n° 0183 du 9 août 2014, p.13344.

[730] BAPT (G.), *Rapport n° 2061 sur le projet de loi de financement rectificative de la sécurité sociale pour 2014*, 25 juin 2014, Assemblée Nationale, p.71.

3,8 SMIC [731]. La logique de cet allégement est de créer un « zéro cotisation URSSAF » qui prendra la forme d'une exonération complète, au niveau du SMIC, de l'ensemble des cotisations patronales de sécurité sociale recouvrées par les URSSAF, ce qui conduira à exonérer 1,4 Md€ de cotisations supplémentaires [732]. Ces exonérations de cotisations sociales constituent les « niches sociales ». Les exonérations générales de cotisations employeurs, le CICE et le Pacte de responsabilité poursuivent des objectifs voisins [733], puisqu'ils visent à promouvoir l'emploi et la compétitivité. Le dossier de presse du Gouvernement du 11 septembre 2017 relatif au Plan d'action pour l'investissement et la croissante énonce la transformation à venir du CICE puisque le CICE sera dès lors supprimé pour les salaires versés à compter de 2019 et remplacé par un allègement des cotisations patronales [734]. Le taux du CICE sera ainsi ramené de 7 à 6% pour les salaires versés en 2018 avant sa suppression en 2019. Quant à l'allégement de cotisations patronales, il prendrait la forme d'une baisse de 6 points sur les salaires inférieurs à 2,5 SMIC complétée par un allégement renforcé de 4,1 points au niveau du SMIC (dégressif jusqu'à 1,6 SMIC). Ces mesures d'exonérations de cotisations sociales, qu'elles soient compensées ou non, sont globalement à la hausse depuis 1992 même si elles ont diminué entre 2010 et 2013 [735].

117. Une fiscalisation indirecte. L'annexe 5 du PLFSS pour 2015 intitulée « Présentation des mesures d'exonérations de cotisations et contributions et de leur compensation » retrace d'ailleurs les différents dispositifs dérogatoires. Cette annexe présente « *les détails sur chaque disposition d'exonération, de réduction ou d'abattement de cotisations sociales financées par l'affectation de ressources fiscales* » [736]. Anne-Claire DUFOUR affirme qu'il s'agit ici d'une fiscalisation des compensations d'exonérations sociales car la compensation de ces exonérations se fait moins par des dotations budgétaires que par des

---

[731] *Ibid.*

[732] Annexe 5, *Recettes et dépenses des régimes par catégories et par branche*, PLFSS 2015, p.20.

[733] LEHMANN (E.), L'HORTY (Y.), « Renforcer la progressivité des prélèvements sociaux », *Revue française d'économie*, 2014/1, Volume XXIX, p.42.

[734] Dossier de presse du 11 septembre 2017, *Plan d'action pour l'investissement et la croissance*, Déplacement du Premer ministre à Niort le 11 septembre 2017.

[735] Haut Conseil du financement de la protection sociale, *Point d'étape sur les évolutions du financement de la protection sociale*, Mars 2014, p.63.

[736] DUFOUR (A.-C.), *Les pouvoirs du Parlement sur les finances de la sécurité sociale – Étude des lois de financement de la Sécurité sociale*, *op.cit.*, p.146.

impôts et taxes affectés directement ou partagés avec les régimes et organismes de sécurité sociale [737]. Cependant, afin que ces mesures soient efficaces, les exonérations ne doivent pas uniquement compenser la hausse du SMIC brut. Ces exonérations entraînent l'émergence de moyens nouveaux. L'augmentation des mesures d'exonérations de cotisations sociales se traduit logiquement par une augmentation des contributions publiques dans le financement de la Sécurité sociale car les mesures d'exonération des cotisations sociales sont prises en charge par l'État.

2. *L'émergence de moyens nouveaux*

118. Le financement de la Sécurité sociale se fait par le biais des prélèvements obligatoires parmi lesquels se trouvent les cotisations sociales et les impositions de toutes natures, mais ces prélèvements ne sont pas exhaustifs puisque les dépenses de transferts se développent (**a**) et les contributions publiques se maintiennent (**b**).

a. Le développement des dépenses de transferts en demi-teinte

119. Une faible part des recettes. Les régimes de Sécurité sociale reçoivent des transferts en vertu de l'article 2 de la loi du 24 décembre 1974 [738], modifié par l'article 7 de la loi du 21 août 2003 [739]. Ils constituent une des sources de financement de la Sécurité sociale. Les compensations financières illustrent « *la pseudo-logique de la liaison cotisations-prestations* » [740]. Parmi ces transferts, il est possible de recenser des transferts de l'État, des transferts d'autres régimes de Sécurité sociale, et des transferts d'autres organismes de sécurité sociale.

---

[737] *Ibid.*

[738] Loi n° 74-1094 du 24 décembre 1974 relative à la protection sociale commune à tous les français et instituant une compensation entre régimes de base de sécurité sociale obligatoires, JORF du 26 décembre 1974, p.13020.

[739] Loi n° 2003-775 du 21 août 2003 portant réforme des retraites, JORF n° 193 du 22 août 2003, p.14310.

[740] BICHOT (J.), EPARVIER (N.), « Les retraites à la lumière de la compensation démographique », *Droit social*, 1986, pp.345-353 ; Cité également par PELLET (R.), « Les assurances sociales sont-elles solubles dans la fiscalité ? Mise en perspective historique de la décision Cons. constit. n° 2014-698 DC, 6 août 2014 », *Journal de droit de la santé et de l'assurance maladie*, n° 1, 2014, p.18.

Ces transferts représentent 6,3% des recettes du régime général en 2012. Ils ne représentent qu'une part très faible des recettes [741].

120. Des mesures de compensations inter-régimes. Les transferts entre régimes de Sécurité sociale sont une compensation inter-régime et ils se composent d'un « *ensemble de mécanismes de redistribution financière entre régimes obligatoires de sécurité sociale* » [742], de mécanismes de compensation démographique ou de prise en charge des déficits de certains régimes spéciaux. Certains régimes sont alors contributeurs et d'autres bénéficiaires de ces transferts qui visent à neutraliser, partiellement, ou totalement, des déséquilibres financiers dus à une situation démographique mauvaise, relativement à celle d'autres régimes [743]. Le Conseil constitutionnel reconnaît la faculté pour le législateur d'instituer des mesures de compensation entre les régimes [744] car il considère que « *les transferts critiqués de recettes fiscales et de charges, qui sont définis avec une précision suffisante, n'entravent pas, eu égard à leur montant, le fonctionnement des régimes et organismes concernés au point de les empêcher d'exercer leurs missions ou de mettre en œuvre les politiques nécessaires au respect des exigences découlant des dixième et onzième alinéas du Préambule de la Constitution de 1946* » [745]. Les transferts de ressources et de charges entre les branches de la Sécurité sociale ne doivent cependant pas compromettre manifestement la réalisation de leurs objectifs, et remettre « *ainsi en cause tant l'existence des branches que les exigences constitutionnelles qui s'attachent à l'exercice de leurs missions* » [746]. De plus, le surcroît de

---

[741] ORSONI (G.), *Science et législation financières*, Paris, Economica, Coll. Corpus, 2005, p.657.

[742] Rapport législatif, PLFSS pour 2013, Sénat, Avis n° 104, 2012, p.80.

[743] LENORMAND (F.), « Étendue et diversité des finances sociales », in PHILIP (L.) (dir.), *Finances sociales : unité ou diversité*, Paris, Economica, Coll. Finances publiques, 1995, p.16.

[744] PRÉTOT (X.), « La notion de cotisation de Sécurité sociale », *Droit social*, 1993, p.523.

[745] Cons. Const., Décision n° 2001-453 DC du 18 décembre 2001, *Loi de financement de la Sécurité sociale pour 2002*, JO du 26 décembre 2001, p.20582, Recueil p.164, Considérant n° 21.

[746] Cons. Const., Décision n° 2002-463 DC du 12 décembre 2002, *Loi de financement de la Sécurité sociale pour 2003*, JO du 24 décembre 2002, p.21500, Recueil p.540, Considérant n° 27.

complexité [747] des mécanismes de transferts de dépenses et de recettes au sein même des branches de la Sécurité sociale n'est pas de nature à rendre ces mécanismes contraires à la Constitution.

121. Quatre types de mécanismes initiaux. Initialement quatre types de mécanismes étaient mis en place : des compensations bilatérales et une compensation généralisée (supprimée par la LFSS pour 2011[748]) pour le risque maladie, ainsi qu'une compensation généralisée et une compensation spécifique (suppression prévue pour les exercices postérieurs au 1er janvier 2012 par l'article 9 de la loi du 21 août 2003) pour le risque vieillesse. Les compensations bilatérales et la compensation généralisée pour le risque vieillesse sont maintenues. Les transferts entre régimes sont de deux natures puisque soit le régime général prend en charge les déficits de certains régimes spéciaux, soit les transferts entre régimes sont déterminés en fonction des effectifs de cotisants et de bénéficiaires. Les compensations bilatérales sont des transferts entre le régime général et quatre régimes spéciaux (SNCF, CANSSM, RATP et CRPCEN) pour les prestations d'assurance maladie-maternité afin de déterminer ce que serait l'équilibre de ces régimes spéciaux s'ils avaient les mêmes taux de cotisations et de remboursement des prestations. La compensation généralisée vieillesse, appelé aussi « compensation démographique vieillesse » est appliquée lorsque le rapport démographique est défavorable, lorsque l'ajustement des taux de cotisations ou l'ajustement du montant des prestations versées ne suffit pas à rétablir l'équilibre du régime. Elle est calculée en déterminant la « *situation des différents régimes si on leur appliquait les caractéristiques d'un régime fictif qui servirait une prestation dite de référence et qui recevrait une cotisation moyenne par actif lui permettant de s'équilibrer* » [749]. Ces transferts aident à maintenir le niveau de leurs prestations même si l'existence de transferts entre régimes complexifie la compréhension des financements et interdit de les affecter clairement à tel ou tel risque [750].

---

[747] Cons. Const., Décision n° 2000-437 DC, 19 décembre 2000, *Loi de financement de la Sécurité sociale pour 2001*, JO du 24 décembre 2000, p.20576, Recueil p.190, Considérant n° 4.

[748] Loi n° 2010-1594 du 20 décembre 2010 de financement de la sécurité sociale pour 2011, JORF n° 0295 du 21 décembre 2010, p.22409.

[749] Cour des Comptes, *Les comptes de la Sécurité sociale – Résultats 2013*, Prévisions 2014 et 2015, Rapport 2014, p.10.

[750] VOLOVITCH (P.), « Le financement public de la protection sociale : un financement minoritaire qui progresse », *Solidarité Santé*, 1995, n° 4, p.76.

122. Des compensations inhérentes aux LFSS. La loi de financement de la Sécurité sociale pour 2014 [751] a modifié la répartition des impôts et taxes aux différents régimes de protection sociale. L'article 17 de cette loi organise de nouveaux transferts entre les branches et les régies [752]. L'annexe 6 du Projet de loi de financement de la Sécurité sociale intitulée « Évolution des périmètres d'intervention entre la Sécurité sociale, l'État et les autres administrations publiques » retrace les réaffectations de recettes entre l'État et la Sécurité sociale ainsi qu'au sein de la Sécurité sociale entre ses différentes branches et caisses [753]. Le développement des mesures de transferts apparaît en demi-teinte du fait des nombreuses suppressions ayant eu lieu depuis leur mise en place en 1974, et de leur tendance à la baisse ces dernières années puisqu'elles sont passées de 31 milliards d'euros en 2009, représentant 7% des ressources de la Sécurité sociale à 21,4 milliards d'euros en 2015 représentant 4,6% des ressources. Ces transferts ne sont donc toutefois pas à négliger dans l'étude du financement de la Sécurité sociale, et il en va de même des contributions publiques.

b. Le maintien des contributions publiques dans le financement social

123. Une conséquence nécessaire. L'appel à des contributions publiques pour assurer le financement de la Sécurité sociale apparaît comme une conséquence de la politique d'exonérations et d'allégements des cotisations sociales. L'annexe au projet de loi de finances « Bilan des relations financières entre l'État et la protection sociale » recense les contributions publiques dans le financement social. L'équilibre de ces relations financières est retracé dans l'état semestriel. En vertu de l'article LO.111-10-1 du Code de la sécurité sociale, « *avant la fin des mois de janvier et de juillet de chaque année, le Gouvernement transmet au Parlement un état semestriel des sommes restant dues par l'État aux régimes obligatoires de base* ». L'état semestriel permet d'évaluer le respect du principe de neutralité en trésorerie de la compensation des mesures décidées par l'État, principe énoncé à l'article L.139-2 du Code

---

[751] Loi n° 2013-1203 du 23 décembre 2013 de financement de la sécurité sociale pour 2014, JORF n° 0298 du 24 décembre 2013, p.21034.

[752] Haut Conseil du financement de la protection sociale, *Point d'étape sur les évolutions du financement de la protection sociale*, Mars 2014, p.76.

[753] Annexe 6, *Évolution des périmètres d'intervention entre la Sécurité sociale, l'État et les autres administrations publiques*, PLFSS 2015, p.7.

de la sécurité sociale [754]. Cet état semestriel se retrouve dans l'annexe 6 du projet de loi de financement de la Sécurité sociale « Évolution des périmètres d'intervention entre la Sécurité sociale, l'État et les autres administrations publiques ». Les contributions publiques renforcent depuis longtemps la solidarité dans la Sécurité sociale qui est « *un moyen de maintenir la paix sociale en contribuant à l'établissement d'une justice sociale* » [755].

124. Une fiscalisation indirecte. Antérieurement, l'État pouvait être amené à verser une contribution pour financer une majoration des prestations ou octroyer des subventions venant compléter l'insuffisance du montant des cotisations. Les ressources de l'assurance sociale étaient « *fournies par une contribution, inscrite chaque année au budget général de l'État* » [756]. L'État a également consenti à des avances qui permettent de combler un déficit et qui seraient ensuite remboursées sur les excédents à venir. Cela a notamment été employé par la loi du 16 juillet 1949 [757] qui a créé le budget annexe des prestations familiales agricoles. L'État a ensuite mis en place le budget annexe des prestations sociales agricoles par l'article 58 de la loi de finances pour 1960 [758]. Dans cette loi, l'État a incorporé de véritables recettes publiques [759] au BAPSA [760]. Ces transferts sociaux sont à l'époque perçus comme « *un moyen temporaire de corriger les inégalités* » [761]. Cette affectation de recettes publiques est

---

[754] Alinéa 1, Article L.139-2 du CSS : « *Les relations financières entre l'État et les organismes concourant au financement des régimes obligatoires de base, d'une part, l'État et ces régimes, d'autre part, les organismes concourant à leur financement et les régimes obligatoires de base, enfin, sont régies par des conventions qui garantissent en particulier la neutralité des flux financiers pour la trésorerie des régimes obligatoires de base* ».

[755] NETTER (F.), *La Sécurité sociale et ses principes* [1959], *op.cit.*, p.253.

[756] DURAND (P.), *La politique contemporaine de Sécurité sociale* [1953], *op.cit.*, p.285.

[757] Loi n° 49-946 du 16 juillet 1949 portant création d'un budget annexe des prestations familiales agricoles et fixation de ce budget pour l'exercice 1949, JORF du 17 juillet 1949, p.6944.

[758] Loi n° 59-1454 du 26 décembre 1959 portant loi de finances pour 1960, JORF du 27 décembre 1959, p.12363.

[759] DURAND (P.), *La politique contemporaine de Sécurité sociale* [1953], *op.cit.*, p.285.

[760] Voir en ce sens, MAZEROLLES (A.), « Le problème du financement des prestations familiales agricoles », *Revue de Science et Législation financières*, 1949, pp.46-56 et « Le budget annexe des prestations familiales agricoles », *Revue de Science et Législation financières*, 1949, pp.447-457.

[761] MOREAU (P.), « Transferts sociaux et mutualité agricole », *Économie rurale*, n° 77, 1968, p.77.

d'ailleurs considérée par Benjamin FERRAS comme la première étape de la fiscalisation car elles sont bien antérieures à la création de la CSG [762]. Le droit de plaidoirie, institué en 1921, a par ailleurs été affecté par la loi du 12 janvier 1948 au financement d'une pension de retraite [763]. D'une manière générale, la participation de l'État est justifiée par l'insuffisance des ressources que peuvent procurer les cotisations [764]. Si le recours aux contributions publiques a fortement diminué en 2006, il n'a plus varié et se maintient depuis lors [765]. La diminution des contributions publiques à partir de 2006 peut d'ailleurs être mise en corrélation avec la mise en place des paniers fiscaux de 2006-2007.

125. Une utilisation encadrée. L'article L.131-7 du Code de la sécurité sociale, issu de l'article 5 de la loi du 25 juillet 1994 [766], dispose que « *toute mesure de réduction ou d'exonération de cotisations de sécurité sociale, instituée à compter de la date d'entrée en vigueur de la loi n° 94-637 du 25 juillet 1994 relative à la sécurité sociale, donne lieu à compensation intégrale aux régimes concernés par le budget de l'État pendant toute la durée de son application* ». Cette politique de compensation des mesures de réductions et d'exonérations est renforcée par l'article 1er de la LOLFSS qui affirme que « *seules des lois de financement peuvent créer ou modifier des mesures de réduction ou d'exonération de cotisations de sécurité sociale non compensées aux régimes obligatoires de base* ». Cette disposition est reprise au IV de l'article LO.111-3 du Code de la sécurité sociale. Le Conseil constitutionnel considère d'ailleurs que « *les III et IV de l'article LO. 111-3 complètent la liste des dispositions qui ne peuvent être approuvées que dans le cadre des lois de financement ; qu'en particulier, comme il a été dit, le IV leur réserve la possibilité de créer ou modifier, sans*

---

762 FERRAS (B.), « Cotisations sociales, impôts et démocratie », in BOUVIER (M.) (dir.), *Réforme des finances publiques, Démocratie et bonne gouvernance*, Paris, LGDJ, 2004, p.268.

763 Alinéa 1, article 3 de la loi n° 48-50 du 12 janvier 1948 relative aux droits de plaidoirie des avocats : « *Le montant desdites allocations est versé à une caisse privée, dite caisse nationale des barreaux français, dotée de la personnalité civile, à laquelle seront obligatoirement affiliés tous les avocats, tant inscrits au tableau que stagiaires, des barreaux du territoire métropolitain.* »

764 NETTER (F.), *La Sécurité sociale et ses principes* [1959], *op.cit.*, p.252.

765 Haut Conseil du financement de la protection sociale, *Point d'étape sur les évolutions du financement de la protection sociale*, Mars 2014, p.46.

766 Loi n° 94-637 du 25 juillet 1994 relative à la sécurité sociale, JORF n° 172 du 27 juillet 1994, p.10815.

compensation, des mesures de réduction, d'abattement ou d'exonération relatives à des cotisations ou à des contributions affectées à la sécurité sociale ; que l'habilitation qu'il tient de la Constitution autorise le législateur organique à placer ces mesures dans le domaine exclusif des lois de financement » [767]. L'annexe 6 du Projet de loi de financement de la Sécurité sociale « Évolution des périmètres d'intervention entre la Sécurité sociale, l'État et les autres administrations publiques » retrace également les recettes fiscales ayant été directement affectées à la compensation des allègements généraux, à la compensation des heures supplémentaires et à la compensation de la déduction forfaitaire de 0,75 centime sur les cotisations patronales acquittées par les particuliers employeurs [768]. Le financement de la Sécurité sociale reste majoritairement assuré par les cotisations sociales [769] malgré l'émergence de moyens nouveaux et l'augmentation croissante des impositions de toutes natures.

SECTION 2 : UNE FISCALISATION INCOHÉRENTE

126. Le recours à l'impôt et aux contributions publiques s'explique par la politique d'allégement des charges sociales menée en France qui a amené la compensation de la perte de recettes découlant de ces mesures d'exonération [770], dès lors « *le prélèvement n'est pas une fin en soi. L'impôt ne vaut que par les missions qui lui sont assignées* » [771]. Ces missions sont principalement de deux ordres : financiers et sociaux. Roland DE VILLEPIN considère à ce titre que « *l'évolution de la fiscalité a été relativement conforme à un objectif de stabilité de la pression fiscale. Son évolution autour de cette tendance a été largement le fait des évolutions économiques spontanées, et non le fruit d'une volonté d'accroître son rendement, à l'inverse des cotisations sociales dont les*

---

[767] Cons. Const., Décision 2005-519 DC du 29 juillet 2005, *Loi organique relative aux lois de financement de la Sécurité sociale*, JO du 3 août 2005, p.12661, Recueil p.129, Considérant n° 10.

[768] Annexe 6, *Évolution des périmètres d'intervention entre la Sécurité sociale, l'État et les autres administrations publiques*, PLFSS 2015, p.31.

[769] BOUMEDIENE (M.), *La place de la loi et du contrat dans la garantie du droit à la protection sociale de 1945 à nos jours*, Paris, Publibook, Coll. Droit et Sciences politiques, 2003, t.1, p.349.

[770] WANECQ (T.), « Les cotisations sociales, un enjeu économique et financier complexe », *Droit social*, 2009, n° 3, p.349.

[771] AGLAE (M.-J.), « De l'impôt et ses limites », *RFFP*, n° 120, 2012, p.40.

taux ont été sensiblement relevés » [772]. Ces propos peuvent être nuancés par l'augmentation du recours à la fiscalité affectée. Le caractère financier de l'impôt consiste dans la couverture des dépenses publiques, il s'agit de sa fonction traditionnelle [773] mise en avant par Gaston JÈZE. L'impôt sert à la couverture des charges publiques, indépendamment de leur caractère social, dès lors la fonction financière de l'impôt est renforcée lorsqu'il finance les dépenses de Sécurité sociale. Le caractère social de l'impôt est en réalité ancien puisque le « droit des pauvres » constituait déjà une affectation d'un impôt dans un but social. En effet, le droit des pauvres, mis en place au XVIIe siècle, est une « *contribution levée sur le public au profit des pauvres, dans les théâtres et autres lieux de plaisir* » [774] dont le produit est affecté premièrement à l'hôpital Saint-Julien, puis en faveur de l'Hôtel Dieu [775], ensuite en faveur des « *indigents qui ne sont pas dans les hospices* » [776]. Il n'est depuis pas rare de constater que lors de la création ou du développement d'un régime de sécurité sociale, les pouvoirs publics instituent de nouveaux impôts pour financer leur contribution [777]. Ces impôts se justifient alors selon Francis NETTER « *par des liens plus ou moins étroits entre les bénéficiaires de la législation sociale et les assujettis à l'impôt* » [778], dès lors la législation sociale devient responsable de la création des impôts les plus variés [779] comme avec la loi du 30 juin 1956 sur le Fonds National de Solidarité [780]. Deux critères semblent toutefois s'imposer dans la qualification des impôts et taxes affectées (ITAF) : leur caractère d'impositions de toutes natures au

---

[772] De VILLEPIN (R.), « Vingt ans de finances publiques », *Économie et statistique*, n° 139, 1981, pp.68-69.

[773] ORSONI (G.), *L'interventionnisme fiscal*, Paris, PUF, 1995, p.I.

[774] NIELLY, *Droit des pauvres*, in SAY (L.), *Dictionnaire des finances* – t.I. A. - D., Paris, Berger-Levrault, 1889, p.1550.

[775] « *les lettres patentes de Charles VI, du 24 avril 1407, accordant aux ménétriers de Saint- Julien de « demander et cueillir l'aumône Saint-Julien aux noces où ils seront loués, et par dons accoutumés » ; l'arrêt du Parlement du 27 janvier 1541, autorisant les Confrères de la Passion à représenter leurs mystères de 1 heure à 5 heures de l'après-midi et réclamant, pour cette faveur, 1 000 livres tournois « à bailler aux pauvres* », in FOSSEYEUX (M.), *L'Hôtel-Dieu de Paris au XVIIe au XVIIIe siècle*, Paris, Berger-Levrault, 1912, p.118.

[776] Article 2 de la Loi du 7 frimaire an V (27 novembre 1796) : « *Le produit de la recette sera employé à secourir les indigents qui ne sont pas dans les hospices* ».

[777] NETTER (F.), *La Sécurité sociale et ses principes* [1959], *op.cit.*, p.281.

[778] *Ibid.*

[779] *Ibid.*

[780] Loi n° 56-639 du 30 juin 1956 portant institution d'un fonds national de solidarité, JORF du 1 juillet 1956, p.6070.

sens de l'article 34 de la Constitution et leur affectation en dehors du budget de l'État. Cette fiscalité affectée, bien que désordonnée [781], permet la réaffirmation du caractère financier et social de l'impôt (**Paragraphe premier**) ainsi que le développement du caractère économique de l'impôt (**Paragraphe second**).

§1. La réaffirmation du caractère financier de l'impôt à travers sa dimension sociale

127. Le sens classique de la fiscalisation suppose soit la création d'impôts nouveaux affectés à la Sécurité sociale, soit l'affectation d'impôts existants aux institutions de Sécurité sociale. L'État peut ainsi assurer « *le fonctionnement financier de la Sécurité sociale par les ressources du budget général, ou il utilise des impôts spéciaux, qu'il affecte aux institutions de sécurité sociale* » [782]. La diversité des financements engendrée par l'augmentation du recours à la fiscalité dans la Sécurité sociale nuit à la bonne compréhension des schémas financiers (**A**), même si la CSG et la CRDS mettent en lumière la dimension sociale de l'impôt (**B**).

A. Une diversité des financements nuisant à la bonne compréhension des schémas financiers : l'expression d'une « pathologie budgétaire » [783]

128. La nature de la fiscalité affectée. L'utilisation de la fiscalité affectée *via* les impôts et taxes affectées est certes de plus en plus employée, mais cette technique n'en demeure pas moins critiquable puisque cette notion de taxe affectée ne fait l'objet d'aucune définition juridique [784], ni dans la Constitution, ni dans la LOLF ou la LOLFSS, ni dans le Code général des impôts ou dans celui de la Sécurité sociale. Seul le Conseil des prélèvements obligatoires donne une définition « positive » des taxes affectées en estimant que ces dernières doivent respecter quatre

[781] DUFOUR (A.-C.), *Les pouvoirs du Parlement sur les finances de la sécurité sociale – Étude des lois de financement de la Sécurité sociale*, *op.cit.*, p.143 et s.

[782] DURAND (P.), *La politique contemporaine de Sécurité sociale* [1953], *op.cit.*, p.286.

[783] BERGERES (M.-C.), « Les impositions affectées ou le développement d'une catégorie sui generis », *LPA*, 05-03-2002, n° 46, p.4-15.

[784] Conseil des prélèvements obligatoires, *La fiscalité affectée. Constats, enjeux et réformes*, Paris, La documentation française, Juillet 2013, p.21.

critères. Selon le premier critère, « *elle est soit une imposition de toutes natures, c'est-à-dire un prélèvement obligatoire qui n'ouvre droit ni à une contrepartie équivalente, ni à des prestations sociales ; soit, de manière plus marginale, une contribution rendue obligatoire par un acte législatif ou réglementaire* ». Selon les autres critères, « *elle est affectée à une entité, dotée ou non de la personnalité morale, et non au budget général de l'État ; elle finance une mission d'intérêt général ; sa suppression ou son remplacement par une dotation budgétaire sont possibles constitutionnellement* » [785] . L'affectation d'une recette n'est pas synonyme d'adéquation entre la nature de la recette et celle de la dépense, et cela n'a rien de surprenant [786] contrairement à ce qu'affirme Amicie MAUCOUR-ISABELLE. Le recours à l'affectation de ressources fiscales permet ainsi de financer des dépenses d'intérêt général qui n'auraient pas nécessairement pu l'être par le biais de cotisations sociales. Les impôts et taxes affectés se distinguent des cotisations sociales, même si selon certains « *les cotisations de sécurité sociale apparaissent ainsi comme l'un des éléments de ce que l'on a pu appeler une "parafiscalité". Ils constituent des impôts affectés ou impôts à destination spéciale* » [787]. Si l'avenir du financement de la protection sociale passe par une identité clairement affirmée de la spécificité de ce financement, c'est-à-dire par un renforcement des cotisations par rapport à l'impôt [788], l'augmentation du recours à l'impôt semble avoir remis en cause les principes essentiels du plan de 1945. Avec le recours à la fiscalité affectée, la cotisation peut en effet perdre le caractère de ressources particulières affectées au financement d'un système de prestations [789]. Tel est le cas des prestations non contributives financées par l'impôt. La diversification des recettes de la Sécurité sociale apparaît toutefois comme « *un atout pour résister à une conjoncture difficile et mobiliser l'ensemble des citoyens* » [790].

---

[785] *Ibid*, p.38.

[786] « *Il est surprenant que le juge constitutionnel ait écarté, dans sa décision n° 99-422 DC, le grief soulevé par les requérants d'une « affectation contre nature » des recettes à certaines dépenses. Par cette jurisprudence, le juge admet de manière implicite que la régularité de l'affectation d'un impôt n'est pas conditionnée par l'adéquation de la nature de la recette avec celle de la dépense.* » MAUCOUR-ISABELLE (A.), *La rénovation des pouvoirs budgétaires du Parlement sous la Ve République*, Paris, Dalloz, 2005, p.89.

[787] DURAND (P.), *La politique contemporaine de Sécurité sociale* [1953], *op.cit.*, p.290.

[788] LIBAULT (D.), « Le financement de la sécurité sociale après la contribution sociale généralisée », *Droit social*, 1992, p.116.

[789] NETTER (F.), *La Sécurité sociale et ses principes* [1959], *op.cit.*, p.196.

[790] DUFOUR (A.-C.), « Les nouvelles ressources à l'étude pour équilibrer les comptes sociaux en France », *Revue française d'administration publique*, 2012, n° 144, p.1070.

129. L'affectation au domaine social. La fiscalité affectée ne doit pas être réduite à ce seul aspect même s'il est une caractéristique du financement de la Sécurité sociale. L'idée de recourir à la fiscalisation du financement de la Sécurité sociale est relativement ancienne puisqu'elle est déjà présente dans le rapport MABIT « Évolution des prestations sociales et financement de la sécurité sociale » de 1963 [791]. La promotion [792] de cette idée a ensuite été reprise par de nombreux auteurs. Xavier PRÉTOT qualifie ainsi la fiscalisation comme étant « *l'affectation de ressources tirées de l'impôt au financement des prestations* » [793]. Jean-Luc ALBERT nuance toutefois ce recours à l'impôt dans le financement de la Sécurité sociale en considérant que ces prélèvements sont « *assimilés à des "impositions de toutes natures" au sens de l'article 34 de la Constitution mais affectés au domaine social* » [794]. Rémi PELLET considère que si le financement de la Sécurité sociale peut être fiscalisé, dans le sens où des recettes d'impôt peuvent s'ajouter ou se substituer à des cotisations sociales, cela doit se faire sous une « *double réserve que ces recettes fiscales soient affectées à une caisse de sécurité sociale ayant le caractère de l'établissement public et que leur recouvrement par des personnes morales de droit privé ait lieu sous le contrôle de l'État* » [795]. Cependant, la seule limite du recours à l'affectation est qu'elle doit viser l'exercice d'une mission de service public ou la poursuite d'un intérêt général [796]. Néanmoins, une partie des impôts et taxes affectées se retrouve dans ce domaine, et notamment à l'article L.131-8 du Code de la sécurité sociale. Ce dernier prévoit en effet l'affectation entière du produit de la taxe sur les salaires pour 53,5% à la Branche Vieillesse et veuvage, pour 18% à la branche Famille et pour 28,5% au Fonds de solidarité

---

[791] Rapport présenté, au nom du Conseil économique et social par M. Charles MABIT, *Évolution des prestations sociales et financement de la sécurité sociale*, 1963, n° 18, JORF, pp.671-705.

[792] NIZET (J.-Y.), « Contribution sociale généralisée : renouveau d'une taxation proportionnelle du revenu ? », *RFFP*, n° 51, 1995, p.98.

[793] PRÉTOT (X.), « Le financement de la Sécurité sociale – Réflexions sur la légitimité des prélèvements publics », *RFFP*, n° 88, 2004, p.52.

[794] ALBERT (J.-L.), « Quelques réflexions sur la « mort » de la parafiscalité », in COHEN-JONATHAN (G.), GAUDEMET (Y.), HERTZOG (R.), *Mélanges Paul Amselek*, Paris, Bruylant, 2005, p.13.

[795] PELLET (R.), « Les juridictions et la notion de ''ressources et charges publiques'' sociales », Actes du colloque de l'Université de Versailles, 29 janv. 1999, *Revue juridique des Barreaux*, juillet-septembre 1999, pp.27-69.

[796] PHILIP (L.), « Impositions de toutes natures, redevances, cotisations sociales et prélèvements obligatoires », in *Mélanges Paul Amselek*, Bruxelles, Bruylant, 2005, p.683.

vieillesse. Si cet article n'en recense qu'une partie, l'annexe 6 du projet de loi de financement de la Sécurité sociale en recense beaucoup plus. Loïc PHILIP considère par ailleurs que la multiplication des affectations d'impositions a annihilé l'effort fait par le Conseil constitutionnel « *d'apporter plus de clarté et de cohérence dans la définition et le régime de l'impôt, ainsi que ceux des autres prélèvements obligatoires, en donnant une plus large portée à la notion d'impositions de toutes natures* » [797] . Les impôts et taxes affectées représentent ainsi une nébuleuse dont il n'est pas aisé de recenser tous les composants.

130. Une nébuleuse complexe. Les impôts et taxes affectées peuvent être classés de plusieurs manières. L'annexe 6 du PLFSS retient une classification par nature en distinguant la fiscalité « comportementale », de la CSG et de la CRDS.

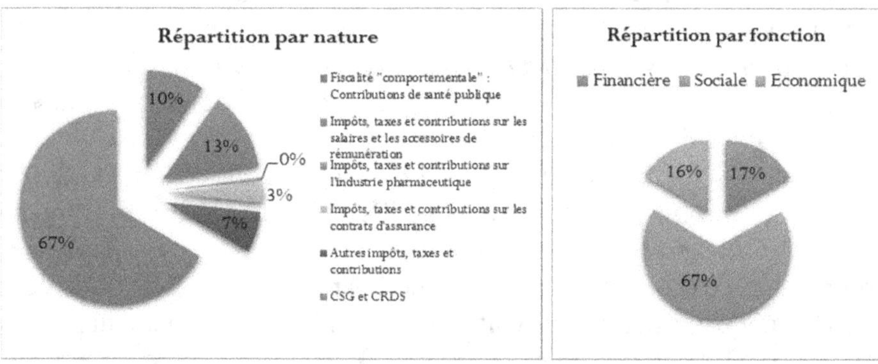

Source : Aurélie Dort. Construit à partir de l'annexe 6 du PLFSS 2016, "Relations financières entre la Sécurité sociale et les autres administrations publiques"

Cependant cette liste d'impôts et taxes affectées met en évidence les trois fonctions du recours à l'impôt : une fonction financière dont le seul intérêt est d'amasser des ressources supplémentaires par le biais fiscal pour la Sécurité sociale, une fonction économique dont l'objectif est d'influencer le comportement économique des contribuables à travers leur pouvoir d'achat, et une fonction sociale à travers la CSG et la CRDS et leur aspect redistributif (même s'il a été démontré que celui-ci restait « faible »). Le poids de la CSG dans le financement de la Sécurité sociale est donc non négligeable tant sur l'aspect financier que sur l'aspect fonctionnel de l'impôt. La fonction sociale de l'impôt se retrouve lorsque celui-ci est

[797] *Ibid*, p.679.

perçu comme un moyen de redistribution des richesses, de correction des inégalités en vue d'atteindre une plus grande justice sociale. Néanmoins celle qui permet d'illustrer au mieux le caractère hétérogène et complexe de ces affectations est la répartition par affectation.

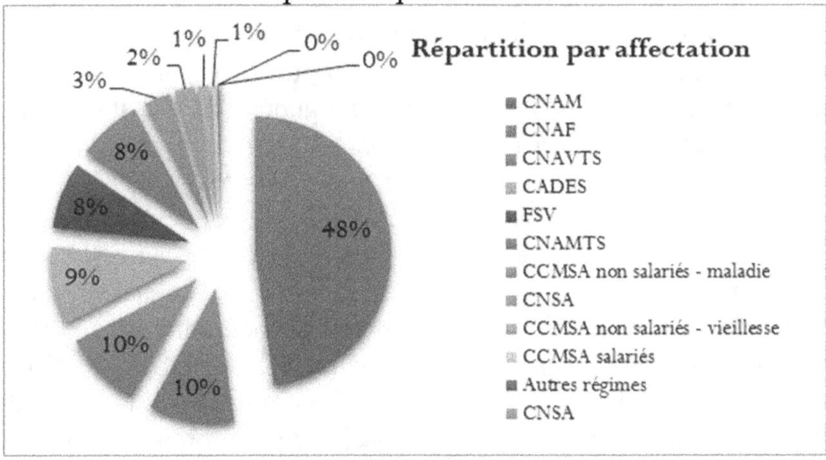

Source : Aurélie Dort, Construit à partir de l'annexe 6 du PLFSS 2016, "Relations financières entre la Sécurité sociale et les autres administrations publiques"[798]

La caisse nationale d'assurance maladie est celle qui perçoit le plus d'impôts et taxes affectés. La branche maladie, la branche famille et la branche vieillesse ont les plus fortes dépenses, dès lors elles reçoivent le plus d'impôts et taxes affectés puisqu'une part avoisinant 71,8% de la CSG est affectée au régime général. La CSG et la CRDS permettent ainsi la réaffirmation du critère social de l'impôt. Leur aspect redistributif est certes limité par leur absence de taux progressif, mais ces deux contributions permettent néanmoins d'atteindre une plus grande justice fiscale car elles ont vocation à s'appliquer au plus grand nombre *via* un taux « faible » et une assiette large. L'élargissement de leur assiette [799] permet d'améliorer le caractère équitable [800] de ces prélèvements puisqu'elle est alors « *moins pénalisante économiquement* » [801] et n'est plus limitée aux seuls revenus d'activités.

---

[798] Afin d'améliorer la lisibilité du graphique, les données ont été classées par ordre d'importance dans la légende.
[799] MATT (J.-L.), *La sécurité sociale : organisation et financement*, Paris, LGDJ, Coll. Systèmes. Finances publiques, 2001, p.114.
[800] FERRAS (B.), MATT (J.-L.), « La question du financement », *op.cit.*, p.132.
[801] MATT (J.-L.), *La sécurité sociale : organisation et financement*, *op.cit.*, p.119.

B. La mise en lumière de la dimension sociale de l'impôt : la CSG et la CRDS

131. La CSG et la CRDS doivent être traitées à part dans le chaos de la fiscalité affectée puisqu'elles se distinguent des autres taxes affectées aux organismes de sécurité sociale qui pourraient sans difficulté être remplacées par des subventions du budget général de l'État et traduisent « *le choix politique, historique et financier explicite de modifier le mode de financement original de la protection sociale tout en préservant son autonomie* » [802]. La fiscalisation des ressources de la Sécurité sociale, bien qu'incohérente et chaotique, s'est trouvée renforcée par la CSG, symbole de la fiscalisation de la sécurité sociale [803]. L'impôt intervient dans une idée de justice sociale [804]. Pendant longtemps incertaine, la qualification juridique de la CSG, et par extension celle de la CRDS, font désormais l'objet d'une qualification juridique duale reconnue (**1**). Si la nature de ces prélèvements a pendant longtemps suscité de nombreux écrits, la CSG apparaît aujourd'hui comme un modèle à suivre alors que l'impôt sur le revenu tend à s'essouffler. Se pose alors la question de la fusion de ces deux impôts (**2**).

1. La double qualification de la CSG et de la CRDS

132. Une qualification source de discordances internes. La contribution sociale généralisée a été mise en place par la loi n° 90-1168 du 29 décembre 1990 [805] « *pour diversifier les sources de financement de la Sécurité sociale* » [806]. Initialement neutre, elle avait pour but de changer l'assiette du financement social [807]. Il est désormais incontestable que la création de la CSG a marqué un tournant fondamental [808]. Sa qualification juridique a été plus « difficile » à déterminer du fait de ses particularités.

---

[802] Conseil des prélèvements obligatoires, *La fiscalité affectée. Constats, enjeux et réformes*, Paris, La documentation française, Juillet 2013, p.31.

[803] MATT (J.-L.), *La sécurité sociale : organisation et financement*, *op.cit.*, p.130.

[804] ORSONI (G.), *L'interventionnisme fiscal*, *op.cit.*, p.28.

[805] Loi n° 90-1168 du 29 décembre 1990 de finances pour 1991, JORF n° 303 du 30 décembre 1990, p.16367.

[806] BIENVENU (J.-J.), LAMBERT (T.), *Droit fiscal*, Paris, PUF, 4e éd., 2010, p.345.

[807] DAMAREY (S.), *Finances publiques*, Paris, Lextenso, Coll. Manuels, 2e éd., 2008, p.143.

[808] DAMON (J.), FERRAS (B.), *La Sécurité sociale*, Paris, PUF, Coll. Que-sais-je ?, 2015, p.26.

En effet, l'instauration de la CSG, mais aussi de la CRDS, n'a pas contribué à la simplification des notions et des catégories en droit fiscal [809]. Le Conseil constitutionnel l'a tout d'abord qualifiée d'impositions de toutes natures au sens de l'article 34 de la Constitution dans sa décision n° 90-285 DC du 28 décembre 1990 [810]. Jean-Jacques BIENVENU et Thierry LAMBERT considèrent que ce rattachement a été fait « *par voie d'affirmation dénuée de toute précision notamment sur son rattachement éventuel à la qualification de taxe fiscale* » [811]. La CJCE a retenu une logique différente qui reste à nuancer car elle ne s'est pas prononcée sur la nature juridique de la CSG mais uniquement sur son régime applicable puisqu'elle n'interprète pas les dispositions de l'article L.136-1 du CSS comme octroyant à la CSG la nature d'une cotisation sociale [812]. Elle considère en effet dans l'affaire n° 169/98 du 15 février 2000, *Commission des communautés européennes contre France* [813] que la CSG relève du règlement CEE n° 1408/71 du Conseil, du 14 juin 1971, relatif à l'application des régimes de Sécurité sociale aux travailleurs salariés, aux travailleurs non-salariés et aux membres de leur famille qui se déplacent à l'intérieur de la Communauté. L'assujettissement des travailleurs frontaliers à la CSG et à la CRDS apparaît contraire à la coordination des systèmes nationaux de Sécurité sociale ainsi qu'au principe d'égalité de traitement [814]. Si la CJUE retient le critère de l'affiliation à un régime obligatoire de Sécurité sociale comme condition d'assujettissement à la CSG et à la CRDS, les critères retenus par le Conseil constitutionnel doivent être nuancés en la matière [815]. Le Conseil

[809] BERGERÈS (M.-C.), « La CSG, la CRDS, le droit communautaire et les conventions de lutte contre les doubles impositions », *Droit fiscal*, 2008, n° 22, Comm.349, pp.23-27 ; *JCP S*, n° 24, 10 Juin 2008, p.1339.

[810] Cons. Const., Décision n° 90-285 DC du 28 décembre 1990, *Loi de finances pour 1991*, JO du 30 décembre 1990, p.16609, Recueil, p.95 ; *AJDA* 1991, p.475, obs. X. Prétot ; *Droit social*, 1991, p.338, note X. Prétot. .

[811] BIENVENU (J.-J.), LAMBERT (T.), *Droit fiscal*, Paris, PUF, 4e éd., 2010, p.30.

[812] BOUTAYEB (C.), « Note sous Cour de cassation, Chambre sociale, 31 mai 2012, n° 11-10.762 », *RDSS*, 2012, p.956.

[813] CJCE, 15 février 2000, aff. C.-169/98, *Commission c. France*, Recueil CJCE, p.I-1049 ; D. 2000, p.72 ; *Droit social*, 2000, p.529, note X. Prétot ; VERKINDT (P.-Y.), *RDSS*, 2000, p.389.

[814] BIENVENU (J.-J.), LAMBERT (T.), *Droit fiscal*, Paris, PUF, 4e éd., 2010, p.345.

[815] « *le critère retenu par la Cour de justice des Communautés européennes, fondé en définitive sur l'affectation du produit du prélèvement au financement de la Sécurité sociale, ne s'avérerait-il pas néanmoins plus opérationnel que le critère du lien entre obligation au paiement et droit aux prestations dont use le Conseil constitutionnel ? Le critère conduit, en effet, à réunir en une même catégorie l'ensemble des prélèvements qui*

constitutionnel retient en effet « *l'existence d'un cadre conventionnel qui préside aux règles régissant la cotisation* » [816] . Après le Conseil constitutionnel et la Cour de justice, le Conseil d'État et la Cour de cassation se sont également prononcés sur la nature de la CSG. Dans l'arrêt *André c. URSSAF* du 18 octobre 2001 [817], la Cour de cassation considère la CSG comme une cotisation sociale. Le Conseil d'État rejoint ensuite la solution du Conseil constitutionnel en qualifiant à son tour la CSG d'impositions de toutes natures dans l'arrêt du 7 janvier 2004, *Martin* [818]. La CJUE se prononce à nouveau sur le régime de la CSG dans l'arrêt *José Perez Naranjo c. Caisse régionale d'assurance maladie (CRAM) Nord-Picardie* [819] où elle constate qu'elle présente certaines similitudes avec les cotisations du régime général de sécurité sociale, notamment en ce qui concerne son assiette et son mode de recouvrement, et qu'elle est affectée spécifiquement et directement au financement de la sécurité sociale en France. Elle dispose ensuite que « *la partie de la contribution sociale généralisée assise sur les revenus d'activité et les revenus de remplacement* [doit] *être considérée comme une cotisation plutôt que comme un financement venant des ressources publiques* ». En l'espèce, la Cour devait se prononcer sur le caractère contributif ou non de l'allocation supplémentaire du Fonds national de solidarité. Consciente des confusions que cette décision peut entraîner, elle éclaircit sa jurisprudence dans l'arrêt *Philippe Derouin c. URSSAF de Paris - Région Parisienne* [820]. Elle a « *en effet considéré que ne saurait être retenue la thèse selon laquelle la CSG et la CRDS, en ce qu'elles seraient en réalité qualifiées d'impôts, échapperaient au champ d'application dudit règlement. Elle a ajouté que la circonstance qu'un prélèvement soit*

---

n'ont d'autre objet que de pourvoir au financement de la Sécurité sociale, que celle-ci s'inscrive dans la logique traditionnelle de la solidarité socio-professionnelle et des droits contributifs, ou qu'elle réponde, plus largement, aux exigences de la solidarité nationale », PRÉTOT (X.), « La Cour de justice des Communautés européennes, le travailleur frontalier et la contribution sociale généralisée », *Droit social*, 2000, p.529.

[816] PHILIP (L.), « Impositions de toutes natures, redevances, cotisations sociales et prélèvements obligatoires », *op.cit.*, p.689.

[817] Cass., Soc., 18 octobre 2001, n°00-12.463, *André*, *Dalloz,* 2001.3173 ; *RJS* 1/2002, n°88 ; Bull. Civ. V, n°327.

[818] CE, 3e et 8e ss-sect., 7 janvier 2004, req. n° 237395, *Martin* ., BDCF, 2004, 4, p.23, concl. GLASER (E.); *Dalloz*, 2004, p.1556, obs.PRÉTOT (X.); *RJS*,4/2004, n°451 ; *Droit fiscal*, n° 42, 2004, Comm. 765, concl. GLASER (E.).

[819] CJUE, 16 janvier 2007, n° C-265/05, *José Perez Naranjo c. Caisse régionale d'assurance maladie (CRAM) Nord-Picardie.*

[820] CJUE, 3 avril 2008, Affaire n° C-103/06, *Philippe Derouin c. URSSAF de Paris - Région Parisienne.*

qualifié d'impôt par une réglementation nationale ne signifie pas que, au regard de ce règlement, ce même prélèvement ne puisse être regardé comme relevant du champ d'application de celui-ci » [821]. Elle opère donc une dissociation entre la qualification nationale retenue, et l'application de la législation sociale européenne. Elle dissocie ainsi la problématique relative à la nature d'un prélèvement de celle de sa soumission au principe d'unicité de législation sociale applicable du règlement n° 1408/71 [822]. Ce qui peut passer pour un éclaircissement est néanmoins une source de complexification car « *les États peuvent modifier par le biais de conventions fiscales contre les doubles impositions l'assiette des cotisations sociales* » [823]. La clarification quant à la qualification juridique en droit interne relative à la CSG et à la CRDS intervient plus tard avec l'arrêt n° 11-10762, *Esso c. Kalfon* du 31 mai 2012 [824] dans lequel la Cour de cassation revient partiellement sur la jurisprudence antérieure. Certains retiennent de cet arrêt la mise en exergue d'une « double qualification » de la CSG qui constitue à la fois une imposition de toutes natures au sens de l'article 34 de la Constitution et une cotisation sociale au sens du règlement CEE n° 1408/71. La Cour de cassation combine [825] alors les jurisprudences nationales avec les jurisprudences communautaires. La CSG peut alors faire l'objet d'une double qualification juridique pour une nature identique. Mathieu DISANT affirme en effet qu'il ne s'agit pas d'une double nature de la CSG, mais « *davantage de deux qualifications qui ne s'excluent pas l'une de l'autre : une cohabitation juridique en quelque sorte* ». Cette cohabitation serait possible dans la mesure où elle

---

[821] *Ibid.*

[822] BOUTAYEB (C.), « Note sous Cour de cassation, Chambre sociale, 31 mai 2012, n° 11-10.762 », *RDSS*, 2012, p.956.

[823] BERGERÈS (M.-C.), « La CSG, la CRDS, le droit communautaire et les conventions de lutte contre les doubles impositions », *Droit fiscal, 2008, n° 22*, Comm.349, pp.23-27 ; *JCP S*, n° 24, 10 Juin 2008, p.1339.

[824] Cass., Soc., 31 mai 2012, n° 11-10.762, Bull. civ. 2012, *Dalloz,* 2012.1488 ; *RJS*, 2012, pp.636-637 ; BOUTAYEB (C.), « Note sous Cour de cassation, Chambre sociale, 31 mai 2012, n° 11-10.762 », *RDSS*, 2012, p.956 ; DISANT (M.), « La nature de la CSG rentre dans l'ordre constitutionnel », *Constitutions*, 2013, p.55 ; DAUXERRE (L.), « La nature juridique de la CSG : une lueur dans l'obscurité ? », *JCP S*, 2012, n° 30, p.37-39 ; LABORDE (J.-P.), « A propos de la question de la nature juridique de la contribution sociale généralisée. Bref commentaire de l'arrêt rendu par la chambre sociale de la Cour de cassation le 31 mai 2012 « Société Esso et Société Esso raffinage c./ Kalfon et Pôle Emploi », *Politeia*, 2013, pp.47-59.

[825] SEGUIN (A.), « Nature juridique de la contribution sociale généralisée », *Dalloz Actualité*, 26 juillet 2012.

repose sur « *le présupposé minimal que les deux qualifications ne sont pas incompatibles* » [826].

133. Des problématiques similaires concernant la CRDS. La CRDS constitue une imposition affectée dès sa création mais elle n'entrait pas dans la catégorie des impositions et taxes affectées car elle était affectée à la CADES qui n'appartenait pas au champ des lois de financement [827]. Ce n'est désormais plus le cas puisque selon l'article LO.111-3 du Code de la sécurité sociale, la loi de financement de la Sécurité sociale « *approuve, pour ce même exercice, les montants correspondant aux recettes affectées aux organismes chargés de la mise en réserve de recettes au profit des régimes obligatoires de base de sécurité sociale et ceux correspondant à l'amortissement de leur dette* ». La CRDS relève donc des lois de financement de la Sécurité sociale puisqu'elle est affectée à la CADES. La CADES a été créée par l'article 2 de l'ordonnance n° 96-50 du 24 janvier 1996 [828] instituant la CRDS qui prévoit que « *la Caisse d'amortissement de la dette sociale a pour objet de pourvoir à l'apurement de la dette sociale* » [829]. La CRDS figure ainsi parmi la liste des impôts et taxes affectés de l'annexe 6 du PLFSS.

134. Une question de nature plus que de qualification. Par leur nature fiscale, ces deux prélèvements ont un « *champ d'application personnel différent* » [830] par rapport à celui des cotisations sociales. La nature juridique de la CSG et la CRDS reste donc ambiguë [831] . Pour Jean-Pierre LABORDE, cette difficulté relève plutôt de leur nature juridique que

---

[826] DISANT (M.), « La nature de la CSG rentre dans l'ordre constitutionnel », *Constitutions*, 2013, p.55.

[827] MATT (J.-L.), *La sécurité sociale : organisation et financement*, Paris, LGDJ, Coll. Systèmes. Finances publiques, 2001, p.60.

[828] Ordonnance n° 96-50 du 24 janvier 1996 relative au remboursement de la dette sociale, JORF n° 21 du 25 janvier 1996, p.1226.

[829] PRÉTOT (X.),*L'apurement de la dette et le rétablissement de l'équilibre financier de la sécurité sociale,* (ordonnances n°95-50 et 96-51 du 24 janvier 1996) », *Dalloz*, 1996, p.78.

[830] DAUGAREILH (I.), « Le paiement de la contribution sociale généralisée et de la contribution pour le remboursement de la dette sociale au regard du droit communautaire et du principe de non-discrimination - Note sous chambre sociale de la Cour de cassation, 15 juin 2000, *Jean-Pierre Bozon c/ URSSAF de Saône-et-Loire* », *RDSS*, 2000, p.871.

[831] BERGERÈS (M.-C.), « La CSG, la CRDS, le droit communautaire et les conventions de lutte contre les doubles impositions », *Droit fiscal, 2008, n° 22*, Comm.349, pp.23-27 ; *JCP S,* n° 24, 10 Juin 2008, p.1339.

de leur qualification juridique [832]. Alain EUZÉBY et Jean-Luc MATT n'hésitent pas à qualifier cette nature d'hybride [833]. Néanmoins, la CSG, bien qu'étant une imposition de toutes natures, obéit à des règles qui lui sont propres puisqu'il s'agit d'un prélèvement opéré en partie par des organismes de droit privé, affecté au financement de la protection sociale et dont le contentieux relève principalement du Tribunal des affaires sociales [834]. Elle est alors parfois qualifiée de prélèvement étrange [835]. La CSG est perçue comme une « *préfiguration d'une éventuelle fiscalisation d'ensemble du financement des prestations familiales* » [836], dès lors elle possède des caractéristiques propres.

135. Des spécificités propres. La particularité de la CSG tient dans ses affectations multiples. Cependant, elle n'est plus le seul impôt à faire désormais l'objet d'une affectation multiple puisqu'il en est de même de la TVA. La CSG fait l'objet d'une clé de répartition entre les différents régimes obligatoires de sécurité sociale que l'on retrouve à l'article L.136-8 du Code de la sécurité sociale. Par ses affectations multiples et son fort rendement, la question de la fusionner avec l'impôt sur le revenu (IR) se pose de plus en plus.

2. La fusion envisagée de l'IR et de la CSG

136. Une idée récurrente. Pour Yves SAINT-JOURS, la fiscalisation interfère plus ou moins avec les techniques budgétaires, dès lors la Sécurité sociale se trouve « *réduite à ce sujet, à un banc d'essai des*

---

[832] LABORDE (J.-P.), « A propos de la question de la nature juridique de la contribution sociale généralisée. Bref commentaire de l'arrêt rendu par la chambre sociale de la Cour de cassation le 31 mai 2012 (Société Esso et Société Esso raffinage c./ Kalfon et Pôle Emploi », *Politeia*, 2013, pp.47-59.

[833] EUZÉBY (A.), « La contribution sociale généralisée (CSG) : justifications et perspectives », *Droit social*, 1991, n° 7-8, pp.644-650 ; MATT (J.-L.), *Impôt sur le revenu, Contribution sociale généralisée : quelles réformes ? – Rapport particulier « Le cadre juridique de réformes de l'IR et de la CSG »*, Conseil des prélèvements obligatoires, 2015, p.18.

[834] PHILIP (L.), « La CSG et la notion d'impôt », *Droit fiscal*, 1991, n° 14, p.614.

[835] NIZET (J.-Y.), « Contribution sociale généralisée : renouveau d'une taxation proportionnelle du revenu ? », *RFFP*, n° 51, 1995, p.97.

[836] PRÉTOT (X.), « Le principe de la progressivité de l'impôt sur le revenu revêt-il un caractère constitutionnel ? En marge de la modification du régime de la CSG », *Droit social*, 1993, n° 9-10, p.787.

techniques budgétaires » [837] puisque si l'impôt ou la taxe s'avère productif, il est ensuite détourné au profit du budget de l'État. La CSG est le premier impôt direct acquitté par les français [838]. La question de la fusion de l'IR et de la CSG prend alors un sens nouveau. En effet, la tendance actuelle tend à baisser les cotisations sociales même si « *leur remplacement par des ressources fiscales paraît avoir atteint ses limites* » [839]. La fusion est alors perçue comme une idée récurrente car elle n'a en effet rien de nouveau. Jean-Yves NIZET abordait déjà cette possibilité en 1995 lorsqu'il développait qu'« *une autre évolution différente en la forme, mais très proche par sa philosophie, n'est cependant pas à exclure : celle d'une fusion de la CSG et de l'IR conduisant à un prélèvement sur le revenu inspiré des modèles anglais et allemand notamment qui, le premier plus encore que le second, se caractérisent par une très large plage de taxation proportionnelle* » [840]. L'idée avancée par une telle fusion est qu'elle permettrait de soumettre à l'impôt un plus grand nombre de contribuables aujourd'hui exonérés et faciliterait la mise en œuvre d'un prélèvement à la source. La fusion de l'IR et de la CSG a été reprise dans l'ouvrage de Claire LANDAIS, Thomas PIKETTY et Emmanuel SAEZ. L'objectif de leur proposition est de « *conjuguer les avantages et les qualités respectives des deux impôts en les fusionnant par intégration de la CSG dans l'impôt sur le revenu* » [841]. Ils considèrent d'ailleurs que « *la construction d'une assiette unifiée permettant d'imposer tous les revenus est un processus historique complexe et fondamental* » [842]. Dans le cadre de cette éventuelle fusion, se poserait alors la question de l'affectation des ressources à la protection sociale. Les auteurs favorables à la fusion préconisent l'attribution d'un pourcentage de recettes affecté à la protection sociale chaque année. Cette clé d'affectation se retrouverait dans la loi de financement de la Sécurité

---

[837] SAINT-JOURS (Y.), *Traité de Sécurité sociale, t.1 – Le droit de la sécurité sociale*, Paris, LGDJ, 1984, p.131.

[838] FERRAS (B.), MATT (J.-L.), « La question du financement », *op.cit.*, p.144.

[839] WANECQ (T.), « Les cotisations sociales, un enjeu économique et financier complexe », *Droit social*, 2009, p.349.

[840] NIZET (J.-Y.), « Contribution sociale généralisée : renouveau d'une taxation proportionnelle du revenu ? », *op.cit.*, p.112.

[841] GEFFROY (J.-B.), « Aux risques d'une révolution fiscale : la fusion entre la CSG et l'impôt sur le revenu », *RFFP*, n° 118, 2012, p.112.

[842] LANDAIS (C.), PIKETTY (T.), SAEZ (E.), *Pour une révolution fiscale. Un impôt sur le revenu pour le XXIe siècle*, Paris, Éditions du Seuil et La République des Idées, 2011, p.74.

sociale mais cette part serait calculée en pourcentage de la base fiscale [843]. Les détracteurs de cette fusion rétorquent qu'il serait alors facile pour l'État de supprimer l'affectation initialement prévue, d'autant plus qu'elle y perdrait sûrement en lisibilité. Se poserait alors la question de la garantie du financement de la protection sociale, de la gestion paritaire ainsi que celle de l'étatisation croissante de la protection sociale. Néanmoins, les deux questions majeures suscitées par la fusion sont celle du prélèvement à la source et celle de la progressivité du nouveau prélèvement car les reproches souvent adressés à la CSG sont en effet son caractère proportionnel qui affecte l'équité verticale et son absence de personnalisation familiale qui affecte l'équité horizontale [844]. Henry STERDYNIAK considère alors que la fusion « *donnerait plus de liberté pour restructurer les prélèvements en particulier pour les rendre plus progressifs et plus familiarisés* » [845]. Il la qualifie toutefois de dangereuse [846], que ce soit sous l'angle de la fiscalité ou de la protection sociale.

137. Le prélèvement à la source, une mise en place prudente. S'il a été démontré que la fiscalisation est antérieure à la CSG, cette dernière n'en demeure pas moins une étape importante dans ce processus dynamique que constitue la fiscalisation. La CSG est d'autant plus importante qu'elle instaure un prélèvement à la source d'un impôt ayant pour but de financer les dépenses sociales. La France maîtrise déjà la technique de la retenue à la source depuis quelques années. D'abord employé pour les cotisations ouvrières de Sécurité sociale [847], ce procédé a pris de l'ampleur avec la CSG. Sont actuellement entamées les démarches nécessaires à la mise en place du prélèvement à la source de l'impôt sur le revenu en France, « *en vue d'une application effective au*

---

843 GEFFROY (J.-B.), « Aux risques d'une révolution fiscale : la fusion entre la CSG et l'impôt sur le revenu », *op.cit.*, p.118.

844 GEFFROY (J.-B.), « Aux risques d'une révolution fiscale : la fusion entre la CSG et l'impôt sur le revenu », *op.cit.*, p.112.

845 STERDYNIAK (H.), « La redistribution est-elle encore un objectif des politiques budgétaire et sociale ? », in PELLET (R.) (dir.), *Finances publiques et redistribution sociale*, Paris, Economica, 2006, p.170.

846 STERDYNIAK (H.), « Pour préserver les ressources de la protection sociale », *Journal de Droit de la Santé et de l'Assurance maladie*, n° 1, 2015, p.29.

847 LAURÉ (M.), « Pour une démarche scientifique plus ambitieuse en matière de finances publiques », *RFFP*, n° 51, 1995, p.165.

1er janvier 2018 » [848] et ceci en vertu de l'article 76 de la loi de finances pour 2016 ainsi qu'en vertu de l'article 60 de la loi de finances pour 2017 [849]. La loi de finances pour 2017 instaure le prélèvement à la source de l'impôt sur le revenu « *pour les revenus salariaux et les revenus de remplacement par l'employeur ou l'organisme versant* » [850]. Il met également en place une coordination des mesures instituant le prélèvement à la source avec le Code de la Sécurité sociale. L'article 60 de la loi de finances pour 2017 a toutefois institué le prélèvement à la source de l'IR à compter de 2018, afin de supprimer notamment le décalage d'un an entre la perception d'un revenu et le paiement de l'impôt correspondant[851]. Le prélèvement à la source est ainsi « *est opéré, pour les revenus salariaux et les revenus de remplacement, par l'employeur ou l'organisme versant* »[852]. Il prend la forme de versements d'acompte pour les autres revenus, en particulier ceux correspondant à des bénéfices professionnels. , ce prélèvement prend la forme du versement d'acomptes. Le second projet de loi de finances rectificatives pour 2017 prévoit toutefois une mise en œuvre prévue à compter du 1er janvier 2019 sur prélèvement à la source de l'IR. L'article 9 de ce projet de loi prévoit ainsi un aménagement du prélèvement à la source en modifiant l'article 60 de la loi de finances pour 2017 [853]. Il est ainsi prévu d'alléger « *les modalités et règles de gestion pour les collecteurs, notamment les entreprises, sécuriser le déploiement de la réforme jusqu'à sa mise en œuvre à compter du 1er janvier 2019 et conforter son intérêt pour les contribuables* »[854]. Le dossier de presse du Ministère de l'action et des comptes publics du 13 novembre 2017, intitulé « 1er janvier 2019 entrée en vigueur du prélèvement à la source » vient d'ailleurs préciser les modalités de mises en œuvre du prélèvement à la source et aménager le

---

848 « Préparation du prélèvement à la source de l'IR et extension des procédures dématérialisées de déclaration et de paiement des impôts recouvrés par voie de rôle », *Droit fiscal*, 2016, n° 1, Comm.6, p.26.

849 Loi n° 2016-1917 du 29 décembre 2016 de finances pour 2017, JORF n°0303 du 30 décembre 2016.

850 Cons. Const., Décision n° 2016-744 DC du 29 décembre 2016, *Loi de finances pour 2017*, Considérant n° 56, JO n° 0303 du 30 décembre 2016.

851 Loi n° 2016-1917 du 29 décembre 2016 de finances pour 2017, JORF n°0303 du 30 décembre 2016.

852 Cons. Const., Décision n° 2016-744 DC du 29 décembre 2016, *Loi de finances pour 2017*, Considérant n° 56, JO n° 0303 du 30 décembre 2016.

853 Loi n° 2016-1917 du 29 décembre 2016 de finances pour 2017, JORF n°0303 du 30 décembre 2016.

854 Exposé des motifs, Article 9, Loi de finances rectificative II pour 2017.

dispositif existant en modifiant également le calendrier de mise en œuvre[855]. Ces mesures permettant l'instauration d'un prélèvement à la source pour l'imposition des revenus des personnes physiques semblent être le premier pas de la fusion avec la CSG. L'OCDE affirmait d'ailleurs que cette fusion « *simplifierait fortement le système, permettant de passer au prélèvement à la source* » [856]. Cette mise en place du prélèvement à la source est également appuyée par le Conseil européen qui recommande d'« *adopter la réforme concernant la retenue à la source de l'impôt sur le revenu des personnes physiques d'ici à la fin de l'année 2016* » [857]. Dans la loi de finances pour 2016, le Gouvernement a toutefois tenté de regrouper l'IR et la CSG au sein de l'imposition des personnes physiques. Les paragraphes I et II de l'article 77 de la loi de finances pour 2016 prévoyaient la modification du code général des impôts. Le premier paragraphe met en place la modification structurelle du code en regroupant ainsi l'IR et la CSG au sein d'une section intitulée « Imposition des revenus des personnes physiques » dont le premier article prévoirait alors que « *L'imposition des revenus des personnes physiques comprend deux composantes : 1° L'impôt sur le revenu, dont l'assiette, le taux et les modalités de recouvrement sont établis au présent chapitre ; 2° La contribution sociale généralisée, dont l'assiette, le taux et les modalités de recouvrement sont établis au chapitre VI du titre III du livre Ier du code de la sécurité sociale* ». Le second paragraphe modifie le second alinéa de l'article L.253 du Code général des impôts. Cet alinéa aurait été ainsi rédigé : « *L'avis d'imposition mentionne le total par nature d'impôt des sommes à acquitter, les conditions d'exigibilité, la date de mise en recouvrement et la date limite de paiement. Il mentionne également le total par nature de revenus des sommes prélevées au titre de la contribution sociale généralisée recouvrée en application du chapitre VI du titre III du livre Ier du code de la sécurité sociale* ». Le Conseil constitutionnel dans la décision n° 2015-725 DC [858] a censuré les paragraphes III et IV de cet article 77 pour rupture du principe d'égalité

---

[855] Dossier de presse, 13 novembre 2017, « 1er janvier 2019 entrée en vigueur du prélèvement à la source », Ministère de l'action et des comptes publics.

[856] ALLEGRE (G.), CORNILLEAU (G.), STERDYNIAK (H.), « Vers la fusion de l'impôt sur le revenu et de la CSG », *Revue de l'OFCE*, 2007/2 n° 101, p.269.

[857] Commission européenne, Recommandation du Conseil concernant le programme national de réforme de la France pour 2016 et portant avis du Conseil sur le programme de stabilité de la France pour 2016, Rendu le 18 mai 2016, COM(2016) 330 final, p.8.

[858] Cons. Const., Décision n° 2015-725 DC du 29 décembre 2015, *Loi de finances pour 2016*, JO n° 0302 du 30 décembre 2015, p.24763, Considérants 4 à 28.

devant les charges publiques car la rupture était flagrante [859]. Le Conseil constitutionnel a toutefois considéré « *qu'il en va de même du surplus de l'article 77, qui en est inséparable* ». Le Conseil constitutionnel étend alors la censure des paragraphes III et IV aux paragraphes I, II et V en retenant que ces trois paragraphes sont inséparables des deux autres. Cette affirmation n'est ni motivée dans la décision, ni commentée aux Cahiers. Si cette solution s'avère correcte concernant le Ve paragraphe qui met en place la dégressivité de la CSG à travers la fixation des plafonds concernant des montants des revenus du foyer fiscal afin de pouvoir en bénéficier, il est néanmoins difficile d'appréhender en quoi la modification de la structure du Code général des impôts ainsi que de l'avis d'imposition est en lien avec la dégressivité de la CSG. Ces deux paragraphes auraient donc pu résister à la censure des paragraphes III et IV opérée par le Conseil constitutionnel. Le prélèvement à la source constitue un éventuel préalable à ce projet de fusion de l'IR et de la CSG, même si certains tiennent le raisonnement inverse en considérant que la fusion faciliterait le passage à la retenue à la source [860]. Dans un sens comme dans l'autre, les deux sont inextricablement liés.

138. L'illustration norvégienne. La Norvège a un système de retenue à la source qui concerne l'impôt sur le revenu mais également les contributions de Sécurité sociale dont le taux varie suivant la nature du revenu et la qualité du contribuable. L'administration fiscale déduit les cotisations sociales des salaires des contribuables par le biais de déductions fiscales [861]. L'originalité du système est que le montant retenu est basé sur une carte d'impôt préalablement obtenue par l'employé de l'administration fiscale locale. Les impôts retenus doivent ensuite être reversés aux collecteurs d'impôt sur une base bimensuelle. Ce n'est qu'au cours de l'année suivante que le contribuable recevra son évaluation fiscale. Si le Parlement Norvégien décide des taux pour la taxation de l'impôt sur le revenu, c'est également le cas des contributions de Sécurité

---

[859] Voir en ce sens, le paragraphe n°139.

[860] ELBAUM (M.), « Protection sociale et solidarité en France - Évolutions et questions d'avenir », *Revue de l'OFCE*, 2007/3, n° 102, p.607.

[861] « *When you pay taxes to Norway, as a general rule, the Norwegian Tax Administration deducts national insurance contributions from your pay or pension through your tax deduction. National insurance contributions are calculated on personal income and pension and the contribution rates for compulsory membership in 2015 are shown in the table below* », https://www.nav.no/en/Home/Rules+and+regulations/National+insurance+contributions.

sociale. Selon le premier alinéa de l'article 75 de la Constitution norvégienne, « *il appartient au Storting : de faire et d'abroger les lois, d'établir les impôts, taxes, droits de douane et autres charges publiques, lesquelles pourtant ne restent pas en vigueur au-delà du 31 décembre de l'année suivante, à moins qu'elles ne soient expressément renouvelées lors d'une nouvelle session ordinaire du Storting* ». Les contributions de Sécurité sociale pourraient être juste renouvelées, mais les taux sont décidés chaque année. La tradition veut toutefois qu'il y ait deux décisions différentes : l'une pour les contributions de Sécurité sociale et l'autre pour la détermination des impôts étatiques. Si des différences persistent entre les prélèvements fiscaux et sociaux, les prélèvements sociaux norvégiens sont néanmoins retenus à la source. La situation norvégienne illustre donc la possibilité d'instaurer une retenue à la source « étendue » sans pour autant fusionner les prélèvements sociaux et fiscaux.

139. La progressivité, la difficulté annoncée. La fusion de la CSG et de l'IR aurait notamment pour objectif de « *rendre progressif le prélèvement santé* » [862]. Il est donc difficile d'étudier la fusion sans aborder l'aspect progressif du prélèvement. La progressivité de l'impôt sur le revenu des personnes physiques a une valeur constitutionnelle [863]. Ce principe s'applique uniquement pour l'imposition globale du revenu et il reste « *tributaire de multiples contraintes de toute nature* » [864]. Xavier PRÉTOT n'y voit d'ailleurs qu'un principe supplémentaire pour « *assujettir le législateur* » [865]. Rappelons à ce titre que la progressivité tend à « *organiser dans la manière de répartir le prélèvement fiscal une solidarité entre les mieux nantis et les moins bien nantis, sans se contenter de ce que la solidarité soit déjà effectivement pratiquée grâce à l'affectation des dépenses publiques à ceux qui ont besoin d'être aidés* » [866]. Dans le cadre d'une éventuelle fusion, il conviendra alors de

[862] CORNILLEAU (G.), DEBRAND (T.), « Crise et déficit de l'assurance maladie. Faut-il changer de paradigme », *Revue de l'OFCE*, 2011/1, n° 116, p.325.
[863] Cons. Const., Décision n° 93-320 DC, 21 juin 1993, *Loi de finances rectificative pour 1993*, JO du 23 juin 1993, p.8869, Recueil, p.146, Considérant n°32 ; PRÉTOT (X.), « Le principe de la progressivité de l'impôt sur le revenu revêt-il un caractère constitutionnel ? En marge de la modification du régime de la CSG », *Droit social*, 1993, n° 9-10, p.787.
[864] PRÉTOT (X.), « Le principe de la progressivité de l'impôt sur le revenu revêt-il un caractère constitutionnel ? En marge de la modification du régime de la CSG », *Droit social*, 1993, n° 9-10, p.789.
[865] *Ibid*, p.787.
[866] LAURÉ (M.), *Science fiscale*, Paris, PUF, 1993, p.215 ; Cité également par PRÉTOT (X.), « Le principe de la progressivité de l'impôt sur le revenu revêt-il un caractère

conserver la progressivité pour l'impôt sur le revenu, et donc de « perdre » le caractère proportionnel de la CSG qui, bien que rentable, n'a pas de valeur constitutionnelle. En effet, dans la décision n° 90-295 DC [867], le Conseil constitutionnel s'est prononcé indirectement sur la proportionnalité de la CSG : « *le choix par le législateur d'un taux unique applicable aux contributions sociales qu'il institue ne peut être regardé comme contraire à l'article 13 de la Déclaration des droits de l'homme et du citoyen* », d'autant plus que la CSG est déjà progressive concernant les retraites. En effet, si le revenu fiscal de référence n'excède pas le seuil d'exonération, le contribuable est alors exonéré de CSG. Si son revenu fiscal de référence est supérieur à ce seuil d'exonération mais inférieur au seuil d'assujettissement au taux normal, alors il bénéficie du taux réduit de 3,80%, et si son revenu fiscal de référence relève du taux normal, il est naturellement assujetti au taux normal de 6,60% (dont 4,2 de CSG déductible). Les plafonds de revenus prennent en compte le quotient familial du contribuable, et cette prise en compte du quotient familial permet d'éviter l'individualisation du prélèvement. Le projet de fusion peut alors susciter des difficultés puisqu'il repose sur l'abandon d'un principe fondamental du droit fiscal français, l'imposition par foyer, au profit d'une individualisation de l'impôt sur le revenu conduisant à un régime d'imposition séparée [868]. En parallèle de la fusion de l'IR et de la CSG, certains ont proposé de rendre la CSG progressive. Henry STERDYNIAK considère d'ailleurs que cette mise en place serait « *difficile, sauf à renoncer à la retenir à la source* » [869]. La tentative d'instaurer une CSG dégressive a cependant été écartée par le Conseil constitutionnel, non pas parce que la CSG doit nécessairement être proportionnelle, mais à cause du mécanisme mis en place pour obtenir la dégressivité de la CSG à travers la prime d'activité. L'article 77 de la loi de finances pour 2016 disposait en effet que la CSG « *fait l'objet d'une réduction dégressive au titre et par compensation de la fraction de prime d'activité* ». Le versement d'une fraction de cette prime d'activité se faisait alors sous

---

constitutionnel ? En marge de la modification du régime de la CSG », *Droit social*, 1993, n° 9-10, p.790.

[867] Cons. Const., Décision n° 90-285 DC du 28 décembre 1990, *Loi de finances pour 1991*, JO du 30 décembre 1990, p.16609, Recueil, p.95. .

[868] GEFFROY (J.-B.), « Aux risques d'une révolution fiscale : la fusion entre la CSG et l'impôt sur le revenu », *op.cit.*, p.113.

[869] STERDYNIAK (H.), « La redistribution est-elle encore un objectif des politiques budgétaire et sociale ? », in PELLET (R.) (dir.), *Finances publiques et redistribution sociale*, Paris, Economica, 2006, p.170.

forme d'une réduction dégressive de la CSG, dès lors le législateur a institué « *une modalité particulière de décaissement de la prime d'activité* » [870]. Cependant, le bénéfice de ce mécanisme était « *réservé aux seuls travailleurs salariés ou agents publics, à l'exclusion des travailleurs non-salariés* » [871]. Le Conseil constitutionnel a donc censuré les paragraphes III et IV de cet article pour rupture du principe d'égalité devant les charges publiques. Bien que cette censure ait été qualifiée de peu justifiée [872] sur le fond par Thomas PIKETTY, elle est cependant peu surprenante au regard de la jurisprudence antérieure du Conseil constitutionnel en matière d'égalité devant les charges publiques. Si la progressivité recherche également l'obtention de rendements supérieurs [873], il n'en demeure pas moins que la CSG, par son taux proportionnel et son prélèvement à la source, est plus « rentable » que l'impôt sur le revenu, bien que moins redistributive. Il est alors devenu nécessaire de changer la structure du financement de la sécurité sociale puisque lorsque « *l'IRPP s'installait durablement dans l'exception et la médiocrité de rapport, la CSG prenait de la "vigueur"* » [874]. Il est ainsi évident que cette réforme passera par la progressivité, que ce soit à travers la fusion des deux grands impôts ou uniquement à travers la progressivité des prélèvements sociaux [875]. Cependant, s'il est clair que le caractère financier de l'impôt est renforcé par son affectation au financement de la Sécurité sociale, le développement du caractère économique de l'impôt apparaît beaucoup plus mitigé.

§2. Le développement mitigé du caractère économique de l'impôt

140. Albert DELATOUR affirmait que le rendement de l'impôt constitue son but essentiel, celui « *de procurer au Trésor un produit net*

---

[870] Cons. Const., Décision n° 2015-725 DC du 29 décembre 2015, *Loi de finances pour 2016*, JO n° 0302 du 30 décembre 2015, p.24763, Considérant n° 27.
[871] *Ibid*, Considérant n° 28.
[872] PIKETTY (T.), « Retour sur la censure de l'amendement Ayrault-Muet », 31 décembre 2015, http://piketty.blog.lemonde.fr/ .
[873] ORSONI (G.), *L'interventionnisme fiscal*, *op.cit.*, p.141.
[874] RAVOUX (V.), REBOUILLAT (Y.), « A propos du débat sur la fusion de l'impôt sur le revenu et de la cotisation sociale généralisée », *Droit social*, 2010, n° 11, p.1103.
[875] Voir en ce sens, LEHMANN (E.), L'HORTY (Y.), « Renforcer la progressivité des prélèvements sociaux », *Revue française d'économie*, 2014/1, Volume XXIX, pp.25-61.

élevé ; la productivité est même sa seule raison d'être » [876]. La première condition que doit remplir un système d'impôts pour être productif, c'est toutefois celui de s'adapter au milieu économique de la société. Le développement du caractère économique de l'impôt apparaît mitigé puisqu'il traduit désormais le développement des accises (**A**) mais aussi l'abandon de la TVA sociale (**B**) car cette fiscalité touche directement le contribuable, et en particulier son pouvoir d'achat. L'impôt devient alors un « *instrument actif de la politique commerciale* » [877], « *un instrument d'équilibre économique* » [878], un instrument d'intervention à part entière et non plus une simple source de recettes financières.

A. Le développement des accises dans une volonté de protection de la santé publique

141. Une mise en place ancienne. Les taxes sur la consommation sont considérées comme des prélèvements de rendement par excellence [879] qui permettent également d'encourager ou de réduire la consommation des produits taxés, dès lors ces taxes sont généralement qualifiées de « comportementales », bien que le Sénat souhaite retenir une qualification différente et suggère de substituer à l'expression « fiscalité comportementale » celle de « contribution de santé publique » pour définir *« l'ensemble des prélèvements liés à des questions sanitaires* » [880]. Benjamin FERRAS et Jean-Luc MATT estiment qu'il est « logique » de limiter la consommation des produits qui génèrent des dépenses sociales et « *d'affecter le produit de cette taxation à la couverture financière (au moins partielle) des coûts correspondants pour la sécurité sociale* » [881]. Ce développement des accises dans un souci de protection de la santé

---

[876] DELATOUR (A.), *Impôt*, in SAY (L.), *Dictionnaire des finances* – t.II. – E - Z, Paris, Berger-Levrault, 1894, p.363.

[877] MASOIN, *Théorie économique des finances publiques*, Bruxelles, Baude, 1946, p.229. Cité par ORSONI (G.), *L'interventionnisme fiscal*, Paris, PUF, 1995, p.26.

[878] ORSONI (G.), *L'interventionnisme fiscal*, *op.cit.*, p.38.

[879] Rapport d'information n° 399 de Yves DAUDIGNY et Catherine DEROCHE « Fiscalité et santé publique : état des lieux des taxes comportementales », Sénat, 26 février 2014, p.20.

[880] Rapport d'information n° 399 de Yves DAUDIGNY et Catherine DEROCHE « Fiscalité et santé publique : état des lieux des taxes comportementales », Sénat, 26 février 2014, p.113.

[881] FERRAS (B.), MATT (J.-L.), « La question du financement », *Vie sociale*, n° 10, 2015, p.142.

publique se retrouve principalement dans trois secteurs : les tabacs, les boissons et l'alimentation.

142. Une imposition sur les tabacs. L'article 26 de la loi du 19 janvier 1983 [882] institue « *au profit de la caisse nationale d'assurance maladie, une cotisation perçue sur le tabac et les boissons alcooliques en raison des risques que comporte l'usage immodéré de ces produits pour la santé* ». Les droits de consommation sur les tabacs se retrouvent désormais à l'article 575 du Code général des impôts. La fraction du droit de consommation sur les tabacs est directement versée à la Sécurité sociale par l'administration fiscale puisqu'elle constitue une imposition de toutes natures [883]. Le droit de licence sur la rémunération des débiteurs de tabacs est codifié à l'article 568 du Code général des impôts. Depuis la loi de finances rectificative pour 2007 [884], les droits de consommation sur les tabacs sont affectés aux organismes de sécurité sociale à hauteur d'environ 98%. L'affectation des droits de consommation sur les tabacs au régime général, bien que très forte, doit être relativisée car ceux-ci ont tendance à diminuer [885]. Dans un souhait de protection de la santé publique, la fiscalité concernant le tabac a cependant été augmentée en 2017 puisque la loi de financement de la Sécurité sociale pour 2017 [886] aligne le poids de la fiscalité du tabac à rouler sur celui des cigarettes dans son article 29 et l'article 28 permet la création d'une contribution sociale à la charge des fournisseurs agrées de produit du tabac. Cette contribution est affectée à « *un fonds créé au sein de la caisse nationale de l'assurance maladie des travailleurs salariés et destiné au financement de la prévention et de la lutte contre le tabagisme* » [887]. Cet article a d'ailleurs fait l'objet d'une censure partielle du Conseil constitutionnel au motif que le paragraphe II porte une atteinte disproportionnée à la liberté

---

[882] Loi n° 83-25 du 19 janvier 1983 portant diverses mesures relatives à la sécurité sociale, dite Bérégovoy, JORF du 20 janvier 1983, p.374.

[883] Cons. Const., Décision n° 82-152 DC du 14 janvier 1983, *Loi portant diverses mesures relatives à la sécurité sociale*, JO du 15 janvier 1983, p.353, Recueil, p.31, Considérant n° 4, *Droit fiscal* : 1983, n° 5, comm. 114.

[884] Article 5 de la loi n° 2007-1824 du 25 décembre 2007 de finances rectificative pour 2007, JORF n° 0301 du 28 décembre 2007, p.21482.

[885] Cour des comptes, Rapport « Les comptes de la Sécurité sociale », 2015, p.64.

[886] Loi n° 2016-1827 du 23 décembre 2016 de financement de la sécurité sociale pour 2017, JORF n°0299 du 24 décembre 2016.

[887] Cons. Const., Décision n° 2016-742 DC du 22 décembre 2016, *Loi de financement de la sécurité sociale pour 2017*, JORF n°0299 du 24 décembre 2016, Considérant n°21.

contractuelle [888]. Parmi les contributions de santé publique, les tabacs ne sont pas les seuls secteurs concernés puisque cela est également le cas des boissons.

143. Une imposition sur les boissons. Les taxes sur les boissons affectées à la Sécurité sociale concernent majoritairement les alcools [889] mais aussi les boissons sucrées [890], édulcorées [891], certaines boissons non alcoolisées ainsi que les boissons dites énergisantes [892]. Cette imposition a été conçue pour financer les dépenses liées au risque que constitue l'alcoolisme qui aggrave le risque maladie [893]. Concernant les boissons alcoolisées, le régime fiscal de la boisson dépend de la définition fiscale qui rejoint celle retenue par le code de la santé publique. L'article L.3321-1 du code de la santé publique dispose que sont des « *boissons sans alcool : eaux minérales ou gazéifiées, jus de fruits ou de légumes non fermentés ou ne comportant pas, à la suite d'un début de fermentation, de traces d'alcool supérieures à 1,2 degré, limonades, sirops, infusions, lait, café, thé, chocolat* ». Par conséquent, les boissons présentant une trace d'alcool supérieure à 1,2 degré sont des boissons alcoolisées, l'article 401 du CGI rejoint cette définition [894]. La logique de santé publique retenue pour les boissons sucrées, édulcorées est la même que pour les boissons alcoolisées puisqu'une consommation excessive de sucre entraîne une augmentation du risque maladie. La contribution sur les boissons sucrées a été mise en place par l'article 46 de la loi de finances pour 2012 [895],

---

[888] *Ibid*, Considérant n°28 et 29.

[889] Droit de consommation sur les alcools (art. 403 CGI), Droit de circulation sur les vins, poirés, cidres et hydromels (art. 438 CGI), Cotisation sur les alcools de plus de 18 ° (art. L.245-7 à L.245-11 CSS), Cotisation sur les alcools de plus de 18 ° (art. L.245-7 à L.245-11 CSS), Droit de circulation sur les bières et boissons non alcoolisées (art. 520 A CGI), Taxe "PREMIX" (art. 1613 bis CGI), Droit de consommation sur les produits intermédiaires (art. 402 bis CGI).

[890] Contribution sur les boissons sucrées (art. 1613 ter CGI).

[891] Contribution sur les boissons édulcorées (art. 1613 quater CGI).

[892] Taxe sur les boissons dites "énergisantes" (art. 1613 bis A CGI).

[893] SAINT-JOURS (Y.), *La faute dans le droit général de la Sécurité sociale*, Paris, Librairie générale de droit et de jurisprudence, R. Pichon et R. Durand-Auzias, 1972, p.135.

[894] « *les produits qui relèvent des codes NC 2207 et 2208 du tarif des douanes et qui ont un titre alcoométrique acquis supérieur à 1,2 % vol., même lorsque ces produits font partie d'un produit relevant d'un chapitre autre que le chapitre 22 du tarif des douanes, ainsi que les produits désignés au a qui ont un titre alcoométrique acquis supérieur à 22 % vol. et les eaux-de-vie contenant des produits en solution ou non* ».

[895] Loi n° 2011-1977 du 28 décembre 2011 de finances pour 2012, JORF n°0301 du 29 décembre 2011, p.22441.

codifiée à l'article 1613 ter du Code général des impôts. Cette contribution s'inscrit « *dans le cadre du plan national nutrition santé publique qui promeut une alimentation équilibrée comme composante essentielle de la santé publique* » et par conséquent, son produit « *est affecté au régime général d'assurance maladie, sur lequel repose le financement des politiques de santé publique* » [896]. L'augmentation du risque maladie entraînée par la consommation du produit justifie une augmentation de la fiscalité, dès lors le droit fiscal influe sur la consommation des produits à risque.

144. Une imposition frappant l'alimentation humaine. Les impôts et taxes affectées frappant l'alimentation humaine ne sont que deux dans le recensement opéré par l'annexe 6 du PLFSS pour 2016. Il s'agit de la taxe spéciale sur les huiles végétales, fluides ou concrètes, destinées à l'alimentation humaine que l'on retrouve à l'article 1609 du Code général des impôts, ainsi que la taxe portant sur les quantités de farines, semoules et gruaux de blé tendre livrées ou mises en œuvre en vue de la consommation humaine qui figure à l'article 1618 du Code général des impôts. Dans cette logique l'« amendement Nutella » a été proposé lors des discussions sur le projet de la loi de financement de la Sécurité sociale pour 2013. Cet amendement n° 7 présenté par Yves DAUDIGNY en tant qu'article additionnel après l'article 23 bis de la loi de financement pour 2013 instituait « *une contribution additionnelle à la taxe spéciale prévue à l'article 1 609 vicies du même code sur les huiles de palme, de palmiste et de coprah destinées à l'alimentation humaine, en l'état ou après incorporation dans tous produits* » dont le taux était fixé à 300 euros la tonne. Cependant si l'amendement avait concerné un produit de l'alimentation humaine, à savoir l'huile de palme, cette proposition n'a pas été faite uniquement dans un but de protection de la santé publique mais aussi dans une logique de protection environnementale car il était clairement annoncé dans les débats que « *contrairement à la logique qui sous-tend les hausses de taxes pesant sur le tabac ou certaines boissons alcooliques : il est d'adresser un signal aux industries agroalimentaires* » [897]. Néanmoins le projet de loi de financement a été rejeté devant le Sénat en petite lecture, et l'amendement fut enterré avec lui.

---

[896] Exposé des motifs de l'article 46 du Projet de Loi de finances pour 2012.

[897] DAUDIGNY (Y.), rapporteur général de la commission des affaires sociales, Débats sur l'amendement n° 7 de la commission, séance du 14 novembre 2012, Sénat, Compte rendu intégral, JORF 2012, p.4716.

145. Une fiscalisation sélective. L'Union européenne a certes adopté une législation afin que les droits d'accises soient appliqués dans des conditions et sur des produits similaires suivant les États membres, mais certains pays y sont plus ou moins réfractaires. Les droits sur les produits du tabac relèvent de la directive n° 2011/64/UE, mais il existe tout de même des différences d'un pays à l'autre. En effet, l'Allemagne est parfois considérée comme celle qui « *commet toutes les erreurs qu'elle peut commettre en la matière* » [898] en refusant de prendre des mesures contre le tabac et l'alcool. Malgré cet encadrement européen et la présence de choix étatiques, les accises évoluent en fonction des risques liés à la consommation de certains produits. Yves SAINT-JOURS constatait une fiscalisation des dépenses de santé [899] à travers l'affectation de recettes en lien avec l'origine des dépenses, mais aussi à une « *fiscalisation sélective des ressources de sécurité sociale* » [900] lorsque la Sécurité sociale s'oriente vers l'autofinancement d'un risque. Le caractère économique de l'impôt se développe donc de manière mitigée à travers les accises, mais il s'avère beaucoup plus important en matière de « TVA sociale », même si celle-ci a finalement été abandonnée.

B. L'abandon de la « TVA sociale »

146. Une première mise en place dans l'Outre-mer. La TVA sociale a d'abord été appliquée dans les départements de la Réunion, de la Guadeloupe et de la Martinique. L'article 7 de la loi PERBEN de 1994 [901] a relevé le taux de TVA dans ces départements de 7,5% à 9.5%. En vertu de l'article 4, cette augmentation se fait en contrepartie de la mise en place d'exonérations de cotisations sociales. Cette loi prévoit ainsi une exonération de 100% des cotisations patronales de sécurité sociale « *jusqu'à un SMIC pour les entreprises de l'industrie, de l'hôtellerie et de la restauration, de la presse, de la production audiovisuelle, de*

[898] VOLLMER (M.), « Alcool et tabac en Allemagne », in *Politique internationale*, numéro spécial « santé publique et politique fiscale », p.81.

[899] SAINT-JOURS (Y.), *La faute dans le droit général de la Sécurité sociale*, Paris, Librairie générale de droit et de jurisprudence, R. Pichon et R. Durand-Auzias, 1972, p.32.

[900] *Ibid*, p.135.

[901] Loi n° 94-638 du 25 juillet 1994 tendant à favoriser l'emploi, l'insertion et les activités économiques dans les départements d'outre-mer, à Saint-Pierre-et-Miquelon et à Mayotte, JORF n° 172 du 27 juillet 1994, p.10824.

l'agriculture et de la pêche » [902]. Toutefois la TVA a été ramenée à 8,5% dans les départements d'outre-mer avec l'article 4 de la loi de finances rectificative pour 2000 [903]. Malgré cette baisse, les exonérations ont été maintenues puis renforcées par la loi d'orientation pour l'outremer du 13 décembre 2000 [904] puis par la loi de programme pour l'outre-mer du 21 juillet 2003 [905]. Désormais, en vertu de l'article 25 de la loi pour le développement économique des outre-mer [906], une exonération de cotisations patronales d'assurances sociales et d'allocations familiales est ouverte aux employeurs situés dans les départements d'Outre-mer ainsi qu'à Saint-Barthélemy et Saint-Martin.

147. Un projet économiquement neutre. La TVA sociale consiste à baisser les cotisations sociales pour les compenser par une hausse de la TVA qui est ensuite affectée à la Sécurité sociale. L'idée est donc de mettre en place un processus neutre puisque « *les conséquences d'un allégement de charges et de son financement par la TVA tendent donc à s'opposer point par point* » [907]. Contrairement à ce qu'affirment certains, elle ne favoriserait pas l'emploi [908] puisqu'il s'agit également d'une taxe sur les salaires. Pendant longtemps, ce fut un projet de cotisation sur la valeur ajoutée qui fut discuté pour être ensuite écarté [909]. Le débat sur la TVA sociale relève d'une « logique similaire » à celle ayant entraîné la mise en place de la CSG puisqu'elle vise à alléger les charges, à remplacer *des cotisations sociales assises sur les salaires nationaux par une taxe*

---

[902] Cour des comptes, *Les exonérations de charges sociales en faveur des territoires et des secteurs d'activité,* Communication à la communication des finances, de l'économie générale et du plan de l'assemblée nationale, Octobre 2007, p.249.

[903] Loi n° 2000-656 du 13 juillet 2000 de finances rectificative pour 2000, JORF n° 162 du 14 juillet 2000, p.10808.

[904] Loi n° 2000-1207 du 13 décembre 2000 d'orientation pour l'outre-mer, JORF n° 289 du 14 décembre 2000, p.19760.

[905] Loi n° 2003-660 du 21 juillet 2003 de programme pour l'outre-mer, JORF n° 167 du 22 juillet 2003, p.12320.

[906] Loi n° 2009-594 du 27 mai 2009 pour le développement économique des outre-mer, JORF n° 0122 du 28 mai 2009, p.8816.

[907] Centre d'Études prospectives et d'informations internationales, « Financement de la protection sociale : l'attrait des grandes assiettes », *La lettre* n° 269, Août 2007, p.2.

[908] STERDYNIAK (H.), « Pour préserver les ressources de la protection sociale », *Journal de Droit de la Santé et de l'Assurance maladie*, n° 1, 2015, p.28.

[909] DUPUIS (J.-M.), « Le Financement de la protection sociale en France : 45 ans de projets de réforme », *Droit Social,* 1992, 100.

frappant tous les produits de consommation[910]. En 2012, elle apparaît furtivement en droit positif dans la métropole puisqu'elle a été instaurée par la loi de finances rectificative de mars 2012[911]. Elle devait être appliquée à partir du 1er octobre 2012 mais entre-temps, la deuxième loi de finances rectificative pour 2012[912] l'a abrogée. Henry STERDYNIAK affirme dans son intervention lors du colloque du 8 janvier 2016[913] que la mise en place d'une TVA dite sociale n'est pas financièrement et économiquement intéressante du fait de ses conséquences. La TVA n'est pas perçue comme une charge et ceci est un « leurre ». Il assimile d'ailleurs le financement social par la TVA à un « coup d'épée dans l'eau ». La volonté de recourir à une TVA sociale ne tend pas à obtenir un gain de recettes, elle relève surtout d'une volonté de diversifier un peu plus le financement de la Sécurité sociale.

148. Une fiscalisation ascendante. Recourir à la TVA sociale viendrait renforcer la fiscalisation des ressources de la Sécurité sociale en y ajoutant notamment « *une caractéristique de concurrence commerciale internationale plus marquée* »[914]. L'idée de ce projet est en effet le même que celui qui a motivé la création de la CSG, celui de faire reposer sur des impositions à assiette large le financement de ces prestations largement non contributives,[915]. Il s'agit là encore de trouver des financements supplémentaires plus qu'un réel souhait de mettre en place une nouvelle réforme cohérente. C'est à ce titre que Jacques BICHOT considère que « *la recherche de financements dans l'urgence et sans réflexion systémique, en particulier, a provoqué une déconnexion entre prestations et contributions. La mise en place de la TVA sociale est la dernière en date des manifestations de cette schizophrénie* »[916]. Selon lui, l'assurance maladie de la Sécurité sociale n'aurait alors plus d'assurance que le

---

910 WANECQ (T.), « Les cotisations sociales, un enjeu économique et financier complexe », *Droit social*, 2009, n° 3, p.349.
911 Loi n° 2012-354 du 14 mars 2012 de finances rectificative pour 2012, JORF n° 0064 du 15 mars 2012, p.4690.
912 Loi n° 2012-958 du 16 août 2012 de finances rectificative pour 2012, JORF n° 0190 du 17 août 2012, p.13479.
913 Colloque « Système fiscal et santé », 8 janvier 2016, Paris.
914 CARBONNIER (C.), *TVA sociale*, Levallois-Perret, Studyrama, 2012, p.13.
915 BESSON (E.), *Rapport « TVA sociale »*, Septembre 2007, p.31.
916 BICHOT (J.), « Réforme ou ravauder : le cas de la TVA sociale », *Droit social*, 2012, p.558.

nom [917]. Néanmoins, même si la TVA sociale n'existe pas en tant que telle, une partie de la TVA est quand même affectée à hauteur de 7,19% à la CNAMTS en vertu de l'article L.241-2 du Code de la sécurité sociale. L'annexe 6 du PLFSS 2016 dispose en effet que « *la fraction de TVA affectée à la sécurité sociale est majorée, pour 2016, de 0,09 point, soit 0,14 Md€ pour assurer la neutralité de ces mesures sur le solde de la sécurité sociale* » [918]. La TVA sociale n'a donc pas été mise en place telle qu'elle était pensée et conçue, mais par cette affectation minime mais présente, elle existe bel et bien. Ainsi, la CSG n'est plus le seul impôt à faire l'objet d'une affectation multiple.

*

Breviarium. *La fiscalisation est donc fragmentée car elle apparaît limitée dans le financement actuel de la Sécurité sociale mais aussi incohérente. La recherche de nouveaux financements, ayant bien souvent des assiettes larges, perd en cohérence. Il convient de repenser le modèle afin d'avoir non seulement une cohésion, mais également une meilleure compréhension et transparence du financement du système social qui reste encore aujourd'hui obscur malgré le développement des lois de financement de la Sécurité sociale. Cette fiscalisation fragmentée est la conséquence de la socialisation des finances publiques, mais le préalable à une fiscalisation entière et aboutie, par le recours aux techniques fiscales mais également à travers une clarification des qualifications juridiques.*

---

[917] BICHOT (J.), « Protection sociale "de base" et assurances complémentaires », *RDSS*, 2015 p.1106.
[918] Annexe 6, *Recettes et dépenses des régimes par catégorie et par branche*, PLFSS 2016, p.28.

CONCLUSION DU TITRE 1

149. La fiscalisation s'inscrit comme l'un des éléments constitutifs de la responsabilité croissante de l'État en matière de finances publiques. Elle se distingue de la budgétisation dans la mesure où cette dernière peut être perçue comme la conséquence de la fiscalisation. Face à la nécessité d'une approche globale des finances publiques, la responsabilité de l'État croît dans le pilotage d'ensemble des finances sociales. La fiscalisation et la budgétisation des ressources de la Sécurité sociale par le biais de l'augmentation des recettes de la Sécurité sociale ainsi qu'à travers le développement de la solidarité nationale viennent appuyer ce processus.

150. La fiscalisation, initiée par la CSG, consiste donc en une substitution des cotisations sociales par des recettes fiscales. Néanmoins, le besoin croissant de ressources de la Sécurité sociale a modifié ce schéma théorique initial. Le législateur crée ainsi de plus en plus d'impôts et taxes affectés qui ne viennent pas nécessairement en contrepartie d'une baisse des cotisations sociales. Avec l'accentuation de cette logique financière et sociale, la différence entre impositions et cotisations de Sécurité sociale se réduit. La fiscalisation des ressources de la Sécurité sociale, en tant que conséquence de la socialisation des finances sociales, entraîne une remise en question de la pertinence de la différenciation entre les prélèvements sociaux et les prélèvements fiscaux. La fiscalisation est donc une notion polysémique qui traduit soit le recours à l'impôt dans le financement de la Sécurité sociale, soit la publicisation des finances sociales. Les cotisations sociales deviennent des ressources publiques, d'une nature juridique différente de celle des impôts mais dont la qualification juridique s'en rapproche, dès lors « *l'affectation est mouvante* » et « *répond rarement à une logique autre que strictement quantitative* » [919] mais elle ne peut pas être restreinte à ce seul aspect. La protection sociale apparaît certes fragilisée par l'éclatement de ses ressources, mais la fiscalisation n'en demeure pas moins un processus technique et complexe englobant des caractéristiques diverses permettant d'améliorer la redistributivité[920] du système de Sécurité sociale ainsi que

---

[919] DUFOUR (A.-C.), *Les pouvoirs du Parlement sur les finances de la sécurité sociale – Étude des lois de financement de la Sécurité sociale*, *op.cit.*, p.143.

[920] Le terme « redistributivité » est également employé, à de nombreuses reprises, par le Sénat dans son Rapport d'information n° 441 de M. Bernard ANGELS, fait au nom de la

l'expression de la solidarité nationale. L'augmentation croissante du recours à l'impôt dans le financement des systèmes de protection sociale n'est donc pas anodine. Il ne s'agit néanmoins que d'un aspect de la fiscalisation, son aspect « primaire ». Les cotisations sociales et les impôts tendent à se regrouper au sein d'une qualification juridique unique. Leurs natures juridiques diffèrent encore du fait de deux critères : le domaine d'affectation et l'ouverture des droits en lien avec le paiement du prélèvement. La conséquence, somme toute logique, serait de leur appliquer un régime juridique proche, à défaut d'être unique du fait des maigres différences persistantes. Fiscaliser serait alors tendre vers un statut juridique unique du prélèvement obligatoire, qu'il soit social ou fiscal. Cela justifierait par ailleurs la tendance du droit social à s'inspirer des techniques fiscales.

---

délégation du Sénat pour la planification sur les dépenses publiques, déposé le 2 juillet 2008, p.377 et s.

TITRE 2
L'ÉVOLUTION DES TECHNIQUES ET PROCÉDURES SOCIALES

151. Pierre BELTRAME affirmait que « *si un consensus semble s'établir sur la fiscalisation possible des dépenses sociales de solidarité, la technique fiscale à utiliser reste l'objet de controverses* » [921]. Si la fiscalisation à travers la mutation des finances sociales est pleinement acceptée à l'heure actuelle, les modalités techniques d'une telle fiscalisation [922] font aujourd'hui débat, d'autant plus que des cotisations sociales peuvent être régies par des techniques purement fiscales [923].

152. Le processus de fiscalisation apparaît comme la diffusion des normes de droit fiscal sur le droit de la sécurité sociale. L'unité des comptes publics appelle naturellement à observer une réflexion commune sur les techniques et procédures fiscales les régissant, à intégrer dans cette réflexion les « *prélèvements obligatoires dans leur globalité* » [924]. Cette évolution des techniques et procédures sociales se fait sous l'influence du droit fiscal (**Chapitre premier**), bien que la Sécurité sociale et le droit fiscal conservent une certaine autonomie (**Chapitre second**).

---

[921] BELTRAME (P.), *L'impôt*, Paris, M.A. Éditions, 1987, p.63.

[922] Institut Montparnasse, *Financer la protection sociale*, p.14.

[923] BIENVENU (J.-J.), LAMBERT (T.), *Droit fiscal*, Paris, PUF, 4e éd., 2010, p.345.

[924] FOUQUET (O.), WANECQ (T.), « Cotisations sociales : stabiliser la norme, sécuriser les relations avec les URSSAF et prévenir les abus », Rapport au ministre du Budget, des comptes publics et de la fonction publique, Juillet 2008, p.5.

CHAPITRE 1
DES TECHNIQUES ET PROCÉDURES SOCIALES INTRIQUÉES

153. La comparaison des procédures sociales et fiscales traduit la diffusion des normes fiscales sur les techniques et procédures sociales, et permet d'améliorer l'efficacité de celles-ci en mettant en évidence les avantages de l'emprise du droit fiscal sur le droit de la sécurité sociale en matière de financement de la Sécurité sociale. Une telle comparaison n'est pas surprenante puisque « *les structures de recouvrement fiscal et social, au-delà de leurs singularités, sont proches par l'identité croissante de leurs missions* » [925]. L'unité des charges publiques serait alors le préalable à l'unité de l'action du recouvrement qui serait également renforcée par le caractère obligatoire des prélèvements concernés. L'emprise exercée sur les techniques et procédures sociales est double. Elle est avant tout fiscale (**Section 1**), mais le droit social et le droit fiscal font l'objet d'une influence commune et réciproque (**Section 2**).

SECTION 1 : DES TECHNIQUES ET PROCÉDURES SOCIALES SOUS UNE INFLUENCE FISCALE

154. L'emprise du droit fiscal sur le droit de la sécurité sociale, et notamment sur les techniques et procédures fiscales, s'illustre à travers une influence à la fois directe et indirecte. L'influence fiscale se décline alors comme « *l'ombre portée du droit fiscal sur le droit de la sécurité sociale* » [926]. Cette ombre prend soit la forme d'une application directe des règles et principes fiscaux, soit elle se distingue à travers la création de mécanismes sociaux inspirés de ceux retenus par le droit fiscal. La dualité quant à la nature de l'influence fiscale exercée sur le droit de la

---

[925] FERRAS (B), HERBAUX (V.), « Comparaison des procédures de recouvrement de l'Administration Fiscale et de la Sécurité sociale : Quels enseignements possibles pour le réseau URSSAF ? », *Regards*, n° 23, 2003, p.180.

[926] DUPEYROUX (J.-J.), « Libres propos sur les cotisations », *Droit social*, 1993, n° 6, p.512.

sécurité sociale s'illustre entre d'un côté l'application directe de règles, de catégories, de principes du droit fiscal, ainsi étendu hors de son champ naturel et de l'autre l'élaboration de solutions propres au droit de la sécurité sociale, mais inspirées de celles retenues par le droit fiscal [927]. Là où l'influence directe mentionne expressément un potentiel renvoi du droit de la sécurité sociale vers le droit fiscal (**Paragraphe premier**), l'influence indirecte s'est construite au fil du temps à travers l'évolution des procédures et techniques sociales qui tendent à se rapprocher de celles mises en place par le droit fiscal (**Paragraphe second**).

§1. Une influence directe à travers les renvois exprès à la loi fiscale

155. Cette influence peut en effet être qualifiée de directe dès lors qu'elle est conditionnée par le renvoi exprès à la loi fiscale (**A**) et qu'un tel renvoi est contrôlé par le juge afin de préserver les règles propres de la Sécurité sociale (**B**).

A. L'emprunt des définitions et techniques fiscales

156. Des renvois variés. Afin de mieux appréhender la nature de l'influence directe du droit fiscal sur le droit de la sécurité sociale, les renvois exprès à la loi fiscale dans le Code de la sécurité sociale ont été analysés. Pour 228 références directes au Code général des impôts (CGI), 292 renvois vers ce code ont été comptabilisés dans le Code de la sécurité sociale 2016. À titre d'exemple, l'article L.131-8 du CSS détermine les affectations de différentes taxes définies par le CGI. Le renvoi aux dispositions du CGI est ici nécessaire afin de pouvoir déterminer précisément les modalités d'affectation. Les renvois peuvent être regroupés en 27 types [928], mais afin de mieux cerner la nature de l'influence directe du droit fiscal sur le droit social, ils peuvent être regroupés par nature.

---

927 DUPEYROUX (J.-J.), « Libres propos sur les cotisations », *Droit social*, 1993, n° 6, p.512.
928 Voir en ce sens, l'« Annexe 4 - Analyse détaillée des renvois exprès – 1) Du Code de la sécurité sociale vers le code général des impôts ».

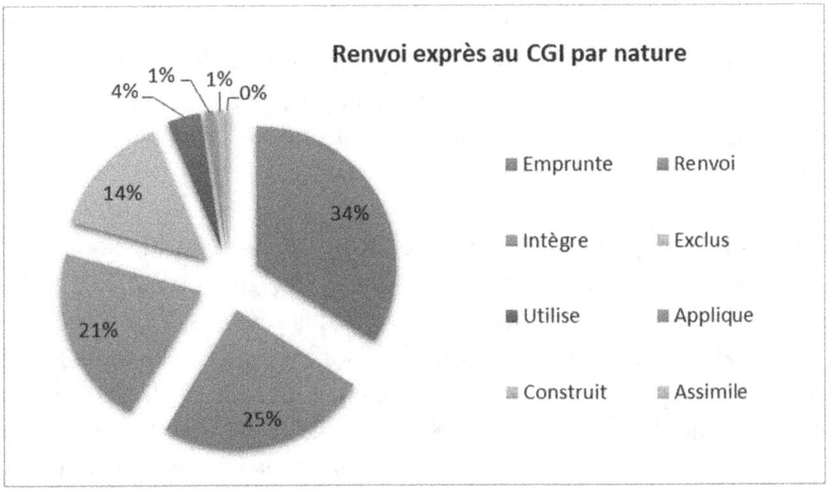

Source : Aurélie Dort, Analyse effectuée à partir du Code de la sécurité sociale 2016

157. Le poids de l'emprunt. Le droit social emprunte une définition ou une technique fiscale dans 34% des renvois opérés avec 49 renvois pour l'un et 45 pour l'autre. Emprunter est entendu ici comme l'action d'employer ce qui appartient à un domaine extérieur. L'emprunt peut être total ou partiel. À titre d'exemple, l'article L.131-4-2 du CSS renvoie à la définition des zones de revitalisation rurale opérées par le CGI mais aussi aux notions utilisées par le droit fiscal d'activité artisanale, industrielle, commerciale, d'activité agricole et d'activité non commerciale.

158. Les renvois « simples ». Néanmoins, 24% des cas concernent des renvois que nous qualifions de « simples » puisque le Code de la sécurité sociale renvoie, soit vers un champ d'application personnel défini par le CGI (25 cas), à un régime fiscal (21 cas), à l'application faite par le CGI (9 cas), soit vers les articles instaurant les taxes dont il détermine ensuite les modalités d'affectation (7 cas), aux conditions définies par le CGI (6 cas), aux modalités de recouvrement fiscales (1 cas) ou directement à une procédure fiscale (1 cas). À titre d'exemple, l'article L.161-1-1 du Code de la sécurité sociale renvoie aux articles 50-0 et 102 ter du CGI. Il s'agit ici des dispositions communes applicables pour les bénéficiaires de prestations. Ces dispositions mentionnent les textes fiscaux définissant les conditions de l'exonération de cotisations de Sécurité sociale. Pour Monique CHEMILLIER-GENDREAU, la qualification entraîne « *l'attribution d'un régime juridique* »[929]. Ces propos doivent être nuancés dans le cas présent puisque le Code de la sécurité sociale peut opérer un renvoi vers un régime juridique sans pour autant opérer de qualification au préalable. L'adhésion à une qualification fiscale relève ainsi de l'emprunt plus que du simple renvoi.

159. L'intégration fiscale. Le droit de la sécurité sociale intègre également des éléments fiscaux. Dans cet objectif d'intégration de données fiscales, les renvois se font vers des revenus. Ces intégrations de revenus se réalisent soit parce qu'elles sont mentionnées dans le CGI (30 cas), soit en application du CGI (2 cas). Le Code de la sécurité sociale intègre également des exonérations fiscales (5 cas), des conditions d'exonération fiscale (3 cas), des cotisations personnelles de sécurité sociale mentionnées dans le CGI (1 cas), un prélèvement fiscal (18 cas) ou même une déduction fiscale (1 cas). Le second alinéa de l'article L.136-3 de la Sécurité sociale est pour le moins étonnant puisque ce dernier prévoit que « *la contribution due par les travailleurs indépendants non agricoles ne relevant pas du régime prévu à l'article L.133-6-8 est assise sur les revenus déterminés par application des dispositions de l'article L.131-6.* ***Les cotisations personnelles de sécurité sociale mentionnées à l'article 154 bis du code général des impôts***[930] *ainsi que les sommes mentionnées aux articles L.441-4 et L.443-8 du code du travail et versées au bénéfice du travailleur indépendant sont ajoutées au bénéfice pour le calcul de la contribution, à l'exception de celles prises en compte dans le revenu d'activité défini à l'article L.131-6* ». Le Code de la sécurité sociale intègre donc dans la base de la contribution *les*

---

[929] « *que peuvent les qualifications juridiques ? Notre propos ici est de montrer justement qu'elles ne sont pas inutiles. La démarche juridique a pour finalité la mise en ordre des relations sociales, au moins pour une période donnée. Cette mise en ordre dans le cas du droit financier (mais la démarche est la même pour toutes les branches du droit) consiste à repérer les diverses masses financières et les opérations financières de dépenses et de recettes, à les distinguer. C'est une démarche de qualification. La qualification ainsi effectuée entraînera alors l'attribution d'un régime juridique, c'est-à-dire la détermination de relations d'imputations qui permettront de répondre aux questions : Qui décide ? Et selon quelles modalités ? Qui paye ? Et qui est responsable' ? L'ordre social dépend en grande partie des réponses claires à ces questions* », CHEMILLIER-GENDREAU (M.), « Finances publiques et santé publique », in *Études de finances publiques*, Mélanges en l'honneur de Paul Marie Gaudemet, Paris, Economica, 1984, p.360 ; Cité également par PELLET (R.), « Éléments de droit financier de la sécurité sociale », *AJDA,* 1990, p.165.

[930] Les propos ont été mis en évidence par le rédacteur afin d'attirer l'attention du lecteur.

cotisations personnes de sécurité sociale mentionnées à l'article 154 bis du CGI. Cet article prévoit la déductibilité des *cotisations versées aux régimes obligatoires complémentaires d'assurance vieillesse*. Lors de l'intégration de ces exonérations fiscales, le droit de la sécurité sociale construit une règle générale en intégrant ces normes d'exception. De telles normes font office d'exceptions puisqu'elles ne sont pas initialement prévues par le droit de la sécurité sociale. Par l'intégration dont elles font l'objet, les normes, initialement d'exception, n'en sont plus et deviennent la règle générale.

160. L'application du droit fiscal. Le droit de la sécurité sociale applique également le CGI, de manière directe comme indirecte. Il n'applique directement le CGI que dans un seul cas, lorsque l'article R.137-2 du CSS renvoie vers l'article 1004 bis du CGI à deux reprises. Le premier renvoi permet de désigner le représentant des organismes d'assurances et assimilés en conformité avec le CGI, tandis que le second renvoi désigne uniquement le registre prévu par le CGI. Dans le premier cas, il s'agit d'une application directe du CGI, puis dans le second cas d'un renvoi vers l'application faite par le droit fiscal. Il y a également deux cas d'application d'une déduction fiscale dans le CSS. L'application se perçoit ici différemment de l'intégration. L'application est faite directement au sein du Code de la sécurité sociale.

161. L'exclusion fiscale. Le droit de la sécurité sociale intègre des données fiscales, emprunte des définitions ou techniques fiscales pour appuyer ses concepts, mais il lui arrive également d'exclure des éléments du droit fiscal. C'est ainsi qu'il exclut des déductions fiscales (2 cas), des revenus visés par le CGI (26 cas), un prélèvement fiscal (1 cas), une technique fiscale (9 cas), un champ d'application personnel visé par le CGI (1 cas) et dans deux cas, ce dernier exclut directement des dispositions du CGI. À titre d'exemple, l'article L.932-41 du CSS dispose notamment dans ses deux derniers alinéas qu'« *il est institué pour chaque contrat mentionné au deuxième alinéa de l'article L.932-40, ne relevant pas du b du 1 du I de l'article 163 quatervicies du code général des impôts* [...] *un comité de surveillance chargé de veiller à la bonne exécution du contrat et à la représentation des intérêts des adhérents* [...] *Les deuxième et troisième alinéas ne s'appliquent ni aux contrats à prestations définies bénéficiant du régime prévu au 2° et au 2° 0 bis de l'article 83 du code général des impôts, ni à ceux entrant dans le champ d'application de l'article L.137-11 du code de la sécurité sociale* ». Dans le premier cas, le

Code exclut simplement les dispositions du CGI, alors que dans le second il exclut les prestations bénéficiant du régime défini par le CGI. Tel est également le cas de l'article L.131-5 du CSS qui régit la déduction de l'assiette de l'IR des versements effectués à titre de cotisations de sécurité sociale par l'employeur et par l'assuré. Il renvoie directement à l'article 156, II, 4° du CGI qui détermine le revenu imposable et prévoit que les « *versements effectués à titre de cotisations de sécurité sociale, à l'exception de ceux effectués pour les gens de maison* » n'entrent pas en compte pour l'évaluation des revenus des différentes catégories. Le droit de la sécurité sociale se construit alors en marge des notions fiscales lorsqu'il décide de les exclure de manière expresse.

162. L'utilisation formelle du droit fiscal. Le Code de la sécurité sociale peut également utiliser le droit fiscal. Les cas d'utilisation sont moins fréquents (11 cas) et limités à l'utilisation des déclarations produites dans le cadre du CGI. Le droit de la sécurité sociale va donc utiliser ici le formalisme fiscal. Cette réflexion se trouve d'autant plus renforcée par l'idée générale que le formalisme appartient plus au droit fiscal qu'au droit de la sécurité sociale et qui s'illustre pleinement dans le droit du recouvrement [931]. Certains auteurs n'hésitent d'ailleurs pas à mentionner à ce sujet le « *plus grand formalisme du droit fiscal* » [932].

163. L'assimilation fiscale. Le Code de la sécurité sociale assimile également parfois une notion fiscale. L'assimilation est entendue comme le « *procédé technique consistant, pour le législateur, une convention ou un interprète, à rattacher une situation, un cas ou une notion juridique à une catégorie voisine en faisant (plus ou moins) abstraction de leurs différences, afin de soumettre en tout ou partie, l'élément assimilé au même régime juridique que la catégorie de rattachement* » [933]. L'article L.382-3 du CSS renvoie vers l'article 93, 1 quater du CGI. Le dernier alinéa de l'article L.382-3 dispose que « *les revenus servant de base au calcul des cotisations dues au titre du présent régime sont constitués du montant brut des droits d'auteur lorsque ces derniers sont* ***assimilés fiscalement*** [934] *à des traitements et salaires par le 1 quater de l'article 93 du code général des impôts* ». Le code lui-même retient le vocabulaire d'assimilation fiscale concernant la nature des revenus mentionnés et

[931] Voir en ce sens, le paragraphe B sur l'influence indirecte.
[932] JOUBERT (A.), « L'assiette des cotisations sociales », *Droit social*, 1993, p.528.
[933] CORNU (G.), *Vocabulaire juridique*, Paris, PUF, 8e éd., 2007, p.80.
[934] Les propos ont été mis en évidence par le rédacteur afin d'attirer l'attention du lecteur.

opère ensuite un renvoi vers la notion de traitements et salaires retenus par le CGI. Si pour Jean-Luc ALBERT, le droit fiscal opère une « *qualification et assimilation dans une démarche d'autonomie* » [935], tel est également le cas du droit de la sécurité sociale.

164. Une construction sociale issue du droit fiscal. Le droit de la sécurité sociale peut également construire une notion à partir du droit fiscal. Le renvoi à des techniques et conceptions fiscales permet ainsi au droit social de déterminer la notion de revenu d'activité non salarié. Lorsque le droit social se construit à partir du droit fiscal, le droit fiscal élabore un produit à partir du droit social. Tel est notamment le cas de l'article L.131-5 du CSS qui régit la déduction de l'assiette de l'IR des versements effectués à titre de cotisations de sécurité sociale par l'employeur et par l'assuré. Il renvoie directement à l'article 156, II, 4° du CGI qui détermine le revenu imposable et prévoit que les « *versements effectués à titre de cotisations de sécurité sociale, à l'exception de ceux effectués pour les gens de maison* » n'entrent pas en compte pour l'évaluation des revenus des différentes catégories. Tel est également le cas de l'article L.131-6 qui régit les cotisations sur les revenus d'activité des travailleurs non-salariés des professions non agricoles qui sont « *assises sur leur revenu d'activité non salarié* ». Le revenu retenu diffère cependant de celui retenu en droit fiscal puisque le revenu d'activité non salarié est retenu sans tenir compte des « *plus-values et moins-values professionnelles à long terme, des reports déficitaires, des exonérations, du coefficient multiplicateur mentionné au 7 de l'article 158 du code général des impôts et des déductions à effectuer du chef des frais professionnels et des frais, droits et intérêts d'emprunt prévues aux deuxième et dernier alinéas du 3° de l'article 83 du même code* ». Les renvois au CGI permettent donc d'identifier le coefficient multiplicateur concerné qui est de 1.25 selon l'article 158,7 du CGI. Les renvois suivants de l'article L.131-6 du CSS viennent préciser les composants du revenu d'activité non-salariés en renvoyant au second alinéa du I de l'article 154 bis, aux articles 108 à 115 et au 4° de l'article 124 du CGI. Le second alinéa du I de l'article 154 bis mentionne les « *cotisations à des régimes obligatoires, de base ou complémentaires, d'allocations familiales, d'assurance vieillesse, y compris les cotisations versées en exercice des facultés de rachat* » qui peuvent être déduites du bénéfice imposable. Les

---

[935] ALBERT (J.-L.), « L'impôt et le service public au XIXe siècle en France », in *Mélanges en l'honneur du Professeur Joël Molinier*, Paris, LGDJ, 2012, p.9.

articles 108 à 115 du CGI concernent la détermination des bénéfices ou revenus nets des revenus des capitaux mobiliers et plus particulièrement des produits des actions et parts sociales. Ces revenus sont intégrés au revenu d'activité non salarié. Sont également intégrés dans le revenu au sens de l'article L.131-6 du CSS, les comptes courants tels que définis dans l'article 124, 4° du CGI. À travers le renvoi à des techniques et notions fiscales, le droit de la sécurité sociale peut ainsi déterminer sa propre conception du revenu d'activité non salarié.

165. Un faible renvoi aux procédures fiscales. Les références au livre des procédures fiscales (LPF) sont beaucoup moins nombreuses car limitées à dix. Par ailleurs, à travers les renvois exprès au CGI, nous n'avons relevé qu'une référence aux modalités de recouvrement fiscal et une référence directe à une procédure fiscale. Le faible renvoi exprès vers les modalités de recouvrement et vers la procédure fiscale s'explique par l'influence indirecte [936] existante entre les procédures fiscales et sociales de contrôle et de recouvrement, le peu de renvoi exprès est ainsi logique.

166. Un renvoi textuel présent dans les LFSS. Les renvois au CGI sont également présents au sein des lois de financement de la Sécurité sociale. À titre d'exemple, la loi de financement de la Sécurité sociale pour 2016 [937] opère dix renvois vers le Code général des impôts. De tels renvois ne sont pas surprenants du fait de l'imbrication des lois de finances et des lois de financement de la Sécurité sociale [938].

167. Des natures diverses. Les renvois exprès à la loi fiscale peuvent être recensés par nature en huit catégories de renvoi : l'emprunt, le renvoi « simple », l'intégration, l'exclusion, l'utilisation, l'application, l'assimilation et la construction. Afin de mettre en évidence la nature des renvois ainsi que la nature des rapports entretenus entre le droit fiscal et le droit de la sécurité sociale, les renvois peuvent être schématisés de la manière suivante :

---

[936] Voir en ce sens, les paragraphes n° 170 et suivants de cette même section.

[937] Loi n° 2015-1702 du 21 décembre 2015 de financement de la sécurité sociale pour 2016, JORF n° 0296 du 22 décembre 2015, p.23635.

[938] Voir en ce sens le paragraphe n°353 et s.

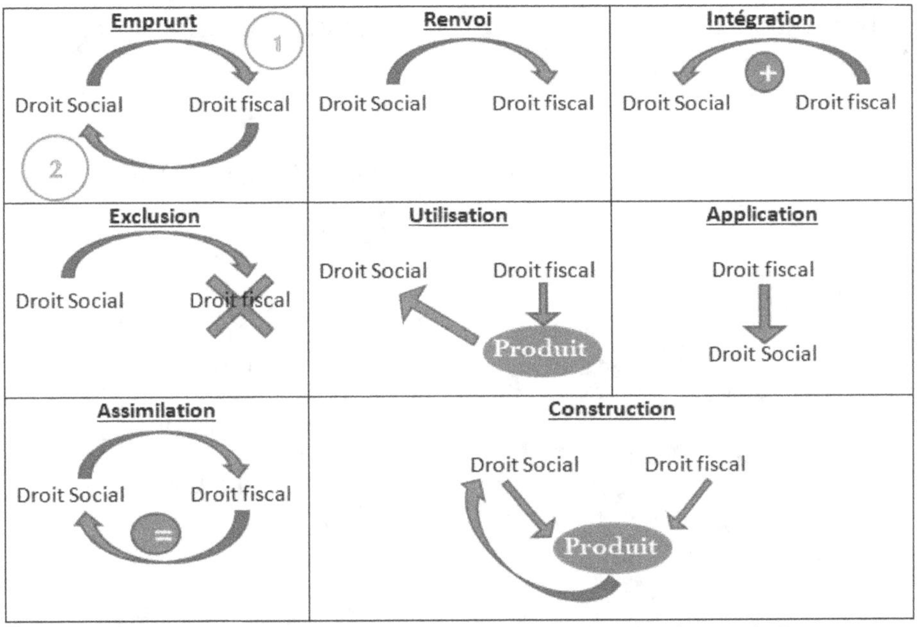

Ces renvois se placent majoritairement sur un plan horizontal. Concernant l'emprunt des techniques ou définitions fiscales, les relations entre le droit de la sécurité sociale et le droit fiscal sont au même niveau. Les normes qui régissent ces relations sont majoritairement législatives, la loi fiscale n'est pas constitutionnellement supérieure à la loi sociale, dès lors les rapports entre elles sont à un même niveau. Il en est de même pour le renvoi qui se perçoit comme un rapport horizontal entre les normes de sécurité sociale et fiscales allant du droit de la sécurité sociale vers le droit fiscal. L'intégration se caractérise en ce sens comme un rapport horizontal allant du droit fiscal vers le droit de la sécurité sociale. Elle permet l'incorporation des règles fiscales dans le corps des règles de sécurité sociale alors que l'application entraîne leur soumission. Lorsque le droit de la sécurité sociale exclut le droit fiscal, ce dernier n'intervient pas comme une norme d'exception, il sort de la qualification retenue par le droit de la sécurité sociale. La nouvelle qualification forme ainsi la réalité juridique au sens du droit de la sécurité sociale. L'application se perçoit comme un rapport vertical entre les deux normes là où l'intégration applique un rapport horizontal. Par l'assimilation, le droit de la sécurité sociale ramène le différent au semblable.

168. Un renvoi réciproque. L'influence du droit fiscal sur le droit social est notable mais non exclusive puisque le Code général des impôts

2016 mentionne également 103 fois le Code de la sécurité sociale pour 114 références.

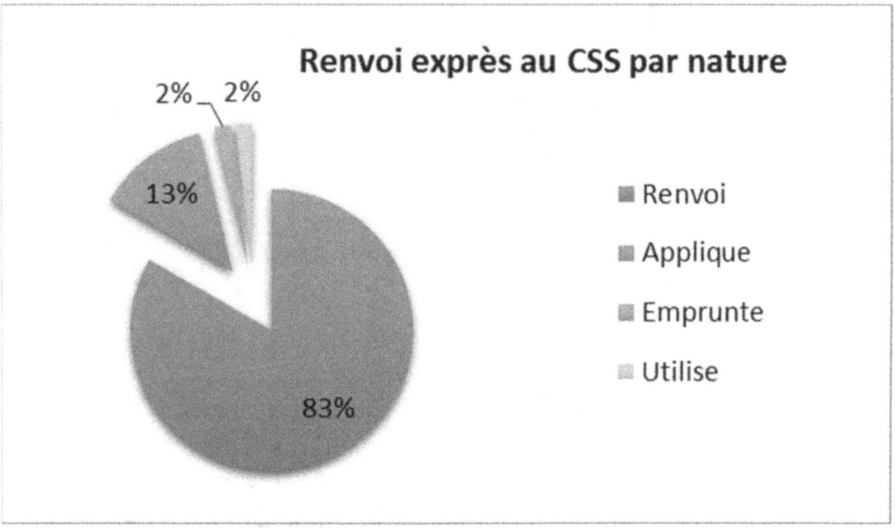

Source : Aurélie Dort, Analyse effectuée à partir du Code général des impôts 2016

Les renvois du CSS vers le CGI sont plus « simples » puisqu'ils sont uniquement de 21 natures différentes facilement regroupables [939]. Ces différentes natures peuvent être regroupées ensuite en 90 renvois (83%), 14 applications (13%), 2 emprunts (2%) et 2 utilisations (2%). Si le droit social s'inspire du droit fiscal, le droit fiscal s'appuie sur le droit social pour quelques références propres à la matière telles que les régimes et organismes sociaux qui sont naturellement définis par le CSS. Il s'appuie sur des conceptions et techniques définies par le droit social, là où celui-ci utilise le droit fiscal afin de définir ses propres concepts. Ce qui relève de la fiscalisation dans un sens ne peut donc être qualifié de socialisation dans l'autre. Afin d'illustrer la prédominance de l'influence du droit fiscal sur le droit social, la construction d'un schéma regroupant les deux types d'influence semble intéressante [940].

169. Une fiscalisation limitée par la référence expresse. La fiscalisation prend donc un sens nouveau. Cela se traduit comme le

---

[939] Voir le détail, « Annexe 4: Analyse détaillée des renvois exprès – 2) Du Code général des impôts vers le Code de la sécurité sociale ».

[940] Voir en ce sens, « Annexe 4 : Analyse détaillée des renvois exprès – 3) Schématisation des influences ».

recours au droit fiscal dans la détermination des règles de sécurité sociale. Cette influence directe du droit fiscal, bien qu'affirmée, est toutefois encadrée, tant par les textes que par la jurisprudence qui veille à ce que les spécificités du droit de la sécurité sociale demeurent. Cette fiscalisation peut prendre plusieurs formes suivant la nature des rapports entretenus entre le droit de la sécurité sociale et le droit fiscal. La fiscalisation s'entend comme l'imprégnation du droit fiscal dans le droit de la sécurité sociale, que ce soit à travers l'intégration de données fiscales, l'assimilation ou l'emprunt de définitions et techniques fiscales. La construction, dès lors qu'elle emprunte des éléments fiscaux, traduit également une fiscalisation du droit de la sécurité sociale bien qu'elle soit moins affirmée dans ce processus que dans l'emprunt ou l'assimilation. La fiscalisation s'exprime alors comme étant une « *forme d'imbrication des dispositifs* » [941]. Le recours direct aux règles fiscales n'est toutefois possible que dans les cas expressément prévus par la loi sociale. Afin de préserver les règles propres au droit de la sécurité sociale, la jurisprudence veille alors attentivement au respect de cette règle.

B. Une intervention fiscale rigoureusement contrôlée par la jurisprudence

170. Une incidence fiscale encadrée. Le recours direct aux règles fiscales pour la solution des problèmes soulevés par les cotisations sociales est impossible si elle n'est pas prévue par les textes [942]. Depuis une ancienne jurisprudence, la Cour de cassation affirme qu'« *en l'absence de référence générale des textes de sécurité sociale aux textes fiscaux et faute de dispositions particulières d'assimilation* » [943], le droit fiscal n'est pas applicable. La Cour reprendra un raisonnement similaire dans deux autres affaires ultérieures [944]. Sans pour autant utiliser cette formulation, une telle analyse sera appliquée dans deux arrêts

---

[941] MONNIER (J.-M.), Fiscalisation, politique fiscale globale et recentralisation de la sphère financière publique et sociale, *Colloque international : État et régulation sociale – Comment penser la cohérence de l'intervention publique*, du 11, 12 et 13 septembre 2006, p.3.

[942] DUPEYROUX (J-J), PRÉTOT (X.), *Droit de la sécurité sociale*, Paris, Dalloz, 17e éd., 2011, p.803.

[943] Cass., Soc, 14 mai 1975, n° 73-13.204, Bull. n°260, p.229.

[944] « *en l'absence de référence des textes de sécurité sociale aux textes fiscaux et faute de dispositions particulières d'assimilation* », Cass., Soc., 10 mai 1988, n° 85-18.651 ; Cass., Soc., 12 novembre 2003, n° 01-43.013.

d'assemblée plénière de 1985 [945]. Les renvois du Code de la sécurité sociale vers le Code général des impôts sont désormais appliqués lorsqu'ils sont prévus et encadrés par la loi sans qu'il soit nécessaire de rappeler l'attendu de principe dégagé dès 1975 [946]. Par conséquent, en l'absence de renvoi, la règle fiscale reste sans incidence. D'après la Cour de cassation, lorsque les sociétés à responsabilité limitée sont soumises sans restriction au droit de la sécurité sociale, « *leur régime fiscal est dépourvu d'incidence* » [947]. Par la fiscalisation des techniques et procédures sociales, une disposition fiscale peut ainsi constituer le support d'une réglementation sociale. La Cour s'est d'ailleurs prononcée dans le cadre de l'abrogation d'une disposition fiscale en décidant « *qu'en présence d'une disposition fiscale abrogée support d'une réglementation sociale devenue caduque, les conditions de la tolérance instituée par l'ACOSS doivent à tout le moins être justifiées* ». Dans le cas d'espèce, l'ACOSS n'a pas pu justifier du bien-fondé de son argumentaire fondé sur une réglementation abrogée. La déduction concernée « *résultait d'une simple tolérance administrative dont les conditions d'application relevaient de l'appréciation exclusive de l'organisme de recouvrement* » [948], ce qui demeure impossible.

171. L'illustration à travers l'intégration des revenus. Si l'on a démontré précédemment que le droit de la sécurité sociale renvoie fréquemment vers le Code général des impôts, il s'avère qu'une certaine part des renvois concerne des revenus mentionnés par le CGI qui vont ensuite être intégrés dans l'assiette d'une cotisation ou contribution sociale. Dans tous les cas, la qualification de la rémunération perçue au regard de ce droit ne peut être affectée par la « *position retenue par l'administration fiscale* » [949]. En matière de rémunération, les requérants ont opiné à deux reprises que la référence aux dispositions du code général

[945] Cass., Ass. Plén., 29 novembre 1985, n° 83-15.580 et n° 84-12.543, Bull. 1985, APN, n°10, p.13.

[946] Voir en ce sens, Cass., Civ., 2e, 18 décembre 2014, n° 13-20.198, Inédit au Recueil Lebon ; Cass., Civ., 2e, 2 avril 2015, n° 14-10.822, Inédit au Recueil Lebon .

[947] Cass., Soc., 22 juin 1988, n° 86-13.596, , Bull.1988, V, n° 379, p.245 ; Cass., Soc., 18 juin 1986, n° 84-10.254, Bull. 1986, V, n° 315, p.241.

[948] Cass., Civ., 2e., 8 octobre 2015, n° 14-22.164, Inédit au Recueil Lebon .

[949] Cass., Soc., 17 mai 1982, n° 81-12.842, Bull. civ. V., n° 314, p.232 ; Cass., Soc., 20 février 1992, n° 89-21847, *RJS*, 4/92, n° 529 ; PRÉTOT (X.), « La notion de cotisation de Sécurité sociale », *Droit social*, 1993, p.516.

des impôts et au Code de la sécurité sociale est « *inopérante* » [950]. Néanmoins la Cour procède autrement car elle a eu l'occasion de se prononcer sur la construction sociale de la notion de revenu d'activité non salariée mentionnée précédemment dans un arrêt du 9 octobre 2014 en retenant que « *la circonstance que ces revenus ne sont pas soumis à l'impôt n'exclut pas leur assujettissement aux cotisations sociales* » [951]. En l'espèce, la convention fiscale franco-américaine prévoie une exonération qui n'est pas prévue par l'article L.131-6 du Code de la sécurité sociale. Dans la mesure où cela n'est pas prévu par le droit de la sécurité sociale, le raisonnement fiscal et donc l'exonération ne peuvent être appliqués. Cependant, la Cour a développé ce raisonnement dans un arrêt du 10 mars 2016 reposant sur les conséquences d'un point de vue européen dans la mesure où « *les revenus de source étrangère, bien que non imposables en France sont "retenus" pour le calcul de l'impôt sur le revenu au sens de l'article L.131-6 du code de la sécurité sociale puisqu'ils sont pris en compte pour déterminer le taux effectif d'imposition ; que si les conventions fiscales permettent au requérant de bénéficier de crédit d'impôt ou d'un taux spécifique d'imposition, elles n'exonèrent nullement l'intéressé de payer en France les cotisations sociales sur les revenus perçus en Grande-Bretagne ; Que de ces constatations faisant ressortir que M. X...relevait exclusivement, en raison de son activité non salariée, de la législation française de sécurité sociale, la cour d'appel a exactement déduit, sans encourir les griefs du moyen, que les revenus de source anglaise de M. X... revêtaient, au sens de l'article L.131-6 du code de la sécurité sociale, le caractère d'un revenu d'activité non salariée retenu pour le calcul de l'impôt sur le revenu, de sorte qu'ils entraient dans l'assiette des cotisations litigieuses* » [952]. La Cour de cassation confirme la jurisprudence antérieure mais approfondit le raisonnement en retenant que les revenus tirés de sources étrangères concernés revêtent le caractère d'un revenu d'activité non salariée retenu pour le calcul de l'impôt sur le revenu, dès lors ces revenus entrent dans l'assiette des cotisations d'allocations familiales dues par l'intéressé. Les champs fiscaux et sociaux sont ainsi liés puisque des revenus mentionnés par le CGI peuvent être intégrés dans l'assiette d'une cotisation ou contribution sociale.

---

[950] Cass., Soc., 7 décembre 2011, n° 10-23.686 ; Cass., Soc., 7 décembre 2011, n° 10-23.687.

[951] Cass., Civ., 2e., 9 octobre 2014, n° 13-18.974 ; Cass., Civ., 2e., 9 octobre 2014, n° 13-18.837, *RJS* 12/2014, n° 897.

[952] Cass., Civ., 2e., 10 mars 2016, n° 15-13.404, BS 5/2016, inf.371.

172. L'assouplissement kilométrique. En cas de renvoi exprès prévu par les textes, les cours suprêmes ont une vision très étroite du renvoi. Dans cette logique certaines règles de déduction et d'abattements propres au régime fiscal sont écartées pour la détermination de l'assiette des cotisations dues par le travailleur indépendant notamment [953]. En matière de déductions et d'abattements, la Cour de cassation veille par ailleurs à l'absence de cumul [954]. Toutefois malgré cette vision étroite du renvoi vers la matière fiscale, la règle quant à l'utilisation du droit fiscal conditionnée aux renvois exprès est considérablement atténuée concernant l'application du barème publié par l'administration fiscale en matière d'indemnité kilométrique [955]. Les allocations forfaitaires d'indemnisation kilométriques peuvent en effet être exonérées de cotisations sociales lorsqu'elles se placent dans la limite des montants fixés par le barème fiscal et ceci même si la loi sociale ne l'affirme pas expressément.

173. Un contrôle aussi bien judiciaire qu'administratif. Bien que le contentieux de la Sécurité sociale relève majoritairement du droit privé et donc du contrôle de la Cour de cassation, ce raisonnement ne lui est pas propre, puisque le Conseil d'État retient une solution similaire en matière de légalité des circulaires et instructions des organismes de recouvrement [956]. Le Conseil d'État a jugé illégal le paragraphe d'une instruction « *en tant qu'il inclut dans l'assiette de la taxe les rémunérations des dirigeants visés par l'article 80 ter du code général des impôts mais qui ne sont pas mentionnés à l'article L.311-3 du code de la sécurité sociale ; qu'il doit, par suite, être annulé dans cette mesure* » [957]. Le droit fiscal ne peut ainsi être appliqué dans le droit de la

---

[953] Voir en ce sens, PRÉTOT (X.), « La notion de cotisation de Sécurité sociale », *Droit social*, 1993, p.516.

[954] Cass., Soc., 1 juillet 1971, n° 70-11.075, Bull. civ. V, n°811 ; Cass., Soc., 3 mai 1979, n° 77-14.898, Bull. n°384.

[955] Cass., Civ., 2e., 10 octobre 2013, n° 12-23.503, Inédit au Recueil Lebon ; Cass., Soc., 25 octobre 2001, n° 00-10.374, Inédit au Recueil Lebon ; Cass., Soc., 14 octobre 1993, n° 91-16.210 ; Cass., Soc., 22 juillet 1993, n° 91-10.740 ; Cass., Soc., 1 avril 1993, n° 91-12.869, Inédit au Recueil Lebon ; Cass., Soc., 4 mars 1993, n° 89-20.821 ; Cass., Soc., 9 avril 1992, n° 90-11.951, Inédit au Recueil Lebon ; Cass., Soc., 4 juillet 1991, n° 89-15.263, *RJS* 10-1991, n°1134 ; BASCOU (H.-G.), COURSIER (P.), « L'assiette des cotisations et les frais professionnels, frais de mission et frais d'expatriation », *Droit social*, 1993, p.542 et s.

[956] CE, 1e et 4e ss-sect., 8 juillet 1992, req. n° 85786, *RJS*, 10/1992, n°1161 .

[957] CE, 3e et 8e ss-sect., 21 janvier 2016, req. n° 388989.

sécurité sociale en l'absence de renvoi express, son intervention est alors limitée aux cas autorisés par la loi.

174. Une fiscalisation, source d'évolution du droit social. Le droit de la sécurité sociale peut, certes, être parfois considéré comme le « *banc d'essai des techniques budgétaires* » [958], mais le juge veille à ce que le droit fiscal n'empiète dans le droit de la sécurité sociale que dans les cas autorisés par la loi. Cette influence directe du droit fiscal sur le droit social traduit une nécessaire convergence entre droit social et droit fiscal [959]. La Cour de Cassation se fonde ainsi parfois sur « *la loi tant fiscale que sociale* » [960]. Ce rapprochement se fait également par l'application des grands principes généraux du droit que l'on retrouve tant en droit fiscal qu'en droit social. Toutefois ce n'est que par le biais d'une influence indirecte que l'on constate une « *évolution du droit social soumis à l'attraction du droit fiscal* » [961]. La fiscalisation entraîne alors l'évolution du droit de la sécurité sociale, en tendant vers une harmonisation progressive mais aussi en conservant les spécificités sociales.

§2. UNE INFLUENCE INDIRECTE À TRAVERS LE CALQUE DES PROCÉDURES DE CONTRÔLE ET DE RECOUVREMENT

175. La tendance de l'administration des finances à vouloir progressivement prendre en charge les institutions sociales est un phénomène ancien. Charles VIATTE, rapporteur de la Commission du Travail, a d'ailleurs combattu dans les années 1950 « *le projet de fiscalisation du recouvrement, faisant valoir qu'il s'agissait là d'une prérogative essentielle des caisses* » [962]. Si l'administration fiscale ne prend pas en charge les institutions sociales à l'heure actuelle, une influence indirecte du droit fiscal sur le droit social se traduit par une

---

[958] SAINT-JOURS (Y.), *Traité de Sécurité sociale, t.1 – Le droit de la sécurité sociale*, Paris, LGDJ, 1984, p.131.

[959] BARTHÉLÉMY (J.), « Peut-on dissocier le droit du travail et le droit de la sécurité sociale », *Droit social*, 2007, p.787.

[960] Cass., Civ., 2e., 11 février 2016, n° 15-13.398.

[961] MONNIER (J.-M.), « Fiscalisation, politique fiscale globale et recentralisation de la sphère financière publique et sociale », *op.cit.*, p.1-2.

[962] GALANT (H.- C.), *Histoire politique de la Sécurité sociale française 1945-1952*, Paris, Librairie Armant Colin, 1955, p.183.

« *transformation du droit social* » [963]. Cette influence indirecte se retrouve principalement à travers le calque des procédures sociales de contrôle et de redressement sur les procédures fiscales. Les procédures de contrôle et de recouvrement fiscales et sociales tendent à s'harmoniser. Si certaines spécificités demeurent, elles sont de moins en moins présentes en raison de l'uniformisation progressive des procédures et techniques que l'on retrouve dans les démarches préalables au contrôle (**A**) mais aussi lors du contrôle et du recouvrement (**B**).

A. L'influence fiscale sur les démarches préalables au contrôle

176. Une origine distincte. Initialement le recouvrement des cotisations était assuré localement par les caisses primaires de sécurité sociale en vertu de l'ordonnance du 4 octobre 1945. C'est parce que les différentes caisses de base avaient la possibilité de se regrouper que sont nées les unions de recouvrement des cotisations de sécurité sociale et d'allocations familiales (URSSAF). Elles constituent « *aujourd'hui le premier réseau de recouvrement de créances publiques* » [964] puisqu'elles recouvrent les cotisations du régime général. Pour les autres régimes, le recouvrement est assuré par les Caisses elles-mêmes [965]. L'administration fiscale est beaucoup plus ancienne puisque la loi du 24 novembre 1799 mettait déjà en place une direction du recouvrement. Après de multiples évolutions, le recouvrement était partagé entre la Direction générale des impôts et la Direction générale de la comptabilité publique. Ces deux administrations ont fusionné dans la direction générale des finances publiques suite au décret du 3 avril 2008 [966], ce qui les a d'ailleurs amenées à harmoniser leurs procédures de recouvrement [967] ainsi que leurs procédures de recouvrement forcé puisque la loi de finances

[963] MONNIER (J.-M.), « Fiscalisation, politique fiscale globale et recentralisation de la sphère financière publique et sociale », *op.cit.*, p.1-2.
[964] FERRAS (B.), MATT (J.-L.), « La question du financement », *Vie sociale*, n° 10, 2015, p.136.
[965] JAMBU-MERLIN (R.), *La Sécurité sociale*, Paris, Armand Colin, Coll. U, 1970, p.87 et s.
[966] Décret n° 2008-310 du 3 avril 2008 relatif à la direction générale des finances publiques, JORF n° 0080 du 4 avril 2008.
[967] RAVET (C.), « L'harmonisation des procédures de recouvrement à la DGFIP », *Gestion et Finances publiques*, n° 3/4, 2015, pp.81-84.

rectificative pour 2010 [968] prévoit l'« *harmonisation des procédures de recouvrement forcé au sein de la DGFIP* ». Toutefois, les structures de recouvrement fiscal et social, au-delà de leurs singularités [969], sont proches par l'identité croissante de leur mission. Gérard VACHET indique à ce propos que les règles applicables au paiement des cotisations sociales *« ne servent qu'à assurer un recouvrement satisfaisant des cotisations ; elles ne sont, en aucun cas, la cause du déficit de la Sécurité sociale »*[970]. Un tel raisonnement peut aisément être appliqué au recouvrement fiscal. Observer le calque des procédures fiscales sur les procédures sociales revient à affirmer l'unité de l'action du contrôle et du recouvrement, à travers l'unité du service public et leur appartenance aux prélèvements obligatoires.

177. Une harmonisation amorcée. Pendant longtemps la perception des cotisations sociales a suscité des difficultés [971]. Afin d'obtenir l'assainissement financier du régime général de sécurité sociale, les procédures sociales de contrôle et de recouvrement se sont progressivement transformées. Xavier PRÉTOT et Jean-Jacques DUPEYROUX décrivent alors une « *tendance à l'harmonisation des règles régissant le prélèvement fiscal et le prélèvement social* » [972]. À travers la mutation profonde des mécanismes collecteurs des recettes s'inspirant de plus en plus du modèle fiscal pris en tant que cadre de référence [973], les procédures de contrôle et de recouvrement sociales et fiscales s'harmonisent. S'il ne peut y avoir un mariage d'amour [974] entre l'administration fiscale et le contribuable, au même titre qu'entre les URSSAF et les cotisants, il n'en demeure pas moins que leurs relations

---

[968] Loi n° 2010-1658 du 29 décembre 2010 de finances rectificative pour 2010, JORF n° 0302 du 30 décembre 2010, p.23127.

[969] FERRAS (B), HERBAUX (V.), « Comparaison des procédures de recouvrement de l'Administration Fiscale et de la Sécurité sociale : Quels enseignements possibles pour le réseau URSSAF ? », *Regards*, n° 23, 2003, p.180.

[970] VACHET (G.), « Le paiement des cotisations sociales », *Droit social*, 1993, p.560.

[971] GETTING (A.), « Le recouvrement des cotisations de sécurité sociale », *Droit social*, 1951, n° 7, p.482.

[972] DUPEYROUX (J-J), PRÉTOT (X.), *Droit de la sécurité sociale*, Paris, Dalloz, 17e éd., 2011, p.803.

[973] BANCAREL (M.), « La crise du recouvrement des cotisations de Sécurité sociale », *Droit social*, 1993, p.780.

[974] ROCHÉ (J.), « L'administration fiscale face aux mutations du monde moderne », *RFFP*, n° 1, 1983, pp.102-115.

tendent à s'améliorer, mais surtout à se rapprocher. Ce début d'harmonisation se constate aux différents stades de la procédure.

178. Le dépôt de déclaration, préalable nécessaire à toutes procédures. Les procédures sociales de contrôle et de recouvrement des cotisations s'inspirent très largement des techniques fiscales [975]. Cette inspiration concerne notamment l'architecture des procédures [976]. Si un effort de clarification et d'articulation des différences voies de recours offertes au contribuable doit être mené, il en est de même concernant le cotisant. Depuis leur mise en place, les procédures de contrôle et de recouvrement ont des spécificités communes avec celle de droit fiscal. Le recouvrement des cotisations de sécurité sociale comprend « *trois phases* » [977]: la déclaration, la taxation, et le versement. Ces trois phases se retrouvent également dans le recouvrement des impôts. Le fondement même du contrôle fiscal est lié au système déclaratif, mais il trouve aussi son origine dans l'article 13 de la Déclaration des Droits de l'Homme et du Citoyen qui détermine le principe de nécessité de l'impôt. Le but du contrôle social est similaire, et s'accompagne d'un système déclaratif ainsi que d'un financement nécessaire des prestations sociales. Le contrôle, qu'il soit social ou fiscal, permet d'éviter les erreurs ou omissions et les fraudes ayant pu être commises par le contribuable. André DERUE considère d'ailleurs que ce système déclaratif « *place le cotisant en "première ligne" dans l'application des textes relatifs aux cotisations et prélèvements sociaux* » [978]. Ces déclarations constituent le préalable nécessaire à tout contrôle mais aussi à tout paiement. Les déclarations fiscales et sociales possèdent une particularité commune puisqu'elles servent l'application du principe d'égalité dans la répartition des charges publiques [979]. Certaines qualifications découlent d'ailleurs directement du bien-fondé de ces déclarations. Tel est notamment le cas de la notion de « délit de travail dissimulé par dissimulation d'emploi salarié » qui prend en compte la soustraction intentionnelle des

---

975 SAINT-JOURS (Y.), *Traité de Sécurité sociale, t.1 – Le droit de la sécurité sociale*, Paris, LGDJ, 1984, p.151 et s.

976 Voir en ce sens l'Annexe 3 : Analyse des procédures.

977 NETTER (F.), *La Sécurité sociale et ses principes* [1959], *op.cit.*, p.258.

978 DERUE (A.), « La procédure de contrôle URSSAF et le respect du contradictoire », *Regards*, n° 47, mars 2015, p.205.

979 DJOUHRI (M.), *L'évolution du contrôle fiscal depuis 1945 : aspects juridiques et organisationnels*, Paris, LGDJ, Bibliothèque Finances publiques et fiscalité, t.57, 2012, p.45.

déclarations qui auraient dû être faites tant aux organismes de recouvrement de sécurité sociale qu'à l'administration fiscale [980]. Les déclarations fiscales sont prises en compte dans la vérification opérée par les URSSAF afin d'éviter une discordance entre les revenus déclarés à l'organisme de sécurité sociale et ceux déclarés à l'administration fiscale [981]. Par cet aspect commun, il est envisagé d'« *unifier les procédures déclaratives en matière fiscale et sociale* » [982]. Ce changement est envisagé sous l'angle d'un « avis d'appel unique pour l'ensemble des cotisations personnelles » parmi lesquelles sont intégrées la CSG et la CRDS. Dans la continuité de la déclaration commune de revenus, cette réforme est perçue comme une étape supplémentaire dans la simplification des procédures déclaratives. Toutefois ce projet de simplification proposé par le rapport « Cotisations sociales : stabiliser la norme, sécuriser les relations avec les URSSAF et prévenir les abus » n'est « *pas complètement abouti* » [983] puisqu'il y a un risque de redondance entre les déclarations sociales et fiscales souscrites par les indépendants dans la mesure où leur assiette sociale se déduit de l'assiette fiscale. Afin de pallier cette redondance, le rapport propose dans la proposition n° 55 de « *réunir au sein d'un même formulaire, l'ensemble des formalités déclaratives fiscales et sociales des indépendants et adresser au contribuable/cotisant un avis mentionnant les assiettes sociales et fiscales retenues ainsi que les modalités de leur détermination* ». L'idée est donc de fournir un document synthétique précisant les assiettes fiscales et sociales ainsi que le calcul de l'assiette sociale à partir de l'assiette fiscale et qu'il soit adressé au travailleur indépendant afin que son information soit plus complète [984].

179. L'unification des obligations déclaratives, le préalable à la reconnaissance du droit à l'erreur. L'unification des obligations déclaratives permettrait également à l'administration fiscale de s'inspirer de la souplesse des URSSAF en cas d'erreur. Les organismes sociaux rectifient fréquemment de simples erreurs lorsqu'elles ont été commises

---

[980] Cass., Civ., 2e, 9 juillet 2015, n° 14-21.490 ; Cass., Civ., 2e, 5 novembre 2015, n° 14-23.282.

[981] Cass., Civ., 2e, 9 octobre 2014, n° 13-18.974.

[982] FOUQUET (O.), WANECQ (T.), « Cotisations sociales : stabiliser la norme, sécuriser les relations avec les URSSAF et prévenir les abus », Rapport au ministre du Budget, des comptes publics et de la fonction publique, Juillet 2008, p.43.

[983] *Ibid.*

[984] *Ibid*, p.44.

par les cotisants sans intention frauduleuse. Olivier FOUQUET précise d'ailleurs que « *les vérificateurs réparent spontanément les erreurs commises par les cotisants à leur détriment* » [985]. Certains évoquent même un « droit à l'erreur ». Jean-Raphael PELLAS le met en exergue, en matière de sécurité sociale, puisqu'il permet de construire « *un "dialogue" apte à éloigner le spectre d'un contentieux social* » [986]. En matière fiscale, Jean LAMARQUE affirme que le droit à l'erreur est une nouvelle garantie que la loi doit reconnaître au contribuable pour faire obstacle aux redressements qui résultent exclusivement de difficultés sérieuses d'interprétation de la règle [987]. L'harmonisation des déclarations sociales et fiscales pourrait alors être le préalable à la mise en place et à la reconnaissance d'un droit à l'erreur.

180. L'avis de contrôle ou de vérification, le préalable nécessaire à tout contrôle. L'avis de vérification est obligatoire en vertu de l'article L.47 du LPF qui dispose que le contribuable doit être averti avant toute vérification de comptabilité. Cet avis doit être envoyé en lettre recommandée avec accusé de réception dans un délai raisonnable. L'obligation de transmission de l'avis de contrôle est également prévue par le droit de la sécurité sociale en vertu de l'article R.243-59 du Code de la sécurité sociale. Cependant, la Cour de cassation précise les modalités de cette transmission qui doit se faire par lettre recommandée avec accusé de réception [988]. Figurent au sein de l'article L.47 du LPF, les mentions obligatoires de l'avis de vérification, telle l'obligation de mentionner la faculté pour le contribuable de se faire assister par un conseil de son choix. Cette précision doit se faire dans un délai minimum de deux jours francs [989]. Cette obligation est également prévue par le Code de la sécurité sociale qui dispose que l'avis de contrôle doit faire mention d'un droit à se faire assister du conseil de son choix. Le défaut de ces mentions entraîne dans un cas comme dans l'autre, la nullité de la procédure [990]. En matière fiscale, ce moyen ne peut toutefois être soulevé

---

[985] FOUQUET (O.), « Cotisations sociales, cotisations fiscales : même combat », *Droit social*, 2009, p.320.

[986] PELLAS (J.-R.), « Les garanties de procédure en droit fiscal français », *RFFP*, n° 132, 2015, p.90.

[987] Préface de J. Lamarque, AYRAULT (L.), Le contrôle juridictionnel de la régularité de la procédure d'imposition, Paris, L'Harmattan, 2004, p.12.

[988] Cass., Civ., 2e, 10 juillet 2008, n° 07-18.152, *RJS* 10/2008 n°1029.

[989] CE, 7e et 8e ss-sect., 7 mai 1982, req n° 18920, *M. Rollet* ; *Droit fiscal*, n° 49, 7 décembre 1982, comm.2335.

[990] Cass., Civ., 2e, 18 septembre 2014, n° 13-17.084, *RJS* 12/2014 n°892.

d'office par le tribunal administratif [991]. Des différences subsistent ainsi entre les deux droits puisqu'il n'y a pas de texte qui impose aux URSSAF le respect d'un délai minimum entre l'avis de passage et les opérations de contrôle [992]. La Cour de cassation a d'ailleurs estimé que « *les dispositions de l'article R.243-59 du code de la sécurité sociale,* [...] *ne méconnaissent pas les exigences des principes de sécurité juridique et de confiance légitime,* [et] *ne fixent aucun délai pour l'envoi de la lettre d'observations que l'inspecteur du recouvrement adresse au cotisant à l'issue du contrôle* » [993]. L'avis de vérification doit également préciser les périodes d'imposition concernées puisque le contrôle ne peut se faire que sur exercice clos [994]. Le Conseil d'État dispose en effet que « *la réception par le contribuable d'un avis de vérification mentionnant un exercice donné avant que n'expire le délai de dépôt de la déclaration des bénéfices réalisés au titre de cet exercice, y compris le jour même où ce délai expire, prive le contribuable d'une garantie et entache d'irrégularité la procédure ainsi engagée ;* [...] *il en va différemment lorsque le contribuable reçoit l'avis après la date d'expiration du délai de déclaration de ses bénéfices* » [995]. Doivent également être mentionnés dans l'avis de vérification, la date et l'heure du début du contrôle, les impôts vérifiés, ainsi que les coordonnées du supérieur hiérarchique du vérificateur. Il s'agit ici de précisions fiscales que l'on ne retrouve pas dans le Code de la sécurité sociale. Le Code de la sécurité sociale ne mentionne pas, pour l'avis de contrôle, l'obligation de préciser la date de début du contrôle. Néanmoins la Cour de cassation a estimé que l'absence de précision quant à la date de début du contrôle entraîne la nullité de la procédure [996] même si le Code lui-même ne précise pas que l'avis doit mentionner la date exacte du contrôle car « *l'avis préalable au contrôle a pour objet d'informer le cotisant de la date de la première visite de l'inspecteur du recouvrement* » [997].

---

[991] CE, 8e ss-sect., 15 mai 1968, n° 69440.

[992] Cass., Civ., 2e, 14 février 2003, n° 12-13.656, *RJS* 4/2013 n°320.

[993] Cass., Civ., 2e, 28 mai 2015, n° 14-17.618, *RJS* 8-9/2015 n°586.

[994] CE, 8e et 9e ss-sect., 8 avril 1998, req. n° 157508, *Renucci*, *RJF* 6/1998 n°696.

[995] CE, 8e et 3e ss-sect., 11 février 2013, req. n° 346743, *RJF* 11/2011 n°1194.

[996] Cass., Civ., 2e, 5 juin 2008, n° 06-21.494, *RJS* 10/2008 n°1028 ; Cass., Civ., 2e, 12 mai 2011, n° 10-18.116, *RJF* 11/2011 n°897 ; Cass., Civ., 2e, 10 juillet 2008, n° 07-18.152, *RJS* 10/2008 n°1029.

[997] Cass., Civ., 2e, 25 avril 2013, n° 12-30.049, *RJS* 7/2013 n°562.

181. Une influence quelque peu réciproque. Si pour certains, « *le réseau de recouvrement social apparaît donc doublement en retard par rapport à son homologue fiscal : retard dans l'élaboration, retard dans la prise en compte par le droit positif des attentes de "sécurité juridique" du citoyen* » [998], cette affirmation doit être nuancée puisque la procédure sociale, bien qu'inspirée du droit fiscal, a su faire preuve d'innovations qui ont par la suite été reprises par le droit fiscal. La charte du contribuable vérifié consigne « *les garanties de procédure auxquelles a droit tout contribuable visé par un contrôle fiscal* » [999] et doit être obligatoirement remise au contribuable avant le début du contrôle selon l'article L.47 du LPF. Cette dernière est en effet opposable à l'administration fiscale en vertu de l'article L.10 du LPF [1000]. Néanmoins, depuis l'article 86, II de la loi de finances pour 2016 [1001], la charte du contribuable vérifié ne doit plus forcément être remise en format papier, hors contrôle inopiné. Cet article organise la dématérialisation de la remise [1002] par l'administration fiscale. En vertu de l'article L.47 alinéa 3, l'avis de vérification mentionne désormais la possibilité de consulter la charte sur internet. Ce renvoi à la version en ligne de la charte est dû à l'influence du droit de la sécurité sociale sur le droit fiscal puisque l'article R.243-59 du CSS prévoit, depuis le décret n° 2007-546 [1003], que l'avis de contrôle doit faire état de l'existence de la Charte du cotisant contrôlé en précisant l'adresse électronique où ce document peut être consulté. Tout comme en droit fiscal, depuis la loi de finances pour 2016, la charte peut être adressée au cotisant ou au contribuable, sur demande de celui-ci. Si la charte du cotisant contrôlé s'est très largement inspirée de son homologue fiscal, le droit de la sécurité sociale a néanmoins innové en renvoyant directement

---

[998] FERRAS (B), HERBAUX (V.), « Comparaison des procédures de recouvrement de l'Administration Fiscale et de la Sécurité sociale : Quels enseignements possibles pour le réseau URSSAF ? », *op.cit.*, p.197.

[999] DELALANDE (N.), SPIRE (A.), *Histoire sociale de l'impôt*, Paris, La Découverte, Coll. Repères, 2010, p.81.

[1000] CE, 9e et 10e ss-sect., 18 janvier 2008, n° 280573, *M. Davy*, *RJF* 4/2008 n°396, *Droit fiscal* n° 21, mai 2008, comm. 346 ; CE, 9e et 10e ss-sect., 10 novembre 2000, req. n° 204805, *M. Milhau*, *RJS* 2/2001 n°194.

[1001] Loi n° 2015-1785 du 29 décembre 2015 de finances pour 2016, JORF n° 0302 du 30 décembre 2015, p.24614.

[1002] « Dématérialisation de la remise de la charte des droits et obligations du contribuable vérifié », *Droit fiscal*, 2016, n° 1, comm. 54, pp.117-118.

[1003] Décret n° 2007-546 du 11 avril 2007 relatif aux droits des cotisants et au recouvrement des cotisations et contributions sociales et modifiant le code de la sécurité sociale, JORF n° 87 du 13 avril 2007, p.6779.

à la version électronique. Dans un cas comme dans l'autre, l'idée de remettre au contribuable un document résumant la procédure dans un langage accessible constitue un « *indéniable progrès* » [1004], même si elle n'est opposable qu'en droit fiscal. L'influence fiscale est ainsi forte même si elle n'est pas absolue, elle s'illustre également lors du contrôle et du recouvrement.

B. L'influence fiscale lors du contrôle et du recouvrement

182. Un contrôle encadré. La procédure de contrôle, fiscale comme sociale, fait l'objet d'un encadrement rigoureux. Les administrations ayant à leur disposition des prérogatives de puissance publique importantes, il convient de protéger le contrôlé. Cette protection passe par l'encadrement des procédures. C'est ainsi que l'emport de documents est possible, mais il doit être sollicité par le contribuable. L'emport irrégulier constitue une irrégularité substantielle [1005]. Le vérificateur doit délivrer au contribuable un reçu détaillé des pièces comptables transportées qui seront ensuite restituées avant l'envoi de la proposition de rectification. Concernant les contrôles sociaux, les documents doivent avoir été demandés par les agents « *comme nécessaires à l'exercice du contrôle* » selon le troisième alinéa de l'article R.243-59 du CSS. En matière fiscale comme sociale, le contrôle est limité dans le temps. L'article L.52 du LPF limite en effet à trois mois la durée de la vérification sur place de la comptabilité des petites entreprises. En matière d'ESFP, la durée de vérification ne peut s'étendre sur une durée supérieure à un an en vertu de l'article L.12 du LPF. Les contrôles effectués par les URSSAF ne peuvent être effectués sur une durée supérieure à trois mois pour les petites entreprises et les travailleurs indépendants en vertu de l'article L.243-13 du CSS et ceci, depuis la loi de financement de la Sécurité sociale pour 2015 [1006]. En cas de prorogation à la demande expresse de l'employeur contrôlé ou de l'organisme de recouvrement, la durée maximum est de six mois. Dans tous les cas, l'administration fiscale comme les organismes de sécurité sociale ne peuvent opérer de contrôle sur une période déjà

[1004] Conseil des impôts, *Les relations entre les contribuables et l'administration fiscale*, XXe rapport, Direction des JO, Paris, 2002, p.216.

[1005] CE, Sect., 21 mai 1976, n° 94052, *RJF* 7-8/76 n°344 : « *la vérification s'est trouvée entachée d'une irrégularité de nature à entraîner la nullité des redressements portant sur les bénéfices non commerciaux du contribuable* ».

[1006] Loi n° 2014-1554 du 22 décembre 2014 de financement de la sécurité sociale pour 2015, JORF n° 0297 du 24 décembre 2014, p.21748.

contrôlée [1007]. Un parallèle [1008] peut donc être fait entre les procédures sociales et fiscales.

183. Un contrôle aux natures diverses. Le contrôle, en tant qu'« *une des missions fondamentales de l'administration* » [1009], doit s'exercer dans le respect des droits des contribuables [1010]. Il a pour objectif de vérifier la sincérité de la déclaration du contribuable. Il peut être de différentes formes : le contrôle sommaire parmi lequel se trouvent le contrôle formel et le contrôle sur pièces, et le contrôle approfondi qui prend soit la forme d'un ESFP, soit celle d'une vérification de comptabilité. Mehdi DJOUHRI affirme que le contrôle fiscal s'apparente classiquement au pouvoir de contrôle de l'administration, il intervient dans le « *cadre de l'accomplissement des fonctions régaliennes de l'État ou des missions de service public visant l'intérêt général* » [1011]. Si le contrôle paraît ébranler le concept de contribuable-citoyen, il est légitimé par le principe de nécessité et de l'égalité de l'impôt [1012]. La finalité du contrôle est triple selon le Conseil des impôts puisqu'elle est dissuasive, budgétaire et répressive [1013]. Cette triple fonctionnalité se retrouve aussi en droit de la sécurité sociale puisque les contrôles opérés par les URSSAF visent à lutter contre la fraude sociale, à recouvrir les cotisations sociales non perçues et à sanctionner les erreurs volontaires. Le contrôle social peut être de deux sortes : un contrôle sur place ou un contrôle sur pièces. De plus, comme en droit fiscal, un contrôle ne peut porter sur un même aspect pour une période identique. Le décret du 11 avril 2007 [1014] a réformé « *de manière assez substantielle le droit du contrôle* » [1015] en ajoutant au

[1007] Cass., Soc., 28 mars 2006, n° 04-30.211, *RJS* 7/2006 n°883.
[1008] TAQUET (F.), « Le contrôle URSSAF et ses conséquences », *Legicom*, n° 26, 2002, p.64.
[1009] Conseil des impôts, *Les relations entre les contribuables et l'administration fiscale*, XXe rapport, Direction des JO, Paris, 2002, p.261.
[1010] Améliorer les relations entre l'administration fiscale et les entreprises, Dossier de presse, Avril 2015, p.4.
[1011] DJOUHRI (M.), *L'évolution du contrôle fiscal depuis 1945 : aspects juridiques et organisationnels*, LGDJ, Bibliothèque Finances publiques et fiscalité, t.57, 2012, p.1.
[1012] *Ibid*, p.4 à 9.
[1013] Conseil des impôts, *Les relations entre les contribuables et l'administration fiscale*, XXe rapport, Direction des JO, Paris, 2002, p.218.
[1014] Décret n° 2007-546 du 11 avril 2007 relatif aux droits des cotisants et au recouvrement des cotisations et contributions sociales et modifiant le code de la sécurité sociale, JORF n° 87 du 13 avril 2007 p.6779.
[1015] DERUE (A.), « La procédure de contrôle URSSAF et le respect du contradictoire », *Regards*, n° 47, 2015, p.205.

contrôle sur place dans les locaux du cotisant d'autres modes de vérification. Là encore, cette création peut s'analyser comme une influence du droit fiscal sur le droit social. Le contrôle sur place est défini par l'article R.243-59 du Code de la sécurité sociale. Dans le cadre de ce contrôle, sont vérifiés l'assiette, le taux et le calcul de toutes cotisations et contributions sociales ou autre contribution dont le recouvrement est confié aux URSSAF. Si le contrôle sur pièces est effectué dans les locaux de l'administration sociale, il poursuit les mêmes finalités que le contrôle sur place. L'étendue et la procédure de ces deux types de contrôles sont d'ailleurs rigoureusement identiques. Néanmoins, la Cour de cassation a décidé que la vérification sur pièces prévue par l'article R.243-43-3 n'est pas une procédure de contrôle au sens de l'article R.243-7 du Code de la sécurité sociale [1016]. L'évolution de ces contrôles sociaux est donc récente et inaboutie, mais elle traduit surtout la fiscalisation des procédures sociales de contrôle et de recouvrement.

184. Une notification similaire. En droit fiscal comme en droit social, le contribuable ou cotisant doit se voir notifier les insuffisances, inexactitudes, omissions ou dissimulations constatées. Le cotisant reçoit une lettre d'observation, alors que le contribuable reçoit une proposition de rectification. La lettre d'observation est définie dans l'article R.243-59 du CSS. Cette obligation d'informer, à la charge de l'URSSAF, est sévèrement sanctionnée par le juge qui en fait « *une formalité substantielle destinée à assurer le caractère contradictoire du contrôle et la sauvegarde des droits de la défense* » [1017]. La proposition de rectification est définie par l'article L.57 du CGI. La notification d'une proposition de rectification par l'administration au contribuable doit être motivée. Elle doit mentionner le montant de la rectification, le fait qu'il puisse se faire assister par un conseil de son choix, le grade et la signature de l'agent qui fait la proposition. Elle est ensuite notifiée par une lettre avec accusé de réception selon l'article R*103-1 du LPF. Selon l'article L.54 B du CGI, « *la notification d'une proposition de rectification doit mentionner, sous peine de nullité, que le contribuable a la faculté de se faire assister d'un conseil de son choix pour discuter la proposition de rectification ou pour y répondre* ». Dans un cas comme dans l'autre, le rappel quant à la possibilité de se faire assister par un conseil de son choix,

---

[1016] Cass., Civ., 2e, 28 mai 2014, n° 13-18.066, *RJS* 8-9/2014 n°655.
[1017] ARSEGUEL (A.), « Les vices de procédure dans le contrôle et le recouvrement des cotisations de Sécurité sociale, *Droit social*, 1993, p.85.

constitue une formalité substantielle dont va dépendre la validité de la procédure de contrôle. Cette mention obligatoire est présente non seulement dans l'avis de contrôle mais aussi dans la lettre d'observations afin de pouvoir aider le cotisant après les opérations de contrôle. Le cotisant et le contribuable ont alors un délai de trente jours pour répondre. Le cotisant doit répondre par une lettre avec accusé de réception. Toutefois, le septième alinéa de l'article R.243-59 du CSS, introduit par le décret du 11 avril 2007 [1018], précise que « *lorsque l'employeur ou le travailleur indépendant a répondu aux observations avant la fin du délai imparti, la mise en recouvrement des cotisations, des majorations et pénalités faisant l'objet du redressement ne peut intervenir avant l'expiration de ce délai et avant qu'il ait été répondu par l'inspecteur du recouvrement aux observations de l'employeur ou du travailleur indépendant* ». Cette disposition met à la charge de l'URSSAF une obligation de réponse à l'employeur ou au travailleur indépendant avant toute mise en recouvrement. Elle ne considère toutefois aucune précision à l'égard du formalisme à respecter quant à cette réponse, dès lors la Cour de cassation a estimé que la copie d'un courrier simple de l'URSSAF en réponse aux observations émises par l'employeur ou le travailleur indépendant vaut preuve de ce courrier [1019]. Cette solution apparaît toutefois en totale contradiction avec la décision du 7 mai 1991 [1020]. Le contribuable doit, quant à lui, accepter ou manifester son désaccord dans un délai de 30 jours selon l'article R*57-1 du LPF puisque tout silence de sa part vaut acceptation de la proposition de rectification. Les mentions obligatoires préalablement détaillées constituent des formalités substantielles. Lorsqu'elles font défaut, le redressement notifié par la mise en demeure ayant suivi la lettre d'observation est annulé [1021].

185. La saisine de l'organe consultatif, une spécificité fiscale. Avant l'envoi de la mise en recouvrement, le contribuable peut contester la proposition de rectification. Lorsque l'administration est en désaccord

---

[1018] Décret n° 2007-546 du 11 avril 2007 relatif aux droits des cotisants et au recouvrement des cotisations et contributions sociales et modifiant le code de la sécurité sociale, JORF n° 87 du 13 avril 2007, p.6779.

[1019] Cass., Civ., 2e, 12 mars 2015, n° 14-16.019, *RJS* 5/2015 n°365.

[1020] Cass., Soc., 7 mai 1991, n° 88-16.344 ; Voir en ce sens, BOULMIER (D.), « Contrôle URSSAF - La copie d'un courrier simple de l'URSSAF en réponse aux observations émises par l'employeur ou le travailleur indépendant vaut preuve de ce courrier », *Droit social*, 2015, n° 5, p.473.

[1021] Cass., Civ., 2e, 3 avril 2014, n° 13-11.516, *RJS* 6/2014 n°521.

avec les arguments du contribuable, elle peut saisir un organe consultatif. Si le différend persiste, il y aura mise en recouvrement. Selon l'article L.59 du LPF, « *lorsque le désaccord persiste sur les rectifications notifiées, l'administration, si le contribuable le demande, soumet le litige à l'avis soit de la commission départementale des impôts directs et des taxes sur le chiffre d'affaires* [...] *soit de la Commission nationale des impôts directs et des taxes sur le chiffre d'affaires* [...], *soit de la commission départementale de conciliation* ». Le domaine d'intervention de la commission départementale des impôts directs et des taxes sur le chiffre d'affaires est régi par l'article L.59A et l'article L.59 C du LPF. La commission départementale de conciliation intervient dans le domaine défini à l'article L.59B du LPF. La commission départementale des impôts directs et des taxes sur le chiffre d'affaires intervient uniquement pour des questions de fait, « *sans trancher une question de droit* » [1022], mais elle peut y déroger et intervenir pour des qualifications juridiques. En vertu de ce même article, elle « *peut se prononcer sur le caractère anormal d'un acte de gestion, sur le principe et le montant des amortissements et des provisions ainsi que sur le caractère de charges déductibles des travaux immobiliers* » [1023]. Il s'agit là d'une spécificité fiscale puisqu'aucune commission ne peut intervenir en droit social avant l'envoi de la mise en demeure.

186. La notification, le préalable au recouvrement. Le cotisant et le contribuable reçoivent deux notifications, la première les informant du début du contrôle et la seconde les informant de la suite donnée à ce contrôle en cas d'erreurs constatées, à savoir le recouvrement. La mise en demeure ou la mise en recouvrement doit être notifiée au cotisant ou au contribuable. Le Code de la sécurité sociale est formel à ce sujet puisque cette notification doit se faire par lettre recommandée avec accusé de réception en vertu des articles L.244-2 et R.244-1. La chambre sociale a pendant longtemps refusé de sombrer dans un « *formalisme exacerbé* » [1024]. La mise en demeure doit toutefois préciser sous peine de

---

[1022] Article L.59A du LPF.

[1023] Article L.59A du LPF.

[1024] Expression utilisée par CHOPPIN HAUDRY DE JANVRY (S.), « Le contrôle et le recouvrement des cotisations de Sécurité sociale dans la jurisprudence actuelle de la Cour de cassation », Rapport, Cour de cassation, 1996, p.83. Cité également par TAQUET (F.), « La réforme inachevée des règles relatives au contrôle URSSAF », *Droit social*, 2000, p.1100.

nullité [1025], la nature des cotisations et contributions, leur cause [1026], le montant des cotisations réclamées [1027] et la période concernée [1028], ainsi que le délai imparti au cotisant pour régulariser sa situation [1029]. Pour ce faire, l'intéressé doit avoir eu « *connaissance de la nature, de la cause et de l'étendue de son obligation* » [1030]. La mise en demeure constitue « *une invitation impérative adressée au débiteur d'avoir à régulariser sa situation dans le délai imparti* »[1031]. Le contenu de l'avis de mise en recouvrement est régi par l'article R*256-1 du LPF. Cet avis doit indiquer « *pour chaque impôt ou taxe le montant global des droits, des pénalités et des intérêts de retard qui font l'objet de cet avis* ». Dans un cas comme dans l'autre, il y a donc un formalisme à respecter. En droit fiscal, l'avis de mise en recouvrement est exécutoire selon l'article L.252A du LPF. En matière sociale, la mise en demeure est rendue exécutoire par décision du responsable du service à compétence nationale lorsque le versement n'a pas été effectué intégralement dans les quinze jours suivant la réception de la mise en demeure. Cette asymétrie du caractère exécutoire apparaît d'autant plus paradoxale [1032] étant donné les convergences précédemment mentionnées.

187. La nécessité d'un recours préalable. En droit social comme en droit fiscal, tout recours contentieux doit être précédé d'un recours préalable. En droit fiscal, il s'agit de la réclamation contentieuse préalable. L'administration fiscale devient alors une « *condition d'accès au*

[1025] Cass., Soc., 19 mars 1992, n° 88-11.682, *RJS* 5/1192 n°671 ; Cass., Soc., 5 décembre 1996, n° 95-10.567, *RJS* 2/1997 n°200, Bull. civ. V n°428 .

[1026] Cass., Soc., 30 octobre 1996, n° 94-19.037, Bull. 2001, V, n°69, p.52 ; Cass., Soc., 25 janvier 2001, n° 99-13.406, *RJS* 4/2001 n°496 ; Cass., Soc., 6 février 2003, n° 01-20.003, Inédit au Recueil Lebon ; Cass., Civ., 2e., 17 mai 2004, n° 02-31.162, Inédit au Recueil Lebon ; Cass., Civ., 2e., 21 juin 2005, n° 04-30.230, *RJS* 10/2005 n°1032.

[1027] Cass., Soc., 6 mai 1987, n° 85-11.575, Bull. civ. V n°259 ; Cass., Soc., 13 janvier 1994, n° 91-21.909, Inédit au Recueil Lebon ; Cass., Civ., 2e., 17 mai 2004, n° 02-31.162, Inédit au Recueil Lebon ; Cass., Civ., 2e., 20 décembre 2007, n° 06-20.683, *RJS* 4/2008 n°474.

[1028] Cass., Soc., 5 février 1998, n° 95-15.257, Inédit au Recueil Lebon ; Cass., Soc., 25 mars 1999, n° 97-14.283, Bull. 1999, V., n°137.

[1029] Cass., Civ., 2e., 31 mai 2005, n° 03-30.658.

[1030] Cass., Civ., 2e., 21 juin 2012, n° 11-17.904, Inédit au Recueil Lebon.

[1031] Cass., Civ., 2e., 16 novembre 2004, n° 02-20.938, Inédit au Recueil Lebon .

[1032] FERRAS (B), HERBAUX (V.), « Comparaison des procédures de recouvrement de l'Administration Fiscale et de la Sécurité sociale : Quels enseignements possibles pour le réseau URSSAF ? », *op.cit.*, p.211.

juge » [1033]. Elle dispose ensuite d'un délai de six mois pour y répondre. Après notification de la réponse de l'administration fiscale ou à l'expiration du délai, le contribuable pourra ensuite porter le litige devant la juridiction compétente [1034]. Cette réclamation doit intervenir avant le 31 décembre de la seconde année suivant celle de la mise en recouvrement du rôle ou troisième année suivant celle de la notification ou de la proposition de rectification. La seule contrainte formelle d'une telle réclamation est qu'elle doit être écrite. Néanmoins son contenu est plus encadré puisque la réclamation doit mentionner les impôts contestés, l'exposé des faits, les moyens et conclusions ainsi que la signature manuscrite de l'auteur. Toute pièce justificative doit également être fournie, comme l'avis d'imposition contesté. L'administration dispose ensuite d'un délai de six mois pour répondre. Par cette réponse, qui doit être motivée, l'administration fiscale peut opérer un dégrèvement ou rejeter la réclamation. Le silence de l'administration durant ce délai vaut rejet. Le rejet, qu'il soit exprès ou non, ouvre ensuite pour le contribuable un délai de deux mois s'il souhaite saisir la juridiction compétente et porter l'affaire au contentieux. Le recours administratif préalable doit être présenté dans les délais prévus par les articles R.196-1 et R.196-2 du LPF. Concernant le contentieux général, le Conseil d'État a affirmé qu'un recours juridictionnel contre une décision administrative individuelle ne peut être exercé que dans un délai raisonnable d'un an, même si la décision ne mentionne pas les délais et voies de recours [1035]. Le Conseil a pu intervenir en matière fiscale concernant l'appréciation de ce caractère raisonnable et dès lors une imposition ne peut être contestée indéfiniment même si l'avis d'imposition est irrégulier [1036]. Quelle que soit la nature de

---

1033 ESCLASSAN (M.-C.), « Le règlement des litiges fiscaux par l'administration en France », *RFFP*, n° 132, 2015, p.118.

1034 CE, 7e, 8e et 9e ss-sect., 26 avril 1976, req. n° 95585, *RJF* 6/1976 n°295.

1035 CE, Ass., 13 juillet 2016, req. n° 387763, *BF*, 12/16 inf. 1039

1036 « *Dans le cas où le recours juridictionnel doit obligatoirement être précédé d'un recours administratif, celui-ci doit être exercé, comme doit l'être le recours juridictionnel, dans un délai raisonnable. Le recours administratif préalable doit être présenté dans le délai prévu par les articles R. 196-1 ou R. 196-2 du livre des procédures fiscales, prolongé, sauf circonstances particulières dont se prévaudrait le contribuable, d'un an. Dans cette hypothèse, le délai de réclamation court à compter de l'année au cours de laquelle il est établi que le contribuable a eu connaissance de l'existence de l'imposition. Par ailleurs, en vertu de l'article L. 281 du livre des procédures fiscales, les contestations relatives au recouvrement des impôts, taxes, redevances et sommes quelconques dont la perception incombe aux comptables publics doivent être adressées à l'administration dont dépend le comptable qui exerce les poursuites. Selon l'article R. 281-3 du même livre dont les dispositions ont été reprises à l'article R. 281-3-1, les réclamations préalables doivent,*

l'imposition contestée, les contestations élevées par les contribuables doivent être soumises par voie de réclamation à l'administration fiscale. En droit social, bien que la forme diffère, une telle démarche préalable à tout contentieux peut être assimilée à la saisine de la Commission de recours amiable (CRA) dans la mesure où cette saisine est obligatoire[1037], exception faite pour les contestations relatives à la contribution sociale de solidarité [1038]. En effet, selon l'article R.142-1 du CSS, « *les réclamations relevant* [du contentieux général de la Sécurité sociale] *formées contre les décisions prises par les organismes de sécurité sociale et de mutualité sociale agricole de salariés ou de non-salariés sont soumises à une commission de recours amiable composée et constituée au sein du conseil d'administration de chaque organisme* ». Mis à part les contestations relatives à l'allocation supplémentaire du Fonds de solidarité vieillesse ou du fonds de solidarité invalidité (FSI) où une saisine directe du tribunal des affaires de Sécurité sociale (TASS) est possible, la saisine de la CRA est obligatoire avant toute saisine du TASS [1039]. Cette saisine intervient dans un délai de deux mois suivant la notification de la mise en demeure. Le recours doit également être écrit. La CRA dispose d'un délai d'un mois

---

sous peine d'irrecevabilité, être présentées à l'administration dans un délai de deux mois à partir de la notification de tout acte de poursuite si le motif invoqué porte sur l'obligation de payer ou le montant de la dette ou du premier acte de poursuite permettant d'invoquer tout autre motif. Si la notification de la décision ne comporte pas les mentions prévues par l'article R. 421-5 du code de justice administrative ou si la preuve de la notification de cette décision n'est pas établie, le contribuable doit adresser sa réclamation dans un délai raisonnable à compter de la date à laquelle l'acte de poursuite lui a été notifié ou de celle à laquelle il est établi qu'il en a eu connaissance. Sauf circonstances particulières dont se prévaudrait le contribuable, ce délai ne saurait excéder un an. », CE, Sect., 31 mars 2017, req. n° 389842, *Min. c. A.*, BF 6/17. .

[1037] La Cour de cassation a d'ailleurs affirmé que le recours formé directement devant le TASS à l'encontre d'une mise en demeure est irrecevable dès lors qu'« *au dos de la lettre de mise en demeure, la mention selon laquelle le débiteur, qui entend contester celle-ci, doit saisir la commission de recours amiable dans le délai d'un mois à compter de la réception, à peine de forclusion* » et que « *cette mention, effectivement écrite en petits caractères, est parfaitement lisible, de telle sorte que la société était clairement informée de la nécessité de saisir préalablement de sa contestation la commission de recours amiable* », Cass., Civ., 2e, 6 juillet 2017, n° 16-22.228, *F-D, Sté Paris Méditerranée c/ Urssaf de Languedoc-Roussillon, BS* 11/17

[1038] Cass., Civ., 2e, 18 janvier 2005, n° 03-30.290, n° 03-30.289, Inédit au Recueil Lebon ; Cass., Civ., 2e, 5 avril 2006, n° 05-10.685, 03-30.752, Bull. 2006, II., n°99, p.94.

[1039] Dans le cadre de cette étude, est abordé uniquement le contentieux général de la Sécurité sociale et non les divers contentieux techniques. Par leur diversité, une telle inclusion dans le champ d'études serait alors sources de confusions entre les diverses procédures.

pour notifier au cotisant sa réponse motivée[1040]. En l'absence de réponse durant ce délai, qui paraît d'ailleurs bien court comparé à celui dont dispose l'administration fiscale, la demande est considérée comme rejetée selon l'article R.142-6 du CSS. L'assuré pourra alors saisir le TASS dans un délai de deux mois, que la réponse lui ait été ou non notifiée. Une autre forme de recours est également envisageable en la matière. Les décisions rendues par la CRA sont soumises à un contrôle de l'autorité de tutelle, du Directeur régional des affaires sanitaires et sociales (DRASS). Dans l'hypothèse où celui-ci annulerait une décision de la CRA favorable à l'assuré, ce dernier peut, selon le même article, former un recours pour excès de pouvoir devant le tribunal administratif contre la décision du DRASS indépendant du recours devant le TASS. Là encore, l'assuré dispose d'un délai de deux mois pour former un tel recours. En droit fiscal comme en droit social, un tel recours n'est pas suspensif. Le contribuable ou le cotisant qui conteste le bien-fondé de son prélèvement fiscal ou social doit tout de même acquitter le montant de celui-ci dans le délai légal, à moins d'avoir préalablement demandé le bénéfice d'un sursis de paiement [1041]. La saisine de l'organe consultatif en droit social est également non suspensive.

188. La fiscalisation renforcée. La fiscalisation se perçoit donc à travers l'influence du droit fiscal sur la procédure sociale de contrôle et de recouvrement mais aussi à travers le partage du recouvrement pour certaines impositions de toutes natures. Ce rapprochement entre les procédures s'illustre également avec l'article 21 de la loi de financement de la sécurité sociale pour 2017 [1042] qui met en place un cadre législatif aux relations entre les tiers déclarants et les cotisants « *à l'instar de ce qui a été fait en matière fiscale* » [1043]. Les propos d'Albert ARSEGUEL et

---

[1040] La Cour de cassation a toutefois estimé que « *le défaut ou le caractère insuffisant ou erroné de la motivation de la décision de la caisse se prononçant sur le taux d'incapacité d'un salarié victime d'une maladie professionnelle, à le supposer établi, permet seulement à son destinataire d'en contester sans condition de délai le bien-fondé devant le juge* », Cass., Civ., 2e, 9 novembre 2017, n° 16-21.793

[1041] Voir en ce sens, BUISSON (J.), *Le sursis au paiement de l'impôt*, Paris, LGDJ, Bibliothèque de science financière, 1996, ? p.; BUISSON (J.), « La sécurité de l'administration vis-à-vis du contribuable », in BUISSON (J.) (dir.), *La sécurité fiscale*, L'Harmattan, Paris, 2011, p.183 et s.

[1042] Loi n° 2016-1827 du 23 décembre 2016 de financement de la sécurité sociale pour 2017, JORF n°0299 du 24 décembre 2016.

[1043] Exposé des motifs, Article 12, Projet de loi de financement de la Sécurité sociale pour 2017.

Philippe ISOUX demeurent d'actualité lorsqu'ils considéraient que « *le rapprochement entre le droit du recouvrement des cotisations de Sécurité sociale et le droit fiscal puis au-delà, le droit public, nous semble très avancé* » [1044]. L'harmonisation des procédures de contrôle participe ainsi à l'amélioration des instruments de contrôle [1045] et des relations entre l'administration et les contribuables et cotisants. Cette influence indirecte du droit fiscal sur le droit social s'exprime également dans l'évolution du rescrit et dans la protection contre l'abus de droit, bien que ces aspects subissent une influence commune par des règles supra-législatives.

SECTION 2 : DES TECHNIQUES ET PROCÉDURES FISCALES ET SOCIALES SOUS UNE INFLUENCE COMMUNE ET RÉCIPROQUE

189. Les techniques et procédures fiscales comme sociales sont régies par des droits respectifs [1046]. Elles sont sous l'influence commune des règles supra-législatives, c'est-à-dire du droit constitutionnel et du droit européen. Cette influence commune permet non seulement de renforcer la protection des « administrés » [1047] (**Paragraphe premier**) mais également la mise en place d'une uniformisation progressive des techniques et procédures financières (**Paragraphe second**).

§1. LE RENFORCEMENT DE LA PROTECTION DES « ADMINISTRÉS »

190. Le renforcement de la protection des « administrés » en matière de techniques et procédures financières [1048] se retrouve à travers l'existence de garanties procédurales fondamentales communes au droit

[1044] ARSEGUEL (A.), ISOUX (P.) « Les vices de procédure dans le contrôle et le recouvrement des cotisations de Sécurité sociale, *Droit social*, 1993, p.85.
[1045] FOUQUET (O.), « La sécurité fiscale en question », *RFFP*, n° 133, 2016, p.143.
[1046] LASSALE (J.-P.), « Finances publiques et sciences sociales », *RFFP*, n° 41 (*Finances publiques :* questions clés pour demain), 1993, p.233.
[1047] Est entendu par « administrés », les usagers de la sécurité sociale et les administrés de l'administration fiscale en tant que personne considérée par l'administration publique, qu'elle soit étatique ou de Sécurité sociale.
[1048] Est entendu par « techniques et procédures financières », les techniques et procédures fiscales et sociales.

social et au droit fiscal (**A**), mais aussi à travers l'exigence de sécurité juridique (**B**).

A. Le respect des garanties procédurales fondamentales

191. Le respect du principe du contradictoire. Les techniques et procédures financières, sociales et fiscales, doivent respecter des garanties procédurales fondamentales parmi lesquelles se trouvent notamment des exigences constitutionnelles mais aussi des exigences européennes. Le droit du recouvrement a pendant longtemps eu « *mauvaise presse* » [1049]. Ce constat a amené une profonde réflexion sur la nécessité de renforcer les garanties des « administrés », lors du recouvrement et du contentieux. Du droit à un procès équitable[1050], au droit à un débat contradictoire, les droits des usagers doivent être respectés lors des procédures précontentieuses et contentieuses. Se forme ainsi progressivement « *l'armature d'un "pré-contentieux" de la sécurité sociale* » [1051]. Le respect des garanties procédurales permet la « *recherche d'un équilibre entre pouvoirs des autorités et droits du redevable* » [1052]. Si les principales garanties procédurales formelles accordées aux administrés/usagers lors des contrôles, et devant être respectées « *sous peine de nullité du contrôle opéré* » [1053], ont été évoquées dans la section précédente [1054] afin d'illustrer l'influence indirecte du droit fiscal sur le droit social, le respect du principe du contradictoire doit être traité en tant que principe inhérent

---

[1049] PRÉTOT (X.), « L'entreprise, l'URSSAF et les cotisations de Sécurité sociale », *Droit social*, 2006, p.423; PRÉTOT (X.), « Le recouvrement des cotisations de Sécurité sociale : les prérogatives des organismes de recouvrement et le développement des garanties du redevable », in Mélanges Loïc Philip, *Constitution et finances publiques*, Paris, Economica, 2005, p.542.

[1050] La Cour de cassation nuance toutefois en affirmant que « *les stipulations de l'article 6 de la Convention de sauvegarde des droits de l'homme et des libertés fondamentales ne sont pas applicables aux décisions purement administratives prises par les services des organismes de sécurité sociale et par leurs commissions de recours amiabl*e », Cass., Civ., 2e, 4 mai 2017, n° 16-15.948, *BS* 7/17.

1051 VERKINDT (P.-Y.), « Du respect de la contradiction et des droits de la défense dans le "précontentieux" de la sécurité sociale », *RDSS*, 2004, p.954.

[1052] DAVID (C.), « Administration et citoyens face aux prélèvements obligatoires – Contrôle des déclarations », *Droit social*, 2001, p.1072.

[1053] BELFORT (E.), « Les moyens d'action et les garanties du cotisant lors du contrôle de l'organisme de recouvrement », *Droit social*, 2014, p.906.

[1054] Voir en ce sens, le paragraphe n° 180 pour l'assistance à un conseil et pour l'information des « administrés », le paragraphe n° 182 pour la limitation de la durée des contrôles et pour les limites à opérer un contrôle sur une période préalablement contrôlée.

à tout contrôle. Afin d'améliorer les relations entre les URSSAF et les usagers, la Cour de cassation a dû interpréter ou réinterpréter les dispositions du Code de la sécurité sociale relatives au contrôle, au redressement et au recouvrement forcé des cotisations de Sécurité sociale *« à la lumière des principes fondamentaux du droit civil et de la procédure civile et, au premier chef, du principe du contradictoire et du principe des droits de la défense »* [1055]. Si l'examen de la situation fiscale et personnelle (ESFP) du contribuable requiert un débat contradictoire, la vérification de comptabilité exige quant à elle un débat oral et contradictoire. La garantie du caractère contradictoire est perçue comme le « *droit de discuter* » [1056]. Lorsque la vérification a lieu dans les locaux de l'administration fiscale, c'est à elle de fournir la preuve qu'elle a recherché un dialogue avec le contribuable [1057]. Dans tous les cas, un changement de lieu pour la vérification ne doit pas priver le contribuable du débat oral et contradictoire [1058]. Dans la procédure sociale, rien n'est mentionné à ce sujet. Toutefois, comme toute procédure de contrôle, elle doit d'une manière générale respecter le principe du contradictoire [1059]. Cette garantie d'un échange contradictoire entre le cotisant contrôlé et les URSSAF s'est imposée, au fil des années et au gré des modifications réglementaires successives et de leur interprétation par la Cour de cassation notamment [1060]. La Cour de cassation apprécie le principe du contradictoire comme permettant « *d'instaurer une discussion utile et de provoquer un apurement souhaitable avant tout recours* » [1061]. Par conséquent, la contradiction n'est pas un droit en soi [1062], mais elle est l'objet même du droit au débat contradictoire qui doit, quant à lui, être

[1055] PRÉTOT (X.), « L'entreprise, l'URSSAF et les cotisations de Sécurité sociale », *Droit social*, 2006, p.426.

[1056] CHAABOUNI (I.), *La protection des personnes soumises à des contrôles fiscaux et financiers*, Paris, LGDJ, Coll. Bibliothèque de finances publiques et fiscalité, 2010, p.220 et s.

[1057] CE, 9e et 10e ss-sect., 18 janvier 2008, n° 280573, *M. Davy.*

[1058] CE, Sect., 26 février 2003, req. n° 232841, *M et Mme Morera, RJF* 5/2003 n°591.

[1059] Voir en ce sens, MESTEK (M.), *L'exigence du contradictoire dans les procédures non juridictionnelles en droit de la sécurité sociale*, Thèse, Université Lumière Lyon 2, 2015.

[1060] CHAUCHIS (D.), « Formes et procédures : un gage d'efficacité des actions menées par les organismes sociaux », *Regards,* n° 47, mars 2015, p.214.

[1061] Cass., Soc., 2 juillet 1984, n° 83-10.157, *RJS* 12/1999 n°1509 ; Cité également par BELFORT (E.), « Les moyens d'action et les garanties du cotisant lors du contrôle de l'organisme de recouvrement », *Droit social*, 2014, p.906.

[1062] PELLAS (J.-R.), « Les garanties de procédure en droit fiscal français », *RFFP*, n° 132, 2015, p.76.

respecté à chaque étape de la procédure précontentieuse comme contentieuse [1063]. Chaque stade de la procédure de contrôle et de la procédure contentieuse marque ainsi l'attachement [1064] aux principes du droit de la défense. Les droits de la défense apparaissent ainsi comme une « *justification des garanties procédurales fondamentales* » [1065]. Le but recherché est donc qu'à terme l'administré puisse exercer pleinement la défense de ses intérêts en lui accordant l'égalité des armes dans ses rapports [1066] avec l'administration. C'est le caractère contradictoire de la procédure contentieuse qui permet de sauvegarder les droits légitimes de la défense [1067] et de tendre ainsi vers un « *climat de confiance réciproque* » [1068].

192. La constitutionnalisation des droits fiscaux et sociaux. Les droits procéduraux touchent l'ensemble des branches du droit. Ils ont ainsi été affectés par la constitutionnalisation des branches du droit, puisqu'il existe une constitutionnalisation du droit fiscal au même titre qu'une constitutionnalisation du droit social [1069]. Par ailleurs, Loïc PHILIP considère que « *depuis le début des années 1980, le Conseil constitutionnel a développé une jurisprudence garantissant une meilleure protection des droits fondamentaux des contribuables tout en tenant compte des nécessités financières des collectivités publiques et des exigences de la lutte contre la fraude fiscale* » [1070]. Les principes généraux du droit doivent demeurer présents dans la totalité des branches du droit, et donc dans le droit de la sécurité sociale, sous peine d'affaiblir

---

[1063] Est évoqué ici uniquement le contentieux « ordinaire » et non la procédure de taxation d'office, ou le recouvrement forcé.
[1064] NACHIN (D.), « L'évolution du contrôle des cotisants par l'URSSAF », *Droit social*, 1993, p.571.
[1065] TOURNAUX (S.), « Les garanties procédurales fondamentales », *Droit social*, 2015, p.390.
[1066] VERKINDT (P.-Y.), « Du respect de la contradiction et des droits de la défense dans le "précontentieux" de la sécurité sociale », *RDSS*, 2004, p.954.
[1067] NACHIN (D.), « L'évolution du contrôle des cotisants par l'URSSAF », *Droit social*, 1993, p.571.
[1068] *Ibid.*
[1069] PRÉTOT (X.), « Les bases constitutionnelles du droit social », *Droit social*, n° 3, 1991, pp.187-199.
[1070] PHILIP (L.), « La constitutionnalisation des finances publiques », p.69 in MATHIEU (B.) et VERPEAUX (M.) (dir.), *La constitutionnalisation des branches du droit*, Aix en Provence, Paris, PUAM-Economica, 1998, 204 p.

l'ensemble du droit [1071]. La seule différence que l'on peut relever est que la constitutionnalisation du droit social est légèrement plus aboutie puisqu'elle traduit également une constitutionnalisation des droits sociaux tandis que le phénomène apparaît plus limité en ce qui concerne les droits fiscaux. Les droits de la protection sociale, et donc de la Sécurité sociale dont ils sont des composants, sont toutefois peu concernés par cette constitutionnalisation des droits. Si la constitutionnalisation du droit fiscal est pleinement affirmée, la constitutionnalisation du droit social est plus récente. Dans tous les cas, elle passe non seulement à travers le droit à un débat contradictoire, qu'il soit oral ou non, mais elle se retrouve également à travers le respect des droits fondamentaux non procéduraux tels que le droit de propriété [1072] ou le droit au respect de la vie privée [1073]. Il s'agit ici de questions communes au droit fiscal et au droit social. Les techniques et procédures, ainsi que les garanties procédurales, doivent donc les respecter. Cette constitutionnalisation accentue le développement des garanties procédurales fondamentales que l'on retrouve en droit fiscal et en droit social puisque l'impact de la jurisprudence constitutionnelle se mesure en fonction des effets qu'elle exerce sur les autres juridictions [1074]. Les évolutions récentes tendent ainsi « *à promouvoir les garanties du redevable sans pour autant remettre en cause les prérogatives dont disposent les organismes pour l'accomplissement de leur mission de service public* » [1075]. Si l'on ne peut que déplorer l'absence de mise en place d'un « *chantier d'une réforme d'ensemble* » [1076], les garanties fondamentales procédurales sont toutefois renforcées et par conséquent plus présentes. Les Cours suprêmes se sont

---

1071 COLEU (D.), COURSIER (P.), « Tourmente et dérives en matière de droit des cotisations – Vers une déconstruction du droit des cotisants ? », *Droit social*, 2009, p.85.

1072 MANGIAVILLANO (A.), *Le contribuable et l'État, l'impôt et la garantie constitutionnelle de la propriété (Allemagne- France)*, Paris, Dalloz, Coll. « Nouvelle Bibliothèque de Thèses », 2013, 702 p.; SID AHMED (K.), *Droits fondamentaux du contribuable et procédures fiscales, Étude comparative– t.1, Les droits d'origine non procédurale du contribuable*, Paris, L'Harmattan, 2008, p.247 et suivants.

1073 SID AHMED (K.), *Droits fondamentaux du contribuable et procédures fiscales – t.1, Les droits d'origine non procédurale du contribuable*, Paris, L'Harmattan, 2008, p.77 et suivants.

1074 PHILIP (L.), « La constitutionnalisation des finances publiques », in MATHIEU (B.) et VERPEAUX (M.) (dir.), *La constitutionnalisation des branches du droit*, Aix en Provence, Paris, PUAM-Economica, 1998, p.71.

1075 PRÉTOT (X.), « L'entreprise, l'URSSAF et les cotisations de Sécurité sociale », *Droit social*, 2006, p.423.

1076 BOUILLOUX (A.), « Les nouvelles garanties des cotisants face à un contrôle de l'URSSAF », *Droit social*, 1999, p.903.

efforcées de les renforcer à travers leur jurisprudence afin de suppléer la carence du législateur [1077] mais « *rétablir la confiance entre les cotisants et les organismes de recouvrement est évidemment un chantier de longue haleine* » [1078]. Pour Denis COLEU et Philippe COURSIER, la jurisprudence de la deuxième chambre civile de la Cour de cassation semble dégager une tendance nouvelle en faveur des organismes chargés du recouvrement [1079]. Selon ces auteurs, si cette tendance venait à perdurer « *il est alors évident que le "droit des cotisants" aura laissé sa place à un véritable "droit des cotisations" ... autrement dit, le droit de l'URSSAF sera remplacé par un "droit pour l'URSSAF"* » [1080]. La Cour de cassation n'a pas hésité à soumettre les relations entre les organismes de recouvrement et les usagers à un ensemble de règles ad hoc, forgeant ainsi un corps de règles de droit administratif judiciaire [1081] « *sans équivalent dans notre système juridique* » [1082]. Néanmoins si une telle application des exigences en matière contentieuse n'oppose aucune difficulté, tel n'est pas le cas des phases précontentieuses. L'effectivité des droits de la défense devrait désormais plutôt conduire la Cour de cassation à étendre les droits de la défense à la phase pré contentieuse, comme l'y incite d'ailleurs la jurisprudence de la Cour européenne des droits de l'homme.

193. Le respect de l'article 6 paragraphe 1 de la Convention européenne de sauvegarde des droits de l'homme et des libertés fondamentales (CEDH). Le respect des garanties procédurales fondamentales se retrouve également dans le respect des exigences européennes, et notamment de l'article 6 paragraphe 1 de la CEDH. Dans le cadre du contentieux fiscal, la conformité au droit européen a été

1077 TAQUET (F.), « Le contrôle URSSAF ou l'insuffisante protection des cotisants », *Droit social*, 1993, p.568.

1078 VENEL (J.), « L'engagement d'une « relation de confiance » entre cotisants et organismes de recouvrement », *RDSS*, 2015, p.334.

1079 COLEU (D.), COURSIER (P.), « Tourmente et dérives en matière de droit des cotisations – Vers une déconstruction du droit des cotisants ? », *Droit social*, 2009, p.81.

1080 *Ibid.*

1081 Le droit du recouvrement des cotisations de sécurité sociale illustre également le droit administratif judiciaire. Voir en ce sens, PRÉTOT (X.), « Le recouvrement des cotisations de Sécurité sociale : les prérogatives des organismes de recouvrement et le développement des garanties du redevable », in Mélanges Loïc Philip, *Constitution et finances publiques*, Paris, Economica, 2005, p.561.

1082 PRÉTOT (X.), « Le Code civil et le droit de la sécurité sociale, un parrainage tout en nuances..., 1804-2004 », in LEQUETTE (L.) et LEVENEUR (L.), (dir.), *Le Code civil : un passé, un présent, un avenir*, Paris, Dalloz, 2004, p.631-632.

affirmée très tôt, cela a été légèrement plus tardif en matière de Sécurité sociale. Le contentieux fiscal doit respecter le volet pénal des droits de l'article 6 paragraphe 1 car il concerne des droits et obligations de caractère privé [1083], et ceci depuis l'arrêt *Bendenoun* du 24 février 1994 [1084]. Les stipulations de l'article 6 paragraphe 1 de la convention européenne de sauvegarde des droits de l'homme et des libertés fondamentales sont soulevées en matière de visite domiciliaire [1085], surtout depuis l'arrêt *Ravon* [1086], ainsi qu'en matière d'opposition à contrôle fiscal [1087] et de sanctions [1088]. Si le volet pénal de l'article 6 paragraphe 1 de la CEDH s'applique au droit fiscal, le volet civil en est exclu puisque la CEDH considère que « *le contentieux fiscal échappe au champ des droits et obligations de caractère civil, en dépit des effets patrimoniaux qu'il a nécessairement quant à la situation des contribuables* » [1089]. En matière de Sécurité sociale, l'article 6 paragraphe 1 est applicable en matière de recouvrement des cotisations sociales puisqu'elles portent sur des droits et obligations à caractère civil [1090]. Pour Nathalie FRICERO, « *l'effectivité de la contradiction suppose une*

[1083] FERRAS (B), HERBAUX (V.), « Comparaison des procédures de recouvrement de l'Administration Fiscale et de la Sécurité sociale : Quels enseignements possibles pour le réseau URSSAF ? », *Regards*, n° 23, 2003, p.225.

[1084] CEDH, 24 février 1994, aff. n° 12547/86, *Bendenoun c. France.*

[1085] CE, 10e ss-sect.,15 octobre 2015, req. n° 369474, Inédit au Recueil Lebon ; CE, 9e et 10e ss-sect., 15 avril 2015, req. n° 361828, Inédit au Recueil Lebon ; CE, 3e et 8e ss-sect., 15 octobre 2014, req. n° 371538, Inédit au Recueil Lebon ; CE, 3e et 8e ss-sect., 1 février 2012, req. n° 339388, Inédit au Recueil Lebon ; CE, 3e et 8e ss-sect., 01 février 2012, req. n° 339387, *RJF* 4/2012 n°438.

[1086] CEDH, 3e section, 21 février 2008, aff. n° 18497/03, *Ravon et autre contre France.*

[1087] « *les dispositions de l'article 1730 du code général des impôts n'étaient pas incompatibles avec les stipulations du paragraphe 1 de l'article 6 de la convention européenne de sauvegarde des droits de l'homme et des libertés fondamentales, alors même qu'elles ne conféraient pas au juge un pouvoir de modulation du taux de l'amende qu'elles prévoyaient* », CE, 9e ss-sect., 23 décembre 2011, req. n° 322462, req. n° 322463, Inédit au Recueil Lebon ; CE, 9e et 10e ss-sect., 26 décembre 2008, req. n° 282995, *RJF* 3/2009 n°237.

[1088] CE, 3e et 8e ss-sect., 26 septembre 2014, n° 370929, Inédit au Recueil Lebon .

[1089] CEDH, 12 juillet 2001, Aff. n° 44759/98, *Ferrazzini c. Italie.*

[1090] CEDH, 9 déc. 1994, Aff. n° 19006/91 et 19005/91, *Schouten et Meldrum c. Pays Bas*, §§ 59-60: Les aspects de droit privé des cotisations de sécurité sociale présentent « *une importance plus grande* » que ceux de droit public. Par conséquent, « *les contestations en cause doivent être considérées comme ayant porté sur des "droits et obligations de caractère civil"* », ce qui rend l'article 6§1 applicable ; Cité également par FRICERO (N.), « Procédure de contrôle du règlement de cotisations de sécurité sociale et procès équitable », *Dalloz*, 2005, p.1067.

information détaillée relative aux omissions et erreurs qui sont reprochées, ainsi que sur les bases du redressement proposé » [1091]. C'est notamment selon la Cour de cassation par cette information détaillée qu'est assurée le caractère contradictoire de la procédure ainsi que la sauvegarde des droits de la défense [1092]. La Cour de cassation veille à l'application et au respect de l'article 6 paragraphe 1 de la Convention européenne des droits de l'homme en matière de Sécurité sociale. La convention trouve à s'appliquer dans le contentieux technique de la Sécurité sociale mais également en matière de contentieux général [1093]. La Cour rappelle ainsi la nécessité du caractère contradictoire de la procédure, et du respect des obligations découlant de l'article 6 de la Convention de sauvegarde des droits de l'homme et des libertés fondamentales[1094]. Le Conseil d'État vérifie également la conformité des procédures liant les URSSAF aux exigences de l'article 6 paragraphe 1 de la convention européenne de sauvegarde des droits de l'homme et des libertés fondamentales [1095] concernant l'application par le juge d'une loi

---

[1091] FRICERO (N.), « Procédure de contrôle du règlement de cotisations de sécurité sociale et procès équitable », *Dalloz*, 2005, p.1067.

[1092] « *les juges du fond, qui ont constaté que n'avaient pas été respectées les formalités substantielles qui ont pour but de donner un caractère contradictoire au contrôle et de sauvegarder les droits de la défense, ont légalement justifié leur décision* », Cass., Soc. 18 juillet 1996, n° 94-17.174, Bull. civ. V., n°306.

[1093] Cass., Civ., 2e, 28 mai 2014, n° 13-18.066, *RJS* 8-9/2014 n°655.

[1094] « *ne constitue pas une procédure de contrôle au sens de l'article R.243-7 du code de la sécurité sociale la vérification sur pièces, prévue par l'article R.243-43-3, qui autorise les organismes de recouvrement à vérifier l'exactitude et la conformité à la législation en vigueur des déclarations qui leur sont transmises par les travailleurs indépendants et les employeurs, en rapprochant les informations portées sur ces déclarations avec celles mentionnées sur les documents qui leur ont déjà été transmis par le cotisant ainsi qu'avec les informations que d'autres institutions peuvent légalement leur communiquer ; que la validité du redressement auquel il peut être procédé à l'issue de cette procédure de vérification sur pièces est subordonnée au respect des formalités édictées, pour conférer à la procédure un caractère contradictoire, par l'article R.243-43-4, lequel, sans méconnaître les obligations découlant de l'article 6 de la Convention de sauvegarde des droits de l'homme et des libertés fondamentales, n'impose pas à l'URSSAF de communiquer au cotisant les informations qui lui ont été transmises par une autre institution* », Cass., Civ., 2e, 28 mai 2014, n° 13-18.066.

[1095] « *si la Cour de cassation a déjà jugé que l'agrément des agents de contrôle des organismes chargés du recouvrement des cotisations sociales constitue une formalité substantielle, dont l'omission prive de fondement les actes effectués par ces agents, elle ne s'est, en revanche, pas prononcée sur les conséquences à tirer de l'agrément d'un agent de contrôle par une autorité qui, bien qu'agissant en vertu d'une délégation de signature irrégulière, aurait pu être régulièrement habilitée à cette fin et présentait toutes les apparences, pour l'URSSAF qui sollicitait l'agrément de ses agents, de l'autorité*

de validation inconventionnelle. Rémi DECOUT-PAOLINI, rapporteur public, considère à ce propos que « *lorsque l'administration commet une illégalité en appliquant une loi inconventionnelle, en particulier une loi incompatible avec le droit de l'Union européenne, la question de la réparation se résout sur le terrain classique de la responsabilité pour faute consécutive à la prise d'un acte administratif illégal et non sur le terrain de la responsabilité du fait des lois inconventionnelles. Pourquoi faudrait-il raisonner autrement lorsque l'application de la loi inconventionnelle est le fait du juge et non de l'administration ?* » [1096]. Par conséquent, l'erreur du juge qui cherche à conformer à la CEDH une loi de validation inconventionnelle rompt le lien de causalité entre cette loi et le préjudice subi par une personne à laquelle elle a été appliquée [1097]. Bien que spécifique aux lois de validation et à la responsabilité de l'État du fait d'une loi inconventionnelle dans la poursuite de la jurisprudence *Gardedieu* [1098], cette jurisprudence concerne également la responsabilité de l'ACOSS et de l'URSSAF au titre de l'agrément versé aux agents. Cependant le Conseil d'État considère qu'un requérant « *ne peut utilement invoquer ni la violation de l'article 6 paragraphe 1 de la convention européenne de sauvegarde des droits de l'homme et des libertés fondamentales, qui n'est pas applicable aux procédures fiscales, ni celle du secret professionnel qu'aurait commis le vérificateur en transmettant des informations à l'URSSAF* » [1099]. À titre d'exemple, le Conseil d'État est compétent pour juger du respect des stipulations de l'article 6 paragraphe 1 de la convention européenne de sauvegarde des

---

compétente ; que, au vu de sa jurisprudence, il ne peut être considéré que la société Lilly France aurait, par l'effet de l'article 73 de la loi de financement de la Sécurité sociale pour 2004, été privée d'une chance sérieuse d'obtenir l'annulation par les juridictions judiciaires du redressement décidé à son encontre ; que, par suite, la cour administrative d'appel de Versailles a donné une inexacte qualification juridique aux faits qui lui étaient soumis en jugeant qu'il existait un lien de causalité directe entre l'intervention de la loi de financement de la Sécurité sociale pour 2004, en méconnaissance de l'article 6, paragraphe 1, de la convention européenne de sauvegarde des droits de l'homme et des libertés fondamentales, et le préjudice subi par la société Lilly France du fait du rejet par le juge judiciaire de sa demande de décharge des sommes qui lui ont été réclamées à la suite du redressement de 2001 ; que son arrêt doit, par suite, être annulé », CE, 1e et 6e ss-sect., 5 octobre 2015, req. n° 371832, *RJS* 1/2016 n°59.

1096 DECOUT-PAOLINI (R.), « La loi inconventionnelle, l'erreur du juge et le lien de causalité », *AJDA*, 2015, p.2229.

1097 De MONTECLER (M.-C.), « La loi inconventionnelle, l'erreur du juge et le lien de causalité », *Dalloz Actualité*, 15 octobre 2015.

1098 CE, Ass., 8 février 2007, req. n° 279522, *RJS* 4/2007 n°520.

1099 CE, 9e et 10e ss-sect., 11 avril 2008, req. n° 293754, *RJF* 6/2007 n°786.

droits de l'homme et des libertés fondamentales concernant les modalités de participation de l'assurance maladie au paiement des cotisations sociales des chirurgiens-dentistes conventionnés lorsque celles-ci sont sous le joug de l'autorité de la chose jugée par le Conseil constitutionnel [1100]. En matière de Sécurité sociale, le Conseil d'État vérifie également, au regard de l'article 6 paragraphe 1 de la convention européenne de sauvegarde des droits de l'homme et des libertés fondamentales, la régularité des avis de mise en recouvrement [1101], la conformité des sanctions prononcées par le directeur de la caisse primaire d'assurance maladie [1102] ou par l'organisme local d'assurance maladie [1103].

B. La sécurisation juridique des « administrés », une préoccupation administrative omniprésente

194. L'ensemble des techniques et procédures fiscales comme sociales, bien qu'en étroite relation et soumis au respect des garanties procédurales, est sous l'influence commune de règles supra-législatives, de droit interne et européen. La sécurisation juridique à travers les relations entre les cotisants/contribuables et les « administrations » financières peut aisément être comparée à la quête du Graal puisque plus les garanties des « administrés » augmentent, plus la sécurité juridique se renforce et plus les exigences croissent. La sécurité juridique demeure toujours insaisissable et s'apparente à la quête d'un idéal vers lequel tendre. Avec la complexification des normes, le principe de sécurité juridique semble renforcé sans qu'il soit pour autant pleinement garanti. Dans cette quête, de nouveaux mécanismes se développent et des anciens s'adaptent afin de garantir la sécurité juridique en tant qu'exigence de l'État de droit. Les « administrations » sociales et fiscales s'attachent à essayer de sécuriser juridiquement leurs relations avec les « administrés ». Ce renforcement se fait en parallèle de la « *constitutionnalisation de l'exigence de sécurité juridique* » [1104]. La sécurisation juridique des « administrés » s'exprime à travers les relations avec l'administration **(1)**

[1100] CE, 1e et 6e ss-sect., 12 mai 2010, n° 328162.

[1101] CE, 8e ss-sect.,16 octobre 2009, req. n° 306955, Inédit au Recueil Lebon.

[1102] CE, 1e et 6e ss-sect., 4 novembre 2015, req. n° 377027, Inédit au Recueil Lebon .

[1103] CE, 1e et 6e ss-sect., 2 juillet 2007, req. n° 285485, Inédit au Recueil Lebon .

[1104] VALEMBOIS (A.-L.), « La constitutionnalisation de l'exigence de sécurité juridique en droit français », *Les Cahiers du Conseil constitutionnel*, 2004, n° 17, pp.127-132.

mais aussi avec le rescrit qui apparaît comme un outil renforçant cette sécurisation juridique (**2**).

1. La sécurité juridique à travers les relations avec l'administration

195. La sécurité juridique, une exigence. Le principe de sécurité juridique du droit fiscal « *implique que les citoyens soient, sans que cela appelle de leur part des efforts insurmontables, en mesure de déterminer ce qui est permis et ce qui est défendu par le droit applicable. Pour parvenir à ce résultat, les normes édictées doivent être claires et intelligibles, et ne pas être soumises, dans le temps, à des variations trop fréquentes, ni surtout imprévisibles* » [1105]. Il constitue selon Marie MASCLET DE BARBARIN, une préoccupation récente [1106]. L'exigence de sécurité juridique est d'autant plus importante en droit social du fait de la vulnérabilité normative et contentieuse [1107] des droits sociaux. En matière de sécurité juridique, Olivier FOUQUET va jusqu'à assimiler les cotisations sociales et les cotisations fiscales [1108]. Le concept de sécurité juridique a été défini par la Cour de justice des communautés européennes (CJCE) [1109] comme imposant « *la clarté et la précision des règles de droit et des actes individuels qui constituent à un certain moment le cadre juridique dans lequel les autorités exercent leurs compétences et les particuliers leurs activités* ». Les Cours suprêmes veillent à ce que l'interprétation donnée par l'administration respecte le principe de sécurité juridique [1110]. Renforcer la sécurité permet de rendre

---

[1105] Conseil d'État, *Sécurité juridique et complexité du droit*, Rapport public, EDCE, 2006, n° 55, p.281.

[1106] MASCLET de BARBARIN (M.), « Le caractère nécessairement prescriptible du pouvoir d'imposition de l'administration fiscale, première application positive du principe de sécurité juridique en droit fiscal », in *Mélanges en l'honneur du Professeur Christian Louit*, Bruxelles, Bruylant, 2015, p.402.

[1107] ROMAN (D.), « Le juge et les droits sociaux : vers un renforcement de la justiciabilité des droits sociaux ? », *RDSS*, 2010, p.794.

[1108] FOUQUET (O.), « Cotisations sociales, cotisations fiscales : même combat », *Droit social*, 2009, p.320 et s.

[1109] Conclusions de l'avocat général Fintan-Duff du15 février 1996 sur l'arrêt CJCE, 16 juin 1993, aff. C325/91, *France c. Commission*, § 26, Recueil 1993, p.I-3283.

[1110] CE, 9e ss-sect., 16 mars 2016, n° 383570, Inédit au Recueil Lebon ; CE, 8e et 3e ss-sect., 21 octobre 2013, n° 358061, Inédit au Recueil Lebon ; CE, Sect., 8 mars 2013, n° 353782 ; CE, 8e et 3e ss-sect., 27 février 2013, n° 354004, *RJF* 5/2013 n°516 ; CE, 9e ss-sect., 8 avril 2011, n° 313124, Inédit au Recueil Lebon ; CE, 10e ss-sect., 29 octobre 2010, n° 339202, Inédit au Recueil Lebon ; CE, 10e ss-sect., 29 octobre 2010, n° 339200,

suffisamment prévisibles les règles de droit applicables au cotisant comme au contribuable. La sécurité juridique peut s'apprécier à travers la garantie que représente la doctrine fiscale [1111]. Pour Bernard PACTEAU, « *la première sécurité juridique, c'est finalement un droit qui ne laisserait place ni à la fantaisie, ni à l'arbitraire* » [1112]. Le fait de consulter l'administration afin d'obtenir une appréciation individuelle quant à l'application de la norme permet de réduire l'arbitraire, au point que la sécurité juridique est devenue une préoccupation constante [1113] de l'administration fiscale. Initialement, il s'agit d'un droit jurisprudentiel, au même titre que le droit au juge [1114], mais la constitutionnalisation de la sécurité juridique [1115] est aujourd'hui largement accomplie [1116]. Ce concept est désormais « *une exigence dans un État de droit* » [1117] et un principe inhérent à tout système de droit qui nécessite le respect des droits acquis et l'immutabilité des situations juridiques subjectives [1118] puisque l'État de droit passe par « *la prévisibilité des normes* » [1119]. La prévisibilité de la loi lui confère un enracinement en tant que fonds

---

RJS 1/2011 n°85 ; CE, 8e et 3e ss-sect., 14 avril 2008, n° 298777, *RJF* 7/2008 n°792 ; Cass., Crim., 17 décembre 2014, n° 13-84.421, Inédit au Recueil Lebon ; Cass., Crim., 28 mai 2014, n° 13-82.505, Inédit au Recueil Lebon .

1111 URY (D.), « La sécurité juridique en droit fiscal », *Gestion et Finances publiques*, n° 9/10, 2015, p.77.

1112 PACTEAU (B.), « La sécurité juridique, un principe qui nous manque ? », *AJDA*, 1995, p.151.

1113 LIEB (J.-P.), HEURTIER (R.), « Propos introductif à la sécurité juridique en matière fiscale », in BUISSON (J.) (dir.), *La sécurité fiscale*, L'Harmattan, Paris, 2011, p.15.

1114 GREWE C., « Les conflits de norme entre droit communautaire et droits nationaux en matière de droits fondamentaux », in *L'union européenne et les droits fondamentaux*, Bruylant, Bruxelles, 1999, p.64 ; SALVIEJO (C.), *Le principe de sécurité juridique en droit communautaire et européen*, Thèse, Montpellier I, 2003, p.64.

1115 Voir en ce sens, VALEMBOIS (A.-L.), *La constitutionnalisation de l'exigence de sécurité juridique en droit français*, LGDJ, Paris, Bibliothèque constitutionnelle et de science politique, t.122, 2005, 534 p.

1116 Préface de Bertrand MATHIEU, in VALEMBOIS (A.-L.), *La constitutionnalisation de l'exigence de sécurité juridique en droit français*, LGDJ, Paris, Bibliothèque constitutionnelle et de science politique, t.122, 2005, 534 p.

1117 LAMBERT (T.), « La sécurité du contribuable vis-à-vis de l'administration », in BUISSON (J.) (dir.), *La sécurité fiscale*, L'Harmattan, Paris, 2011, p.157 ; VALEMBOIS (A.-L.), *La constitutionnalisation de l'exigence de sécurité juridique en droit français*, LGDJ, Paris, Bibliothèque constitutionnelle et de science politique, t.122, 2005, p.31 et s.

1118 FERRAS (B), HERBAUX (V.), « Comparaison des procédures de recouvrement de l'Administration Fiscale et de la Sécurité sociale : Quels enseignements possibles pour le réseau URSSAF ? », *op.cit.*, p.218.

1119 OPPETIT (B.), « L'hypothèse du déclin du droit », *Droits*, Revue française de théorie juridique, n° 4, 1986, p.19.

commun de valeurs propres à l'Europe [1120]. Thierry LAMBERT tempère toutefois cette affirmation en indiquant que renforcer la sécurité juridique du contribuable *« ne signifie pas agir en aveugle irresponsable »* [1121]. Pour Caroline SALVIEJO, le principe de sécurité juridique est un « *dérivé du principe général de l'État de droit* » [1122]. Ce principe doit donc être regardé comme inhérent à tout ordre juridique [1123] dans la mesure où il domine les systèmes juridiques de tous les États membres.

196. La sécurisation juridique face à la complexification de la norme. Selon le Conseil d'État, la sécurité juridique passe par « *un travail sur la norme elle-même : autant que faire se peut, elle doit être simple et brève, reposer sur des critères d'application certaine et aisée, varier le moins possible dans le temps* » [1124]. Bien que le droit social soit fortement influencé par le droit fiscal, il n'empêche que le secteur social témoigne d'une avance certaine en matière de sécurisation juridique [1125], notamment à travers le soutien apporté aux entreprises par certaines Urssaf sur les questions les plus complexes ainsi que l'opposabilité des prises de positions antérieures, même implicites, qui ont pu servir de références au groupe de travail fiscal [1126]. Face à la complexification du droit, il convient alors d'expliquer toujours plus et de sécuriser davantage encore [1127] les relations entre les « administrés » et les « administrations » afin que la sécurité juridique demeure un moyen d'« *assurer un juste équilibre* » [1128] dans les rapports sociaux. Le renforcement de la sécurité juridique, qui se traduit par une avancée de l'administration vers

---

[1120] SALVIEJO (C.), *Le principe de sécurité juridique en droit communautaire et européen*, Thèse, Montpellier I, 2003, p.53.

[1121] LAMBERT (T.), « La sécurité du contribuable vis-à-vis de l'administration », *op.cit.*, p.164.

[1122] SALVIEJO (C.), *Le principe de sécurité juridique en droit communautaire et européen*, Thèse, Montpellier I, 2003, p.27.

[1123] MODERNE (F.), « Une communicabilité contrastée : Le principe de sécurité juridique en droit constitutionnel français et espagnol », in Liber Amicorum Jean-Claude Escarras, *La communicabilité entre les systèmes juridiques*, Bruxelles, Bruylant, 2005, p.839.

[1124] Conseil d'État, *Le rescrit : sécuriser les initiatives et les projets*, Études, Paris, La documentation française, 2013, p.7.

[1125] FOUQUET (O.), WANECQ (T.), « Cotisations sociales : stabiliser la norme, sécuriser les relations avec les URSSAF et prévenir les abus », Rapport au ministre du Budget, des comptes publics et de la fonction publique, Juillet 2008, p.6.

[1126] *Ibid.*

[1127] GATINEAU (J.-J.), « De la sécurité juridique en droit de la sécurité sociale », *Droit social*, 2009, p.332.

[1128] *Ibid.*

l'administré, doit s'accompagner d'une avancée inverse de l'administré vers l'administration afin d'établir des relations saines, d'autant plus que l'administration est généralement perçue comme « *le pot de fer qui peut aisément écraser le pot de terre* » [1129] que constitue le demandeur. C'est dans cette avancée en sens inverse que se matérialise le civisme. Si le civisme fiscal est considéré comme « *l'accomplissement volontaire par le contribuable de ses obligations* » [1130], il se matérialise par « *des dispositifs d'incitation à l'utilisation de techniques légales offrant des allégements d'impôt sous l'assurance d'être à l'abri de poursuites ultérieures* » [1131], mais également par le respect de l'obligation déclarative dans les délais impartis ainsi que par le paiement de l'impôt dû d'une manière spontanée. Par conséquent, améliorer le civisme fiscal signifie aussi *faciliter* la démarche de déclaration et de paiement des contribuables [1132]. La notion de civisme fiscal est toutefois à utiliser avec précaution puisque Jean-François BOUDET considère que le civisme fiscal modifie « *la définition même de l'impôt et les nouvelles normes qui lui sont appliquées* » [1133], notamment parce qu'il se trouve entre valeur républicaine et outil de recouvrement [1134]. Par ailleurs, les impôts sociaux, en tant qu'impôts réels car dépourvus de tout lien avec les facultés contributives du contribuable, ne sont pas très loquaces [1135] sur le civisme puisqu'ils « *n'ont d'autre ambition que de frapper un élément économique déterminé, en se préoccupant le moins possible de la personne qui le détient* » [1136]. Face à la complexification de la norme et au maintien du civisme fiscal, la sécurité juridique finit par s'exprimer également à travers le principe d'accessibilité et d'intelligibilité de la norme [1137], objectif à valeur constitutionnelle depuis la décision n° 99-421 DC [1138] qui trouve son

---

1129 BUISSON (J.), « La sécurité de l'administration vis-à-vis du contribuable », in BUISSON (J.) (dir.), *La sécurité fiscale*, L'Harmattan, Paris, 2011, p.180.

1130 OLIVA (É.), « La bonne gouvernance : entre consentement et rationalité », in *Mélanges en l'honneur du Professeur Christian Louit*, Bruxelles, Bruylant, 2015, p.105.

1131 *Ibid.*

1132 GAUTHIER (M.), « La modernisation de la gestion et du calcul de l'impôt est-elle un facteur d'amélioration du civisme fiscal ? », *RFFP*, n° 112, 2010, p.18.

1133 BOUDET (J.-F.), « La "grammaire lolftienne" », *RFDA*, 2015, p.1215.

1134 Promotion 2007 du CHEDE (Collectif), « Le civisme fiscal : entre valeur républicaine et outil de recouvrement », *La revue du Trésor*, n° 6, 2008, pp.428-436.

1135 DUCROS (J.-C.), « Le modèle fiscal du civisme », *RFFP*, n° 56, 1996, p.134.

1136 *Ibid.*

1137 MODERNE (F.), « Sécurité juridique et sécurité financière », *RFDA*, 2006, p.483.

1138 Cons. Const., Décision n° 99-421 DC du 16 décembre 1999, *Loi portant habilitation du Gouvernement à procéder, par ordonnances, à l'adoption de la partie législative de certains codes*, JO du 22 décembre 1999, p.19041, Recueil, p.136, Considérant n° 13.

renforcement à travers le développement du rescrit. Pour Frédéric DOUET, la sécurité juridique fait maintenant référence à la technique juridique [1139] puisqu'en matière fiscale, elle se traduit comme le souhait de « *garantir aux contribuables le montant des impositions mises à leur charge de telle manière que chacun d'entre eux puisse prévoir et compter sur ce résultat* » [1140]. La sécurité juridique implique ainsi que la norme soit accessible et prévisible [1141].

197. La sécurisation juridique à travers l'opposabilité de la doctrine administrative. En matière de doctrine administrative, il est loisible de retrouver là encore des liens entre le droit fiscal et le droit de la sécurité sociale puisque la Cour de cassation s'est prononcée sur l'interprétation donnée par les organismes de sécurité sociale aux textes fiscaux. Elle a notamment retenu que l'employeur ne peut se prévaloir d'une telle interprétation donnée ultérieurement par la Cour de cassation [1142]. Toutefois, la jurisprudence sociale peut se fonder sur la doctrine fiscale [1143]. Dans tous les cas, « *la divergence d'interprétation d'un texte tranchée ultérieurement par la Cour de cassation en faveur de celle défendue par les débiteurs des cotisations n'est pas constitutive d'une faute à la charge des organismes de recouvrement susceptible d'engager leur responsabilité à l'égard des cotisants* » [1144], même si la Cour précise, toujours en vertu de cette même jurisprudence, que « *la divergence d'interprétation d'un texte ne fait pas obstacle à ce que les redevables contestent le montant de leurs cotisations devant la juridiction de la sécurité sociale sans attendre que la difficulté d'interprétation soit tranchée* » [1145]. Le principe de sécurité juridique se retrouve en droit fiscal

---

[1139] DOUET (F.), *Contribution à l'étude de la sécurité juridique en droit fiscal français*, LGDJ, Paris, Coll. Bibliothèque de droit privé, Tome.230, 1997, p.8.

[1140] *Ibid*, p.11.

[1141] *Ibid*, p.2-3.

[1142] Cass., Soc., 8 décembre 1966, Bull.1966, IV, n° 930, p.779 ; Dans le même sens, Cass., Soc., 20 juin 1966, Bull. 1966, IV, n° 624, p.520.

[1143] Cass., Civ., 2e, 19 décembre 2013, n° 12-28.941, Inédit au Recueil Lebon : « *Qu'en statuant ainsi alors qu'en vertu de la doctrine fiscale, la déduction forfaitaire spécifique prévue pour les personnels des casinos et cercles supportant des frais de représentation et de veillée ou de double résidence, bénéficie, s'agissant d'une société gérant un casino, aux personnels affectés aux activités de casino, y compris les services annexes, mais non à l'ensemble du personnel susceptible de supporter lesdits frais, la cour d'appel a violé les textes susvisés* ».

[1144] Cass., Civ., 2e, 9 juillet 2009, n° 08-16.344, Inédit au Recueil Lebon.

[1145] Cass., Civ., 2e, 9 juillet 2009, n° 08-16.344, Inédit au Recueil Lebon.

comme en droit social bien que la Cour de cassation ne le mentionne pas expressément concernant les interprétations données par les URSSAF [1146]. Olivier FOUQUET indiquait d'ailleurs en 2009 que chaque système gagnerait à emprunter à l'autre ce qu'il a de meilleur en matière de sécurité juridique. Néanmoins il semble regretter l'absence de « *vif désir de collaborer à une amélioration commune* » [1147] entre l'administration fiscale et les organismes de recouvrement. Le concept de sécurité juridique « *critique la vision strictement positiviste de l'application de la loi pour interroger la finalité de la règle de droit, qui n'est ni plus ou moins que de garantir la stabilité sociale, civique et économique* » [1148]. Le respect des procédures sous le contrôle du juge constitue alors l'unique garantie [1149] en matière de sécurité juridique. Cette garantie se retrouve sur le terrain du contentieux et tend à devenir l'une des conditions du consentement éclairé à l'impôt [1150].

198. La sécurisation à travers la protection contre l'abus de droit. L'une des conséquences prévisibles de la complexification croissante [1151] du droit des prélèvements obligatoires est le développement de comportements plus ou moins frauduleux. La sécurisation des rapports entre « l'administration financière » et les « administrés » permet ainsi de renforcer la lutte contre l'abus de droit. Selon l'article L.64 du LPF, sont constitutifs d'un abus de droit, les actes ayant un caractère fictif, ou ceux ayant été inspirés dans l'unique but d'éluder ou d'atténuer les charges fiscales que l'intéressé aurait normalement dû supporter. Dans ce dernier cas, l'acte a été créé dans un but fiscal exclusivement [1152]. En vertu de cet article, il peut y avoir abus de droit par application littérale des textes ou

---

[1146] Cass., Civ., 2e, 7 juillet 2011, n° 10-19.300, n° 10-19303, n° 10-19.302, n° 10-19.304, n° 10-19.301, Inédit au Recueil Lebon.

[1147] FOUQUET (O.), « Cotisations sociales, cotisations fiscales : même combat », *Droit social*, 2009, p.320.

[1148] URY (D.), « La sécurité juridique en droit fiscal », *Gestion et Finances publiques*, n° 9/10, 2015, p.82.

[1149] LAMBERT (T.), « La sécurité du contribuable vis-à-vis de l'administration », in BUISSON (J.) (dir.), *La sécurité fiscale*, L'Harmattan, Paris, 2011, p.177.

[1150] *Ibid.*

[1151] DERUE (A.), « L'abus de droit en matière de cotisations et prélèvements sociaux », *Droit social*, 2009, p.339.

[1152] LAMBERT (T.), « La sécurité du contribuable vis-à-vis de l'administration », *op.cit.*, p.159.

de décisions « *contraires aux objectifs de leurs auteurs* » [1153]. En droit social, la qualification diffère puisque l'article L.243-7-2 du CSS retient uniquement « *l'application littérale des textes à l'encontre des objectifs poursuivis par leurs auteurs* ». La Cour de Cassation a ainsi retenu que La divergence d'appréciation sur les règles d'assiette des cotisations n'est pas au nombre des contestations susceptibles de donner lieu à la procédure d'abus de droit prévue par l'article L 243-7-2 du CSS[1154]. La création de l'abus de droit en droit de la sécurité sociale est beaucoup plus tardive qu'en droit fiscal puisqu'elle apparaît avec l'article 108 de la loi de financement de la Sécurité sociale pour 2008 [1155]. Après avoir constaté les difficultés liées à la définition de l'abus de droit en droit social, le rapport Fouquet de 2008 propose une nouvelle définition de celui-ci [1156] et la création d'un comité des abus de droit [1157] à l'instar de ce qui existe en droit fiscal. Quand la procédure est retenue en droit fiscal, et si un désaccord persiste entre l'administration et le contribuable sur les rectifications notifiées, le litige est alors soumis à l'avis du Comité de l'abus de droit fiscal. En droit social, en vertu de l'article 75 de la loi n° 2009-526 de simplification et de clarification du droit et d'allégement des procédures [1158], le litige est désormais soumis à l'avis du Comité des abus de droit. Le rapport de 2008 propose par ailleurs d'établir une « *composition de la formation du comité des abus de droit en matière sociale selon des règles comparables à celles de la formation en matière fiscale* » [1159]. La nouvelle rédaction de cet article apparaît alors sans surprise puisqu'elle possède les mêmes caractéristiques que celles applicables au droit fiscal [1160]. Quitte à calquer la procédure sociale sur la procédure fiscale, le rapport pousse la réflexion en proposant la création

[1153] RACINE (P.-F.), « Existe-t-il des "décisions" dont on puisse abuser ? », *Droit fiscal*, 2010, n° 23, comm. 357, p.7.

[1154] Cass., Civ., 2e, 12 octobre 2017, n° 16-21.469

[1155] Loi n° 2007-1786 du 19 décembre 2007 de financement de la sécurité sociale pour 2008, JORF n° 0296 du 21 décembre 2007, p.20603.

[1156] FOUQUET (O.), WANECQ (T.), « Cotisations sociales : stabiliser la norme, sécuriser les relations avec les URSSAF et prévenir les abus », Rapport au ministre du Budget, des comptes publics et de la fonction publique, Juillet 2008, p.39.

[1157] *Ibid*, p.40.

[1158] Loi n° 2009-526 du 12 mai 2009 de simplification et de clarification du droit et d'allégement des procédures, JORF n° 0110 du 13 mai 2009, p.7920.

[1159] Proposition n° 51, in FOUQUET (O.), WANECQ (T.), « Cotisations sociales : stabiliser la norme, sécuriser les relations avec les URSSAF et prévenir les abus », Rapport au ministre du Budget, des comptes publics et de la fonction publique, Juillet 2008, p.40.

[1160] BARTHÉLÉMY (J.), « L'abus de droit en matière sociale », *Regards*, n° 47, 2015, p.250.

d'un « *comité des abus de droit unique* » [1161] qui, par sa composition, pourrait ainsi trancher des questions fiscales et sociales. Si cette proposition n'a pas été retenue pour l'instant, le législateur a cependant essayé de réformer l'article L.64 du LPF avec l'article 100 de la loi de finances pour 2014 [1162]. Cependant cet article a été censuré par le Conseil constitutionnel [1163] puisque « *compte tenu des conséquences ainsi attachées à la procédure de l'abus de droit fiscal, le législateur ne pouvait, sans méconnaître les exigences constitutionnelles précitées, retenir que seraient constitutifs d'un abus de droit les actes ayant "pour motif principal" d'éluder ou d'atténuer les charges fiscales que l'intéressé aurait dû normalement supporter* » [1164]. Les tentatives de convergence de l'abus de droit ont ainsi été stoppées par la même occasion, bien que l'on puisse déjà constater une convergence dans la définition de l'abus de droit, non seulement entre la jurisprudence communautaire et les jurisprudences nationales, ce qui permet d'envisager une harmonisation de la notion d'abus de droit entre les pays de l'Union européenne [1165]. Néanmoins à travers les rapprochements continus et successifs du droit fiscal et du droit de la sécurité sociale, l'abus de droit risque à terme d'être le prochain chantier faisant l'objet d'une influence fiscale, comme cela a été le cas pour le rescrit. La sécurité juridique est ainsi progressivement renforcée même si « *le système actuel demeure éminemment perfectible* » [1166].

[1161] Proposition n° 51 bis, in FOUQUET (O.), WANECQ (T.), « Cotisations sociales : stabiliser la norme, sécuriser les relations avec les URSSAF et prévenir les abus », Rapport au ministre du Budget, des comptes publics et de la fonction publique, Juillet 2008, p.40.

[1162] Loi n° 2013-1278 du 29 décembre 2013 de finances pour 2014, JORF n° 0303 du 30 décembre 2013, p.21829.

[1163] Cons. Const., Décision n° 2013-685 DC du 29 décembre 2013, *Loi de finances pour 2014*, JO du 30 décembre 2013, p.22188, Recueil, p.1127, Considérant n° 112 à 119.

[1164] Cons. Const., Décision n° 2013-685 DC du 29 décembre 2013, *Loi de finances pour 2014*, JO du 30 décembre 2013, p.22188, Recueil, p.1127, Considérant n° 118.

[1165] TIRARD (J.-M.), « L'abus de droit en droit comparé », in Études en la mémoire du professeur Maurice Cozian, *Écrits de fiscalité des entreprises*, Paris, Lexis-Nexis, 2009, p.227.

[1166] VENEL (J.), « La sécurité juridique du cotisant : bilan et perspectives », *RDSS*, 2014, p.733.

2. *Le rescrit, un outil renforçant la sécurisation juridique*

199. Le rescrit permet de renforcer la sécurité juridique [1167] puisqu'il devient un instrument de sécurisation des initiatives et des projets [1168]. Le rescrit est certes un « *outil de renforcement de l'attractivité du territoire* » [1169] mais il constitue avant tout un outil non négligeable dans le développement du dialogue entre l'administration fiscale et les entreprises ou les usagers [1170]. Bien qu'initialement « en retard » par rapport au droit fiscal, la généralisation du rescrit social opéré dernièrement devrait non seulement faciliter son application, mais aussi renforcer la sécurité juridique du cotisant. La récente réforme du rescrit social s'est d'ailleurs faite « *en vue de renforcer la sécurité juridique des cotisants* » [1171]. Le rescrit suppose ainsi une sécurité juridique qui se manifestera par le respect des engagements de l'administration [1172]. Il vise à améliorer les relations entre l'administration et le demandeur et renforce le civisme fiscal car il traduit l'accomplissement volontaire par le contribuable de ses obligations. L'ensemble des rescrits cherche ainsi à améliorer la sécurité juridique ainsi que le civisme fiscal [1173] qui « *implique un rééquilibrage des pouvoirs de l'administration fiscale et*

[1167] Ce renforcement était mis en avant à travers le strict encadrement de la rétroactivité de la norme fiscale et l'encadrement des conditions d'opposabilité de la doctrine administrative dans le XXe rapport du Conseil des impôts. Voir en ce sens, Conseil des impôts, *Les relations entre les contribuables et l'administration fiscal*e, XXe rapport, Direction des JO, Paris, 2002, p.117.

[1168] Conseil d'État, *Le rescrit : sécuriser les initiatives et les projets*, Études, Paris, La documentation française,2013, 192 p.

[1169] URY (D.), « Le « tax ruling » à la française », *Gestion et Finances publiques*, n° 1, 2016, p.101 ; COLOMBET (H.), « Le rescrit et la participation des usagers à la production de la doctrine administrative », *JCP G*, n° 5, 1er février 2016 ; Conseil d'État, *Le rescrit : sécuriser les initiatives et les projets*, Études, Paris, La documentation française, 2013, p.139.

[1170] LIEB (J.-P.), HEURTIER (R.), « Propos introductif à la sécurité juridique en matière fiscale », in BUISSON (J.) (dir.), *La sécurité fiscale*, L'Harmattan, Paris, 2011, p.36.

[1171] Rapport au Président de la République relatif à l'ordonnance n° 2015-1628 du 10 décembre 2015 relative aux garanties consistant en une prise de position formelle, opposable à l'administration, sur l'application d'une norme à la situation de fait ou au projet du demandeur, JORF n° 0287 du 11 décembre 2015, p.22851.

[1172] OLIVA (É.), « La bonne gouvernance : entre consentement et rationalité », in *Mélanges en l'honneur du Professeur Christian Louit*, Bruxelles, Bruylant, 2015, p.105.

[1173] LADOUX (L.), « Garantie contre les changements de doctrine : vademecum », *LNF*, 2010, n° 1055, p.7.

des droits des contribuables » [1174]. Ce raisonnement peut être aisément étendu au droit social puisque les caractéristiques du civisme existent dans le droit de la sécurité sociale. Ainsi le rescrit s'inscrit comme un outil civique, qu'il soit fiscal ou social. L'influence indirecte transcende le contrôle et le redressement puisqu'elle se retrouve dans l'opposabilité de la doctrine à travers le rescrit, mais également dans les conséquences éventuelles du contrôle en cas d'abus de droit. Le rescrit illustre à la fois le renforcement de la sécurisation juridique et l'influence indirecte du droit fiscal sur le droit social puisque le droit social a construit le mécanisme du rescrit social en s'inspirant clairement de celui imaginé, conçu et mis en place par le droit fiscal avant lui. Le rescrit est donc un instrument sous influence (**a**) mais il est avant tout un outil juridique ayant des caractéristiques propres, communes au droit fiscal et au droit social (**b**).

a. Un mécanisme sous influence

200. Le rescrit, un mécanisme évolutif. Le rescrit, en tant qu'« *acte général et impersonnel* » [1175], illustre l'influence indirecte du droit fiscal sur le droit social. Symbole de la privatisation des relations entre les contribuables et l'administration fiscale, il permet la pénétration des principes contractuels dans le droit fiscal et social. Si pour certains la doctrine ne joue plus qu'un rôle subsidiaire [1176], le rescrit se développe de plus en plus dans la mesure où il sécurise l'interprétation de la norme et garantit la prévisibilité des règles de droit, que cette norme soit sociale ou fiscale. Le rescrit a été rapidement défini comme étant « *un avis émané d'une autorité consultée par une personne privée ou un organisme public sur l'interprétation ou l'application d'une norme* » [1177]. Ce mécanisme connaît par ailleurs un certain regain d'intérêt dans un contexte de développement des procédures non juridictionnelles et de prévention des conflits [1178]. Le rescrit social s'est ensuite développé « *à l'image de celui*

[1174] OLIVA (É.), « La bonne gouvernance : entre consentement et rationalité », *op.cit.*, p.106.

[1175] CE, 5 juillet 2013, n° 363118, n° 364129 et n° 364147, *RJF* 10/2013 n°970 ; *Droit fiscal* 2013, n° 30-35, comm. 386, MORAINE (A.) ; idem, pp.5154, concl. ESCAUT (N.).

[1176] Cass., Civ., 2e, 10 mars 2016, n° 15-12.301, Inédit au Recueil Lebon.

[1177] OPPETIT (B), « La résurgence du rescrit », *Dalloz*, 1991, chron. p.105 ; Cité également par PLESSIX (B.), « Le rescrit en matière administrative », *REJP*, oct. 2008, n° 657, p.3.

[1178] LADOUX (L.), « Le rescrit : une procédure au service de la sécurité juridique et du civisme fiscal », *LNF*, 2010, n° 1046, p.25.

qui existe déjà dans le domaine fiscal » [1179]. Mis en place par l'article 35 de la loi du 11 février 1994 [1180], dite « loi Madelin », désormais codifié à l'article L.311-11 du Code de la sécurité sociale, le rescrit social était d'abord limité à une procédure d'interrogation de l'URSSAF. Il a ensuite fallu attendre presque dix ans pour observer une évolution. Depuis la loi du 18 décembre 2003 de financement de la sécurité sociale pour 2004 [1181], selon l'article L.243-6-1 du CSS, tout cotisant peut solliciter l'interprétation harmonieuse de l'ACOSS lorsqu'il est confronté à des interprétations contradictoires de la part d'une ou plusieurs URSSAF. Dans la mesure où la décision prise par une URSSAF n'est pas de nature à engager la responsabilité d'une autre URSSAF [1182]. Les URSSAF constituent « *autant de personnes morales distinctes* » [1183]. La Cour de cassation estime donc qu'une décision « *prise par l'une d'elles n'engage pas les autres* » [1184], même si cette décision est implicite [1185]. Il peut donc en théorie exister autant de positions différentes que d'URSSAF. Cependant en vertu de l'article L.243-6-4 du CSS, « *lorsqu'un cotisant relève d'un nouvel organisme suite au changement de son lieu d'exploitation, la décision explicite du premier organisme s'impose au second tant que la situation de fait décrite dans la demande ou la législation au regard de laquelle la situation du demandeur a été appréciée n'ont pas été modifiées* » [1186]. L'article 1 de l'ordonnance n° 2005-651 du 6 juin 2005 [1187] modifie ensuite le mécanisme mis en place, puisque l'article L.243-6-3 du CSS prévoit désormais que les organismes de recouvrement du régime général de la sécurité sociale

---

[1179] Circulaire n° DSS/5C/2006/72 du 21 février 2006 relative à l'opposabilité des circulaires et instructions ministérielles publiées et au rescrit social, p.1.

[1180] Loi n° 94-126 du 11 février 1994 relative à l'initiative et à l'entreprise individuelle, JORF n° 37 du 13 février 1994, p.2493.

[1181] Loi n° 2003-1199 du 18 décembre 2003 de financement de la sécurité sociale pour 2004, JORF n° 293 du 19 décembre 2003, p.21641.

[1182] FERRAS (B), HERBAUX (V.), « Comparaison des procédures de recouvrement de l'Administration Fiscale et de la Sécurité sociale : Quels enseignements possibles pour le réseau URSSAF ? », *Regards*, n° 23, 2003, p.204. Sur la responsabilité des URSSAF, voir en ce sens, TAURAN (T.), « La responsabilité civile des URSSAF », *RDSS*, 2012, p.544.

[1183] Cass., Soc., 29 juin 1995, n° 93-11.506.

[1184] *Ibid.*

[1185] Cass., Civ., 2e, 14 février 2007, n° 05-16.810.

[1186] Circulaire n° DSS/5C/2006/72 du 21 février 2006 relative à l'opposabilité des circulaires et instructions ministérielles publiées et au rescrit social, p.6.

[1187] Ordonnance n° 2005-651 du 6 juin 2005 relative à la garantie des droits des cotisants dans leurs relations avec les organismes de recouvrement des cotisations et contributions sociales, JORF n° 131 du 7 juin 2005, p.10027.

« *doivent se prononcer de manière explicite sur toute demande d'un cotisant ou futur cotisant, présentée en sa qualité d'employeur, ayant pour objet de connaître l'application à sa situation de la législation* » relative à certaines exonérations ou régimes particuliers. L'article 5 de la loi du 4 août 2008 [1188] simplifie et amplifie le mécanisme en modifiant les exonérations et régimes particuliers prévus par l'article L.243-6-3 du CSS et insère un article L.133-6-9 dans le Code de la sécurité sociale. Ce nouvel article crée un rescrit social pour le régime social des indépendants. Par l'imbrication des différents rescrits, cet article modifie non seulement le rescrit social, mais aussi l'article L.80B du LPF puisque l'administration doit se prononcer dans un délai de trois mois et non plus quatre. Le rescrit social a récemment été étendu, depuis le 1er janvier 2016, à l'ensemble des cotisations et contributions sociales dues par l'employeur. L'ordonnance du 10 décembre 2015 [1189] modifie l'article L.243-6-3 du CSS afin d'« *améliorer le régime juridique du rescrit social existant* » [1190]. Cette ordonnance fait suite à l'article 9 de la loi du 20 décembre 2014 qui autorise le Gouvernement à prendre toute mesure relevant du domaine de la loi ayant pour objet de permettre à une autorité administrative « *d'accorder, à une personne qui le demande, une garantie consistant en une prise de position formelle, opposable à l'administration, sur l'application d'une norme à sa situation de fait ou à son projet* ». Le rescrit permet désormais à tout cotisant d'obtenir de son organisme de recouvrement une décision explicite sur toute demande ayant pour objet de connaître l'application de la législation relative aux cotisations et contributions de sécurité sociale contrôlées par cet organisme pour une situation précise. Avant cette extension, la demande ne pouvait concerner que certains dispositifs limitativement énumérés. Le rescrit peut désormais « *porter sur toute demande posant une question nouvelle et non dépourvue de caractère sérieux ayant pour objet de connaître l'application à une situation précis de la législation relative aux cotisations et contributions de sécurité sociale* » [1191]. La question doit être

[1188] Loi n° 2008-776 du 4 août 2008 de modernisation de l'économie, JORF n° 0181 du 5 août 2008, p.12471.

[1189] Ordonnance n° 2015-1628 du 10 décembre 2015 relative aux garanties consistant en une prise de position formelle, opposable à l'administration, sur l'application d'une norme à la situation de fait ou au projet du demandeur, JORF n° 0287 du 11 décembre 2015, p.22852.

[1190] PAULIAT (H.), « Un remède à l'instabilité normative : l'opposabilité de la prise de position formelle de l'administration », *JCP A*, n° 51-52, 21 décembre 2015.

[1191] MEHREZ (F.), « Le rescrit social étendu à l'égalité professionnelle et à l'obligation d'emploi de travailleurs handicapés », *Dalloz actualité*, 16 décembre 2015.

nouvelle et sérieuse. La demande ne peut intervenir après l'engagement d'un contrôle ou lorsqu'un contentieux en lien avec la demande est en cours. Cette dernière limite avait déjà été posée par la Cour de cassation [1192]. La particularité de cette réforme réside dans la création d'un recours « de branche » puisque le rescrit est étendu aux organismes professionnels et syndicaux représentatifs au niveau des branches professionnelles. La décision rendue dans ce cadre sera applicable à « *toute autre entreprise ou personne morale appartement à ce même groupe dès lors que la situation dans laquelle se trouve cette dernière est identique à celle sur le fondement duquel la demande a été formulée* » [1193]. Le Conseil d'État, dans son rapport de 2013, constate un « *faible engouement pour le rescrit social* » [1194]. Les rapports de l'ACOSS sur la sécurité juridique mentionnent notamment l'utilisation de 490 rescrits en 2013 [1195], pour 519 en 2014 [1196], là où l'administration fiscale en recense 20 256 en 2013 [1197] et 20 296 en 2014 [1198]. Selon le Conseil d'État, la principale explication du faible emploi du rescrit social semble résider « *dans la préférence des entreprises pour le mécanisme des "questions complexes"* » [1199], bien que ce dernier soit moins protecteur que le rescrit légal [1200]. L'empilement des mécanismes de rescrit semble être en droit fiscal « *le signe d'un succès, d'une montée en puissance* » [1201] là où en droit social il tend à exprimer une difficulté à s'enraciner dans le droit de la sécurité sociale. Afin d'améliorer le rescrit social, jadis perçu comme un système compliqué et inutile [1202], le Conseil

---

[1192] Cass., Civ., 2e, 28 mai 2014, n° 13-16.915 : « *la demande de rescrit n'est pas recevable lorsqu'un contrôle a été engagé si celui-ci est en cours lorsqu'elle a été formée* ».

[1193] Article L.243-6-3 CSS ; MEHREZ (F.), « Le rescrit social étendu à l'égalité professionnelle et à l'obligation d'emploi de travailleurs handicapés », *Dalloz actualité*, 16 décembre 2015.

[1194] Conseil d'État, *Le rescrit : sécuriser les initiatives et les projets*, Études, Paris, La documentation française, 2013, p.43.

[1195] ACOSS, *La sécurisation juridique*, Rapport d'activité thématique, 2013, p.7.

[1196] ACOSS, *La réglementation et sécurisation juridique*, Rapport d'activité thématique, 2014, p.7.

[1197] DGFIP, *Rapport sur l'activité en matière de rescrit*, Année 2013, p.3.

[1198] DGFIP, *Rapport sur l'activité en matière de rescrit*, Année 2014, p.3.

[1199] Conseil d'État, *Le rescrit : sécuriser les initiatives et les projets*, Études, Paris, La documentation française, 2013, p.95.

[1200] Conseil d'État, *Le rescrit : sécuriser les initiatives et les projets*, *op.cit.*, p.96.

[1201] GEST (G.), « Les évolutions du rescrit », *RFFP*, 2010, n° 112, p.93.

[1202] TAQUET (F.), « A quoi sert le rescrit en matière de sécurité sociale ? », *Gazette du Palais*, 25/07/2000, n° 207, p.7.

d'État avait proposé trois moyens : le renforcement de sa dématérialisation, l'allégement des exigences de fourniture de pièces justificatives et à travers le fait d'indiquer au demandeur par un accusé de réception que son dossier est complet, la date de l'accusé faisant courir ce délai [1203]. Rien ne mentionnait l'étendue du rescrit social conçue par l'ordonnance du 10 décembre 2015. Les effets de cette étendue et l'intégration de la question complexe à travers le rescrit devraient sensiblement modifier son utilisation car le rescrit social s'inscrit dans « *une démarche de prévention et de sécurisation juridique* » [1204], dès lors son développement n'en serait que logique. Les procédures de rescrit demeurent donc en évolution puisqu'en matière fiscale, le Conseil de la simplification pour les entreprises a présenté dernièrement parmi ses nouvelles mesures de simplification, un aménagement de la procédure de rescrit en matière d'impôt recherche. De plus, il serait possible de demander une révision du rescrit initial (proposition n° 15) [1205]. Bien qu'il ne constitue pas une innovation juridique, l'environnement juridique du rescrit est en pleine évolution [1206].

201. Le rescrit, un mécanisme aux natures variées. Les rescrits peuvent être de plusieurs natures. Par conséquent, la procédure du rescrit n'est pas en elle-même homogène, tant en ce qui concerne l'objet de la demande, le délai d'obtention de la réponse, l'autorité compétente pour y répondre ou qu'enfin, en ce qui concerne l'existence d'une procédure de réexamen [1207]. Par le rescrit, quelle que soit sa forme, le contribuable consulte l'administration sur la validité d'une opération qu'il envisage de réaliser. En droit fiscal, il est possible de recenser deux types [1208] de rescrits : un rescrit général et des rescrits techniques. Le mécanisme

---

[1203] Proposition n° 1, in Conseil d'État, *Le rescrit : sécuriser les initiatives et les projets*, Études, Paris, La documentation française, 2013, p.97 et 141.

[1204] ACOSS, *La sécurisation juridique*, Rapport d'activité thématique, 2013, p.13 ; ACOSS, *La réglementation et sécurisation juridique*, Rapport d'activité thématique, 2014, p.12.

[1205] Conseil de la simplification pour les entreprises, *90 nouvelles mesures de simplification pour les entreprises*, Mercredi 3 février 2016, p.14.

[1206] Conseil d'État, *Le rescrit : sécuriser les initiatives et les projets*, Études, Paris, La documentation française, 2013, p.11.

[1207] OLIVA (É.), « La bonne gouvernance : entre consentement et rationalité », *op.cit*, p.106.

[1208] LIEB (J.-P.), HEURTIER (R.), « Propos introductif à la sécurité juridique en matière fiscale », in BUISSON (J.) (dir.), *La sécurité fiscale*, L'Harmattan, Paris, 2011, p.25.

initialement mis en place par la loi « Aicardi » de 1987 [1209] a séduit l'administration fiscale puisque celle-ci a notamment développé par la suite le « rescrit-valeur » [1210] et le « rescrit-vérification » [1211]. Le rescrit général figure à l'alinéa 1 de l'article L.80B du LPF et s'étend « *aux prises de position de l'administration sur la situation individuelle du contribuable la garantie contre les changements de doctrine consacrée à l'article L.80 A du LPF* » [1212]. À côté de celui-ci, il existe désormais douze rescrits spécifiques en droit fiscal : le rescrit « amortissements exceptionnels », le rescrit « entreprises nouvelles », le rescrit « entreprise implantée en zones franches urbaines », le rescrit « crédit d'impôt recherche », le rescrit « jeunes entreprises innovantes et jeunes entreprises solidaires », le rescrit « pôle de compétitivité », le rescrit « établissement stable », le rescrit « qualification de vos revenus », le rescrit « mécénat », le rescrit « valeur », le rescrit « abus de droit », et les accords préalables en matière de prix de transferts [1213]. Ces rescrits se caractérisent tous par une prise de position formelle sur une situation de fait qui est elle-même insérée dans une procédure particulière. En droit social, l'opposition entre rescrit général et spécifique n'existe pas, même s'il existe une pluralité de rescrits [1214]. Par ailleurs, le mécanisme est conçu de manière à concerner plusieurs thèmes possibles tels que les frais professionnels et avantages en nature, les rémunérations versées par un tiers, les exonérations zonées, les exonérations générales (*Fillon* et *Tepa*), les ruptures du contrat de travail, les exonérations spécifiques à l'employeur pour les aides à domicile, l'attribution d'options de souscriptions ou d'achats d'actions, les attributions d'actions gratuites mais aussi ce qui concerne la retraite et la prévoyance. Les rescrits fiscaux obéissent à un régime diversifié [1215], le Conseil d'État reconnaît d'ailleurs que le « *mécanisme du rescrit fiscal a été acclimaté sous les formes voisines dans le domaine des droits de douane nationaux et des cotisations de sécurité sociale* », allant jusqu'à

[1209] Loi n° 87-502 du 8 juillet 1987, dite Aicardi, modifiant les procédures fiscales et douanières, JORF du 9 juillet 1987, p.7470.

[1210] Article L.18 et R*18-1 du LPF.

[1211] LAMARQUE (J.), NEGRIN (O.), AYRAULT (L.), *Droit fiscal*, *op.cit.*, p.700 et s.

[1212] Conseil d'État, *Le rescrit : sécuriser les initiatives et les projets*, Études, Paris, La documentation française, 2013, p.24.

[1213] Pour la description des différents rescrits, voir en ce sens Conseil d'État, *Le rescrit : sécuriser les initiatives et les projets*, Études, Paris, La documentation française, 2013, p.25 et s.

[1214] DERUE (A.), « Les rescrits en droit de la sécurité sociale », *Droit social*, 2007, p.1008.

[1215] BACHELIER (G.), « Le rescrit fiscal », *RFFP*, n° 130, 2015, p.61.

mentionner « *un fort degré de parenté* » [1216]. Guy GEST retient quant à lui l'expression de « *lien de parenté* » [1217] pour désigner ce qui unit l'administration fiscale et le rescrit. Bien qu'inspirant les autres rescrits, le rescrit fiscal n'est pas à l'abri des évolutions [1218] puisque le Conseil d'État propose également de le modifier en l'étendant aux autres prélèvements, impositions ou taxes qui ne sont pas couvertes par les dispositions de l'article L.80 B du LPF [1219]. Ce dernier ne concerne en effet que les prélèvements, impositions ou taxes, dont le régime est défini par le CGI. Le Conseil d'État indique que « *sauf à ce qu'il soit estimé par le juge que leur mention dans le code général des impôts est suffisante, même si celui-ci renvoie pour la détermination du régime applicable aux dispositions inscrites dans un autre code, le rescrit général prévu par le premier alinéa de l'article L.80 B ne s'applique donc pas* » [1220]. Il revient ici au juge d'analyser la nature et la « suffisance » du renvoi afin d'éventuellement pouvoir y inclure les prélèvements sociaux hors cotisations sociales qui ne peuvent faire l'objet ni d'un rescrit fiscal, ni d'un rescrit social. Néanmoins, admettre une telle extension revient à surmonter une difficulté non négligeable puisque la mise en œuvre de cette proposition réside dans la détermination de l'autorité administrative mise à même de répondre au rescrit et il s'agit en principe de l'administration en charge du recouvrement de l'impôt, ce qui impliquerait de veiller à l'harmonisation des positions prises par des administrations distinctes sur des impositions proches : un rescrit CSG sur les salaires serait en effet examiné par les URSSAF, tandis qu'un rescrit CSG sur les revenus du patrimoine serait confié à l'administration fiscale [1221]. L'harmonisation des procédures de recouvrement et la fusion éventuelle des administrations de recouvrement permettraient alors de faciliter les procédures de rescrit en limitant le nombre d'interlocuteurs potentiels.

[1216] Conseil d'État, *Le rescrit : sécuriser les initiatives et les projets*, Études, Paris, La documentation française, 2013, p.29.

[1217] Cette expression est également utilisée par Xavier PRÉTOT pour désigner les relations entre le droit de la sécurité sociale et la législation fiscale en matière de recouvrement, in PRÉTOT (X.), « Le recouvrement des cotisations de Sécurité sociale : les prérogatives des organismes de recouvrement et le développement des garanties du redevable », in Mélanges Loïc Philip, *Constitution et finances publiques*, Paris, Economica, 2005, p.552.

[1218] GEST (G.), « Les évolutions du rescrit », *RFFP*, 2010, n° 112, p.91 et s.

[1219] Conseil d'État, *Le rescrit : sécuriser les initiatives et les projets*, Études, Paris, La documentation française, 2013, p.106.

[1220] Conseil d'État, *Le rescrit : sécuriser les initiatives et les projets*, *op.cit.*, p.104.

[1221] Conseil d'État, *Le rescrit : sécuriser les initiatives et les projets*, *op.cit.*, p.105.

b. Le rescrit, un outil juridique commun aux deux droits

202. Le rescrit soumis à un minimum de formalisme. Pour être recevable, le rescrit, social ou fiscal, doit faire l'objet d'une demande écrite. Le formalisme est important comme en témoigne la liste de documents à fournir conditionnant la recevabilité du rescrit social présente dans l'article R.243-43-2 du CSS. Dans tous les cas, l'auteur de la demande est défini de manière large puisqu'il s'agit de tout contribuable ou tout cotisant. Quant à la réponse fournie par l'administration, elle doit nécessairement être écrite pour le rescrit social, alors que la validité des positions verbales est admise en droit fiscal [1222]. La réponse de l'administration consiste alors en une prise de position formelle. Le rescrit suppose la réponse d'une autorité administrative à une demande expresse émanant d'un administré. Le rescrit diffère de la doctrine administrative, bien qu'il participe à sa production. Le Conseil d'État veille d'ailleurs à éviter tout dévoiement du mécanisme de la circulaire en rescrit déguisé. Il a ainsi jugé que « *l'administration n'est jamais tenue de prendre une circulaire pour interpréter l'état du droit existant* » [1223]. Ceci est d'autant plus important qu'en droit de la sécurité sociale, l'opposabilité de la doctrine est limitée aux seules circulaires ou instructions ministérielles publiées [1224] en vertu de l'article L.243-6-2 du CSS depuis l'ordonnance n° 2005-651 du 6 juin 2005 [1225]. En parallèle de son formalisme qui tend maintenant à s'alléger, les finalités du rescrit ont évolué en parallèle du mécanisme puisqu'il sert désormais un « *triple objectif : la promotion du civisme fiscal, le renforcement de l'attractivité du territoire et la sécurité juridique par une meilleure* prévisibilité » [1226]. En droit social, comme en droit fiscal ou même douanier, le rescrit est perçu comme une pratique consistant à obtenir l'accord, explicite ou

---

[1222] CE, 3e et 8e ss-sect., 18 mars 2005, req. n° 260353, *RJF* 6/2005 n°526 ; CE, 8e et 7e ss-sect., 30 mai 1979, n° 11436 et n° 12155.

[1223] CE, 9e et 10e ss-sect., 14 mars 2003, req. n° 241057, Lebon p.617.

[1224] COURSIER (P.), « De la "sécurisation juridique" des relations avec les Urssaf », *Gazette du Palais*, 12/06/2010, n° 163, p.21.

[1225] Ordonnance n° 2005-651 du 6 juin 2005 relative à la garantie des droits des cotisants dans leurs relations avec les organismes de recouvrement des cotisations et contributions sociales, JORF n° 131 du 7 juin 2005, p.10027.

[1226] URY (D.), « Le « tax ruling » à la française », *Gestion et Finances publiques*, n° 1, 2016, p.103.

tacite, de l'Administration sur une situation de fait au regard de la loi [1227], bien que le Conseil d'État le définisse avant tout comme « *l'instrument privilégié pour la sécurisation des initiatives* » [1228].

203. Le rescrit, un moyen de production de la doctrine administrative. Le développement du rescrit, bien que se situant dans le prolongement du mouvement en faveur de la transparence, participe à rendre le droit plus visible, plus accessible et révèle une forme différente d'expression de la doctrine administrative [1229]. La doctrine administrative, en tant qu'ensemble des interprétations formulées par une autorité en vue d'assurer une application uniforme des règles, peut prendre différents aspects. L'article L.80 A du LPF permet d'opposer cette doctrine à l'administration fiscale, dans les limites prévues par le texte, mais elle diffère du mécanisme du rescrit. En raison de la prise d'une position formelle par l'administration, le rescrit est parfois confondu avec l'opposabilité de la doctrine, bien que la prise de position issue du rescrit soit opposable à l'administration. Dans la mesure où l'article L.80 B du LPF renvoie aux interprétations données dans le cadre de l'article L.80 A du LPF, le rescrit participe donc « *activement à la production de la doctrine administrative* » [1230] car il provoque la prise de position formelle au regard d'une situation individuelle. Il convient de souligner toutefois que le Conseil d'État se prononce désormais sur « *l'interprétation administrative de la loi fiscale* » [1231] et non plus directement sur la doctrine fiscale [1232]. Le rescrit est un « *dispositif protéiforme* » [1233], un instrument d'appréciation d'une situation de fait [1234]. Il renforce donc la

---

1227 LADOUX (L.), « Le rescrit : une procédure au service de la sécurité juridique et du civisme fiscal », *LNF*, 2010, n° 1046, p.25.

1228 Conseil d'État, *Le rescrit : sécuriser les initiatives et les projets*, Études, Paris, La documentation française, 2013, 192 p.: Cité également par URY (D.), « Le « tax ruling » à la française », *Gestion et Finances publiques*, n° 1, 2016, p.104.

1229 COLOMBET (H.), « Le rescrit et la participation des usagers à la production de la doctrine administrative », *JCP G*, n° 5, 1er février 2016.

1230 *Ibid.*

1231 CE, 8e et 3e ss-sect., 7 décembre 2015, n° 371403 ; CE, 9e ss-sect., 9 novembre 2015, n° 374744, Inédit au Recueil Lebon ; CE, 8e ss-sect., 23 octobre 2015, n° 384805, Inédit au Recueil Lebon ; CE, 9e et 10e ss-sect., 24 juin 2015, n° 370049, *RJF* 10/2015 n°752 ; CE, 3e et 8e ss-sect., 16 juillet 2014, n° 364477, *RJF* 11/2014 n°999 et 1000.

1232 URY (D.), « Le « tax ruling » à la française », *Gestion et Finances publiques*, n° 1, 2016, p.102.

1233 Conseil d'État, *Le rescrit : sécuriser les initiatives et les projets*, *op.cit.*, p.32.

1234 COLOMBET (H.), « Le rescrit et la participation des usagers à la production de la doctrine administrative », *op.cit.*

sécurisation juridique à travers le développement de la production d'une doctrine administrative qu'il occasionne et son opposabilité.

204. Le rescrit, un mécanisme d'interprétation des normes. Bien que les procédures ne soient pas homogènes, force est de constater une unité d'interprétation des normes [1235]. Le rescrit est un mécanisme d'interprétation de la norme, de production de la doctrine, mais il ne peut pour autant être assimilé à une norme. Xavier CABANNES le rappelle d'ailleurs en considérant que « *la place du rescrit dans l'ordre juridique interne et européen est commandée par le fait qu'il ne doit pas être assimilé à une norme* » [1236]. Ceci est d'autant plus vrai que la doctrine administrative n'a ni la portée ni les effets d'une norme [1237]. Victor HAÏM estime d'ailleurs à ce sujet que « *parce qu'elle est du non droit, elle est créatrice de droit* » [1238]. La norme évolue, elle doit s'adapter à la complexité du monde contemporain et par conséquent elle *« laisse à l'administration la responsabilité de certaines appréciations délicates* » [1239]. Le rescrit permet d'obtenir des appréciations individuelles quant à l'application et l'interprétation de la norme donnée vis-à-vis de la situation de fait mentionnée. Ces appréciations individuelles peuvent ensuite être opposées à l'administration. Le Conseil d'État fait cependant preuve de prudence en rappelant que le rescrit est un « *instrument individuel d'application de la norme à une situation particulière et non un outil général d'interprétation de la norme* » [1240]. Le rescrit n'est donc pas un outil général d'interprétation de la norme puisqu'il porte sur l'interprétation d'une norme pour son application à une situation individuelle ou à un projet précis et concret [1241]. D'après Jean-Pierre LIEB et Richard HEURTIER, « *le terme "rescrit" ne correspond pas*

1235 PLESSIX (B.), « Le rescrit en matière administrative », *REJP*, oct. 2008, n° 657, p.7.

1236 CABANNES (X.), « Le rescrit, le CE cerne la notion et dessine les perspectives d'évolution », *Gestion et Finances publiques*, n° 3/4, 2015, p.76.

1237 HAÏM (V.), « L'article L.80A du LPF est-il inconstitutionnel ? », *Droit fiscal*, 1995, n° 12, p.550.

1238 HAÏM (V.), « L'article L.80A du LPF est-il inconstitutionnel ? », *op.cit.*, p.551 ; Cité également par FERRAS (B), HERBAUX (V.), « Comparaison des procédures de recouvrement de l'Administration Fiscale et de la Sécurité sociale : Quels enseignements possibles pour le réseau URSSAF ? », *Regards*, n° 23, 2003, p.219.

1239 Conseil d'État, *Le rescrit : sécuriser les initiatives et les projets*, *op.cit.*, p.7.

1240 Conseil d'État, *Le rescrit : sécuriser les initiatives et les projets*, *op.cit.*, p.18.

1241 Conseil d'État, *Le rescrit : sécuriser les initiatives et les projets*, *op.cit.*, p.20.

à un concept juridique » [1242]. La recherche d'une définition juridique est, donc, nécessairement vouée à l'échec. Ces derniers précisent d'ailleurs que sa portée juridique est nulle dans la mesure où aucun effet de droit n'est attaché à l'opinion émise par l'administration, notamment à l'endroit d'une réponse défavorable sur une situation. Le Conseil d'État s'est cependant prêté à cet exercice qualificatif après avoir rappelé qu'« *une telle définition n'apparaît ni dans les textes normatifs, ni* expressis verbis *dans la jurisprudence* » et qu'« *elle ne fait pas davantage l'objet d'un véritable consensus doctrina*l » [1243]. Bien que le terme de rescrit soit polysémique [1244], il est toutefois défini comme « *une prise de position formelle de l'administration, qui lui est opposable, sur l'application d'une norme à une situation de fait décrite loyalement dans la demande présentée par une personne et qui ne requiert aucune décision administrative ultérieure* » [1245]. Néanmoins ces interprétations ne peuvent constituer des normes puisque le contribuable ne peut s'en prévaloir qu'en cas de réponse favorable. La réponse défavorable ne peut être opposée à l'administration. L'administration, fiscale comme sociale, ou même douanière, doit souhaiter se lier par son interprétation. S'il est vrai que le contribuable ne peut se prévaloir d'une réponse négative de la part de l'administration, tel n'est pas le cas lorsque la réponse est favorable. Cette réponse favorable va donc avoir pour effet de conférer un effet juridique à une simple prise de position qui, en tant que telle, n'a aucun effet de droit [1246]. Toutefois cette garantie demeure précaire [1247]. Selon l'article L.243-6-3 du CSS, l'organisme peut modifier pour l'avenir sa décision et dans ce cas, il doit en informer le demandeur. Le rescrit ne naît que de la volonté de l'administration de se lier par une réponse contraignante et peut être modifié unilatéralement par elle [1248]. Cette faculté existe également en droit fiscal puisque le rescrit peut faire l'objet d'une abrogation unilatérale. Néanmoins, l'administration « *ne peut retirer ou abroger une décision expresse individuelle créatrice de droits que dans le délai de quatre mois suivant l'intervention de cette décision et si elle est*

[1242] LIEB (J.-P.), HEURTIER (R.), « Propos introductif à la sécurité juridique en matière fiscale », in BUISSON (J.) (dir.), *La sécurité fiscale*, L'Harmattan, Paris, 2011, p.25.

[1243] Conseil d'État, *Le rescrit : sécuriser les initiatives et les projets, op.cit.*, p.15.

[1244] Conseil d'État, *Le rescrit : sécuriser les initiatives et les projets, op.cit.*, p.16.

[1245] Conseil d'État, *Le rescrit : sécuriser les initiatives et les projets*, Études, Paris, La documentation française, 2013, p.20.

[1246] Conseil d'État, *Le rescrit : sécuriser les initiatives et les projets, op.cit.*, p.17.

[1247] Conseil d'État, *Le rescrit : sécuriser les initiatives et les projets, op.cit.*, p.17.

[1248] Conseil d'État, *Le rescrit : sécuriser les initiatives et les projets, op.cit.*, p.18.

illégale » [1249]. Le contribuable peut ainsi se prévaloir d'une interprétation tant que l'administration n'a pas manifesté le souhait de la modifier ou de l'abroger. Ce raisonnement paraît logique puisque le rescrit est une « *réponse à un besoin croissant de clarté et de stabilité de la norme* » [1250] et renforce la sécurité juridique du demandeur. Le rescrit, qu'il soit fiscal ou social, renforce ainsi la stabilité de la norme. Ce renforcement est d'autant plus important du fait de l'instabilité, souvent contestée, des politiques financières.

205. Le rescrit, une protection contre l'abus de droit. Le rescrit est un « *instrument en pleine expansion* » [1251], qui protège le contribuable contre la procédure de répression des abus de droit puisqu'il renforce les droits du cotisant et du contribuable dans leurs relations avec l'administration, d'autant plus que « *l'abus de droit se situe dans le contrôle de la régularité des actes quant aux motifs et quant à leur adéquation aux circonstances de fait* » [1252]. La nature du rescrit permet de lutter contre l'abus de droit puisqu'il permet de valider ou non la situation juridique de l'intéressé au regard de sa situation de fait. Si le contexte fiscal a radicalement changé [1253], le contexte social suit une évolution parallèle. Les procédures et techniques financières développent ainsi une influence réciproque à travers une coordination interne entre les services fiscaux et les organismes sociaux.

§2. La coordination interne entre les services fiscaux et les organismes sociaux

206. L'harmonisation progressive des règles de procédures financières découle en partie de la coordination interne. Les « administrations » financières renforcent la sécurité juridique de leurs relations avec leurs « administrés » de manière parallèle avec ou sous le

---

[1249] CE, Sect., 6 mars 2009, req. n° 306084, Lebon p.79 .

[1250] Conseil d'État, *Le rescrit : sécuriser les initiatives et les projets*, *op.cit.*, p.34.

[1251] COLOMBET (H.), « Le rescrit et la participation des usagers à la production de la doctrine administrative », *JCP G*, n° 5, 1er février 2016.

[1252] Préface d'Eugène Desgranges, in DUBOUIS (L.), *La théorie de l'abus de droit et la jurisprudence administrative*, Paris, Ed. R. Pichon et R. Durand-Auzias, Coll. Bibliothèque de droit public, 1962, t.XLV, 471 p.

[1253] NOËL (G.), « Le juge de l'imposition et la régulation fiscale. La technique de la "chrysalidation juridique" de préceptes contenus dans la Charte du contribuable », in LAMBERT (T.) (dir.), *Le contentieux fiscal en débats*, Paris, LGDJ, 2014, p.200.

contrôle des Cours suprêmes mais elles sont amenées à travailler ensemble, à coopérer à travers une coordination interne que l'on retrouve principalement en matière de fraude, qu'elle soit fiscale ou sociale. La coordination interne prend ainsi la forme d'une coopération entre les services fiscaux d'un côté et les services sociaux de l'autre. Bien que les URSSAF ne soient pas tenues par les positions prises par l'administration fiscale [1254], cette coordination des services se retrouve classiquement à travers une coordination financière pré-contentieuse (**A**), mais aussi à travers le développement de moyens communs (**B**).

A. Une coordination financière pré contentieuse

207. Une coordination financière pré-contentieuse. La coordination financière pré-contentieuse se manifeste principalement à travers le développement du droit de communication. Le droit de communication prévu par le droit fiscal permet la coopération des URSSAF dans le cadre d'un contrôle fiscal puisqu'en vertu de l'article L.81 du LPF, « *le droit de communication permet aux agents de l'administration, pour l'établissement de l'assiette et le contrôle des impôts, d'avoir connaissance des documents et des renseignements mentionnés aux articles du présent chapitre dans les conditions qui y sont précisées* ». Il est traditionnellement défini comme le droit reconnu à l'administration fiscale de prendre connaissance et, au besoin, copie de documents détenus par des tiers. Lorsqu'elle exerce son droit de communication auprès d'un tiers, l'administration fiscale n'a pas à en informer le contribuable [1255]. Est classiquement entendu par droit de communication en matière sociale la faculté pour les URSSAF de demander à l'usager contrôlé tout document nécessaire à son contrôle. Le droit de communication, prévu à l'article R.243-59 du Code de la sécurité sociale, porte uniquement sur la possibilité pour les URSSAF de demander « *tout document* » aux employeurs, personnes privées ou publiques, et les travailleurs indépendants qui doivent également leur « *permettre tout support d'information qui leur est demandé* » par les agents lors du contrôle. En vertu de ce même article, ils peuvent également interroger « *les personnes rémunérées* ». Le droit de communication « de

---

[1254] VERKINDT (P.-Y.), « A propos de l'assiette des cotisations … : l'URSSAF n'est pas le fisc », *RDSS*, 1998, p.547.

[1255] CE, Sect., 6 octobre 2000, req. n° 208765, *SARL Trace*, *RJF* 12/2000 n°1497.

base » en matière sociale est donc beaucoup plus restrictif qu'en matière fiscale puisque les URSSAF n'ont aucun droit de communication auprès des tiers, sauf dans les cas exceptionnels recensés à l'article L.243-13-1 du CSS. Si Cyrille DAVID pense qu'il convient de ne pas « *conférer aux URSSAF un droit de communication à l'égard des tiers* » [1256] car ils constituent des organismes de droit privé, force est de constater que la Sécurité sociale est une administration publique et que les compétences des URSSAF se rapprochent indéniablement des administrations fiscales et qu'il conviendrait à terme de les harmoniser afin d'améliorer cette coordination financière naissante.

208. Une communication sans demande préalable, la transmission d'informations. Le droit de communication s'exerce également sans demande préalable de la part de l'administration fiscale puisque les organismes de recouvrement doivent lui communiquer spontanément certaines informations. L'article L.97 du LPF [1257] dispose en ce sens que les organismes chargés de la gestion des risques maladie et maternité des régimes spéciaux de sécurité sociale doivent adresser annuellement à l'administration fiscale un relevé récapitulatif des feuilles de maladie et notes de frais remises par les assurés. Cette obligation de communication à l'administration fiscale concerne également l'organisme du régime général de sécurité sociale chargé du recouvrement des cotisations et contributions sociales dues par les particuliers employeurs en ce qui concerne les informations relatives aux personnes déclarées par ces employeurs au cours de l'année précédente en vertu de l'article L.98B du LPF. L'article L.99 du LPF demeure le plus intéressant en matière de coopération entre les « administrations » financières puisqu'il prévoit notamment que « *les organismes de protection sociale communiquent à*

[1256] DAVID (C.), « Administration et citoyens face aux prélèvements obligatoires – Contrôle des déclarations », *Droit social*, 2001, p.1072.

[1257] « *doivent adresser chaque année à l'administration des impôts un relevé récapitulatif* [...] *des feuilles de maladie et notes de frais remises par les assurés : 1° les caisses de sécurité sociale chargées de la gestion des risques maladie et maternité ; 2° les organismes chargés de la gestion des risques maladie et maternité des régimes spéciaux de sécurité sociale ; 3° les sociétés ou unions de sociétés de secours mutuel fonctionnant comme organismes d'assurances sociales agricoles pour les assurances maladie et maternité ; 4° les caisses de base du régime social des indépendants mentionnées à l'article L.611-3 du code de la sécurité sociale ; 5° les sociétés et organismes qui assurent le service des prestations prévues par les articles L752-1 à L752-21 du code rural et de la pêche maritime relatifs à l'assurance des personnes non salariées contre les accidents et les maladies professionnelles dans l'agriculture* ».

l'administration des impôts les faits susceptibles de constituer des infractions qu'ils relèvent en ce qui concerne l'application des lois et règlements relatifs, d'une part, aux impôts et taxes en vigueur et, d'autre part, aux cotisations et contributions sociales ». Il s'agit là d'une obligation réciproque puisque le BOFIP précise ensuite que parallèlement, l'administration des finances publiques doit communiquer aux organismes et caisses de sécurité sociale (ainsi qu'aux caisses de mutualité sociale agricole) les faits susceptibles de constituer des infractions qu'elle relève en ce qui concerne l'application des lois et règlements relatifs aux cotisations et contributions sociales [1258]. L'article L.114-14 du Code de la sécurité sociale précise depuis la loi de financement de la Sécurité sociale pour 2006 [1259] que « *les échanges d'informations entre les agents des administrations fiscales, d'une part, et les agents des administrations chargées de l'application de la législation sociale et du travail et des organismes de protection sociale, d'autre part, sont effectués conformément aux dispositions prévues par le livre des procédures fiscales, et notamment ses articles L.97 à L.99 et L.152 à L.162 B* ». C'est dans ce cadre que l'administration fiscale doit communiquer aux organismes en charge de la gestion de régimes obligatoires de protection sociale un certain nombre d'informations nominatives [1260] . La coopération réciproque entre les deux « administrations » continue donc de se développer dans un objectif réaffirmé de lutte contre la fraude.

B. <u>Le développement de moyens communs</u>

209. Les moyens communs mis en œuvre entre l'administration fiscale et les organismes sociaux prennent la forme de mécanismes divers (**1**) mis en place dans un objectif commun de lutte contre la fraude (**2**).

1. La diversité des mécanismes

210. Le développement de la déclaration sociale nominative. La déclaration sociale nominative devient progressivement obligatoire en matière sociale puisque l'article 22 de la loi de financement de la Sécurité

[1258] BOI-CF-COM-10-70-20120912.

[1259] Loi n° 2005-1579 du 19 décembre 2005 de financement de la sécurité sociale pour 2006, JORF n° 295 du 20 décembre 2005, p.19531.

[1260] DEL SOL (M.), « Échanges d'informations entre acteurs de la lutte contre la fraude », *Droit social*, 2014, p.915.

sociale pour 2016 [1261] prévoit un déploiement progressif jusqu'en juillet 2017. Toutefois une circulaire interministérielle du 21 janvier 2016 [1262] prévoit son report à 2020 pour les salariés des trois fonctions publiques. Cette déclaration a vocation à remplacer l'ensemble des déclarations sociales adressées par les employeurs aux organismes de protection sociale. En vertu de l'article L.133-5-3 du CSS, inséré par l'ordonnance du 18 juin 2015, les données de cette déclaration « *servent au recouvrement des cotisations, des contributions sociales et de certaines impositions, à la vérification de leur montant, à l'ouverture et au calcul des droits des salariés en matière d'assurances sociales, de prévention de la pénibilité de la formation, à la détermination du taux de certaines cotisations, au versement de certains revenus de remplacement ainsi qu'à l'accomplissement par les administrations et organismes destinataires de leurs missions* » [1263]. La déclaration sociale nominative est définie comme un processus majeur de simplification des déclarations des employeurs en matière sociale, « *fondé sur le principe "dites le moi en une seule fois"* » [1264]. Là encore est prévue une coordination avec le droit fiscal puisque la transmission de cette déclaration sociale nominative permet aux employeurs d'accomplir la déclaration prévue à l'article 87 du CGI. Le contenu de la déclaration sociale nominative se retrouve à l'article R.133-13 du CSS, et son régime est précisé par l'article R.133-14 du CSS. La déclaration sociale nominative s'inscrit comme le prochain chantier de partenariat entre les URSSAF et l'administration fiscale puisque le prélèvement à la source de l'IR est actuellement envisagé à travers l'utilisation et la mise en place de cette déclaration sociale nominative [1265]. Il s'agirait d'étendre un mécanisme social dans le droit fiscal. À travers la mise en place de moyens communs, les organismes financiers coordonnent leurs actions en s'influençant mutuellement afin de tendre vers un objectif commun de répression de la fraude. Recourir à

[1261] Loi n° 2015-1702 du 21 décembre 2015 de financement de la sécurité sociale pour 2016, JORF n° 0296 du 22 décembre 2015, p.23635.

[1262] Circulaire du 21 janvier 2016 portant application dans la fonction publique de l'ordonnance n° 2015-682 du 18 juin 2015 relative à la simplification des déclarations sociales des employeurs.

[1263] Article 9, Ordonnance n° 2015-682 du 18 juin 2015 relative à la simplification des déclarations sociales employeurs, JORF n° 0140 du 19 juin 2015, p.10081.

[1264] WOLF (M.), « Prélèvement à la source : un objectif atteint, ne rien faire ! », *Gestion et Finances publiques*, n° 3, 2016, p.54.

[1265] Sur la mise en place de la réforme, voir en ce sens, WOLF (M.), « Prélèvement à la source : un objectif atteint, ne rien faire ! », *Gestion et Finances publiques*, n° 3, 2016, pp.54-59.

la déclaration sociale nominative permet d'instaurer le prélèvement à la source en facilitant sa mise en place, mais il permet aussi de centraliser les informations relatives aux contribuables et aux cotisants, limitant ainsi les erreurs, omissions ou insuffisances de déclarations, que celles-ci soient frauduleuses ou non. La coordination interne entre les services fiscaux et sociaux tend donc à harmoniser les règles de procédures financières afin d'obtenir à terme et progressivement leur uniformisation. Ce développement ne peut d'ailleurs se faire sans « *une "libre soumission" à la loi fiscale et sociale ainsi qu'une volonté d'accéder au statut valorisé de cotisant-contribuable de "bonne foi"* » [1266].

211. L'échange d'informations. Le droit de communication, en plus d'être un outil permettant une coordination financière pré-contentieuse, constitue un moyen commun à l'administration fiscale et aux organismes sociaux dans la lutte contre la fraude. Dans le cadre des dispositions relatives à la fraude, un droit de communication est prévu à l'article L.114-19 du CSS permettant « *d'obtenir, sans que s'y oppose le secret professionnel, les documents et informations nécessaires : 1° Aux agents des organismes chargés de la gestion d'un régime obligatoire de sécurité sociale pour contrôler la sincérité et l'exactitude des déclarations souscrites ou l'authenticité des pièces produites en vue de l'attribution et du paiement des prestations servies par lesdits organismes ; 2° Aux agents chargés du contrôle mentionnés aux articles L.243-7 du présent code et L.724-7 du code rural et de la pêche maritime pour accomplir leurs missions de contrôle définies aux mêmes articles et leur mission de lutte contre le travail dissimulé définie à l'article L.324-12 du code du travail ; 3° Aux agents de contrôle des organismes de sécurité sociale pour recouvrer les prestations versées indûment à des tiers* ». Le droit de communication des URSSAF est beaucoup plus récent car mis en place par l'article 115 de la loi de financement de la Sécurité sociale pour 2008 [1267] dans une « *volonté de lutter efficacement contre la fraude* » [1268]. Il s'agit là encore d'un dispositif en constante évolution puisque les

[1266] FERRAS (B), HERBAUX (V.), « Comparaison des procédures de recouvrement de l'Administration Fiscale et de la Sécurité sociale : Quels enseignements possibles pour le réseau URSSAF ? », *Regards*, n° 23, 2003, p.226.

[1267] Loi n° 2007-1786 du 19 décembre 2007 de financement de la sécurité sociale pour 2008, JORF n° 0296 du 21 décembre 2007, p.20603.

[1268] Circulaire DSS/5C n° 2008-61 du 20 février 2008 relative aux conditions d'application par les organismes de sécurité sociale du droit de communication institué aux articles L.114-19 et suivants du code de la sécurité sociale.

articles 92 et 95 de la loi de financement de la Sécurité sociale pour 2016 [1269] ont étendu le droit de communication aux organismes chargés de la gestion d'un régime obligatoire ainsi qu'aux informations relatives à des personnes non identifiées, dans des conditions fixées par décret en Conseil d'État pris après avis de la Commission nationale de l'informatique et des libertés. Le droit de communication est également prévu par les articles L.114-20 et L.114-21 du CSS et « *renvoie assez largement aux dispositions en vigueur au plan fiscal et codifiées dans le livre des procédures fiscales* » [1270]. Le droit de communication est ainsi ouvert aux tiers dans le cadre de la fraude fiscale et il leur est opposable [1271]. Afin de clarifier les liens entre ces deux branches du droit, l'annexe 1 de la circulaire n° DSS/2011/323 dresse la liste des organismes visés par le LPF auprès desquels les organismes de sécurité sociale peuvent exercer un droit de communication. Cette circulaire précise d'ailleurs qu'il s'agit là d'un souhait du Gouvernement d'aligner les « *pouvoirs des organismes de sécurité sociale sur ceux des services fiscaux* ». Le droit de communication est donc plus restrictif concernant les tiers concernés mais tend à se calquer sur la procédure fiscale. À titre d'exemple, les URSSAF ne peuvent recueillir au domicile de l'usager les déclarations de l'épouse de celui-ci [1272]. Il est néanmoins possible pour l'administration fiscale de remettre des documents dont une partie a été occultée du fait du secret professionnel [1273]. Le droit de communication

[1269] Loi n° 2015-1702 du 21 décembre 2015 de financement de la sécurité sociale pour 2016, JORF n° 0296 du 22 décembre 2015, p.23635.

[1270] Circulaire n° DSS/2011/323 du 21 juillet 2011 relative aux conditions d'application par les organismes de sécurité sociale du droit de communication institué aux articles L.114-19 et suivants du code de la sécurité sociale.

[1271] DEL SOL (M.), Échanges d'informations entre acteurs de la lutte contre la fraude, *Droit social*, 2014, p.913.

[1272] PRÉTOT (X.), « Les agents de contrôle d'une URSSAF ne peuvent, dans le cadre d'un contrôle, recueillir au domicile des salariés les déclarations de leur épouse », *Dalloz*, 1993, p.275.

[1273] « *au cas notamment où les documents que le contribuable demande sont détenus non par l'administration fiscale, qui en a seulement pris connaissance dans l'exercice de son droit de communication, mais par l'autorité judiciaire, il appartient à l'administration fiscale de renvoyer l'intéressé vers cette autorité ; qu'en revanche, au cas où l'administration, dans l'exercice de son droit de communication, a pris des copies des documents détenus par un autre service, elle est tenue, en principe, de mettre l'intégralité de ces copies à la disposition du contribuable ; que, cependant, les dispositions législatives protégeant le secret professionnel, comme celles que prévoit l'article L.103 du livre des procédures fiscales, peuvent faire obstacle à la communication par l'administration à un contribuable de renseignements concernant un tiers, sans le consentement de celui-ci ou*

est un « *outil particulièrement efficace de l'arsenal de contrôle* » [1274] qui facilite la coopération entre les « administrations » financières, notamment par son efficacité contre la fraude. Néanmoins l'impératif de lutte contre la fraude « *ne peut suffire, en tant que tel, à justifier l'immixtion de l'administration dans la sphère privée des opérateurs sans autre élément laissant présager d'une inexécution de leurs obligations* » [1275]. Cet impératif doit respecter les garanties des « administrés » bien que le droit de communication auprès des « administrations » tende à devenir un élément essentiel dans le processus de modernisation [1276] du système financier.

2. Un objectif commun de lutte contre la fraude

212. La lutte contre la fraude aux finances publiques. Les croisements des fichiers sociaux et fiscaux permettent d'identifier de nombreuses fraudes. La lutte contre la fraude ne concerne plus l'administration fiscale d'un côté, les organismes sociaux de l'autre puisqu'il s'agit désormais de lutter contre « *la lutte contre la fraude aux finances publiques* » [1277]. La mise en place de la cellule de renseignements financiers, intitulée Traitement du renseignement et action contre les circuits financiers clandestins (TRACFIN), s'inscrit d'ailleurs pleinement dans cet objectif de lutte contre les fraudes « aux finances publiques » qui a ensuite permis la signature d'un protocole d'échanges entre TRACFIN, les organismes sociaux et la Direction nationale de la lutte contre la fraude (DNLF) afin de faciliter leurs investigations. Bien qu'ancienne, cette cellule des renseignements voit ses compétences étendues par une volonté accrue de lutte contre la fraude puisqu'elle dispose désormais d'un droit de communication [1278]. L'administration fiscale peut ainsi utiliser les informations recueillies par le service TRACFIN afin de caractériser la

---

de toute personne habilitée à cet effet ; que peuvent, dès lors, être régulièrement établis des redressements fondés sur des documents dont les copies détenues par les services fiscaux n'ont été communiquées au contribuable qu'après occultation des informations couvertes par un tel secret », CE, 9e et 10e ss-sect., 30 décembre 2015, req. n° 374816.

[1274] DJOUHRI (M.), *L'évolution du contrôle fiscal depuis 1945 : aspects juridiques et organisationnels*, LGDJ, Bibliothèque Finances publiques et fiscalité, t.57, 2012, p.130.

[1275] PÉRIN-DUREAU (A.), *L'obligation fiscale à l'épreuve des droits et libertés fondamentaux*, Paris, Dalloz, 2014, p.397.

[1276] DJOUHRI (M.), *op.cit.*, p.134.

[1277] Comité national de lutte contre la fraude, *Lutte contre la fraude aux finances publiques*, 11 février 2013, 21 p.

[1278] LÉNA (M.), « Un bilan 2014 positif pour Tracfin », *AJ Pénal*, 2015, p.225.

fraude fiscale [1279]. L'efficacité des contrôles repose en effet sur « *la coopération inter-services, notamment avec l'administration fiscale* » [1280].

213. Un objectif commun malgré une valeur juridique différente. Le Conseil constitutionnel n'a pour le moment pas affirmé expressément que la lutte contre la fraude aux cotisations sociales était un objectif ou une exigence constitutionnelle comme c'est le cas de la lutte contre la fraude fiscale ou douanière. L'objectif de lutte contre la fraude fiscale est un objectif de valeur constitutionnelle découlant de l'article 13 de la DDHC de 1789 [1281]. En effet, *il appartient au législateur d'assurer la conciliation de l'objectif de valeur constitutionnelle de lutte contre la fraude fiscale, qui découle nécessairement de l'article 13 de la Déclaration de 1789, avec le principe énoncé par son article 8 »* [1282]. Le Conseil constitutionnel considère que cet « *objectif de valeur constitutionnelle de lutte contre la fraude fiscale* » [1283] doit être mis en œuvre par l'administration fiscale. Si la lutte contre la fraude est un objectif commun à l'État et à la Sécurité sociale, il s'avère que ce principe n'a pas la même valeur puisque l'objectif de lutte contre la fraude aux cotisations sociales n'est pas directement considéré comme un objectif à valeur constitutionnelle. La décision qui lie le droit à la protection de la santé et la lutte contre la fraude est la décision n° 2010-622 DC [1284] qui

---

[1279] TURRIN (M.), *La légitime répression de la fraude fiscale*, Thèse, Aix-Marseille III, 2011, p.180.

[1280] Circulaire interministérielle n° DSS/2012/32 du 23 janvier 2012 relative à la généralisation des dispositions du plan de coopération renforcée de lutte contre les fraudes aux prestations versées par les caisses d'allocations familiales.

[1281] Cons. Const., Décision n° 2009-597 DC du 21 janvier 2010, *Loi organique tendant à permettre à Saint-Barthélemy d'imposer les revenus de source locale des personnes établies depuis moins de cinq ans*, JO du 26 janvier 2010, p.1620, Recueil p.47, Considérant n° 2 ; Cons. Const., Décision n° 2009-598 DC du 21 janvier 2010, *Loi organique modifiant le livre III de la sixième partie du code général des collectivités territoriales relatif à Saint-Martin*, JO du 26 janvier 2010, p.1619, Recueil p.50, Considérant n° 2.

[1282] Cons. Const., Décision n° 99-424 DC du 29 décembre 1999, *Loi de finances pour 2000*, JO du 31 décembre 1999, p.19991, Recueil p.156, Considérant n° 52 ; Cons. Const., Décision n° 2003-489 DC du 29 décembre 2003, *Loi de finances pour 2004*, JO du 31 décembre 2003, p.22636, Recueil p.487, Considérant n° 10.

[1283] Cons. Const., Décision n° 2010-19/27 QPC du 30 juillet 2010, *Époux p.Et autres* [Perquisitions fiscales], JO du 31 juillet 2010, p.14202, Recueil p.190, Considérant n° 9.

[1284] Cons. Const., Décision n° 2010-622 DC du 29 décembre 2010, *Loi de finances pour 2011*, JO du 30 décembre 2010, p.23190, Recueil, p.416, Considérant n° 35.

mentionne dans son considérant 35 que « *dans ces conditions, le législateur a adopté des mesures propres à assurer une conciliation qui n'est pas disproportionnée entre les exigences constitutionnelles, d'une part, de bon emploi des deniers publics et de lutte contre la fraude et, d'autre part, du droit à la protection de la santé* ». Ce considérant laisse penser que le Conseil élargit la lutte contre la fraude puisqu'il ne précise pas qu'elle est fiscale. Cet élargissement est d'autant plus intéressant que les pertes liées à la fraude sociale augmentent puisque le rapport de la Cour des comptes de 2014 constate qu'elles ont atteint « *entre 16,8 Md€ et 20,8 Md€, contre 6,6 à 11,7 Md€ en 2004, soit un quasi doublement en huit ans* » [1285]. Là encore l'environnement financier extérieur et le besoin supplémentaire de ressources tendent à rapprocher les deux administrations.

*

Breviarium. *La fiscalisation manifeste la diffusion des normes fiscales sur les techniques et procédures sociales, mais elle a aussi pour objectif de tendre à améliorer l'efficacité de celles-ci en mettant en évidence les avantages d'une telle emprise puisqu'elle renforce les garanties du contribuable et améliore la coordination entre les deux « administrations ». Afin d'améliorer l'efficacité de ces techniques et procédures, le droit de la sécurité sociale semble alors consentir à cette fiscalisation. Par la fiscalisation, les techniques et procédures financières tendent ainsi à s'harmoniser. La fiscalisation assure un équilibre entre l'amélioration du droit de la sécurité sociale et le respect du cadre législatif. Ce mouvement est par ailleurs amplifié par l'existence d'objectifs communs : la lutte contre l'abus de droit et contre la fraude aux finances publiques.*

[1285] Cour des comptes, *La sécurité sociale*, Rapport, 2014, p.123.

CHAPITRE 2
UNE AUTONOMIE PRÉSERVÉE

214. Le droit fiscal et le droit social sont des branches du droit autonomes, et cette autonomie est considérée comme logique [1286] par Louis FAVOREU. Le caractère autonome d'un droit s'apprécie d'après Jean-Pascal CHAZAL, « *en fonction de son objet et de sa logique intrinsèque* » [1287]. Georges VEDEL distingue deux sources d'autonomie : lorsqu'une matière emprunte purement et simplement à une autre discipline ou lorsque le droit empruntant opère une « *sorte de combinaison chimique ayant un caractère de nouveauté* » [1288]. Georges VEDEL distingue non seulement deux types d'autonomies mais il considère celles-ci comme évolutives, non figées dans le temps puisqu'il distingue deux phases : une « phase du rapprochement » qui « *conduit plutôt à tracer une carte géographique des champs d'autonomie et des champs de règles communes* » et une « phase de rapprochement et de synthèse » qui « *opère une reconquête à peu près complète sur la phase du développement de l'autonomie* » [1289]. Le droit de la sécurité sociale procède à ces deux phases vis-à-vis du droit fiscal. L'autonomie du droit fiscal ainsi que celle du droit social sont reconnues par la Cour de cassation depuis 1973 [1290]. Elle apparaît complexe et diversifiée (**Section 1**), mais elle est aussi source d'évolution (**Section 2**).

[1286] FAVOREU (L.), « Dualité ou unité d'ordre juridique : Conseil constitutionnel et Conseil d'État participent-ils de deux ordres juridiques différents ? », Colloque Conseil constitutionnel et Conseil d'État, Sénat, Paris, 21-22 janvier 1988. Repris par FAVOREU (L.), *La Constitution et son juge*, Paris, Economica, 2014, p.1057.

[1287] CHAZAL (J.-P.), « Réflexions épistémologiques sur le droit commun et les droits spéciaux », in *Études de droit de la consommation : liber amicorum Jean Calais-Auloy*, Paris, Dalloz, 2003, p.292.

[1288] VEDEL (G.), « Le droit économique existe-t-il ? », in *Mélanges offerts à Pierre Vigreux*, Toulouse, Éd. IPE-IAE, 1981, p.770 ; Cité également par CHAZAL (J.-P.), « Réflexions épistémologiques sur le droit commun et les droits spéciaux », in *Études de droit de la consommation : liber amicorum Jean Calais-Auloy*, Paris, Dalloz, 2003, p.292.

[1289] Préface VEDEL (G.), in BERN (P.), *La nature juridique du contentieux de l'imposition*, Paris, Ed. R. Pichon et R. Durand-Auzias, Coll. Bibliothèque de droit public, 1972, t.CIX, 197 p.

[1290] « *l'autonomie du droit fiscal, comme celle du droit social* », Cass., Comm., 28 mars 1973, n° 72-10.858, Bull. Comm. N°141, p.122 ; « *l'autonomie du droit fiscal et du droit social* », Cass., Soc., 14 janvier 1993, n° 90-15.106 / 90-15.103, *RJS* 2/1993 n°204.

SECTION 1 : UNE AUTONOMIE DIVERSIFIÉE

215. Affirmée et reconnue, l'autonomie du droit fiscal et du droit social apparaît comme complexe et diversifiée. En dépit des influences qu'ils subissent, le droit fiscal et le droit social ont su préserver leur autonomie, puisque « *les décisions prises en application des règles d'un droit ne valent pas pour un autre* » [1291] sauf si la loi l'a expressément prévu. L'autonomie apparaît individualisée puisqu'elle concerne le droit fiscal et le droit social en tant que systèmes indépendants et spécifiques. Toutefois dans un cas comme dans l'autre, ces deux droits disposent d'une autonomie fonctionnelle (**Paragraphe premier**), et d'une autonomie procédurale (**Paragraphe second**).

§1. UNE AUTONOMIE FONCTIONNELLE

216. Le droit fiscal et le droit de la sécurité sociale possèdent des sources propres (**A**) ainsi qu'une autonomie juridictionnelle (**B**). La spécificité et la spécialisation de ces droits sont d'ailleurs des caractéristiques, voire même des reproches, souvent adressés au droit fiscal comme au droit de la sécurité sociale.

A. Des sources propres

217. Le droit fiscal et le droit de la sécurité sociale ont des origines distinctes (**1**) qui viennent justifier des financements différents (**2**).

1. Des origines distinctes

218. Des sources spécifiques. S'il a été démontré que le droit fiscal influence le droit de la sécurité sociale de manière directe comme indirecte, il convient de mettre en évidence que le droit de la sécurité sociale reste majoritairement soumis au Code de la sécurité sociale ainsi qu'aux lois de financement de la Sécurité sociale, alors que le droit fiscal est régi par le Code général des impôts, le Livre des procédures fiscales et les lois de finances. Créé par quatre décrets [1292] et un arrêté du 6 avril

---

[1291] JOUBERT (A.), « L'assiette des cotisations sociales », *Droit social*, 1993, p.530.

[1292] Décret n° 50-478 du 6 avril 1950 portant règlement d'administration publique pour la refonte des codes fiscaux et la mise en harmonie de leurs dispositions avec celles du décret

1950 [1293], le Code général des impôts regroupe toutes les dispositions relatives au droit fiscal, quels que soient les impôts concernés. Afin d'alléger le Code général des impôts, le Livre des procédures fiscales a été créé par deux décrets [1294] et un arrêté du 14 septembre 1981 [1295]. Il regroupe les règles concernant le contentieux de l'assiette et du recouvrement ainsi que les règles procédurales. D'après Jean-Pierre DARRIEUTORT, « *le fait qu'il existe un code propre à la procédure fiscale, qui, au demeurant, regroupe également les règles du contrôle fiscal pourrait laisser penser à un corps de règles spécifiques et dérogatoires qui donneraient un caractère autonome au contentieux fiscal* » [1296]. Le Code de la sécurité sociale a été créé beaucoup plus tardivement par le décret n° 85-1353 du 17 décembre 1985 [1297]. Il a pour fonction de regrouper les dispositions législatives et réglementaires concernant le financement, l'organisation, le régime juridique et le fonctionnement de la Sécurité sociale. Même si les renvois entre les deux codes sont multiples, divers et complexes, chacun des droits conserve des sources normatives qui lui sont propres. Par conséquent, si la loi n'a pas expressément prévu qu'une règle s'applique à l'un comme à l'autre, ladite règle n'aura pas vocation à s'appliquer dans les deux domaines [1298]. L'autonomie « normative » des règles fiscales et sociales est donc

---

du 09 décembre1948 et des lois subséquentes, JORF du 30 avril 1950, p.4469 ; Décret n° 50-479 du 6 avril 1950 portant refonte et codification des règlements d'administration publique pris pour l'application des lois réunies dans le code général des impôts, JORF du 30 avril 1950, p.4470 ; Décret n° 50-480 du 6 avril 1950 portant refonte et codification des décrets en Conseil d'État pris pour l'application du code général des impôts, JORF du 30 avril 1950, p.4470 ; Décret n° 50-481 du 6 avril 1950 portant refonte et codification des décrets pris pour l'application des lois réunies dans le code général des impôts, JORF du 30 avril 1950, p.4470.

[1293] Arrêté du 6 avril 1950 portant refonte et codification des arrêtés pris pour l'application des lois réunies dans le code général des impôts, JORF du 30 avril 1950, p.4471.

[1294] Décret n° 81-859 du 15 septembre 1981 portant codification des textes législatifs concernant les procédures fiscales (première partie : Législative), JORF du 18 septembre 1981, p.2494 ; Décret n° 81-860 du 15 septembre 1981 portant codification des textes réglementaires concernant les procédures fiscales (deuxième partie : Réglementaire), JORF du 18 septembre 1981, p.2495.

[1295] Arrêté du 15 septembre 1981 portant codification des arrêtés concernant les procédures fiscales (troisième partie : Arrêtés), JORF du 18 septembre 1981, p.2497.

[1296] DARRIEUTORT (J.-P.), « Spécificité du procès fiscal : état des lieux », in *Mélanges en l'honneur du Professeur Christian Louit*, Bruxelles, Bruylant, 2015, (498 p.), p.271.

[1297] Décret n° 85-1353 du 17 décembre 1985 relatif au code de la sécurité sociale (partie législative et partie décrets en Conseil d'État), JORF du 21 décembre 1985, p.14961.

[1298] Voir en ce sens, le paragraphe n° 170 et s.

cantonnée à la volonté du législateur. Ce dernier voit sa place renforcée et par conséquent, l'État également.

219. Le renforcement du rôle de l'État. Initialement, le « *gage de l'autonomie de la Sécurité sociale* » [1299] par rapport au budget de l'État était la gestion des régimes sociaux par les partenaires sociaux. Désormais, les partenaires sociaux n'ont plus qu'un rôle minimal dans la gestion des régimes puisqu'avec les lois de financement de la Sécurité sociale, le rôle de l'État s'est accru considérablement. Le droit fiscal et le droit de la Sécurité sont deux droits spécifiques présentant une autonome relative découlant de leur objectif. Pour Christophe DE LA MARDIÈRE, l'autonomie du droit fiscal tient dans son objectif de garnir les caisses publiques. Il précise ensuite que « *si le droit de la sécurité sociale constitue également une matière conduisant à collecter de l'argent, celui-ci n'y est pas une fin en soi : il a pour but de financer la protection sociale* » [1300]. Par la « budgétisation » des finances sociales et leur fiscalisation, le législateur tient une place grandissante dans le financement de la Sécurité sociale. Si le droit fiscal s'est construit autour de l'idée de pouvoir fiscal, ou de « *pouvoir administratif s'exerçant en matière fiscale* » [1301], le financement de la Sécurité sociale tend à se retrouver lui aussi soumis à ce pouvoir administratif s'exerçant en matière financière. Le droit de l'Administration publique permet de contourner la distinction entre droit public et droit privé [1302]. L'autonomie institutionnelle et politique des régimes sociaux [1303] tend à décliner puisqu'elle se trouve désormais cantonnée aux branches des régimes de Sécurité sociale [1304]. L'autonomie des URSSAF constitue la « *spécificité*

[1299] DUPEYROUX (J-J), PRÉTOT (X.), *Droit de la sécurité sociale*, Paris, Dalloz, 17e éd., 2011, p.240.

[1300] DE LA MARDIÈRE (C.), « Pour tenter d'en finir avec l'autonomie et le réalisme du droit fiscal, Écrits de fiscalité des entreprises », in *Écrits de fiscalité des entreprises*, Études à la mémoire du professeur Maurice Cozian, Paris, LexisNexis, 2009, p.142.

[1301] TROTABAS (L.), « La nature juridique du contentieux fiscal en droit français », in *Mélanges Maurice Hauriou*, Paris, L. R. Sirey, 1929, p.713.

[1302] J. GUGLIELMI (G.), *La notion d'administration publique dans la théorie juridique française*, Paris, LGDJ, Coll. Bibliothèque de droit public, t.157, 1991, p.322.

[1303] FERRAS (B.), « Les finances sociales : un système financier sui generis, une gouvernance financière en construction ? », in BOUVIER (M.) (dir.), *Réforme des finances publiques : la conduite du changement*, Paris, LGDJ, 2007, p.264.

[1304] DUPEYROUX (J-J), PRÉTOT (X.), *Droit de la sécurité sociale*, Paris, Dalloz, 17e éd., 2011, p.272.

essentielle » [1305] des organismes de recouvrement car une décision prise par l'une d'elles ne peut engager la responsabilité d'une autre.

2. *Des financements différents*

220. Des financements initialement distincts. Initialement les impôts étaient destinés à financer le budget de l'État, tandis que les cotisations sociales étaient destinées à financer les régimes sociaux. Néanmoins, par la fiscalisation, des impôts comme la CSG ou la CRDS sont amenés à financer la Sécurité sociale. Si cette affectation s'est avérée pendant longtemps impossible du fait des financements initialement distincts, elle est maintenant couramment acceptée. La notion de service public tend à s'élargir, dès lors les modes de financements et les administrations compétentes pour les recouvrir convergent. Le service public peut désormais être défini comme « *toute activité que la puissance publique décide de prendre en charge* » [1306]. Michel LAROQUE considère en ce sens que « *l'autonomie de la Sécurité sociale, assise traditionnellement sur un financement distinct de l'État, ne gagnera pas nécessairement à un accroissement de ressources fiscales* » [1307]. À défaut d'accentuer l'autonomie du droit de la sécurité sociale, l'accroissement des prélèvements sociaux opérés par voie fiscale a contribué à brouiller la frontière entre impôts et cotisations sociales [1308]. Par le rapprochement indéniable du régime des prélèvements fiscaux et sociaux, qu'il soit lié à la nature même des prélèvements qui tend à évoluer ou à l'harmonisation progressive des étapes précontentieuses et contentieuses, la protection des droits ouverts par un financement par des cotisations sociales évolue. Les droits sociaux sont les premiers droits touchés par la crise budgétaire. L'harmonisation des techniques et procédures sociales ainsi que le rapprochement de la nature même des prélèvements sociaux avec celles du droit fiscal devraient, à terme, renforcer la protection juridictionnelle des mécanismes et droits de la Sécurité sociale. Les droits sociaux

---

1305 FERRAS (B), HERBAUX (V.), « Comparaison des procédures de recouvrement de l'Administration Fiscale et de la Sécurité sociale : Quels enseignements possibles pour le réseau URSSAF ? », *op.cit.*, p.203.

1306 AUBY (J.B), « L'influence du droit européen sur les catégories juridiques du droit public », *Informations sociales,* n° 175, 1/2013, p.68.

1307 LAROQUE (M.), « L'évolution des structures de gestion de la Sécurité sociale », *Droit Social*, 1994, n° 11, p.911.

1308 DELALANDE (N.), SPIRE (A.), *Histoire sociale de l'impôt*, Paris, La Découverte, Coll. Repères, 2010, p.89.

fondamentaux garantissent la protection sociale et doivent à ce titre être protégés. Si la Commission européenne avance régulièrement la nécessité d'une privatisation de la Sécurité sociale à travers la mise en place d'une procédure de marché, la Sécurité sociale reste toutefois une prérogative de l'État. La Commission européenne avait d'ailleurs envisagé cette hypothèse lors des discussions précédant l'élaboration de la directive n° 2014/24/UE sur la passation des marchés publics. Elle a cependant affirmé que la directive « *ne devrait pas affecter la législation des États membres en matière de sécurité sociale* » [1309]. L'État reste le mieux à même de gérer, conserver et protéger ce qui fait la spécificité française en matière de droits sociaux, même si ces droits doivent être financés. Il revient à l'État de trouver une manière pérenne et supportable pour l'usager de financer le service public. L'analogie [1310] entre le droit fiscal et le droit de la sécurité sociale est donc en train de se renforcer face au contexte financier européen et à l'affaiblissement des différences structurelles existant entre l'impôt et les cotisations sociales.

221. Le partage du recouvrement. Le droit fiscal et le droit de la Sécurité sociale constituent des droits autonomes car ils sont soumis à des règles spécifiques qui leur sont propres. Ils relèvent d'administrations publiques différentes. En matière de financement de la Sécurité sociale, l'administration fiscale intervient aussi bien que les organismes de sécurité sociale. Si nous avons précédemment développé l'appartenance des organismes de sécurité sociale aux administrations publiques de Sécurité sociale [1311], le partage du recouvrement met en évidence un recouvrement par des administrations publiques, qu'elles soient fiscales ou de Sécurité sociale. La fiscalisation se perçoit aussi à travers le partage du recouvrement entre certains prélèvements sociaux et fiscaux. Des recettes sont recouvrées « *selon les règles sociales et/ou fiscales* » [1312] indépendamment de leur nature juridique. Tel est notamment le cas de la CSG et de la CRDS dont le recouvrement est partagé. Les articles 1600-00 C à 1600-0 D du CGI régissent la répartition du recouvrement et

---

[1309] Directive n° 2014/24/UE du Parlement européen et du Conseil, du 26 février 2014, sur la passation des marchés publics et abrogeant la directive 2004/18/CE, JOUE du 28 mars 2014, L 94/65.

[1310] PRÉTOT (X.), « L'entreprise, l'URSSAF et les cotisations de Sécurité sociale », *Droit social*, 2006, p.431.

[1311] Voir en ce sens, le paragraphe n° 409 et s.

[1312] BUHL (J.-L.), « Les nouvelles mesures de financement et leur gestion », *Droit social*, 1996, p.251.

renvoient aux articles L.136-6 et L.136-7 du CSS pour l'établissement, le recouvrement et le contrôle des trois impositions composant la CSG. Par cette double codification partielle [1313], le recouvrement de la CSG est, au même titre que celui de la CRDS, partagé entre d'une part l'administration fiscale pour les revenus du patrimoine et des placements et d'autre part les URSSAF pour les revenus d'activité et de remplacement [1314]. Pierre BELTRAME qualifie ce nouveau type de recouvrement de « *concession du recouvrement* » [1315], puisqu'il « *n'est pas interdit aux pouvoirs publics de faire percevoir des impôts par des organismes privés placés sous leur contrôle* » [1316]. Bien que le contrôle fiscal, dont la complexité est sans commune mesure avec celle du contrôle en matière de cotisations sociales [1317], dispose de spécificités, les procédures sociales se complexifient sous l'influence du droit fiscal. Cette répartition dans le recouvrement des impôts sociaux est d'ailleurs jugée comme « *passablement complexe* » [1318]. Cette complexité évolue en parallèle de la complexification des assiettes sociales à travers « *la multiplication des régimes ciblés d'exonération ou d'allègement* » [1319]. Le financement de la Sécurité sociale apparaît comme spécifique car il est le reflet du choix de l'autonomie institutionnelle et de gestion des régimes sociaux [1320]. Par la fiscalisation, une interdépendance accrue entre les différents secteurs

---

1313 NIZET (J.-Y.), « Contribution sociale généralisée : renouveau d'une taxation proportionnelle du revenu ? », *RFFP*, n° 51, 1995, p.108.

1314 BUHL (J.-L.), « Les nouvelles mesures de financement et leur gestion », *Droit social*, 1996, p.251 ; RAVOUX (V.), REBOUILLAT (Y.), « A propos du débat sur la fusion de l'impôt sur le revenu et de la cotisation sociale généralisée », *Droit social*, 2010, n° 11, pp.1103-1106.

1315 BELTRAME (P.), *La fiscalité en France*, Hachette, Paris, 20e éd., 2014, p.22.

1316 *Ibid.*

1317 Rapport au ministre du Budget, des comptes publics et de la fonction publique, *Améliorer la sécurité juridique des relations entre l'administration fiscale et les contribuables : une nouvelle approche*, Présenté par Olivier FOUQUET, Elaboré par Julie BURGUBURU, rapporteur général, David LUBEK, rapporteur général et Sylvie GUILLEMAIN, rapporteur Juin 2008, p.35.

1318 LESSI (J.), « Le juge administratif et la Sécurité sociale », *Regards*, n° 47, 2015, p.46.

1319 Rapport au ministre du Budget, des comptes publics et de la fonction publique, *Améliorer la sécurité juridique des relations entre l'administration fiscale et les contribuables : une nouvelle approche*, Présenté par Olivier FOUQUET, Elaboré par Julie BURGUBURU, rapporteur général, David LUBEK, rapporteur général et Sylvie GUILLEMAIN, rapporteur Juin 2008, p.62.

1320 FERRAS (B.), « Les finances sociales : un système financier sui generis, une gouvernance financière en construction ? », in BOUVIER (M.) (dir.), *Réforme des finances publiques : la conduite du changement*, Paris, LGDJ, 2007, p.267.

financiers [1321] se met en place. L'autonomie fonctionnelle provient de l'aspect historique puisque le droit fiscal et le droit de la sécurité sociale se sont construits et formés indépendamment l'un de l'autre.

B. Une autonomie juridictionnelle

222. L'autonomie juridictionnelle se traduit à travers des règles juridictionnelles spécifiques (**1**) mais se révèle être relative (**2**) puisque l'influence administrative dans le fonctionnement même du droit fiscal et dans le droit de la sécurité sociale reste très présente.

1. Des règles juridictionnelles spécifiques

223. Une juridiction sociale spécifique. L'autonomie fonctionnelle du droit de la sécurité sociale s'exprime d'abord à travers l'existence d'une « *juridiction civile* » [1322] spécifique, le Tribunal des affaires de Sécurité sociale[1323]. Le contentieux général de la Sécurité sociale est limité aux litiges à caractère individuel en matière d'assiette, d'assujettissement et de recouvrement des cotisations et d'attribution et de paiement des prestations et ce, quelle que soit la nature de l'organisme social [1324]. En vertu de l'article L.142-1 du CSS, « *il est institué une organisation du contentieux général de la sécurité sociale* » qui « *règle les différends auxquels donnent lieu l'application des législations et réglementations de sécurité sociale et de mutualité sociale agricole, et qui ne relèvent pas, par leur nature, d'un autre contentieux* ». Le contentieux général de la Sécurité sociale est donc attribué au juge judiciaire. Le juge administratif dispose d'une compétence d'exception en matière de

---

[1321] *Ibid*, p.274.

[1322] Cons. Const., Décision n° 2010-76 QPC, du 3 décembre 2010, *M. Roger L.* [Tribunaux des affaires de sécurité sociale (TASS)], JO du 4 décembre 2010, p.21360, Recueil, p.364, Considérant n° 9.

[1323] La Cour de cassation a d'ailleurs rappelé la composition de ce dernier en affirmant que « *le tribunal des affaires de sécurité sociale est présidé par un magistrat du siège assisté d'un assesseur représentant les travailleurs salariés et d'un assesseur représentant les employeurs et les travailleurs indépendants ; que dans le cas où le tribunal ne peut siéger dans la composition prescrite, l'audience est reportée à une audience ultérieure, sauf accord des parties pour que le président statue seul, après avoir recueilli, le cas échéant, l'avis de l'assesseur présent* », Cass., Civ., 2e, 21 septembre 2017, n° 16-21.934

[1324] HÉDÉRER (J.), « La Cour de cassation et les réflexions sur la simplification de la répartition des compétences des juridictions sociales », *Regards*, n° 47, 2015, p.36.

Sécurité sociale mais il reste compétent pour juger de la légalité des textes visant les règles de fond des régimes sociaux, allant des actes réglementaires portant l'organisation du service public de la Sécurité sociale [1325] aux règles de tarifications de certains risques [1326]. Le juge administratif est également compétent pour des instructions impératives à caractère général prises en matière de Sécurité sociale [1327] puisque ces actes sont pris pour « *assurer l'exécution du service public de la Sécurité sociale* » [1328]. Si le juge administratif a une compétence d'exception en matière de Sécurité sociale, tel n'est pas le cas en matière d'aide sociale. Par ailleurs, le décret du 13 août 2013 [1329] dispose que « *le contentieux social relèvera désormais du juge unique dans son ensemble et fait partie des contentieux susceptibles d'être dispensés de conclusions d'un rapporteur public* ». Le contentieux général de la Sécurité sociale relève de la compétence judiciaire, mais le contentieux technique est dispersé entre les tribunaux du contentieux de l'incapacité en première instance et la Cour nationale de l'incapacité et de la tarification de l'assurance des accidents du travail. Le contentieux social est divisé, dès lors la Cour de cassation a vocation « *à unifier l'application du droit* » [1330]. Depuis 2003, les pourvois en Cassation en matière sociale se font devant la deuxième chambre civile de la Cour de cassation et non plus devant la chambre sociale [1331].

224. Un contentieux fiscal spécifique. À défaut d'avoir une juridiction spécifique, le contentieux fiscal obéit à des règles spécifiques. Il fait l'objet d'une double dualité car en plus d'être partagé entre le juge administratif et le juge judiciaire, il est partagé entre le plein contentieux et le recours pour excès de pouvoir. Le contentieux fiscal relève majoritairement du plein contentieux puisqu'à l'issue d'un litige relatif à l'établissement de l'impôt, le juge peut prononcer le dégrèvement d'une imposition ou modifier l'estimation faite par l'administration. Il est

---

[1325] CE, 1e ss-sect., 12 novembre 2014, req. n° 371397.

[1326] CE, 1e et 6e ss-sect., 2 décembre 2011, req. n° 342972, Inédit au Recueil Lebon.

[1327] LESSI (J.), « Le juge administratif et la Sécurité sociale », *Regards*, n° 47, 2015, p.45.

[1328] Tribunal des conflits, 22 avril 1974, aff. n° 1989, *Directeur régional de la Sécurité sociale d'Orléans c. Sieur Blanchet.*

[1329] Décret n° 2013-730 du 13 août 2013 portant modification du code de justice administrative (partie réglementaire), JORF n° 0189 du 15 août 2013, p.13960.

[1330] HÉDÉRER (J.), « La Cour de cassation et les réflexions sur la simplification de la répartition des compétences des juridictions sociales », *op.cit.*, p.33.

[1331] BORGETTO (M.), « Les juridictions sociales en question (s) », *Regards*, n° 47, 2015, p.22.

possible de recenser trois types de recours de plein contentieux en droit fiscal : le contentieux de l'assiette, le contentieux du recouvrement [1332] et le contentieux de la responsabilité. Ils sont partagés entre les deux ordres de juridictions en vertu de l'article L.199 du LPF [1333]. Les contestations relatives aux impôts directs et taxes sur le chiffre d'affaires sont ainsi portées devant le juge administratif alors que les contestations liées aux droits indirects et droits d'enregistrements relèvent de la compétence du juge judiciaire. Le contentieux du recouvrement fait toutefois figure d'exception puisqu'il est lui-même partagé en vertu de l'article L.281 du LPF [1334] entre le juge de l'exécution pour les contestations de l'acte de poursuite et le juge de l'impôt pour la contestation de l'obligation de payer. Le recours pour excès de pouvoir est admis uniquement pour les actes détachables de la procédure d'imposition. Ce partage est d'ailleurs qualifié de traditionnel [1335] par Maxime CHRÉTIEN. Persuadé de la nécessité d'une réforme du partage du contentieux fiscal, Maxime CHRÉTIEN considère notamment que le législateur doit préciser le juge de l'impôt lors de la création d'un impôt, mais surtout qu'il doit supprimer

---

1332 Voir en ce sens, MASCLET DE BARBARIN (M.), *Le contentieux du recouvrement de l'impôt*, Paris, LGDJ, Coll. Bibliothèque de droit public, t. 243, 2004, 578 p.

1333 « *En matière d'impôts directs et de taxes sur le chiffre d'affaires ou de taxes assimilées, les décisions rendues par l'administration sur les réclamations contentieuses et qui ne donnent pas entière satisfaction aux intéressés peuvent être portées devant le tribunal administratif. Il en est de même pour les décisions intervenues en cas de contestation pour la fixation du montant des abonnements prévus à l'article 1700 du code général des impôts pour les établissements soumis à l'impôt sur les spectacles. En matière de droits d'enregistrement, de taxe de publicité foncière, de droits de timbre, de contributions indirectes et de taxes assimilées à ces droits, taxes ou contributions, le tribunal compétent est le tribunal de grande instance. Les tribunaux de grande instance statuent en premier ressort. Un décret en Conseil d'État fixe les modalités d'application.* ».

1334 « *Les contestations relatives au recouvrement des impôts, taxes, redevances et sommes quelconques dont la perception incombe aux comptables publics compétents mentionnés à l'article L. 252 doivent être adressées à l'administration dont dépend le comptable qui exerce les poursuites. Les contestations ne peuvent porter que : 1° Soit sur la régularité en la forme de l'acte ; 2° Soit sur l'existence de l'obligation de payer, sur le montant de la dette compte tenu des paiements effectués, sur l'exigibilité de la somme réclamée, ou sur tout autre motif ne remettant pas en cause l'assiette et le calcul de l'impôt. Les recours contre les décisions prises par l'administration sur ces contestations sont portés, dans le premier cas, devant le juge de l'exécution, dans le second cas, devant le juge de l'impôt tel qu'il est prévu à l'article L. 199.* ».

1335 CHRÉTIEN (M.), « Réflexions sur la dualité juridictionnelle en matière fiscale », Mélanges offert à Marcel Waline, *Le juge et le droit public,* Vol. 1, Paris, Librairie générale de droit et de jurisprudence, 1974, p.115.

« *toutes les dérogations au principe selon lequel "le juge de l'action est le juge de l'exception"* » [1336]. Pour Louis TROTABAS, le contentieux fiscal constitue au service du droit fiscal, un tout autonome [1337]. Pour lui, le contentieux fiscal sert « *un ordre contentieux original, où le juge judiciaire et le juge administratif semblent également oublier les règles classiques des recours qui leur sont généralement soumis : tous deux se prononcent en droit fiscal, conformément aux règles autonomes de cette discipline, et selon un certain esprit qui s'affranchit à la fois du contentieux judiciaire et du contentieux administratif* » [1338]. Il considère d'ailleurs que ce contentieux plein d'originalité, où les éléments subjectifs et objectifs se combinent, au bénéfice de ces derniers, est tout entier en faveur de l'autonomie du droit fiscal [1339]. Le contentieux fiscal est alors spécifique puisque les règles du procès fiscal, qu'elles soient posées par les textes ou qu'elles résultent de la jurisprudence, loin de déroger à celles du procès du contentieux général, s'en écartent dans la stricte mesure où la spécificité des situations le commande [1340]. La dualité de juridiction renforce l'unité du droit fiscal [1341], bien qu'elle soit aussi réalisée à travers le LPF. Cette spécialisation du juge fiscal assure l'efficacité du contrôle juridictionnel [1342]. L'autonomie du droit fiscal et du droit de la sécurité sociale apparaît alors relative puisque l'autonomie ne peut être totale : ces deux droits interagissent avec d'autres droits.

2. Une autonomie relative

225. L'influence du droit administratif. Les deux juridictions sont soumises à des droits différents, des règles différentes qui tendent cependant à converger. Le contentieux du prélèvement fiscal relève du juge administratif et du juge judiciaire, mais le contentieux du prélèvement social relève majoritairement du juge judiciaire. Cependant

---

1336 *Ibid*, p.119.

1337 TROTABAS (L.), « La nature juridique du contentieux fiscal en droit français », in *Mélanges Maurice Hauriou*, Paris, Recueil Sirey, 1929, p.716.

1338 *Ibid.*

1339 *Ibid*, p.719.

1340 DARRIETORT (J.-P.), « Spécificité du procès fiscal : état des lieux », in *Mélanges en l'honneur du Professeur Christian Louit*, Bruxelles, Bruylant, 2015, p.277.

1341 GEST (G.), « Dualité de juridiction et unité du droit fiscal », *RFDA*, 1990, p.823.

1342 GAUDEMET (P.-M.), « Réflexions sur les rapports du juge et du fisc », Mélanges offert à Marcel Waline, *Le juge et le droit public,* Vol. 1, Paris, Librairie générale de droit et de jurisprudence, 1974, p.132.

les deux « administrations » utilisent des prérogatives importantes [1343] et exorbitantes du droit commun dans le recouvrement [1344], puisqu'il s'agit d'administrations publiques. Par ailleurs, pour Robert Édouard CHARLIER, le droit en tant qu'autorité de la règle sur l'acte est « *tout entier "administratif" au sens large et étymologique* » [1345] puisque l'Administration est bien le service au plus haut chef [1346]. Pour lui l'Administration n'est qu'un ensemble de moyens et modes d'action au service des fins sociales [1347]. Philippe BERN met d'ailleurs en évidence l'imprégnation du droit fiscal par le droit administratif en affirmant que « *le contentieux de l'imposition n'est qu'une branche du contentieux administratif même lorsqu'il se déroule devant le juge judiciaire* » [1348]. Cependant, selon Louis TROTABAS, le partage de compétence entre les tribunaux administratifs et judiciaires, paraît interdire encore d'assimiler droit administratif et droit fiscal [1349]. En tant que droit d'une administration publique, soumis majoritairement au droit privé, le droit de la sécurité sociale a dû se forger ses propres règles dont certaines sont inspirées du droit fiscal. Paul AMSELEK considère que « *les fiscalistes ont tendance à considérer le droit fiscal comme une branche juridique propre, originaire, en quelque sorte une branche orpheline, et à occulter ainsi qu'il ne s'agit en réalité que d'un droit administratif spécial, s'occupant d'une catégorie particulière de créances publiques* » [1350], et ce raisonnement trouve également matière à s'appliquer en droit de la sécurité sociale puisque Xavier PRÉTOT estime qu'il s'agit d'un droit régi par un « *droit administratif judiciaire* » [1351].

[1343] ARSEGUEL (A.), « Les vices de procédure dans le contrôle et le recouvrement des cotisations de Sécurité sociale, *Droit social*, 1993, p.86.

[1344] FERRAS (B), HERBAUX (V.), « Comparaison des procédures de recouvrement de l'Administration Fiscale et de la Sécurité sociale : Quels enseignements possibles pour le réseau URSSAF ? », *Regards*, n° 23, 2003, p.184.

[1345] CHARLIER (R.E.), « La technique de notre droit public est-elle appropriée à sa fonction ? », *ECDE*, 1951, p.35.

[1346] *Ibid.*

[1347] *Ibid.*

[1348] BERN (P.), *La nature juridique du contentieux de l'imposition*, Paris, Ed. R. Pichon et R. Durand-Auzias, Coll. Bibliothèque de droit public, 1972, t.CIX, p.5.

[1349] TROTABAS (L.), « La nature juridique du contentieux fiscal en droit français », in *Mélanges Maurice Hauriou*, Paris, Recueil Sirey, 1929, p.715.

[1350] AMSELEK (P.), «Propos liminaires », Actes du colloque sur La doctrine fiscale, *Droit fiscal*, 2006, n° 24, étude 26, p.1112.

[1351] PRÉTOT (X.), « Le Code civil et le droit de la sécurité sociale, un parrainage tout en nuances..., 1804-2004 », in LEQUETTE (L.) et LEVENEUR (L.), (dir.), *Le Code civil : un passé, un présent, un avenir*, Paris, Dalloz, 2004, p.631-632.

226. L'influence du droit civil. Bien qu'intrinsèquement liés par le recouvrement des créances publiques, le droit fiscal et le droit de la sécurité sociale recourent à des moyens de droit civil. En effet, comme l'affirment Philippe MALAURIE et Patrick MORVAN, « *le droit civil se présente comme le tronc commun et la matrice de toutes les branches du droit, qui n'acquièrent jamais une autonomie complète à son égard* » [1352]. Par le renforcement de la sécurité juridique, les droits et principes directeurs du procès sont applicables au contentieux de la Sécurité sociale ainsi qu'au contentieux fiscal. L'application des principes directeurs du droit civil permet la mise en conformité du contentieux à l'égard du droit commun du procès et des exigences internationales [1353]. La Sécurité sociale retient certains concepts du droit privé, à travers notamment la mise en œuvre du droit des obligations [1354]. L'autonomie totale est juridiquement inconcevable puisque le degré le plus fort de l'autonomie est une indépendance totale des règles issues des autres disciplines juridiques [1355]. François GÉNY considère d'ailleurs qu'« *aucun droit ne peut être autonome, dans la pure et complète acception du mot* » [1356]. Si une autonomie totale n'est pas envisageable, les droits sociaux et fiscaux disposent toutefois d'une autonomie procédurale individuelle.

§2. UNE AUTONOMIE PROCÉDURALE INDIVIDUELLE

227. La pénétration du droit européen au sein des procédures fiscales et sociales s'est effectuée de manière progressive afin d'y permettre son application sans pour autant « *substituer automatiquement des mécanismes de contrôle communautaires aux procédures de droit interne qui se révéleraient suffisantes* » [1357]. Bien que l'on constate une influence des normes européennes, les règles procédurales françaises viennent

---

[1352] MALAURIE (P.), MORVAN (P.), *Introduction au droit*, Paris, Defrénois-Lextenso, Coll. Droit civil, 4ème éd., 2012, p.57.

[1353] VERKINDT (P.-Y.), « Contentieux de sécurité sociale et principes directeurs du procès civil », RDSS, 2016, p.338.

[1354] TAURAN (T.), « La mise en œuvre du droit des obligations dans le contentieux de la sécurité sociale », *RDSS*, 2015, p.903.

[1355] VALLI (X.), *Le juge fiscal judiciaire et le droit privé*, Thèse, Aix-Marseille Université, 2014, p.49.

[1356] GÉNY (F.), « Le particularisme du droit fiscal », *Revue trimestrielle de droit civil*, 1931, pp.797-833, rééd. in *Mélanges R. Carré de Malberg*, Paris, Sirey, 1933, p.196.

[1357] PRATS (Y.), « Incidences des dispositions du traité instituant la Communauté économique européenne sur le droit administratif français », *RTDE*, n° 1, janv-mars 1968, p.37.

limiter l'insertion de ces normes dans l'ordre fiscal [1358] et social. L'autonomie procédurale est considérée comme individuelle car elle concerne individuellement et séparément le droit fiscal et le droit de la sécurité sociale. L'autonomie procédurale concerne tous les États membres (**A**) et s'applique particulièrement en droit fiscal mais elle traduit aussi l'autonomie des systèmes de sécurité sociale (**B**).

A. L'autonomie procédurale des États

228. L'autonomie procédurale des États membres de l'Union Européenne est un principe du droit de l'Union (**1**) qui implique un renvoi aux règles internes et qui fait l'objet d'une application particulière en droit fiscal (**2**).

1. Un principe du droit de l'Union

229. L'autonomie procédurale du droit national. Consacrée par la CJCE en 1973 [1359], l'autonomie procédurale a été réaffirmée par la CJUE dès l'arrêt du 12 juin 1980 [1360]. Le juge européen cherche un point d'équilibre entre les impératifs du droit européen et le respect de l'autonomie procédurale du droit national, afin d'éviter « *de se montrer par trop intrusif* » [1361]. L'autonomie procédurale des droits nationaux doit trouver matière à s'appliquer dans le respect du principe de primauté du droit européen. Il appartient aux instances nationales de déterminer les règles applicables [1362]. La CJUE considère d'ailleurs qu'« *en l'absence de règles de l'Union en la matière, il appartient à l'ordre juridique interne de chaque État membre de les établir, en vertu du principe de l'autonomie*

[1358] VIESSANT (C.), *La pénétration du droit communautaire en droit fiscal français*, Thèse, Aix-en-Provence, 1999, p.391 et s.

[1359] CJCE, 16 décembre 1976, aff. N° 33/76, *Rewe-Zentralfinanz Eg et Rewe-Zentral Ag c. Landswirtschaftskammer für das Saarland*, Recueil CJCE, p.1989, §11 : « *en l'absence de réglementation communautaire, il appartient à l'ordre juridique de chaque État membre de désigner les juridictions compétentes et de régler les modalités procédurales des recours en justice destinés à assurer la sauvegarde des droits que les justiciables tirent de l'effet direct du droit communautaire* ».

[1360] CJCE, 12 juin 1980, aff. 130/79, *Express Dairy Foods c/ Intervention Board for Agricultural Produce*.

[1361] GENEVOIS (B.), « L'application du droit communautaire par le Conseil d'État », *RFDA*, 2009, p.209.

[1362] VIESSANT (C.), *La pénétration du droit communautaire en droit fiscal français*, *op.cit.*, p.206.

procédurale, à condition toutefois qu'elles ne soient pas moins favorables que celles régissant des situations similaires soumises au droit interne (principe d'équivalence) et qu'elles ne rendent pas impossible en pratique ou excessivement difficile l'exercice des droits conférés par le droit de l'Union (principe d'effectivité) » [1363]. L'autonomie procédurale permet le respect des formes et procédures nationales, à condition toutefois que celles-ci respectent le droit européen et assurent la pleine sauvegarde des droits que les justiciables tirent de l'effet direct du droit européen. Les règles de procédure permettent d'assurer l'effectivité du droit communautaire en droit français [1364]. Les Cours suprêmes sont amenées à assurer outre la coexistence entre droit communautaire et droit national, leur articulation [1365]. Pour obtenir la pleine applicabilité du droit européen, il est parfois nécessaire de mettre en œuvre le droit national. Cela donne lieu à une interpénétration plus ou moins poussée avec des conséquences sur les règles de fond et de procédure [1366] ainsi qu'à une « *communautarisation progressive des procédures nationales établies* » [1367].

230. Le respect du principe de primauté et de l'effet direct du droit de l'Union. Depuis la jurisprudence *Van Gend & Loos* [1368] de 1963, la Cour reconnaît le principe de l'effet direct du droit européen dans les États membres. L'effet direct permet aux citoyens de se prévaloir directement des règles du droit de l'UE devant les juridictions nationales dès leur publication au JOUE. Ce principe doit être couplé avec celui de la primauté du droit de l'Union européenne sur les législations internes. La primauté du droit européen ainsi que son effet direct constituent des interpellations des juridictions nationales [1369] puisqu'elles doivent faire prévaloir les dispositions communautaires sur toute norme interne. Ce

---

[1363] CJCE, 17 mars 2016, aff. C-161/15, *Abdelhafid Bensada Benallal c. État belge.*

[1364] VIESSANT (C.), *La pénétration du droit communautaire en droit fiscal français*, *op.cit.*, p.391.

[1365] LE TALLEC (G.), « La Cour de cassation et le droit communautaire », in Mélanges en l'hommage de Jean Boulouis, *L'Europe et le droit*, Paris, Dalloz, 1991, p.369.

[1366] *Ibid.*

[1367] GIRERD (P.), « Les principes d'équivalence et d'effectivité : encadrement ou désencadrement de l'autonomie procédurale des États membres ? », *RTD eur.*, 2002, p.75.

[1368] CJCE, 5 février 1963, *Van Gend & Loos c. Administratie der Belastingen*, aff. 26/62.

[1369] BARAV (A.), « La plénitude de compétence du juge national en sa qualité de juge communautaire », in Mélanges en l'hommage de Jean Boulouis, *L'Europe et le droit*, Paris, Dalloz, 1991, p.1.

principe est reconnu dans la jurisprudence *Costa* [1370] de 1964 par lequel la Cour a décidé que le droit européen doit recevoir une application uniforme dans tous les États membres. La Cour a donc progressivement élargi son champ de compétence ainsi que les standards de protection des droits fondamentaux en s'inspirant des traditions constitutionnelles communes aux États membres et aux instruments internationaux telle la Convention européenne des droits de l'homme, ainsi que des droits fondamentaux que l'Union européenne garantit à travers la Charte des droits fondamentaux et les principes généraux du droit européen. Le Code européen de Sécurité sociale qui est entré en vigueur le 17 mars 1968, a pour objectif d'« *encourager tous les membres à développer davantage leur système de sécurité sociale* » tout en « *reconnaissant l'opportunité d'harmoniser les charges sociales des pays membres* ». Ce code, dont certaines dispositions sont désormais un peu dépassées [1371], est dépourvu d'effet direct en droit interne, notamment concernant ses articles 39, 40 et 45 [1372]. Bien que révisé en 1990, il représente un ensemble de normes minimales de Sécurité sociale juridiquement contraignantes pour les États l'ayant ratifié [1373]. Les États membres doivent donc respecter ces normes supranationales, mais ils doivent également veiller à préserver leurs spécificités internes. La CJUE a donc été amenée à assouplir certains principes du droit de l'Union. La primauté de l'Union est ainsi associée à l'effectivité et l'unité du droit de l'Union puisque limiter l'autonomie institutionnelle et procédurale nationale permet de « *renforcer le caractère contraignant et la primauté de la norme européenne en droit interne et, ainsi, assurer son unité* » [1374] . Cette autonomie institutionnelle et procédurale ne doit pas avoir pour effet d'anéantir ou même d'affaiblir la protection juridictionnelle des droits tirés par les particuliers des normes communautaires [1375]. Par ailleurs, l'autonomie procédurale des États est

---

1370 CJCE, 15 juillet 1964, *M. Flamino Costa c. Enel*, aff. 6/64.

1371 BELORGEY (J.-M.), « La Charte sociale du Conseil de l'Europe et son organe de régulation : le Comité européen des droits sociaux », *RDSS*, 2007, p.234.

1372 CE, Ass., 5 mars 1999, req. n° 194658 et n° 196116, *Rouquette et Lipietz, RJS* 4/1999 n°609 ; Cité également par CAMAJI (L.), « La justiciabilité du droit à la sécurité sociale : éléments de droit français », *RDSS*, 2010, n° 5, p.850.

1373 KESSLER (F.), « L'Europe sociale oubliée : l'activité du Conseil de l'Europe dans le domaine de la protection sociale », *RDSS*, 2007, p.199.

1374 RITLENG (D.), « L'effectivité du droit européen de la concurrence », *Rev. UE*, 2015, p.277.

1375 BARAV (A.), « La plénitude de compétence du juge national en sa qualité de juge communautaire », », in Mélanges en l'hommage de Jean Boulouis, *L'Europe et le droit*, Paris, Dalloz, 1991, p.17.

désormais privilégiée [1376] par rapport au principe de primauté depuis l'arrêt *Heemskerk BV, Firma Schaap c. Productschap Vee en Vlees* de 2008 [1377].

231. L'équilibre avec le devoir d'harmonisation. Pour Gino GORLA, il existe au niveau européen un « *devoir fonctionnel d'harmoniser le droit autant que possible* » [1378]. L'harmonisation européenne s'érige en devoir puisque le système de la Convention européenne des droits de l'homme dans son ensemble est une technique d'harmonisation des droits nationaux des pays contractants [1379]. L'harmonisation européenne permet de tendre vers un droit commun européen, lequel « *se traduit par la reconnaissance, au profit de l'administration, d'un ensemble de pouvoirs qui la mettent, vis-à-vis de l'administré, en situation de supériorité* » [1380]. L'obligation d'harmonisation revêt un double caractère puisqu'elle est d'ordre tantôt matériel tantôt procédural [1381]. Pour Marc LEROY, l'harmonisation de la fiscalité communautaire vise avant tout à éliminer les « *distorsions les plus criantes* » [1382]. Il considère l'harmonisation fiscale communautaire comme étant imparfaite [1383]. Si les États membres sont maîtres de leur

---

1376 LEVADE (A.), « Principe de primauté : l'autonomie procédurale des États privilégiée », *Constitutions*, 2010, p.55.

1377 CJCE, 25 novembre 2008, aff. C-455/06, *Heemskerk BV, Firma Schaap c. Productschap Vee en Vlees*.

1378 GORLA (G.), « La "communis opino totius orbis" .7 et la réception jurisprudentielle du droit au cours des XVIe, XVIIe et XVIIIe siècles dans la "Civil Law" et la "Common Law" », in CAPPELLETTI (M.) (dir.), *Nouvelles perspectives d'un droit commun de l'Europe*, Leyden-Londres-Boston, Ed. Sijthoff, Bruxelles, Ed. Bruylant, Stuttgart, Ed. Klett-Cotta, Firenze, Ed. Le Monnier, 1978, p.70.

1379 J. EVRIGENIS (D.), « Le rôle de la convention européenne des droits de l'homme », in CAPPELLETTI (M.) (dir.), *Nouvelles perspectives d'un droit commun de l'Europe*, Leyden-Londres-Boston, Ed. Sijthoff, Bruxelles, Ed. Bruylant, Stuttgart, Ed. Klett-Cotta, Firenze, Ed. Le Monnier, 1978, p.345.

1380 RIVERO (J.), « Vers un droit commun européen : nouvelles perspectives en droit administratif », in CAPPELLETTI (M.) (dir.), *Nouvelles perspectives d'un droit commun de l'Europe*, Leyden-Londres-Boston, Ed. Sijthoff, Bruxelles, Ed. Bruylant, Stuttgart, Ed. Klett-Cotta, Firenze, Ed. Le Monnier, 1978, p.395.

1381 J. EVRIGENIS (D.), « Le rôle de la convention européenne des droits de l'homme », *op.cit.*, p.344.

1382 LEROY (M.), « Quelle convergence pour les politiques fiscales en Europe ? », *RMCUE*, 1995, n° 393, p.683.

1383 *Ibid.*

fiscalité directe[1384], ils ne doivent pas méconnaître le droit de l'Union. Certains qualifient cet encadrement de la compétence fiscale par le droit primaire de l'Union d'« *intégration négative* » [1385]. Le rôle fédérateur de la CJUE s'affirme à travers l'harmonisation des fiscalités [1386] qui est cependant limitée à la fiscalité qui grève les échanges de marchandises [1387]. La notion d'intégration négative se retrouve aussi en matière de Sécurité sociale mais elle diffère de celle retenue en droit fiscal puisqu'elle ne tend pas vers une harmonisation. Fritz W. SCHARPF considère que la construction européenne détruit peu à peu les systèmes de protection nationaux [1388]. Pour Alain SUPIOT, la construction européenne déconstruit « *sans être capable de construire des solidarités à l'échelle continentale* » [1389]. Si l'harmonisation fiscale évolue et tend à se mettre en place progressivement, tel n'est pas le cas de celle des systèmes de sécurité sociale qui apparaît encore comme un mythe [1390].

2. *Une application particulière en droit fiscal*

232. L'harmonisation des procédures fiscales à travers la TVA. Si certains ont déploré « *l'absence regrettable de normes communautaires d'harmonisation de procédure interne* » [1391], une forte amélioration en la matière s'est tout de même mise en place depuis lors. La compétence fiscale est majoritairement une *compétence exclusive des États soucieux de conserver une autonomie importante qui influera sur leur politique de recettes budgétaires* [1392]. L'harmonisation fiscale

---

[1384] CASSAGNABÈRE (H.), « Chronique de jurisprudence de la CJUE en matière de fiscalité directe », Étude, *Bulletin fiscal*, 11/15, p.593.

[1385] *Ibid.*

[1386] LOSAPPIO (P.), « Droit communautaire, droit national et régime fiscal : quelques illustrations pratiques », *Dalloz*, 1999, p.136.

[1387] NOLLET (A.), « BERLIN (Dominique). - Politique fiscale. - Volumes I. & II », *RTD eur*, 2013, p.I.

[1388] W. SCHARPF (F.), *Gouverner l'Europe*, Paris, Presses de Science po, 2000, p.58 s. ; Cité également par SUPIOT (A.), « Dossier - La sécurité sociale entre transformisme et réformisme », *RDSS*, 2016, p.6

[1389] SUPIOT (A.), « Dossier - La sécurité sociale entre transformisme et réformisme », *RDSS*, 2016, p.6.

[1390] LAROQUE (M.), « Coordination et convergence des systèmes de Sécurité sociale des États membres de la CEE », *Droit social*, 1993, p.795.

[1391] HAMDOUNI (S.), « La Communauté européenne face à l'harmonisation des règles nationales de procédure fiscale », *RFFP*, n° 56, 1996, p.169.

[1392] GROSCLAUDE (J.), MARCHESSOU (P.), *Droit fiscal général*, Paris, Dalloz, 10e éd., 2015, p.38.

européenne concerne principalement la fiscalité indirecte et notamment les droits d'accises et la TVA. L'article 73 de la loi de finances rectificative pour 2010 [1393] prévoit que le Gouvernement doit remettre au Parlement « *un rapport analysant la possibilité d'une harmonisation européenne de la fiscalité du tabac* ». L'Union européenne tend progressivement vers une convergence des systèmes fiscaux. L'harmonisation de la fiscalité indirecte est liée au marché intérieur. Selon l'article 93 du Traité instituant la Communauté européenne, le Conseil de l'Union européenne peut prendre des directives TVA. C'est en vertu de cet article qu'a été adoptée la directive n° 2006/112/CE du 28 novembre 2006 relative au système commun de taxe sur la valeur ajoutée. L'objectif des directives TVA est de simplifier le système de TVA mais aussi de coordonner et d'harmoniser les différents taux. La directive de 2006 considère d'ailleurs que « *l'harmonisation des taxes sur le chiffre d'affaires entraîne dans les États membres des modifications de leur structure fiscale et des conséquences sensibles dans les domaines budgétaire, économique et social* » [1394]. L'article 97 de la directive n° 2006/112/CE du 28 novembre 2006 relative au système commun de taxe sur la valeur ajoutée prévoit ainsi que le taux normal ne peut être inférieur à 15 %. L'article 98 prévoit que « *les États membres peuvent appliquer soit un, soit deux taux réduits* », et l'article 99 précise que « *les taux réduits sont fixés à un pourcentage de la base d'imposition qui ne peut être inférieur à 5 %* ». La directive prévoit notamment des exonérations et des taux réduits pour certaines opérations liées à l'aide et à la sécurité sociales [1395]. L'harmonisation fiscale constitue une méthode d'intégration [1396] dont les résultats sont inégaux. Le rapprochement des taux apparaît alors indispensable [1397] au fonctionnement du système d'harmonisation. Pour Nicolas GOBALRAJA et Agnès BÉNASSY-QUÉRÉ, la concurrence fiscale mise en place entre les États est « *bienvenue en ce*

[1393] Loi n° 2010-1658 du 29 décembre 2010 de finances rectificative pour 2010, JORF n° 0302 du 30 décembre 2010, p.23127.

[1394] Directive n° 2006/112/CE du 28 novembre 2006 relative au système commun de taxe sur la valeur ajoutée, Jounal officiel de l'Union européenne du 11 décembre 2006, p.L.347/1.

[1395] Directive n° 2006/112/CE du 28 novembre 2006 relative au système commun de taxe sur la valeur ajoutée, JOUE du 11 décembre 2006, p.L.347/27 et L.347/69.

[1396] MAITROT DE LA MOTTE (A.), Définition d'harmonisation fiscale communautaire, in http://www.sffp.asso.fr/dictionnaire/index.php/Harmonisation_fiscale_communautaire.

[1397] VERGÈS (J.), « Frontières fiscales et marché unique. Chronique d'une mort annoncée. II. La taxe sur la valeur ajoutée », *RAE*, 1992, n° 2, p.7.

qu'elle oblige les gouvernements des États membres à améliorer l'efficacité des administrations publiques et à repenser leur périmètre » [1398]. La concurrence fiscale apparaît toutefois pour Alain EUZÉBY comme dangereuse [1399] car elle « *affaiblit la légitimité des impôts et cotisations sociales et conforte les pays dans les idées selon lesquelles ils peuvent de moins en moins se permettre d'avoir des niveaux de prélèvements obligatoires supérieurs à ceux d'autres pays* » [1400]. Pour certains, harmoniser la fiscalité à l'échelle européenne en matière de santé publique apparaît comme une gageure [1401]. Pour la Commission européenne, une harmonisation totale des systèmes fiscaux n'est pas nécessaire puisqu'ils doivent respecter le droit de l'Union, les États membres peuvent conserver leur système fiscal en fonction de leurs politiques fiscales. En matière de fiscalité directe, la Commission recommande un rapprochement des législations [1402] qui doit cependant provenir de la volonté des États. Les autres domaines de l'harmonisation fiscale se sont vus reconnaître un caractère limité et disparate [1403]. Ce rapprochement des législations aboutit à une « *communautarisation partielle* » [1404] des matières. La fiscalité sociale est indirectement et faiblement touchée par l'harmonisation européenne puisque la part des accises affectées au domaine social est minime et il en est de même pour la TVA [1405]. En matière de financement de la Sécurité sociale, l'autonomie du droit fiscal et du droit de la sécurité sociale apparaît

---

[1398] GOBALRAJA (N.) et BÉNASSY-QUÉRÉ (A.), « L'harmonisation fiscale en Europe », *Revue d'économie financière*, 2007, Vol.89, n° 3, p.100.

[1399] EUZÉBY (A.), « Mondialisation de l'économie et concurrence fiscale : des menaces pour le modèle social européen », *RMCUE*, 2003, p.314.

[1400] *Ibid*, p.311.

[1401] Rapport d'information n° 399 de Yves DAUDIGNY et Catherine DEROCHE, *Fiscalité et santé publique : état des lieux des taxes comportementales*, Sénat, 26 février 2014, p.116.

[1402] « *Legislation in the direct tax area is limited to bringing the different laws in each EU country more in line with each other (approximation of laws). This can only be done to the extent necessary to improve the functioning of the European Union's internal market and address common cross-border challenges such as tax evasion* », Commission européenne, *The European Union Explained, Taxation – promoting the internal market and economic growth*, 2015, p.5.

[1403] BELTRAME (P.), MONTAGNIER (G.), « L'Europe des impôts », *AJDA*, 1990, p.250.

[1404] VIGNES (D.), « Le rapprochement des législations mérite-t-il encore son nom ? », in Mélanges en l'hommage de Jean Boulouis, *L'Europe et le droit*, Paris, Dalloz, 1991, p.545.

[1405] Voir en ce sens le paragraphe n° 146 et s.

limitée par le droit de l'Union et ne peut être que relative en raison de l'essence même de l'impôt, qui intervient au bout d'un processus économique dont la réalisation a fait appel à d'autres droits, que la fiscalité ne peut totalement ignorer [1406].

B. L'autonomie des systèmes de Sécurité sociale

233. L'autonomie des systèmes de Sécurité sociale s'exprime à travers leur coordination prévue par l'Union européenne (**1**) et l'absence d'assimilation des règles fiscales aux règles sociales (**2**).

1. L'autonomie dans la coordination des systèmes de Sécurité sociale

234. La coordination des systèmes de Sécurité sociale à défaut d'une harmonisation. La coordination des systèmes de Sécurité sociale est prévue par l'article 42 du Traité établissant la Communauté européenne. Tout comme l'autonomie procédurale, la coordination doit se concilier avec le droit à la libre circulation. La coordination des systèmes de Sécurité sociale n'est pas une harmonisation puisqu'elle n'a pas pour objectif de modifier ou d'unifier les différents systèmes sociaux des États membres [1407] car les États membres conservent l'entière maîtrise de l'organisation de leur système de protection sociale [1408]. La CJUE considère d'ailleurs que « *l'article 42 CE laisse subsister des différences entre les régimes de sécurité sociale des divers États membres et, en conséquence, dans les droits des personnes qui y travaillent. Les différences de fond et de procédure entre ces régimes ne sont donc pas touchées par l'article 42 CE* » [1409]. Cependant, afin de pouvoir appliquer les règlements de coordination, les États doivent parfois aménager leur législation. C'est d'ailleurs ce que la Cour préconise dans l'affaire C-385/99 du 13 mai 2003 après avoir rappelé qu'« *en l'absence d'une*

[1406] OLLÉON (L.), « Autonomie du droit fiscal : le moribond se porte bien », *RJF*, 5/2002, p.356.

[1407] FILLON (J.-C.), « Coordination des systèmes de sécurité sociale dans l'Union européenne, 1e partie : Concept et champ d'application », *Bulletin Social*, 5/15.

[1408] Commission Européenne, *L'Union européenne et la Sécurité sociale*, Communiqué du 27 octobre 2004.

[1409] CJCE, 1er octobre 2009, aff. C-3/08, *Ketty Leyman c. Institut national d'assurance maladie-invalidité (INAMI)*.

harmonisation au niveau communautaire, il appartient à la législation de chaque État membre de déterminer les conditions d'octroi des prestations en matière de sécurité sociale » mais qu'« *il n'en demeure pas moins que les États membres doivent, dans l'exercice de cette compétence, respecter le droit communautaire* » [1410]. La Cour est amenée à se prononcer sur la coordination entre plusieurs systèmes de Sécurité sociale en veillant au respect d'un double principe, celui de l'unicité de la législation applicable et celui de l'application de la loi du lieu d'emploi [1411]. C'est ainsi qu'elle a estimé que la coordination des systèmes de sécurité sociale doit être interprétée en ce sens que « *dans des circonstances telles que celles en cause au principal, des prestations de vieillesse servies par un régime de pension professionnel d'un État membre et celles servies par un régime de pension légal d'un autre État membre, ces deux régimes relevant du champ d'application du même règlement, constituent des prestations équivalentes au sens de cette disposition, dès lors que les deux catégories de prestations poursuivent le même objectif d'assurer à leurs bénéficiaires le maintien d'un niveau de vie en rapport avec celui dont ces derniers jouissaient avant leur retraite* » [1412]. Les exigences sociales et fiscales sont relativement similaires puisque la CJUE dispose en matière de Sécurité sociale que « *si les États membres conservent leur compétence pour aménager leurs systèmes de sécurité sociale, ils doivent néanmoins, dans l'exercice de cette compétence, respecter le droit de l'Union et, notamment, les dispositions du traité relatives à la libre circulation des travailleurs et au droit d'établissement* » [1413] . La coordination communautaire découle ainsi d'un cadre juridique solide et évolutif [1414] , et se rapproche de l'autonomie procédurale à travers l'interprétation tenue par la Cour en la matière.

[1410] CJCE, 13 mai 2003, aff. C-385/99, *V. G. Müller-Fauré et Onderlinge Waarborgmaatschappij OZ Zorgverzekeringen UA, et entre E. E. M. van Riet et Onderlinge Waarborgmaatschappij ZAO Zorgverzekeringen*

[1411] DAUGAREILH (I.), « Le paiement de la contribution sociale généralisée et de la contribution pour le remboursement de la dette sociale au regard du droit communautaire et du principe de non-discrimination », *RDSS*, 2000, p.871.

[1412] CJCE, 21 janvier 2016, aff. C-453/14, *Vorarlberger Gebietskrankenkasse, Alfred Knauer c. Landeshauptmann von Vorarlberg.*

[1413] CJCE, 21 janvier 2016, aff. C-515/14, *Commission européenne c. République de Chypre.*

[1414] LAROQUE (M.), « Coordination et convergence des systèmes de Sécurité sociale des États membres de la CEE », *Droit social*, 1993, p.793.

235. Le caractère dual de la coordination. La coordination en matière de Sécurité sociale est double. Elle concerne d'abord la coordination des systèmes de Sécurité sociale au sein de l'Union européenne mais aussi la coordination interne des régimes de Sécurité sociale. La coordination européenne se réalise depuis le règlement (CEE) n° 1408/71 du Conseil du 14 juin 1971 qui est relatif « *à l'application des régimes de Sécurité sociale aux travailleurs salariés, non-salariés et aux membres de leur famille qui se déplacent à l'intérieur de la Communauté* » [1415]. L'objectif de ce règlement est d'assurer « *la libre circulation des travailleurs salariés et non-salariés dans la Communauté européenne, tout en respectant les caractéristiques propres aux législations nationales de sécurité sociale* » [1416]. Il ne coordonne ainsi que les régimes légaux de Sécurité sociale [1417]. Est ensuite intervenu le règlement (CEE) n° 574/72, 21 mars 1972 [1418]. La CJUE considère en effet que « *le règlement (CEE) n° 1408/71 du Conseil, du 14 juin 1971* [...] *doit être interprété en ce sens qu'il ne s'oppose pas à ce qu'un État membre, dont la législation sociale est seule applicable à un travailleur indépendant résident, exclue de l'assiette de contributions telles que la contribution sociale généralisée et la contribution pour le remboursement de la dette sociale les revenus perçus par ledit travailleur dans un autre État membre, par application, notamment, d'une convention préventive de la double imposition en matière d'impôts sur les revenus* » [1419]. Le règlement CE n° 883/2004 du 29 avril 2004 [1420] a modernisé et simplifié les règles de coordination. Faute de règlement d'application, ses dispositions ne sont applicables que depuis le 1er mai 2010 dans les

---

[1415] Règlement (CEE) n° 1408/71 du Conseil du 14 juin 1971 relatif à l'application des régimes de sécurité sociale aux travailleurs salariés et à leur famille qui se déplacent à l'intérieur de la Communauté, JOCE n° L 149, 5 juill. 1971, p.2.

[1416] CJUE, 3 avril 2008, Aff. C-103/06, *Philippe Derouin c. Union pour le recouvrement des cotisations de sécurité sociale et d'allocations familiales de Paris – Région parisienne (Urssaf de Paris – Région parisienne.*

[1417] LHERNOULD (J.-P.), « Les entreprises face à la coordination européenne des régimes nationaux de Sécurité sociale : l'autre côté du miroir », *Droit social*, 2007, p.230.

[1418] Règlement (CEE) n° 574/72, 21 mars 1972 relatif à l'application des régimes de sécurité sociale aux travailleurs salariés, aux travailleurs non-salariés et aux membres de leur famille qui se déplacent à l'intérieur de la Communauté, JOCE n° L 74, 27 mars 1972, p.1.

[1419] CJUE, 3 avril 2008, Aff. C-103/06, *Philippe Derouin c. Union pour le recouvrement des cotisations de sécurité sociale et d'allocations familiales de Paris – Région parisienne (Urssaf de Paris – Région parisienne).*

[1420] Règlement (CEE) n° 883/2004, 29 avr. 2004 portant sur la coordination des systèmes de sécurité sociale, JOUE n° L 166, 30 avr. 2004, p.1.

relations entre les États membres de l'Union européenne suite au règlement n° 987/2009 du 16 septembre 2009 [1421]. Ce règlement remplace « *le règlement (CEE) n° 574/72 du Conseil du 21 mars 1972 fixant les modalités d'application du règlement (CEE) n° 1408/71 relatif à l'application des régimes de sécurité sociale aux travailleurs salariés et à leur famille qui se déplacent à l'intérieur de la Communauté* » [1422]. Si les mesures de simplification ne sont pas évidentes du fait de la complexité des systèmes sociaux, une large place est laissée, pour pallier cette complexité, à la coopération et aux échanges de données entre les institutions ainsi qu'aux procédures d'assistance mutuelle [1423]. La coordination se trouve également dans le droit interne puisque les régimes de sécurité sociale français sont *juridiquement autonomes les uns par rapport aux autres* [1424] car ils sont envisagés par des textes et des dispositifs distincts les uns des autres. Les régimes de Sécurité sociale sont entendus ici comme un ensemble de règles mais aussi à un mode de fonctionnement précis [1425]. Jean-Luc MATT définit d'ailleurs un régime de sécurité sociale comme « *un ensemble de règles juridiques s'appliquant à un groupe donné d'affiliés et définissant les prestations auxquelles ils ont droit* » [1426].

2. L'absence d'assimilation des règles fiscales et sociales

236. Une autonomie individualisée. L'autonomie apparaît individualisée par le droit européen puisque le droit fiscal et le droit de la sécurité sociale, bien que contrôlés par la même juridiction, ne peuvent être complètement assimilés. Une convention fiscale ne peut ainsi pas être

---

[1421] Règlement (CE) n° 987/2009 du Parlement européenne et du Conseil du 16 septembre 2009 fixant les modalités d'application du règlement (CE) n° 883/2004 portant sur la coordination des systèmes de sécurité sociale, JOUE n° L 284, 30 octobre 2009, p.1.
[1422] *Ibid*, p.3.
[1423] MORIN (C.), « Coordination des régimes nationaux de sécurité sociale en cas de détachement ou d'activités transnationales », *JCP S*, n° 35, 2010, comm.1325, p.12.
[1424] TAURAN (T.), « La coordination des régimes de sécurité sociale en droit interne », *Droit social*, 2009, p.1255.
[1425] *Ibid*, p.1120.
[1426] MATT (J.-L.), « Notice 3 – La sécurité sociale : organisation et gouvernance », in DE MONTALEMBERT (M.) (dir.), *La protection sociale en France*, Paris, La documentation française, 6e éd., 2013, p.41.

assimilée à une convention bilatérale de Sécurité sociale [1427], même si l'une comme l'autre permettent d'éviter la double imposition ou la double cotisation. Les conventions bilatérales de Sécurité sociale sont le résultat d'un compromis entre des principes juridiques et la nécessité de répondre à des besoins économiques supposant des mobilités transfrontalières des personnes [1428]. Sans les règlements de coordination « *la territorialité des régimes nationaux de sécurité sociale serait la cause de situations inextricables au détriment des individus et des entreprises* » [1429]. Les frontières entre prélèvements sociaux et prélèvements fiscaux sont davantage affirmées en droit interne qu'en droit de l'Union. La CJUE estime d'ailleurs que certains prélèvements fiscaux relèvent du droit de l'Union, et notamment du règlement (CEE) n° 1408/71 lorsqu'ils sont spécifiquement et directement affectés au financement d'un régime de sécurité sociale d'un État membre [1430]. L'application des constructions européennes se réalise également par l'intervention de la CJUE. La Cour de Justice est amenée à se prononcer en matière de prélèvements sociaux sur la nature juridique des prélèvements qui lui sont soumis et sur leur applicabilité ou non. Dans deux célèbres arrêts [1431], elle a estimé que la CRDS et la CSG sur les revenus d'activité et de remplacement entrent dans le champ d'application du règlement européen n° 1408/71 puisqu'« *aux fins de l'application de l'article 13 du règlement n° 1408/71, le critère déterminant est celui de l'affectation spécifique d'une contribution au financement du régime de sécurité sociale d'un État membre. L'existence ou l'absence de contreparties en termes de prestations est donc indifférente à cet égard* ». Dernièrement, dans un arrêt en date du 26 février 2015, elle a estimé que relèvent du règlement européen n° 1408/71 [1432] des prélèvements sur les revenus du patrimoine

---

[1427] KESSLER (F.), « CSG. CRDS contribution pour le remboursement de la dette sociale. Travailleurs migrants. Règlement (CEE) n° 1408/71. Convention fiscale bilatérale préventive de la double imposition », *Droit social*, 2008, p.888.

[1428] DAUGAREILH (I.), « L'impact des espaces sur les liens et les droits », in Mélanges en l'honneur de Jean-Pierre Laborde, *Des liens et des droits*, Paris, Dalloz, 2015, p.85.

[1429] LHERNOULD (J.-P.) « La coordination des régimes nationaux de sécurité sociale hors des règlements n° 1408/71 et n° 883/2004 : constat de faiblesse ou tremplin pour de nouvelles ambitions ? », *JCP S*, n° 41, 2009, comm.1449, p.13.

[1430] BOUTAYEB (C.), « La CSG, la CRDS et le juge de l'Union : l'érosion d'une conception française des prélèvements sociaux », *RDSS*, 2015, p.835.

[1431] CJCE, plén., 15 février 2000, aff. C-169/98 et C-34/98, *Commission c. France*.

[1432] Règlement (CEE) n° 1408/71 du Conseil du 14 juin 1971 relatif à l'application des régimes de sécurité sociale aux travailleurs salariés et à leur famille qui se déplacent à l'intérieur de la Communauté, JOCE n° L 149, 5 juill. 1971, p.2.

participant au financement des régimes obligatoires de Sécurité sociale, ayant un lien direct et permanent avec certaines des branches de Sécurité sociale [1433]. Ce raisonnement s'inscrit dans la continuité de celui tenu antérieurement par la CJCE. Une proposition de loi n° 2641 de Frédéric LEFEBVRE visant à tirer les conséquences de l'arrêt *Ruyter* du 26 février 2015 de la Cour de justice de l'Union européenne et à abroger la soumission à la contribution sociale généralisée et à la contribution pour le remboursement de la dette sociale des revenus fonciers et des plus-values de source française des Français établis hors de France, a été déposée le 11 mars 2015. Elle a été ensuite renvoyée en commission des finances qui n'a toujours pas statué à ce jour. Dans le même esprit, le gouvernement français doit assurer la cohérence et une évolution maîtrisée des finances publiques tout en étant surveillé par la Banque centrale européenne (BCE) et les marchés financiers, et « *responsable devant les institutions européennes du respect des équilibres globaux qu'impliquent les règles de discipline financière* » [1434]. La loi de financement de la Sécurité sociale pour 2016 [1435] est censée tenir compte de l'arrêt *De Ruyter*. Cependant, elle modifie seulement l'affectation budgétaire des prélèvements sociaux sur les revenus du capital puisqu'ils sont maintenant « *limités aux seules prestations non contributives* » [1436]. L'affectation de la CSG est modifiée afin de limiter les conséquences de

---

[1433] « *Le règlement (CEE) n° 1408/71 du Conseil, du 14 juin 1971, relatif à l'application des régimes de sécurité sociale aux travailleurs salariés, aux travailleurs non-salariés et aux membres de leur famille qui se déplacent à l'intérieur de la Communauté, dans sa version modifiée et mise à jour par le règlement (CE) n° 118/97 du Conseil, du 2 décembre 1996, tel que modifié par le règlement (CE) n° 1606/98 du Conseil, du 29 juin 1998, doit être interprété en ce sens que des prélèvements sur les revenus du patrimoine, tels que ceux en cause au principal, présentent, lorsqu'ils participent au financement des régimes obligatoires de sécurité sociale, un lien direct et pertinent avec certaines des branches de sécurité sociale énumérées à l'article 4 de ce règlement n° 1408/71, et relèvent donc du champ d'application dudit règlement, alors même que ces prélèvements sont assis sur les revenus du patrimoine des personnes assujetties, indépendamment de l'exercice par ces dernières de toute activité professionnelle.* », CJUE, 26 février 2015, aff. C-623/13, *ministre de l'Économie et des Finances c. Gérard de Ruyter*.

[1434] HERTZOG (R.), « Le ménage à trois : État, collectivités locales et sécurité sociale, ou pourquoi l'autonomie fiscale des collectivités locales ne progressera pas », *Annuaire des collectivités locales*, t.22, 2002, p.65.

[1435] Loi n° 2015-1702 du 21 décembre 2015 de financement de la sécurité sociale pour 2016, JORF n° 0296 du 22 décembre 2015, p.23635.

[1436] DUFOUR (A.-C.), « L'affectation des prélèvements sociaux sur les revenus du capital au financement de prestations sociales non contributives », *RDSS*, 2016, p.348.

l'arrêt *De Ruyter* [1437] puisque l'article 15 de la LFSS entraîne une « *modification substantielle des recettes entre attributaires, en affectant l'ensemble des contributions sociales sur les revenus du capital, y compris donc la CSG, au financement exclusif des prestations sociales non contributives, soit essentiellement au FSV. En contrepartie, les fractions de CSG assises sur les revenus d'activité et de remplacement dont bénéficiait le FSV (ainsi que la CNSA) sont réaffectées à la CNAM et à la CADES* » [1438]. La CSG et la CRDS, assises sur les revenus du capital des personnes non résidentes ou des travailleurs frontaliers qui sont affiliés à un régime de Sécurité sociale étranger, sont affectées au FSV et à la CNSA. Néanmoins l'affectation de ces prélèvements à d'autres organismes ne suffit pas nécessairement à les exclure du champ d'application des règlements européens, notamment concernant le fonds de solidarité vieillesse. La non-conformité de la LFSS pour 2016 avec la jurisprudence *De Ruyter* a été avancée par les requérants mais le Conseil constitutionnel [1439] a appliqué une jurisprudence constante en refusant de juger la conformité de la loi avec le droit européen. L'affectation des prélèvements sociaux détermine l'application ou non de la jurisprudence *De Ruyter*. Le Conseil d'État a ainsi retenu que la jurisprudence *De Ruyter* n'est pas applicable au prélèvement social de 2% affecté au RSA en affirmant que cette contribution « *est spécifiquement affectée au financement d'une prestation qui ne relève pas de l'article 4 du règlement du Conseil du 14 juin 1971, n'entre pas elle-même dans le champ d'application de ce règlement* », dès lors le prélèvement de solidarité de 2% prévu par l'article L.262-24 du code de l'action sociale et des familles n'est pas remboursable aux non-résidents et ne bénéficie pas de la jurisprudence *De Ruyter* en raison de son affectation. La Sécurité sociale demeure donc « *un ensemble financier public spécifique, régi par des règles particulières* » [1440]. L'autonomie du droit social par rapport au droit privé peut sembler conquise [1441], mais elle tend à évoluer.

[1437] Voir en ce sens le paragraphe n° 236.

[1438] Cour des comptes, *Les comptes de la Sécurité sociale*, Résultats 2015, Prévisions 2016, juin 2016, p.37.

[1439] Cons. Const., Décision n° 2015-723 DC du 17 décembre 2015, *Loi de financement de la Sécurité sociale pour 2016*, JO n° 0296 du 22 décembre 2015, p.23685.

[1440] FERRAS (B.), MATT (J.-L.), « La question du financement », *Vie sociale*, n° 10, 2015, p148.

[1441] Préface Georges Vedel, in BERN (Philippe), *La nature juridique du contentieux de l'imposition*, Paris, Ed. R. Pichon et R. Durand-Auzias, Coll. Bibliothèque de droit public, 1972, t.CIX, 197 p.

SECTION 2 : UNE AUTONOMIE À L'ORIGINE DE MUTATIONS

237. Pour Loïc AZOULAI, la distinction entre le droit public et le droit privé est justifiée par « *une manière duale de se représenter les différents régimes de droit positif, les uns étant référés à la puissance publique et à ses contraintes, les autres à l'autonomie privée du sujet de droit et à ses garanties* » [1442]. Le droit fiscal et le droit de la sécurité sociale sont des droits autonomes puisqu'ils possèdent leurs sources propres, une juridiction spécifique pour la Sécurité sociale ou un contentieux spécifique pour le droit fiscal, ainsi qu'un ensemble de concepts et techniques qui leur sont propres. Cette autonomie apparaît comme une source d'évolution du droit puisqu'elle traduit une publicisation (**Paragraphe premier**) mais aussi parce qu'elle permet la mise en place progressive d'une unification du financement de la Sécurité sociale (**Paragraphe second**).

§1. UNE PUBLICISATION EN COURS

238. Le droit public et le droit privé correspondent « *à deux systèmes de règles qui se distinguent par leur objet, par un certain ensemble de relations qu'elles sont faites pour régir* » [1443]. Le droit fiscal et le droit de la sécurité sociale revêtent une contestable ambiguïté [1444] car ils reposent sur un ensemble de principes qui leur confèrent tout à la fois une unité mais aussi une autonomie [1445]. Ces droits font néanmoins l'objet d'une publicisation, que ce soit à travers l'émergence de règles publiques (**A**) ou le financement de la Sécurité sociale (**B**).

[1442] AZOULAI (L.), « Sur un sens de la distinction public/privé dans le droit de l'Union européenne », *RTD eur.*, 2010, p.842.

[1443] LAMARQUE (J.), *Recherches sur l'application du droit privé aux services publics administratifs*, Paris, Ed. R. Pichon et R. Durand-Auzias, Coll. Bibliothèque de droit public, 1960, t.XXV, p.15.

[1444] PRÉTOT (X.), « Le Code civil et le droit de la sécurité sociale, un parrainage tout en nuances..., 1804-2004 », in LEQUETTE (L.) et LEVENEUR (L.), (dir.), *Le Code civil : un passé, un présent, un avenir*, Paris, Dalloz, 2004, p.616.

[1445] *Ibid*, p.618.

A. La publicisation des règles

239. La classification entre droit public et droit privé porte sur les règles mais surtout sur les ensembles de règles que constitue un droit, une matière. Droit privé et droit public désignent ainsi un « *ensemble de "branches", systèmes de règles et disciplines* » [1446]. La publicisation du droit de la sécurité sociale a été amorcée par la réforme JEANNENEY, qui a certes renforcé le caractère assurantiel de la Sécurité sociale [1447], mais qui a surtout confié les trois branches du régime général à des caisses nationales qui ont le caractère d'établissements publics administratifs. La publicisation des règles se définit comme un processus progressif puisque si initialement les règles étaient celles du droit privé (**1**), elles se sont publicisées sous l'influence du droit de l'Union et du droit administratif (**2**).

1. Des règles liées au droit privé

240. Une matière liée au droit privé. Gaston LEROUGE considère de droit privé les rapports s'établissant entre l'État et le contribuable, pour l'établissement de l'impôt et son recouvrement [1448]. Il estime également que le juge fiscal interprète en droit privé puisqu'il doit démontrer que la qualification de droit ne correspond pas à la situation de fait [1449]. Le droit fiscal est une matière de superposition, dont les règles de fond reposent sur le droit privé [1450]. Jacques GROSCLAUDE et Philippe MARCHESSOU considèrent que « *comme toute branche du système juridique français, le droit fiscal est libre de définir ses propres concepts ou de dégager une signification propre d'un concept préexistant dans une autre branche du droit* » [1451]. Le droit fiscal privilégie l'essence des choses sans s'arrêter aux définitions et aux constructions juridiques édifiées par d'autres

---

1446 EISENMANN (C.), « Droit public, droit privé (En marge d'un livre sur l'évolution du droit civil français du XIXe au XXe siècle) », *Revue du droit public et de la science politique*, 1952, p.923.

1447 Voir en ce sens, le paragraphe n° 18 et s.

1448 LEROUGE (G.), « Essai sur l'unification du contentieux fiscal », *Revue de science et législation financières*, 1938, p.220.

1449 *Ibid*, p.221.

1450 DE LA MARDIÈRE (C.), *Recours pour excès de pouvoir et contentieux administratif de l'impôt*, Paris, LGDJ, Coll. Bibliothèque de science financière, t.41,2002, p.13.

1451 GROSCLAUDE (J.), MARCHESSOU (P.), *Droit fiscal général*, Paris, Dalloz, 10e éd., 2015, p.50.

branches du droit [1452]. Si l'autonomie et le réalisme du droit fiscal sont invoqués essentiellement face aux préceptes du droit privé [1453], il convient de les aborder ici face au droit social. Pour Louis TROTABAS, « *au regard des autres branches du droit public comme au regard du droit privé, la loi fiscale possède une indépendance qui lui permet d'établir ses propres règles* » [1454]. Le droit fiscal est ainsi indépendant du droit privé, comme d'ailleurs du droit administratif [1455]. François GÉNY complète ces propos en consacrant « *le particularisme du droit fiscal* » [1456]. Pour Didier TRUCHET, le droit fiscal n'est pas autonome puisque « *les principes, les techniques et l'esprit du droit fiscal l'attachent au droit public* » [1457]. Le droit fiscal se retrouve désormais à cheval entre droit public et droit privé [1458]. Il possède ainsi des spécificités qui lui sont propres, et il en va de même du droit de la sécurité sociale. Simple adaptation du droit de la responsabilité civile d'abord, puis application du droit des assurances, la Sécurité sociale trouve son origine soit dans des initiatives privées soit, à tout le moins, dans des techniques issues du droit privé [1459]. Le droit de la sécurité sociale demeure considéré comme du droit privé, notamment du fait de son contentieux majoritairement judiciaire. Lorsqu'il a fallu distribuer le contentieux de la Sécurité sociale, les tribunaux judiciaires ont été jugés plus aptes à protéger les intérêts des assurés et assujettis. L'ombre de l'étatisation souleva l'opposition des organisations syndicales [1460]. Ainsi, par ce choix politique, le droit public a été amené à intégrer la Cour de cassation à travers le contentieux général de la Sécurité sociale. La Cour de cassation, à défaut de reprendre les règles classiques du Conseil d'État applicables aux services publics, a forgé un ensemble de règles de droit ad hoc qui constituent un véritable droit administratif

---

1452 *Ibid.*

1453 COZIAN (M.), TROTABAS (L.), « Propos désobligeants sur une "tarte à la crème" : l'autonomie et le réalisme du droit fiscal », *Droit fiscal*, 1999, n° 13, p.530.

1454 TROTABAS (L.), « Essai sur le droit fiscal », *Revue de science et de législation financière*, 1928, p.225.

1455 LEROUGE (G.), « Essai sur l'unification du contentieux fiscal », *Revue de science et législation financières*, 1938, p.218.

1456 GÉNY (F.), « Le particularisme du droit fiscal », *RTD civ.*, 1931, p.797.

1457 TRUCHET (D.), *Le droit public*, Coll. Que sais-je ?, PUF, 2014, p.106.

1458 OLLÉON (L.), « Autonomie du droit fiscal : le moribond se porte bien », *RJF*, 5/2002, p.355.

1459 DONNADIEU (R.), « Droit public et droit social en matière de Sécurité sociale », *Droit social*, 1991, n° 6, p.231.

1460 DONNADIEU (R.), « Droit public et droit social en matière de Sécurité sociale », *Droit social*, 1991, n° 6, p.235.

judiciaire [1461]. Si l'autonomie de la Sécurité sociale n'exclut pas « *l'hommage rendu* » [1462] au Code civil, elle n'exclut pas non plus l'application du droit fiscal. Raymond GUILLIEN considérait d'ailleurs, en évoquant la catégorie juridique du droit social, que l'« *on n'est pas près de savoir si elle relève du droit public ou du droit privé* » [1463] puisque la distinction du droit public et du droit privé va disparaissant graduellement [1464]. Le recours aux URSSAF, organismes de droit privé, a renforcé le caractère privé de la Sécurité sociale en soustrayant à une gestion trop étatisée [1465]. Cependant, si ces organismes sont de droit privé [1466], le législateur les a progressivement dotés, sous l'influence du droit fiscal, de prérogatives exorbitantes du droit commun qui ressemblent fort à celles dont disposent les administrations publiques [1467]. De plus, bien que les rapports entre les assurés et assujettis et les organismes de droit privé relèvent classiquement du droit privé, ils sont régis par des règles « *d'origine le plus souvent étatique auxquelles on s'accorde à reconnaître un caractère impératif, voire même d'ordre public* » [1468].

241. Le cloisonnement du contentieux. En dépit de la publicisation des règles financières, la distinction des contentieux, en droit fiscal comme en droit de la sécurité sociale, entretient et maintient le cloisonnement entre le droit privé et le droit public au sein du financement de la Sécurité sociale. Cette distinction conduit « *à ériger le droit privé et le droit public en deux mondes distincts, cloisonnés* » [1469]. Le dualisme juridictionnel conforte [1470] cette opposition. En droit fiscal, la répartition du contentieux dépend de la nature de l'impôt ainsi que du contentieux

---

[1461] PRÉTOT (X.), « Droit administratif et droit social », *RDP*, 1998, p.962.
[1462] PRÉTOT (X.), « Le Code civil et le droit de la sécurité sociale, un parrainage tout en nuances..., 1804-2004 », in LEQUETTE (L.) et LEVENEUR (L.), (dir.), *Le Code civil : un passé, un présent, un avenir*, Paris, Dalloz, 2004, p.618.
[1463] GUILLIEN (R.), « Droit public et droit privé », in *Mélanges offerts à Jean Brethe de La Gressaye*, Bordeaux, éd. Bière, 1967, p.311.
[1464] *Ibid*, p.319.
[1465] DONNADIEU (R.), « Droit public et droit social en matière de Sécurité sociale », *Droit social*, 1991, p.231.
[1466] CE, Ass., 13 mai 1938, *Caisse primaire "Aide et protection"*.
[1467] DONNADIEU (R.), « Droit public et droit social en matière de Sécurité sociale », *op.cit.*, p.231.
[1468] *Ibid.*
[1469] PRÉTOT (X.), « Droit administratif et droit social », *RDP*, 1998, p.961.
[1470] BURGUBURU (J.-M.), « Droit public et droit privé au début du XXIe siècle : de la séparation à l'interpénétration », in Mélanges en l'honneur de Jean-Claude Colliard, *L'État, le Droit et le Politique*, Dalloz, 2014, p.15-16.

concerné. La répartition en droit de la sécurité sociale est plus « classique ». Pour Georges VEDEL, l'autonomie du droit social par rapport au droit privé est conquise [1471], et le droit fiscal ne peut « *se constituer en principauté indépendante au sein de l'ordre juridique français et ne reconnaître ni le droit public, ni le droit privé* » [1472]. Tel n'est pas le cas du contentieux de l'imposition qui demeure franchement autonome [1473] puisqu'il n'est qu'une branche du contentieux administratif même lorsqu'il se déroule devant le juge judiciaire [1474]. Le contentieux de la Sécurité sociale relève, pour l'essentiel, de la compétence des juridictions de l'ordre judiciaire même si le droit de la sécurité sociale paraît ressortir, *« peu ou prou, du droit public* » [1475]. Le droit de la sécurité sociale constitue selon Raymond GUILLIEN « *l'une des plus fortes résistances du droit privé que l'on puisse citer* » [1476] par l'attachement historique aux assurances sociales. Par ailleurs, il est utile de préciser que l'affectation du contentieux à la compétence judiciaire relevait d'une volonté d'affirmer l'autonomie de la sécurité sociale à l'égard de l'État [1477]. Si les règles sont liées au droit privé, elles se publicisent à travers le recours au droit européen mais aussi au droit administratif puisque la Cour de cassation prolonge « *cette "publicisation" par l'élaboration de diverses solutions s'inspirant du droit administratif* » [1478].

2. L'influence européenne et administrative

242. Sous une emprise supérieure. Le droit fiscal et le droit de la sécurité sociale se voient imposer des préceptes communs [1479] qui

---

[1471] Préface de Georges VEDEL, BERN (P.), *La nature juridique du contentieux de l'imposition*, Paris, Ed. R. Pichon et R. Durand-Auzias, Coll. Bibliothèque de droit public, 1972, t.CIX, 197 p.
[1472] *Ibid.*
[1473] *Ibid.*
[1474] BERN (P.), *La nature juridique du contentieux de l'imposition*, Paris, Ed. R. Pichon et R. Durand-Auzias, Coll. Bibliothèque de droit public, 1972, t.CIX, 197 p.
[1475] PRÉTOT (X.), « Le Code civil et le droit de la sécurité sociale, un parrainage tout en nuances..., 1804-2004 », *op.cit.*, p.615.
[1476] GUILLIEN (R.), « Droit public et droit privé », in *Mélanges offerts à Jean Brethe de La Gressaye*, Bordeaux, éd. Bière, 1967, p.322.
[1477] PRÉTOT (X.), « Droit administratif et droit social », *RDP*, 1998, p.960.
[1478] DUPEYROUX (J-J), PRÉTOT (X.), *Droit de la sécurité sociale*, Paris, Dalloz, 17e éd., 2011, p.292.
[1479] PRÉTOT (X.), « Droit administratif et droit social », *RDP*, 1998, p.962.

viennent transcender la distinction traditionnelle, originelle, entre droit public et droit privé. Par ailleurs, cette distinction n'a pas été transposée en droit européen, lequel se compose d'un seul ordre juridictionnel « *apte à traiter à la fois du droit privé et du droit public* » [1480] même si la distinction entre le droit privé et le droit public n'est pas assimilable à la seule distinction juridictionnelle [1481]. La juridiction rend ainsi obsolète [1482] la distinction. Pour Xavier PRÉTOT, il est désormais nécessaire de « *façonner l'ordre juridique en réunissant en un ensemble un peu plus cohérent les règles éparses, foisonnantes et contingentes* » [1483] qui constituent le droit social. Pour Loïc AZOULAI, une telle distinction n'est pas pertinente dans le droit de l'Union puisque ce dernier étend « *indifféremment son emprise aux règles internes de droit public ou de droit privé* » [1484]. Néanmoins, la pénétration du droit européen est parfois timide dans certains secteurs. Tel est le cas en matière de fiscalité où il reste de grandes divergences [1485] en raison du particularisme fiscal de chaque État et où les risques de dumping fiscal constituent un obstacle sérieux à la création d'un véritable espace économique unifié [1486]. Le droit fiscal n'est que marginalement affecté par le droit européen [1487]. L'influence du droit de l'Union est indirecte puisqu'elle produit tout de même des effets sur les administrations nationales et notamment sur les administrations fiscales et de Sécurité sociale. Le droit européen brouille « *les frontières entre les catégories*

[1480] BURGUBURU (J.-M.), « Droit public et droit privé au début du XXIe siècle : de la séparation à l'interpénétration », *op.cit.*, p.16.

[1481] AUBY (J.-B.), « La distinction du droit public et du droit privé », in AUBY (J.-B.) (dir.), *L'influence du droit européen sur les catégories du droit public*, Paris, Dalloz, 2010, p.287.

[1482] BIGOT (G.), « La difficile distinction droit public / droit privé dans l'ancien droit : l'exemple du droit administratif », *Droits*, n° 38, 2003, p.111.

[1483] PRÉTOT (X.), « Le Code civil et le droit de la sécurité sociale, un parrainage tout en nuances..., 1804-2004 », *op.cit.*, p.626.

[1484] AZOULAI (L.), « Sur un sens de la distinction public/privé dans le droit de l'Union européenne », *RTD eur.*, 2010, p.844.

[1485] GAUDEMET-TALLON (H.), « Droit privé et droit communautaire : quelques réflexions », *RMCUE*, 2000, p.232.

[1486] *Ibid.*

[1487] MAITROT DE LA MOTTE (A.), « Les concepts fiscaux », in AUBY (J.-B.) (dir.), *L'influence du droit européen sur les catégories du droit public*, Paris, Dalloz, 2010, p.864.

préexistantes de recettes publiques au niveau national » [1488] sans pour autant les remettre en cause. Le droit national est toutefois amené à réformer le droit existant, comme ce fut le cas après l'arrêt *De Ruyter* [1489]. L'éventuelle altération [1490] des concepts nationaux d'impositions de toutes natures ou de cotisations sociales apparaît limitée. L'intégration européenne « *ne peut pas ne pas produire de conséquences sur les administrations nationales* » [1491]. Si l'influence européenne a renforcé l'autonomie du droit de la sécurité sociale dans son financement, cela tient au rôle même du droit européen puisque ce dernier s'est construit autour d'un double idéal d'uniformité et d'autonomie de ses solutions [1492]. Le droit de l'Union européenne nourrit et alimente ainsi « *de nouvelles et stimulantes controverses* » [1493] et le législateur doit prendre en compte l'opinion de la CJUE en matière de finances sociales. Le caractère public des règles liées au financement de la Sécurité sociale est renforcé par l'intégration de la dette sociale au titre des déficits publics par le droit européen [1494]. La prise en compte au sein de la zone euro du déficit public des États membres a « *des répercussions sur la répartition interne des ressources et des charges de l'ensemble des administrations publiques* » [1495]. De plus, le fait pour les organismes sociaux d'échapper aux règles européennes de la concurrence réaffirme le caractère public des finances sociales.

[1488] LEVOYER (L.), « Les catégories de recettes et de dépenses publiques », in AUBY (J.-B.) (dir.), *L'influence du droit européen sur les catégories du droit public*, Paris, Dalloz, 2010, p.860.

[1489] Voir en ce sens, le paragraphe n° 236.

[1490] MAITROT DE LA MOTTE (A.), « Les concepts fiscaux », in AUBY (J.-B.) (dir.), *L'influence du droit européen sur les catégories du droit public*, Paris, Dalloz, 2010, p.869.

[1491] DEBBASCH (C.), « L'influence du processus d'intégration communautaire sur les administrations nationales », in Mélanges en l'hommage de Jean Boulouis, *L'Europe et le droit*, Paris, Dalloz, 1991, p.111.

[1492] BERGÉ (J.-S.), « La summa divisio droit privé-droit public et le droit de l'Union européenne : une question pour qui ? une question pour quoi ? », in BONNET (B.) et DEUMIER (P.) (dir.), *De l'intérêt de la summa divisio droit public-droit privé ?*, Dalloz, Coll. Thèmes et commentaires », 2010, p.51.

[1493] PICOD (F.), « Le droit de l'Union européenne est-il soluble dans la summa divisio droit privé-droit public ? », in BONNET (B.) et DEUMIER (P.) (dir.), *De l'intérêt de la summa divisio droit public-droit privé ?*, Dalloz, Coll. Thèmes et commentaires », 2010, p.63.

[1494] DESRAMEAUX (A.), *Finances publiques*, PUF, Paris, Coll. Major, 2013, p.217.

[1495] LEVOYER (L.), « Les catégories de recettes et de dépenses publiques », in AUBY (J.-B.) (dir.), *L'influence du droit européen sur les catégories du droit public*, Paris, Dalloz, 2010, p.861.

243. La dérogation aux règles de la concurrence. L'Europe apparaît comme un creuset d'aspirations sociales [1496]. Si la concurrence définit un « *mode de fonctionnement d'un marché* » [1497], les organismes de sécurité sociale peuvent déroger aux règles de la concurrence. Traditionnellement les services publics fonctionnent dans des conditions différentes des gestions privées puisque, comme l'affirme Gaston JÈZE, « *il n'y a ni libre concurrence, ni fixation des prix d'après la loi de l'offre et de la demande* ». Les services publics sont régis par le monopole, le pouvoir de contrainte, les considérations politiques ou sociales [1498]. Il existe d'ailleurs un monopole des organismes de sécurité sociale qui n'est toutefois ni général, ni absolu [1499]. Les organismes de sécurité sociale peuvent en effet déroger aux règles de la concurrence dès lors qu'ils remplissent une fonction de caractère exclusivement social, fondée sur le principe de la solidarité par la mutualisation des risques et dépourvue de tout but lucratif [1500]. La CJUE considère que « *les caisses de maladie ou les organismes qui concourent à la gestion du service public de la sécurité sociale remplissent une fonction de caractère exclusivement social. Cette activité est, en effet, fondée sur le principe de la solidarité nationale et dépourvue de tout but lucratif* » [1501]. Les services publics sont définis comme une activité échappant à la logique de la concurrence économique [1502]. D'après la Cour de cassation, l'agence centrale des organismes de sécurité sociale et les URSSAF ne sont pas des entreprises au sens communautaire [1503]. Cette affirmation suit celle tenue par la CJUE lorsqu'elle a estimé que l'activité des régimes d'assurances maladie,

---

1496 ARNAUD (A.-J.), *Pour une pensée juridique européenne*, Paris, PUF, 1991, p.174.

1497 DIDIER (P.), « La notion de concurrence fiscale », in *L'impôt*, *Archives de philosophie du droit*, t.46, Paris, Dalloz, 2002, p.105.

1498 JÈZE (G.), *Cours élémentaire de science des finances et de législation financière française*, Paris, La mémoire du droit, Coll. de la faculté Jean Monnet, Préf. Gilbert Orsoni, 2013, p.20.

1499 LE FISCHER (S.), « L'obligation d'affiliation des travailleurs indépendants aux régimes légaux de sécurité sociale est-elle conforme à la Constitution ? », *Droit social*, 2016, p.86.

1500 *Ibid*, p.87.

1501 CJCE, 17 février 1993, aff. C-159/91 et C-160/91, *Poucet et Pistre ;* CJCE, 22 janvier 2002, C-218/00, *Cisal* ; CJCE, 16 mars 2004, C-264/01-, C-306/01, C-354/01 et C-235/01, *AOK Bundesverband* ; CJCE, 27 octobre 2005, C-266/04 à C-270/04, C-276/04 et C-321/04 à C-325/04, *Nazairdis SAS* ; CJCE, 5 mars 2009, C-350/07, *Kattner Stahlbau GmbH.*

1502 TRIANTAFYLLOU (D.), « L'encadrement communautaire du financement du service public », *RTD eur.*, 1999, p.21.

1503 Cass., Civ., 2e, 25 avril 2007, n° 06-13.743, *F.-D. Vallier c/ URSSAF de l'Oise.*

maternité et vieillesse de travailleurs non-salariés français n'est pas une activité économique. Les organismes qui en sont chargés ne constituent pas des « entreprises » au sens du droit de la concurrence [1504]. Cette position tient à leur fonctionnement sur la base du principe de la solidarité, qui implique une sorte de redistribution du revenu [1505]. La Cour de cassation estime également qu'« *un organisme gérant un régime légal d'assurance vieillesse - ce régime fût-il complémentaire et facultatif – selon les principes de répartition et de solidarité nationale* [...] *n'exerce aucune activité commerciale, économique ou spéculative* » [1506]. Il ne constitue pas une entreprise au sens des règles de concurrence tant nationales que communautaires, à l'application desquelles il échappe de ce fait [1507]. Les régimes de base de la Sécurité sociale française ont ainsi été qualifiés d'activités exclusivement sociales, et écartés du champ d'application des règles de concurrence du traité [1508].

244. L'influence administrative. L'influence du droit administratif se retrouve dans le droit fiscal comme dans le droit de la sécurité sociale. La problématique du droit fiscal est en effet très proche de celle du droit administratif puisque « *sa première mission est de défendre un intérêt général* » [1509]. Gilbert ORSONI se prononce en faveur de la reconnaissance d'« *un droit public social* » [1510] puisque le droit public touche au domaine social. L'émergence d'un droit financier social s'inscrit alors comme le préalable au droit public social et les bases constitutionnelles du droit social colorent celui-ci d'importantes touches de droit public [1511]. La publicisation de la Sécurité sociale découle également du caractère de service public de la Sécurité sociale et de son utilisation de techniques inspirées du droit administratif [1512] concernant l'assujettissement des

---

[1504] CJCE, 17 février 1993, *Poucet et Pistre*, aff. C-159/91 et C-160/91.
[1505] THIEFFRY (P.), « Les services sociaux d'intérêt général sont-ils des entreprises ? », *AJDA*, 2007, p.1331.
[1506] Cass., Crim., 25 novembre 1992, n° 91-83.512, *Marti,* Bull. Crim. p.1068 n°389.
[1507] THIEFFRY (P.), « Les services sociaux d'intérêt général sont-ils des entreprises ? », *op.cit.*, p.1331.
[1508] DRIGUEZ (L.), RODRIGUES (S.), « Services sociaux d'intérêt général et droit communautaire », *AJDA*, 2008, p.191.
[1509] DE LA MARDIÈRE (C.), « Pour tenter d'en finir avec l'autonomie et le réalisme du droit fiscal, Écrits de fiscalité des entreprises », in *Écrits de fiscalité des entreprises*, Études à la mémoire du professeur Maurice Cozian, Paris, LexisNexis, 2009, p.139.
[1510] ORSONI (G.), « Pour un droit public social », *Droit social*, 1986, pp.36-43.
[1511] *Ibid*, p.39.
[1512] PRÉTOT (X.), « Droit administratif et droit social », *RDP*, 1998, p.959.

assurés, l'attribution des prestations ou le recouvrement des cotisations. Pour Xavier PRÉTOT, la Cour de cassation a créé un droit administratif judiciaire qui « *s'inscrit en effet dans le cadre du droit privé, plus qu'un droit exorbitant du droit commun, il revêt, au fond, le caractère d'un droit spécial, qui déroge en tant que de besoin au droit général* » [1513]. L'utilisation et le développement du droit administratif judiciaire témoignent de l'unité d'ensemble de l'ordre juridique, bien que cela contrarie la dualité de juridictions [1514]. L'utilisation du droit administratif par le droit civil n'est plus à démontrer [1515], il est alors logique que la Cour de cassation utilise des règles publiques dans le contentieux de la Sécurité sociale au même titre que les principes du droit civil. L'influence du droit administratif dans les règles liées au financement de la Sécurité sociale ne résout pas les questions liées à la distinction du droit public et du droit privé puisque l'opposition droit privé-droit public se retrouve aussi à l'intérieur du droit administratif, qu'elle scinde en deux [1516].

245. L'évolution à travers le recours au service public. Suite à l'élargissement de la protection sociale, et de la Sécurité sociale, le caractère de service public du régime des assurances sociales a été reconnu. Pour Maurice HAURIOU, le service public constitue la raison d'être de l'administration. Jacques CHEVALLIER considère que le service public constitue à la fois le fondement et la limite du pouvoir des gouvernants, *« leur puissance est justifiée par la nécessité de satisfaire les besoins collectifs du public ; mais elle ne saurait aller au-delà de ce qu'admet et exige la conscience sociale* » [1517]. Si Maryse DEGUERGUE estime que le système de la sécurité sociale, basé sur des organismes paritaires et des juridictions spécialisées, ne pouvait s'alourdir d'un contentieux parallèle devant les juridictions ordinaires, il s'avère que tel est déjà le cas puisque le contentieux de la Sécurité sociale possède de nombreuses spécificités. Les organismes sociaux de recouvrement

---

[1513] PRÉTOT (X.), « Le Code civil et le droit de la sécurité sociale, un parrainage tout en nuances..., 1804-2004 », in LEQUETTE (L.) et LEVENEUR (L.), (dir.), *Le Code civil : un passé, un présent, un avenir*, Paris, Dalloz, 2004, p.638.

[1514] *Ibid.*

[1515] Voir en ce sens, ANTIPPAS (J.), « L'utilisation du droit administratif en droit civil », *RFDA*, 2014, p.795.

[1516] VAN LANG (A.), « Le point de vue d'une publiciste », in BONNET (B.) et DEUMIER (P.) (dir.), *De l'intérêt de la summa divisio droit public-droit privé ?*, Dalloz, Coll. Thèmes et commentaires », 2010, p.34.

[1517] CHEVALLIER (J.), « Le service public : regards sur une évolution », *AJDA*, 1997, p.8.

relevant du droit privé assument une mission de service public et sont dotés de fortes prérogatives de service public [1518]. Depuis que la Sécurité sociale s'inscrit dans une mission de service public administratif étatique, le droit de la sécurité sociale change de nature à la mesure des principes politiques qui déterminent l'institution et les missions qui lui sont assignées [1519]. Le critère déterminant pour résoudre les difficultés de frontière entre droit public et droit privé devrait ainsi tenir à la notion de service public. Cette analyse rejoint celle de Léon DUGUIT qui considère que le service public est « *un service d'intérêt collectif qui fonde le lien social* » [1520]. Le service public se pare alors d'une fonction sociale [1521] et la notion de service public devient la notion fondamentale du droit public moderne [1522]. Léon DUGUIT voulait ainsi dépasser la distinction en substituant le service public à la puissance souveraine comme fondement du droit public [1523], mais il se trouva confronté à la théorie du privilège d'action d'office [1524]. Léon DUGUIT considère que le fondement du droit public est la *« règle d'organisation et de gestion des services publics* » [1525]. Le service public justifie la publicisation des règles de la Sécurité sociale applicables aux finances sociales, dès lors le recours à l'impôt est possible puisque les finances sociales concernent un service public. Les règles applicables au service public des impôts [1526] sont transposées au service public de la Sécurité sociale. C'est ainsi que la conception du service public imposée par le droit européen rejoint celle de Léon Duguit pour qui le service public est l'ensemble des activités

---

[1518] Cour des comptes, *La sécurité sociale*, Rapport, 2004, p.153.

[1519] PRÉTOT (X.), « Le Code civil et le droit de la sécurité sociale, un parrainage tout en nuances..., 1804-2004 », *op.cit.*, p.616.

[1520] Cité par LONG (M.), « Service public et réalités économiques du XIXe siècle au droit communautaire », *RFDA*, 2001, p.1162.

[1521] DUGUIT (L.), *Les transformations du droit public*, Paris, Librairie Armand Colin, 1913, p.39.

[1522] DUGUIT (L.), *Les transformations du droit public, op.cit.*, p.XIX ; Cité également par DESMONS (E.), « Droit privé, droit public » in ALLAN (D.), RIALS (S.) (dir.), *Dictionnaire de la culture juridique*, PUF, Paris, 2003, p.524.

[1523] BARRIÈRE (L.-A.), « Une approche historique de la summa divisio droit public-droit privé », in BONNET (B.) et DEUMIER (P.) (dir.), *De l'intérêt de la summa divisio droit public-droit privé ?*, Dalloz, Coll. Thèmes et commentaires », 2010, p.24.

[1524] DESMONS (E.), « Droit privé, droit public » *op.cit.*, p.524.

[1525] DUGUIT (L.), *Les transformations du droit public, op.cit.*, p.52.

[1526] Cons. Const., Décision n° 2002-458 DC du 7 février 2002, *Loi organique portant validation de l'impôt foncier sur les propriétés bâties en Polynésie française*, JO du 12 février 2002, p.2783, Recueil, p.80, Considérant n° 4.

nécessaires à la vie sociale que le marché ne peut fournir [1527]. À travers ce rattachement au service public, la nature des règles régissant le financement de la Sécurité sociale tend ainsi à évoluer en parallèle du financement lui-même. Il s'agit « *autant d'interpénétration des droits que de dualisme* » [1528]. La publicisation des règles traduit une interpénétration du droit privé et du droit public au sein du financement de la Sécurité sociale, et plus généralement du droit de la sécurité sociale. Le droit social constitue la « *parfaite illustration d'un droit nouveau indifférent aux oppositions d'hier, image du droit de demain* » [1529]. L'attachement à la solidarité est d'autant plus important que le droit social se présente comme l'application pratique de la solidarité [1530]. La CJCE a d'ailleurs estimé que le régime légal d'assurance maladie allemand concourt à la gestion du système de sécurité sociale et remplit à cet égard « *une fonction de caractère exclusivement social, fondée sur le principe de solidarité et dépourvue de tout but lucratif* » [1531]. Le rôle du service public apparaît alors comme étant irremplaçable [1532] puisque « *seul le service public peut garantir la qualité des soins dispensés car il défend l'intérêt général et pas l'intérêt financier de tel assureur ou de tel groupe d'employeurs* » [1533].

246. Une intervention étatique justifiée par l'intérêt général. La Cour de cassation ainsi que le Conseil d'État lient aisément le service public à l'intérêt général. Le service public est perçu comme une activité d'intérêt général exercée, sous le contrôle de l'administration, avec des prérogatives de puissance publique. Il légitime l'existence même du service public, d'autant plus qu'il est au fondement même de la spécificité

[1527] MESCHERIAKOFF (A.-S.), « Service public et marché, histoire d'un couple Ou vie et mort du service public à française », in Association française pour la recherche en droit administratif (dir.), *Le service public*, Paris, Dalloz, 2014 p.17.

[1528] DESMONS (E.), « Droit privé, droit public » in ALLAN (D.), RIALS (S.) (dir.), *Dictionnaire de la culture juridique*, PUF, Paris, 2003, p.523.

[1529] TEYSSIÉ (B.), « Droit public et droit social : variations autour d'un thème », *Droit social*, 1991, p.185.

[1530] CHEVALLIER (J.), « Le service public : regards sur une évolution », *AJDA*, 1997, p.8.

[1531] CJCE 16 mars 2004, *AOK Bundesverband*, aff. C-264/01 ; Cité également par DEGUERGUE (M.), « De quelques difficultés de la notion de service social », *AJDA*, 2008, p.184.

[1532] DUPEYROUX (J-J), PRÉTOT (X.), *Droit de la sécurité sociale*, Paris, Dalloz, 17e éd., 2011, p.88.

[1533] *Ibid.*

du droit public [1534]. Pour Erwin RIEZLER, « *quand l'État établit des organisations sur le domaine relevant jusqu'ici exclusivement du droit privé, et qu'il intervient dans des rapports juridiques qui, jusqu'ici, avait un caractère pur de droit privé, il le fait précisément parce qu'il estime que l'intérêt général est en jeu* » [1535]. Telle a notamment été la démarche de l'État lors de la création de la Sécurité sociale et plus encore lorsqu'il décida d'intervenir dans le financement de celle-ci. Le financement de la Sécurité sociale, originellement par cotisations sociales, relevait et relève encore aujourd'hui majoritairement du droit privé, bien que l'augmentation du recours à l'impôt entraîne sa publicisation. Erwin RIEZLER précise d'ailleurs que « *quand l'État établit en sa faveur un monopole, les règles de droit qui visent la création et l'organisation de ce monopole sont des règles de droit public* » [1536]. Les règles relatives à l'organisation du monopole des organismes de sécurité sociale relèvent du droit public. Pour Bernard STIRN, les prérogatives de puissance publique sont attribuées au nom de l'intérêt général [1537]. Cette référence à l'intérêt général est d'autant plus importante depuis que le Conseil constitutionnel a reconnu « *l'intérêt général de valeur constitutionnelle qui s'attache à la protection sanitaire de la population* »[1538]. Elle se retrouve en droit interne ainsi qu'en droit européen puisque le service public a par essence une dimension subjective directement reliée à la conception nationale de l'intérêt général [1539]. Le service public trouve sa légitimité dans l'intérêt général même si satisfaire ce dernier requiert le respect de certaines exigences fondamentales [1540]. Dans le droit de l'Union, le service public est le produit de l'intervention de la puissance publique en fonction de la conception qu'elle se fait de l'intérêt

---

1534 RENAUDINEAU (G.), « L'intérêt général », in AUBY (J.-B.) (dir.), *L'influence du droit européen sur les catégories du droit public*, Paris, Dalloz, 2010, p.304.

1535 RIEZLER (E.), « Oblitération des frontières entre le droit privé et le droit public », in Recueil d'Études en l'honneur d'Édouard Lambert, *Introduction à l'étude du droit comparé*, t.3, Paris, Librairie générale de droit et de jurisprudence, 1938, p.126.

1536 *Ibid*, p.132.

1537 STIRN (B.), « Intérêt », in ALLAN (D.), RIALS (S.) (dir.), *Dictionnaire de la culture juridique*, Paris, PUF, 2003, p.839.

1538 Cons. Const., Décision n° 2005-528 du 15 décembre 2005, *Loi de financement de la Sécurité sociale pour 2006*, Considérant n° 24, JO du 20 décembre 2005, p.19561, Recueil, p.157.

1539 BERROD (F.), « Le droit de l'Union européenne et le service public : de la défiance à la compréhension mutuelle », in Association française pour la recherche en droit administratif (dir.), *Le service public*, Paris, Dalloz, 2014, p.111.

1540 TRUCHET (D.), « Unité et diversité des « grands principes » du service public », AJDA, 1997, p.38.

général [1541]. L'influence européenne se trouve également à travers l'intérêt général puisque le Traité de Rome reconnaît la particularité des « services d'intérêt économique général » au regard des règles de la libre concurrence [1542] et les systèmes légaux de sécurité sociale constituent des services d'intérêt général [1543]. Le protocole n° 26 sur les services d'intérêt général du Traité de Lisbonne précise d'ailleurs que les États membres sont compétents « *pour fournir, faire exécuter et organiser des services non économiques d'intérêt général* » [1544]. Lorsque les services d'intérêt général sont financés par des prélèvements obligatoires et fournissent des services de santé sur la base d'une couverture universelle sur un fondement solidaire, ils échappent aux règles de la concurrence et à la qualité d'entreprise au sens du droit de l'Union[1545] et relèvent ainsi du régime des services non économiques d'intérêt général [1546]. La Cour de cassation a d'ailleurs estimé qu'une caisse générale de Sécurité sociale « *qui assure la mission de service public de gérer la protection de certains risques, de concourir à une politique sanitaire et sociale, ne poursuit aucun objectif économique à caractère commercial ou industriel, visant la production ou la répartition de richesses ou services* » [1547]. Le droit européen tend alors à mieux prendre en compte les finalités d'intérêt général dans l'application du droit de la concurrence et le droit public français tend davantage à concentrer la notion de service public sur l'intérêt général [1548].

247. Les règles liées aux finances. Le recours au service public *via* l'intérêt général a des répercussions sur les finances puisque la gratuité du service public présente un caractère exorbitant lorsqu'elle se combine avec un financement du service par une « imposition de toute

---

1541 BERROD (F.), « Le droit de l'Union européenne et le service public : de la défiance à la compréhension mutuelle », *op.cit.*, p.111.

1542 STIRN (B.), « Intérêt », in ALLAN (D.), RIALS (S.) (dir.), *Dictionnaire de la culture juridique*, Paris, PUF, 2003, p.842.

1543 HENNION (S.), « Services d'intérêt général, santé, et droit de l'Union européenne », *RDSS*, 2010, p.1002.

1544 Article 2, Protocole n° 26 sur les services d'intérêt général, JOUE, 26 octobre 2012, C 326, p.308.

1545 Voir en ce sens le paragraphe n° 243.

1546 HENNION (S.), « Service public de santé et droit européen », *op.cit.*, p.46.

1547 Cass., Civ. 1e, 3 mars 1993, n° 91-12674.

1548 RENAUDINEAU (G.), « L'intérêt général », in AUBY (J.-B.) (dir.), *L'influence du droit européen sur les catégories du droit public*, Paris, Dalloz, 2010, p.314.

nature » [1549]. Pour Alexandre DESRAMEAUX, le droit fiscal « *peut se définir comme l'ensemble de règles juridiques relatives aux impôts* » [1550]. Cette conception traduit la dualité des finances sociales qui semblent appartenir aussi bien au droit fiscal qu'au droit de la sécurité sociale. Si Luc SAÏDJ considère qu'il y a les « *finances sociales privées et les finances sociales publiques* » [1551], les finances sociales font désormais partie intégrante des finances publiques, le tout étant à considérer par la science sociale financière comme l'ensemble des problèmes publics de financement à soumettre de manière transparente et éclairée à la délibération populaire [1552]. Loïc PHILIP considérait déjà la « *publicisation croissante des finances des organismes sociaux* » [1553] comme la conséquence de la budgétisation et de la fiscalisation. En droit fiscal et en droit privé, la distinction entre le public et le privé n'existe pas en soi, mais résulte de la détermination institutionnelle [1554]. La frontière initialement fixée entre le droit privé d'un côté et le droit public de l'autre tend ainsi à ne plus être étanche, de la même manière que la distinction entre le droit fiscal et le droit de la sécurité sociale tend également à voir sa frontière modifiée en matière de financement. Si le droit public était initialement considéré comme une discipline autonome [1555], il imprègne désormais de nombreuses branches du droit. Raymond GUILLIEN qualifie cette imprégnation d'invasion [1556] due à la multiplication des services publics. La rivalité [1557] entre le droit public et le droit privé s'atténue cependant, au point d'obtenir même une « *interpénétration du droit privé*

[1549] ECKERT (G.), « Le financement du service public », in Association française pour la recherche en droit administratif (dir.), *Le service public*, Paris, Dalloz, 2014, p.180.

[1550] DESRAMEAUX (A.), *Finances publiques*, Paris, PUF, 2013, p.10.

[1551] SAÏDJ (L.), « Finances publiques – Finances privées : Eléments d'introduction », *RFFP*, 2012, n° 120, p.9.

[1552] LEROY (M.), « Les périmètres publics et privés des finances », *RFFP*, 2012, n° 120, p.37.

[1553] PHILIP (L.) « La protection sociale et les nouvelles frontières entre finances publiques et finances privées », *RFFP*, n° 79, 2002, p.34.

[1554] JIANG (J.), *La théorie du droit public*, Paris, L'Harmattan, Coll. Logiques juridiques, 2010, p.95.

[1555] JOUJOUAN (O.), « Histoire de la science du droit constitutionnel », in TROPER (M.), CHAGNOLLAUD (D.) (dir.), *Traité international de droit constitutionnel –Théorie de la Constitution*, t.1, Paris, Dalloz, 2012, p.70.

[1556] GUILLIEN (R.), « Droit public et droit privé », in *Mélanges offerts à Jean Brethe de La Gressaye*, Bordeaux, éd. Bière, 1967, p.320.

[1557] BURGUBURU (J.-M.), « Droit public et droit privé au début du XXIe siècle : de la séparation à l'interpénétration », in Mélanges en l'honneur de Jean-Claude Colliard, *L'État, le Droit et le Politique*, Dalloz, 2014, p.9.

et public » [1558]. Pour certains auteurs, elle finit par ne consister qu'en des points de vue complémentaires, en des mentalités juridiques distinctes [1559] puisque l'intégralité du droit possède une double dimension, publique et privée [1560]. La publicisation du financement influence ainsi les règles applicables aux finances sociales et inversement.

B. La publicisation du financement

248. Le droit public financier. Le droit financier est « *l'une des branches les plus anciennes* » [1561] du droit public. Bien que son objet soit étroit, son champ d'application est large puisqu'aucun aspect de l'activité économique des personnes physiques et morales n'échappe à l'impôt [1562]. Par l'influence du droit fiscal, le droit du financement de la Sécurité sociale devient lui aussi très fortement dépendant de ce que l'administration en fait [1563]. L'administration de Sécurité sociale est influencée par l'administration fiscale, lesquelles rencontrent des difficultés communes. La détention par l'État d'un droit de regard sur la gestion des organismes de sécurité sociale renforce cet aspect. La Direction de la Sécurité sociale assure la tutelle des organismes de sécurité sociale et est rattachée au ministère des Affaires sociales, de la Santé et des Droits des femmes, mais aussi et surtout au ministère des Finances des comptes publics. Ce rattachement concerne notamment les aspects financiers de la Sécurité sociale puisque l'article 1 du décret n° 2012-768 du 24 mai 2012 prévoit que le ministre de l'Économie, des Finances et du Commerce extérieur « *est chargé, en liaison avec le ministre des Affaires sociales et de la Santé et le ministre du Travail, de l'Emploi, de la Formation professionnelle et du dialogue social, de la préparation de la loi de financement de la Sécurité sociale et en suit l'exécution. Il est responsable de l'équilibre général des comptes sociaux et des mesures de financement de la protection sociale* » [1564]. La question de l'autonomie de la Sécurité sociale se pose nécessairement à travers le financement des réformes de

---

1558 *Ibid*, p.24.

1559 BARRAUD (B.), « Droit public – Droit privé : De la summa divisio à la ratio divisio ? », *Revue de la Recherche Juridique*, 2014, n° 3, p.1118.

1560 *Ibid.*

1561 TRUCHET (D.), *Le droit public*, Coll. Que sais-je ?, PUF, 2014, p.104.

1562 *Ibid.*

1563 AMSELEK (P.), Le rôle de la pratique dans la formation du droit : Aperçus à propos de l'exemple du droit public français, *RDP*, 1983, p.1498.

1564 Décret n° 2012-768 du 24 mai 2012 relatif aux attributions du ministre de l'économie, des finances et du commerce extérieur, JORF n° 0121 du 25 mai 2012, p.9256.

l'organisation financière de la Sécurité sociale puisqu'il y a soit un risque de mise sous tutelle financière de la Sécurité sociale par l'État, soit une possibilité en germe de pilotage budgétaire par l'État de la Sécurité sociale [1565]. Cette dernière possibilité se développe d'ailleurs avec le projet de fusion de l'IR et de la CSG. Avec les lois de financement de la Sécurité sociale qui aspirent elles aussi à être modifiées [1566], la budgétisation renforce l'étatisation du financement de la Sécurité sociale, et donc sa publicisation. Le pouvoir central peut alors être assimilé au cerveau dans un organisme [1567] qui maintient l'unité des finances publiques puisque « *l'État a des droits auxquels aucune personne privée ne peut prétendre* » [1568]. L'évolution des finances sociales entraîne ainsi l'évolution du droit de la sécurité sociale mais le droit fiscal continue de se développer tant dans ses sources que dans ses concepts fondamentaux [1569].

249. Une nature mixte à tendance publiciste. La distinction des droits public et privé est d'autant plus affirmée qu'elle est confortée par le dualisme juridictionnel et le dualisme pédagogique. Si le droit fiscal est une matière de droit public, et le droit de la sécurité sociale une matière de droit privé, la question de savoir où se trouvent les finances sociales devient légitime. Les finances sociales sont des finances publiques [1570], et en tant que telles, elles sont régies par du droit public. Longtemps négligées, les finances sociales sont désormais de plus en plus traitées lors des enseignements de finances publiques ainsi que dans les ouvrages les plus modernes [1571]. Toutefois pour Didier TRUCHET certains secteurs sont « *matériellement divisés en un droit public et un droit privé* » [1572], tels le droit fiscal et le droit de la santé. Selon lui, cette distinction fait écho à une différence d'objet mais aussi à une différence d'esprit. Le droit public

---

1565 MATT (J.-L.), « Quelle cohérence dans la réforme de la Sécurité sociale ? », in BOUVIER (M.) (dir.), *Réforme des finances publiques : la conduite du changement*, Paris, LGDJ, 2007, p.281.

1566 Voir en ce sens, les paragraphes n° 352 et s.

1567 JARLOT (G.), « La genèse du catholicisme social après les lettres de La Tour du Pin à Louis Milcent », *Mélange Jean Brèthe de la Gressaye*, 1967, Éditions Bière, Bordeaux, 826 p.

1568 JIANG (J.), *La théorie du droit public*, Paris, L'Harmattan, Coll. Logiques juridiques, 2010, p.88

1569 BELTRAME (P.), *L'impôt*, Paris, M.A. Éditions, 1987, p.77.

1570 Voir en ce sens les paragraphes n° 408 et s.

1571 TRUCHET (D.), *Le droit public*, Coll. Que sais-je ?, Paris, PUF, 2014, p.106.

1572 *Ibid*, p.21.

repose sur « *une inégalité juridique fondamentale* » [1573] justifiée par l'intérêt général que l'État et les autres personnes morales de droit public poursuivent, alors que le droit privé repose sur une « *égalité juridique des personnes privées* » [1574]. La distinction procède d'une différence de méthode [1575] liée à la présence d'une codification plus importante en droit privé alors que les principes prévalent en droit public. Si cette affirmation est sans doute vraie concernant le droit administratif, il convient de la relativiser en matière fiscale et en droit de la sécurité sociale où la codification est importante. Le droit de la sécurité sociale possède « *une nature mixte* » [1576] car il est composé de droit privé et de droit public, au regard du droit interne comme du droit européen. Ce raisonnement est également applicable au droit fiscal. Le financement de la Sécurité sociale apparaît comme ayant également une nature mixte, à tendance publiciste puisqu'il est régi par les règles étatiques nationales, que celles-ci soient édictées par le législateur ou le gouvernement suivant la nature de la ressource. Jean-Sylvestre BERGÉ estime que « *sans renier sa formation, sans occulter ses propres domaines d'incompétence, le juriste de droit européen doit être capable d'embrasser sa spécialité dans cette double perspective de droit privé et de droit public* » [1577]. Tel est également le cas du spécialiste des finances sociales qui doit maîtriser aussi bien le droit public à travers le financement par l'impôt, que le droit privé à travers le recours aux cotisations sociales. Cette interpénétration du droit privé et des cotisations sociales reste toutefois à nuancer. Les cotisations sociales, bien que recouvrées par des organismes sociaux de droit privé, et contrôlées par des juridictions de droit privé, sont des prélèvements obligatoires, et donc des ressources publiques. Le financement de la Sécurité sociale, comme dans la plupart des États membres de l'UE [1578], relève des finances publiques, et donc du droit public.

[1573] TRUCHET (D.), *Le droit public*, Coll. Que sais-je ?, Paris, PUF, 2014, p.22.

[1574] *Ibid.*

[1575] *Ibid*, p.23.

[1576] TAURAN (T.), « La mise en œuvre du droit des obligations dans le contentieux de la sécurité sociale », *RDSS*, 2015, p.914.

[1577] BERGÉ (J.-S.), « La summa divisio droit privé-droit public et le droit de l'Union européenne : une question pour qui ? une question pour quoi ? », in BONNET (B.) et DEUMIER (P.) (dir.), *De l'intérêt de la summa divisio droit public-droit privé ?*, Dalloz, Coll. Thèmes et commentaires », 2010, p.56.

[1578] DESRAMEAUX (A.), *Finances publiques*, PUF, Paris, Coll. Major, 2013, p.216.

§2. La tendance vers l'unification

250. À travers la publicisation des règles mais aussi la publicisation du financement de la Sécurité sociale, se met en place un début d'uniformisation des règles liant les finances publiques, que celles-ci soient fiscales ou sociales. Didier TRUCHET considère d'ailleurs qu'il « *faut faire confiance au droit public et à sa capacité d'évolution* » [1579]. L'unification doit alors envisager au sein des prélèvements obligatoires (**A**) mais aussi en tant qu'éventuelle unification des droits (**B**).

A. L'unification envisagée au sein des prélèvements obligatoires

251. Les règles applicables au financement de la Sécurité sociale se publicisent mais elles tendent également à s'uniformiser, voire à s'unifier. Le droit applicable obéit alors progressivement à des règles similaires que le financement soit social ou fiscal. Une unification institutionnelle et fonctionnelle commence à être envisagée (**1**) pendant qu'une unification contentieuse partielle se met en place (**2**).

1. L'unification institutionnelle et fonctionnelle

252. L'unification des « administrations ». Les URSSAF ont vu leur rôle évoluer puisqu'elles sont désormais chargées du recouvrement de recettes fiscales telles que la CSG et la CRDS [1580]. Ceci amène Jean-Louis BUHL à admettre « *qu'une approche séparée des prélèvements sur les revenus des ménages en fonction de leur caractère fiscal ou social paraît désormais illusoire. Des liens étroits unissent en effet aujourd'hui certaines ressources relevant des deux catégories, non seulement par le suivi global des prélèvements obligatoires, mais de manière plus intime, par la nature juridique, les règles de gestion, l'affectation des produits* » [1581]. Par ailleurs, au même titre que la fusion de l'IR et de la CSG [1582], l'idée d'une fusion entre l'administration fiscale et les URSSAF

[1579] TRUCHET (D.), *Le droit public*, *op.cit.*, p.124.

[1580] Cour des comptes, *La sécurité sociale*, Rapport, 2001, p.298.

[1581] BUHL (J.-L.), « Les nouvelles mesures de financement et leur gestion », *Droit social*, 1996, p.251.

[1582] Voir en ce sens le paragraphe n° 136 et s.

est parfois mise en avant à travers la création d'agences régionales de recouvrement public [1583].

253. L'uniformisation des règles interne. Par la fiscalisation des ressources de la Sécurité sociale, les différences entre le financement par l'impôt et par les cotisations sociales s'amoindrissent. Loïc PHILIP propose non seulement d'intégrer les finances sociales aux finances publiques mais également une nouvelle frontière [1584] opposant les prélèvements obligatoires des prélèvements « *volontaires ou à la charge des particuliers* » [1585]. Si cette frontière n'est pas toujours très nette [1586], elle lui semble néanmoins préférable à l'opposition entre prélèvements fiscaux et sociaux. L'unification du droit du financement de la Sécurité sociale n'est pas aisée à établir puisque les impôts et cotisations sociales « *appartiennent à deux branches de droit autonomes ; elles n'obéissent pas au même régime du point de vue constitutionnel, ne sont pas de la compétence du même ministère et de la même Administration et relèvent en principe de deux ordres juridictionnels différents* » [1587]. Le financement de la Sécurité sociale fait donc preuve de spécificités puisqu'il demeure autonome, bien qu'il utilise des règles de droit public à travers le caractère de service public de la Sécurité sociale. Néanmoins, cette autonomie évolue vers une publicisation mais aussi une unification du droit des prélèvements obligatoires. Si les règles fiscales et sociales ne peuvent être assimilées sur le plan européen, le Bureau international du travail préconise toutefois l'établissement d'une coordination entre les réformes fiscales et celles relatives à la sécurité sociale [1588]. Certains constatent le glissement de la notion même de finances publiques [1589], il

---

1583 RAVOUX (V.), REBOUILLAT (Y.), « A propos du débat sur la fusion de l'impôt sur le revenu et de la cotisation sociale généralisée », *Droit social*, 2010, n° 11, pp.1103-1106.

1584 PHILIP (L.) « La protection sociale et les nouvelles frontières entre finances publiques et finances privées », *RFFP*, n° 79, 2002, p.42.

1585 *Ibid.*

1586 *Ibid.*

1587 DAVID (C.), « Administration et citoyens face aux prélèvements obligatoires – Contrôle des déclarations », *Droit social*, 2001, p.1072.

1588 Bureau international du Travail, *La sécurité sociale et la primauté du droit*, Étude d'ensemble concernant les instruments relatifs à la sécurité sociale à la lumière de la Déclaration de 2008 sur la justice sociale pour une mondialisation équitable, Rapport III (Partie 1B), Conférence internationale du Travail, 100e session, 2011, p.63-64.

1589 CHEMILLIER-GENDREAU (M.), « Finances publiques et santé publique », in *Études de finances publiques*, Mélanges en l'honneur de Paul Marie Gaudemet, Paris, Economica, 1984, p.366.

semble cependant préférable de retenir l'évolution ou l'adaptation de la notion de finances publiques aux nécessités financières. Les règles juridiques applicables suivent cette évolution, dès lors les règles applicables au financement de la Sécurité sociale tendent à s'uniformiser, sous l'influence plus ou moins directe du droit fiscal. Il convient toutefois de préserver les « *spécificités financières de la sécurité sociale qui reflètent les principes d'autonomie de gestion de ce service public au cœur de notre pacte citoyen* » [1590].

254. L'unification dans les normes européennes. L'unification doit se faire en conformité avec les règles européennes en raison de la nécessité d'harmoniser les législations nationales des États membres [1591]. La fusion de l'IR et de la CSG, précédemment évoquée [1592], serait une simplification d'un point de vue européen. Dans la mesure où le nouveau prélèvement serait affecté à l'État, le règlement européen n° 1408/71 relatif aux cotisations sociales, dont relève la CSG, ne serait pas applicable. Une réaffectation à la Sécurité sociale d'une fraction du produit ne constituerait pas un lien suffisamment direct et pertinent avec la législation de Sécurité sociale pour permettre l'application du règlement européen [1593]. Les difficultés liées à la qualification de la CSG seraient de fait résolues. Ce serait également une simplification vis-à-vis du recouvrement : ce dernier pourrait ne plus être partagé entre l'administration fiscale et les URSSAF. L'unification du recouvrement serait aussi une source d'économies qui viendraient renforcer le caractère financier de l'impôt. Cette dualité fonctionnelle entre l'aspect financier à travers le domaine social et l'aspect économique est d'ailleurs énoncée par Gilbert ORSONI qui précise que « *l'analyse, même rapide, laisserait entrevoir en matière d'utilisation de l'impôt dans une finalité – économique – de régulation conjoncturelle, une plus grande faculté de recours à l'impôt indirect (sur la dépense) alors qu'au contraire la recherche de l'arme fiscale à finalité sociale privilégierait l'imposition directe sur le revenu mais aussi l'imposition des patrimoines* » [1594].

1590 FERRAS (B.), MATT (J.-L.), « La question du financement », *Vie sociale*, n° 10, 2015, pp.131-149.

1591 ARNAUD (A.-J.), *Pour une pensée juridique européenne*, Paris, PUF, 1991, p.216.

1592 Voir en ce sens le paragraphe n° 136 et s.

1593 MATT (J.-L.), *Impôt sur le revenu, Contribution sociale généralisée : quelles réformes ? – Rapport particulier « Le cadre juridique de réformes de l'IR et de la CSG »*, Conseil des prélèvements obligatoires, 2015, p.18.

1594 ORSONI (G.), *L'interventionnisme fiscal*, Paris, PUF, 1995, p.53.

Conçue comme un outil de fiscalisation de la protection sociale, la CSG est aujourd'hui perçue comme une modalité de réforme de l'IR [1595]. Les projets d'unification institutionnelle et fonctionnelle sont cependant moins avancés que ceux concernant l'unification du contentieux.

2. L'unification partielle du contentieux

255. L'ancien souhait d'une juridiction sociale unique. Pierre LAROQUE souhaitait en 1954 la création d'une juridiction sociale unique puisque selon lui, le contentieux social ne s'accommode pas des cadres juridictionnels habituels, il appelle des cadres nouveaux tenant compte de ses caractères propres [1596]. Ces caractères mettent en exergue à la fois l'unité du droit social mais aussi « *l'impossibilité d'intégrer dans des conditions satisfaisantes la connaissance des différends sociaux dans le cadre de la distinction classique du droit privé et du droit public, de la juridiction judiciaire et de la juridiction administrative* » [1597]. Pour lui, le droit social est au moins aussi autonome à l'égard du droit public qu'à l'égard du droit privé [1598]. Les services publics de caractère social relèvent d'un droit social autonome plus que du droit privé ou du droit public [1599]. L'autonomie du droit social doit ainsi conduire logiquement à la constitution d'une juridiction sociale également autonome, d'un troisième ordre de juridiction, à côté de l'ordre judiciaire et de l'ordre administratif [1600]. Le droit social est dès lors perçu comme un droit particulier [1601]. Par ailleurs, Yves SAINT-JOURS considère que « *la preuve est désormais établie de la nocivité de l'éclatement du contentieux social et de la nécessité de lui substituer un ordre juridictionnel social sur un pied d'égalité avec les deux ordres juridictionnels préexistants, avec pour mission de veiller en priorité à la revalorisation des juridictions sociales*

1595 PELLETIER (M.), « Existe-t-il une approche post-moderne de la fiscalité ? L'exemple de la CSG », in *L'impôt*, *Archives de philosophie du droit*, t.46, Paris, Dalloz, 2002, p.224.

1596 LAROQUE (P.), « Contentieux social et juridiction sociale », *Droit social*, 1954, p.272.

1597 LAROQUE (P.), « Contentieux social et juridiction sociale », *Droit social*, 1954, p.272.

1598 *Ibid*, p.274.

1599 *Ibid*, p.276.

1600 LAROQUE (P.), « Contentieux social et juridiction sociale », *Droit social*, 1954, p.277 ; LAROQUE (P.), « Contentieux social et juridiction sociale », *ECDE*, 1953, p.30.

1601 MAZARS (M.-F.), « Le dualisme juridictionnel en 2005 », *AJDA*, 2005, p.1779.

afin de redonner confiance dans la justice sociale » [1602]. Il indique ainsi que l'avènement d'un ordre juridictionnel social doit impulser au droit social son émancipation et son autonomie. Ainsi doté d'une institution juridictionnelle, à l'instar du droit privé et du droit public, il pourrait alors « *contribuer plus efficacement à donner à la justice sociale de notre pays un véritable sens* » [1603]. Soixante ans après la proposition de Pierre LAROQUE, une étude du Conseil d'État propose d'envisager « *une unification du contentieux social au sein de chaque ordre de juridictions* », unification dont la création de juridictions régionales en première instance pourrait constituer la première étape ainsi qu'un développement des procédures précontentieuses facultatives [1604]. Il ne s'agit pas de la création d'une juridiction sociale unique mais d'une unification du contentieux, d'une simplification contentieuse. Cette idée, bien que théoriquement réalisable, a toutefois dû être adaptée avant d'être réalisée.

256. Une juridiction sociale unique en cours de création. Un projet de création d'une juridiction sociale unique à l'intérieur de l'ordre judiciaire existant est ainsi en cours de création, bien que cela risque de soulever d'épineux problèmes [1605]. Le rapport « Refaire la démocratie » étudie la proposition tendant à la création d'un véritable ordre des juridictions sociales et considère qu'« *elle pourrait incontestablement permettre une meilleure organisation de ces juridictions, une unification de leur fonctionnement, un meilleur accès à la justice, et partant, une meilleure garantie des droits des citoyens* » [1606]. Ce projet trouve sa concrétisation dans les articles 8 et 52 du projet de loi portant application des mesures relatives à la justice du XXIème siècle. L'objectif de ce projet de loi est de simplifier et moderniser l'organisation juridictionnelle afin d'assurer une prise en charge rapide et de proximité pour les litiges du

---

1602 SAINT-JOURS (Y.), « Ordre juridictionnel social et justice sociale », *Le Droit ouvrier*, n° 796, 2014, p.696.
1603 *Ibid*, p.698.
1604 BELORGEY (J.-M.), MOLINA (P.-A.), *L'avenir des juridictions spécialisées dans le domaine social*, Étude adoptée le 4 décembre 2003 par l'AG du CE, La documentation française, Avril 2004, p.61.
1605 BORGETTO (M.), « Les juridictions sociales en question (s) », *Regards*, n° 47, 2015, p.30.
1606 Rapport du groupe de travail sur l'avenir des institutions, *Refaire la démocratie*, Présenté par MM. Claude Bartolone et Michel Winock, t.1, Assemblée Nationale, 2015, p.126.

quotidien et touchant les plus vulnérables [1607]. En ce sens, l'article 8 prévoit que « *les contentieux traités aujourd'hui par les tribunaux des affaires de sécurité sociale et les tribunaux de l'incapacité sont ainsi fusionnés, de même que les litiges relatifs à l'aide à l'acquisition d'une complémentaire santé (ACS) et à la couverture maladie universelle complémentaire (CMUc) traités par les commissions départementales d'aide sociale. Tout ce contentieux, désormais unifié, sera traité par le pôle social du tribunal de grande instance de chaque chef-lieu de département. L'appel de ces décisions relèvera des chambres sociales des cours d'appel* » [1608]. L'article 52 complète l'article 8 puisqu'il prévoit la suppression des tribunaux des affaires de sécurité sociale et des tribunaux du contentieux de l'incapacité. À travers la combinaison de ces deux articles, une juridiction sociale unifiée et échevinée serait ainsi créée, le tribunal des affaires sociales, présidée par un magistrat de l'ordre judiciaire, qui connaîtrait des contentieux respectifs des juridictions précédentes [1609]. Le projet de loi initial ne mentionne pas la création du « Tribunal des affaires sociales ». Il s'agit d'un ajout opéré par l'amendement COM-33. L'article 8 du projet de loi, examiné en première lecture à l'Assemblée Nationale, prévoit ainsi la création d'un nouveau chapitre dans le Code de la sécurité sociale relatif au tribunal des affaires sociales. Le contentieux judiciaire de la Sécurité sociale étant partagé, cette unification permettrait la simplification de celui-ci puisque cette nouvelle juridiction reprendrait les attributions des tribunaux des affaires de sécurité sociale, des tribunaux du contentieux de l'incapacité ainsi que des commissions départementales d'aide sociale. Cette réforme fait suite au rapport d'information sur la justice de première instance qui préconise la « *fusion des tribunaux sociaux* » [1610]. Néanmoins, si le tribunal des pensions militaires fait partie du projet de fusion proposé par ce rapport d'information, il n'est pas repris par le projet de loi. Le rattachement des

---

[1607] Exposé des motifs, Projet de loi portant application des mesures relatives à la justice du XXIème siècle, n° 661, déposé le 31 juillet 2015.

[1608] Exposé des motifs, Projet de loi portant application des mesures relatives à la justice du XXIème siècle, n° 661, déposé le 31 juillet 2015.

[1609] DÉTRAIGNE (Y.), Rapport fait au nom de la commission des lois constitutionnelles, de législation, du suffrage universel, du Règlement et d'administration générale sur *le projet de loi portant application des mesures relatives à la justice du XXIème siècle*, Sénat, n° 121, 28 octobre 2015, p.21.

[1610] KLÈS (V.) et DÉTRAIGNE (Y.), Rapport d'information fait au nom de la commission des lois constitutionnelles, de législation, du suffrage universel, du Règlement et d'administration générale sur la justice de première instance, Sénat, 9 octobre 2015, p.63.

commissions départementales d'aide sociale (CDAS) à la juridiction judiciaire est prévu alors qu'elles sont actuellement dévolues au juge administratif. Ce basculement juridictionnel est motivé, d'après les rapporteurs, par la décision n° 2010-110 QPC du 25 mars 2011 [1611] du Conseil constitutionnel. Cette décision a invalidé la composition des CDAS. Les rapporteurs estiment alors que « *sous réserve d'évaluer l'opportunité de rattacher ce contentieux de l'aide sociale à l'ordre judiciaire, dans un souci de bonne administration de la justice en matière sociale et de lisibilité pour le justiciable, la compétence des CDAS pourrait être intégrée dans la juridiction sociale échevinée issue de la fusion du TASS et du TCI, ce qui offrirait au demeurant les garanties d'indépendance et d'impartialité qui lui manquaient* » [1612]. L'article 12 de la loi de la modernisation de la justice [1613], adoptée le 18 novembre 2016, ne mentionne plus la création d'un tribunal des affaires sociales, bien que cette mention soit reprise dans ce qui serait le nouvel article L.218-10 du CSS. Jean-Michel CLÉMENT, rapporteur de la Commission des lois constitutionnelles, de la législation et de l'administration générale de la République, considère d'ailleurs que « *la différence essentielle entre ce nouveau texte et celui adopté par le Sénat tient au transfert des contentieux des tribunaux des affaires de Sécurité sociale – TASS –, des tribunaux du contentieux de l'incapacité – TCI – et d'une partie du contentieux des commissions départementales d'aide sociale – CDAS – au tribunal de grande instance, et non à une nouvelle juridiction, dénommée par le Sénat « tribunal des affaires sociales* » [1614]. Cet article précise expressément le contenu du contentieux général de la Sécurité sociale ainsi que du contentieux technique de la Sécurité sociale. Elle illustre également une nouvelle influence du droit fiscal dans le droit de la sécurité sociale puisque cet article instaure la mise en place d'un recours amiable préalable obligatoire concernant ces deux types de contentieux.

[1611] Cons. Const., Décision n° 2010-110 QPC, 25 mars 2011, *M. Jean-Pierre B.* [Composition de la commission départementale d'aide sociale], JO du 26 mars 2011, p.5406, Recueil, p.160.

[1612] KLÈS (V.) et DÉTRAIGNE (Y.), Rapport d'information fait au nom de la commission des lois constitutionnelles, de législation, du suffrage universel, du Règlement et d'administration générale sur la justice de première instance, *op.cit.*, p.65.

[1613] Loi n° 2016-1547 du 18 novembre 2016 de modernisation de la justice du XXIe siècle, JO n°0269 du 19 novembre 2016.

[1614] Assemblée Nationale, Discussion en séance publique, Deuxième séance du mardi 17 mai 2016.

Bien que la réforme ait connu des débuts difficiles [1615], le contentieux social est désormais en bonne voie d'uniformisation au sein de la juridiction judiciaire puisque la petite loi de l'Assemblée nationale prévoit que le juge judiciaire connaît les contestations relatives au contentieux général et technique de la Sécurité sociale ainsi que celles relatives au contentieux de l'admission à l'aide sociale. Le projet de création d'une juridiction sociale unique correspond à une unification du contentieux social au sein de l'ordre judiciaire.

257. L'uniformisation du contentieux fiscal non envisagé. Au même titre que l'unification du contentieux social, l'unification du contentieux fiscal entraînerait une simplification importante du contentieux puisque l'existence d'une juridiction fiscale propre faciliterait l'application et le développement du droit fiscal, exprimé par des règles spéciales et exceptionnelles [1616], même si pour Louis TROTABAS, il n'y a pas de place entre l'ordre judiciaire et l'ordre administratif pour un troisième pôle juridictionnel [1617]. Les difficultés en matière fiscale diffèrent de celles rencontrées dans le contentieux social. Gaston LEROUGE a tout de même envisagé l'unification du contentieux fiscal puisque selon lui « *cette dualité de juridictions et par suite de procédures est non seulement préjudiciable au contribuable, mais elle engendre des doctrines différentes et aboutit à des incohérences* » [1618]. S'il reconnaît la nécessité d'avoir des juges spécialisés [1619], il est selon lui souhaitable que tout le contentieux fiscal soit dévolu aux tribunaux judiciaires [1620] puisque la garantie du contribuable ne se trouve que dans le droit privé, qui n'est, en effet, que la défense des droits de l'individu [1621]. Christophe DE LA MARDIÈRE considère également que la dualité juridictionnelle n'a pas de fondement [1622] mais, contrairement à Gaston LEROUGE, il estime que

---

[1615] « *Tandis que piétine la grande réforme destinée à poser les bases e la Justice du 21e siècle* », VERKINDT (P.-Y.), « Contentieux de sécurité sociale et principes directeurs du procès civil », *RDSS*, 2016, p.338.

[1616] TROTABAS (L.), « La nature juridique du contentieux fiscal en droit français », in *Mélanges Maurice Hauriou*, Paris, Recueil Sirey, 1929, p.715.

[1617] *Ibid*, p.715-716.

[1618] LEROUGE (G.), « Essai sur l'unification du contentieux fiscal », *Revue de science et législation financières*, 1938, p.208.

[1619] *Ibid*, p.209.

[1620] *Ibid*, p.226.

[1621] *Ibid*, p.227.

[1622] DE LA MARDIÈRE (C.), *Recours pour excès de pouvoir et contentieux administratif de l'impôt*, Paris, LGDJ, Coll. Bibliothèque de science financière, t.41,2002, p.11.

« *l'unification du contentieux de l'impôt au profit du juge administratif s'imposerait donc par le seul fait que le droit fiscal constitue un droit de la puissance publique* » [1623]. Si depuis cet essai, le juge administratif a su renforcer les garanties du contribuable à travers le renforcement de la sécurité juridique, et l'opposabilité de la doctrine, le juge judiciaire garantit la défense des droits de l'individu. Il n'empêche que le contentieux du recouvrement demeure particulièrement complexe, dès lors le « *partage actuel des compétences entre les juridictions apparaît satisfaisant à l'exception du cas du recouvrement* » [1624]. Le Conseil des impôts préconise d'ailleurs en ce sens de modifier l'article L.281 du Livre des procédures fiscales pour unifier le contentieux du recouvrement de chaque impôt [1625]. Cette proposition a été reprise ensuite par le Rapport Fouquet de 2008 dont la proposition n° 51 consiste à unifier le contentieux du recouvrement [1626]. Si les conditions de recevabilité des moyens de l'opposition à poursuites [1627] ont fait l'objet d'une unification en matière de contentieux du recouvrement, l'unification est limitée à ce seul aspect puisque la proposition du rapport Fouquet n'a pour le moment pas été suivie d'effets. Rejetée par une partie de la doctrine, l'unification du contentieux fiscal s'avérerait complexe si elle devait être mise en œuvre, et nécessiterait « *un travail de clarification* » [1628] lié à la complexité de la répartition des compétences. Maxime CHRÉTIEN est hostile à l'unification juridictionnelle fiscale qu'il estime utopique [1629]. Cependant lever l'impôt est un acte de puissance publique et le contentieux de l'impôt relève en principe de la juridiction administrative [1630]. Cette réflexion s'inscrit dans

---

[1623] *Ibid*, p.15.

[1624] Conseil des impôts, *Les relations entre les contribuables et l'administration fiscale*, XXe rapport, Direction des JO, Paris, 2002, p.166.

[1625] *Ibid*, p.175.

[1626] Rapport au ministre du Budget, des comptes publics et de la fonction publique, Présenté par Olivier Fouquet, Élaboré par Julie BURGUBURU, rapporteur général, David LUBEK, rapporteur général et Sylvie GUILLEMAIN, rapporteur, *Améliorer la sécurité juridique des relations entre l'administration fiscale et les contribuables : une nouvelle approche*, Juin 2008, p.58.

[1627] Voir en ce sens, DOUAY (M.), « Contentieux du recouvrement : l'unification des conditions de recevabilité des moyens de l'opposition à poursuites », *Droit fiscal*, n° 49, 2011, act. 370, pp.3-5.

[1628] MAZARS (M.-F.), « Le dualisme juridictionnel en 2005 », *AJDA*, 2005, p.1778.

[1629] CHRÉTIEN (M.), « Réflexions sur la dualité juridictionnelle en matière fiscale », Mélanges offert à Marcel Waline, *Le juge et le droit public,* Vol. 1, Paris, Librairie générale de droit et de jurisprudence, 1974, p.126.

[1630] FOUQUET (O.), « Le règlement des litiges fiscaux par la juridiction administrative en France », *RFFP*, n° 132, 2015, p.139.

la continuité de celle de Gaston JÈZE qui considérait qu'« *au point de vue de l'analyse scientifique, ce critérium a à peu près la même valeur que celui qui s'attacherait à la couleur des cheveux de l'agent chargé de la perception* » [1631]. En dépit du dualisme juridictionnel, la justice est rendue de façon indivisible [1632] au nom de l'État. Pour Didier TRUCHET, « *chaque juge a son droit ; chaque droit à son juge* » [1633]. L'unification du contentieux en matière de financement de la Sécurité sociale ferait office d'une simplification non négligeable puisque les litiges relatifs à la CSG portant sur les revenus du patrimoine et de placement relèvent de la compétence du juge administratif [1634], alors que les contestations portant sur les revenus d'activité ou de remplacement relèvent de l'ordre judiciaire. L'article L.136-5 du CSS dispose en effet que « *les différends nés de l'assujettissement à la contribution des revenus mentionnés aux articles L.136-1 à L.136-4* [soit les revenus d'activité et de remplacement] *relèvent du contentieux de la sécurité sociale et sont réglés selon les dispositions applicables aux cotisations de sécurité sociale* ». Par conséquent, les prélèvements opérés au titre de la CSG relèvent également de « *la compétence de l'autorité judiciaire* » [1635]. Laurence VAPAILLE se plaît d'ailleurs à « *réfléchir – et de rêver – à un monde meilleur pour le contentieux fiscal* » lorsqu'elle envisage de mettre en place une seule juridiction au sein de laquelle existeraient plusieurs chambres spécialisées

---

[1631] JÈZE (G.), « Exposé critique d'une théorie en faveur a Conseil d'État sur la classification des recours contentieux en recours en annulation et recours de pleine juridiction », *RDP*, 1908, p.682 ; Cité également par DE LA MARDIÈRE (C.), *Recours pour excès de pouvoir et contentieux administratif de l'impôt*, Paris, LGDJ, Coll. Bibliothèque de science financière, t.41,2002, p.11.

[1632] CE, Sect., 27 février 2004, req. n° 217257, *Mme Popin* ; cité également par TRUCHET (D.), *Le droit public*, Coll. Que sais-je ?, Paris, PUF, 2014, p.27.

[1633] TRUCHET (D.), *Le droit public*, Coll. Que sais-je ?, Paris, PUF, 2014, p.29.

[1634] Tribunal des conflits, 3 juillet 2000, aff. n° 3192 : « *si, en vertu du V de l'article L. 136-5 du code de la sécurité sociale, les différends nés de l'assujettissement à la contribution sociale sur les revenus d'activité et sur les revenus de remplacement relèvent du contentieux de la sécurité sociale, il résulte de l'article 132 de la loi de finances pour 1991 devenu article L. 136-6 § III du code de la sécurité sociale et repris à l'article 1600-C du code général des impôts, que la contribution sociale sur les revenus du patrimoine est assise, contrôlée et recouvrée selon les mêmes règles et sous les mêmes sûretés, privilèges et sanctions que l'impôt sur le revenu ; qu'il s'ensuit que la demande de M. MAGNIES, tendant à être déchargé du supplément de contribution sociale sur le revenu du patrimoine, assise sur la réalisation de plus-values mobilières visées à l'article 160 du code général des impôts et soumises à l'impôt sur le revenu à un taux proportionnel, relève de la compétence des juridictions administratives* ».

[1635] Tribunal des conflits, 17 décembre 2012, aff. n° C3878.

dont une en droit fiscal sans que cela ne vienne remettre en cause la spécificité de la règle fiscale puisque l'unité juridictionnelle n'est pas synonyme d'unité juridique [1636]. Par la publicisation du financement de la Sécurité sociale, il conviendrait de simplifier le contentieux social en unifiant ce dernier au sein d'une juridiction unique ou *a minima* d'affecter le contentieux des impositions sociales à une même juridiction. Néanmoins, si l'on retient l'idée que le contentieux de l'administration, en tant que puissance publique, doit relever de l'ordre administratif, dans ce cas le contentieux de la Sécurité sociale en tant qu'administration publique doit également relever de l'ordre administratif au même titre que le contentieux de l'imposition. À défaut d'une telle réforme, qui reviendrait à basculer entièrement le contentieux des cotisations sociales de l'ordre judiciaire vers l'ordre administratif, il conviendrait d'harmoniser, de simplifier le contentieux du financement de la Sécurité sociale en achevant la division entre le contentieux des impositions sociales entièrement dévolu au juge administratif et le contentieux des cotisations sociales entièrement dévolu à l'ordre judiciaire. Cependant, un tel choix reviendrait à réaffirmer le clivage entre les prélèvements fiscaux et sociaux alors que ceux-ci tendent à s'harmoniser. L'unification éventuelle des droits à travers l'affirmation du droit des prélèvements obligatoires nous paraît plus réalisable.

B. La *summa divisio* remise en cause à travers l'unification du droit des finances publiques

258. Un écho à la distinction droit public-droit privé. La doctrine est divisée sur le sort de la distinction droit public-droit privé. Certains plaident en effet en faveur de l'unification du droit tel Didier TRUCHET qui prône « *la fusion des deux ordres de juridiction* » [1637] d'une manière générale. Force est de constater que l'uniformisation des sources du droit

---

[1636] VAPAILLE (L.), « Les limites de la mission du tribunal des conflits en matière de contentieux fiscal », in LAMBERT (T.) (dir.), *Le contentieux fiscal en débats*, Paris, LGDJ, 2014, p.122.

[1637] TRUCHET (D.), « Plaidoyer pour une cause perdue : la fin du dualisme juridictionnel », in VAN LANG (A.) (dir.), *Le dualisme juridictionnel, Limites et mérites*, Dalloz, Coll. « Thèmes et commentaires », 2007, p.199 ; Cité également par VAN LANG (A.), « Le dualisme juridictionnel pourrait-il disparaître ? », in BONNET (B.) et DEUMIER (P.) (dir.), *De l'intérêt de la summa divisio droit public-droit privé ?*, Dalloz, Coll. Thèmes et commentaires », 2010, p.275.

public et du droit privé contribue à l'érosion du dualisme juridique [1638]. Ce mouvement provient de l'évolution interne du droit mais aussi et surtout des influences extérieures. Agathe VAN LANG constate « *un mouvement d'unification du droit, sous influence extérieure (droit communautaire, droit de la CEDH) et interne (jurisprudence constitutionnelle), qui contribue à l'érosion de la summa divisio* » [1639]. Si l'influence extérieure modifie le contenu des droits, il concerne également la nature même des droits. Avec l'évolution du droit et l'influence du droit européen, le tracé de la vieille frontière entre le droit public et le droit privé devient méconnaissable [1640], d'autant plus que le développement de la logique de marché traduit un recul du droit public [1641]. Pour Loïc AZOULAI, cette mutation entraîne une « *complexité des rapports juridiques créés par le droit de l'Union* » [1642]. D'autres auteurs estiment qu'il y a bien une distinction entre les deux droits mais les frontières de cette distinction tendent à évoluer, à se modifier. Pour Louis-Augustin BARRIÈRE, il n'existe pas de séparation tranchée [1643] entre les règles de droit public et les règles de droit privé. Il considère que la distinction « *constitue toujours le fondement de deux corps de règles, de deux ordres juridictionnels différents, de deux cultures différentes* » [1644]. Il rejoint ainsi Jacques CAILLOSSE qui estime qu'il y a deux droits composant deux univers mentaux, deux systèmes de représentation du monde [1645]. Le financement de la Sécurité sociale se situe entre le droit privé et le droit

---

1638 VAN LANG (A.), « Le dualisme juridictionnel pourrait-il disparaître ? », in BONNET (B.) et DEUMIER (P.) (dir.), *De l'intérêt de la summa divisio droit public-droit privé ?*, Dalloz, Coll. Thèmes et commentaires », 2010, p.278.

1639 VAN LANG (A.), « Le point de vue d'une publiciste », in BONNET (B.) et DEUMIER (P.) (dir.), *De l'intérêt de la summa divisio droit public-droit privé ?*, Dalloz, Coll. Thèmes et commentaires », 2010, p.35.

1640 CAILLOSSE (J.), « Droit public droit privé : sens et portée d'un partage académique », *AJDA*, 1996, p.960.

1641 *Ibid*, p.961.

1642 AZOULAI (L.), « Sur un sens de la distinction public/privé dans le droit de l'Union européenne », *RTD eur.*, 2010, p.859.

1643 BARRIÈRE (L.-A.), « Une approche historique de la summa divisio droit public-droit privé », in BONNET (B.) et DEUMIER (P.) (dir.), *De l'intérêt de la summa divisio droit public-droit privé ?*, Dalloz, Coll. Thèmes et commentaires », 2010, p.29.

1644 *Ibid*, p.29.

1645 CAILLOSSE (J.), « Droit public droit privé : sens et portée d'un partage académique », *AJDA*, 1996, p.957 ; Cité également par BARRIÈRE (L.-A.), « Une approche historique de la summa divisio droit public-droit privé », in BONNET (B.) et DEUMIER (P.) (dir.), *De l'intérêt de la summa divisio droit public-droit privé ?*, Dalloz, Coll. Thèmes et commentaires », 2010, p.30.

public au point que la progression des deux branches du droit au-delà de leurs limites habituelles et les interférences qui en résultent ont pu faire douter du bien-fondé de la distinction traditionnelle [1646].

259. Une évolution vers l'unité du droit des prélèvements obligatoires. Éric DESMONS résume la situation en considérant qu'il « *faut plaider soit pour l'unité du droit soit, pour être réaliste, reconnaître le caractère instrumental du dualisme* » [1647]. Il distingue deux prismes permettant d'observer le financement de la Sécurité sociale. Soit les règles financières sont prises individuellement et constituent ainsi l'émergence d'un tiers-droit [1648], d'une zone de droit hybride, corps de règles commun aux droits privés et public [1649] à travers le développement du droit des prélèvements obligatoires. François-Xavier TESTU considère que « *la distinction est une négation de l'unité historique du droit* » [1650]. L'unité des prélèvements obligatoires en matière de financement de la Sécurité sociale peut alors être envisagée. Soit les règles financières obéissent et font partie intégrante du droit fiscal et du droit de la sécurité sociale, dès lors un troisième pôle émerge. Si Georges VEDEL a toujours affirmé une « *volonté d'unification du droit public* » [1651], nous ne pouvons que constater un phénomène d'entraînement du droit public sur le droit privé [1652] en matière de financement de la Sécurité sociale. Les règles financières qu'elles soient fiscales ou sociales s'harmonisent sous l'influence respective du droit européen, du droit constitutionnel et du droit fiscal. Par conséquent, que la situation soit appréciée à travers l'autonomie ou à travers l'influence introduite par la fiscalisation du financement de la Sécurité sociale, les conséquences sont les mêmes

---

[1646] VOIRIN (M.), *Les organes des caisses de Sécurité sociale et leurs pouvoirs*, Paris, Librairie générale de droit et de jurisprudence, Coll. Bibliothèque d'ouvrages de droit social, 1961, p.11.

[1647] DESMONS (E.), « Droit privé, droit public » in ALLAN (D.), RIALS (S.) (dir.), *Dictionnaire de la culture juridique*, Paris, PUF, 2003, p.524.

[1648] VAN LANG (A.), « Le point de vue d'une publiciste », in BONNET (B.) et DEUMIER (P.) (dir.*), De l'intérêt de la summa divisio droit public-droit privé ?*, Dalloz, Coll. Thèmes et commentaires », 2010, p.35.

[1649] VAN LANG (A.), « Le point de vue d'une publiciste », *op.cit.*, p.35.

[1650] TESTU (F.-X.), « La distinction du droit public et du droit privé est-elle idéologique ? », *Dalloz*, 1998, p.348.

[1651] FAYE (A.), « L'unité du droit public dans l'œuvre du doyen Vedel », *RFDA*, 2016, p.408.

[1652] BARRIÈRE (L.-A.), « Une approche historique de la summa divisio droit public-droit privé », in BONNET (B.) et DEUMIER (P.) (dir.), *De l'intérêt de la summa divisio droit public-droit privé ?*, Dalloz, Coll. Thèmes et commentaires », 2010, p.29.

puisqu'elles traduisent une unification des finances sociales. La globalisation étant un facteur favorable au « *décloisonnement des ordres juridiques* » [1653], nous ne pouvons que souhaiter l'uniformisation, l'harmonisation et l'affirmation d'un droit des prélèvements obligatoires indépendamment des caractéristiques fiscales ou sociales des prélèvements qui le composent. L'unité des finances sociales donnerait ainsi une cohérence à l'unité du droit des prélèvements obligatoires puisque les problématiques des finances sociales sont celles des prélèvements obligatoires, eux aussi divisés entre prélèvements fiscaux d'un côté et sociaux de l'autre, la requalification de la notion de prélèvements obligatoires devient inéluctable[1654].

*

Breviarium. *La fiscalisation touche l'essence même des droits puisqu'elle traduit une influence du droit fiscal sur le droit de la sécurité sociale. Cette influence se répercute sur le financement mais aussi sur les règles et techniques applicables. Par la fiscalisation, se révèle une publicisation des règles. La fiscalisation tend à devenir la première pierre de l'unification des règles financières à travers la préservation des spécificités juridiques de chaque droit, et l'harmonisation des règles autour de la notion même de prélèvements obligatoires.*

[1653] VAN LANG (A.), « Le dualisme juridictionnel pourrait-il disparaître ? », in BONNET (B.) et DEUMIER (P.) (dir.), *De l'intérêt de la summa divisio droit public-droit privé ?*, Dalloz, Coll. Thèmes et commentaires », 2010, p.277.

[1654] Voir en ce sens les paragraphes n° 455 et s.

CONCLUSION DU TITRE 2

260. Le droit de la sécurité sociale emprunte des concepts et techniques au droit fiscal, mais il utilise également ce dernier afin de construire des concepts qui lui sont propres. Si la constitutionnalisation, selon Louis FAVOREU, passe par « *la diffusion des normes constitutionnelles* » [1655], la fiscalisation peut se rapprocher de ce concept puisqu'elle implique la diffusion des normes fiscales en dehors de son champ d'application initial. Néanmoins, l'existence d'un renvoi, explicite ou implicite, vers un autre droit n'exclut pas systématiquement l'autonomie de celui-ci. Le droit de la sécurité sociale et le droit fiscal conservent leur autonomie qui demeure toutefois relative puisqu'un droit ne peut être complètement autonome, qu'il soit fiscal ou social. La relativité de cette autonomie s'illustre notamment à travers l'influence du droit public dans le financement de la Sécurité sociale. L'autonomie s'entend comme le particularisme de ces droits complexes qui conservent des spécificités même si leurs règles s'harmonisent. L'harmonisation des règles sociales avec les règles fiscales est accentuée par des objectifs communs aux deux droits comme la lutte contre la fraude et le renforcement de la sécurité juridique dans les relations entre les « administrés » et les administrations.

261. La fiscalisation des ressources de la Sécurité sociale concerne non seulement les finances sociales, mais aussi le droit qui les régit. Elle traduit la publicisation des finances sociales mais surtout plus largement la publicisation du droit de la sécurité sociale. Malgré la publicisation opérée, les cloisons demeurent entre le droit fiscal et le droit de la sécurité sociale, ainsi qu'entre le droit privé et le droit public. Cependant, il devient plus difficile de les situer [1656] car « *le système financier n'a jamais cessé d'évoluer, oscillant entre rupture et continuité* » [1657]. La fiscalisation

---

[1655] FAVOREU (L.), « La constitutionnalisation du droit », in *L'unité du droit, Mélanges en hommage à Roland Drago*, 1999, pp.25-42. Repris par FAVOREU (L.), *La Constitution et son juge*, Paris, Economica, 2014, p.1088.

[1656] VOIRIN (M.), *Les organes des caisses de Sécurité sociale et leurs pouvoirs*, Paris, Librairie générale de droit et de jurisprudence, Coll. Bibliothèque d'ouvrages de droit social, 1961, p.11.

[1657] FERRAS (B.), MATT (J.-L.), « La question du financement », *Vie sociale*, n° 10, 2015, p.149.

permet de trouver le juste équilibre entre la nécessité financière et le respect des caractéristiques juridiques propres au système social et fiscal. Il convient de trouver un juste milieu entre le recours à l'impôt et aux règles fiscales et le maintien du particularisme social.

CONCLUSION
DE LA PREMIÈRE PARTIE

262. Le terme « fiscalisation » a connu ces dernières années un gain de popularité remarquable mais rares sont ceux à avoir étudié ce mécanisme dans son intégralité. Certains décrivent la fiscalisation comme le simple basculement d'un financement par cotisations sociales vers un financement par l'impôt. La fiscalisation paraît complexe dans cet aspect « primaire » à cause de sa fragmentation et de sa diversité. Le recours à l'impôt modifie la structure même des finances sociales et donc des finances publiques. La fiscalisation traduit une socialisation des finances publiques et renforce leur globalisation. Cette vision est cependant partielle car la fiscalisation s'inscrit comme un modèle. La fiscalisation permet en effet de concevoir le recours au droit fiscal comme un modèle de financement, tant dans la détermination des ressources que dans les techniques et procédures qui leur sont associées. La fiscalisation peut être définie comme la diffusion des normes fiscales dans le financement de la Sécurité sociale, mais aussi plus largement dans le droit de la sécurité sociale.

263. Le droit de la sécurité sociale et le droit fiscal sont des droits complexes, en perpétuelle mutation et évolution. Le contexte budgétaire défavorable de ces dernières années amène le législateur à envisager de nouvelles ressources financières afin de préserver et maintenir le niveau des prestations sociales. Le recours à l'impôt et aux recettes fiscales apparaît ainsi légitime. En ces temps de crise financière, le rapprochement des règles financières afin de lutter contre la fraude aux finances publiques ainsi que le renforcement de la sécurité juridique permettent de préserver les garanties des administrés dans leurs relations avec les administrations sous la protection des règles supra-législatives. Les finances publiques ne peuvent plus être dissociées des changements économiques et de leurs conséquences, et il en va de même des finances sociales, d'autant plus que les droits sociaux sont les premiers droits touchés par la crise financière [1658]. Anne-Claire DUFOUR souligne l'impact de la crise sur les

---

[1658] Voir en ce sens, TANASESCU (E. S.) et OLIVA (É.) (dir.), *Droits fondamentaux, équilibre budgétaire et protection juridictionnelle*, Paris, LGDJ, Lextenso Éd., Institut universitaire Varenne, Coll. Colloques et essais, 2016.

finances sociales puisqu'elle considère qu'« *en dépit de leur diversité, les recettes de la Sécurité sociale ont été directement touchées par la crise* » [1659]. L'État doit trouver le juste équilibre entre sa responsabilité sociale vis-à-vis des administrés et sa responsabilité financière vis-à-vis de ses créanciers.

264. La fiscalisation devrait permettre la mise en place d'une simplification des qualifications juridiques, à défaut d'aboutir à une simplification de l'ordre juridique. La création d'un nouvel ordre juridique financier paraît en effet difficilement concevable à cause de la dualité juridictionnelle existante. À travers la tendance du droit de la sécurité sociale à s'inspirer des techniques fiscales, la fiscalisation tend vers un statut juridique unique du prélèvement obligatoire. Patrick FRAISSEIX envisageait une solution plus radicale, et proposait que « *sauf à choisir l'option d'une débudgétisation de toutes les recettes et dépenses des régimes de sécurité sociale en les insérant dans la loi de finances soumise à un contrôle effectif du Parlement, ou à choisir la fiscalisation de ces mêmes ressources apparaissant dès lors comme des "impositions de toutes natures" au sens de l'article 34, seule une révision constitutionnelle semblait en mesure de modifier l'indigence du contrôle parlementaire* » [1660]. La fiscalisation ne doit pas être confondue avec la budgétisation puisqu'elle conduit plus radicalement, à ranger les recettes et les dépenses des régimes de Sécurité sociale au nombre des recettes et des dépenses publiques dans le cadre du budget de l'État [1661]. La budgétisation est donc un phénomène différent de la fiscalisation, même si ces deux notions restent liées par le renforcement du rôle de l'État et du droit public à travers elles, dès lors la fiscalité constitue non seulement une influence, mais aussi un instrument de financement de la Sécurité sociale.

[1659] DUFOUR (A.-C.), « Les nouvelles ressources à l'étude pour équilibrer les comptes sociaux en France », *Revue française d'administration publique*, 2012, n° 144, p.1061.

[1660] FRAISSEIX (P.), « Le Parlement et la Sécurité sociale : la consolidation de ce couple par la révision constitutionnelle du 22 février 1996 », *RDP*, 1998, p.762.

[1661] PRÉTOT (X.), « La Sécurité sociale et les finances publiques », *RFFP*, n° 51, 1995, p.143.

PARTIE 2
LA FISCALISATION – INSTRUMENTALISATION : LA FISCALITÉ, UN INSTRUMENT DE FINANCEMENT DE LA SÉCURITÉ SOCIALE

265. La fiscalisation apparaît comme un mécanisme d'instrumentalisation où la fiscalité devient l'instrument au service du financement de la Sécurité sociale et plus généralement, au service des politiques sociales. L'impôt est conçu comme un instrument de réalisation de la société, un « *instrument d'un conservatisme éclairé* » [1662]. La fiscalisation provient d'un choix politique, et l'instrumentalisation qu'elle constitue, s'inscrit dans ce même but et produit des effets permettant de parvenir aux fins envisagées ou d'exécuter l'action souhaitée. La fiscalisation repose sur une volonté politique d'accroître la place des droits sociaux au sein de l'État de droit. Les répercussions de cette instrumentalisation sont constitutionnelles mais aussi parlementaires et structurelles. L'instrumentalisation met ainsi en évidence la disponibilité des ressources publiques ainsi que les « *incidences économiques de la technique de prélèvement des recettes destinées à assurer le financement de la Sécurité sociale* » [1663].

266. La fiscalité s'érige en instrument dont disposent les gouvernants afin de renforcer l'État social et la solidarité qu'il induit, ainsi que les pouvoirs du législateur en matière de finances sociales. Elle se construit comme un mécanisme global qui ne peut se limiter à la sphère purement fiscale ou financière, et devient un instrument à part entière. À travers la

[1662] MARCHESSOU (P.), « Droit fiscal et pensée politique », in *Pensée politique et droit, Association française des historiens des idées politiques*, Actes du Colloque de Strasbourg (11-12 septembre 1997), Aix-en-Provence, Presses universitaires d'Aix-Marseille, 1998, p.482.
[1663] Association pour l'étude des problèmes économiques et humains de l'Europe, *Introduction à l'étude du financement de la Sécurité sociale*, Paris, 1964, p.26.

fiscalisation, l'impôt apparaît non seulement comme « *un instrument de reconstruction de la nation* » [1664] mais aussi comme un instrument de valorisation de la protection sociale. L'impôt est bien plus qu'un simple instrument d'intervention économique et sociale, il devient un instrument de clarification du débat politique et social. Pour ce faire, la fiscalisation atténue la rationalisation parlementaire mise en place avec la Constitution du 4 octobre 1958 et permet ainsi la parlementarisation des finances sociales. Elle traduit ainsi la mise en place d'une réforme structurelle affectant le fonctionnement institutionnel de l'État de droit, dès lors la fiscalisation s'érige en un instrument d'uniformisation des modèles sociaux et des prélèvements obligatoires.

Titre premier : La parlementarisation des finances sociales
Titre second : La réalisation d'une réforme structurelle

[1664] SÉBASTIEN (G.), « Edgard Allix, un réformateur méconnu », in RAIMBAULT DE FONTAINE (S.) (dir.), *Doctrines fiscales : à la redécouverte de grands classiques*, Paris, L'Harmattan, Coll. « Finances publiques », 2007, p.43.

TITRE 1
LA PARLEMENTARISATION DES FINANCES SOCIALES

267. La fiscalisation diffère de la budgétisation puisqu'elle ne permet pas d'inscrire les finances sociales directement au sein du budget de l'État. Les finances sociales s'insèrent dans un cadre juridique étatique qui doit « *nécessairement faire prévaloir la démocratie politique sur des formes de démocratie sociale* » [1665]. La fiscalisation modifie ce cadre juridique, car elle produit indéniablement des répercussions parlementaires, et donc constitutionnelles. L'attribution de compétences nouvelles en la matière modifie et renforce le rôle du Parlement, dès lors les compétences parlementaires tendent à s'uniformiser entre les finances sociales et les finances étatiques. Les répercussions de la fiscalisation traduisent une parlementarisation des finances sociales qui présente un aspect fonctionnel s'attachant aux compétences dévolues au Parlement, mais aussi un aspect organique s'attachant à la nature même du Parlement puisqu'elle renforce la démocratie politique et affecte le consentement à l'impôt. La parlementarisation des finances sociales traduit ainsi la valorisation de l'autorisation parlementaire en matière financière (**Chapitre premier**), et la mutation des compétences budgétaires allouées au Parlement (**Chapitre second**).

[1665] LAROQUE (M.), « L'évolution des structures de gestion de la Sécurité sociale », *Droit Social*, 1994, n° 11, p.910.

CHAPITRE 1
LA VALORISATION DE L'AUTORISATION PARLEMENTAIRE

268. La fiscalisation procède d'un choix politique, le choix d'augmenter le recours à l'impôt et aux règles fiscales dans le droit de la sécurité sociale. Elle est motivée par des considérations de droit interne ayant des répercussions constitutionnelles qui viennent justifier l'action et le comportement du législateur. Avec les lois de financement de la Sécurité sociale, l'autorisation parlementaire concerne les finances sociales qui sont ainsi soumises aux politiques budgétaires, fiscales et sociales. Les choix politiques incitent le législateur à modifier le cadre juridique de la fiscalisation et traduisent une valorisation certaine de l'autorisation parlementaire en procurant du relief à l'évaluation des pratiques budgétaires [1666]. Les politiques mises en place par les gouvernants viennent justifier l'utilisation de la fiscalisation en tant qu'instrument. La fiscalisation apparaît ainsi justifiée par le souhait de sauvegarder la légitimité de l'impôt (**Section 1**) et de mettre en exergue la solidarité (**Section 2**).

SECTION 1 : LA SAUVEGARDE DE LA LÉGITIMITÉ DE L'IMPÔT

269. L'article 13 de la Déclaration des Droits de l'Homme et du Citoyen de 1789 affirme la légitimité de l'impôt qui repose sur une « *représentation bien admise qui pose la fiscalité comme la concrétisation d'un lien social, d'une solidarité entre citoyens, d'une participation matérielle à une même communauté* » [1667]. La légitimité d'une intervention politique s'apprécie à travers son caractère légitime soit par la conformité au droit, par le fondement en droit ou en justice, soit par la conformité à la morale et par son bien-fondé. L'idée de justice fiscale est

---

1666 DESRAMEAUX (A.), *Finances publiques*, Paris, PUF, 2013, p.250.

1667 BOUVIER (M.), « Justice fiscale, légitimité de l'impôt et société post-moderne », *RFFP*, n° 124, 2013, p.16.

l'un des fondements essentiels [1668] de la légitimité de l'impôt. Elle doit alors s'appréhender face à la justice sociale (**Paragraphe premier**). La légitimité du recours à l'impôt doit également être analysée sous le prisme de la légitimité de la prise en charge des risques sociaux [1669] dans une démocratie sociale (**Paragraphe second**).

§1. La justice fiscale face à la justice sociale

270. La justice en tant que principe philosophique, juridique et moral évolue en parallèle de la société et des fondements juridiques sur lesquelles elle s'appuie pour exister. La justice constitue un principe moral de la vie sociale mais elle est surtout une notion polysémique. Si elle est incarnée par le pouvoir judiciaire, elle vise également le respect du droit positif. Par sa nature même, il est difficilement envisageable de l'aborder uniquement sous l'angle du droit positif indépendamment des valeurs morales qu'elle incarne. La justice fiscale apparaît étroitement liée à la justice sociale. Par la fiscalisation du financement de la Sécurité sociale, la justice qu'elle soit sociale ou fiscale s'exprime à travers le consentement à l'impôt (**A**). La justice fiscale tend ainsi à devenir une composante de la justice sociale (**B**).

A. La justice à travers le consentement à l'impôt

271. La justice fiscale à travers le principe de nécessité de l'impôt. Le principe du consentement à l'impôt est affirmé par l'article 14 de la DDHC de 1789 qui prévoit que « *tous les Citoyens ont le droit de constater, par eux-mêmes ou par leurs représentants, la nécessité de la contribution publique, de la consentir librement, d'en suivre l'emploi, et d'en déterminer la quotité, l'assiette, le recouvrement et la durée* ». La loi fiscale doit donc être votée par les représentants de citoyens [1670] car le prélèvement fiscal a pour contrepartie des dépenses de l'État, destinées à financer les fonctions de souveraineté, les services publics et les opérations d'intérêt général [1671]. Bien qu'il s'agisse d'un principe fondateur du droit fiscal, le Conseil constitutionnel a estimé qu'il ne

[1668] *Ibid.*
[1669] PRÉTOT (X.), « La Sécurité sociale et les finances publiques », *RFFP*, n° 51, 1995, p.147.
[1670] BARILARI (A.), *Le consentement à l'impôt*, Paris, Presses de Science Po, Coll. La bibliothèque du citoyen, 2000, p.16.
[1671] *Ibid.*

pouvait fonder une QPC en considérant que « *les dispositions de l'article 14 de la Déclaration de 1789 sont mises en œuvre par l'article 34 de la Constitution et n'instituent pas un droit ou une liberté qui puisse être invoqué, à l'occasion d'une instance devant une juridiction, à l'appui d'une question prioritaire de constitutionnalité sur le fondement de l'article 61-1 de la Constitution* » [1672]. Si pour André BARILARI, le consentement à l'impôt est une prérogative du Parlement [1673], Loïc PHILIP ne partage pas ce point de vue et maintient contre la décision du Conseil constitutionnel qu'il s'agit d'un droit fondamental [1674]. L'impôt prélevé par l'État doit cependant être accepté par les représentants de la Nation, et ceci indépendamment de son affectation. Les lois de financement de la Sécurité sociale ne sont pas des lois de finances [1675], mais s'inscrivent tout de même dans le cadre des principes du consentement à l'impôt et du contrôle de la dépense publique énoncés par la Déclaration des droits de l'Homme et du citoyen [1676]. Le principe de nécessité de l'impôt découle de l'article 13 de la DDHC qui dispose que « *pour l'entretien de la force publique, et pour les dépenses d'administration, une contribution commune est indispensable : elle doit être également répartie entre tous les citoyens, en raison de leurs facultés* ». Le principe de nécessité est « *un élément consubstantiel du consentement à l'impôt* » [1677]. Cette nécessité est renforcée en matière sociale puisque le recours à l'impôt permet justement d'augmenter les ressources de la Sécurité sociale afin de pouvoir financer les prestations sociales qui ne cessent de s'accroître. Le respect de ces principes permet l'application de la justice fiscale puisqu'un prélèvement fiscal doit être justifié, nécessaire et consenti afin de paraître juste. S'il est délicat de concilier ces deux principes avec le droit de propriété [1678], la justice fiscale en découle sans qu'il soit besoin

---

[1672] Cons. Const., Décision n° 2010-5 QPC du 18 juin 2010, *SNC KIMBERLY CLARK* [Incompétence négative en matière fiscale], JO du 19 juin 2010, p.11149, Recueil, p.114, Considérant n° 4.

[1673] BARILARI (A.), « Les compétences du législateur en matière fiscale et financière », *Constitutions*, 2010, p.283.

[1674] PHILIP (L.), « Jurisprudence du Conseil constitutionnel, Août 2009-juillet 2010 », *RFDC*, 2010, n° 84, pp.824-830.

[1675] Voir en ce sens, le paragraphe n° 346.

[1676] PRÉTOT (X.), « Du bon usage du pouvoir normatif en matière d'assiette et de recouvrement des cotisations de Sécurité sociale », *Droit social*, 2009, n° 3, p.323.

[1677] BARILARI (A.), « Le Conseil constitutionnel abandonne-t-il l'objectif constitutionnel de lutte contre la fraude ? », *Constitutions*, 2014, n° 1, p.74.

[1678] Voir en ce sens, OLIVA (É.), « L'appréciation du caractère confiscatoire ou excessif de l'impôt par le Conseil constitutionnel », *RFDA*, 2013, n° 6, pp.1273-1290.

d'opérer cette conciliation. La justice fiscale est ainsi liée à des principes constitutionnels reconnus et mis en place par la DDHC. Bien qu'elle soit fondée, comme les principes qui la composent, sur l'article 13 de la DDHC, la justice fiscale n'a pas une valeur constitutionnelle. Il s'agit d'une notion d'essence politique [1679] qui interagit avec le « *civisme fiscal visant à mieux faire accepter l'impôt et à rendre le meilleur service au meilleur coût* » [1680]. La justice fiscale, rarement définie, aspire à sanctionner ou récompenser le système fiscal tant au regard du droit et des sources normatives sur lesquelles elle s'appuie qu'au regard de la morale fiscale.

272. La justice fiscale et l'impôt confiscatoire. Les problématiques concernant l'impôt confiscatoire sont généralement abordées uniquement sous l'angle des impôts étatiques, elles doivent cependant être recentrées au sein des prélèvements obligatoires puisque l'augmentation du recours à l'impôt dans le domaine social ne doit pas rendre l'impôt confiscatoire. Afin d'être juste, un impôt doit ne pas être confiscatoire, ni excessif. Ces deux notions sont souvent confondues par la doctrine, mais elles sont distinguées par le Conseil constitutionnel. Bien qu'aucun impôt n'ait été pour le moment qualifié de confiscatoire, le raisonnement du Conseil constitutionnel lie l'article 13 à l'article 6 de la DDHC afin d'apprécier ce caractère [1681]. Il arrive toutefois que la recherche du caractère

---

[1679] BRARD (Y.), « Égalité devant l'impôt et égalité devant les impôts », *Dalloz*, 1998, n° 11, p.118.

[1680] BOUVIER (M.), « Justice fiscale, légitimité de l'impôt et société post-moderne », *RFFP*, n° 124, 2013, p.17.

[1681] Cons. Const., Décision n° 2016-538 QPC du 22 avril 2016, *Époux M. D.* [Exclusion des plus-values mobilières placées en report d'imposition de l'abattement pour durée de détention], JO n° 0097 du 24 avril 2016, Considérant n° 8 ; Cons. Const., Décision n° 2015-520 DC du 3 février 2016, *Société Metro Holding France SA venant aux droits de la société CRFP Cash* [Application du régime fiscal des sociétés mères aux produits de titres auxquels ne sont pas attachés des droits de vote], JO n° 0030 du 5 février 2016, Considérant 6 et 7 ; Cons. Const., Décision n° 2015-515 QPC du 14 janvier 2016, *M. Marc François-Xavier M.-M.* [Exclusion de certains compléments de prix du bénéfice de l'abattement pour durée de détention en matière de plus-value mobilière], JO n° 0013 du 16 janvier 2016, Considérant n° 10 ; Cons. Const., Décision n° 2015-482 QPC du 17 septembre 2015, *Société Gurdebeke SA* [Tarifs de la taxe générale sur les activités polluantes portant sur les déchets non dangereux], JO n° 0217 du 19 septembre 2015 p.16586, Considérant 4 et 5 ; Cons. Const., Décision n° 2014-437 QPC du 20 janvier 2015, *Association française des entreprises privées et autres* [Régime fiscal d'opérations réalisées avec des États ou des territoires non coopératifs], JO n° 0019 du 23 janvier 2015 p.1025, Considérant n° 8.

confiscatoire se fasse sans être rattachée à l'article 6, soit sur le fondement unique de l'article 13 de la DDHC [1682]. Dans tous les cas, d'après le Conseil constitutionnel, l'exigence de l'article 13 de la DDHC « *ne serait pas respectée si l'impôt revêtait un caractère confiscatoire ou faisait peser sur une catégorie de contribuables une charge excessive au regard de leurs facultés contributives* ». L'impôt devient confiscatoire lorsqu'il dépasse le seul caractère excessif. L'impôt excessif n'est donc pas forcément confiscatoire [1683]. Malgré les considérants fluctuants retenus par le Conseil constitutionnel, il semblerait que ce dernier cherche un fondement juridique à l'impôt confiscatoire et se limite à faire appel « *à des outils plus familiers* » [1684]. Néanmoins une certitude demeure : le droit de propriété en est exclu [1685]. Il est même tout simplement ignoré [1686] par le Conseil constitutionnel. Cependant Hugues MOUTOUH considère que « *pour protéger efficacement les contribuables contre les impositions confiscatoires, il faudrait que les juges acceptent de prendre au sérieux le droit de propriété et considèrent ce type d'imposition pour ce qu'il est fondamentalement, à savoir une violation caractérisée de la propriété privée* » [1687]. Il faut pour cela qu'une imposition atteigne un niveau revêtant un caractère confiscatoire [1688]. L'appréciation du caractère confiscatoire comme excessif s'apprécie en fonction du total des impositions payées par le contribuable. Le Conseil constitutionnel dispose en ce sens que « *l'appréciation du caractère confiscatoire de la*

1682 Cons. Const., Décision n° 2015-498 QPC du 20 novembre 2015, *Société SIACI Saint-Honoré SAS et autres* [Contribution patronale additionnelle sur les « retraites chapeau »], JO n° 0271 du 22 novembre 2015, p.21747, Considérant n° 4 ; Cons. Const., Décision n° 2010-70 QPC du 26 novembre 2010, *M. Pierre-Yves M.* [Lutte contre l'évasion fiscale], JO du 27 novembre 2010, p.21118, Recueil, p.340, Considérant n° 3.

1683 BARILARI (A.), « Chronique du 2e trimestre 2014 », *RFFP*, n° 130, 2015, p.240.

1684 PEZET (F.), « Le caractère confiscatoire de l'impôt et les exigences constitutionnelles françaises », *Droit fiscal*, 2013, n° 22, comm.300, p.33.

1685 TORLET (R.), VALETEAU (M.), « La jurisprudence du Conseil constitutionnel relative au principe d'égalité depuis l'institution de la QPC », *Droit fiscal*, n° 13, 2015, comm.231, p.37.; MANGIAVILLANO (A.), « Le caractère excessif de l'impôt », *RDP*, n° 1, 2014, p.123. ; OLIVA (É.), « L'appréciation du caractère confiscatoire ou excessif de l'impôt par le Conseil constitutionnel », *RFDA*, 2013, n° 6, p.1274 et s.

1686 LARBRE (D.), « Le caractère confiscatoire de l'impôt », *Droit fiscal*, 2012, n° 20, comm.291, p.16.

1687 MOUTOUH (H.), « Le droit de propriété : dernier rempart contre les impositions confiscatoires », *Dalloz*, 2013, p.581.

1688 Cons. Const., Décision n° 2015-482 QPC du 17 septembre 2015, *Société Gurdebeke SA* [Tarifs de la taxe générale sur les activités polluantes portant sur les déchets non dangereux], JO n° 0217 du 19 septembre 2015 p.16586, Considérant 8.

contribution additionnelle instituée par les dispositions contestées s'opère en rapportant le total des impositions que l'employeur doit acquitter à la somme de ce total et des rentes versées » [1689]. C'est donc le « *niveau d'imposition* » [1690] qui revêt ou non un caractère confiscatoire. Le Conseil constitutionnel prend également en compte le montant des fonds concernés pour apprécier le caractère confiscatoire ou non du prélèvement [1691]. La sanction de l'impôt confiscatoire vise ainsi à ne pas faire peser une charge excessive sur le contribuable compte tenu de ses facultés contributives. Néanmoins, l'impôt confiscatoire n'est pas l'impôt excessif. La notion même d'impôt confiscatoire apparaît alors comme mystérieuse [1692]. Le Conseil constitutionnel a par ailleurs retenu qu'une charge excessive au regard des facultés contributives du contribuable est contraire au principe d'égalité devant les charges publiques [1693]. Le Conseil n'a pas retenu le caractère confiscatoire de l'impôt, contrairement à ce qu'affirme Christophe DE LA MARDIÈRE [1694]. Plutôt que d'affirmer le caractère confiscatoire de l'impôt, le Conseil constitutionnel se limite pour l'instant à « *se réfugier dans l'impôt excessif portant atteinte à l'égalité devant les charges publiques en renforçant la garantie constitutionnelle de l'égalité* » [1695]. Bien que le Conseil constitutionnel soit saisi du caractère confiscatoire d'un impôt en vertu des articles 6 et

---

[1689] Cons. Const., Décision n° 2015-498 QPC du 20 novembre 2015, *Société SIACI Saint-Honoré SAS et autres* [Contribution patronale additionnelle sur les « retraites chapeau »], JO n° 0271 du 22 novembre 2015, p.21747, Considérant n° 45.

[1690] Cons. Const., Décision n° 2014-417 QPC du 19 septembre 2014, *Société Red Bull On Premise et autre* [Contribution prévue par l'article 1613 bis A du code général des impôts], JO du 21 septembre 2014, p.15472, Considérant n° 13.

[1691] « *compte tenu du montant des fonds sur lesquels sera opéré le prélèvement, le grief tiré du caractère confiscatoire de celui-ci manque en fait* », Cons. Const., Décision n° 98-405 DC du 29 décembre 1998, *Loi de finances pour 1999*, JO du 31 décembre 1998, p.20138, Recueil, p.326, Considérant n° 56.

[1692] DE CROUY-CHANEL (E.), « Le Conseil constitutionnel mobilise-t-il d'autres principes constitutionnels que l'égalité en matière fiscale ? », *Nouv. Cah. CC*, n° 33, 2011, p.16 ; Cité également par MANGIAVILLANO (A.), « Le caractère excessif de l'impôt », *RDP*, n° 1, 2014, p.122.

[1693] « *ce nouveau niveau d'imposition fait peser sur les contribuables une charge excessive au regard de leurs facultés contributives ; qu'il est contraire au principe d'égalité devant les charges publiques* », Cons. Const., Décision n° 2012-662 DC du 29 décembre 2012, *Loi de finances pour 2013*, JO du 30 décembre 2012, p.20966, Recueil, p.724, Considérant n° 19.

[1694] DE LA MARDIÈRE (C.), « L'impôt confiscatoire enfin sanctionné », *Constitutions*, 2013, pp.86-87.

[1695] OLIVA (É.), « L'appréciation du caractère confiscatoire ou excessif de l'impôt par le Conseil constitutionnel », *RFDA*, 2013, n° 6, p.1273.

13 de la DDHC mais aussi sur le fondement de l'article 17 de la DDHC, il refuse cependant de lier le caractère confiscatoire d'un impôt avec le droit de propriété. L'impôt confiscatoire viole le principe d'égalité devant les charges publiques. Dans la mesure où ce principe est pleinement applicable aux cotisations sociales [1696], le contrôle effectué par le Conseil constitutionnel est donc applicable à tout prélèvement confiscatoire et non pas uniquement aux impôts. L'appréciation du caractère confiscatoire ou non d'une imposition n'est pas propre aux impositions purement étatiques puisqu'elle concerne aussi les impositions sociales comme les retraites chapeaux. Il s'agit d'un contrôle commun à tout prélèvement obligatoire dès lors que le Conseil constitutionnel est saisi sur ce fondement et que le prélèvement concerné ne présente pas de caractère exceptionnel [1697]. La justice fiscale rejoint alors la justice sociale puisque pour Yves GAUDEMET, la condamnation de l'impôt confiscatoire est menée au nom de la justice fiscale [1698].

273. Le consentement à l'impôt et son affectation. Le principe du consentement à l'impôt est lié au principe de nécessité de l'impôt, mais aussi à son affectation. Afin de pouvoir consentir librement à l'impôt, le contribuable doit percevoir « *l'utilité des dépenses financées par l'impôt* » [1699]. Avec la publicisation des finances publiques, les finances des États sont connues des contribuables et de leurs représentants. Les situations budgétaires ne peuvent plus être dissimulées, d'autant plus que le contribuable est plus soucieux qu'autrefois de l'utilisation qui est faite de l'argent public [1700]. André BARILARI considère d'ailleurs que « *lorsque le contribuable voit concrètement l'affectation de sa contribution, il l'accepte mieux. Il est à même de s'assurer de l'intérêt du but poursuivi et d'apprécier les bénéfices qu'il pourra en attendre pour lui-même* » [1701].

[1696] Voir en ce sens, le paragraphe n° 56.

[1697] « *eu égard au caractère exceptionnel de la taxe, les dispositions contestées n'ont pas pour effet de faire peser sur une catégorie de contribuables une charge excessive au regard de leur capacité contributive* », Cons. Const., Décision n° 2013-685 DC du 29 décembre 2013, *Loi de finances pour 2014*, JO du 30 décembre 2013, p.22188, Recueil, p.1127, Considérant n° 24.

[1698] GAUDEMET (Y.), « Heurs et malheurs du quotient familial », *Revue juridique de l'économie publique*, 2013, n° 707, p.1.

[1699] BARILARI (A.), *Le consentement à l'impôt*, Paris, Presses de Science Po, Coll. La bibliothèque du citoyen, 2000, p.14.

[1700] BOUVIER (M.), « Justice fiscale, légitimité de l'impôt et société post-moderne », *RFFP*, n° 124, 2013, p.16.

[1701] BARILARI (A.), *Le consentement à l'impôt*, *op.cit.*, p.116.

Ainsi l'intérêt de l'affectation au regard de l'adhésion et du consentement est prouvé, *a contrario*, par les réactions qui se produisent lorsqu'un impôt justifié par un objectif précis est pérennisé et remis dans le budget général [1702]. L'affectation se traduit alors comme une notion de juste retour [1703] qui légitime l'impôt. Néanmoins l'affectation n'est initialement pas prévue dans la définition de l'impôt. Clémence ROYER considère en ce sens que « *l'impôt est la quote-part de puissance productrice, sous forme de services personnels ou de contributions de toute nature, que chaque citoyen doit à la communauté, en échange des services qu'il en a reçus, en reçoit et en recevra par le fait de la participation sociale, et à titre de restitution des avances faites par les générations passées au profit des générations futures. Cette contribution est obligatoire et personnelle pour chacun dans la mesure actuelle de ses facultés. Elle doit être suffisante pour maintenir l'État social au degré de civilisation qu'il a atteint, et pour lui permettre de progresser encore* » [1704]. Elle est alors une des premières à mettre en évidence la nécessaire distributivité de l'impôt et son éventuel lien avec l'État social, et ceci même si elle se place dans la théorie de l'impôt-assistance. Cette définition doit cependant être nuancée car elle limite l'impôt au seul prix des services rendus par l'État. Clémence ROYER retient tout de même une vision solidariste de l'impôt. La conception solidariste de l'impôt est liée à la conception redistributive de la justice fiscale [1705] qui implique que l'impôt soit nécessairement progressif [1706] et qu'il soit personnalisé et tienne compte de la faculté contributive du contribuable [1707]. Pour Vincent DREZET, le consentement à l'impôt « *doit être reconstruit* » [1708]. La fiscalité sociale permet cette reconstruction. La justice fiscale trouve ainsi matière à s'exprimer pleinement concernant le financement de la Sécurité sociale à travers l'affectation des prélèvements fiscaux à la Sécurité sociale. Selon Guy CARCASSONNE, le progrès nécessaire du consentement à l'impôt serait « *d'imaginer des règles beaucoup plus exigeantes en matière d'affectation, et à une personne publique et à un type de dépenses*

[1702] *Ibid.*

[1703] *Ibid*, p.115.

[1704] ROYER (C.-A.), *Théorie de l'impôt ou la dîme sociale*, t.1, Paris, Guillaumin, 1862, p.27.

[1705] BOUVIER (M.), « Justice fiscale, légitimité de l'impôt et société post-moderne », *RFFP*, n° 124, 2013, p.18.

[1706] *Ibid.*

[1707] *Ibid.*

[1708] DREZET (V), « Quelle redistribution fiscalo-sociale ? », *L'économie politique*, 2010, n° 47, p.37.

extrêmes précis » [1709]. Si l'affectation n'a pas été modifiée dans ce sens en raison du principe d'universalité, elle permet toutefois un meilleur consentement à l'impôt. L'impôt doit cependant prendre en compte le principe d'égalité s'il veut être juste. L'égalité s'exprime notamment à travers la prise en compte des facultés contributives. Cette personnalisation du financement trouve son expression dans le quotient familial mais aussi dans la progressivité.

274. Le quotient familial et la progressivité. Les impositions sociales comme la CSG ou la CRDS sont calculées sans application d'un quelconque quotient familial [1710]. Le Conseil constitutionnel considère que l'article 13 de la DDHC « *ne suppose pas l'existence d'un quotient familial* » [1711]. Le quotient familial a été mis en place en 1945 et vise à prendre en compte la taille du foyer pour le calcul de l'impôt sur le revenu [1712]. Le revenu imposable d'un foyer est divisé par un nombre de parts qui dépend des configurations familiales. Il permet la prise en compte des charges de famille en divisant le revenu imposable avant de le soumettre à l'imposition progressive [1713]. Le quotient familial est une « *composante nécessaire de l'impôt progressif* » [1714]. En revanche si la CSG n'est pas soumise à un barème progressif, tel n'est pas le cas de l'IR. Pour Jean-Baptiste GEFFROY, la fusion de l'IR et de la CSG suppose d'ailleurs l'abandon du quotient familial au profit de l'individualisation de l'impôt [1715]. La proposition est alors source de difficultés [1716] au regard

---

[1709] CARCASSONNE (G.), « La portée du consentement à l'impôt et les limites du pouvoir fiscal du législateur », in PHILIP (L.), *L'exercice du pouvoir financier du Parlement*, Paris, Économica, 1996, p.45.

[1710] GAUDEMET (Y.), « Heurs et malheurs du quotient familial », *Revue juridique de l'économie publique*, 2013, n° 707, pp.1-2.

[1711] Cons. Const., Décision n° 2010-44 QPC du 29 septembre 2010, *Époux M* [Impôt de solidarité sur la fortune], JO du 30 septembre 2010, p.17783, Recueil, p.259, Considérant n° 14.

[1712] LEANDRI (N.), MAURIN (L.), « Quotient familial : une aide injustifiée aux plus aisés », Cahiers français, *La santé, quel bilan ?*, n° 369, 2012, p.72.

[1713] BELTRAME (P.), MONTAGNIER (G.), « L'Europe des impôts », *AJDA*, 1990, p.244.

[1714] STERDYNIAK (H.), « Le quotient familial, composante nécessaire de l'impôt progressif », Cahiers français, *La santé, quel bilan ?*, n° 369, 2012, p.75.

[1715] GEFFROY (J.-B.), « Aux risques d'une révolution fiscale : la fusion entre la CSG et l'impôt sur le revenu », *RFFP*, n° 118, 2012, p.113.

[1716] Voir en ce sens, le paragraphe n° 139.

du caractère constitutionnel de la progressivité de l'IR [1717]. La progressivité de l'impôt est généralement considérée comme *« un instrument essentiel de la "justice sociale" »* [1718] mais la justice sociale ne peut être limitée à cette seule considération. Bien que la CSG soit un prélèvement proportionnel et qu'en matière d'imposition du revenu, un barème progressif correspond, en principe, mieux qu'un système proportionnel aux conceptions de la justice fiscale les plus couramment admises [1719], la CSG demeure bien acceptée par le corps social puisqu'elle soumet l'ensemble des contribuables « *à un taux de prélèvement identique et modique* » [1720]. Le quotient familial apparaît comme un avantage fiscal octroyé pour alléger le coût de certains services rendus dans un but social [1721]. Il permet ainsi d'accentuer la justice fiscale d'un prélèvement progressif. Le quotient familial et l'imposition conjointe des couples constituent les piliers de la politique familiale française [1722], mais ce n'est pas le cas de la Norvège où les allégements fiscaux en faveur des familles sont peu développés. Les couples norvégiens disposent ainsi de la possibilité de choisir entre l'imposition conjointe ou séparée [1723]. Le système du quotient familial n'existant pas dans ce pays, les enfants ne sont pas pris en charge dans la fiscalité des foyers fiscaux. Le quotient familial apparaît alors comme un « *mécanisme propre à la France* » [1724]. Toutefois, si le principe du consentement à l'impôt est l'acte de naissance [1725] du Parlement, certains regrettent que le Parlement ne puisse fixer les taux des cotisations sociales, d'autant plus que celles-ci ne prennent pas en compte le quotient familial. Afin d'être plus juste,

---

[1717] Cons. Const., Décision n° 90-285 DC du 28 décembre 1990, *Loi de finances pour 1991*, JO du 30 décembre 1990, p.16609, Recueil, p.95 ; Cons. Const., Décision n° 93-320 DC, 21 juin 1993, *Loi de finances rectificative pour 1993*, cons. 32, JO du 23 juin 1993, p.8869, Recueil, p.146 ; PRÉTOT (X.), « Le principe de la progressivité de l'impôt sur le revenu revêt-il un caractère constitutionnel ? En marge de la modification du régime de la CSG », *Droit social*, 1993, n° 9-10, p.788.

[1718] SALIN (P.), « Contre la progressivité », *Droit fiscal,* n° 14, 2012, comm. 247, p.67.

[1719] EUZÉBY (A.), « La contribution sociale généralisée (CSG) : justifications et perspectives », *Droit social,* 1991, p.647.

[1720] *Ibid.*

[1721] TABUTEAU (D.), « Topologie des politiques sociales », *Droit social*, 2012, n° 6, p.624.

[1722] COLLOMBET (C.), « Focus – La fiscalité familiale en Europe », *Informations sociales*, 2013, n° 175, p.114.

[1723] *Ibid.*

[1724] GLAUDE (M.), « L'originalité du système du quotient familial », *Économies et statistique*, 1991, Vol.248, p.52.

[1725] MARIE (E.), « Le Parlement et la Sécurité sociale », *Droit social*, 1992, n° 3, p.287.

« l'impôt doit être progressif, personnalisé, et tenir compte de la faculté contributive du contribuable » [1726]. La justice fiscale évolue ainsi en parallèle de la société et de ses mœurs. La CSG bien qu'elle ne soit ni progressive, ni influencée par le quotient familial commence à être perçue comme plus juste que l'IR en raison de son assiette large, son taux faible et le peu d'exonérations existantes en comparaison de celles mises en place pour l'IR. La prise en compte des facultés contributives et du quotient familial permet toutefois d'obtenir plus facilement le consentement à l'impôt des administrés.

275. Un consentement donné par les administrés et les administrations. L'impôt apparaît comme « *nécessaire à l'éveil de la conscience politique* » puisque sans impôt, pas de nécessité de rechercher le consentement des citoyens, pas de conscience des droits mais aussi des devoirs, et pas de débat démocratique réel [1727]. Améliorer les relations entre les administrés et l'administration est un enjeu important puisque cela renforce non seulement la sécurité juridique des administrés mais aussi car « *une des leçons qui se dégagent de l'évolution historique et de l'étude des formes de résistance à l'impôt est que, dans le degré d'acceptation de l'impôt, les modalités d'administration sont aussi importantes que les règles de répartition et de calcul* » [1728]. François FOURNIÉ reprend la distinction de Pierre BELTRAME [1729] lorsqu'il oppose le consentement de l'impôt du consentement à l'impôt : le consentement de l'impôt suppose une acceptation explicite de la levée du prélèvement [1730] alors que le consentement à l'impôt concerne l'acception du prélèvement par le contribuable. Cette distinction n'a toutefois plus lieu d'être depuis 1789 puisqu'en vertu du pouvoir fiscal des

---

[1726] BOUVIER (M.), « Justice fiscale : un enjeu éthique et philosophique », *RFFP*, n° 112, 2010, p.VII.

[1727] BARILARI (A.), *Le consentement à l'impôt*, Paris, Presses de Science Po, Coll. La bibliothèque du citoyen, 2000, p.13.

[1728] *Ibid*, p.121.

[1729] *« le consentement, en matière fiscale, relève de deux ordres de réalité : l'un juridique, l'autre sociologique. D'une part, cela signifie que l'impôt doit être consenti dans les formes et par l'organe prévu par la Constitution pour être légalement établi. D'autre part, la notion de consentement fait aussi référence à l'acceptation individuelle de l'impôt, la soumission volontaire à l'obligation fiscale »*, BELTRAME (P.), *L'impôt*, Paris, MA Editions, 1987, p.47 ; Cité également par TURRIN (M.), *La légitime répression de la fraude fiscale*, Thèse, Aix-Marseille III, 2011, p.25.

[1730] FOURNIÉ (F.), « Les aspects financiers de la Constitution européenne », *RTD eur.*, 2005, p.382.

représentants, le consentement de l'impôt est le consentement à l'impôt. Si au-delà de quelques principes, justifiant juridiquement le consentement à l'impôt, les finances publiques et le droit fiscal n'ont jamais été une famille fusionnelle [1731], les deux sont toutefois soumis au principe de légalité fiscale. Le consentement à l'impôt étant le corollaire de ce principe, la décision fiscale démocratique prise par des représentants élus constitue « *la plus ancienne alliance du citoyen et de l'impôt* » [1732]. La loi fiscale devient alors la garantie du consentement de l'impôt [1733] et l'impôt un instrument de justice sociale, de redistribution des fortunes et des revenus permettant les transferts sociaux [1734]. La loi fiscale garantit le consentement à l'impôt, quelle que soit la destination de celui-ci, d'autant plus qu'elle détermine les impôts étatiques ainsi que les impôts sociaux.

B. La justice fiscale, une composante de la justice sociale

276. La nécessaire conciliation avec le principe d'égalité. La justice fiscale est un concept à géométrie variable [1735] qui renvoie à plusieurs théories de l'impôt puisque c'est en son nom « *qu'ont été proclamés le principe de l'égalité devant l'impôt et celui de l'universalité du prélèvement fiscal* » [1736]. La loi fiscale doit être la même pour tous. Le principe d'égalité est ainsi un des piliers originels du consentement à l'impôt [1737]. Ce principe lie la notion de justice fiscale à celle de justice sociale. Il paraît difficile de définir la notion même de justice sociale lorsque l'on constate que ni les constituants, ni les législateurs, ni les juges n'ont proposé de définition juridique de la justice sociale [1738]. Cependant, cette notion ne peut être dissociée de la recherche de l'égalité d'accès à la

---

[1731] LAMBERT (T.), « Droit public financier et droit fiscal : une famille à recomposer », *RFFP*, n° 133, 2016, p.120.

[1732] BOUVIER (M.), « Nouveau civisme fiscal et légitimité du recouvrement de l'impôt », *RFFP*, n° 112, 2010, p.27.

[1733] GAY (L.), MANGIAVILLANO (A.), « Droit constitutionnel », *Dalloz*, 2015, p.1458.

[1734] GEFFROY (J.-B.), « Aux risques d'une révolution fiscale : la fusion entre la CSG et l'impôt sur le revenu », *RFFP*, n° 118, 2012, p.112.

[1735] DREZET (V.), « Pour l'impôt. Mieux l'impôt, voilà l'enjeu ! », *Pouvoirs*, 2014, n° 151, p.43.

[1736] BOUVIER (M.), « Justice fiscale, légitimité de l'impôt et société post-moderne », *RFFP*, n° 124, 2013, p.20.

[1737] BARILARI (A.), *Le consentement à l'impôt, op.cit.*, p.108.

[1738] BURGORGUE-LARSEN (L.), « Les paradoxes de la justice sociale », in BURGORGUE LARSEN (L.) (dir.), *La justice sociale saisie par les juges en Europe*, Paris, Pedone, 2013, Coll. Cahiers européens, n° 4, p.195.

solidarité collective qui la compose, ainsi que la recherche d'équité. La justice sociale tend ainsi à aboutir à l'égalité des droits, ainsi qu'à une solidarité collective permettant une distribution équitable des richesses au sein de la société. L'article 2 de la Déclaration de Philadelphie caractérise ce qui se rapproche le plus de la justice sociale en considérant que « *tous les êtres humains, quels que soient leur race, leur croyance ou leur sexe, ont le droit de poursuivre leur progrès matériel et leur développement spirituel dans la liberté et la dignité, dans la sécurité économique et avec des chances égales* ». La justice sociale ne peut ainsi être réduite à une distribution de droits individuels car la poursuite de sa réalisation donne sens à l'action de tous [1739]. La création de la Sécurité sociale trouve sa justification dans un souci élémentaire de justice sociale [1740]. L'objectif était que l'ensemble des classes, soient traitées sur le même pied au regard des prélèvements et des barèmes de prestations, que les inégalités sociales soient donc lissées, qu'en un mot les principes de solidarité, de généralité et d'équité l'emportent [1741]. Si l'égalité est une composante importante de la justice fiscale, elle doit aussi faire preuve d'équité. François PIÉTRI considère d'ailleurs qu'« *un système d'impôt, comme toute œuvre humaine, n'est solide et durable qu'à force d'équité, et* [...] *un maximum de justice y est la condition, et non point le pis-aller, d'un maximum de résultat* » [1742]. Cette réflexion rejoint celle de Marc LEROY pour qui un système fiscal se mesure aussi à l'aune de l'équité [1743]. Il distingue ainsi deux types d'équité puisqu'il oppose l'équité verticale de l'équité horizontale. La première suppose que les taux moyens d'imposition s'élèvent avec la capacité contributive tandis que la seconde implique que les contribuables placés dans la même situation soient traités de la même façon [1744]. L'équité constitue ainsi la valeur phare de la justice sociale [1745]. La justice fiscale, tout comme le principe d'égalité, s'apprécie alors

---

1739 SUPIOT (A.), « Justice sociale et libéralisation du commerce international », *Droit social*, 2009, n° 2, p.132.

1740 DUFOURCQ (N.), « Sécurité sociale : le mythe de l'assurance », *Droit social*, 1994, p.291.

1741 *Ibid.*

1742 PIÉTRI (F.), *Justice et injustice fiscale*, Paris, Ed. Tallandier, 1933, p.73.

1743 LEROY (M.), « Quelle convergence pour les politiques fiscales en Europe ? », *RMCUE*, 1995, n° 393, p.677.

1744 *Ibid.*

1745 BEC (C.), *La Sécurité sociale, une institution de la démocratie*, Paris, Gallimard, Coll. Bibliothèque des sciences humaines, 2014, p.224 ; Cité également par GINON (A.-S.), « Dossier - Les transformations de la Sécurité sociale : question de droits ou du droit ? », *RDSS*, 2016, p.80.

devant tous les impôts et non au regard d'un seul. S'il apparaît que le principe du consentement à l'impôt s'applique majoritairement en matière de justice fiscale, la justice sociale se conforme au principe d'égalité à travers l'équité. La justice fiscale implique alors « *une appréciation globale, prenant réellement en compte tous les impôts, voire tous les prélèvements obligatoires* » [1746]. Les cotisations sociales organisent une solidarité [1747], elles sont maintenues dans une approche classique du principe d'égalité [1748]. Elles relèvent également de la justice fiscale. La répartition des ressources n'étant pas illimitée, le législateur doit établir des critères et des plafonds faisant entrer les individus dans des catégories distinctes selon leur situation [1749] tout en respectant le principe d'égalité et d'équité entre les contribuables et les cotisants. Certains aspects sociaux comme le choix d'unité de l'imposition relèvent ainsi de la justice fiscale [1750], et certains aspects fiscaux relèvent de la justice sociale. Le principe d'égalité met en œuvre l'idéal de justice sociale, dans la mesure où, en France comme en Allemagne, *« il est "nourri" par la notion de capacité contributive* » [1751]. La justice fiscale se rapproche alors de l'égalité « réelle » conçue par MONTESQUIEU comme l'égalité de la bonne démocratie qui constitue l'âme de l'État [1752]. Cette notion d'égalité réelle rejoint celle de justice commutative. Vincent DREZET considère à ce titre que « *l'impôt doit jouer un rôle plus actif dans la réduction des inégalités, à la fois dans le but de rechercher une plus grande justice fiscale dans la redistribution des richesses, condition nécessaire au maintien du "pacte social" dans une démocratie, mais également, plus prosaïquement, dans un but de sortir de la crise en répartissant mieux la dette de la crise dans*

1746 BRARD (Y.), « Égalité devant l'impôt et égalité devant les impôts », *Dalloz*, 1998, n° 11, p.118.

1747 Voir en ce sens, le paragraphe n° 90.

1748 CAMBY (J.-P.), « Impositions, cotisations, Constitution », *RFFP*, n° 128, 2014, p.239.

1749 NIVARD (C.), « La justice sociale dans la jurisprudence conventionnelle », in BURGORGUE LARSEN (L.) (dir.), *La justice sociale saisie par les juges en Europe*, Paris, Pedone, 2013, Coll. Cahiers européens, n° 4, p.72.

1750 LEROY (M.), « Quelle convergence pour les politiques fiscales en Europe ? », *op.cit.*, p.677.

1751 MANGIAVILLANO (A.), *Le contribuable et l'État, l'impôt et la garantie constitutionnelle de la propriété (Allemagne- France)*, Paris, Dalloz, Coll. « Nouvelle Bibliothèque de Thèses », 2013, p.130.

1752 BÉNOIT (F.-P.), « Montesquieu, inspirateur des Jacobins. La théorie de la "bonne démocratie" », *RDP*, 1995, pp.11-12.

un contexte de forte pression sur les finances publiques » [1753]. L'égalité, ou la lutte contre les inégalités, lient le principe d'égalité et la justice fiscale.

277. L'imbrication de la justice fiscale. La notion de justice est polysémique. ARISTOTE opposait la justice commutative à la justice distributive [1754]. La justice commutative est celle qui règle les échanges entre les personnes d'une manière égale, selon une égalité arithmétique alors que la justice distributive prend en compte la valeur des personnes et leurs mérites. Michel BOUVIER invoque la justice redistributive comme permettant d'associer étroitement justice fiscale et justice sociale [1755] puisqu'elle vise au travers d'une redistribution des richesses par l'impôt, à réduire les inégalités de revenus [1756]. Il devient alors difficile d'appréhender la notion de justice fiscale indépendamment de la justice sociale puisqu'« *il est primordial de reconnaître l'importance de ce concept dans le cadre d'une réflexion sur la justice fiscale* » [1757]. La justice fiscale apparaît comme une partie intégrante de la justice sociale puisqu'elle ne peut être analysée en faisant abstraction du contexte social dans lequel elle se situe [1758]. En raison de son immersion au sein du contexte social, la notion de justice fiscale apparaît insaisissable [1759], d'autant plus qu'en matière de justice fiscale la fiscalité s'insère dans un tout [1760]. Il apparaît difficile d'apprécier la justice d'un impôt sans prendre en compte les cotisations sociales ainsi que les autres impositions du système. De la même manière que le caractère confiscatoire, la justice fiscale peut s'apprécier de manière individuelle concernant un impôt

---

[1753] DREZET (V.), « L'impôt, les riches, la crise et la justice fiscale … », *Mouvements*, 2010, n° 64, pp.44-45.

[1754] Voir en ce sens, ARISTOTE, *Éthique à Nicomaque*, Paris, Flammarion, Coll. Garnier-Flammarion, n° 947, 560p. ; cité également par DUMONT (A.), « Impositions affectées et justice fiscale », *RFFP*, n° 123, 2013, p.151.

[1755] BOUVIER (M.), « Justice fiscale : un enjeu éthique et philosophique », *RFFP*, n° 112, 2010, p.VI. ; BOUVIER (M.), « La notion de capacité contributive des contribuables dans la société post-moderne », *RFFP*, n° 100, 2007, p.86.

[1756] BOUVIER (M.), « Justice fiscale : un enjeu éthique et philosophique », *op.cit.*, p.VI et VII.

[1757] N. LARIN (G.), LATULIPPE (L.), « Les canons de la justice fiscale : évolution et influences », *RFFP*, n° 124, 2013, p.6.

[1758] *Ibid.*

[1759] N. LARIN (G.), LATULIPPE (L.), « Les canons de la justice fiscale : évolution et influences », *op.cit.*, p.5.

[1760] GODBOUT (L.), ST-CERNY (S.), « Déchiffrer la justice fiscale », *RFFP*, n° 124, 2013, p.59.

spécifique mais sa portée se révèle lorsqu'elle est appréciée au sein du système fiscal dans son intégralité. Dans cette dernière conception, la justice fiscale rejoint la justice sociale. Le concept de justice fiscale se détermine de deux manières possibles, et cette dualité est inhérente au concept même de justice fiscale. Jérôme MICHEL considère qu'elle est tout à la fois une réalité institutionnelle et une valeur, celle de contribuer à une application juste de la loi fiscale [1761]. Cette dualité se retrouve également au sein de la justice sociale. La protection sociale est d'ailleurs « *indéniablement un facteur de la justice sociale* » [1762]. La Sécurité sociale, composante de la protection sociale, poursuit le même objectif. Les impôts servant la justice fiscale peuvent ainsi servir la justice sociale lorsqu'ils sont affectés au financement de la Sécurité sociale. La fiscalité apparaît ainsi comme un outil au service de la justice sociale [1763]. Certains vont même jusqu'à affirmer que l'idéal de justice fiscale se confond juridiquement en grande partie avec celui de justice sociale en considérant que « *dans son sens contemporain, la justice fiscale, c'est la justice sociale* » [1764]. La justice fiscale est certes partie intégrante de la justice sociale, mais cette dernière ne doit pas être pour autant limitée au seul aspect fiscal. La justice sociale s'exprime également à travers les droits sociaux qui sont tout autant fondamentaux que les autres droits [1765] et qui peuvent ainsi être financés au moyen de la fiscalité. Puisque « *sont vouées à l'échec les tentatives de bâtir une "science du droit" entièrement purgée de toute considération de justice* » [1766], la science des finances en tant que science des prélèvements obligatoires ne peut être construite sans impliquer la justice fiscale mais aussi la justice sociale. François PIÉTRI considère qu'une réforme fiscale efficace doit donc s'inscrire à mi-

---

[1761] MICHEL (J.), « L'expérience française de la justice fiscale », *RFFP*, n° 124, 2013, p.123.

[1762] EUZÉBY (A.), « Protection sociale et justice sociale : quelques points de repère », *Droit social*, 2002, p.812.

[1763] FLEURBAEY (M.), « Fiscalité, justice sociale et démocratie », *Cahiers français*, n° 343, 2008, p.9.

[1764] MANGIAVILLANO (A.), *Le contribuable et l'État, l'impôt et la garantie constitutionnelle de la propriété (Allemagne- France)*, Paris, Dalloz, Coll. « Nouvelle Bibliothèque de Thèses », 2013, p.127.

[1765] GALLO (F.), « Justice sociale et justice fiscale », in *Regards critiques et perspectives sur le droit et la fiscalité*, Liber amicorum Cyrille DAVID, Paris, LGDJ, 2005, p.22.

[1766] SUPIOT (A.), « L'idée de justice sociale », in BURGORGUE LARSEN (L.) (dir.), *La justice sociale saisie par les juges en Europe*, Paris, Pedone, 2013, Coll. Cahiers européens, n° 4, p.6.

distance entre le rêve de l'impôt juste et la réalité de l'impôt utile[1767]. Selon Alain STEICHEN, l'impôt puise ainsi « *sa légitimité dans l'existence de services étatiques pour lesquels il y a lieu de payer le "juste" prix. La fiscalité relève donc également de la justice des échanges, d'où notre souhait à voir les pouvoirs politiques pratiquer des taux proportionnels et non plus progressifs sur l'assiette imposable des contribuables* ». La CSG et la CRDS sont des impôts proportionnels qui incarnent alors le juste impôt. La prise en charge des risques sociaux dans une société démocratique [1768] est légitimée par le principe du consentement qui affecte la justice sociale. Afin d'améliorer la justice fiscale, il conviendrait alors de cesser de fabriquer de la fiscalité au jour le jour [1769]. La justice fiscale doit ainsi se construire en adéquation avec la justice sociale d'autant plus que la justice, qu'elle soit sociale ou fiscale, désigne « *un but qu'on doit s'efforcer d'approcher sans jamais pouvoir l'atteindre* » [1770]. L'équilibre entre la justice fiscale et la justice sociale revient à trouver, dans un cadre social déterminé, le moins mauvais équilibre entre les aspirations individuelles et les nécessites collectives [1771]. Par l'impôt, la justice fiscale s'intègre pleinement à la justice sociale. Cependant, si la démocratie n'est pas suffisante pour assurer la justice sociale [1772], l'impôt devient démocratique à travers les exigences de la justice sociale.

§2. LA DÉMOCRATIE SOCIALE ET L'IMPÔT

278. La fiscalisation doit se réaliser selon Rémi PELLET, sans remettre en cause la participation des partenaires sociaux aux instances de gestion de la Sécurité sociale afin qu'elle soit perçue comme « *un acte de confiance dans la démocratie* » [1773]. Le fait de soustraire la Sécurité

[1767] PIÉTRI (F.), *Justice et injustice fiscale*, Paris, Ed. Tallandier, 1933, p.192.

[1768] PRÉTOT (X.), « La Sécurité sociale et les finances publiques », *RFFP*, n° 51, 1995, p.147.

[1769] PIÉTRI (F.), *Justice et injustice fiscale*, *op.cit.*, p.191.

[1770] SUPIOT (A.), « L'idée de justice sociale », in BURGORGUE LARSEN (L.) (dir.), *La justice sociale saisie par les juges en Europe*, Paris, Pedone, 2013, Coll. Cahiers européens, n° 4, p.6.

[1771] BARILARI (A.), « Le consentement à l'impôt, fragile mais indispensable aporie », *Regards croisés sur l'économie*, 2007/1, n° 1, p.34.

[1772] SHAPIRO (I.), « La justice démocratique : deux dimensions », *Raisons politiques*, n° 3, 2004, p.126.

[1773] PELLET (R.), « Étatisation, fiscalisation et budgétisation de la Sécurité sociale », *Droit social*, 1995, p.304.

sociale à une gestion trop étatisée favoriserait l'émergence d'une démocratie qui ne serait plus seulement politique mais également sociale [1774]. La fiscalisation invite alors à s'interroger sur la place des partenaires sociaux (**A**) ainsi que sur la légitimité de la sécurité sociale (**B**).

A. La place souhaitée mais mitigée des partenaires sociaux

279. Le renforcement du rôle de l'État. La démocratie sociale consiste à faire participer les représentants syndicaux, les partenaires sociaux à la gestion de la Sécurité sociale à travers les élections sociales notamment. L'idée de la démocratie sociale est donc de déléguer la gestion de la Sécurité sociale aux intéressés eux-mêmes. Cependant, dès son origine, la démocratie sociale a été mise en œuvre sous la surveillance de l'État qui restait maître de la fixation du taux des cotisations sociales prélevées sur les salaires ainsi que du taux des prestations versées aux assurés. Elle apparaît alors comme un mythe [1775]. La responsabilité de l'équilibre financier de la Sécurité sociale n'a ainsi « *jamais appartenu aux partenaires sociaux* » [1776]. Depuis la création de la Sécurité sociale, l'État a vu son rôle renforcé dans la gestion des politiques sociales et le pilotage du système de santé. La création de l'Union nationale des caisses d'assurance maladie ainsi que celle des agences régionales de santé ont marqué un net renforcement du rôle de l'État dans le pilotage du système de santé que le recul de la démocratie sociale, symbolisé par la perte d'influence des conseils d'administration dans le processus décisionnel, avait déjà commencé à esquisser dès 1996 [1777]. Les agences régionales de santé, en vertu de l'article L.1431-2 du code de la santé publique, définissent et mettent en œuvre « *un ensemble coordonné de programmes et d'actions concourant à la réalisation, à l'échelon régional et infrarégional : - des objectifs de la politique nationale de santé* [...] *; -*

[1774] DONNADIEU (R.), « Droit public et droit social en matière de Sécurité sociale », *Droit social*, 1991, p.233.

[1775] LANGLOIS (P.), « Finances sociales et démocratie sociale », in PHILIP (L.) (dir.), *Les finances sociales, Unité ou diversité. Aspects administratif, constitutionnel, économique et financier*, Paris, Economica, 1995, p.170.

[1776] PELLET (R.), « Fiscalité sociale : les contradictions des syndicats de salariés », *Droit social*, 2012, n° 6, p.577.

[1777] MARIÉ (R.), « Vers une résurgence des assurances sociales dans le champ de la couverture maladie », *Droit social*, 2015, n° 4, p.369.

des principes de l'action sociale et médico-sociale […] *; - des principes fondamentaux* » relatifs à l'organisation de la Sécurité sociale. Elles contribuent également au respect de l'ONDAM. L'Union nationale des caisses d'assurance maladie (UNCAM) est une instance créée par la loi du 13 août 2004 [1778] qui regroupe les trois principaux régimes d'assurance maladie : le régime général, le régime agricole et le régime social des indépendants. L'UNCAM intervient « *dans le respect des objectifs de la politique de santé et des plans et programmes de santé qui en résultent ainsi que des objectifs fixés par les lois de financement de la Sécurité sociale* » en vertu de l'article L.182-2 du CSS. L'UNCAM est un établissement public national à caractère administratif et elle est soumise au contrôle des autorités compétentes de l'État d'après l'article L.182-2-1 du CSS. La création de ces institutions a réduit la place des partenaires sociaux et ainsi la démocratie sociale. La loi du 13 août 2004 a également augmenté les ressources de la branche par le biais d'une hausse de la fiscalité affectée, de la CSG et de la CRDS [1779]. Il est intéressant de noter que dans la loi du 5 mars 2014 [1780], la démocratie sociale est abordée sous l'angle de la représentativité patronale (article 29), de la représentativité syndicale (article 30), du financement des organisations syndicales et patronales (article 31), de la transparence des comptes des comités d'entreprise (article 32 et 33). Il est d'ailleurs mis en place « *un fonds paritaire, chargé d'une mission de service public, apportant une contribution au financement des organisations syndicales de salariés et des organisations professionnelles d'employeurs* » défini à l'article L.2135-9 du CSS. L'intitulé de cette loi est cependant aux apparences trompeuses [1781] puisqu'elle ne concerne qu'une partie des relations professionnelles. La démocratie sociale ne peut ainsi se limiter au contenu de cette loi puisque la Sécurité sociale en est exclue. L'intervention étatique dans l'organisation et la gestion de la Sécurité sociale est

---

[1778] Loi n° 2004-810 du 13 août 2004 relative à l'assurance maladie, JORF n° 190 du 17 août 2004, p.14598.

[1779] PELLET (R.), « Le financement de la Sécurité sociale », *Cahiers Français*, n° 329 – Budget de l'État et finances publiques, Paris, La documentation française, Novembre-Décembre 2005, p.82.

[1780] Loi n° 2014-288 du 5 mars 2014 relative à la formation professionnelle, à l'emploi et à la démocratie sociale, JORF n° 0055 du 6 mars 2014, p.4848.

[1781] BONNIN (V.), « La « démocratie sociale » constitutionnalisée ? », *Droit social*, 2014, n° 5, p.428.

croissante ce qui suscite régulièrement certaines oppositions de la part des syndicats de salariés [1782].

280. La démocratie sociale préservée par les conventions d'objectifs et de gestion. La place des partenaires sociaux se heurte à la fiscalisation du financement de la Sécurité sociale. Cependant certains mécanismes sont mis en place afin de préserver la démocratie sociale et pour la concilier avec l'étatisation croissante de la Sécurité sociale. Les conventions d'objectifs et de gestion constituent l'un de ces moyens. Elles apparaissent comme un « *instrument de démocratie sociale* » [1783] alors que la réforme de 1996 est globalement venue l'amoindrir. Instituées par l'ordonnance du 24 avril 1996 [1784], elles sont conclues entre l'État et les caisses nationales des régimes principaux de Sécurité sociale. Sont concernées la Caisse nationale de l'assurance maladie des travailleurs salariés, la Caisse nationale d'assurance vieillesse des travailleurs salariés, la Caisse nationale des allocations familiales et l'Agence centrale des organismes de sécurité sociale. Signées généralement pour quatre ans par le président et le directeur de la caisse concernée ainsi que par les ministres de tutelle [1785], les conventions d'objectifs et de gestion poursuivent des objectifs variés allant de l'amélioration de la qualité des services, du développement de la performance à la simplification des démarches en passant par la lutte contre les fraudes. En vertu de l'article L.227-1 du CSS, elles viennent déterminer « *les objectifs pluriannuels de gestion, les moyens de fonctionnement dont les branches et les organismes disposent pour les atteindre et les actions mises en œuvre à ces fins par chacun des signataires* ». Ces objectifs doivent ensuite être répercutés à l'échelon local par la signature de contrats avec les caisses locales [1786]. Elles sont développées par des contrats pluriannuels de gestion entre chaque organisme national et les organismes locaux et

---

[1782] Voir en ce sens, PELLET (R.), « Fiscalité sociale : les contradictions des syndicats de salariés », *Droit social*, 2012, n° 6, pp.569-579.

[1783] SPAETH (J.-M.), « La convention d'objectifs et de gestion, davantage de démocratie et de transparence dans les relations entre l'État et l'assurance maladie », *Droit social*, 1997, n° 9-10, p.805.

[1784] Ordonnance n° 96-344 du 24 avril 1996 portant mesures relatives à l'organisation de la sécurité sociale, JORF n° 98 du 25 avril 1996, p.6301.

[1785] Direction de la Sécurité sociale, *Le service public de Sécurité sociale, Zoom sur les conventions d'objectifs et de gestion,* p.10.

[1786] LIGNEAU (P.), « DRASS. Missions. Conventions d'objectifs et de gestion. Évaluation », *RDSS*, 1999, p.171.

régionaux de la branche considérée [1787]. Bien plus que de simples contrats d'intention, les conventions sont pourvues d'une véritable valeur juridique [1788] depuis la décision *Caisse d'allocations familiales d'Eure et Loir* [1789], dès lors que leurs clauses sont suffisamment précises et les engagements pris par leurs signataires réellement réciproques. Le Conseil d'État a d'ailleurs confirmé cette solution à deux reprises [1790]. Elles sont l'aboutissement d'une réflexion menée depuis une dizaine d'années sur la gestion de la Sécurité sociale [1791], la Sécurité sociale apparaît alors comme le précurseur d'un nouveau mode de fonctionnement de l'État avec ses partenaires fondé sur la négociation plus que sur le pouvoir régalien, contribuant à *« refonder par un nouveau contrat social une démocratie sociale apaisée et réaffirmant la légitimité et la capacité d'adaptation du service public* [1792]. L'État intervient également dans le cadre d'un contrôle parlementaire des conventions d'objectifs et de gestion puisque l'article L.228-1 du CSS a mis en place un conseil de surveillance qui « *se réunit au moins deux fois par an pour examiner les conditions de mise en œuvre des conventions d'objectifs et de gestion visées aux articles L.227-1 et suivants* ». Ce conseil de surveillance est composé de représentants du Parlement et de représentants des collectivités locales, ainsi que, selon l'organisme national, des retraités, des familles, des handicapés et accidentés du travail et des organisations œuvrant dans le domaine économique et social et en faveur des populations les plus démunies ainsi que de personnalités qualifiées. Bien que leurs attributions soient strictement encadrées, les conseils de surveillance n'ont pas vocation à remplacer les conseils d'administration. Les conventions constituent ainsi le pont [1793] entre les objectifs financiers de la Sécurité sociale et leur mise en œuvre par les gestionnaires. Ces conventions permettent ainsi de mettre

---

[1787] GARBAR (C.-A.), « Les conventions d'objectifs et de gestion nouvel avatar du "contractualisme" », *Droit social*, 1997, n° 9-10, p.816.

[1788] GARBAR (C.-A.), « Nouvelles réflexions sur la consistance juridique des conventions d'objectifs et de gestion », *RDSS*, 2004, n° 4, p.950.

[1789] CE, 1e et 2e ss-sect., 3 avril 2002, req. n° 241132, Inédit au Recueil Lebon.

[1790] « *il résulte tant de ces dispositions législatives que de son contenu que cette convention a un caractère contractuel* », CE, 1e et 6e ss-sect., 18 février 2009, req. n° 295233 ; CE, 1e et 6e ss-sect., 28 mai 2010, req. n° 328731.

[1791] LIBAULT (D.), « Réformer de l'intérieur la Sécurité sociale : les conventions d'objectifs et de gestion », *Droit social*, 1997, n° 9-10, p.800.

[1792] *Ibid*, p.804.

[1793] SOULIÉ (B.), « Les conventions d'objectifs et de gestion : le nouveau cadre d'exercice des responsabilités respectives de l'État et de la Sécurité sociale », *Droit social*, 1996, n° 9-10, p.795.

en œuvre les lois de financement de la Sécurité sociale. Cette réforme amorce ainsi une translation de pouvoir entre la démocratie sociale et la démocratie politique[1794].

281. La pluriannualité budgétaire de la Sécurité sociale. Les conventions s'appuient sur l'expérience des plans pluriannuels de gestion administrative en vigueur dans le régime général depuis 1988 et étendue, à partir de 1991, aux autres régimes de non-salariés non agricoles [1795]. La Sécurité sociale a fini par opter pour une pluriannualité au sein même des lois de financement de la Sécurité sociale. Depuis la réforme de 1996, le Parlement vote annuellement la loi de financement de la Sécurité sociale. Le principe d'annualité budgétaire s'applique donc aux lois de financement dans la mesure où elles sont votées chaque année, mais la nature même de ces lois les oriente vers la pluriannualité budgétaire. La loi organique n° 96-646 du 22 juillet 1996 [1796] relative aux lois de financement de la Sécurité sociale était venue préciser le contenu des lois de financement, mais la loi organique n°2005-881 du 2 août 2005 [1797] relative aux lois de financement de la Sécurité sociale a radicalement modifié leur structure. Le vote du Parlement porte depuis lors aussi bien sur l'exercice clos, que sur l'exercice précédent ou sur celui à venir. Cette répartition se retrouve au sein même des différentes parties de la LFSS. L'article LO.111-3.I du Code de la sécurité sociale prévoit que la loi de financement de la Sécurité sociale comprend quatre parties. La première concerne les dispositions relatives au dernier exercice clos. Elle se rapproche en quelque sorte de l'équivalent de la loi de règlement pour les finances étatiques. La deuxième partie concerne les dispositions relatives à l'année en cours. Elle correspond à l'équivalent de la loi de finances rectificative de fin d'année. La troisième partie est relative aux recettes et à l'équilibre général pour l'année à venir. Elle correspond à l'équivalent de la première partie de la loi de finances pour l'année à venir. La quatrième partie concerne les dispositions relatives aux dépenses pour

[1794] BONNET (X.), « Les COG, un outil efficace de maîtrise des activités de sécurité sociale », *Regards*, n° 48, 2015, p.206.

[1795] SOULIÉ (B.), « Les conventions d'objectifs et de gestion : le nouveau cadre d'exercice des responsabilités respectives de l'État et de la Sécurité sociale », *op.cit.*, p.794.

[1796] Loi organique n° 96-646 du 22 juillet 1996 relative aux lois de financement de la Sécurité sociale, JORF n° 170 du 23 juillet 1996, p.11103.

[1797] Loi organique n° 2005-881 du 2 août 2005 relative aux lois de financement de la Sécurité sociale, JORF n° 179 du 3 août 2005, p.12633.

l'année à venir. Elle correspond à l'équivalent de la seconde partie de la loi de finances pour l'année à venir. L'exercice pluriannuel entend ainsi « *dépasser le cadre de l'annualité budgétaire pour responsabiliser les gestionnaires de la Sécurité sociale sur le triptyque "globalisation-pluriannualité-responsabilité"* » [1798] et améliorer la performance et le pilotage des politiques sociales. Même si la représentation présente l'inconvénient de mettre en place une distance sociale entre gouvernants et gouvernés ce qui « *rend plus difficile la nécessaire ressemblance entre les uns et les autres* » [1799], la mise en place des lois de financement de la Sécurité sociale a accentué la légitimité de la Sécurité sociale. Emmanuel DE CROUY-CHANEL considère que « *parler d'impôt, c'est parler d'un pouvoir de l'État ; traiter de démocratie, c'est traiter d'un mode de légitimation de l'État* » [1800]. Par conséquent, puisque l'impôt est lié à la démocratie sociale et fiscale et qu'il est croissant en matière de financement de la Sécurité sociale, il renforce ainsi la légitimité de la Sécurité sociale, d'autant plus que dans une démocratie, le lien entre l'individu et la société s'effectue par l'impôt [1801].

B. La légitimité de la Sécurité sociale

282. Le renforcement à travers la démocratie sociale. La légitimité repose sur une autorité fondée sur des bases juridiques et permet de recevoir le consentement de la société. La légitimité diffère ainsi de la légalité. Elle vise l'équité et non pas seulement l'égalité devant la loi. Le développement de la démocratie sociale renforce la légitimité de celle-ci puisque les valeurs fondamentales de la démocratie sociale sont la liberté, la justice, l'équité et la solidarité [1802]. Initialement la démocratie est un régime dans lequel le plus grand nombre détient le pouvoir de l'État. Elle

---

1798 SOULIÉ (B.), « Les conventions d'objectifs et de gestion : le nouveau cadre d'exercice des responsabilités respectives de l'État et de la Sécurité sociale », *Droit social*, 1996, n° 9-10, p.794.

1799 LE CORNEC UBERTINI (A.-H.), « La démocratie au risque de la représentation », *Actes des 2èmes journées scientifiques euroméditerranéennes*, Palais Neptune, Toulon, 8-9 novembre 2007, Version de travail sur @rchivesic.

1800 DE CROUY-CHANEL (E.), « Le consentement de l'impôt », *Pouvoirs*, 2014, n° 151, p.5.

1801 DREZET (V.), « Pour l'impôt. Mieux l'impôt, voilà l'enjeu ! », *Pouvoirs*, 2014, n° 151, p.35.

1802 Fondation Friedrich Ebert, *Fondements de la démocratie sociale*, Akademie soziale demokratie, Berlin, Ed. Département de la Coopération Internationale, 2e éd., Octobre 2009, p.6.

implique que tous les individus membres de l'État peuvent participer à la formation de l'organe de l'Éta*t* [1803]. Le fondement essentiel de la démocratie est « *"l'amour de l'égalité" dans le cadre de la patrie* » [1804]. La démocratie sociale constitue aussi un des aspects de la démocratie. Elle a évolué depuis l'instauration de la Sécurité sociale. Elle s'inscrit comme le fruit de la tradition mutualiste antérieure au plan de 1945 [1805]. Cependant, comme l'affirme Michel BORGETTO, « *le temps n'est plus aujourd'hui à la fondation de la Sécurité sociale mais à sa sauvegarde ; n'est plus, par voie de conséquence, à la consécration de la Démocratie sociale mais à son réaménagement* » [1806]. La démocratie sociale constitue un des quatre piliers [1807] sur lesquels repose le droit social. Une vraie démocratie sociale est indispensable pour asseoir l'autorité des syndicats et leur conférer une influence comparable à celle du politique [1808]. Néanmoins pour Nicolas DUFOURCQ, l'exécutif entretenait lui-même le mythe de la démocratie sociale afin de se protéger des velléités de contrôle du Parlement [1809]. La démocratie apparaît alors embryonnaire [1810]. Par les nombreuses réformes de la Sécurité sociale, la démocratie sociale, favorisant la représentation syndicale et celle des assurés, s'est estompée [1811], elle a évolué même si elle vise toujours une organisation sociale plus juste.

283. L'avènement de la démocratie politique. La démocratie sociale voulue par le législateur de 1945 [1812] n'existe plus. La démocratie

---

[1803] JIANG (J.), *La théorie du droit public*, Paris, L'Harmattan, Coll. Logiques juridiques, 2010, p.113.
[1804] BÉNOIT (F.-P.), « Montesquieu, inspirateur des Jacobins. La théorie de la "bonne démocratie" », *RDP*, 1995, p.7.
[1805] SUPIOT (A.), « Dossier - La sécurité sociale entre transformisme et réformisme », *RDSS*, 2016, p.5.
[1806] BORGETTO (M.), « Sécurité sociale et démocratie sociale : état des lieux », *RFFP*, n° 64, 1998, p.16.
[1807] SUPIOT (A.), « L'idée de justice sociale », in BURGORGUE LARSEN (L.) (dir.), *La justice sociale saisie par les juges en Europe*, Paris, Pedone, 2013, Coll. Cahiers européens, n° 4, p.10.
[1808] DUFOURCQ (N.), « Démocratie sociale et Sécurité sociale », *Droit social*, 1994, n° 12, p.1011.
[1809] *Ibid*, p.1015.
[1810] ROMAN (D.), « Constitution et solidarité », *Petites affiches*, 2009, n° 16, p.73.
[1811] LE BELLEC (N.), « La tutelle de l'État sur les organismes nationaux du régime général de Sécurité sociale », *Droit social*, 1990, n° 5, p.456.
[1812] FROMENTIN (R.), « La gestion des caisses de Sécurité sociale par les partenaires sociaux est-elle possible ? », *Droit social*, 1993, n° 3, p.310.

sociale est devenue parlementaire [1813]. La démocratie politique se différencie de la démocratie sociale et de la démocratie parlementaire. La distinction entre la démocratie politique et la démocratie sociale date de la mise en place de la Sécurité sociale où « *la démocratie politique implique une gestion des affaires publiques confiée à des élus de la population, au niveau local, départemental, régional et national, de même la démocratie sociale voudrait que des représentants des institutions sociales assument la responsabilité de la gestion des institutions créées au profit de ces derniers* » [1814]. Les relations entre les partenaires sociaux et la Sécurité sociale sont régies par la loi, dès lors la démocratie politique régit la démocratie sociale. Si les deux sont distinctes car le Parlement représente le peuple français et l'intérêt général et les partenaires sociaux agissent dans l'intérêt des branches, des professions, des salariés [1815], elles apparaissent unies par leur vocation représentative. Jean-Denis COMBREXELLE estime d'ailleurs que la démocratie ne se divise pas, elle est une et elle est politique [1816]. René CAPITANT considère, quant à lui, que la démocratie sociale est « *une extension de la démocratie politique, une extension d'ailleurs nécessaire à l'application intégrale de la démocratie* » [1817]. Le plan de Sécurité sociale de 1945 consacra la démocratie sociale et entendit également, en associant étroitement les partenaires sociaux à la gestion du système, introduire cette même démocratie au sein de ce dernier, contribuant de la sorte à parachever la construction [1818]. La démocratie renvoie ainsi à des procédés mais aussi à des valeurs. Le risque est toutefois qu'en dépossédant le législateur d'un certain pouvoir normatif [1819], la démocratie sociale se substitue à la démocratie politique. Les lois de financement de la Sécurité sociale veillent ainsi à ce qu'un tel risque ne se produise pas en matière de Sécurité sociale. La démocratie

---

1813 PELLET (R.), « La Cour des comptes et les lois de financement de la Sécurité sociale », *Droit social*, 1996, n° 9-10, p.775.

1814 LAROQUE (P.), Actes du colloque Culture, valeurs et éthique de la Sécurité sociale, CNESS, 1992 ; Cité par LAROQUE (M.), « L'évolution des structures de gestion de la Sécurité sociale », *Droit social*, 1994, n° 11, p.908.

1815 GAURIAU (B.), « Les transformations du droit syndical », *JCP S*, 2015, n° 26, comm.1239.

1816 COMBREXELLE (J.-D.), « De la négociation collective aux réformes des représentativités syndicale et patronale », *JCP G*, 2015, n° 8, doctr. 235.

1817 CAPITANT (R.), *Écrits constitutionnels*, Paris, Économica, 1982, p.172.

1818 BORGETTO (M.), « Sécurité sociale et démocratie sociale : état des lieux », *RFFP*, n° 64, 1998, p.25.

1819 SOURIAC (M.-A.), «La vigilance, condition nécessaire de la confiance», *RDT*, 2013, n° 3, p.159.

sociale doit continuer à être conçue « *comme un complément et non comme un substitut de la démocratie politique* »[1820]. Quoi qu'il en soit, ces deux visions de la démocratie, tout comme la démocratie dans son sens premier, impliquent des relations étroites avec le droit constitutionnel [1821] et le droit parlementaire. Le Parlement a fini par s'imposer comme acteur légitime [1822], d'autant plus qu'à travers la fiscalisation des ressources de la Sécurité sociale, le champ de la compétence parlementaire s'est accru puisque le législateur est compétent en matière d'impositions de toutes natures. L'impôt porte avec lui « *l'image flatteuse d'un compagnon de route de la démocratie* » [1823].

284. De la légitimité à la légalité de la Sécurité sociale, il n'y a qu'un pas. Une partie de la légitimité de la Sécurité sociale provient de la démocratie sociale. La participation des partenaires sociaux et des assurés à la gestion de la Sécurité sociale permettait l'expression de leur consentement et assurait ainsi la légitimité de celle-ci. Cette légitimité était également assise sur des bases juridiques solides. La nature de ces bases juridiques permet la distinction entre la légitimité et la légalité. La légalité relève ainsi du domaine de la loi. La Sécurité sociale est partagée entre les compétences législatives et réglementaires [1824] puisque l'article 34 de la Constitution dispose que « *la loi détermine les principes fondamentaux* [...] *de la sécurité sociale* » et les « *lois de financement de la Sécurité sociale déterminent les conditions générales de son équilibre financier et, compte tenu de leurs prévisions de recettes, fixent ses objectifs de dépenses, dans les conditions et sous les réserves prévues par une loi organique* ». Ce qui ne relève pas de ce domaine, relève du domaine réglementaire et de l'article 37 de la Constitution. La compétence fiscale relève du domaine de la loi puisqu'en vertu de l'article 34, le législateur est compétent pour déterminer « *les règles concernant* [...] *l'assiette, le taux et les modalités de recouvrement des impositions de toutes natures* ». La fiscalité affectée bénéficie directement aux

---

[1820] BORGETTO (M.), « Quelle Démocratie sociale ? », *RDP*, 2002, p.194.

[1821] DENQUIN (J.-M.), « L'objet du droit constitutionnel : État, Constitution, Démocratie », in TROPER (M.), CHAGNOLLAUD (D.) (dir.), *Traité international de droit constitutionnel –Théorie de la Constitution*, t.1, Paris, Dalloz, 2012, p.61.

[1822] DUFOUR (A.-C.), *Les pouvoirs du Parlement sur les finances de la sécurité sociale – Étude des lois de financement de la Sécurité sociale*, Paris, Dalloz, 2012, Coll. Bibliothèque parlementaire et constitutionnelle, p.33.

[1823] DE CROUY-CHANEL (E.), « Le consentement de l'impôt », *Pouvoirs*, 2014, n° 151, p.5.

[1824] Sur le détail du partage des compétences normatives, voir les paragraphes n° 336 et s.

organismes sociaux, c'est-à-dire aux régimes de Sécurité sociale. Les organismes sociaux bénéficiaires deviennent des acteurs fiscaux à part entière [1825]. Cette multiplication des acteurs fiscaux apparaît comme un phénomène de remise en cause de la légitimité du pouvoir fiscal appréhendé jusque-là comme universel [1826]. La remise en cause de la légitimité du pouvoir fiscal ne traduit pas pour autant son déclin, mais son adaptation aux besoins financiers actuels. Par conséquent, la fiscalisation des ressources de la Sécurité sociale, comme le basculement du financement par cotisations vers l'impôt mais aussi comme le recours aux règles fiscales, traduit une augmentation de la légalité de la Sécurité sociale. Si l'on ne peut encore parler de légalité de la Sécurité sociale au même titre que la légalité fiscale, un rapprochement s'opère progressivement. À travers la modification de la compétence législative [1827], la légitimité de la Sécurité sociale évolue ainsi parallèlement à celle de la démocratie sociale. L'évolution du rôle de l'impôt renforce ainsi la légitimité du système fiscal ainsi que celle du système de Sécurité sociale. Même si l'augmentation du recours à l'impôt est justifiée par la mobilisation fiscale [1828], elle l'est également par l'aspect solidaire du prélèvement puisque la solidarité permet de concevoir une démocratie non moins sociale que libérale [1829]. La démocratie demeure ainsi « *la justification primaire de toutes les politiques et de toutes les actions sociales dans le monde contemporain* »[1830]. La décision politique, qu'elle intervienne en matière fiscale ou sociale, est plus légitime puisqu'elle découle non seulement de ce qu'elle a été prise par une majorité démocratiquement élue mais aussi de ce qu'elle a respecté les limites fixées par la Constitution [1831].

1825 BOUVIER (M.), « Les transformations de la légitimité de l'impôt dans la société contemporaine », in BOUVIER (M.), (dir.), *Réforme des finances publiques, démocratie, et bonne gouvernance*, LGDJ, Paris, 2004, p.85.

1826 *Ibid*, p.84.

1827 Voir en ce sens, les paragraphes n° 336 et s.

1828 BOUVIER (M.), « Sens et légitimité de l'impôt », *Pouvoirs*, 2014, n° 151, p.31.

1829 BLAIS (M.-C.), « Aux origines de la solidarité publique, l'œuvre de Léon Bourgeois », *Revue française des affaires sociales*, n° 1-2, 2014, p.27.

1830 PENOUIL (M.), « La démocratie : le mythe idéologique et les réalités dans le monde contemporain », in *La Constitution et les valeurs*, Mélanges en l'honneur de Dmitri Georges Lavroff, Paris, Dalloz, 2005, p.541.

1831 FAVOREU (L.), « De la démocratie à l'État de droit », *Débats*, n° 64, mars-avril 1991, p.158, repris dans l'ouvrage *La Constitution et son juge*, Paris, Economica, 2014, p.11.

SECTION 2 : LA MISE EN EXERGUE DU PRINCIPE DE SOLIDARITÉ

285. Si la démocratie est l'un des quatre piliers sur lesquels repose le droit social, la solidarité en est un autre [1832]. La Sécurité sociale constitue « *un outil majeur de solidarité et un puissant vecteur de cohésion sociale* » [1833]. Toutefois, la solidarité ainsi que la Sécurité sociale ne sont pas un acquis mais bien un construit, au cas par cas [1834], venant l'un comme l'autre renforcer le lien social unissant les assurés créant ainsi un climat de dépendance réciproque où les plus riches soutiennent et aident les plus pauvres. La mise en exergue du principe de solidarité est double puisqu'à travers la fiscalisation du financement de la Sécurité sociale, la solidarité sociale s'exprime à travers l'émergence des droits créances (**Paragraphe premier**), et la théorie de l'impôt-solidarité est renforcée (**Paragraphe second**).

§1. LA SOLIDARITÉ SOCIALE À TRAVERS L'ÉMERGENCE DES DROITS CRÉANCES

286. Les droits-créances impliquent une action effective de l'État et portent en eux de nombreux fondements constitutionnels aux finances sociales, ils incarnent et représentent surtout des droits à la solidarité (**A**). Leur rattachement aux finances sociales paraît alors d'autant plus justifié (**B**) que la solidarité sociale est « *une des causes fondamentales de l'accroissement continue des dépenses publiques* » [1835].

[1832] SUPIOT (A.), « L'idée de justice sociale », in BURGORGUE LARSEN (L.) (dir.), *La justice sociale saisie par les juges en Europe*, Paris, Pedone, 2013, Coll. Cahiers européens, n° 4, p.10.

[1833] AUBRY (M.), « Approfondir les solidarités et conforter notre système de protection sociale », *Droit social*, 1998, p.871.

[1834] KESSLER (F.), « L'émergence (trop tardive ?) de la notion de régime de protection sociale complémentaire. Note sous Soc., 11 février 2015, n° 13-26.015 et 13-26.016, 14-12.167, 14-13.538 », *RDSS*, 2015, p.355.

[1835] LAVIGNE (P.), « La solidarité devant l'impôt », *Revue de science et de législations financières*, 1958, p.81.

A. Les droits-créances, des droits à la solidarité

287. Une consécration impulsée par l'OIT. La reconnaissance d'un droit à la sécurité sociale est impulsée par l'Organisation Internationale du Travail (OIT) lorsque la Conférence générale de l'OIT du 10 mai 1944, autrement appelée « Déclaration de Philadelphie » sur les buts et objectifs de l'OIT a consacré un droit à la sécurité économique dans son article 2 qui dispose que « *tous les êtres humains, quels que soit leur race, leur croyance ou leur sexe, ont le droit de poursuivre leur progrès matériel et leur développement spirituel dans la liberté et la dignité, dans la sécurité économique et avec des chances égales* ». La portée de cet article est renforcée par l'article 3 qui consacre l'obligation pour l'OIT de seconder « *l'extension des mesures de sécurité sociale en vue d'assurer un revenu de base à tous ceux qui ont besoin d'une telle protection ainsi que des soins médicaux complets* ». Ces deux articles constituent le préalable à la reconnaissance d'un droit à la sécurité sociale qui n'est cependant pas expressément affirmé par l'OIT.

288. Une consécration reconnue par les Nations Unies. La consécration expresse d'un droit à la sécurité sociale ne se réalise qu'avec la déclaration universelle des droits de l'homme, adoptée par l'Assemblée générale des Nations unies le 10 décembre 1948 qui reconnaît un « droit à la sécurité sociale » dans l'article 22 et l'article 25. Si la référence est explicite dans l'article 22 [1836], tel n'est pas le cas de l'article 25 [1837] dont l'alinéa premier prévoit que ce droit à la sécurité s'applique « *en cas de chômage, de maladie, d'invalidité, de veuvage, de vieillesse ou dans les autres cas de perte de ses moyens de subsistance par suite de circonstances indépendantes de sa volonté* ». Le second alinéa dispose

---

[1836] « *Toute personne, en tant que membre de la société, a droit à la sécurité sociale ; elle est fondée à obtenir la satisfaction des droits économiques, sociaux et culturels indispensables à sa dignité et au libre développement de sa personnalité, grâce à l'effort national et à la coopération internationale, compte tenu de l'organisation et des ressources de chaque pays* ».

[1837] « *Toute personne a droit à un niveau de vie suffisant pour assurer sa santé, son bien-être et ceux de sa famille, notamment pour l'alimentation, l'habillement, le logement, les soins médicaux ainsi que pour les services sociaux nécessaires; elle a droit à la sécurité en cas de chômage, de maladie, d'invalidité, de veuvage, de vieillesse ou dans les autres cas de perte de ses moyens de subsistance par suite de circonstances indépendantes de sa volonté. La maternité et l'enfance ont droit à une aide et à une assistance spéciale. Tous les enfants, qu'ils soient nés dans le mariage ou hors mariage, jouissent de la même protection sociale* ».

que tous les enfants « *jouissent de la même protection sociale* », laissant penser qu'il s'agit bien de l'affirmation d'un droit à la sécurité sociale tel qu'affirmé dans l'article 22.

289. Le droit à la sécurité sociale, un droit non reconnu. Si la Sécurité sociale est reconnue comme une obligation constitutionnelle, le droit à la sécurité sociale n'est pourtant pas consacré en tant que tel dans le système juridique. Ce dernier reconnaît cependant le droit à la protection de la santé, ou encore le droit à la protection sociale. Le droit à la protection de la santé, bien qu'évoqué dans la décision n° 74-54 DC du 15 janvier 1975 [1838], possède une valeur constitutionnelle depuis la décision n° 80-117 DC qui dispose que « *la reconnaissance du droit de grève ne saurait avoir pour effet de faire obstacle au pouvoir du législateur d'apporter à ce droit les limitations nécessaires en vue d'assurer la protection de la santé et de la sécurité des personnes et des biens, protection qui, tout comme le droit de grève, a le caractère d'un principe de valeur constitutionnelle* » [1839]. Georges VEDEL affirme d'ailleurs que la nation peut poursuivre la protection de la santé aussi bien par des lois favorisant le libre exercice de la profession médicale que par la nationalisation de celle-ci [1840]. Les « principes particulièrement nécessaires à notre temps » proclamés par le Préambule de la Constitution du 27 octobre 1946 constituent le socle du droit social constitutionnel [1841], dès lors le droit à la protection de la santé en fait incontestablement partie. Il en est de même du droit à la protection sociale qui dispose d'une valeur constitutionnelle depuis la décision n°86-225 DC du 23 janvier 1987 où le Conseil constitutionnel affirme, après avoir rappelé les termes du onzième alinéa du Préambule de la Constitution, « *qu'il incombe, tant au*

[1838] « *Aucune des dérogations prévues par cette loi n'est, en l'état, contraire à l'un des principes fondamentaux reconnus par les lois de la République ni ne méconnaît le principe énoncé dans le Préambule de la Constitution de 1946, selon lequel la Nation garantit à l'enfant la protection de la santé, non plus qu'aucune des autres dispositions ayant valeur constitutionnelle édictées par le même texte.* » - Cons. Const., Décision n° 74-54 DC du 15 janvier 1975, *Loi relative à l'interruption volontaire de la grossesse*, JO du 16 janvier 1975, p.671, Recueil p.19, Considérant n° 10.

[1839] Cons. Const., Décision n° 80-117 DC du 22 juillet 1980, *Loi sur la protection et le contrôle des matières nucléaires*, JO du 24 juillet 1980, p.1867, Recueil p.42, Considérant n° 4.

[1840] VEDEL (G.), RIVERO (J.), « Les principes économiques et sociaux de la Constitution : Le préambule », *Droit social*, fasc. 31, 1947, p.32.

[1841] CYTERMANN (L.) et WANECQ (T.), *Les politiques sociales*, Paris, PUF, Coll. Manuel, 2010, p.10.

législateur qu'au Gouvernement, conformément à leurs compétences respectives, de déterminer, dans le respect des principes proclamés par le onzième alinéa du Préambule, les modalités de leur mise en œuvre » [1842]. Thomas MEINDL nuance la valeur juridique reconnue pour ce droit et considère que si le caractère de « droit fondamental » est acquis, tel n'est pas le cas de la valeur constitutionnelle. Il affirme en effet que « *la valeur constitutionnelle et la reconnaissance comme un droit sont deux conditions nécessaires pour pouvoir être considéré comme un droit fondamental de valeur constitutionnelle* » [1843]. Se fondant sur la décision du 13 août 1993 qu'il qualifie d'ambiguë, il estime que si les prestations d'assurance maladie maternité et décès de même que les prestations d'aide sociale peuvent être considérées comme des droits, il ne s'agit cependant *« pas de droits de valeur constitutionnelle* » [1844]. L'effectivité d'un droit fondamental est cependant garantie par la reconnaissance par le juge, dès lors tant que le droit à la sécurité sociale ne sera pas expressément affirmé par le juge, qu'il soit constitutionnel, administratif ou judiciaire, il ne sera pas reconnu en tant que tel.

290. Le droit de la sécurité sociale, un droit à la sécurité sociale. Le droit à la sécurité sociale se confond avec le droit de la sécurité sociale au même titre que « *le droit à la protection sociale se confond, en pratique, avec le droit de la protection sociale* » [1845], puisqu'il regroupe l'ensemble des règles de droit s'appliquant au fonctionnement de la Sécurité sociale mais aussi à son organisation, à ses prestations et au financement de ces dernières. La reconnaissance d'un droit de la sécurité sociale entraîne ainsi, *de facto*, l'existence et la reconnaissance d'un droit à la sécurité sociale. Le droit de la sécurité sociale devient ainsi un droit à la sécurité sociale dont ses composantes se rapprochent du droit à la protection de la santé et à la protection sociale. La reconnaissance implicite du droit à la sécurité sociale a permis l'émergence des finances sociales, même s'il reste un droit en gestation.

[1842] Cons. Const., Décision n° 86-225 DC du 23 janvier 1987, *Loi portant diverses mesures d'ordre social*, JO du 25 janvier 1987, p.925, Recueil p.13, Considérant n° 16 et 17.

[1843] MEINDL (T.), *La notion de droit fondamental dans les jurisprudences et doctrines constitutionnelles françaises et allemandes*, Paris, LGDJ, Coll. Bibliothèque constitutionnelle et de science politique – t.112, 2003, p.50.

[1844] *Ibid.*

[1845] PRÉTOT (X.), « Alinéa 11 », in CONAC (G.), PRÉTOT (X.), TEBOUL (G.) (dir.), *Le Préambule de la Constitution de 1946 – Histoire, analyse et commentaires*, Coll. Études – Thèmes et commentaires, Paris, Dalloz, 2001, p.262.

291. Le droit à la sécurité sociale, un droit en gestation. La plupart des droits créances, comme le droit à la sécurité sociale, figurent parmi les principes directeurs de la politique sociale et économique [1846] bien que le Préambule ne consacre pas expressément le droit à la sécurité sociale. Pour Laurence GAY, on assiste toutefois à « *la gestation d'un droit à la sécurité sociale, droit-créance type autour duquel s'articulent aujourd'hui la plupart des autres droits sociaux* » [1847]. Le droit de la sécurité sociale est en perpétuelle évolution comme l'atteste notamment la fiscalisation dont il fait l'objet. La réalisation du droit à la sécurité sociale est possible à travers la sollicitation du droit à la protection de la santé et à travers la solidarité qui constitue l'objectif des normes de protection sociale [1848]. Le principe de protection de la santé peut cependant être interprété dans un sens défensif, c'est-à-dire non plus comme fondant un droit social à prestation mais comme « *un droit de défense protégeant l'individu d'atteinte à sa santé* » [1849]. Le droit à la sécurité sociale permettrait alors de protéger l'individu en l'aidant financièrement, mais aussi en veillant à sa santé. Les taxes comportementales s'inscrivent dans ce second objectif. Cependant, si le droit à la sécurité sociale peine à être reconnu en tant que tel, le droit à l'aide sociale n'a pas souffert de ces difficultés puisque la doctrine reconnaît un droit subjectif à l'aide sociale [1850]. Ce droit consiste en l'obtention d'une prestation matérielle, concrète, exigible de la puissance publique ou prise en charge dans le cadre d'une activité de service public [1851]. Bien que le législateur doive intervenir pour mettre en œuvre ce droit, la créance de l'individu réside dans la prestation concrète qu'elle aménage, que ce soit en matière de Sécurité sociale ou d'aide sociale. Délivrée au nom et en vertu du principe de solidarité, sans contrepartie de

---

[1846] GAY (L.), *Les « droits-créances » constitutionnels*, Thèse dactylographiée, Aix-Marseille III, 2001, p.116.
[1847] *Ibid*, p.205.
[1848] CAMAJI (L.), « La justiciabilité du droit à la sécurité sociale : éléments de droit français », *RDSS*, 2010, n° 5, p.851.
[1849] GAY (L.), « Les droits sociaux constitutionnels en France : particularisme ou "normalisation" ? » in GAY (L.), MAZUYER (E.), NAZET-ALLOUCHE (D.) (dir.), *Les droits sociaux fondamentaux. Entre droits nationaux et droit européen*, Bruxelles, Bruylant, 2006, p.87.
[1850] BORGETTO (M.) et LAFORE (R.), *Droit de l'aide et de l'action sociales*, Issy-les-Moulineaux, LGDJ-Lextenso, Domat Droit public, 9e éd., 2015, p.89.
[1851] GAY (L.), *Les « droits-créances » constitutionnels*, Thèse dactylographiée, Aix-Marseille III, 2001, p.116.

ses bénéficiaires [1852], l'aide sociale constitue, avec la Sécurité sociale, l'une des principales composantes du système de protection sociale français.

292. Le droit à la sécurité sociale, un droit créance. Pour Jean-Pierre CHAUCHARD, le droit à la sécurité sociale n'existe pas. Il existe un droit à prestation qui, aujourd'hui, apparaît pour le moins complexe [1853]. Laurence GAY met en avant deux catégories de droits-créances. Le droit de la sécurité sociale se retrouve au sein des deux. La première catégorie consacre « *le droit de la personne à obtenir une prestation matérielle* » [1854]. L'octroi de la prestation matérielle constitue l'obligation positive du législateur. Dans la seconde catégorie, « *l'obligation positive réside dans le fait même que le législateur doit intervenir pour mettre en œuvre la norme constitutionnelle* » [1855]. La politique de santé publique permet de mettre en œuvre le principe de la protection de la santé et donc indirectement le droit à la sécurité sociale qui doit être mis en œuvre par le législateur ou le pouvoir réglementaire. Cette concrétisation doit toutefois être conciliée avec les autres droits ou exigences constitutionnels. Pour Jean-Michel BELORGEY, il existe une crispation des juges nationaux justifiée par leur conception dépassée des droits créances qui ne sont « *pas tout à fait des droits, mais plutôt d'énoncés programmatiques, imposant, au mieux, une obligation de concrétisation à un producteur de normes intermédiaires (législateur ou pouvoir réglementaire), sans que le destinataire final puisse, quant à lui, se prévaloir d'un droit subjectif* » [1856]. Les droits créances sont ainsi des « droits à » et ne peuvent être conçus comme des droits absolus [1857] puisqu'ils réclament une intervention étatique. Par conséquent, dans la mesure où ils impliquent la mise en œuvre de moyens définis, les droits à prestations matérielles ne sauraient être assimilés à de simples finalités au

---

1852 BORGETTO (M.), « Aide et action sociales, Définitions, principes et orientation », *JurisClasseur Administratif*, Fasc. 218-10, 2007, p.3.
1853 CHAUCHARD (J.-P.), « Variations sur les droits sociaux », *Droit social*, 2010, n° 9-10, p.947.
1854 DUTHEILLET DE LAMOTHE (O.), « Les principes de la jurisprudence du Conseil constitutionnel en matière sociale », *Nouv. Cah. CC*, 2014, n° 45, p.11.
1855 *Ibid.*
1856 BELORGEY (J.-M.), « La Charte sociale du Conseil de l'Europe et son organe de régulation : le Comité européen des droits sociaux », *RDSS*, 2007, p.226.
1857 LAFORE (R.), « L'égalité en matière de sécurité sociale », *RDSS*, 2013, n° 3, p.385.

contenu indéterminé [1858]. La mise en œuvre du droit est protégée ici, plutôt que le droit, la norme en elle-même. Les droits à prestations matérielles disposent d'un champ d'application étendu [1859] puisqu'ils couvrent les prestations d'assurance maladie, d'assurance vieillesse, ainsi que les prestations d'aide sociale. Les droits créances se conçoivent alors comme des droits à solidarité puisque la légitimité de l'intervention étatique en droit de la sécurité sociale est fondée sur le principe de solidarité.

293. Le droit à la sécurité sociale, un droit à la solidarité. La solidarité et les droits créances sont liés depuis leur origine. François RANGEON considère en ce sens que l'idée de droit-créance, exprimée à travers le thème du devoir de solidarité de la société à l'égard des plus démunis est présente sous la Révolution [1860]. La solidarité concerne également les droits de l'homme et nous oblige à ne plus considérer l'homme comme un être abstrait, titulaire de droits eux-mêmes abstraits, mais *« comme une "personne" réelle que l'on doit considérer dans son rapport avec toutes les autres, avec son temps, avec ses prédécesseurs et avec sa postérité »* [1861]. Le devoir de solidarité est aussi la face cachée des Droits de l'Homme dits « de seconde génération » [1862]. La solidarité est également présente au sein du droit de l'Union qui consacre des valeurs

---

[1858] GAY (L.), « La notion de "droits-créances" à l'épreuve du contrôle de constitutionnalité », *Nouv. Cah. CC.*, n° 16, 2004, p.154.

[1859] GAY (L.), « Les droits sociaux constitutionnels en France : particularisme ou "normalisation" ? » in GAY (L.), MAZUYER (E.), NAZET-ALLOUCHE (D.) (dir.), *Les droits sociaux fondamentaux. Entre droits nationaux et droit européen*, Bruxelles, Bruylant, 2006, p.87 ; GAY (L.), « Les droits sociaux constitutionnels en France : particularisme ou "normalisation" ? » in GAY (L.), MAZUYER (E.), NAZET-ALLOUCHE (D.) (dir.), *Les droits sociaux fondamentaux. Entre droits nationaux et droit européen*, Bruxelles, Bruylant, 2006, p.89.

[1860] RANGEON (F.), « Droits-libertés et droits-créances : les contradictions du préambule de la Constitution de 1946 », in *Le préambule de la Constitution de 1946, Antinomies juridiques et contradictions politiques*, Centre universitaire de recherches administratives et politiques, PUF, 1996, p.174 ; Cité également par ROSA (A.), *Solidarité et impôt – Recherche sur les fondements de l'impôt moderne*, Paris, Dalloz, Coll. Bibliothèque parlementaire et constitutionnelle, 2015, p.188.

[1861] BLAIS (M.-C.), « Aux origines de la solidarité publique, l'œuvre de Léon Bourgeois », *Revue française des affaires sociales*, n° 1-2, 2014, p.23.

[1862] SUPIOT (A.) (dir.), *La solidarité. Enquête sur un principe juridique*, Paris, Odile Jacob, Coll. Collège de France, 2015, p.21.

de solidarité auxquelles il n'est pas question de renoncer [1863]. Dans la mesure où les droits créances ont pour objet de remédier aux effets des inégalités sociales et de contribuer à une plus grande justice sociale [1864], la solidarité semble alors inhérente aux droits-créances. Elle constitue le fondement des droits-créances. Le droit de la sécurité sociale, mais aussi plus généralement le droit social, apparaît comme une « *branche du droit destinée à protéger les droits des plus faibles et à garantir la justice sociale ou comme une mise en œuvre du principe de solidarité* » [1865]. Les États démocratiques doivent ainsi promouvoir l'intérêt général, qui n'est que l'expression juridique de la solidarité [1866]. La solidarité se pare alors de vertus sociales puisqu'elle renvoie au lien moral qui unit les individus, qui forme la cohésion sociale, et renvoie ainsi à la justice sociale. La solidarité est renforcée à travers les droits de l'homme, les droits-créances et donc le droit à la sécurité sociale car elle permet une meilleure justice sociale entre les Hommes. La solidarité devient alors une exigence démocratique. Si certains auteurs estiment que les droits-créances n'ont pas l'envergure, ni la portée symbolique des droits-libertés [1867], la place actuelle des droits sociaux et leur développement croissant malgré la crise financière[1868] permet de relativiser cette affirmation. Désormais, à travers la socialisation de la justice et des finances publiques, les droits-créances prennent de l'ampleur sur le plan financier. Le développement de l'aspect solidaire de l'impôt, mais aussi de la société, renforce également la place et l'envergure des droits-créances. Par l'ampleur des finances sociales, les fondements constitutionnels de ce financement ne peuvent désormais plus être négligés.

[1863] SARMIENTO (D.), « La justice sociale dans la jurisprudence de la CJUE », in BURGORGUE LARSEN (L.) (dir.), *La justice sociale saisie par les juges en Europe*, Paris, Pedone, 2013, Coll. Cahiers européens, n° 4, p.57.

[1864] RANGEON (F.), « Droits-libertés et droits-créances : les contradictions du préambule de la Constitution de 1946 », in *Le préambule de la Constitution de 1946, Antinomies juridiques et contradictions politiques*, Centre universitaire de recherches administratives et politiques, PUF, 1996, p.182.

[1865] ROMAN (D.), « La justiciabilité des droits sociaux ou les enjeux de l'édification d'un État de droit social », *La Revue des droits de l'homme* [En ligne], n° 1, 2012, mis en ligne le 27 mars 2014, consulté le 15 juin 2016.

[1866] DUPRAT (J.-P.), « Démocratie et solidarité », in Mélanges en l'honneur de Jean-Pierre Laborde, *Des liens et des droits*, Paris, Dalloz, 2015, p.320.

[1867] BLONDIO-MONDOLONI (V.), *Finances publiques et droits fondamentaux*, Thèse dactylographiée, Aix Marseille Université, 2014, p.229.

[1868] Voir en ce sens les paragraphes n° 73 et s.

B. Les droits-créances, les fondements des finances sociales

294. Les bases constitutionnelles des finances sociales. Le préambule de la Constitution du 27 octobre 1946 apporte, avec les droits créances qu'il énumère, « *de nombreux fondements constitutionnels aux finances sociales* » [1869]. Par son fondement sur l'alinéa 11 du Préambule de 1946, la Sécurité sociale a une base constitutionnelle. Le préambule de la Constitution de 1946 a toutefois été renforcé par l'article 1er de la Constitution du 4 octobre 1958 qui dispose que la République est démocratique et sociale. L'affirmation du caractère social de la République française valorise les droits sociaux. Au niveau des droits et principes constitutionnels, les finances sociales se fondent sur le droit à la sécurité sociale qui existe à travers la protection de la santé, mais aussi sur le principe de solidarité. Elles trouvent également leur fondement dans l'article 34 de la Constitution à travers l'instauration des lois de financement de la Sécurité sociale et à travers les « principes fondamentaux de la Sécurité sociale ». La mise en œuvre de la politique sociale repose ainsi sur un fondement constitutionnel et doit être financée par les finances publiques dont les finances sociales font désormais partie intégrante.

295. La conciliation avec d'autres droits constitutionnels. Au même titre que la justice fiscale, les droits-créances doivent être conciliés avec d'autres principes constitutionnels dont les principes d'égalité et de solidarité. Les finances sociales semblent reposer sur une imbrication constitutionnelle mêlant la solidarité, l'égalité, les droits-créances et la justice fiscale. Dans la mesure où le mode de gestion de la Sécurité sociale n'est pas précisé par les textes [1870], celui-ci doit être concilié avec les autres droits potentiellement applicables. Le choix du législateur ne doit méconnaître « *aucune principe ou règle de valeur constitutionnelle* » [1871]. Le droit de la sécurité sociale doit ainsi se concilier avec des droits et

---

[1869] OLIVA (É.), « Normes de constitutionnalité ou normes constitutionnelles : l'ambiguïté des lois organiques financières », in *Renouveau du droit constitutionnel*, Mélanges en l'honneur de Louis Favoreu, Paris, Dalloz, 2007, p.1350.

[1870] PRÉTOT (X.), « Les bases constitutionnelles du droit social », *Droit social*, 1991, n° 3, p.190.

[1871] Cons. Const., Décision n° 82-148 DC du 14 décembre 1982, *Loi relative à la composition des conseils d'administration des organismes du régime général de sécurité sociale*, JO du 15 décembre 1982, p.3750, Recueil, p.73, Considérant n° 10.

principes constitutionnels d'application générale, et « *dont il incombe au juge de tirer les conséquences quant à l'exercice du pouvoir législatif en matière sociale comme en toute autre matière* » [1872]. Ces droits se situent au sommet de la hiérarchie des normes, le législateur doit s'y conformer lorsqu'il met en œuvre les droits-créances. Il doit ainsi respecter les autres droits et principes constitutionnels puisque ces droits disposent de la même valeur juridique. En effet, dès lors qu'ils expriment une aspiration de l'Homme, ses droits sont tous équivalents dans leur nécessité comme dans leur légitimité [1873]. Le législateur doit nécessairement concilier des principes constitutionnels en contradiction. Cette conciliation peut apparaître comme une limitation d'un droit au profit d'un autre, sous couvert de l'exigence d'intérêt général. Le principe de la protection de la santé fait partie de ceux dont la valeur semble d'ailleurs justifier qu'un principe contraire lui soit sacrifié [1874]. Cette conciliation a été effectuée par le Conseil constitutionnel dans la décision n° 2001-451 DC entre le droit à la protection sociale et la liberté d'entreprendre. Il considère alors « *qu'il incombe au législateur comme à l'autorité réglementaire, conformément à leurs compétences respectives, de déterminer, dans le respect des principes posés par ces dispositions, les modalités concrètes de leur mise en œuvre ;* [...] *qu'il est à tout moment loisible au législateur, statuant dans le domaine qui lui est réservé par l'article 34 de la Constitution, et notamment, comme en l'espèce, dans celui des principes fondamentaux de la sécurité sociale, d'adopter, pour la réalisation ou la conciliation d'objectifs de nature constitutionnelle, des modalités nouvelles dont il lui appartient d'apprécier l'opportunité, dès lors que, dans l'exercice de ce pouvoir, il ne prive pas de garanties légales des exigences de caractère constitutionnel ;* [...] *que les dispositions de la loi déférée ont pour objet d'améliorer la protection sociale des agriculteurs non-salariés, notamment par la création d'indemnités journalières et d'une rente décès, ainsi que par une meilleure indemnisation de l'incapacité permanente ; que, dès lors, le législateur a pu, pour satisfaire aux prescriptions des dispositions précitées du Préambule de la*

1872 PRÉTOT (X.), « Les bases constitutionnelles du droit social », *Droit social*, 1991, n° 3, p.189.

1873 MOURGEON (J.), *Les droits de l'Homme*, Paris, PUF, Coll. « Que sais-je ? », 8ème éd. refondue, 2003, p.10.

1874 LE BOS-LE POURHIET (A.-M.), « A propos de la bioéthique: la démocratie selon Ponce Pilate », *Pouvoirs*, n° 59, 1991, p.165 ; Cité également par GAY (L.), *Les "droits-créances" constitutionnels*, Bruxelles, Bruylant, Coll. Droit public comparé et européen, 2007, p.390.

Constitution de 1946, choisir de créer une nouvelle branche de sécurité sociale sans commettre, dans l'exercice de son pouvoir d'appréciation, d'erreur manifeste constitutive d'une atteinte inconstitutionnelle à la liberté d'entreprendre » [1875]. Bien que le Conseil constitutionnel ne considère pas certaines normes constitutionnelles supérieures à d'autres, il est toutefois amené à faire prévaloir une norme constitutionnelle sur une autre [1876]. Cette conciliation entre les droits amène le Conseil constitutionnel à vérifier le maintien des garanties légales des exigences constitutionnelles.

296. Les droits-créances et les garanties légales des exigences constitutionnelles. Bien que le Conseil constitutionnel refuse d'établir une hiérarchie entre les droits, par son interprétation il semble autoriser le législateur à déroger à certains droits si cette dérogation est justifiée par le respect d'un autre droit. Le Conseil constitutionnel considère que les dispositions du Préambule de la Constitution de 1946 n'ont « *ni pour objet ni pour effet de rendre inapplicables* » [1877] les dispositions de la DDHC de 1789. Il opère alors une conciliation entre les droits et principes constitutionnels. La conciliation met en exergue l'existence d'un contenu minimal des droits à prestations sociales directement protégé par le texte constitutionnel et opposable aux pouvoirs législatif et réglementaire, de même qu'ils doivent respecter un contenu substantiel des droits-libertés [1878]. Ce contenu minimal constitue le noyau dur des droits fondamentaux. Les droits fondamentaux peuvent être limités au nom de motifs ou d'exigences impérieux. Néanmoins le respect des droits fondamentaux ne peut aboutir à affaiblir l'État dans des proportions excessives [1879]. Ces restrictions sont qualifiées de « *limites aux*

[1875] Cons. Const., Décision n° 2001-451 DC du 27 novembre 2001, *Loi portant amélioration de la couverture des non-salariés agricoles contre les accidents du travail et les maladies professionnelles*, JO du 1er décembre 2001, p.19112, Recueil p.145, Considérant n° 19 à 21.

[1876] PHILIP (L.), « Considérations sur l'évolution de la jurisprudence constitutionnelle en matière fiscale », in Mélanges en l'honneur de Pierre Beltrame, Aix-en Provence, PUAM, 2010, p.462.

[1877] Cons. Const., Décision n° 81-132 DC du 16 janvier 1982, *Loi de nationalisation*, JO du 17 janvier 1982, p.299, Recueil, p.18, Considérant n° 17.

[1878] GAY (L.), « Le Conseil constitutionnel et les droits à prestations sociales », *AJDA*, 2003, p.451.

[1879] OLIVA (É.), « La lutte contre la fraude fiscale : un principe à valeur constitutionnelle ? » *in Le Contentieux fiscal en Débats*, Actes du colloque sur le contentieux fiscal, Aix-en-Provence, 15 et 16 novembre 2013, Paris, LGDJ, 2014, p.10.

limites » [1880] et sont constituées « *par la nécessité de ne pas remettre en cause le "contenu essentiel", de ne pas "dénaturer" le droit fondamental* » [1881]. Le Conseil constitutionnel contrôle ainsi le maintien des garanties légales des exigences constitutionnelles depuis 1986 [1882]. Les garanties légales des exigences constitutionnelles auxquelles le législateur ne peut porter atteinte sont destinées à assurer l'effectivité des droits et libertés et constituent une technique contentieuse efficace [1883]. Ce contrôle est un moyen de guider le législateur dans son activité normative et d'influencer son pouvoir d'appréciation à travers un niveau d'exigence variable [1884]. Le cadre des garanties légales est plus large que celui de l'effet cliquet puisqu'un tel contrôle n'assure pas nécessairement le retour à la situation précédente. Les garanties légales prévues dans la nouvelle loi doivent seulement être équivalentes aux garanties antérieures. L'adaptation de la protection des droits sociaux impose que le législateur ne soit pas lié par les choix de politique sociale effectués dans le passé [1885]. Le Conseil constitutionnel considère qu'« *il est à tout moment loisible au législateur, statuant dans le domaine de sa compétence, de modifier des textes antérieurs ou d'abroger ceux-ci en leur substituant, le cas échéant, d'autres dispositions, dès lors que, ce faisant, il ne prive pas de garanties légales des exigences constitutionnelles* » [1886]. Ce considérant a par la

---

[1880] FAVOREU (L.) et *alii*, *Droit et libertés fondamentales*, 6e éd., Paris, Dalloz, 2012, §203.

[1881] *Ibid.*

[1882] « *Il est loisible au législateur de modifier des textes législatifs antérieurs ou d'abroger ceux-ci dès lors que, dans l'exercice de ce pouvoir, il ne prive pas de garanties légales des exigences de caractère constitutionnel* », Cons. Const., Décision n° 86-217 DC du 18 septembre 1986, *Loi relative à la liberté de communication*, JO du 19 septembre 1986, p.11294, Recueil p.141, Considérant n° 82.

[1883] Voir en ce sens, VIDAL-NAQUET (A.), *Les « garanties légales des exigences constitutionnelles » dans la jurisprudence du Conseil constitutionnel*, Paris, Panthéon-Assas Paris II, 2007, 672 p.

[1884] MOLLION (G.), « Les garanties légales des exigences constitutionnelles », *RFDC*, n° 2, 2005, p.264.

[1885] CELESTINE (E.), « Les incidences de la question préjudicielle de constitutionnalité sur les droits sociaux constitutionnels », Participation au VIIe Congrès français de droit constitutionnel, Paris, 25, 26 et 27 septembre 2008, p.17.

[1886] Cons. Const., Décision n° 2010-605 DC du 12 mai 2010, *Loi relative à l'ouverture à la concurrence et à la régulation du secteur des jeux d'argent et de hasard en ligne*, JO du 13 mai 2010, p.8897, Recueil, p.78, Considérant n° 33 ; Cons. Const., Décision n° 2007-550 DC du 27 février 2007, *Loi relative à la modernisation de la diffusion audiovisuelle et à la télévision du futur*, JO du 7 mars 2007, p.4368, Recueil, p.81, Considérant n° 4 ; Cons. Const., Décision n° 2004-499 DC du 29 juillet 2004, *Loi relative à la protection des personnes physiques à l'égard des traitements de données à caractère*

suite été complété puisque le Conseil constitutionnel décide qu'« *il est à tout moment loisible au législateur, statuant dans le domaine de sa compétence, d'adopter des dispositions nouvelles dont il lui appartient d'apprécier l'opportunité et de modifier des textes antérieurs ou d'abroger ceux-ci en leur substituant, le cas échéant, d'autres dispositions, dès lors que, dans l'exercice de ce pouvoir, il ne prive pas de garanties légales des exigences de caractère constitutionnel* » [1887]. Le contrôle du maintien des garanties fondamentales trouve à s'appliquer en matière de Sécurité sociale au sujet des principes fondamentaux de la Sécurité sociale mais aussi en ce qui concerne l'application de l'alinéa 11 du Préambule de la Constitution de 1956 puisque le Conseil prévoit qu'« *il y a lieu de ranger au nombre des principes fondamentaux de la sécurité sociale, et qui comme tels relèvent du domaine de la loi, l'existence même d'un régime spécial de sécurité sociale ; qu'il en va de même de la détermination des prestations et des catégories de bénéficiaires ainsi que de la définition de la nature des conditions exigées pour l'attribution des prestations ; que, toutefois, en l'espèce, la méconnaissance par le législateur de sa compétence ne prive pas de garanties légales les exigences découlant du onzième alinéa du Préambule de 1946 ; qu'elle n'affecte par elle-même aucun droit ou liberté que la Constitution garantit* » [1888]. Le Conseil constitutionnel

---

personnel et modifiant la loi n° 78-17 du 6 janvier 1978 relative à l'informatique, aux fichiers et aux libertés, JO du 7 août 2004, p.14087, Recueil, p.126, Considérant n° 3 ; Cons. Const., Décision n° 2003-488 DC du 29 décembre 2003, *Loi de finances rectificative pour 2003*, JO du 31 décembre 2003, p.22652, Recueil, p.480, Considérant n° 16 ; Cons. Const., Décision n° 2001-455 DC du 12 janvier 2002, *Loi de modernisation sociale*, JO du 18 janvier 2002, p.1053, Recueil, p.49, Considérant n° 36.

[1887] Cons. Const., Décision n° 2013-344 QPC du 27 septembre 2013, *Société SCOR SE* [Garantie de l'État à la caisse centrale de réassurance, pour les risques résultant de catastrophes naturelles], JO du 1 octobre 2013 p.16306, Recueil, p.945, Considérant n° 3 ; Cons. Const., Décision n° 2012-235 QPC du 20 avril 2012, *Association Cercle de réflexion et de proposition d'actions sur la psychiatrie* [Dispositions relatives aux soins psychiatriques sans consentement], JO du 21 avril 2012, p.7194, Recueil, p.202, Considérant n° 7 ; Cons. Const., Décision n° 2010-68 QPC du 19 novembre 2010, *Syndicat des médecins d'Aix et région* [Représentation des professions de santé libérales], JO du 20 novembre 2010, p.20840, Recueil, p.330, Considérant n° 5 ; Cons. Const., Décision n° 2010-71 QPC du 26 novembre 2010, *Mlle Danielle S.* [Hospitalisation sans consentement], JO du 27 novembre 2010, p.21119, Recueil, p.343, Considérant n° 15.

[1888] Cons. Const., Décision n° 2012-254 QPC du 18 juin 2012, F*édération de l'énergie et des mines - Force ouvrière FNEM FO* [Régimes spéciaux de sécurité sociale], JO du 19 juin 2012, p.10179, Recueil, p.292, Considérant n° 6.

contrôle les modalités de concrétisation [1889] susceptibles de priver les principes constitutionnels d'effectivité. Les droits fondamentaux doivent ainsi être conciliés afin de permettre leurs applications respectives en conformité avec la Constitution. Les pouvoirs politiques dans le cadre de leur pouvoir normatif doivent ainsi respecter des exigences constitutionnelles mais aussi des exigences sociales.

297. Un contrôle plus large que celui dit de l'effet cliquet. Les garanties légales ont un champ d'application plus vaste [1890] que celui de l'effet cliquet. L'effet cliquet est dit anti-retour puisqu'il interdit tout retour en arrière de la législation. Ce n'est pas le cas des garanties légales qui les tolèrent dès lors que la régression est mesurée [1891]. L'assuré ne peut ainsi se prévaloir de l'effet cliquet anti-retour en matière de Sécurité sociale [1892]. Cependant, les garanties légales des exigences constitutionnelles permettent de garantir *a minima* le noyau dur des droits. Cette garantie peut être perçue comme une limite, voire une interdiction, au retour en arrière, lorsque celui-ci remettrait en cause l'existence même du droit. Le Conseil constitutionnel veille ainsi à ce que le législateur ne supprime pas l'octroi d'allocations familiales sous conditions de ressources à l'égard de familles nécessiteuses car il considère dans la décision n° 97-393 DC [1893] qu'il n'y a pas de privation du droit à la protection sociale et à la sécurité matérielle puisque les familles exclues peuvent bénéficier d'autres aides. Cette position est reprise dans la décision n° 98-405 DC [1894] concernant la modification du calcul du quotient familial. Les modifications opérées par le législateur ne doivent pas supprimer le bénéfice de l'octroi du droit visé. Le législateur peut, certes, abroger des textes antérieurs, mais il doit alors leur substituer

---

[1889] GAY (L.), « Les droits sociaux constitutionnels en France : particularisme ou "normalisation" ? » in GAY (L.), MAZUYER (E.), NAZET-ALLOUCHE (D.) (dir.), *Les droits sociaux fondamentaux. Entre droits nationaux et droit européen*, Bruxelles, Bruylant, 2006, p.105.

[1890] MOLLION (G.), « Les garanties légales des exigences constitutionnelles », *RFDC*, n° 2, 2005, p.263.

[1891] *Ibid.*

[1892] PELLET (R.), « Les exigences constitutionnelles en matière d'assurance maladie à la lumière du droit de l'Union européenne », *RDSS*, 2013, p.92.

[1893] Cons. Const., Décision n° 97-393 DC du 18 décembre 1997, *Loi de financement de la Sécurité sociale pour 1998*, JO du 23 décembre 1997, p.18649, Recueil p.320, Considérant n° 37.

[1894] Cons. Const., Décision n° 98-405 DC du 29 décembre 1998, *Loi de finances pour 1999*, JO du 31 décembre 1998, p.20138, Recueil, p.326, Considérant n° 12 et s.

d'autres dispositions afin de ne pas priver de garanties légales des droits ou exigences constitutionnels. Le Conseil constitutionnel a ainsi validé les modifications opérées par le législateur dans la loi de finances rectificative pour 2003 [1895] concernant l'aide médicale d'État puisqu'elle maintient l'accès aux soins urgents pour les étrangers en situation irrégulière [1896]. L'opportunité d'une substitution d'un mécanisme par un autre n'est pas appréciée par le Conseil constitutionnel qui vérifie uniquement le maintien des garanties légales des exigences ou droits de caractère constitutionnel. Le législateur est seul compétent pour apprécier l'opportunité des nouvelles modalités [1897], et il ne peut « *revenir sur un acquis social* » [1898]. Cette conception semble illustrer l'opposition entre « l'effet cliquet » et la logique de seuil qui demeure toutefois relative puisque l'objectif premier reste la préservation du droit, l'encadrement du pouvoir législatif, d'autant plus qu'ils relèvent d'un fondement identique [1899] et qu'ils sont soumis au respect du principe d'égalité devant la loi. L'un comme l'autre constituent une limite à l'action du Parlement [1900] lorsqu'il intervient sur le fondement de l'article 11 du Préambule de la Constitution de 1946. Le Parlement est libre d'aménager les droits qui en découlent tant qu'il respecte le noyau dur du droit et le principe d'égalité devant la loi. La mise en œuvre des droits-créances doit toutefois être financée. En effet, « *la réalisation de ces droits suppose la mise en œuvre de moyens économiques, financiers et sociaux, faisant défaut pour nombre d'États* » [1901]. Dans une logique de réduction budgétaire, l'État pourrait alors les réduire à condition de ne pas entraver l'existence même du droit, qui se verrait tout de même réduit à une

---

[1895] Loi n°2003-1312 du 30 décembre 2003 de finances rectificative pour 2003, JORF n°302 du 31 décembre 2003, p.22594.

[1896] Cons. Const., Décision n° 2003-488 DC du 29 décembre 2003, *Loi de finances rectificative pour 2003*, JO du 31 décembre 2003, p.22652, Recueil, p.480, Considérant n° 16 à 20.

[1897] Cons. Const., Décision n° 2010-617 DC du 9 novembre 2010, *Loi portant réforme des retraites,* JO du 10 novembre 2010, p.20056, Recueil p.310, Considérant n° 8.

[1898] BLONDIO-MONDOLONI (V.), *Finances publiques et droits fondamentaux*, Thèse dactylographiée, Aix Marseille Université, 2014, p.252.

[1899] BOYER-CAPELLE (C.), « L'"effet cliquet" à l'épreuve de la question prioritaire de constitutionnalité », *AJDA*, 2011, p.1720.

[1900] GAY (L.), « Les droits sociaux constitutionnels en France : particularisme ou "normalisation" ? » in GAY (L.), MAZUYER (E.), NAZET-ALLOUCHE (D.) (dir.), *Les droits sociaux fondamentaux. Entre droits nationaux et droit européen*, Bruxelles, Bruylant, 2006, p.104.

[1901] SUDRE (F), *Droit européen et international des droits de l'Homme*, Paris, PUF, 8ème éd., 2006, p 256.

existence minime et limitée. Le Conseil constitutionnel a refusé, pour l'instant, de sanctionner la violation du droit à la sécurité sociale du seul fait de l'absence ou de l'insuffisance de mesure de mise en œuvre [1902], car cette sanction impliquerait une protection des ressources dont disposent les organismes sociaux et traduirait l'objectif de garantir un montant minimum permettant la réalisation des prestations sociales *a minima.*

298. La nécessaire conciliation entre social et politique. Pour Maurice HAURIOU, la constitution sociale est plus importante que la constitution politique [1903]. La DDHC apparaît comme le texte constitutionnel de la constitution sociale [1904]. Selon si l'on met l'accent sur les prérogatives de l'individu proclamées en 1789 ou sur le caractère social de la République affirmé en 1946 [1905], la lecture de la Constitution n'est pas la même. Les deux aspects doivent toutefois être conciliés puisque pour mettre en œuvre le droit de la sécurité sociale et la protection de la santé, le pouvoir politique doit intervenir à travers l'action législative ou réglementaire. Si les pouvoirs publics et politiques sont les seuls à même de mettre en œuvre les droits-créances, le risque est de voir se transformer le devoir social en droits-créances illimités [1906]. Cette crainte est à relativiser puisque « *les droits-créances ne sont satisfaits que dans la mesure des moyens du débiteur* » [1907]. Le risque est donc plus important de voir les droits sociaux réduits en cas de crise financière. Cette solution peut certes apparaître financièrement justifiée, mais elle n'en demeure pas moins contraire à l'essence même des finances publiques qui garantissent l'accomplissement des droits fondamentaux, et permettent à l'État, par les ressources obtenues, de réduire les inégalités, d'octroyer des prestations

[1902] CAMAJI (L.), « La justiciabilité du droit à la sécurité sociale : éléments de droit français », *RDSS*, 2010, n° 5, p.857.

[1903] HAURIOU (M.), *Précis de droit constitutionnel*, Paris, Librairie du Recueil Sirey, 2e éd., 1929, p.611 ; Cité également par PAULIAT (H), avec la collaboration de SAINT-JAMES (V.), « Les prolongements jurisprudentiels et doctrinaux de la théorie de la constitution sociale de Maurice HAURIOU », in *Doctrines et doctrine en droit public*, Contributions réunies par Geneviève KOUBI, Coll. « Constitutions, droit et politique », Presses de l'Université des sciences sociales de Toulouse, 1997, p.122.

[1904] HAURIOU (M.), *Précis de droit constitutionnel*, *op.cit.*, p.625 ; Cité également par PAULIAT (H), avec la collaboration de SAINT-JAMES (V.), *op.cit.*, p.127.

[1905] CHANTEBOUT (B.), « 1958-1998 : Est-ce encore la même Constitution ? », *Dalloz*, 1999, p.119.

[1906] BLAIS (M.-C.), « Aux origines de la solidarité publique, l'œuvre de Léon Bourgeois », *Revue française des affaires sociales*, n° 1-2, 2014, p.30.

[1907] BONNIN (V.), « L'évolution des prestations en nature de l'assurance maladie : pour quelques euros de plus ou de moins … », *RDSS*, 2014, n° 5, p.853.

garanties par la Constitution [1908]. Si les principes financiers ne figurent pas dans le Préambule de la Constitution de 1946 [1909], les principes sociaux qui y sont proclamés possèdent une dimension financière indéniable.

§2. La théorie de l'impôt-solidarité renforcée

299. La théorie de l'impôt-solidarité ne renvoie pas uniquement à la solidarité nationale mais à tous les aspects de la solidarité (**A**). L'impôt est alors perçu comme un financement solidaire à part entière (**B**).

A. Le renforcement des différents aspects de la solidarité

300. La solidarité nationale, expression moderne de la solidarité. Jean-Marie PONTIER considère que la solidarité nationale se situe dans une perspective de justice ; de la justice au sens social et non au sens pénal [1910]. La Sécurité sociale doit impérativement répondre aux exigences de solidarité nationale [1911]. Elle est un fondement juridique à part entière depuis sa consécration par le préambule de la Constitution de 1946. La solidarité était d'ailleurs initialement utilisée exclusivement dans un sens juridique [1912]. L'alinéa 12 du Préambule de la Constitution du 27 octobre 1946 dispose que « *la Nation proclame la solidarité et l'égalité de tous les Français devant les charges qui résultent des calamités nationales* ». La solidarité est une notion polysémique qui renvoie aux dimensions matérielles et juridiques de la solidarité qui peut ainsi être nationale, sociale, familiale ou incarner une doctrine sociale [1913]. L'alinéa 12 ne précise pas la nature de la solidarité concernée, pour Jean-Marie PONTIER, elle est nationale et « *le principe de solidarité nationale est devenu un principe constitutionnel* » [1914]. Si le préambule de la Constitution de 1946 a une valeur constitutionnelle, par renvoi, depuis la décision *Liberté*

1908 BLONDIO-MONDOLONI (V.), *Finances publiques et droits fondamentaux*, Thèse dactylographiée, Aix Marseille Université, 2014, p.322.

1909 MEHL (L.), « Le principe du consentement à l'impôt et autres prélèvements obligatoires, mythe et réalité », *RFFP*, 1995, n° 51, p.65.

1910 PONTIER (J.-M.), « De la solidarité nationale », *RDP*, 1983, p.900.

1911 PRÉTOT (X.), « La portée de la loi de financement de la Sécurité sociale », *RFFP*, n° 59, 1997, p.93.

1912 KNETSCH (J.), « La solidarité nationale, genèse et signification d'une notion juridique », *Revue française des affaires sociales*, n° 1-2, 2014, p.41.

1913 Voir en ce sens le paragraphe n° 301.

1914 PONTIER (J.-M.), « De la solidarité nationale », *op.cit.*, p.926.

d'association du 16 juillet 1971 [1915], il faut attendre la décision *Interruption volontaire de grossesse* [1916] pour que le Conseil constitutionnel se fonde expressément sur le préambule de 1946. La reconnaissance expresse par le Conseil constitutionnel du principe de solidarité nationale remonte à la décision du 6 mai 1991 [1917]. Cependant, le Conseil constitutionnel avait antérieurement décidé « *qu'il incombe au législateur, lorsqu'il met en œuvre le principe de solidarité nationale, de veiller à ce que la diversité des régimes d'indemnisation institués par lui n'entraîne pas de rupture caractérisée de l'égalité de tous devant les charges publiques ; que cependant, il lui est loisible de définir des modalités d'application appropriées à chaque cas sans être nécessairement astreint à appliquer des règles identiques* » [1918]. Le Conseil constitutionnel considère que la solidarité nationale provient également des alinéas 10 et 11 du Préambule de la Constitution de 1946 puisqu'il estime que « *les exigences constitutionnelles résultant des dispositions précitées* [le dixième et onzième alinéa du Préambule de 1946] *impliquent la mise en œuvre d'une politique de solidarité nationale en faveur des personnes défavorisées ; qu'il appartient au législateur, pour satisfaire à cette exigence, de choisir les modalités concrètes qui lui paraissent appropriées* » [1919]. La combinaison de ces articles entraîne également la mise en œuvre du principe de solidarité nationale en faveur de la famille puisque « *l'exigence constitutionnelle résultant des dispositions précitées des dixième et onzième alinéas du Préambule de la Constitution de 1946 implique la mise en œuvre d'une politique de solidarité nationale en faveur de la famille ; qu'il est cependant loisible*

[1915] Cons. Const., Décision n° 71-44 DC du 16 juillet 1971, *Loi complétant les dispositions des articles 5 et 7 de la loi du 1er juillet 1901 relative au contrat d'association*, JO du 18 juillet 1971, p.7114, Recueil, p.29.

[1916] Cons. Const., Décision n° 74-54 DC du 15 janvier 1975, *Loi relative à l'interruption volontaire de la grossesse*, JO du 16 janvier 1975, p.671, Recueil p.19, Considérant n° 10.

[1917] « *Considérant que le principe de solidarité nationale proclamé par le douzième alinéa du Préambule de la Constitution de 1946 et réaffirmé par le Préambule de la Constitution de 1958, ne fait pas obstacle à l'institution par la loi d'un mécanisme de solidarité entre les habitants d'une même région* », Cons. Const., Décision n° 91-291 DC du 6 mai 1991, *Loi instituant une dotation de solidarité urbaine et un fonds de solidarité des communes de la région d'Ile-de-France, réformant la dotation globale de fonctionnement des communes et des départements et modifiant le code des communes*, JO du 11 mai 1991, p.6236, Recueil, p.40, Considérant n° 22.

[1918] Cons. Const., Décision n° 87-237 DC du 30 décembre 1987, *Loi de finances pour 1988*, JO du 31 décembre 1987, p.15761, Recueil, p.63, Considérant n° 22.

[1919] Cons. Const., Décision n° 2009-599 DC du 29 décembre 2009, *Loi de finances pour 2010*, JO du 31 décembre 2009, p.22995, Recueil, p.218, Considérant n° 100 et 101.

au législateur, pour satisfaire à cette exigence, de choisir les modalités d'aide aux familles qui lui paraissent appropriées » [1920]. Le principe de solidarité nationale découle également de l'alinéa 11 du Préambule de 1946 pris individuellement puisque le Conseil constitutionnel considère que « *l'exigence constitutionnelle résultant du onzième alinéa du Préambule de la Constitution de 1946 implique la mise en œuvre d'une politique de solidarité nationale en faveur des travailleurs retraités. Il est cependant possible au législateur, pour satisfaire à cette exigence, de choisir les modalités concrètes qui lui paraissent appropriées* » [1921].

301. Le fondement solidaire de l'action normative. Le principe de solidarité est devenu « *un fondement nouveau de l'action normative* » [1922]. Quel que soit le fondement du principe de solidarité nationale retenu par le Conseil constitutionnel, les modalités permettant l'application de ce principe appartiennent au législateur. Sa mise en œuvre semble ainsi subordonnée à l'action du législateur. Le simple fait d'énoncer une mesure solidaire ne suffit pas à lui donner ce caractère si la mesure n'est pas suivie d'effet. Pour Jonas KNETSH, l'expression apparaît comme une étiquette politique accolée à des revendications qui émanent d'associations de victimes qui jouent le rôle de groupes de pression dans le processus normatif, ou des mesures prises par l'État lui-même, lorsqu'il s'agit de justifier des efforts financiers collectifs ou de reconnaître symboliquement le soutien de la communauté sociale à une catégorie de personnes. Il considère alors que « *l'expression ne semble jamais avoir reçu un contenu normatif suffisant pour la qualifier de concept juridique à part entière* » [1923]. La solidarité est toutefois un principe républicain classique et incontesté [1924]. Avant d'être un concept juridique et un principe constitutionnel, la solidarité est une doctrine sociale comme

---

[1920] Cons. Const., Décision n° 97-393 DC du 18 décembre 1997, *Loi de financement de la Sécurité sociale pour 1998*, JO du 23 décembre 1997, p.18649, Recueil p.320, Considérant n°33.

[1921] Cons. Const., Décision n° 2003-483 DC du 14 août 2003, *Loi portant réforme des retraites*, JO du 22 août 2003, p.14343, Recueil p.430, Considérant n° 7 ; Cons. Const., Décision n° 2010-617 DC du 9 novembre 2010, *Loi portant réforme des retraites,* JO du 10 novembre 2010, p.20056, Recueil p.310, Considérant n° 8.

[1922] KNETSCH (J.), « La solidarité nationale, genèse et signification d'une notion juridique », *Revue française des affaires sociales*, n° 1-2, 2014, p.38.

[1923] KNETSCH (J.), « La solidarité nationale, genèse et signification d'une notion juridique », *op.cit.*, p.38.

[1924] BLAIS (M.-C.), « Aux origines de la solidarité publique, l'œuvre de Léon Bourgeois », *Revue française des affaires sociales*, n° 1-2, 2014, p.14.

« *une doctrine à la fois scientifique et pratique, susceptible de fonder une législation politique* » [1925]. Toutefois la législation mise en œuvre par les systèmes de protection sociale est « *dès les années 1960, pensée à l'INSEE comme le résultat d'une justice redistributive* » [1926]. Entre la solidarité naturelle conçue par Léon BOURGEOIS et la solidarité sociale mise en place dans le système moderne de Sécurité sociale à travers le recours à l'impôt, il n'y a rien de plus qu'un degré dans l'évolution, mais celui-ci est justement la marque du progrès [1927]. La solidarité a évolué. Désormais, les cercles de solidarité sont non seulement fort élargis, mais superposés, imbriqués, en interférence [1928]. Cette mise en œuvre de la solidarité par l'État était déjà mise en exergue par Léon DUGUIT qui considérait que « *l'État est obligé par le droit lui-même de faire toutes les lois qui assureront à chacun la possibilité matérielle et morale de collaborer à la solidarité sociale* » [1929].

302. La solidarité, un principe du droit de l'Union. Les institutions de l'Union n'ont pas les compétences nécessaires pour agir et harmoniser les droits nationaux dans le domaine où la solidarité constitue un principe fondateur. Par conséquent, il « *incombe à chaque État membre de ménager la part de solidarité qu'il entend introduire ou conserver dans son système propre de sécurité sociale* » [1930]. La solidarité apparaît alors comme un principe général du droit de l'Union. Cette consécration juridique intervient pour défendre certains acquis de l'État social [1931]. La Charte des droits fondamentaux consacre le principe de solidarité et ne s'impose que lorsque les États mettent en œuvre le droit de l'Union. La charte des droits fondamentaux de l'Union européenne dispose dans son

---

1925 BLAIS (M.-C.), « Aux origines de la solidarité publique, l'œuvre de Léon Bourgeois », *op.cit.*, p.14.

1926 LE LANN (Y.), « Les métamorphoses de la solidarité : statistiques des contraintes économiques de la protection sociale et émergence de la justice générationnelle », *Revue française des affaires sociales*, n° 1-2, 2014, p.47.

1927 BLAIS (M.-C.), « Aux origines de la solidarité publique, l'œuvre de Léon Bourgeois », *op.cit.*, p.22.

1928 BRUXELLES (A.), *Nature juridique et caractères des cotisations d'assurances sociales dans la législation française*, Thèse, Grenoble, Ed. BOSC Frères, M. et L. RIOU, 1932, p.7.

1929 DUGUIT (L.), *Traité de droit constitutionnel*, Paris, éd. de Boccard, t.III, 1930, p.641.

1930 RODIERE (P.), « Actualité des solidarités sociales en droit européen », in SUPIOT (A.) (dir.), *La solidarité. Enquête sur un principe juridique*, Paris, Odile Jacob, Coll. Collège de France, 2015, p.312.

1931 SUPIOT (A.) (dir.), *La solidarité. Enquête sur un principe juridique*, Paris, Odile Jacob, Coll. Collège de France, 2015, p.19.

préambule que « *consciente de son patrimoine spirituel et moral, l'Union se fonde sur les valeurs indivisibles et universelles de dignité humaine, de liberté, d'égalité et de solidarité ; elle repose sur le principe de la démocratie et le principe de l'État de droit* » [1932]. Dans son titre IV intitulé « Solidarité » se trouve notamment l'article 34 relatif à la Sécurité sociale et l'aide sociale, ainsi que l'article 35 concernant la protection de la santé. Cette Charte constitue un trésor de droits fondamentaux non écrits tant pour les juridictions européennes que pour les juridictions nationales, une mine de principes non écrits [1933] qui doivent la respecter. D'après l'article 6 du TUE, les droits, libertés et principes énoncés dans la Charte des droits fondamentaux de l'UE ont la même valeur juridique que les traités de l'UE puisque « *l'Union reconnaît les droits, les libertés et les principes énoncés dans la Charte des droits fondamentaux de l'Union européenne du 7 décembre 2000, telle qu'adaptée le 12 décembre 2007 à Strasbourg, laquelle a la même valeur juridique que les traités* ». La Cour de Justice de l'Union européenne (CJUE) a d'ailleurs affirmé, en 2013, que « *l'action des États membres doit se conformer aux exigences découlant des droits fondamentaux garantis dans l'ordre juridique de l'Union* » [1934].

303. La solidarité interne aux régimes de Sécurité sociale. L'organisation de la Sécurité sociale est fondée sur le principe de solidarité nationale en vertu de l'article L.111-1 du CSS. La solidarité est « *mise en œuvre tant au sein de chaque régime de base qu'entre régimes de base différents par les transferts et compensations entre régimes* » [1935]. Cette solidarité existante permet d'apprécier le principe d'égalité puisqu'en vertu de cette solidarité « *le fait, pour certains cotisants, de contribuer au financement de prestations familiales sans bénéficier corrélativement desdites prestations n'est pas contraire par lui-même au*

[1932] Charte des droits fondamentaux de l'Union européenne, JOUE du 26 octobre 2012, C 326/391.

[1933] ANDRIANTSIMBAZOVINA (J.), « L'enrichissement mutuel de la protection des droits fondamentaux au niveau européen et au niveau national, Vers un contrôle de fondamentalité ? », *RFDA,* 2002, p.128.

[1934] CJUE, 26 février 2013, *Åklagaren c. Hans Åkerberg Fransson*, C-617/10, paragraphe n° 18.

[1935] Cons. Const., Décision n° 2000-437 DC du 19 décembre 2000, *Loi de financement de la Sécurité sociale pour 2001*, JO du 24 décembre 2000, p.20576, Recueil p.190, Considérant n° 24.

principe d'égalité » [1936]. La solidarité se retrouve dans tous les régimes de la Sécurité sociale, et notamment dans le régime d'assurance vieillesse « *par la circonstance que ce sont les cotisations versées par les travailleurs en activité qui permettent de financer les pensions des travailleurs retraités* » ainsi que « *par l'octroi de droits à pension sans contrepartie de cotisations et de droits à pension non proportionnels aux cotisations versées* » [1937]. L'objectif même de l'assurance maladie est de garantir la solidarité entre les biens portants et les malades [1938].

304. Les multiples formes de solidarité. La solidarité affecte directement les finances publiques car elle est un outil au service de la globalisation [1939]. Elle se réalise de diverses manières puisqu'elle peut être partagée, économique ou citoyenne. La solidarité tend à devenir une solidarité partagée [1940] dont le socle est dans la mise en place de minima sociaux tel le revenu de solidarité active (RSA) et les allocations chômage de solidarité. Cet aspect solidaire est lié à la redistributivité [1941]. La solidarité est également économique à travers le principe de proportionnalité, mais elle s'exprime surtout à travers l'octroi des revenus de remplacement. Cette forme de solidarité préserve la sécurité matérielle de l'assuré, elle était inhérente à la Sécurité sociale puisque « *la sécurité individuelle ne se trouve plus que dans la sécurité générale* » [1942]. La solidarité civile, bien *qu'indissociable de la solidarité nationale* [1943] fait écho à la solidarité dite citoyenne, fondée sur l'appartenance à la société et indépendante de toute condition de revenus ou d'activité

[1936] Cons. Const., Décision n° 2000-437 DC du 19 décembre 2000, *Loi de financement de la Sécurité sociale pour 2001*, JO du 24 décembre 2000, p.20576, Recueil p.190, Considérant n° 24.

[1937] CJCE, 17 février 1993, *Poucet et Pistre*, aff. C-159/91 et C-160/91 ; Cité également par LAIGRE (P.), « Les organismes de sécurité sociale sont-ils des entreprises ? », *Droit social*, 1993, n° 5, p.491.

[1938] TABUTEAU (D.), « Solidarité et santé », *Droit social*, 2007, n° 2, p.138.

[1939] SUPIOT (A.) (dir.), *La solidarité. Enquête sur un principe juridique*, Paris, Odile Jacob, Coll. Collège de France, 2015, p.25.

[1940] TABUTEAU (D.), « Topologie des politiques sociales-Deuxième partie », *Droit social*, 2012, n° 7-8, p.666.

[1941] Voir en ce sens, le paragraphe n° 425.

[1942] BRUXELLES (A.), Nature juridique et caractères des cotisations d'assurances sociales dans la législation française, Thèse, Grenoble, Ed. BOSC Frères, M. et L. RIOU, 1932, p.7.

[1943] SUPIOT (A.) (dir.), *La solidarité. Enquête sur un principe juridique*, Paris, Odile Jacob, Coll. Collège de France, 2015, p.29.

professionnelle [1944]. Le financement de la Sécurité sociale par l'impôt s'inscrit ainsi dans le cadre de la solidarité partagée et citoyenne. L'impôt par ses dimensions solidaires devient alors un financement solidaire à part entière.

B. L'impôt, le financement solidaire

305. La solidarité dans l'impôt. Le système de Sécurité sociale permet la réalisation du principe de solidarité nationale [1945] même si la multiplicité des régimes limite son expression. La solidarité est une notion inhérente au financement de la Sécurité sociale puisque le terme solidaire désigne le fondement philosophique sur lequel repose l'institution de la Sécurité sociale [1946]. Dans la mesure où la solidarité nationale s'exprime par l'impôt [1947], la fiscalisation accentue la solidarité au sein de la Sécurité sociale [1948], dès lors l'impôt apparaît comme « *un devoir nécessaire à l'établissement d'un lien social et plus encore, d'un lien social équilibré* » [1949]. Le principe de solidarité nationale contribue à renforcer les pouvoirs de l'État, ce dernier doit disposer de toutes les prérogatives nécessaires pour imposer la solidarité nationale, puisque lui seul peut la faire triompher [1950]. Cependant si l'impôt constitue l'expression possible la plus évidente de la solidarité nationale, c'est désormais toute la politique sociale qui peut, éventuellement, être considérée comme une expression de la solidarité nationale [1951]. La solidarité se retrouve ainsi dans l'impôt qui devient le moyen d'expression de la solidarité. Le souhait de financer la solidarité par l'impôt est ancien puisque la proposition de

---

[1944] TABUTEAU (D.), « Topologie des politiques sociales-Deuxième partie », *Droit social*, 2012, n° 7-8, p.668.
[1945] PONTIER (J.-M.), « De la solidarité nationale », *RDP*, 1983, p.924.
[1946] ARGENTIERI (L.), « La solidarité en matière fiscale : vers la fin de l'exorbitance du droit fiscal », *Revue du Trésor*, 2006, n° 10, p.715.
[1947] Voir en ce sens, le paragraphe n° 427.
[1948] PHILIP (L.), « Solidarité et politique fiscale », in *La solidarité en droit public*, Textes issus du colloque de Besançon organisé par le Centre d'études de droit public de l'Université de Franche-Comté, 21 et 22 avril 1999, Paris, L'Harmattan 2005, p.245.
[1949] BOUVIER (M.), « La notion de capacité contributive des contribuables dans la société post-moderne », *RFFP*, n° 100, 2007, p.85.
[1950] DUPEYROUX (J.-J.), « Libres propos sur les cotisations », *Droit social*, 1993, n° 6, p.509.
[1951] PONTIER (J.-M.), « De la solidarité nationale », *RDP*, 1983, p.923-924.

loi déposée par Léon MIRMAN [1952] préconisait, dès 1902, un système « *exclusivement financé par l'impôt* » [1953].

306. L'affectation solidaire. Si l'affectation de l'impôt à la Sécurité sociale renforce le consentement à l'impôt [1954], elle renforce également l'aspect solidaire de l'impôt. La CSG traduit le lien étroit entre la solidarité nationale et la protection sociale [1955], et il en va de même de toute la fiscalité affectée à la Sécurité sociale. Audrey ROSA soutient la thèse de l'impôt-solidarité où la solidarité devient « *le fondement essentiel et pertinent de l'impôt moderne* » [1956]. L'impôt solidarité est ainsi applicable à la nature même de l'impôt, qu'il soit affecté ou non à la sécurité sociale. Cependant, pour certains le poids de l'impôt paraît insupportable [1957], l'impôt n'est donc plus accepté comme un devoir de solidarité nationale, mais subi de la part d'un État « *dont l'autorité est de plus en plus contestée et l'efficacité de plus en plus douteuse, aux yeux de beaucoup* » [1958]. L'augmentation de la fiscalité affectée permet de modérer ces propos puisque l'affectation, par sa nature même, accentue l'aspect solidaire de l'impôt par la redistributivité et l'action qu'il implique. La solidarité nationale est ainsi toujours le fondement de l'impôt, c'est à dire selon Edgard ALLIX, le prélèvement que la souveraineté exige de l'individu, en vertu du principe de la solidarité nationale, pour subvenir aux dépenses d'intérêt général [1959]. L'impôt est ainsi le mode d'expression de la solidarité, mais il est également celui de l'égalité.

[1952] Proposition de loi ayant pour objet d'organiser un service public et budget spécial de solidarité sociale, présenté par Léon Mirman, 28 novembre 1902, Doc. Parlementaire n° 510, JO p.406.

[1953] BORGETTO (M.), *La notion de fraternité en droit public français : le passé, le présent, l'avenir de la solidarité*, Paris, LGDJ, Coll. Bibliothèque de droit public, 1993, p.443.

[1954] Voir en ce sens, le paragraphe n° 273.

[1955] ROSA (A.), *Solidarité et impôt – Recherche sur les fondements de l'impôt moderne*, Paris, Dalloz, Coll. Bibliothèque parlementaire et constitutionnelle, 2015, p.24.

[1956] *Ibid*, p.453.

[1957] DIARRA (E.), « Les politiques fiscales en France », *RFFP*, n° 129, 2015, p.258.

[1958] *Ibid.*

[1959] ALLIX (E.), *Traité élémentaire de la Science des Finances*, 6e éd., 1931, Paris, Rousseau, p.386. ; Cité également par ORSONI (G.), *L'évolution de la notion d'impôt*, Thèse dactylographiée, Aix-en-Provence, 1975, p.354 et s.

307. Un principe également lié à celui de l'égalité. Si nous avons pu démontrer que la justice fiscale est étroitement liée au principe d'égalité [1960], la solidarité nationale constitue également une voie privilégiée pour parvenir à l'égalité [1961] bien que ces deux notions demeurent distinctes. La solidarité est un « *principe permanent de l'organisation sociale* » [1962] qui renforce la lutte contre les inégalités, puisque tout examen de la situation fiscale en France conduit à la constatation d'inégalités fondamentales [1963]. Cette conception de la solidarité rejoint celle de Lord BEVERIDGE puisque sa doctrine vise à l'exercice d'une solidarité générale à l'échelle nationale qui transcende les limites de classe prônant une solidarité à vocation égalitaire et à structure unitaire, débitrice d'obligations identiques à l'égard de chacun, elle marque le souci de réaliser une authentique solidarité nationale [1964]. L'évolution du principe d'égalité devant les charges publiques est ainsi un reflet de la transformation de la fiscalité proprement dit, où la notion d'égalité est également relayée par celle de solidarité [1965]. Le principe de solidarité est considéré comme un élément des charges publiques [1966]. Pour Martin COLLET, l'application par le Conseil constitutionnel du principe d'égalité en matière fiscale et sociale semble bien souvent mue par le souci de donner corps à l'exigence de solidarité nationale évoquée par le Préambule de 1946 [1967]. À travers la solidarité nationale et le principe d'égalité, l'objectif est ainsi d'instituer « *un certain degré d'égalité des conditions sociales par l'impôt* » [1968], dès lors la solidarité

[1960] Voir en ce sens, le paragraphe n° 276.

[1961] PONTIER (J.-M.), « De la solidarité nationale », *RDP*, 1983, p.909.

[1962] *Ibid*, p.920.

[1963] LAVIGNE (P.), « La solidarité devant l'impôt », *Revue de science et de législations financières*, 1958, p.66.

[1964] PERRIN (G.), « Pour une théorie sociologique de la sécurité sociale dans les sociétés industrielles », Paris, *Revue française de sociologie*, 1967, p.313. Cité également par LORTHIOIS (D), *Régime local d'Alsace-Moselle et régimes complémentaires d'entreprise, des chemins différents pour la solidarité*, Strasbourg, 1993, p.28.

[1965] DELVOLVÉ (P.), *Le principe d'égalité devant les charges publiques*, Paris, LGDJ, 1969, p.417.

[1966] GEFFROY (J-B.), *Grands problèmes fiscaux contemporains*, PUF, 1ère éd, 1993, p.55.

[1967] COLLET (M.), « Constitution et Prélèvements obligatoires », *Petites affiches*, 22 janvier 2009, n° 16, p.60.

[1968] BOUVIER (M.), « La notion de capacité contributive des contribuables dans la société post-moderne », *RFFP*, n° 100, 2007, p.85.

permet le passage de l'égalité devant l'impôt à l'égalité dans l'impôt [1969]. Il convient ainsi de préserver ce principe dans une société de plus en plus individualiste [1970]. La Constitution du 27 octobre 1946 a posé le principe du droit à la sécurité sociale, l'État doit veiller à son effectivité même si cela doit passer par le principe d'égalité, car en se fixant comme ambition de donner à tout être humain le droit de compenser ses éventuelles inégalités génétiques par un égal droit d'accès aux soins, l'assurance maladie obligatoire participe au concept d'égalité des chances [1971]. La solidarité se trouve au niveau non plus tant du fondement théorique assigné à l'impôt que de la fonction même assignée à ce dernier [1972]. Elle se manifeste ainsi devant l'impôt, comme devant toutes les charges publiques [1973], qu'elle soit spontanée ou organisée. Selon Pierre LAVIGNE, la solidarité devant l'impôt constitue « *le fondement de la fiscalité actuelle* » [1974] au même titre que le principe d'égalité. Elle doit devenir le principe juridique de la fiscalité moderne [1975] car elle est capable d'apporter la justice là où le principe d'égalité atteint ses limites. La solidarité est ainsi doublement touchée par la fiscalisation des ressources de la Sécurité sociale puisqu'elle en constitue le fondement mais aussi l'aboutissement. La fiscalisation devient un instrument au service de la solidarité, mais aussi au service de l'égalité, de la justice et de la démocratie à travers l'évolution de la nature de l'impôt et l'augmentation du recours aux règles fiscales, les fondements constitutionnels de la fiscalisation sont ainsi mis en exergue.

*

1969 BORGETTO (M.), *La notion de fraternité en droit public français : le passé, le présent, l'avenir de la solidarité*, Paris, LGDJ, Coll. Bibliothèque de droit public, 1993, p.582.

1970 PHILIP (L.), « Observations sur les communications de MM. Prétot et Rousseau », in PELLET (R.) (dir.), *Finances publiques et redistribution sociale*, Paris, Economica, 2006, p.122.

1971 LORTHIOIS (D), *Régime local d'Alsace-Moselle et régimes complémentaires d'entreprise, des chemins différents pour la solidarité*, Strasbourg, 1993, p.40.

1972 BORGETTO (M.), *La notion de fraternité en droit public français : le passé, le présent, l'avenir de la solidarité*, Paris, LGDJ, Coll. Bibliothèque de droit public, 1993, p.580.

1973 LAVIGNE (P.), « La solidarité devant l'impôt », *Revue de science et de législation financières*, 1958, p.79.

1974 *Ibid*, p.80.

1975 *Ibid*, p.85.

Breviarium. *La fiscalisation traduit l'instrumentalisation au service de la Sécurité sociale car elle provient d'objectifs et de motivations politiques ayant des dimensions constitutionnelles. Elle renforce ainsi les fondements constitutionnels des finances sociales puisqu'elle permet d'assembler les dimensions fiscales et sociales de la justice à travers l'impôt affecté. Elle permet également de développer la solidarité qui s'inscrit comme le fondement théorique de l'impôt mais aussi comme la fonction assignée à celui-ci. La solidarité fonde et motive l'utilisation de l'impôt dans le domaine social. Par ces aspects, le financement de la Sécurité sociale et le droit applicable en la matière n'en sont que plus démocratiques. L'impôt s'inscrit comme une prestation pécuniaire obligatoire visant à couvrir les charges publiques à titre définitif dans un but démocratique, solidaire et juste. Son affectation à la Sécurité sociale ne fait que renforcer ses aspects politiques, moraux et constitutionnels.*

CHAPITRE 2
LA MUTATION DES COMPÉTENCES BUDGÉTAIRES

308. Le pouvoir financier public s'exerce dans un cadre institutionnel, et est soumis à des procédures dont les justifications sont à la fois politiques et techniques [1976]. Ce pouvoir financier public est encadré par le droit. La fiscalisation a des conséquences constitutionnelles puisque la distinction entre les cotisations sociales et les impositions de toutes natures a des « *implications d'ordre juridique tenant notamment à l'étendue de la compétence du législateur* » [1977]. La perception des cotisations sociales ne requiert pas une autorisation annuelle du Parlement [1978] contrairement aux finances de l'État. La fiscalisation traduit toutefois la mutation des compétences budgétaires à travers l'évolution des compétences normatives (**Section 2**) en intégrant les lois de financement de la Sécurité sociale au sein du domaine législatif, ainsi que l'évolution des principes budgétaires (**Section 1**).

SECTION 1 : L'ÉVOLUTION DES PRINCIPES BUDGÉTAIRES

309. La fiscalisation exprime une influence des règles fiscales dans le financement de la Sécurité sociale mais aussi des règles financières qui y sont associées. Les principes budgétaires sont alors affectés par la fiscalisation. Si tous les principes sont plus ou moins affectés par cette influence comme le principe d'annualité [1979], certains principes ont subi une évolution et non pas une simple adaptation. Le principe d'affectation

---

[1976] BOUVIER (M.), « Constitutionnalisation et quasi-constitutionnalisation du système financier public français », in *La Constitution, l'Europe et le droit*, Mélanges en l'honneur de Jean-Claude Masclet, Paris, Publications de la Sorbonne, 2013, p.115.
[1977] PRÉTOT (X.), « La Sécurité sociale et les finances publiques », *RFFP*, n° 51, 1995, p.137.
[1978] MATT (J.-L.), *La sécurité sociale : organisation et financement*, Paris, LGDJ, Coll. Systèmes – Finances publiques, 2001, p.228.
[1979] Voir en ce sens, le paragraphe n° 281.

est un des principes les plus affectés par la fiscalisation (**Paragraphe premier**). L'augmentation des impositions affectées est souhaitée afin de retrouver des finances publiques en équilibre. L'équilibre financier tend alors à devenir un équilibre budgétaire (**Paragraphe second**).

§1. Les principes d'affectation et de sincérité, des principes budgétaires aux principes financiers

310. Les principes de non-affectation et de sincérité sont des principes budgétaires qui tendent à devenir des principes financiers ayant vocation à s'appliquer aux finances sociales comme aux finances publiques. L'affectation, réputée à tort comme impossible, reste malgré son évolution encadrée par le droit des finances publiques (**A**). L'évolution du principe d'affectation renforce le principe de sincérité (**B**).

A. Une affectation encadrée par le droit des finances publiques

311. Le principe de non affectation des recettes de l'État à des dépenses spécifiques est un principe ancien (**1**), mais il est possible d'y déroger. Le développement des finances sociales est seulement venu accentuer une pratique déjà existante. Ces dérogations sont alors encadrées et conditionnées afin d'éviter les recours abusifs. L'affectation des impositions de toutes natures est possible et désormais largement utilisée (**2**).

1. Un principe ancien

312. L'origine « universelle » du principe d'affectation. La règle de non-affectation est rattachée au principe d'universalité puisqu'elle suppose selon l'article 6 de la LOLF que *« l'ensemble des recettes assurant l'exécution de l'ensemble des dépenses, toutes les recettes et toutes les dépenses sont retracées sur un compte unique, intitulé budget général »*. L'ensemble des recettes doit ainsi couvrir l'ensemble des dépenses sans aucune distinction [1980]. Le principe d'universalité et donc

---

[1980] GILLES (W.), *Les principes budgétaires et comptables publics*, Paris, LGDJ, Coll. Systèmes, 2009, p.42.

de non affectation existait déjà sous l'ordonnance du 2 janvier 1959 [1981] puisque le Conseil constitutionnel considérait *« qu'est interdite l'affectation de tout ou partie d'une recette déterminée de l'État à la couverture d'une dépense déterminée, sous réserve des exceptions prévues par cet article »* [1982]. L'article 18 de cette ordonnance prévoyait ainsi une exception à la règle de non affectation en disposant que « *certaines recettes peuvent être directement affectées à certaines dépenses* ». Ces affectations spéciales prenaient ainsi la forme de budgets annexes, de comptes spéciaux du Trésor ou de procédures comptables particulières au sein du budget général ou d'un budget annexe. Le Conseil constitutionnel a estimé qu'« *en prévoyant d'en affecter une partie pour compenser une charge supportée par des caisses de sécurité sociale, sans que cette affectation entre dans le cadre d'une des exceptions visées par l'article 18 de l'ordonnance du 2 janvier 1959, le législateur a méconnu le principe de l'universalité budgétaire* » [1983]. Issu des ordonnances du 26 mars 1817 pour les recettes et du 14 septembre 1822 pour les dépenses [1984], le principe d'universalité assure l'équilibre budgétaire mais surtout l'équilibre entre les pouvoirs puisque le Parlement adopte l'ensemble du budget en toute neutralité sans être influencé par les motivations énoncées par le Gouvernement de recourir à tel impôt pour financer telle dépense. Jean-Luc GUIÈZE considère qu'il faut distinguer l'affectation de ressources au budget de l'État de l'affectation de ressources à certaines charges au sein du budget de l'État [1985]. L'affectation de ressources au budget de l'État concerne les prélèvements sur recettes au profit des collectivités locales et de la communauté économique et européenne, alors que l'affectation de ressources à certaines charges au sein du budget de l'État correspond aux budgets annexes et aux comptes spéciaux, dès lors l'affectation y est proscrite en

[1981] Ordonnance n° 59-2 du 2 janvier 1959 portant loi organique relative aux lois de finances, JORF du 3 janvier 1959, p.180.

[1982] Cons. Const., Décision n° 93-328 DC du 16 décembre 1993, *Loi quinquennale relative au travail, à l'emploi et à la formation professionnelle*, JO du 21 décembre 1993, p.17814, Recueil, p.547, Considérant n° 15.

[1983] Cons. Const., Décision n° 93-328 DC du 16 décembre 1993, *Loi quinquennale relative au travail, à l'emploi et à la formation professionnelle*, JO du 21 décembre 1993, p.17814, Recueil, p.547, Considérant n° 16.

[1984] SHOJAEI-ARANI (S.), *L'efficacité du contrôle parlementaire du budget exécuté en France sous la cinquième République*, Thèse dactylographiée, Aix-en-Provence, 2013, p.77.

[1985] GUIÈZE (J.-L.), *Le partage des compétences entre la loi et le règlement en matière financière*, Paris, LGDJ, 1971, p.166-167.

raison du principe d'universalité. Gaston JÈZE considère en ce sens que « *la dépense du service public affectataire reste dette du patrimoine général* [et] *la recette assignée reste* [...] *ressource du patrimoine général* » [1986]. L'affectation est ainsi un moyen de limiter la dépense à faire au montant de la recette affectée, ou inversement de limiter la recette à recouvrer au montant de la dépense à payer [1987].

313. Un recours initialement non prévu. Le recours à l'impôt dans le financement de la Sécurité sociale n'était initialement pas prévu puisque non seulement du fait de la seconde guerre mondiale l'état des finances publiques ne le permettait pas, mais également parce que le Gouvernement provisoire de la République française n'a envisagé à aucun moment de financer directement la protection sociale sur des ressources fiscales, en dépit des options prises dans ce domaine par le plan Beveridge [1988]. L'impôt est utilisé comme l'une des réponses à la crise et à l'assainissement des finances publiques [1989]. Toutefois, le service public peut être financé par l'impôt, mais également par les taxes dans la mesure où la nature même de la taxe permet ce financement. La distinction entre impôts et taxes affectées est floue et relève d'une étude casuistique car la dénomination des prélèvements ne permet pas la qualification juridique du prélèvement. Jean-Luc ALBERT considère d'ailleurs qu'il ne faut pas s'attacher à l'intitulé officiel des prélèvements puisque ce dernier n'est pas toujours clairement délimité en raison d'une terminologie déficiente et de concepts parfois approximatifs [1990]. La recherche de nouveaux financements pour la Sécurité sociale n'est pas récente puisque Jacques HEBERT mettait en évidence, en 1966 lors d'un débat à l'Assemblée Nationale, les raisons la justifiant en exposant que : « *Le budget de protection sociale de la nation est en accroissement constant. Les cotisations actuelles sont forcément limitées, alors que la consommation augmente. Les cotisations sont en effet établies d'après le nombre d'heures de travail et celui-ci est pratiquement constant et sera même vraisemblablement réduit à l'avenir. Au regard de la concurrence internationale, nos produits et nos services doivent évidemment rester*

[1986] JÈZE (G.), *Cours de droit public*, Paris, Ed. Giard, 1922, p.282.
[1987] *Ibid.*
[1988] DREYFUS (M.), RUFFAT (M.), VIET (V.), VOLDMAN (D.), *Se protéger, être protégé – Une histoire des Assurances sociales en France*, Presses Universitaires de Rennes, 2006, p.316.
[1989] AGLAE (M.-J.), « De l'impôt et ses limites », *RFFP*, n° 120, 2012, p.50.
[1990] ALBERT (J.-L.), *Finances publiques*, Paris, Dalloz, 2015, 9e éd., p.125.

compétitifs. La charge sociale qu'ils supportent doit rester tolérable. Or il est impossible d'augmenter le nombre d'heures de travail et d'élever les charges de la production. ***La fiscalisation s'impose donc*** [1991]. *Pour nous, le temps des assurances conçues comme il y a trente ans est révolu. Le principe de l'impôt est admis implicitement par tous ; l'impôt social doit être proportionné aux ressources de chacun et aux besoins de tous et seule cette fiscalisation permettrait la politique de transfert que nous souhaitons* » [1992]. Le recours à l'impôt dans le financement social était alors admis implicitement, même si son affectation était réputée impossible.

314. Une affectation réputée impossible. L'affectation des ressources fiscales est bien trop souvent réputée interdite par sa nature même. Thomas WANECQ affirme d'ailleurs en ce sens que « *l'affectation de ressources fiscales est en effet contraire au principe d'universalité budgétaire. Surtout, elle ne fait que déplacer les problèmes de financement vers la sphère fiscale, sans résoudre durablement les problèmes d'équilibre des finances publiques* » [1993]. Cette affirmation n'est cependant que partiellement correcte, si le principe d'universalité contient le principe de non affectation des dépenses aux recettes, il n'empêche pas pour autant l'affectation de ressources fiscales de manière stricte. Cette dernière demeure possible dès lors qu'elle respecte des conditions précises et déterminées [1994]. L'affectation est interdite au sein du budget de l'État mais elle ne s'oppose pas à l'affectation d'une recette à un tiers [1995]. Par ailleurs, l'affectation des ressources fiscales au financement de la Sécurité sociale est ancienne et les exemples abondent : la contribution sur la prime d'assurance automobile de 1967, les droits sur les tabacs et alcools, le financement du budget annexe des prestations sociales agricoles. Les dépenses de sécurité sociale sont adaptées au principe de non affectation. Cette dérogation est antérieure à la création des lois de financement de la Sécurité sociale. Le Conseil constitutionnel a d'ailleurs considéré s'agissant du financement du BAPSA que « *si les*

[1991] La phrase a été mise en évidence par l'auteur.

[1992] HEBERT (J.), Débats parlementaires, Assemblée nationale, JO, 1e séance du 9 juin 1966, p.1840.

[1993] WANECQ (T.), « Les cotisations sociales, un enjeu économique et financier complexe », *Droit social*, 2009, n° 3, p.352.

[1994] Voir en ce sens, le paragraphe n° 316 et s.

[1995] Conseil des prélèvements obligatoires, *La fiscalité affectée. Constats, enjeux et réformes*, Paris, La documentation française, Juillet 2013, p.13.

principes d'unité et d'universalité budgétaires s'appliquent au budget annexe des prestations sociales agricoles et interdisent qu'une dépense à caractère permanent lui incombant en vertu d'une disposition législative soit prise en charge par le fonds de solidarité vieillesse, eu égard à la nature de cette dépense, il était loisible au législateur de la retrancher de la liste des dépenses dont ce budget doit assumer la charge ; [...] *dès lors le transfert de la charge des majorations de pensions accordées en fonction du nombre d'enfants, du budget annexe des prestations sociales agricoles au fonds de solidarité vieillesse ne méconnaît aucune prescription constitutionnelle* » [1996]. La CSG n'est donc pas le premier prélèvement affecté à la Sécurité sociale puisque les contributions sur les spécialités pharmaceutiques ont été affectées à la Caisse nationale d'assurance maladie depuis 1983 [1997]. Ces prélèvements, qualifiés d'impositions de toutes natures par le Conseil constitutionnel [1998], se composent de deux contributions dont l'une est assise sur les frais de prospection et d'information afférents à l'exploitation en France des spécialités pharmaceutiques remboursables et dont l'autre est assise sur la consommation de tabacs manufacturés et de boissons d'une teneur en alcool supérieure à 25 p.100 vol. [1999]. Concernant la CSG, le Conseil constitutionnel a considéré qu'« *aucun principe, non plus qu'aucune règle de valeur constitutionnelle ou organique, ne fait obstacle à ce qu'une fraction du produit de la "contribution sociale généralisée", qui relève de la catégorie des "impositions de toutes natures" au sens de l'article 34 de la Constitution, soit employée à d'autres fins que le financement des régimes de sécurité sociale* » [2000]. L'affectation d'impositions de toutes natures étatiques à des établissements publics a donc été souvent utilisée par le Gouvernement et le législateur afin de

---

[1996] Cons. Const., Décision n° 95-369 DC du 28 décembre 1995, *Loi de finances pour 1996*, JO du 31 décembre 1995, p.19099, Recueil, p.257, Considérant n° 16.

[1997] Loi n° 83-25 du 19 janvier 1983 portant diverses mesures relatives à la sécurité sociale (mesures destinées à combler le déficit de la sécurité sociale), JORF du 20 janvier 1983, p.374.

[1998] Cons. Const., Décision n° 82-152 DC du 14 janvier 1983, *Loi portant diverses mesures relatives à la sécurité sociale*, Considérant n° 4, JO du 15 janvier 1983, p.353, Recueil, p.31.

[1999] Cons. Const., Décision n° 82-152 DC du 14 janvier 1983, *Loi portant diverses mesures relatives à la sécurité sociale*, Considérant n° 2, JO du 15 janvier 1983, p.353, Recueil, p.31.

[2000] Cons. Const., Décision n° 2001-447 DC du 18 juillet 2001, *Loi relative à la prise en charge de la perte d'autonomie des personnes âgées et à l'allocation personnalisée d'autonomie*, JO du 21 juillet 2001, p.11743, Recueil, p.89, Considérant n° 17.

recouvrir des recettes supplémentaires. Ces nombreuses affectations ne doivent cependant pas contrevenir à la règle de l'unité de caisse et de trésorerie.

315. La spécificité de la règle de l'unité de caisse et de trésorerie. Le cadre budgétaire est enrichi par une comptabilité budgétaire spécifique dont l'une des règles est que l'unité de caisse et de trésorerie ainsi que l'obligation de dépôt de fonds au Trésor structurent la gestion de trésorerie de l'organisme [2001]. La caisse est donc unique et indivisible. L'article 3 de l'arrêté du 6 janvier 2014 [2002] dispose que « *dans le respect du principe de l'unité de caisse, les comptables publics ont la possibilité de disposer d'une caisse* ». Il est alors intéressant d'observer que cette règle, applicable à de nombreuses administrations publiques, ne l'est pas à la Sécurité sociale. L'appartenance à un réseau de comptables publics permet en vertu du principe d'unité de trésorerie associé à l'obligation de dépôt des fonds au Trésor, d'avoir une situation quotidienne de sa trésorerie et donc une gestion unique de sa trésorerie [2003]. Les comptables publics ont alors le monopole de la gestion des crédits publics quelle que soit la branche concernée. La règle de l'unité budgétaire est assurée « *de manière absolue, dans la limite de la séparation entre la caisse, et le compte tenu par le comptable public* » [2004]. Le principe d'unité comptable est toutefois indirectement consacré en matière de Sécurité sociale puisque l'ACOSS est titulaire d'un compte à la Caisse des dépôts et consignations qui intègre les sommes recouvrées par les URSSAF. En vertu de l'article L.225-1 du CSS, l'ACOSS « *est chargée d'assurer la gestion commune de la trésorerie des différentes branches gérées par la Caisse nationale des allocations familiales, par la Caisse nationale de l'assurance maladie et par la Caisse nationale d'assurance vieillesse des travailleurs salariés, dans les conditions fixées par décret pris sur le rapport des ministres intéressés* ». C'est elle qui assure l'individualisation

---

[2001] Direction du Budget, *Référentiel fonctionnel de mise en œuvre des titres I et III du décret n° 2012-1246 relatif à la gestion budgétaire et comptable publique (GBCP) dans les organismes*, 2013, p.11.

[2002] Arrêté du 6 janvier 2014 portant application des articles 22 et 138 du décret n° 2012-1246 du 7 novembre 2012 relatif à la gestion budgétaire et comptable publique, relatifs à l'encaisse des comptables publics, des régisseurs et des trésoriers militaires, JORF n° 0044 du 21 février 2014.

[2003] FONDAFIP, *Quel comptable pour les comptes publics au XXIe siècle ?*, Paris, 2010, p.19.

[2004] GILBERT (G.), « Les vicissitudes du principe de l'unité budgétaire », *AJDA*, 1990, n° 7-8, p.500.

de la trésorerie de chaque branche par un suivi permanent en prévision et en réalisation comptable et établit l'état prévisionnel de la trésorerie de chaque branche. La dérogation à la règle de l'unité de caisse des fonds des régimes de sécurité sociale souligne le clivage structurant au sein des finances publiques entre des organismes financés majoritairement par l'impôt et ceux qui sont alimentés essentiellement par des cotisations sociales [2005]. L'affectation des ressources doit donc rester sans incidence sur cette unité de caisse.

2. *Une affectation possible et largement utilisée*

316. Une affectation non limitée à la Sécurité sociale. Les affectations à un établissement public sont possibles puisque le Conseil constitutionnel a décidé qu'« *aucune règle ni aucun principe de valeur constitutionnelle n'interdit d'affecter le produit d'une imposition à un établissement public industriel ou commercial* » [2006]. Cette solution a été ensuite complétée puisqu'« *aucun principe fondamental reconnu par les lois de la République n'interdit que le produit d'une imposition soit attribué à un établissement public ou à une personne privée chargée d'une mission de service public* » [2007]. Le Conseil constitutionnel a ainsi affirmé, concernant la contribution sur les heures supplémentaires et la contribution sociale sur les bénéfices des sociétés qui étaient affectées par la loi de financement de la Sécurité sociale au Fonds de financement de la réforme des cotisations patronales de sécurité sociale, qu'elles étaient affectées à un établissement public et que « *les dépenses de ce dernier n'incombent pas par nature à l'État* » [2008]. Les principes d'unité et d'universalité n'avaient pas été méconnus. Ces affectations sont toutefois soumises à certaines conditions puisque l'affectation d'une recette de l'État à une dépense ne peut résulter que d'un texte de loi de finances. Une disposition d'un texte n'ayant pas le caractère de loi de finances qui crée au profit de l'État une contribution égale à 10 % hors taxes des dépenses de publicité en faveur des boissons alcooliques « *méconnaît ces*

[2005] DEGRON (R.), *L'essentiel des finances publiques à l'heure européenne*, Paris, Gualino, Coll. Carré « Rouge », 2e éd., 2016, p.130.
[2006] Cons. Const., Décision n° 82-140 DC du 28 juin 1982, *Loi de finances rectificative pour 1982*, JO du 29 juin 1982, p.2043, Recueil, p.45, Considérant n° 6.
[2007] Cons. Const., Décision n° 98-405 DC du 29 décembre 1998, *Loi de finances pour 1999*, JO du 31 décembre 1998, p.20138, Recueil, p.326, Considérant n° 67.
[2008] Cons. Const., Décision n° 99-424 DC du 29 décembre 1999, *Loi de finances pour 2000*, JO du 31 décembre 1999, p.19991, Recueil, p.156, Considérant n° 12.

prescriptions en affectant le produit de cet impôt à un "fonds" non doté de la personnalité morale et dont la gestion relève de la responsabilité du Gouvernement » [2009] . Les impositions affectées les plus connues demeurent la CSG et la CRDS par leur volume financier. Elles ne sont toutefois pas les seules et la Sécurité sociale n'en est pas toujours le seul bénéficiaire. L'article 16 de la loi de programmation du 29 décembre 2014 [2010] a d'ailleurs encadré l'affectation des impositions de toutes natures. En effet, à compter du 1er janvier 2016, l'affectation d'une imposition de toutes natures à des tiers autres que les collectivités territoriales, les établissements publics de coopération intercommunale et les organismes de sécurité sociale ne peut être instituée ou maintenue que si elle répond à l'un des critères suivants : la ressource est en relation avec le service rendu par l'affectataire à un usager et son montant doit pouvoir s'apprécier sur des bases objectives ; la ressource finance, au sein d'un secteur d'activité ou d'une profession, des actions d'intérêt commun ; la ressource alimente des fonds nécessitant la constitution régulière de réserves financières. De plus, une nouvelle affectation s'accompagne, dans le champ ministériel de l'imposition nouvellement affectée, de la suppression d'une ou de plusieurs impositions affectées d'un rendement équivalent. Les impositions affectées font désormais l'objet d'un plafonnement. À compter du 1er janvier 2017, celles qui n'ont pas fait l'objet d'un plafonnement seront affectées ou réaffectées au budget général de l'État. Cependant si le Conseil constitutionnel tolère l'affectation d'un impôt, il n'en demeure pas moins que le recouvrement dudit impôt ne peut être effectué que par des services ou organismes placés sous l'autorité de l'État ou son contrôle [2011].

[2009] Cons. Const., Décision n° 90-283 DC du 8 janvier 1991, *Loi relative à la lutte contre le tabagisme et l'alcoolisme*, JO du 10 janvier 1991, p.524, Recueil, p.11, Considérant n° 45.

[2010] Loi n° 2014-1653 du 29 décembre 2014 de programmation des finances publiques pour les années 2014 à 2019, JORF n° 0301 du 30 décembre 2014, p.22786.

[2011] « *sur le fondement du deuxième alinéa de l'article 34 de la Constitution, il appartient au législateur de fixer les règles concernant "les modalités de recouvrement des impositions de toutes natures" ; que, dans l'exercice de cette compétence, il doit se conformer aux principes et règles de valeur constitutionnelle ; que si aucun principe fondamental reconnu par les lois de la République ne lui impose un mode particulier de recouvrement, il n'en demeure pas moins que le recouvrement d'une imposition contribuant, conformément à l'article 13 de la Déclaration de 1789, aux charges de la Nation, ne peut être effectué que par des services ou organismes placés sous l'autorité de l'État ou son contrôle* », Cons. Const., Décision n° 90-285 DC du 28 décembre 1990, *Loi de finances pour 1991*, JO du 30 décembre 1990, p.16609, Recueil p.95, Considérant n° 45. .

317. Une affectation constitutionnellement encadrée. Le Conseil constitutionnel considère qu'« *aucune règle ni aucun principe de valeur constitutionnelle n'interdit d'affecter le produit d'une imposition à un établissement public industriel ou commercial* », tel que la Caisse centrale de réassurance [2012] . Par conséquent, en prévoyant d'affecter une partie d'un prélèvement « *pour compenser une charge supportée par des caisses de sécurité sociale, sans que cette affectation entre dans le cadre d'une des exceptions visées par l'article 18 de l'ordonnance du 2 janvier 1959, le législateur a méconnu le principe de l'universalité budgétaire* » [2013]. La multiplication des affectations d'impositions a entretenu la confusion entre les différents types de prélèvements [2014], dès lors la non-affectation ne peut être considérée comme un critère de l'imposition [2015] . L'affectation d'un impôt ou d'une taxe à la Sécurité sociale est désormais prévue par le second alinéa de l'article 2 de la LOLF [2016], elle est toutefois soumise au respect de trois conditions. Le Conseil constitutionnel considère que « *la loi ne peut affecter directement à un tiers des impositions de toutes natures "qu'à raison des missions de service public confiées à lui", sous la triple condition que la perception de ces impositions soit autorisée par la loi de finances de l'année, que, lorsque l'imposition concernée a été établie au profit de l'État, ce soit une loi de finances qui procède à cette affectation et qu'enfin le projet de loi de finances de l'année soit accompagné d'une annexe explicative concernant la liste et l'évaluation de ces impositions* » [2017]. Le Conseil constitutionnel a précisé sa solution lors de l'affectation du panier fiscal

---

[2012] Cons. Const., Décision n° 82-140 DC du 28 juin 1982, *Loi de finances rectificative pour 1982*, Considérant n° 6, JO du 29 juin 1982, p.2043, Recueil p.45.

[2013] Cons. Const., Décision n° 93-328 DC du 16 décembre 1993, *Loi quinquennale relative au travail, à l'emploi et à la formation professionnelle*, Considérant n° 16, JO du 21 décembre 1993, p.17814, Recueil, p.547.

[2014] PHILIP (L.), « Impositions de toutes natures, redevances, cotisations sociales et prélèvements obligatoires », in *Mélanges Paul Amselek*, Bruxelles, Bruylant, 2005, p.682.

[2015] PHILIP (L.), « Impositions de toutes natures, redevances, cotisations sociales et prélèvements obligatoires », in *Mélanges Paul Amselek*, Bruxelles, Bruylant, 2005, p.684.

[2016] « *Les impositions de toute nature ne peuvent être directement affectées à un tiers qu'à raison des missions de service public confiées à lui et sous les réserves prévues par les articles 34, 36 et 51* ».

[2017] Cons. Const., Décision n° 2001-448 DC du 25 juillet 2001, *Loi organique relative aux lois de finances*, JO du 2 août 2001, p.12490, Recueil, p.99, Considérant n° 10 ; Cons. Const., Décision 2005-530 DC du 29 décembre 2005, *Loi de finances pour 2006*, JO du 31 décembre 2005, p.20705, Recueil p.168, Considérant n° 57 ; Cons. Const., Décision 2010-622 DC du 28 décembre 2010, *Loi de finances pour 2011*, JO du 30 décembre 2010, p.23190, Recueil p.416, Considérant n° 43.

de 2006 et considère que l'affectation directe aux caisses nationales de sécurité sociale et à certains régimes particuliers en vue de compenser les allégements de cotisations sociales respecte les dispositions précitées dès lors que ces organismes assurent essentiellement la gestion d'un service public, que la perception et l'affectation de ces impositions, qui avaient été établies au profit de l'État, ont été autorisées par la loi de finances pour 2006 et enfin que leur liste et leur évaluation figuraient tant dans les annexes au projet de loi de financement de la Sécurité sociale que dans celles du projet de loi de finances [2018]. L'article L.253-1 du Code de la sécurité sociale dispose par ailleurs que « *les ressources recouvrées en exécution du présent code ne peuvent être affectées à une institution autre que celle au titre de laquelle elles sont perçues* ». L'affectation doit être celle prévue par les textes, d'autant plus que ces affectations distinctes « *permettent de présenter un équilibre financier par branche au sein des différents régimes* » [2019]. L'affectation à la Sécurité sociale des ressources fiscales a ainsi été prévue par l'article 1er de chaque loi de finances initiale qui autorise la perception des impositions de toutes natures y compris celles qui sont affectées à la sécurité sociale [2020].

318. Le monopole des lois de financement de la Sécurité sociale. Les lois de financement de la Sécurité sociale ont le monopole de l'affectation des recettes attribuées dans leur intégralité à la Sécurité sociale [2021]. La LOLFSS a instauré l'article LO.111-3 qui dispose que « *l'affectation, totale ou partielle, d'une recette exclusive des régimes obligatoires de base de sécurité sociale, des organismes concourant à leur financement, à l'amortissement de leur dette ou à la mise en réserve de recettes à leur profit ou des organismes finançant et gérant des dépenses relevant de l'objectif national de dépenses d'assurance maladie, à toute autre personne morale ne peut résulter que d'une disposition de loi de financement* ». Désormais, dès lors qu'une imposition de toutes natures est entièrement affectée à la Sécurité sociale, elle doit être

---

2018 Cons. Const., Décision n° 2005-530 DC du 29 décembre 2005, *Loi de finances pour 2006,* JO du 31 décembre 2005, p.20705, Recueil, p.168, Considérant n° 57-58.

2019 PELLET (R.), *Les finances sociales : économie, droit et politique*, Paris, LGDJ, Coll. « Systèmes », 2001, p.187.

2020 OLIVA (É.), *Le juge constitutionnel et l'équilibre des finances publiques*, Rapport France, *AIJC*, n° XXVIII, 2012, p.297.

2021 PELLET (R.), « Le financement de la Sécurité sociale », *Cahiers Français*, n° 329 – Budget de l'État et finances publiques, Paris, La documentation française, Novembre-Décembre 2005, p.83.

autorisée par les lois de financement de la Sécurité sociale. Les lois de finances n'ont donc plus le monopole de l'autorisation des impositions de toutes natures. L'exception à la règle de non affectation de l'impôt s'expliquait « *par la volonté d'assurer l'autonomie administrative et financière de la sécurité sociale* » [2022]. L'affectation des ressources étatiques à la Sécurité sociale ne remet pas en cause l'existence même de l'autonomie de la Sécurité sociale. Le développement des impositions affectées a toutefois renforcé la démocratie politique puisque les parlementaires se sont vus reconnaître l'exercice régulier d'un droit de regard sur le fonctionnement du système [2023] avec la mise en place des lois de financement de la Sécurité sociale. En plus d'un droit de regard, ils disposent désormais d'un droit d'agir, du droit d'instaurer des impositions de toutes natures en dehors des lois de finances.

319. Le sens classique de la fiscalisation. Le recours aux impôts et taxes affectées dans le financement de la sécurité sociale représente ici le sens classique donné au terme même de fiscalisation. En ce sens Bruno PALIER affirmait qu'« *en augmentant la CSG de 1% et en instaurant un nouvel impôt, le Remboursement de la dette sociale, Alain JUPPÉ a encore renforcé ce processus de fiscalisation des recettes de la protection sociale* », il précisait ensuite que « *ce développement de nouveaux modes de financement fiscalisés correspond aussi à l'émergence de nouveaux besoins* » [2024]. Ces nouveaux modes de financement prennent deux formes puisque soit l'État assure le fonctionnement financier de la Sécurité sociale par les ressources du budget général, soit il utilise des impôts spéciaux, qu'il affecte aux institutions de sécurité sociale [2025]. Le Parlement peut dès lors procéder librement à la fiscalisation des ressources des régimes de sécurité sociale [2026] puisqu'une fois créée une imposition de toutes natures peut être affectée à la Sécurité sociale sans difficulté. L'affectation d'impositions de toutes natures tend ainsi à ne plus devenir une dérogation à un principe mais un principe en tant que tel.

[2022] DURAND (P.), *La politique contemporaine de Sécurité sociale* [1953], *op.cit.*, p.290.
[2023] BORGETTO (M.), « L'évolution récente du système de Sécurité sociale en matière de redistribution », *Recherches et prévisions*, n° 73, septembre 2003, Dossiers Famille et droit social, p.46.
[2024] PALIER (B.), « Les évolutions du système de protection sociale en Europe et en France, une perspective institutionnelle comparée », *Pouvoirs*, n° 82, 1997, p.164.
[2025] DURAND (P.), *La politique contemporaine de Sécurité sociale* [1953], *op.cit.*, p.286.
[2026] PRÉTOT (X.), « La Sécurité sociale et les finances publiques », *RFFP*, n° 51, 1995, p.144.

Dans les lois de financement de la Sécurité sociale, l'affectation des impositions de toutes natures est un principe et non plus une exception à la règle. Ce principe d'affectations des impositions « sociales » n'en est pas pour autant contraire au principe d'universalité puisque le budget de la Sécurité sociale contient toutes les prévisions de recettes dont elle est la bénéficiaire et tend à les autoriser de plus en plus. La règle de la non-contrepartie, ou l'absence de contrepartie précise et déterminée des impositions de toutes natures, bien qu'amoindrie par l'affectation, demeure présente puisque les textes imposent l'affectation à l'amortissement de leur dette ou à la mise en réserve de recettes à leur profit ou des organismes finançant et gérant des dépenses relevant de l'objectif national de dépenses d'assurance maladie. Les recettes viennent ainsi financer des dépenses appartenant à un objectif ou un sous-objectif de l'ONDAM sans pour autant que la dépense concernée soit spécifiquement visée. Les impositions affectées se retrouvent alors autant dans les lois de finances que dans les lois de financement de la Sécurité sociale. La seule particularité est qu'une imposition de toutes natures pleinement et entièrement affectée à la Sécurité sociale doit figurer dans une loi de financement de la Sécurité sociale. Par conséquent, des impositions qui ne sont affectées que partiellement à la Sécurité sociale peuvent être maintenues au sein des lois de finances. Le principe de l'affectation ne poserait donc pas de difficultés majeures en cas de fusion des lois financières au sein d'une seule et même loi relative aux recettes publiques.

B. Une affectation renforçant la sincérité du budget

320. Le calque du principe de sincérité. Bien que mentionné par le Conseil constitutionnel dans la décision n° 83-164 DC du 29 décembre 1983 [2027] et par les requérants dans la décision n° 93-320 DC [2028], il a fallu attendre la décision n° 2001-448 DC [2029] pour que le principe de sincérité soit reconnu en tant que tel et acquière une valeur constitutionnelle. La LOLF met en place un principe de sincérité comptable mais également budgétaire. L'article 27 alinéa 3 dispose que « *les comptes de l'État*

[2027] Cons. Const., Décision n° 83-164 DC du 29 décembre 1983, *Loi de finances pour 1984*, JO du 30 décembre 1983, p.3871, Recueil, p.67, Considérant n° 12.

[2028] Cons. Const., Décision n° 93-320 DC du 21 juin 1993, *Loi de finances rectificative pour 1993*, JO du 23 juin 1993, p.8869, Recueil, p.146, Considérant n° 22.

[2029] Cons. Const., Décision n° 2001-448 DC du 25 juillet 2001, *Loi organique relative aux lois de finances*, JO du 2 août 2001, p.12490, Recueil, p.99, Considérant n° 56 à 62.

doivent être réguliers et sincères » et l'article 32 prévoit que « *les lois de finances présentent de façon sincère l'ensemble des ressources et des charges de l'État, leur sincérité s'apprécie compte tenu des informations disponibles et des prévisions qui peuvent raisonnablement en découler* ». La sincérité est appréciée de deux manières différentes en fonction du temps budgétaire concerné. Lors de la prévision, la sincérité se traduit par « *l'absence d'intention de fausser les grandes lignes de l'équilibre déterminé par la loi de finances* » [2030]. Lors du contrôle budgétaire après l'exécution, elle se traduit par « *l'exactitude des comptes* » [2031]. Ce principe de sincérité est également posé dans la LOLFSS. Dans l'article 1er instaurant l'article LO.111-3 du CSS, la loi organique relative aux lois de financement de la Sécurité sociale précise que la loi de financement de la Sécurité sociale « *détermine, pour l'année à venir, de manière sincère, les conditions générales de l'équilibre financier de la sécurité sociale compte tenu notamment des conditions économiques générales et de leur évolution prévisible* ». Le principe de sincérité est ainsi non seulement un principe budgétaire mais aussi un principe comptable. La sincérité comptable se traduit par des comptes des régimes et organismes de sécurité sociale qui doivent être réguliers, sincères et donner une image fidèle de leur patrimoine et de leur situation financière. Le principe a ensuite été intégré directement à l'article 47-2 de la Constitution du 4 octobre 1958 [2032] par la révision constitutionnelle de 2008 [2033]. Le principe de sincérité semble être apprécié d'une manière plus large et générale en matière de Sécurité sociale. Il est lié à l'équilibre financier de la Sécurité sociale et non pas au seul équilibre déterminé par la loi de finances. Le Conseil constitutionnel apprécie également la notion d'équilibre financier de la Sécurité sociale en lien avec le principe de sincérité puisqu'il est également le juge de la sincérité de l'ensemble du

---

[2030] Cons. Const., Décision n° 2001-448 DC du 25 juillet 2001, *Loi organique relative aux lois de finances*, JO du 2 août 2001, p.12490, Recueil, p.99, Considérant n° 60.

[2031] Cons. Const., Décision n° 2001-448 DC du 25 juillet 2001, *Loi organique relative aux lois de finances*, JO du 2 août 2001, p.12490, Recueil, p.99, Considérant n° 61.

[2032] « *La Cour des comptes assiste le Parlement dans le contrôle de l'action du Gouvernement. Elle assiste le Parlement et le Gouvernement dans le contrôle de l'exécution des lois de finances et de l'application des lois de financement de la sécurité sociale ainsi que dans l'évaluation des politiques publiques. Par ses rapports publics, elle contribue à l'information des citoyens.*

Les comptes des administrations publiques sont réguliers et sincères. Ils donnent une image fidèle du résultat de leur gestion, de leur patrimoine et de leur situation financière »

[2033] Loi constitutionnelle n° 2008-724 du 23 juillet 2008 de modernisation des institutions de la Ve République, JORF n°0171 du 24 juillet 2008, p.11890.

texte. Dans tous les cas, « *la suspicion, si elle est retenue par le Conseil, ne permet pas de faire l'économie d'une appréciation du réalisme de l'équilibre budgétaire* » [2034]. La double interprétation donnée au principe de sincérité en matière de lois de finances a été étendue aux lois de financement de la Sécurité sociale puisque le Conseil constitutionnel considère que « *s'agissant des conditions générales de l'équilibre financier de la sécurité sociale pour l'année en cours et l'année à venir, la sincérité se caractérise par l'absence d'intention de fausser les grandes lignes de cet équilibre ; que, s'agissant de la partie de la loi de financement de l'année relative au dernier exercice clos, la sincérité s'entend comme imposant l'exactitude des comptes* » [2035]. Selon le Conseil constitutionnel, découle du principe de sincérité le fait que l'ONDAM doit être « *initialement établi par le Gouvernement au regard des informations disponibles à la date du dépôt du projet de loi de financement de la Sécurité sociale* », et qu'il appartient « *au Gouvernement d'informer le Parlement, au cours de l'examen de ce projet de loi, lorsque surviennent des circonstances de droit ou de fait de nature à remettre en cause les conditions générales de l'équilibre financier des régimes obligatoires de base de la sécurité sociale et, dans ce cas, de corriger les prévisions initiales* » [2036]. Cependant, même si la sincérité est un principe unanimement reconnu comme vertueux, son contrôle reste difficile. Les effets juridiques de ce principe sont relatifs et la sincérité reste une obligation de moyens, un objectif à atteindre [2037]. Selon Jean-François JOYE, le principe de sincérité est le plus fondamental

---

2034 CAMBY (J.-P.), « La jurisprudence constitutionnelle en matière de sincérité de la présentation budgétaire » in PHILIP (L.), (dir.), *L'exercice du pouvoir financier du parlement : théorie, pratique et évolution*, Aix-en Pce : PUAM, Coll. « Droit public positif », 1996, p.26.

2035 Cons. Const., Décision n° 2005-519 DC du 29 juillet 2005, *Loi organique relative aux lois de financement de la Sécurité sociale*, JO du 3 août 2005, p.12661, Recueil, p.129, Considérant n° 6.

2036 Cons. Const., Décision n° 2015-723 DC du 17 décembre 2015, *Loi de financement de la Sécurité sociale pour 2016*, JO n° 0296 du 22 décembre 2015 p.23685, Considérant n° 3 ; Cons. Const., Décision n° 2013-682 DC du 19 décembre 2013, *Loi de financement de la Sécurité sociale pour 2014*, JO du 24 décembre 2013 p.21069, Recueil, p.1094, Considérant n° 3 ; Cons. Const., Décision n° 2011-642 DC du 15 décembre 2011, *Loi de financement de la Sécurité sociale pour 2012*, JO du 22 décembre 2011, p.21719, Recueil, p.588, Considérant n° 4 ; Cons. Const., Décision n° 2005-528 DC du 15 décembre 2005, *Loi de financement de la Sécurité sociale pour 2006*, JO du 20 décembre 2005, p.19561, Recueil, p.157, Considérant n° 4.

2037 JOYE (J.-F.), « Les vicissitudes du principe de sincérité », *JCP G*, n° 12, 18 mars 2009, I 126, p.3.

des principes car « *il couronne l'édifice juridique-financier* » [2038]. La sincérité doit composer avec la recherche de la vérité et de la transparence. Le Conseil constitutionnel étend ainsi le raisonnement retenu en matière de sincérité budgétaire dans le domaine des finances sociales. Le législateur calque les procédures et principes des finances sociales sur ceux existant en matière budgétaire, et le Conseil constitutionnel procède de manière similaire. Force est alors de constater l'émergence d'un droit budgétaire indifférent du domaine étatique ou social. Le Conseil constitutionnel reconnaît également le principe de la sincérité des débats parlementaires depuis la décision n° 2005-512 DC du 21 avril 2005 [2039], bien qu'il ne précise pas le fondement textuel de cette notion [2040]. Ce principe a par la suite été mentionné par les requérants contre des cavaliers sociaux concernant la loi de financement de la Sécurité sociale pour 2007 [2041]. Dans la mesure où ce principe a été énoncé en dehors d'une loi financière, tout laisse à penser que le Conseil constitutionnel sera amené à l'appliquer autant en matière de lois de finances qu'en matière de lois de financement de la Sécurité sociale. Si le principe de sincérité a été calqué en matière de finances sociales sur celui existant pour les finances publiques étatiques, il est toutefois regrettable de constater que ni l'un ni l'autre n'aboutissent à de réelles sanctions de la part du Conseil constitutionnel.

321. L'imbrication entre affectation et équilibre. Le principe d'universalité répond au double souci d'assurer la clarté des comptes de l'État et de permettre, par là même un contrôle efficace du Parlement [2042]. Le principe d'universalité contribue dans ses deux dimensions à

[2038] *Ibid.*

[2039] Cons. Const., Décision n° 2005-512 DC du 21 avril 2005, Loi d'orientation et de programme pour l'avenir de l'école, JO du 24 avril 2005, p.7173, Recueil, p.72, Considérant n° 4.

[2040] BAUDU (A.), *Contribution à l'étude des pouvoirs budgétaires du Parlement en France. Éclairage historique et perspectives d'évolution*, Paris, Dalloz, 2010, p.445.

[2041] « *Considérant que les requérants demandent au Conseil constitutionnel de déclarer contraires à la Constitution les dispositions de la loi déférée "qui dépassent la définition des conditions générales de son équilibre financier et des objectifs de dépenses, telle que prévue par l'article 34 de la Constitution et dont l'adoption nuit à la sincérité des débats parlementaires"* », Cons. Const., Décision n° 2006-544 DC du 14 décembre 2006, Loi de financement de la Sécurité sociale pour 2007, JO du 22 décembre 2006, p.19356, Recueil, p.129, Considérant n° 7.

[2042] PHILIP (L.), *Les fondements constitutionnels des Finances publiques*, Paris, Economica, 1995, p.20.

l'exigence de sincérité [2043]. L'absence de compensation entre les recettes et les dépenses assure le respect du principe de sincérité puisqu'elle permet une meilleure lisibilité et compréhension du budget, d'autant plus que l'affectation éclaire le consentement à l'impôt [2044]. Connaître la destination d'une mesure permet ainsi de vérifier ou non la sincérité du budget, de contrôler si les mesures concernées permettent le rétablissement de l'équilibre financier de la Sécurité sociale ou si elles le desservent. La sincérité permet d'établir « *un rapport de correspondance entre situation idéale et situation réelle* » [2045]. Elle est donc liée au principe d'équilibre budgétaire dans la mesure où ce dernier tend également à faire correspondre la situation financière idéalement souhaitée avec la situation existante. Laurent PANCRAZI considère que « *l'effectivité du principe de sincérité réside dans le fait d'avoir été consacrée comme norme de référence et de pouvoir ainsi instaurer un nouvel équilibre entre les acteurs du jeu budgétaire en rétablissant les conditions de prévision et d'échange sincères* » [2046]. Le principe de sincérité permet donc d'obtenir des conditions de prévision sincères. Dans la mesure où l'équilibre budgétaire dépend de ces conditions de prévision, il est donc directement lié au principe de sincérité. Le principe de sincérité permet alors de lier le principe d'affectation à l'équilibre financier puisque le recours à l'impôt affecté dans le champ des finances sociales est motivé par la recherche de financements supplémentaires afin de rétablir un équilibre financier depuis trop longtemps déficitaire. Cette imbrication existe également en Allemagne où les principes d'unité, d'universalité mais aussi d'équilibre conduisent à affirmer l'exigence de sincérité budgétaire [2047]. Le Conseil constitutionnel français n'hésite d'ailleurs pas à lier le principe d'universalité avec celui de sincérité pour fonder la constitutionnalité des prélèvements sur recettes constituant une affectation par nature [2048]. Le recours au principe de sincérité permet de

---

2043 LANDBECK (D.), « La notion de sincérité en finances publiques », *RFDA*, 2002, p.798.

2044 Voir en ce sens le paragraphe n° 273.

2045 MARGUÉNAUD (J.-P.), « Conclusion », in LE BOT (O.), *La sincérité en droit*, Bruxelles, Larcier, 2011, p.270.

2046 PANCRAZI (L.), *Le principe de sincérité budgétaire*, Paris, L'Harmattan, 2012, p.625.

2047 ORSONI (G.), « Le principe de sincérité à l'étranger », *RFFP*, n° 111, 2010, p.41.

2048 « *les concours apportés par l'État aux collectivités locales en compensation d'exonérations, de réductions ou de plafonnements d'impôts locaux [...] peuvent néanmoins, sans méconnaître les principes d'universalité et de sincérité budgétaires, donner lieu à un mécanisme de prélèvement sur recettes, dès lors que celui-ci est, dans*

mieux apprécier la lisibilité des opérations dont la constitutionnalité est contestée par les requérants [2049]. Pour Yves SAINT-JOURS, l'équilibre financier doit désormais se faire au prix de la fiscalisation [2050]. Le déséquilibre financier de la Sécurité sociale étant dû au « *déséquilibre démographique entre actifs et inactifs dû à l'essor de la natalité et à la prolongation de la longévité humaine* » ainsi qu'à « *la progression plus rapide du coût de la santé que celle des salaires soumis à cotisation* » [2051], la Sécurité sociale doit bénéficier de ressources supplémentaires apportées par la fiscalisation, par la création de nouveaux impôts entraînant le recours aux règles de droit fiscal. Il préconise toutefois le maintien d'une cohérence entre l'origine des ressources et la nature de la dépense. L'affectation des ressources permet, à défaut d'une cohérence entre l'origine de l'impôt et la nature de la dépense qu'il tend à financer, d'apporter une justification à la fiscalisation en tant qu'instrument de financement. Détailler l'utilisation faite par l'instrument utilisé s'inscrit alors dans une démarche de sincérité et d'information à l'égard des parlementaires. Même si la technique de l'affectation déroge à l'universalité budgétaire et affecte la présentation de l'équilibre [2052], cette démarche vise toutefois à essayer de respecter les exigences de l'équilibre financier tout en conservant un seul et même document budgétaire, la loi de financement de la Sécurité sociale. Selon William GILLES le principe d'unité « *apparaît comme un "garde-fou" du principe de sincérité budgétaire* » [2053]. Il convient dès lors de favoriser une plus grande transparence des politiques pratiquées en finances publiques à travers un renouveau et un renforcement du principe de l'unité budgétaire [2054]. Cette évolution rapproche théoriquement la France du système grec où la

---

son montant et sa destination, défini de façon distincte et précise dans la loi de finances, et qu'il est assorti, tout comme les chapitres budgétaires, de justifications appropriées », Cons. Const., Décision n° 98-405 DC du 29 décembre 1998, *Loi de finances pour 1999*, JO du 31 décembre 1998, p.20138, Recueil, p.326, Considérant n° 6.

2049 Sénat, *Le principe de sincérité des lois de finances et des lois de financement de la Sécurité sociale*, Les documents de travail du Sénat, Série Études juridiques, 2006, p.12.

2050 SAINT-JOURS (Y.), *La faute dans le droit général de la Sécurité sociale*, Paris, Librairie générale de droit et de jurisprudence, R. Pichon et R. Durand-Auzias, 1972, p.32.

2051 SAINT-JOURS (Y.), *La faute dans le droit général de la Sécurité sociale*, Paris, Librairie générale de droit et de jurisprudence, R. Pichon et R. Durand-Auzias, 1972, p.31.

2052 CAMBY (J.-P.), « Le Conseil constitutionnel et la réforme de la procédure budgétaire », *Petites affiches*, n° 202, 2001, p.6.

2053 GILLES (W.), *Les transformations du principe de l'unité budgétaire dans le système financier public* contemporain, Paris, Dalloz, Coll. Bibliothèque parlementaire et constitutionnelle, 2007, p.291.

2054 *Ibid*, p.293.

des lois de financement de la Sécurité sociale. Rémi PELLET affirme alors qu'« *il n'y a pas consécration du principe selon lequel l'équilibre financier de la Sécurité sociale des régimes de base obligatoires de la Sécurité sociale est fondé sur la somme des équilibres de chacune des branches sans que le déséquilibre de l'une d'elles puisse donc être compensé par l'excédent d'une autre* »[2070]. Par conséquent, les lois de financement de la Sécurité sociale peuvent ne présenter aucun solde financier qui permettrait d'apprécier le niveau d'équilibre de l'assurance maladie[2071]. L'équilibre financier n'intervient donc pas uniquement dans le cadre du principe d'unité budgétaire, et donc de la seule LFSS, mais plus généralement au sein de la Sécurité sociale.

325. L'équilibre financier, un champ d'application plus large que celui de l'unité. Le principe d'unité budgétaire présent au sein de l'article 6 de la LOLF[2072] traduit la règle de l'unité qui exige un budget au sein d'un document unique, mais aussi la règle de l'exhaustivité dans la mesure où ce document unique doit prévoir et autoriser l'ensemble des recettes et des charges de l'État. L'implication croissante de l'État dans le financement de la Sécurité sociale à travers les transferts de crédits semble, de prime abord, amoindrir le principe d'unité puisque « *l'universalité budgétaire est indissociable de l'unité* »[2073]. Cependant, le principe d'unité se retrouve également dans le financement de la Sécurité sociale puisque l'article 1er de la LOLFSS met en place l'article L.114-5 du CSS qui dispose que « *les régimes obligatoires de base de sécurité sociale et les organismes concourant à leur financement appliquent un plan comptable unique fondé sur le principe de la constatation des droits et obligations* ». L'unité comptable concerne donc seulement les régimes obligatoires de base de la Sécurité sociale et les organismes concourant à leur financement. L'équilibre financier, inhérent à la gestion de la Sécurité sociale dans son ensemble, dispose d'un champ

---

DC du 18 décembre 2001, *Loi de financement de la Sécurité sociale pour 2002*, JO du 26 décembre 2001, p.20582, Recueil, p.164.

[2070] PELLET (R.), « Le Conseil constitutionnel et l'équilibre financier de la Sécurité sociale », *Droit social*, 1999, p.27.

[2071] PELLET (R.), « L'équilibre financier de l'assurance maladie après la loi du 13 août 2004 », *Droit social*, 2004, p.978.

[2072] « *L'ensemble des recettes assurant l'exécution de l'ensemble des dépenses, toutes les recettes et toutes les dépenses sont retracées sur un compte unique, intitulé budget général* ».

[2073] CAMBY (J.-P.), « Le Conseil constitutionnel et la réforme de la procédure budgétaire », *Petites affiches*, n° 202, 2001, p.8.

d'application plus large que celui de l'unité, et même des LFSS. Néanmoins, pour permettre aux parlementaires et aux citoyens de bien mesurer les enjeux des questions financières contemporaines, l'exigence de synthèse s'impose désormais [2074]. La règle de l'unité budgétaire est selon William GILLES amenée « *à se transformer en principe de synthèse* » [2075]. Le principe d'unité se heurte ainsi au cantonnement au sein des LFSS, alors que le principe d'équilibre financier concerne toute la Sécurité sociale. L'intervention des fonds de réserve obscurcit cependant l'unité au sein des finances sociales.

326. L'heureuse intervention des fonds de réserve. L'équilibre financier est une préoccupation nationale présente au sein de chaque branche, de chaque régime, y compris au sein du régime local d'assurance maladie présent en Alsace-Moselle. L'article L.242-13 du CSS dispose, depuis la loi n° 98-278 du 14 avril 1998 [2076], que le conseil d'administration de l'instance de gestion du régime local « *fixe les taux de cotisation permettant de garantir le respect de l'équilibre financier du régime dans la limite d'une fourchette fixée par décret* ». L'équilibre financier du régime local apparaît comme le souci majeur en matière de gestion de ce régime. Le fonds de réserve du régime local, alimenté par le solde disponible, en fin d'exercice, du fonds de l'assurance maladie prévu à l'article D.325-10 du Code de la sécurité sociale, sert alors « *de régulateur pour maintenir l'équilibre financier du régime* » [2077]. Cependant le recours aux fonds de réserve n'est pas une spécificité locale puisque l'article L.252-3 du CSS dispose que si les dotations attribuées à une caisse primaire ne lui permettent pas d'assurer la couverture des charges correspondantes, l'équilibre financier doit être maintenu ou rétabli par un prélèvement sur le fonds de réserve de la caisse nationale, à concurrence des excédents qui y ont été affectés par la caisse primaire intéressée, ou, à défaut, par une avance ou une subvention que la caisse nationale peut accorder sur demande motivée de la caisse primaire. Crée

---

[2074] GILLES (W.), *Les transformations du principe de l'unité budgétaire dans le système financier public contemporain*, Paris, Dalloz, Coll. Bibliothèque parlementaire et constitutionnelle, 2007, p.270.

[2075] *Ibid.*

[2076] Loi n° 98-278 du 14 avril 1998 relative au régime local d'assurance maladie des départements du Bas-Rhin, du Haut-Rhin et de la Moselle, JORF n° 89 du 16 avril 1998 p.5847.

[2077] BOHL (A), *Instance de gestion du régime local d'assurance maladie d'Alsace-Moselle*, Question Sénat n° 17910 du 03 octobre 1996 au JO Sénat du 03/10/1996 – p.2543. *Réponse du ministère du Travail au* JO Sénat du 19/12/1996 – p.3440.

par la loi de financement de la Sécurité sociale pour 1999 [2078] au sein du Fonds de solidarité vieillesse, le fonds de réserve pour les retraites constitue depuis la loi du 17 juillet 2001 [2079] un établissement public de l'État à caractère administratif en vertu de l'article L.135-6 du CSS. Ce fonds a *« pour mission principale de gérer les sommes qui lui sont affectées afin de constituer des réserves destinées à contribuer à la pérennité des régimes de retraite »*. L'arrêté du 24 mai 2016 [2080] a modernisé les conditions d'actions financières du FRR. Cette modification de ses compétences fait suite au rapport de la Cour des comptes qui préconisait de préserver, s'agissant de l'État, un cadre permettant au FRR « *de gérer son portefeuille avec un horizon de passif stabilisé ; mettre à l'étude la possibilité, pour le FRR, de remettre en cause l'obligation d'externaliser la gestion financière de son portefeuille et celle visant à confier à la Caisse des dépôts tout ou partie de la gestion financière des actifs concernés ; examiner les conséquences de cette réorganisation sur le statut de l'établissement et sur ses modes de gouvernance ; poursuivre l'amélioration de la gestion interne, notamment en matière comptable* » [2081]. Bien qu'il s'agisse du plus connu, le FRR n'est pas le seul fonds de réserve. L'article R.251-4 dispose que le fonds de réserve de l'assurance maladie est constitué par les excédents du Fonds national de l'assurance maladie ainsi que les excédents qui y sont affectés par les caisses primaires en application de l'article L.252-2. Le recours aux fonds de réserve permet ainsi, dans une certaine mesure, de mieux gérer et maîtriser l'équilibre financier de la Sécurité sociale.

327. Les difficultés du financement de l'équilibre financier. En 1967, certains auteurs affirmaient que depuis vingt ans, l'équilibre financier du régime général a été maintenu par des procédés empiriques, sans que soient remis en cause les principes essentiels du plan de 1945 [2082]. L'équilibre financier était alors réalisé par un ajustement progressif des

---

[2078] Loi n° 2008-1330 du 17 décembre 2008 de financement de la sécurité sociale pour 2009, JORF n° 0294 du 18 décembre 2008, p.19291.

[2079] Loi n° 2001-624 du 17 juillet 2001 portant diverses dispositions d'ordre social, éducatif et culturel, JORF n° 164 du 18 juillet 2001, p.11496.

[2080] Arrêté du 24 mai 2016 relatif au fonds de réserve pour les retraites, JORF n° 0126 du 1 juin 2016

[2081] Cour des comptes, *Rapport public annuel*, 2011, p.137.

[2082] PAVARD (F.), « L'équilibre financier de la Sécurité sociale », *Revue économique*, 1967, Volume 18, n° 2, p.228.

ressources aux besoins [2083]. Lord BEVERIDGE prônait d'ailleurs non seulement un recours à l'impôt mais pensait également que « *les assurés doivent être responsables de l'équilibre financier du régime d'assurance sociale et qu'ils ne doivent pas ressentir l'intervention de l'État comme une "bourse sans fond"* » [2084]. Le recours aux impositions et taxes affectées ne paraît alors pas être le meilleur moyen de combler les déficits accumulés. Toutefois dans la mesure où la démocratie sociale tend à s'épanouir au sein de la démocratie politique [2085], le recours aux lois financières pour financer la Sécurité sociale semble désormais moins inadapté. La Cour des comptes recommande toutefois que les déficits de la sécurité sociale [doivent] désormais être résorbés par des économies effectives et fortes sur la dépense et non par la hausse des prélèvements obligatoires [2086]. Il s'agit alors de trouver le juste équilibre entre les économies et la hausse des prélèvements obligatoires [2087]. La recherche de l'équilibre financier exige une gestion des recettes rigoureuse, c'est-à-dire qui ne fluctue pas au gré de diverses politiques étrangères à la protection sociale [2088]. Le Conseil constitutionnel a rappelé que « *l'exigence constitutionnelle qui s'attache à l'équilibre financier de la sécurité sociale n'impose pas que cet équilibre soit strictement réalisé pour chaque branche et pour chaque régime au cours de chaque exercice* » [2089]. Par conséquent, les lois de financement de la Sécurité sociale peuvent ne présenter aucun solde financier qui permettrait d'apprécier le niveau d'équilibre de l'assurance maladie [2090]. L'augmentation du recours à l'impôt dans le financement de la Sécurité sociale s'est traduite par la création d'impôts et taxes affectés à la Sécurité sociale, mais aussi par le biais d'affectations à la Sécurité sociale d'impositions existantes. L'équilibre financier, bien que difficile à atteindre dans les lois de financement de la Sécurité sociale comme dans

---

[2083] *Ibid*, p.216.

[2084] SEMEDO (G.), BENSAFTA (M.), GAUTIER (L.), *Économie des finances publiques*, Paris, Ellipses, 2e éd. argumentée, Coll. Universités, 2010, p.349.

[2085] Voir en ce sens, le paragraphe n° 280.

[2086] Cour des comptes, *La Sécurité sociale*, Paris, La documentation française, septembre 2013, p.140.

[2087] Voir en ce sens, les paragraphes n° 445 et s.

[2088] LIBAULT (D.), « Le financement de la sécurité sociale après la contribution sociale généralisée », *Droit social*, 1992, p.115.

[2089] Cons. Const., Décision n° 2001-453 DC du 18 décembre 2001, *Loi de financement de la Sécurité sociale pour 2002*, JO du 26 décembre 2001, p.20582, Recueil, p.164.

[2090] PELLET (R.), « L'équilibre financier de l'assurance maladie après la loi du 13 août 2004 », *Droit social*, 2004, p.978.

les lois de finances, est néanmoins perçu comme une mesure d'intégration aux lois financières.

328. L'équilibre financier, mesure d'intégration aux LFSS. La référence à l'équilibre financier permet le rattachement d'éventuelles dispositions au domaine facultatif des lois de financement de la Sécurité sociale. En vertu de l'article LO.111-3 du CSS, dès lors qu'elles ont « *un effet sur les dépenses de l'année des régimes obligatoires de base ou sur les dépenses de l'année des organismes concourant à leur financement qui affectent directement l'équilibre financier de ces régimes* », ou « *un effet sur les dépenses de l'année ou des années ultérieures des régimes obligatoires de base ou sur les dépenses des organismes concourant à leur financement qui affectent directement l'équilibre financier de ces régimes, à la condition qu'elles présentent un caractère permanent* » ou qu'elles modifient les règles relatives à la gestion des risques par les régimes obligatoires de base ainsi que les règles d'organisation ou de gestion interne de ces régimes et des organismes concourant à leur financement, si elles ont pour objet ou pour effet de modifier les conditions générales de l'équilibre financier de la sécurité sociale, les dispositions relatives aux dépenses pour l'année à venir peuvent être intégrées aux lois de financement de la Sécurité sociale. Elles ne constituent pas des cavaliers sociaux puisque leur place est prévue par la loi. La loi organique relative à la gestion de la dette sociale souhaitait modifier l'article LO.111-3 du CSS pour « *élargir le champ facultatif des lois de financement aux dispositions relatives à la gestion des risques par les régimes obligatoires de base, aux missions, à l'organisation ou la gestion interne de ces régimes et des organismes concourant à leur financement, à l'amortissement de leur dette ou à la mise en réserve de recettes à leur profit "si elles ont des incidences sur l'équilibre financier de ces régimes et organismes"* ». Cependant, le Conseil constitutionnel a déclaré contraire à la Constitution une modification qui avait pour but de subordonner « *à "des incidences sur l'équilibre financier" les régimes obligatoires et des organismes concourant à leur financement l'extension du champ facultatif des lois de financement relatif aux dépenses* »[2091]. Cette modification était contraire à la Constitution puisque l'article 34 limite le champ des lois de financement de la Sécurité sociale à la

---

[2091] Cons. Const., Décision n° 2010-616 DC du 10 novembre 2010, *Loi organique relative à la gestion de la dette sociale*, JO du 16 novembre 2010, p.20350, Recueil, p.317, Considérant n° 8.

détermination des « conditions générales » de l'équilibre financier de la sécurité sociale. Le rattachement à l'équilibre financier constitue ainsi l'une des conditions d'appartenance aux lois de financement de la Sécurité sociale. William GILLES considère d'ailleurs que le principe d'unité budgétaire est « *un préalable nécessaire à l'équilibre budgétaire* » [2092].

329. De l'équilibre financier à l'équilibre des pouvoirs. D'après Xavier PRÉTOT, « *c'est du bon usage du pouvoir normatif que procède ainsi, au premier chef, l'équilibre nécessaire entre les exigences de l'équilibre financier de la Sécurité sociale et les contraintes de la vie économique et sociale, entre les prérogatives des organismes de recouvrement et les garanties du redevable* » [2093]. La recherche de l'équilibre financier à travers l'équilibre des pouvoirs semble être dévolue au Parlement. Francis NETTER considère qu'en devenant un service public d'intérêt national, les institutions de Sécurité sociale ont perdu un peu de leur indépendance et que par conséquent la responsabilité de leur équilibre financier bascule progressivement de leurs administrateurs au Gouvernement et au Parlement [2094]. L'application de la loi de finances ou de la loi de financement de la Sécurité sociale risque de bouleverser l'équilibre envisagé. Dans ce cas, lorsque « *les grandes lignes de l'équilibre économique et financier définies par la loi de finances de l'année se trouveraient, en cours d'exercice, bouleversées* » [2095], le Gouvernement est tenu de déposer une loi de finances rectificative. Cette appréciation est valable concernant les lois de financement de la Sécurité sociale. Si la notion d'équilibre financier n'est pas clairement définie, il en est de même pour les conditions générales de sa réalisation [2096]. Le principe d'équilibre en finances sociales repose ainsi sur des dispositions

---

[2092] GILLES (W.), *Les transformations du principe de l'unité budgétaire dans le système financier public contemporain*, Paris, Dalloz, Coll. Bibliothèque parlementaire et constitutionnelle, 2007, p.254.

[2093] PRÉTOT (X.), « Du bon usage du pouvoir normatif en matière d'assiette et de recouvrement des cotisations de Sécurité sociale », *Droit social*, 2009, n° 3, p.322.

[2094] NETTER (F.), *La Sécurité sociale et ses principes* [1959], Paris Dalloz, 2005, p.292.

[2095] Cons. Const., Décision n° 91-298 DC du 24 juillet 1991, Loi portant diverses dispositions d'ordre économique et financier, JO du 26 juillet 1991, p.9920, Recueil, p.82, Considérant n° 9.

[2096] PELLET (R.), (mise à jour par A.-C. DUFOUR), Fasc. 204 : Généralités – Les lois de financement de la Sécurité sociale, *JurisClasseur Protection sociale Traité*, 2013, p.42.

faiblement normatives[2097] même s'il ne s'impose que dans l'hypothèse où la promulgation d'une loi conduirait à d'éventuels déséquilibres, il appartiendrait à une loi de financement de la Sécurité sociale ultérieure de prendre en compte les incidences sur les conditions générales de l'équilibre financier de la sécurité sociale[2098]. L'équilibre financier est donc non seulement inhérent aux documents budgétaires, et tend ainsi à devenir un équilibre budgétaire.

B. <u>La transformation de l'équilibre financier en équilibre budgétaire</u>

330. Des notions différentes. L'article 1er de l'ordonnance du 2 janvier 1959 disposait que « *les lois de finances déterminent la nature, le montant et l'affectation des ressources et des charges de l'État, compte tenu d'un équilibre économique et financier qu'elles définissent* ». La notion d'équilibre financier était par ailleurs déjà présente dans l'article 50 du décret du 19 juin 1956. Le principe d'équilibre économique et financier défini par l'article 1er de l'ordonnance du 2 janvier 1959 est qualifié de « *principe fondamental* » par le Conseil constitutionnel[2099]. Le Conseil constitutionnel retient comme principe fondamental le principe d'équilibre économique et financier et non le principe d'équilibre budgétaire. Cependant, l'article 1er de la LOLF dispose que « *les lois de finances déterminent, pour un exercice, la nature, le montant et l'affectation des ressources et des charges de l'État, ainsi que l'équilibre budgétaire et financier qui en résulte* ». L'équilibre n'est donc plus économique et financier, mais budgétaire et financier. L'article 34 de la LOLF prévoit d'ailleurs que les ressources et les charges de trésorerie concourent à la réalisation de l'équilibre financier, présentées dans un tableau de financement. Les lois de finances doivent tout de même tenir compte d'un équilibre économique défini, ainsi que des objectifs et des résultats des programmes qu'elles déterminent en vertu de l'article 1er de la LOLF. Au sein de la LOLF, l'équilibre budgétaire renvoie à l'article d'équilibre de la loi de finances, tandis que l'équilibre financier renvoie au tableau de financement. L'équilibre financier est « *moins strict que*

[2097] OLIVA (É.), *Le juge constitutionnel et l'équilibre des finances publiques*, Rapport France, *AIJC*, n° XXVIII, 2012, p.297.

[2098] Cons. Const., Décision n° 2000-437 DC, du 19 décembre 2000, *Loi de financement de la Sécurité sociale pour 2001*, JO du 24 décembre 2000, p.20576, Recueil, p.190.

[2099] Cons. Const., Décision n° 79-110 DC du 24 décembre 1979, *Loi de finances pour 1980*, JO du 26 décembre 1979, p.3259, Recueil, p.36, Considérant n° 3.

l'équilibre budgétaire car il comprend non seulement les ressources définitives (équilibre budgétaire) mais aussi les ressources temporaires » [2100]. L'équilibre financier comporte les mesures d'emprunt contrairement à l'équilibre budgétaire. L'équilibre budgétaire signifie au sens strict que l'ensemble des dépenses définitives et provisoires est couvert par l'ensemble des recettes uniquement définitives [2101]. Il est perçu comme le rapport existant entre le montant des ressources définitives, c'est-à-dire non susceptibles d'être remboursées et les dépenses d'une collectivité publique [2102]. D'après Jean-Pierre CAMBY, la réforme opérée par la LOLF vise essentiellement à mettre au même rang l'équilibre budgétaire et l'équilibre financier [2103], alors qu'Alain PARIENTE considère que « *sans remplacer le principe d'équilibre budgétaire, le principe d'efficacité budgétaire serait plus à même d'être traduit juridiquement et objectivement en assurant une grande part des objectifs nouveaux de la gestion publique sans risquer d'être remis en question par des considérations politiques et des contours juridiques incertains* » [2104]. Quelle que soit la conception retenue, le Parlement est responsable du respect de ce principe en matière de finances sociales et étatiques. Le Parlement détermine désormais les conditions générales de l'équilibre financier de la Sécurité sociale puisque les organismes sociaux sont chargés de veiller à l'équilibre des régimes mais, en pratique, c'est l'État qui couvre les déficits ou, au contraire, puise dans les excédents, si bien que les caisses de la sécurité sociale ne remplissent pas effectivement la mission qui leur est dévolue [2105]. Le Parlement devient le gardien du respect de l'équilibre. Les lois de financement de la Sécurité sociale ne fixent pas le montant des ressources et dépenses définitives puisqu'elles se bornent à définir des prévisions de recettes et objectifs de dépenses, dès lors l'équilibre ne peut être qualifié de « budgétaire ». Le Conseil constitutionnel considère que l'équilibre financier de la Sécurité sociale

---

[2100] OLIVA (É.), *Finances publiques*, Paris, Sirey, Coll. Aide-mémoire, 3e éd., 2015, p.151.
[2101] *Ibid*, p.149.
[2102] BOUVIER (M.), « Les représentations théoriques de l'équilibre budgétaire : essai sur la vanité d'un principe », in TALLINEAU (L.) (dir.), *L'équilibre budgétaire*, Economica, Coll. Finances publiques, 1994, p.32.
[2103] CAMBY (J.-P.), *La réforme du budget de l'État. La loi organique relative aux lois de finances*, 2e éd., LGDJ, 2004, p.14.
[2104] PARIENTE (A.), « L'équilibre budgétaire : un principe juridique insaisissable ? », *RFFP*, n° 112, 2010, p.185.
[2105] PHILIP (L.) « La protection sociale et les nouvelles frontières entre finances publiques et finances privées », *RFFP*, n° 79, 2002, p.41.

est une exigence à valeur constitutionnelle [2106]. Cependant, puisque le Parlement est amené à déterminer au sein des LFSS les impositions de toutes natures affectées à la Sécurité sociale, les recettes n'ont pas exclusivement un caractère prévisionnel. Si les dépenses sociales font l'objet de crédits évaluatifs, certaines dépenses de l'État le font également et cela ne remet pas en cause l'application d'un équilibre dit budgétaire, en plus de l'équilibre financier. L'équilibre financier de la Sécurité sociale semble donc devenir également un équilibre budgétaire, prenant en compte l'équilibre économique puisque les deux notions sont affectées par l'intégration européenne. Cependant, le Conseil constitutionnel apprécie de manière concrète des données fournies au Parlement mais « *il n'entend pas être, pour autant un contrôleur, de l'opportunité de la dépense ou de la gestion budgétaire* » [2107].

331. Le projet écarté des lois cadres d'équilibre. Face à la diminution des recettes et à l'augmentation des dépenses publiques affectant les finances de l'État comme les finances sociales, un projet de loi constitutionnelle relatif à l'équilibre des finances publiques a été déposé devant l'Assemblée Nationale le 16 mars 2011 puis devant le Sénat le 10 mai 2011. Ce projet reflète le souhait d'instaurer des lois cadres d'équilibre des finances publiques ayant une valeur juridique supérieure aux lois de finances et aux lois de financement de la Sécurité sociale. En effet, le projet prévoit d'intégrer à l'article 34 de la Constitution que « *les lois-cadres d'équilibre des finances publiques déterminent, pour au moins trois années, les orientations pluriannuelles, les normes d'évolution et les règles de gestion des finances publiques, en vue d'assurer l'équilibre des comptes des administrations publiques. Ces lois-cadres fixent, pour chaque année, un objectif constitué d'un maximum de dépenses et d'un minimum de recettes qui s'impose aux lois de finances et aux lois de financement de la Sécurité sociale* ». À défaut de cette réforme, le Traité sur la stabilité, la coordination et la gouvernance au sein de l'Union économique et monétaire a affirmé la place de l'équilibre budgétaire au sein des finances publiques et des administrations publiques. L'exposé des motifs de ce projet de loi

---

[2106] Cons. Const., Décision n° 2004-504 DC du 12 août 2004, *Loi relative à l'assurance maladie*, JO du 17 août 2004, p.14657, Recueil, p.153, Considérants n° 5, 18 et 46.
[2107] CAMBY (J.-P.), « La jurisprudence constitutionnelle en matière de sincérité de la présentation budgétaire », in PHILIP (L.), (dir.), *L'exercice du pouvoir financier du parlement : théorie, pratique et évolution*, Aix-en Pce : PUAM, Coll. « Droit public positif », 1996, p.28.

constitutionnelle précise qu'elle vise à rétablir l'équilibre de nos finances publiques puisque la France est confrontée à des déséquilibres budgétaires de grande ampleur. Le projet témoigne de la volonté « *d'élever l'équilibre des finances publiques au rang constitutionnel* »[2108]. Néanmoins la notion d'équilibre financier est la grande absente de ce projet inabouti qui avait vocation à viser autant les recettes de l'État que celles de la Sécurité sociale. Les exigences européennes ont cependant permis de renforcer théoriquement le principe d'équilibre à travers « la règle d'or ».

332. Les critères européens, un retour à l'équilibre souhaité. Le Traité sur la stabilité, la coordination et la gouvernance au sein de l'Union économique et monétaire (TSCG) du 2 mars 2012 [2109] affirme que « *la nécessité pour les gouvernements de maintenir des finances publiques saines et soutenables et de prévenir tout déficit public excessif est d'une importance essentielle pour préserver la stabilité de la zone euro dans son ensemble, et requiert dès lors l'introduction de règles spécifiques, dont une règle d'équilibre budgétaire et un mécanisme automatique pour l'adoption de mesures correctives* ». La règle d'équilibre budgétaire apparaît comme une nécessité afin d'obtenir des finances publiques saines. Le Traité prévoit « *que le respect de l'obligation des parties contractantes de transposer la "règle d'équilibre budgétaire" dans leurs systèmes juridiques nationaux au moyen de dispositions contraignantes, permanentes et de préférence constitutionnelles, devrait relever de la compétence de la Cour de justice de l'Union européenne, conformément à l'article 273 du traité sur le fonctionnement de l'Union européenne* ». Il s'agit des deux références explicites à l'équilibre budgétaire au sein du TSCG. L'article 3 met en place la règle d'équilibre budgétaire sans pour

---

[2108] OLIVA (É.), « Les principes budgétaires et comptables à valeur constitutionnelle. Considérations autour de la « vraie » constitution financière de la France », in *Long cours*, Mélanges en l'honneur de Pierre Bon, Paris, Dalloz, 2014, p.456.

[2109] Non publié au JOUE, sa publication se trouve au JORF à travers le Décret n° 2013-29 du 8 janvier 2013 portant publication du traité sur la stabilité, la coordination et la gouvernance au sein de l'Union économique et monétaire entre le Royaume de Belgique, la République de Bulgarie, le Royaume de Danemark, la République fédérale d'Allemagne, la République d'Estonie, l'Irlande, la République hellénique, le Royaume d'Espagne, la République française, la République italienne, la République de Chypre, la République de Lettonie, la République de Lituanie, le Grand-Duché de Luxembourg, la Hongrie, Malte, le Royaume des Pays-Bas, la République d'Autriche, la République de Pologne, la République portugaise, la Roumanie, la République de Slovénie, la République slovaque, la République de Finlande et le Royaume de Suède, signé à Bruxelles le 2 mars 2012, JORF n° 0009 du 11 janvier 2013, p.819.

autant reprendre cette expression puisqu'il dispose que la situation budgétaire des administrations publiques d'une partie contractante est en équilibre ou en excédent. Selon ce même article, cette règle est considérée comme respectée si le solde structurel annuel des administrations publiques correspond à l'objectif à moyen terme spécifique à chaque pays, tel que défini dans le pacte de stabilité et de croissance révisé, avec une limite inférieure de déficit structurel de 0,5% du produit intérieur brut aux prix du marché. La règle d'équilibre budgétaire, qualifiée de règle d'or, repose ainsi sur le solde structurel. Les critères de Maastricht sont rappelés dans le préambule du Traité puisque les États signataires sont conscients « *de la nécessité de faire en sorte que leur déficit public ne dépasse pas 3 % de leur produit intérieur brut aux prix du marché et que leur dette publique ne dépasse pas 60 % de leur produit intérieur brut aux prix du marché ou diminue à un rythme satisfaisant pour se rapprocher de cette valeur de référence* ». La règle d'or est donc de portée générale mais elle est toutefois déclinée au niveau de chaque État membre puisque sa déclinaison juridique ne relève plus exclusivement des traités et règlements européens mais des droits nationaux. Il s'agit en réalité d'une « *règle d'équilibre du solde structurel des administrations publiques, dans la continuité de la logique de consolidation initiée par le Traité de Maastricht* » [2110]. La ratification en droit interne n'a cependant pas donné une vraie force juridique à ce principe d'équilibre.

333. L'opposabilité relative du principe d'équilibre. En France le rapprochement entre programmation et équilibre est logique. La situation financière française et l'aggravation de son déficit ont pour conséquence qu'un retour à l'équilibre ne peut être immédiat puisque pour être atteint, il est nécessaire de s'inscrire dans une trajectoire pluriannuelle [2111]. L'insertion dans le droit budgétaire français des lois de programmation témoigne de la volonté du constituant d'apprécier l'équilibre budgétaire d'un point de vue global, puisque cela permet notamment de « *fournir un cadre, certes non contraignant juridiquement, aux lois de finances et aux lois de financement de la Sécurité sociale et de se rapprocher des standards européens de présentation des budgets et de définition du*

2110 MIGAUD (D.), « La règle d'or des finances publiques en Europe », *Gestion et Finances publiques*, n° 1/2, 2015, p.9.
2111 PARIENTE (A.), « Équilibre des finances publiques et programmation pluriannuelle », *RFFP*, n° 117, 2012, p.89.

déficit public » [2112]. À travers l'encadrement des lois de programmation, les lois de finances ainsi que les lois de financement de la Sécurité sociale sont doublement concernées par la maîtrise de l'équilibre budgétaire. L'équilibre budgétaire, à défaut d'être pleinement rétabli, doit être maîtrisé. Le respect des conditions générales de l'équilibre financier doit tendre à devenir le respect de l'équilibre budgétaire en entraînant la résorption des déficits accumulés par la Sécurité sociale et donc le respect des critères européens d'équilibre. L'article 34 de la Constitution met ainsi en avant « *l'objectif d'équilibre des comptes des administrations publiques* ». Si cet objectif concerne les lois de programmation, par la formulation même de la Constitution, il a vocation à s'appliquer autant aux lois de finances qu'aux lois de financement de la Sécurité sociale. La référence aux administrations publiques renvoie au cadre comptable européen où les administrations de Sécurité sociale font partie intégrante des administrations publiques avec les administrations locales et centrales. Bien que l'équilibre renvoie au cadre comptable, que ce soit en droit interne ou en droit européen, il ne s'agit pas d'un strict équilibre comptable [2113] mais d'un équilibre financier qui tend à permettre la réalisation d'un équilibre budgétaire. Le cadre pluriannuel est imposé par l'Union européenne puisqu'il s'agit avant tout d'une contrainte liée au programme de stabilité et au Traité sur la stabilité, la coordination et la gouvernance dans la mesure où « *le pacte budgétaire doit s'imposer dans un cadre pluriannuel de trois ans précisé et détaillé annuellement* » [2114]. Le Conseil constitutionnel [2115] avait d'ailleurs rappelé qu'une révision constitutionnelle était nécessaire afin que la loi organique de programmation puisse prévoir des plafonds pluriannuels de dépenses. L'équilibre s'inscrit comme un objectif à valeur constitutionnelle dont l'effectivité reste relative puisque son non-respect n'est pas sanctionné par le Conseil constitutionnel. La loi organique du 17 décembre 2012 relative à la programmation et à la gouvernance des finances publiques [2116] a

---

[2112] BOURREL (R.), « Plaidoyer pour la réorganisation de l'architecture des textes financiers français », *RDP*, 2014 n° 5, p.1215.

[2113] DUPRAT (J.-P.), « Globalisation des finances publiques et Constitution », in *Mélanges en l'honneur de Robert HERTZOG*, Paris, Economica, 2011, p.146.

[2114] OLIVA (É.), « Le pacte de stabilité devant les juridictions constitutionnelles. La décision du Conseil constitutionnel du 9 août 2012 », *RFDA*, 2012, p.1044.

[2115] Cons. Const., Décision n° 2012-653 DC, 9 août 2012, *Traité sur la stabilité, la coordination et la gouvernance au sein de l'Union économique et monétaire*, JO du 11 août 2012, p.13283, Recueil, p.453.

[2116] Loi organique n° 2012-1403 du 17 décembre 2012 relative à la programmation et à la gouvernance des finances publiques, JORF n° 0294 du 18 décembre 2012, p.19816.

inscrit en droit interne les dispositions du TSCG. Elle traduit le renforcement législatif à travers le développement de la pluriannualité [2117], même si pour Romain RAMBAUD, la transposition en droit interne a vidé de leur contenu les principes du TSCG [2118]. L'article 1er de la loi organique renvoie directement au TSCG et dispose que « *dans le respect de l'objectif d'équilibre des comptes des administrations publiques prévu à l'article 34 de la Constitution, la loi de programmation des finances publiques fixe l'objectif à moyen terme des administrations publiques mentionné à l'article 3* » du TSCG. La loi organique reprend l'objectif d'équilibre des comptes des administrations publiques, mais ne mentionne pas l'équilibre budgétaire. Le Conseil constitutionnel considère cependant que cette loi a pour effet de mettre en œuvre « *les règles d'équilibre des finances publiques* » [2119]. Tout comme la loi organique, le Conseil constitutionnel ne reprend donc pas la notion d'équilibre budgétaire présente dans le TSCG. Cette portée normative affaiblie [2120] a toutefois vocation à concerner autant les administrations centrales que les administrations sociales. L'évolution des principes budgétaires, qui tend à ne plus distinguer les finances sociales des finances étatiques face à des contraintes et des exigences communes, traduit toutefois l'évolution des compétences législatives.

SECTION 2 : L'ÉVOLUTION DES COMPÉTENCES LÉGISLATIVES

334. Les compétences normatives évoluent avec la fiscalisation puisque la compétence législative en matière de financement de la Sécurité sociale est modifiée. La fiscalisation traduit « *l'élargissement des*

[2117] Voir en ce sens les paragraphes n° 341 et suivants.

[2118] RAMBAUD (R.), « La ratification en trompe-l'œil du TSCG en France », *Rev. UE*, 2013, p.435.

[2119] Cons. Const., Décision n° 2012-658 DC du 13 décembre 2012, *Loi organique relative à la programmation et à la gouvernance des finances publiques*, JO du 18 décembre 2012, p.19856, Recueil, p.667, Considérant n° 2.

[2120] OLIVA (É.), « La loi organique du 17 décembre 2012 relative à la programmation et à la gouvernance des finances publiques : l'inclusion dans l'ordre juridique national de la règle d'équilibre des administrations publiques », *RFDA*, 2013, n° 2, p.450.

pouvoirs du Parlement » [2121], et donc le renforcement de la compétence législative (**Paragraphe premier**). Cette modification amène à envisager la fusion des lois de finances et des lois de financement de la Sécurité sociale (**Paragraphe second**).

§1. LE RENFORCEMENT DE LA COMPÉTENCE LÉGISLATIVE

335. La fiscalisation amoindrit le partage entre l'article 34 et l'article 37 (**A**). Indépendamment de l'aspect social ou non des finances publiques, le pouvoir législatif a été renforcé avec l'instauration des lois de programmation et les exigences liées à la pluriannualité (**B**).

A. Le partage amoindri entre l'article 34 et l'article 37 de la Constitution

336. Le partage initial. La compétence financière est « *la prérogative essentielle des parlements dans les régimes politiques libéraux* » [2122]. Elle se trouve toutefois partagée entre la compétence législative et la compétence réglementaire. Si l'article 21 de la Constitution du 4 octobre 1958 dispose que le Premier ministre « *exerce le pouvoir réglementaire* », le financement de la Sécurité sociale est partagé entre l'article 34 et l'article 37 de la Constitution qui déterminent respectivement la compétence législative et la compétence réglementaire. Initialement le partage entre ces deux compétences devait être fixe et non pas mouvant [2123], même si Louis FAVOREU considère qu'il y a une assimilation de la loi et du règlement depuis 1924 [2124]. En matière de Sécurité sociale, le partage entre la loi et le règlement est apparu avec la Constitution de 1958. Avant 1958, il appartenait seulement au seul législatif de statuer en matière de Sécurité sociale, qu'il s'agisse des

---

[2121] PRÉTOT (X.), « La Sécurité sociale et les finances publiques », *RFFP*, n° 51, 1995, p.143.

[2122] LALUMIÈRE (P.), « Le déclin du rôle financier des parlements en Europe occidentale », *Mélange J. Brèthe de la Gressaye*, 1967, Éditions Bière, Bordeaux, p.405.

[2123] LUCHAIRE (F.), « Les sources des compétences législatives et réglementaires », *AJDA*, 1979, p.3 ; Cité par LABROT (X. F.), *La répartition des compétences entre loi et règlement en matière de Sécurité sociale*, Thèse dactylographiée, Aix-en-Provence, 1995, p.13.

[2124] FAVOREU (L.), *La loi, La continuité constitutionnelle en France de 1789 à 1989. Journée d'études des 16-17 mars 1989*, Paris, Aix-en-Provence, Economica, PUAM, 1990, p.96.

prestations, du financement, de l'organisation des caisses ou encore des relations entre les organismes et les assurés ou les membres des professions de santé, le pouvoir réglementaire n'ayant d'autre compétence que de complément des dispositions édictées par le Parlement [2125]. L'augmentation des dépenses de santé et la nécessité de les financer ont justifié l'étendue de la compétence législative au détriment de la compétence réglementaire. Si les compétences réglementaires et législatives tendent à s'imbriquer par l'unification du financement de la Sécurité sociale et l'augmentation du recours au droit fiscal, elles demeurent toutefois distinctes. Pour Xavier Francis LABROT, la fiscalisation des ressources de la Sécurité sociale aboutit à « *une coexistence de règles différentes de compétence au sein d'une "matière à principes". Cette coexistence pourrait favoriser à terme l'unification avec les "matières à règles"* » [2126]. Force est donc de constater que le budget n'est, pas plus que l'impôt, resté purement législatif [2127], même si en matière fiscale, la compétence législative reste le principe et la compétence réglementaire l'exception [2128]. Le partage entre le financement par cotisations sociales et impositions de toutes natures traduit un partage entre la compétence législative et la compétence réglementaire en matière financière. L'expression de « jurisprudence des chiffres et des lettres » est parfois utilisée pour qualifier ce partage : « *à la loi les « lettres », l'existence et les conditions d'attribution, les catégories de personnes concernées, l'architecture du dispositif ; au décret les « chiffres », le montant des prestations ou le taux des cotisations* » [2129]. La notion d'imposition de toutes natures répond exclusivement, en effet, aux exigences de la répartition du pouvoir normatif et financier entre le Parlement et le Gouvernement [2130]. D'après Paul-Marie GAUDEMET, l'importance des dépenses de protection sociale devrait inciter le Parlement à en chercher la pleine maîtrise et *« à en fiscaliser le financement pour pouvoir pleinement le budgétiser et mieux maîtriser les*

2125 PRÉTOT (X.), « La délimitation des compétences législative et réglementaire », *Droit social*, 1986, n° 3, p.258.
2126 LABROT (X. F.), *La répartition des compétences entre loi et règlement en matière de Sécurité sociale*, Thèse dactylographiée, Aix-en-Provence, 1995, p.133.
2127 GUIÈZE (J.-L.), *Le partage des compétences entre la loi et le règlement en matière financière*, Paris, LGDJ, 1971, p.19.
2128 *Ibid*, p.78.
2129 CYTERMANN (L.) et WANECQ (T.), *Les politiques sociales*, Paris, PUF, Coll. Manuel, 2010, p.16.
2130 PRÉTOT (X.), « La notion d'imposition de toutes natures », *RFFP*, p.159.

recettes » [2131]. Le principe d'une répartition des compétences normatives entre le Parlement et le Gouvernement apparaît comme un moyen efficace de déterminer leurs positions respectives et, notamment, de favoriser l'indépendance du second par rapport au premier en renforçant son autorité [2132]. La séparation de la loi et du règlement reste ainsi, concernant la fiscalité et la Sécurité sociale, d'une importance particulière [2133] puisque la loi est l'expression de la volonté nationale alors que le règlement demeure l'expression de la volonté des administrateurs [2134]. Ce partage entre l'article 34 et l'article 37 de la Constitution garantit ainsi « *le jeu normal des institutions* » [2135] puisqu'il permet au Parlement d'exercer pleinement ses compétences par sa seule volonté dans le respect de la Constitution ainsi qu'au Gouvernement de respecter l'équilibre des pouvoirs. Le financement de la Sécurité sociale tend cependant à être une « matière à règles » ainsi qu'une « matière à principes ». La « matière à règles » tend alors à appliquer la « matière à principes » au même titre qu'une volonté initiale doit être prolongée ou exécutée par une volonté de troisième degré [2136]. Dans tous les cas, quelle que soit la matière concernée, la compétence législative n'est jamais exclusive [2137].

337. Les principes fondamentaux de la Sécurité sociale dans le domaine législatif. Le partage entre l'article 34 et l'article 37 de la Constitution est amoindri par le développement des principes fondamentaux de la Sécurité sociale qui sont régulièrement « découverts » par le Conseil constitutionnel, mais aussi par le développement des lois de financement de la Sécurité sociale. Le Conseil constitutionnel n'a pas manqué d'apprécier l'étendue de la compétence

2131 GAUDEMET (P.-M.), « La fiscalisation des prélèvements sociaux », *Revue internationale de droit comparé*, 1986, Vol. 38, n° 2, p.708.
2132 BOULOUIS (J.), « L'influence des articles 34 et 37 sur l'équilibre politique entre les pouvoirs », in *Le domaine de la loi et du règlement,* Paris, Aix-en-Provence, Economica & PUAM, 2e éd., 1981 (Colloque Aix-en-Pce, 1972), p.197.
2133 KELSEN (H.), *Théorie pure du droit*, Traduction française de la 2e éd. par Charles EISENMANN, Paris, Dalloz, Coll. Philosophie du droit, 1962, p.308.
2134 BERTHELEMY (H.), « Défense de quelques vieux principes », in *Mélanges Maurice Hauriou*, Recueil Sirey, 1929, p.821.
2135 PERRET (C.), « Le parlement et la fiscalité », *Pouvoirs*, n° 23, 1982, p.34.
2136 JIANG (J.), *La théorie du droit public*, Paris, L'Harmattan, Coll. Logiques juridiques, 2010, p.131.
2137 PHILIP (L.), « Le contrôle par le Conseil constitutionnel de l'incompétence négative du législateur », in *Mélanges en l'honneur du Professeur Christian Louit*, Bruxelles, Bruylant, 2015, p.293.

législative en matière de Sécurité sociale, même si l'expression « principes fondamentaux du droit de la sécurité sociale » doit être entendue dans un sens large [2138] dans la mesure où la sécurité sociale, telle qu'entendue par l'article 34, dépasse un cadre strictement organique ou formel pour retenir l'idée même d'une sécurité sociale [2139]. Il se prononce pour la première fois à ce sujet dans la décision n° 60-4 L du 7 avril 1960 dans laquelle il affirme que relèvent de la compétence législative les « *principes fondamentaux qui régissent chacun des régimes relevant de la sécurité sociale. Il en va ainsi du régime de l'allocation de logement. Le principe énoncé en vue de la détermination des bénéficiaires de cette allocation et selon lequel le droit à ladite allocation est subordonné à l'existence d'un droit aux prestations familiales constitue un principe fondamental de la sécurité sociale* » [2140]. Le Conseil constitutionnel apprécie ensuite au cas par cas le champ de la compétence législative [2141]. Si le Conseil constitutionnel a intégré *« l'existence même d'un régime spécial de sécurité sociale »* ainsi que « *la détermination des prestations et des catégories de bénéficiaires ainsi que de la définition de la nature des conditions exigées pour l'attribution des prestations* » [2142] dans la notion de Sécurité sociale, le Conseil d'État y a intégré les régimes complémentaires [2143] dans un premier temps. Il a ensuite élargi ce champ en énonçant que l'article 34 de la Constitution « *a entendu englober dans ces termes l'ensemble des systèmes de protection sociale quelles que soient leurs modalités de gestion administrative et financière et, notamment, sans distinguer suivant que la protection est aménagée au*

[2138] TERNEYRE (P.), « Droit constitutionnel social, Inventaire en guise d'ouverture », *RFDC*, 1990, n° 2, p.341.

[2139] ESPLUGAS (P.), *Conseil constitutionnel et service public*, Paris, LGDJ, Coll. Bibliothèque constitutionnelle et de science politique – t.80, 1994, p.74.

[2140] Cons. Const., Décision n° 60-4 L du 7 avril 1960, *Nature juridique de l'article 15 (paragraphe II) de l'ordonnance n° 58-1374 du 30 décembre 1958 portant loi de finances pour 1959*, JO du 29 avril 1960, p.3958, Recueil p.31, Considérant n° 1.

[2141] Voir en ce sens l'Annexe 1 retraçant tous les principes fondamentaux de la Sécurité sociale.

[2142] Cons. Const., Décision n° 2012-254 QPC du 18 juin 2012, *Fédération de l'énergie et des mines – Force ouvrière FNEM FO [Régimes spéciaux de sécurité sociale]*, JO du 19 juin 2012, p.10179, Recueil p.292, Considérant n° 6.

[2143] « *la création d'un nouveau régime, même facultatif, de sécurité sociale met en cause un principe fondamental de la sécurité sociale et ne peut, dès lors, être décidée que par la loi.* », CE, Ass., 10 mai 1968, req. n° 59077, *Deboulay*, Inédit au Recueil Lebon, Recueil 295.

moyen de mécanismes d'assurance ou d'assistance » [2144]. Dans la décision n° 2001-451 DC, le Conseil constitutionnel a précisé la compétence conférée au législateur par l'article 34 de la Constitution en matière de principes fondamentaux de la Sécurité sociale. Il considère qu'« *il est à tout moment loisible au législateur, statuant dans le domaine qui lui est réservé par l'article 34 de la Constitution, et notamment, comme en l'espèce, dans celui des principes fondamentaux de la sécurité sociale, d'adopter, pour la réalisation ou la conciliation d'objectifs de nature constitutionnelle, des modalités nouvelles dont il lui appartient d'apprécier l'opportunité, dès lors que, dans l'exercice de ce pouvoir, il ne prive pas de garanties légales des exigences de caractère constitutionnel* ». En l'espèce avaient été déférées des dispositions ayant pour objet d'améliorer la protection sociale des agriculteurs non-salariés, notamment par la création d'indemnités journalières et d'une rente décès, ainsi que par une meilleure indemnisation de l'incapacité permanente. Le Conseil constitutionnel a estimé que « *dès lors, le législateur a pu, pour satisfaire aux prescriptions des dispositions précitées du Préambule de la Constitution de 1946, choisir de créer une nouvelle branche de sécurité sociale sans commettre, dans l'exercice de son pouvoir d'appréciation, d'erreur manifeste constitutive d'une atteinte inconstitutionnelle à la liberté d'entreprendre* » [2145]. Figure également au nombre des principes fondamentaux au sens de l'article 34 de la Constitution, celui de « *l'administration des caisses de sécurité sociale par des représentants des personnes qui sont assujetties aux régimes gérés par ces caisses* » [2146]. Le Conseil constitutionnel comme le Conseil d'État ont par conséquent retenu une large acceptation de la compétence du législateur [2147] par le biais des principes fondamentaux de la Sécurité sociale. À ce titre, Jean-Paul COSTA se demande : « *pourquoi les deux Conseils* [Conseil constitutionnel et Conseil d'État] *n'abandonneraient-ils pas les adjectifs généraux et fondamentaux, pour ne plus parler que de principes à valeur*

[2144] CE, 1e et 4e ss-sect., 12 juin 1998, req. n° 188737, *Fédération des aveugles et handicapés visuels de France*.

[2145] Cons. Const., Décision n° 2001-451 DC du 27 novembre 2001, *Loi portant amélioration de la couverture des non-salariés agricoles contre les accidents du travail et les maladies professionnelles*, Considérant n° 18 à 21, JO du 1er décembre 2001, p.19112, Recueil, p.145.

[2146] Cons. Const., Décision n° 2014-248 L du 22 mai 2014, *Nature juridique des dispositions des articles L. 231-2, L. 231-7 et L. 766-5 du code de la sécurité sociale*, JO du 25 mai 2014, p.8584.

[2147] CYTERMANN (L.) et WANECQ (T.), *Les politiques sociales*, Paris, PUF, Coll. Manuel, 2010, p.15.

législative et à valeur constitutionnelle, suivant les cas » [2148]. Le partage entre les articles 34 et 37 est précisé dans le rapport remis au Président de la République le 15 février 1993 par le comité consultatif pour la révision de la Constitution [2149] qui observe que s'il est compétent, en vertu de l'article 34 de la Constitution, lorsqu'une mesure touche aux principes fondamentaux de la Sécurité sociale, ceux-ci, « *en l'état de la jurisprudence, n'incluent ni le montant des prestations, ni la totalité de leurs conditions d'attribution (par exemple l'âge de la retraite), ni les taux ou plafonds de cotisations* » [2150]. La compétence législative est ainsi limitée en matière de Sécurité sociale, même si les principes fondamentaux se retrouvent également au sein de chaque régime particulier [2151].

338. Les limites de l'article 34. Pendant longtemps l'intervention du Parlement en matière de finances sociales était limitée à l'article 34, et donc aux principes fondamentaux de la Sécurité sociale. Ce n'est qu'avec la réforme du 22 juillet 1996 instituant les lois de financement de la Sécurité sociale que le législateur a été autorisé à intervenir en matière de financement de la Sécurité sociale. L'article 34 dispose que « *les lois de financement de la Sécurité sociale déterminent les conditions générales de son équilibre financier et, compte tenu de leurs prévisions de recettes, fixent ses objectifs de dépenses, dans les conditions et sous les réserves prévues par une loi organique* ». À défaut d'opérer une étatisation de la Sécurité sociale, cette réforme réalise un transfert de la responsabilité au sein de l'État, de l'exécutif vers le législatif [2152]. L'article 34 de la Constitution attribue et détermine la compétence du législateur, mais il l'encadre également. Le législateur ne peut se contenter de fixer des considérations générales. Le Conseil constitutionnel a considéré que ces

---

2148 COSTA (J.-P.), « Principes fondamentaux, principes généraux, principes à valeur constitutionnelle », in *Conseil constitutionnel et Conseil d'État – Colloque des 21 et 22 janvier 1988 au Sénat*, Paris, LGDJ – Montchrestien, 1988, p.144. (p.133-144)

2149 JORF du 16 février 1993, pp.2537 et s.

2150 JORF du 16 février 1993, p.2545.

2151 Cons. Const., Décision n° 65-34 L du 2 juillet 1965, *Nature juridique des articles 1er, 5 et 6 de l'ordonnance n° 58-1383 du 31 décembre 1958 portant modification de certaines dispositions du régime de retraite des marins du commerce*, JO du 23 août 1965, Recueil, p.75, Considérant n° 5.

2152 PELLET (R.), « Le financement de la Sécurité sociale », *Cahiers Français*, n° 329 – Budget de l'État et finances publiques, Paris, La documentation française, Novembre-Décembre 2005, p.83.

règles doivent être fixées avec des « *précisions suffisantes* » [2153]. La loi détermine ainsi l'assiette, les assujettis, les non-assujettis, les exonérations et les aménagements, le fait générateur et les modalités de recouvrement, des taux et des tarifs. Le législateur ne doit pas non plus méconnaître l'étendue de sa compétence prévue dans l'article 34 de la Constitution. Le Conseil constitutionnel a considéré « *qu'il appartenait par suite au législateur de déterminer, non seulement les règles concernant son taux, mais, au titre de la définition de l'assiette de l'impôt, les catégories de redevables ; que relève également de la loi la fixation des modalités de recouvrement ; qu'en s'abstenant d'indiquer tant les catégories de redevables que les modalités de recouvrement du nouvel impôt, le législateur a méconnu l'étendue de la compétence qu'il tient du deuxième alinéa de l'article 34* » [2154]. Si le législateur peut donner la possibilité de déterminer le taux d'une imposition au pouvoir réglementaire, cette habilitation doit être limitée. L'habilitation peut être déléguée à un établissement public administratif puisque « *s'il ne s'ensuit pas que la loi doive fixer elle-même le taux de chaque impôt, il appartient au législateur de déterminer les limites à l'intérieur desquelles un établissement public à caractère administratif est habilité à arrêter le taux d'une imposition établie en vue de pourvoir à ses dépenses* » [2155]. Le Parlement doit « *déterminer les limites à l'intérieur desquelles le pouvoir réglementaire est habilité à arrêter le taux d'imposition* » [2156]. Le Conseil constitutionnel vérifie que le législateur exerce « *pleinement la compétence que lui confie la Constitution* » [2157] et qu'il fixe « *les conditions de mise en vigueur des règles qu'il édicte* » [2158]. Il appartient au pouvoir réglementaire « *d'édicter les mesures d'application qui sont*

[2153] Cons. Const., Décision n° 85-191 DC du 10 juillet 1985, *Loi portant diverses dispositions d'ordre économique et financier*, JO du 12 juillet 1985, p.7888, Recueil, p.46, Considérant n° 4.

[2154] Cons. Const., Décision n° 90-283 DC du 8 janvier 1991, *Loi relative à la lutte contre le tabagisme et l'alcoolisme*, JO du 10 janvier 1991, p.524, Recueil, p.11, Considérant n° 43.

[2155] Cons. Const., Décision n° 87-239 DC du 30 décembre 1987, *Loi de finances rectificative pour 1987*, JO du 31 décembre 1987, p.15763, Recueil, p.69, Considérant n° 4.

[2156] Cons. Const., Décision n° 2000-442 DC du 28 décembre 2000, *Loi de finances pour 2001*, JO du 31 décembre 2000, p.21194, Recueil, p.211, Considérant n° 32.

[2157] Cons. Const., Décision n° 2010-622 DC du 28 décembre 2010, *Loi de finances pour 2011*, JO du 30 décembre 2010, p.23190, Recueil, p.416, Considérant n° 22.

[2158] Cons. Const., Décision n° 86-223 DC, 29 décembre 1986, *Loi de finances rectificative pour 1986*, JO du 30 décembre 1986, JO du 30 décembre 1986, p.15802, Recueil, p.184, Considérant n° 14.

nécessaires à la mise en œuvre de ces règles » [2159]. Le législateur n'est donc pas obligé de fixer lui-même directement le taux de chaque impôt [2160]. Dans tous les cas, le recouvrement d'une imposition « *ne peut être effectué que par des services ou organismes placés sous l'autorité de l'État ou son contrôle* » [2161]. Le partage entre l'article 34 et l'article 37, ainsi que les limites inhérentes à l'article 34, s'appliquent à la matière financière indépendamment de l'affectation de l'impôt. Il est d'ailleurs intéressant de constater que la mise en place des lois de financement de la Sécurité sociale n'a pas entraîné d'augmentation de la jurisprudence constitutionnelle concernant ce partage de compétence en matière financière. Les tables analytiques du Conseil constitutionnel recensent deux décisions [2162] concernant l'article 34 de la Constitution et la notion de cotisations sociales [2163] dont l'une est antérieure aux lois de financement de la Sécurité sociale. Les difficultés liées au partage de compétence entre l'article 34 et l'article 37 en matière de financement de la Sécurité sociale concernent la nature du prélèvement et non leur origine normative. Les lois de financement de la Sécurité sociale ne viennent donc pas perturber cette répartition des compétences. Le développement de la fiscalisation du financement de la Sécurité sociale est conçu comme un moyen de mieux associer le Parlement à sa régulation [2164]. Ce constat est peut-être dû à la circulaire du 4 juin 2010 relative à l'édiction de mesures fiscales et de mesures affectant les recettes de la Sécurité sociale [2165] qui vise à « *renforcer la cohérence de notre politique de prélèvements*

[2159] Cons. Const., Décision n° 2009-578 DC du 18 mars 2009, *Loi de mobilisation pour le logement et la lutte contre l'exclusion*, JO du 27 mars 2009, p.5445, Recueil, p.73, Considérant n° 5.

[2160] RAYNAUD (F.), FOMBEUR (P.), « Contours de la notion d'*impositions de toutes natures* », *AJDA*, 1998, n° 10, p.789 et s.

[2161] Cons. Const., Décision n° 90-285 DC du 28 décembre 1990, *Loi de finances pour 1991*, JO du 30 décembre 1990, p.16609, Recueil, p.95, Considérant n° 45.

[2162] Cons. Const., Décision n° 93-325 DC du 13 août 1993, *Loi relative à la maîtrise de l'immigration et aux conditions d'entrée, d'accueil et de séjour des étrangers en France*, JO du 18 août 1993, p.11722, Recueil, p.224, Considérant n° 119 ; Cons. Const., Décision n° 2012-659 DC du 13 décembre 2012, *Loi de financement de la Sécurité sociale pour 2013*, JO du 18 décembre 2012, p.19861, Recueil, p.680, Considérants n° 8 et 12.

[2163] Conseil constitutionnel, *Table analytique des décisions du 4 octobre 1958 au 30 juin 2016*, p.333-334.

[2164] MARIE (E.), « Le Parlement et la Sécurité sociale », *Droit social*, 1992, n° 3, p.294.

[2165] Circulaire du 4 juin 2010 relative à l'édiction de mesures fiscales et de mesures affectant les recettes de la sécurité sociale, JORF n° 0133 du 11 juin 2010 p.10730 ; Cité également par DUSSART (V.), « Le Parlement et l'impôt », *Pouvoirs*, n° 51, 2014, pp.57-69.

obligatoires en mettant un terme à la dispersion des dispositions régissant ces prélèvements entre lois de finances, lois de financement de la Sécurité sociale et lois ordinaires ». Cette dispersion doit être évitée au motif qu'elle peut en effet conduire à un contournement des procédures budgétaires et à une insuffisante protection des recettes fiscales et sociales. Dans ce même objectif de simplification de la matière financière, le projet constitutionnel visant à instaurer des lois cadres d'équilibre avait prévu d'assurer juridiquement le monopole des lois de finances et des lois de financement de la Sécurité sociale pour régir le domaine de la fiscalité et celui des recettes de la sécurité sociale afin d'éviter « *la dispersion des dispositions relatives à la fiscalité et aux recettes de la sécurité sociale dans l'ensemble des textes législatifs et, ainsi, à mieux assurer la cohérence de notre stratégie de prélèvements obligatoires et de finances publiques* ». Néanmoins ce projet n'ayant pas abouti, le souhait d'éviter la dispersion des dispositions fiscales et financières est cantonné à la circulaire du 4 juin 2010. Les lois de finances et les lois de financement de la Sécurité sociale sont ainsi invitées à respecter leur champ d'application et le législateur est amené à limiter les lois intervenant en matière financière dans le domaine facultatif. La manière dont sont discutées à l'assemblée les lois de financement de la Sécurité sociale est d'ailleurs évoquée dans le rapport sur l'avenir des institutions [2166]. Le contrôle du Conseil constitutionnel est spécifique en la matière puisque si le Conseil constitutionnel veille au partage entre l'article 34 et 37 de la Constitution, il considère que « *si l'article 34 et le premier alinéa de l'article 37 de la Constitution établissent une séparation entre le domaine de la loi et celui du règlement, et si l'article 41 et le deuxième alinéa de l'article 37 organisent les procédures spécifiques permettant au Gouvernement d'assurer la protection du domaine réglementaire contre d'éventuels empiétements de la loi, la Constitution n'a pas pour autant entendu frapper d'inconstitutionnalité une disposition de nature réglementaire contenue dans une loi* » [2167]. Bien qu'il existe des restrictions à l'intervention législative en matière fiscale, le pouvoir fiscal du législateur demeure important. Sa limitation est davantage d'ordre

---

[2166] Rapport du groupe de travail sur l'avenir des institutions, Refaire la démocratie, Présenté par MM. Claude Bartolone et Michel Winock, t.1, Assemblée Nationale, 2015, p.156.

[2167] Cons. Const., Décision n° 2012-649 DC du 15 mars 2012, *Loi relative à la simplification du droit et à l'allégement des démarches administratives*, JO du 23 mars 2012, p.5253, Recueil, p.142, Considérant n° 10.

politique et non juridique [2168]. La création des LFSS n'a donc pas pour seul effet d'encadrer les prérogatives du pouvoir réglementaire, mais doit aussi conduire le législateur à rationaliser sa propre activité [2169]. Pour Patrick FRAISSEIX, la répartition de compétences organisée par les articles 34 et 37 de la Constitution ne permet pas au Parlement *« d'occuper la place qui lui revient de droit »* [2170] en vertu de l'article 14 de la DDHC. Le développement des LFSS a certes encadré le pouvoir du législateur, mais il l'a aussi renforcé car il peut dès lors intervenir dans un domaine qui lui était initialement interdit. Les lois de financement de la Sécurité sociale ont permis de redonner au Parlement une partie de ses lettres de noblesse, bien que certaines prérogatives demeurent dévolues à la compétence réglementaire, telle la fixation des taux des cotisations sociales.

339. La fixation des taux des cotisations sociales maintenue pour la compétence réglementaire. La loi de financement de la Sécurité sociale n'a pas modifié la répartition des compétences normatives entre le pouvoir législatif et le pouvoir réglementaire puisqu'il revient toujours au Gouvernement de déterminer le montant des prestations et les taux des cotisations, alors même que ces éléments ont des incidences directes sur les lois de financement [2171]. Si l'existence même des cotisations ne peut découler que de la loi [2172], la fixation du taux relève de la compétence réglementaire. Il est certes incontestable que le Parlement a été renforcé par le développement des lois de financement de la Sécurité sociale, mais la fixation des taux des cotisations sociales ne relève pas de leur champ d'application et appartient toujours au pouvoir réglementaire. Il s'agit ici d'un des critères toujours actuels de distinction entre les impositions de toutes natures et les cotisations sociales. La compétence réglementaire s'applique également lorsqu'il y a lieu de procéder rétroactivement à la

---

[2168] PHILIP (L.), « Le droit constitutionnel des finances publiques », *RFFP*, n° 7, 1984, p.138.

[2169] PELLET (R.), *Les finances sociales : économie, droit et politique*, *op.cit.*, p.137.

[2170] FRAISSEIX (P.), « Le Parlement et la Sécurité sociale : la consolidation de ce couple par la révision constitutionnelle du 22 février 1996 », *RDP*, 1998, p.751.

[2171] MATT (J.-L.), « Les lois de financement de la Sécurité sociale : vers une intégration dans le budget de l'État », in BOUVIER (M.) (dir.), *Réforme des finances publiques, Démocratie et bonne gouvernance*, Actes de la 1ère Université de printemps de Finances publiques du Groupement Européen de Recherches en Finances publiques (GERFIP), Paris, LGDJ, 2004, p.251.

[2172] GUIÈZE (J.-L.), *Le partage des compétences entre la loi et le règlement en matière financière*, Paris, LGDJ, 1971, p.99.

fixation du taux après annulation au contentieux des dispositions applicables de manière à limiter les effets de l'annulation [2173]. Le Conseil constitutionnel considère que « *si doit être comprise au nombre de ces principes fondamentaux la détermination des catégories de personnes assujetties à l'obligation de cotiser, il appartient au pouvoir réglementaire de fixer le taux de la part qui incombe à chacune de ces catégories dans le paiement de la cotisation* » [2174]. Le pouvoir réglementaire demeure subordonné à la loi puisqu'il intervient uniquement là où la loi le permet. Il demeure tout de même un noyau irréductible de compétence maximum du pouvoir réglementaire [2175] concernant l'organisation et le fonctionnement interne des services publics. Le pouvoir réglementaire est ainsi légitime pour intervenir en matière de Sécurité sociale puisqu'il fixe le taux des cotisations dont la perception n'a pas été autorisée, au préalable, par la loi de financement de la Sécurité sociale [2176]. Si le Parlement conserve une responsabilité importante dans la décision fiscale, tel n'est pas le cas dans l'arbitrage des politiques sociales. Les modifications de taux des cotisations sociales justifient son intervention uniquement « *lorsque, pour certaines catégories d'agents économiques, les surcroîts éventuels de charges sont partiellement compensés par un financement budgétaire* » [2177]. La fiscalisation ne peut alors être assimilée à une budgétisation, elle en est l'instrument. Malgré ces évolutions, les lois financières sont toutes les deux soumises au respect des lois organiques.

340. La soumission aux lois organiques. Le respect des normes constitutionnelles ou à valeur constitutionnelle constitue une limite pour le législateur ordinaire. L'application du principe de hiérarchie des normes entre les normes constitutionnelles et les normes législatives induit le respect des normes produites par les sources constitutionnelles et

---

[2173] PRÉTOT (X.), « Du bon usage du pouvoir normatif en matière d'assiette et de recouvrement des cotisations de Sécurité sociale », *Droit social*, 2009, n° 3, p.324.
[2174] Cons. Const., Décision n° 2008-571 DC du 11 décembre 2008, *Loi de financement de la Sécurité sociale pour 2009*, JO 18 décembre 2008, p.19327, Recueil, p.378, Considérant n° 7.
[2175] FAVOREU (L.), « Mythes et réalités », Rapport introductif au Colloque *Le domaine de la loi et du règlement, l'application des articles 34 et 37 de la Constitution*, Aix-en-Provence, 2-3 décembre 1977. Repris par FAVOREU (L.), *La Constitution et son juge*, Paris, Economica, 2014, pp.478-479.
[2176] PRÉTOT (X.), « La portée de la loi de financement de la Sécurité sociale », *RFFP*, n° 59, 1997, p.89.
[2177] PERRET (C.), « Le parlement et la fiscalité », *Pouvoirs*, n° 23, 1982, p.34.

la possibilité de demander au Conseil constitutionnel qu'il contrôle la constitutionnalité de la norme d'application au regard des sources constitutionnelles. Ce contrôle est double puisque le juge constitutionnel opère soit la vérification de la compatibilité du contenu normatif d'une ou plusieurs dispositions ou normes de rang législatif avec le contenu d'une ou plusieurs dispositions de rang constitutionnel [2178] ce qui constitue un contrôle de la constitutionnalité matérielle, soit la vérification de la réalisation de la violation, dans le cours du processus de formation d'un acte normatif de rang législatif, d'une norme régissant cette procédure [2179] ce qui constitue un contrôle de la constitutionnalité formelle. Les lois financières sont soumises aux normes constitutionnelles, mais également aux lois organiques. Les lois de finances, tout comme les lois de financement de la Sécurité sociale et les lois de programmation, sont soumises aux lois organiques financières, donc à la loi organique relative aux lois de finances [2180] (LOLF), à la loi organique relative aux lois de financement de la Sécurité sociale [2181] (LOLFSS) ainsi qu'à la loi organique relative à la programmation et à la gouvernance des finances publiques [2182] (LOPGFP). Les finances sociales sont soumises à ces trois lois organiques puisque la LOLF précise dans son article 3 que les ressources budgétaires de l'État comprennent « les retenues et cotisations sociales établies à son profit », l'article 5 dispose que les dépenses de personnel comprennent « les cotisations et contributions sociales » ainsi que « les prestations sociales et allocations diverses ». Depuis la loi organique relative à la programmation et à la gouvernance des finances publiques, le rapport sur la situation et les perspectives économiques, sociales et financières de la nation énoncé à l'article 50 de la LOLF présente « *les dépenses, les recettes, les soldes et l'endettement du régime général et des autres organismes relevant de la catégorie des administrations publiques de sécurité sociale* » définies par le règlement (CE) n° 2223/96 du Conseil, du 25 juin 1996, relatif au système européen des comptes nationaux et régionaux dans la Communauté. Les finances

---

2178 PIZZORUSSO (A.), « La loi », in TROPER (M.), CHAGNOLLAUD (D.) (dir.), *Traité international de droit constitutionnel –Théorie de la Constitution*, t.1, Paris, Dalloz, 2012, p.340.

2179 *Ibid.*

2180 Loi organique n° 2001-692 du 1er août 2001 relative aux lois de finances, JORF n° 177 du 2 août 2001, p.12480.

2181 Loi organique n° 2005-881 du 2 août 2005 relative aux lois de financement de la Sécurité sociale, JORF n° 179 du 3 août 2005, p.12633.

2182 Loi organique n° 2012-1403 du 17 décembre 2012 relative à la programmation et à la gouvernance des finances publiques, JORF n° 0294 du 18 décembre 2012, p.19816.

sociales sont évidemment soumises à la loi organique relative aux lois de financement de la Sécurité sociale puisqu'elle définit le contenu des lois de financement de la Sécurité sociale qui sont elles-mêmes pleinement applicables en la matière. Les lois organiques sont cependant particulières puisqu'elles se différencient des sources constitutionnelles comme des sources législatives *« tant du point de vue de la procédure de formation, que de celui de la capacité d'abroger ou de résister à l'abrogation qui dérive des dispositions constitutionnelles particulières qui les prévoient »* [2183] . Le juge constitutionnel a donné une valeur constitutionnelle aux lois organiques en constatant le renvoi effectué par les articles 34 et 47 vers les lois organiques. Ce phénomène est qualifié par Éric OLIVA de « *médiation constitutionnelle* » [2184] puisque la Constitution fait référence à la loi organique donc toute violation de cette loi rejaillit sur la Constitution et entache le texte contrôlé d'une inconstitutionnalité indirecte [2185]. Mis en avant dans la décision 60-8 DC du 11 août 1960 [2186], le Conseil constitutionnel a ensuite étendu son raisonnement à toutes les autres lois organiques. Les bases constitutionnelles du droit budgétaire et financier renvoient toutes à la loi organique le soin de préciser leur contenu ou encore de les concrétiser [2187]. Les lois organiques, qu'elles soient relatives aux lois de finances ou aux lois de financement de la Sécurité sociale, renforcent ainsi leur complémentarité formelle [2188] avec la Constitution.

B. <u>Le renforcement législatif à travers la pluriannualité</u>

341. Le respect des lois de programmation. La Loi organique du 17 décembre 2012 relative à la programmation et à la gouvernance des finances publiques [2189] a été édictée suite au Traité sur la stabilité, la coordination et la gouvernance au sein de l'Union économique et monétaire du 2 mars 2012. Cette loi permet aux règles d'équilibre des

---

2183 PIZZORUSSO (A.), « La loi », *op.cit.*, p.344.

2184 OLIVA (É.), *Finances publiques, op.cit.*, p.124.

2185 *Ibid*, p.125.

2186 Cons. Const., Décision n° 60-8 DC du 11 août 1960, *Loi de finances rectificative pour 1960*, JO du 13 août 1960, p.7599, Recueil, p.25, Considérant n° 1.

2187 OLIVA (É.), « Normes de constitutionnalité ou normes constitutionnelles : l'ambiguïté des lois organiques financières », in *Renouveau du droit constitutionnel*, Mélanges en l'honneur de Louis Favoreu, Paris, Dalloz, 2007, p.1351.

2188 *Ibid*, p.1354.

2189 Loi organique n° 2012-1403 du 17 décembre 2012 relative à la programmation et à la gouvernance des finances publiques, JORF n° 0294 du 18 décembre 2012, p.19816.

finances publiques prévues par le paragraphe 1 de l'article 3 du TSCG de prendre effet en droit interne sans modifier la Constitution [2190]. En tant que loi organique elle s'impose aux lois de finances ainsi qu'aux lois de financement de la Sécurité sociale. Présentes dans l'article 34 de la Constitution depuis la révision constitutionnelle du 23 juillet 2008, les lois de programmation tendent à rétablir l'équilibre budgétaire en s'inscrivant « *dans l'objectif d'équilibre des comptes des administrations publiques* ». En vertu de l'article 34 de la Constitution, elles viennent déterminer « *les objectifs de l'action de l'État* » et définir « *les orientations pluriannuelles des finances publiques* ». Si initialement elles constituent une étrange catégorie [2191], le contenu de ces lois a été précisé par la loi organique du 17 décembre 2012 relative à la programmation et à la gouvernance des finances publiques. Ces lois ont vocation à concerner tous les comptes des administrations publiques afin de mieux maîtriser la dette publique. Les administrations de Sécurité sociale sont ainsi concernées par les lois de programmation des finances publiques. Bien que les fondements juridiques soient différents, ces trois lois relèvent d'une initiative gouvernementale. Les lois de finances et les lois de financement de la Sécurité sociale le sont en vertu de l'article 39 de la Constitution et les lois de programmation en vertu de l'article 70. Les lois de programmation sont cependant applicables aux lois de financement de la Sécurité sociale ainsi qu'aux lois de finances. La dernière loi de programmation s'applique ainsi à toutes les administrations publiques, et donc y compris aux administrations de Sécurité sociale. L'article 10 de la loi de programmation du 29 décembre 2014 [2192] est relatif à l'ONDAM puisqu'il détermine les seuils que l'ONDAM ne peut excéder. D'ailleurs, en vertu de l'article 12 de cette loi, « *à compter du 1er janvier 2015, une fraction représentant au moins 0,3% du montant de l'objectif national de dépenses d'assurance maladie de l'ensemble des régimes obligatoires de base de sécurité sociale mentionnés à l'article LO 111-3 du code de la sécurité sociale est mise en réserve au début de chaque exercice* ». La Sécurité sociale est surtout concernée par le chapitre 3 de cette loi et les articles 27, 28 et 29

[2190] Cons. Const., Décision n° 2012-653 DC du 9 août 2012, *Traité sur la stabilité, la coordination et la gouvernance au sein de l'Union économique et monétaire*, JO du 11 août 2012, p.13283, Recueil, p.453, Considérant n° 19.

[2191] HERTZOG (R.), « La programmation pluriannuelle des finances publiques : un exercice nécessaire, une loi de trop ? », in *Mélanges en l'honneur de Pierre Beltrame*, Aix-en Provence, PUAM, 2010, p.233.

[2192] Loi n° 2014-1653 du 29 décembre 2014 de programmation des finances publiques pour les années 2014 à 2019, JORF n° 0301 du 30 décembre 2014 p.22786.

le constituant. La pluriannualité ne concerne donc plus uniquement le budget de l'État [2193]. La perception des cotisations échappe également au principe d'annualité. L'autorisation de la perception des cotisations n'est pas conditionnée par une autorisation parlementaire annuelle puisqu'elle découle du seul fait du versement de la rémunération par l'employeur qui constitue le fait générateur de la dette du salarié [2194]. C'est suite à cette loi organique qu'a été mis en place l'article liminaire. La particularité de cet article est qu'il se trouve dans les lois de finances, les lois de finances rectificatives mais aussi les lois de financement rectificatives de la Sécurité sociale. Les lois de financement de la Sécurité sociale ne sont pas concernées par cette exigence de l'article liminaire. En vertu de l'article 7 de la loi organique, l'article liminaire présente « *un tableau de synthèse retraçant, pour l'année sur laquelle elles portent, l'état des prévisions de solde structurel et de solde effectif de l'ensemble des administrations publiques, avec l'indication des calculs permettant d'établir le passage de l'un à l'autre* ». Les lois de programmation, bien qu'essentielles pour mieux encadrer la gestion financière publique, ne sont cependant pas juridiquement contraignantes à l'égard des autres lois financières. Le Conseil constitutionnel a d'ailleurs considéré qu'elles n'ont pour effet ni « *de porter atteinte à la liberté d'appréciation et d'adaptation que le Gouvernement tient de l'article 20 de la Constitution dans la détermination et la conduite de la politique de la Nation* », ni « *de porter atteinte aux prérogatives du Parlement lors de l'examen et du vote des projets de loi de finances* » [2195]. La portée contraignante de la programmation pluriannuelle est ainsi limitée [2196], d'autant plus que la loi de finances peut être amenée à réviser les hypothèses de croissance potentielle dès lors qu'elles s'écartent de la loi de programmation. Le Conseil constitutionnel considère en effet que « *si le Haut conseil des finances publiques a relevé dans son avis qu'une révision des hypothèses de croissance potentielle en dehors du cadre de la loi de programmation des finances publiques "ne permet pas de suivre convenablement*

[2193] DUFOUR (A.-C.), *Les pouvoirs du Parlement sur les finances de la sécurité sociale – Étude des lois de financement de la Sécurité sociale*, *op.cit.*, p.122.

[2194] ORSONI (G.), VIESSANT (C.), *Éléments de finances publiques*, Coll. Finances publiques, Economica, Paris, 2005, p.91.

[2195] Cons. Const., Décision n° 2012-658 DC du 13 décembre 2012, *Loi organique relative à la programmation et à la gouvernance des finances publiques*, JO du 18 décembre 2012, p.19856, Recueil, p.667, Considérant n° 12.

[2196] OLIVA (É.), « La loi organique du 17 décembre 2012 relative à la programmation et à la gouvernance des finances publiques : l'inclusion dans l'ordre juridique national de la règle d'équilibre des administrations publiques », *RFDA*, 2013, n° 2, p.456.

l'évolution de la composante structurelle du déficit et nuit à la lisibilité de la politique budgétaire", une telle révision ne méconnaît aucune exigence constitutionnelle » [2197]. Bien qu'elles disposent d'un effet limité, les lois de programmation sont toutefois liées au principe de sincérité puisque l'article 6 de la loi organique dispose que « *la loi de programmation des finances publiques présente de façon sincère les perspectives de dépenses, de recettes, de solde et d'endettement des administrations publiques* » et que « *sa sincérité s'apprécie compte tenu des informations disponibles et des prévisions qui peuvent raisonnablement en découler* ». Le Conseil constitutionnel précise ainsi que la sincérité de la loi de programmation sera appréciée en fonction de l'avis sur les prévisions macroéconomiques rendues par le Haut conseil des finances publiques (HCFP). Le Conseil constitutionnel apprécie le principe de sincérité en tenant compte des avis du Haut conseil des finances publiques et des objectifs présents dans les lois de programmations.

342. Les avis du HCFP applicables aux lois financières. Le Haut Conseil des finances publiques, organisme indépendant, est chargé d'apprécier la cohérence de la programmation envisagée au regard de l'objectif à moyen terme retenu et des engagements européens de la France [2198]. Les avis du HCFP s'appliquent autant aux finances étatiques qu'aux finances sociales. Cependant, le HCFP a tout de même fait remarquer dans son avis du 26 septembre 2014 [2199] que, concernant l'appréciation sur les mesures de correction présentées par le Gouvernement à la suite du déclenchement du mécanisme de correction en mai 2014, il « *n'a pas eu connaissance des articles des projets de loi de finances et de financement de la sécurité sociale pour 2015 ainsi que des évaluations préalables* ». Concernant la prévision du solde structurel en 2015, les articles et les évaluations préalables des projets de loi de finances et de financement de la sécurité sociale n'ont pas été transmis au Haut Conseil, qui n'a pas pu expertiser les mesures qui soutiennent cette trajectoire. Heureusement cette absence ne s'est pas répétée dans l'avis du

---

[2197] Cons. Const., Décision n° 2015-725 DC du 29 décembre 2015, *Loi de finances pour 2016*, JO n° 0302 du 30 décembre 2015, p.24763, Considérant n° 6.

[2198] Loi organique n° 2012-1403 du 17 décembre 2012 relative à la programmation et à la gouvernance des finances publiques, JORF n° 0294 du 18 décembre 2012, p.19816.

[2199] Avis du 26 septembre 2014, n° HCFP-2014-05 relatif aux projets de lois de finances et de financement de la sécurité sociale pour l'année 2015, JORF n° 0227 du 1 octobre 2014.

25 septembre 2015 [2200]. Il est toutefois important de noter que les pouvoirs politiques ne sont en pratique finalement pas tenus de transmettre au Haut Conseil des Finances publiques l'intégralité des informations nécessaires à son analyse. L'article 7 de la loi organique du 17 décembre 2012 [2201] dispose toutefois que « *au plus tard une semaine avant que le Conseil d'État soit saisi du projet de loi de finances de l'année, le Gouvernement transmet au Haut Conseil les éléments du projet de loi de finances de l'année et du projet de loi de financement de la Sécurité sociale de l'année permettant à ce dernier d'apprécier la cohérence de l'article liminaire du projet de loi de finances de l'année au regard des orientations pluriannuelles de solde structurel définies dans la loi de programmation des finances publiques* ». Les principes relatifs à la programmation pluriannuelle trouvent matière à s'appliquer indépendamment du domaine étatique ou social des finances. Le Parlement devient ainsi un véritable organe d'évaluation des programmes gouvernementaux [2202] puisqu'il veille, *via* le rôle des commissions des finances notamment, sur le solde structurel mais aussi sur le respect des prévisions pluriannuelles.

343. Les débats d'orientation des finances publiques. Le Parlement est depuis longtemps impliqué dans la vie financière à travers les débats d'orientation budgétaire. Les débats d'orientation budgétaire ont dû évoluer en parallèle de l'évolution des finances publiques. Le débat d'orientation budgétaire est une procédure instituée au cours de la préparation du projet de loi de finances pour l'année 1991 permettant au Gouvernement d'expliquer aux parlementaires ses « orientations en matière budgétaire, sociale et fiscale ». Rétabli dans les faits à compter de 1996 (à l'exception des années 1997 et 2002), il a été codifié à l'article 48 de la LOLF. Cet article prévoit qu'« *en vue de l'examen et du vote du projet de loi de finances de l'année suivante par le Parlement, le Gouvernement présente, au cours du dernier trimestre de la session ordinaire, un rapport sur l'évolution de l'économie nationale et sur les orientations des finances publiques* [...] *Ce rapport peut donner lieu à un débat à l'Assemblée nationale et au Sénat* ». Le débat d'orientation des

---

[2200] Avis du 25 septembre 2015, n° HCFP-2015-03 relatif aux projets de lois de finances et de financement de la sécurité sociale pour l'année 2016, JORF n° 0227 du 1 octobre 2015.
[2201] Loi organique n° 2012-1403 du 17 décembre 2012 relative à la programmation et à la gouvernance des finances publiques, JORF n° 0294 du 18 décembre 2012, p.19816.
[2202] VANDENDRIESSCHE (X.), « Le Parlement entre déclin et modernité », *Pouvoirs*, 2001, n° 99, p.62.

finances publiques (DOFP) ne constitue pas une obligation à valeur constitutionnelle dès lors qu'il n'est pas imposé. La pratique financière le rend toutefois indispensable. Le débat d'orientation des finances publiques concerne autant les finances étatiques, que les finances locales et les finances sociales. Il concerne la trajectoire des finances publiques au sein des objectifs fixés par la loi de programmation des finances publiques [2203] et a vocation à s'appliquer aux finances publiques dans leur globalité. Ce rapport était complété par celui prévu par l'article 52 de la LOLF, abrogé par la loi organique de 2012. Cet article prévoyait que « *le Gouvernement présente à l'ouverture de la session ordinaire un rapport retraçant l'ensemble des prélèvements obligatoires ainsi que leur évolution* ». Son abrogation n'a toutefois pas mis fin au rapport sur les prélèvements obligatoires puisque le rapport sur la situation et les perspectives économiques, sociales et financières de la nation, prévu à l'article 50 de la LOLF retrace « *l'ensemble des prélèvements obligatoires et des dépenses publiques ainsi que leur évolution. Il comporte l'évaluation financière, pour l'année en cours et les deux années suivantes, de chacune des dispositions, de nature législative ou réglementaire, relatives aux prélèvements obligatoires et envisagées par le Gouvernement* ». Ce rapport qui a vocation à concerner les dépenses et les recettes de l'État, de la Sécurité sociale mais aussi des collectivités territoriales n'est plus une possibilité mais une obligation puisqu'il doit être impérativement joint au projet de loi de finances de l'année. À défaut de définir des objectifs de dépenses publiques qui s'imposent à la loi de finances et à la loi de financement, le débat d'orientation des finances publiques devra « *se recentrer sur sa mission organique : le débat sur un rapport en vue de l'adoption de la loi de finances et de la loi de financement* » [2204]. Puisque les pouvoirs parlementaires en matière de finances publiques sont similaires, ainsi que les informations dont ils doivent disposer et les exigences qu'ils doivent respecter, envisager la fusion des lois financières devient d'autant plus nécessaire afin de simplifier le système normatif et institutionnel existant.

[2203] DE MONTGOLFIER (A.), Rapport d'information n° 601 fait au nom de la commission des finances, préparatoire au débat d'orientation des finances publiques pour 2016, Sénat, 2015, p.5.

[2204] DUFOUR (A.-C.), *Les pouvoirs du Parlement sur les finances de la sécurité sociale – Étude des lois de financement de la Sécurité sociale*, *op.cit.*, p.119.

§2. L'ÉVENTUELLE FUSION DES LOIS FINANCIÈRES

344. Le projet de fusionner les lois de finances avec les lois de financement de la Sécurité sociale est apparu dès la création des lois de financement de la Sécurité sociale. Bien qu'elles s'inspirent beaucoup des lois de finances, elles conservent tout de même des spécificités (**A**) mais celles-ci n'empêchent pas d'envisager sérieusement leur fusion (**B**).

A. Des lois financières spécifiques

345. Une procédure d'adoption similaire. Ces lois ont des procédures d'adoption similaires mais des portées différentes puisque les lois de financement déterminent les conditions de l'équilibre financier de la Sécurité sociale, les prévisions de recettes et les objectifs de dépenses. Les règles de procédure ont été « *calquées sur celles des projets de loi de finances* » [2205] et se retrouvent à l'article 47-1 de la Constitution. Concernant la loi de finances comme la loi de financement de la Sécurité sociale, la priorité dans le temps est donnée à l'Assemblée nationale en vertu de l'article 39 de la Constitution. Le projet de loi de finances doit être déposé avant le premier mardi du mois d'octobre de l'année précédant celle de l'exécution du budget, alors que la loi de financement doit être déposée au plus tard le 15 octobre. Les délais pour voter les lois de finances diffèrent de ceux prévus pour la loi de financement de la Sécurité sociale. L'Assemblée nationale dispose en matière de loi de financement de la Sécurité sociale de vingt jours pour se prononcer en première lecture tandis que la loi de finances doit être adoptée en première lecture dans un délai de quarante jours. Le Sénat dispose ensuite de quinze jours dans un cas comme dans l'autre. La procédure parlementaire est ensuite identique à celle applicable aux lois de finances puisque l'article 47-1 renvoie à l'article 45 de la Constitution. Le Parlement doit se prononcer dans un délai de cinquante jours en matière de lois de financement de la Sécurité sociale et dans un délai de soixante-dix jours pour les lois de finances. Si tel n'est pas le cas, les dispositions du projet seront mises en œuvre par ordonnance. Cette différence de délais, initialement justifiée par le faible impact des finances sociales ne l'est plus considérant les volumes

---

[2205] MATT (J.-L.), « Les lois de financement de la Sécurité sociale : vers une intégration dans le budget de l'État », in BOUVIER (M.) (dir.), *Réforme des finances publiques, Démocratie et bonne gouvernance*, Actes de la 1ère Université de printemps de Finances publiques du Groupement Européen de Recherches en Finances publiques, Paris, LGDJ, 2004, p.251.

financiers concernés et l'augmentation constante des recettes affectées à la Sécurité sociale. L'adoption de la loi de financement de la Sécurité sociale doit être faite antérieurement à celle de la loi de finances [2206]. Au Sénat, la discussion sur la loi de financement a lieu avant l'examen en séance plénière du projet de loi de finances. À l'Assemblée nationale, la discussion de la loi de financement a lieu entre la première et la seconde partie de la loi de finances. Les délais imposés pour les discussions sur le projet de loi de financement de la Sécurité sociale apparaissent alors excessivement courts [2207] comparés à ceux accordés à la loi de finances. Ce rapprochement formel [2208] de la structure des lois de finances de l'État et des lois de financement de la Sécurité sociale était souhaité lors de la mise en place de la LOLFSS et avait pour objectif de faciliter le débat parlementaire. Cette simplification n'a pas complètement abouti puisque leurs contenus diffèrent. Elles sont alors obligées de s'imbriquer sans pour autant empiéter dans le domaine de l'autre.

346. Un contenu différent. Il est couramment admis que les lois de finances et les lois de financement se différencient « *beaucoup plus par leur contenu que par les procédures qui leur sont applicables* » [2209]. L'article LO.111-3.I du Code de la sécurité sociale prévoit que la loi de financement de la Sécurité sociale comprend quatre parties [2210]. Le parallélisme entre les lois de financement de la Sécurité sociale et les lois de finances s'est accru avec la loi organique relative aux lois de financement de la Sécurité sociale puisque les deux possèdent notamment deux parties distinguant les recettes des dépenses pour l'année à venir, mais conservent cependant des champs budgétaires différents. Les lois de financement de la Sécurité sociale ne sont pas des lois de finances sociales. Elles possèdent des particularités qui leur sont propres. Michel LASCOMBE va jusqu'à considérer les lois de financement de la Sécurité

[2206] PRÉTOT (X.), « Le Parlement et le financement de la Sécurité sociale », *Droit social*, 1996, n° 9-10, p.765.
[2207] DUARTE (B.), « La loi organique du 2 août 2005 ou la revalorisation du rôle du Parlement en matière de lois de financement de la Sécurité sociale », *Droit social*, 2006, n° 5, p.525.
[2208] Exposé des motifs, Loi organique relative aux lois de financement de la Sécurité sociale.
[2209] ARATHOON (G.), CORLEY (S.), « Les lois de financement de la Sécurité sociale : l'inévitable référence aux lois de finances », *RFFP*, n° 64, 1998, p.63.
[2210] Voir en ce sens, le paragraphe n° 281.

sociale comme un échec relatif[2211] puisqu'elles sont selon lui dominées par une logique de dépenses. De tels propos doivent être nuancés depuis la loi organique relative aux lois de financement de la Sécurité sociale puisque le maintien de l'équilibre financier de la Sécurité sociale est devenu un objectif à valeur constitutionnelle. Si la notion d'équilibre financier n'est pas clairement définie, il en est de même des conditions générales de sa réalisation [2212]. Le principe d'équilibre en finances sociales repose en effet sur des dispositions faiblement normatives [2213] même s'il impose tout de même que, dans l'hypothèse où la promulgation d'une loi conduirait à d'éventuels déséquilibres, « *il appartiendrait à une loi de financement de la Sécurité sociale ultérieure de prendre en compte les incidences sur les conditions générales de l'équilibre financier de la sécurité sociale* » [2214]. Certains auteurs considèrent que ce qui est un principe pour le droit budgétaire de l'État est un objectif pour le droit du financement de la Sécurité sociale [2215]. Le contenu des lois de finances et des lois de financement de la Sécurité sociale avec leurs domaines respectifs, témoignent de la multiplication des imbrications financières entre l'État et la Sécurité sociale [2216].

347. Un contrôle de constitutionnalité similaire. Le contrôle de constitutionnalité concerne autant les lois de finances que les lois de financement de la Sécurité sociale. Le contrôlé opéré par le juge constitutionnel est indifférent à la nature de la loi dont il est saisi. Les saisines conditionnent le contrôle *a priori* et *a posteriori* du Conseil constitutionnel. Il a ainsi été de toutes les lois de financement de la Sécurité sociale, soit 21 depuis 1996, alors que les lois de finances n'ont pas toujours été déférées devant le Conseil constitutionnel, mais 78 décisions s'y réfèrent. Cette forte saisine en matière financière n'exclut pas les questions prioritaires de constitutionnalité (QPC) puisque l'on peut

---

[2211] LASCOMBE (M.), « Le Parlement et les finances sociales : l'échec relatif des lois de financement de la Sécurité sociale », RDSS, 2004, p.644.
[2212] PELLET (R.), (mise à jour par A.-C. DUFOUR), Fasc. 204 : Généralités – Les lois de financement de la Sécurité sociale, *JurisClasseur Protection sociale Traité*, 2013, p.42.
[2213] OLIVA (É.), *Le juge constitutionnel et l'équilibre des finances publiques*, Rapport France, *AIJC*, n° XXVIII, 2012, p.297.
[2214] Cons. Const., Décision n° 2000-437 DC, du 19 décembre 2000, *Loi de financement de la Sécurité sociale pour 2001*, JO du 24 décembre 2000, p.20576, Recueil, p.190.
[2215] DOUAT (É.) et BADIN (X.), *Finances publiques*, Paris, 3e éd., PUF, Coll. Thémis, 2006, p.364.
[2216] BOURREL (R.), « Plaidoyer pour la réorganisation de l'architecture des textes financiers français », *RDP*, 2014, n° 5, p.1218.

en recenser six concernant des lois de financement de la Sécurité sociale et 51 concernant des lois de finances. Il est intéressant de constater que si seulement six QPC concernent des lois de financement de la Sécurité sociale, les QPC fondées sur le Code de la sécurité sociale sont au nombre de 22, et donc beaucoup plus nombreuses. Les lois de financement de la Sécurité sociale ne viennent donc pas bouleverser les contrôles opérés par le Conseil constitutionnel.

Source : Aurélie Dort, à partir des décisions du Conseil constitutionnel

La mise en place des lois de financement de la Sécurité sociale n'a donc pas augmenté considérablement la charge du Conseil constitutionnel, les lois de financement de la Sécurité sociale n'ont pas fortement influencé le nombre de décisions. Si la nature du contrôle de constitutionnalité ne diffère pas en fonction de la nature de la loi, les lois financières font toutefois l'objet d'un contrôle particulier en matière de cavaliers.

348. La sanction des « cavaliers ». Les dispositions définies dans les quatre parties de la loi de financement de la Sécurité sociale [2217] relèvent du domaine exclusif et obligatoire de la loi de financement de la Sécurité sociale. Seule une loi de financement de la Sécurité sociale peut modifier des dispositions relevant du domaine obligatoire de la loi. La protection de ce périmètre est encadrée puisque « *leur existence n'en a pas moins le même corollaire : l'exclusion de ce qu'il est convenu d'appeler les*

[2217] Voir en ce sens, le paragraphe n° 281.

“cavaliers” » [2218]. Les cavaliers sociaux et budgétaires répondent à la même logique : celle d’exclure ce qui n’appartient pas au domaine obligatoire, exclusif ou facultatif des lois. Les dispositions absentes de ces domaines qui sont intégrées à la loi de finances sont qualifiées de cavaliers budgétaires, alors que les dispositions intégrées à la loi de financement de la Sécurité sociale sans qu’elles y aient été autorisées constituent des cavaliers dits sociaux. Le Conseil constitutionnel contrôle le respect de ces domaines et sanctionne ainsi les cavaliers s’y trouvant. Les dispositions étrangères au domaine de la loi dans laquelle elles sont introduites constituent des cavaliers. Une « *disposition étrangère à l’objet des lois de finances* » ou une disposition qui n’est pas « *au nombre de celles qui peuvent figurer dans une loi de finances* » constituent des cavaliers budgétaires selon le Conseil constitutionnel. Pierre AVRIL et Jean GICQUEL considèrent que « *si une loi ordinaire ne peut comporter de dispositions qui sont de la compétence exclusive des lois de finances, réciproquement une loi de finances ne peut comporter de dispositions étrangères au domaine assigné par la loi organique, c’est-à-dire des cavaliers budgétaires* » [2219]. Les cavaliers sociaux sont des dispositions qui n’ont pas un impact financier direct sur les recettes ou les dépenses des organismes sociaux ou des régimes relevant des lois de financement de la Sécurité sociale, mais aussi les dispositions qui ne concernent pas directement ces régimes et organismes ou les dispositions qui n’améliorent pas le contrôle parlementaire sur le financement de la Sécurité sociale. La décision relative à la loi de financement de la Sécurité sociale pour 2016 analyse d’ailleurs en ce sens « *les dispositions adoptées en première lecture* » et « *les dispositions adoptées après la première lecture* » [2220]. Ce contrôle possède malheureusement un fort impact politique. Si le Conseil est le garant de la constitutionnalité de la loi, il ne peut pas toujours sanctionner tous les cavaliers s’y trouvant. Lorsqu’une loi financière fait l’objet de nombreuses inconstitutionnalités, son contrôle sera moindre sur les cavaliers et inversement. Dans la mesure où le contrôle de constitutionnalité est parfois qualifié d’anti démocratique car il sanctionne une loi adoptée par les représentants du peuple, ce dernier

---

[2218] ARATHOON (G.), CORLEY (S.), « Les lois de financement de la Sécurité sociale : l’inévitable référence aux lois de finances », *RFFP*, n° 64, 1998, p.72.

[2219] AVRIL (P.), GICQUEL (J.-E.), GICQUEL (J.), *Droit parlementaire*, 5e éd. Montchrestien, 2014, p.210.

[2220] Cons. Const., Décision n° 2015-723 DC du 17 décembre 2015, *Loi de financement de la Sécurité sociale pour 2016*, JO n° 0296 du 22 décembre 2015, p.23685, Considérants n° 48 et s.

évite les censures trop nombreuses sur une même loi. Tel a notamment été le cas dans la décision n° 2013-685 DC relative à la loi de finances pour 2014 [2221] où il s'est abstenu de censurer ce qui se révèle être un cavalier budgétaire puisque l'article 124 de la loi de finances pour 2014 modifie le code de l'éducation en y insérant notamment un nouveau chapitre sur les « dispositions spécifiques relatives aux accompagnants des élèves en situation de handicap ». Cependant, cette loi de finances a fait l'objet de dix-sept inconstitutionnalités parmi lesquels se trouvent notamment la nouvelle définition de l'abus de droit[2222], et le nouveau calcul pour le plafonnement de l'ISF [2223]. Le Conseil constitutionnel a ainsi choisi les cavaliers budgétaires qu'il souhaitait sanctionner afin de limiter la portée « politique » de la décision[2224]. Six articles ont tout de même été censurés totalement ou partiellement comme « *n'ayant pas leur place dans la loi de finances* » et deux pour avoir été adoptés « *selon une procédure contraire à la Constitution* ». En matière financière, le Conseil constitutionnel distingue les cavaliers des « entonnoirs ». Ces derniers sont des dispositions, généralement des paragraphes, intégrées en cours de discussion parlementaire au sein d'un article ayant sa place dans la loi financière mais dont le contenu inséré par amendement appartient au domaine « interdit » ou est dépourvu de tout lien avec une disposition encore en discussion. La théorie de l'entonnoir consiste à ce que seules les dispositions n'ayant pas fait l'objet d'un accord entre les deux chambres continuent d'être amendables et donc discutées [2225]. Le Conseil constitutionnel impose que « *les adjonctions ou modifications qui peuvent être apportées après la première lecture par les membres du Parlement et par le Gouvernement doivent être en relation directe avec une disposition restant en discussion* », sauf pour « *les amendements destinés à assurer le respect de la Constitution, à opérer une coordination avec*

[2221] Cons. Const., Décision n° 2013-685 DC du 29 décembre 2013, *Loi de finances pour 2014*, JO du 30 décembre 2013 p.22188, Recueil, p.1127.

[2222] Cons. Const., Décision n° 2013-685 DC du 29 décembre 2013, *Loi de finances pour 2014*, JO du 30 décembre 2013 p.22188, Recueil, p.1127, Considérant n° 112 à 119.

[2223] Cons. Const., Décision n° 2013-685 DC du 29 décembre 2013, *Loi de finances pour 2014*, JO du 30 décembre 2013, p.22188, Recueil, p.1127, Considérants n° 7 à 12.

[2224] Ce raisonnement s'illustre également au sein de la décision n° 2016-744 DC du 29 décembre 2016 puisque la loi de finances pour 2017 a fait l'objet de deux censures sur le fond, et huit censures liées au domaine des lois de finances, dont sept étant des cavaliers budgétaires. .

[2225] DUFOUR (A.-C.), *Les pouvoirs du Parlement sur les finances de la sécurité sociale – Étude des lois de financement de la Sécurité sociale*, *op.cit.*, p.204.

des textes en cours d'examen ou à corriger une erreur matérielle » [2226]. Le débat parlementaire est alors recentré sur les seules dispositions restant en discussion, empêchant tout élargissement des débats à des questions nouvelles ou à des aspects déjà débattus et votés par les deux assemblées [2227]. Le contrôle du Conseil constitutionnel porte sur n'importe quel type de loi, qu'elle soit financière ou non. Le contrôle de constitutionnalité des lois financières a donc vocation à être similaire. Seules les normes de références peuvent varier en fonction de la loi considérée. Le Conseil constitutionnel ne met pas en œuvre lors de son contrôle des spécificités propres aux lois de financement de la Sécurité sociale. Le partage entre lois de finances et lois de financement manque ainsi de cohérence et de clarté [2228].

349. Les différentes natures des crédits. Des périmètres budgétaires distincts sont pour le moment maintenus, bien que l'éventualité d'une fusion entre les deux lois soit envisagée. Dans l'hypothèse de cette réforme, il conviendra alors d'opérer de nombreuses adaptations tant sur les ressources que sur la nature des crédits qui devra être unifiée puisqu'ils sont limitatifs dans la loi de finances et évaluatifs dans la loi de financement. Dans la loi de financement de la Sécurité sociale, il s'agit d'une simple évaluation prévisionnelle [2229]. L'article 9 de la LOLF prévoit que les crédits sont limitatifs puisque « *les dépenses ne peuvent être engagées et ordonnancées que dans la limite des crédits ouverts* », et l'article 10 de la LOLF dispose que « *les crédits relatifs aux charges de la dette de l'État, aux remboursements, restitutions et dégrèvements et à la mise en jeu des garanties accordées par l'État ont un caractère évaluatif. Ils sont ouverts sur des programmes distincts des programmes dotés de crédits limitatifs* ». La présence de crédits évaluatifs au sein d'une loi de finances est donc possible et autorisée. Les crédits évaluatifs sont toutefois réduits à des dépenses limitativement prévues. Ils se distinguent des crédits limitatifs qui correspondent à un montant de crédits inscrit dans la loi de finances que les administrations ne peuvent pas dépasser

[2226] Cons. Const., Décision n° 2005-532 DC du 19 janvier 2006, *Loi relative à la lutte contre le terrorisme et portant dispositions diverses relatives à la sécurité et aux contrôles frontaliers*, JO du 24 janvier 2006, p.1138, Recueil p.31, Considérant n° 26.
[2227] HUTIER (S.), *Le contrôle parlementaire par le Conseil constitutionnel*, Bayonne, Institut universitaire Varenne, Coll. Thèses, 2016, p.266.
[2228] PHILIP (L.) « La protection sociale et les nouvelles frontières entre finances publiques et finances privées », *RFFP*, n° 79, 2002, p.37.
[2229] *Ibid.*

durant la période d'exécution du budget [2230]. Il s'agit ici d'une « *différence irréductible* » [2231] entre la loi de financement de la Sécurité sociale et la loi de finances. La LFSS prévoit les montants des dépenses par branche inscrits dans le projet de loi de financement de la Sécurité sociale, ces montants sont des objectifs et non des crédits limitatifs. Dans la mesure où l'on ne peut estimer précisément le montant des dépenses sociales pour l'année à venir, la nature même des dépenses empêche la mise en place de crédits limitatifs. L'autorisation n'est donc pas plafonnée puisqu'il s'agit de dépenses non limitatives.

350. La normativité des lois de financement de la Sécurité sociale. La normativité atténuée des lois de financement de la Sécurité sociale a occasionné une réflexion juridique générale car ces lois ne s'inscrivent pas dans les canons juridiques classiques puisqu'elles visent notamment à formuler avant l'ouverture de l'exercice budgétaire, un ensemble de prévisions et d'objectifs destinés à améliorer la gestion des différents régimes. Elles sont plus prospectives qu'immédiates. La mise en place de la loi organique relative aux lois de financement avait pour objectif de moderniser, de donner plus de lisibilité aux lois de financement de la Sécurité sociale. La procédure législative est la même concernant l'adoption des lois de financement de la Sécurité sociale et les lois de finances, il en est toutefois tout à fait autrement sur le plan du contenu et des pouvoirs conférés au Parlement [2232]. Pour Michel BOUVIER, la normativité des votes du Parlement est une « *normativité atténuée par rapport à celle qui régit les lois de finances* » [2233] puisqu'elle constitue une sorte de processus législatif imparfait. Le domaine des lois de financement a été considéré comme problématique faute de reconnaître aux LFSS une compétence pleine et entière [2234]. Initialement seule la loi de finances était compétente pour autoriser annuellement la perception des impositions de toutes natures même si celles-ci sont affectées à la Sécurité sociale. Avant la loi organique relative aux lois de financement

---

[2230] Assemblée Nationale, *Glossaire*, PLF 2006, p.3.

[2231] JÉGOU (J.-J.), Avis n° 256 présenté au nom de la commission des Finances, du contrôle budgétaire et des comptes économiques de la Nation sur le projet de loi organique relatif aux lois de financement de la Sécurité sociale, Sénat, 17 mars 2005, p.24.

[2232] BOUVIER (M.), « Constitutionnalisation et quasi-constitutionnalisation du système financier public français », in *La Constitution, l'Europe et le droit*, Mélanges en l'honneur de Jean-Claude Masclet, Paris, Publications de la Sorbonne, 2013, p.117.

[2233] *Ibid.*

[2234] PRÉTOT (X.), « L'évolution des finances sociales. Quelques réflexions d'ordre économique, juridique et politique … », *RFFP*, n° 87, 2004, p.137.

de la Sécurité sociale, il n'est pas apparu nécessaire d'autoriser les lois de financement de la Sécurité sociale à percevoir les impositions affectées à la Sécurité sociale. Désormais, les lois de financement de la Sécurité sociale peuvent prévoir l'affectation d'une imposition de toutes natures dès lors qu'elles sont entièrement affectées à la Sécurité sociale. Le Conseil constitutionnel a considéré que la loi de finances ne peut empiéter sur le domaine propre de la loi de financement de la Sécurité sociale [2235]. La normativité des lois de financement de la Sécurité sociale est ainsi bien réelle [2236]. Dans la mesure où elles possèdent une valeur juridique similaire, elles pourraient ainsi être fusionnées au sein d'une même loi, mais non sans quelques difficultés.

B. Une fusion des lois financières conservant leurs spécificités

351. La fusion des lois financières a été envisagée de différentes manières (**1**) mais les modalités de ces fusions consistent souvent à dénier les spécificités financières propres aux finances sociales. Un autre type de fusion est envisagé (**2**).

1. Les fusions envisagées

352. Une fiscalisation, un instrument au service de la budgétisation. Selon l'article 7 du décret du 7 novembre 2012 [2237], le budget est « *l'acte par lequel sont prévues et autorisées les recettes et les dépenses. Le cas échéant, il prévoit et autorise les emplois et engagements de dépenses* ». Cette définition est issue de l'article 5 du décret du 31 mai 1862 [2238], repris par le décret du 29 décembre 1962 [2239], où le budget était

---

[2235] Cons. Const., Décision n° 2000-441 DC du 28 décembre 2000, *Loi de finances rectificative pour 2000*, JO du 31 décembre 2000, p.21204, Recueil, p.201, Considérant n° 9 et s.

[2236] MATT (J.-L.), « Les lois de financement de la Sécurité sociale : vers une intégration dans le budget de l'État », in BOUVIER (M.) (dir.), *Réforme des finances publiques, Démocratie et bonne gouvernance*, Actes de la 1ère Université de printemps de Finances publiques du Groupement Européen de Recherches en Finances publiques (GERFIP), Paris, LGDJ, 2004, p.253.

[2237] Décret n° 2012-1246 du 7 novembre 2012 relatif à la gestion budgétaire et comptable publique, JORF n° 0262 du 10 novembre 2012, p.17713.

[2238] Décret impérial du 31 mai 1862 portant règlement général sur la comptabilité publique, *Recueil Duvergier*, p.310.

[2239] Décret n° 62-1587 du 29 décembre 1962 portant règlement général sur la comptabilité publique, JORF du 30 décembre 1962, p.12828.

l'acte par lequel étaient prévues et autorisées les dépenses annuelles de l'État et des autres services que les lois assujettissent aux mêmes règles. Le budget est ainsi un acte de prévision mais aussi un acte d'autorisation. Le budget est l'acte regroupant l'ensemble des documents budgétaires, votés par le Parlement qui prévoient et autorisent les ressources et les charges pour chaque année. Le budget de l'État est contenu dans la loi de finances, alors que le budget de la Sécurité sociale est contenu dans la loi de financement de la Sécurité sociale. Le budget ne peut être réduit au seul contenu de ces lois. La « *dévolution d'un authentique pouvoir de décision au législateur* » [2240] se traduit ainsi par une budgétisation puisqu'elle permet au Parlement de voter les prévisions de recettes et les objectifs de dépenses de la Sécurité sociale. Cette budgétisation n'est cependant pas strictement semblable au budget de l'État puisque la loi de financement fixe des objectifs de dépenses. Les lois de financement de la Sécurité sociale ont tout de même comme particularité d'opérer une unification de la sécurité sociale [2241] alors que la fiscalisation traduit une unification du financement de la Sécurité sociale. La fiscalisation est ainsi un processus différent de la budgétisation. Elle sert la budgétisation à travers l'influence des règles fiscales et financières dans le droit de la sécurité sociale. Elle s'inscrit alors comme l'instrument au service de la budgétisation. La loi de finances et la loi de financement de la Sécurité sociale sont désormais fondées et régies sur des principes communs, dès lors elles se voient appliquer des exigences communes. Parce qu'elles contiennent toutes les deux un budget, il devient alors intéressant d'envisager les différentes fusions possibles entre elles.

353. Les différentes fusions envisagées. La fusion des lois de financement de la Sécurité sociale et des lois de finances est traditionnellement entendue comme l'intégration des dispositions de la loi de financement de la Sécurité sociale au sein de la loi de finances. Cette dernière pourrait alors s'inspirer de la structure des lois de financement afin de gagner en transparence. Loïc PHILIP prônait initialement l'intégration de la loi de financement dans la loi de finances sous la forme d'un budget annexe particulier [2242]. Amicie MAUCOUR-ISABELLE rejoint

---

[2240] PELLET (R.), « Étatisation, fiscalisation et budgétisation de la Sécurité sociale », *Droit social*, 1995, p.296.

[2241] RUELLAN (R.), « L'organisation de la Sécurité sociale : la tension entre l'universalité et la persistance des particularismes », *RFFP*, n° 64, 1998, p.49.

[2242] PHILIP (L.) « La protection sociale et les nouvelles frontières entre finances publiques et finances privées », *RFFP*, n° 79, 2002, p.38.

l'opinion de Loïc PHILIP en prônant l'unification des deux textes et « *une consolidation de la loi de finances, de la loi de financement de la Sécurité sociale, du budget européen et des finances locales* » [2243]. La fusion des lois financières a été conçue jusqu'à présent de manière graduelle. Pierre JOSSE les regroupe ainsi en 4 catégories [2244]. La première solution conçoit la fusion comme la coordination entre le projet de loi de finances et le projet de lois de financement de la Sécurité sociale. La seconde vise l'organisation d'une discussion parlementaire unique et générale où les projets se fonderaient sur un seul débat avant d'être scindés en deux lois financières. La troisième conçoit la fusion des lois en une seule où la première partie regrouperait l'ensemble des recettes publiques et la seconde regrouperait les dépenses qui seraient scindées en deux volets : un volet examiné en mode LOLF pour les dépenses de l'État et un second volet examiné en mode LOLFSS pour les dépenses de la Sécurité sociale. La quatrième consiste à fusionner entièrement les deux textes. Anne-Claire DUFOUR est opposée à cette dernière solution puisqu'elle considère que « *les spécificités de la sécurité sociale, telles que le rôle des partenaires sociaux ou le subtil équilibre entre des mécanismes de solidarité et d'assurance, ne pourraient être préservées dans le cas d'une fusion de la loi de finances et de la loi de financement de la Sécurité sociale* » [2245] . Elle affirme alors la nécessité de maintenir une coexistence [2246] entre les lois de finances et les lois de financement de la Sécurité sociale en préconisant qu'elles doivent néanmoins être rapprochées. Le rejet unanime [2247] de la fusion réside dans le fait qu'elle est facilement envisageable pour les branches maladie et famille qui peuvent par leur nature même être intégrées à la loi de finances mais il en va autrement des autres branches où l'octroi des prestations est conditionné par la qualité de salarié ou d'affilié. De plus, cette fusion nécessiterait la révision de la Constitution ainsi que la modification des

[2243] MAUCOUR-ISABELLE (A.), *La rénovation des pouvoirs budgétaires du Parlement sous la Ve République*, Paris, Dalloz, 2005, p.335.

[2244] Audition de JOSSE (P.), directeur du Budget, in VASSELLE (A.), *Rapport d'information fait au nom de la MECSS de la commission des affaires sociales en vue de la tenue du débat sur les prélèvements obligatoires et leur évolution*, Doc. Parl., Sénat, n° 66, 31 octobre 2007, p.118 et s.

[2245] DUFOUR (A.-C.), *Les pouvoirs du Parlement sur les finances de la sécurité sociale – Étude des lois de financement de la Sécurité sociale*, *op.cit.*, p.105.

[2246] *Ibid.*

[2247] VASSELLE (A.), *Rapport d'information fait au nom de la MECSS de la commission des affaires sociales en vue de la tenue du débat sur les prélèvements obligatoires et leur évolution*, Doc. Parl., Sénat, n° 66, 31 octobre 2007, p.62.

deux lois organiques financières. Le chevauchement dans le contenu des lois de finances et des lois de financement de la Sécurité sociale rend opaque [2248] leur lecture, dès lors une fusion de ces deux lois doit viser la simplification du système et non sa complication. Romain BOURREL préconise la création de deux nouvelles catégories de lois, des lois financières qui regrouperaient les actuelles lois de finances et lois de financement de la Sécurité sociale ainsi qu'une nouvelle catégorie de lois : les lois relatives aux prélèvements obligatoires qui permettraient de « *regrouper dans un texte unique les dispositions qui concernent les ressources de l'État et de la sécurité sociale* » [2249]. Les autorisations parlementaires de recettes seraient ainsi incluses dans les lois relatives aux prélèvements obligatoires, tandis que les autorisations parlementaires de dépenses seraient maintenues dans les lois financières. Si cette création nous paraît intéressante car elle s'inscrit dans la continuité du processus d'unification du financement de la Sécurité sociale découlant du développement de la fiscalisation, sa superposition avec les lois financières existantes ne nous paraît pas envisageable. Cette superposition entraînerait l'éparpillement des finances au sein des lois fiscales, des lois de financement de la Sécurité sociale, des lois de programmation et des lois relatives aux prélèvements obligatoires. Cette démarche irait à l'encontre de l'effort visant une simplification normative des finances publiques. Il ne convient pas de penser comment les lois de financement de la Sécurité sociale peuvent être intégrées aux lois de finances, mais de penser une loi capable de piloter les finances publiques dans leur ensemble. Cette loi devrait tenir compte des particularismes existants, et serait une loi relative aux prélèvements obligatoires comme l'affirme Romain BOURREL avec comme particularité qu'elle ne viendrait pas se superposer aux lois financières mais les remplacer tout en s'inscrivant dans les objectifs définis par la loi de programmation.

354. L'apport des exemples étrangers. En Norvège, le Parlement décide des taux concernant l'imposition et les cotisations sociales. Selon l'article 75 de la Constitution norvégienne, « *Il appartient au Storting* [Parlement norvégien] *: a) [..] de lever les impôts, taxes, droits de douane et autres charges publiques... ; b) de contracter des emprunts au nom du royaume ; c) de contrôler les finances du royaume ; d) d'allouer les*

[2248] MAUCOUR-ISABELLE (A.), *La rénovation des pouvoirs budgétaires du Parlement sous la Ve République*, *op.cit.*, p.332.
[2249] BOURREL (R.), « Plaidoyer pour la réorganisation de l'architecture des textes financiers français », *RDP*, 2014 n° 5, p.1220.

sommes nécessaires aux dépenses de l'État ; [...] ». Le Parlement norvégien doit contrôler les finances du royaume, et veiller au maintien de l'équilibre de ses finances. En France comme en Norvège, le Parlement doit d'être l'examinateur exigeant de la politique budgétaire proposée par le Gouvernement [2250]. Le Parlement norvégien veille ainsi au respect du processus budgétaire au sein duquel les impôts doivent être décidés chaque année et ne peuvent être renouvelés. Les cotisations sociales pourraient l'être mais en pratique, elles sont également revotées et renouvelées chaque année. Bien qu'ils soient discutés en même temps et au sein du même budget, les impôts et les cotisations sociales font toutefois l'objet de deux décisions différentes qui font l'objet d'un vote distinct. L'exemple norvégien présente ainsi certaines spécificités propres à la tradition politique de ce pays puisqu'elle possède notamment la particularité d'intégrer les cotisations sociales aux discussions sur le budget. Le cas espagnol est également intéressant puisque l'alinéa 7 de la Constitution espagnole dispose que « *la loi de finances ne peut pas créer d'impôts. Elle pourra les modifier lorsqu'une loi fiscale matérielle le déterminera* ». Cette disposition trouve d'ailleurs son équivalent dans la Constitution italienne où l'alinéa 3 de l'article 81 dispose que « *la loi d'adoption du budget ne peut prévoir de nouveaux impôts et de nouvelles dépenses* ». Cette loi fiscale matérielle [2251] donne ainsi une fonction habilitante puisqu'elle confère une compétence à la loi de finances pour modifier les impôts seulement lorsque la loi fiscale matérielle le permet [2252]. Est entendu par loi fiscale matérielle, tout texte ayant force de loi, constitutionnellement habilité pour définir les éléments essentiels de l'impôt, c'est-à-dire toute loi apte à réglementer la matière fiscale substantielle. Bien que les dépenses locales et de Sécurité sociale soient intégrées au sein de chaque loi de finances puisque le budget contient selon l'article 134 de la Constitution « *la totalité des dépenses et des recettes du secteur public de l'État* », le système espagnol demeure très éloigné du nôtre. La loi organique de stabilité budgétaire et de

---

[2250] MARINI (P.), « Le Parlement français et la règle d'or des finances publiques », *Gestion et Finances publiques*, n° 1/2, 2015, p.52.

[2251] L'expression « Ley tributaria sustantiva » est traduite dans la version française de la Constitution espagnole du Tribunal constitutionnel espagnol par « loi fiscale matérielle ». Nous reprendrons donc cette expression.

[2252] FALCON Y TELLA (R.), « Ley tributaria sustantiva en la jurisprudencia constitucional », *Revista Española de Derecho Constitucional*, 1982, n° 5, p.182.

soutenabilité financière espagnole du 27 avril 2012 [2253], modifiée le 30 octobre 2015, réglemente en un texte unique la stabilité budgétaire et la soutenabilité financière de toutes les administrations publiques, de l'État comme des communautés autonomes, des corporations locales et de la Sécurité sociale [2254]. Cette loi dispose également qu'en cas d'excédents budgétaires, ils seront appliqués à la réduction de la dette publique ou au fonds de réserve de la Sécurité sociale. Cette affectation a pour finalité de répondre aux besoins futurs du système [2255]. Les administrations de Sécurité sociale doivent ainsi maintenir une situation d'équilibre ou un excédent budgétaire. Exceptionnellement elles pourront être en situation de déficit structurel dans les conditions et les finalités prévues par la réglementation du fonds de réserve de la Sécurité sociale. Dans ce cas, le déficit structurel maximum autorisé pour l'administration centrale sera minoré du montant équivalent au déficit de la Sécurité sociale[2256]. Si cette possibilité de reversement de l'excédent budgétaire au remboursement de la dette et à la Sécurité sociale est une idée intéressante, avoir l'équivalent d'une loi fiscale matérielle autorisant la loi de finances à créer ou à modifier l'impôt ne nous paraît pas être une solution permettant la simplification du droit financier français même si les allocations chômage espagnoles ont la particularité de pouvoir être financées par des

[2253] Ley Orgánica 2/2012, de 27 de abril, de Estabilidad Presupuestaria y Sostenibilidad Financiera, Jefatura del Estado «BOE» núm. 103, de 30 de abril de 2012 Referencia: BOE-A-2012-5730, Última modificación: 30 de octubre de 2015.

[2254] « *A diferencia de la normativa anterior, la Ley regula en un texto único la estabilidad presupuestaria y sostenibilidad financiera de todas las Administraciones Públicas, tanto del Estado como de las Comunidades Autónomas, Corporaciones Locales y Seguridad Social.* », Ley Orgánica 2/2012, de 27 de abril, de Estabilidad Presupuestaria y Sostenibilidad Financiera, Jefatura del Estado «BOE» núm. 103, de 30 de abril de 2012, p.2.

[2255] « *En el caso de la Seguridad Social, el superávit se aplicará prioritariamente al Fondo de Reserva, con la finalidad de atender a las necesidades futuras del sistema* », Ley Orgánica 2/2012, de 27 de abril, de Estabilidad Presupuestaria y Sostenibilidad Financiera, Jefatura del Estado «BOE» núm. 103, de 30 de abril de 2012, p.21.

[2256] « *Las Administraciones de Seguridad Social mantendrán una situación de equilibrio o superávit presupuestario. Excepcionalmente podrán incurrir en un déficit estructural de acuerdo con las finalidades y condiciones previstas en la normativa del Fondo de Reserva de la Seguridad Social. En este caso, el déficit estructural máximo admitido para la administración central se minorará en la cuantía equivalente al déficit de la Seguridad Social.* », Ley Orgánica 2/2012, de 27 de abril, de Estabilidad Presupuestaria y Sostenibilidad Financiera, Jefatura del Estado «BOE» núm. 103, de 30 de abril de 2012, p.8.

contributions, des impôts ou de la dette [2257]. En revanche, les exemples norvégien et espagnol mêlent les finances étatiques et sociales au sein d'un même budget. Ce système pourrait inspirer des réformes à venir.

2. *Une fusion souhaitée*

355. La création souhaitée d'une loi relative aux prélèvements obligatoires. Afin de mêler les dispositions financières présentes au sein des lois de finances et des lois de financement de la Sécurité sociale, la création de lois relatives aux prélèvements obligatoires permettrait une simplification normative au sein du droit des finances publiques. Les lois relatives aux prélèvements obligatoires conduiraient le Gouvernement à exposer chaque année à la représentation nationale sa politique en matière de finances publiques. La notion même de prélèvements obligatoires doit être redéfinie afin d'intégrer l'ensemble des recettes publiques. Si cette notion conserve toujours une utilité, notamment d'un point de vue comparatif, elle doit tout de même être reconstruite [2258]. Sur le modèle proposé d'une nouvelle loi financière venant se substituer à celles existantes, le Parlement se prononcerait sur l'intégralité des masses financières publiques. Le périmètre des lois relatives aux prélèvements obligatoires serait ainsi plus large que celui des actuelles lois de finances et lois de financement de la Sécurité sociale. Pourraient être intégrés les régimes complémentaires, le régime d'assurance-chômage ainsi que les comptes des hôpitaux. Cela permettrait d'avoir une vision complète du financement de la Sécurité sociale. De surcroît, cette réforme permettrait de répondre à la nouvelle exigence formulée par la Cour des comptes [2259] en matière de finances locales à travers la création d'une loi de financement des collectivités locales [2260]. La loi relative aux prélèvements obligatoires serait applicable à l'État, à la Sécurité sociale mais aussi aux

---

[2257] HERNANDEZ DE COS (P.), PÉREZ (J.-J.), « La nueva ley de estabilidad presupuestaria », *Boletín económico*, 2013, Banco de España, p.71.

[2258] Voir en ce sens le paragraphe n° 457.

[2259] Cour des comptes, *Les finances publiques locales*, Rapport public thématique, 2014, p.85.

[2260] Sur les lois de financement des collectivités locales, voir : MARTIN (C.), « Faut-il une loi de financement des collectivités locales », *RFFP*, n° 134, 2016, pp.135-142 ; KABYLO (M.), « La loi de financement des collectivités territoriales : une loi possible et surtout nécessaire », *RFFP*, n° 134, 2016, pp.143-150 ; LAMBERT (A.), « Une loi de financement des collectivités territoriales : un projet qui répond à l'intérêt général », *RFFP*, n° 134, 2016, pp.129-134 ; MOREAU (V.), « Une loi de financement des collectivités territoriales est-elle vraiment utile ? », *RFFP*, n° 134, 2016, pp.151-160.

collectivités territoriales. Elle serait alors un instrument de clarification des relations de l'État vers les autres administrations publiques, et permettrait la gestion de leurs budgets respectifs à travers une meilleure information des citoyens et une surveillance accrue de l'équilibre des finances publiques dans leur ensemble. Cette loi serait une mesure de simplification financière qui viendrait s'inscrire dans la continuité de la mise en place du rapport sur les perspectives économiques, sociales et financières de la nation qui a pour objet de retracer l'ensemble des prélèvements obligatoires et des dépenses publiques ainsi que leur évolution [2261]. Ces lois seraient l'aboutissement de la globalisation des finances publiques. Encadrées par des dispositions constitutionnelles, elles seraient idéalement complétées par une loi organique spécifique. Cette création nécessiterait une révision de l'article 34 de la Constitution qui disposerait alors que les lois relatives aux prélèvements obligatoires déterminent les ressources et les charges des administrations publiques ainsi que les conditions générales de leur équilibre financier et budgétaire compte tenu de leurs prévisions de recettes et de leurs objectifs de dépenses, dans les conditions et sous les réserves prévues par une loi organique. La loi relative aux prélèvements obligatoires pourrait être modifiée en cours d'année par une loi relative aux prélèvements obligatoires rectificative en cas de bouleversements économiques ou financier entraînant une modification substantielle des conditions générales de l'équilibre des finances publiques. Le périmètre des lois relatives aux prélèvements obligatoires engloberait toutes les administrations publiques et les organismes concourant à leur financement dès lors qu'interviennent des recettes publiques. Dans la mesure où un prélèvement obligatoire peut être sans contrepartie directe, ou avec une contrepartie qu'elle soit dépendante du niveau de contribution ou de la situation de l'administré, leur périmètre pourrait ainsi être similaire.

356. Un contenu spécifique. Afin d'améliorer le suivi budgétaire et pour limiter le nombre de lois financières par année, il conviendrait d'adopter une loi en cinq parties. La première partie serait relative au dernier exercice clos, elle constituerait l'équivalent d'une loi de règlement et permettrait de faire le bilan de l'exécution financière de l'exercice précédent avant les discussions sur l'année en cours et l'année à venir. Une deuxième partie relative aux dispositions de l'année en cours. Cette

---

[2261] Ce rapport se trouve actuellement dans les articles 50 de la LOLF et LOL.111-4 du CSS.

partie serait articulée en deux sous-parties : la première relative aux recettes et la seconde aux dépenses. Elle permettrait au Gouvernement d'ajuster sa conduite budgétaire, mais aussi de ratifier les dispositions édictées par voie réglementaire durant l'année. Elle permettrait également à l'État de modifier ses prévisions de recettes pour l'année en cours si celles-ci ont été sous-estimées. Une troisième partie relative aux recettes de l'année à venir. Cette partie serait articulée en deux sous-parties : la première relative aux prélèvements sans contrepartie ainsi qu'aux prélèvements avec contrepartie, et la seconde relative à l'équilibre budgétaire. La première sous-partie autoriserait la perception des prélèvements obligatoires et des autres recettes publiques. Elle comporterait également l'évaluation et la prévision des recettes ainsi que les plafonds de dépenses, et toutes les dispositions affectant directement l'équilibre budgétaire. Loïc PHILIP s'interrogeait d'ailleurs sur la possibilité de donner au législateur « *compétence pour créer et fixer le taux de tous les prélèvements présentant un caractère obligatoire, y compris les cotisations sociales* » [2262]. La seconde sous-partie arrêterait les données générales de l'équilibre budgétaire dans un tableau d'équilibre faisant apparaître les différentes administrations publiques concernées et les organismes concourant à leur financement. Ce tableau d'équilibre présenterait pour chaque exercice concerné la situation financière de chaque administration publique ainsi que des organismes concourant à leur financement. La quatrième partie serait relative aux dépenses de l'année à venir. Elle fixe pour chacune des missions du budget, le montant des crédits et, par ministère, le plafond des autorisations d'emplois. Afin d'améliorer la situation financière de la Sécurité sociale, la logique des objectifs de dépenses ne serait pas préservée au profit de la logique de performance associés aux missions, programmes et actions. Des crédits évaluatifs seraient mis en place concernant les dépenses sociales ne pouvant être figées par leur aspect non prévisible (accidents du travail, etc.), et non pas limitatifs. Par ailleurs, Anne-Claire DUFOUR relève que le souhait d'opter pour une logique d'objectifs et de résultats dans la LOLFSS avait été mis en avant par le député Charles DE COURSON [2263]. Il avait notamment proposé un

---

[2262] PHILIP (L.), « L'indispensable clarification du mode de financement de la sécurité sociale », *Politiques et management public*, 2002, n° 1, vol. 20, Reconfigurer l'action publique : big bang ou réforme ? Actes du onzième colloque international, Nice, jeudi 4 et vendredi 5 octobre 2001, t.1, p.153.

[2263] DUFOUR (A.-C.), *Les pouvoirs du Parlement sur les finances de la sécurité sociale – Étude des lois de financement de la Sécurité sociale*, *op.cit.*, p.379.

amendement [2264] qui prévoyait une présentation des objectifs de dépenses calquée sur celle prévue par la LOLF. En deuxième lecture, son amendement reprenait exactement les termes de l'article 7-1 de la LOLF [2265]. Cet amendement prévoyait ainsi que « *les crédits ouverts par les lois de financement de la Sécurité sociale pour couvrir chacune des branches sont regroupés par mission relevant d'un ou plusieurs services d'un ou plusieurs ministères* ». Cet amendement ne pouvait aboutir sous peine d'être déclaré inconstitutionnel puisque la Constitution prévoit que les lois de financement de la Sécurité sociale votent des objectifs de dépenses. Dans le cadre de cette réforme, les lois ne seraient plus votées par objectifs de dépenses. Les objectifs de dépenses se retrouveraient uniquement dans les tableaux d'équilibre concernant les dépenses faisant l'objet de crédits évaluatifs, et non concernant l'intégralité des dépenses. L'application d'une logique de performance et de résultats serait ainsi possible en matière de prélèvement obligatoire. La cinquième et dernière partie serait relative aux dispositions financières n'affectant pas directement l'équilibre budgétaire de l'année. Elle permettrait de contenir les dispositions relatives aux politiques fiscales et sociales, à la lutte contre la fraude aux finances publiques. Elle viendrait ainsi intégrer ce qui se trouve actuellement dans le domaine facultatif des lois de financement de la Sécurité sociale et des lois de finances.

357. Des spécificités adaptées. Ce nouveau projet de loi aurait peu d'incidence sur les documents annexés au projet de loi relative aux prélèvements obligatoires puisqu'ils pourraient être les mêmes que ceux actuellement annexés à la loi de finances et à la loi de financement de la Sécurité sociale. Les documents initialement annexés aux lois de financement de la Sécurité sociale pourraient être intégrés aux jaunes budgétaires. Les bleus budgétaires et les autres documents annexes seraient conservés. Par leurs aspects informatifs non négligeables, les supprimer ne serait pas envisageable. Sur ce point, une fusion entre les actuelles lois de finances et lois de financement de la Sécurité sociale ne poserait pas de difficultés, et il en va de même des aspects procéduraux. Le processus d'élaboration de la loi relative aux prélèvements obligatoires relèverait du Gouvernement, et la priorité dans le temps serait maintenue pour l'Assemblée nationale. Vu l'unification engendrée, les délais de

---

[2264] Amendement n° 315 présenté par M. de Courson, Loi de financement de la Sécurité sociale, AN, 2 mai 2005.

[2265] Amendement n° 34 (2e rect.) présenté par MM. Préel, Jarde, Leteurtre et de Courson, Financement de la Sécurité sociale (2e lecture), n° 2406.

discussion en séance publique pourraient être rallongés. Les parlementaires n'auraient plus à discuter et voter sur une même période la loi de finances, la loi de financement de la Sécurité sociale et la loi de finances rectificative de fin d'année. Dans la mesure où les aspects procéduraux diffèrent peu entre les deux lois financières, la fusion des deux au sein des lois relatives aux prélèvements obligatoires ne poserait pas de difficultés, d'autant plus qu'actuellement le ministre des finances et la Direction du budget élaborent conjointement les lois de finances ainsi que les lois de financement de la Sécurité sociale. La globalisation des finances publiques, sous l'impulsion de la fiscalisation, se poursuit indépendamment de la création ou non de la loi relative aux prélèvements obligatoires. Cette loi concrétiserait la globalisation des finances publiques, et permettrait de mieux encadrer les finances publiques et maîtriser l'équilibre budgétaire. Ce projet de loi relative aux prélèvements obligatoires peut alors être schématisé de la manière suivante :

Loi relative aux prélèvements obligatoires	
Première partie relative au dernier exercice clos	
Elle constituerait l'équivalent d'une loi de règlement.	
Deuxième partie relative aux dispositions de l'année en cours	
Elle permettrait au Gouvernement d'ajuster sa conduite budgétaire, mais aussi de ratifier les dispositions édictées par voie réglementaire durant l'année, et de modifier les prévisions de recettes de l'État pour l'année en cours si celles-ci ont été sous-estimées.	
Sous partie relative aux recettes	***Sous partie relative aux dépenses***
Elle prendrait en compte les modifications opérées au cours de l'année sur les recettes.	Elle prendrait en compte les modifications opérées au cours de l'année sur les dépenses.
Troisième partie relative aux recettes de l'année à venir	
Elle regrouperait les actuelles troisième partie de la LFSS et première partie de la loi de finances.	
Sous partie relative aux prélèvements obligatoires	***Sous partie relative à l'équilibre budgétaire***

Elle concernerait autant les prélèvements sans contrepartie que les prélèvements avec contrepartie. Elle autoriserait la perception des prélèvements obligatoires et des autres recettes publiques, et comporterait également l'évaluation et la prévision des recettes ainsi que les plafonds de dépenses, et toutes les dispositions affectant directement l'équilibre budgétaire.	Elle arrêterait les données générales de l'équilibre budgétaire dans un tableau d'équilibre faisant apparaître les différentes administrations publiques concernées et les organismes concourant à leur financement Ce tableau d'équilibre présenterait pour chaque exercice concerné la situation financière de chaque administration publique ainsi que des organismes concourant à leur financement.
Quatrième partie relative aux dépenses de l'année à venir	
Elle fixe pour chacune des missions du budget, le montant des crédits et, par ministère, le plafond des autorisations d'emplois dans une logique de performance. Les objectifs de dépenses se retrouveraient uniquement dans les tableaux d'équilibre concernant les dépenses faisant l'objet de crédits évaluatifs, et non concernant l'intégralité des dépenses.	
Cinquième partie relative aux dispositions financières n'affectant pas directement l'équilibre budgétaire de l'année	
Elle permettrait de contenir les dispositions relatives aux politiques fiscales et sociales, à la lutte contre la fraude aux finances publiques, et viendrait ainsi intégrer ce qui se trouve actuellement dans le domaine facultatif des lois de financement de la Sécurité sociale et des lois de finances.	

*

Breviarium. *La fiscalisation du financement de la Sécurité sociale a des conséquences constitutionnelles et normatives. Les principes budgétaires tendent à s'uniformiser au sein des finances publiques. Les distinctions diminuent entre les principes applicables aux finances étatiques et ceux des finances sociales. L'uniformisation des principes budgétaires trouverait alors sa concrétisation et son aboutissement dans la création et la mise en place d'une loi relative aux prélèvements obligatoires. Cette loi permettrait la simplification du droit des finances publiques mais* *serait également la source d'une clarification et d'une meilleure lisibilité et maîtrise des comptes financiers, qu'ils soient étatiques, locaux ou sociaux. La globalisation des finances publiques traduirait ainsi l'uniformisation du droit des prélèvements obligatoires au sein d'un même budget, d'une même loi financière.*

CONCLUSION DU TITRE 1

358. La fiscalisation s'entend comme la création de nouveaux impôts affectés à la Sécurité sociale. Elle était antérieurement conçue comme la mise à la charge du Budget de l'État d'une partie des dépenses de la Sécurité sociale, quelle que soit l'évolution de ces dépenses pour l'avenir [2266] . Néanmoins cette définition relève davantage de la budgétisation que de la fiscalisation. La budgétisation consiste à inscrire une somme au budget, ce qui est également le cas de la fiscalisation. Si les prestations fiscalisées sont couvertes par l'ensemble des recettes budgétaires, il s'agit d'une budgétisation. En revanche si elles sont couvertes par des impôts qui leur seraient spécialement affectés, cela relève de la fiscalisation. Les finalités sont similaires mais les processus diffèrent. Les deux participent à renforcer la démocratie politique ainsi que la justice fiscale et sociale sans pour autant qu'il y ait « *plus d'espoir de justice dans la fiscalisation que dans la budgétisation* » [2267]. Bien que les finances de la Sécurité sociale se trouvent dans les lois de financement de la Sécurité sociale et qu'elles contiennent le budget de la Sécurité sociale, toutes les recettes ne font pas l'objet d'une autorisation parlementaire annuelle. Tel est toutefois le cas des impositions de toutes natures affectées à la Sécurité sociale. La fiscalisation s'inscrit alors comme un instrument de financement de la Sécurité sociale, un instrument au service de la budgétisation.

359. La fiscalisation tend vers un statut juridique unique du prélèvement obligatoire, elle aspire également à mettre en place des lois financières uniques à travers la tendance du droit de la sécurité sociale à s'inspirer des techniques et principes budgétaires. Elle renforce et étend les compétences parlementaires, dès lors les principes budgétaires s'uniformisent et les distinctions entre les finances publiques et les finances sociales s'amoindrissent. La fiscalisation permet la globalisation des finances publiques, mais aussi la globalisation du droit des finances publiques. Fiscaliser serait alors tendre vers une qualification juridique unique du prélèvement obligatoire, mais aussi vers une compétence

[2266] Association pour l'étude des problèmes économiques et humains de l'Europe, *Introduction à l'étude du financement de la Sécurité sociale*, Paris, 1964, p.26.
[2267] Bureau international du travail, *Sécurité sociale : Quelle méthode de financement ? Une analyse internationale*, Genève, 1983, p.77-78.

normative unique s'exprimant dans une loi financière unique relative aux prélèvements obligatoires.

360. La globalisation du droit des finances publiques s'inspire des règles existantes en droit de la sécurité sociale avec l'affectation des ressources, mais aussi des règles existantes en droit des finances publiques étatiques à travers la recherche de l'équilibre budgétaire. La fiscalisation traduit une parlementarisation des finances sociales dans l'aspect organique comme fonctionnel puisque ce processus traduit une valorisation de l'autorisation parlementaire à travers le développement des lois de financement de la Sécurité sociale mais aussi une mutation des principes budgétaires qui tendent à devenir des principes financiers applicables tant aux finances sociales qu'aux finances publiques étatiques. Cependant si la fiscalisation en tant qu'instrumentalisation au service des finances sociales traduit une parlementarisation des finances sociales, elle annonce également une réforme structurelle et non un simple ajustement structurel.

TITRE 2
LA RÉALISATION D'UNE RÉFORME STRUCTURELLE

361. Une réforme structurelle est une réforme engagée par les administrations publiques d'un pays visant à améliorer son fonctionnement et son organisation. Elle peut également prendre la forme d'une mesure de politique économique ou sociale dans le but d'améliorer le fonctionnement structurel de l'État ou d'un des secteurs de l'État. La réforme structurelle désigne ainsi, au sens large du terme, l'ensemble des changements de l'environnement structurel qui ont pour but d'améliorer la réallocation statique ou dynamique des ressources au sein de l'économie [2268]. Le Gouvernement met régulièrement en œuvre des réformes structurelles en matière de Sécurité sociale, comme la réduction du coin salarial par le CICE et le Pacte de responsabilité et solidarité, la réforme de l'assurance chômage, mais aussi l'amélioration de la structure de la fiscalité [2269]. Néanmoins les réformes structurelles nécessitent du temps et l'OCDE considère que si les réformes les plus abouties se sont déroulées sur une période de deux ans pour leur préparation et leur adoption, *« en revanche, parmi les réformes les moins réussies, ces dernières ont été le plus souvent entreprises à la hâte en réponse à des pressions immédiates : en matière de réforme, la précipitation risque fort d'en ralentir le processus »* [2270]. La fiscalisation apparaît comme une réforme structurelle puisque de saines finances publiques ont tendance à être associées à plus de réformes [2271]. Elle possède ainsi une incidence directe sur les modèles de protection sociale (**Chapitre premier**) ainsi que sur les prélèvements obligatoires (**Chapitre second**).

[2268] TOMPSON (W.), PRICE (R.), *L'économie politique de la réforme, Retraites, emplois et déréglementation dans dix pays de l'OCDE*, OCDE, 2010, p.17.
[2269] OCDE, *France - Les réformes structurelles : Impact sur la croissance et options pour l'avenir*, 2014, p.3.
[2270] TOMPSON (W.), PRICE (R.), *op.cit.*, p.10.
[2271] *Ibid*, p.43.

CHAPITRE 1
LA FISCALISATION, UN INSTRUMENT AU SERVICE DE L'UNIFORMISATION DES SYSTÈMES DE PROTECTION SOCIALE

362. L'objectif de la fiscalisation est de « *préparer une réforme structurelle visant la mise en place progressive d'un nouveau système* » [2272]. La fiscalisation, par l'augmentation des ressources fiscales et des normes les régissant, influence le modèle de protection sociale puisqu'elle permet de tendre vers un système fondé sur la solidarité plutôt que sur l'assurance. La maîtrise des dépenses publiques afin de réduire les déficits publics rend la fiscalisation inévitable (**Section 1**). Toute réforme structurelle ne peut être mise en œuvre sans moyens financiers. Il faut ainsi modifier impérativement les paramètres du système actuel pour dégager de nouveaux financements [2273]. La fiscalisation apparaît comme l'un des moyens permettant la réalisation d'une réforme structurelle puisqu'elle permet le financement des politiques sociales. Les politiques sociales ne peuvent ainsi plus être dissociées des politiques fiscales. Par ces influences respectives, et donc par la fiscalisation, les modèles sociaux tendent à s'uniformiser (**Section 2**).

SECTION 1 : UNE FISCALISATION INÉVITABLE

363. L'édiction du système de Sécurité sociale français répond « *à la volonté de réaliser une double transformation sociale, d'une part de supprimer ou de réduire considérablement l'inégalité existant entre catégories sociales au regard de la sécurité du lendemain, d'autre part*

[2272] LECLERC (D.), *Rapport n° 90 fait au nom de la commission des affaires sociales sur le projet de loi de financement de la Sécurité sociale pour 2010*, t.V – Assurance vieillesse, Sénat, 2009, p.37.
[2273] *Ibid.*

de donner aux bénéficiaires eux-mêmes la responsabilité des institutions destinées à garantir cette sécurité en créant chez eux un sens conscient de leur solidarité collective » [2274]. Il s'agissait ainsi dès lors de prolonger en temps de paix la solidarité du temps de guerre [2275]. La fiscalisation permet au système de Sécurité sociale de réaliser une nouvelle transformation sociale en s'adaptant à de nouvelles exigences. Elle traduit la nécessité de maintenir le financement afin de garantir le maintien de la protection sociale (**Paragraphe premier**). Les conséquences de la fiscalisation renforcent ainsi l'État de droit (**Paragraphe second**).

§1. La garantie du financement des prestations sociales

364. Les services publics, par leur nature, même doivent être financés (**A**). Recourir à la fiscalisation offre une certaine garantie dans le financement de la Sécurité sociale même si elle apparaît quelque peu relative (**B**).

A. La nécessité du financement des services publics

365. Un service public nécessairement financé. La Sécurité sociale est selon Xavier PRÉTOT un véritable service public au sens matériel du terme [2276], puisqu'il s'agit d'affaires d'un État « *qui ne saurait désormais en raison même de ses fondements constitutionnels, échapper à ses responsabilités* » [2277]. Si l'on retient la distinction faite par Henry BERTHÉLÉMY, la Sécurité sociale fait partie des services publics où l'administration est chargée de rendre des services, et non de donner des ordres [2278]. Elle permet ainsi de procurer des avantages dont l'initiative privée ne nous fournit pas l'équivalent [2279]. Ces avantages doivent être

[2274] LAROQUE (P.), « 40 ans de Sécurité sociale », *Bulletin d'information,* n° 14, janvier 1986, p.8.
[2275] BEC (C.), *La Sécurité sociale, une institution de la démocratie*, Paris, Gallimard, Coll. Bibliothèque des sciences humaines, 2014, p.17.
[2276] PRÉTOT (X.), « L'État et la Sécurité sociale, Réflexions sur le service public », *Droit social*, 1991, n° 12, p.811.
[2277] *Ibid.*
[2278] BERTHÉLÉMY (H.), « Défense de quelques vieux principes », in *Mélanges Maurice Hauriou*, Recueil Sirey, 1929, p.818.
[2279] *Ibid.*

financés et le service public repose sur la seule volonté du législateur[2280]. Il appartient donc au législateur de trouver les moyens nécessaires pour le financer. Le pouvoir législatif peut alors choisir le mode de financement adéquat. Selon Gaston JÈZE, lorsqu'une catégorie de dépenses publiques ne peut être payée directement par les usagers bénéficiaires du service public, c'est l'ensemble des individus composant l'État qui va les payer au moyen de l'impôt [2281]. L'interprétation tenue par le Bureau international du travail diffère légèrement puisqu'il recommande que les frais d'un service public soient « *imputés sur fonds publics, soit, lorsque toute la population est garantie, sur les recettes générales de l'État, soit au moyen d'un impôt spécial progressif dont devraient être exemptées les personnes dont le revenu ne dépasse pas le minimum d'existence* » [2282]. Le système français a adapté cette recommandation en recourant à la fois aux cotisations sociales et à l'impôt pour financer le service public de la Sécurité sociale. Le préambule de la Constitution du 27 octobre 1946 dispose dans son neuvième alinéa que « *tout bien, toute entreprise, dont l'exploitation a ou acquiert les caractères d'un service public national ou d'un monopole de fait, doit devenir la propriété de la collectivité* ». La propriété publique apparaît indispensable à la réalisation du service public. Le droit de propriété est parfois invoqué à l'encontre de la Sécurité sociale. La décision n° 2001-451 DC admet que la substitution d'un régime contractuel par un régime légal de sécurité sociale [2283] n'est pas contraire au droit de propriété puisque le Conseil constitutionnel retient que « *si la loi contestée substitue à un régime contractuel d'assurances un régime légal de sécurité sociale, cette substitution, qui ne s'accompagne d'aucune dépossession, ne peut être regardée comme une privation de propriété au sens de l'article 17 de la Déclaration de 1789* » [2284]. La propriété publique apparaît comme un droit ne pouvant

---

[2280] PRÉTOT (X.), « L'État et la Sécurité sociale, Réflexions sur le service public », *op.cit.*, p.804.

[2281] JÈZE (G.), *Cours élémentaire de science des finances et de législation financière française*, Paris, Giard, 1931, p.3.

[2282] Bureau international du travail, *Sécurité sociale : Quelle méthode de financement ? Une analyse internationale*, Genève, BIT, 1983, p9.

[2283] LE FISCHER (S.), « L'obligation d'affiliation des travailleurs indépendants aux régimes légaux de Sécurité sociale est-elle conforme à la Constitution ? », *Droit social*, 2016, n° 1, p.84.

[2284] Cons. Const., Décision n° 2001-451 DC du 27 novembre 2001, *Loi portant amélioration de la couverture des non-salariés agricoles contre les accidents du travail et les maladies professionnelles*, JO du 1er décembre 2001, p.19112, Recueil, p.145, Considérant n° 16.

être mis en défaut par le maintien du service public. Cette conciliation se retrouve également lorsque le service public doit être modifié afin de s'adapter aux exigences nouvelles de la société. La conciliation des droits constitutionnels en matière de Sécurité sociale concerne donc autant la nature des droits [2285] que leurs aspects financiers.

366. Un service public nécessairement modifié. Gaston JÈZE affirme que « *tout service public est essentiellement modifiable à tout moment, selon les besoins des autres services publics ou les modifications du milieu politique, économique, financier ou social* » [2286]. Le service public doit être modifié pour tenir compte de l'évolution du droit, de la société et des besoins de ses usagers. Les évolutions et mutations que connaît la notion de service public ont une influence directe sur le mode et le schéma de son financement [2287]. Cette nécessité n'est pas nouvelle et fait partie de la nature du service public puisque qu'Henri BERTHÉLÉMY considérait que l'activité des services publics est soumise à des règles de forme et à des conditions de compétence « *variables d'ailleurs presque à l'infini* » [2288]. Le service public se rapproche pleinement de la science des finances qui doit mettre en plein relief le rapport qui doit exister entre les institutions financières d'un État, les buts sociaux visés et la situation économique générale de ce pays [2289]. Gaston JÈZE précise sa pensée en affirmant que « *lorsqu'un service public est organisé dans un pays donné, en vue d'atteindre un but social, et qu'une institution financière est créée, il convient de comparer d'un côté la valeur sociale que représente, pour la collectivité, ce service public et, de l'autre, les charges économiques qu'il va entraîner pour l'ensemble des individus : le fonctionnement d'un service public s'analyse en une dépense publique qui aura pour conséquence un prélèvement sur le patrimoine des individus* » [2290]. La fiscalisation ajuste ainsi le coût du service public de la Sécurité sociale en tenant compte de sa valeur sociale. Xavier PRÉTOT considère qu'il convient de mettre en place un arbitrage entre les efforts que la collectivité

[2285] Voir en ce sens le paragraphe n° 295.

[2286] JÈZE (G.), « Le remboursement de la dette publique en France (suite) », *Rev. Science et Lég. Fin.*, 1926, pp.427-428.

[2287] BAHOUGNE (L.), *Le financement du service public*, Paris, LGDJ, Coll. Bibliothèque de droit public, t.289, 2015, p.2.

[2288] BERTHÉLÉMY (H.), « Défense de quelques vieux principes », in *Mélanges Maurice Hauriou*, Recueil Sirey, 1929, p.817.

[2289] JÈZE (G.), *Cours élémentaire de science des finances et de législation financière française*, Paris, Giard, 1931, p.16.

[2290] *Ibid.*

peut mettre en œuvre et les contreparties attendues en retour, et affirme que l'équilibre d'un système de protection sociale fondé sur la solidarité ne peut résulter que de « *l'arbitrage, au sens le plus fort du mot, entre ce que chacun est prêt à apporter à la collectivité pour le fonctionnement du service public et ce qu'il en attend en contrepartie en cas de réalisation de risques sociaux* »[2291]. La fiscalisation inscrit ainsi la réforme de la Sécurité sociale dans le temps. Au-delà des mesures temporaires liées à la crise financière, elle met en exergue la qualité de service public de la Sécurité sociale et permet une véritable association du citoyen, à la politique de la Sécurité sociale. Le citoyen est associé aux politiques sociales sous le regard de l'État. Le rôle dévolu au Parlement est ainsi valorisé puisqu'il permet l'association du citoyen à la politique sociale lorsqu'ils se prononcent sur les lois de financement de la Sécurité sociale. Le droit public financier permet la réalisation du service public et de l'aspect solidaire de la Sécurité sociale. Le service public doit être financé, qu'il s'agisse ou non de celui de la Sécurité sociale. La fiscalisation permet toutefois d'ajuster le service public de la Sécurité sociale entre le financement prévu et les dépenses attendues.

367. Le financement du service public. Le financement est un élément de l'évolution du service public[2292]. Il constitue un mode de représentation du service public[2293]. Robert HERTZOG considère que « *par sa nature même, le service public impose certaines formes de financement* »[2294]. Le financement du service public apparaît comme une condition pratique de mise en œuvre de la norme instituant le service public[2295]. Le financement peut alors limiter la mise en œuvre du service public qui fournit la limite à son financement[2296] puisqu'il ne peut aller au-delà des besoins nécessaires. Le financement du service public s'inscrit dans le cadre fixé par la mise en œuvre du service public. Le financement devient un objet de réflexion sur le droit[2297]. En matière de Sécurité sociale, le financement du service public s'entend comme

---

2291 PRÉTOT (X.), « L'État et la Sécurité sociale, Réflexions sur le service public », *Droit social*, 1991, n° 12, p.811.
2292 BAHOUGNE (L.), *Le financement du service public*, Paris, LGDJ, Coll. Bibliothèque de droit public, t.289, 2015, p.341.
2293 *Ibid*, p.1.
2294 HERTZOG (R.), *La gratuité ou la non gratuité du service public*, Thèse dactylographiée, Strasbourg, 1972, p.20.
2295 BAHOUGNE (L.), *Le financement du service public*, *op.cit.*, p.25.
2296 *Ibid.*
2297 *Ibid.*

l'ensemble des ressources, permanentes ou non, destinées à couvrir les charges de fonctionnement et d'investissement du service public [2298]. Louis BAHOUGNE définit le financement du service public comme « *l'opération juridique qui, sous le contrôle d'une collectivité publique, lui procure soit immédiatement des ressources en argent, soit lui procure des facilités en atténuant les charges directes et indirectes des contraintes particulières d'intérêt général qui lui sont assignées* » [2299]. Le financement du service public ne passe donc pas nécessairement par l'impôt. La Sécurité sociale est censée réaliser un maximum de solidarité et ne peut reposer sur un mode de financement autre que celui susceptible de réaliser un tel objectif à l'instar de cotisations sociales non proportionnelles et ouvrant droit également aux mêmes prestations [2300]. La solidarité s'exprime dès lors à travers les cotisations sociales non proportionnelles [2301], soit aux impôts affectés à la Sécurité sociale. La nature de l'impôt et du service public légitime ainsi l'utilisation de l'impôt pour financer le service public de la Sécurité sociale.

368. La fiscalisation, une science fiscale et sociale. Pour Gaston JÈZE, le facteur social est un facteur absolument capital en science des finances [2302]. Il lui apparaît difficile d'étudier « *les problèmes financiers sans s'inquiéter des buts sociaux poursuivis par les gouvernants au moyen de ces institutions, ou de leurs conséquences sociales* » puisqu'il considère que la science des finances est essentiellement une science sociale [2303]. La fiscalisation illustre cette imbrication. Elle permet de faire évoluer le financement de la Sécurité sociale en recourant à l'impôt, mais par ces modifications, la nature même de l'impôt évolue. S'agissant des impositions de toutes natures et de leur finalité, il s'agit de passer du financement de la puissance publique à celui du service public et même parfois, par voie de conséquence, à la simple prise en compte d'un intérêt public [2304]. Si les cotisants doivent spontanément remplir leurs obligations

---

[2298] ECKERT (G.), « Le financement du service public », in Association française pour la recherche en droit administratif (dir.), *Le service public*, Paris, Dalloz, 2014, p.177.
[2299] BAHOUGNE (L.), *Le financement du service public*, *op.cit.*, p.31.
[2300] BAHOUGNE (L.), *Le financement du service public*, *op.cit.*, p.255.
[2301] *Ibid.*
[2302] JÈZE (G.), *Cours élémentaire de science des finances et de législation financière française*, Paris, Giard, 1931, p.9.
[2303] *Ibid.*
[2304] ORSONI (G.), « Taxinomie fiscale », in *Mélanges en l'honneur de Pierre Beltrame*, Aix-en-Provence, PUAM, 2010, p.422.

sociales [2305], il en est de même de l'État. Les obligations sociales de la société ont longtemps été conçues comme le respect et le maintien des solidarités sociales et civiles. Cependant face à « *la désagrégation des anciennes solidarités* » [2306], l'obligation sociale se dilue au profit de l'obligation de service public qui est en somme une obligation d'intervention pesant sur l'autorité publique et qui vise au remplacement de l'obligation sociale [2307]. Tous les services publics comportent en droit interne des obligations de service public qui en définissent le contenu [2308]. Gabriel ECKERT considère d'ailleurs que le financement du service public est consubstantiel à la notion même d'obligation de service public [2309]. L'obligation de service public ne doit cependant pas être appréhendée ici d'un point de vue européen. Cette obligation correspond à des « *objectifs qualificatifs : continuité, régularité, capacité des moyens, prix* » [2310]. La Sécurité sociale est considérée comme un service social d'intérêt général non marchand. Elle n'est ainsi pas soumise à des obligations de service public au sens du droit européen puisque la Sécurité sociale est dépourvue de caractère lucratif selon la CJCE [2311]. L'État doit respecter ces obligations de service public en raison de l'intérêt général attaché au service public et d'autant plus que les activités publiques poursuivent toujours, directement ou indirectement, la finalité de l'intérêt général sans qu'il soit possible de distinguer entre elles selon leur système de financement [2312]. Cependant, en matière de protection sociale l'État doit mettre en place un service public de santé et assurer une sécurité sociale puisqu'il s'agit d'un service public constitutionnel [2313]. Le service public

---

2305 RAVOUX (V.), « La politique de gestion du risque des organismes du recouvrement est-elle compatible avec le principe de l'égalité devant les charges publiques ? », *Droit social*, 2011, n° 9-10, p.979.

2306 ZIANI (S.), *Du service public à l'obligation de service public*, Paris, LGDJ, Coll. Bibliothèque de droit public, t.285, 2015, p.91.

2307 *Ibid.*

2308 BAHOUGNE (L.), *Le financement du service public*, *op.cit.*, p.46.

2309 ECKERT (G.), « Les modes de financement du service public dans l'environnement concurrentiel », in *Service public et communauté européenne : entre l'intérêt général et le marché*, Actes du colloque de Strasbourg du 17-19 octobre 1996, 1998, t.II : Approche transversale et conclusions, p.430.

2310 CHAMINADE (A.), « La notion d'obligation de service public en droit communautaire », *JCP G*, n° 43-44, 2006, doctr. 182.

2311 CJCE, 17 février 1993, *Poucet et Pistre*, aff. C-159/91 et C-160/91.

2312 CHEVALLIER (J.), « Essai sur la notion juridique de service public », *Publications de la faculté de droit d'Amiens*, n° 7, 1976, p.146.

2313 Voir en ce sens le paragraphe n° 418.

se pare alors d'une fonction sociale [2314]. Il devient difficile d'envisager « *l'existence et le principe même d'un "service public constitutionnel" sans postuler que l'État, dans le même élan, puisse disposer des moyens financiers pour assumer le coût de son fonctionnement* » [2315]. La fonction sociale de l'impôt traduit la réalisation de l'intérêt général mais elle intègre la redistribution des revenus par l'impôt car elle modifie la stratification sociale [2316]. Par la fiscalisation, la fonction sociale de l'impôt se développe car elle réaffirme le caractère financier de l'impôt à travers le développement de sa dimension sociale [2317]. Ce développement compense l'amoindrissement de l'obligation sociale du service public. La notion de service public tout comme la notion d'impôt apparaissent aussi vivaces qu'elles sont souples [2318]. La fonction budgétaire de l'impôt reste importante et non négligeable, mais les politiques fiscales et sociales développent désormais la fonction sociale de l'impôt afin de renforcer la justice sociale et fiscale. Ce constat se retrouve en France, mais également en Allemagne où il était d'ailleurs clairement annoncé lors de la campagne électorale de 2013 [2319]. Si certains considèrent que la fonction sociale de l'impôt provient de « *l'apparition et du développement de la fonction sociale de l'État* » [2320], elle est également renforcée par l'exigence de solidarité et le développement des prestations liées à cette exigence. La fonction sociale de l'impôt suit ainsi la fonction sociale assumée par l'État. Si Michel BOUVIER considère que la fonction sociale de l'impôt est menacée [2321], il apparaît toutefois que l'utilisation de l'impôt pour financer les politiques sociales et renforcer ainsi la solidarité tend à relativiser cette menace. Le financement de la Sécurité sociale apparaît comme une garantie, comme une obligation incombant à l'État d'assurer

---

2314 DUGUIT (L.), *Les transformations du droit public*, Paris, Librairie Armand Colin, 1913, p.39.

2315 MANGIAVILLANO (A.), *Le contribuable et l'État, l'impôt et la garantie constitutionnelle de la propriété (Allemagne- France)*, Paris, Dalloz, Coll. « Nouvelle Bibliothèque de Thèses », 2013, p.117.

2316 LEROY (M.), *L'impôt, l'État et la société – La sociologie fiscale de la démocratie interventionniste*, Paris, Economica, 2010, p.290.

2317 Voir en ce sens les paragraphes n° 131 et s.

2318 PILCZER (J.-S.), « La notion de service public », *Informations sociales*, 2010/2, n° 158, p.8.

2319 JEAN-ANTOINE (B.), « Les politiques fiscales en Allemagne », *RFFP*, n° 119, 2015, p.245.

2320 MANGIAVILLANO (A.), *Le contribuable et l'État, l'impôt et la garantie constitutionnelle de la propriété (Allemagne- France)*, *op.cit.*, p.20.

2321 BOUVIER (M.), « Sens et légitimité de l'impôt », *Pouvoirs,* 2014, n° 151, p.34.

au citoyen la jouissance de son droit à la sécurité sociale, de le protéger lorsque survient un risque et de lui assurer un revenu de remplacement lorsque cela est nécessaire.

B. La garantie du financement de la Sécurité sociale

369. La tutelle de l'État sur la Sécurité sociale. L'implication de l'État dans la garantie du financement de la Sécurité sociale se justifie par la tutelle qu'il exerce sur la Sécurité sociale. Il est dans la nature même de la Sécurité sociale d'être sous tutelle puisque la « *véritable "prise en charge" du service public par l'État conduit logiquement, chaque fois que le service public n'est pas géré directement par la collectivité, à l'exercice, sur la personne chargée en son nom de l'exécution du service, d'un pouvoir de tutelle* » [2322]. C'est la Direction de la Sécurité sociale qui assure la tutelle des organismes de sécurité sociale car elle est rattachée au ministère des Affaires sociales, de la santé et des droits des femmes, ainsi qu'au ministère des finances et des comptes publics. Cette tutelle accentue l'étatisation de la Sécurité sociale puisque l'État intervient pour contrôler et évaluer l'activité des organismes de sécurité sociale. Cette tutelle est d'ailleurs reconnue par le Conseil constitutionnel qui valide l'affectation et le recouvrement d'impositions de toutes natures à (et par) des organismes privés dans la mesure où ils « *exercent une mission de service public et sont placés sous la tutelle de l'État ou sous son contrôle* » [2323]. La Sécurité sociale est soumise à une tutelle administrative et législative de l'État. Le Parlement dispose ainsi d'une grande latitude dans sa définition [2324]. Cette tutelle est un héritage de Lord BEVERIDGE qui prônait la mise en place d'aides sociales par un service public unique, sous la responsabilité d'un ministre en charge de la sécurité sociale [2325]. La politique sociale est considérée comme l'un des instruments principaux de l'action étatique et de la relance économique par une redistribution des richesses. Cependant la tutelle de l'État ne se limite pas

---

[2322] PRÉTOT (X.), « L'État et la Sécurité sociale, Réflexions sur le service public », *Droit social*, 1991, n° 12, p.807.

[2323] Cons. Const., Décision n° 90-285 DC du 28 décembre 1990, *Loi de finances pour 1991*, JO du 30 décembre 1990, p.16609, Recueil, p.95, Considérant n° 46.

[2324] PELLET (R.), *Recherche sur la notion de finances sociales – L'intervention du droit financier public dans le régime général de sécurité sociale*, Thèse, Université Montpellier I, 1991, p.272.

[2325] COUTANT (A.), *Fiches d'Institutions et Politiques sociales*, Paris, Ellipses, 2010, p.15.

à cette seule surveillance des URSSAF. L'État oriente également les politiques sociales, que ce soit à travers le vote des lois de financement de la Sécurité sociale [2326], les Conventions d'objectifs et de gestion (COG) [2327] ou les programmes de qualité et d'efficience (PQE).

370. Les PQE, la maîtrise de la performance des politiques de Sécurité sociale. Une politique sociale s'appuie souvent sur d'autres outils que ceux contenus dans la loi de financement [2328] de la Sécurité sociale. Prévus par la LOLFSS, les PQE sont au nombre de six. Chaque année, ils figurent parmi les annexes au PLFSS. Ces programmes visent chacune des branches de la Sécurité sociale (Maladie, Famille, Retraite, Accident du travail/Maladies professionnelles, Invalidité et dispositifs gérés par la CNSA), ainsi que le financement. Ces programmes permettent une présentation par objectifs et résultats des politiques mises en œuvre au sein de la Sécurité sociale. Fortement inspirés des projets annuels de performance associés aux lois de finances, ils ont pour but de mesurer la performance des politiques sociales. Anne-Claire DUFOUR considère que « *le périmètre des PQE traduit bien la volonté de s'affranchir des contours de la LFSS pour adopter une démarche générale d'appréciation de la performance des dépenses liées aux politiques sociales* » [2329]. La Cour des comptes affirme ainsi que les PQE annexés aux PLFSS transposent la démarche applicable en matière de finances étatiques où sont désormais annexés au projet de loi de finances initiale des projets annuels de performance qui donnent lieu à un bilan sous la forme des rapports annuels de performance annexés au projet de loi de règlement [2330]. En matière de finances sociales, les PQE condensent « *les deux temps de la prévision et du bilan en un seul* » [2331]. Le financement ne constitue pas une branche de la Sécurité sociale mais il fait tout de même l'objet d'un PQE depuis 2007. La Cour des comptes a justifié cet ajout « *par la particularité de la mission de recouvrement, qui n'est pas une "branche", mais qui pour le régime général est organisée de manière distincte, donne lieu à une COG particulière et dont*

[2326] Voir en ce sens le paragraphe n° 293.
[2327] Voir en ce sens le paragraphe n° 281.
[2328] DUFOUR (A.-C.), *Les pouvoirs du Parlement sur les finances de la sécurité sociale – Étude des lois de financement de la Sécurité sociale*, *op.cit.*, p.395.
[2329] *Ibid*, p.397.
[2330] Cour des comptes, *La Sécurité sociale*, Rapport, 2008, p.121.
[2331] *Ibid.*

l'importance justifie un suivi particulier »[2332]. Le PQE Financement a pour ambition de mesurer la performance des politiques de financement[2333]. Il contient cinq objectifs : garantir la viabilité financière des régimes de base de Sécurité sociale ; veiller à l'équité du prélèvement social ; concilier le financement de la Sécurité sociale avec la politique de l'emploi ; simplifier les procédures de financement ; et améliorer l'efficience de la gestion financière et du recouvrement[2334]. Bien qu'annexé à la LFSS, son champ d'application est bien plus large que les LFSS. Les PQE permettent d'évaluer la performance des politiques sociales et voir ainsi la bonne application des fonds publics attribués ou recouvrés pour la Sécurité sociale. Ces programmes donnent une vision de l'assurance, de l'assistance mais aussi de la solidarité présente au sein des politiques sociales en fonction des objectifs visés et des résultats atteints.

371. Une incidence politique non négligeable. À travers la Sécurité sociale, assurance et assistance furent perçues comme les deux modalités possibles d'une même finalité politique[2335]. C'est l'État qui décide des politiques sociales et fiscales qu'il souhaite mettre en œuvre afin d'améliorer la situation existante sur le plan normatif, sur la protection apportée ou sur la maîtrise de ses dépenses. L'action sociale implique « *la prise en compte de la dimension sanitaire, l'action en faveur de la santé devenant tantôt une condition, tantôt une composante de la politique sociale* »[2336]. L'action sociale se trouve au niveau étatique mais aussi local. Afin de financer le RSA socle, les départements bénéficiaient d'une fraction de la taxe intérieure de consommation sur les produits pétroliers, nouvellement appelée taxe intérieure de consommation des produits énergétiques (TICPE). Suite à l'augmentation des transferts de compétences sociales vers les départements et les régions, les affectations fiscales se multiplient. L'affectation à la CNSA d'une fraction de la contribution de solidarité pour l'autonomie a permis de pérenniser le

---

2332 Cour des comptes, *La Sécurité sociale*, Rapport, 2008, p.121 ; Cité également par DUFOUR (A.-C.), *Les pouvoirs du Parlement sur les finances de la sécurité sociale – Étude des lois de financement de la Sécurité sociale*, Paris, Dalloz, 2012, Coll. Bibliothèque parlementaire et constitutionnelle, p.396.

2333 DUFOUR (A.-C.), *Les pouvoirs du Parlement sur les finances de la sécurité sociale – Étude des lois de financement de la Sécurité sociale*, *op.cit.*, p.397.

2334 Programme de Qualité et d'Efficience « Financement », PLFSS, 2016, p.67 et s.

2335 PRÉTOT (X.), « L'État et la Sécurité sociale, Réflexions sur le service public », *Droit social*, 1991, n° 12, p.800.

2336 PONTIER (J.-M.), « Les communes et la santé publique », *RA*, 1996, n° 294, p.675.

financement de l'APA. Sous l'effet des réformes fiscales en matière d'action sociale, les transferts de compétences sont compensés soit par de la fiscalité indirecte (TICPE et TSCA) soit par des dotations (DGD et dotations de la CNSA). La politique fiscale ne peut ainsi être dépourvue d'action sociale. Les choix des gouvernants lient l'impôt à l'action sociale puisque l'impôt, vecteur de la redistribution, sert à couvrir les charges publiques, mais aussi à orienter les comportements économiques et sociaux des individus [2337]. L'impôt est le centre des politiques fiscales qui sont définies comme « *l'ensemble des choix fiscaux que les gouvernants d'un pays opèrent pour garantir le rendement de l'impôt en vue de la couverture des charges publiques, tout en tenant compte des demandes économiques et sociales des acteurs quant au niveau de la pression fiscale* » [2338]. La fiscalisation apparaît comme une politique fiscale traduisant l'utilisation de l'impôt à des fins sociales et économiques. Les politiques sociales et fiscales doivent toutefois s'accompagner de réformes structurelles afin d'accentuer et améliorer leurs mises en œuvre. Lors de la mise en place de la TVA sociale, Jean ARTHUIS considérait que cela ne dispense pas la France d'adopter des mesures structurelles nécessaires [2339]. Les réformes structurelles à venir doivent porter sur la fonction sociale de l'impôt et non sa fonction budgétaire, comme cela a été le cas en Allemagne [2340]. La baisse du déficit public par la maîtrise des dépenses publiques doit garantir le bon fonctionnement du système de protection sociale. L'augmentation du potentiel de croissance et de la compétitivité d'un pays passe par la recherche d'un service public plus efficient [2341]. Le maintien d'un niveau de protection sociale doit être préservé même si la nature des prélèvements qui la financent évolue. Loïc PHILIP affirmait que la transformation des modes de financement devrait remettre en cause la distinction classique entre prélèvements fiscaux et prélèvements sociaux et conduire à une nouvelle frontière entre finances

---

[2337] DIARRA (E.), « Les politiques fiscales en France », *RFFP*, n° 129, 2015, p.249.

[2338] *Ibid.*

[2339] ARTHUIS (J.), Rapport d'information n° 283 fait au nom de la commission des Finances, du contrôle budgétaire et des comptes économiques de la Nation sur la TVA sociale comme mode alternatif de financement de la sécurité sociale destiné à renforcer la compétitivité des entreprises françaises et l'emploi, Sénat, 2007, p.11.

[2340] JEAN-ANTOINE (B.), « Les politiques fiscales en Allemagne », *RFFP*, n° 119, 2015, p.245.

[2341] KLEIN (O.), « Les réformes structurelles sont difficiles, mais indispensables », Le Monde, 20-03-2014.

sociales publiques et finances sociales privées[2342]. Le financement du service public, et donc de la Sécurité sociale, met en cohérence les moyens du service public et ses finalités. Cette cohérence apparaît comme le « *résultat d'un arbitrage complexe entre d'un côté, les contingences économiques financières inhérentes à toute activité productive et de l'autre le volontarisme politique attaché à la mise en œuvre du service public* »[2343]. L'État veille au maintien de l'équilibre financier de la Sécurité sociale mais aussi au maintien du service public.

372. Une intervention étatique nécessaire. La politique sociale est un élément du concept moderne d'État social[2344] où les impôts et les cotisations sociales constituent une source de financement des prestations de cet État social mais aussi un instrument clé, par lequel la répartition des revenus et des richesses est impactée dans une société donnée[2345]. Les prélèvements obligatoires ont un « *effet de redistribution et un rôle de pilotage* »[2346]. L'État intervient lorsqu'il décide de mettre en place de nouvelles mesures de réduction ou d'exonération de Sécurité sociale afin de ne pas répercuter ces mesures sur les cotisants. Il est alors obligé de compenser intégralement aux régimes de sécurité sociale concernés toute mesure de réduction ou d'exonération de Sécurité sociale[2347] en vertu de l'article L.131-7 du CSS[2348]. Ces dispositions s'inscrivent dans le chapitre du Code de la sécurité sociale intitulé « Mesures visant à garantir les ressources de la Sécurité sociale ». Ces mesures prennent la forme de compensations[2349] ou d'affectations d'impôts et taxes existants[2350]. Par la nature des compensations et des affectations, l'État est garant des ressources de la Sécurité sociale, et non les organismes sociaux ou les cotisants, mais l'équilibre financier et les ressources de la sécurité sociale

---

[2342] PHILIP (L.) « La protection sociale et les nouvelles frontières entre finances publiques et finances privées », *RFFP*, n° 79, 2002, p.34.

[2343] BAHOUGNE (L.), *Le financement du service public*, Paris, LGDJ, Coll. Bibliothèque de droit public, t.289, 2015, p.46.

[2344] Fondation Friedrich Ebert, *État social et démocratie sociale*, Akademie soziale demokratie, Berlin, Ed. Département de la Coopération Internationale, 2e éd., Octobre 2012, p.7.

[2345] *Ibid.*

[2346] *Ibid*, p.32.

[2347] DELATTRE (F.), Avis n° 84 présenté au nom de la commission des finances sur le projet de loi de financement de la Sécurité sociale pour 2015, Sénat, 2014, p.35.

[2348] Voir en ce sens, le paragraphe n° 125.

[2349] Article L.131-7 du CSS.

[2350] Article L.131-8 du CSS.

ne dépendent pas uniquement de l'État. Ils dépendent également des résidents français et du respect de leurs obligations fixées par l'État.

373. L'obligation d'affiliation. Si l'État est tenu de veiller au maintien de la Sécurité sociale, l'ensemble de la population est soumis à une obligation d'affiliation. La Sécurité sociale française n'est pas entièrement financée par l'impôt et l'État doit veiller à ce que les cotisations sociales soient perçues mais aussi à ce que la population soit affiliée à un régime de Sécurité sociale. Tout résident français est obligatoirement affilié à un régime de Sécurité sociale qu'il exerce ou non une activité professionnelle. Cette obligation d'affiliation permet la réalisation de la solidarité au sein de la Sécurité sociale. Elle se retrouve en France à l'article L111-1 du CSS [2351]. La garantie contre les risques de toute nature s'exerce par l'affiliation des intéressés à un ou plusieurs régimes obligatoires. L'affiliation constitue ainsi une obligation à laquelle toute personne travaillant ou résidant en France de manière stable et régulière ne peut déroger. La Direction de la Sécurité sociale a d'ailleurs rappelé ces obligations d'affiliation et de cotisation à la Sécurité sociale dans un communiqué de presse du 29 octobre 2013 et précise que la CJUE a adopté une jurisprudence constante au sein de l'affaire C-59/12 [2352] en estimant que « *si un organisme de droit public en charge d'une mission d'intérêt général mène à titre subsidiaire des opérations commerciales* », il doit respecter les règles de droit européen de la concurrence. Or, la Sécurité sociale française n'est pas de nature économique et ses activités ne sont ainsi pas soumises au droit de la concurrence [2353]. En cas de refus de cotiser à la Sécurité sociale, l'employeur ou le travailleur indépendant peut faire l'objet de sanctions pénales. Cette obligation d'affiliation se retrouve également aux États-Unis où « *la pénalité financière qui*

[2351] la Sécurité sociale « *assure, pour toute personne travaillant ou résidant en France de façon stable et régulière, la couverture des charges de maladie, de maternité et de paternité ainsi que des charges de famille* [...] *garantit les travailleurs contre les risques de toute nature susceptibles de réduire ou de supprimer leurs revenus. Cette garantie s'exerce par l'affiliation des intéressés à un ou plusieurs régimes obligatoires* [...] *assure la prise en charge des frais de santé, le service des prestations d'assurance sociale, notamment des allocations vieillesse, le service des prestations d'accidents du travail et de maladies professionnelles ainsi que le service des prestations familiales dans le cadre du présent code, sous réserve des stipulations des conventions internationales et des dispositions des règlements européens* »

[2352] CJUE, 3 octobre 2013, Affaire C-59/12, *BKK Mobil Oil Körperschaft des öffentlichen Rechts contre Zentrale zur Bekämpfung unlauteren Wettbewerbs eV.*

[2353] Voir en ce sens le paragraphe n° 243.

sanctionne le non-respect de l'obligation d'être assuré peut être caractérisée comme une taxe, dont l'adoption résulte d'un exercice légitime par le Congrès du pouvoir que lui attribue la Constitution de lever l'impôt »[2354]. Toute personne doit souscrire une assurance maladie privée individuelle ou d'entreprise sous peine de s'acquitter d'une taxe. Cette obligation est récente puisqu'elle a été mise en place par la Réforme Obama Care en 2013. La nouvelle rédaction du premier article de la Sécurité sociale française est issue de l'article 59 de la LFSS pour 2016[2355]. Afin de réaffirmer le caractère universel du financement de la protection sociale, cet article est également venu modifier l'article L.111-2-1 du CSS en insérant deux premiers alinéas disposant que « *la Nation affirme son attachement au caractère universel, obligatoire et solidaire de la prise en charge des frais de santé assurée par la sécurité sociale* » et que « *la protection contre le risque et les conséquences de la maladie est assurée à chacun, indépendamment de son âge et de son état de santé. Chacun contribue, en fonction de ses ressources, au financement de cette protection* ». Ce n'est donc pas à l'État de financer directement la Sécurité sociale, mais il intervient lorsque les individus ne peuvent pas ou plus le faire. L'État dispose alors d'un rôle de garant. L'État répond de la dette individuelle du particulier lorsque la situation personnelle de celui-ci ne lui permet pas de la recouvrir. Il prend en charge l'obligation financière lorsque l'individu ne peut la payer. L'obligation d'affiliation se retrouve au sein de l'article L.111-2-2 qui dispose que « *sous réserve des traités et accords internationaux régulièrement ratifiés ou approuvés et des règlements européens, sont affiliées à un régime obligatoire de sécurité sociale dans le cadre du présent code, quel que soit leur lieu de résidence, toutes les personnes : 1° Qui exercent sur le territoire français : a) Une activité pour le compte d'un ou de plusieurs employeurs, ayant ou non un établissement en France ; b) Une activité professionnelle non salariée ; 2° Qui exercent une activité professionnelle à l'étranger et sont soumises à la législation française de sécurité sociale en application des règlements européens ou des conventions internationales* ». L'article 59 de la LFSS pour 2016 a simplifié l'écriture de cet article autrefois plus détaillé. Cet article 59 a pour objectif « *l'amélioration de l'accès aux droits* ». Les conditions d'ouverture des droits sont simplifiées et la notion d'ayant droit

---

[2354] DUMONT (D.), « Un regard européen sur l'État-providence américain », *Revue belge de sécurité sociale*, 55e année, 2013, n° 3, p.429.
[2355] Loi n° 2015-1702 du 21 décembre 2015 de financement de la sécurité sociale pour 2016, JORF n° 0296 du 22 décembre 2015, p.23635.

majeur est « *progressivement supprimée* » [2356]. Le champ des personnes bénéficiaires d'une couverture maladie n'est pas modifié mais l'accès aux droits est simplifié. Il n'y a donc plus d'affiliation d'une personne à un régime mais « *un simple "rattachement" pour la gestion d'une prestation universelle à une caisse relevant d'un régime* » [2357]. Cette affectation administrative se révèle toutefois sans conséquences sur les droits à prestations. Par ses interventions mais aussi par ses décisions en matière de politiques sociales, l'État devient un acteur de plus en plus important au sein du service public de la Sécurité sociale. Les mesures de simplification prises en matière de Sécurité sociale concernent ainsi non seulement la fiscalisation mais aussi les règles d'affiliation aux cotisations sociales. L'État social est renforcé ainsi que l'État de droit.

§2. Le renforcement de l'État de droit

374. Pour Xavier PRÉTOT, « *le service public ne se conçoit pas sans l'intervention de l'État* » [2358] et il en est de même de la Sécurité sociale. Initialement la présentation classique de la Sécurité sociale se caractérise par une minoration systématique du rôle de l'État [2359]. Désormais l'État est devenu un acteur à part entière de la Sécurité sociale. L'intervention croissante de l'État en matière sociale est accompagnée d'obligations et de responsabilités auxquelles l'État ne peut déroger et parallèlement l'État de droit se renforce également. L'État est donc l'acteur principal de la fiscalisation (**A**) qui permet par son action la globalisation du droit (**B**) et donc le renforcement de l'État de droit.

A. L'État, acteur principal de la fiscalisation

375. Le renforcement de l'État à travers la maîtrise des dépenses publiques. L'État est concerné par l'équilibre du financement des régimes de protection sociale. Dans cet objectif, de nombreux États font « *appel aux recettes fiscales pour financer les régimes de protection*

[2356] Exposé des motifs, Article 39, Projet de LFSS 2016.
[2357] TABUTEAU (D.), « La protection universelle maladie (PUMA) : une transfiguration législative de l'assurance maladie (première partie) », *RDSS*, 2015, n° 6, p.1068.
[2358] PRÉTOT (X.), « L'État et la Sécurité sociale, Réflexions sur le service public », *Droit social*, 1991, n° 12, p.800.
[2359] *Ibid.*

sociale » [2360] même lorsqu'ils ont tenté la mise en place d'un financement par le recours exclusif aux cotisations sociales ils ont fini par adosser leur régime au budget de l'État [2361]. Les dépenses de l'État doivent être maîtrisées tout en permettant aux recettes de financer les régimes sociaux [2362] puisqu'un État social performant est tributaire de revenus suffisamment élevés [2363]. La recherche de l'équilibre budgétaire et de la maîtrise des dépenses publiques est clairement affirmée par l'Union européenne [2364] et la France s'inscrit dans cette politique de contrôle des dépenses publiques. Il est cependant regrettable que les institutions aient mieux défini « *leurs objectifs de maîtrise des dépenses publiques (ou d'austérité) que leurs objectifs de politique sociale (ou de solidarité)* » [2365]. Le projet de loi de règlement du budget et d'approbation des comptes de l'année 2015 prévoit la réduction des déficits par une maîtrise accrue de la dépense publique [2366]. La réduction des déficits publics concerne autant les lois de finances que les lois de financement de la Sécurité sociale. En maîtrisant les dépenses étatiques ainsi que les dépenses sociales, l'État possède une meilleure vision d'ensemble et peut donc assurer un meilleur pilotage des finances publiques, d'autant plus qu'il peut recourir à l'impôt dans les deux domaines. La loi de finances pour 2017 [2367] vise ainsi à maintenir les dépenses sociales en n'augmentant pas les prélèvements sociaux affectés à la Sécurité sociale en 2017, malgré l'augmentation des taxes sur le tabac [2368]. Les dépenses et les recettes publiques connaissent « *une dimension politique fondamentale, indissociable en réalité des choix politiques du*

[2360] Rapport du groupe de travail sur l'élargissement de l'assiette des cotisations employeurs de Sécurité sociale, Annexe 10 – Éléments de comparaison internationale sur le financement de la protection sociale, 2006, p.2.

[2361] *Ibid.*

[2362] Fondation Friedrich Ebert, *État social et démocratie sociale*, Akademie soziale demokratie, Berlin, Ed. Département de la Coopération Internationale, 2e éd., Octobre 2012, p.34.

[2363] *Ibid.*

[2364] Voir en ce sens le paragraphe n° 332.

[2365] GRAZIANO (P.), HARTLAPP (M.), « La fin de l'Europe sociale ? Évaluation du rôle des changements politiques et organisationnels au sein du système politique de l'Union européenne », *Revue française des affaires sociales*, 2015, n° 3, p.92.

[2366] Projet de loi de règlement du budget et d'approbation des comptes de l'année 2015, n° 3781, 25 mai 2016, p.9.

[2367] Loi n° 2016-1917 du 29 décembre 2016 de finances pour 2017, JORF n°0303 du 30 décembre 2016.

[2368] Voir en ce sens le paragraphe n° 142.

gouvernement »[2369]. La maîtrise des finances publiques ne constitue pas une finalité puisqu'il appartient aux représentants des citoyens de déterminer le niveau et la répartition des dépenses publiques chaque année en fonction de leurs ambitions. Le niveau de socialisation des dépenses publiques dépend de leur conception de l'État social et du rôle qu'ils souhaitent attribuer à l'État en la matière. Suite à l'universalité et l'élargissement croissants du champ couvert par la sécurité sociale[2370], les dépenses de la Sécurité sociale sont rapidement devenues plus importantes que les dépenses de l'État. La crise financière a non seulement affecté les finances étatiques mais aussi les finances sociales. L'endettement de la Sécurité sociale est passé « *de 119,9 Md€ en 2008 (6,2 points de PIB) à 205,4 Md€ en 2011 (10,3 points de PIB)* »[2371]. Les évolutions structurelles des dépenses de Sécurité sociale contraignent l'État mais aussi les organismes sociaux à agir directement sur leurs niveaux de dépenses afin de garantir la soutenabilité d'ensemble des finances publiques[2372]. Les critères des finances publiques imposés par le Pacte de Stabilité viennent renforcer les contraintes de financement de la protection sociale[2373].

376. Le renforcement de l'État à travers le renforcement de l'impôt. Concevoir le renforcement de l'État à travers le renforcement de l'impôt est aisé puisque « *la conception plus ou moins large du rôle de l'impôt est, en effet, étroitement liée à la conception du rôle de l'État* »[2374]. Plus le rôle social de l'État s'élargit, plus les services d'intérêt général à pourvoir augmentent[2375]. L'impôt sert à financer les dépenses d'intérêt général. Comme la protection sociale est fondée sur une logique d'intérêt général, le recours à l'impôt, là encore, apparaît naturel. En s'intéressant aux finances sociales, le budget devient la forme qui met en cohérence la somme des ajustements qu'il impose dans

---

2369 DUSSART (M.-L.), *Constitution et économie*, Coll. Nouvelle bibliothèque de Thèses, Vol.144, Paris, Dalloz, 2015, p.302.

2370 Rapport sur la dépense publique et son évolution, PLF 2013, p.13.

2371 Rapport sur la dépense publique et son évolution, PLF 2013, p.20.

2372 RICHARD (P.), *Solidarité et performance*, Les enjeux de la maîtrise des dépenses publiques locales, Minéfi, La documentation française, 2006, p.30.

2373 COPPOLA (S.), *La justiciabilité des droits sociaux dans l'Union Européenne*, Thèse dactylographiée, Strasbourg, 2012, p.159.

2374 DELATOUR (A.), *Impôt*, in SAY (L.), *Dictionnaire des finances* – t.II. – E - Z, Paris, Berger-Levrault, 1894, p.365.

2375 *Ibid.*

l'ensemble des champs sociaux [2376]. Les impôts permettent de financer les programmes sociaux, mais ils ont aussi un objectif de redistribution en plus d'être une norme de direction [2377] puisqu'ils peuvent orienter le comportement du contribuable à travers les contributions de santé publique [2378]. Le renforcement du rôle de l'État en matière sociale est toutefois considéré comme risqué pour le maintien de la Sécurité sociale car l'État peut être tenté de troubler gravement la vie même de la Sécurité sociale, en diminuant le taux des cotisations, pour percevoir des impôts plus élevés [2379]. Le bon rendement de la Sécurité sociale face à des impôts excessifs serait alors compromis. La France a pour le moment fait le choix d'un haut niveau d'action publique financée par l'impôt, les cotisations sociales et les recettes non fiscales [2380] formant ainsi le « *fameux "modèle social"* » [2381]. En choisissant de financer dans une certaine mesure le service public de la Sécurité sociale par l'impôt, l'État peut mettre en place une politique budgétaire qui donne les marges de manœuvre nécessaires à l'action publique [2382]. Pour Michel BOUVIER, le temps semble loin où « *les prélèvements obligatoires relevaient d'un sens partagé et étaient posés comme participant de la réalisation de l'intérêt général, du bien-être de tous, de la solidarité sociale* » [2383]. Le développement de l'impôt dans le financement de la Sécurité sociale semble toutefois atténuer ce constat. L'impôt ne doit cependant pas perdre son sens et sa légitimité puisqu'il est l'expression et condition nécessaire de la solidarité et du lien social, comme le moyen privilégié de la cohésion, de l'intégration de la communauté, puis de la nation et de l'État [2384]. L'impôt renforce l'État social avec ses aspects solidaires. Le sens et la légitimité de l'impôt sont ainsi renforcés par la fiscalisation.

[2376] PRÉVOST (G.), « Le retour du débat sur l'État social », *L'Homme et la société*, 1998, n° 130, p.30.

[2377] Fondation Friedrich Ebert, *État social et démocratie sociale*, Akademie soziale demokratie, Berlin, Ed. Département de la Coopération Internationale, 2e éd., Octobre 2012, p.80.

[2378] Voir en ce sens le paragraphe n° 141.

[2379] DEBRÉ (R.), « Santé publique et Sécurité sociale », *Population*, 2e année, 1947, n° 4, p.643.

[2380] DREZET (V.), « Pour l'impôt. Mieux d'impôt, voilà l'enjeu ! », *Pouvoirs*, 2014, n° 151, p.35.

[2381] *Ibid.*

[2382] *Ibid*, p.36.

[2383] BOUVIER (M.), « Sens et légitimité de l'impôt », *Pouvoirs*, 2014, n° 151, p.27.

[2384] *Ibid*, p.32.

377. Le renforcement de l'État social à travers une ingérence sociale. Tout régime de Sécurité sociale exprime l'état social d'une nation [2385]. L'État social mis en place en Europe après la fin de la seconde guerre mondiale se caractérisait par l'universalisation de l'idée de besoin social, ce qui débouchait dans une généralisation de l'institution de la protection sociale [2386]. Les réformes structurelles semblent de prime abord s'enchaîner en matière fiscale et sociale sans une grande cohérence, mais elles visent tout de même à renforcer le rôle de l'État au sein du financement de la Sécurité sociale. Éloi DIARRA nuance toutefois le manque de cohérence des politiques en affirmant que « *si le contexte national n'a pas permis la mise en place de politiques fiscales cohérentes, il faut dire que les pouvoirs publics n'ont pas été non plus aidés par le contexte européen et international* » [2387]. Si pour certains l'évolution du rôle de l'État apparaît, sous l'angle de vue financier ou d'autres, comme étant assez peu conduite et significative [2388], elle tend à renforcer l'intervention et le poids de l'État en matière de financement de la protection sociale. Le renforcement du rôle de l'État dans le pilotage d'ensemble des caisses d'assurance maladie ainsi que dans le dispositif de maîtrise des dépenses de santé [2389] s'est instauré progressivement à travers la mise en place des lois de financement de la Sécurité sociale mais aussi à travers la modification de la répartition des compétences au sein de la CNAMTS où les compétences du directeur général ont été renforcées [2390]. L'État social devient un État fiscal puisqu'il incarne et mobilise la solidarité par l'impôt [2391]. L'impôt est donc non seulement un objet et une prérogative de l'État fiscal, mais il apparaît également comme « *un instrument efficace de l'interventionnisme étatique, moteur et miroir des rapports entre l'État, la société et l'individu* » [2392]. La fiscalité

[2385] RIBAS (J.-J.), 1952 ; Cité par KERSCHEN (N.), « L'influence du rapport Beveridge sur le plan français de sécurité sociale de 1945 », *Revue française de science politique*, 45e année, n° 4, 1995, p.570.

[2386] HERRERA (C. M.), Le concept de droits sociaux fondamentaux dans la mondialisation, in CHEROT (J.-Y.) et FRYDLAN (B.) (dir.), *La science du droit dans la globalisation*, Bruxelles, Bruylant, 2012, p.176.

[2387] DIARRA (E.), « Les politiques fiscales en France », *RFFP*, n° 129, 2015, p.255.

[2388] BLOCH-LAINE (F.), « L'évolution du rôle de l'État », *RFFP*, n° 41, 1993, p.7.

[2389] MARIÉ (R.), « Vers une résurgence des assurances sociales dans le champ de la couverture maladie », *Droit social*, 2015, n° 4, p.369.

[2390] *Ibid.*

[2391] ROSA (A.), *Solidarité et impôt – Recherche sur les fondements de l'impôt moderne*, *op.cit.*, p.229.

[2392] *Ibid*, p.229.

accompagne l'avènement de l'État-interventionniste[2393]. Les fonctions de l'État social sont nécessairement solidaires puisque les fonctions qui intéressent l'État social sont la fonction sociale et la fonction politique[2394] et qu'elles sont toutes les deux imbriquées avec le concept de solidarité. Audrey ROSA considère que la fonction sociale concentre « *tous les aspects qui ont à trait aux missions sociales de l'État, et lui fournit par là-même un cadre juridique pertinent* » alors que la fonction politique est elle-même « *solidaire de la fonction sociale en raison notamment du nécessaire consentement politique et juridique aux interventions de l'État par le biais de l'impôt* »[2395]. L'État devient le serviteur[2396] du bien-être des hommes où le développement des services publics, la généralisation de la sécurité sociale, la protection des droits et libertés collectives des travailleurs[2397] donne naissance à la République sociale tel que mise en avant par l'article 1er de la Constitution du 4 octobre 1958. L'ingérence de l'État dans les politiques sociales et leur financement accentue ainsi l'État social. La fiscalisation traduit donc non seulement l'augmentation de cette ingérence, mais également le renforcement de l'État social car elle permet d'équilibrer la fonction sociale de l'impôt avec le rôle de l'État social.

378. Un rôle parfois limité. La maîtrise des dépenses publiques et la recherche de l'équilibre budgétaire concernent les finances publiques dans leur intégralité. Cette recherche vise également les finances sociales puisque les administrations de sécurité sociale portent environ 47.5% de la dépense publique totale consolidée. L'État ne peut toutefois agir de manière égale au sein des différents régimes de Sécurité sociale puisqu'ils possèdent des modalités de gouvernance qui leur sont propres. L'État peut définir les politiques de santé et d'assurance maladie ainsi que les politiques familiales, mais en matière d'assurance chômage il est limité aux agréments des conventions d'assurance chômage. La convention relative à l'assurance chômage doit faire l'objet d'un agrément par le ministre chargé du travail. Cet agrément rend la convention obligatoire pour tous les employeurs et salariés concernés. Dernièrement le Conseil

---

2393 *Ibid*, p.234.
2394 *Ibid*, p.248.
2395 *Ibid*, p.248.
2396 SUPIOT (A.), « L'idée de justice sociale », in BURGORGUE LARSEN (L.) (dir.), *La justice sociale saisie par les juges en Europe*, Paris, Pedone, 2013, Coll. Cahiers européens, n° 4, p.12.
2397 *Ibid.*

d'État a annulé l'arrêté ministériel du 25 juin 2014 portant agrément de la convention du 14 mai 2014 relative à l'indemnisation du chômage. L'annulation a été différée partiellement au 1er mars 2016 puisque le Conseil d'État considère qu'« *eu égard à l'intérêt qui s'attache à la continuité du versement des allocations et du recouvrement des cotisations, à laquelle une annulation rétroactive de l'arrêté attaqué qui agrée les stipulations de la convention du 14 mai 2014, ainsi que ses annexes et accords d'application, autres que celles mentionnées au point précédent, porterait une atteinte manifestement excessive, il y a lieu, pour permettre au ministre chargé du travail ou, à défaut, au Premier ministre de prendre les dispositions nécessaires à cette continuité, de n'en prononcer l'annulation totale - sous réserve des droits des personnes qui ont engagé une action contentieuse à la date de la présente décision - qu'à compter du 1er mars 2016* » [2398]. La compétence étatique apparaît limitée en matière d'assurance chômage. Néanmoins afin de piloter les dépenses publiques, il convient de tenir compte de l'ensemble de la sphère publique [2399]. La fiscalisation a permis d'intégrer ce qui ne peut désormais être dissocié : les finances sociales au sein des finances publiques, dans leur définition ainsi que dans leur maîtrise.

B. Une fiscalisation au service de la globalisation du droit

379. Les réformes structurelles ne peuvent avoir lieu si l'État n'a pas les moyens de les mettre en œuvre. L'état des finances publiques conditionne la mise en place des réformes structurelles qui viennent renforcer le rôle même de l'État lorsqu'elles se réalisent. Les finalités de la fiscalisation à travers la recherche de démocratie et de justice sont mises au service de l'État social (**1**) qui se renforce dans la globalisation du droit (**2**).

1. Les finalités de la fiscalisation au service de l'État social

380. L'État social, une notion complexe. L'État social est conçu comme machine correctrice des inégalités engendrées par le progrès

---

[2398] CE, 5 octobre 2015, req. n° 383956, 383957 et 383958, *Association des amis des intermittents et précaires et autres*, *RJS* 12/2015 n°798.

[2399] RICHARD (P.), *Solidarité et performance*, Les enjeux de la maîtrise des dépenses publiques locales, Minéfi, La documentation française, 2006, p.19.

industriel [2400]. L'État social tend à faire progresser la justice sociale [2401] et il ne peut être dissocié de la démocratie sociale qui est au service de l'amélioration des conditions de vie et de travail [2402]. L'État social devient garant de la démocratie sociale [2403]. Alain SUPIOT considère que « *l'une des caractéristiques de l'État social moderne est d'avoir exclu la division du travail du domaine de la justice, et son avenir dépendra de sa capacité à l'y réintégrer* » [2404]. Le droit du travail et le droit de la sécurité sociale sont liés par le marché mais aussi par l'incidence du droit de la sécurité sociale sur le droit du travail. L'amélioration de la justice sociale au sein du droit à la sécurité sociale peut permettre la réintégration souhaitée par Alain SUPIOT qui estime d'ailleurs que le droit du travail constitue le premier pilier de l'État social. Ce pilier est affecté directement par la fiscalisation dans son sens « classique » puisqu'elle permet d'alléger les cotisations sociales et donc le coût du travail. Le remplacement des cotisations sociales par des impôts affectés se répercute sur les charges sociales des entreprises et allège le coût du travail. Le second pilier est l'institution d'un système de Sécurité sociale où la citoyenneté politique est complétée par une citoyenneté sociale « *qui impose à tous le devoir de contribuer à son financement et le droit de bénéficier de prestations lorsqu'ils doivent faire face à un certain nombre de risques d'altération de leurs revenus* » [2405]. La fiscalisation par son aspect redistributif et son aspect solidaire accentue ce pilier de l'État social. Alain SUPIOT considère l'institution de services publics comme étant le troisième pilier de l'État social [2406] puisqu'ils ont pour objet de procurer à tous les citoyens un égal accès à un certain nombre de services jugés fondamentaux, dont l'État garantit la qualité et la continuité [2407]. La Sécurité sociale constitue l'un

---

[2400] SUPIOT (A.), « État social et mondialisation : analyse juridique des solidarités », *Annuaire du Collège de France*, 2012-2013, p.717.

[2401] SUPIOT (A.), « État social et mondialisation : analyse juridique des solidarités », *Annuaire du Collège de France*, 2013-2014, p.807.

[2402] SÉGOL (B.), « L'Europe sociale : une condition sine qua non du projet européen », *Revue française des affaires sociales*, 2015, n° 3, p.189.

[2403] SUPIOT (A.), Grandeur et misère de l'État social, Leçon inaugurale prononcée le 29 novembre 2012, http://books.openedition.org/cdf/2249?lang=fr#text

[2404] *Ibid.*

[2405] SUPIOT (A.), « L'idée de justice sociale », in BURGORGUE LARSEN (L.) (dir.), *La justice sociale saisie par les juges en Europe*, Paris, Pedone, 2013, Coll. Cahiers européens, n° 4, p.13.

[2406] *Ibid*, p.14.

[2407] SUPIOT (A.), « L'idée de justice sociale », in BURGORGUE LARSEN (L.) (dir.), *La justice sociale saisie par les juges en Europe*, Paris, Pedone, 2013, Coll. Cahiers européens, n° 4, p.14.

de ces services publics. La fiscalisation renforce l'égal accès aux soins par la solidarité qu'elle inclut et le maintien des minima sociaux. La fiscalisation s'inscrit alors pleinement dans le cadre fixé par l'État social puisqu'elle permet d'en renforcer les fondements.

381. L'État social et la fiscalisation, au carrefour de la justice et de la démocratie. L'étude de la fiscalisation établit « *un lien étroit entre la réflexion sur la démocratie, la théorie de l'État et les objets concrets que la science sociale se donne* » [2408]. Les cotisations sociales pesaient sur tous les types de revenus, dès lors la fiscalisation établie sur l'ensemble des revenus bruts a été présentée comme un élément d'une plus grande justice sociale. La fiscalisation permet d'unifier les notions de justice fiscale et sociale [2409]. Si « *le mauvais impôt ne fait pas plus la crise que la prospérité ne fait le bon impôt* » [2410], il convient toutefois de trouver un équilibre entre les deux. En revanche, la fiscalisation ne renforce pas le quatrième pilier de l'État social, la démocratie sociale [2411]. La fiscalisation permet l'avènement de la démocratie politique en atténuant la démocratie sociale qui continue toutefois de se maintenir dans les conventions d'objectifs et de gestion [2412]. Christophe RAMAUX considère également que l'État social est fondé sur quatre piliers mais il s'agit pour lui de la protection sociale, du droit du travail, mais aussi des services publics et des politiques macroéconomiques de soutien à l'activité et à l'emploi [2413]. Le dernier pilier diffère entre la conception de Christophe RAMAUX et celle retenue par Alain SUPIOT. Celle de Christophe RAMAUX permet de prendre en compte l'intervention de l'État en matière de politique économique mais aussi sociale et de ne pas se limiter au « simple » dialogue social. Elle présente l'avantage de prendre en compte la définition politique des droits sociaux et leur insertion au sein de l'État social.

2408 BEZES (P.), PIERUR (F.), « État, administration et politiques publiques : les déliaisons dangereuses. La France au miroir des sciences sociales nord-américaines », *Gouvernement et action publique*, 2012, n° 2, p.45.

2409 Voir en ce sens le paragraphe n° 277.

2410 PIÉTRI (F.), *Justice et injustice fiscale*, Paris, Ed. Tallandier, 1933, p.6.

2411 SUPIOT (A.), « L'idée de justice sociale », *op.cit.*, p.14.

2412 Voir en ce sens le paragraphe n° 279 et s.

2413 RAMAUX (C.), « Quelle théorie pour l'État social ? Apports et limites de la référence assurantielle. Relire François Ewald 20 ans après L'État providence », *Revue française des affaires sociales*, 2007, n° 1, p.13.

382. L'État social, un État de droit. L'État social est rattaché à l'État de droit garant des droits fondamentaux, et notamment des droits sociaux. Pour Louis FAVOREU, « *l'État de droit constitue une étape supplémentaire et un perfectionnement par rapport à la démocratie* » [2414]. Un État de droit s'exprime lorsque l'ensemble des activités des gouvernants et des gouvernés est soumis à la règle de droit, laquelle trouve sa plus haute expression dans la loi, votée par le Parlement dans le respect de la Constitution [2415]. L'État de droit, tout comme l'État social, est un produit de la culture juridique et politique allemande [2416]. L'État de droit lors de sa conception n'était pas seulement un concept théorique mais aussi une revendication politique [2417]. Il en est de même désormais de l'État social. Si, concernant le droit de propriété, « *la question fiscale révèle un certain antagonisme entre l'État de droit et l'État social* » [2418], tel n'est pas le cas en matière de finances sociales où l'impôt permet à l'État social de se réaliser. La fiscalisation permet de renforcer l'État social et *de facto* l'État de droit en tant qu'État social, mais elle permet aussi de renforcer directement l'État de droit qui sert de support à la volonté de l'État [2419]. L'État est l'acteur principal de la fiscalisation et il voit son rôle renforcé par le développement de la fiscalisation.

2. L'État social et la globalisation du droit

383. L'État social renforcé par la globalisation du droit. L'État social incarne « *cette série de principes normatifs qui constitutionnalisent les obligations des gouvernements nationaux dans le domaine de la politique sociale et économique, qui visent à garantir la sécurité sociale*

[2414] FAVOREU (L.), « De la démocratie à l'État de droit », in *Débats*, n° 64, 1991, p.158. Repris par FAVOREU (L.), *La Constitution et son juge*, Paris, Economica, 2014, p.10.
[2415] FAVOREU (L.), « L'influence de la jurisprudence du Conseil constitutionnel sur les diverses branches du droit », extrait de *Itinéraires : études en l'honneur de Léo Hamon*, Economica, 1982, pp.235-244. Repris par FAVOREU (L.), *La Constitution et son juge*, Paris, Economica, 2014, p.1043.
[2416] TUORI (K.), « L'État de droit », in TROPER (M.), CHAGNOLLAUD (D.) (dir.), *Traité international de droit constitutionnel –Théorie de la Constitution*, t.1, Paris, Dalloz, 2012, p.644.
[2417] *Ibid*, p.646.
[2418] MANGIAVILLANO (A.), *Le contribuable et l'État, l'impôt et la garantie constitutionnelle de la propriété (Allemagne- France)*, Paris, Dalloz, Coll. « Nouvelle Bibliothèque de Thèses », 2013, p.25.
[2419] TUORI (K.), « L'État de droit », *op.cit.*, p.649.

et à minimiser les différences sociales »[2420]. Avec la globalisation, les formes contemporaines de solidarité sont remises en cause afin de pallier l'affaiblissement des solidarités professionnelles[2421]. La fiscalisation permet l'émergence de nouvelles formes de solidarités à travers le développement des impositions affectées et l'extension des règles fiscales qui en découle. La fiscalisation ne peut être cloisonnée dans les frontières d'une branche du droit au même titre que l'État social[2422]. Alain SUPIOT considère que l'État social permet d'observer « *tout à la fois l'armature de solidarités qui en un siècle ont profondément transformé nos manières de vivre ensemble, et le jeu de forces puissantes qui ébranlent cet édifice institutionnel et menacent de le mettre à bas* »[2423]. L'État social concerne le droit social qui se compose du droit du travail et du droit de la protection sociale, mais il concerne aussi le droit fiscal puisque l'État social doit avoir les moyens d'exister. Le rattachement au droit social dans l'étude de la fiscalisation est double dans la mesure où il se rattache juridiquement à la branche du droit comprenant le droit de la protection sociale et le droit du travail, mais il se rattache également à la protection de l'individu. Le droit à la sécurité sociale, tout comme le droit social, est un droit structuré par la hiérarchie des normes et antérieurement marqué par la prédominance de la norme légale[2424]. Étudier l'État social ne peut se limiter aux frontières du seul droit social. L'État social est assuré non pas à travers la garantie de chaque droit mais à travers l'obligation imposée aux pouvoirs publics de garantir l'État social[2425]. Dans les droits sociaux, comme dans la Sécurité sociale, Christophe RAMAUX considère alors que le social intervient « *en quelque sorte doublement : non seulement c'est la société qui garantit des droits, mais c'est elle qui en délimite le périmètre. La définition des droits et de la sécurité devient elle-même*

[2420] COPPOLA (S.), *La justiciabilité des droits sociaux dans l'Union Européenne*, Thèse dactylographiée, Strasbourg, 2012, p.5.
[2421] SUPIOT (A.), « État social et mondialisation : analyse juridique des solidarités », *Annuaire du Collège de France*, 2012-2013, p.719.
[2422] SUPIOT (A.), Grandeur et misère de l'État social, Leçon inaugurale prononcée le 29 novembre 2012, http://books.openedition.org/cdf/2249?lang=fr#text.
[2423] *Ibid.*
[2424] CYTERMANN (L.) et WANECQ (T.), *Les politiques sociales*, Paris, PUF, Coll. Manuel, 2010, p.9.
[2425] COPPOLA (S.), *La justiciabilité des droits sociaux dans l'Union Européenne*, Thèse dactylographiée, Strasbourg, 2012, p.12.

sociale » [2426]. La fiscalisation possède ainsi des répercussions allant au-delà du champ des finances publiques puisqu'elle affecte l'État social dans sa globalité.

384. La fonction sociale de l'impôt non concernée par la globalisation fiscale. Toutefois si la fiscalisation concerne la globalisation du droit, elle est peu influencée par la globalisation fiscale. La globalisation fiscale désigne les rapports entre la mondialisation et cet attribut essentiel de souveraineté, interpelle l'État fiscal qui doit incarner et mobiliser la solidarité [2427]. Elle constitue alors selon Audrey ROSA « *un défi pour le lien solidarité-impôt* » [2428]. Marc LEROY considère que l'État-nation résiste à la globalisation [2429] puisque les États demeurent des acteurs de la mondialisation [2430]. Bien qu'il s'agisse d'une préoccupation importante, en matière de fiscalité sociale, l'influence européenne demeure assez limitée [2431]. La fonction sociale de l'impôt semble alors résister à la globalisation fiscale [2432], et s'inscrit dans une logique d'unification du droit, de globalisation du droit, tout en étant faiblement affecté par la globalisation fiscale. Par son inscription dans l'État social et son influence sur la globalisation du droit, elle induit une uniformisation des modèles sociaux.

SECTION 2 : L'UNIFORMISATION DES SYSTÈMES SOCIAUX

385. Les conséquences normatives et budgétaires de la fiscalisation amènent les systèmes sociaux à s'uniformiser. Les systèmes sociaux sont initialement distincts (**Paragraphe premier**), mais la fiscalisation

---

2426 RAMAUX (C.), « Quelle théorie pour l'État social ? Apports et limites de la référence assurantielle. Relire François Ewald 20 ans après L'État providence », *Revue française des affaires sociales*, 2007, n° 1, p.21.
2427 ROSA (A.), *Solidarité et impôt – Recherche sur les fondements de l'impôt moderne*, *op.cit.*, p.403.
2428 *Ibid.*
2429 LEROY (M.), « Introduction » in LEROY (M.) (dir.), *Mondialisation et fiscalité, la globalisation fiscale*, Paris, L'Harmattan, 2006, p.10.
2430 *Ibid.*
2431 Voir en ce sens les paragraphes n° 242 et s.
2432 ROSA (A.), *Solidarité et impôt – Recherche sur les fondements de l'impôt moderne*, *op.cit.*, p.420.

entraîne l'émergence d'un modèle social européen unique (**Paragraphe second**).

§1. Des systèmes sociaux initialement distincts

386. L'OCDE considère que « *les réformes qui améliorent les compétences sont également importantes pour la réussite économique et le bien-être social* » [2433]. Lorsque les réformes concernent le secteur social, les bienfaits n'en sont que plus importants. Suite à des réformes structurelles progressives, le système français de Sécurité sociale est passé du modèle assurantiel à l'État social (**A**) ce qui permet la valorisation de la solidarité au sein même de la Sécurité sociale (**B**).

A. Du modèle assurantiel à l'État social

387. La France, un modèle hybride originellement de type bismarckien. Le modèle assurantiel, autrement appelé modèle bismarckien, est opposé au modèle beveridgien. Le système bismarckien est financé majoritairement par des cotisations professionnelles et repose sur une logique de solidarité professionnelle et un principe d'assurance tandis que le système beveridgien est fondé sur une logique étatique où les financements proviennent de contributions publiques. La doctrine s'est toutefois interrogée sur la pertinence d'établir une distinction radicale entre logique d'assurance et logique de solidarité [2434]. Néanmoins, le système français n'a jamais relevé totalement de la logique de l'assurance professionnelle à l'allemande, c'est-à-dire d'un système totalement indépendant de l'État [2435] puisque « *dès l'origine, l'objectif était aussi d'assurer une couverture universelle à l'anglaise et, surtout, la sécurité sociale est toujours restée sous la tutelle du Gouvernement, qui prenait les décisions essentielles* » [2436]. Cependant cette classification reposant sur l'opposition entre une logique de solidarité et une logique

---

[2433] "*Reforms that enhance skills are also important for economic success and social wellbeing*", in OCDE, *Economic Surveys: Norway*, 2016, p.10.

[2434] BORGETTO (M.), « L'évolution récente du système de Sécurité sociale en matière de redistribution », *Recherches et prévisions*, n° 73, septembre 2003, Dossiers Famille et droit social, p.47.

[2435] PHILIP (L.) « La protection sociale et les nouvelles frontières entre finances publiques et finances privées », *RFFP*, n° 79, 2002, p.34.

[2436] *Ibid.*

d'assurance n'est plus la seule utilisée [2437]. Avec le retour de l'Alsace-Moselle en France, le régime des assurances sociales a été étendu. L'Allemagne était en effet pionnière dans la reconnaissance de la fonction sociale de l'État puisqu'entre 1883 et 1889, Otto von BISMARCK a mis en place un programme national d'assurance contre la maladie, la vieillesse, l'invalidité et les accidents du travail. La loi sur l'assurance maladie du 15 juin 1883, la législation sur les accidents du travail du 6 juillet 1884, ainsi que celle sur l'assurance invalidité-vieillesse du 22 juin 1889 ont été codifiées et étendues par le Code des Assurances sociales du 19 juillet 1911 (*Reichsversicherungsordnung*) [2438]. Les assurances sociales héritées du Reich allemand auquel ces trois départements ont été rattachés de 1871 à 1918 [2439] ont été maintenues dans les départements du Haut-Rhin, du Bas-Rhin et de la Moselle après leur réintégration dans le territoire français. Dans un certain nombre de secteurs, l'application pure et simple des lois françaises eut été pour l'Alsace-Moselle une « *véritable régression* » [2440] puisque le droit allemand avait élaboré une législation d'ensemble sans équivalent en France. La politique sociale en tant qu'effort de création continu pour l'amélioration des conditions de vie et de travail doit s'adapter aux réalités nationales et aux circonstances qui créent les problèmes sociaux [2441]. La politique sociale actuelle doit s'adapter aux nouvelles exigences de l'État social caractérisé par une population vieillissante et une augmentation constante du chômage. Les besoins de financement de la protection sociale deviennent impérieux, d'autant plus que les cotisations sociales peinent à financer le système de Sécurité sociale. La France tend alors à s'inspirer des modèles nordiques. Cette inspiration est ainsi motivée plus par pragmatisme que par choix idéologique.

388. L'inspiration des pays nordiques. Les modèles sociaux des pays nordiques sont majoritairement financés par l'impôt [2442]. Le modèle

---

[2437] Voir en ce sens le paragraphe n° 389.

[2438] GALANT (H.- C.), *Histoire politique de la Sécurité sociale française 1945-1952*, Paris, Librairie Armant Colin, 1955, p.11.

[2439] KERSCHEN (N.) et KESSLER (F.), *Le régime local d'Assurance Maladie en Alsace Moselle : un modèle d'avenir de protection sociale complémentaire ?* Suisse, Edition Peter Lang, Coll. Publications universitaires Européennes, 1993, p.1.

[2440] WOEHRLING (J.-M.), « Perspectives sur le droit local », *JCAM*, Fascicule n° 30, 2001, p.12.

[2441] NETTER (F.), *La Sécurité sociale et ses principes* [1959], Paris Dalloz, 2005, p.2.

[2442] ABRAHAMSON (P.), « La fin du modèle scandinave ? La réforme de la protection sociale dans les pays nordiques », *Revue française des affaires sociales*, 2005, n° 3, p.108.

scandinave est caractérisé comme étant « *universel et (par conséquent) coûteux, financé à partir de l'impôt, fondé sur la gestion publique à la fois des transferts sociaux et des services* » [2443]. Son influence sur le système français est indéniable en matière de financement à travers la fiscalisation. Il en est autrement en matière organisationnelle. L'organisation administrative des systèmes beveridgiens est plus simple puisque le nombre d'organismes est limité en comparaison des modèles bismarckiens. La Norvège appartient au modèle beveridgien et comprend trois régimes généraux principaux dont le régime d'assurance nationale (*Folketrygden*) qui couvre les branches non concernées par le régime d'allocations familiales (*Barnetrygden*) et le régime de prestations en espèces pour garde d'enfant (*Kontantstøtten til småbarnsforeldre*) [2444]. Ces régimes sont regroupés au sein de l'organisation norvégienne du travail et du bien-être (*Nye arbeids- og velferdsetaten*, appelé NAV). La NAV résulte d'une loi adoptée au printemps 2005 (*Norwegian Labour and Welfare Act of 2006*) et entrée en vigueur au 1er juillet 2006 [2445]. Elle est composée d'un organisme central et des systèmes de services sociaux locaux, et aide à fournir une sécurité sociale et économique [2446]. En Norvège, la protection sociale est généralisée puisque toute la population est couverte. Sont obligatoirement couverts par le régime d'assurance nationale : toutes les personnes résidant ou travaillant en tant qu'employés en Norvège ou sur des installations permanentes ou mobiles sur le plateau continental norvégien, y compris les marins non citoyens engagés sur des navires norvégiens en dehors des eaux territoriales ; les citoyens des pays de l'Espace économique européen (EEE) qui exercent une activité en tant que personne non salariée en Norvège ; les citoyens des pays de l'EEE travaillant sur des navires norvégiens ; et certaines catégories de citoyens norvégiens travaillant à l'étranger [2447]. L'administration fiscale est

---

[2443] *Ibid*, p.109.

[2444] "The main general social insurance schemes in Norway are the National Insurance Scheme, the Family Allowance Scheme and the Scheme for Cash Benefit for Families with Small Children.", in Norwegian Ministry of labour and social affairs, The Norwegian Social Insurance Scheme, 2015, p.3.

[2445] https://www.nav.no/en/Home/About+NAV/What+is+NAV.

[2446] https://www.regjeringen.no/en/dep/bld/organisation/Offices-and-agencies-associated-with-the-Ministry-of-Children-and-Equality/Norwegian-Labour-and-Welfare-Organizatio/id426155/.

[2447] "*all persons who are either resident or working as employees in Norway or on permanent or movable installations on the Norwegian Continental Shelf, are compulsorily insured under the National Insurance Scheme. The same applies to persons living in Svalbard (Spitsbergen), Jan Mayen, and the Antarctic and SubAntarctic dependencies*

fortement liée aux organismes de sécurité sociale norvégiens puisqu'elle recouvre les cotisations sociales avant de reverser les sommes adéquates aux régimes concernés. Ce rapprochement entre l'administration fiscale et les organismes sociaux accentue la simplification organisationnelle du système norvégien. Cette simplification au sein de l'organisation du système de Sécurité sociale se retrouve également en Suède où « *la Caisse nationale de sécurité sociale (Försäkringskassan) qui a le statut d'agence gouvernementale, chargée d'appliquer la législation votée par le Parlement* » [2448] a été mise en place depuis le 1er janvier 2005. Cette unique structure, où la participation des partenaires sociaux est exclue, contrôle 21 caisses régionales, ainsi que 330 agences locales [2449]. L'agence d'assurance sociale est chargée de la gestion de la sécurité sociale, « *à l'exception des pensions de vieillesse et de survivant qui relèvent de la responsabilité de l'Agence suédoise des pensions (*Pensionsmyndigheten*)* » [2450]. Le système français s'est inspiré du modèle allemand et non des pays nordiques puisque la France dispose d'un régime général, d'un régime agricole, d'un régime social des indépendants et de multiples « régimes spéciaux », ainsi que des régimes complémentaires. L'influence du modèle bismarckien sur le modèle français en matière d'organisation administrative a été relativement faible. En revanche, tel n'est pas le cas concernant le financement du modèle français de protection sociale qui tend à favoriser le recours à l'impôt et le renforcement de la solidarité. L'instauration de la protection universelle maladie modifie ce constat initial puisqu'elle traduit une évolution significative du système organisationnel français [2451]. Didier TABUTEAU

(Bouvet Island, Peter I Island and Queen Maud Land), provided that they are employed by a Norwegian employer or were insured under the National Insurance Act prior to their stay in these areas. [...] *Citizens from EEA countries working on Norwegian ships, except hotel and restaurant staff on cruise ships registered in the Norwegian International Ship's Register, are compulsorily insured. Foreign (not EEA) citizens not resident in Norway or any other Nordic country, who are employed on ships in foreign trade, registered in the regular Norwegian Ship's Register, are compulsory insured only with regard to entitlement to occupational injury benefits and funeral grants.", in* Norwegian Ministry of labour and social affairs, *The Norwegian Social Insurance Scheme*, 2015, p.3.

[2448] VASSELLE (A.) et CAZEAU (B.), Rapport d'information n° 377 fait au nom de la mission d'évaluation et de contrôle de la sécurité sociale (Mecss) de la commission des Affaires sociales sur la protection sociale et la réforme des retraites en Suède, Sénat, 2007, p.10.

[2449] *Ibid.*

[2450] Commission européenne, *Vos droits en matière de sécurité sociale en Suède*, 2013, p.5.

[2451] Voir en ce sens le paragraphe n° 81.

considère la mise en place de la protection universelle maladie comme « *la continuation d'un triple mouvement* » [2452] traduisant la généralisation de l'assurance maladie, l'universalisation de son financement à travers la création de la CSG en 1991, et la constitutionnalisation du rôle du Parlement avec l'institution des lois de financement de la Sécurité sociale en 1996. Elle apparaît alors comme l'une des conséquences logiques du développement de la fiscalisation, remettant ainsi en cause l'équilibre entre le modèle bismarckien et le modèle beveridgien sur lequel était fondé jusque-là le système français de Sécurité sociale.

389. Une faible appartenance au modèle corporatiste-conservateur. Longtemps décriée, la typologie d'ESPING-ANDERSEN éclaire sur la diversité des États-providence européens. Il oppose le modèle social-démocrate, le modèle corporatiste-conservateur et le modèle libéral [2453] en prenant en compte la nature des droits sociaux dispensés, les effets de la redistribution sur la stratification sociale et les relations entre État, marché économique et famille. Dans le modèle corporatiste-conservateur, le « *pilier essentiel de l'État-providence est l'assurance sociale obligatoire fondée sur l'activité laborieuse* » [2454]. L'assurance sociale occupe alors une place prépondérante. La France est réputée appartenir à ce système alors qu'elle n'est pas entièrement de type assurantiel puisqu'intervient également l'aide sociale ainsi que des politiques d'action sociale. L'ensemble - assurance sociale, aide sociale et politique d'action sociale – constitue « *un système complet de protection de tous les citoyens, assurant aux uns le minimum vital, aux autres le maintien du statut social dans le cadre d'une solidarité horizontale, conformément aux idéaux d'une société méritocratique* » [2455] . La fiscalisation permet de relativiser l'appartenance de la France au modèle corporatiste-conservateur. Avec le développement des allocations familiales et l'augmentation croissante des minima sociaux financés par l'impôt, la fiscalisation permet au système de tendre vers le modèle universaliste. Cette évolution se retrouve également en Allemagne où il n'existe pas de branche famille. Les prestations familiales allemandes

---

[2452] TABUTEAU (D.), « La protection universelle maladie (PUMA) : une transfiguration législative de l'assurance maladie (première partie) », *RDSS*, 2015, n° 6, p.1065.

[2453] MARTINACHE (I.), « Gosta Esping-Andersen, Bruno Palier, Trois leçons sur l'État-providence », *Lectures, Les comptes rendus*, 2008, mis en ligne le 12 mars 2008, consulté le 16 juillet 2016. http://lectures.revues.org/549.

[2454] MERRIEN (F.-X.), *L'État-providence*, Paris, PUF, Coll. Que-sais-je ?, 2007, p.60.

[2455] MERRIEN (F.-X.), *L'État-providence*, Paris, PUF, Coll. Que-sais-je ?, 2007, p.64.

sont financées par des impôts, leur financement n'est donc pas assurantiel. L'organisation des prestations familiales demeure complexe puisqu'elles sont financées par des ressources fédérales (*Bundesmittel*) pour les allocations familiales (*Kindergeld*), l'allocation parentale (*Elterngeld*), l'allocation d'éducation (*Erziehungsgeld*), des ressources du Bund et des Länder pour l'avance sur pension alimentaire (*Unterhaltvorschuss*) et l'allocation logement (*Wohngeld*) et des ressources du Bund ou des communes pour l'aide sociale à l'enfance et à la jeunesse [2456]. Le modèle universaliste permet d'assurer à l'ensemble de la population un niveau élevé de protection sociale financé par l'impôt, alors que le modèle conservateur permet une protection sociale aux individus ayant cotisé. Ces modèles s'opposent en matière de financement de la même manière que les modèles beveridgiens et bismarckiens. La fiscalisation s'inscrit comme le curseur permettant l'appartenance à un système plus qu'à l'autre.

390. La diversité des régimes. Il est difficile de construire un modèle social commun tant ils sont hétérogènes à de multiples égards, de par les modalités d'organisation des systèmes de protection sociale, le niveau des dépenses sociales et leur nature [2457]. Les systèmes sociaux partagent tous certaines valeurs communes, mais il demeure « *tant de différences* [...] *que la notion même de "modèle européen" ou d'"Europe sociale" est plutôt discutable* » [2458]. Cette hétérogénéité des systèmes sociaux nationaux en Europe est issue des héritages de l'histoire et des fruits des diversités dans l'organisation des rapports sociaux [2459]. Ces spécificités nationales s'expliquent également par la conception même des systèmes puisque les politiques sociales et de l'emploi relèvent très largement de la compétence nationale des États membres [2460]. Si chaque État conserve ses

[2456] Haut conseil du financement de la protection sociale, *Analyse comparée des modes de financement de la protection sociale en Europe*, 2014, p.173.
[2457] CYTERMANN (L.) et WANECQ (T.), *Les politiques sociales*, Paris, PUF, Coll. Manuel, 2010, p.346.
[2458] SAPIR (A.), « La globalisation et la réforme des modèles sociaux européens », *Reflets et perspectives de la vie économique*, 2006/1, t.XLV, p.122.
[2459] MATHIEU (C.), STERDYNIAK (H.), « Le modèle social européen et l'Europe sociale », *Revue de l'OFCE,* 2008/1 n° 104, p.47.
[2460] Commission européenne, *Communication de la Commission au Parlement européen et au Conseil. Renforcer la dimension sociale de l'Union économique et monétaire*, Bruxelles, 2013, p.2 ; Cité également par GRAZIANO (P.) et HARTLAPP (M.), « La fin de l'Europe sociale ? Évaluation du rôle des changements politiques et organisationnels

spécificités sociales, il n'en demeure pas moins que l'intégration européenne demande « *une certaine coordination et convergence* »[2461]. Les diversités quant au mode de financement retenu alimentent la diversité des modèles sociaux. Cependant malgré cette diversité, l'ensemble des pays européens tend à mettre en place un État social où la protection sociale est une nécessité. La France se définit comme une « *République indivisible, laïque, démocratique et sociale* »[2462], et l'Allemagne comme « *un État fédéral démocratique social* »[2463], soit « *un État de droit républicain, démocratique et social* »[2464]. La Norvège ne se définit pas directement comme un État social mais la Constitution norvégienne intègre le droit à la protection sociale en prévoyant que les autorités de l'État doivent créer des conditions qui facilitent le développement de l'enfant en veillant à ce que l'enfant soit pourvu d'une sécurité économique, sociale et sanitaire nécessaire, de préférence au sein de sa propre famille[2465]. La Suède constitue un État social même si la Constitution suédoise ne le mentionne pas expressément. La Constitution suédoise se compose de quatre lois fondamentales : l'*Instrument of Government* adopté en 1974, l'*Act of Succession* de 1810, the *Freedom of the Press Act* de 1949 et le *Fundamental Law on Freedom of Expression* adopté en 1991. Fait également partie de la Constitution suédoise, le *Riksdag Act* qui dispose d'un statut entre les lois fondamentales et les lois ordinaires. La référence à l'État social se retrouve au sein de *The Instrument of Government* qui dispose dans son article 2 que les institutions publiques doivent promouvoir la protection sociale et la sécurité sociale ainsi que les conditions favorables à une bonne santé[2466]. La crise de l'État social apparaît alors remise en cause par le

---

au sein du système politique de l'Union européenne », *Revue française des affaires sociales,* 2015/3 (n° 3), p.91.

[2461] MATHIEU (C.), STERDYNIAK (H.), « Le modèle social européen et l'Europe sociale », *Revue de l'OFCE,* 2008/1 n° 104, p.71.

[2462] Article 1er, Constitution française du 4 octobre 1958.

[2463] Article 20, Loi fondamentale pour la République fédérale d'Allemagne du 23 mai 1949.

[2464] Article 28, Loi fondamentale pour la République fédérale d'Allemagne du 23 mai 1949.

[2465] Article 104, Constitution Norvégienne du 17 mai 1814 : "*The authorities of the state shall create conditions that facilitate the child's development, including ensuring that the child is provided with the necessary economic, social and health security, preferably within their own family.*".

[2466] Article 2, *The Instrument of Government* : "*In particular, the public institutions shall secure the right to employment, housing and education, and shall promote social care and social security, as well as favourable conditions for good health.*".

développement des droits sociaux au sein de l'Union européenne. La solidarité inhérente à l'État social s'accentue parallèlement au développement de l'État social en Europe.

B. L'État social, une solidarité inhérente

391. Solidarité et État social, une ancienne connexion. La solidarité désigne « *aussi bien un être qu'un devoir être, un fait – naturel ou social – qu'un effet, c'est-à-dire une obligation, voire un objectif ou un idéal* » [2467]. Elle est inhérente à la construction des sociétés modernes. L'article 21 de la Constitution du 24 juin 1793 proclamait déjà que « *les secours publics sont une dette sacrée. La société doit la subsistance aux citoyens malheureux, soit en leur procurant du travail, soit en assurant les moyens d'exister à ceux qui sont hors d'état de travailler* ». Cet article constitue la base de l'État social tel que popularisé par l'économiste et sociologue Lorenz von Stein et repris, en Prusse, par des universitaires, les socialistes de la Chaire qui ont exercé une influence majeure lors de la création des lois bismarckiennes [2468]. Cette conception de l'État social repose sur la solidarité entre l'État et les personnes en difficulté. La solidarité est donc associée à l'État social et sert ainsi « *de base à la sociologie naissante, en même temps qu'à l'édification de l'État social* » [2469]. L'État a ainsi choisi d'exprimer la solidarité à travers l'assistance et la protection sociale. Ce lien entre la solidarité et la protection sociale existe également dans le système danois de protection sociale puisqu'il est basé sur des principes de solidarité et d'universalisme, dans la mesure où il est financé collectivement par la fiscalité, comprenant des services sociaux et des services publics très développés, dispensés dans le cadre d'une infrastructure de droit public, et offrant de généreuses prestations à ses bénéficiaires [2470]. La protection sociale est alors construite comme une fonction assurée par les institutions

---

[2467] MUSSO (P.) « La solidarité : généalogie d'un concept sociologique », in SUPIOT (A.) (dir.), *La solidarité. Enquête sur un principe juridique*, Paris, Odile Jacob, Coll. Collège de France, 2015, p.107.

[2468] TABUTEAU (D.), « Topologie des politiques sociales », *Droit social*, 2012, n° 6, p.622.

[2469] SUPIOT (A.), « État social et mondialisation : analyse juridique des solidarités », *Annuaire du Collège de France*, 2012-2013, p.731.

[2470] ADAMO (S.), « Le système danois de protection sociale : équilibrer solidarité en Europe et immigration en temps de crise », *Revue française des affaires sociales*, 2015, n° 3, p.161.

de protection sociale au travers des redistributions de ressources [2471]. Avec la solidarité, elles apparaissent au sein de ce système comme « *absolument liées à la nation* » [2472]. Le terme de solidarité est toutefois absent de la Constitution danoise. Cette absence est également présente au sein des constitutions suédoises et norvégiennes. Elle n'est toutefois pas spécifique à tous les États sociaux.

392. Solidarité et Constitution. Dans la Constitution française, la référence à la solidarité est double. La solidarité nationale et sociale est prévue à l'alinéa 12 du préambule de la Constitution du 27 octobre 1946 [2473] alors qu'au sein de l'article 87 de la Constitution se trouve « *la solidarité et* [...] *la coopération entre les États et les peuples ayant le français en partage* ». La France n'est pas le seul État à faire doublement référence à la solidarité dans son texte suprême puisque la Constitution italienne le prévoit à l'article 2 [2474] et à l'article 119 [2475]. La solidarité sociale est constitutionnellement prévue comme devant être mise en œuvre par l'État. La solidarité conçue à travers la protection sociale est toutefois absente des constitutions allemande [2476] et espagnole [2477]. Cette analyse s'avère impossible concernant le Royaume-Uni et ne peut aboutir puisque s'il constitue toujours le symbole du modèle beveridgien et l'expression de la solidarité sociale, il ne possède pas de Constitution

---

[2471] LE LANN (Y.), « Les métamorphoses de la solidarité : statistiques des contraintes économiques de la protection sociale et émergence de la justice générationnelle », *Revue française des affaires sociales,* 2014, n° 1-2, p.49.

[2472] ADAMO (S.), « Le système danois de protection sociale : équilibrer solidarité en Europe et immigration en temps de crise », *Revue française des affaires sociales*, 2015, n° 3, p.174.

[2473] Voir en ce sens le paragraphe n° 293.

[2474] « *la République reconnaît et garantit les droits inviolables de l'homme, comme individu et comme membre de formations sociales où s'exerce sa personnalité, et exige l'accomplissement des devoirs de solidarité politique, économique et sociale auxquels il ne peut être dérogé* »

[2475] « *afin de promouvoir le développement économique, la cohésion et la solidarité sociale, d'éliminer les déséquilibres économiques et sociaux, de faciliter l'exercice effectif des droits de la personne, ou bien d'assurer l'accomplissement d'autres missions dépassant l'exercice de leurs fonctions normales, l'État alloue des ressources additionnelles et réalise des interventions spéciales en faveur de Communes, Provinces, Villes Métropolitaines et Régions spécifiques* »

[2476] La seule référence à la solidarité renvoie aux conventions du second pacte de solidarité », Article 143, Loi fondamentale pour la République fédérale d'Allemagne du 23 mai 1949.

[2477] La solidarité au sein de la Constitution espagnole renvoie à l'égalité territoriale puisqu'elle est relative à la solidarité entre les régions qui composent la Nation espagnole.

écrite. Cependant par l'analyse du système de protection sociale anglais, il s'avère que les dimensions solidaires mises en place par Lord BEVERIDGE ont été maintenues puisque le système actuel se fonde sur ses recommandations et que les soins de santé sont majoritairement financés par l'impôt. La solidarité s'exprime au sein du système national de santé (*The National Health Service - NHS*) dont relève l'ensemble du système de santé [2478]. Le système de paiement du NHS relève désormais du domaine de la loi après avoir déplacé la responsabilité de l'État vers les systèmes de santé [2479]. La loi n° 18 de 2014-2015 [2480] concernant le NHS a d'ailleurs rappelé que le système national de santé fonctionne sur la base de la solidarité sociale [2481]. Il est intéressant d'observer que les pays censés mettre le mieux en œuvre la solidarité l'excluent de leurs constitutions, et comment inversement ceux orientés dans une logique bismarckienne l'ont mis en place au sein de leurs normes suprêmes.

393. Le renforcement de la solidarité. Si le système français de Sécurité sociale est basé sur un système assurantiel, il a été construit à l'image de la solidarité familiale qu'elle étend à l'échelle de la France [2482]. Les systèmes de protection sociale bismarckiens ou assurantiels constituent un pas en avant considérable vers une solidarité sociale plus complète [2483]. Une solidarité générationnelle se développe toutefois au sein de ces systèmes. Ces différents types de solidarité viennent renforcer la solidarité nationale puisque l'essor des solidarités civiles sur l'État social peut soulager la solidarité nationale et contribuer à restaurer sa force et sa légitimité [2484]. Léon DUGUIT estime toutefois que la solidarité sociale est une norme objective qui s'impose aux gouvernants et dont l'État n'est

---

[2478] "*Funding for the NHS comes directly from taxation*", http://www.nhs.uk/NHSEngland/thenhs/about/Pages/overview.aspx.

[2479] "*Since the NHS transformation in 2013, the NHS payment system has become underpinned by legislation. The Health & Social Care Act 2012 moves responsibility for pricing from the Department of Health, to a shared responsibility for NHS England and NHS Improvement*", http://www.nhs.uk/NHSEngland/thenhs/about/Pages/overview.aspx.

[2480] *National Health Service* (Amended Duties and Powers) Bill [Bill 18 of 2014-15].

[2481] "*the NHS operates on the basis of social solidarity*", *National Health Service* (Amended Duties and Powers) Bill [Bill 18 of 2014-15], p.3.

[2482] MITTERRAND (F.), « 40e anniversaire de la Sécurité sociale », *Droit social*, n° 11, 1985, p.783.

[2483] MERRIEN (F.-X.), *L'État-providence*, Paris, PUF, Coll.Que-sais-je ?, 2007, p.61.

[2484] SUPIOT (A.), Grandeur et misère de l'État social, Leçon inaugurale prononcée le 29 novembre 2012, http://books.openedition.org/cdf/2249?lang=fr#text.

qu'un mode de réalisation [2485], d'autant plus que, selon lui, l'État trouve dans le service public sa légitimité et la limite à ses prérogatives. La solidarité et l'État sont ainsi deux notions intrinsèquement liées dans la conception de l'État social. Nicolas DELALANDE considère que « *l'émergence de la philosophie de l'État social, fondée sur les principes de solidarité et d'obligation, s'accompagne d'une révolution intellectuelle comparable dans le domaine fiscal* » [2486]. Le développement de la solidarité s'explique par l'émergence de ressources fiscales mais aussi par une multiplication des prestations dites non contributives de sécurité sociale, c'est-à-dire des prestations ayant pour caractéristiques de n'être pas forcément et directement financées par leurs bénéficiaires [2487]. La CSG apparaît ainsi comme une conception fiscale du concept de solidarité. La solidarité s'exprime certes par l'impôt [2488] mais l'impôt ne constitue plus son seul moyen d'expression. La solidarité d'aujourd'hui n'est plus celle d'hier puisque le Conseil constitutionnel ne fait plus de la solidarité nationale un principe réservé à des situations exceptionnelles mais un principe d'application continue qui doit structurer l'ensemble de la société [2489]. La solidarité est conçue comme l'intervention de l'État en aide aux personnes défavorisées, afin de réduire les inégalités sociales comme fiscales. La solidarité nationale ne peut néanmoins être exclusive puisque « *devenu débiteur universel, l'État social engendre un peuple de créanciers qui ne se reconnaissent plus mutuellement solidaires et attendent de lui le remède à tous leurs maux* » [2490]. L'évolution des concepts de solidarité au sein de la protection sociale traduit l'évolution même du modèle social français où que ce soit au niveau des conditions d'ouverture des droits, du financement, des prestations ou de la gouvernance, tout conduit à faire de l'assurance maladie obligatoire *« un modèle hybride où s'entremêlent aujourd'hui des mécanismes issus des*

[2485] SUPIOT (A.), Grandeur et misère de l'État social, Leçon inaugurale prononcée le 29 novembre 2012, http://books.openedition.org/cdf/2249?lang=fr#text.

[2486] DELALANDE (N.), *Les batailles de l'impôt*, Paris, Seuil, 2014, p.175.

[2487] BORGETTO (M.), « L'évolution récente du système de Sécurité sociale en matière de redistribution », *Recherches et prévisions*, n° 73, septembre 2003, Dossiers Famille et droit social, p.46.

[2488] Voir en ce sens le paragraphe n° 427.

[2489] ROUSSEAU (D.), « Le Conseil constitutionnel et la solidarité nationale », in PELLET (R.) (dir.), *Finances publiques et redistribution sociale*, Paris, Economica, 2006, p.109.

[2490] SUPIOT (A.) (dir.), *La solidarité. Enquête sur un principe juridique*, Paris, Odile Jacob, Coll. Collège de France, 2015, p.16.

logiques de Bismarck et de Beveridge » [2491]. L'évolution conceptuelle de la solidarité au sein des modèles sociaux est cependant parfois associée à la crise de l'État social.

394. La crise de l'État social. La crise de l'État social apparaît comme une crise de la solidarité sociale et de l'intégration [2492]. Pour Joseph FACAL, la crise de l'État providence possède quatre dimensions : une crise financière, une crise de légitimité, une crise de rigidité et une crise de représentation [2493]. La crise financière apparaît à l'origine des autres crises puisque les besoins sociaux sont illimités contrairement aux ressources. Elle risque toutefois de s'aggraver dans un contexte où le financement de la solidarité passe presque exclusivement par l'État, l'allongement de l'espérance de vie combinée avec la stagnation du taux de natalité mettront une pression toujours plus considérable sur les finances publiques [2494]. La solidarité se révèle au centre de la crise de l'État providence, puisqu'elle justifie la crise financière face à l'augmentation des dépenses de solidarité. Elle entraîne la crise de légitimité puisque la solidarité tend à devenir mécanique et amène la crise de la rigidité où l'organisation centralisée de la solidarité semble ne plus être capable d'évoluer à la même vitesse que le marché du travail [2495]. Cette crise de la rigidité se retrouve notamment en France où l'avènement d'un chômage de masse, le développement du travail précaire et sur un plan démographique, le vieillissement de la population [2496] sont venus aggraver la crise des finances de l'État. Audrey ROSA constate que « *l'État s'est avéré incapable d'incarner et de mobiliser d'une manière suffisante la solidarité nécessaire afin de satisfaire ses missions* » [2497]. Redonner la juste place à la solidarité semble alors être la solution à cette crise de l'État providence qui peut être surpassée en trouvant de nouvelles

---

[2491] MARIÉ (R.), « Vers une résurgence des assurances sociales dans le champ de la couverture maladie », *Droit social*, 2015, n° 4, p.367.

[2492] MARAFFI (M.), "Book reviews : Pierpaolo Donati: Risposte alla crisi dello stato sociale. Milano: Angeli, 1984. 309 pp", *European Sociological Review*, Vol.1, n° 3, 1985, p.254.

[2493] FACAL (J.), « Quelques enjeux relatifs à la démocratie dans les sociétés occidentales développées », *Gestion*, 2007, Vol. 32, n° 4, p.55.

[2494] FACAL (J.), « Quelques enjeux relatifs à la démocratie dans les sociétés occidentales développées », *Gestion*, 2007, Vol. 32, n° 4, p.55.

[2495] *Ibid*, p.56.

[2496] ROSA (A.), *Solidarité et impôt – Recherche sur les fondements de l'impôt moderne*, *op.cit.*, p.243.

[2497] *Ibid.*

sources de solidarité sociale [2498]. La solidarité sociale est un mode de réalisation politique lorsque l'État est prêt à assumer la responsabilité d'assurer ses citoyens contre l'infortune [2499]. L'Allemagne a ainsi entrepris une réforme de l'État social puisque loin de procéder à un démontage de son système social, elle passe « *d'une logique de solidarité collective organisée d'en haut, mais partiellement clairvoyante, à une logique de responsabilité individuelle fondée sur une citoyenneté économique et sociale mieux partagée entre les acteurs et les individus, et plus consciente des enjeux d'avenir* » [2500]. La crise de l'État social apparaît liée à la crise de la Sécurité sociale qui est avant tout financière[2501] et dont la fiscalisation semble être une solution adéquate. Par son influence sur la solidarité et les moyens financiers qu'elle procure dans un objectif démocratique et juste, la fiscalisation s'illustre comme un moyen temporaire permettant de limiter la crise de l'État providence. La fiscalisation apparaît comme un remède à la crise de l'État social et permet l'émergence d'un modèle social européen au sein duquel les différents modèles sociaux s'uniformisent.

§2. L'ÉMERGENCE D'UN MODÈLE SOCIAL EUROPÉEN

395. Dans le souhait d'obtenir une société plus égalitaire et protectrice, les droits fondamentaux et la protection sociale deviennent des éléments essentiels à l'expression du modèle social européen. Cependant si ce modèle dispose de caractéristiques qui lui sont propres (**A**), la fiscalisation amène les différents modèles sociaux européens à s'uniformiser (**B**).

[2498] « *This is so because the crisis of the welfare state is fundamentally a crisis of social solidarity and integration; it is not, in primis, an economic, political or administrative crisis.*" MARAFFI (M.), "Book reviews : Pierpaolo Donati: Risposte alla crisi dello stato sociale. Milano: Angeli, 1984. 309 pp", *European Sociological Review*, Vol.1, n° 3, 1985, p.253.

[2499] « *Social solidarity has a political embodiment when the state is prepared to take on the responsibility of insuring its citizens against a range of common misfortunes or contingencies, including sickness, interrupted earnings, and old age.* », WEALE (A.), "Social solidarity and the Welfare State", Ethics, Vol.100, n° 3, 1990, p.477.

[2500] LASSERRE (R.), « La réforme de l'État social en Allemagne », *Regards sur l'économie allemande*, n° 100, 2011, p.49.

[2501] BRUNO (P.), GIULIANO (B.), « Entre Bismarck et Beveridge. "Crises" de la sécurité sociale et politique(s) », *Revue française de science politique*, 45e année, n° 4, 1995, p.676.

A. Des caractéristiques propres au modèle social européen

396. Une reconnaissance partagée. La conception du modèle social européen est d'abord et surtout invoquée dans le débat politique, avec une connotation plus normative que descriptive [2502]. À défaut d'exister, le modèle social européen est ce vers quoi les modèles sociaux nationaux présents en Europe doivent tendre. La notion de modèle social européen traduit « *une certaine conception de l'articulation entre l'économie et les politiques sociales* » [2503]. Cette prédominance des politiques économiques sur les politiques sociales est peu surprenante dans la mesure où l'Union européenne est conçue comme une Europe économique avant d'être une Europe sociale. Le concept d'Europe sociale s'est toutefois rapidement mis en place puisque le Traité de Rome a instauré le Fonds social européen en 1957. Il faut toutefois attendre l'Acte unique européen pour que ce fonds apparaisse comme un fonds à finalité structurelle. L'Europe sociale est alors conçue comme l'ensemble des normes communautaires et des politiques sociales qui sont communes aux différents pays de l'Union européenne [2504]. Toutefois pour Yannick L'HORTY l'Europe sociale n'existe pas puisqu'elle est « *moins une réalité communautaire qu'un projet politique* » [2505], au même titre que le modèle social européen. Ces propos doivent être nuancés puisque l'Europe sociale possède des actions concrètes. La coordination des régimes de Sécurité sociale demeure ainsi un volet essentiel en vue de valoriser le modèle social européen [2506]. Claire AUBIN considère, face à l'hétérogénéité des modèles sociaux européens, qu'il est plus adéquat de parler d'« espace » social européen plutôt que de modèle. Elle retient en effet que « *si le concept de "modèle" prête à discussion, celui d'"espace" doit céder le pas devant l'évidente et persistante diversité du paysage social européen* » [2507]. Bien qu'il n'existe pas de définition officielle du

---

[2502] AUBIN (C.), « À la recherche du modèle social européen », *Droit social*, 2008, n° 4, p.485.

[2503] BARBIER (J.-C.), « Modèle social européen » et « gouvernance » européenne », *Informations sociales*, 2013, n° 175, p.27.

[2504] L'HORTY (Y.), « L'Europe sociale n'existe pas », *Idées économiques et sociales*, 2008/4, n° 154, p.18.

[2505] *Ibid.*

[2506] YUNG (R.), Rapport n° 413 d'information fait au nom de la commission des Affaires européennes sur l'Europe sociale, état des lieux et perspectives, Sénat, 2009, p.18.

[2507] AUBIN (C.), « À la recherche du modèle social européen », *Droit social*, 2008, n° 4, p.484.

modèle social européen [2508], il traduit l'existence d'un État social et donc d'un système national de protection sociale. Le principe de base du modèle social européen (MSE) est que « *la société doit fournir à chacun de ses membres certains biens de base (éducation, santé), qu'elle doit assurer à tous un certain minimum vital, qu'elle doit protéger les individus contre certains risques (maladie, chômage, vieillesse), qu'elle doit effectuer une certaine redistribution en faveur de certaines catégories de la population (familles, handicapés), qu'elle doit fournir à chacun les moyens de gagner sa vie par une activité rémunératrice, dans des conditions de travail satisfaisantes, avec une certaine sécurité de l'emploi* » [2509]. Le modèle social européen concerne donc autant le droit du travail que le droit de la protection sociale. Le rôle vital du modèle social européen est d'ailleurs reconnu par les traités européens, la Charte des droits fondamentaux de l'Union européenne, la Charte sociale européenne, ainsi que par les conventions de l'OIT [2510].

397. Des acquis sociaux renforcés. Les traités européens ont renforcé les acquis sociaux de l'Union européenne. Bien qu'il n'y ait pas de politique sociale spécifique à l'Union européenne, l'Acte unique européen de 1986 a étendu les compétences communautaires en matière de santé et de sécurité du travail. Il prévoit dans son préambule que les États signataires s'engagent à promouvoir les droits reconnus dans la Charte sociale européenne. Il dispose également d'une sous-section relative à la politique sociale puisque les États membres s'attachent à promouvoir la sécurité et la santé des travailleurs en vertu de l'article 118A du Traité CEE. Si les traités de Maastricht et d'Amsterdam renforcent la politique sociale européenne qui doit être adéquate et élevée, le Conseil européen de Lisbonne en 2000 fixe comme objectif la modernisation du modèle social européen [2511]. En 2000, le Conseil européen de Nice adopte la Charte des droits fondamentaux et met en place l'Agenda social européen qui « *constitue une étape majeure pour le*

[2508] SPYROPOULOS (G.), « L'avenir incertain du modèle social européen », *Droit social*, 2005, n° 6, p.603.
[2509] MATHIEU (C.) et STERDYNIAK (H.), « Le modèle social européen et l'Europe sociale », *Revue de l'OFCE*, 2008, n° 106, p.46.
[2510] " *Its vital role is recognised by the European Treaties, the EU Charter of Fundamental Rights, the European Social Charter, as well as by ILO conventions.*", Commission européenne, *Employment and Social Development in Europe 2015*, 2016, p.209.
[2511] Conclusions de la présidence, Conseil européen de Lisbonne, 23-24 mars 2000.

renforcement et la modernisation du modèle social européen » [2512]. Selon l'Annexe 1 relative à l'Agenda social européen, les États membres ont rappelé que « *C'est sur la base du modèle social européen, avec ses régimes de protection sociale très développés, que doit se faire le passage à l'économie de la connaissance* ». Le modèle social européen repose sur une diversité des systèmes sociaux des États membres, mais aussi sur un socle commun de valeurs [2513]. La protection sociale doit toutefois être modernisée puisque cette modernisation « *doit conforter les exigences de solidarité* » [2514]. Le Traité de Lisbonne de 2009 modifie le Traité UE en instaurant un article 2 qui promeut la protection sociale ainsi que la solidarité entre les générations. Cette promotion de la protection sociale est également affirmée à l'article 5bis qui dispose que « *dans la définition et la mise en œuvre de ses politiques et actions, l'Union prend en compte les exigences liées à la promotion d'un niveau d'emploi élevé, à la garantie d'une protection sociale adéquate, à la lutte contre l'exclusion sociale ainsi qu'à un niveau élevé d'éducation, de formation et de protection de la santé humaine* ». Les traités européens veillent ainsi à ce que les États membres de l'Union européenne respectent les acquis sociaux et mettent en œuvre une protection sociale juste et adéquate. Les acquis sociaux doivent être protégés par l'Union européenne ainsi que par les États membres et ceci quel que soit le mode de financement retenu pour financer leur système de protection sociale. La fiscalisation ne doit ainsi pas interférer dans la réalisation et le maintien des acquis sociaux.

398. Une solidarité omniprésente. La protection sociale est inhérente au modèle social européen qui est aussi fondé sur une exigence de solidarité sociale. Angela MERKEL, lors de son discours du 25 mars 2007 à l'occasion de la cérémonie célébrant le cinquantième anniversaire de la signature des Traités de Rome, affirme que le modèle de vie européen doit concilier « *réussite économique et solidarité sociale* ». Le modèle social européen n'est donc pas uniquement prospectif mais bien réel. Son existence se retrouve au sein de l'acquis social. L'acquis social communautaire est opposable à tout candidat souhaitant adhérer à l'Union européenne et recouvre plus de deux cents textes à caractère contraignant [2515] appuyés par la jurisprudence de la CJCE et de la CEDH.

[2512] Conclusions de la présidence, Conseil européen de Nice, 7-10 Décembre 2000.
[2513] Annexe 1 – Agenda social européen, Conseil européen de Nice, 7-10 Décembre 2010.
[2514] *Ibid.*
[2515] AUBIN (C.), « À la recherche du modèle social européen », *Droit social*, 2008, n° 4, p.485.

L'acquis communautaire concerne « *principalement la libre circulation des travailleurs, le droit du travail ainsi que l'égalité entre les hommes et les femmes et la lutte contre les discriminations* » [2516] et permet au citoyen de bénéficier d'un certain nombre de droits sociaux et de garanties en matière de protection sociale lorsqu'il travaille dans un autre État membre que le sien [2517]. Cet acquis communautaire donne une réalité juridique dans lequel s'inscrit le modèle social européen. En raison de la diversité des modèles, l'imposition d'un modèle social européen paraît difficilement envisageable [2518] pour Georges SPYROPOULOS qui préconise plutôt « *l'inclusion d'une référence solennelle à ce modèle dans l'énumération des principes constitutionnels communautaires, la définition d'un ensemble de droits et garanties minimales qui aille au-delà des "acquis" actuels* » [2519]. La solidarité est, certes immergée dans l'assurance sociale [2520], mais son expression est parfois difficile puisque la protection sociale mise en œuvre au niveau national est obligatoirement mise en cause par la mondialisation et même par la construction européenne dès lors que la mondialisation tend à disloquer le salariat et les sociétés nationales, ce qui rend plus difficiles les solidarités, salariales comme nationales, sur lesquels le MSE est bâti [2521]. Tout système de protection sociale doit toutefois reposer sur la solidarité. Si pendant longtemps il a été considéré que la solidarité européenne n'existe pas [2522], tel n'est plus le cas depuis le Traité de Lisbonne de 2009 où la solidarité devient une valeur commune aux États membres [2523] car elle se retrouve entre les générations mais aussi entre les États membres et entre les peuples [2524] . Nicolas SCHMIT, ministre du Travail, de l'Emploi et de l'Économie sociale et solidaire du Luxembourg, rappelle cette

---

[2516] YUNG (R.), Rapport n° 413 d'information fait au nom de la commission des Affaires européennes sur l'Europe sociale, état des lieux et perspectives, Sénat, 2009, p.18.

[2517] *Ibid*, p.25.

[2518] SPYROPOULOS (G.), « L'avenir incertain du modèle social européen », *Droit social*, 2005, n° 6, p.605.

[2519] Ibid.

[2520] MATHIEU (C.) et STERDYNIAK (H.), « Le modèle social européen et l'Europe sociale », *Revue de l'OFCE*, 2008, n° 106, p.46.

[2521] *Ibid*, p.69-70.

[2522] *Ibid*, p.98.

[2523] Nouvel article 1bis du TUE, Traité de Lisbonne modifiant le Traité sur l'Union européenne et le Traité instituant la Communauté européenne, 2007, C 306/01, JOUE du 17/12/2007, p.11.

[2524] Nouvel article 2 du TUE, Traité de Lisbonne modifiant le Traité sur l'Union européenne et le Traité instituant la Communauté européenne, 2007, C 306/01, JOUE du 17/12/2007, p.11.

préoccupation actuelle en affirmant qu'il faut concevoir une nouvelle vision sociale de l'Europe, celle d'une Europe solidaire [2525], d'autant plus lorsque l'Europe est en proie à une crise migratoire qui nécessite encore plus de solidarité. La Commission européenne recommande d'ailleurs l'ouverture vers l'extérieur puisqu'elle affirme qu'« *alors que les États développent leur collaboration sur les questions de sécurité sociale qui débordent du cadre national, l'Union devrait jouer un rôle moteur dans ce contexte, compte tenu de sa longue expérience en matière de coordination des systèmes de sécurité sociale* » [2526]. Elle entend ainsi promouvoir la coopération avec d'autres organisations internationales et avec d'autres parties du monde dans le domaine de la coordination en matière de sécurité sociale [2527]. L'Europe doit continuer à jouer son rôle dans la globalisation tout en gardant de bons systèmes sociaux dans ses frontières [2528]. La globalisation ne peut se faire sans la préservation de la dimension sociale européenne. La fiscalisation, en tant qu'instrument au service de la globalisation des finances publiques mais aussi du droit [2529], doit permettre cette préservation. Puisque le recours à l'impôt augmente l'aspect solidaire du financement des droits sociaux, la fiscalisation semble préserver les droits sociaux. La fiscalisation demeure soumise aux choix des politiques fiscales et sociales. Sa mise en œuvre au niveau européen apparaît limitée car soumise au bon vouloir de chaque État membre.

399. Une mise en œuvre limitée. L'Europe sociale est limitée par le souhait des États membres de rester maître de leurs politiques sociales et fiscales. L'Europe sociale doit néanmoins tendre vers un modèle social unifié où la mise en place d'un gouvernement économique et social européen permettra l'harmonisation par le haut de la fiscalité et de la protection sociale [2530]. Catherine MATHIEU et Henri STERDYNIAK

[2525] Cité par RINALDI (D.), *Un nouvel élan pour l'Europe sociale*, Études et rapports, Institut Jacques Delors, n° 108, 2016, p.20.

[2526] Communication de la Commission au Parlement européen, au Conseil, au Comité économique et social européen et au comité des régions, *La dimension extérieure de la coordination en matière de sécurité sociale dans l'Union européenne*, 30 mars 2012, Bruxelles, p.10.

[2527] *Ibid.*

[2528] BROUILLET (J.), RIGAUX (M.), VANDAMME (F.), « Le modèle social européen : source ou moteur de la construction européenne », *Droit social*, 2006, n° 12, p.1181.

[2529] Voir en ce sens, le paragraphe n° 259.

[2530] STERDYNIAK (H.), « Faut-il une Europe sociale ? Commentaire », *Revue d'économie politique*, 2005, n° 6, Vol. 115, p.735.

considèrent dans cette optique que des minima salariaux et sociaux dépendraient du niveau de développement atteint par chaque pays et augmenteraient au fur et à mesure que celui-ci rejoindra les pays de tête [2531]. Dans un contexte de crise financière, le maintien des minima sociaux est délicat [2532] puisque la crise a accéléré le déclin des contributions de Sécurité sociale dans le financement de la Sécurité sociale. Si les modèles sociaux européens sont marqués par des différences propres à leurs systèmes nationaux, le champ des minima sociaux existe au sein des pays européens avec des dispositifs assez proches dans l'ensemble des pays, même en l'absence d'harmonisation européenne [2533]. Les minima sociaux se retrouvent au sein des régimes de type bismarckien ainsi qu'au sein des régimes plus universalistes. Au sein des premiers, ils ont un rôle subsidiaire [2534] alors qu'ils constituent une composante intrinsèque [2535] aux seconds. Si la définition n'est pas identique dans tous les pays, la conception d'assurer un « *minimum de ressources monétaires aux membres de la société* » [2536] est commune aux États. Trois dispositifs se retrouvent ainsi dans la plupart des États européens : le revenu minimum garanti, le minimum vieillesse et une garantie de revenu aux personnes handicapées [2537]. Les réformes fiscales et de protection sociale sont liées puisqu'elles permettent de renforcer les moyens qui incitent à travailler tout en préservant un revenu minimum à ceux qui ne le peuvent pas. Le système de protection sociale danois possède une équivalence aux minima sociaux puisqu'il dispose d'une prise en charge minimale où l'État a la responsabilité d'assurer un minimum de subsistance à ceux qui ne peuvent y subvenir par eux-mêmes [2538]. Basé sur la solidarité et l'universalité, le Danemark est le

---

[2531] MATHIEU (C.) et STERDYNIAK (H.), « Le modèle social européen et l'Europe sociale », *Revue de l'OFCE*, 2008, n° 106, p.98.

[2532] Voir en ce sens, le paragraphe n° 78.

[2533] L'HORTY (Y.), « L'Europe sociale n'existe pas », *Idées économiques et sociales*, 2008/4, n° 154, p.18.

[2534] Direction de la recherche, des études et de l'évaluation des statistiques, *Un panorama des minima sociaux en Europe*, Études et Résultats, n° 464, 2006, p.1.

[2535] *Ibid.*

[2536] KESSLER (F.), « Revenus minima sociaux en Europe : esquisse à partir d'évolutions législatives », *Regards*, n° 38, EN3S, 2010, p.82.

[2537] Direction de la recherche, des études et de l'évaluation des statistiques, *Un panorama des minima sociaux en Europe*, *op.cit.*, p.1.

[2538] ADAMO (S.), « Le système danois de protection sociale : équilibrer solidarité en Europe et immigration en temps de crise », *Revue française des affaires sociales*, 2015, n° 3, p.163.

principal prestataire de protection sociale [2539]. Jean-Claude BARBIER considère que « *le droit européen est bien un dieu Janus à double face* » puisqu'il donne la prééminence au droit des libertés économiques, et met en péril de manière croissante les droits collectifs sociaux d'un côté, tandis que de l'autre il promeut les droits individuels et s'attache ainsi le soutien d'un nombre croissant d'acteurs sociaux [2540]. Chaque État conserve la responsabilité de son financement dans son système de sécurité sociale [2541]. La mise en œuvre du modèle social européen apparaît mitigée puisque les États se contentent d'intervenir dans le cadre fixé par le MSE qui puise « *ses racines dans le tissu solidaire qui caractérise ses États membres* » [2542]. Le choix assumé de la solidarité envers les catégories sociales les plus faibles représente une charge certaine pour les finances publiques qui doit être mise à l'actif du modèle social européen. La fiscalisation permet de renforcer la solidarité nationale mais aussi le modèle social européen. Elle traduit surtout une uniformisation des modèles sociaux le composant.

B. L'uniformisation des systèmes sociaux en son sein

400. Une fiscalisation limitée. La volonté de limiter le poids des dépenses sociales dans les comptes publics est une des lignes de force communes [2543]. Cette volonté s'est traduite différemment selon les États concernés, par le retrait de l'État providence au sein des pays libéraux notamment pour les retraites et la couverture santé ou par la mise en place de « *restrictions dans les conditions d'éligibilité et le niveau des prestations servies, souvent sévères mais transitoires et réparties entre tous* » [2544] pour les États dont le système de protection sociale est basé sur l'universalité. Cela se traduit également par la mise en place de la fiscalisation qui permet d'augmenter les ressources allouées à la Sécurité sociale même si les États membres veillent à ne pas trop faire progresser

[2539] *Ibid.*
[2540] BARBIER (J.-C.), « « Modèle social européen » et « gouvernance » européenne », *Informations sociales*, 2013, n° 175, p.30.
[2541] KERSCHEN (N.), « Vers une individualisation des droits sociaux : approche européenne et modèles nationaux », *Droit social*, 2003, n° 2, p.217.
[2542] PETIT (B.), « Un regard juridique sur la dynamique du modèle social européen », *Droit social*, 2010, n° 2, p.222.
[2543] AUBIN (C.), « À la recherche du modèle social européen », *Droit social*, 2008, p.486.
[2544] *Ibid*, p.487.

les taux de leurs prélèvements obligatoires [2545]. Cette volonté de préserver le taux global des prélèvements obligatoires a toujours existé puisqu'il s'agissait d'un souhait annoncé lors de la mise en place de la CSG. Il était prévu qu'elle soit compensée par un allégement à due concurrence de certains autres impôts ou cotisations actuellement affectés à la sécurité sociale [2546]. Il s'agissait alors de mettre en place une imposition complémentaire et non supplémentaire. Le recours aux régimes complémentaires facultatifs et privés est parfois avancé à tort comme une solution pérenne. Si cela permet de maintenir le taux des prélèvements obligatoires, la solidarité est toutefois amoindrie ainsi que l'économie puisque les sommes investies pour la santé viendront réduire les montants placés dans la consommation ou l'épargne. Le souhait de préserver le taux des prélèvements obligatoires est difficilement tenu puisqu'en France le taux des prélèvements obligatoires des administrations de Sécurité sociale est passé de 24% à 24.2% du PIB entre 2013 et 2015 [2547]. Il convient de développer la fiscalisation, mais dans une certaine mesure. La fiscalisation ne peut aboutir à un financement de la protection sociale effectué exclusivement par l'impôt.

401. Une fiscalisation partielle. La fiscalisation ne peut être intégrale. Les pays nordiques, réputés pour financer leur système de protection sociale par l'impôt, n'ont pas recours exclusivement à l'impôt, et maintiennent également des cotisations sociales. Cette augmentation des ressources fiscales se retrouve au sein de l'UE puisqu'« *entre 1996 et 2012, la part dans le total des ressources des contributions publiques affectées au financement de la protection sociale dans l'UE 15* [...] *a fortement augmenté (+8,8 points), alors que celle des cotisations à la charge des employeurs et des assurés a baissé (respectivement de -3,8 points et de -5,0 points)* » [2548]. Le coût du travail constitue un élément clé de la compétitivité d'un pays, dès lors les cotisations sociales sont en recul même si elles demeurent toujours présentes. Si le recours à la fiscalisation ne peut être total, l'évolution des structures de financement des systèmes

---

[2545] EUZÉBY (A.), « Modèle social européen : des défis à relever », *RMCUE*, 2005, p.290.

[2546] Conseil constitutionnel, Compte rendu de la séance du 28 décembre 1990, p.2.

[2547] VANLERENBERGHE (J.-M.), *Rapport d'information fait au nom de la mission d'évaluation et de contrôle de la Sécurité sociale et de la commission des affaires sociales sur la situation des finances sociales*, Sénat, 2016, p.12.

[2548] Direction de la recherche, des études, de l'évaluation et des statistiques, *La protection sociale en France et en Europe en* 2013, Coll. Études et statistiques, 2015, p.94.

nationaux de protection sociale traduit un rapprochement des structures au sein de l'UE où la part des contributions publiques a augmenté dans la plupart des pays de l'UE.

Graphique 2 Évolution de la part des différentes ressources dans le financement entre 1996 et 2013

En points

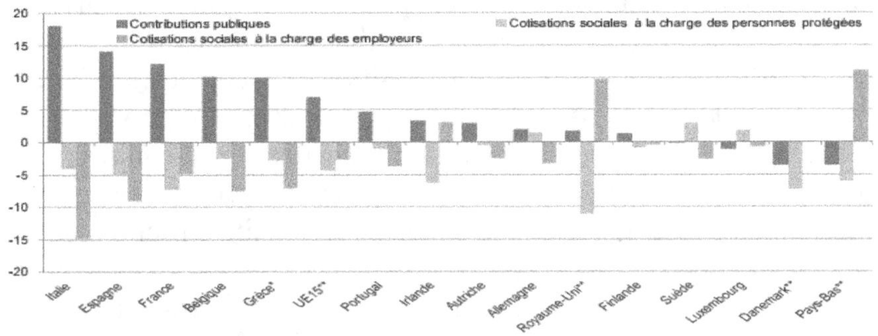

* Données 2012 pour la Grèce.
** Pour s'abstraire des ruptures de série, l'évolution 1996-2013 de l'UE 15 est calculée hors évolution 2006-2007 pour le Danemark et le Royaume-Uni (ruptures de série en 2007) et hors évolution 2012-2013 pour les Pays-Bas (rupture de série en 2013).
Note > Les contributions publiques incluent ici les ITAF (impôts et taxes affectés) et les autres recettes.
Sources > DREES-CPS pour la France ; Eurostat-SESPROS pour les autres pays.

2549

Au sein de l'Union européenne, les contributions publiques augmentent tandis que les cotisations sociales diminuent, qu'elles soient à la charge des personnes protégées ou des employeurs. Quatre pays font toutefois office d'exceptions : la Suède, le Luxembourg, le Danemark et les Pays-Bas. Le Danemark fait doublement figure d'exception puisqu'il est le seul à avoir diminué les cotisations sociales mais aussi les contributions publiques. Le Danemark a également comme particularité de financer les dépenses de protection sociale sur la base de recettes fiscales non affectées. Le financement des dépenses sociales résulte « *d'un arbitrage budgétaire ce qui implique, pour étudier la structure du financement des dépenses de protection sociale, d'analyser le système fiscal dans son ensemble* » [2550]. La Suède, le Danemark et les Pays-Bas relèvent du modèle scandinave de protection sociale où le financement par l'impôt dispose d'une place importante au sein du système financier de la Sécurité sociale. La Suède dispose toutefois de spécificités qui lui sont propres puisque la politique sociale suédoise est orientée sur les assurances

[2549] Direction de la recherche, des études, de l'évaluation et des statistiques, *La protection sociale en France et en Europe en 2014*, Résultats des comptes de la protection sociale, 2016, p.99.
[2550] JULIENNE (K.), LELIÈVRE (M.), « L'évolution du financement de la protection sociale à l'aune des expériences britannique, française et danoise », *Revue française des affaires sociales*, 2004, n° 3, p.94.

sociales liées au revenu, alors que la politique sociale norvégienne se rapproche de la version universaliste du modèle scandinave en mettant l'accent sur des prestations forfaitaires et une imposition générale [2551]. La tendance pour ces pays a été une augmentation des cotisations et une diminution de la part de l'impôt dans le financement de la protection sociale, dont le secteur public assure toutefois toujours la plus grande part [2552]. Suite à une crise financière au début des années 1990, ils ont été contraints d'augmenter le niveau d'imposition pour ensuite le réduire dans les années 2000. Cette baisse ne les a pas empêchés d'aborder la crise économique de 2008 avec d'importants excédents budgétaires [2553]. Par cette baisse, les modèles scandinaves tendent à s'européaniser [2554]. La fiscalisation amène les modèles sociaux à s'uniformiser puisque les systèmes nationaux basés sur des modèles bismarckiens tendent à augmenter leurs contributions publiques dans le financement de leur système de Sécurité sociale ; mais elle ne constitue pas le seul instrument permettant l'uniformisation des modèles puisque les modèles scandinaves, majoritairement financés par l'impôt, tendent à réduire leur financement public. La fiscalisation permet aux modèles d'origine bismarckienne d'atteindre le juste équilibre entre le recours aux impositions et taxes affectées et le maintien des cotisations sociales.

402. L'évolution opérée par la fiscalisation. La fiscalisation amène le système de Sécurité sociale français, bien qu'inspiré des deux modèles, à se rapprocher du modèle beveridgien. Cette mouvance peut être considérée comme bénéfique au regard de la situation allemande. En 1994 le système de sécurité sociale allemand s'est doté d'une cinquième branche, celle de la dépendance. Il a été décidé que son fonctionnement sera calqué sur celui de l'assurance maladie allemande, c'est-à-dire qu'elle est financée par des cotisations, gérée par des caisses, distribuée à

[2551] "*While Swedish social policy puts a high and increasing emphasis on income-related social insurance, Norwegian social policy is still partly drawn towards a more universalistic version of the Scandinavian model emphasizing flat-rate benefits and general taxation.*", in BAY (A.-H.) et PEDERSEN (A. W.), "The limits of social solidarity: Basic Income, Immigration and the Legitimacy of the Universal Welfare state", *Acta Sociologica*, n° 4, Vol.49, 2006, p.425.

[2552] ABRAHAMSON (P.), « La fin du modèle scandinave ? La réforme de la protection sociale dans les pays nordiques », *Revue française des affaires sociales*, 2005, n° 3, p.123.

[2553] DØLVIK (J. E.), « Le modèle nordique en période de crise : est-il toujours capable de s'adapter ? », *Revue française des affaires sociales*, 2016, n° 1, p.124.

[2554] ABRAHAMSON (P.), « La fin du modèle scandinave ? La réforme de la protection sociale dans les pays nordiques », *op.cit.*, p.124.

des assurés sociaux [2555]. Néanmoins, la mise en œuvre de cette réforme s'est traduite par l'impossibilité de conserver la stabilité des cotisations et les changements ultérieurs ont éloigné progressivement la politique publique de ses objectifs initiaux [2556]. Elle a suscité des inégalités entre les bénéficiaires qui ne peuvent être compensées que par la souscription à des assurances privées complémentaires. Dans tous les cas, il ne peut y avoir de moyen unique pour financer la Sécurité sociale [2557]. La fiscalisation est un moyen de tendre vers un modèle unique puisque les différences au sein des modèles continentaux s'amoindrissent au fur et à mesure que la place de l'impôt dans le financement des systèmes de Sécurité sociale se renforce. Puisque les minima sociaux se développent, la solidarité s'accentue et l'État social avec elle. Si l'Europe de la discipline s'oppose à l'Europe de la solidarité [2558], la fiscalisation amène l'Europe à devenir une Europe solidaire.

403. L'uniformisation des modèles. Le modèle social européen, bien qu'il n'ait pas de contenu précis puisqu'il doit englober des modèles très différents [2559], vise à allier une croissance économique durable avec l'amélioration des conditions de vie et de travail dont la protection sociale est un facteur important. La protection sociale a ainsi évolué vers une couverture universelle, plus satisfaisante du point de vue de la cohésion sociale [2560]. La fiscalité est un facteur important du modèle social européen qui doit contenir un système fiscal équitable visant la réduction des inégalités de revenus [2561]. Si les régimes sont variés et la conceptualisation d'un modèle social européen difficile, force est de constater un déclin du modèle continental qui doit être repensé [2562]. Les modèles sociaux se doivent d'être efficaces puisqu'ils renforcent la

---

[2555] LEDOUX (C.), « L'Assurance dépendance allemande, une copie de l'Assurance maladie ? Des premiers débats aux réformes actuelles », *Revue française des affaires sociales,* 2015, n° 4, p.86.

[2556] *Ibid*, p.103.

[2557] COOSEMANS (T.), « Le Parlement européen et la politique sociale de l'Union européenne. », *Courrier hebdomadaire du CRISP,* 2001, n° 1718, pp.5-52.

[2558] SÉGOL (B.), « L'Europe sociale : une condition sine qua non du projet européen », *Revue française des affaires sociales*, 2015,n° 3, p.189.

[2559] MATHIEU (C.), STERDYNIAK (H.), « Le modèle social européen et l'Europe sociale », *Revue de l'OFCE,* 2008/1 n° 104, p.44.

[2560] *Ibid*, p.47.

[2561] *Ibid*, p.73.

[2562] *Ibid*, p.70.

compétitivité et le dynamisme économiques [2563]. Les modèles sociaux convergent puisque les États européens sont confrontés à des difficultés similaires. En effet, « *partout en Europe, l'équilibre des finances sociales a rencontré des difficultés et fait l'objet de débats : la persistance, dans certains pays de l'Union européenne, d'un taux de chômage élevé dans un contexte de croissance molle et la perspective de sociétés vieillissantes ont conduit certains pays à s'interroger sur les principes fondamentaux sur lesquels reposait le financement de la protection sociale* » [2564]. Cette interrogation issue des changements sociaux au sein des États les amène à reconsidérer la manière dont s'opère le financement de leur système de protection sociale. La fiscalisation a permis en France d'opérer un basculement au sein du modèle de protection sociale afin d'accentuer son efficacité. Elle permet également d'illustrer une tendance au rapprochement des modèles [2565] puisqu'elle élargit l'assise financière des régimes de protection sociale. La fiscalisation n'est donc pas spécifique à la France dès lors qu'elle existe au sein des divers modèles. Elle est aboutie au sein des modèles scandinaves basés sur le modèle beveridgien, et elle est progressive et en cours de développement dans les pays continentaux basés sur le modèle bismarckien. L'Allemagne n'échappe pas à la tendance à adoptant notamment un impôt écologique sur les activités polluantes en 1998. Cette écotaxe assise sur la consommation d'énergie des agents économiques a son produit affecté à la fois au financement des retraites et à la promotion des énergies renouvelables [2566]. Cette innovation inaugure la fiscalisation au sein du système allemand de Sécurité sociale. Elle est accentuée en 2006 avec l'affectation d'un point de TVA à l'Assurance chômage, même si les études de l'organisme public de prévisions économiques de Belgique ont jugé ce financement peu performant [2567]. Lors d'une réforme de la TVA, l'Allemagne a finalement décidé « *d'augmenter de trois points son taux*

[2563] SÉGOL (B.), « L'Europe sociale : une condition sine qua non du projet européen », *op.cit.*, p.184.

[2564] JULIENNE (K.), LELIÈVRE (M.), « L'évolution du financement de la protection sociale à l'aune des expériences britannique, française et danoise », *Revue française des affaires sociales*, 2004, n° 3, p.87.

[2565] AUBIN (C.), « À la recherche du modèle social européen », *Droit social*, 2008, n° 4, p.488.

[2566] LASSERRE (R.), « La réforme de l'État social en Allemagne », *Regards sur l'économie allemande*, 2011, n° 100, p.45.

[2567] Rapport du groupe de travail sur l'élargissement de l'assiette des cotisations employeurs de Sécurité sociale, Annexe 10 – Éléments de comparaison internationale sur le financement de la protection sociale, 2006, p.4.

de TVA : deux points de hausse serviront à réduire le déficit public, tandis qu'un point de hausse est destiné à réduire les cotisations d'assurance chômage, ramenées de 6,5% à 4,2% » [2568]. D'une manière générale l'Allemagne a augmenté la place de l'impôt dans le financement [2569] de son système de Sécurité sociale, et surtout au niveau de son assurance vieillesse puisque désormais le régime de base des salariés en Allemagne bénéficie d'un financement substantiel [2570] par l'impôt par l'intermédiaire des concours du budget fédéral. Cela s'explique notamment par l'appartenance au budget de l'État des prestations familiales qui ne sont donc financées que par l'impôt [2571]. La nature des recettes fiscales varie en Allemagne par rapport à la situation française où l'impôt peut être directement et exclusivement affecté à la Sécurité sociale. En Allemagne, environ 35% des recettes de protection sociale proviennent de transferts par l'État du produit d'impôts non explicitement affectés, qui servent également à équilibrer les régimes de sécurité sociale [2572]. En Allemagne le Gouvernement fédéral (le Bund) prend en charge les « *dépenses liées au régime de solidarité des chômeurs («* Hartz IV *»)* [...] *ce qui constitue le 2ème poste de dépenses du Bund (32,2 Md€ en 2013) au titre de la protection sociale* » [2573]. Quelle que soit la typologie des modèles sociaux retenus, les systèmes de protection sociale ne peuvent être intégrés au sein d'un seul. Par leurs spécificités, chaque système possède des caractéristiques qui lui sont inhérentes, même si certaines mouvances se démarquent plus que d'autres. La France est donc un système à tendance conservateur empruntant des caractéristiques au modèle universaliste, mais elle constitue avant tout un modèle unique. Regrouper tous les différents modèles européens au sein d'un seul apparaît alors utopique. La classification d'ESPING-ANDERSEN est donc satisfaisante [2574] mais non

---

2568 ARTHUIS (J.), Rapport d'information n° 283 fait au nom de la commission des Finances, du contrôle budgétaire et des comptes économiques de la Nation sur la TVA sociale comme mode alternatif de financement de la sécurité sociale destiné à renforcer la compétitivité des entreprises françaises et l'emploi, Sénat, 2007, p.10.

2569 Cour des comptes, *Sécurité sociale*, Rapport, 2015, p.580.

2570 *Ibid*, p.586.

2571 Direction générale du Trésor, *Comparaison France-Allemagne des systèmes de protection sociale*, Les cahiers de la DG Trésor, 2012, n° 2, p.7

2572 Direction générale du Trésor, *Comparaison France-Allemagne des systèmes de protection sociale*, Les cahiers de la DG Trésor, 2012, n° 2, p.4.

2573 Haut Conseil du financement de la protection sociale, *Analyse comparée des modes de financement de la protection sociale en Europe*, 2014, p.177.

2574 CYTERMANN (L.) et WANECQ (T.), *Les politiques sociales*, Paris, PUF, Coll. Manuel, 2010, p.347.

suffisante. Pour Bernadette SÉGOL, il ne peut exister « *aucune sorte de "construction européenne" sans une Europe sociale, comme condition préalable à l'intégration* » [2575]. L'Europe sociale doit donc être préservée, d'autant plus qu'elle constitue la condition *sine qua non* du projet européen [2576]. Seules des tendances générales propres aux règles et valeurs de l'Union européenne qui s'inscrivent dans l'Europe sociale peuvent être intégrées dans ce modèle, invitant les États à s'y conformer tout en conservant leur propre système.

404. La fiscalisation, l'instrument au service de la réforme structurelle. Le système évolue et la structure englobante qui renvoie au Service public ou les contenus qui renvoient notamment à la Sécurité sociale [2577] des politiques sociales restent stables. Distinguer les simples adaptations conjoncturelles des mutations structurelles est parfois difficile. La fiscalisation possède la particularité d'être appréciée des deux manières. Elle peut être envisagée comme une adaptation conjoncturelle liée à la nécessité de financer des prestations sociales en renforçant la solidarité du système de protection sociale. Sous cet angle, elle permet alors le maintien d'un minimum de protection sociale mais la fiscalisation est également une révolution rampante [2578] prenant la forme d'une réforme structurelle puisqu'elle traduit l'évolution de notre système de protection sociale qui tend à se rapprocher du modèle beveridgien, en s'écartant légèrement du modèle bismarckien. Si certains constatent « *une disqualification de l'État à traiter du structurel et à agir efficacement dans les domaines économiques et sociaux* » [2579], la fiscalisation bouleverse cet état de fait. Elle permet la réalisation d'une réforme structurelle mais elle traduit également l'expression de la mutabilité fiscale [2580]. Les variations de la conjoncture économique et sociale provoquent l'adaptation des systèmes sociaux et fiscaux. La fiscalisation

---

[2575] SÉGOL (B.), « L'Europe sociale : une condition sine qua non du projet européen », Revue française des affaires sociales 2015/3 (n° 3), p.183.
[2576] *Ibid*, p.184.
[2577] BORGETTO (M.), LAFORE (R.), *La république sociale – Contribution à l'étude de la question démocratique en France*, Paris, PUF, 2000, p.358.
[2578] BORGETTO (M.), LAFORE (R.), *La république sociale – Contribution à l'étude de la question démocratique en France*, Paris, PUF, 2000, p.358.
[2579] ROSA (A.), *Solidarité et impôt – Recherche sur les fondements de l'impôt moderne*, *op.cit.*, p.243.
[2580] Voir en ce sens, BELTRAME (P.) et MONTAGNIER (G.), « L'Europe des impôts », *AJDA*, 1990, pp.242-257.

permet la prise en compte de ces variations afin de correspondre aux nouvelles exigences économiques et sociales.

*

Breviarium. *La fiscalisation s'érige en instrument au service d'une réforme structurelle d'ampleur traduisant le renforcement de l'aspect solidaire de la protection sociale mais aussi la garantie et le maintien d'un minimum de protection sociale. Par l'augmentation des contributions publiques au sein du modèle social français de Sécurité sociale, la France se rapproche des autres États sociaux européens en ajustant le financement de la protection sociale afin de tendre vers un juste équilibre entre l'impôt et les cotisations sociales. Cette montée de la fiscalisation en Europe amène une uniformisation des modèles sociaux européens qui tendent à s'équilibrer entre la réduction des déficits publics et le maintien d'une protection sociale juste et adéquate.*

CHAPITRE 2
LA FISCALISATION, UN INSTRUMENT AU SERVICE DE L'UNIFICATION DES PRÉLÈVEMENTS OBLIGATOIRES

405. L'intégration des charges sociales aux charges publiques a été le préalable à l'intégration des finances sociales aux finances publiques. Si les finances sociales ont pour caractéristique principale leur diversité [2581], elles n'en demeurent pas moins rattachées aux finances publiques. Les finances sociales ont pendant longtemps été mises à l'écart des finances publiques, désormais elles ont plus que jamais leur importance au sein du budget de l'État et s'inscrivent pleinement dans la globalisation des finances publiques. Xavier PRÉTOT résume bien les enjeux du financement de la Sécurité sociale qui « *pourvoit à la couverture des risques qui affectent l'existence quotidienne de la population et répond ainsi à des enjeux majeurs d'ordre politique, économique et social, qu'il draine à cette fin des montants exceptionnellement élevés, supérieurs à la somme du produit des prélèvements obligatoires que retrace le budget de l'État* » [2582]. La fiscalisation intègre les finances sociales au sein des finances publiques, et permet ainsi l'uniformisation des finances publiques (**Section 1**). La protection sociale est la première consommatrice de prélèvements obligatoires [2583] puisque le budget de la Sécurité sociale est supérieur à celui de l'État. Étienne MARIE considère que les prélèvements obligatoires, notamment sociaux ne peuvent plus se permettre de dériver [2584]. Par ces problématiques et l'importance du rôle étatique en la matière, le contenu de la notion de prélèvements obligatoires reste imprécis même si le statut des prélèvements obligatoires s'uniformise grâce à la fiscalisation (**Section 2**).

2581 PRÉTOT (X.), « La Sécurité sociale et les finances publiques », *RFFP*, n° 51, 1995, p.133.

2582 PRÉTOT (X.), « Le financement de la Sécurité sociale – Réflexions sur la légitimité des prélèvements publics », *RFFP*, n° 88, 2004, p.49.

2583 HIRSCH (M.), *Les enjeux de la protection sociale*, Paris, Montchrestien, Coll. « Clefs Politique », 1993, p.41.

2584 MARIE (E.), « Le Parlement et la Sécurité sociale », *Droit social*, 1992, n° 3, p.284.

SECTION 1 : L'UNIFORMISATION DES FINANCES PUBLIQUES

406. Si l'impôt n'est nullement inhérent à l'existence et au fonctionnement de l'État, celui-ci peut dans certains cas recourir à titre principal, en dehors des dons ou des emprunts, à des ressources de type domanial, dans la mesure où il possède des biens importants qu'il peut exploiter [2585], le législateur a également fait le souhait de renforcer l'intervention de l'impôt dans le fonctionnement de l'État à travers le financement de la Sécurité sociale. Avec la fiscalisation, les finances sociales sont intégrées aux finances publiques. La fiscalisation apparaît comme un processus équilibré (**Paragraphe premier**), même si elle traduit malgré tout une globalisation des finances publiques (**Paragraphe second**).

§1. UNE FISCALISATION ÉQUILIBRÉE

407. Les finances sociales, en tant qu'« *ensemble des dépenses de nature sociale ainsi que les ressources chargées d'y subvenir* » [2586], ont évolué en fonction des besoins de la Société. Lorsque le Conseil constitutionnel a permis l'intégration des cotisations sociales aux charges publiques, cela n'était que le préalable à l'intégration des finances sociales aux finances publiques. Cette intégration demeure toutefois partielle. La fiscalisation est équilibrée car non seulement elle permet le maintien de spécificités sociales (**A**), mais elle apparaît également justifiée (**B**) au regard de la nature et du rôle de l'impôt.

A. Le maintien de spécificités sociales

408. La nécessité d'intégrer les finances sociales aux finances publiques avait été mise en exergue par Michel DEBRÉ qui écrivait que « *si l'on veut une vue d'ensemble, il faut ajouter au budget proprement dit la Sécurité sociale* » [2587]. La notion même de finances sociales est

---

[2585] AMSELEK (P.), « Peut-il y avoir un État sans finances ? », *RDP*, 1983, p.273.
[2586] OLIVA (É.), *Finances publiques*, Paris, Sirey, Coll. Aide-mémoire, 3e éd., 2015, p.252.
[2587] DEBRÉ (M.), *La République et ses problèmes*, p.68, cité par AROMATARIO (S.), *La pensée politique et constitutionnelle de Michel Debré*, Paris, LGDJ, Coll. Bibliothèque constitutionnelle et de science politique – t.27, 2006, p.180.

source d'une certaine complexité car elle comporte des périmètres divers suivant l'angle retenu. Bien souvent, l'utilisation du terme « finances sociales » renvoie au domaine des lois de financement de la Sécurité sociale qui viennent encadrer les finances de la Sécurité sociale. En revanche, il convient de garder à l'esprit que les finances de la Sécurité sociale, et donc les finances sociales, ne se limitent pas au domaine restreint des lois de financement puisque les organismes privés de Sécurité sociale font partie intégrante des administrations de Sécurité sociale, et donc des administrations publiques (**1**) au sens comptable du terme, qui renvoie à un périmètre plus large. L'inclusion complète des finances sociales dans le domaine des finances publiques s'exprime alors au travers de critères extra-juridiques. L'intégration des finances sociales demeure toutefois partielle puisqu'elles ont un périmètre budgétaire distinct des finances publiques étatiques et locales (**2**).

1. Les organismes privés de Sécurité sociale, des administrations publiques

409. Les administrations de Sécurité sociale, un sous-secteur des administrations publiques dans la comptabilité nationale. Le Système européen de comptabilité 2010 (SEC 2010) a été mis en place par le règlement UE n° 549/2013 du 21 mai 2013 relatif au système européen des comptes nationaux et régionaux dans l'Union européenne [2588]. Il s'inscrit dans un souhait d'harmonisation internationale des différents systèmes de comptabilité nationale qui repose sur le Système de comptabilité nationale des Nations Unies de 2008. Ce cadre comptable européen doit nécessairement refléter les mutations économiques. Le SEC 2010 a une incidence indirecte sur les finances sociales car il affecte le compte des administrations publiques et concerne le traitement des avances au titre des pensions de retraite à payer dans le futur les crédits d'impôts et l'inclusion du coût du capital dans l'évaluation des coûts de production. Le règlement ne mentionne pas directement les finances sociales mais les annexes le font. Le point 2.113 prévoit cependant que les administrations de sécurité sociale constituent un sous-secteur du secteur des administrations publiques. Ce sous-secteur est défini au point

[2588] Règlement (UE) n ° 549/2013 du Parlement européen et du Conseil du 21 mai 2013 relatif au système européen des comptes nationaux et régionaux dans l'Union européenne, JOUE du 26 juin 2013, L.174/1.

2.117 [2589] ainsi que dans le point 20.67 [2590]. Les administrations de sécurité sociale sont définies ultérieurement dans le point 20.12 comme « *des unités d'administration publique consacrées à la gestion des régimes de sécurité sociale* ». Une administration de Sécurité sociale est également « *une unité institutionnelle* », à condition d'avoir une organisation distincte des autres activités des unités d'administration publique, de détenir des actifs et des passifs séparément de ces dernières et d'effectuer des opérations financières pour son propre compte. Les administrations de Sécurité sociale se composent des régimes obligatoires de base, des régimes complémentaires obligatoires ainsi du régime d'indemnisation chômage et les fonds qui participent à leur financement, ainsi que de la Caisse d'amortissement de la dette sociale, du fonds de réserve pour les retraites, mais aussi les organismes dépendant des assurances sociales. Les régimes des fonctionnaires et assimilés ne sont pas pris en compte même s'il s'agit de régimes obligatoires de base, les dépenses correspondantes figurent dans les comptes des autres administrations publiques. Le champ des administrations de Sécurité sociale est alors plus étendu que celui de la Sécurité sociale et des lois de financement de la Sécurité sociale. Les administrations de Sécurité sociale sont ainsi des administrations publiques en raison de leur nature, et avec cette intégration, la comptabilité nationale réalise selon Paul AMSELEK un amalgame [2591] entre impôts et cotisations sociales. Si les prélèvements

---

[2589] « *Le sous-secteur des administrations de sécurité sociale (S.1314) réunit les unités institutionnelles centrales, fédérées et locales dont l'activité principale consiste à fournir des prestations sociales et qui répondent aux deux critères suivants: a) certains groupes de la population sont tenus de participer au régime ou de verser des cotisations en vertu des dispositions légales ou réglementaires; b) indépendamment du rôle qu'elles remplissent en tant qu'organismes de tutelle ou en tant qu'employeurs, les administrations publiques sont responsables de la gestion de ces unités pour ce qui concerne la fixation ou l'approbation des cotisations et des prestations. Il convient de noter qu'il n'existe habituellement aucun lien direct entre le montant des cotisations versées par un individu et les risques auxquels il est exposé* ».

[2590] « *Le sous-secteur des administrations de sécurité sociale (S.1314) comprend toutes les unités de sécurité sociale, indépendamment du niveau administratif qui gère ou administre les régimes. Si un régime de sécurité sociale ne répond pas aux critères requis pour être qualifié d'unité institutionnelle, il est classé avec son unité mère dans l'un des autres sous-secteurs du secteur des administrations publiques. Si les hôpitaux publics fournissent un service non marchand à la communauté dans son ensemble et s'ils sont contrôlés par des régimes de sécurité sociale, ils sont classés dans le sous-secteur des administrations de sécurité sociale* ».

[2591] AMSELEK (P.), « Impositions et cotisations obligatoires », p.239, in *Mélanges Loïc Philip, Constitution et finances publiques*, Paris, Economica, 2005, p.255.

finançant la Sécurité sociale sont répartis entre les cotisations sociales et les impôts, l'intégration des administrations de Sécurité sociale au sein des administrations publiques est toutefois sans incidence sur la nature de ces prélèvements, elle peut seulement mettre en exergue une éventuelle publicisation de la Sécurité sociale même si la gestion du service public de la Sécurité sociale relève d'organismes privés.

410. Un service public assuré par des organismes privés. Les administrations de Sécurité sociale constituent un sous-secteur des administrations publiques dans la comptabilité nationale et sont responsables de la gestion d'une mission de service public, celui de la sécurité sociale. Néanmoins, la gestion du service public des assurances sociales est assurée par des organismes privés puisque le caractère privé des caisses a été reconnu par le Conseil d'État en 1938 lorsqu'il affirme que « *le service des assurances sociales est un service public ; que sa gestion est confiée notamment à des caisses dites primaires ; que, par suite* [...] *celles-ci sont instituées et administrées conformément aux prescriptions de la loi du 1er avril 1898 et constituent ainsi des organismes privés* » [2592]. En conséquence, les organismes de sécurité sociale sont des organismes de droit privé chargés d'une mission de service public, dès lors la plupart des caisses ont un statut de droit privé et seules les caisses nationales constituent des établissements publics administratifs. Si la gestion du service public de la Sécurité sociale relève d'organismes privés, les administrations de Sécurité sociale appartiennent au sous-secteur des administrations publiques dans la comptabilité nationale.

411. Une publicisation des finances sociales, une socialisation des finances publiques. Les finances sociales se caractérisent par leur « *diversité* » [2593], mais aussi par leur appartenance aux finances publiques en raison de la mission de service public que constitue la Sécurité sociale, par l'augmentation du recours à l'impôt dans le financement de cette mission, ainsi que par la qualification des organismes nationaux de Sécurité sociale en tant qu'administration publique. Les finances sociales ont été longtemps négligées et considérées comme étant à part du système

---

[2592] CE, Ass., 13 mai 1938, *Caisse primaire "Aide et protection"*.
[2593] PRÉTOT (X.), « La Sécurité sociale et les finances publiques », *RFFP*, n° 51, 1995, p.133.

financier public [2594], mais la fiscalisation permet de reconsidérer cet état de fait puisqu'elle constitue une augmentation du recours à l'impôt, et amène une « *publicisation des finances sociales* » [2595], une « socialisation » des finances publiques. Ce rattachement des finances sociales reste néanmoins partiel car les finances sociales et les finances étatiques conservent des périmètres budgétaires distincts. La fiscalisation des ressources de la Sécurité sociale n'aboutit pas à la budgétisation pleine et entière du financement de celle-ci, d'autant plus qu'une marge de ce financement a vocation à demeurer au sein du secteur privé en raison de l'insuffisance du financement public [2596].

2. Des périmètres budgétaires distincts

412. L'émergence d'un budget social. La publicisation amorcée par le Conseil constitutionnel lorsqu'il assimile les dépenses de Sécurité sociale à des charges publiques, se traduit également par la mise en place d'un budget social. Les finances sociales ont connu un essor important dès 1996 avec la mise en place des lois de financement de la Sécurité sociale, dès lors elles ont acquis une dimension singulière [2597]. Suite à la création de la Sécurité sociale sous la IVe République, le « budget social de la Nation » faisait partie intégrante des finances étatiques puisqu'il était mentionné dans l'article 3 du décret du 19 juin 1956 [2598]. Ce décret permettait à la loi de finances de présenter « *les objectifs économiques et financiers du Gouvernement, définis par un rapport économique et un rapport financier appuyés sur les "comptes de la nation"* ». Le « budget », au sens traditionnel, est ainsi à la fois situé dans l'ensemble des finances publiques, c'est-à-dire celles de l'État, des collectivités locales, des grandes entreprises nationales et des régimes sociaux, présentées dans le cadre du « compte public » du rapport financier et en même temps dans l'ensemble de l'activité du pays, dans le cadre des

---

2594 BOUVIER (M.), « Du centre à la périphérie : les nouvelles figures de la constitutionnalisation du droit public financier » in MATHIEU (B.), (dir.), *Cinquantième anniversaire de la Constitution française*, Paris, Dalloz, 2008, p.476.

2595 GAUDEMET (P.-M.), « Finances sociales », in PHILIP (L.), *Dictionnaire encyclopédique de finances publiques*, t.1, Paris, Economica, 1991, p.815.

2596 PHILIP (L.), « La protection sociale et les nouvelles frontières entre finances publiques et finances privées », *RFFP*, n° 79, 2002, p.38.

2597 DAMAREY (S.), *Finances publiques*, Paris, Lextenso, Coll. Manuels, 2e éd., 2008, p.140.

2598 Décret n° 56-601 du 19 juin 1956 déterminant le mode de présentation du budget de l'État, JORF du 20 juin 1956, p.5632.

conclusions tirées des comptes économiques de la nation [2599]. Le rapport MABIT de 1963 disposait d'ailleurs que « *la notion de budget social est assez imprécise en raison à la fois de l'ambiguïté du terme "social" et des interférences multiples qui existent entre l'"économique" et le "social"* » [2600]. Le Gouvernement avait l'obligation de présenter un rapport économique comportant les prestations sociales et les charges qui en découlent pour l'État, les collectivités publiques ou semi-publiques et le secteur privé, dont l'ensemble constitue le budget social de la nation. Si le budget social de la Nation n'était pas l'équivalent dans le domaine social du budget de l'État tel qu'il n'est pas voté par le Parlement à chaque session d'automne, il représentait tout de même un premier pas significatif, en plus de la « *volonté d'affirmer la présence parlementaire* » [2601]. Les réformes se sont ensuite succédé afin d'intégrer progressivement les finances sociales dans le débat des finances étatiques en passant de l'ordonnance n° 58-1374 du 30 décembre 1958 portant loi de finances pour 1959 [2602] prévoyant la mise en annexe du projet de lois de finances des tableaux faisant ressortir les différentes prestations sociales à la loi n° 74-1094 du 24 décembre 1974 relative à la protection sociale [2603] instituant l'obligation pour le gouvernement de fournir un triple document à l'appui du projet de loi de finances (« l'effort social de la Nation », une annexe de prévisions de recettes et de dépenses des régimes de sécurité sociale, et un rapport sur la place des dépenses sociales) ; toutefois la tentative de réforme la plus significative et la plus retenue est celle de Michel ORNANO. Antérieurement aux lois de financement de la Sécurité sociale, la proposition de loi organique relative au contrôle du Parlement sur les finances des régimes obligatoires de sécurité sociale a tenté de venir encadrer les finances sociales. Cette proposition, également appelée Projet d'ORNANO, a été censurée par le Conseil Constitutionnel qui considérait que « *ces dispositions n'ont pas pour objet la détermination des matières qui sont du domaine de la loi*

[2599] Décret n° 56-601 du 19 juin 1959 déterminant le mode de présentation du budget de l'État, JO du 20 juin 1956, p.5632.

[2600] Rapport présenté, au nom du Conseil économique et social par M. Charles MABIT, « Évolution des prestations sociales et financement de la sécurité sociale », 1963, n° 18, JORF, p.673.

[2601] FRAISSEIX (P.), « Le Parlement et la Sécurité sociale : la consolidation de ce couple par la révision constitutionnelle du 22 février 1996 », *RDP*, 1998, p.754-755.

[2602] JORF du 31 décembre 1958, p.12071.

[2603] Loi n° 74-1094 du 24 décembre 1974 relative à la protection sociale commune à tous les français et instituant une compensation entre régimes de base de Sécurité sociale obligatoires, JORF du 26 décembre 1974, p.13020.

mais qu'elles sont afférentes à la procédure législative ; qu'elles échappent donc à la compétence ouverte à la loi organique par le septième alinéa de l'article 34 de la Constitution » [2604]. Il appartient ainsi uniquement au constituant d'instaurer une nouvelle procédure organique et ce n'est pas le rôle d'une loi organique [2605]. Avec la révision constitutionnelle du 22 février 1996 [2606], le Parlement se voit conférer le pouvoir de délibérer sur l'ensemble des conditions de financement de la sécurité sociale au sein des lois de financement de la Sécurité sociale, en votant chaque année une loi et non pas seulement en se prononçant sur un rapport [2607]. Désormais, le périmètre de ces lois de financement est fixé par la loi organique relative aux lois de financement de la Sécurité sociale [2608] à l'article LO.111-3 du Code de la sécurité sociale.

413. Des périmètres budgétaires distincts. Le fondement constitutionnel des finances sociales est renforcé avec la loi organique relative aux lois de financement de la Sécurité sociale de 2005 [2609]. Les lois organiques servent de clef de répartition des compétences financières [2610] puisque les lois de finances sont régies par la loi organique relative aux lois de finances [2611], dès lors les lois organiques financières permettent de distinguer leurs périmètres budgétaires respectifs. Jean-Luc MATT qualifie alors le projet de loi de finances et le projet de loi de financement de la Sécurité sociale comme étant « *deux textes aux procédures similaires mais fondamentalement différents s'agissant de leur*

[2604] Cons. Const., Décision n° 87-234 DC du 7 janvier 1988, *Loi organique relative au contrôle du Parlement sur les finances des régimes obligatoires de sécurité sociale*, JO du 9 janvier 1988, p.444, Recueil, p.26, Considérant n° 4.

[2605] JEAN-ANTOINE (B.), *Les normes constitutionnelles financières en droit français de 1789 à nos jours*, Paris, LGDJ, Coll. Bibliothèque Finances publiques et fiscalité, t.51, 2010, p.492.

[2606] Loi constitutionnelle n° 96-138 du 22 février 1996 instituant les lois de financement de la Sécurité sociale, JORF n° 46 du 23 février 1996, p.2911.

[2607] Débats, Assemblée Nationale, séance du 23 janvier 1996, Compte rendu analytique, p.12.

[2608] Loi organique n° 96-646 du 22 juillet 1996 relative aux lois de financement de la Sécurité sociale, JORF n° 170 du 23 juillet 1996, p.11103.

[2609] Loi organique n° 2005-881 du 2 août 2005 relative aux lois de financement de la Sécurité sociale, JORF n° 179 du 3 août 2005, p.12633.

[2610] OLIVA (É.), « Normes de constitutionnalité ou normes constitutionnelles : l'ambiguïté des lois organiques financières », in *Renouveau du droit constitutionnel,* Mélanges en l'honneur de Louis Favoreu, Paris, Dalloz, 2007, p.1358.

[2611] Loi organique n° 2001-692 du 1er août 2001 relative aux lois de finances, JORF n° 177 du 2 août 2001, p.12480.

portée »[2612]. Les lois de financement de la Sécurité sociale se contentent de fixer les prévisions de recettes et les objectifs de dépenses tout en s'accommodant de la prééminence de la loi de finances[2613]. En effet, si les similitudes sont fortes ; il en va, en revanche, tout à fait autrement sur le plan du contenu et des pouvoirs conférés au Parlement[2614]. Des périmètres budgétaires distincts sont maintenus puisque les lois de financement de la Sécurité sociale ne constituent pas des lois de finances, bien que l'éventualité d'une fusion entre les deux soit envisagée[2615]. Cette dualité perdure puisque la loi de finances est un acte de prévision et d'autorisation, tandis que la loi de financement ne présente qu'un aspect prévisionnel[2616]. Il convient toutefois d'être vigilant à ce que les lois de financement de la Sécurité sociale ne deviennent pas « *des lois portant "diverses mesures sur" le financement de la Sécurité sociale* »[2617].

414. Une autorisation limitée. La normativité atténuée[2618] des lois de financement de la Sécurité sociale a occasionné une réflexion juridique générale car elles ne s'inscrivent pas dans les canons juridiques classiques en relevant plus de la prospective que de l'immédiateté[2619] puisqu'elles visent notamment à formuler avant l'ouverture de l'exercice budgétaire, un ensemble de choix, de prévisions et d'objectifs de nature à encadrer, mieux que par le passé, la gestion des différents régimes de Sécurité sociale[2620]. L'objectif principal des lois de financement de la Sécurité

2612 MATT (J.-L.), « Les lois de financement de la Sécurité sociale : vers une intégration dans le budget de l'État », in BOUVIER (M.) (dir.), *Réforme des finances publiques, démocratie et bonne gouvernance*, Paris, LGDJ, 2004, p.252.

2613 PRÉTOT (X.), « Le financement de la Sécurité sociale. Réflexions sur la légitimité des prélèvements publics », *RFFP*, n° 88, novembre 2004, p.66.

2614 BOUVIER (M.), « Du centre à la périphérie : les nouvelles figures de la constitutionnalisation du droit public financier » in MATHIEU (B.), (dir.), *Cinquantième anniversaire de la Constitution française*, Paris, Dalloz, 2008, p.477.

2615 Voir en ce sens les paragraphes n°136 et s.

2616 JEAN-ANTOINE (B.), *Les normes constitutionnelles financières en droit français de 1789 à nos jours*, Paris, LGDJ, Coll. Bibliothèque Finances publiques et fiscalité, t.51, 2010, p.247.

2617 CAMBY (J.-P.), « Les relations entre le Parlement et la Cour à propos des lois de financement de la Sécurité sociale », *RFFP*, n° 59, 1997, p.80.

2618 BOUVIER (M.), « Du centre à la périphérie : les nouvelles figures de la constitutionnalisation du droit public financier » in MATHIEU (B.), (dir.), *Cinquantième anniversaire de la Constitution française*, Paris, Dalloz, 2008, p.478.

2619 FRAISSEIX (P.), « Le Parlement et la Sécurité sociale : la consolidation de ce couple par la révision constitutionnelle du 22 février 1996 », *RDP*, 1998, p.778.

2620 PRÉTOT (X.), « La portée de la loi de financement de la Sécurité sociale », *RFFP*, n° 59, 1997, p.87.

sociale est de « *museler l'essor des dépenses sociales* » [2621]. La loi de financement de la Sécurité sociale n'est pas pleinement compétente concernant la gestion de la Sécurité sociale puisque la loi de finances conserve son champ d'application et elle seule est habilitée à autoriser annuellement la perception des impositions de toutes natures, dont certaines sont affectées au financement de la Sécurité sociale. Cependant, l'intervention de la loi de finances en matière sociale est tout de même encadrée puisqu'elle ne peut « *empiéter sur le domaine propre de la loi de financement de la Sécurité sociale* » [2622]. Cette limite à l'intervention de la loi de finances a notamment été rappelée dans la décision n° 2000-441 DC [2623] du Conseil constitutionnel. La Sécurité sociale dispose ainsi d'un périmètre budgétaire spécifique, et constitue une administration publique composé d'organismes privés. L'intégration des finances sociales au sein des finances publiques n'est donc pas intégrale puisqu'elle préserve les spécificités sociales existantes. Elle traduit néanmoins l'émergence de la globalisation des finances publiques.

B. Une fiscalisation justifiée

415. La notion d'impôt diffère suivant les auteurs, mais elle est communément admise comme une prestation pécuniaire requise des particuliers par voie d'autorité, à titre définitif, et sans contrepartie, en vue de la couverture des charges publiques [2624]. La nature même de l'impôt (**1**) ainsi que son rôle (**2**) permettent de justifier pleinement son intervention dans le financement social.

[2621] OLIVA (É.), « Essai de définition normative du domaine des finances publiques », in *Mélanges Loïc Philip, Constitution et finances publiques*, Paris, Economica, 2005, p.509.

[2622] PRÉTOT (X.), « L'évolution des finances sociales. Quelques réflexions d'ordre économique, juridique et politique … », *RFFP*, n° 87, 2004, p.137.

[2623] Cons. Const., Décision n° 2000-441 DC du 28 décembre 2000, *Loi de finances rectificative pour 2000*, JO du 31 décembre 2000, p.21204, Recueil, p.201.

[2624] Si de nombreux auteurs citent cette définition de l'impôt comme étant celle de Gaston JÈZE, Olivier NÉGRIN démontre qu'elle lui est attribuée à tort. Voir en ce sens, NÉGRIN (O.), « Une légende fiscale : la définition de l'impôt de Gaston Jèze », *Revue de droit public*, 2008, n° 1, pp.119-131.

1. La justification par la nature même de l'impôt

416. Le recours à l'impôt dans le financement de la Sécurité sociale est justifié parce qu'il permet de financer le service public (**a**) ainsi que les charges publiques (**b**).

a. Le financement du service public par l'impôt

417. Une conception ancienne. Le recours à l'impôt dans le financement d'un service public est envisagé depuis longtemps puisque Victor RIQUETI DE MIRABEAU affirmait en 1760 que « *payer le plus qu'il est possible, c'est nous rendre le plus de service possible ; et penser payer le moins, c'est attendre plus de la contribution qu'on ne l'estime en valeur* » [2625]. Dans le même esprit, il estimait déjà que l'objet de la finance dans la recette est le service du public et dans la dépense il est le maintien et la sûreté des particuliers [2626]. Le lien existant entre l'impôt et le service public a ensuite été remis en exergue par certains auteurs. René STOURM liait ainsi sa définition de l'impôt avec celle de service public en écrivant que « *l'impôt est un prélèvement opéré sur les facultés individuelles des contribuables pour subvenir aux besoins des services publics* » [2627]. La puissance de l'État caractérise dès lors le service public et doit constituer la pierre angulaire du droit public [2628]. Les notions d'impôt et de service public sont profondément liées avec le marché libre et il convient de trouver un équilibre de masse [2629] entre la nécessité de prélever l'impôt, le service public et le bon emploi du marché public. Le rattachement de l'impôt au financement des besoins des services publics lui a permis de prendre une part plus importante au sein des finances sociales, d'autant plus que le recours à l'impôt général peut cependant avoir l'avantage de diffuser la charge de la sécurité sociale sur tous les éléments de la population [2630].

[2625] RIQUETI (V.), Marquis de Mirabeau, *Théorie de l'impôt*, Paris, 1760, p.9.
[2626] *Ibid*, pp.11-12.
[2627] STOURM (R.), *Systèmes généraux d'impôts*, Paris, Guillaumin, 1893, p.25. Cité également par ORSONI (G.), *L'évolution de la notion d'impôt*, Thèse dactylographiée, Aix-en-Provence, 1975, p.2.
[2628] GUINARD (D.), « Réflexions actuelles sur la notion de service public », *Regards croisés sur l'économie*, 2007, n° 2, p.37.
[2629] HAURIOU (M.), *Principes de droit public à l'usage des étudiants en licence (3e année) et en doctorat des sciences politiques*, Paris, Recueil Sirey, 2e éd., 1916, p.375.
[2630] DURAND (P.), *La politique contemporaine de Sécurité sociale* [1953], Paris, Dalloz, 2005, p.318.

418. La Sécurité sociale, un service public constitutionnel. Si la Sécurité sociale revêt le caractère d'un service public relevant de l'État [2631], la protection de la santé constitue un « *service public constitutionnel* » [2632]. La notion de service public constitutionnel est souvent entendue en matière de services régaliens, cette notion ne les concerne toutefois pas uniquement puisque la nécessité de certains services publics nationaux découle de principes ou de règles de valeur constitutionnelle [2633]. Cette notion est ainsi plus large que celle des services publics régaliens. La distinction entre les deux est d'ailleurs qualifiée de fondamentale par Christos KALOUDAS [2634]. Les services publics constitutionnels découlent de la jurisprudence du Conseil constitutionnel qui reconnaît que certains services publics ont leur « *fondement dans des dispositions de nature constitutionnelle* » [2635]. L'existence et le fonctionnement de certains services publics sont ainsi exigés par la Constitution [2636]. Pierre ESPUGLAS reprend ce terme de service public constitutionnel [2637], et constate une « *constitutionnalisation du service public* » [2638]. La protection de la santé est un service public constitutionnel puisqu'elle est constitutionnellement garantie par l'alinéa 11 du préambule de la Constitution du 27 octobre 1946.

[2631] PRÉTOT (X.), « La Sécurité sociale et les finances publiques », *RFFP*, n° 51, 1995, p.137.

[2632] FAVOREU (L.), « Service public et Constitution », in *AJDA*, 20 juin 1997, n° spécial, pp.16-19. Repris par FAVOREU (L.), *La Constitution et son juge*, Paris, Economica, 2014, p.799.

[2633] Cons. Const., Décision n° 86-207 DC du 26 juin 1986, *Loi autorisant le Gouvernement à prendre diverses mesures d'ordre économique et social*, JO du 27 juin 1986, p.7978, Recueil, p.61, Considérant n° 53.

[2634] KALOUDAS (C.), « La conception française du service public à l'épreuve de l'Union européenne », *Revue de l'UE*, 2013, p.172.

[2635] Cons. Const., Décision n° 86-217 DC du 18 septembre 1986, *Loi relative à la liberté de communication*, JO du 19 septembre 1986, p.11294, Recueil, p.141, Considérant n° 9.

[2636] Cons. Const., Décision n° 96-375 DC du 9 avril 1996, *Loi portant diverses dispositions d'ordre économique et financier*, JO du 13 avril 1996, p.5730, Recueil, p.60, Considération n° 5.

[2637] ESPUGLAS (P.), « A propos de la décision du Conseil constitutionnel du 23 juillet 1996 : les télécommunications - un nouveau service public constitutionnel », *Revue administrative*, 1996, pp.510-514.

[2638] ESPUGLAS (P.), « La constitutionnalisation du service public : un tigre de papier ? », *Revue administrative*, 1996, pp.162-165.

419. Les conséquences de la « médiation constitutionnelle »[2639]. Le lien entre service public et impôt, certes ancien, se retrouve désormais dans la LOLF ainsi que dans la jurisprudence constitutionnelle. Le deuxième aliéna de l'article 2 de la LOLF[2640] prévoit à ce titre que « *les impositions de toute nature ne peuvent être directement affectées à un tiers qu'à raison des missions de service public confiées à lui et sous les réserves prévues par les articles 34, 36 et 51* ». Le Conseil constitutionnel, statuant sur cet article, a considéré qu'« *il ressort du second alinéa de l'article 2, combiné avec les dispositions des articles 34, 36 et 51, que la loi ne peut affecter directement à un tiers des impositions de toutes natures "qu'à raison des missions de service public confiées à lui"* »[2641]. L'utilisation de l'impôt pour financer une mission de service public a une valeur constitutionnelle car elle est encadrée et prévue par la LOLF, dès lors la LOLF a une valeur constitutionnelle « par renvoi »[2642]. La Sécurité sociale est un service public, dès lors l'utilisation de l'impôt est possible et justifiée, d'autant plus que l'impôt est également un moyen de recouvrir les charges publiques.

b. Le financement des charges publiques par l'impôt

420. Une prise en charge obligatoire des charges publiques par l'impôt. Georges VEDEL a inclus la notion de charges publiques dans la définition de l'impôt et considère que « *l'impôt est une prestation pécuniaire requise des particuliers par voie d'autorité, à titre définitif et sans contrepartie, en vue de la couverture des charges publiques* »[2643]. Cette interprétation fait suite à la réflexion tenue par Gaston JÈZE qui estimait que l'impôt est « *une prestation de valeur pécuniaire, exigée des*

2639 OLIVA (É.), *Droit des finances publiques*, Paris, Sirey, Coll. Aide-mémoire, 3e éd., 2015, p.124.

2640 Loi organique n° 2001-692 du 1er août 2001 relative aux lois de finances, JORF n° 177 du 2 août 2001, p.12480.

2641 Cons. Const., Décision n° 2001-448 DC du 25 juillet 2001, *Loi organique relative aux lois de finances*, JO du 2 août 2001, p.12490, Recueil, p.99, Considérant n° 10.

2642 Le Conseil constitutionnel applique pour la LOLF le même raisonnement que celui retenu pour l'ordonnance du 2 janvier 1959 portant loi organique relative aux lois de finances (Cons. Const., Décision n° 60-8 DC du 11 août 1960, *Loi de finances rectificative pour 1960*, JO du 13 août 1960, p.7599, Recueil, p.25, Considérant n° 3).

2643 VEDEL (G.), *Cours de législation financière 1952-1953*, Les cours du droit, 1953, p.326 ; cité par NÉGRIN (O.), « une légende fiscale : la définition de l'impôt de Gaston Jèze », *RDP*, 2008, n° 1, p.143.

individus d'après des règles fixes, en vue de couvrir des dépenses d'intérêt général, et uniquement à raison du fait que les individus qui doivent les payer sont membres d'une communauté politique organisée » [2644]. La prise en compte des charges publiques au sein de la définition de l'impôt a ensuite été largement reprise par la doctrine [2645] et l'impôt ne peut désormais être dissocié des charges publiques, que celles-ci soient étatiques, locales ou sociales.

421. Une double justification du financement par l'impôt. Les charges de la Sécurité sociale sont des charges publiques[2646], et peuvent ainsi être recouvrées par l'impôt. Albert DELATOUR considère l'impôt comme « *le prélèvement effectué, au nom de la collectivité (État, province, département, commune, etc.) sur les ressources des citoyens, pour subvenir aux dépenses qu'exige l'intérêt commun* » [2647]. L'impôt, par son extension, est renforcé, d'autant plus que l'institutionnalisation de l'impôt a joué, en France, un rôle central dans la construction de l'État, en lui donnant les moyens de financer ses interventions [2648]. La justification du recours à l'impôt dans le financement de la Sécurité sociale est double puisque la Sécurité sociale constitue un service public dont les dépenses constituent des charges publiques, dès lors il revient à l'impôt de les couvrir au regard de sa nature. La Sécurité sociale est un service public

---

2644 JÈZE (G.), *Cours de finances publiques 1936-1937*, Paris, LGDJ, 1937, p.38.

2645 Pour Paul-Marie GAUDEMET, l'impôt est « *un prélèvement opéré par voie de contrainte par la puissance publique et ayant pour objectif essentiel de couvrir les charges publiques et de les répartir en fonction des facultés contributives des citoyens* », GAUDEMET (P.-M.), MOLINIER (J.), *Finances publiques*, t. II, Paris, Montchrestien, 4e éd., 1988, n° 499, p.92. Cité également par GAUDEMET (P.-M.), « Les protections constitutionnelles et légales contre les impositions confiscatoires », *Revue internationale de droit comparé*, 1990, Vol.42, n° 2, p.805.; Louis TROTABAS et Jean-Marie COTTERET conçoivent l'impôt comme « *le procédé de répartition des charges budgétaires entre les individus d'après leurs facultés contributives* », TROTABAS (L.), COTTERET (J.-M.), *Droit fiscal*, Paris, Dalloz, Coll.Précis, 8e éd.,1997, p.9. Cette prise en compte des facultés contributives est un aspect primordial pour ces deux auteurs qui considèrent que « *comme l'impôt est le moyen normal de répartition des charges publiques entre les individus, il introduit par là-même dans la science des finances un élément individuel, humain, qui est capital* », TROTABAS (L.), COTTERET (J.-M.), *Droit fiscal*, Paris, Dalloz, Coll.Précis, 8e éd.,1997, p.5.

2646 Voir en ce sens, le paragraphe n° 52.

2647 DELATOUR (A.), *Impôt*, in SAY (L.), *Dictionnaire des finances* – t.II. – E - Z, Paris, Berger-Levrault, 1894, p.362.

2648 Conseil des prélèvements obligatoires, *La fiscalité affectée. Constats, enjeux et réformes*, Paris, La documentation française, Juillet 2013, p.11.

constitutionnel, mais elle ne constitue pas pour autant un service public social. Le Tribunal des conflits a créé la catégorie des services publics sociaux [2649] avant de l'abandonner ultérieurement [2650]. À travers cette construction, les collectivités publiques pouvaient se soustraire au principe de la liberté du commerce et de l'industrie [2651]. Avec le recul, cette construction apparaît ainsi comme une construction purement doctrinale [2652]. Si cette notion n'a pas été juridiquement retenue, il n'empêche que le service public retrouve une place éminente dans le droit public [2653]. Le recours à l'impôt est également justifié par les implications et retombées de son utilisation, par son utilité.

2. *La justification par le rôle de l'impôt*

422. La définition de l'impôt de Marcel WALINE et Julien LAFERRIÈRE met en avant l'utilité de l'impôt puisque celui-ci est perçu comme un « *moyen de réforme sociale* » [2654]. L'utilisation de l'impôt dans le financement de la Sécurité sociale se justifie alors à travers le prisme de la redistribution (**a**) ainsi qu'à travers celui de la solidarité nationale (**b**).

a. La justification par le prisme de la redistribution

423. La nature même de la redistribution. La redistribution est perçue comme une politique ayant pour objet de modifier l'éventail des revenus par des prélèvements fiscaux et sociaux et des versements de prestations, dès lors elle consiste à effectuer des prélèvements sur les revenus de certains pour procurer à d'autres des ressources qui ne correspondent ni à une activité productive, ni à une opération de report ou d'assurance [2655]. Jacques BICHOT considère que « *le terme de*

[2649] Tribunal des conflits, 22 janvier 1955, *Naliato.*

[2650] Tribunal des conflits, 4 juillet 1983, *Gambini.*

[2651] NICINSKI (S.), « Les services sociaux devant le CE : la construction d'une exception française », *AJDA*, 2008, p.185.

[2652] DEGUERGUE (M.), « De quelques difficultés de la notion de service social », *AJDA*, 2008, p.181.

[2653] DE CORAIL (J.-L.), « L'approche fonctionnelle du service public : sa réalité et ses limites », *AJDA*, 1997, p.20.

[2654] LAFERRIERE (J.), WALINE (M.), *Traité élémentaire de science et de législation financière*, Paris, LGDJ, 1952, p.224.

[2655] BICHOT (J.), « Protection sociale : clarifier les idées avant de réformer », *Droit social*, n° 12, 1988, p.837.

"redistribution" désigne l'existence de différences entre ce que chacun verse et ce qu'il reçoit : il y a redistribution de ceux qui contribuent plus qu'ils ne perçoivent vers ceux qui perçoivent plus qu'ils ne contribuent » [2656] . Théoriquement, la redistribution peut prendre deux formes [2657] : être verticale ou horizontale, dès lors soit le système d'assurance sociale permet une redistribution instantanée entre les cotisants et ceux qui sont touchés par les risques assurés, soit des prélèvements de nature fiscale couvrent les transferts sans contrepartie, ou « prestations non contributives », qui relèvent quant à eux d'une logique d'« assistance » plutôt que d'assurance sociale [2658]. La redistribution verticale concerne des « *catégories à revenus inégaux* » [2659], et elle a pour objectif d'opérer un transfert des plus riches vers les moins riches. La redistribution horizontale concerne des transferts de revenus entre les différentes catégories sociales [2660]. L'objectif de la redistribution est de tendre vers une plus grande égalisation des conditions de vie d'un groupe social [2661], dès lors elle tend à devenir simultanément horizontale et verticale. Philippe TRAINARD estime qu'il convient de distinguer « *deux grands objectifs de redistribution selon que l'on donne à chacun selon ses besoins ou qu'on lui donne selon son effort. Disons pour simplifier que le premier objectif correspond à la philosophie de Marx (« à chacun selon ses besoins ») et le second à la philosophie de saint Paul (« qui ne travaille pas ne mange pas »)* » [2662]. La redistribution s'opère par les prélèvements à travers leur effet d'atténuation des écarts de revenus primaires et leur progressivité, c'est-à-dire la capacité de celui-ci à prélever proportionnellement plus chez les ménages plus aisés [2663]. Le système fiscal est redistributif lorsque les prélèvements progressifs ont

---

[2656] BICHOT (J.), « Les concepts de contributivité et de redistribution appliqués aux retraites : diversité des analyses », in PELLET (R.) (dir.), *Finances publiques et redistribution sociale*, Paris, Economica, 2006, p.204.

[2657] BOURGUIGNON (F.), « Fiscalité et redistribution, La France dans une perspective internationale », in Conseil d'Analyse économique, *Fiscalité et redistribution*, Paris, La Documentation française, 1998, p.15.

[2658] *Ibid.*

[2659] ALQUIER (C.), *Dictionnaire encyclopédique économique et social*, Paris, Economica, 2e éd., 1990, p.474.

[2660] *Ibid.*

[2661] *Ibid.*

[2662] TRAINARD (P.), « Comment rendre redistributifs les prélèvements obligatoires ? », in PELLET (R.) (dir.), *Finances publiques et redistribution sociale*, Paris, Economica, 2006, p.198.

[2663] BOURGUIGNON (F.), « Fiscalité et redistribution, La France dans une perspective internationale », *op.cit.*, p.16.

une part prépondérante par rapport aux prélèvements proportionnels. L'impôt est redistributif lorsqu'il est progressif, dès lors les impôts sociaux et les cotisations sociales ne le sont que légèrement puisqu'ils sont majoritairement proportionnels. Toutefois, les prestations sociales possèdent un résultat redistributif indirect car elles protègent les individus contre les pertes de revenus liées à l'occurrence d'un risque.

424. L'impôt, instrument de la redistribution. Avec l'avènement de la démocratie, l'impôt est devenu l'un des vecteurs du lien social et de la redistribution, une institution fondatrice du pacte social [2664]. Nicolas DELALANDE considère d'ailleurs que « *la découverte du social (avec la notion d'interdépendance entre les individus) et la mise en évidence du concept d'utilité marginale par les économistes conduisent à une véritable révolution industrielle des fondements de la redistribution. L'impôt n'est plus conçu comme un échange, mais découle désormais de l'inclusion de chaque citoyen dans une société solidaire : l'obligation de la payer provient moins de la défense d'intérêts particuliers que de la dette contractée à l'égard de l'ensemble de la collectivité* » [2665]. La redistribution est alors conçue comme un solde, une résultante [2666], et elle ne peut s'effectuer par le biais d'un instrument spécifique. Si l'impôt permet la redistribution, celle-ci ne s'opère pas uniquement par ce biais. En effet, assurée par l'ensemble des dispositifs de la politique budgétaire et sociale [2667], elle se réalise autant par la protection sociale que par la fiscalité [2668]. La redistribution n'est cependant acceptée que « *si la dépense qu'elle finance est "légitime"* » [2669]. Par conséquent, pour qu'il y ait redistribution, il faut une distribution du revenu et qu'ensuite une partie de ce revenu soit prélevée et répartie à d'autres bénéficiaires [2670]. Que l'on retienne une approche assurantielle ou solidariste de la Sécurité sociale, dans tous les cas, cela n'impose nullement d'éliminer toute préoccupation

---

2664 DELALANDE (N.), *Les batailles de l'impôt*, Paris, Seuil, 2014, p.10.
2665 *Ibid*, p.159.
2666 BICHOT (J.), « Protection sociale : clarifier les idées avant de réformer », *Droit social*, n° 12, 1988, p.837.
2667 STERDYNIAK (H.), « La redistribution est-elle encore un objectif des politiques budgétaire et sociale ? », in PELLET (R.) (dir.), *Finances publiques et redistribution sociale*, Paris, Economica, 2006, p.125.
2668 *Ibid*, p.172.
2669 DUFOURCQ (N.), « Sécurité sociale : le mythe de l'assurance », *Droit social*, 1994, p.297.
2670 ALQUIER (C.), *Dictionnaire encyclopédique économique et social*, Paris, Economica, 2e éd., 1990, p.472.

redistributive [2671]. Les répercussions des finances publiques sur la redistribution sociale ont d'ailleurs fait l'objet d'une étude approfondie [2672]. Désormais la redistribution est organisée par un grand nombre d'instruments, qui vont de la fiscalité à la protection sociale, en passant par les cotisations sociales et les dépenses publiques [2673]. Si Henri STERDYNIAK n'envisage pas la mise en place d'un instrument unique pleinement redistributif, il considère que « *la redistribution à la française permet de traiter finement la situation de chacun, de tenir compte des besoins. L'universalité de certaines prestations, de certaines dépenses évite les effets de stigmatisation et contribue autant que faire se peut, à l'homogénéisation de la société* » [2674]. La variété des moyens permettant de rendre le système français redistributif s'érige alors en qualité du système. Quatre circuits de la redistribution peuvent alors être mis en évidence : l'assistance sociale, les assurances sociales, le bloc constitué par l'ensemble de la fiscalité et la fourniture publique de services privés, et finalement l'ensemble des interventions publiques modifiant le jeu des marchés des biens et des facteurs de production [2675].

425. Les impôts sociaux peu redistributifs. Si le recours à l'impôt dans le financement de la Sécurité sociale se justifie par son aspect redistributif, il s'avère que l'aspect redistributif du système social et fiscal français ne s'apprécie pas uniquement par ce biais. Les impôts sociaux, par leur absence de progressivité, demeurent peu redistributifs et ceci malgré le fait que la CSG et la CRDS soient venues bouleverser la « *philosophie du système de redistribution* » [2676]. Il convient cependant de garder à l'esprit que si la réforme du financement de la protection sociale apparaît indissociable de celle de l'impôt, notamment de l'impôt sur le revenu des personnes physiques, ses conséquences en matière de

---

[2671] CAUSSAT (L.), « Sécurité sociale : pour l'assurance », *Droit social*, 1994, n° 902, p.905.
[2672] PELLET (R.) (dir.), *Finances publiques et redistribution sociale*, Paris, Economica, 2006, p.125.
[2673] STERDYNIAK (H.), « La redistribution est-elle encore un objectif des politiques budgétaire et sociale ? », *op.cit.*, p.177.
[2674] STERDYNIAK (H.), « La redistribution est-elle encore un objectif des politiques budgétaire et sociale ? », *op.cit.*, p.177.
[2675] BOURGUIGNON (F.), « Fiscalité et redistribution, La France dans une perspective internationale », *op.cit.*, p.15.
[2676] DELALANDE (N.), *Les batailles de l'impôt*, *op.cit.*, p.408.

redistribution ne sont pas anodines [2677]. L'une des préoccupations de l'impôt reste tout de même son rendement. Marcel WALINE et Julien LAFERRIÈRE affirmaient déjà en ce sens que « *si sensible que puisse être la tendance à utiliser l'impôt à des fins multiples, il reste que le but de l'impôt demeure essentiellement fiscal : procurer à l'État les ressources nécessaires à ses dépenses* » [2678]. Néanmoins, que ce soit dans le cadre de l'impôt ou dans le cadre de la Sécurité sociale, *la logique de solidarité et donc de redistribution est de plus en plus forte* [2679]. La redistribution ne détient cependant pas le monopole de la solidarité et par conséquent la solidarité nationale apparaît au fond limitée à la redistribution [2680] même si la redistribution est nécessaire pour que la solidarité soit complète, mais elle ne détient pas de monopole en la matière [2681]. Il est donc difficile d'aborder l'aspect redistributif sans aborder son aspect solidaire.

b. La justification par le prisme de la solidarité nationale

426. Une distinction atténuée. Le système actuel de Sécurité sociale tend à opposer l'assurance à la solidarité, mais l'assistance perdure, dès lors cette dualité entre assurance et assistance s'incarne dans deux droits distincts mais surtout deux droits hiérarchisés, aux pouvoirs inégaux [2682]. Si les textes constitutionnels proclamaient un droit d'assistance, mis en œuvre par les textes législatifs « *grâce à la fraternité qui fondait "les lois de solidarité nationale*" » [2683], le droit à l'assistance demeure un droit ouvert aux individus dont l'état de besoin par rapport aux normes en vigueur est attesté [2684]. La portée du principe de solidarité nationale est

---

[2677] CHAUCHARD (J.-P.), FRIOT (B.), « Faut-il couper le cordon entre travail et protection sociale ? », *Revue de droit du travail*, 2011, p.677.
[2678] LAFERRIERE (J.), WALINE (M.), *Traité élémentaire de science et de législation financière*, LGDJ, Paris, 1952, p.227.
[2679] CARAYON (F.), « Redistribution et performance de la gestion publique », in PELLET (R.) (dir.), *Finances publiques et redistribution sociale*, Paris, Economica, 2006, p.314.
[2680] BICHOT (J.), « Protection sociale : clarifier les idées avant de réformer », *Droit social*, n° 12, 1988, p.840.
[2681] *Ibid.*
[2682] BEC (C.), *La Sécurité sociale, une institution de la démocratie*, *op.cit.*, p.290.
[2683] ROSA (A.), *Solidarité et impôt – Recherche sur les fondements de l'impôt moderne*, *op.cit.*, p.183.
[2684] BEC (C.), *La Sécurité sociale, une institution de la démocratie*, *op.cit.*, p.291.

plus large que celle de l'alinéa 12 du Préambule de 1946 [2685] puisqu'il s'applique « *à "tous les êtres humains" et non pas seulement, comme il est indiqué dans l'alinéa 12, aux seuls "Français"* » [2686]. Il constitue un principe d'application continue qui doit structurer l'ensemble de la société [2687]. L'instauration de la Sécurité sociale conserve ainsi le poids symbolique d'une ambition originelle qui va hanter l'inconscient collectif pendant des décennies et fournir une référence obligée de tout discours à son sujet [2688]. Si l'article premier du Code de la sécurité sociale prévoit l'application du principe de solidarité nationale, ce principe a une signification qui excède le domaine de ce code [2689]. La solidarité n'est pas et ne peut pas être réservée aux nationaux et c'est d'ailleurs l'un des sens les plus profonds de la territorialité des systèmes de sécurité sociale [2690]. Cependant, si le principe de territorialité des droits sociaux existe bien, il n'a pas de valeur constitutionnelle [2691] pour autant. Ce principe joue d'ailleurs autant en matière fiscale qu'en matière de Sécurité sociale même si les critères de rattachement sont différents [2692]. Nicolas DUFOURCQ considère par ailleurs que le régime général est le « *grand régime central du pays, fondé sur un principe de territorialité* » [2693]. Cette dualité apparaît désormais comme moindre [2694] puisque le financement des prestations prime sur la logique retenue pour les financer. La solidarité

[2685] « *la Nation proclame la solidarité et l'égalité de tous les Français devant les charges qui résultent des calamités nationales* »

[2686] TERNEYRE (P.), « Droit constitutionnel social, Inventaire en guise d'ouverture », *RFDC*, 1990, n° 2, pp.339-347

[2687] ROUSSEAU (D.), « Le Conseil constitutionnel et la solidarité nationale », in PELLET (R.), *Finances publiques et redistribution sociale*, Paris, Economica, 2006, p.109.

[2688] BEC (C.), *La Sécurité sociale, une institution de la démocratie*, Paris, Gallimard, Coll. Bibliothèque des sciences humaines, 2014, p.7.

[2689] SUPIOT (A.) (dir.), *La solidarité. Enquête sur un principe juridique*, Paris, Odile Jacob, Coll. Collège de France, 2015, p.15.

[2690] LABORDE (J.-P.), « La solidarité, entre adhésion et affiliation », in SUPIOT (A.) (dir.), *La solidarité. Enquête sur un principe juridique*, Paris, Odile Jacob, Coll. Collège de France, 2015, p.122-123.

[2691] « *le principe de territorialité en matière de prestations sociales n'a pas valeur constitutionnelle* », Cons. Const., Décision n° 86-225 DC du 23 janvier 1987, *Loi portant diverses mesures d'ordre social*, JO du 25 janvier 1987, p.925. Recueil, p.13, Considérant n° 14 ; Repris également par PELLET (R.), « Étatisation, fiscalisation et budgétisation de la Sécurité sociale », *Droit social*, 1995, p.300.

[2692] DAVID (C.), « Administration et citoyens face aux prélèvements obligatoires », *Droit social*, 2001, p.1080.

[2693] DUFOURCQ (N.), « Sécurité sociale : le mythe de l'assurance », *Droit social*, 1994, p.296.

[2694] *Ibid*, p.295.

au sein de la Sécurité sociale est donc nationale, mais aussi professionnelle et familiale [2695].

427. La fiscalisation à travers le renforcement de l'aspect solidaire. Nicolas DELALANDE considère que « *l'émergence de la philosophie de l'État social, fondée sur les principes de solidarité et d'obligation, s'accompagne d'une révolution intellectuelle comparable dans le domaine fiscal* » [2696]. La fiscalisation des ressources de la Sécurité sociale peut alors être difficilement étudiée sans aborder le renforcement de l'aspect solidaire de la Sécurité sociale, d'autant plus que la redistribution et la solidarité sont étroitement liées puisque la théorie solidariste justifie donc la progressivité de l'impôt au nom du principe d'interdépendance qui lie les hommes les uns aux autres et les générations présentes à celles du passé et du futur [2697]. MIRABEAU concevait l'impôt comme une « *dette commune des citoyens, une espèce de dédommagement et le prix des avantages que la société leur procure* [...] *une avance pour obtenir la protection de l'ordre social, une contribution imposée à chacun par tous* » [2698]. Cependant Paul LEROY-BAULIEU analyse l'impôt à travers le concept de solidarité nationale et considère que « *l'impôt est le prix des services que rend ou qu'a rendus l'État : il représente en outre la part que chaque citoyen, par l'application du principe de solidarité nationale, doit supporter dans les charges de toute sorte et de toute origine qui pèsent sur l'État* » [2699]. L'impôt, en tant que moyen de réforme sociale, passe alors d'un procédé équitable de répartition des charges publiques entre les individus selon leurs facultés économiques à un procédé de répartition des revenus et un moyen de redistribution des richesses [2700]. Le fondement de l'obligation à l'impôt réside dans la solidarité existante entre ceux qui composent cette

---

[2695] DAMON (J.), FERRAS (B.), *La Sécurité sociale*, Paris, PUF, Coll. Que-sais-je ?, 2015, p.39.
[2696] DELALANDE (N.), *Les batailles de l'impôt*, *op.cit.*, p.175.
[2697] *Ibid*, p.173.
[2698] MIRABEAU, Gazette nationale ou Le moniteur universel, du mardi 5 mai 1789, p.3, in GALLOIS (L.), *Réimpression de l'Ancien Moniteur depuis la réunion des États-généraux jusqu'au consulat*, t.1, Paris, Imprimerie d'A. René, 1843, p.3 ; Cité également par LEROY-BAULIEU (P.), *Traité de la science des finances, Des revenus publics*, Paris, Guillaumin, 1906, p.147.
[2699] LEROY-BAULIEU (P.), *Traité de la science des finances, Des revenus publics*, Paris, Guillaumin, 1906, p.151.
[2700] LAFERRIERE (J.), WALINE (M.), *Traité élémentaire de science et de législation financière*, Paris, LGDJ, 1952, p.226.

communauté et d'où résulte pour eux le devoir de subvenir aux dépenses sans lesquelles elle ne pourrait subsister [2701]. La solidarité actuelle, moderne et sociale, basée sur une répartition plus équitable, s'oppose alors à la solidarité philosophique de Léon BOURGEOIS basée sur la générosité. Léon BOURGEOIS affirmait en effet que « *la connaissance des lois naturelles de la solidarité des êtres conduit à une théorie d'ensemble des droits et des devoirs de l'homme dans la société* [...] *elle permet de juger à nouveau les systèmes des diverses écoles politiques ou économiques sur un certain nombre de points toujours discutés : l'impôt, la propriété, l'héritage, l'assistance, l'organisation des services publics* » [2702]. L'organisation des services publics ne peut ainsi être dissociée de la solidarité et de l'impôt, et plus généralement l'impôt et la solidarité sont devenus deux notions tendant à devenir elles-mêmes indissociables. La solidarité a une place bien particulière au sein de la sécurité sociale car l'institution chargée de mettre en œuvre une solidarité gage du bien-être collectif est la Sécurité sociale, institution carrefour entre plusieurs politiques. Pièce centrale de l'État social, elle transforme la société française, « *elle la fait accéder à un degré de développement économique et social jusque-là jamais atteint* » [2703]. La participation des pouvoirs publics peut également réaliser une solidarité plus étendue puisque, par le jeu des impôts qui financent le budget, les ressources au lieu d'être fournies par les seuls intéressés sont prélevées sur toute la nation [2704]. Amicie MAUCOUR-ISABELLE lie directement la solidarité au financement par l'impôt dans le cadre de la Sécurité sociale lorsqu'elle retient que fiscaliser certains prélèvements sociaux revient à les soumettre au contrôle parlementaire dès lors que la Sécurité sociale bénéficie d'un financement public, versé au nom de la solidarité nationale [2705]. L'impôt est perçu non seulement comme un acte de souveraineté mais il est également indissociable du principe de solidarité [2706]. La fiscalisation croissante des dépenses sociales fait ainsi « *reposer le droit de recevoir sur un devoir : le devoir de payer ses impôts et ses cotisations*

[2701] *Ibid*, p.228.

[2702] BOURGEOIS (L.), *Solidarité*, Paris, Armand Colin, 5e éd., 1906, p.154-155.

[2703] BEC (C.), *La Sécurité sociale, une institution de la démocratie*, *op.cit.*, p.93.

[2704] NETTER (F.), *La Sécurité sociale et ses principes* [1959], *op.cit.*, p.252.

[2705] MAUCOUR-ISABELLE (A.), *La rénovation des pouvoirs budgétaires du Parlement sous la Ve République*, Paris, Dalloz, 2005, p.100.

[2706] DELALANDE (N.), *Les batailles de l'impôt*, *op.cit.*, p.11.

sociales » [2707], et démontre le lien étroit entre la solidarité et la protection sociale [2708] puisqu'elle trouve son fondement dans le principe de solidarité, principe de la protection sociale qui peut être considéré comme un élément des charges publiques [2709]. La solidarité est alors accentuée avec la fiscalisation croissante du financement de la Sécurité sociale [2710].

428. Un instrument de la globalisation. L'utilisation de l'impôt dans le financement de la Sécurité sociale traduit un besoin de ressources nouvelles en augmentation constante mais aussi un souhait de renforcer la dimension solidaire de la Sécurité sociale. La hausse du financement public s'inscrit dans une perspective de hausse du besoin de financement du système, mais aussi dans une volonté de clarification de la solidarité nationale et de la solidarité professionnell*e* [2711]. La question fiscale a ainsi fini par « *façonner les contours de la solidarité sociale* » [2712]. L'État n'est alors qu'un mode de réalisation de la solidarité sociale qui constitue une norme objective s'imposant aux gouvernants [2713]. La solidarité ne peut donc être dissociée des finances publiques, dès lors elle apparaît comme l'instrument de la globalisation permettant d'obtenir une civilisation du processus de globalisation [2714].

429. Une définition nouvelle. Initialement l'impôt n'était pas directement destiné à financer la protection sociale. Néanmoins, l'impôt

---

2707 SUPIOT (A.) (dir.), *La solidarité. Enquête sur un principe juridique*, Paris, Odile Jacob, Coll. Collège de France, 2015, p.20.

2708 ROSA (A.), *Solidarité et impôt – Recherche sur les fondements de l'impôt moderne*, *op.cit.*, p.19.

2709 GEFFROY (J-B.), *Grands problèmes fiscaux contemporains*, Paris, PUF, 1e éd, 1993, p.55. Cité également par ROSA (A.), *Solidarité et impôt – Recherche sur les fondements de l'impôt moderne*, Paris, Dalloz, Coll. Bibliothèque parlementaire et constitutionnelle, 2015, p.19.

2710 PHILIP (L.), « Solidarité et politique fiscale », in *La solidarité en droit public*, Textes issus du colloque de Besançon organisé par le Centre d'études de droit public de l'Université de Franche-Comté, 21 et 22 avril 1999, Paris, L'Harmattan, 2005, p.245.

2711 CAUSSAT (L.) et HEL-THELIER (S.), « Les transferts sociaux », in Conseil d'Analyse économique, *Fiscalité et redistribution*, Paris, La Documentation française, 1998, p.74.

2712 DELALANDE (N.), *Les batailles de l'impôt*, *op.cit.*, p.422.

2713 DUGUIT (L.), *L'État, le droit objectif et la loi positive*, Paris, Fontemoing, 1901 ; rééd. (avec préf. De F. Moderne), Paris, Dalloz, 2003. Cité par SUPIOT (A.) (dir.), *La solidarité. Enquête sur un principe juridique*, Paris, Odile Jacob, Coll. Collège de France, 2015, p.8.

2714 SUPIOT (A.) (dir.), *La solidarité. Enquête sur un principe juridique*, *op.cit.*, p.25.

relève du domaine de la solidarité nationale, il est lié au financement d'un service public, et il nécessite une intervention de l'État, dès lors son affectation au financement de la Sécurité sociale n'est pas contraire à sa définition originelle, même si cela constitue une remise en cause partielle de cette définition, puisque les impositions affectées ont dû s'adapter afin de continuer à prendre en compte les facultés contributives et demeurer sans contrepartie déterminée. Le recours à l'impôt dans le financement de la Sécurité sociale a amené une remise en cause de sa définition. L'annexe C du Projet de loi de financement de la Sécurité sociale pour 2005 précise d'ailleurs que l'intervention de l'État dans le financement de la Sécurité sociale prend des formes multiples et toutes n'ont pas le même impact [2715]. Avec l'augmentation du recours au droit fiscal dans le financement de la Sécurité sociale, la solidarité est directement renforcée. En effet, comme l'indique Jean-Pierre LABORDE, « *la Sécurité sociale n'est pas seulement une affaire de techniques et de dispositifs, c'est une affaire de valeurs et de bien commun, qui vaut que l'on se rassemble pour elle.* […] *Elle reste une idée neuve : la solidarité qui l'inspire et l'anime est toujours à repenser et à refonder* » [2716]. La notion d'impositions de toutes natures ne peut plus être assimilée à la définition classique de Gaston JÈZE puisque de nombreuses impositions ne prennent pas en compte les facultés contributives, correspondent à une certaine contrepartie, sont affectées à une dépense bien déterminée ou ne sont pas nécessairement attribuées à une personne publique [2717]. Loïc PHILIP met en avant trois éléments caractéristiques essentiels : le caractère obligatoire, l'objectif poursuivi et l'absence de contrepartie immédiate et équivalente à un service rendu [2718], dès lors il définit l'imposition comme

---

[2715] Annexe C – PLFSS 2015 « Recettes et dépenses des régimes de base », p.103.

[2716] LABORDE (J.-P.), « La solidarité, entre adhésion et affiliation », in SUPIOT (A.) (dir.), *La solidarité. Enquête sur un principe juridique*, Paris, Odile Jacob, Coll. Collège de France, 2015, pp.122-123.

[2717] PHILIP (L.), « Impositions de toutes natures, redevances, cotisations sociales et prélèvements obligatoires », in *Mélanges Paul AMSELEK*, Bruxelles, BRUYLANT, 2005, p.685.

[2718] « *L'élément essentiel est bien sur le caractère obligatoire qui est commun à toutes ces différentes formes de prélèvements. Le second élément est l'objectif poursuivi : à savoir l'affectation de la ressource au financement d'un service public, d'une mission de service public ou à la poursuite d'un intérêt général qui peut être aussi bien social, professionnel, économique, financier, culturel, environnemental ou écologique. Enfin, le dernier élément est l'absence de contrepartie directe immédiate et équivalente à un éventuel service rendu.* » PHILIP (L.), « Impositions de toutes natures, redevances, cotisations sociales et prélèvements obligatoires », in *Mélanges Paul AMSELEK*, Bruxelles, BRUYLANT, 2005, p.685.

« *un prélèvement obligatoire affecté au financement d'une mission d'intérêt général assurée par l'État, les collectivités publiques ou tout autre organisme public ou même privé* » [2719] . L'Organisation de coopération et de développement économiques (OCDE) considère les impôts comme des « *paiements obligatoires, sans contrepartie, versés aux administrations publiques* », mais elle estime toutefois que les cotisations obligatoires de sécurité sociale versées aux administrations publiques sont aussi traitées comme des impôts bien qu'elles soient classées dans une rubrique spécifique [2720]. L'impôt n'a donc pas pour seul objectif de couvrir les charges publiques, il permet aussi l'intervention de l'État et le financement des besoins des services publics. L'impôt peut ainsi être défini comme une prestation pécuniaire obligatoire visant à couvrir les charges publiques à titre définitif, qu'elles soient d'ordre étatiques, locales ou sociales, afin de subvenir aux besoins d'un service public ou d'une mission d'intérêt général, tout en respectant les facultés contributives de chacun et en restant dénué de contrepartie directe et déterminée, bien que son affectation soit possible mais encadrée. Dans la mesure où la fiscalisation se traduit par une augmentation du recours à l'impôt dans le financement de la Sécurité sociale, elle est alors également perçue comme la réaffirmation du rôle essentiellement fiscal de l'impôt qui permet de procurer les fonds nécessaires au fonctionnement de la Sécurité sociale. Les finances publiques tendent alors à se globaliser.

§2. La globalisation des finances publiques

430. La globalisation des finances publiques est le phénomène consistant à les concevoir dans leur ensemble, et à les présenter dans leur intégralité. Elle s'inscrit par ailleurs dans la globalisation du droit public qui tend à devenir une réalité et fait apparaître des règles et des procédures à portée universelle [2721] . L'utilisation du terme « globalisation » est diverse et variée en matière financière et ne concerne pas uniquement la « *globalisation des finances publiques* » [2722] . On parle en effet de

[2719] PHILIP (L.), « Impositions de toutes natures, redevances, cotisations sociales et prélèvements obligatoires », *op.cit.*, p.685.
[2720] https://data.oecd.org/fr/tax/recettes-fiscales.html.
[2721] TRUCHET (D.), *Le droit public*, Paris, PUF, Coll. Que sais-je ?, 3e éd., 2014, p.41.
[2722] HERTZOG (R.), « Le ménage à trois : État, collectivités locales et sécurité sociale, ou pourquoi l'autonomie fiscale des collectivités locales ne progressera pas », *Annuaire des collectivités locales*, t.22, 2002, p.67.

« *globalisation économique* »[2723], de « *globalisation des échanges* »[2724], de « *globalisation des crédits* »[2725]. Le terme même de globalisation peut être perçu dans un sens économique et se rapproche de la mondialisation en traduisant une ouverture des finances publiques avec la prise en compte des problèmes économiques mondiaux. La globalisation est alors perçue comme « *un facteur de densification normative en ce qu'elle engendre une prolifération de normes au périmètre et à la force normative variables qui se juxtaposent et se superposent pour encadrer les activités transnationales* »[2726]. Néanmoins ce phénomène peut également être perçu dans son sens premier, celui visant à unifier les finances publiques en les considérant dans leur ensemble. On assiste alors à « *un mouvement de globalisation du droit qui conduit à son homogénéisation* »[2727]. La globalisation des finances publiques apparaît comme polysémique puisqu'elle traduit la « globalisation-consolidation » des finances publiques (**A**), mais aussi la « globalisation-internationalisation » des finances publiques (**B**).

A. La « globalisation-consolidation » des finances publiques

431. Le concept initial de finances publiques, un concept étriqué. Les finances publiques sont définies comme les finances des personnes morales de droit public, les finances de nature publique, mais également les finances de l'économie publique[2728]. Marc LEROY considère que « *la globalisation néo-libérale qui a conduit à la crise du capitalisme financier remet en cause les relations entre le système interne des finances*

[2723] LEROY (M.), « Le discours antifiscal à l'épreuve de la sociologie fiscale », *RFFP*, n° 128, 2014, p.275.
[2724] BOUVIER (M.), « Nouveau Moyen Âge fiscal ou nouvel ordre fiscal ? », *RFFP*, n° 123, 2013, p.V.
[2725] LASCOMBE (M.), VANDENDRIESSCHE (X.), « La loi organique relative aux lois de finances (LOLF) et le contrôle des finances publiques », *Revue française d'administration publique*, 2006/1, n° 117, p.132.
[2726] CHASSAGNARD-PINET (S.), « La globalisation, facteur de densification normative », in THIBIERGE (C.), et alii, *La densification normative, Découverte d'un processus*, Paris, Mare et Martin, 2013, p.155.
[2727] *Ibid.*
[2728] SAIDJ (L.), « Finances publiques », in PHILIP (L.), *Dictionnaire encyclopédique de finances publiques*, t.1, Paris, Economica, 1991, p.807.

publiques et son environnement socio-économique »[2729]. Les finances publiques, moteur des transformations de l'État et plus largement de la société dans son ensemble[2730], ne peuvent donc pas rester figées dans le temps ; elles doivent nécessairement évoluer. Elles ne peuvent alors se cantonner à une vision restreinte car l'État n'est plus le centre des finances publiques. Loïc PHILIP estimait d'ailleurs que la « *vision globale de la discipline des finances publiques suppose que l'on renonce à présenter les finances de l'État comme formant l'élément central des finances publiques, comme c'est encore trop souvent le cas* »[2731]. La notion traditionnelle de finances publiques est alors rapidement devenue trop étroite ou inadaptée[2732]. Lorsque le Conseil Constitutionnel a considéré comme publics les régimes d'assistance et de Sécurité sociale même s'ils sont gérés par des établissements publics et des organismes privés, il a permis non seulement d'intégrer les charges sociales aux charges publiques, mais il a également permis le rattachement des finances sociales aux finances publiques, par l'élargissement de la notion de finances publiques, dès lors le Conseil constitutionnel englobe tous les établissements publics, même ceux dépourvus d'agent comptable, comme gestionnaires de finances publiques[2733]. Les finances sociales peuvent ainsi être rattachées de plein droit aux finances publiques puisque les assurances sociales ont un caractère de service public, les cotisations sociales sont des prélèvements obligatoires, les administrations de Sécurité sociale font partie des administrations publiques au sens de la comptabilité nationale, et les lois de financement de la Sécurité sociale viennent les encadrer[2734].

432. Une globalisation nécessaire et cohérente. La globalisation des finances publiques traduit une consécration constitutionnelle puisque les finances publiques étatiques, locales et sociales ont désormais une base

---

[2729] LEROY (M.), « Les périmètres publics et privés des finances », *RFFP*, 2012, n° 120, p.28.
[2730] BOUVIER (M.), « Réhabiliter et refonder la science des finances publiques », in COHEN-JONATHAN (G.), GAUDEMET (Y.), HERTZOG (R.), *Mélanges Paul Amselek*, Paris, Bruylant, 2005, p.131.
[2731] PHILIP (L.) « La protection sociale et les nouvelles frontières entre finances publiques et finances privées », *RFFP*, n° 79, 2002, p.42.
[2732] SAIDJ (L.), « Finances publiques », in PHILIP (L.), *Dictionnaire encyclopédique de finances publiques*, t.1, Paris, Economica, 1991, p.809.
[2733] *Ibid*, p.811.
[2734] CRUCIS (HM.), *Finances publiques*, Paris, Lextenso, Coll. Focus droit, 2e éd., 2009, p.121.

constitutionnelle textuelle[2735], dotant ainsi la France d'une « *Constitution financière moderne* » [2736]. La nécessaire globalisation des finances publiques était déjà mise en avant par Didier MIGAUD en 1999 qui considérait, avant l'élaboration de la proposition de loi organique relative aux lois de finances, que « *pour être véritablement globale, l'approche devrait également aborder le niveau des dépenses programmées pour la sécurité sociale et pour les collectivités territoriales. On regrettera à cette occasion que la loi organique du 22 juillet 1996, relative au financement de la sécurité sociale, n'ait pas été fusionnée avec l'ordonnance organique du 2 janvier 1959, ce qui aurait attesté une volonté de vision globale des dépenses et de définition d'une politique d'ensemble. Mais rien ne s'oppose à ce que, dans le cadre du débat d'orientation budgétaire, soit effectué un examen général des finances locales, nationales, sociales et européennes* » [2737]. Si la LOLFSS n'a pas été fusionnée avec la LOLF lors de sa mise en place, le débat d'orientation des finances publiques fait désormais le point sur la situation des finances publiques en prenant en compte l'État, les organismes de sécurité sociale, et les administrations publiques locales.

433. L'unification des finances publiques. La globalisation des finances publiques est par conséquent étroitement liée à son unification puisqu'« *il n'existe plus aucune identification entre "finances publiques" et "finances de l'État"* » [2738]. Pour Michel BOUVIER, évoquer des « finances publiques pures » est désormais impensable en ce qu'elles sont hétérogènes par essence et qu'elles renvoient à tous les aspects de la réalité sociale [2739]. Les finances publiques, sous l'emprise du droit et de

---

[2735] OLIVA (É.), « La "reconstitution" du droit constitutionnel financier », *RFDC*, 4/n° 100, 2014, p.1023.

[2736] OLIVA (É.), « Normes de constitutionnalité ou normes constitutionnelles : l'ambiguïté des lois organiques financières », in *Renouveau du droit constitutionnel,* Mélanges en l'honneur de Louis Favoreu, Paris, Dalloz, 2007, p.1350.

[2737] Rapport du Groupe de travail sur l'efficacité de la dépense publique et le contrôle parlementaire, Contrôle réellement, pour dépenser mieux et prélever moins, Assemblée Nationale, 1999, p.112. Cité également par LASCOMBE (M.), VANDENDRIESSCHE (X.), « La loi organique relative aux lois de finances (LOLF) et le contrôle des finances publiques », *Revue française d'administration publique*, 2006/1, n° 117, p.133-134.

[2738] LASCOMBE (M.), VANDENDRIESSCHE (X.), « La loi organique relative aux lois de finances (LOLF) et le contrôle des finances publiques », *Revue française d'administration publique*, 2006/1, n° 117, p.133.

[2739] BOUVIER (M.), « Réhabiliter et refonder la science des finances publiques », in COHEN-JONATHAN (G.), GAUDEMET (Y.), HERTZOG (R.), *Mélanges Paul Amselek*, Bruylant, Paris 2005, p.134.

l'économie, ne peuvent être réduites à une pure technique [2740], et ceci même si elles font l'objet d'une densification normative qui « *résulte de la réception dans la sphère juridique de normativités nouvelles, dotées d'une force contraignante variable, qui se juxtaposent et s'entremêlent avec les normativités classiques et qui pénètrent en des lieux délaissés par la réglementation étatique* » [2741]. La densification normative présente en droit fiscal [2742] influence les finances publiques car les règles fiscales ne peuvent plus être dissociées des finances publiques, qu'elles soient sociales ou purement étatiques. Le renforcement des finances sociales *via* leur développement et leur intégration aux finances publiques entraîne la globalisation de ces dernières et elle implique leur consolidation. Si les finances publiques conservent des spécificités propres suivant la nature de celles-ci, elles tendent à devenir un tout homogène et uniforme car le processus d'homogénéisation accompagne en tout domaine, le phénomène de globalisation [2743]. Néanmoins, la globalisation des finances publiques se traduit également par leur ouverture.

B. La « globalisation-internationalisation » des finances publiques

434. Un droit des finances publiques uniformisé et globalisé. La globalisation, en tant que « *vecteur d'ouverture économique, sociale et culturelle aux grands courants d'échange mondiaux* » [2744], évoque incontestablement les nouvelles modalités de l'interdépendance des économies [2745], dès lors elle entraîne la nécessaire intégration et application des constructions communautaires, et requiert de nouvelles règles pour organiser le marché [2746]. Avec l'intégration des finances

---

[2740] LASSALE (J.-P.), « Finances publiques et sciences sociales », *Revue française de finances publiques*, n° 41 (Finances publiques : questions clés pour demain), 1993, p.233.
[2741] CHASSAGNARD-PINET (S.), « La globalisation, facteur de densification normative », *op.cit.*, p.164.
[2742] Voir en ce sens, ABDULGHANI (M.), *Les sources infralégislatives en droit fiscal. Analyse d'un désordre normatif*, Thèse dactylographiée, Aix-en-Provence, 2014, 560 p.
[2743] CHASSAGNARD-PINET (S.), « La globalisation, facteur de densification normative », *op.cit.*, p.166.
[2744] AUBY (J.-B.), « Globalisation et décentralisation », in *Les mutations contemporaines du droit public*, Mélanges en l'honneur de B. JEANNEAU, Paris, Dalloz, 2002, p.567.
[2745] MATTELART (A.), « Vers une globalisation ? », *Réseaux*, 2000, Vol. 18, n° 100, p.83.
[2746] BOURGEOIS (I.), ENSTE (D.), « Morale et profit ne sont pas incompatibles », *Regards sur l'économie allemande*, n° 84, 2007, p.18.

sociales, les finances publiques ont vu leur objet s'élargir, une évolution qui aboutit à une mondialisation systémique des finances publiques et privées, dont les référentiels et les instruments sont soumis à « *une hybridation qui questionne l'ampleur et la pertinence du périmètre de l'action publique* » [2747]. Elles tendent par conséquent à devenir un droit uniformisé et globalisé, un droit des finances publiques marqué par un renforcement substantiel de sa densité normative [2748].

435. La soumission aux règles européennes. La globalisation, avec l'intégration et l'application de la construction européenne, se manifeste également en matière financière à travers le respect des critères de convergence mis en place par le Traité de Maastricht en 1992 ainsi que par le critère posé par le Traité sur la stabilité, la coordination et la gouvernance (TSCG) de 2012, entraînant le maintien d'un déficit structurel à hauteur de 0,5% du PIB. La globalisation apparaît ici comme directement liée à la discipline budgétaire [2749]. Ces critères concernent les administrations publiques, dès lors les administrations de Sécurité sociale sont pleinement concernées et l'évaluation du déficit et de l'endettement public s'entend finances sociales incluses [2750]. L'influence du droit européen sur les mécanismes du droit des finances publiques [2751] est donc multiple puisqu'elle se retrouve en matière des recettes publiques à travers l'harmonisation des règles applicables à la taxe sur la valeur ajoutée [2752], ainsi que dans les contenus des principes budgétaires [2753]. La globalisation en tant qu'ouverture des finances publiques s'exprime également en matière comptable avec le système européen des comptes qui s'impose à l'ensemble des comptables nationaux européens. Le système européen de comptabilité détient un « *rôle essentiel au niveau européen en matière de*

2747 LEROY (M.), « Les périmètres publics et privés des finances », *RFFP*, 2012, n° 120, p.28.

2748 CHASSAGNARD-PINET (S.), « La globalisation, facteur de densification normative », *op.cit.*, p.171; HERTZOG (R.), « Quelques aspects de la loi organique relative aux lois de finances dans ses rapports avec le système administratif », *AJDA*, 2006, p.532.

2749 ORSONI (G.), « Les finances publiques à la recherche de leur identité », *RFFP*, n° 133, 2016, p.9.

2750 DAMAREY (S.), *Finances publiques*, Paris, Lextenso, Coll. Manuels, 2e éd., 2008, p.140.

2751 AUBY (J.-B) : « L'influence du droit européen sur les catégories juridiques du droit public », *Informations sociales,* n° 175, 1/2013, p.66.

2752 Voir en ce sens, le paragraphe n° 232.

2753 Voir en ce sens, le paragraphe n° 308 et s.

conduite des politiques économiques et de gestion des finances publiques » [2754] puisque les indicateurs mentionnés dans les traités européens doivent y être conformes. Tel est notamment le cas du solde des administrations publiques, des recettes et dépenses des administrations publiques ainsi que de leurs dettes. Le déficit structurel n'en relève pas. Les finances sociales sont alors concernées en tant qu'administrations publiques. Le SEC 2010 a une incidence indirecte sur les finances sociales car il affecte le compte des administrations publiques et concerne le traitement des avances au titre des pensions de retraite à payer dans le futur, les crédits d'impôts et l'inclusion du coût du capital dans l'évaluation des coûts de production. Le règlement ne mentionne pas directement les finances sociales mais les annexes définissent notamment les administrations de sécurité sociale[2755]. L'Union européenne est alors perçue par certains comme le laboratoire de la globalisation maîtrisée [2756]. Les finances publiques, par leur vision économique des choses [2757], font l'objet d'une globalisation car elles favorisent un droit uniforme à l'échelle tant régionale que mondiale [2758]. Gilbert ORSONI évoque par ailleurs cette consécration d'un phénomène de globalisation des finances publiques car l'État doit rendre compte annuellement « *aux autorités européennes de la situation et des perspectives budgétaires nationales. D'où la nécessité pour l'État d'observer de près (et d'influencer) les finances publiques infra-étatiques* » [2759], dès lors aucune norme interne, quand bien même elle aurait un statut constitutionnel, ne peut entraver l'application du droit supranational [2760].

436. La globalisation et la protection des droits fondamentaux. Les finances sociales permettent la mise en œuvre des prestations sociales,

---

[2754] BERGER (K.), CARRE (O.), Rapport d'information n° 2237 sur le nouveau système européen de comptabilité nationale, Assemblée Nationale, 2014, p.7.

[2755] Voir en ce sens le paragraphe n° 409.

[2756] LAMY (P.), « L'Union européenne, laboratoire de la globalisation maîtrisée », *Reflets et perspectives de la vie économique*, 2002/2, t.XLI, pp.9-26.

[2757] SAÏDJ (L.), « Finances publiques – Finances privées : Éléments d'introduction », *RFFP*, 2012, n° 120, p.7.

[2758] CHASSAGNARD-PINET (S.), « La globalisation, facteur de densification normative », *op.cit.*, p.158.

[2759] ORSONI (G.), « Les finances départementales », Chapitre 3 (folio n° 7732), *Encyclopédie des collectivités locales*, Dalloz, juin 2014.

[2760] TUSSEAU (G.), « Un chaos conceptuel qui fait sens : la rhétorique du constitutionnalisme global » in CHEROT (J.-Y.) et FRYDMAN (B.) (dir.), *La science du droit dans la globalisation*, Bruxelles, Bruylant, 2012, p.191.

et plus généralement de la protection de la santé, dès lors elles s'inscrivent également dans ce processus de globalisation des finances publiques puisque le droit de la globalisation se préoccupe de garantir aux individus un certain niveau de protection de leurs droits fondamentaux [2761]. La globalisation érige l'être humain comme sujet du droit en le plaçant au cœur du modèle [2762], l'individu est ainsi recentré en tant que sujet de droit, dès lors la protection de ses droits est renforcée, et donc indirectement son droit à la protection sociale. La nature des droits sociaux se transforme alors en « *droit à des prestations sociales minimales* » [2763]. La globalisation met en concurrence les modèles et systèmes [2764]. Ce constat amène cependant la problématique suivante : est-ce l'évolution de la Sécurité sociale qui tend à se rapprocher du modèle beveridgien et entraîne la globalisation des finances publiques en y intégrant les finances sociales ou bien est-ce la globalisation des finances publiques qui est un des facteurs responsables de l'évolution de la Sécurité sociale ? La globalisation ne peut être privée de son environnement dans la mesure où une globalisation efficace ne peut être qu'une globalisation prenant en compte l'environnement dans sa globalité [2765].

437. L'aboutissement de la fiscalisation des ressources de la Sécurité sociale. Les finances sociales appartiennent aux finances publiques en raison de la nature des dépenses auxquelles elles pourvoient, et en raison du caractère obligatoire qui s'attache aux cotisations et contributions [2766]. Par cette globalisation, les finances publiques doivent ainsi être définies dans la perspective d'une science globale pluri-disciplinaire [2767]. La globalisation est le préalable à l'uniformisation des

---

[2761] AUBY (J.B.), « Globalisation et décentralisation », in *Les mutations contemporaines du droit public*, Mélanges en l'honneur de B. JEANNEAU, Paris, Dalloz, 2002, p.566.

[2762] HENNEBEL (L.), « Les droits de l'Homme dans les théories du droit global », in CHEROT (J.-Y.) et FRYDMAN (B.) (dir.), *La science du droit dans la globalisation, op.cit.*, p.147.

[2763] HERRERA (C. M.), « Le concept de droits sociaux fondamentaux dans la mondialisation », in CHEROT (J.-Y.) et FRYDMAN (B.) (dir.), *La science du droit dans la globalisation, op.cit.*, p.171.

[2764] BOURGEOIS (I.), ENSTE (D.), « Morale et profit ne sont pas incompatibles », *Regards sur l'économie allemande*, n° 84, 2007, p.18.

[2765] GILLET (R.), WAGNER (Y.), « Les phénomènes de globalisation », *Reflets et perspectives de la vie économique*, 2002/1, t.XLI, p.128.

[2766] PRÉTOT (X.), « La Sécurité sociale et les finances publiques », *RFFP*, n° 51, 1995, p.133.

[2767] LEROY (M.), « Les périmètres publics et privés des finances », *RFFP*, 2012, n° 120, p.35.

finances publiques, mais elle s'inscrit également dans une perspective d'ouverture et traduit une *« densification qualitative du maillage normatif appréhendé à l'échelle mondiale »* [2768]. La globalisation des finances publiques atténue la distinction entre prélèvements sociaux et prélèvements fiscaux [2769] tout en maintenant la distinction entre finances publiques et finances privées. Le périmètre des finances publiques s'étend à l'ensemble de l'action publique [2770], y compris en matière de protection sociale. La globalisation des finances publiques est alors considérée comme l'aboutissement de la fiscalisation des ressources de la Sécurité sociale, et pourrait à terme, se traduire par l'intégration pleine et entière des finances des organismes sociaux au sein des finances publiques en intégrant les cotisations obligatoires dans les impositions de toutes natures [2771]. Lorsque la fiscalisation des ressources de la Sécurité sociale aura atteint son paroxysme, tant dans son aspect purement financier que dans son aspect « procédural », la globalisation des finances publiques sera alors pleinement achevée. Par conséquent, la fiscalisation s'inscrit dans la continuité du rattachement des finances sociales aux finances publiques qui se traduit par une « socialisation » des finances publiques en plus de s'inscrire dans leur globalisation. La globalisation ne doit cependant pas être confondue avec une éventuelle budgétisation ou étatisation. Ces craintes doivent en effet être relativisées [2772] car la Sécurité sociale est à même de répondre aux nouveaux besoins sociaux, même si pour cela elle doit davantage recourir à un financement public ainsi qu'aux techniques et procédures qui y sont étroitement associées. La globalisation affecte *« l'évolution contemporaine des finances publiques »* [2773] et tend ainsi à impliquer un traitement d'ensemble des prélèvements obligatoires [2774].

2768 CHASSAGNARD-PINET (S.), « La globalisation, facteur de densification normative », *op.cit.*, p.166-167.

2769 PHILIP (L.) « La protection sociale et les nouvelles frontières entre finances publiques et finances privées », *RFFP*, n° 79, 2002, p.41.

2770 LEROY (M.), « Les périmètres publics et privés des finances », *op.cit.*, p.30.

2771 PHILIP (L.) « La protection sociale et les nouvelles frontières entre finances publiques et finances privées », *RFFP*, n° 79, 2002, p.41.

2772 FERRAS (B.), « Cotisations sociales, impôts et démocratie », in BOUVIER (M.) (dir.), *Réforme des finances publiques, Démocratie et bonne gouvernance*, Paris, LGDJ, 2004, p.270.

2773 DUPRAT (J.-P.), « Globalisation des finances publiques et Constitution », in *Mélanges en l'honneur de Robert HERTZOG*, Paris, Economica, 2011, p.143.

2774 PHILIP (L.), « Jalons pour une réforme fiscale », in *Mélanges en l'honneur de Robert HERTZOG*, Paris, Economica, 2011, p.434.

SECTION 2 : L'UNIFORMISATION DES PRÉLÈVEMENTS OBLIGATOIRES

438. Le besoin croissant de ressources financières supplémentaires afin de compenser les conséquences de la crise, d'assurer le financement des prestations sociales et de poursuivre la généralisation de l'universalité amène les pouvoirs publics à augmenter le recours aux prélèvements obligatoires. Les prélèvements obligatoires constituent une notion juridiquement confuse mais ils doivent tout de même être maîtrisés (**Paragraphe premier**). La requalification des prélèvements obligatoires apparaît alors comme nécessaire (**Paragraphe second**).

§1. LA MAÎTRISE D'UNE NOTION JURIDIQUEMENT CONFUSE

439. La notion de prélèvements obligatoires constitue un outil d'information important. Son utilisation révèle toutefois des incohérences à l'origine d'éventuelles confusions (**A**). Néanmoins cela n'empêche pas que l'évolution des prélèvements obligatoires soit contrôlée et maîtrisée (**B**).

A. La confusion au sein de la notion de prélèvements obligatoires

440. Une notion comptable aux contours incertains. L'OCDE a défini les prélèvements obligatoires en retenant qu'« *il s'agit des versements effectifs au secteur des administrations publiques (au sens de la comptabilité nationale) opérés par tous les agents économiques, sous réserve, d'une part, qu'ils résultent non d'une décision de l'agent économique qui les acquitte mais d'un processus collectif de décision concernant les modalités et le montant des débours à effectuer, et, d'autre part, qu'ils ne comportent pas de contrepartie directe* » [2775]. Les cotisations sociales dérogent à la règle puisqu'elles font l'objet de contreparties déterminées. Cette définition sera ensuite adaptée par l'INSEE et par Eurostat. L'INSEE définit les prélèvements obligatoires comme « *les impôts et cotisations sociales effectives reçues par les administrations publiques et les institutions européennes* ». Au sens de

[2775] Conseil des prélèvements obligatoires, *L'activité du Conseil des prélèvements obligatoires pour les années 2006 à 2011*, 2011, p.12.

l'INSEE, seuls les impôts et les cotisations sociales effectives sont pris en compte dans les prélèvements obligatoires. Les cotisations sociales effectives désignent l'ensemble des versements que les individus et leurs employeurs effectuent aux administrations de sécurité sociale et aux régimes privés et se décomposent en cotisations à la charge des employeurs, cotisations à la charge des salariés, et cotisations à la charge des travailleurs indépendants et des personnes n'occupant pas d'emploi. Les cotisations sociales effectives comprennent donc « *les cotisations effectivement prélevées sur les différents types de revenus* » [2776]. L'INSEE et Eurostat distinguent les cotisations sociales effectives, des cotisations sociales imputées qui désignent celles imputées à la charge des employeurs et correspondent aux prestations sociales versées directement par les employeurs à leurs salariés, ex-salariés et autres ayants droit sans constitution de réserve et sans intervention d'une société d'assurance ou fonds de pension autonome. Les cotisations sociales imputées ne donnent pas lieu à un versement effectif, et ne sont pas considérées comme faisant partie des prélèvements obligatoires. Les cotisations sociales imputées correspondent à environ 15% des cotisations sociales effectives. Les impôts et cotisations sociales qui ne sont pas affectés à une administration publique sont également exclus de ce concept de prélèvements obligatoires. Les cotisations sociales imputées sont également appelées « cotisations sociales fictives » puisque l'employeur fournit directement des prestations sociales [2777]. Dans les débats relatifs à la loi de 2005 instaurant le Conseil des prélèvements obligatoires (CPO) [2778], Charles DE COURSON déplore l'exclusion des cotisations sociales fictives du concept de prélèvements obligatoires. Le rapport n° 209 de Philippe ROUAULT affirme que si cette notion a été exclue du concept des prélèvements obligatoires, il s'agit là d'une reproduction de ce qui existe au niveau européen. Il considère toutefois que le Conseil des prélèvements obligatoires pourra « *se saisir de tous les domaines qu'il souhaite investir* » [2779].

[2776] Annexe 4, PLFSS 2016, p.6.

[2777] MARINI (P.), Rapport d'information n° 41 fait au nom de la commission des Finances, du contrôle budgétaire et des comptes économiques de la Nation sur les prélèvements obligatoires et leur évolution, 2006, p.22.

[2778] Loi n° 2005-358 du 20 avril 2005 tendant à créer un Conseil des prélèvements obligatoires, JORF n° 93 du 21 avril 2005, p.6973.

[2779] Débats, Assemblée nationale, Troisième séance du mardi 5 avril 2005, 196e séance de la session ordinaire 2004-2005.

441. La structure des prélèvements obligatoires propre à chaque pays. Malgré les efforts mis en œuvre afin d'harmoniser le contenu de la notion de prélèvements obligatoires, la structure des prélèvements obligatoires varie d'un pays à l'autre. Les prélèvements obligatoires financent la Sécurité sociale et ceci dans la majorité des pays européens. Les différences résident dans la segmentation du système. Ils sont ainsi répartis selon la nature des ressources et leur organe d'affectation en Allemagne, en Espagne, en Suède ainsi qu'en France [2780]. Le système italien est segmenté selon la nature des ressources uniquement puisqu'il se caractérise par une forte retenue à la source. Au Royaume-Uni, le système des prélèvements obligatoires est caractérisé par « *l'affectation de la quasi-intégralité des recettes à l'État* » [2781]. Le système européen de comptabilité ne définit pas la notion de prélèvement obligatoire, contrairement à celle d'impôt ou de cotisations sociales. Des différences sont donc possibles entre les États. De plus, la définition actuelle repose sur la notion d'administration publique. Or les administrations publiques ne disposent pas de périmètres identiques suivant les États. Les comparaisons internationales ont donc peu de signification [2782]. Les différents États s'efforcent de « *converger vers une définition commune entre les États de la notion de prélèvement obligatoire* » [2783], mais les écarts constatés dans les différentes études concernant les prélèvements obligatoires en Europe « *reflètent la diversité structurelle des systèmes de collecte des impôts et des cotisations sociales dans les États membres* » [2784]. La définition des prélèvements obligatoires est alors spécifique à chaque pays et il convient donc de comparer ce qui est comparable [2785].

442. Le cadre inadéquat des lois financières. La définition actuelle des prélèvements obligatoires ne correspond pas à l'ensemble des prélèvements fiscaux et sociaux que l'on peut retrouver dans une loi de

---

[2780] Haut conseil du financement de la protection sociale, *Analyse comparée des modes de financement de la protection sociale en Europe*, 2014, p.127.
[2781] *Ibid.*
[2782] MARINI (P.), Rapport d'information n° 41 fait au nom de la commission des Finances, du contrôle budgétaire et des comptes économiques de la Nation sur les prélèvements obligatoires et leur évolution, 2006, p.11.
[2783] *Ibid.*
[2784] Eurostat, *Prélèvements obligatoires dans l'UE – Structure et niveau : 1995-2002*, Statistiques en bref, Économie et finances, 2004, p.4.
[2785] LE CLÉZIO (P.), *Prélèvements obligatoires : compréhension, efficacité économique et justice sociale*, Avis et Rapports du Conseil économique et social, 2005, p.7.

finances ou dans une loi de financement de la Sécurité sociale. La notion de prélèvements obligatoires ne doit pas être limitée aux recettes que l'on peut retrouver dans ces deux lois puisqu'elles ne contiennent pas toutes les informations concernant les prélèvements obligatoires. Les taux des cotisations sociales ne sont pas forcément définis par les LFSS, et certaines recettes présentes dans les lois de finances ne sont pas des prélèvements obligatoires puisque la loi de finances contient également des recettes non fiscales. De même les cotisations professionnelles définies dans les lois de financement de la Sécurité sociale ne sont pas des prélèvements obligatoires puisqu'elles constituent des cotisations sociales dites fictives. La notion de prélèvements obligatoires est donc une « *notion comptable et statistique* » [2786] tandis que les notions d'impositions de toutes natures et de cotisations sont des notions juridiques.

443. Du Conseil des impôts au Conseil des prélèvements obligatoires. Héritier du Conseil des impôts, le Conseil des prélèvements obligatoires est chargé depuis 2005 selon l'article L.351-1 du Code des juridictions financières « *d'apprécier l'évolution et l'impact économique, social et budgétaire de l'ensemble des prélèvements obligatoires, ainsi que de formuler des recommandations sur toute question relative à ces prélèvements* ». Cette transformation est conçue comme « *un autre signe de la progression de la confusion conceptuelle et institutionnelle* » [2787] qui empêche la sécurité sociale de pouvoir répondre complètement aux besoins d'assurance santé. La création du Conseil des prélèvements obligatoires est issue de la nécessité liée aux changements du système fiscal français provoqués par l'augmentation des dépenses de sécurité sociale [2788]. La fiscalisation au sein la Sécurité sociale et la mise en place des lois de financement de la Sécurité sociale viennent renforcer le poids des finances sociales dans l'environnement juridique et parlementaire et rendre ainsi nécessaire l'étendue du rôle du Conseil des impôts. Ce changement a été opéré par la loi n° 2005-358 [2789] et non par une loi de

---

[2786] BARILARI (A.), « L'oxymoron et la définition de l'impôt », *Constitutions*, 2012, p.467.
[2787] BICHOT (J.), « Protection sociale "de base" et assurances complémentaires », *RDSS*, 2015, p.1106.
[2788] DONNY (A.), « Le Conseil des prélèvements obligatoires : un changement dans la continuité », *Droit fiscal*, n° 23, 2005, comm.459.
[2789] Loi n° 2005-358 du 20 avril 2005 tendant à créer un Conseil des prélèvements obligatoires, JORF n° 93 du 21 avril 2005, p.6973.

finances puisque le Conseil constitutionnel a considéré que ce changement n'avait pas sa place dans la loi de finances. Il a retenu que l'article 112 de la loi de finances opérant ce changement « *ne peut être regardé, au sens de l'article 1er de l'ordonnance du 2 janvier 1959, comme une disposition "destinée à organiser l'information et le contrôle du Parlement sur la gestion des finances publiques" ; qu'en effet, s'il peut contribuer à l'information et au contrôle du Parlement, ses dispositions n'ont pas été prévues à cette fin ; qu'il ne relève d'aucune des autres catégories de dispositions trouvant leur place dans une loi de finances ; qu'il est donc étranger au domaine des lois de finances* » [2790]. Lors des débats sur la loi de 2005, le rapporteur Philippe ROUAULT affirmait « *qu'en trente ans la réflexion sur l'impôt est devenue une réflexion sur les prélèvements obligatoires* ». Le fait qu'ils soient désormais plus nombreux, plus morcelés et surtout différemment répartis contribue à alimenter cette réflexion. Il est toutefois intéressant de constater que la notion de prélèvement obligatoire n'est définie ni dans la loi, ni dans les débats. Philippe AUBERGER précise toutefois que l'ensemble des prélèvements obligatoires concerne autant les prélèvements d'État que les prélèvements des collectivités locales ainsi que ceux liés au financement de la protection sociale. Le rôle du Conseil est donc d'appréhender l'ensemble des prélèvements, qu'ils soient locaux ou nationaux - voire européens -, fiscaux ou sociaux. Charles DE COURSON relève d'ailleurs « *l'extrême flou qui entoure la notion de prélèvements obligatoires* » [2791].

444. L'émergence d'un concept juridique. Bien qu'un sentiment d'insatisfaction [2792] se déploie lorsqu'un mot ordinairement lié à un autre concept est réemployé pour en décrire un nouveau, le concept de prélèvements obligatoires doit être redéfini comme une qualification juridique et non plus seulement comme un outil comptable. La notion même de concept se trouve à la base du « *processus terminologique* » [2793] selon Louise LARIVIÈRE. Le concept accompagne et encadre le fonctionnement des notions qui le composent. Le concept de

[2790] Cons. Const., Décision n° 2004-511 du 29 décembre 2004, *Loi de finances pour 2005*, JO du 31 décembre 2004, p.22571, Recueil, p.236, Considérant n° 46.
[2791] Débats, Assemblée nationale, Troisième séance du mardi 5 avril 2005, 196e séance de la session ordinaire 2004-2005.
[2792] CORNU (G.), « Les définitions dans la loi », in *Mélanges dédiés à Jean Vincent*, Paris, Dalloz, 1981, p.88.
[2793] LARIVIÈRE (L.), « Comment formuler une définition terminologique ? » *Meta,* Vol.41, n° 3, 1996, p.409.

prélèvements obligatoires est de plus en plus utilisé puisqu'il permet de traiter des prélèvements fiscaux et sociaux en même temps. La fiscalisation, en harmonisant les règles sociales et les règles fiscales ainsi que les principes financiers, permet de concevoir le concept de prélèvement obligatoire, non plus comme une notion statistique, mais comme une notion juridique. L'adoption du concept de lois financières relatives aux prélèvements obligatoires englobant les impositions de toutes natures ainsi que les cotisations sociales [2794] permettrait de définir les prélèvements obligatoires comme tous les prélèvements imposés par la loi. La fiscalisation apparaît comme une notion permettant une simplification normative mais aussi conceptuelle. Néanmoins la conception actuelle des prélèvements obligatoires diffère de la qualification juridique proposée [2795]. L'augmentation des prélèvements obligatoires apparaît comme limitée et contrôlée afin de mieux les maîtriser.

B. Une augmentation limitée et contrôlée

445. Le taux de prélèvements obligatoires, un lien direct avec le PIB. Le taux de prélèvements obligatoires est calculé en rapport avec le PIB du pays contrôlé. Si la notion de prélèvements obligatoires n'est pas identique pour tous les pays, il en est de même pour la façon dont est calculé le produit intérieur brut (PIB). L'INSEE recense trois manières de calculer le PIB. Il est soit « *égal à la somme des valeurs ajoutées brutes des différents secteurs institutionnels ou des différentes branches d'activité, augmentée des impôts moins les subventions sur les produits* », soit « *égal à la somme des emplois finals intérieurs de biens et de services* [...], *plus les exportations, moins les importations* », soit « *égal à la somme des emplois des comptes d'exploitation des secteurs institutionnels : rémunération des salariés, impôts sur la production et les importations moins les subventions, excédent brut d'exploitation et revenu mixte* ». Le PIB peut être déterminé par la production, par la demande ou par les revenus. Le PIB correspond dans tous les cas à la richesse créée par les activités de production. Il s'agit d'une définition internationale validée par l'ONU dont l'application est contrôlée par Eurostat. Le système européen comptable influence la définition du PIB puisque le basculement du SEC 1995 vers le SEC 2010 « *a entraîné une révision à la hausse du niveau du*

[2794] Voir en ce sens le paragraphe n° 355.
[2795] Voir en ce sens le paragraphe n° 457.

produit intérieur brut » [2796] et qu'elle a permis l'intégration des crédits d'impôts. Toutefois le taux de prélèvements obligatoires reste calculé net des crédits d'impôt afin de rester proche de la charge fiscale réelle supportée par les agents économiques [2797]. Afin de maintenir l'effort en recettes et une certaine cohérence avec le concept de taux de prélèvements obligatoires, le terme de « *variation de l'écart entre le coût budgétaire et le coût en comptabilité nationale des crédits d'impôt restituables et reportables* » [2798] a été mis en place. Le taux des prélèvements obligatoires apparaît comme une construction comptable maladroite apportant toutefois d'importants et nécessaires éclairages sur la situation financière d'un État. Il convient de trouver un équilibre entre une comparaison européenne fiable et un traitement respectueux de la spécificité fiscale de chaque État membre [2799] et de garder à l'esprit que cette référence aux taux de prélèvements obligatoires, dans l'optique d'une comparaison internationale, peut faire l'objet d'écarts importants en matière de protection sociale. Les choix de financement de la Sécurité sociale ont non seulement un caractère structurel caractérisant chaque société, mais ils expliquent également « *largement les écarts entre valeurs des taux de prélèvements obligatoires* » [2800].

446. L'évolution du taux des prélèvements obligatoires en France. L'évolution du taux des prélèvements obligatoires finançant la protection sociale fait l'objet de l'indicateur n° 3 au sein du PQE Financement, se trouvant parmi les annexes de chaque LFSS. Cet indicateur définit le taux de prélèvements obligatoires comme « *l'ensemble des impôts et des cotisations sociales effectives perçus par les administrations publiques rapporté au PIB* » [2801]. Les prélèvements obligatoires directement affectés au financement de la Sécurité sociale se composent des cotisations sociales effectives reçues par les

---

[2796] Annexe 3 de la loi n° 2014-1653 du 29 décembre 2014 de programmation des finances publiques pour les années 2014 à 2019, JORF n° 0301 du 30 décembre 2014, p.22786.
[2797] *Ibid.*
[2798] Annexe 4 de la loi n° 2014-1653 du 29 décembre 2014 de programmation des finances publiques pour les années 2014 à 2019, JORF n° 0301 du 30 décembre 2014, p.22786.
[2799] BERGER (K.) et CARRÉ (O.), Rapport d'information n° 2237 déposé en application de l'article 145 du Règlement par la Commission des finances, de l'économie générale et du contrôle budgétaire sur le nouveau système européen de comptabilité nationale, 2014, p.13.
[2800] Conseil des prélèvements obligatoires, *Sens et limites de la comparaison des taux de prélèvements obligatoires entre pays développés*, 2008, p.4.
[2801] Programme de Qualité et d'Efficience « Financement », PLFSS, 2016, p.23.

administrations publiques (notamment les administrations de Sécurité sociale) et des impôts et taxes affectés à la protection sociale [2802]. Environ deux tiers des prélèvements obligatoires financent la Sécurité sociale [2803]. Le financement des prélèvements obligatoires affectés à la Sécurité sociale est en hausse. Les taux des prélèvements obligatoires ont fortement augmenté depuis 1959, et il en est de même de la part affectée aux administrations de Sécurité sociale. Cette part affectée a presque triplé depuis 1959 puisqu'elle est passée de 8,7% du PIB en 1959 à 24,2% en 2015. L'augmentation de la part affectée aux administrations de Sécurité sociale et du taux des prélèvements obligatoires depuis 1959 traduit une augmentation du besoin de financement de la protection sociale mais aussi plus généralement des dépenses publiques. Le contexte des finances publiques ne peut être isolé de l'analyse du taux des prélèvements obligatoires, d'autant plus qu'en France « *toute politique qui conduirait à réduire les prélèvements obligatoires aura pour conséquence, à dépense publique constante, une dégradation supplémentaire de sa situation financière* » [2804]. L'augmentation du taux de prélèvements obligatoires en France concerne les administrations publiques, mais surtout les administrations de Sécurité sociale.

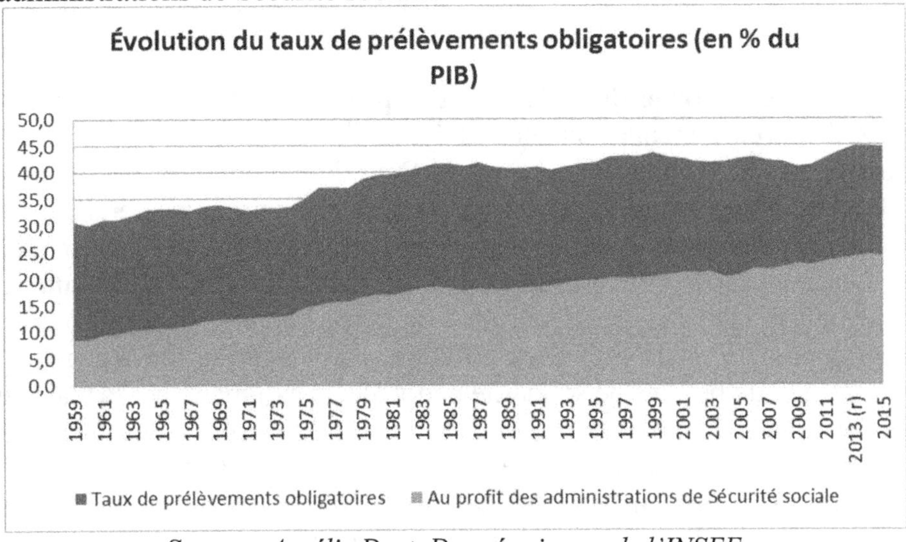

Source : Aurélie Dort. Données issues de l'INSEE.

[2802] *Ibid.*

[2803] Direction de la recherche, des études, de l'évaluation et des statistiques, *La protection sociale en France et en Europe en* 2013, Coll. Études et statistiques, 2015, p.34.

[2804] Cour des comptes, *Les prélèvements fiscaux et sociaux en France et en Allemagne*, Rapport public thématique, 2011, p.43.

L'augmentation semble toutefois se stabiliser sur les dernières années. La maîtrise des dépenses publiques oriente celles-ci vers la performance et une meilleure gestion des recettes existantes. Cette augmentation du taux des prélèvements obligatoires met en exergue « *le nombre de taxes inefficaces, dont le rendement est nul ou faible* » [2805]. Le système fiscal demeure complexe et coûteux, ce qui traduit un manque de cohérence des politiques fiscales. L'évolution du taux des prélèvements obligatoires ne possède pas de conséquences juridiques puisqu'il n'est pas intégré dans l'évaluation du principe de sincérité des lois de finances, même s'il fait partie intégrante des lois de programmation. Du fait qu'elles sont dénuées d'une portée juridiquement contraignante, le taux de prélèvements obligatoires l'est également. Le Conseil constitutionnel considère en ce sens que « *les éventuelles conséquences de la qualification donnée* [à des recettes non fiscales] *sur le calcul d'un "taux des prélèvements obligatoires", sont, en tout état de cause, sans incidence sur la sincérité de la loi de finances* » [2806]. La fusion des lois financières et la redéfinition du concept de prélèvement obligatoire permettraient de faire de ce concept une notion juridique. Les conséquences d'une évolution du taux des prélèvements obligatoires seraient alors également des conséquences juridiques.

447. Le contrôle de la hausse des prélèvements obligatoires. Le taux des prélèvements obligatoires étant dépourvu de portée juridique contraignante, le contrôle opéré par la Cour des comptes concernant son évolution ne constitue donc pas un contrôle financier à part entière. La Cour des comptes et le Conseil des prélèvements obligatoires se contentent d'observer, d'apprécier l'évolution des prélèvements obligatoires. De plus, la Cour des comptes contrôle l'ensemble des institutions qui, à un titre ou à un autre, participent au service public, répondent aux besoins de solidarité nationale ou assument, par le biais de la perception de taxes ou de prélèvements obligatoires, des missions d'intérêt général. Par sa nature et ses missions, la Cour contrôle les comptes et la gestion de la Sécurité sociale, c'est-à-dire de toutes les caisses et mutuelles qui gèrent un régime de base obligatoire, même si

---

[2805] Commission européenne, Recommandation du Conseil concernant le programme national de réforme de la France pour 2016 et portant avis du Conseil sur le programme de stabilité de la France pour 2016, Rendu le 18 mai 2016, COM(2016) 330 final, p.6.

[2806] Cons. Const., Décision n° 98-405 DC du 29 décembre 1998, *Loi de finances pour 1999*, JO du 31 décembre 1998, p.20138, Recueil, p.326, Considérant n° 4.

elles ont un statut de droit privé [2807]. D'une manière générale, la Cour des comptes ne dispose pas de pouvoir contraignant et elle ne peut apporter qu'une assurance limitée sur la cohérence entre les tableaux d'équilibre et les comptes des régimes et organismes sociaux. La hausse du taux de prélèvements obligatoires des organismes sociaux reflète l'augmentation générale des dépenses sociales. En encadrant les dépenses sociales, la hausse du taux est limitée. La tendance première serait de financer les dépenses sociales en augmentant les prélèvements obligatoires mais cette solution, viable à court terme, se révélerait désastreuse sur le long terme puisque non seulement la courbe de LAFFER indique que « trop d'impôts tue l'impôt » mais aussi parce que les sommes versées au titre de l'impôt ne sont pas dépensées, ce qui se répercute sur la production et donc le PIB.

448. Un souhait de limiter la hausse des prélèvements obligatoires. Il existe une volonté de limiter les prélèvements obligatoires [2808]. La fixation des recettes se caractérise « *par un encadrement très fort des niveaux de prélèvements obligatoires par l'État* » [2809]. Cette volonté de maîtriser le taux des prélèvements obligatoires a toutefois été malmenée par la crise financière qui a exigé davantage de ressources financières de la part des États européens. Toutefois le taux des prélèvements obligatoires est une unité de mesure à relativiser puisque la définition des prélèvements obligatoires englobe aussi bien les prélèvements obligatoires consolidés que non consolidés. Si les cotisations sociales sont affectées par la crise financière à travers l'incidence qu'elle a sur la masse salariale et l'inflation [2810], cette répercussion affecte également les prélèvements obligatoires. La qualification de prélèvements obligatoires doit ainsi devenir également une qualification juridique.

§2. UNE REQUALIFICATION NÉCESSAIRE DES PRÉLÈVEMENTS OBLIGATOIRES

449. La fiscalisation rend nécessaire la requalification des prélèvements obligatoires **(B)** afin d'en faire une notion juridique

[2807] SEGUIN (P), « Les juridictions financières dans la modernisation de la gestion publique », *RFDA,* 2007, p.438.
[2808] ORSONI (G.), *L'interventionnisme fiscal*, Paris, PUF, 1995, p.251 et s.
[2809] Haut conseil du financement de la protection sociale, *Analyse comparée des modes de financement de la protection sociale en Europe*, 2014, p.105.
[2810] Voir en ce sens le paragraphe n° 64.

impliquant un régime similaire pour des prélèvements aux natures différentes (**A**).

A. Un régime similaire pour des natures différentes

450. Une distinction limitée. La catégorie des impositions de toutes natures s'étend à l'ensemble des prélèvements dont le produit est affecté à l'État, aux collectivités territoriales, aux établissements publics et aux personnes privées chargées de l'exécution de missions de service public[2811]. Cette qualification a toutefois évolué à travers l'augmentation de son utilisation pour financer la protection sociale. Ces évolutions ont fait l'objet de nombreux commentaires. Pour Jean-Pierre CAMBY, la fréquence avec laquelle la notion d'impositions de toutes natures « *est aujourd'hui utilisée est trop forte pour ne pas y voir une confirmation de cette tendance de la part des juges, qui visent à l'appliquer systématiquement, quitte à lui faire perdre toute cohérence interne. Au fur et à mesure qu'elle englobe des éléments nouveaux, elle s'éloigne de la conception classique de l'impôt* »[2812]. Jacques BUISSON retient que les impositions de toutes natures sont une notion indéfinissable, donc dépassée, et qu'il convient de regrouper tous les prélèvements dans la seule catégorie des prélèvements obligatoires[2813]. Si les explications diffèrent, elles aboutissent toutes à un manque de cohérence dans la qualification actuelle, d'autant plus que les frontières entre les différents prélèvements sociaux et fiscaux sont de plus en plus perméables.

451. La remise en question du lien entre cotisation et prestation. Le Conseil constitutionnel continue de lier l'ouverture de droits à prestations à la notion de cotisations sociales. Le Conseil constitutionnel a estimé que « *la cotisation de solidarité due par les pluriactifs indépendants qui n'exercent pas l'activité de chef d'exploitation agricole à titre principal n'ouvre aucun droit aux prestations servies par la branche vieillesse du régime de sécurité sociale des exploitants*

[2811] PRÉTOT (X.), « Le Conseil constitutionnel, les finances publiques et les finances sociales – La jurisprudence de l'année 2009 », RFFP, 2010, n° 110, p.223.

[2812] CAMBY (J.-P.), « Les impositions de toutes natures, une catégorie sans critère ? », *AJDA*, 1991, p.339.

[2813] BUISSON (J.), « Les impositions de toutes natures, une notion dépassée », *LPA*, n° 54, 1992 ; Cité également par PHILIP (L.), « Impositions de toutes natures, redevances, cotisations sociales et prélèvements obligatoires », in *Mélange Paul AMSELEK*, Bruxelles, BRUYLANT, 2005, p.685.

agricoles » [2814]. Bien qu'elle porte le nom de cotisation, elle constitue une imposition de toutes natures. La mise en place de la protection universelle maladie amène la redéfinition de la notion de cotisations sociales. Les députés ayant saisi le Conseil constitutionnel de la LFSS pour 2016 affirmaient d'ailleurs que l'article 59 de la LFSS, qui instaure la protection universelle maladie, méconnaît la nature des cotisations sociales, liées à une activité professionnelle, et les conditions d'ouverture des droits à prestation. Cependant, le Conseil constitutionnel ne reprend pas cet argument dans la décision n° 2015-723 DC et revient uniquement sur l'argument des requérants considérant que « *la suppression du lien entre les cotisations acquittées par les assurés sociaux et la prise en charge des frais de santé rendrait également les dispositions de l'article L.111-2-1 du code de la sécurité sociale inintelligibles* » [2815]. Il considère à ce sujet que non seulement les dispositions contestées « *ne remettent pas en cause le financement des régimes obligatoires de base d'assurance maladie au moyen de cotisations sociales ainsi que d'impositions de toutes natures dont le produit est affecté à ces dépenses* » et par conséquent qu'elles « *ne méconnaissent pas l'objectif d'intelligibilité et d'accessibilité de la loi* » [2816]. Le Conseil constitutionnel ne se prononce donc pas sur l'éventuelle suppression du lien entre cotisation et prestation. Il se contente d'observer les modifications « *des règles de gestion de la prise en charge des frais de santé des personnes auxquelles est assurée cette protection sociale* » [2817] suite à la mise en place d'un régime d'assurance sociale pour couvrir les charges de maladie et de maternité de l'ensemble des personnes résidant en France de façon stable et régulière ainsi que pour garantir contre les risques susceptibles de réduire ou de supprimer les revenus des travailleurs [2818]. Bien qu'il soit le corollaire de l'article 59, les députés n'ont pas saisi le Conseil constitutionnel sur l'article 32 de la LFSS pour 2016. Cet article redéfinit l'architecture financière de

---

[2814] Cons. Const., Décision n° 2015-519 QPC du 11 décembre 2015, *M. Christian B.* [Cotisation de solidarité au régime de sécurité sociale des exploitants agricoles], JO n° 0289 du 13 décembre 2015 p.23057, Considérant n° 5.

[2815] Cons. Const., Décision n° 2015-723 DC du 17 décembre 2015, *Loi de financement de la Sécurité sociale pour 2016*, JO n° 0296 du 22 décembre 2015, p.23685, Considérant n° 18.

[2816] *Ibid.*, Considérant n° 22.

[2817] *Ibid.*, Considérant n° 20.

[2818] *Ibid.*

l'assurance maladie [2819] par le biais d'une intégration financière telle que conçue par le Haut Conseil du financement de la protection sociale qui considère qu'« *il y a intégration de deux régimes lorsqu'un régime compense les déficits de l'autre, ce qui revient en pratique à verser une dotation d'équilibre, les publics restant cependant gérés par des organismes distincts* » [2820]. Ce dernier prend d'ailleurs en exemple l'intégration financière au sein d'un régime unique concernant les prestations de la branche famille [2821]. Le Haut Conseil des finances publiques considère que « *les modalités de financement de la sécurité sociale sont intrinsèquement liées à l'organisation de la sécurité sociale elle-même* » [2822]. Par conséquent, modifier l'organisation de l'assurance maladie amène la modification de ses modalités de financement. L'article 32 de la loi supprime notamment la cotisation minimale due par les travailleurs indépendants. La CMU de base a disparu depuis le 1er janvier 2016 au profit de la protection universelle maladie. Certains bénéficiaires de cette protection universelle maladie sont redevables d'une cotisation subsidiaire maladie. Elle est due pour les personnes ne percevant pas de revenus ou dont les revenus tirés d'activités professionnelles sont inférieurs à 10% du plafond de la sécurité sociale ainsi que pour les personnes dont les revenus du capital sont supérieurs à 25% de ce plafond. La cotisation maladie subsidiaire est liquidée et recouvrée, en vertu de l'article R.80-3 du CSS, par les URSSAF « *au vu des éléments transmis par l'administration fiscale* » ou par les personnes affiliées au régime général. Le taux de la cotisation est fixé à 8% mais le calcul diffère suivant la situation de la personne soumise à la cotisation subsidiaire. Le taux et les différentes modalités de calcul se retrouvent à l'article D.380-1 du CSS. Le lien entre prestations et cotisations tend alors à s'amoindrir.

452. La contrepartie, un critère bientôt désuet. Les impositions de toutes natures comme les cotisations sociales constituent des prélèvements obligatoires dédiés au financement d'un service public ou d'une mission de service public et s'effectuant dans un objectif d'intérêt général. La contrepartie est absente au sein des impôts et présente au sein

---

[2819] TABUTEAU (D.), « La protection universelle maladie (PUMA) : une rationalisation inachevée du financement de la sécurité sociale (seconde partie) », *RDSS*, 2016, n° 1, p.132.

[2820] Haut Conseil du financement de la protection sociale, *Rapport sur la lisibilité des prélèvements et l'architecture financière des régimes sociaux*, 2015, p.159.

[2821] *Ibid*, p.165.

[2822] *Ibid*, p.106.

des cotisations sociales. La situation tend toutefois à évoluer puisqu'avec la généralisation de l'universalisation, le lien entre les cotisations sociales et l'ouverture des droits à prestations concernant l'assurance maladie s'amoindrit. L'affaiblissement du lien entre la prestation et la cotisation entraîne l'affaiblissement de la contrepartie des cotisations sociales. De plus, le basculement du financement des retraites par répartition à la place d'un financement par capitalisation illustre cet affaiblissement de la contrepartie directe inhérente à la notion de cotisations sociales. Si la contrepartie directe est absente de la notion d'impôt, elle ne l'est pas de la notion d'impositions de toutes natures. Les taxes fiscales font l'objet d'une contrepartie directe. Tel est le cas de la taxe d'enlèvement des ordures ménagères. Le Conseil d'État a d'ailleurs affirmé que le produit de cette taxe, et donc son taux, « *ne doivent pas être manifestement disproportionnés par rapport au montant de ces dépenses, tel qu'il peut être estimé à la date du vote de la délibération fixant ce taux* » [2823]. Il y a donc un lien direct entre le montant de la TEOM, la fixation de son taux et le produit qui en est attendu. La contrepartie n'est donc plus un critère déterminant au sein des impositions de toutes natures.

453. L'affectation, un critère insuffisant. L'affectation ou la non-affectation du prélèvement ne constitue plus un critère permettant de distinguer les prélèvements sociaux des prélèvements fiscaux. Loïc PHILIP préconisait « *de reconnaître au législateur l'exclusivité de la création et la suppression de tout prélèvement obligatoire qu'il s'agisse aussi bien d'impositions que de cotisations* » [2824]. Le critère permettant la distinction entre les deux prélèvements se trouverait selon lui dans le recouvrement cependant ce critère n'est désormais plus pertinent dans la mesure où les URSSAF recouvrent également des impôts. Le critère de l'affectation, bien qu'important, n'est plus primordial dans la définition de la cotisation sociale [2825]. L'absence d'affectation ne peut plus caractériser les impositions de toutes natures.

454. Une réorganisation nécessaire. Comme l'affirmait Paul AMSELEK, une clarification d'ensemble apparaît souhaitable puisque le

---

[2823] CE, 8e et 3e ss-sect. réunies, 31 mars 2014, req. n° 368111, *Société Auchan et autres*, *RJF* 6/2014 n°639.

[2824] PHILIP (L.), « Impositions de toutes natures, redevances, cotisations sociales et prélèvements obligatoires », in *Mélange Paul AMSELEK*, Bruxelles, BRUYLANT, 2005, p.691.

[2825] Voir en ce sens, le paragraphe n° 91 et s.

« *droit public financier manque par trop de cohérence et de netteté dans ce secteur* » [2826]. Il estime que les différentes impositions publiques sont subdivisées arbitrairement en catégorie aux contours parfaitement flous et ondoyants [2827]. Il propose de supprimer ces barrières et de rapprocher dans toute la mesure du possible les régimes juridiques, en ne maintenant que les différences vraiment justifiées [2828]. Il convient d'assurer l'avenir de la Sécurité sociale en trouvant le juste équilibre, tant dans ses comptes, que dans les moyens permettant son financement entre les cotisations sociales et les impositions de toutes natures. Assurer l'avenir de la Sécurité sociale « *suppose de la réformer en ayant en tête le projet d'une société meilleure, et non pas seulement de la gérer au gré des calculs économiques et budgétaires* » [2829].

B. La requalification des prélèvements obligatoires

455. Le rassemblement au sein de la notion de prélèvements obligatoires. Lorsque les notions de cotisations sociales et d'impositions de toutes natures sont opposées, certains aspects sont parfois écartés comme leur appartenance commune aux prélèvements obligatoires et leur incidence sur le taux des prélèvements obligatoires. Loïc PHILIP estime « *préférable* » [2830] d'opposer les finances publiques aux finances privées dans le financement de la Sécurité sociale, plutôt que d'opposer les prélèvements sociaux aux prélèvements fiscaux. Cette démarche traduit l'appartenance commune de ces derniers aux prélèvements obligatoires. Xavier PRÉTOT soulève le caractère relatif de la qualification d'impositions de toutes natures et considère « *qu'une typologie des prélèvements obligatoires pourrait,* […] *utilement s'en abstraire, la formule s'imposant* a fortiori *si l'ensemble des prélèvements obligatoires devraient, à terme, être assujettis au principe du consentement à l'impôt et se fondre ainsi dans la catégorie des impositions de toutes*

[2826] AMSELEK (P.), « Une curiosité du droit public financier : les impositions autres que fiscales ou parafiscales », in *Mélanges Waline,* Paris, 1974, p.114.
[2827] *Ibid.*
[2828] *Ibid.*
[2829] SUPIOT (A.), « Dossier - La sécurité sociale entre transformisme et réformisme », *RDSS,* 2016, n° 1, p.10.
[2830] PHILIP (L.) « La protection sociale et les nouvelles frontières entre finances publiques et finances privées », *RFFP*, n° 79, 2002, pp.33-42.

natures »[2831]. Si la fiscalisation n'aboutit pas à la suppression des cotisations sociales, elle n'écarte pas pour autant la mise en place d'une typologie des prélèvements obligatoires qui s'inscriraient alors comme des prélèvements publics. Luc SAÏDJ s'interrogeait d'ailleurs sur l'éventuel lien entre le caractère public des finances et la présence d'un prélèvement obligatoire[2832]. Cette interrogation n'a plus lieu d'être puisque désormais les prélèvements obligatoires sont des prélèvements publics. La notion de prélèvements obligatoires est traditionnellement une notion plus statistique que juridique[2833], mais il convient néanmoins de l'élever en une notion juridique. Selon Pierre BELTRAME, les statisticiens ont défini les prélèvements obligatoires comme « *l'ensemble des contributions obligatoires effectuées sans contrepartie au profit d'administrations publiques et des institutions communautaires européennes* »[2834]. Seulement cette définition ne permet pas de prendre en compte l'ampleur et l'importance des prélèvements obligatoires. La notion même de prélèvements obligatoires rassemble des prélèvements de natures diverses. Ils sont définis comme tous les versements, effectués au profit des administrations publiques, qui ne sont ni volontaires, ni assortis d'une contrepartie immédiate ou directe et individualisable[2835]. Ces définitions présentent cependant l'inconvénient d'exclure les cotisations sociales. André BARILARI propose une classification étendant « *aux cotisations sociales comptabilisées en prélèvements obligatoires le régime juridique de l'impôt en les intégrant aux "impositions de toute nature"* »[2836]. Il pousse la réflexion en proposant de « *choisir des concepts enchâssables les uns dans les autres dans le sens du plus large au plus étroit, poser pour chacun d'eux des critères recouvrant des catégories comptables et juridiques claires, préciser à chaque fois la*

[2831] PRÉTOT (X.), « La notion d'imposition de toutes natures », *RFFP*, 2007, n° 100, p.159.

[2832] « *L'existence d'un prélèvement obligatoire est-elle, d'une part une condition nécessaire, d'autre part une condition suffisante pour conférer un caractère public aux finances de l'organisme bénéficiaire ?* », SAÏDJ (L.), « Recherche sur la notion de finances publiques en droit constitutionnel et financier positif », *RDP*, 1982, p.1342.

[2833] BELTRAME (P.), *L'impôt*, Paris, M.A. Éditions, 1987, p.135.

[2834] *Ibid.*

[2835] EUZÉBY (A.), *Les prélèvements obligatoires,* PUF, Coll. Que sais-je ?, 1992, p.5. Cité également par PRÉTOT (X.), « La Sécurité sociale et les finances publiques », *RFFP*, n° 51, 1995, p.138.

[2836] BARILARI (A.), « L'oxymoron et la définition de l'impôt », *Constitutions*, 2012, p.468.

finalité du concept et sa justification par rapport à cette finalité »[2837]. Les prélèvements obligatoires constituent des prélèvements publics imposés par la loi. Éric OLIVA considère qu'une définition strictement juridique[2838] doit être retenue pour les prélèvements obligatoires et propose de l'entendre comme toute dépense imposée par la loi sans contrepartie directe[2839]. Il apparaît que le concept de prélèvement obligatoire ne peut désormais se limiter aux seuls aspects comptable et statistique et doit devenir un concept juridique. Néanmoins exclure les prélèvements faisant l'objet d'une contrepartie directe revient à exclure les cotisations sociales. Cela ne semble guère opportun étant donné l'imbrication progressive des prélèvements fiscaux et sociaux. Recourir à la notion de prélèvements obligatoires permet une « *articulation* » entre les aspects sociaux et les aspects fiscaux[2840].

456. L'émergence d'une qualification juridique. La qualification juridique n'est pas une catégorie juridique, ni une définition juridique[2841]. La qualification est une opération intellectuelle qui opère un choix et un classement. Elle est définie comme « *l'opération du raisonnement juridique qui consiste à faire entrer un objet dans une catégorie juridique, préétablie ou non, dans le but d'ouvrir l'application à l'objet ainsi qualifié du régime juridique ou de l'effet de droit attaché à la catégorie en cause* »[2842]. La détermination de la nature juridique permet la qualification juridique et entraîne l'application du régime juridique. Les prélèvements fiscaux et sociaux peuvent donc être de natures différentes et appartenir à une qualification juridique propre. La qualification juridique est le préalable à la détermination du régime juridique qui est entendu comme l'ensemble des règles de droit applicable à la catégorie juridique. Lorsqu'il n'existe pas de qualification juridique précise pour un objet de droit, l'analyse des règles applicables à cet objet permet la détermination du régime juridique applicable. Les règles applicables aux prélèvements sociaux et fiscaux permettent d'identifier l'émergence d'un

---

[2837] *Ibid.*
[2838] OLIVA (É.), « Compétitivité et impôt - Ne pas jeter le bébé avec l'eau du bain ! », *Pouvoirs*, n° 151, 2014, p.99.
[2839] *Ibid.*
[2840] Conseil des prélèvements obligatoires, *L'activité du Conseil des prélèvements obligatoires pour les années 2006 à 2011*, 2011, p.22.
[2841] VAUTROT-SCHXARZ (C.), *La qualification juridique en droit administratif*, Paris, LGDJ, Coll. Bibliothèque de droit public, t.263, 2010, pp.10 et 15.
[2842] *Ibid*, p.23.

régime juridique applicable à ces deux prélèvements aux natures juridiques différentes [2843] . Les prélèvements sociaux et fiscaux appartiennent à la qualification juridique des prélèvements obligatoires par leur nature même ; et relèvent du régime juridique des prélèvements obligatoires. La qualification permet de classer la donnée dans la catégorie juridique adéquate en fonction des spécificités et des caractères propres à celle-ci [2844]. Si Benoît JEAN-ANTOINE considère qu'« *un prélèvement ne peut appartenir à plus d'une catégorie, étant soit une imposition de toutes natures, soit une taxe parafiscale, soit une redevance pour services rendus, soit une cotisation sociale* » [2845], il s'avère que ces notions sont également partie intégrante des prélèvements obligatoires pour deux d'entre eux, et qu'elles appartiennent toutes aux prélèvements publics. De plus, la CSG, par sa nature juridique particulière, [2846] illustre l'appartenance d'une nature juridique à deux qualifications juridiques puisque la qualification juridique diffère suivant l'ordre juridique étudié, en droit interne ou en droit de l'UE [2847]. Les prélèvements obligatoires constituent alors une qualification juridique unique, à laquelle s'applique un régime spécifique, et appartient à la catégorie juridique des prélèvements publics.

457. Une qualification juridique unique. La notion de prélèvements obligatoires est perçue par certains comme « *un fourre-tout politiquement commode* » [2848] , mais elle permet néanmoins de regrouper des prélèvements publics obligatoires au sein d'un régime commun. La politique de Sécurité sociale doit s'efforcer de garantir à chaque individu des moyens suffisants d'existence [2849], et elle doit ainsi recourir à des prélèvements obligatoires. Pour cela, elle ne peut recourir à un seul financement puisque « *si original que soit le financement par une unique contribution, le phénomène essentiel est la manière dont l'État moderne*

[2843] Voir en ce sens le paragraphe n° 134.

[2844] VAUTROT-SCHXARZ (C.), *La qualification juridique en droit administratif*, Paris, LGDJ, Coll. Bibliothèque de droit public, t.263, 2010, p.20.

[2845] JEAN-ANTOINE (B.), *Les normes constitutionnelles financières en droit français de 1789 à nos jours*, Paris, LGDJ, Coll. Bibliothèque Finances publiques et fiscalité, t.51, 2010, p.267.

[2846] MATT (J.-L.), *Impôt sur le revenu, Contribution sociale généralisée : quelles réformes ? – Rapport particulier « Le cadre juridique de réformes de l'IR et de la CSG »*, Conseil des prélèvements obligatoires, 2015, p.5.

[2847] Voir en ce sens le paragraphe n° 132.

[2848] SUPIOT (A.), « Dossier - La sécurité sociale entre transformisme et réformisme », *RDSS*, 2016, n° 10, p.10.

[2849] DURAND (P.), *La politique contemporaine de Sécurité sociale* [1953], *op.cit.*, p.282.

participe au financement de la sécurité sociale »[2850]. La fiscalisation met ainsi en avant davantage un problème de qualification qu'un problème de nature juridique[2851]. Les impôts et les cotisations sociales sont des prélèvements obligatoires, des charges publiques, mais leurs régimes juridiques diffèrent en raison de leur nature différente[2852]. La Sécurité sociale est majoritairement financée par des prélèvements obligatoires et seule la nature de ces prélèvements permet de les identifier en tant que prélèvements fiscaux ou sociaux et non plus leur affectation. Les recettes finançant la Sécurité sociale peuvent avoir la nature de cotisation ou d'imposition, leur recouvrement peut être assuré selon les règles sociales et/ou fiscales, leur affectataire peut être une des branches du régime général, le Fonds de solidarité vieillesse, ou la Caisse d'amortissement de la dette[2853]. Les prélèvements sociaux se différencient des prélèvements fiscaux uniquement par l'ouverture des droits aux prestations inclues dans les premières. Les cotisations sociales sont des « *versements à caractère obligatoire ouvrant des droits aux prestations* »[2854]. La fiscalisation traduit alors l'enjeu « *de dépasser les simples visées économiques pour inscrire les prélèvements obligatoires dans un projet politique dont la finalité est sociale* »[2855]. Les cotisations sociales et les impôts tendent à se regrouper au sein d'une qualification juridique unique[2856]. La fiscalisation permet la mise en place d'un statut juridique unique du prélèvement obligatoire, qu'il soit social ou fiscal. Cette mise en place aurait comme objectif principal de simplifier le désordre terminologique[2857] existant entre les impositions de toutes natures et les cotisations sociales. Pour Didier TABUTEAU, « *la simplification et la*

[2850] *Ibid*, p.284.
[2851] LABORDE (J.-P.), « A propos de la question de la nature juridique de la contribution sociale généralisée. Bref commentaire de l'arrêt rendu par la chambre sociale de la Cour de cassation le 31 mai 2012 (Société Esso et Société Esso raffinage c. Kalfon et Pôle Emploi », *Politeia*, 2013, p.51.
[2852] *Ibid.*
[2853] BUHL (J.-L.), « Les nouvelles mesures de financement et leur gestion », *Droit social*, 1996, n° 3, p.254.
[2854] Cons. Const., Décision n° 2015-460 QPC du 26 mars 2015, *Comité de défense des travailleurs frontaliers du Haut-Rhin et autre* [Affiliation des résidents français travaillant en Suisse au régime général d'assurance maladie - assiette des cotisations], JO n° 0075 du 29 mars 2015, p.5775, Considérant n° 13.
[2855] LEROY (M.), *L'impôt, l'État et la société – La sociologie fiscale de la démocratie interventionniste*, Paris, Economica, Coll. Finances publiques, 2010, p.121.
[2856] Voir en ce sens le paragraphe n° 150.
[2857] AMSELEK (P.), « Impositions et cotisations obligatoires », in Mélanges Loïc Philip, *Constitution et finances publiques*, Paris, Economica, 2005, p.251.

clarification des régimes juridiques des impositions et des cotisations sociales ne s'imposent pas pour des raisons techniques. Elles sont une condition de la régénération, au cours des prochaines décennies, d'une protection sociale fondée sur la solidarité qui est au cœur du pacte social » [2858]. Avec la mise en place du prélèvement à la source, retenir une approche séparée des prélèvements sur les revenus en fonction de leur caractère fiscal ou social apparaît illusoire [2859]. Les prélèvements sociaux et fiscaux sont unis par le suivi global des prélèvements obligatoires, mais de manière plus intime, par la nature juridique, les règles de gestion, l'affectation des produits [2860]. Par la fiscalisation, les prélèvements obligatoires tendent alors à devenir une notion juridique à part entière et non plus seulement un outil comptable.

*

Breviarium. *L'augmentation du poids des finances sociales en parallèle de l'évolution des finances publiques permet aux premières d'intégrer les secondes. Cela traduit la mutation des finances sociales et plus largement des finances publiques puisque celles-ci tendent à se globaliser. La globalisation des finances publiques apparaît alors comme la conséquence de la fiscalisation des ressources de la Sécurité sociale et de la socialisation des finances publiques. Par cette globalisation, la fiscalisation traduit la nécessité d'instaurer une qualification juridique unique des prélèvements obligatoires au sein de laquelle les prélèvements sociaux et fiscaux pourraient s'épanouir en conservant leur nature juridique propre ainsi que leurs spécificités.*

[2858] TABUTEAU (D.), « La protection universelle maladie (PUMA) : une rationalisation inachevée du financement de la sécurité sociale (seconde partie) », *RDSS*, 2016, n° 1, p.148.

[2859] BUHL (J.-L.), « Les nouvelles mesures de financement et leur gestion », *Droit social*, 1996, n° 3, p.257.

[2860] *Ibid.*

CONCLUSION DU TITRE 2

458. La fiscalisation diffère du simple ajustement et constitue une réforme structurelle puisqu'elle concerne l'ensemble du financement de la Sécurité sociale et se met progressivement en place. Il est toutefois regrettable de constater qu'en matière fiscale et financière les réformes structurelles se sont accumulées afin d'augmenter les ressources de l'État au détriment de la simplification du droit des finances publiques. Si « *des mesures de relance budgétaire peuvent aussi constituer la première phase d'une réforme fiscale destinée à réduire le coût d'efficience de l'impôt* » [2861], elles ne doivent pas être effectuées dans la précipitation. Les conséquences structurelles de la fiscalisation sont doubles puisque la fiscalisation entraîne une uniformisation des modèles sociaux au niveau européen, mais aussi l'uniformisation des prélèvements obligatoires. Les pays ayant fortement recours aux contributions publiques tempèrent ces financements pour augmenter l'utilisation des cotisations sociales tandis que les pays dont le système de protection sociale est majoritairement financé par des cotisations sociales augmentent leur recours aux contributions publiques. Les modèles sociaux européens sont alors à la recherche de l'équilibre financier mais également du juste équilibre entre l'impôt et les cotisations sociales dans le financement des systèmes de protection sociale. Cette recherche du juste équilibre est d'ailleurs accentuée par un contexte économique et financier difficile ainsi qu'une crise migratoire nécessitant une augmentation de la solidarité européenne. La question du maintien des droits sociaux dans ce contexte se pose d'une manière naturelle. Néanmoins la fiscalisation ne peut et ne doit aboutir à une réduction des droits sociaux. La fiscalisation renforce l'État de droit en augmentant la compétence législative. Elle renforce également la notion des prélèvements obligatoires et traduit la nécessaire mise en place d'une qualification juridique des prélèvements obligatoires permettant de regrouper les prélèvements sociaux et fiscaux au sein d'une qualification juridique commune issue de l'instauration d'un régime juridique similaire.

[2861] OCDE, *Réformes économiques*, Objectif croissance, 2009, p.25.

CONCLUSION DE LA SECONDE PARTIE

459. La fiscalisation s'érige en instrument au service d'une réforme structurelle d'ampleur et permet le renforcement de l'État social à travers ses aspects solidaires. La Sécurité sociale s'adapte à ces nouvelles exigences car les mutations structurelles nécessitent une adaptation des systèmes de sécurité sociale [2862]. La fiscalisation apparaît comme nécessaire, voire même indispensable, afin que la Sécurité sociale puisse conserver son rôle. Elle permet à la Sécurité sociale « *d'absorber les chocs économiques en palliant les pertes de revenu, en réduisant la pauvreté et en raffermissant la cohésion sociale par une protection des plus vulnérables* » [2863]. La fiscalisation possède des conséquences normatives importantes à travers le glissement de la structure mentale qu'elle opère au sein du financement de la Sécurité sociale par l'augmentation du rôle du législateur et l'intervention en amont des partenaires sociaux. La fiscalisation est ainsi également l'instrument permettant la parlementarisation des finances sociales. L'autorisation parlementaire est valorisée par le recours à la fiscalité et les compétences budgétaires évoluent en parallèle de l'utilisation croissante du droit fiscal dans le financement de la Sécurité sociale.

460. La démocratie sociale se réalise désormais à travers la démocratie politique. La solidarité est non seulement au centre de l'impôt moderne [2864] mais ce dernier devient la pierre angulaire du système de protection sociale. La fiscalisation propulse la solidarité au cœur du financement de la Sécurité sociale. La Sécurité sociale devient ainsi un service public constitutionnel ayant vocation à faire naître un sentiment de responsabilité mais aussi de dépendance réciproque au sein du système de protection sociale. La solidarité reprend pleinement sa place de valeur sociale propre à l'État de droit. La fiscalisation devient, au même titre que

---

2862 FLÜCKIGER (Y.), « La crise financière, l'avenir du travail et leurs conséquences pour les assurances sociales », *Revue d'éthique et de théologie morale*, 2013, n° 276, p.74.

2863 *Ibid.*, p.91.

2864 ROSA (A.), *Solidarité et impôt – Recherche sur les fondements de l'impôt moderne*, *op.cit.*, 500 p.

la solidarité, « *l'instrument de la réforme sociale* » [2865]. L'État de droit se pare ainsi de vertus sociales jusqu'à devenir un État social de droit. À travers les valeurs qu'elles transportent et par leur poids financier, les finances sociales ne se contentent pas d'influencer uniquement le financement de la Sécurité sociale. Elles influencent l'État de droit dans sa structure même, dans les compétences dévolues au législateur et dans les droits sociaux qu'elles garantissent.

461. La fiscalisation apparaît être beaucoup plus complexe que la simple utilisation de l'impôt pour financer les prestations sociales. Elle s'érige en un instrument permettant non seulement de rendre ses lettres de noblesse au Parlement en matière de finances sociales, mais elle adapte également la structure juridique de la Sécurité sociale aux besoins nécessaires en financements nouveaux tout en permettant la préservation des droits sociaux antérieurement acquis. Pierre LALUMIÈRE affirme que « *l'instrument fiscal n'a jamais constitué la pièce maîtresse d'une politique globale* » [2866], mais la fiscalisation démontre le contraire. Si initialement l'interventionnisme fiscal est un instrument au maniement difficile et à l'efficacité limitée [2867], la fiscalisation semble modifier ce constat puisqu'elle se met logiquement en place et son efficacité n'est plus à démontrer. Le maintien des droits sociaux lors de la crise économique traversée par la France affirme l'efficacité du système de Sécurité sociale à travers la diminution de la dette sociale et l'augmentation croissante de son amortissement. La fiscalisation devient l'instrument au service du social, de la politique sociale. Les conséquences de la fiscalisation ne sont pas uniquement financières, mais aussi constitutionnelles, parlementaires, économiques et structurelles. La fiscalisation est un mécanisme entier aux conséquences juridiques globales. Les cloisonnements juridiques du droit ne peuvent donc pas s'appliquer aux répercussions de la fiscalisation qui permet l'uniformisation des règles et des modèles.

[2865] BORGETTO (M.), « Solidarité », in ALLAN (D.), RIALS (S.) (dir.), *Dictionnaire de la culture juridique*, Paris, PUF, 2003, p.1428.
[2866] LALUMIÈRE (P.), *Les finances publiques*, Paris, Armand Colin, Coll. U, 8e éd., 1986, p.219.
[2867] AGLAE (M.-J.), « De l'impôt et ses limites », *RFFP*, 2012, n° 120, p.45.

CONCLUSION GÉNÉRALE

462. La fiscalisation des ressources de la Sécurité sociale constitue le pont entre la fiscalité et la Sécurité sociale. Elle traduit la mutation des finances sociales, l'harmonisation des règles applicables, et constitue à terme un processus d'uniformisation des modèles sociaux et des prélèvements obligatoires. L'instauration de la CSG a mis en exergue non seulement une réforme importante du financement de la Sécurité sociale, mais elle a aussi remis en cause « *les idées reçues concernant la nature et les fonctions de cette institution* » [2868].

463. La fiscalisation ne peut être limitée à la « simple » mutation des finances sociales puisque son aboutissement est la globalisation au sein de laquelle les règles et les principes financiers s'appliquent aux finances sociales comme aux finances publiques. Elle s'érige en instrument au service de la globalisation du droit des finances publiques. La fiscalisation tend à devenir la première pierre de la publicisation et de l'unification des règles financières à travers l'harmonisation des règles autour de la notion même de prélèvements obligatoires, tout en préservant les spécificités juridiques de chaque droit. La distinction entre les cotisations sociales et les impôts devient ainsi *« particulièrement ténue »* [2869] en raison du rapprochement que la fiscalisation opère entre les finances sociales et les finances publiques. La fiscalisation doit aboutir à une simplification du droit, à une clarification des qualifications juridiques en matière financière. Elle transforme les finances publiques.

464. La fiscalisation opère une « *une remise en ordre du régime des divers prélèvements obligatoires* » [2870], et permet même de retenir une définition juridique des prélèvements obligatoires puisqu'elle tend à instaurer un statut juridique unique du prélèvement obligatoire, que ce soit social ou fiscal. La fiscalisation traduit la nécessité d'instaurer une qualification juridique unique des prélèvements obligatoires au sein de

---

[2868] BICHOT (J.), « CSG : la solidarité professionnelle se meurt, vive la solidarité nationale ! », *Droit social*, 1991, n° 1, p.74.
[2869] BERGERÈS (M.-C.), « La CSG, la CRDS, le droit communautaire et les conventions de lutte contre les doubles impositions », *Droit fiscal*, 2008, n° 22, Comm.349, pp.23-27 ; *JCP S*, n° 24, 10 Juin 2008, comm.1339.
[2870] PHILIP (L.), « La CSG et la notion d'impôt », *Droit fiscal*, 1991, n° 14, p.612.

laquelle les prélèvements sociaux et fiscaux pourraient s'épanouir en conservant leur nature juridique propre ainsi que leurs spécificités. La fiscalisation entraîne la globalisation du droit des finances publiques qui trouverait son expression finale dans la mise en place d'une loi relative aux prélèvements obligatoires en remplacement des lois financières actuelles. Elle traduirait ainsi l'uniformisation du droit des prélèvements obligatoires au sein d'un même budget, d'une même loi financière. Les principes financiers seraient les mêmes, quel que soit le domaine concerné, tout en respectant leurs irréductibles spécificités. La globalisation des finances publiques apparaît comme la conséquence de la fiscalisation des ressources de la Sécurité sociale.

465. La fiscalisation est un phénomène justifié par des considérations financières mais aussi morales. Elle est devenue une exigence impérieuse causée par un besoin croissant de ressources supplémentaires mais aussi par le souhait affirmé de renforcer l'aspect solidaire du système social et fiscal. La fiscalisation, comme tout mécanisme fiscal ou social, ne peut s'apprécier indépendamment du contexte dans lequel elle s'inscrit. La fiscalisation des ressources de la Sécurité sociale est certes très marquée en France, mais elle ne constitue pas une singularité puisqu'elle existe également au sein des États européens qui ajustent le financement de leur protection sociale afin de tendre vers un juste équilibre entre l'impôt et les cotisations sociales. Ses répercussions ne se limitent pas aux seuls aspects financiers. Les États membres de l'Union européenne recourent également à la fiscalisation-globalisation. À travers l'utilisation de l'impôt, les États apparaissent fiscalement interdépendants.

466. La fiscalisation remet en cause la distinction entre les modèles bismarckiens et les modèles beveridgiens. Les États ne répondent plus entièrement à des logiques bismarckiennes ou beveridgiennes puisqu'actuellement, aucun État n'écarte complètement le financement par l'impôt ou le financement par les cotisations sociales de leur système de Sécurité sociale. Les variations de la conjoncture économique et sociale provoquent l'adaptation des systèmes sociaux et fiscaux, dès lors la fiscalisation permet la prise en compte de ces variations afin de correspondre aux nouvelles exigences économiques et sociales. Les politiques fiscales et les politiques sociales sont intriquées puisque les politiques fiscales conditionnent la nature des politiques sociales menées en fonction des résultats financiers escomptés, mais les politiques sociales et le souhait de protéger contre de nouveaux risques peuvent également conditionner la mise en œuvre de politique fiscale. L'opposition entre les deux modèles sociaux apparaît dépassée puisque les ressources ne permettent plus leur distinction. L'impôt permet de lier les politiques sociales et les politiques fiscales [2871]. La fiscalisation entraîne ainsi l'émergence d'un nouveau modèle social au sein duquel s'imbriquent non seulement les prélèvements sociaux et fiscaux mais aussi les logiques assurantielles et solidaires. Les modèles sociaux doivent s'intéresser à la recherche d'un juste équilibre entre la responsabilité financière des États à maîtriser leurs dépenses publiques et leur responsabilité sociale envers leurs citoyens en préservant leurs droits sociaux. Dès lors la fiscalisation s'érige en phénomène sociologique puisqu'elle participe à « *la construction d'une éthique de la démocratie par sa réflexion sur l'impôt* »[2872].

467. La fiscalisation se heurte « *aux structures mentales d'une société française bercée par l'illusion assurantielle* » [2873]. Elle remet ainsi en cause non seulement la structure du financement de la Sécurité sociale mais aussi l'opposition entre les modèles sociaux. Par la fiscalisation, la solidarité devient le fondement théorique de l'impôt mais aussi la fonction qui lui est assignée. La solidarité fonde et motive l'utilisation de l'impôt dans le domaine social. Les modalités de financement pour y parvenir ne déterminent ainsi plus la nature du modèle. Les modèles se différencient par le choix opéré par les États de privilégier l'une ou l'autre de ces deux responsabilités. Avec la fiscalisation, les modèles sociaux s'uniformisent afin de réduire les déficits publics tout en maintenant une protection sociale juste et adéquate. La fiscalisation ne substitue donc pas le modèle beveridgien au modèle bismarckien, elle les uniformise. Elle induit dès lors une mixité des financements et des objectifs. Le caractère mixte des composants ne contrevient pas à l'unité du contenant. La mixité des financements s'inscrit dans un tout constitué par les prélèvements obligatoires. Il en va de même des modèles sociaux qui tendent à rejoindre la notion unique de modèle social européen. La fiscalisation parachève l'uniformisation des prélèvements obligatoires et des modèles sociaux.

[2871] « *Le lien entre l'impôt et les politiques sociales est omniprésent* », GABOR (B.), « Restructuration et interaction entre politiques sociales et fiscales nationales. Une réponse européenne au dumping social ? », *Revue internationale de droit économique*, 2008, n°2, p.250.

[2872] LEROY (M.), « La sociologie fiscale », *Socio-logos*, 2009, n°4.

[2873] DUFOURCQ (N.), « Sécurité sociale : le mythe de l'assurance », *Droit social*, n° 3, 1994, p.300.

468. La fiscalisation doit être poursuivie afin de tendre vers une mixité harmonieuse au sein des prélèvements obligatoires et des modèles sociaux. La mixité sociale ne traduit plus seulement la cohabitation harmonieuse entre divers groupes d'individus mais l'émergence d'un financement mixte au sein d'un modèle social lui-même mixte [2874]. L'opposition historique apparaît dépassée, les clivages entre les prélèvements sociaux et fiscaux qui viennent déterminer la nature des modèles sociaux sont désormais obsolètes. Les difficultés financières actuelles doivent viser plus loin que l'équilibre et tendre vers l'harmonie entre la responsabilité financière et la responsabilité sociale. La fiscalisation doit permettre une réforme harmonieuse où les économies budgétaires préservent les droits sociaux. La nécessité de financer les politiques sociales l'emporte ainsi sur les logiques retenues et les modalités du financement. La fiscalisation traduit la recherche d'un équilibre au sein des prélèvements obligatoires mais aussi entre la nécessité de réduire la dette publique et la préservation des systèmes sociaux. Cette recherche demeure cependant quelque peu incohérente. À ce propos, Victor HUGO considérait que « *mettre tout en équilibre, c'est bien ; mettre tout en harmonie, c'est mieux* » [2875].

469. Avec la fiscalisation, les politiques sociales et fiscales doivent trouver l'équilibre entre l'équité et l'efficacité. Le choix retenu dépend « *des préférences des pouvoirs publics quant à la norme de justice sociale* » [2876]. L'harmonie doit être recherchée, et non plus seulement l'équilibre, au sein des prélèvements obligatoires comme des modèles sociaux, afin que l'intrication devienne une complémentarité. L'harmonie ne peut s'atteindre que par des réformes cohérentes. Les réformes fiscales et sociales doivent tendre vers des objectifs communs et être dictées par l'intérêt général et non par des volontés purement politiques. Les politiques sociales et fiscales doivent ainsi non seulement continuer de s'harmoniser par la fiscalisation, mais elles doivent également s'inscrire dans une logique à long terme indépendamment des partis politiques en place et des calendriers électoraux. La fiscalisation-globalisation est un instrument au service de l'État social. Dans cet équilibre entre diversité et

---

[2874] ALBERT (J.-L.), *Finances publiques*, Paris, Dalloz, 2015, 9e éd., p.729 ; LEROY (M.), *L'impôt, l'État et la société – La sociologie fiscale de la démocratie interventionniste*, Paris, Economica, Coll. Finances publiques, 2010, p.121.
[2875] HUGO (V.), *Quatrevingt treize*, Édito-Service S.A, Genève Éditeur, 1963, p.441.
[2876] MONNIER (J.-M.), « La politique fiscale : objectifs et contraintes », Les cahiers français : documents d'actualité, La documentation française, 2008, p.8.

harmonisation, l'Union européenne est un spectateur attentif. Les États membres ont conservé une compétence principale en matière sociale comme fiscale, mais les politiques sociales retenues par l'Union européenne influencent indirectement les États membres. De plus, les réformes entreprises au sein d'un État peuvent potentiellement influencer les réformes à venir au sein d'un autre État. Les politiques sociales et fiscales dépendent de considérations idéologiques et économiques parfois divergentes entre les États membres, mais par le jeu des influences réciproques, les politiques sociales et fiscales deviennent progressivement cohérentes à l'échelle européenne. La cacophonie financière laisse ainsi place à l'harmonie sous l'effet de la fiscalisation.

ANNEXES

ANNEXE 1 – PRINCIPES FONDAMENTAUX DE LA SÉCURITÉ SOCIALE

ANNEXE 2 – PRINCIPE D'ÉGALITÉ DEVANT LES CHARGES PUBLIQUES

ANNEXE 3 – ANALYSE DES PROCÉDURES SOCIALES ET FISCALES

ANNEXE 4 – ANALYSE DÉTAILLÉE DES RENVOIS EXPRÈS

ANNEXE 1 - PRINCIPES FONDAMENTAUX DE LA SÉCURITÉ SOCIALE

Liste des principes fondamentaux de la Sécurité sociale reconnus par le Conseil constitutionnel :

- « Les principes fondamentaux qui régissent chacun des régimes relevant de la sécurité sociale. Il en va ainsi du régime de l'allocation de logement. Le principe énoncé en vue de la détermination des bénéficiaires de cette allocation et selon lequel le droit à ladite allocation est subordonné à l'existence d'un droit aux prestations familiales constitue un principe fondamental de la sécurité sociale » (**Cons. Const., Décision 60-4 L, 7 avril 1960, JO du 29 avril 1960, p.3958, cons. 1, Rec. p.31**).

- « si la mission de promouvoir l'action sanitaire et sociale qui est impartie aux organismes de sécurité sociale constitue un des principes fondamentaux de la Sécurité sociale et relève, comme telle, de la compétence législative, la détermination des conditions d'utilisation des ressources affectées par ces organismes à la réalisation de la mission sus indiquée ne saurait être comprise dans le domaine réservé, en la matière, au législateur » (**Cons. Const., Décision n° 60-5 L, 7 avril 1960, JO du 29 avril 1960, p.3958, cons. 5, Rec. p.32**),

- « si, au nombre de ces principes fondamentaux doit être comprise la détermination des catégories de prestations que comporte l'assurance maladie » « la détermination des catégories de prestations que comporte l'assurance maladie » (**Cons. Const., Décision n°60-5 L, 7 avril 1960, JO du 29 avril 1960, p.3958, cons. 2 à 4, Rec. p.32 ; Cons. Const., Décision n°60-6 L, 8 juillet 1960, JO du 1er-2 août 1960, p.7149, cons. 2 et 3, Rec. p.34**).

- « par principes fondamentaux de la sécurité sociale, il y a lieu d'entendre, non seulement les principes fondamentaux du régime général de la sécurité sociale défini au code de la sécurité sociale ». Cela concerne également « ceux applicables aux différents régimes particuliers de prévoyance et notamment aux assurances sociales agricoles qui font l'objet des dispositions du chapitre II du titre II du code rural » (**Cons. Const., Décision n°60-6 L, 8 juillet 1960, JO du 1er-2 août 1960, p.7149, cons. 1, Rec. p.34**).

- « la mise à la charge intégrale de l'employeur de la cotisation des allocations familiales constitue un des principes fondamentaux de la sécurité sociale et ressort à la compétence du législateur » (**Cons. Const., Décision n°60-10 L, 20 décembre 1960, JO du 31 décembre 1960, p.12111, cons. 4, Rec. p.39**)

- « l'existence de l'allocation supplémentaire créée par l'article 5-1 de la loi du 30 juin 1956 portant institution d'un fonds national de solidarité ainsi que la détermination des personnes appelées à en bénéficier » (**Cons. Const., Décision n°61-11 L, 20 janvier 1961, JO du 18 février 1961, p.1833, cons. 2 et 3, Rec. p.33**)

- l'existence des allocations prénatales (**Cons. Const., Décision n°61-17 L, 22 décembre 1961, JO du 7 février 1962, p.1377, cons. 1 et 2, Rec. p.43**)
- les allocations de maternité « ainsi que la nature des conditions exigées pour leur attribution » (**Cons. Const., Décision n°61-17 L, 22 décembre 1961, JO du 7 février 1962, p.1377, cons. 3 et 4, Rec. p.43**)

- « le régime particulier de l'allocation supplémentaire et de ses compléments, prévu au livre IX du Code de la sécurité sociale, que les divers régimes de retraite mentionnés au deuxième alinéa de l'article 711-3 dudit Code » ainsi que « la détermination des catégories de personnes appelées à bénéficier des allocations afférentes à ces différents régimes ainsi que la définition de la nature des conditions, telle que la condition de ressources, exigées pour l'attribution de ces allocations » (**Cons. Const., Décision n°63-26 L, 30 juillet 1963, JO du 13 août 1963, p.7487, cons. 2 et 3, Rec. p.33**).

- « la détermination des catégories de personnes appelées à bénéficier d'un droit à pension » (**Cons. Const., Décision n°64-29 L, 12 mai 1964, JO du 31 mai 1964, cons. 3, Rec. p.37**)

- « l'existence même d'un régime particulier aux marins du commerce ainsi que les principes fondamentaux d'un tel régime » et « la définition de la nature des conditions exigées pour l'attribution des prestations du régime particulier des marins du commerce et notamment l'exigence des conditions d'âge et d'ancienneté de service » (**Cons. Const., Décision n°65-34 L, 2 juillet 1965, JO du 23 août 1965, cons. 5, Rec. p.75**)

- « l'existence d'un régime particulier de mutualité sociale agricole ainsi que les principes fondamentaux d'un tel régime » (**Cons. Const., Décision n°70-66 L, 17 décembre 1970, JO du 27 décembre 1970, p.12135, cons. 2 et 3, Rec. p.47**)

- « la détermination des catégories de bénéficiaires exemptés totalement de cotisation au régime de prestations familiales, d'assurance maladie, maternité, invalidité et vieillesse de la mutualité sociale agricole » (**Cons. Const., Décision n°70-66 L, 17 décembre 1970, JO du 27 décembre 1970, p.12135, cons. 3, Rec. p.47**)

- « l'existence des prestations familiales, la détermination des catégories de personnes appelées à en bénéficier ainsi que la nature des conditions que doivent remplir les prestataires » (**Cons. Const., Décision n°72-74 L, 8 novembre 1972, JO du 19 novembre 1972, p.12046, cons. 2 à 4, Rec. p.34**)

- « sont du domaine de la loi l'existence et les principes fondamentaux d'un régime particulier d'assurance maladie et d'assurance maternité pour les travailleurs non-salariés des professions non agricoles : participation obligatoire à ce régime, détermination des catégories de personnes affiliées, définition de la nature des conditions qui rendent cette affiliation obligatoire » (**Cons. Const., Décision n°73-79 L, 7 novembre 1973, JO du 11 novembre 1973, p.12022, cons. 3 et 4, Rec. p.43**)

- « l'existence même des pensions d'invalidité et de vieillesse ainsi que la nature des conditions exigées pour leur attribution » (**Cons. Const., Décision n°75-85 L, 19 novembre 1975, JO du 23 novembre 1975, cons. 1 et 2, Rec. p.40**).

- la participation du personnel à la gestion des risques concernant le régime spécial des mines puisque le Conseil constitutionnel considère qu'« au nombre des principes fondamentaux de la sécurité sociale, il y a lieu de comprendre ceux afférents à chaque régime spécial, notamment à celui de la sécurité sociale des mines » (**Cons. Const., Décision n°77-9 FNR, 7 juin 1977, JO du 9 juin 1977, cons. 1 à 3, Rec. p.75**).

- « la définition de la nature des conditions pour l'attribution de la retraite » dans le régime complémentaire de retraite du personnel navigant de l'aéronautique civile, ainsi qu'en ce qui concerne « l'existence d'une condition d'âge pour l'acquisition du droit à la retraite », « la dispense de cette condition d'âge au profit du personnel ayant cessé ses activités de navigant à la suite d'un accident ou d'une maladie professionnelle » et « la détermination des personnes assujetties à l'obligation de cotiser au régime de retraite » (**Cons. Const., Décision n°84-136 L, 28 février 1984, JO du 2 mars 1984, p.764, cons. 2 et 3, Rec. p.111**).

- « l'obligation de motiver le refus de communiquer un document administratif, en tant qu'elle vise les organismes privés de sécurité sociale, touche aux principes fondamentaux de la sécurité sociale et relève par suite du domaine de la loi » (**Cons. Const., Décision n°88-154 L, 10 mars 1988, JO du 13 mars 1988, p.3392, cons. 4, Rec. p.42**).

- « l'existence même d'un régime d'assurance vieillesse ou d'assurance invalidité volontaires ainsi que les principes fondamentaux de ce régime. Parmi ces principes figure la définition de la nature des conditions exigées pour l'attribution des prestations, notamment la condition du délai dans lequel les intéressés doivent demander leur affiliation » (**Cons. Const., Décision n°88-156 L, 6 avril 1988, JO du 8 avril 1988, p.4667, cons. 5, Rec. p.47 - Cons. Const., Décision n°83-135 L, 14 décembre 1983, JO du 15 décembre 1983, p.3610, cons. 1 et 2, Rec. p.89**).

- « il y a lieu de ranger au nombre des principes fondamentaux de la sécurité sociale, qui comme tels relèvent du domaine de la loi, l'existence même d'un régime d'allocation spéciale vieillesse ainsi que les principes fondamentaux d'un tel régime. Parmi ceux-ci figure la détermination des catégories de prestations qu'il comporte » (**Cons. Const., Décision n°90-163 L, 6 mars 1990, JO du 9 mars 1990, cons. 4, Rec. p.48**).

- « l'existence même des pensions d'invalidité et de vieillesse, ainsi que la nature des conditions exigées pour leur attribution. Relève notamment de la loi le principe selon lequel la durée de cotisation nécessaire pour obtenir une pension à taux plein dépend de paramètres tels que l'espérance de vie à l'âge à partir duquel la liquidation d'une pension complète peut être demandée » (**Cons. Const., Décision n°2004-197 L, 10 juin 2004, JO du 13 juin 2004, p.10561, cons. 1 à 3, Rec. p.99**).

- « la détermination des catégories de personnes assujetties à l'obligation de cotiser » (**Cons. Const., Décision n°2008-571 DC, 11**

décembre 2008, JO 18 décembre 2008, p.19327, texte n° 2, cons. 7, Rec. p.378)

- « l'existence même d'un régime spécial de sécurité sociale. Il en va de même de la détermination des prestations et des catégories de bénéficiaires ainsi que de la définition de la nature des conditions exigées pour l'attribution des prestations » (**Cons. Const., Décision n°2012-254 QPC, 18 juin 2012, JO du 19 juin 2012, p.10179, texte n° 58, cons. 3, 5 et 6, Rec. p.292**).

- « l'administration des caisses de sécurité sociale par des représentants élus des personnes qui sont assujetties aux régimes gérés par ces caisses » (**Cons. Const., Décision n° 2014-246 L du 20 mars 2014, Nature juridique de l'article L.723-23 du code rural et de la pêche maritime, JO du 23 mars 2014 p.5736 - Cons. Const., Décision n° 2014-248 L du 22 mai 2014, Nature juridique des dispositions des articles L.231-2, L.231-7 et L.766-5 du code de la sécurité sociale, JORF du 25 mai 2014 p.8584)**

ANNEXE 2 - PRINCIPE D'ÉGALITÉ DEVANT LES CHARGES PUBLIQUES

Raisonnement du Conseil constitutionnel

Première étape : L'appréciation de la situation du contribuable
Critères pris en compte : Les facultés contributives

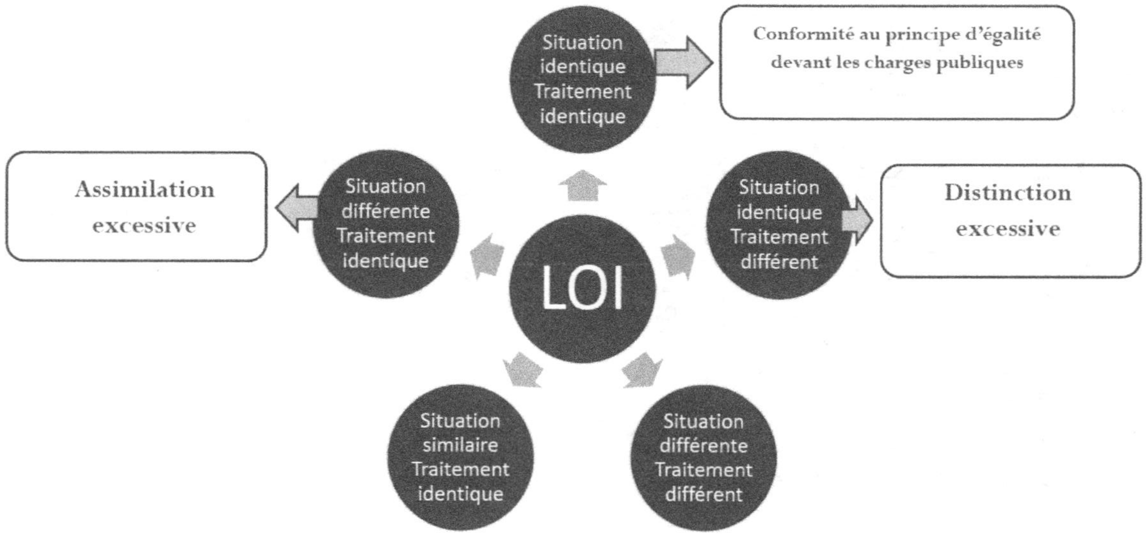

Deuxième étape : L'appréciation des justifications données par le législateur

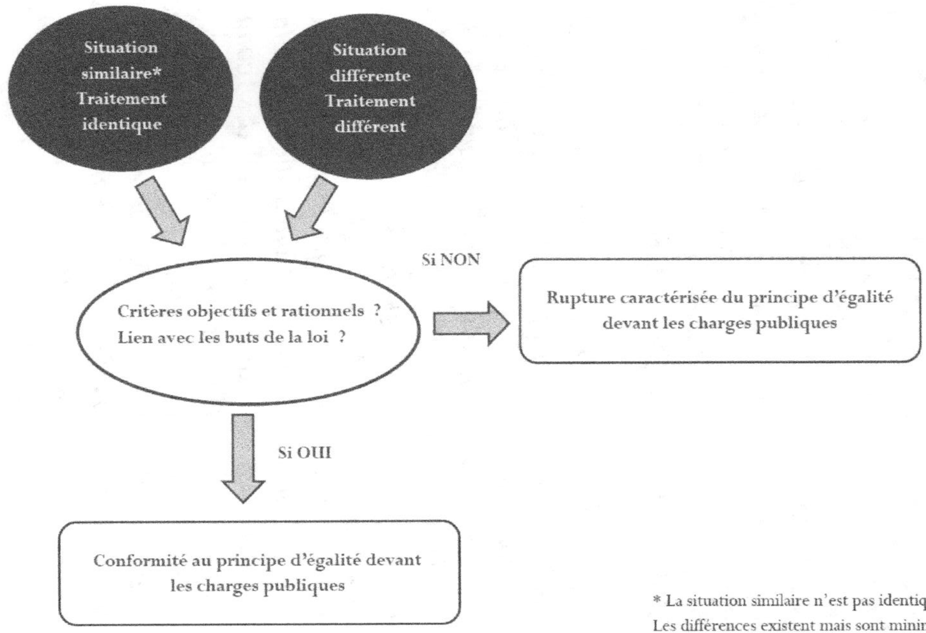

* La situation similaire n'est pas identique
Les différences existent mais sont minimes

En matière de cotisations sociales, le principe d'égalité devant les charges publiques possède deux composantes :

1. l'interdiction des distinctions excessives

« *les dispositions critiquées se bornent à majorer les taux de la contribution sociale généralisée et sont sans incidence, par elles-mêmes, sur les taux des cotisations d'assurance maladie ; qu'il appartiendra au pouvoir réglementaire de fixer les nouveaux taux des cotisations d'assurance maladie de façon à ne pas créer de rupture caractérisée de l'égalité entre catégories socioprofessionnelles à l'occasion de l'augmentation des taux de la contribution sociale généralisée et de la diminution corrélative des taux des cotisations d'assurance maladie prévue par la loi* », **(Cons. Const., Décision n°97-393 DC, 18 décembre 1997, JO du 23 décembre 1997, p.18649, cons. 7, Rec. p.320)**

« *aux termes de l'article 13 de la Déclaration de 1789 : « Pour l'entretien de la force publique, et pour les dépenses d'administration, une contribution commune est indispensable : elle doit être également répartie entre tous les citoyens, en raison de leurs facultés » ; qu'en vertu de l'article 34 de la Constitution, il appartient au législateur de déterminer, dans le respect des principes constitutionnels et compte tenu des caractéristiques de chaque impôt, les règles selon lesquelles doivent être appréciées les facultés contributives ; que le principe d'égalité ne fait pas obstacle à ce que soient établies des impositions spécifiques ayant pour objet d'inciter les redevables à adopter des comportements conformes à des objectifs d'intérêt général, pourvu que les règles que le législateur fixe à cet effet soient justifiées au regard desdits objectifs ; que, dans tous les cas, il ne doit pas en résulter de rupture caractérisée de l'égalité devant les charges publiques ; [...] par les dispositions de l'article 14 de la loi déférée, le législateur a entendu faciliter l'accès de toutes les entreprises d'une même branche à une protection complémentaire et assurer un régime de mutualisation des risques par le renvoi aux accords professionnels et interprofessionnels de la faculté d'organiser la couverture de ces risques en recommandant un ou plusieurs organismes de prévoyance ; qu'il a ainsi poursuivi un but d'intérêt général ; [...] les dispositions de l'article L.912-1 permettent qu'un accord professionnel recommande, pour une seule branche, un organisme n'offrant les garanties de protection complémentaire qu'aux salariés des entreprises de cette branche ; que l'incitation des entreprises à adhérer à ce mode de mutualisation par des mesures fiscales ne saurait, au regard de l'égalité devant les charges publiques, justifier une différence de traitement que dans une mesure réduite compte tenu de la limitation du champ de la solidarité ainsi défini ; [...]qu'il résulte de tout ce qui précède qu'au regard tant de l'objectif d'intérêt général qu'il s'est fixé que des conséquences des règles qu'il a retenues, le législateur pouvait, dans une mesure très limitée, assujettir les entreprises à des taux de forfait social différents ; qu'en prévoyant au 3° du paragraphe I de l'article 14 des écarts de taux de 8 % et de 12 %, le législateur a institué des différences de traitement qui entraînent une rupture caractérisée de l'égalité devant les charges publiques ; que les dispositions du 3° du paragraphe I de l'article 14 doivent être déclarées contraires à la Constitution ; que, par coordination, les dispositions du 2° du paragraphe I et la seconde phrase du paragraphe II de l'article 14 doivent également être déclarées contraires à la Constitution* », **(Cons. Const., Décision n°2013-682 DC, 19 décembre 2013, cons. 46, 49, 50 et 55, JORF du 24 décembre 2013 p.21069, texte n° 4, Rec. p.1094)**

2. l'interdiction des assimilations excessives

« *l'institution, par les articles 127, 132 et 133 de la loi, de contributions sociales dont les assiettes respectives sont très largement définies, a pour but d'associer au financement des dépenses de sécurité sociale l'ensemble de la population, compte tenu d'une évolution qui a étendu le champ d'application des prestations sociales ; que le produit des contributions nouvelles est versé à la Caisse nationale des allocations familiales ; qu'il est destiné, conformément au paragraphe III de l'article 134, à l'allègement à due concurrence des prélèvements affectés à la sécurité sociale ; que ces prélèvements se caractérisent par une prépondérance de cotisations qui ne sont ni assises sur l'ensemble des revenus ni soumises à une règle de progressivité ; qu'en outre, à la différence des cotisations sociales, les contributions nouvelles ne seront pas déductibles de l'impôt sur le revenu, dont les taux sont progressifs ; [...] dans ces conditions, que le choix par le législateur d'un taux unique applicable aux contributions sociales qu'il institue ne peut être regardé comme contraire à l'article 13 de la Déclaration des droits de l'homme et du citoyen* », **(Cons. Const., Décision n°90-285 DC, 28 décembre 1990, JO du 30 décembre 1990, p.16609, cons. 40 et 41, Rec. p.95)**

« en mettant à la charge de tous les médecins conventionnés, généralistes et spécialistes, une contribution assise sur leurs revenus professionnels, et ce, quel qu'ait été leur comportement individuel en matière d'honoraires et de prescription pendant l'année au cours de laquelle le dépassement a été constaté, le législateur n'a pas fondé son appréciation sur des critères objectifs et rationnels en rapport avec l'objet de la loi ; que, dès lors, et sans qu'il soit besoin de statuer sur les autres griefs, il y a lieu de déclarer contraires à la Constitution les dispositions du II du nouvel article L.162-5-3 du code de la sécurité sociale ; que les autres dispositions de l'article 26 de la loi en sont inséparables ; que les dispositions du III de l'article 27 de la loi, qui mettent à la charge des médecins conventionnés, au titre de l'année 1998, une contribution calculée selon les modalités prévues à l'article 26, sont également contraires à la Constitution », **(Cons. Const., Décision n°98-404 DC, 18 décembre 1998, JO du 27 décembre 1998, p.19663, cons. 16 à 19, Rec. p.315**

ANNEXE 3 - ANALYSE DES PROCÉDURES

PROCÉDURE SOCIALE DE CONTRÔLE ET DE REDRESSEMENT EN FRANCE

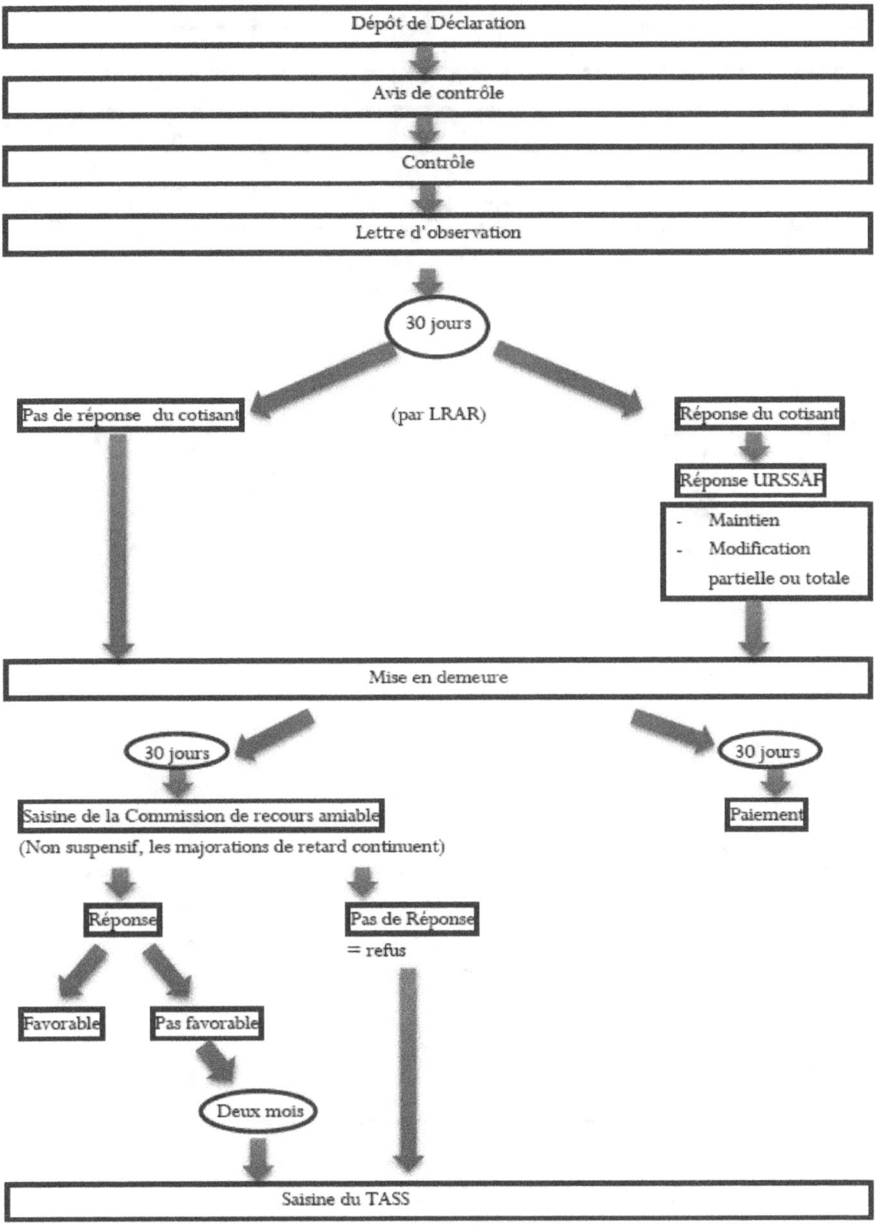

PROCÉDURE FISCALE DE CONTRÔLE ET DE RECTIFICATION EN FRANCE

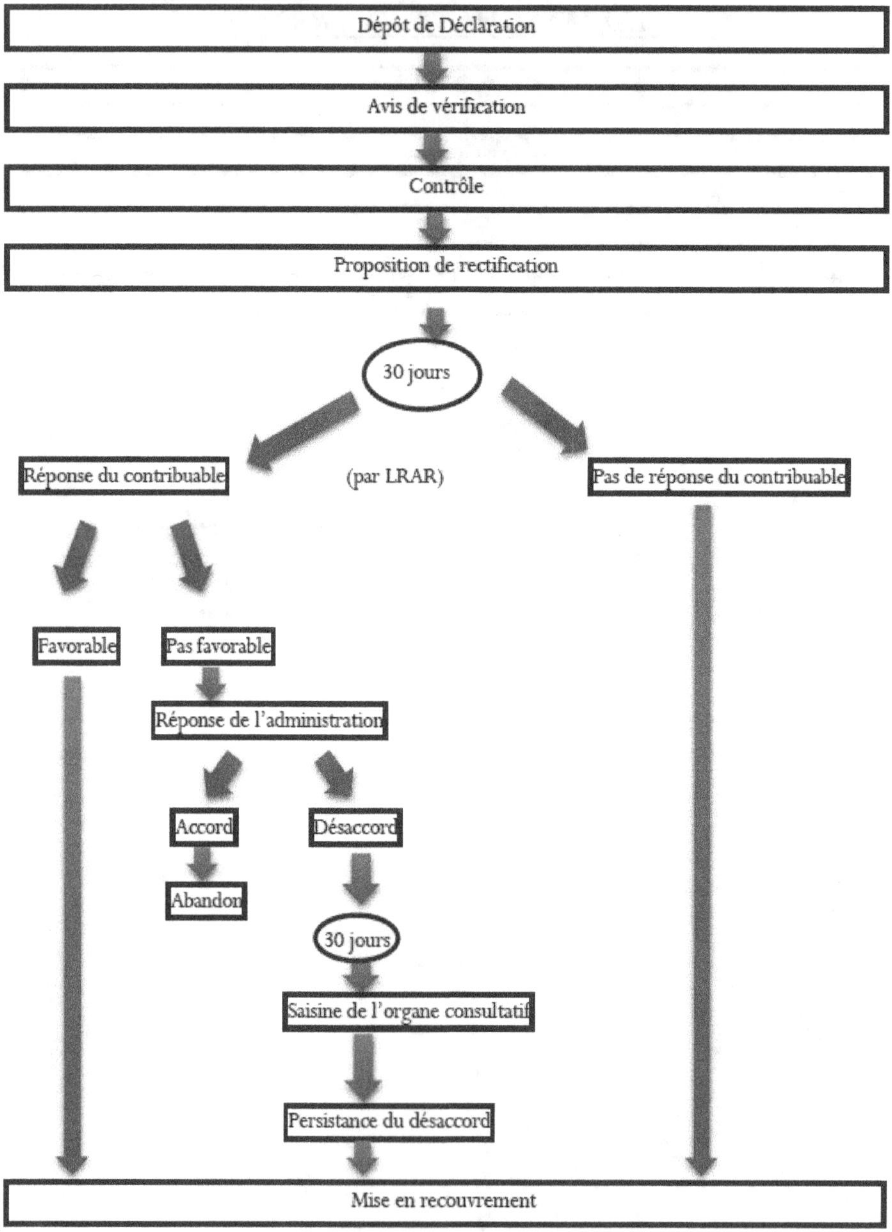

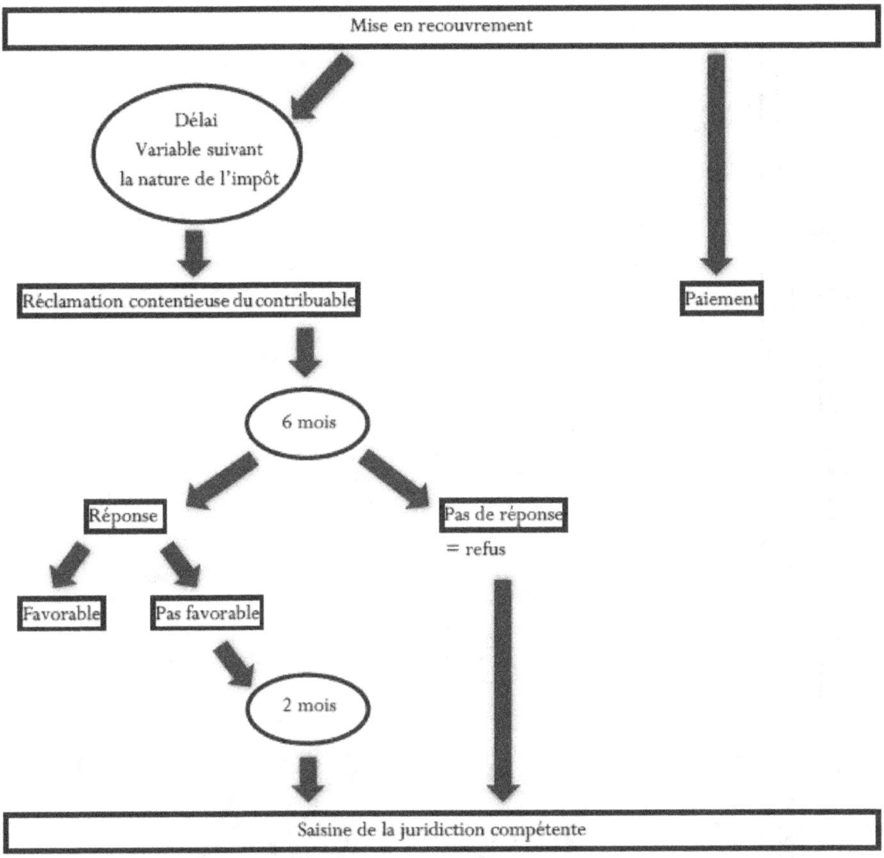

* les modalités de la procédure contentieuse fiscale ont été volontairement simplifiées afin d'illustrer la logique contentieuse.

ANNEXE 4 - ANALYSE DÉTAILLÉE DES RENVOIS EXPRÈS

DU CODE GÉNÉRAL DES IMPÔTS VERS LE CODE DE LA SÉCURITÉ SOCIALE

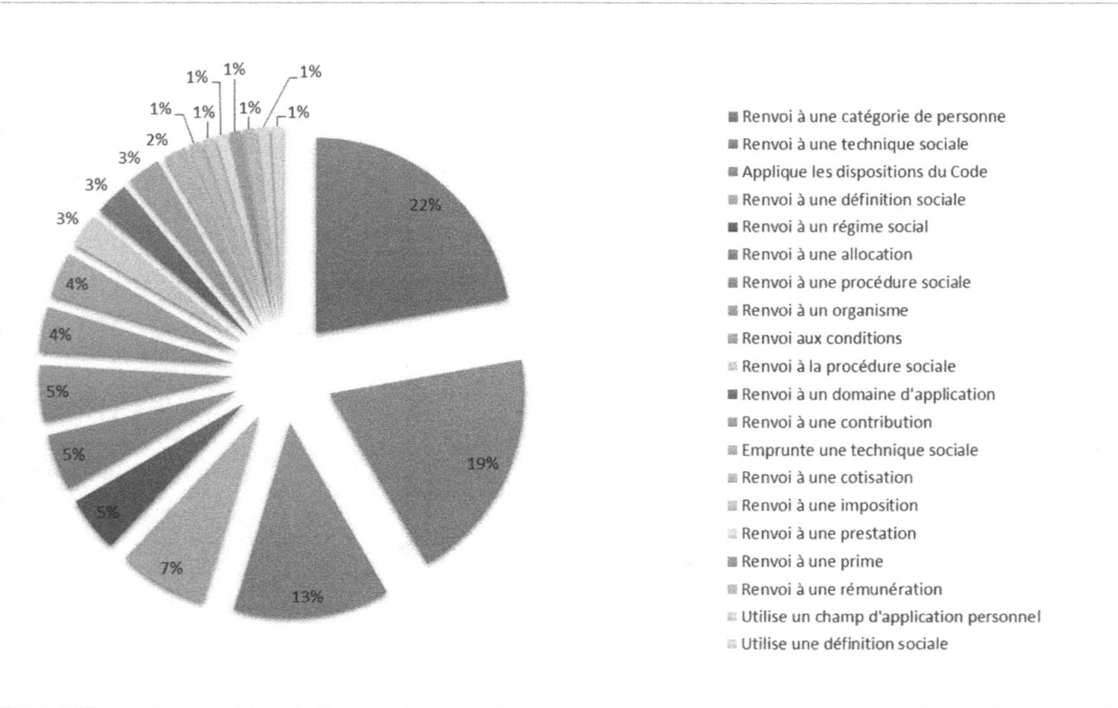

DU CODE DE LA SÉCURITÉ SOCIALE VERS LE CODE GÉNÉRAL DES IMPÔTS

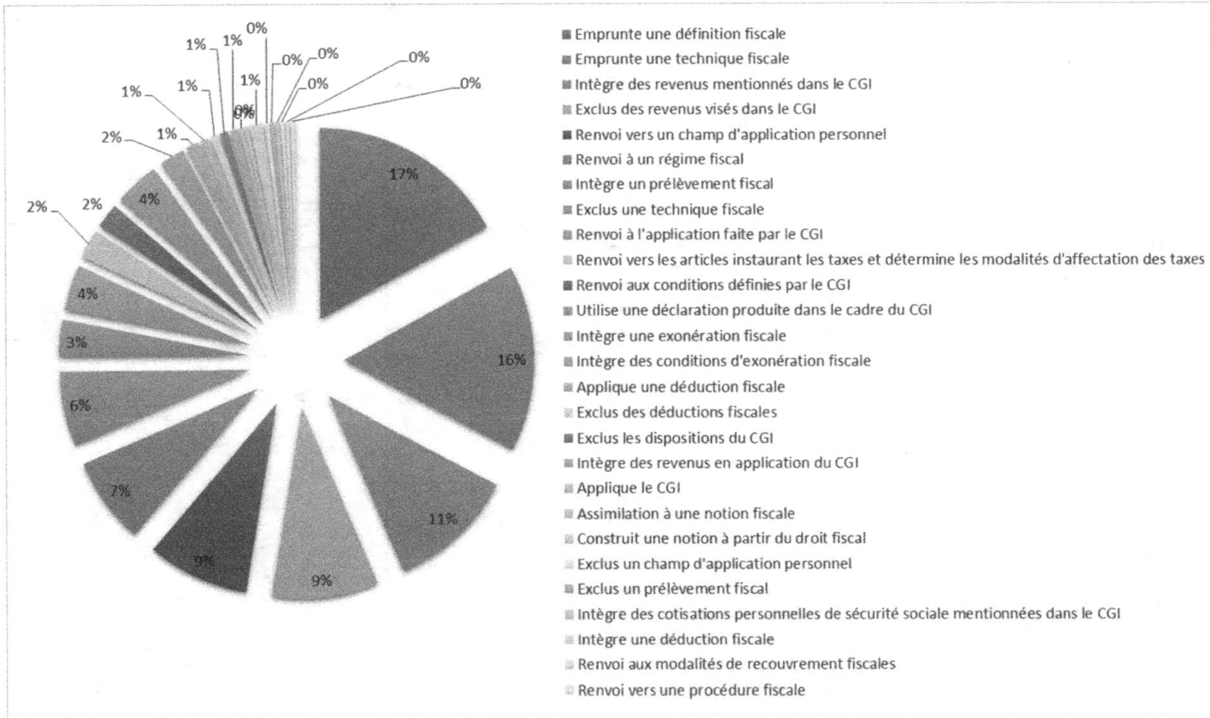

BIBLIOGRAPHIE

ENCYCLOPÉDIES, DICTIONNAIRES, LEXIQUES

ALLANT (D.), **RIALS** (S.) (dir.), *Dictionnaire de la culture juridique*, Paris, Puf, 1e éd., 2007, 1649 p.

ALQUIER (C.), *Dictionnaire encyclopédique économique et social*, Paris, Economica, 2e éd., 1990, 609 p.

BREMONT (J.), **GELEDAN** (A.), *Dictionnaire économique et social*, Paris, Hatier, 5e éd., 1990, 419 p.

CORNU (G.) en association avec **CAPITANT** (H.), *Vocabulaire juridique*, Paris, Puf, 8e éd., 2007, 986 p.

DUHAMEL (O.) et **MENY** (Y.), *Dictionnaire constitutionnel*, Paris, PUF, 1992, 1112 p.

PHILIP (L.), *Dictionnaire encyclopédique de finances publiques*, t.1, Paris, Economica, 1991, 811 p.

SAY (L.) :

- *Dictionnaire des finances*, t.I. A. - D., Paris, Berger-Levrault, 1889, 1579 p.
- *Dictionnaire des finances*, t.II. – E - Z, Paris, Berger-Levrault, 1894, 1574 p.

OUVRAGES, MANUELS, MÉLANGES, TRAITÉS

ALBERT (J.-L.), *Finances publiques*, Paris, Dalloz, 2015, 9e éd., 901 p.

ALLIX (E.), *Traité élémentaire de science des finances et de législation financière française*, Paris, Rousseau & Cie, 6e édition, 1931, 1172 p.

ARDANT (G.) :

- *Histoire de l'impôt,* Paris, Fayard, Coll. « Les grandes études historiques », vol. 1 : *De l'Antiquité au XVIIème siècle*, 1971, 634 p.
- *Histoire de l'impôt*, Paris, Fayard, Coll. « Les grandes études historiques », vol. 2 : *Du XVIIIe au XXIe siècle*, 1972, 870 p.

ARISTOTE, *Éthique à Nicomaque*, Paris, Flammarion, Coll. Garnier-Flammarion, n° 947, 560 p.

ARNAUD (A.-J.), *Pour une pensée juridique européenne*, Paris, PUF, 1991, 304 p.

Association française des historiens des idées politiques, *Pensée politique et droit*, Actes du Colloque de Strasbourg (11-12 septembre 1997), Aix-en-Provence, Presses universitaires d'Aix-Marseille, 1998, 523 p.

Association française pour la recherche en droit administratif (dir.), *Le service public*, Actes du Colloque de Strasbourg (6-7 juin 2013), Paris, Dalloz, 2014, 262 p.

Association pour l'étude des problèmes économiques et humains de l'Europe, *Introduction à l'étude du financement de la Sécurité sociale*, Paris, 1964, 39 p.

ATTALI (J.), *Tous ruinés dans dix ans ? Dette publique : la dernière chance*, Paris, Librairie générale française, Coll. Le Livre de poche, 2011, 243 p.

AUBY (J.-B.) (dir.), *L'influence du droit européen sur les catégories du droit public*, Paris, Dalloz, 2010, 990 p.

AVRIL (P.), **GICQUEL** (J.-E.), **GICQUEL** (J.), *Droit parlementaire*, 5 éd. Montchrestien, 2014, 414 p.

BARILARI (A.), *Le consentement à l'impôt*, Paris, Presses de Science Po, Coll. La bibliothèque du citoyen, 2000, 147 p.

BARTHÉLÉMY (J.), **DUEZ** (P.), *Traité de droit constitutionnel*, Paris, Dalloz, 1933, rééd. Paris, Economica, 1985, 955 p.

BEC (C.), *La Sécurité sociale, une institution de la démocratie*, Paris, Gallimard, Coll. Bibliothèque des sciences humaines, 2014, 328 p.

BELTRAME (P.) :

- *L'impôt*, Paris, M.A. Éditions, 1987, 191 p.
- *La fiscalité en France*, Paris, Hachette supérieur, 20e éd., 2014, 165 p.

BIENVENU (J.-J.), **LAMBERT** (T.), *Droit fiscal*, Paris, PUF, 4 éd., 2010, 470 p.

BONNET (B.) et **DEUMIER** (P.) (dir.), *De l'intérêt de la summa divisio droit public-droit privé ?*, Dalloz, Coll. Thèmes et commentaires », 2010, 297 p.

BORGETTO (M.) et **LAFORE** (R.) :

- *Droit de l'aide et de l'action sociales*, Issy-les-Moulineaux, LGDJ-Lextenso, Domat Droit public, 9e éd., 2015, 778 p.
- *La république sociale – Contribution à l'étude de la question démocratique en France*, Paris, PUF, coll. Politique éclatée, 2000, 367 p.

BOURGEOIS (L.), *Solidarité*, Paris, Armand Colin, 5e éd., 1906, 253 p.

BOUVIER (M.) :

- (dir.), *Réforme des finances publiques : la conduite du changement*, Paris, LGDJ, 2007, 315 p.
- (dir.), *Réforme des finances publiques, démocratie, et bonne gouvernance*, Paris, LGDJ, 2004, 396 p.
- *Introduction au droit fiscal général et à la théorie de l'impôt*, Paris, LGDJ, 13e édition, 2016, 264 p.

BUISSON (J.) (dir.), *La sécurité fiscale*, Paris, L'Harmattan, 2011, 222 p.

Bureau international du Travail :

- *La sécurité sociale et la primauté du droit*, Étude d'ensemble concernant les instruments relatifs à la sécurité sociale à la lumière de la Déclaration de 2008 sur la justice sociale pour une mondialisation équitable, Rapport III (Partie 1B), Conférence internationale du Travail, 100 session, 2011, 320 p.
- *Sécurité sociale : Quelle méthode de financement ? Une analyse internationale*, Genève, BIT, 1983, 149 p.

CAMBY (J.-P.), *La réforme du budget de l'État*, Paris, LGDJ, Coll. Systèmes, 3 éd., 2011, 422 p.

CAPITANT (R.), *Écrits constitutionnels*, Paris, Éditions du CNRS, 1982, 485 p.

CAPPELLETTI (M.) (dir.), *Nouvelles perspectives d'un droit commun de l'Europe*, Leyden-Londres-Boston, Ed. Sijthoff, Bruxelles, Ed. Bruylant, Stuttgart, Ed. Klett-Cotta, Firenze, Ed. Le Monnier, 1978, 406 p.

CARBONNIER (C.), *TVA sociale*, Levallois-Perret, Studyrama, 2012, 172 p.

CHARLIER (R. –É.), *Cours d'institutions financières 1959-1960*, Paris, Les cours de droit, 1960, 663 p.

CHEROT (J.-Y.) et **FRYDMAN** (B.) (dir.), *La science du droit dans la globalisation*, Bruxelles, Bruylant, 2012, 302 p.

COHEN-JONATHAN (G.), **GAUDEMET** (Y.), **HERTZOG** (R.), *Mélanges Paul Amselek*, Paris, Bruylant, 2005, 857 p.

COLLET (M.), *Droit fiscal*, Paris, Puf, 5 éd., 2015, 427 p.

CONAC (G.), **PRÉTOT** (X.), **TEBOUL** (G.) (dir.), *Le Préambule de la Constitution de 1946* – Histoire, analyse et commentaires, Coll. Études – Thèmes et commentaires, Paris, Dalloz, 2001, 467 p.

Conseil constitutionnel, *La déclaration des droits de l'homme et du citoyen*, Colloque des 25 et 26 mai 1989, Paris, PUF, 1989, 259 p.

Conseil d'Analyse économique, *Fiscalité et redistribution*, Paris, La Documentation française, 1998, 101 p.

Conseil d'État, *Impôt et cotisation : quel financement pour la protection sociale ?* Un colloque organisé par le Conseil d'État le 27 juin 2014, Paris, La documentation française, Coll. Droits et Débats, 2015, 176 p.

COUTANT (A.), *Fiches d'Institutions et Politiques sociales*, Paris, Ellipses, 2010, 285 p.

CRUCIS (H.-M.), *Finances publiques*, Paris, Lextenso éditions, Coll. Focus droit, 2e éd., 2009, 270 p.

CYTERMANN (L.) et **WANECQ** (T.), *Les politiques sociales*, Paris, PUF, Coll. Manuel, 2010, 371 p.

DAMAREY (S.), *Finances publiques*, Paris, Lextenso Éditions, Coll. Manuels, 2e éd., 2008, 602 p.

DAMON (J.), **FERRAS** (B.), *La Sécurité sociale*, Paris, PUF, Coll. Que-sais-je ?, 2015, 128 p.

De MONTALEMBERT (M.) (dir.), *La protection sociale en France*, Paris, La documentation française, 6e éd., 2013, 351 p.

De TOCQUEVILLE (A.), *L'Ancien Régime et la Révolution*, Paris, Calmann Levy, 8e éd., 1877, 446 p.

DEGRON (R.), *L'essentiel des finances publiques à l'heure européenne*, Paris, Gualino, Coll. Carré « Rouge », 2 éd., 2016, 168 p.

DELALANDE (N.) et **SPIRE** (A.), *Histoire sociale de l'impôt*, Paris, La Découverte, Coll. Repères, 2010, 125 p.

DELALANDE (N.), *Les batailles de l'impôt*, Paris, Seuil, 2014, 446 p.

DESRAMEAUX (A.), *Finances publiques*, Paris, PUF, Coll. Major, 2013, 261 p.

DOUAT (É.) et **BADIN** (X.), *Finances publiques*, Paris, 3e éd., PUF, Coll. Thémis, 2006, 485 p.

DOUBLET (J.), *Les finances sociales de la nation : cours commun technique*, Paris, 1956, 169 p.

DREYFUS (M.), **RUFFAT** (M.), **VIET** (V.), **VOLDMAN** (D.), *Se protéger, être protégé – Une histoire des Assurances sociales en France*, Rennes, Presses Universitaires de Rennes, 2006, 347 p.

DUGUIT (L.) :

- *L'État, le droit objectif et la loi positive*, Paris, Fontemoing, 1901 ; rééd. (avec préf. De F. Moderne), Paris, Dalloz, 2003, 623 p.
- *Les transformations du droit public*, Paris, Librairie Armand Colin, 1913, 285 p.
- *Traité de droit constitutionnel*, t.1 – La règle de droit – Le problème de l'État, Paris, Ed. Fontemoing, 3e éd., 1927, 763 p.
- *Traité de droit constitutionnel*, t.3 – La théorie générale de l'État : suite et fin, Paris, éd. De Boccard, 3e éd., 1930, 856 p.

DUPEYROUX (J-J), **PRÉTOT** (X.) et **LAFORE** (R.), *Droit de la sécurité sociale*, Paris, Dalloz, Coll. Précis, 17e éd., 2011, 1251 p.

DURAND (P.), *La politique contemporaine de Sécurité sociale* [1953], Paris, Dalloz, 2005, 643 p.

DUVERGIER (J.-B.), Collection complète des lois, décrets, ordonnances, règlements et avis du Conseil d'État, Paris, t.61, 1861, 662 p.

EUZÉBY (A.), *Les prélèvements obligatoires,* Paris, PUF, Coll. Que sais-je ?, 1992, 127 p.

EWALD (F.), *L'État providence*, Paris, Grasset, 1986, 608 p.

FAGUET (E.), *Politique comparée de Montesquieu, Rousseau et Voltaire*, Paris, Société française d'imprimerie et de librairie, 1902, 297 p.

FAVOREU (L.) :

- FAVOREU (L.), *Droit et libertés* fondamentales, Paris, Dalloz, 7e éd., 2015, 774 p.
- *La Constitution et son juge*, Paris, Economica, 2014, 1250 p.

FAVOREU (L.) et **PHILIP** (L.), *Les grandes décisions du Conseil constitutionnel*, Paris, Dalloz, 18 éd., 2016, 930 p.

Fondation Friedrich Ebert, *État social et démocratie sociale*, Akademie soziale demokratie, Berlin, Ed. Département de la Coopération Internationale, 2e éd., Octobre 2012, 164 p.

FOSSEYEUX (M.), *L'Hôtel-Dieu de Paris au XVIIe au XVIIIe siècle*, Paris, Berger-Levrault, 1912, 437 p.

GALANT (H.- C.), *Histoire politique de la Sécurité sociale française 1945-1952*, Paris, Librairie Armant Colin, 1955, 200 p.

GALLOIS (L.), *Réimpression de l'Ancien Moniteur depuis la réunion des États-généraux jusqu'au consulat*, t.1, Paris, Imprimerie d'A. René, 1843, 636 p.

GAUDEMET (P.-M.), **MOLINIER** (J.), *Finances publiques*, t. II, Paris, Montchrestien, 4 éd., 1988, 513 p.

GAUDIN (H.), **BLANQUET** (M.), **ANDRIANTSIMBAZOVINA** (J.), **FINES** (F.), *Les grands arrêts de la Cour de Justice de l'Union européenne*, Paris, Dalloz, 2014, 1032 p.

GAY (L.), **MAZUYER** (E.), **NAZET-ALLOUCHE** (D.) (dir.), *Les droits sociaux fondamentaux. Entre droits nationaux et droit européen*, Bruxelles, Bruylant, 2006, 289 p.

GEFFROY (J-B.), *Grands problèmes fiscaux contemporains*, Paris, PUF, 1e éd, 1993, 671 p.

GIBAUD (B.), *De la mutualité à la Sécurité sociale*, Paris, Editions ouvrières, 1986, 264 p.

GILLES (W.), *Les principes budgétaires et comptables publics*, Paris, LGDJ, Coll. Systèmes, 2009, 256 p.

GROSCLAUDE (J.), **MARCHESSOU** (P.), *Droit fiscal général*, Paris, Dalloz, 10 éd., 2015, 659 p.

HAURIOU (M.) :

- *Précis de droit constitutionnel*, Paris, Librairie du Recueil Sirey, 2 éd., 1929, 759 p.
- *Principes de droit public à l'usage des étudiants en licence (3 année) et en doctorat des sciences politiques*, Paris, Recueil Sirey, 2 éd., 1916, 828 p.

HELLER (W.), **GOEDHART** (C.), **GUINDEY** (G.) et autres, *Politique Budgétaire et Équilibre économique, Leçons du passé, problèmes et perspectives,* OCDE, décembre 1968, 220 p.

HIRSCH (M.), *Les enjeux de la protection sociale*, Paris, Montchrestien, Coll. « Clefs politiques », 1993, 160 p.

HUGO (V.), *Quatrevingt treize*, Édito-Service S.A, Genève Éditeur, 1963, 441 p.

Institut Montparnasse, *Financer la protection sociale*, 112 p.

JAMBU-MERLIN (R.), *La Sécurité sociale*, Paris, Armand Colin, Coll. U, 1970, 373 p.

JÈZE (G.) :

- *Cours de droit public*, Paris, Ed. Giard, 1922, 273 p.
- *Cours de finances publiques 1936-1937*, Paris, LGDJ, 1937, 346 p.
- *Cours élémentaire de science des finances et de législation financière française*, Paris, La mémoire du droit, Coll. de la faculté Jean Monnet, 2013, 432 p.
- *Cours élémentaire de science des finances et de législation financière française*, Paris, Giard, 1931, 432 p.

JIANG (J.), *La théorie du droit public*, Paris, L'Harmattan, Coll. Logiques juridiques, 2010, 315 p.

KELSEN (H.), *Théorie pure du droit*, Traduction française de la 2e éd. par Charles EISENMANN, Paris, Dalloz, Coll. Philosophie du droit, 1962, 496 p.

KERSCHEN (N.) et **KESSLER** (F.), *Le régime local d'Assurance Maladie en Alsace Moselle : un modèle d'avenir de protection sociale complémentaire ?* Suisse, Edition Peter Lang, Coll. Publications universitaires Européennes, 1993, 182 p.

KILPATRICK (C.) et **DE WITTE** (B.), *Social Rights in Times of Crisis in the Eurozone: The Role of Fundamental Rights' Challenges*, European University Institute, Department of Law, 2014, 120 p.

KOUBI (G.) (dir.), *Doctrines et doctrine en droit public,* Presses de l'Université des sciences sociales de Toulouse, Coll. « Constitutions, droit et politique », 1997, 209 p.

LAFERRIERE (J.), **WALINE** (M.), *Traité élémentaire de science et de législation financière*, Paris, LGDJ, 1952, 581 p.

LALUMIÈRE (P.), *Les finances publiques*, Paris, Armand Colin, Coll. U, 8 éd., 1986, 544 p.

LAMARQUE (J.), **NÉGRIN** (O.), **AYRAULT** (L.), *Droit fiscal général*, Paris, Lexis Nexis, 3e éd., 2014, 1541 p.

LAMBERT (T.) (dir.), *Le contentieux fiscal en débats*, Paris, LGDJ, 2014, 393 p.

LANDAIS (C.), **PIKETTY** (T.), **SAEZ** (E.), *Pour une révolution fiscale. Un impôt sur le revenu pour le XXIe siècle*, Paris, Éditions du Seuil et La République des Idées, 2011, 134 p.

LAROQUE (P) :

- *Réflexions sur le problème social*, Paris, Les Éditions Sociales Françaises, 1953, 156 p.
- *Les grands problèmes sociaux contemporains*, Paris, Institut études politiques, Les cours de droit, 1963-1964, 398 p.

LAURÉ (M.), *Science fiscale*, Paris, PUF, 1993, 414 p.

Le CACHEUX (J.), *Débat public : Les Français et l'impôt*, Paris, La documentation française, 2008, 169 p.

LEQUETTE (Y.) et **LEVENEUR** (L.) (dir.), *Le Code civil : un passé, un présent, un avenir*, Paris, Dalloz, 2004, 1059 p.

LEROY-BAULIEU (P.), *Traité de la science des finances, Des revenus publics*, Paris, Guillaumin, 1906, 972 p.

LEROY (M.) :

- (dir.), *Mondialisation et fiscalité, la globalisation fiscale*, Paris, L'Harmattan, 2006, 286 p.
- *L'impôt, l'État et la société – La sociologie fiscale de la démocratie interventionniste*, Paris, Economica, Coll. Finances publiques, 2010, 376 p.

LORTHIOIS (D), *Régime local d'Alsace-Moselle et régimes complémentaires d'entreprise, des chemins différents pour la solidarité, solidarité*, Wissembourg, Imprimerie Wissembourg, 1993, 223 p.

LUCHAIRE (F.), **CONAC** (G.), **PRÉTOT** (X.), *La Constitution de la République française*, Paris, Economica, 2009, 3e éd., 2107 p.

MAGSOF (G.), *Le langage de l'impôt*, Paris, Éditions Méthodes et Stratégies, Coll. Connaître et Parler, 1994, 78 p.

MALAURIE (P.), **MORVAN** (P.), *Introduction au droit*, Issy-les-Moulineaux, LGDJ Coll. Droit civil, 6e édition, 2016, 460 p.

MARION (M.), *Histoire financière de la France depuis 1715*, t.1, Paris, Rousseau, 1914, 480 p.

MASOIN, *Théorie économique des finances publiques*, Bruxelles, Baude, 1946, 464 p.

MATT (J.-L.), *La sécurité sociale : organisation et financement*, Paris, LGDJ, Coll. Systèmes. Finances publiques, 2001, 228 p.

MEHL (L.), **BELTRAME** (P.), *Science et technique fiscale*, Paris, PUF, 1984, 786 p.

MERRIEN (F.-X.), *L'État-providence*, Paris, PUF, Coll. Que-sais-je ?, 2007, 128 p.

MILLERAND (A.), *Le retour de l'Alsace-Lorraine à la France*, Paris, 1923, 248 p.

MIRABEAU, *Mémoires biographiques, littéraires et politiques*, Paris, Ed. Délaunay Libraire, t.6, 1835, 314 p.

MOURGEON (J.), *Les droits de l'homme*, Paris, PUF, Coll. « Que sais-je ? », 8ème éd. refondue, 2003, 127 p.

NETTER (F.), *La Sécurité sociale et ses principes* [1959], Paris Dalloz, 2005, 415 p.

OLIVA (É.), *Finances publiques*, Paris, Sirey, Coll. Aide-mémoire, 3e éd., 2015, 658 p.

ORSONI (G.) :

- *L'interventionnisme fiscal*, Paris, PUF, 1995, 305 p.
- *Science et législation financières*, Paris, Economica, Coll. Corpus, 2005, 753 p.

ORSONI (G.), **VIESSANT** (C.), *Éléments de finances publiques*, Coll. Finances publiques, Economica, Paris, 2005, 225 p.

PELLET (R.) :

- *Les finances sociales : économie, droit et politique*, Paris, LGDJ, Coll. Systèmes - Finances publiques, 2001, 211p.
- (dir.), *Finances publiques et redistribution sociale*, Paris, Economica, 2006, 414 p.

PHILIP (L.) :

- (dir.), *Les finances sociales, unité ou diversité ? Aspects administratif, constitutionnel, économique et financier*, Paris, Economica, 1995, 254 p.
- *Finances publiques*, Paris, Cujas, 5 éd., 1995, 472 p.
- *Les fondements constitutionnels des finances publiques*, Paris, Economica, 1995, 112 p.

- (dir.*), L'exercice du pouvoir financier du parlement : théorie, pratique et évolution*, Aix-en Pce : PUAM, Coll. « Droit public positif », 1996, 152 p.

PIÉTRI (F.), *Justice et injustice fiscale*, Paris, Ed. Tallandier, 1933, 196 p.

PRADIER-FODERE (M.-P.), *Principes généraux du droit, de politique et de législation*, Paris, Guillaumin, 1869, 608 p.

PRÉTOT (X.), *Droit de la sécurité sociale*, Paris, Dalloz, Coll. Mémento Dalloz, 2011, 13e éd., 257 p.

RAIMBAULT DE FONTAINE (S.) (dir.), *Doctrines fiscales : à la redécouverte de grands classiques*, Paris, L'Harmattan, Coll. « Finances publiques », 2007, 266 p.

Recueil d'Études en l'honneur d'Édouard Lambert, *Introduction à l'étude du droit comparé*, t.3, Paris, Librairie générale de droit et de jurisprudence, 1938, 558 p.

RIQUETI (V.), Marquis de Mirabeau, *Théorie de l'impôt*, Paris, 1760, 336 p.

ROMANO (S.), *L'ordre juridique*, Paris, Dalloz, 2002, 2e éd., 174 p.

ROUSSEAU (J.-J.), *Du Contrat social*, Chap. IX, Livre I – [Rééd.] ROUSSEAU (J.-J.), *Du Contrat social,* Genève, Les éditions du Cheval Ailé, Coll. Œuvres immortelles, 1947, 399 p.

ROYER (C.-A.), *Théorie de l'impôt ou la dîme sociale*, t.1, Paris, Guillaumin, 1862, 347 p.

SAINT-JOURS (Y.), *La faute dans le droit général de la Sécurité sociale*, Paris, Librairie générale de droit et de jurisprudence, R. Pichon et R. Durand-Auzias, 1972, 475 p.

SAINT-JOURS (Y.), *Traité de Sécurité sociale, t.1 – Le droit de la sécurité sociale*, Paris, LGDJ, 1984, 507 p.

SEMEDO (G.), **BENSAFTA** (M.), **GAUTIER** (L.), *Économie des finances publiques*, Paris, Ellipses, Coll. Universités, 2e édition argumentée, 2010, 443 p.

STOURM (R.), *Systèmes généraux d'impôts*, Paris, Guillaumin, 1893, 415 p.

SUDRE (F), *Droit européen et international des droits de l'Homme*, Paris, PUF, 12e éd., 2006, 967 p.

SUPIOT (A.) (dir.), *La solidarité. Enquête sur un principe juridique*, Paris, Odile Jacob, Coll. Collège de France, 2015, 355 p.

TALLINEAU (L.) (dir.), *L'équilibre budgétaire*, Economica, Coll. Finances publiques, 1994, 245 p.

THIBIERGE (C.), et alii, *La densification normative, Découverte d'un processus*, Paris, Mare et Martin, 2013, 1204 p.

THIERS (A.), *De la propriété*, Paris, Paulin, Lheureux et Cie, 1848, 388 p.

TOULOUSE (J.-B.), **de LEUSSE** (J.-F.), **ROLLAND** (Y.) et **PILLOT** (X.), *Finances publiques et politiques publiques*, Paris, Economica, 1987, 650 p.

TOUSSAINT (V), *Code manuel des armateurs et des capitaines de la marine marchande ou résumé de leurs droits et de leurs devoirs à terre et en cours de voyage dans leurs rapports avec le commerce et les administrations de la marine des douanes et des contributions directes*, Havre, 1861, 792 p.

TROPER (M.), **CHAGNOLLAUD** (D.) (dir.), *Traité international de droit constitutionnel –Théorie de la Constitution*, t.1, Paris, Dalloz, 2012, 816 p.

TROTABAS (L.), **COTTERET** (J.-M.), *Droit fiscal*, Paris, Dalloz, Coll. Précis, 8e éd.,1997, 434 p.

TRUCHET (D.), *Le droit public*, Paris, PUF, Coll. Que sais-je ?, 3e éd., 2014, 128 p.

VAPAILLE (L.), (dir.), *Refonder l'impôt sur le revenu ?*, Paris, L'Harmattan, Coll. Finances publiques, 2013, 262 p.

VEDEL (G.), *Cours de législation financière 1952-1953*, Les cours du droit, 1953, 687 p.

W. SCHARPF (F.), *Gouverner l'Europe*, Paris, Presses de Science po, 2000, 238 p.

WALINE (M.), *Cour d'institutions financières 1955-1956*, Paris, Les cours de droit, 1956, 605 p.

WEISS (A.), *Traité théorique et pratique de droit international*, t.2 : Le droit de l'étranger, Paris, Larose et Forcel, 1894, 916 p.

WORMS (E.), *Exposé élémentaire et critique de la science des finances*, Paris, A. Giard, 1891, 401 p.

THÈSES DE DOCTORAT

ABDULGHANI (M.), *Les sources infralégislatives en droit fiscal. Analyse d'un désordre normatif*, Thèse dactylographiée, Aix-en-Provence, 2014, 560 p.

AGRON (L.), *Histoire du vocabulaire fiscal*, Paris, LGDJ, Bibliothèque de science financière, t.36, 2000, 536 p.

AROMATARIO (S.), *La pensée politique et constitutionnelle de Michel Debré*, Paris, LGDJ, Coll. Bibliothèque constitutionnelle et de science politique – t.27, 2006, 658 p.

AYRAULT (L.), *Le contrôle juridictionnel de la régularité de la procédure d'imposition*, Paris, L'Harmattan, 2004, 444 p.

BAHOUGNE (L.), *Le financement du service public*, Paris, LGDJ, Coll. Bibliothèque de droit public, t.289, 2015, 672 p.

BAUDU (A.), *Contribution à l'étude des pouvoirs budgétaires du Parlement en France*, Paris, Dalloz, 2010, 681 p.

BAUFUME (B.), *Le droit d'amendement et la constitution sous la cinquième république*, Paris, LGDJ, Coll. Bibliothèque constitutionnelle et de science politique – t.77, 1993, 617 p.

BERN (P.), *La nature juridique du contentieux de l'imposition*, Paris, Ed. R. Pichon et R. Durand-Auzias, Coll. Bibliothèque de droit public, 1972, t.CIX, 197 p.

BLONDIO-MONDOLONI (V.), *Finances publiques et droits fondamentaux*, Thèse dactylographiée, Aix Marseille Université, 2014, 468 p.

BORGETTO (M.), *La notion de fraternité en droit public français,* Paris, LGDJ/Montchrestien, 1993, 699 p.

BOUMEDIENE (M.), *La place de la loi et du contrat dans la garantie du droit à la protection sociale de 1945 à nos jours*, Paris, Publibook, Coll. Droit et Sciences politiques, 2003, t.1, 377 p.

BOYER-CAPELLE (C.), *Le service public et la garantie des droits et libertés*, Thèse dactylographiée, Université de Limoges, 2009, 732 p.

BRUXELLES (A.), *Nature juridique et caractères des cotisations d'assurances sociales dans la législation française*, Thèse, Grenoble, Ed. BOSC Frères, M. et L. RIOU, 1932, 518 p.

BUISSON (J.), *Le sursis au paiement de l'impôt*, Paris, LGDJ, Bibliothèque de science financière, 1996, 231 p.

CAPORAL (S.), *L'affirmation du principe d'égalité dans le droit public de la Révolution française (1789-1799)*, Paris, Aix en Provence, Economica, PUAM, Coll. Droit public positif, 1995, 339 p.

CHAABOUNI (I.), *La protection des personnes soumises à des contrôles fiscaux et financiers*, Paris, LGDJ, Coll. Bibliothèque de finances publiques et fiscalité, 2010, 474 p.

COPPOLA (S.), *La justiciabilité des droits sociaux dans l'Union Européenne*, Thèse dactylographiée, Strasbourg, 2012, 192 p.

DE LA MARDIÈRE (C.), *Recours pour excès de pouvoir et contentieux administratif de l'impôt*, Paris, LGDJ, Coll. Bibliothèque de science financière, t.41,2002, 343 p.

DELVOLVÉ (P.), *Le principe d'égalité devant les charges publiques*, Paris, Librairie générale de droit et de jurisprudence, Coll. « Bibliothèque de droit public », t.88, 1969, 467 p.

DJOUHRI (M.), *L'évolution du contrôle fiscal depuis 1945 : aspects juridiques et organisationnels*, LGDJ, Bibliothèque Finances publiques et fiscalité, t.57, 2012, 449 p.

DOUET (F.), *Contribution à l'étude de la sécurité juridique en droit fiscal français*, LGDJ, Paris, Coll. Bibliothèque de droit privé, t.230, 1997, 383 p.

DUBOUIS (L.), *La théorie de l'abus de droit et la jurisprudence administrative*, Paris, Ed. R. Pichon et R. Durand-Auzias, Coll. Bibliothèque de droit public, 1962, t.XLV, 471 p.

DUFOUR (A.-C.), *Les pouvoirs du Parlement sur les finances de la sécurité sociale – Étude des lois de financement de la Sécurité sociale*, Paris, Dalloz, 2012, Coll. Bibliothèque parlementaire et constitutionnelle, 494 p.

DUSSART (M.-L.), *Constitution et économie*, Paris, Dalloz, Coll. Nouvelle bibliothèque de Thèses, Vol.144, 2015, 379 p.

ESPLUGAS (P.), *Conseil constitutionnel et service public*, Paris, LGDJ, Coll. Bibliothèque constitutionnelle et de science politique – t.80, 1994, 321 p.

GAY (L.), *Les "droits-créances" constitutionnels*, Bruxelles, Bruylant, Coll. De droit public comparé et européen, 2007, 826 p.

GILLES (W.), *Les transformations du principe de l'unité budgétaire dans le système financier public contemporain*, Paris, Dalloz, Coll. Bibliothèque parlementaire et constitutionnelle, 2007, 458 p.

GUIÈZE (J.-L.), *Le partage des compétences entre la loi et le règlement en matière financière*, Paris, LGDJ, 1971, 271 p.

HERTZOG (R.), Recherche sur la gratuité et la non-gratuité des services publics, Thèse dactylographiée, Strasbourg, 1972, 741 p.

HUTIER (S.), *Le contrôle parlementaire par le Conseil constitutionnel*, Bayonne, Institut universitaire Varenne, Coll. Thèses, 2016, 648 p.

J. GUGLIELMI (G.), *La notion d'administration publique dans la théorie juridique française*, Paris, LGDJ, Coll. Bibliothèque de droit public, t.157, 1991, 378 p.

JEAN-ANTOINE (B.), *Les normes constitutionnelles financières en droit français de 1789 à nos jours*, Paris, LGDJ, Coll. Bibliothèque Finances publiques et fiscalité, t.51, 2010, 593 p.

LABROT (X. F.), *La répartition des compétences entre loi et règlement en matière de Sécurité sociale*, Thèse dactylographiée, Aix-en-Provence, 1995, 366 p.

LAMARQUE (J.), *Recherches sur l'application du droit privé aux services publics administratifs*, Paris, Ed. R. Pichon et R. Durand-Auzias, Coll. Bibliothèque de droit public, 1960, t.XXV, 577 p.

LUPPI (P.), *Fiscalité et nouvelles technologies*, Thèse dactylographiée, Aix-en-Provence, 1999, 1092 p.

MANGIAVILLANO (A.), *Le contribuable et l'État, l'impôt et la garantie constitutionnelle de la propriété (Allemagne- France)*, Paris, Dalloz, Coll. « Nouvelle Bibliothèque de Thèses », 2013, 702 p.

MASCLET DE BARBARIN (M.), *Le contentieux du recouvrement de l'impôt*, Paris, LGDJ, Coll. Bibliothèque de droit public, t. 243, 2004, 578 p.

MAUCOUR-ISABELLE (A.), *La rénovation des pouvoirs budgétaires du Parlement sous la Ve République*, Paris, Dalloz, 2005, 410 p.

MEINDL (T.), *La notion de droit fondamental dans les jurisprudences et doctrines constitutionnelles françaises et allemandes*, Paris, LGDJ, Coll. Bibliothèque constitutionnelle et de science politique – t.112, 2003, 514 p.

MELIN-SOUCRAMANIEN (F.), *Le principe d'égalité dans la jurisprudence du Conseil constitutionnel*, Paris, Economica, Coll. « Droit public positif », 1997, 397 p.

MESTEK (M.), *L'exigence du contradictoire dans les procédures non juridictionnelles en droit de la sécurité sociale*, Thèse, Université Lumière Lyon 2, 2015.

ORSONI (G.), *L'évolution de la notion d'impôt*, Thèse dactylographiée, Aix-en-Provence, 1975, 673 p.

PELLET (R.), *Recherche sur la notion de finances sociales : l'intervention du droit financier public dans le régime général de sécurité sociale*, Thèse dactylographiée, Montpellier, 1991, 497 p.

PÉRIN-DUREAU (A.), *L'obligation fiscale à l'épreuve des droits et libertés fondamentaux*, Paris, Dalloz, 2014, p.397. (565 p.)PANCRAZI (L.), *Le principe de sincérité budgétaire*, Paris, L'Harmattan, 2012, 711 p.

RODRIGUEZ (M.), *Le service public et la loi organique relative aux lois de finances du 1 août 2001 – Contributions de la réforme des finances publiques à la modernisation de l'État*, Aix-en-Provence, PUAM, 2013, 488 p.

ROSA (A.), *Solidarité et impôt – Recherche sur les fondements de l'impôt moderne*, Paris, Dalloz, Coll. Bibliothèque parlementaire et constitutionnelle, 2015, 500 p.

SALVIEJO (C.), *Le principe de sécurité juridique en droit communautaire et européen*, Thèse, Montpellier I, 2003, 465 p.

SHOJAEI-ARANI (S.), *L'efficacité du contrôle parlementaire du budget exécuté en France sous la cinquième République*, Thèse dactylographiée, Aix-en-Provence, 2013, 635 p.

SID AHMED (K.), *Droits fondamentaux du contribuable et procédures fiscales, Étude comparative– t.1, Les droits d'origine non procédurale du contribuable*, Paris, L'Harmattan, 2008, 438 p.

SOMMACCO (V.), *Le droit d'amendement et le juge constitutionnel en France et en Italie*, Paris, LGDJ, Coll. Bibliothèque constitutionnelle et de science politique – t.111, 2002, 509 p.

TURRIN (M.), *La légitime répression de la fraude fiscale*, Thèse, Aix-Marseille III, 2011, 487 p.

VALEMBOIS (A.-L.), *La constitutionnalisation de l'exigence de sécurité juridique en droit français*, LGDJ, Paris, Bibliothèque constitutionnelle et de science politique, t.122, 2005, 534 p.

VALLI (X.), *Le juge fiscal judiciaire et le droit privé*, Thèse, Aix-Marseille Université, 2014, 628 p.

VAUTROT-SCHXARZ (C.), *La qualification juridique en droit administratif*, Paris, LGDJ, Coll. Bibliothèque de droit public, t.263, 2010, 685 p.

VIDAL-NAQUET (A.), *Les « garanties légales des exigences constitutionnelles » dans la jurisprudence du Conseil constitutionnel*, Paris, Panthéon-Assas Paris II, 2007, 672 p.

VIESSANT (C.), *La pénétration du droit communautaire en droit fiscal français*, Thèse, Aix-en-Provence, 1999, 599 p.

VOIRIN (M.), *Les organes des caisses de Sécurité sociale et leurs pouvoirs*, Paris, Librairie générale de droit et de jurisprudence, Coll. Bibliothèque d'ouvrages de droit social, 1961, 349 p.

ZIANI (S.), *Du service public à l'obligation de service public*, Paris, LGDJ, Coll. Bibliothèque de droit public, t.285, 2015,442 p.

ARTICLES, CHRONIQUES, COMMENTAIRES, CONTRIBUTIONS

- A -

ABRAHAMSON (P.), « La fin du modèle scandinave ? La réforme de la protection sociale dans les pays nordiques », *Revue française des affaires sociales*, 2005, n° 3, pp.105-127.

ADAMO (S.), « Le système danois de protection sociale : équilibrer solidarité en Europe et immigration en temps de crise », *Revue française des affaires sociales*, 2015, n° 3, pp.159-180.

AGLAE (M.-J.), « De l'impôt et ses limites », *RFFP*, 2012, n° 120, pp.39-50.

ALBERT (J.-L.) :

- « L'impôt et le service public au XIXe siècle en France », in *Mélanges en l'honneur du Professeur Joël Molinier*, Paris, LGDJ, 2012, pp.1-14.
- « Quelques réflexions sur la « mort » de la parafiscalité », in COHEN-JONATHAN (G.), GAUDEMET (Y.), HERTZOG (R.), *Mélanges Paul Amselek*, Paris, Bruylant, 2005, pp.1-24.

ALFANDARI (E.), « Les incidences des réformes sur la cohésion des systèmes de protection sociale », *RDSS*, n° 4, 1996, pp.881-901.

ALLEGRE (G.), **CORNILLEAU** (G.), STERDYNIAK (H.), « Vers la fusion de l'impôt sur le revenu et de la CSG », *Revue de l'OFCE*, 2007/2 n° 101, pp.269-314.

ALTER (R.), « Renforcer la bonne gestion publique pour assurer un redressement économique solide », *Perspectives Gestions publiques*, Publication de l'Institut de la gestion publique et du développement économique, 2009, n° 32, p.1.

AMSELEK (P.) ;

- « Impositions et cotisations obligatoires », in *Mélanges Loïc Philip, Constitution et finances publiques*, Paris, Economica, 2005, pp.239-263.
- « Le rôle de la pratique dans la formation du droit : Aperçus à propos de l'exemple du droit public français », *RDP*, 1983, pp.1471-1508.
- « Peut-il y avoir un État sans finances ? », *RDP*, 1983, pp.267-283.
- « Une curiosité du droit public financier : les impositions autres que fiscales ou parafiscales », in *Mélanges Waline*, Paris, 1974, pp.89-114.
- «Propos liminaires », Actes du colloque sur La doctrine fiscale, *Droit fiscal*, 2006, n° 24, étude 26, pp.1110-1112.

ANDRIANTSIMBAZOVINA (J.), « L'enrichissement mutuel de la protection des droits fondamentaux au niveau européen et au niveau national, Vers un contrôle de fondamentalité ? », *RFDA,* 2002, n° 1, pp.124-138.

ANTIPPAS (J.), « L'utilisation du droit administratif en droit civil », *RFDA*, 2014, n° 4, pp.795-816.

ARATHOON (G.), **CORLEY** (S.), « Les lois de financement de la Sécurité sociale : l'inévitable référence aux lois de finances », *RFFP*, n° 64, 1998, pp.61-110.

ARGENTIERI (L.), « La solidarité en matière fiscale : vers la fin de l'exorbitance du droit fiscal », *Revue du Trésor*, 2006, n° 10, pp.715-725.

ARSEGUEL (A.), « Les vices de procédure dans le contrôle et le recouvrement des cotisations de Sécurité sociale, *Droit social*, 1993, n°1, pp.85-88.

ARTHUIS (J.), « La dégradation des finances publiques : La loi en échec, le contrôle et l'évaluation en cours », *Pouvoirs*, n° 134, 2010, pp.83-95.

AUBERY (P.), « L'anarchisme des littérateurs au temps du symbolisme » in Institut français d'histoire sociale, *Le Mouvement social : bulletin trimestriel de l'Institut français d'histoire sociale*, 1969, n° 69, pp.21-34.

AUBIN (C.), « À la recherche du modèle social européen », *Droit social*, 2008, n°4, pp.484-491.

AUBRY (M.), « Approfondir les solidarités et conforter notre système de protection sociale », *Droit social*, 1998, n°11, pp.863-871.

AUBY (J.-B) :

- « L'influence du droit européen sur les catégories juridiques du droit public », *Informations sociales,* n° 175, 1/2013, pp.60-68.
- « Globalisation et décentralisation », in *Les mutations contemporaines du droit public, Mélanges en l'honneur de B. JEANNEAU*, Paris, Dalloz, 2002, pp.563-576.
- « La distinction du droit public et du droit privé », in AUBY (J.-B.) (dir.), *L'influence du droit européen sur les catégories du droit public*, Paris, Dalloz, 2010, pp.287-302.

AZOULAI (L.), « Sur un sens de la distinction public/privé dans le droit de l'Union européenne », *RTD eur.*, 2010, pp.842-849.

- B -

BACHELIER (G.), « Le rescrit fiscal », *RFFP*, n° 130, 2015, pp.57-70.

BADEL (M.), « Le Conseil constitutionnel arbitre économique et politique : l'exemple de la loi de financement rectificative de la sécurité sociale pour 2014 », *Constitutions, Revue de droit constitutionnel appliqué*, 2015, n° 1, pp.85-91.

BANCAREL (M.), « La crise du recouvrement des cotisations de Sécurité sociale », *Droit social*, 1993, n°9-10, pp.779-786.

BARAV (A.), « La plénitude de compétence du juge national en sa qualité de juge communautaire », in Mélanges en l'hommage de Jean Boulouis, *L'Europe et le droit*, Paris, Dalloz, 1991, pp.1-20.

BARBIER (J.-C.), « « Modèle social européen » et « gouvernance » européenne », *Informations sociales*, 2013, n° 175, pp.26-32.

BARILARI (A.) :

- « Chronique du 2 trimestre 2014 », *RFFP*, n° 130, 2015, pp.235-249.
- « L'oxymoron et la définition de l'impôt », *Constitutions*, 2012, pp.466-469.
- « La contribution carbone et le Conseil constitutionnel : une censure annoncée ? », *JCP G*, n° 3, 18 janvier 2010, pp.39-42.
- « La définition traditionnelle des cotisations sociales ou l'arbre qui cache la forêt », *RFFP*, n° 128, 2014, pp.217-226.
- « Le Conseil constitutionnel abandonne-t-il l'objectif constitutionnel de lutte contre la fraude ? », *Constitutions*, 2014, n° 1, pp.68-75.
- « Les compétences du législateur en matière fiscale et financière », *Constitutions*, 2010, n° 2, p.283.
- « Le consentement à l'impôt, fragile mais indispensable aporie », *Regards croisés sur l'économie*, 2007, n° 1, pp.27-34.

BARRAUD (B.), « Droit public – Droit privé : De la summa divisio à la ratio divisio ? », *Revue de la Recherche Juridique*, 2014, n° 3, pp.1101-1132.

BARRIÈRE (L.-A.), « Une approche historique de la summa divisio droit public-droit privé », in BONNET (B.) et DEUMIER (P.) (dir.), *De l'intérêt de la summa divisio droit public-droit privé ?*, Dalloz, Coll. Thèmes et commentaires », 2010, pp.7-30.

BARTHELEMY (J).

- « L'effort charitable de la Troisième République », *Revue de droit public*, t.XXVII, 1910, pp.340-341.
- « Cotisations des régimes complémentaires et cotisations du régime général », *Droit social*, 1993, n°6, pp.550-555.
- « L'abus de droit en matière sociale », *Regards*, n° 47, 2015, pp.249-259.
- « Loi de financement rectificative de la sécurité sociale pour 2014 : le Conseil constitutionnel et la réduction des cotisations sociales des bas salaires », *Droit social*, 2014, n° 10, pp.867-869.
- « Peut-on dissocier le droit du travail et le droit de la sécurité sociale », *Droit social*, 2007, n°7-8, pp.787-792.

BASCOU (H.-G.), **COURSIER** (P.), « L'assiette des cotisations et les frais professionnels, frais de mission et frais d'expatriation », *Droit social*, 1993, n°6, pp.542-549.

BAUDU (A.), « L'incertaine renaissance parlementaire en matière budgétaire et financière », *RDP*, 2010, n°5, pp.1423-1450.

BAY (A.-H.) et **PEDERSEN** (A. W.), "The limits of social solidarity: Basic Income, Immigration and the Legitimacy of the Universal Welfare state", *Acta Sociologica*, n° 4, Vol.49, 2006, pp.419-436

BELFORT (E.), « Les moyens d'action et les garanties du cotisant lors du contrôle de l'organisme de recouvrement », *Droit social*, 2014, n°11,pp.906-910.

BELIN (M.), « Le principe d'égalité devant les charges publiques à l'époque révolutionnaire et son influence sur la jurisprudence administrative moderne », *RDP*, 1934, pp.335-372.

BELORGEY (J.-M.), « La Charte sociale du Conseil de l'Europe et son organe de régulation : le Comité européen des droits sociaux », *RDSS*, 2007, pp.226-245.

BELTRAME (P.), **MONTAGNIER** (G.), « L'Europe des impôts », *AJDA*, 1990, pp.242-257.

BÉNOIT (F.-P.), « Montesquieu, inspirateur des Jacobins. La théorie de la "bonne démocratie" », *RDP*, 1995, pp.5-24.

BERGÉ (J.-S.), « La summa divisio droit privé-droit public et le droit de l'Union européenne : une question pour qui ? une question pour quoi ? », in BONNET (B.) et DEUMIER (P.) (dir.), *De l'intérêt de la summa divisio droit public-droit privé ?*, Dalloz, Coll. Thèmes et commentaires », 2010, pp.45-63.

BERGERÈS (M.-C.) :

- « La CSG, la CRDS, le droit communautaire et les conventions de lutte contre les doubles impositions », *Droit fiscal*, 2008, n° 22, Comm.349, pp.23-27 ; *JCP S*, n° 24, 10 Juin 2008, pp.34-36.
- « Les impositions affectées ou le développement d'une catégorie sui generis », *LPA*, 05-03-2002, n° 46, pp.4-15.

BERROD (F.), « Le droit de l'Union européenne et le service public : de la défiance à la compréhension mutuelle », in Association française pour la recherche en droit administratif (dir.), *Le service public*, Paris, Dalloz, 2014, pp.107-122.

BERTHELEMY (H.), « Défense de quelques vieux principes », in *Mélanges Maurice Hauriou*, Recueil Sirey, 1929, pp.809-830.

BEZES (P.), **PIERUR** (F.), « État, administration et politiques publiques : les dé-liaisons dangereuses. La France au miroir des sciences sociale nord-américaines », *Gouvernement et action publique*, 2012, n° 2, pp.41-87.

BICHOT (J.) :

- « CSG : la solidarité professionnelle se meurt, vive la solidarité nationale ! », *Droit social*, 1991, n° 1, pp.74-79.
- « Les concepts de contributivité et de redistribution appliqués aux retraites : diversité des analyses », in PELLET (R.) (dir.), *Finances publiques et redistribution sociale*, Paris, Economica, 2006, pp.203-223.
- « Protection sociale "de base" et assurances complémentaires », *RDSS*, 2015, n°6, pp.1106-1119.
- « Protection sociale : clarifier les idées avant de réformer », *Droit social*, n° 12, 1988, pp.834-845.
- « Réforme ou ravauder : le cas de la TVA sociale », *Droit social*, 2012, n°6, pp.558-563.

BICHOT (J.), **EPARVIER** (N.), « Les retraites à la lumière de la compensation démographique », *Droit social*, 1986, n°4, pp.345-353.

BIGOT (G.), « La difficile distinction droit public / droit privé dans l'ancien droit : l'exemple du droit administratif », *Droits*, n° 38, 2003, pp.97-111.

BLAIS (M.-C.), « Aux origines de la solidarité publique, l'œuvre de Léon Bourgeois », *Revue française des affaires sociales*, n° 1-2, 2014, pp.13-32.

BLOCH-LAINE (F.), « L'évolution du rôle de l'État », *RFFP*, n° 41, 1993, pp.7-13.

BONNET (X.), « Les COG, un outil efficace de maîtrise des activités de sécurité sociale », *Regards*, n° 48, 2015, pp.205-220.

BONNIN (V.) :

- « L'évolution des prestations en nature de l'assurance maladie : pour quelques euros de plus ou de moins … », *RDSS*, 2014, n°5, pp.847-862.

- « La « démocratie sociale » constitutionnalisée ? », *Droit social*, 2014, n °5, pp.428-437.

BORGETTO (M.) :

- « Solidarité », in ALLAN (D.), RIALS (S.) (dir.), *Dictionnaire de la culture juridique*, Paris, PUF, 2003, pp.1427-1430.
- « Égalité, solidarité... équité ? », in *Le Préambule de la constitution de 1946 : antinomies juridiques et contradictions politiques*, 1996, CURAPP, PUF, pp.239-279.
- « L'évolution récente du système de Sécurité sociale en matière de redistribution », *Recherches et prévisions*, n° 73, septembre 2003, Dossiers Famille et droit social, pp.45-51.
- « Les juridictions sociales en question (s) », *Regards*, n° 47, 2015, pp.21-31.
- « Quelle Démocratie sociale ? », *RDP*, 2002, pp.194-214.
- « Sécurité sociale et démocratie sociale : état des lieux », *RFFP*, n° 64, 1998, pp.7-374.
- « Aide et action sociales, Définitions, principes et orientation », *JurisClasseur Administratif*, Fasc. 218-10, 2007.

BOUDET (J.-F.), « La "grammaire lolftienne" », *RFDA*, 2015, n° 6, pp.1215-1224.

BOUILLOUX (A.), « Les nouvelles garanties des cotisants face à un contrôle de l'URSSAF », *Droit social*, 1999, n° 11, pp.896-903.

BOULMIER (D.), « Contrôle URSSAF-La copie d'un courrier simple de l'URSSAF en réponse aux observations émises par l'employeur ou le travailleur indépendant vaut preuve de ce courrier », *Droit social*, 2015, n° 5, pp.473-474.

BOULOUIS (J.), « L'influence des articles 34 et 37 sur l'équilibre politique entre les pouvoirs », in *Le domaine de la loi et du règlement*, Paris, Aix-en-Provence, Economica & PUAM, 2e éd., 1981 (Colloque Aix-en-Pce, 1972), pp.195-207.

BOURGEOIS (I.), ENSTE (D.), « Morale et profit ne sont pas incompatibles », *Regards sur l'économie allemande*, n° 84, 2007, pp.13-20.

BOURGUIGNON (F.), « Fiscalité et redistribution, La France dans une perspective internationale », in Conseil d'Analyse économique, *Fiscalité et redistribution*, Paris, La Documentation française, 1998, pp.11-50.

BOURREL (R.), « Plaidoyer pour la réorganisation de l'architecture des textes financiers français », *RDP*, 2014 n° 5, pp.1213-1239.

BOUSQUET (C.), « Gestion de la dette sociale : la vertu contrariée par la crise ? », *RFFP*, n° 115, 2011, pp.45-54.

BOUTAYEB (C.) :

- « La CSG, la CRDS et le juge de l'Union : l'érosion d'une conception française des prélèvements sociaux », *RDSS*, 2015, n° 5, pp.833-842.
- « Note sous Cour de cassation, Chambre sociale, 31 mai 2012, n° 11-10.762 », *RDSS*, 2012, n° 5, pp.956-964.

BOUVIER (M.) :

- « Constitutionnalisation et quasi-constitutionnalisation du système financier public français », in *La Constitution, l'Europe et le droit*, Mélanges en l'honneur de Jean-Claude Masclet, Paris, Publications de la Sorbonne, 2013, pp.115-132.
- « Du centre à la périphérie : les nouvelles figures de la constitutionnalisation du droit public financier » in MATHIEU (B.), (dir.), *Cinquantième anniversaire de la Constitution française*, Paris, Dalloz, 2008, pp.475-487.
- « Justice fiscale : un enjeu éthique et philosophique », *RFFP*, n° 112, 2010, pp.V-VII.
- « Justice fiscale, légitimité de l'impôt et société post-moderne », *RFFP*, n° 124, 2013, pp.15-27.
- « La notion de capacité contributive des contribuables dans la société post-moderne », *RFFP*, n° 100, 2007, pp.83-93.
- « Les représentations théoriques de l'équilibre budgétaire : essai sur la vanité d'un principe », in TALLINEAU (L.) (dir.), *L'équilibre budgétaire*, Economica, Coll. Finances publiques, 1994, pp.23-41.
- « Les transformations de la légitimité de l'impôt dans la société contemporaine », in BOUVIER (M.), (dir.), *Réforme des finances publiques, démocratie, et bonne gouvernance*, LGDJ, Paris, 2004, pp.82-93.
- « Nouveau civisme fiscal et légitimité du recouvrement de l'impôt », *RFFP*, n° 112, 2010, pp.25-44.

- « Nouveau Moyen Âge fiscal ou nouvel ordre fiscal ? », *RFFP*, n° 123, 2013, pp.V-VII.
- « Réhabiliter et refonder la science des finances publiques », in COHEN-JONATHAN (G.), GAUDEMET (Y.), HERTZOG (R.), *Mélanges Paul Amselek*, Paris, Bruylant, 2005, pp.131-154.
- « Sens et légitimité de l'impôt », *Pouvoirs,* 2014, n° 151, pp.27-34.
- « Tradition et modernité de la science des finances publiques », *RFFP*, n° 41, 1993, pp.253-267.

BOYER-CAPELLE (C.), « L'"effet cliquet" à l'épreuve de la question prioritaire de constitutionnalité », *AJDA*, 2011, pp.1718-1724.

BRAIBANT (G.), « Le principe d'égalité dans la jurisprudence du Conseil constitutionnel et du Conseil d'État », in Conseil constitutionnel, *La déclaration des droits de l'homme et du citoyen*, Colloque des 25 et 26 mai 1989, Paris, PUF, 1989, pp.97-110.

BRARD (Y.), « Égalité devant l'impôt et égalité devant les impôts », *Dalloz*, 1998, n° 11, pp.117-119.

BROUILLET (J.), **RIGAUX** (M.), **VANDAMME** (F.), « Le modèle social européen : source ou moteur de la construction européenne ? », *Droit social*, 2006,n° 12, pp.1176-1182.

BRUNO (P.), **GIULIANO** (B.), « Entre Bismarck et Beveridge. "Crises" de la sécurité sociale et politique(s) », *Revue française de science politique*, 45e année, n° 4, 1995, pp.668-699

BUHL (J.-L.), « Les nouvelles mesures de financement et leur gestion », *Droit social*, 1996, n° 3, pp.251-256.

BUISSON (J.) :

- « La sécurité de l'administration vis-à-vis du contribuable », in BUISSON (J.) (dir.), *La sécurité fiscale*, L'Harmattan, Paris, 2011, pp.179-189.
- « Les impositions de toutes natures, une notion dépassée », *LPA*, 1992, n° 54. pp.21-23.

BURGORGUE LARSEN (L.) :

- (dir.), *La justice sociale saisie par les juges en Europe*, Paris, Pedone, 2013, Coll. Cahiers européens, n° 4, pp.33-59.
- « Les paradoxes de la justice sociale », in BURGORGUE LARSEN (L.) (dir.), *La justice sociale saisie par les juges en*

Europe, Paris, Pedone, 2013, Coll. Cahiers européens, n° 4, pp.189-201.

BURGUBURU (J.-M.), « Droit public et droit privé au début du XXIe siècle : de la séparation à l'interpénétration », in Mélanges en l'honneur de Jean-Claude Colliard, *L'Etat, le Droit et le Politique*, Dalloz, 2014, pp.9-27.

- C -

CABANNES (X.), « Le rescrit, le CE cerne la notion et dessine les perspectives d'évolution », *Gestion et Finances publiques*, n° 3/4, 2015, pp.76-80.

CADIET (L.), « Jurisprudence administrative et jurisprudence judiciaire en matière sociale : le jeu des influences », *Droit social*, 1991, n° 3, pp.200-210.

CAILLOSSE (J.), « Droit public droit privé : sens et portée d'un partage académique », *AJDA*, 1996, n° 3, pp.955-964.

CAMAJI (L.), « La justiciabilité du droit à la sécurité sociale : éléments de droit français », *RDSS*, 2010, n° 5, pp.847-857.

CAMBY (J.-P.) :

- « Impositions, cotisations, Constitution », *RFFP*, n°128, 2014, pp.227-237.
- « Le Conseil constitutionnel et la réforme de la procédure budgétaire », *Petites affiches*, 2001, n° 202, pp.5-18.
- « Les impositions de toutes natures, une catégorie sans critère ? », *AJDA*, 1991, n° 5, pp.339-350.
- « Les relations entre le Parlement et la Cour à propos des lois de financement de la Sécurité sociale », *RFFP*, n° 59, 1997, pp.73-80.
- « La jurisprudence constitutionnelle en matière de sincérité de la présentation budgétaire », in PHILIP (L.), (dir.), *L'exercice du pouvoir financier du parlement : théorie, pratique et évolution*, Aix-en Pce : PUAM, Coll. « Droit public positif », 1996, pp.23-28.

CARAYON (F.), « Redistribution et performance de la gestion publique », in PELLET (R.) (dir.), *Finances publiques et redistribution sociale*, Paris, Economica, 2006, pp.313-325.

CARCASSONNE (G.), « La portée du consentement à l'impôt et les limites du pouvoir fiscal du législateur », in PHILIP (L.), *L'exercice du pouvoir financier du Parlement*, Paris, Économica, 1996, pp.43-47.

CASSAGNABÈRE (H.), « Chronique de jurisprudence de la CJUE en matière de fiscalité directe », Étude, *Bulletin fiscal*, 11/15, pp.593-599.

CAUSSAT (L.) et **HEL-THELIER** (S.), « Les transferts sociaux », in Conseil d'Analyse économique, *Fiscalité et redistribution*, Paris, La Documentation française, 1998, pp.67-85.

CAUSSAT (L.), « Sécurité sociale : pour l'assurance », *Droit social*, 1994, n° 11, pp.902-907.

CELESTINE (E.), « Les incidences de la question préjudicielle de constitutionnalité sur les droits sociaux constitutionnels », Participation au VIIe Congrès français de droit constitutionnel, Paris, 25, 26 et 27 septembre 2008, 18 p.

CHAMINADE (A.), « La notion d'obligation de service public en droit communautaire », *JCP G*, n° 43-44, 2006, doctr. 182.

CHANTEBOUT (B.), « 1958-1998 : Est-ce encore la même Constitution ? », *Dalloz*, 1999, pp.115-119.

CHAPON (S.), « L'Europe sociale : quelle réalité aujourd'hui ? », *RMCUE*, 2004, pp.253-263.

CHARLIER (R.E.), « La technique de notre droit public est-elle appropriée à sa fonction ? », *ECDE*, 1951, pp.32-63.

CHASSAGNARD-PINET (S.), « La globalisation, facteur de densification normative », in THIBIERGE (C.), et alii, *La densification normative, Découverte d'un processus*, Paris, Mare et Martin, 2013, pp.155-171.

CHAUCHARD (J.-P.), « Variations sur les droits sociaux », *Droit social*, 2010, n° 9-10, pp.947-953.

CHAUCHARD (J.-P.), **FRIOT** (B.), « Faut-il couper le cordon entre travail et protection sociale ? », *Revue de droit du travail*, 2011, pp.677-681.

CHAUCHIS (D.), « Formes et procédures : un gage d'efficacité des actions menées par les organismes sociaux », *Regards,* n° 47, mars 2015, pp.213-222.

CHAZAL (J.-P.), « Réflexions épistémologiques sur le droit commun et les droits spéciaux », in *Études de droit de la consommation : liber amicorum Jean Calais-Auloy*, Paris, Dalloz, 2003, pp.279-309.

CHEMILLIER-GENDREAU (M.), « Finances publiques et santé publique », in *Études de finances publiques*, Mélanges en l'honneur de Paul Marie Gaudemet, Paris, Economica, 1984, pp.359-373.

CHEVALLIER (J.) :

- « Essai sur la notion juridique de service public », *Publications de la faculté de droit d'Amiens*, n° 7, 1976, pp.136-161.
- « Le service public : regards sur une évolution », *AJDA*, 1997, n° 6, pp.8-15.

CHEVAUDEZ (B.), « La crise et les règles françaises de gouvernance des finances publiques », *Revue de l'OFCE*, 2011, n° 116, pp.292-312.

CHRÉTIEN (M.), « Réflexions sur la dualité juridictionnelle en matière fiscale », Mélanges offert à Marcel Waline, *Le juge et le droit public,*, Vol. 1, Paris, Librairie générale de droit et de jurisprudence, 1974, pp.115-126.

COLEU (D.), **COURSIER** (P.), « Tourmente et dérives en matière de droit des cotisations – Vers une déconstruction du droit des cotisants ? », *Droit social*, 2009, n° 1, pp.81-87.

COLLET (M.) :

- « Constitution et Prélèvements obligatoires », *Petites affiches*, 22 janvier 2009, n° 16, pp.58-67.
- « Le Conseil constitutionnel et la distinction des impôts et des cotisations sociales », *Droit fiscal*, n°40, 2014, pp.8-14.

COLLOMBET (C.), « Focus – La fiscalité familiale en Europe », *Informations sociales*, 2013, n° 175, pp.114-118.

COLLOMBET (C.), **HILTUNEN** (A.), « Les systèmes de protection sociale européens face à la crise : entre ajustements paramétriques et mutations structurelles », *Informations sociales*, 2013, n° 6, pp.72-81.

COLOMBET (H.), « Le rescrit et la participation des usagers à la production de la doctrine administrative », *JCP G*, n° 5, 1 février 2016, pp.236-241.

COMBREXELLE (J.-D.), « De la négociation collective aux réformes des représentativités syndicale et patronale », *JCP G*, 2015, n° 8, doctr. 235, pp.379-387.

CONAN (M.), « Gaston JÈZE et l'utilité de la dépense publique – L'élaboration d'une théorie générale des dépenses publiques », *La Revue du Trésor*, n° 2, 2008, pp.159-165.

CONSEIL CONSTITUTIONNEL :

- Compte rendu de la séance du 28 décembre 1990.
- Commentaire de la décision n° 2012-659 DC du 13 décembre 2012, *Loi de financement de la Sécurité sociale pour 2013.*
- Commentaire sur la décision n° 2013-672 DC, 13 juin 2013, *Loi relative à la sécurisation de l'emploi.*
- Commentaire de la décision n° 2014-698 DC du 6 août 2014, *Loi de financement rectificative de la sécurité sociale pour 2014.*

COOSEMANS (T.), « Le Parlement européen et la politique sociale de l'Union européenne. », *Courrier hebdomadaire du CRISP,* 2001, n° 1718, pp.5-52.

CORNILLEAU (G.), **DEBRAND** (T.), « Crise et déficit de l'assurance maladie. Faut-il changer de paradigme », *Revue de l'OFCE,* 2011/1, n° 116, pp.315-332.

CORNU (G.), « Les définitions dans la loi », in *Mélanges dédiés à Jean Vincent*, Paris, Dalloz, 1981, pp.77-92.

COSTA (J.-P.), « Principes fondamentaux, principes généraux, principes à valeur constitutionnelle », in *Conseil constitutionnel et Conseil d'Etat – Colloque des 21 et 22 janvier 1988 au Sénat*, Paris, LGDJ – Montchrestien, 1988, pp.133-144.

COUDREAU (D.), « Prélèvements sociaux », Droit social , 1990, n° 3, pp.271-298.

COURSIER (P.), « De la "sécurisation juridique" des relations avec les Urssaf », *Gazette du Palais*, 12/06/2010, n° 163, pp.21-25.

COZIAN (M.), **TROTABAS** (L.), « Propos désobligeants sur une "tarte à la crème" : l'autonomie et le réalisme du droit fiscal », *Droit fiscal*, 1999, n° 13, pp.530 à 535.

- D -

D'ONGHIA (M.), « La justice constitutionnelle italienne en matière de protection sociale et le principe de l'équilibre financier », *Revue française des affaires sociales*, 2001, n° 2, pp.193-210.

DARRIETORT (J.-P.), « Spécificité du procès fiscal : état des lieux », in *Mélanges en l'honneur du Professeur Christian Louit*, Bruxelles, Bruylant, 2015, pp.271-277.

DAUGAREILH (I.) :

- « L'impact des espaces sur les liens et les droits », in Mélanges en l'honneur de Jean-Pierre Laborde, *Des liens et des droits*, Paris, Dalloz, 2015, pp.75-85.
- « Le paiement de la contribution sociale généralisée et de la contribution pour le remboursement de la dette sociale au regard du droit communautaire et du principe de non-discrimination - Note sous chambre sociale de la Cour de cassation, 15 juin 2000, *Jean-Pierre Bozon c/ URSSAF de Saône-et-Loire* », *RDSS*, 2000, n° 4, pp.871-879.

DAUXERRE (L.), « La nature juridique de la CSG : une lueur dans l'obscurité ? », *JCP S*, 2012, n° 30, pp.37-39.

DAVID (C.), « Administration et citoyens face aux prélèvements obligatoires », *Droit social*, 2001, n° 12, pp.1072-1081.

DE CORAIL (J.-L.), « L'approche fonctionnelle du service public : sa réalité et ses limites », *AJDA*, 1997, n° 6, pp.20-28.

De CROUY-CHANEL (E.) :

- « Le Conseil constitutionnel mobilise-t-il d'autres principes constitutionnels que l'égalité en matière fiscale ? », *Nouv. Cah. CC*, n° 33, 2011, pp.15-26.
- « Le consentement de l'impôt », *Pouvoirs*, 2014, n° 151, pp.5-14.

De LA MARDIÈRE (C.) :

- « L'impôt confiscatoire enfin sanctionné », *Constitutions*, 2013, pp.86-87.
- « Pour tenter d'en finir avec l'autonomie et le réalisme du droit fiscal, Écrits de fiscalité des entreprises », in *Écrits de fiscalité des entreprises*, Études à la mémoire du professeur Maurice Cozian, Paris, LexisNexis, 2009, pp.137-144.

De LA TAILLE (G.), « Le principe constitutionnel de proportionnalité de l'impôt aux capacités contributives s'applique-t-il aux intérêts de retard et aux majorations pour mauvaise foi ? », *JCP E* n° 31-34, 31 Juillet 2014, pp.56-58 ; *Droit fiscal* n° 28, 10 Juillet 2014, comm. 439, pp.48-50.

De MONTECLER (M.-C.), « La loi inconventionnelle, l'erreur du juge et le lien de causalité », *Dalloz Actualité*, 15 octobre 2015.

De VILLEPIN (R.), « Vingt ans de finances publiques », *Économie et statistique*, n° 139, Décision 1981, pp.57-72.

DEBBASCH (C.), « L'influence du processus d'intégration communautaire sur les administrations nationales », in Mélanges en l'hommage de Jean Boulouis, *L'Europe et le droit*, Paris, Dalloz, 1991, pp.111-137.

DEBRÉ (R.), « Santé publique et Sécurité sociale », *Population*, 2e année, 1947, n° 4, pp.641-646.

DECOUT-PAOLINI (R.), « La loi inconventionnelle, l'erreur du juge et le lien de causalité », *AJDA*, 2015, pp.2227-2231.

DEGUERGUE (M.), « De quelques difficultés de la notion de service social », *AJDA*, 2008, pp.179-184.

DEL SOL (M.), « Échanges d'informations entre acteurs de la lutte contre la fraude », *Droit social*, 2014, n° 11, pp.911-917.

DELATOUR (A.), *Impôt*, in SAY (L.), *Dictionnaire des finances* – t.II. – E - Z, Paris, Berger-Levrault, 1894, pp.361-374.

DENQUIN (J.-M.), « L'objet du droit constitutionnel : État, Constitution, Démocratie », in TROPER (M.), CHAGNOLLAUD (D.) (dir.), *Traité international de droit constitutionnel –Théorie de la Constitution*, t.1, Paris, Dalloz, 2012, pp.40-65.

DERUE (A.) :

- « L'abus de droit en matière de cotisations et prélèvements sociaux », *Droit social*, 2009, n° 3, pp.339-342.
- « Les rescrits en droit de la sécurité sociale », *Droit social*, 2007, n° 9-10, pp.1008-1014.
- « La procédure de contrôle URSSAF et le respect du contradictoire », *Regards*, n° 47, mars 2015, pp.213-222.

DESMONS (E.), « Droit privé, droit public » in ALLAN (D.), RIALS (S.) (dir.), *Dictionnaire de la culture juridique*, PUF, Paris, 2003, pp.520-525.

DESWARTE (M.-P.), « Droits sociaux et Etat de droit », *RDP*, n° 4, 1995, pp.951-985.

DIARRA (E.), « Les politiques fiscales en France », *RFFP*, n° 129, 2015, pp.249-266

DIDIER (P.), « La notion de concurrence fiscale », in *L'impôt*, *Archives de philosophie du droit*, t.46, Paris, Dalloz, 2002, pp.103-115.

DISANT (M.), « La nature de la CSG rentre dans l'ordre constitutionnel », *Constitutions*, 2013, n° 1, pp.55-58.

DØLVIK (J. E.), « Le modèle nordique en période de crise : est-il toujours capable de s'adapter ? », *Revue française des affaires sociales*, 2016, n° 1, pp.111-139.

DONNADIEU (R.), « Droit public et droit social en matière de Sécurité sociale », *Droit social*, 1991, n° 6, pp.231-240.

DONNY (A.), « Le Conseil des prélèvements obligatoires : un changement dans la continuité », *Droit fiscal*, n° 23, 2005, comm.459, pp.982-985.

DOUAT (É.) :

- « Contre le principe de sincérité budgétaire », *RFFP*, n° 111, 2010, pp.151-156.
- Fasc. 1461 : Droit constitutionnel financier, *JurisClasseur Administratif*, 2014.

DOUAY (M.), « Contentieux du recouvrement : l'unification des conditions de recevabilité des moyens de l'opposition à poursuites », *Droit fiscal*, n° 49, 2011, act. 370, pp.3-5.

DREYFUS (M.), « L'émergence tardive des assurances sociales en Europe », in Les assurance sociales en Europe, Rennes, Presses universitaires de Rennes, 2009, pp. 79-128.

DREZET (V) :

- « Quelle redistribution fiscalo-sociale ? », *L'économie politique*, 2010, n° 47, pp.32-37.
- « Pour l'impôt. Mieux d'impôt, voilà l'enjeu ! », *Pouvoirs,* 2014, n° 151, pp.35-45.
- « L'impôt, les riches, la crise et la justice fiscale … », *Mouvements*, 2010, n° 64, pp.43-50.

DRIGUEZ (L.), **RODRIGUES** (S.), « Services sociaux d'intérêt général et droit communautaire », *AJDA*, 2008, n° 4, pp.191-197.

DUARTE (B.), « La loi organique du 2 août 2005 ou la revalorisation du rôle du Parlement en matière de lois de financement de la Sécurité sociale », *Droit social*, 2006, n° 5, pp.522-532.

DUCROS (J.-C.), « Le modèle fiscal du civisme », *RFFP*, n° 56, 1996, pp.129-147.

DUFOUR (A.-C.) :

- « L'affectation des prélèvements sociaux sur les revenus du capital au financement de prestations sociales non contributives », *RDSS*, 2016, n° 2, pp.348-367.
- « Les nouvelles ressources à l'étude pour équilibrer les comptes sociaux en France », *Revue française d'administration publique*, 2012, n° 144, pp.1061-1070.
- « LFSS et système de santé. Les lois de financement de la Sécurité sociale à l'épreuve du Pacte budgétaire », *RFFP*, 2014, n° 128, pp.201-2013.

DUFOURCQ (N.) :

- « Démocratie sociale et Sécurité sociale », *Droit social*, 1994, n° 12, pp.1008-1015.
- « Sécurité sociale : le mythe de l'assurance », *Droit social*, 1994, n° 3, pp.291-297.

DUMONT (A.), « Impositions affectées et justice fiscale », *RFFP*, n° 123, 2013, pp.151-154.

DUMONT (D.), « Un regard européen sur l'État-providence américain », *Revue belge de sécurité sociale*, 55 année, 2013, n° 3, pp.403-448.

DUPEYROUX (J.-J.), « Libres propos sur les cotisations », *Droit social*, 1993, n° 6, pp.509-515.

DUPRAT (J.-P.) :

- « Démocratie et solidarité », in Mélanges en l'honneur de Jean-Pierre Laborde, *Des liens et des droits*, Paris, Dalloz, 2015, pp.311-320.
- « Globalisation des finances publiques et Constitution », in Mélanges en l'honneur de Robert HERTZOG, Paris, Economica, 2011, pp.143-160.

DUPUIS (J.-M.) :

- « Le financement de la protection sociale en France : 45 ans de projets de réforme », *Droit Social,* 1992, n° 2, pp.100-107.
- « Les enjeux du financement de la protection sociale », *Droit social*, 1995, n° 6, pp.619-626.

DUSSART (M-L.), « Les choix des politiques fiscales du législateur, l'égalité devant les charges publiques et le pouvoir d'appréciation du juge constitutionnel », *RDP*, n° 4, 2010, pp.1003-1025.

DUTHEILLET DE LAMOTHE (O.), « Les principes de la jurisprudence du Conseil constitutionnel en matière sociale », *Nouv. Cah. CC*, 2014, n° 45, pp.7-20.

- E -

ECKERT (C.), « Le contrôle de la dette publique par le Parlement : un enjeu politique devenu majeur », *RFFP*, n° 123, 2013, pp.3-19.

ECKERT (G.) :

- « Le financement du service public », in Association française pour la recherche en droit administratif (dir.), *Le service public*, Paris, Dalloz, 2014, pp.177-192.
- « Les modes de financement du service public dans l'environnement concurrentiel », in *Service public et communauté européenne : entre l'intérêt général et le marché*, Actes du colloque de Strasbourg du 17-19 octobre 1996, 1998, t.II : Approche transversale et conclusions, pp.429-446.

ECONOMOU (C.), « L'impact de la crise financière et des mesures d'austérité sur l'état de santé des Grecs et le système de santé en Grèce », *Revue française des affaires sociales*, 2015, n° 3, pp.200-208.

EISENMANN (C.), « Droit public, droit privé (En marge d'un livre sur l'évolution du droit civil français du XIXe au XXe siècle) », *Revue du droit public et de la science politique*, 1952, pp.903-979.

ELBAUM (M.), « Protection sociale et solidarité en France - Évolutions et questions d'avenir », *Revue de l'OFCE*, 2007/3, n° 102, pp.559-622.

ESCLASSAN (M.-C.), « Le règlement des litiges fiscaux par l'administration en France », *RFFP*, n° 132, 2015, pp.105-118.

ESPUGLAS (P.) :

- « A propos de la décision du Conseil constitutionnel du 23 juillet 1996 : les télécommunications, un nouveau service public constitutionnel », *Revue administrative*, 1996, pp.510-514.
- « La constitutionnalisation du service public : un tigre de papier ? », *Revue administrative*, 1996, pp.162-165.

EUZÉBY (A.) :

- « Charges sociales », in PHILIP (L.), *Dictionnaire encyclopédique de finances publiques*, Economica, 1991, pp.284-289.
- « La contribution sociale généralisée (CSG) : justifications et perspectives », *Droit social*, 1991, n° 7-8, pp.644-650.
- « Les cotisations sociales en France : problèmes et perspectives », *Droit social*, 1987, n° 12, pp.864-873.
- « Modèle social européen : des défis à relever », *RMCUE*, 2005, pp.288-294.
- « Mondialisation de l'économie et concurrence fiscale : des menaces pour le modèle social européen », *RMCUE*, 2003, pp.310-316.
- « Protection sociale et justice sociale : quelques points de repère », *Droit social*, 2002, n° 9-10, pp.812-816.

- F -

FACAL (J.), « Quelques enjeux relatifs à la démocratie dans les sociétés occidentales développées », *Gestion*, 2007, Vol. 32, n° 4, pp.54-59.

FALCON Y TELLA (R.), « Ley tributaria sustantiva en la jurisprudencia constitucional », *Revista Española de Derecho Constitucional*, 1982, n° 5, pp.181-227.

FAVOREU (L.) :

- « Le droit constitutionnel, droit de la Constitution et constitution du droit », *RFDC*, 1990, n° 1, pp.71-89.
- « De la démocratie à l'État de droit », *Débats*, n° 64, mars-avril 1991, pp.154-158, repris dans l'ouvrage *La Constitution et son juge*, Paris, Economica, 2014, pp.7-11.
- « Dualité ou unité d'ordre juridique : Conseil constitutionnel et Conseil d'État participent-ils de deux ordres juridiques différents ? », Colloque Conseil constitutionnel et Conseil d'État, Sénat, Paris, 21-22 janvier 1988. Repris par FAVOREU (L.), *La Constitution et son juge*, Paris, Economica, 2014, pp.1049-1083.
- « L'influence de la jurisprudence du Conseil constitutionnel sur les diverses branches du droit », extrait de *Itinéraires : études en l'honneur de Léo Hamon*, Economica, 1982, pp.235-244. Repris

par FAVOREU (L.), *La Constitution et son juge*, Paris, Economica, 2014, pp.1039-1047.

- « La constitutionnalisation du droit », in *L'unité du droit, Mélanges en hommage à Roland Drago*, 1999, pp.25-42. Repris par FAVOREU (L.), *La Constitution et son juge*, Paris, Economica, 2014, pp.1085-1098.
- « Service public et Constitution », in *AJDA*, 20 juin 1997, n° spécial, pp.16-19. Repris par FAVOREU (L.), *La Constitution et son juge*, Paris, Economica, 2014, pp.799-805.
- « Mythes et réalités », Rapport introductif au Colloque *Le domaine de la loi et du règlement, l'application des articles 34 et 37 de la Constitution*, Aix-en-Provence, 2-3 décembre 1977. Repris par FAVOREU (L.), *La Constitution et son juge*, Paris, Economica, 2014, pp.471-481.
- « La loi », *in* Association Française des Constitutionnalistes, *La continuité constitutionnelle en France de 1789 à 1989*, Colloque des 16-17 mars 1989, Paris, Economica-PUAM, 1990, pp.79-101.

FAYE (A.), « L'unité du droit public dans l'œuvre du doyen Vedel », *RFDA*, 2016, pp.398-408.

FERRAS (B), **HERBAUX** (V.), « Comparaison des procédures de recouvrement de l'Administration Fiscale et de la Sécurité sociale : Quels enseignements possibles pour le réseau URSSAF ? », *Regards*, n° 23, 2003, pp.179-226.

FERRAS (B.) :

- « Cotisations sociales, impôts et démocratie », in BOUVIER (M.) (dir.), *Réforme des finances publiques, Démocratie et bonne gouvernance*, Paris, LGDJ, 2004, pp.263-273.
- « Les finances sociales : un système financier sui generis, une gouvernance financière en construction ? », in BOUVIER (M.) (dir.), *Réforme des finances publiques : la conduite du changement*, Paris, LGDJ, 2007, pp.263-274.

FERRAS (B.), **MATT** (J.-L.), « La question du financement », *Vie sociale*, n° 10, 2015, pp.131-149.

FILLON (J.-C.), « Coordination des systèmes de sécurité sociale dans l'Union européenne, 1 partie : Concept et champ d'application », *Bulletin Social*, 5/15.

FINES (F.), « L'atteinte aux droits fondamentaux était-elle le prix du sauvetage de la zone euro ? », *RDLF*, 2014, Chron. n° 20.

FLEURBAEY (M.), « Fiscalité, justice sociale et démocratie », *Cahiers français*, n° 343, 2008, pp.9-12.

FLÜCKIGER (Y.), « La crise financière, l'avenir du travail et leurs conséquences pour les assurances sociales », *Revue d'éthique et de théologie morale*, 2013, n° 276, pp.73-92.

FOUQUET (O.) :

- « Cotisations sociales, cotisations fiscales : même combat », *Droit social*, 2009, n° 3, pp.320-321.
- « La sécurité fiscale en question », *RFFP*, n° 133, 2016, pp.137-144.
- « Le Conseil constitutionnel et le principe d'égalité devant l'impôt », *Nouv. Cah. CC*, 2011/4, n° 33, pp.7-13.
- « Le règlement des litiges fiscaux par la juridiction administrative en France », *RFFP*, n° 132, 2015, pp.139-150.

FOURNIÉ (F.), « Les aspects financiers de la Constitution européenne », *RTD eur.*, 2005, pp.375-410.

FRAISSEIX (P.), « Le Parlement et la Sécurité sociale : la consolidation de ce couple par la révision constitutionnelle du 22 février 1996 », *RDP*, 1998, pp.745-780.

FRANÇOIS-LUBIN (B.), « La lutte contre la fraude aux prestations à l'épreuve du droit à l'aide sociale », *RDSS*, 2011, n° 1, pp.116-130.

FRANK (A.), « Quelle place pour la solidarité nationale », *RDSS*, 2015, n° 1, pp.68-74.

FRICERO (N.), « Procédure de contrôle du règlement de cotisations de sécurité sociale et procès équitable », *Dalloz*, 2005, n° 16, pp.1067-1068.

FROMENTIN (R.), « La gestion des caisses de Sécurité sociale par les partenaires sociaux est-elle possible ? », *Droit social*, 1993, n° 3, pp.307-315.

- G -

GABOR (B.), « Restructuration et interaction entre politiques sociales et fiscales nationales. Une réponse européenne au dumping social ? », *Revue internationale de droit économique*, 2008, n°2, pp.247-265.

GALLO (F.), « Justice sociale et justice fiscale », in *Regards critiques et perspectives sur le droit et la fiscalité*, Liber amicorum Cyrille DAVID, Paris, LGDJ, 2005, pp.11-27.

GARBAR (C.-A.) :

- « Les conventions d'objectifs et de gestion nouvel avatar du "contractualisme" », *Droit social*, 1997, n° 9-10, pp.816-821.
- « Nouvelles réflexions sur la consistance juridique des conventions d'objectifs et de gestion », *RDSS*, 2004, n° 4, pp.946-953.

GARIAZZO (O.), « Article 40 », in LUCHAIRE (F.), CONAC (G.), PRÉTOT (X.), *La Constitution de la République française*, Paris, Economica, 2009, 3 éd., pp.1009-1025.

GATINEAU (J.-J.), « De la sécurité juridique en droit de la sécurité sociale », *Droit social*, 2009, n° 3, pp.332-338.

GAUDEMET (P. M.) :

- « Finances sociales », in PHILIP (L.), *Dictionnaire encyclopédique de finances publiques*, t.1, Paris, Economica, 1991, p.815.
- « La fiscalisation des prélèvements sociaux », *Revue internationale de droit comparé*, 1986, Vol. 38, n° 2, pp.705-734.
- « Les protections constitutionnelles et légales contre les impositions confiscatoires », *Revue internationale de droit comparé*, 1990, Vol.42, n° 2, pp.805-813.
- « Réflexions sur le principe d'égalité devant les charges publiques – Grandeur et misères d'un principe », in *Mélanges Stassinopoulos*, Athènes, 1974, pp.337-346.
- « Réflexions sur les rapports du juge et du fisc », Mélanges offert à Marcel Waline, *Le juge et le droit public,*, Vol. 1, Paris, Librairie générale de droit et de jurisprudence, 1974, pp.127-138.

GAUDEMET (Y.), « Heurs et malheurs du quotient familial », *Revue juridique de l'économie publique*, 2013, n° 707, pp.1-2.

GAUDEMET-TALLON (H.), « Droit privé et droit communautaire : quelques réflexions », *RMCUE*, 2000, pp.228-242.

GAURIAU (B.), « Les transformations du droit syndical », *JCP S*, 2015, n° 26, comm.1239.

GAUTHIER (M.), « La modernisation de la gestion et du calcul de l'impôt est-elle un facteur d'amélioration du civisme fiscal ? », *RFFP*, n° 112, 2010, pp.13-24.

GAY (L.) :

- « Le Conseil constitutionnel et les droits à prestations sociales », *AJDA*, 2003, pp.448-451.
- « La notion de "droits-créances" à l'épreuve du contrôle de constitutionnalité », *Nouv. Cah. CC*, n° 16, 2004, pp.148-154.
- « Les droits sociaux constitutionnels en France : particularisme ou "normalisation" ? » in GAY (L.), MAZUYER (E.), NAZET-ALLOUCHE (D.) (dir.), *Les droits sociaux fondamentaux. Entre droits nationaux et droit européen*, Bruxelles, Bruylant, 2006, pp.75-115.

GAY (L.), **MANGIAVILLANO** (A.), « Droit constitutionnel », *Dalloz*, 2015, pp.1457-1465.

GEFFROY (J.-B.) :

- « Aux risques d'une révolution fiscale : la fusion entre la CSG et l'impôt sur le revenu », *RFFP*, n° 118, 2012, pp.107-128.
- « Impôt » in *Dictionnaire de la culture juridique*, ALLAND (D.), RIALS (S.), (dir.) Quadrige, Lamy-PUF, 2003, pp.805-813.

GENEVOIS (B.) :

- « La jurisprudence du Conseil constitutionnel en 1986 », *AIJC*, 1986, pp.411-466.
- « L'application du droit communautaire par le Conseil d'État », *RFDA*, 2009, pp.201-213.

GÉNY (F.), « Le particularisme du droit fiscal », *Revue trimestrielle de droit civil*, 1931, pp.797-833, rééd. in *Mélanges R. Carré de Malberg*, Paris, Sirey, 1933, pp.193-230.

GEST (G.) :

- « Dualité de juridiction et unité du droit fiscal », *RFDA*, 1990, pp.822-841.
- « Les évolutions du rescrit », *RFFP*, 2010, n° 112, pp.91-99.

GETTING (A.), « Le recouvrement des cotisations de sécurité sociale », *Droit social*, 1951, n° 7, pp.482-488.

GILBERT (G.), « Les vicissitudes du principe de l'unité budgétaire », AJDA, 1990, n° 7-8, pp.499-518.

GILLET (R.), **WAGNER** (Y.), « Les phénomènes de globalisation », *Reflets et perspectives de la vie économique*, 2002/1, t.XLI, pp.115-130.

GINON (A.-S.), « Dossier - Les transformations de la Sécurité sociale : question de droits ou du droit ? », *RDSS*, 2016, n° 1, pp.80-89.

GIRERD (P.), « Les principes d'équivalence et d'effectivité : encadrement ou désencadrement de l'autonomie procédurale des États membres ? », *RTD eur.*, 2002, n° 1, pp.75-102.

GIRO (P.), « Egalite devant la loi », in DUHAMEL (O.) et MENY (Y.), *Dictionnaire constitutionnel*, Paris, PUF, 1992, pp.360-366.

GLAUDE (M.), « L'originalité du système du quotient familial », *Économies et statistique*, 1991, Vol.248, pp.51-67.

GOBALRAJA (N.) et **BÉNASSY-QUÉRÉ** (A.), « L'harmonisation fiscale en Europe », *Revue d'économie financière*, 2007, Vol.89, n° 3, pp.89-100.

GODBOUT (L.), **ST-CERNY** (S.), « Déchiffrer la justice fiscale », *RFFP*, n° 124, 2013, pp.51-59.

GODINEAU (F.), **LENIERE** (L.), « Maintenir la performance du service public de la sécurité sociale dans un contexte de crise », *RFFP*, n° 115, 2011, pp.103-113.

GORLA (G.), « La "communis opino totius orbis" .7 et la réception jurisprudentielle du droit au cours des XVIe, XVIIe et XVIIIe siècles dans la "Civil Law" et la "Common Law" », in CAPPELLETTI (M.) (dir.), *Nouvelles perspectives d'un droit commun de l'Europe*, Leyden-Londres-Boston, Ed. Sijthoff, Bruxelles, Ed. Bruylant, Stuttgart, Ed. Klett-Cotta, Firenze, Ed. Le Monnier, 1978, pp.45-71.

GRAZIANO (P.) et **HARTLAPP** (M.), « La fin de l'Europe sociale ? Évaluation du rôle des changements politiques et organisationnels au sein du système politique de l'Union européenne », *Revue française des affaires sociales,* 2015, n° 3, pp.89-114.

GREWE C., « Les conflits de norme entre droit communautaire et droits nationaux en matière de droits fondamentaux », in *L'union européenne et les droits fondamentaux*, Bruylant, Bruxelles, 1999, pp.54-73.

GUILLIEN (R.), « Droit public et droit privé », in *Mélanges offerts à Jean Brethe de La Gressaye*, Bordeaux, éd. Bière, 1967, pp.311-323.

GUINARD (D.), « Réflexions actuelles sur la notion de service public », *Regards croisés sur l'économie*, 2007, n° 2, pp.36-43.

GUTMANN (D.), « Du droit à la philosophie de l'impôt », in *L'impôt, Archives de philosophie du droit*, t.46, Paris, Dalloz, 2002, pp.7-13.

- H -

HAÏM (V.), « L'article L.80A du LPF est-il inconstitutionnel ? », *Droit fiscal*, 1995, n° 12, pp.549-552.

HAMDOUNI (S.), « La Communauté européenne face à l'harmonisation des règles nationales de procédure fiscale », *RFFP*, n° 56, 1996, pp.149-169.

HAMON (L.), *Dalloz*, 1962, Jur., pp.177-181.

HÉDÉRER (J.), « La Cour de cassation et les réflexions sur la simplification de la répartition des compétences des juridictions sociales », *Regards*, n° 47, 2015, pp.33-42.

HENAO PÉREZ (J. C.), « La Cour constitutionnelle colombienne, son système de contrôle de constitutionnalité et les évolutions jurisprudentielles récentes », *Nouv. Cah. CC*, n° 34, 2012, pp.205-212.

HENNEBEL (L.), « Les droits de l'Homme dans les théories du droit global », in CHEROT (J.-Y.) et FRYDMAN (B.) (dir.), *La science du droit dans la globalisation*, Bruxelles, Bruylant, 2012, pp.140-165.

HENNION (S.) :

- « Service public de santé et droit européen », *RDSS*, 2013, n° 1, pp.45-57.
- « Services d'intérêt général, santé, et droit de l'Union européenne », *RDSS*, 2010, pp.993-10030

HERNANDEZ DE COS (P.), **PÉREZ** (J.-J.), « La nueva ley de estabilidad presupuestaria », *Boletín económico*, 2013, Banco de España, pp.65-78.

HERRERA (C. M.), « Le concept de droits sociaux fondamentaux dans la mondialisation », in CHEROT (J.-Y.) et FRYDMAN (B.) (dir.), *La science du droit dans la globalisation*, Bruxelles, Bruylant, 2012, pp.166-181.

HERTZOG (R.) :

- « Le ménage à trois : État, collectivités locales et sécurité sociale, ou pourquoi l'autonomie fiscale des collectivités locales ne progressera pas », *Annuaire des collectivités locales*, t.22, 2002, pp.61-74.

- « La programmation pluriannuelle des finances publiques : un exercice nécessaire, une loi de trop ? », in Mélanges en l'honneur de Pierre Beltrame, Aix-en Provence, PUAM, 2010, pp.223-242.
- « Quelques aspects de la loi organique relative aux lois de finances dans ses rapports avec le système administratif », *AJDA*, 2006, pp.531-538.

HEYER (E.), « Fiscalité des entreprises en France. Un état des lieux et quatre propositions », *Revue de l'OFCE*, 2015/3 (N° 139), pp.89-127.

- J – K -

J. EVRIGENIS (D.), « Le rôle de la convention européenne des droits de l'homme », in CAPPELLETTI (M.) (dir.), *Nouvelles perspectives d'un droit commun de l'Europe*, Leyden-Londres-Boston, Ed. Sijthoff, Bruxelles, Ed. Bruylant, Stuttgart, Ed. Klett-Cotta, Firenze, Ed. Le Monnier, 1978, pp.341-357.

JARLOT (G.), « La genèse du catholicisme social après les lettres de La Tour du Pin à Louis Milcent », *Mélange Jean Brèthe de la Gressaye*, 1967, Éditions Bière, Bordeaux, pp.331-345.

JEAN-ANTOINE (B.), « Les politiques fiscales en Allemagne », *RFFP*, n° 119, 2015, pp.233-347.

JEANJEAN (P.), « Incidence des cotisations sociales dans une économie en croissance », *Revue économique*, Volume 28, n° 5, 1977. pp.765-792.

JÈZE (G.) :

- « Exposé critique d'une théorie en faveur a Conseil d'État sur la classification des recours contentieux en recours en annulation et recours de pleine juridiction », *RDP*, 1908, pp.671-682.
- « Le remboursement de la dette publique en France (suite) », *Rev. Science et Lég. Fin.*, 1926, pp.403-438.

JOUBERT (A.), « L'assiette des cotisations sociales », *Droit social*, 1993, n° 6, pp.528-534.

JOUJOUAN (O.), « Histoire de la science du droit constitutionnel », in TROPER (M.), CHAGNOLLAUD (D.) (dir.), *Traité international de* *droit constitutionnel –Théorie de la Constitution*, t.1, Paris, Dalloz, 2012, pp.70-111.

JOYE (J.-F.), « Les vicissitudes du principe de sincérité », *JCP G*, n° 12, 18 mars 2009, I 126, pp.33-38.

JULIENNE (K.), **LELIÈVRE** (M.), « L'évolution du financement de la protection sociale à l'aune des expériences britannique, française et danoise », *Revue française des affaires sociales*, 2004, n° 3, pp.87-111.

KABYLO (M.), « La loi de financement des collectivités territoriales : une loi possible et surtout nécessaire », *RFFP*, n° 134, 2016, pp.143-150.

KALOUDAS (C.), « La conception française du service public à l'épreuve de l'Union européenne », *Revue de l'UE*, 2013, pp.156-181.

KERSCHEN (N.) :

- « L'influence du rapport Beveridge sur le plan français de sécurité sociale de 1945 », *Revue française de science politique*, 45e année, n° 4, 1995, pp.570-595.
- « Vers une individualisation des droits sociaux : approche européenne et modèles nationaux », *Droit social*, 2003, n° 2, pp.216-223.

KESSLER (F.) :

- « CSG. CRDS contribution pour le remboursement de la dette sociale. Travailleurs migrants. Règlement (CEE) n° 1408/71. Convention fiscale bilatérale préventive de la double imposition », *Droit social*, 2008, pp.886-888.
- « L'émergence (trop tardive ?) de la notion de régime de protection sociale complémentaire. Note sous Soc., 11 février 2015, n° 13-26.015 et 13-26.016, 14-12.167, 14-13.538 », *RDSS*, 2015, p.355 pp.352-363.
- « L'Europe sociale oubliée : l'activité du Conseil de l'Europe dans le domaine de la protection sociale », *RDSS*, 2007, pp.197-203.
- « Réflexions sur les mutations récentes du droit de la protection sociale », *RDSS*, 2005, n° 4, pp.619-632.
- « Revenus minima sociaux en Europe : esquisse à partir d'évolutions législatives », *Regards*, n° 38, EN3S, 2010, pp.82-95.

KLEIN (O.), « Les réformes structurelles sont difficiles, mais indispensables », Le Monde, 20-03-2014.

KNETSCH (J.), « La solidarité nationale, genèse et signification d'une notion juridique », *Revue française des affaires sociales*, n° 1-2, 2014, pp.33-44.

KOUKIADAKI (A.), « La crise économique et les droits collectifs des travailleurs en Europe », *Revue française des affaires sociales*, 2015, n° 3, pp.53-73.

- L -

LABORDE (J.-P.) :

- « A propos de la question de la nature juridique de la contribution sociale généralisée. Bref commentaire de l'arrêt rendu par la chambre sociale de la Cour de cassation le 31 mai 2012 (Société Esso et Société Esso raffinage c./ Kalfon et Pôle Emploi », *Politeia*, 2013, pp.47-59.
- « La solidarité, entre adhésion et affiliation », in SUPIOT (A.) (dir.), *La solidarité. Enquête sur un principe juridique*, Paris, Odile Jacob, Coll. Collège de France, 2015, pp.109-123.

LADOUX (L.) :

- « Garantie contre les changements de doctrine : vademecum », *LNF*, 2010, n° 1055, pp.4-7.
- « Le rescrit : une procédure au service de la sécurité juridique et du civisme fiscal », *LNF*, 2010, n° 1046, pp.25-29.

LAFORE (R.) :

- « L'égalité en matière de sécurité sociale », *RDSS*, 2013, n° 3, pp.379-391.
- « La juridicisation des problèmes sociaux : la construction juridique de la protection sociale », *Informations sociales*, n° 157, 2010, pp.18-27.

LAGRAVE (M.), « Assurance et solidarité dans la Sécurité sociale », *Droit social*, 1996, n° 5, pp.502-505.

LAIGRE (P.), « Les organismes de sécurité sociale sont-ils des entreprises ? », *Droit social*, 1993, n° 5, pp.488-493.

LALUMIÈRE (P.), « Le déclin du rôle financier des parlements en Europe occidentale », *Mélange J. Brèthe de la Gressaye*, 1967, Éditions Bière, Bordeaux, pp.405-421.

LAMBERT (A.), « Une loi de financement des collectivités territoriales : un projet qui répond à l'intérêt général », *RFFP*, n° 134, 2016, pp.129-134

LAMBERT (T.) :

- « Droit public financier et droit fiscal : une famille à recomposer », *RFFP*, n° 133, 2016, pp.111-120.
- « La sécurité du contribuable vis-à-vis de l'administration », in BUISSON (J.) (dir.), *La sécurité fiscale*, L'Harmattan, Paris, 2011, pp.157-177.

LAMY (P.), « L'Union européenne, laboratoire de la globalisation maîtrisée », *Reflets et perspectives de la vie économique*, 2002/2, t.XLI, pp.9-26.

LAMY (P.), **SUTTER** (G.), « Article 40 », in CAMBY (J.-P.), *La réforme du budget de l'État*, Paris, LGDJ, Coll. Systèmes, 3 éd., 2011, pp.295-309.

LANDBECK (D.), « La notion de sincérité en finances publiques », *RFDA*, 2002, n° 4, pp.798-806.

LANGLOIS (P.), « Finances sociales et démocratie sociale », in PHILIP (L.) (dir.), *Les finances sociales, Unité ou diversité. Aspects administratif, constitutionnel, économique et financier*, Paris, Economica, 1995, pp.169-171.

LARBRE (D.), « Le caractère confiscatoire de l'impôt », *Droit fiscal*, 2012, n° 20, comm.291, pp.14-22.

LARIVIÈRE (L.), « Comment formuler une définition terminologique ? » *Meta,* Vol.41, n° 3, 1996, pp.405-418.

LAROQUE (M.) :

- « Coordination et convergence des systèmes de Sécurité sociale des États membres de la CEE », *Droit social*, 1993, pp.792-800.
- « L'administration de l'État providence », *Pouvoirs*, n° 94, 2000, pp.59-73.
- « L'évolution des structures de gestion de la Sécurité sociale », *Droit Social*, 1994, n° 11, pp.908-917

LAROQUE (P.) :

- « De l'assurance sociale à la sécurité sociale : l'expérience française », *Revue internationale du travail*, 1948, n°6, p.567.
- « 40 ans de Sécurité sociale », *Bulletin d'information,* n° 14, janvier 1986.
- « Contentieux social et juridiction sociale », *Droit social*, 1954, pp.272-280.
- « Contentieux social et juridiction sociale », *ECDE*, 1953, pp.23-34.
- « Quarante ans de sécurité sociale », *Revue française des affaires sociales,* 1985, n° 3.

LASCOMBE (M.), « Le Parlement et les finances sociales : l'échec relatif des lois de financement de la Sécurité sociale », RDSS, 2004, pp.638-647.

LASCOMBE (M.), **VANDENDRIESSCHE** (X.), « La loi organique relative aux lois de finances (LOLF) et le contrôle des finances publiques », *Revue française d'administration publique*, 2006/1, n° 117, pp.131-148.

LASSALE (J.-P.), « Finances publiques et sciences sociales », *Revue française de finances publiques*, n° 41 (Finances publiques : questions clés pour demain), 1993, pp.233-238.

LASSERRE (R.), « La réforme de l'État social en Allemagne », *Regards sur l'économie allemande*, n° 100, 2011, pp.39-50.

LAURÉ (M.), « Pour une démarche scientifique plus ambitieuse en matière de finances publiques », *RFFP*, n° 51, 1995, pp.149-168.

LAVIGNE (P.), « La solidarité devant l'impôt », *Revue de science et de législation financières*, 1958, pp.66-79.

LE BELLEC (N.), « La tutelle de l'État sur les organismes nationaux du régime général de Sécurité sociale », *Droit social*, 1990, n° 5, pp.454-465.

LE BOS-LE POURHIET (A.-M.), « A propos de la bioéthique: la démocratie selon Ponce Pilate », *Pouvoirs*, n° 59, 1991, pp.159-175.

LE CORNEC UBERTINI (A.-H.), « La démocratie au risque de la représentation », in *Actes des 2èmes journées scientifiques euroméditerranéennes*, Palais Neptune, Toulon, 8-9 novembre 2007.

LE FISCHER (S.), « L'obligation d'affiliation des travailleurs indépendants aux régimes légaux de sécurité sociale est-elle conforme à la Constitution ? », *Droit social*, 2016, n° 1, pp.81-88.

LE LANN (Y.), « Les métamorphoses de la solidarité : statistiques des contraintes économiques de la protection sociale et émergence de la justice générationnelle », *Revue française des affaires sociales,* 2014, n° 1-2, pp.44-63.

LE TALLEC (G.), « La Cour de cassation et le droit communautaire », in Mélanges en l'hommage de Jean Boulouis, *L'Europe et le droit*, Paris, Dalloz, 1991, pp.363-373.

LEANDRI (N.), **MAURIN** (L.), « Quotient familial : une aide injustifiée aux plus aisés », Cahiers français, *La santé, quel bilan ?*, n° 369, 2012, pp.71-75.

LEBEN (C.), « Le Conseil constitutionnel et le principe d'égalité devant la loi », *RDP*, 1982, pp.295-334.

LEDOUX (C.), « L'Assurance dépendance allemande, une copie de l'Assurance maladie ? Des premiers débats aux réformes actuelles », *Revue française des affaires sociales,* 2015, n° 4, pp.83-106.

LEHMANN (E.), **L'HORTY** (Y.), « Renforcer la progressivité des prélèvements sociaux », *Revue française d'économie*, 2014, n° 1, pp.25-61.

LÉNA (M.), « Un bilan 2014 positif pour Tracfin », *AJ Pénal*, 2015, n° 5, pp.225-227.

LENORMAND (F.), « Étendue et diversité des finances sociales », in PHILIP (L.) (dir.), *Finances sociales : unité ou diversité*, Paris, Economica, Coll. Finances publiques, 1995, pp.15-26.

LEROUGE (G.), « Essai sur l'unification du contentieux fiscal », *Revue de science et législation financières*, 1938, pp.205-227.

LEROY (M.) :

- « Le discours antifiscal à l'épreuve de la sociologie fiscale », *RFFP*, n° 128, 2014, pp.241-275.
- « Les périmètres publics et privés des finances », *RFFP*, 2012, n° 120, pp.27-37.
- « Quelle convergence pour les politiques fiscales en Europe ? », *RMCUE*, 1995, n° 393, pp.669-684.

LESSI (J.), « Le juge administratif et la Sécurité sociale », *Regards*, n° 47, 2015, pp.43-52.

LEVADE (A.), « Principe de primauté : l'autonomie procédurale des États privilégiée », *Constitutions*, 2010, n° 1, pp.55-56.

LEVOYER (L.), « Les catégories de recettes et de dépenses publiques », in AUBY (J.-B.) (dir.), *L'influence du droit européen sur les catégories du droit public*, Paris, Dalloz, 2010, pp.851-862.

LHERNOULD (J.-P.) :

- « La coordination des régimes nationaux de sécurité sociale hors des règlements n° 1408/71 et n° 883/2004 : constat de faiblesse ou tremplin pour de nouvelles ambitions ? », *JCP S*, n° 41, 2009, comm.1449, pp.13-19.
- « Les entreprises face à la coordination européenne des régimes nationaux de Sécurité sociale : l'autre côté du miroir », *Droit social*, 2007, n° 2, pp.225-235.

L'HORTY (Y.), « L'Europe sociale n'existe pas », *Idées économiques et sociales*, 2008/4, n° 154, pp.18-23.

LIBAULT (D.) :

- « Crise et Sécurité sociale : problématique, enjeux et perspectives », *RFFP*, 2011, n°115, pp.3-16.
- « Le financement de la sécurité sociale après la contribution sociale généralisée », *Droit social*, 1992, n° 2, pp.108-114.
- « Réformer de l'intérieur la Sécurité sociale : les conventions d'objectifs et de gestion », *Droit social*, 1997, pp.800-804.

LIEB (J.-P.), **HEURTIER** (R.), « Propos introductif à la sécurité juridique en matière fiscale », in BUISSON (J.) (dir.), *La sécurité fiscale*, L'Harmattan, Paris, 2011, pp.13-36.

LIGNEAU (P.), « DRASS. Missions. Conventions d'objectifs et de gestion. Évaluation », *RDSS*, 1999, n° 1, p.171.

LONG (M.), « Service public et réalités économiques du XIXe siècle au droit communautaire », *RFDA*, 2001, n° 6, pp.1161-1168.

LOSAPPIO (P.), « Droit communautaire, droit national et régime fiscal : quelques illustrations pratiques », *Dalloz*, 1999, pp.134-138.

LUCHAIRE (F.) :

- « La sûreté : droit de l'homme ou sabre de M. Prudhomme ? », *RDP*, 1989, pp.609-364.
- « Les sources des compétences législatives et réglementaires », *AJDA*, 1979, n° 6, p.3
- « Un janus constitutionnel : l'égalité », *RDP*, 1986, pp.1229-1274.

- M -

MAITROT DE LA MOTTE (A.), « Les concepts fiscaux », in AUBY (J.-B.) (dir.), *L'influence du droit européen sur les catégories du droit public*, Paris, Dalloz, 2010, pp.863-877.

MANGIAVILLANO (A.), « Le caractère excessif de l'impôt », *RDP*, n° 1, 2014, pp.121-136.

MARAFFI (M.), "Book reviews : Pierpaolo Donati: Risposte alla crisi dello stato sociale. Milano: Angeli, 1984. 309 pp", *European Sociological Review*, Vol.1, n° 3, 1985, ppp. 253-254.

MARCHESSOU (P.), "Droit fiscal et pensée politique", in *Pensée politique et droit*, Association française des historiens des idées politiques, Actes du Colloque de Strasbourg (11-12 septembre 1997), Aix-en-Provence, Presses universitaires d'Aix-Marseille, 1998, pp.481-488.

MARGUÉNAUD (J.-P.), « Conclusion », in LE BOT (O.), *La sincérité en droit*, Bruxelles, Larcier, 2011, p.269-276.

MARGUENAUD (J.-P.), **MOULY** (J.), « Le Comité européen des droits sociaux face au principe de non régression en temps de crise économique », *Droit social*, 2013, n° 4, pp.339-344.

MARIE (E.), « Le Parlement et la Sécurité sociale », *Droit social*, 1992, n° 3, pp.284-294.

MARIÉ (R.) :

- « Vers un basculement du système de sécurité sociale dans le modèle beveridgien ? », *RDSS,* 2011, n° 4, pp.727-737.
- « Vers une résurgence des assurances sociales dans le champ de la couverture maladie », *Droit social*, 2015, n° 4, pp.367-373.

MARINI (P.), « Le Parlement français et la règle d'or des finances publiques », *Gestion et Finances publiques*, n° 1/2, 2015, pp.52-55.

MARTIN (A.), « Le droit et les valeurs dans la pensée de Léon Duguit », in *Mélanges en l'honneur de Dmitri Georges Lavroff – La Constitution et les valeurs*, Paris, Dalloz, 2005, p.455-470.

MARTIN (C.), « Faut-il une loi de financement des collectivités locales », *RFFP*, n° 134, 2016, pp.135-142.

MARTINACHE (I.), « Gosta Esping-Andersen, Bruno Palier, Trois leçons sur l'État-providence », *Lectures, Les comptes rendus*, 2008.

MASCLET de BARBARIN (M.), « Le caractère nécessairement prescriptible du pouvoir d'imposition de l'administration fiscale, première application positive du principe de sécurité juridique en droit fiscal », in *Mélanges en l'honneur du Professeur Christian Louit*, Bruxelles, Bruylant, 2015, pp.399-418.

MATHIEU (C.) et **STERDYNIAK** (H.), « Le modèle social européen et l'Europe sociale », *Revue de l'OFCE*, 2008, n° 106, pp.43-104.

MATT (J.-L.) :

- « Les lois de financement de la Sécurité sociale : vers une intégration dans le budget de l'État », in BOUVIER (M.) (dir.), *Réforme des finances publiques, Démocratie et bonne gouvernance*, Actes de la 1ère Université de printemps de Finances publiques du Groupement Européen de Recherches en Finances publiques (GERFIP), Paris, LGDJ, 2004, pp.251-257.
- « Notice 3 – La sécurité sociale : organisation et gouvernance », in DE MONTALEMBERT (M.) (dir.), *La protection sociale en France*, Paris, La documentation française, 6 éd., 2013, pp.41-52.
- « Quelle cohérence dans la réforme de la Sécurité sociale ? », in BOUVIER (M.) (dir.), *Réforme des finances publiques : la conduite du changement*, Paris, LGDJ, 2007, pp.275-282.

MATTELART (A.), « Vers une globalisation ? », *Réseaux*, 2000, Vol. 18, n° 100, pp.81-105.

MAZARS (M.-F.), « Le dualisme juridictionnel en 2005 », *AJDA*, 2005, pp.1777-1781.

MAZEROLLES (A.), « Le problème du financement des prestations familiales agricoles », *Revue de Science et Législation financières*, 1949, pp.46-56 et « Le budget annexe des prestations familiales agricoles », *Revue de Science et Législation financières*, 1949, pp.447-457.

MEHL (L.), « Le principe du consentement à l'impôt et autres prélèvements obligatoires, mythe et réalité », *RFFP*, 1995, n° 51, pp.65-79.

MEHREZ (F.), « Le rescrit social étendu à l'égalité professionnel et à l'obligation d'emploi de travailleurs handicapés », *Dalloz actualité*, 16 décembre 2015.

MESCHERIAKOFF (A.-S.), « Service public et marché, histoire d'un couple Ou vie et mort du service public à française », in Association française pour la recherche en droit administratif (dir.), *Le service public*, Paris, Dalloz, 2014, pp.3-17.

MICHEL (J.), « L'expérience française de la justice fiscale », *RFFP*, n° 124, 2013, pp.123-128.

MIGAUD (D.), « La règle d'or des finances publiques en Europe », *Gestion et Finances publiques*, n° 1/2, 2015, pp.6-13.

MITTERRAND (F.), « 40 anniversaire de la Sécurité sociale », *Droit social*, n° 11, 1985, pp.781-783.

MODERNE (F.) :

- « Sécurité juridique et sécurité financière », *RFDA*, 2006, n° 3, pp.483-496.
- « Une communicabilité contrastée : Le principe de sécurité juridique en droit constitutionnel français et espagnol », p.839, in Liber Amicorum Jean-Claude Escarras, *La communicabilité entre les systèmes juridiques*, Bruxelles, Bruylant, 2005, pp.835-860.

MOLINA (C.), « La protection des droits sociaux en Colombie », *La Revue des droits de l'homme*, 2013, n° 3.

MOLLION (G.), « Les garanties légales des exigences constitutionnelles », *RFDC*, n° 2, 2005, pp.257-289.

MONIER (F.), « La crise et les comptes de la sécurité sociale en 2008-2010 », *RFFP*, n° 115, 2011, pp.17-26.

MONNIER (J.-M.) :

- « Fiscalisation, politique fiscale globale et recentralisation de la sphère financière publique et sociale », *Colloque international : État et régulation sociale – Comment penser la cohérence de l'intervention publique*, du 11, 12 et 13 septembre 2006, pp.1-2.
- « La politique fiscale : objectifs et contraintes », *Les cahiers français : documents d'actualité*, La documentation française, 2008, pp.3-8.

MORANGE (G.), « Valeur juridique des principes contenus dans la Déclaration des Droits », *RDP*, 1945, pp.229-250.

MOREAU (V.), « Une loi de financement des collectivités territoriales est-elle vraiment utile ? », *RFFP*, n° 134, 2016, pp.151-160.

MORIN (C.), « Coordination des régimes nationaux de sécurité sociale en cas de détachement ou d'activités transnationales », *JCP S*, n° 35, 2010, comm.1325, pp.11-16.

MOUTOUH (H.), « Le droit de propriété : dernier rempart contre les impositions confiscatoires », *Dalloz*, 2013, n° 9, pp.581-584.

MUSSO (P.) « La solidarité : généalogie d'un concept sociologique », in SUPIOT (A.) (dir.), *La solidarité. Enquête sur un principe juridique*, Paris, Odile Jacob, Coll. Collège de France, 2015, pp.93-107.

- N - O -

N. LARIN (G.), **LATULIPPE** (L.), « Les canons de la justice fiscale : évolution et influences », *RFFP*, n° 124, 2013, pp.5-13.

NACHIN (D.), « L'évolution du contrôle des cotisants par l'URSSAF », *Droit social*, 1993, n° 6, pp.571-579.

NÉGRIN (O.), « Une légende fiscale : la définition de l'impôt de Gaston Jèze », *Revue de droit public*, 2008, n° 1, pp.119-131.

NICINSKI (S.), « Les services sociaux devant le CE : la construction d'une exception française », *AJDA*, 2008, pp.185-190.

NIELLY, *Droit des pauvres*, in SAY (L.), *Dictionnaire des finances* – t.I. A. - D., Paris, Berger-Levrault, 1889, pp.1550-1554.

NIVARD (C.) :

- « Comité européen des droits sociaux (CEDS). Seconde condamnation des mesures d'austérité grecques par le Comité européen des droits sociaux », *Lettre « Actualités Droit – Libertés du CREDOF »*, 11 mai 2013.
- « La justice sociale dans la jurisprudence conventionnelle », in BURGORGUE LARSEN (L.) (dir.), *La justice sociale saisie par les juges en Europe*, Paris, Pedone, 2013, Coll. Cahiers européens, n° 4, pp.61-80.

NIZET (J.-Y.), « Contribution sociale généralisée : renouveau d'une taxation proportionnelle du revenu ? », *RFFP*, n° 51, 1995, pp.97-112.

NOËL (G.), « Le juge de l'imposition et la régulation fiscale. La technique de la "chrysalidation juridique" de préceptes contenus dans la Charte du contribuable », in LAMBERT (T.) (dir.), *Le contentieux fiscal en débats*, Paris, LGDJ, 2014, pp.193-256.

NOLLET (A.), « BERLIN (Dominique). - Politique fiscale. - Volumes I. & II », *RTD eur*, 2013, p.I.

OLIVA (É) :

- « Compétitivité et impôt - Ne pas jeter le bébé avec l'eau du bain ! », *Pouvoirs*, n° 151, 2014, pp.99-115.
- « Le pacte de stabilité devant les juridictions constitutionnelles. La décision du Conseil constitutionnel du 9 août 2012 », *RFDA*, 2012, n° 6, pp.1043-1057.
- « Équilibre budgétaire et Constitution. L'équilibre des budgets locaux », *RFFP*, n° 117, 2012, pp.31-54.
- « Essai de définition normative du domaine des finances publiques », in *Mélanges Loïc Philip, Constitution et finances publiques*, Paris, Economica, 2005, pp.493-514.
- « La "reconstitution" du droit constitution financier », *RFDC*, 4/n° 100, 2014, pp.121-1027.
- « La bonne gouvernance : entre consentement et rationalité », in *Mélanges en l'honneur du Professeur Christian Louit*, Bruxelles, Bruylant, 2015, pp.93-112.
- « La loi organique du 17 décembre 2012 relative à la programmation et à la gouvernance des finances publiques : l'inclusion dans l'ordre juridique national de la règle d'équilibre des administrations publiques », *RFDA*, 2013, n° 2, pp.440-456.
- « La lutte contre la fraude fiscale : un principe à valeur constitutionnelle ? » in *Le Contentieux fiscal en Débats*, Actes du colloque sur le contentieux fiscal, Aix-en-Provence, 15 et 16 novembre 2013, Paris, LGDJ, 2014, pp.5-28.
- « L'appréciation du caractère confiscatoire ou excessif de l'impôt par le Conseil constitutionnel », *RFDA*, 2013, n° 6, pp.1273-1290.
- « Les principes budgétaires et comptables à valeur constitutionnel. Considérations autour de la « vraie » constitution financière de la France », in *Long cours*, Mélanges en l'honneur de Pierre Bon, Paris, Dalloz, 2014, pp.453-473.
- « Normes de constitutionnalité ou normes constitutionnelles : l'ambiguïté des lois organiques financières », in *Renouveau du droit constitutionnel, Mélanges en l'honneur de Louis Favoreu*, Paris, Dalloz, 2007, pp.1349-1371.

OLLÉON (L.), « Autonomie du droit fiscal : le moribond se porte bien », *RJF*, 5/2002, pp.355-361.

OPPETIT (B) :

- « La résurgence du rescrit », *Dalloz*, 1991, chron. pp.105-110.
- « L'hypothèse du déclin du droit », *Droits*, Revue française de théorie juridique, n° 4, 1986, pp.9-20.

ORSONI (G.) :

- « L'impôt entre symbolique et représentation », in ALBERT (J.-L.) (dir.), *Mélanges en l'honneur de Jean-Pierre Lassale, Gabriel Montagnier et Luc Saïdj*, Paris, L'harmattan, 2012, pp.309-319.
- « Le principe de sincérité à l'étranger », *RFFP*, n° 111, 2010, pp.37-46.
- « Les finances départementales », Chapitre 3 (folio n° 7732), *Encyclopédie des collectivités locales*, Dalloz, juin 2014.
- « Les finances publiques à la recherche de leur identité », *RFFP*, n° 133, 2016, pp.9-21.
- « Pour un droit public social », *Droit social*, 1986, n° 1, pp.36-43.
- « Taxinomie fiscale », in *Mélanges en l'honneur de Pierre Beltrame*, Aix-en-Provence, PUAM, 2010, pp.419-429.

- P -

PACTEAU (B.), « La sécurité juridique, un principe qui nous manque ? », *AJDA*, 1995, HS, pp.151-155.

PALIER (B.), « Les évolutions du système de protection sociale en Europe et en France, une perspective institutionnelle comparée », *Pouvoirs*, n° 82, 1997, pp.147-166.

PALIER (B.), **GIULIANO** (B.), « Entre Bismarck et Beveridge "Crises" de la sécurité sociale et politique(s) », *Revue française de science politique*, 45e année, n° 4, 1995, pp.668-699.

PARIENTE (A.) :

- « L'équilibre budgétaire : un principe juridique insaisissable ? », *RFFP*, n° 112, 2010, pp.163-185.

- « Le droit d'amendement parlementaire en matière financière », *JCP G*, 2003, n° 31-35, pp.1449-1455.

PAULIAT (H) :

- avec la collaboration de **SAINT-JAMES** (V.), « Les prolongements jurisprudentiels et doctrinaux de la théorie de la constitution sociale de Maurice HAURIOU », in *Doctrines et doctrine en droit public*, Contributions réunies par Geneviève KOUBI, Coll. « Constitutions, droit et politique », Presses de l'Université des sciences sociales de Toulouse, 1997, pp.121-130.
- « Un remède à l'instabilité normative : l'opposabilité de la prise de position formelle de l'administration *», JCP A*, n° 51-52, 21 décembre 2015.

PAVARD (F.), « L'équilibre financier de la Sécurité sociale », *Revue économique*, 1967, Volume 18, n° 2, pp.205-228.

PELLAS (J.-R.), « Les garanties de procédure en droit fiscal français », *RFFP*, n° 132, 2015, pp.73-90.

PELLET (R.) :

- (mise à jour par A.-C. DUFOUR), Fasc. 204 : Généralités – Les lois de financement de la Sécurité sociale, *JurisClasseur Protection sociale Traité*, 2013.
- « Les juridictions et la notion de ''ressources et charges publiques'' sociales », Actes du colloque de l'Université de Versailles, 29 janv. 1999, *Revue juridique des Barreaux*, juillet-septembre 1999, pp.27-69.
- « Éléments de droit financier de la sécurité sociale », *AJDA,* 1990, pp.154-165.
- « Étatisation, fiscalisation et budgétisation de la Sécurité sociale », *Droit social*, 1995, n° 3, pp.296-304.
- « Fiscalité sociale : les contradictions des syndicats de salariés », *Droit social*, 2012, n° 6, pp.569-579.
- « L'équilibre financier de l'assurance maladie après la loi du 13 août 2004 », *Droit social*, n° 11, 2004, p.979-985.
- « La Cour des comptes et les lois de financement de la Sécurité sociale », *Droit social*, 1996, n° 9-10, pp.774-778.

- « La loi organique sur le financement de la Sécurité sociale et la réforme du système de santé », *Gazette du Palais*, 12 mars 2009, n°71, pp.1-11.
- « Le Conseil constitutionnel et l'équilibre financier de la Sécurité sociale », *Droit social*, 1999, n° 1, pp.21-32.
- « Le financement de la Sécurité sociale », *Cahiers Français*, n° 329 – Budget de l'Etat et finances publiques, Paris, La documentation française, Novembre-Décembre 2005, pp.80-86.
- « Les assurances sociales sont-elles solubles dans la fiscalité ? Mise en perspective historique de la décision Cons. constit. n° 2014-698 DC, 6 août 2014 », *Journal de droit de la santé et de l'assurance maladie*, n° 1, 2014, pp.9-24.
- « Les exigences constitutionnelles en matière d'assurance maladie à la lumière du droit de l'Union européenne », *RDSS*, 2013, HS, pp.85-103.
- « Notes de lectures sur l'échec historique des Caisses d'amortissement de la dette publique », *Regards*, n° 42, 2012, pp.40-73.
- « Régimes, branches et fonds de la sécurité sociale : essai de définition juridique et financière » », *RDSS*, 1999, n° 1, pp.13-28.

PELLETIER (M.), « Existe-t-il une approche post-moderne de la fiscalité ? L'exemple de la CSG », in *L'impôt*, *Archives de philosophie du droit*, t.46, Paris, Dalloz, 2002, pp.209-228.

PENOUIL (M.), « La démocratie : le mythe idéologique et les réalités dans le monde contemporain », in *La Constitution et les valeurs*, Mélanges en l'honneur de Dmitri Georges Lavroff, Paris, Dalloz, 2005, pp.541- 554.

PERRET (C.), « Le parlement et la fiscalité », *Pouvoirs*, n° 23, 1982, pp.33-45.

PERRIN (G.), « Pour une théorie sociologique de la sécurité sociale dans les sociétés industrielles », Paris, *Revue française de sociologie*, 1967, p.299-324.

PETIT (B.), « Un regard juridique sur la dynamique du modèle social européen », *Droit social*, 2010, n° 2, pp.213-222.

PEZET (F.), « Le caractère confiscatoire de l'impôt et les exigences constitutionnelles françaises », *Droit fiscal*, 2013, n° 22, comm.300, pp.25-33.

PHILIP (L.) :

- « La protection sociale et les nouvelles frontières entre finances publiques et finances privées », *RFFP*, n° 79, 2002, pp.33-42.
- « Impositions de toutes natures, redevances, cotisations sociales et prélèvements obligatoires », in *Mélange Paul AMSELEK*, Bruxelles, BRUYLANT, 2005, pp.677-691.
- « Solidarité et politique fiscale », in *La solidarité en droit public*, Textes issus du colloque de Besançon organisé par le Centre d'études de droit public de l'Université de Franche-Comté, 21 et 22 avril 1999, Paris, L'Harmattan, 2005, pp.241-252.
- « Considérations sur l'évolution de la jurisprudence constitutionnelle en matière fiscale », in Mélanges en l'honneur de Pierre Beltrame, Aix-en Provence, PUAM, 2010, pp.451-462.
- « Jalons pour une réforme fiscale », in *Mélanges en l'honneur de Robert HERTZOG*, Paris, Economica, 2011, pp.423-438.
- « Jurisprudence du Conseil constitutionnel, Août 2009-juillet 2010 », *RFDC*, 2010, n° 84, pp.824-830.
- « La constitutionnalisation des finances publiques », in MATHIEU (B.) et VERPEAUX (M.) (dir.), *La constitutionnalisation des branches du droit*, Aix en Provence, Paris, PUAM-Economica, 1998, pp.65-71.
- « La CSG et la notion d'impôt », *Droit fiscal*, 1991, n° 14, pp.612-615.
- « Le contrôle par le Conseil constitutionnel de l'incompétence négative du législateur », in *Mélanges en l'honneur du Professeur Christian Louit*, Bruxelles, Bruylant, 2015, pp.291-304.
- « Le droit constitutionnel des finances publiques », *RFFP*, n° 7, 1984, pp.127-154.
- « Le principe constitutionnel d'égalité en matière fiscale », *Droit fiscal,* 1990, n° 12, pp.464-467.
- « L'indispensable clarification du mode de financement de la sécurité sociale », *Politiques et management public*, 2002, n° 1, vol. 20, Reconfigurer l'action publique : big bang ou réforme ? Actes du onzième colloque international, Nice, jeudi 4 et vendredi 5 octobre 2001, t.1, pp.143-156.

- « Observations sur les communications de MM. Prétot et Rousseau », in PELLET (R.) (dir.), *Finances publiques et redistribution sociale*, Paris, Economica, 2006, pp.117-122.

PICOD (F.), « Le droit de l'Union européenne est-il soluble dans la summa divisio droit privé-droit public ? », in BONNET (B.) et DEUMIER (P.) (dir.), *De l'intérêt de la summa divisio droit public-droit privé ?*, Dalloz, Coll. Thèmes et commentaires », 2010, pp.57-63.

PIKETTY (T.), « Retour sur la censure de l'amendement Ayrault-Muet », 31 décembre 2015.

PILCZER (J.-S.), « La notion de service public », *Informations sociales*, 2010/2, n° 158, pp.6-9.

PISANI-FERRY (J.), « Séance de clôture », *Droits et Débats*, Intervention lors du colloque organisé par le Conseil d'État le 27 juin 2014 « Impôt et cotisation : quel financement pour la protection sociale ? », pp.141-146.

PISSALOUX (J.-L.), « Le Conseil constitutionnel et les finances sociales. Commentaire de la décision n° 2014-698 DC du 6 août 2014 relative à la loi de financement rectificative de la sécurité sociale pour 2014 », *Gestion et finances publiques*, 2015 (n° 1-2), pp.103-108.

PIZZORUSSO (A.), « La loi », in TROPER (M.), CHAGNOLLAUD (D.) (dir.), *Traité international de droit constitutionnel –Théorie de la Constitution*, t.1, Paris, Dalloz, 2012, pp.327-356.

PLATEL (B.), « La réforme du financement de l'assurance maladie », *LPA*, 03 mars 2005, n° 44, pp.27-31.

PLESSIX (B.), « Le rescrit en matière administrative », *REJP*, oct. 2008, n° 657, pp.3-11.

PONTIER (J.-M.) :

- « Les communes et la santé publique », *RA*, 1996, n° 294, pp.673-680.
- « De la solidarité nationale », *RDP*, 1983, pp.897-928.

POULLIER (J.-P.), « Les dépenses de santé : une croissance inéluctable ? », *RFFP*, n° 18, 1987, pp.55-78.

PRATS (Y.), « Incidences des dispositions du traité instituant la Communauté économique européenne sur le droit administratif français », *RTDE*, n° 1, janv-mars 1968, pp.19-49.

PRÉTOT (X.) :

- « La délimitation des compétences législative et réglementaire », *Droit social*, 1986, n° 3, pp.258-268.
- « Le Code civil et le droit de la sécurité sociale, un parrainage tout en nuances..., 1804-2004 », in LEQUETTE (L.) et LEVENEUR (L.), (dir.), *Le Code civil : un passé, un présent, un avenir*, Paris, Dalloz, 2004, pp.615-638.
- « Alinéa 11 », in CONAC (G.), PRÉTOT (X.), TEBOUL (G.) (dir.), *Le Préambule de la Constitution de 1946 – Histoire, analyse et commentaires*, Coll. Études – Thèmes et commentaires, Paris, Dalloz, 2001, pp.261-282.
- « Droit administratif et droit social », *RDP*, 1998, pp.959-969.
- « Du bon usage du pouvoir normatif en matière d'assiette et de recouvrement des cotisations de Sécurité sociale », *Droit social*, 2009, n° 3, pp.322-331.
- « L'apurement de la dette et le rétablissement de l'équilibre financier de la sécurité sociale », (ordonnances n° 95-50 et 96-51 du 24 janvier 1996) », *Dalloz*, 1996, pp.77-81.
- « L'avenir de la Sécurité sociale », *Droit Social*, n° 12, 1985, pp.886-888.
- « L'entreprise, l'URSSAF et les cotisations de Sécurité sociale », *Droit social*, 2006, n° 4, pp.415-431.
- L'État et la Sécurité sociale, Réflexions sur le service public », *Droit social*, 1991, n° 12, pp.799-811.
- « L'évolution des finances sociales. Quelques réflexions d'ordre économique, juridique et politique … », *RFFP*, n° 87, 2004, pp.129-145.
- « La Cour de justice des Communautés européennes, le travailleur frontalier et la contribution sociale généralisée », *Droit social*, 2000, n° 5, pp.529-532.
- « La distinction entre impôts et cotisations sous le regard du juge », in *Impôt et cotisation : quel financement pour la protection sociale ?* Un colloque organisé par le Conseil d'État le 27 juin 2014, Paris, La documentation française, Coll. Droits et Débats, 2015, pp.60-64.
- « La notion d'imposition de toutes natures », *RFFP*, 2007, n° 100, pp.147-159.

- « La notion de cotisation de Sécurité sociale », *Droit social*, 1993, n° 6, pp.516-527.
- « La portée de la loi de financement de la Sécurité sociale », *RFFP*, 1997, n° 59, pp.85-93.
- « La Sécurité sociale et les finances publiques », *RFFP*, 1995, n° 51, pp.133-147.
- « Le Conseil constitutionnel, les finances publiques et les finances sociales – La jurisprudence de l'année 2009 », *RFFP*, 2010, n° 110, pp.223-243.
- « Le financement de la Sécurité sociale – Réflexions sur la légitimité des prélèvements publics », *RFFP*, n° 88, 2004, pp.49-71.
- « Le Parlement et le financement de la Sécurité sociale », *Droit social*, 1996, n° 9-10, pp.762-768.
- « Le principe de la progressivité de l'impôt sur le revenu revêt-il un caractère constitutionnel ? En marge de la modification du régime de la CSG », *Droit social*, 1993, n° 9-10, pp.787-791.
- « Le recouvrement des cotisations de Sécurité sociale : les prérogatives des organismes de recouvrement et le développement des garanties du redevable », in Mélanges Loïc Philip, *Constitution et finances publiques*, Paris, Economica, 2005, pp.541-561.
- « Les agents de contrôle d'une URSSAF ne peuvent, dans le cadre d'un contrôle, recueillir au domicile des salariés les déclarations de leur épouse », *Dalloz*, 1993, n° 36, pp.2612-2618.
- « Les bases constitutionnelles du droit social », *Droit social*, 1991, n° 3, pp.187-199.
- « Prélèvements sociaux et prélèvements fiscaux », in PHILIP (L.), *Les finances sociales, unité ou diversité ?*, Paris, Economica, 1995, pp.121-147.

PRÉVOST (G.), « Le retour du débat sur l'État social », *L'Homme et la société*, 1998, n° 130, pp.21-37.

Promotion 2007 du CHEDE (Collectif), « Le civisme fiscal : entre valeur républicaine et outil de recouvrement », *La Revue du Trésor*, n° 6, 2008, pp.428-436.

- Q - R - S -

QUEROL (F.), « Gaston Jèze et la théorie du partage équitable de l'effort fiscal » in RAIMBAULT DE FONTAINE (S.) (dir.), *Doctrines fiscales : à la redécouverte de grands classiques*, Paris, L'Harmattan, Coll. « Finances publiques », 2007, pp.11-39.

RACINE (P.-F.), « Existe-t-il des "décisions" dont on puisse abuser ? », *Droit fiscal*, 2010, n° 23, comm. 357, pp.7-9.

RACT-MADOUX (P.), « La CADES et la gestion de la dette sociale », in PELLET (R.), *Finances publiques et redistribution sociale*, Paris, Economica, 2006, pp.351-366.

RAMAUX (C.), « Quelle théorie pour l'État social ? Apports et limites de la référence assurantielle. Relire François Ewald 20 ans après L'État providence », *Revue française des affaires sociales*, 2007, n° 1, pp.13-34.

RAMBAUD (R.), « La ratification en trompe-l'œil du TSCG en France », *Rev. UE*, 2013, pp.435-457.

RANGEON (F.), « Droits-libertés et droits-créances : les contradictions du préambule de la Constitution de 1946 », in *Le préambule de la Constitution de 1946, Antinomies juridiques et contradictions politiques*, Centre universitaire de recherches administratives et politiques, PUF, 1996, pp.169-186.

RAVET (C.), « L'harmonisation des procédures de recouvrement à la DGFIP », *Gestion et Finances publiques*, n° 3/4, 2015, pp.81-84.

RAVOUX (V.), « La politique de gestion du risque des organismes du recouvrement est-elle compatible avec le principe de l'égalité devant les charges publiques ? », *Droit social*, 2011, n° 9-10, pp.977-980.

RAVOUX (V.), **REBOUILLAT** (Y.), « A propos du débat sur la fusion de l'impôt sur le revenu et de la cotisation sociale généralisée », *Droit social*, 2010, n° 11, pp.1103-1106.

RAYNAUD (F.), **FOMBEUR** (P.), « Contours de la notion d'*impositions de toutes natures* », *AJDA*, 1998, n° 10, pp.787-791.

RENAUDINEAU (G.), « L'intérêt général », in AUBY (J.-B.) (dir.), *L'influence du droit européen sur les catégories du droit public*, Paris, Dalloz, 2010, pp.303-315.

RIEZLER (E.), « Oblitération des frontières entre le droit privé et le droit public », in Recueil d'Études en l'honneur d'Édouard Lambert,

Introduction à l'étude du droit comparé, t.3, Paris, Librairie générale de droit et de jurisprudence, 1938, pp.117-136.

RITLENG (D.), « L'effectivité du droit européen de la concurrence », *Rev. UE*, 2015, pp.277-282.

RIVERO (J.), « Vers un droit commun européen : nouvelles perspectives en droit administratif », in CAPPELLETTI (M.) (dir.), *Nouvelles perspectives d'un droit commun de l'Europe*, Leyden-Londres-Boston, Ed. Sijthoff, Bruxelles, Ed. Bruylant, Stuttgart, Ed. Klett-Cotta, Firenze, Ed. Le Monnier, 1978, pp.387-406.

ROCHE (J.) :

- « L'administration fiscale face aux mutations du monde moderne », *RFFP*, n° 1, 1983, pp.102-115.
- « Une loi de finances sociales ? », *Droit social*, 1993, n° 5, pp.466-469.

RODIERE (P.), « Actualité des solidarités sociales en droit européen », in SUPIOT (A.) (dir.), *La solidarité. Enquête sur un principe juridique*, Paris, Odile Jacob, Coll. Collège de France, 2015, pp.311-345.

RODOPOULOS (I.), « La crise financière est-elle (aussi) une crise du droit pénal ? Esquisse d'une dialectique entre une crise factuelle et une crise normative », *RSC*, 2013, pp.1-22.

ROMAINVILLE (C.), « Austérité européenne, déséquilibres constitutionnels et droits fondamentaux », *Revue Roumaine de Droit comparé,* Supplément 2014, pp.130-163.

ROMAN (D.) :

- « L'opposabilité des droits sociaux », *Informations sociales*, 2013, n° 4, pp.33-42.
- « Constitution et solidarité », *Petites affiches*, 2009, n° 16, pp.68-78.
- « La jurisprudence sociale des Cours constitutionnelles en Europe : vers une jurisprudence de crise ? », *Nouv. Cah. CC*, n° 45, 2014, pp.63-64.
- « La justiciabilité des droits sociaux ou les enjeux de l'édification d'un État de droit social », *La Revue des droits de l'homme*, n° 1, 2012.
- « Le juge et les droits sociaux : vers un renforcement de la justiciabilité des droits sociaux ? », *RDSS*, 2010, pp.793-799.

ROQUES (X.), « Le Parlement et le contrôle des finances de la Sécurité sociale », *Droit social*, n° 3, 1996, pp.290-303.

ROUSSEAU (D.), « Le Conseil constitutionnel et la solidarité nationale », in PELLET (R.) (dir.), *Finances publiques et redistribution sociale*, Paris, Economica, 2006, pp.107-116.

RUELLAN (R.), « L'organisation de la Sécurité sociale : la tension entre l'universalité et la persistance des particularismes », *RFFP*, n° 64, 1998, pp.39-60.

SAÏDJ (L.) :

- « Finances publiques – Finances privées : Eléments d'introduction », *RFFP*, 2012, n° 120, pp.5-14.
- « Recherche sur la notion de finances publiques en droit constitutionnel et financier positif », *RDP*, 1982, pp.1297-1342.

SAINT-JOURS (Y.), « Ordre juridictionnel social et justice sociale », *Le Droit ouvrier*, n° 796, 2014, pp.693-698.

SALIN (P.) :

- « Contre la progressivité », *Droit fiscal,* n° 14, 2012, comm. 247, pp.67-70.
- « Contre l'impôt. Ou de quelques raisons de diminuer la fiscalité », *Pouvoirs*, 2014/4, n° 151, pp.47-56.

SANVITI (R.), « La guerre financière », *Humanisme et Entreprise*, 2009, n° 3, pp.37-51.

SAPIR (A.), « La globalisation et la réforme des modèles sociaux européens », *Reflets et perspectives de la vie économique*, 2006/1, t.XLV, pp.117-130.

SARLAT (G.), « Marchés financiers et protection sociale », *Les Tribunes de la santé*, 2012, n° 3, pp.41-46.

SARMIENTO (D.), « La justice sociale dans la jurisprudence de la CJUE », in BURGORGUE LARSEN (L.) (dir.), *La justice sociale saisie par les juges en Europe*, Paris, Pedone, 2013, Coll. Cahiers européens, n° 4, pp.33-59.

SÉBASTIEN (G.), « Edgard Allix, un réformateur méconnu », in RAIMBAULT DE FONTAINE (S.) (dir.), *Doctrines fiscales : à la redécouverte de grands classiques*, Paris, L'Harmattan, Coll. « Finances publiques », 2007, pp.41-59.

SÉGOL (B.), « L'Europe sociale : une condition sine qua non du projet européen », *Revue française des affaires sociales*, 2015, n° 3, pp.181-190.

SEGUIN (A.), « Nature juridique de la contribution sociale généralisée », *Dalloz Actualité*, 26 juillet 2012.

SEGUIN (P) :

- « Les juridictions financières dans la modernisation de la gestion publique », *RFDA,* 2007, n° 3, pp.437-441.
- « La dégradation des finances publiques et ses remèdes », *RFDA*, n° 1, 2010, pp.193-199.

SHAPIRO (I.), « La justice démocratique : deux dimensions », *Raisons politiques*, n° 3, 2004, pp.125-144.

SIROVÁTKA (T.), « Les politiques sociales en République tchèque pendant la crise et l'Union européenne », Revue française des affaires sociales 2015, n° 3, pp.135-157.

SOULIÉ (B.), « Les conventions d'objectifs et de gestion : le nouveau cadre d'exercice des responsabilités respectives de l'État et de la Sécurité sociale », *Droit social*, 1996, n° 9-10, pp.794-798.

SOURIAC (M.-A.), «La vigilance, condition nécessaire de la confiance», *RDT*, 2013, n° 3, pp.159-160.

SPAETH (J.-M.), « La convention d'objectifs et de gestion, davantage de démocratie et de transparence dans les relations entre l'État et l'assurance maladie », *Droit social*, n° 9-101997, pp.805-809.

SPYROPOULOS (G.), « L'avenir incertain du modèle social européen », *Droit social*, 2005, n° 6, pp.603-605.

STEICHEN (A.), « La justice fiscale entre la justice commutative et la justice distributive », in *L'impôt*, *Archives de philosophie du droit*, t.46, Paris, Dalloz, 2002, pp.241-279.

STERDYNIAK (H.) :

- « Faut-il une Europe sociale ? Commentaire », *Revue d'économie politique*, 2005, n° 6, Vol. 115, pp.731-737.
- « La redistribution est-elle encore un objectif des politiques budgétaire et sociale ? », in PELLET (R.) (dir.), *Finances publiques et redistribution sociale*, Paris, Economica, 2006, pp.125-181.

- « Le quotient familial, composante nécessaire de l'impôt progressif », Cahiers français, *La santé, quel bilan ?*, n° 369, 2012, pp.75-79.
- « Pour préserver les ressources de la protection sociale », *Journal de Droit de la Santé et de l'Assurance maladie*, n° 1, 2015, pp.25-33.

STERDYNIAK (H.), **TOUZE** (V.), « Compte rendu de la conférence de consensus sur la fiscalité des ménages et des entreprises du 20 mai 2014. », *Revue de l'OFCE,* 3/2015 (N° 139), pp.13-60.

STIRN (B.), « Intérêt », in ALLAN (D.), RIALS (S.) (dir.), *Dictionnaire de la culture juridique*, Paris, PUF, 2003, pp.837-842.

SUPIOT (A.) :

- « Dossier - La sécurité sociale entre transformisme et réformisme », *RDSS*, 2016, n° 1, pp.5-10.
- « État social et mondialisation : analyse juridique des solidarités », Annuaire du Collège de France, 2013-2014, pp.805-824.
- « État social et mondialisation : analyse juridique des solidarités », *Annuaire du Collège de France*, 2012-2013, pp.717-736.
- « Justice sociale et libéralisation du commerce international », *Droit social*, 2009, n° 2, pp.131-141.
- « L'idée de justice sociale », in BURGORGUE LARSEN (L.) (dir.), *La justice sociale saisie par les juges en Europe*, Paris, Pedone, 2013, Coll. Cahiers européens, n° 4, pp.5-30.
- Grandeur et misère de l'État social, Leçon inaugurale prononcée le 29 novembre 2012.

- T - U - V - W -

TABUTEAU (D.) :

- « La protection universelle maladie (PUMA) : une rationalisation inachevée du financement de la sécurité sociale (seconde partie) », *RDSS*, 2016, n° 1, pp.131-148.

- « La protection universelle maladie (PUMA) : une transfiguration législative de l'assurance maladie (première partie) », *RDSS*, 2015, n° 6, pp.1058-1072.
- « Solidarité et santé », *Droit social*, 2007, n° 2, pp.136-139.
- « Topologie des politiques sociales », *Droit social*, 2012, n° 6, pp.620-639.
- « Topologie des politiques sociales – Deuxième partie », *Droit social*, 2012, n°7-8, pp.645-671.
-

TAQUET (F.) :

- « À quoi sert le rescrit en matière de sécurité sociale ? », *Gazette du Palais*, 25/07/2000, n° 207, pp.7-9.
- « La réforme inachevée des règles relatives au contrôle URSSAF », *Droit social*, 2000, n° 12, pp.1100-1103.
- « Le contrôle URSSAF et ses conséquences », *Legicom*, n° 26, 2002, pp.61-73.
- « Le contrôle URSSAF ou l'insuffisante protection des cotisants », *Droit social*, 1993, n° 6, pp.565-570.

TAURAN (T.) :

- « Est-ce possible de définir la notion de « régime » de sécurité sociale ? », *RDSS*, 2009, n° 6, pp.1111-1125.
- « La coordination des régimes de sécurité sociale en droit interne », *Droit social*, 2009, n° 12, pp.1254-1260.
- « La mise en œuvre du droit des obligations dans le contentieux de la sécurité sociale », *RDSS*, 2015, n° 5, pp.903-914.
- « La responsabilité civile des URSSAF », *RDSS*, 2012, n° 3, pp.544-555.
- « La Sécurité sociale dans la pensée de Paul Durand : entre solidarité et modernité », *RDSS*, 2015, pp.535-547.

TERNEYRE (P.), « Droit constitutionnel social, Inventaire en guise d'ouverture », *RFDC*, 1990, n° 2, pp.339-347.

TESTU (F.-X.), « La distinction du droit public et du droit privé est-elle idéologique ? », *Dalloz*, 1998, pp.345-355.

TEYSSIÉ (B.), « Droit public et droit social : variations autour d'un thème », *Droit social*, 1991, n° 3, pp.185-186.

THIEFFRY (P.), « Les services sociaux d'intérêt général sont-ils des entreprises ? », *AJDA*, 2007, n° 25, pp.1331-1337.

TINIERE (R.), « L'invocabilité des principes de la Charte des droits fondamentaux dans les litiges horizontaux », *RDLF*, 2014, Chron. n° 14.

TIRARD (J.-M.), « L'abus de droit en droit comparé », in Études en la mémoire du professeur Maurice Cozian, *Écrits de fiscalité des entreprises*, Paris, Lexis-Nexis, 2009, pp.209-227.

TORLET (R.), **VALETEAU** (M.), « La jurisprudence du Conseil constitutionnel relative au principe d'égalité depuis l'institution de la QPC », *Droit fiscal*, n° 13, 2015, comm.231, pp.30-63.

TOURNAUX (S.), « Les garanties procédurales fondamentales », *Droit social*, 2015, pp.389-398.

TRAINARD (P.), « Comment rendre redistributifs les prélèvements obligatoires ? », in PELLET (R.) (dir.), *Finances publiques et redistribution sociale*, Paris, Economica, 2006, pp.187-200.

TRIANTAFYLLOU (D.), « L'encadrement communautaire du financement du service public », *RTD eur.*, 1999, n° 1, pp.21-42.

TROTABAS (L.) :

- « Essai sur le droit fiscal », *Revue de science et de législation financière*, 1928, pp.201 à 236.
- « La nature juridique du contentieux fiscal en droit français », in *Mélanges Maurice Hauriou*, Paris, Recueil Sirey, 1929, pp.711-762.

TRUCHET (D.) :

- « Plaidoyer pour une cause perdue : la fin du dualisme juridictionnel », in VAN LANG (A.) (dir.), *Le dualisme juridictionnel, Limites et mérites*, Dalloz, Coll. « Thèmes et commentaires », 2007, pp.199-205.
- « Unité et diversité des « grands principes » du service public », AJDA, 1997, HS, pp.38-46.

TUORI (K.), « L'État de droit », in TROPER (M.), CHAGNOLLAUD (D.) (dir.), *Traité international de droit constitutionnel –Théorie de la Constitution*, t.1, Paris, Dalloz, 2012, pp.643-670.

TUSSEAU (G.), « Un chaos conceptuel qui fait sens : la rhétorique du constitutionnalisme global » in URY (D.), « La sécurité juridique en droit fiscal », *Gestion et Finances publiques*, n° 9/10, 2015, pp.75-82.

URY (D.), « Le « tax ruling » à la française », *Gestion et Finances publiques*, n° 1, 2016, pp.101-105.

VACHET (G.), « Le paiement des cotisations sociales », *Droit social*, 1993, n° 6, pp.560-564.

VALEMBOIS (A.-L.), « La constitutionnalisation de l'exigence de sécurité juridique en droit français », *Les Cahiers du Conseil constitutionnel*, 2004, n° 17, pp.127-132.

VAN LANG (A.) :

- « Le dualisme juridictionnel pourrait-il disparaître ? », in BONNET (B.) et DEUMIER (P.) (dir.), *De l'intérêt de la summa divisio droit public-droit privé ?*, Dalloz, Coll. Thèmes et commentaires », 2010, pp.275-283.
- « Le point de vue d'une publiciste », in BONNET (B.) et DEUMIER (P.) (dir.), *De l'intérêt de la summa divisio droit public-droit privé ?*, Dalloz, Coll. Thèmes et commentaires », 2010, pp.31-36.

VANDENDRIESSCHE (X.), « Le Parlement entre déclin et modernité », *Pouvoirs*, 2001, n° 99, pp.59-70.

VAPAILLE (L.), « Les limites de la mission du tribunal des conflits en matière de contentieux fiscal », in LAMBERT (T.) (dir.), *Le contentieux fiscal en débats*, Paris, LGDJ, 2014, pp.99-122.

VEDEL (G.) :

- « Conceptions sociales et organisation politique », *Droit social*, fasc. XXXI, 1947.
- « Le droit économique existe-t-il ? », in *Mélanges offerts à Pierre Vigreux*, Toulouse, Éd. IPE-IAE, 1981, pp.767-783.

VEDEL (G.), **RIVERO** (J.), « Les principes économiques et sociaux de la Constitution : Le préambule », *Droit social*, 1947.

VENEL (J.) :

- « L'engagement d'une « relation de confiance » entre cotisants et organismes de recouvrement », *RDSS*, 2015, n° 2, pp.325-334.
- « La sécurité juridique du cotisant : bilan et perspectives », *RDSS*, 2014, n° 4, pp.733-747.

VERGÈS (J.), « Frontières fiscales et marché unique. Chronique d'une mort annoncée. II. La taxe sur la valeur ajoutée », *RAE*, 1992, n° 2, pp.5-20.

VERKINDT (P.-Y.) :

- « A propos de l'assiette des cotisations … : l'URSSAF n'est pas le fisc », *RDSS*, 1998, n° 3, p.547.
- « Contentieux de sécurité sociale et principes directeurs du procès civil », *RDSS*, 2016, n° 2, pp.338-347.
- « Du respect de la contradiction et des droits de la défense dans le "précontentieux" de la sécurité sociale », *RDSS*, 2004, n° 4, pp.954-963.

VIGNES (D.), « Le rapprochement des législations mérite-t-il encore son nom ? », in Mélanges en l'hommage de Jean Boulouis, *L'Europe et le droit*, Paris, Dalloz, 1991, pp.533-546.

VINQUANT (J.-P.), « Crise et dépenses d'assurance maladie », *RFFP*, n° 115, 2011, pp.67-87.

VIRELY (S.), « Harmonie sociale et ordre naturel. Les droits fondamentaux et leur développement dans la pensée libérale », *RDLF*, 2014, chron. n°4.

VOLLMER (M.), « Alcool et tabac en Allemagne », in *Politique internationale*, numéro spécial « santé publique et politique fiscale », pp.71-81.

VOLOVITCH (P.), « Le financement public de la protection sociale : un financement minoritaire qui progresse », *Solidarité Santé*, 1995, n° 4, pp.73-81.

WANECQ (T.), « Les cotisations sociales, un enjeu économique et financier complexe », *Droit social*, 2009, n° 3, pp.349-353.

WEALE (A.), "Social solidarity and the Welfare State", Ethics, Vol.100, n° 3, 1990, pp.473-488.

WOEHRLING (J.-M.), « Perspectives sur le droit local », *JCAM*, Fascicule n° 30, 2001, pp.1-35.

WOLF (M.), « Prélèvement à la source : un objectif atteint, ne rien faire ! », *Gestion et Finances publiques*, n° 3, 2016, pp.54-59.

« Dématérialisation de la remise de la charte des droits et obligations du contribuable vérifié », *Droit fiscal*, 2016, n° 1, comm. 54, pp.117-118.

« Préparation du prélèvement à la source de l'IR et extension des procédures dématérialisées de déclaration et de paiement des impôts recouvrés par voie de rôle », *Droit fiscal*, 2016, n° 1, Comm.6, pp.26-28.

RAPPORTS ET ÉTUDES

ACOSS :

- *La réglementation et sécurisation juridique*, Rapport d'activité thématique, 2014, 25 p.
- *La sécurisation juridique*, Rapport d'activité thématique, 2013, 22 p.

ANGELS (B.), *Rapport d'information n° 441 fait au nom de la délégation du Sénat pour la planification sur les dépenses publiques*, Sénat, 2008, 555 p.

ARTHUIS (J.), *Rapport d'information n° 283 fait au nom de la commission des Finances, du contrôle budgétaire et des comptes économiques de la Nation sur la TVA sociale comme mode alternatif de financement de la sécurité sociale destiné à renforcer la compétitivité des entreprises françaises et l'emploi*, Sénat, 2007, 61 p.

BAPT (G.) :

- *Rapport n° 2061 sur le projet de loi de financement rectificative de la sécurité sociale pour 2014, 25 juin 2014*, Assemblée Nationale.
- *Rapport n° 2252 fait au nom de la commission des affaires sociales sur le projet de loi de financement de la Sécurité sociale pour 2015*, t.I, déposé le 16 octobre2014, Assemblée Nationale.

BARTOLONE (C.) et **WINOCK** (M.), Rapport du groupe de travail sur l'avenir des institutions, *Refaire la démocratie*, t.1, Assemblée Nationale, 2015, 229 p.

BELORGEY (J.-M.) et **FOUQUET** (A.), *Minima sociaux, revenus d'activité, précarité*, Commissariat général du Plan, 2000, 92 p.

BELORGEY (J.-M.), **MOLINA** (P.-A.), *L'avenir des juridictions spécialisées dans le domaine social*, Étude adoptée le 4 décembre 2003 par l'AG du CE, La documentation française, Avril 2004, 74 p.

BENARD (Y.), NICOLAS (J.-B.), **DELPAL** (B.), *Rapport du groupe de travail sur l'élargissement de l'assiette des cotisations employeurs de Sécurité sociale*, 2006, 432 p.

BERGER (K.) et **CARRÉ** (O.), *Rapport d'information n° 2237 déposé en application de l'article 145 du Règlement par la Commission des finances, de l'économie générale et du contrôle budgétaire sur le nouveau système européen de comptabilité nationale*, 2014, 23 p.

BESSON (E.), *Rapport « TVA sociale »*, Septembre 2007, 157 p.

BUTT (M. E.), **KÜBERT** (J.), et **SCHULTZ** (C. A.), *Droits sociaux fondamentaux en Europe*, Parlement européen, Direction générale des Études, Document de travail, Série Affaires sociales, SOCI 104 FR, PE 168.629, 1999, 43 p.

CAFFET (J.-P.), *Avis n° 104 présenté au nom de la commission des finances (1) sur le projet de loi, adopté par l'assemblée nationale, de financement de la sécurité sociale pour 2013*, Sénat, 2012, 262 p.

Caisse nationale des allocations familiales, *Crise et protection sociale en Europe – Les budgets sociaux face à la crise en Allemagne, Espagne, Grèce et Royaume-Uni*, 2012, 35 p.

Centre d'Études prospectives et d'informations internationales, « Financement de la protection sociale : l'attrait des grandes assiettes », *La lettre,* n° 269, Août 2007, 4 p.

CHOPPIN HAUDRY DE JANVRY (S.), *Le contrôle et le recouvrement des cotisations de Sécurité sociale dans la jurisprudence actuelle de la Cour de cassation*, Rapport, Cour de cassation, 1996.

Comité national de lutte contre la fraude, *Lutte contre la fraude aux finances publiques*, 11 février 2013, 21 p.

Commission européenne :

- *L'Union européenne et la Sécurité sociale*, Communiqué du 27 octobre 2004.
- *Communication de la Commission au Parlement européen et au Conseil. Renforcer la dimension sociale de l'Union économique et monétaire*, Bruxelles, 2013.
- *Le règlement financier applicable au budget général de l'Union et ses règles d'application – Présentation synoptique complétée par une sélection de textes juridiques encadrant le budget*, Luxembourg, Office des publications de l'Union Européenne, 2013, 420 p
- *Vos droits en matière de sécurité sociale en Suède*, 2013, 38 p.
- Rapport de la Commission au Parlement européen et au Conseil sur le suivi de la décharge pour l'exercice 2013, Rendu le 8 octobre 2015, COM(2015) 505 final, 10 p.
- Rapport de la Commission au Parlement européen, au Conseil et à la Cour des comptes, Synthèse des réalisations de la

Commission en matière de gestion pour l'année 2014, Rendu le 3 juin 2015, COM(2015) 279 final, 27 p.

- Rapport de la Commission au Parlement européen et au Conseil, *Protection des intérêts financiers de l'Union européenne - Lutte contre la fraude*, Rapport annuel, 2014, Rendu le 31 juillet 2015, COM(2015) 386 final, 36 p.
- *The European Union Explained, Taxation – promoting the internal market and economic growth*, 2015, 12 p.
- Recommandation du Conseil concernant le programme national de réforme de la France pour 2016 et portant avis du Conseil sur le programme de stabilité de la France pour 2016, Rendu le 18 mai 2016, COM(2016) 330 final, 8 p..
- Rapport de la Commission au Parlement européen, au Conseil et à la cour des comptes européennes, *Rapport annuel 2015 sur la gestion et la performance du budget de l'UE*, Rendu le 05 juillet 2016, COM(2016) 446 final, 70 p.
- Rapport de la Commission au Parlement européen et au Conseil, *Protection des intérêts financiers de l'Union européenne - Lutte contre la fraude*, Rapport annuel, 2015, Rendu le 14 juillet 2016, COM(2016) 472 final, 35 p.
- *Employment and Social Development in Europe 2015*, 2016, 472 p.

Communication de la Commission au Parlement européen, au Conseil, au Comité économique et social européen et au comité des régions, *La dimension extérieure de la coordination en matière de sécurité sociale dans l'Union européenne*, 30 mars 2012, Bruxelles, 10 p.

Conseil d'État :

- *Le rescrit : sécuriser les initiatives et les projets*, Études, Paris, La documentation française, 2013, 192 p.
- *Le risque*, Rapport annuel, Études et documents du Conseil d'État, 2011, 446 p.
- *Rapport public 2010, Activité juridictionnelle et consultative des juridictions administratives*, ECDE, La documentation française, 448 p.
- *Responsabilité et socialisation du risque*, Rapport public, Études et documents du Conseil d'État, 2005, 400 p.

- *Sécurité juridique et complexité du droit*, Rapport public, EDCE, La documentation française, 2006, n° 55, 400 p.

Conseil de la simplification pour les entreprises, *90 nouvelles mesures de simplification pour les entreprises*, Mercredi 3 février 2016, 45 p.

Conseil des impôts, *Les relations entre les contribuables et l'administration fiscale*, XXe rapport, Direction des JO, Paris, 2002, 299 p.

Conseil des prélèvements obligatoires :

- *L'activité du Conseil des prélèvements obligatoires pour les années 2006 à 2011*, 2011, 68 p.
- *La fiscalité affectée. Constats, enjeux et réformes,* Paris, La documentation française, 2013, 206 p.
- *Sens et limites de la comparaison des taux de prélèvements obligatoires entre pays développés*, 2008, 88 p.

Cour de justice de l'Union européenne, *Rapport sur la gestion budgétaire et financière de l'exercice 2015*, JOUE du 15 juin 2016, C.215/2.

Cour des comptes :

- *La sécurité sociale*, Rapport, 2001, 614 p.
- *La sécurité sociale*, Rapport, 2004, 533 p.
- *Les exonérations de charges sociales en faveur des territoires et des secteurs d'activité,* Communication à la communication des finances, de l'économie générale et du plan de l'assemblée nationale, Octobre 2007, pp.235-316.
- *La Sécurité sociale*, Rapport, 2008, 486 p.
- *Les prélèvements fiscaux et sociaux en France et en Allemagne*, Rapport public thématique, 2011, 312 p.
- *Rapport public annuel*, 2011, 1130 p.
- *La Sécurité sociale*, Rapport, 2011, 547 p.
- *La Sécurité sociale*, Rapport, 2013, 631 p.
- *La sécurité sociale*, Rapport, 2014, 673 p.
- *Les finances publiques locales*, Rapport public thématique, 2014, 402 p.
- *Les comptes de la Sécurité sociale – Résultats 2013*, Prévisions 2014 et 2015, Rapport 2014, 388 p.

- *Les comptes de la Sécurité sociale*, 2015, 371 p.
- *La Sécurité sociale*, Rapport sur l'application des lois de financement de la Sécurité sociale, 2015, 765 p.
- *Les comptes de la Sécurité sociale*, Résultats 2015, Prévisions 2016, juin 2016, 195 p.

DAUDIGNY (Y.) et **DEROCHE** (C.), Rapport d'information n° 399, *Fiscalité et santé publique : état des lieux des taxes comportementales*, Sénat, 26 février 2014, 166 p.

DELATTRE (F.) :

- *Avis n° 84 présenté au nom de la commission des finances sur le projet de loi de financement de la Sécurité sociale pour 2015*, Sénat, 2014, 121 p.
- *Avis n° 139 présenté au nom de la commission des finances sur le projet de loi adopté par l'Assemblée nationale, de financement de la Sécurité sociale pour 2016*, Sénat, 2015, 121 p.

DE MONTGOLFIER (A.), *Rapport d'information n° 601 fait au nom de la commission des finances, préparatoire au débat d'orientation des finances publiques pour 2016*, Sénat, 2015, 45 p.

DÉTRAIGNE (Y.), *Rapport n° 121 fait au nom de la commission des lois constitutionnelles, de législation, du suffrage universel, du Règlement et d'administration générale sur le projet de loi portant application des mesures relatives à la justice du XXIème siècle*, Sénat, 28 octobre 2015, 410 p.

DGFIP, *Rapport sur l'activité en matière de rescrit*, Année 2013, 11 p.

Direction de la recherche, des études et de l'évaluation des statistiques :

- *Un panorama des minima sociaux en Europe*, Études et Résultats, n° 464, 2006, 12 p.
- *La protection sociale en France et en Europe en* 2013, Coll. Études et statistiques, 2015, 318 p.
- *La protection sociale en France et en Europe en 2014*, Résultats des comptes de la protection sociale, 2016, 190 p.

Direction de la Sécurité sociale, *Le service public de Sécurité sociale, Zoom sur les conventions d'objectifs et de gestion*, 15 p.

Direction du Budget, *Référentiel fonctionnel de mise en œuvre des titres I et III du décret n° 2012-1246 relatif à a gestion budgétaire et comptable publique (GBCP) dans les organismes*, 2013, 85 p.

Direction générale du Trésor, *Comparaison France-Allemagne des systèmes de protection sociale*, Les cahiers de la DG Trésor, 2012, n° 2, 136 p.

ECONOMOU (C.), **KAITELIDOU** (D.), **KENTIKELENIS** (A.), **SISSOURAS** (A.),

European Commission, *Your social security rights in Norway*, 2013, 31 p.

European Union Agency for Fundamental Rights, *L'Union européenne, une communauté de valeurs : sauvegarder les droits fondamentaux en période de crise*, Focus, Luxembourg, 2013, 40 p.

Eurostat, *Prélèvements obligatoires dans l'UE – Structure et niveau : 1995-2002*, Statistiques en bref, Économie et finances, 2004, 8 p.

FONDAFIP, *Quel comptable pour les comptes publics au XXIe siècle ?*, Paris, 2010, 53 p.

FOUQUET (O.), Rapport au ministre du Budget, des comptes publics et de la fonction publique, *Améliorer la sécurité juridique des relations entre l'administration fiscale et les contribuables : une nouvelle approche*, 2008, 70 p.

FOUQUET (O.), **WANECQ** (T.), *Cotisations sociales : stabiliser la norme, sécuriser les relations avec les URSSAF et prévenir les abus*, Rapport au ministre du Budget, des comptes publics et de la fonction publique, Juillet 2008, 60 p.

GOURNAC (A.), *Rapport n° 500, tendant à alléger les charges sur les bas salaires*, Sénat, 17 juin 1998.

Haut Conseil du financement de la protection sociale :

- *État des lieux du financement de la protection sociale en France*, t.1, 2012, 158 p.
- *Analyse comparée des modes de financement de la protection sociale en Europe*, 2014, 236 p.
- *Point d'étape sur les évolutions du financement de la protection sociale*, 2014, 233 p.
- *Rapport sur la lisibilité des prélèvements et l'architecture financière des régimes sociaux*, 2015, 380 p.

JÉGOU (J.-J.), *Avis n°71 présenté au nom de la commission des Finances, du contrôle budgétaire et des comptes économiques de la Nation sur le projet de loi de financement de la Sécurité sociale pour 2006*, Assemblée nationale, 2005, 209 p.

KLÈS (V.) et **DÉTRAIGNE** (Y.), *Rapport d'information fait au nom de la commission des lois constitutionnelles, de législation, du suffrage universel, du Règlement et d'administration générale (1) sur la justice de première instance*, Sénat, 9 octobre 2015, 98 p.

LE CLÉZIO (P.), *Prélèvements obligatoires : compréhension, efficacité économique et justice sociale*, Avis et Rapports du Conseil économique et social, 2005, 266 p.

LECLERC (D.), *Rapport n° 90 fait au nom de la commission des affaires sociales sur le projet de loi de financement de la Sécurité sociale pour 2010*, t.V – Assurance vieillesse, Sénat, 2009, 51 p.

MABIT (C.), *Rapport présenté, au nom du Conseil économique et social sur l'évolution des prestations sociales et financement de la sécurité sociale*, 1963, n° 18, JORF, pp.671-705.

MARESSO (A.), *The impact of financial crises on the health system and health in Greece*, European Observatory on Health Systems and Policies, 2014, 60 p.

MARINI (P.) :

- *Rapport d'information n° 41 fait au nom de la commission des Finances, du contrôle budgétaire et des comptes économiques de la Nation sur les prélèvements obligatoires et leur évolution*, 2006, 103 p.
- *Rapport d'information n° 263 (2013-2014), La recevabilité financière des amendements et des propositions de loi au Sénat*, fait au nom de la commission des finances, déposé le 7 janvier 2014.

MATT (J.-L.), *Impôt sur le revenu, Contribution sociale généralisée : quelles réformes ? – Rapport particulier « Le cadre juridique de réformes de l'IR et de la CSG »*, Conseil des prélèvements obligatoires, 2015, 54 p.

MIGAUD (D.), Rapport du Groupe de travail sur l'efficacité de la dépense publique et le contrôle parlementaire, *Contrôle réellement, pour dépenser mieux et prélever m*oins, Assemblée Nationale, 1999.

MIKOU (M.) et **BARNOUIN** (T.), *Les comptes de la protection sociale en France et en Europe en 2012*, Études et Résultats, n° 888, Drees, Juillet 2014, 6 p.

Ministère de l'économie, de l'industrie et de l'emploi, *Documentation d'orientation sur les évolutions de la politique fiscale*, 25 juillet 2008, 31 p.

Ministère délégué au budget, *Rapport sur la dépense publique et son évolution*, PLF 2013, 60 p.

Norwegian Ministry of Labour and Social Affairs, *The Norwegian Social Insurance Scheme*, 2015, 34 p.

OCDE :

- *Economic Surveys: Norway*, 2016, 43 p.
- *Les réformes structurelles en France : impact sur la croissance et options pour l'avenir*, 2014, 28 p.
- *Réformes économiques*, Objectif croissance, 2009, 220 p.
- *Niveaux et structures des impôts*, 1965-2013, 2014, 65 p.

OLIVA (É.), *Le juge constitutionnel et l'équilibre des finances publiques*, Rapport France, *AIJC*, n° XXVIII, 2012, pp.265-306.

Rapport au Président de la République relatif à l'ordonnance n° 2015-1628 du 10 décembre 2015 relative aux garanties consistant en une prise de position formelle, opposable à l'administration, sur l'application d'une norme à la situation de fait ou au projet du demandeur, JORF n° 0287 du 11 décembre 2015, p.22851.

RICHARD (P.), *Solidarité et performance*, Les enjeux de la maîtrise des dépenses publiques locales, Minéfi, La documentation française, 2006, 172 p.

RINALDI (D.), *Un nouvel élan pour l'Europe sociale*, Études et rapports, Institut Jacques Delors, n° 108, 2016, 124 p.

Sécurité sociale, *Le service public de la Sécurité sociale - Les 10 ans du Benchmarking de la Sécurité sociale*, 2013, 12 p.

Sénat, *Le principe de sincérité des lois de finances et des lois de financement de la Sécurité sociale*, Les documents de travail du Sénat, Série Études juridiques, 2006, 81 p.

SIRUGUE (C.), *Repenser les minima sociaux. Vers une couverture socle commune*, Rapport au Premier ministre, 2016, 170 p.

TOMPSON (W.), **PRICE** (R.), *L'économie politique de la réforme, Retraites, emplois et déréglementation dans dix pays de l'OCDE*, OCDE, 2010, 563 p.

VANLERENBERGHE (J.-M.), *Rapport d'information fait au nom de la mission d'évaluation et de contrôle de la Sécurité sociale et de la commission des affaires sociales sur la situation des finances sociales*, Sénat, 2016, 60 p.

VASSELLE (A.) et **CAZEAU** (B.), *Rapport d'information n° 377 fait au nom de la mission d'évaluation et de contrôle de la sécurité sociale (Mecss) de la commission des Affaires sociales sur la protection sociale et la réforme des retraites en Suède*, Sénat, 2007, 110 p.

VASSELLE (A.) :

- *Rapport d'information fait au nom de la MECSS de la commission des affaires sociales en vue de la tenue du débat sur les prélèvements obligatoires et leur évolution*, Doc. Parl., Sénat, n° 66, 31 octobre 2007, 223 p.
- *Rapport n° 60 (2001-2002) sur le Projet de loi de financement de la Sécurité sociale pour 2002 : examen des articles et tableau comparatif*, fait au nom de la commission des affaires sociales, déposé le 7 novembre 2001, Sénat, 196 p.

YUNG (R.), *Rapport n° 413 d'information fait au nom de la commission des Affaires européennes sur l'Europe sociale*, état des lieux et perspectives, Sénat, 2009, 56 p.

TABLE DE LÉGISLATION EUROPÉENNE

TRAITÉS ET CONVENTIONS COMMUNAUTAIRES

Traité de Lisbonne modifiant le Traité sur l'Union européenne et le Traité instituant la Communauté européenne, 2007, JOUE du 17/12/2007, C 306/01.

RÈGLEMENTS

Règlement (CEE) n° 1408/71 du Conseil du 14 juin 1971 relatif à l'application des régimes de sécurité sociale aux travailleurs salariés et à leur famille qui se déplacent à l'intérieur de la Communauté, JOCE n° L 149, 5 juill. 1971, p.1.

Règlement (CEE) n° 574/72, 21 mars 1972 relatif à l'application des régimes de sécurité sociale aux travailleurs salariés, aux travailleurs non-salariés et aux membres de leur famille qui se déplacent à l'intérieur de la Communauté, JOCE n° L 74, 27 mars 1972, p.1.

Règlement (CEE) n° 883/2004, 29 avr. 2004 portant sur la coordination des systèmes de sécurité sociale, JOUE n° L 166, 30 avr. 2004, p.1.

Règlement (CE) n° 987/2009 du Parlement européenne et du Conseil du 16 septembre 2009 fixant les modalités d'application du règlement (CE) n° 883/2004 portant sur la coordination des systèmes de sécurité sociale, JOUE n° L 284, 30 octobre 2009, p.1.

Règlement (UE, EURATOM) n° 966/2012 du Parlement européen et du Conseil du 25 octobre 2012 relatif aux règles financières applicables au budget général de l'Union et abrogeant le règlement (CE, Euratom) n° 1605/2002 du Conseil, JOUE du 26 octobre 2012, L.298/1.

Règlement (UE) n ° 549/2013 du Parlement européen et du Conseil du 21 mai 2013 relatif au système européen des comptes nationaux et régionaux dans l'Union européenne, JOUE du 26 juin 2013, L.174/1.

Règlement européen n° 2015/2195 de la Commission du 9 juillet 2015 complétant le règle (UE) n° 1304/2013 du Parlement européen et du Conseil relatif au Fonds social européen, en ce qui concerne la définition des barèmes standards de coûts unitaires et des montants forfaitaires pour le remboursement des dépenses des États membres par la Commission, JOUE du 28 novembre 2015, L.313/1.

DIRECTIVES

Directive n° 2006/112/CE du 28 novembre 2006 relative au système commun de taxe sur la valeur ajoutée, JOUE du 11 décembre 2006, p.L.347/1.

Directive n° 2014/24/UE du Parlement européen et du Conseil, du 26 février 2014, sur la passation des marchés publics et abrogeant la directive 2004/18/CE, JOUE du 28 mars 2014, L 94/65.

RECOMMANDATIONS

Recommandation du Conseil du 14 juillet 2015 concernant le programme national de réforme de la France pour 2015 et portant avis du Conseil sur le programme de stabilité de la France pour 2015, JOUE du 18 août 2015, C.272/53.

AUTRES SOURCES EUROPÉENNES

Ordonnance du Président du Tribunal, le 19 septembre 2012, aff. T-52/12, *Grèce c. Commission*

Protocole n° 26 sur les services d'intérêt général, JOUE du 26 octobre 2012, C 326, p.308.

Charte des droits fondamentaux de l'Union européenne, JOUE du 26 octobre 2012, C 326/391.

Accord interinstitutionnel du 2 décembre 2013 entre le Parlement européen, le Conseil et la Commission sur la discipline budgétaire, la coopération en matière budgétaire et la bonne gestion financière (2013/C 373/01), JOUE du 20 décembre 2013, C.373/1.

Résolution CM/ResChS(2014)11, Syndicat des pensionnés de la Banque agricole de Grèce (ATE) c. Grèce, Réclamation n° 80/2012.

TABLE DE LÉGISLATION NATIONALE

LOIS ET ORDONNANCES

LOIS

Lois constitutionnelles :

- **n° 96-138 du 22 février 1996** instituant les lois de financement de la Sécurité sociale, JORF n° 46 du 23 février 1996, p.2911.
- **n° 2008-724 du 23 juillet 2008** de modernisation des institutions de la Ve République, JORF n°0171 du 24 juillet 2008, p.11890.

Lois organiques :

- **n° 96-646 du 22 juillet 1996** relative aux lois de financement de la Sécurité sociale, JORF n° 170 du 23 juillet 1996, p.11103.
- **n° 2001-692 du 1er août 2001** relative aux lois de finances, JORF n° 177 du 2 août 2001, p.12480.
- **n° 2005-881 du 2 août 2005** relative aux lois de financement de la Sécurité sociale, JORF n°179 du 3 août 2005, p.12633.
- **n° 2010-1380 du 13 novembre 2010** relative à la gestion de la dette sociale, JORF n° 0265 du 16 novembre 2010, p.20346.
- **n° 2012-1403 du 17 décembre 2012** relative à la programmation et à la gouvernance des finances publiques, JORF n° 0294 du 18 décembre 2012, p.19816.

Lois de finances :

- **n° 59-1454 du 26 décembre 1959** portant loi de finances pour 1960, JORF du 27 décembre 1959, p.12363.
- **n° 90-1168 du 29 décembre 1990** de finances pour 1991, JORF n° 303 du 30 décembre 1990, p.16367.
- **n° 2000-656 du 13 juillet 2000** de finances rectificative pour 2000, JORF n° 162 du 14 juillet 2000, p.10808.
- **n° 2003-1311 du 30 décembre 2003** de finances pour 2004, JORF n° 302 du 31 décembre 2003, p.22530.

- **n°2003-1312 du 30 décembre 2003** de finances rectificative pour 2003, JORF n°302 du 31 décembre 2003, p.22594.
- **n° 2005-1719 du 30 décembre 2005** de finances pour 2006, JORF n° 304 du 31 décembre 2005, p.20597.
- **n° 2006-1666 du 21 décembre 2006** de finances pour 2007, JORF n° 299 du 27 décembre 2006, p.19641.
- **n° 2007-1824 du 25 décembre 2007** de finances rectificative pour 2007, JORF n° 0301 du 28 décembre 2007, p.21482.
- **n° 2010-1658 du 29 décembre 2010** de finances rectificative pour 2010, JORF n° 0302 du 30 décembre 2010, p.23127.
- **n° 2011-1977 du 28 décembre 2011** de finances pour 2012, JORF n°0301 du 29 décembre 2011, p.22441.
- **n° 2012-354 du 14 mars 2012** de finances rectificative pour 2012, JORF n° 0064 du 15 mars 2012, p.4690.
- **n° 2012-958 du 16 août 2012** de finances rectificative pour 2012, JORF n° 0190 du 17 août 2012, p.13479.
- **n° 2012-1510 du 29 décembre 2012** de finances rectificative pour 2012, JORF n° 0304 du 30 décembre 2012, p.20920.
- **n° 2013-1278 du 29 décembre 2013** de finances pour 2014, JORF n° 0303 du 30 décembre 2013, p.21829.
- **n° 2014-1654 du 29 décembre 2014** de finances pour 2015, JORF n° 0301 du 30 décembre 2014, p.22828.
- **n° 2015-1785 du 29 décembre 2015** de finances pour 2016, JORF n° 0302 du 30 décembre 2015, p.24614.
- **n° 2016-1917 du 29 décembre 2016** de finances pour 2017**,** JORF n°0303 du 30 décembre 2016.
- **n° 2016-1918 du 29 décembre 2016** de finances rectificative pour 2016, JORF n°0303 du 30 décembre 2016.

Lois de financement de la Sécurité sociale :

- **n° 2001-1246 du 21 décembre 2001** de financement de la sécurité sociale pour 2002, JORF n° 299 du 26 décembre 2001, p.20552.
- **n° 2003-1199 du 18 décembre 2003** de financement de la sécurité sociale pour 2004, JORF n° 293 du 19 décembre 2003, p.21641.
- **n° 2005-1579 du 19 décembre 2005** de financement de la sécurité sociale pour 2006, JORF n° 295 du 20 décembre 2005, p.19531.
- **n° 2007-1786 du 19 décembre 2007** de financement de la sécurité sociale pour 2008, JORF n° 0296 du 21 décembre 2007, p.20603.
- **n° 2008-1330 du 17 décembre 2008** de financement de la sécurité sociale pour 2009, JORF n° 0294 du 18 décembre 2008, p.19291.
- **n° 2010-1594 du 20 décembre 2010** de financement de la sécurité sociale pour 2011, JORF n° 0295 du 21 décembre 2010, p.22409.
- **n° 2011-1906 du 21 décembre 2011** de financement de la sécurité sociale pour 2012, JORF n° 0296 du 22 décembre 2011, p.21682.
- **n° 2013-1203 du 23 décembre 2013** de financement de la sécurité sociale pour 2014, JORF n° 0298 du 24 décembre 2013, p.21034.
- **n° 2014-892 du 8 août 2014** de financement rectificative de la sécurité sociale pour 2014, JORF n° 0183 du 9 août 2014, p.13344.
- **n° 2014-1554 du 22 décembre 2014** de financement de la sécurité sociale pour 2015, JORF n° 0297 du 24 décembre 2014, p.21748.
- **n° 2015-1702 du 21 décembre 2015** de financement de la sécurité sociale pour 2016, JORF n° 0296 du 22 décembre 2015, p.23635.
- **n° 2016-1827 du 23 décembre 2016** de financement de la sécurité sociale pour 2017, JORF n°0299 du 24 décembre 2016.

Autres lois :

- **n° 48-50 du 12 janvier 1948** relative aux droits de plaidoirie des avocats, JORF du 13 janvier 1948 p.373.
- **n° 49-946 du 16 juillet 1949** portant création d'un budget annexe des prestations familiales agricoles et fixation de ce budget pour l'exercice 1949, JORF du 17 juillet 1949, p.6944.
- **n° 56-639 du 30 juin 1956** portant institution d'un fonds national de solidarité, JORF du 1 juillet 1956, p.6070.
- **n° 74-1094 du 24 décembre 1974** relative à la protection sociale commune à tous les français et instituant une compensation entre régimes de base de sécurité sociale obligatoires, JORF du 26 décembre 1974, p.13020.
- **n° 83-25 du 19 janvier 1983** portant diverses mesures relatives à la sécurité sociale (mesures destinées à combler le déficit de la sécurité sociale), JORF du 20 janvier 1983, p.374.
- **n° 87-502 du 8 juillet 1987**, dite Aicardi, modifiant les procédures fiscales et douanières, JORF du 9 juillet 1987, p.7470.
- **n° 93-953 du 27 juillet 1993** relative au développement de l'emploi et de l'apprentissage, JORF n° 172 du 28 juillet 1993, p.10601.
- **n° 94-126 du 11 février 1994** relative à l'initiative et à l'entreprise individuelle, JORF n° 37 du 13 février 1994, p.2493.
- **n° 94-637 du 25 juillet 1994** relative à la sécurité sociale, JORF n° 172 du 27 juillet 1994, p.10815.
- **n° 94-638 du 25 juillet 1994** tendant à favoriser l'emploi, l'insertion et les activités économiques dans les départements d'outre-mer, à Saint-Pierre-et-Miquelon et à Mayotte, JORF n° 172 du 27 juillet 1994, p.10824.
- **n° 98-278 du 14 avril 1998** relative au régime local d'assurance maladie des départements du Bas-Rhin, du Haut-Rhin et de la Moselle, JORF n° 89 du 16 avril 1998 p.5847.
- **n° 99-641 du 27 juillet 1999** portant création d'une couverture maladie universelle, JORF n° 0172 du 28 juillet 1999, p.11229.
- **n° 2000-1207 du 13 décembre 2000** d'orientation pour l'outre-mer, JORF n° 289 du 14 décembre 2000, p.19760.

- **n° 2001-624 du 17 juillet 2001** portant diverses dispositions d'ordre social, éducatif et culturel, JORF n° 164 du 18 juillet 2001, p.11496.
- **n° 2003-47 du 17 janvier 2003** relative aux salaires, au temps de travail et au développement de l'emploi, JORF du 18 janvier 2003, p.1080.
- **n° 2003-660 du 21 juillet 2003** de programme pour l'outre-mer, JORF n° 167 du 22 juillet 2003, p.12320.
- **n° 2003-775 du 21 août 2003** portant réforme des retraites, JORF n° 193 du 22 août 2003, p.14310.
- **n° 2004-810 du 13 août 2004** relative à l'assurance maladie, JORF n° 190 du 17 août 2004, p.14598.
- **n° 2005-358 du 20 avril 2005** tendant à créer un Conseil des prélèvements obligatoires, JORF n° 93 du 21 avril 2005, p.6973.
- **n° 2008-776 du 4 août 2008** de modernisation de l'économie, JORF n° 0181 du 5 août 2008, p.12471.
- **n° 2009-526 du 12 mai 2009** de simplification et de clarification du droit et d'allégement des procédures, JORF n° 0110 du 13 mai 2009, p.7920.
- **n° 2009-594 du 27 mai 2009** pour le développement économique des outre-mer, JORF n° 0122 du 28 mai 2009, p.8816.
- **n° 2014-288 du 5 mars 2014** relative à la formation professionnelle, à l'emploi et à la démocratie sociale, JORF n° 0055 du 6 mars 2014, p.4848.
- **n° 2014-1653 du 29 décembre 2014** de programmation des finances publiques pour les années 2014 à 2019, JORF n° 0301 du 30 décembre 2014, p.22786.
- **n° 2016-1547 du 18 novembre 2016** de modernisation de la justice du XXIe siècle, JORF n°0269 du 19 novembre 2016.

Ordonnances

Ordonnance n° 45-2250 du 4 octobre 1945 portant organisation de la Sécurité sociale, JORF du 6 octobre 1945, p.6280.

Ordonnance n° 45-2453 du 19 octobre 1945 modifiant et codifiant la législation sur les accidents de travail et les maladies professionnelles et adaptant cette législation à l'organisation de la Sécurité sociale, JORF du 20 octobre 1945, p.6714

Ordonnance n° 45-2454 du 19 octobre 1945 fixant le régime des assurances sociales applicable aux assurés des professions non agricoles, JORF n° 0247 du 20 octobre 1945, p.6721.

Ordonnance n° 59-2 du 2 janvier 1959 portant loi organique relative aux lois de finances, JORF du 3 janvier 1959, p.180.

Ordonnance n° 67-706 du 21 août 1967 relative à l'organisation administrative et financière de la Sécurité sociale, JORF du 22 août 1967, p.8403.

Ordonnance n° 67-707 du 21 août 1967 portant modification du livre V du code de la santé publique relatif à la pharmacie, de diverses dispositions du code de la sécurité sociale relatives aux prestations et de la loi n° 66-419 du 18 juin 1966 relative à certains accidents du travail et maladies professionnelles, JORF du 22 août 1967, p.8409.

Ordonnance n° 67-708 du 21 août 1967 relative aux prestations familiales, JORF du 22 août 1967, p.8413.

Ordonnance n° 67-709 du 21 août 1967 portant généralisation des assurances sociales volontaires pour la couverture du risque maladie et des charges de la maternité, JORF du 22 août 1967, p.8414.

Ordonnance n° 84-198 du 21 mars 1984 relative au revenu de remplacement des travailleurs involontairement prives d'emploi et portant modification du code du travail, JORF du 22 mars 1984, p.896.

Ordonnance n° 96-344 du 24 avril 1996 portant mesures relatives à l'organisation de la sécurité sociale, JORF n° 98 du 25 avril 1996, p.6301.

Ordonnance n° 2005-651 du 6 juin 2005 relative à la garantie des droits des cotisants dans leurs relations avec les organismes de recouvrement des cotisations et contributions sociales, JORF n° 131 du 7 juin 2005, p.10027.

Ordonnance n° 2015-682 du 18 juin 2015 relative à la simplification des déclarations sociales employeurs, JORF n° 0140 du 19 juin 2015, p.10081.

Ordonnance n° 2015-1628 du 10 décembre 2015 relative aux garanties consistant en une prise de position formelle, opposable à l'administration, sur l'application d'une norme à la situation de fait ou au projet du demandeur, JORF n° 0287 du 11 décembre 2015, p.22852.

DÉCRETS

Décret impérial du 31 mai 1862 portant règlement général sur la comptabilité publique, *Recueil Duvergier*, p.310.

Décret n° 50-478 du 6 avril 1950 portant règlement d'administration publique pour la refonte des codes fiscaux et la mise en harmonie de leurs dispositions avec celles du décret du 09 décembre1948 et des lois subséquentes, JORF du 30 avril 1950, p.4469

Décret n° 50-479 du 6 avril 1950 portant refonte et codification des règlements d'administration publique pris pour l'application des lois réunies dans le code général des impôts, JORF du 30 avril 1950, p.4470

Décret n° 50-480 du 6 avril 1950 portant refonte et codification des décrets en Conseil d'État pris pour l'application du code général des impôts, JORF du 30 avril 1950, p.4470

Décret n° 50-481 du 6 avril 1950 portant refonte et codification des décrets pris pour l'application des lois réunies dans le code général des impôts, JORF du 30 avril 1950, p.4470.

Décret n° 56-601 du 19 juin 1956 déterminant le mode de présentation du budget de l'État, JORF du 20 juin 1936, p.5632.

Décret n° 62-1587 du 29 décembre 1962 portant règlement général sur la comptabilité publique, JORF du 30 décembre 1962, p.12828.

Décret n° 81-859 du 15 septembre 1981 portant codification des textes législatifs concernant les procédures fiscales (première partie : Législative), JORF du 18 septembre 1981, p.2494

Décret n° 81-860 du 15 septembre 1981 portant codification des textes réglementaires concernant les procédures fiscales (deuxième partie : Réglementaire), JORF du 18 septembre 1981, p.2495.

Décret n° 85-1353 du 17 décembre 1985 relatif au code de la sécurité sociale (partie législative et partie décrets en Conseil d'État), JORF du 21 décembre 1985, p.14961.

Décret n° 2004-1546 du 30 décembre 2004 pris pour l'application des articles 83, 154 bis, 154 bis-0 A et 163 quatervicies du code général des impôts relatif à la déduction des cotisations de retraite et de prévoyance et des cotisations versées au titre de l'épargne retraite et modifiant l'annexe III à ce code, JORF n° 1 du 1 janvier 2005, p.134.

Décret n° 2007-546 du 11 avril 2007 relatif aux droits des cotisants et au recouvrement des cotisations et contributions sociales et modifiant le code de la sécurité sociale, JORF n° 87 du 13 avril 2007, p.6779.

Décret n° 2008-310 du 3 avril 2008 relatif à la direction générale des finances publiques, JORF n° 0080 du 4 avril 2008.

Décret n° 2012-768 du 24 mai 2012 relatif aux attributions du ministre de l'économie, des finances et du commerce extérieur, JORF n° 0121 du 25 mai 2012, p.9256.

Décret n° 2012-1246 du 7 novembre 2012 relatif à la gestion budgétaire et comptable publique, JORF n° 0262 du 10 novembre 2012, p.17713.

Décret n° 2013-29 du 8 janvier 2013 portant publication du traité sur la stabilité, la coordination et la gouvernance au sein de l'Union économique et monétaire entre le Royaume de Belgique, la République de Bulgarie, le Royaume de Danemark, la République fédérale d'Allemagne, la République d'Estonie, l'Irlande, la République hellénique, le Royaume d'Espagne, la République française, la République italienne, la République de Chypre, la République de Lettonie, la République de Lituanie, le Grand-Duché de Luxembourg, la Hongrie, Malte, le Royaume des Pays-Bas, la République d'Autriche, la République de Pologne, la République portugaise, la Roumanie, la République de Slovénie, la République slovaque, la République de Finlande et le Royaume de Suède, signé à Bruxelles le 2 mars 2012, JORF n° 0009 du 11 janvier 2013, p.819.

Décret n° 2013-730 du 13 août 2013 portant modification du code de justice administrative (partie réglementaire), JORF n° 0189 du 15 août 2013, p.13960.

Décret n° 2015-170 du 13 février 2015 relatif aux transferts à la Caisse d'amortissement de la dette sociale des déficits du régime général et du Fonds de solidarité vieillesse à effectuer en 2015 en application de la loi de financement de la Sécurité sociale pour 2011, JORF n° 0039 du 15 février 2015, p.2922.

Décret n° 2015-1852 du 29 décembre 2015 relatif au taux des cotisations d'assurance maladie du régime général et de divers régimes de sécurité sociale, JORF n°0303 du 31 décembre 2015, p.25289.

Décret n° 2016-110 du 4 février 2016 relatif au transfert à la Caisse d'amortissement de la dette sociale des déficits du régime général et du Fonds de solidarité vieillesse à effectuer en 2016, JORF n° 0030 du 5 février 2016.

ARRÊTÉS

Arrêté du 6 avril 1950 portant refonte et codification des arrêtés pris pour l'application des lois réunies dans le code général des impôts, JORF du 30 avril 1950, p.4471.

Arrêté du 15 septembre 1981 portant codification des arrêtés concernant les procédures fiscales (troisième partie : Arrêtés), JORF du 18 septembre 1981, p.2497.

Arrêté du 6 janvier 2014 portant application des articles 22 et 138 du décret n° 2012-1246 du 7 novembre 2012 relatif à la gestion budgétaire et comptable publique, relatifs à l'encaisse des comptables publics, des régisseurs et des trésoriers militaires, JORF n° 0044 du 21 février 2014.

Arrêté du 26 novembre 2014 portant fixation du plafond de la sécurité sociale pour 2015, JORF n° 0284 du 9 décembre 2014, p.20502.

Arrêté du 21 décembre 2015 modifiant l'arrêté du 17 octobre 1995 relatif à la tarification des risques d'accidents du travail et des maladies professionnelles et fixant les tarifs des cotisations d'accidents du travail et des maladies professionnelles des activités professionnelles relevant du régime général de la sécurité sociale pour 2016, JORF n°0296 du 22 décembre 2015, p.23728.

Arrêté du 24 mai 2016 relatif au fonds de réserve pour les retraites, JORF n° 0126 du 1 juin 2016

INSTRUCTIONS, CIRCULAIRES, ET AUTRES TEXTES ADMINISTRATIFS

Avis du Haut Conseil des Finances publiques :

- Avis du 25 septembre 2015, n° HCFP-2015-03 relatif aux projets de lois de finances et de financement de la sécurité sociale pour l'année 2016, JORF n° 0227 du 1 octobre 2015.
- Avis du 26 septembre 2014, n° HCFP-2014-05 relatif aux projets de lois de finances et de financement de la sécurité sociale pour l'année 2015, JORF n° 0227 du 1 octobre 2014.

Instructions :

- BOI-CF-COM-10-70-20120912.
- BOI, 5 B-11-05 n° 34 du 21 février 2005.
- BOI-IR-BASE-20-50
- BOI-RSA-PENS-30-10-20-III.

Circulaires :

- Circulaire DSS/5C n° 2008-61 du 20 février 2008 relative aux conditions d'application par les organismes de sécurité sociale du droit de communication institué aux articles L.114-19 et suivants du code de la sécurité sociale.
- Circulaire du 4 juin 2010 relative à l'édiction de mesures fiscales et de mesures affectant les recettes de la sécurité sociale, JORF n° 0133 du 11 juin 2010 p.10730.
- Circulaire n° DSS/2011/323 du 21 juillet 2011 relative aux conditions d'application par les organismes de sécurité sociale du droit de communication institué aux articles L.114-19 et suivants du code de la sécurité sociale.
- Circulaire interministérielle n° DSS/2012/32 du 23 janvier 2012 relative à la généralisation des dispositions du plan de coopération renforcée de lutte contre les fraudes aux prestations versées par les caisses d'allocations familiales.
- Circulaire du 21 janvier 2016 portant application dans la fonction publique de l'ordonnance n° 2015-682 du 18 juin 2015 relative à la simplification des déclarations sociales des employeurs.
- Circulaire interministérielle n° DSS/SD2B/2016/77 du 15 mars 2016 relative à la revalorisation des prestations familiales servies en métropole au 1er avril 2016.
- Circulaire n° DSS/5C/2006/72 du 21 février 2006 relative à l'opposabilité des circulaires et instructions ministérielles publiées et au rescrit social.

INDEX DE JURISPRUDENCE

- Les numéros font référence aux pages -

Juridictions étrangères

Italie

Conseil d'État italien, Arrêt n° 217/1988, Consiglio di Stato, 1988, II, p.263. 126
Cour constitutionnelle italienne, Décision n° 27/1998, Giurisprudenza costituzionale, JO du 04.03.1998, n° 9. 126
Cour constitutionnelle italienne, Décision n° 293/2011, Giurisprudenza costituzionale, JO du 16.11.2011, n° 48. 127
Cour constitutionnelle italienne, Décision n° 70/2015 du 10/03/2015, Publiée au JO le 06/05/2015, n° 18. 128

Norvège

udgment of the Court of 20 May 1999 in Case E-6/98, Government of Norway v. EFTA Surveillance Authority (Action for annulment of a decision of the EFTA Surveillance Authority - State aid - General measures - Effect on trade - Aid schemes), Official Journal C 223, 05/08/1999 p.000. 168

Juridictions européennes

Cour européenne des droits de l'Homme

CEDH, 9 déc. 1994, Aff. n° 19006/91 et 19005/91, *Schouten et Meldrum c. Pays Bas*..250
CEDH, 12 juillet 2001, Aff. n° 44759/98, *Ferrazzini c. Italie*........................250

Cour de justice des communautés européennes / de l'Union européenne

CJCE, 5 février 1963, *Van Gend & Loos c. Administratie der Belastingen*, aff. 26/62..299
CJCE, 15 juillet 1964, *M. Flamino Costa c. Enel*, aff. 6/64. 300
CJCE, 16 décembre 1976, aff. N° 33/76. 298
CJCE, 12 juin 1980, aff. 130/79, *Express Dairy Foods c/ Intervention Board for Agricultural Produce*...298
CJCE, 17 février 1993, aff. C-159/91 et C-160/91, *Poucet et Pistre*. 319

CJCE, 17 février 1993, *Poucet et Pistre*, aff. C-159/91 et C-160/91.320, 401, 491
CJCE, 15 février 2000, aff. C.-169/98, *Commission c. France*. 187
CJCE, plén., 15 février 2000, aff. C-169/98 et C-34/98, *Commission c. France*. 309
CJCE, 13 avril 2000, aff. C-292/97, *Kjell Karlsson e.a.*. 123
CJCE, 22 janvier 2002, C-218/00, *Cisal*. 319
CJCE, 13 mai 2003, aff. C-385/99, *V. G. Müller-Fauré et Onderlinge Waarborgmaatschappij OZ Zorgverzekeringen UA, et entre E. E. M. van Riet et Onderlinge Waarborgmaatschappij ZAO Zorgverzekeringen*. 306
CJCE 16 mars 2004, *AOK Bundesverband*, aff. C-264/01....................323
CJCE, 16 mars 2004, C-264/01-, C-306/01, C-354/01 et C-235/01, *AOK Bundesverband*. 319
CJCE, 27 octobre 2005, C-266/04 à C-270/04, C-276/04 et C-321/04 à C-325/04, *Nazairdis SAS*. 319
CJUE, 16 janvier 2007, n° C-265/05, *José Perez Naranjo c. Caisse régionale d'assurance maladie (CRAM) Nord-Picardie*. 188
CJUE, 3 avril 2008, Affaire n° C-103/06, *Philippe Derouin c. URSSAF de Paris - Région Parisienne*....................188, 307
CJCE, 25 novembre 2008, aff. C-455/06, *Heemskerk BV, Firma Schaap c. Productschap Vee en Vlees*....................301
CJCE, 5 mars 2009, C-350/07, *Kattner Stahlbau GmbH*. 319
CJCE, 1er octobre 2009, aff. C-3/08, *Ketty Leyman c. Institut national d'assurance maladie-invalidité (INAMI)*....................305
CJUE, 26 février 2013, *Åklagaren c. Hans Åkerberg Fransson*, C-617/10. ...400
CJUE, 3 octobre 2013, Affaire C-59/12, *BKK Mobil Oil Körperschaft des öffentlichen Rechts contre Zentrale zur Bekämpfung unlauteren Wettbewerbs eV*. 498
CJUE, 26 février 2015, aff. C-623/13, *Ministre de l'Économie et des Finances c. Gérard de Ruyter*. 310
CJCE, 21 janvier 2016, aff. C-453/14, *Vorarlberger Gebietskrankenkasse, Alfred Knauer c. Landeshauptmann von Vorarlberg*. 306
CJCE, 21 janvier 2016, aff. C-515/14, *Commission européenne c. République de Chypre*. 306
CJCE, 17 mars 2016, aff. C-161/15, *Abdelhafid Bensada Benallal c. État belge*. 299

Juridictions nationales

Cour de casation

1966-1979

Cass., Soc., 20 juin 1966, Bull. 1966, IV, n° 624, p.520. 258
Cass., Soc., 8 décembre 1966, Bull.1966, IV, n° 930, p.779. 258
Cass., Soc., 1 juillet 1971, n° 70-11.075, Bull. civ. V, n°811. 226
Cass., Comm., 28 mars 1973, n° 72-10.858, Bull. Comm. N°141, p.122. 285
Cass., Soc, 14 mai 1975, n° 73-13.204, Bull. n°260, p.229. 223
Cass., Soc., 3 mai 1979, n° 77-14.898, Bull. n°384. 226

1980-1989

Cass., Soc., 17 mai 1982, n° 81-12.842. 224
Cass., Soc., 17 mai 1982, n° 81-12.842, Bull. civ. V., n° 314, p.232. 224
Cass., Soc., 2 juillet 1984, n° 83-10.157, *RJS* 12/1999 n°1509. 246
Cass., Ass. Plén., 29 novembre 1985, n° 83-15.580 et n° 84-12.543, Bull. 1985, APN, n°10, p.13. 224
Cass., Soc., 18 juin 1986, n° 84-10.254, Bull. 1986, V, n° 315, p.241 224
Cass., Soc., 6 mai 1987, n° 85-11.575, Bull. civ. V n°259. 240
Cass., Soc., 10 mai 1988, n° 85-18.651 223
Cass., Soc., 22 juin 1988, n° 86-13596, Bull.1988, V, n° 379, p.245. 224

1990-1999

Cass., Soc., 7 mai 1991, n° 88-16.344. 238
Cass., Soc., 4 juillet 1991, n° 89-15.263, *RJS* 10-1991, n°1134. 226
Cass., Soc., 20 février 1992, n° 89-21847, *RJS*, 4/92, n° 529. 224
Cass., Soc., 19 mars 1992, n° 88-11.682, *RJS* 5/1192 n°671 240
Cass., Soc., 9 avril 1992, n° 90-11.951, Inédit au Recueil Lebon. 226
Cass., Crim., 25 novembre 1992, n° 91-83.512, *Marti,* Bull. Crim. p.1068 n°389. 320
Cass., Soc., 14 janvier 1993, n° 90-15.106 / 90-15.103, *RJS* 2/1993 n°204. 285
Cass., Soc., 4 mars 1993, n° 89-20.821. 226
Cass., Soc., 1 avril 1993, n° 91-12.869, Inédit au Recueil Lebon. 226
Cass., Soc., 22 juillet 1993, n° 91-10.740. 226
Cass., Soc., 14 octobre 1993, n° 91-16.210. 226
Cass., Soc., 13 janvier 1994, n° 91-21.909, Inédit au Recueil Lebon. 240
Cass., Soc. 18 juillet 1996, n° 94-17.174, Bull. civ. V., n°306. 251
Cass., Soc., 30 octobre 1996, n° 94-19.037, Bull. 2001, V, n°69, p.52. 240
Cass., Soc., 5 décembre 1996, n° 95-10.567, *RJS* 2/1997 n°200, Bull. civ. V n°428. 240
Cass., Soc., 5 février 1998, n° 95-15.257, Inédit au Recueil Lebon. 240
Cass., Soc., 25 mars 1999, n° 97-14.283, Bull. 1999, V., n°137 240

2000-2009

Cass., Soc., 25 janvier 2001, n° 99-13.406, *RJS* 4/2001 n°496. 240
Cass., Soc., 18 octobre 2001, n°00-12.463, *André, RJS* 1/2002, n°88, *Dalloz,* 2001.3173, Bull. Civ. V, n°327. 188
Cass., Soc., 25 octobre 2001, n° 00-10.374, Inédit au Recueil Lebon............. 226
Cass., Soc., 6 février 2003, n° 01-20.003, Inédit au Recueil Lebon............... 240
Cass., Civ., 2e, 14 février 2003, n° 12-13.656, *RJS* 4/2013 n°320. 233
Cass., Soc., 12 novembre 2003, n° 01-43.013. 223
Cass., Ass. Plén., n° 509 du 6 février 2004, n° 01-21.435, Bull. 2004, APN, n°3, p.7 167
Cass., Ass. Plén., n° 510 du 6 février 2004, n° 03-30.070, Bull. 2004, APN, n°3, p.7 167
Cass., Ass. Plén., n° 511 du 6 février 2004, n° 03-30.086, Bull. 2004, APN, n°3, p.7 167
Cass., Ass. Plén., n° 511 du 6 février 2004, n° 03-30.305, Bull. 2004, APN, n°3, p.7 167
Cass., Civ., 2e., 17 mai 2004, n° 02-31.162, Inédit au Recueil Lebon............ 240
Cass., Civ., 2e., 16 novembre 2004, n° 02-20.938, Inédit au Recueil Lebon. .. 240
Cass., Civ., 2e, 18 janvier 2005, n° 03-30.290, n° 03-30.289, Inédit au Recueil Lebon. 242
Cass., Civ., 2e., 31 mai 2005, n° 03-30.658. 240
Cass., Civ., 2e., 21 juin 2005, n° 04-30.230, *RJS* 10/2005 n°1032. 240
Cass., Soc., 28 mars 2006, n° 04-30.211, *RJS* 7/2006 n°883........................ 236
Cass., Civ., 2e, 5 avril 2006, n° 05-10.685, 03-30.752, Bull. 2006, II., n°99, p.94 242
Cass., Civ., 2e, 25 avril 2007, n° 06-13.743, *F.-D. Vallier c/ URSSAF de l'Oise*. 319
Cass., Civ., 2e., 20 décembre 2007, n° 06-20.683, *RJS* 4/2008 n°474............ 240
Cass., Civ., 2e, 5 juin 2008, n° 06-21.494, *RJS* 10/2008 n°1028.................... 233
Cass., Civ., 2e, 10 juillet 2008, n° 07-18.152, *RJS* 10/2008 n°1029........ 232, 233
Cass., Civ., 2e, 9 juillet 2009, n° 08-16.344, Inédit au Recueil Lebon. 258

2010-2017

Cass., Civ., 2e, 12 mai 2011, n° 10-18.116, *RJF* 11/2011 n°897. 233
Cass., Civ., 2e, 7 juillet 2011, n° 10-19.300, n° 10-19303, n° 10-19.302, n° 10-19.304, n° 10-19.301, Inédit au Recueil Lebon. 259
Cass., Soc., 7 décembre 2011, n° 10-23.686.. 225
Cass., Soc., 7 décembre 2011, n° 10-23.687.. 225
Cass., Soc., 31 mai 2012, n° 11-10.762, Bull. civ. 2012, *Dalloz,* 2012.1488. . 189
Cass., Civ., 2e., 21 juin 2012, n° 11-17.904, Inédit au Recueil Lebon............ 240
Cass., Civ., 2e, 25 avril 2013, n° 12-30.049, *RJS* 7/2013 n°562. 233
Cass., Civ., 2e., 10 octobre 2013, n° 12-23.503, Inédit au Recueil Lebon. 226
Cass., Civ., 2e, 19 décembre 2013, n° 12-28.941, Inédit au Recueil Lebon. ... 258

Cass., Civ., 2e, 3 avril 2014, n° 13-11.516, *RJS* 6/2014 n°521. 238
Cass., Civ., 2e, 28 mai 2014, n° 13-18.066, *RJS* 8-9/2014 n°655...........237, 251
Cass., Crim., 28 mai 2014, n° 13-82.505, Inédit au Recueil Lebon. 255
Cass., Civ., 2e, 18 septembre 2014, n° 13-17.084, *RJS* 12/2014 n°892..........232
Cass., Civ., 2e, 9 octobre 2014, n° 13-18.974. 231
Cass., Civ., 2e., 9 octobre 2014, n° 13-18.837, *RJS* 12/2014, n° 897. 225
Cass., Civ., 2e., 9 octobre 2014, n° 13-18.974...225
Cass., Crim., 17 décembre 2014, n° 13-84.421, Inédit au Recueil Lebon.......255
Cass., Civ., 2e, 18 décembre 2014, n° 13-20.198, Inédit au Recueil Lebon. ...224
Cass., Civ., 2e, 12 mars 2015, n° 14-16.019, *RJS* 5/2015 n°365. 238
Cass., Civ., 2e, 2 avril 2015, n° 14-10.822, Inédit au Recueil Lebon. 224
Cass., Civ., 2e, 28 mai 2015, n° 14-17.618, *RJS* 8-9/2015 n°586...................233
Cass., Civ., 2e, 9 juillet 2015, n° 14-21.490. 231
Cass., Civ., 2e., 8 octobre 2015, n° 14-22.164, Inédit au Recueil Lebon.........224
Cass., Civ., 2e, 5 novembre 2015, n° 14-23.282. 231
Cass., Civ., 2e., 11 février 2016, n° 15-13.398, *RJF* 4/2016 n°331 et 332.......227
Cass., Civ., 2e, 10 mars 2016, n° 15-12.301, Inédit au Recueil Lebon............263
Cass., Civ., 2e., 10 mars 2016, n° 15-13.404, BS 5/2016, inf.371..................225
Cass., Civ., 2e, 4 mai 2017, n° 16-15.948, *BS* 7/17. 245
Cass., Civ., 2e, 6 juillet 2017, n° 16-22.228, *F-D, Sté Paris Méditerranée c/ Urssaf de Languedoc-Roussillon, BS* 11/17...242
Cass., Civ., 2e, 21 septembre 2017, n° 16-21.934. 292
Cass., Civ., 2e, 12 octobre 2017, n° 16-21.469...260
Cass., Civ., 2e, 9 novembre 2017, n° 16-21.793. 243

Conseil d'Etat

1938-1979

CE, Ass., 13 mai 1938, *Caisse primaire "Aide et protection"*. 315, 545
CE, 2 juin 1944, *Fays,* Lebon, p.159...99
CE, Ass., 10 mai 1968, req. n° 59077, *Deboulay*, Inédit au Recueil Lebon....445
CE, 8e ss-sect., 15 mai 1968, n° 69440..233
CE, 7e, 8e et 9e ss-sect., 26 avril 1976, req. n° 95585, *RJF* 6/1976 n°295. 241
CE, Sect., 21 mai 1976, n° 94052, *RJF* 7-8/76 n°344. 235
CE, 8e et 7e ss-sect., 30 mai 1979, n° 11436 et n° 12155...............................270

1980-1999

CE, 7e et 8e ss-sect., 7 mai 1982, req n° 18.920, *M. Rollet*. 232
CE, 1e et 4e ss-sect., 12 juin 1987, req. n° 48943, *Syndicat national des industries de boulangerie et fabrications annexes,* Inédit au Recueil Lebon. 100
CE, Ass. 26 oct. 1990, req. n° 72641 et 72642, *Union des sociétés d'assurance du secteur privé et autres,* Lebon, p.293. 150
CE, Ass., 26 octobre 1990, n° 72641 et n° 72642, *Union des sociétés d'assurance du secteur privé et autres*..39

CE, 1e et 4e ss-sect., 8 juillet 1992, req. n° 85786, *RJS*, 10/1992, n°1161. 226
CE, 8e et 9e ss-sect., 8 avril 1998, req. n° 157508, *Renucci*, *RJF* 6/1998 n°696. 233
CE, 1e et 4e ss-sect., 12 juin 1998, req. n° 188737. 446
CE, Ass., 5 mars 1999, req. n° 194658 et n° 196116, *Rouquette et Lipietz, RJS* 4/1999 n°609...300

2000-2009

CE, Sect., 6 octobre 2000, req. n° 208765, *SARL Trace, RJF* 12/2000 n°1497. 275
CE, 9e et 10e ss-sect., 10 novembre 2000, req. n° 204805, *M. Milhau*, *RJS* 2/2001 n°194. 234
CE, 3e et 8e ss-sect., 17 nov. 2000, req. n° 185772, *URSSAF de la Haute-Garonne, RJF*, 3/01, n°373. 100
CE, **Sect.,** 17 nov. 2000, req. n° 188298, *URSSAF de la Haute-Garonne,* Inédit au Recueil Lebon. 100
CE, 1e et 2e ss-sect., 3 avril 2002, req. n° 241132, Inédit au Recueil Lebon....373
CE, Sect., 26 février 2003, req. n° 232841, *M et Mme Morera, RJF* 5/2003 n°591. 246
CE, 9e et 10e ss-sect., 14 mars 2003, req. n° 241057, Lebon p.617................270
CE, 3e et 8e ss-sect., 7 janvier 2004, req. n° 237395, *Martin,* BDCF, 2004, 4, p.23, concl. GLASER (E.); *Dalloz*, 2004, p.1556, obs.PRÉTOT (X.); *RJS*,4/2004, n°451. ....141, 188
CE, Sect., 27 février 2004, req. n° 217257, *Mme Popin*...............................339
CE, 3e et 8e ss-sect., 18 mars 2005, req. n° 260353, *RJF* 6/2005 n°526..........270
CE, 1e et 6e ss-sect., 6 septembre 2006, req. n° 277752, *Union des familles en Europe*, Lebon, p.393. 100
CE, Ass., 8 février 2007, req. n° 279522, *RJS* 4/2007 n°520. 252
CE, 1e et 6e ss-sect., 2 juillet 2007, req. n° 285485, Inédit au Recueil Lebon..253
CE, 9e et 10e ss-sect., 18 janvier 2008, n° 280573, *M. Davy, RJF* 4/2008 n°396, *Droit fiscal* n° 21, mai 2008, comm. 346. ....234, 246
CE, 1e et 6e ss-sect., 30 janvier 2008, req. n° 273438, *Fédération générale agroalimentaire CFDT*..100
CE, 9e et 10e ss-sect., 11 avril 2008, req. n° 293754, *RJF* 6/2007 n°786. 252
CE, 8e et 3e ss-sect., 14 avril 2008, n° 298777, *RJF* 7/2008 n°792. 255
CE, 9e et 10e ss-sect., 26 décembre 2008, req. n° 282995, *RJF* 3/2009 n°237.250
CE, 1e et 6e ss-sect., 18 février 2009, req. n° 295233. 373
CE, Sect., 6 mars 2009, req. n° 306084, Lebon p.79......................................274
CE, 8e ss-sect.,16 octobre 2009, req. n° 306955, Inédit au Recueil Lebon......253

2010-2017

CE, 1e et 6e ss-sect., 12 mai 2010, n° 328162. 253
CE, 1e et 6e ss-sect., 28 mai 2010, req. n° 328731...373
CE, 10e ss-sect., 29 octobre 2010, n° 339200, *RJS* 1/2011 n°85....................255

CE, 10e ss-sect., 29 octobre 2010, n° 339202, Inédit au Recueil Lebon..........254
CE, 9e ss-sect., 8 avril 2011, n° 313124, Inédit au Recueil Lebon..................254
CE, 1e et 6e ss-sect., 2 décembre 2011, req. n° 342972, Inédit au Recueil Lebon. 293
CE, 9e ss-sect., 23 décembre 2011, req. n° 322462, req. n° 322463, Inédit au Recueil Lebon...250
CE, 3e et 8e ss-sect., 01 février 2012, req. n° 339387, *RJF* 4/2012 n°438. 250
CE, 3e et 8e ss-sect., 1 février 2012, req. n° 339388, Inédit au Recueil Lebon.250
CE, 8e et 3e ss-sect., 11 février 2013, req. n° 346743, *RJF* 11/2011 n°1194. ..233
CE, 8e et 3e ss-sect., 27 février 2013, n° 354004, *RJF* 5/2013 n°516.............254
CE, Sect., 8 mars 2013, n° 353782..254
CE, 5 juillet 2013, n° 363118, n° 364129 et n° 364147, *RJF* 10/2013 n°970. 263
CE, 8e et 3e ss-sect., 21 octobre 2013, n° 358061, Inédit au Recueil Lebon....254
CE, 8e et 3e ss-sect. réunies, 31 mars 2014, req. n° 368111, *Société Auchan et autres, RJF* 6/2014 n°639...587
CE, 3e et 8e ss-sect., 16 juillet 2014, n° 364477, *RJF* 11/2014 n°999 et 1000. 271
CE, 3e et 8e ss-sect., 26 septembre 2014, n° 370929, Inédit au Recueil Lebon. 250
CE, 3e et 8e ss-sect., 15 octobre 2014, req. n° 371538, Inédit au Recueil Lebon. 250
CE, 1e ss-sect., 12 novembre 2014, req. n° 371397. 293
CE, 1e et 6e ss-sect., 21 janvier 2015, req. n° 383004, Inédit au Recueil Lebon. 100
CE, 9e et 10e ss-sect., 15 avril 2015, req. n° 361828, Inédit au Recueil Lebon. 250
CE, 9e et 10e ss-sect., 24 juin 2015, n° 370049, *RJF* 10/2015 n°752. 271
CE, 1e et 6e ss-sect., 5 octobre 2015, req. n° 371832, *RJS* 1/2016 n°59. 252
CE, 5 octobre 2015, req. n° 383956, 383957 et 383958, *Association des amis des intermittents et précaires et autres, RJS* 12/2015 n°798...............................506
CE, 10e ss-sect.,15 octobre 2015, req. n° 369474, Inédit au Recueil Lebon....250
CE, 8e ss-sect., 23 octobre 2015, n° 384805, Inédit au Recueil Lebon............271
CE, 1e et 6e ss-sect., 4 novembre 2015, req. n° 377027, Inédit au Recueil Lebon. 253
CE, 9e ss-sect., 9 novembre 2015, n° 374744, Inédit au Recueil Lebon..........271
CE, 8e et 3e ss-sect., 7 décembre 2015, n° 371403. 271
CE, 9e et 10e ss-sect., 30 décembre 2015, req. n° 374816. 281
CE, 3e et 8e ss-sect., 21 janvier 2016, req. n° 388989......................................226
CE, 9e ss-sect., 16 mars 2016, n° 383570, Inédit au Recueil Lebon................254
CE, Ass., 13 juillet 2016, req. n° 387763. 241
CE, Sect., 31 mars 2017, req. n° 389842, *Min. c. A.*, BF 6/17.......................242

Conseil constitutionnel

1960-1969

Cons. Const., Décision n° 60-4 L du 7 avril 1960, *Nature juridique de l'article 15 (paragraphe II) de l'ordonnance n° 58-1374 du 30 décembre 1958 portant loi de finances pour 1959*, JO du 29 avril 1960, p.3958, Recueil p.31. 445
Cons. Const., Décision n° 60-8 DC du 11 août 1960, *Loi de finances rectificative pour 1960*, JO du 13 août 1960, p.7599, Recueil p.25. .... 90, 454, 553
Cons. Const., Décision n° 60-10 L du 20 décembre 1960, *Nature juridique de l'article 10 de l'ordonnance n° 58-1374 du 30 décembre 1958 portant loi de finances pour 1959 et de l'article 3 de l'ordonnance n° 59-246 du 4 février 1959 portant loi de finances rectificative pour 1959*, JO du 31 décembre 1960, p.12111, Recueil p.39. 166
Cons. Const., Décision n° 60-11 DC du 20 janvier 1961, *Loi relative aux assurances maladie, invalidité et maternité des exploitants agricoles et des membres non-salariés de leur famille*, JO du 24 janvier 1961, p.982, Recueil p.29.................... 28, 39, 89, 92
Cons. Const., Décision n° 65-34 L du 2 juillet 1965, *Nature juridique des articles 1er, 5 et 6 de l'ordonnance n° 58-1383 du 31 décembre 1958 portant modification de certaines dispositions du régime de retraite des marins du commerce*, JO du 23 août 1965, Recueil, p.75. 447

1970-1979

Cons. Const., Décision n° 71-44 DC du 16 juillet 1971, *Loi complétant les dispositions des articles 5 et 7 de la loi du 1er juillet 1901 relative au contrat d'association*, JO du 18 juillet 1971, p.7114, Recueil, p.29. 397
Cons. Const., Décision n° 74-54 DC du 15 janvier 1975, *Loi relative à l'interruption volontaire de la grossesse*, JO du 16 janvier 1975, p.671, Recueil p.19.................... 382, 397
Cons. Const., Décision n° 79-107 DC, 12 juillet 1979, *Loi relative à certains ouvrages reliant les voies nationales ou départementales*, JO du 13 juillet 1979, Recueil p.31. 93
Cons. Const., Décision n° 79-110 DC du 24 décembre 1979, *Loi de finances pour 1980*, JO du 26 décembre 1979, p.3259, Recueil, p.36. 435

1980-1989

Cons. Const., Décision n° 80-117 DC du 22 juillet 1980, *Loi sur la protection et le contrôle des matières nucléaires*, JO du 24 juillet 1980, p.1867, Recueil p.42.................... 382
Cons. Const., Décision n° 81-133 DC du 30 décembre 1981, *Loi de finances pour 1982*, JO du 31 décembre 1981, p.3609, Recueil p.41. 93
Cons. Const., Décision n° 81-132 DC du 16 janvier 1982, *Loi de nationalisation*, JO du 17 janvier 1982, p.299, Recueil, p.18. 390

Cons. Const., Décision n° 82-140 DC du 28 juin 1982, *Loi de finances rectificative pour 1982*, JO du 29 juin 1982, p.2043, Recueil p.45.........414, 416
Cons. Const., Décision n° 82-148 DC du 14 décembre 1982, *Loi relative à la composition des conseils d'administration des organismes du régime général de sécurité sociale*, JO du 15 décembre 1982, p.3750, Recueil, p.73.................388
Cons. Const., Décision n° 82-152 DC du 14 janvier 1983, *Loi portant diverses mesures relatives à la sécurité sociale*, JO du 15 janvier 1983, p.353, Recueil, p.31..201, 412
Cons. Const., Décision n° 83-164 DC du 29 décembre 1983, *Loi de finances pour 1984*, JO du 30 décembre 1983, p.3871, Recueil, p.67................................419
Cons. Const., Décision n° 83-168 DC du 20 janvier 1984, *Loi portant dispositions statutaires relatives à la fonction publique territoriale*, JOdu 21 janvier 1984, p.368, Recueil p.38..26
Cons. Const., Décision n° 84-136 L du 28 février 1984, *Nature juridique des dispositions de l'article L 426-1 du code de l'aviation civile tel qu'il résulte de la loi n° 72-1090 du 8 décembre 1972*, JO du 2 mars 1984, p.764, Recueil p.111..166
Cons. Const., Décision n° 85-191 DC du 10 juillet 1985, *Loi portant diverses dispositions d'ordre économique et financier*, JO du 12 juillet 1985, p.7888, Recueil, p.46. 448
Cons. Const., Décision n° 86-207 DC du 26 juin 1986, *Loi autorisant le Gouvernement à prendre diverses mesures d'ordre économique et social*, JO du 27 juin 1986, p.7978, Recueil, p.61..552
Cons. Const., Décision n° 86-217 DC du 18 septembre 1986, *Loi relative à la liberté de communication*, JO du 19 septembre 1986, p.11294, Recueil p.141...391, 552
Cons. Const., décision n° 86-223 DC, 29 décembre 1986, *Loi de finances rectificative pour 1986*, JO du 30 décembre 1986, JO du 30 décembre 1986, p.15802, Recueil, p.184...448
Cons. Const., Décision n° 86-225 DC du 23 janvier 1987, *Loi portant diverses mesures d'ordre social*,. JO du 25 janvier 1987, p.925. Recueil, p.13....383, 560
Cons. Const., Décision n° 87-237 DC, 30 décembre 1987, *Loi de finances pour 1988*, JO du 31 décembre 1987, p.15761, Recueil, p.63.........................94, 397
Cons. Const., Décision n° 87-239 DC du 30 décembre 1987, *Loi de finances rectificative pour 1987*, JO du 31 décembre 1987, p.15763, Recueil, p.69.....448
Cons. Const., Décision n° 87-234 DC du 7 janvier 1988, *Loi organique relative au contrôle du Parlement sur les finances des régimes obligatoires de sécurité sociale*, JO du 9 janvier 1988, p.444, Recueil, p.26. 548

1990-1999

Cons. Const., Décision n° 90-285 DC du 28 décembre 1990, *Loi de finances pour 1991*, JO du 30 décembre 1990, p.16609, Recueil p.95.97, 151, 187, 198, 362, 415, 449, 493

Cons. Const., Décision n° 90-283 DC du 8 janvier 1991, *Loi relative à la lutte contre le tabagisme et l'alcoolisme*, JO du 10 janvier 1991, p.524, Recueil, p.11 .... 415, 448
Cons. Const., Décision n° 91-291 DC du 6 mai 1991, *Loi instituant une dotation de solidarité urbaine et un fonds de solidarité des communes de la région d'Ile-de-France, réformant la dotation globale de fonctionnement des communes et des départements et modifiant le code des communes*, JO du 11 mai 1991, p.6236, Recueil, p.40. 397
Cons. Const., Décision n° 91-298 DC du 24 juillet 1991, *Loi portant diverses dispositions d'ordre économique et financier*, JO du 26 juillet 1991, p.9920, Recueil, p.82. 434
Cons. Const., Décision n° 91-302 DC du 30 décembre 1991, *Loi de finances pour 1992*, JO du 31 décembre 1991, p.17434, Recueil, p.137. .... 148, 151
Cons. Const., Décision n° 93-320 DC, 21 juin 1993, *Loi de finances rectificative pour 1993*, JO du 23 juin 1993, p.8869, Recueil, p.146. .... 197, 362, 419
Cons. Const., Décision n° 93-325 DC du 13 août 1993, *Loi relative à la maîtrise de l'immigration et aux conditions d'entrée, d'accueil et de séjour des étrangers en France*, JO du 18 août 1993, p.11722 , Recueil, p.224. .... 40, 141, 449
Cons. Const., Décision n° 93-328 DC du 16 décembre 1993, *Loi quinquennale relative au travail, à l'emploi et à la formation professionnelle*, JO du 21 décembre 1993, p.17814, Recueil, p.547 .... 409, 416
Cons. Const., Décision n° 94-351 DC du 29 décembre 1994, *Loi de finances pour 1995*, JO du 30 décembre 1994, p.18935, Recueil p.140. 86
Cons. Const., Décision n° 95-369 DC du 28 décembre 1995, *Loi de finances pour 1996*, JO du 31 décembre 1995, p.19099, Recueil, p.257. 412
Cons. Const., Décision n° 96-375 DC du 9 avril 1996, *Loi portant diverses dispositions d'ordre économique et financier*, JO du 13 avril 1996, p.5730, Recueil, p.60. 552
Cons. Const., Décision n° 96-379 DC du 16 juillet 1996, *Loi organique relative aux lois de financement de la Sécurité sociale*, JO du 23 juillet 1996, p.11107, Recueil, p.95. 428
Cons. Const., Décision n° 97-393 DC du 18 décembre 1997, *Loi de financement de la Sécurité sociale pour 1998*, JO du 23 décembre 1997, p.18649, Recueil p.320 .... 97, 157, 158, 393, 398
Cons. Const., Décision n° 98-404 DC, 18 décembre 1998, *Loi de financement de la Sécurité sociale pour 1999*, JO du 27 décembre 1998, p.19663, Recueil p.315 99
Cons. Const., Décision n° 98-405 DC du 29 décembre 1998, *Loi de finances pour 1999*, JO du 31 décembre 1998, p.20138, Recueil, p.326.358 393, 414, 424, 582
Cons. Const., Décision n° 99-416 DC du 23 juillet 1999, *Loi portant création d'une couverture maladie universelle*, JO du 28 juillet 1999, p.11250, Recueil, p.100 .... 130, 135, 145
Cons. Const., Décision n° 99-149 DC, 9 novembre 1999, *Loi relative au pacte civil de solidarité*, JO du 16 novembre 1999, p.16962, Recueil, p.116. 87

Cons. Const., Décision n° 99-421 DC du 16 décembre 1999, *Loi portant habilitation du Gouvernement à procéder, par ordonnances, à l'adoption de la partie législative de certains codes*, JO du 22 décembre 1999, p.19041, Recueil, p.136..257
Cons. Const., Décision n° 99-424 DC du 29 décembre 1999, *Loi de finances pour 2000*, JO du 31 décembre 1999, p.19991, Recueil p.156. .... 148, 282, 414

2000-2009

Cons. Const. Décision n° 2000-437 DC, du 19 décembre 2000, *Loi de financement de la Sécurité sociale pour 2001*, JO du 24 décembre 2000, p.20576, Recueil, p.190. .... 30, 175, 400, 435, 462
Cons. Const., Décision n° 2000-441 DC du 28 décembre 2000, *Loi de finances rectificative pour 2000*, JO du 31 décembre 2000, p.21204, Recueil, p.201..468, 550
Cons. Const., Décision n° 2000-442 DC du 28 décembre 2000, *Loi de finances pour 2001*, JO du 31 décembre 2000, p.21194, Recueil, p.211. 448
Cons. Const., Décision n° 2001-447 DC du 18 juillet 2001, *Loi relative à la prise en charge de la perte d'autonomie des personnes âgées et à l'allocation personnalisée d'autonomie*, JO du 21 juillet 2001, p.11743, Recueil, p.89..... 412
Cons. Const., Décision n° 2001-448 DC du 25 juillet 2001, *Loi organique relative aux lois de finances*, JO du 2 août 2001, p.12490, Recueil, p.99. ... 416, 419, 553
Cons. Const., Décision n° 2001-451 DC du 27 novembre 2001, *Loi portant amélioration de la couverture des non-salariés agricoles contre les accidents du travail et les maladies professionnelles*, JO du 1er décembre 2001, p.19112, Recueil p.145. .... 390, 446, 487
Cons. Const. Décision n° 2001-453 DC du 18 décembre 2001, *Loi de financement de la Sécurité sociale pour 2002*, JO du 26 décembre 2001, p.20582, Recueil, p.164.. 174, 429, 432
Cons. Const., Décision n° 2001-455 DC du 12 janvier 2002, *Loi de modernisation sociale*, JO du 18 janvier 2002, p.1053, Recueil, p.49. 392
Cons. Const., Décision n° 2002-458 DC du 7 février 2002, *Loi organique portant validation de l'impôt foncier sur les propriétés bâties en Polynésie française*, JO du 12 février 2002, p.2783, Recueil, p.80... 322
Cons. Const., Décision n° 2002-463 DC du 12 décembre 2002, *Loi de financement de la Sécurité sociale pour 2003*, JO du 24 décembre 2002, p.21500, Recueil p.540. 174
Cons. Const., Décision n° 2003-473 DC du 26 juin 2003, *Loi habilitant le Gouvernement à simplifier le droit*, JO du 3 juillet 2003, p.11205, Recueil p.382.. 103
Cons. Const., Décision n° 2003-483 DC du 14 août 2003, *Loi portant réforme des retraites*, JO du 22 août 2003, p.14343, Recueil p.430. 398
Cons. Const., Décision n° 2003-488 DC du 29 décembre 2003, *Loi de finances rectificative pour 2003*, JO du 31 décembre 2003, p.22652, Recueil, p.480..392, 394

Cons. Const., Décision n° 2003-489 DC du 29 décembre 2003, Loi de finances pour 2004, JO du 31 décembre 2003, p.22636, Recueil p.487. .... 103, 282
Cons. Const., Décision n° 2004-494 DC, 29 avril 2004, *Loi relative à la formation professionnelle tout au long de la vie et au dialogue social*, JO du 5 mai 2004, p.7998, Recueil p.91 111
Cons. Const., Décision n° 2004-499 DC du 29 juillet 2004, *Loi relative à la protection des personnes physiques à l'égard des traitements de données à caractère personnel et modifiant la loi n° 78-17 du 6 janvier 1978 relative à l'informatique, aux fichiers et aux libertés*, JO du 7 août 2004, p.14087, Recueil, p.126. 392
Cons. Const., Décision n° 2004-504 DC du 12 août 2004, *Loi relative à l'assurance maladie*, JO du 17 août 2004, p.14657, Recueil, p.153. 437
Cons. Const., Décision n° 2004-511 du 29 décembre 2004, *Loi de finances pour 2005*, JO du 31 décembre 2004, p.22571, Recueil, p.236. 578
Cons. Const., Décision n° 2005-512 DC du 21 avril 2005, *Loi d'orientation et de programme pour l'avenir de l'école*, JO du 24 avril 2005, p.7173, Recueil, p.72. 422
Cons. Const., Décision 2005-519 DC du 29 juillet 2005, *Loi organique relative aux lois de financement de la Sécurité sociale*, JO du 3 août 2005, p.12661, Recueil p.129. .... 179, 421
Cons. Const., Décision n° 2005-528 DC du 15 décembre 2005, *Loi de financement de la Sécurité sociale pour 2006*, JO du 20 décembre 2005, p.19561, Recueil, p.157. .... 30, 324, 421
Cons. Const., Décision 2005-530 DC du 29 décembre 2005, *Loi de finances pour 2006*, JO du 31 décembre 2005, p.20705, Recueil p.168. 416
Cons. Const., Décision n° 2005-532 DC du 19 janvier 2006, *Loi relative à la lutte contre le terrorisme et portant dispositions diverses relatives à la sécurité et aux contrôles frontaliers*, JO du 24 janvier 2006, p.1138, Recueil p.31. 466
Cons. Const., Décision n° 2006-544 DC du 14 décembre 2006, *Loi de financement de la Sécurité sociale pour 2007*, JO du 22 décembre 2006, p.19356, Recueil, p.129. 422
Cons. Const., Décision n° 2006-545 DD du 28 décembre 2006, *Loi pour le développement de la participation et de l'actionnariat salarié et portant diverses dispositions d'ordre économique et social*, JO du 31 décembre 2006, p.20320, Recueil p.138. 103
Cons. Const., Décision n° 2007-550 DC du 27 février 2007, *Loi relative à la modernisation de la diffusion audiovisuelle et à la télévision du futur*, JO du 7 mars 2007, p.4368, Recueil, p.81 392
Cons. Const., Décision n° 2008-567 DC du 24 juillet 2008, *Loi relative aux contrats de partenariat*, JO du 29 juillet 2008, p.12151, Recueil, p.341......... 104
Cons. Const., Décision n° 2008-571 DC du 11 décembre 2008, *Loi de financement de la Sécurité sociale pour 2009*, JO 18 décembre 2008, p.19327, Recueil, p.378. 452

Cons. Const., Décision n° 2009-575 DC du 12 février 2009, *Loi pour l'accélération des programmes de construction et d'investissement publics et privés*, JO du 18 février 2009, p.2847, Recueil p.48. 103
Cons. Const., Décision n° 2009-578 DC du 18 mars 2009, *Loi de mobilisation pour le logement et la lutte contre l'exclusion*, JO du 27 mars 2009, p.5445, Recueil, p.73. 449
Cons. Const., Décision n° 2009-599 DC du 29 décembre 2009, *Loi de finances pour 2010*, JO du 31 décembre 2009, p.22995, Recueil, p.218. .... 94, 397
Cons. Const., Décision n° 2009-597 DC du 21 janvier 2010, *Loi organique tendant à permettre à Saint-Barthélemy d'imposer les revenus de source locale des personnes établies depuis moins de cinq ans*, JO du 26 janvier 2010, p.1620, Recueil p.47. 282
Cons. Const., Décision n° 2009-598 DC du 21 janvier 2010, *Loi organique modifiant le livre III de la sixième partie du code général des collectivités territoriales relatif à Saint-Martin*, JO du 26 janvier 2010, p.1619, Recueil p.50 282

2010-2017

Cons. Const. Décision n° 2010-605 DC du 12 mai 2010, *Loi relative à l'ouverture à la concurrence et à la régulation du secteur des jeux d'argent et de hasard en ligne*, JO du 13 mai 2010, p.8897, Recueil, p.78. 392
Cons. Const., Décision n° 2010-5 QPC du 18 juin 2010, *SNC KIMBERLY CLARK* [Incompétence négative en matière fiscale], JO du 19 juin 2010, p.11149, Recueil, p.114. 355
Cons. Const., Décision n° 2010-11 QPC, 9 juillet 2010, *Mme Virginie M.* [Pension militaire d'invalidité], JO du 10 juillet 2010, p.12840, Rectificatif, JO du 7 août 2010, p.14620, Recueil p.136. 94
Cons. Const., Décision n° 2010-16 QPC, 23 juillet 2010, *M. Philippe E.* [Organismes de gestion agréés], JO du 24 juillet 2010, p.13728, Rectificatif, JO du 7 août 2010, p.14620, Recueil p.164. 94
Cons. Const., Décision n° 2010-19/27 QPC du 30 juillet 2010, *Époux p.Et autres* [Perquisitions fiscales], JO du 31 juillet 2010, p.14202, Recueil p.190. 282
Cons. Const., Décision n° 2010-24 QPC, 6 août 2010, *Association nationale des sociétés d'exercice libéral et autres* [Cotisations sociales des sociétés d'exercice libéral], JO du 7 août 2010, p.14617, Recueil p.209. 98
Cons. Const. Décision n° 2010-44 QPC du 29 septembre 2010, *Époux M* [Impôt de solidarité sur la fortune], JO du 30 septembre 2010, p.17783, Recueil, p.259. 361
Cons. Const., Décision n° 2010-617 DC du 9 novembre 2010, *Loi portant réforme des retraites*, JO du 10 novembre 2010, p.20056, Recueil p.310 394
Cons. Const., Décision n° 2010-616 DC du 10 novembre 2010, *Loi organique relative à la gestion de la dette sociale*, JO du 16 novembre 2010, p.20350, Recueil, p.317. .... 117, 427, 433

Cons. Const., Décision n° 2010-68 QPC du 19 novembre 2010, *Syndicat des médecins d'Aix et région* [Représentation des professions de santé libérales], JO du 20 novembre 2010, p.20840, Recueil, p.330..392
Cons. Const., Décision n° 2010-70 QPC du 26 novembre 2010, *M. Pierre-Yves M.* [Lutte contre l'évasion fiscale], JO du 27 novembre 2010, p.21118, Recueil, p.340..357
Cons. Const., Décision n° 2010-71 QPC du 26 novembre 2010, *Mlle Danielle S.* [Hospitalisation sans consentement], JO du 27 novembre 2010, p.21119, Recueil, p.343..392
Cons. Const., Décision n° 2010-76 QPC, du 3 décembre 2010, *M. Roger L.* [Tribunaux des affaires de sécurité sociale (TASS)], JO du 4 décembre 2010, p.21360, Recueil, p.364..292
Cons. Const., Décision 2010-622 DC du 28 décembre 2010, *Loi de finances pour 2011*, JO du 30 décembre 2010, p.23190, Recueil p.416. ....282, 416, 448
Cons. Const., Décision n° 2010-624 DC du 20 janvier 2011, *Loi portant réforme de la représentation devant les cours d'appel*, JO du 26 janvier 2011, p.1550, Recueil, p.66. 103
Cons. Const., Décision n° 2010-110 QPC, 25 mars 2011, *M. Jean-Pierre B.* [Composition de la commission départementale d'aide sociale], JO du 26 mars 2011, p.5406, Recueil, p.160. 336
Cons. Const., Décision n° 2011-180 QPC, 13 octobre 2011, *M. Jean-Luc O. et autres* [Prélèvement sur les « retraites chapeau »], JO du 15 octobre 2011, p.17463, Recueil p.498..98
Cons. Const., Décision n° 2011-642 DC du 15 décembre 2011, *Loi de financement de la Sécurité sociale pour 2012*, JO du 22 décembre 2011, p.21719, Recueil, p.588. 421
Cons. Const., Décision n° 2012-649 DC du 15 mars 2012, *Loi relative à la simplification du droit et à l'allégement des démarches administratives*, JO du 23 mars 2012, p.5253, Recueil, p.142..450
Cons. Const., Décision n° 2012-235 QPC du 20 avril 2012, *Association Cercle de réflexion et de proposition d'actions sur la psychiatrie* [Dispositions relatives aux soins psychiatriques sans consentement], JO du 21 avril 2012, p.7194, Recueil, p.202..392
Cons. Const., Décision n° 2012-254 QPC du 18 juin 2012, *Fédération de l'énergie et des mines - Force ouvrière FNEM FO* [Régimes spéciaux de sécurité sociale], JO du 19 juin 2012, p.10179, Recueil, p.292. ....392, 445
Cons. Const., Décision n° 2012-653 DC du 9 août 2012, *Traité sur la stabilité, la coordination et la gouvernance au sein de l'Union économique et monétaire*, JO du 11 août 2012, p.13283, Recueil, p.453. ....440, 455
Cons. Const., Décision n° 2012-658 DC du 13 décembre 2012, *Loi organique relative à la programmation et à la gouvernance des finances publiques*, JO du 18 décembre 2012, p.19856, Recueil, p.667..441, 456

Cons. Const., Décision n° 2012-659 DC du 13 décembre 2012, *Loi de financement de la Sécurité sociale pour 2013*, JO du 18 décembre 2012, p.19861, Recueil, p.680. .... 144, 154, 155, 159, 449

Cons. Const., Décision n° 2012-662 DC du 29 décembre 2012, *Loi de finances pour 2013*, JO du 30 décembre 2012, p.20966, Recueil, p.724. 358

Cons. Const., Décision n° 2013-672 DC, 13 juin 2013, *Loi relative à la sécurisation de l'emploi*, JO du 16 juin 2013, p.9976, Recueil p.817. 112

Cons. Const., Décision n° 2013-344 QPC du 27 septembre 2013, *Société SCOR SE* [Garantie de l'État à la caisse centrale de réassurance, pour les risques résultant de catastrophes naturelles], JO du 1 octobre 2013 p.16306, Recueil, p.945. ... 392

Cons. Const., Décision n° 2013-682 DC du 19 décembre 2013, *Loi de financement de la Sécurité sociale pour 2014*, JO du 24 décembre 2013 p.21069, Recueil, p.1094. .... 98, 99, 421

Cons. Const., Décision n° 2013-685 DC du 29 décembre 2013, *Loi de finances pour 2014*, JO du 30 décembre 2013, p.22188, Recueil, p.1127. ... 261, 359, 465

Cons. Const., Décision n° 2014-248 L du 22 mai 2014, *Nature juridique des dispositions des articles L. 231-2, L. 231-7 et L. 766-5 du code de la sécurité sociale*, JO du 25 mai 2014, p.8584. 446

Cons. Const., Décision n° 2014-698 DC du 6 août 2014, *Loi de financement rectificative de la sécurité sociale pour 2014*, JO du 9 août 2014, p.13358. .. 144, 158, 160, 167

Cons. Const., Décision n° 2014-417 QPC du 19 septembre 2014, *Société Red Bull On Premise et autre* [Contribution prévue par l'article 1613 bis A du code général des impôts], JO du 21 septembre 2014, p.15472. 358

Cons. Const., Décision n° 2014-434 QPC du 5 décembre 2014, *Société de laboratoires de biologie médicale Bio Dômes Unilabs SELAS* [Tarif des examens de biologie médicale], JO n° 0283 du 7 décembre 2014 p.20465. 104

Cons. Const., Décision n° 2014-437 QPC du 20 janvier 2015, *Association française des entreprises privées et autres* [Régime fiscal d'opérations réalisées avec des États ou des territoires non coopératifs], JO n° 0019 du 23 janvier 2015, p.1025. 356

Cons. Const., Décision n° 2015-460 QPC du 26 mars 2015, *Comité de défense des travailleurs frontaliers du Haut-Rhin et autre* [Affiliation des résidents français travaillant en Suisse au régime général d'assurance maladie - assiette des cotisations], JO n° 0075 du 29 mars 2015 p.5775. .... 101, 153, 592

Cons. Const., Décision n° 2015-482 QPC du 17 septembre 2015, *Société Gurdebeke SA* [Tarifs de la taxe générale sur les activités polluantes portant sur les déchets non dangereux], JO n° 0217 du 19 septembre 2015 p.16586. ...... 356, 357

Cons. Const., Décision n° 2015-498 QPC du 20 novembre 2015, *Société SIACI Saint-Honoré SAS et autres* [Contribution patronale additionnelle sur les « retraites chapeau », JO n° 0271 du 22 novembre 2015, p.21747. 358

Cons. Const., Décision n° 2015-498 QPC du 20 novembre 2015, *Société SIACI Saint-Honoré SAS et autres* [Contribution patronale additionnelle sur les « retraites chapeau »], JO n° 0271 du 22 novembre 2015, p.21747..................357
Cons. Const., Décision n° 2015-519 QPC du 11 décembre 2015, *M. Christian B.* [Cotisation de solidarité au régime de sécurité sociale des exploitants agricoles], JO n° 0289 du 13 décembre 2015 p.23057..585
Cons. Const., Décision n° 2015-723 DC du 17 décembre 2015, *Loi de financement de la Sécurité sociale pour 2016,* JO n° 0296 du 22 décembre 2015 p.23685...103, 311, 421, 585
Cons. Const., Décision n° 2015-725 DC du 29 décembre 2015, *Loi de finances pour 2016*, JO n° 0302 du 30 décembre 2015, p.24763.................195, 199, 457
Cons. Const., Décision n° 2015-515 QPC du 14 janvier 2016, *M. Marc François-Xavier M.-M.* [Exclusion de certains compléments de prix du bénéfice de l'abattement pour durée de détention en matière de plus-value mobilière], JO n° 0013 du 16 janvier 2016..356
Cons. Const., Décision n° 2015-520 DC du 3 février 2016, *Société Metro Holding France SA venant aux droits de la société CRFP Cash* [Application du régime fiscal des sociétés mères aux produits de titres auxquels ne sont pas attachés des droits de vote], JO n° 0030 du 5 février 2016...356
Cons. Const., Décision n° 2016-538 QPC du 22 avril 2016, *Époux M. D.* [Exclusion des plus-values mobilières placées en report d'imposition de l'abattement pour durée de détention], JO n° 0097 du 24 avril 2016..............356
Cons. Const., Décision n° 2016-736 DC du 4 août 2016, *Loi relative au travail, à la modernisation du dialogue social et à la sécurisation des parcours professionnels*, JO n°0184 du 9 août 2016. 103
Cons. Const., Décision n° 2016-742 DC du 22 décembre 2016, *Loi de financement de la sécurité sociale pour 2017*, JORF n°0299 du 24 décembre 2016..201
Cons. Const., Décision n° 2016-744 DC du 29 décembre 2016, *Loi de finances pour 2017*, JO n°0303 du 30 décembre 2016. ....194, 465

Tribunal des conflits

Tribunal des conflits, 22 janvier 1955, *Naliato*..555
Tribunal des conflits, 22 avril 1974, aff. n° 1989, *Directeur régional de la Sécurité sociale d'Orléans c. Sieur Blanchet*. 293
Tribunal des conflits, 4 juillet 1983, *Gambini*. 555
Tribunal des conflits, 3 juillet 2000, aff. n° 3192...339
Tribunal des conflits, 17 décembre 2012, aff. n° C3878. 339

INDEX DES GRAPHIQUES

- Les numéros font référence aux numéros de paragraphes –

Évolution de la masse salariale dans les recettes du régime général et du FSV. 64

Évolution de la part des différentes ressources dans le financement de la protection sociale en Europe entre 1996 et 2013. 401

Évolution de la structure fiscale France - Norvège 41

Évolution des décisions du Conseil constitutionnel en matière financière. 347

Évolution des dépenses sociales. 37

Évolution des recettes des régimes de base. 40

Évolution des recettes sociales 40

Évolution du poids des cotisations sociales 40

Évolution du taux de prélèvements obligatoires (en % du PIB). 446

Renvoi exprès au CGI par nature. 156

Renvoi exprès au CSS par nature 168

Répartition des ITAF par nature / fonction / affectation. 130

INDEX ALPHABÉTIQUE

- Les numéros font référence aux numéros de paragraphes –

A

Autonomie procédurale............229
Avis de vérification..................180

B

BAPSA....................................124
Budget social...........................412

C

CICE 116
CMU de base.............................90
Commission de recours amiable 187
Compensation inter-régime......120
Consolidation des finances publiques 433
Conventions d'objectifs et de gestion 280
Coordination des systèmes de Sécurité sociale........................234
Cotisations sociales
  Critère de la contrepartie 89
  Critère de l'affectation . 91 et s
  Qualification étrangère aux facultés contributives 102 et s.
CRDS.......................................68
  Qualification......................133
CSG
  Fusion....................... 136 et s.
  Qualification......................132

D

Décision du 20 janvier 1961.......50
Décision du 6 août 2014.. 102 et s.
Déclaration sociale nominative 210
Démocratie politique 283
Démocratie sociale 279
Dépenses de transferts .... 119 et s.
Détermination du taux des cotisations sociales...................339
Droit à la sécurité sociale 290
  Droit à la solidarité............ 293
  Droit-créance..................... 292
Dualité entre cotisations patronales et salariales 108

E

Équilibre financier .... 323 et s.

F

Fiscalisation
  Évolution du droit social.... 174
  Influence sur les procédures sociales .... 175 et s.
  Influence sur les techniques sociales 214
  Solidarité............................ 427

G

Globalisation du droit des finances publiques .... 430 et s

I

Impôt
  Définition.......................... 429
Impôt confiscatoire..................272
Imprégnation 29
ITAF
  Classification par nature ... 130
  Imposition sur l'alimentation 144
  Imposition sur les boissons 143

Imposition sur les tabacs.... 142
Nature...................... 128 et s.
Répartition par affectation. 130

J

Juridiction sociale spécifique ... 223
Juridiction sociale unique......... 256

L

Loi relative aux prélèvements obligatoires .... 355 et s.
Lois financières
Adoption 345
Cavaliers........................... 348
Contenu 346
Contrôle............................ 347
Lutte contre la fraude.............. 212

M

Médiation constitutionnelle...... 419
Mission.................................... 48

O

Obligation d'affiliation............ 373
ONDAM 49

P

Pacte de responsabilité............ 116
Périmètre institutionnel des LFSS 412
Plafond de la Sécurité sociale..... 99
Prélèvement à la source............ 137
Principe d'affectation...... 312 et s.
Principe d'égalité devant les charges publiques.............. 53 et s
Principe de nécessité de l'impôt271
Principe de sécurité juridique ... 254
Principe du consentement à l'impôt 271
Affectation 273
Principe du contradictoire 245
Principes fondamentaux de la Sécurité sociale........................ 337
Programme de qualité et d'efficience............................. 370

R

Redistribution .... 423 et s
Rescrit .... 199 et s.
Révolution sociale 3

S

SEC 2010 409
Service public
Financement............ 365 et s.
Impôt 417
Influence européenne........ 245
Intérêt général.................. 246
Service public constitutionnel .. 418
Socialisation des finances publiques 411
Solidarité .... 300 et s.
Droit de l'Union................ 302
État social 391
Impôt 305

T

TVA sociale .... 146 et s.

U

Unification des obligations déclaratives............................. 179
Unité du droit des prélèvements obligatoires............................. 259

TABLE DES MATIÈRES

- Les numéros font référence aux pages -

PREFACE **5**

REMERCIEMENTS **13**

TABLE DES PRINCIPAUX SIGLES ET ABRÉVIATIONS **15**

SOMMAIRE **19**

INTRODUCTION **21**

I. L'ACTION DE LA FISCALITÉ SUR LA SÉCURITÉ SOCIALE 21
A. La Sécurité sociale, une institution, une politique, un droit 22
B. La fiscalité, la science du droit fiscal au profit de la science des finances 30
II. UNE ACTION CIBLÉE SUR LES RESSOURCES DE LA SÉCURITÉ SOCIALE 38
A. Des ressources aux natures diverses 39
B. Des ressources entre assurance et solidarité 44
C. Des ressources inhérentes au service public 52
III. UNE FISCALISATION REDÉFINIE 54

PARTIE 1 LA FISCALISATION – IMPRÉGNATION : LA FISCALITÉ, UN MODÈLE DE FINANCEMENT DE LA SÉCURITÉ SOCIALE **63**

TITRE 1 LA MUTATION DES FINANCES SOCIALES 67
CHAPITRE 1 LA SOCIALISATION DES FINANCES PUBLIQUES .. 69
SECTION 1 : LES FINANCES SOCIALES COMPOSANTES DES CHARGES PUBLIQUES 69
§1. Les modalités du financement déterminées à la création de la Sécurité sociale 70
A. Le nécessaire financement des dépenses de santé 70
B. L'augmentation relative des cotisations sociales 77
§2. Le rattachement des cotisations sociales aux charges publiques 81
A. La dualité des charges publiques 82
1. Une dualité au sein de la notion de charge publique 82
2. Le rattachement des « divers régimes d'assistance et de Sécurité sociale » aux charges publiques 89
B. L'application du principe d'égalité devant les charges publiques aux cotisations sociales 93
SECTION 2 : UN FINANCEMENT MAINTENU FACE À LA CRISE FINANCIÈRE 102
§1. Un besoin impérieux de ressources financières 102

A. La crise financière face à l'exigence du bon usage des deniers publics 103
B. La nécessaire réduction de la dette sociale 114
§2. La garantie d'un seuil minimal de protection sociale 121
A. L'exigence de non dénaturation des droits 121
B. Des moyens annexes garantissant la protection sociale 129
CHAPITRE 2 UNE FISCALISATION FRAGMENTÉE 139
SECTION 1 : UNE FISCALISATION LIMITÉE 140
§1. Les cotisations sociales, un financement majeur aux contours jurisprudentiels 140
A. Une construction prétorienne 141
1. L'adéquation nécessaire entre la cotisation et l'ouverture des droits 141
2. Le critère déterminant mais non primordial de l'affectation 146
B. Une qualification aux caractéristiques propres 152
1. Une qualification indépendante de l'assiette des cotisations mais soumise au plafond de la Sécurité sociale 152
2. Une qualification étrangère aux facultés contributives 157
§2. Les cotisations sociales, un financement non exclusif 162
A. Une obligation partagée 162
B. Le développement des politiques d'exonérations et l'émergence de moyens nouveaux 169
1. Le développement des politiques d'exonérations et d'allègements des cotisations 169
2. L'émergence de moyens nouveaux 173
a. Le développement des dépenses de transferts en demi-teinte 173
b. Le maintien des contributions publiques dans le financement social 176
SECTION 2 : UNE FISCALISATION INCOHÉRENTE 179
§1. La réaffirmation du caractère financier de l'impôt à travers sa dimension sociale 181
A. Une diversité des financements nuisant à la bonne compréhension des schémas financiers : l'expression d'une « pathologie budgétaire » 181
B. La mise en lumière de la dimension sociale de l'impôt : la CSG et la CRDS 186
1. La double qualification de la CSG et de la CRDS 186
2. La fusion envisagée de l'IR et de la CSG 191
§2. Le développement mitigé du caractère économique de l'impôt 199
A. Le développement des accises dans une volonté de protection de la santé publique 200
B. L'abandon de la « TVA sociale » 204
CONCLUSION DU TITRE 1 209
TITRE 2 L'ÉVOLUTION DES TECHNIQUES ET PROCÉDURES SOCIALES 211

CHAPITRE 1 DES TECHNIQUES ET PROCÉDURES SOCIALES INTRIQUÉES *213*
SECTION 1 : DES TECHNIQUES ET PROCÉDURES SOCIALES SOUS UNE INFLUENCE FISCALE 213
§1. Une influence directe à travers les renvois exprès à la loi fiscale ... 214
A. L'emprunt des définitions et techniques fiscales 214
B. Une intervention fiscale rigoureusement contrôlée par la jurisprudence 223
§2. Une influence indirecte à travers le calque des procédures de contrôle et de recouvrement 227
A. L'influence fiscale sur les démarches préalables au contrôle 228
B. L'influence fiscale lors du contrôle et du recouvrement 235
SECTION 2 : DES TECHNIQUES ET PROCÉDURES FISCALES ET SOCIALES SOUS UNE INFLUENCE COMMUNE ET RÉCIPROQUE 244
§1. Le renforcement de la protection des « administrés » 244
A. Le respect des garanties procédurales fondamentales 245
B. La sécurisation juridique des « administrés », une préoccupation administrative omniprésente 253
1. La sécurité juridique à travers les relations avec l'administration 254
2. Le rescrit, un outil renforçant la sécurisation juridique . 262
a. Un mécanisme sous influence 263
b. Le rescrit, un outil juridique commun aux deux droits 270
§2. La coordination interne entre les services fiscaux et les organismes sociaux 274
A. Une coordination financière pré contentieuse 275
B. Le développement de moyens communs 277
1. La diversité des mécanismes 277
2. Un objectif commun de lutte contre la fraude 281
CHAPITRE 2 UNE AUTONOMIE PRÉSERVÉE *285*
SECTION 1 : UNE AUTONOMIE DIVERSIFIÉE 286
§1. Une autonomie fonctionnelle 286
A. Des sources propres 286
1. Des origines distinctes 286
2. Des financements différents 289
B. Une autonomie juridictionnelle 292
1. Des règles juridictionnelles spécifiques 292
2. Une autonomie relative 295
§2. Une autonomie procédurale individuelle 297
A. L'autonomie procédurale des États 298
1. Un principe du droit de l'Union 298
2. Une application particulière en droit fiscal 302
B. L'autonomie des systèmes de Sécurité sociale 305
1. L'autonomie dans la coordination des systèmes de Sécurité sociale 305
2. L'absence d'assimilation des règles fiscales et sociales 308

SECTION 2 : UNE AUTONOMIE À L'ORIGINE DE MUTATIONS ... 312
§1. Une publicisation en cours ... 312
A. La publicisation des règles ... 313
1. Des règles liées au droit privé ... 313
2. L'influence européenne et administrative ... 316
B. La publicisation du financement ... 327
§2. La tendance vers l'unification ... 330
A. L'unification envisagée au sein des prélèvements obligatoires ... 330
1. L'unification institutionnelle et fonctionnelle ... 330
2. L'unification partielle du contentieux ... 333
B. La *summa divisio* remise en cause à travers l'unification du droit des finances publiques ... 340
CONCLUSION DU TITRE 2 ... 345
CONCLUSION DE LA PREMIÈRE PARTIE ... 347

PARTIE 2 LA FISCALISATION – INSTRUMENTALISATION : LA FISCALITÉ, UN INSTRUMENT DE FINANCEMENT DE LA SÉCURITÉ SOCIALE ... 349

TITRE 1 LA PARLEMENTARISATION DES FINANCES SOCIALES ... 351
CHAPITRE 1 LA VALORISATION DE L'AUTORISATION PARLEMENTAIRE ... 353
SECTION 1 : LA SAUVEGARDE DE LA LÉGITIMITÉ DE L'IMPÔT 353
§1. La justice fiscale face à la justice sociale ... 354
A. La justice à travers le consentement à l'impôt ... 354
B. La justice fiscale, une composante de la justice sociale ... 364
§2. La démocratie sociale et l'impôt ... 369
A. La place souhaitée mais mitigée des partenaires sociaux ... 370
B. La légitimité de la Sécurité sociale ... 375
SECTION 2 : LA MISE EN EXERGUE DU PRINCIPE DE SOLIDARITÉ ... 380
§1. La solidarité sociale à travers l'émergence des droits créances ... 380
A. Les droits-créances, des droits à la solidarité ... 381
B. Les droits-créances, les fondements des finances sociales ... 388
§2. La théorie de l'impôt-solidarité renforcée ... 396
A. Le renforcement des différents aspects de la solidarité ... 396
B. L'impôt, le financement solidaire ... 402
CHAPITRE 2 LA MUTATION DES COMPÉTENCES BUDGÉTAIRES ... 407
SECTION 1 : L'ÉVOLUTION DES PRINCIPES BUDGÉTAIRES ... 407
§1. Les principes d'affectation et de sincérité, des principes budgétaires aux principes financiers ... 408
A. Une affectation encadrée par le droit des finances publiques ... 408
1. Un principe ancien ... 408
2. Une affectation possible et largement utilisée ... 414

B. Une affectation renforçant la sincérité du budget 419
§2. L'unité budgétaire, le préalable à l'équilibre budgétaire 425
A. Les relations complémentaires entre l'unité budgétaire et l'équilibre financier 426
B. La transformation de l'équilibre financier en équilibre budgétaire 435
SECTION 2 : L'ÉVOLUTION DES COMPÉTENCES LÉGISLATIVES 441
§1. Le renforcement de la compétence législative 442
A. Le partage amoindri entre l'article 34 et l'article 37 de la Constitution 442
B. Le renforcement législatif à travers la pluriannualité 454
§2. L'éventuelle fusion des lois financières 460
A. Des lois financières spécifiques 460
B. Une fusion des lois financières conservant leurs spécificités 468
1. Les fusions envisagées 468
2. Une fusion souhaitée 474
CONCLUSION DU TITRE 1 481
TITRE 2 LA RÉALISATION D'UNE RÉFORME STRUCTURELLE . 483
CHAPITRE 1 LA FISCALISATION, UN INSTRUMENT AU SERVICE DE L'UNIFORMISATION DES SYSTÈMES DE PROTECTION SOCIALE 485
SECTION 1 : UNE FISCALISATION INÉVITABLE 485
§1. La garantie du financement des prestations sociales 486
A. La nécessité du financement des services publics 486
B. La garantie du financement de la Sécurité sociale 493
§2. Le renforcement de l'État de droit 500
A. L'État, acteur principal de la fiscalisation 500
B. Une fiscalisation au service de la globalisation du droit 506
1. Les finalités de la fiscalisation au service de l'État social 506
2. L'État social et la globalisation du droit 509
SECTION 2 : L'UNIFORMISATION DES SYSTÈMES SOCIAUX 511
§1. Des systèmes sociaux initialement distincts 512
A. Du modèle assurantiel à l'État social 512
B. L'État social, une solidarité inhérente 519
§2. L'émergence d'un modèle social européen 524
A. Des caractéristiques propres au modèle social européen 525
B. L'uniformisation des systèmes sociaux en son sein 531
CHAPITRE 2 LA FISCALISATION, UN INSTRUMENT AU SERVICE DE L'UNIFICATION DES PRÉLÈVEMENTS OBLIGATOIRES 541
SECTION 1 : L'UNIFORMISATION DES FINANCES PUBLIQUES .. 542
§1. Une fiscalisation équilibrée 542
A. Le maintien de spécificités sociales 542
1. Les organismes privés de Sécurité sociale, des administrations publiques 543

2. Des périmètres budgétaires distincts 546
B. Une fiscalisation justifiée 550
1. La justification par la nature même de l'impôt 551
a. Le financement du service public par l'impôt 551
b. Le financement des charges publiques par l'impôt 553
2. La justification par le rôle de l'impôt 555
a. La justification par le prisme de la redistribution 555
b. La justification par le prisme de la solidarité nationale 559
§2. La globalisation des finances publiques 565
A. La « globalisation-consolidation » des finances publiques . 566
B. La « globalisation-internationalisation » des finances publiques 569
SECTION 2 : L'UNIFORMISATION DES PRÉLÈVEMENTS OBLIGATOIRES 574
§1. La maîtrise d'une notion juridiquement confuse 574
A. La confusion au sein de la notion de prélèvements obligatoires 574
B. Une augmentation limitée et contrôlée 579
§2. Une requalification nécessaire des prélèvements obligatoires 583
A. Un régime similaire pour des natures différentes 584
B. La requalification des prélèvements obligatoires 588
CONCLUSION DU TITRE 2 595
CONCLUSION DE LA SECONDE PARTIE 597

CONCLUSION GÉNÉRALE 599

ANNEXES 605

ANNEXE 1 - PRINCIPES FONDAMENTAUX DE LA SÉCURITÉ SOCIALE 607
ANNEXE 2 - PRINCIPE D'ÉGALITÉ DEVANT LES CHARGES PUBLIQUES 612
ANNEXE 3 - ANALYSE DES PROCÉDURES 617
Procédure sociale de contrôle et de redressement en France 617
Procédure fiscale de contrôle et de rectification en France 618
ANNEXE 4 - ANALYSE DÉTAILLÉE DES RENVOIS EXPRÈS 620
Du code général des impôts vers le Code de la sécurité sociale 620
Du Code de la sécurité sociale vers le code général des impôts 621

BIBLIOGRAPHIE 622

ENCYCLOPÉDIES, DICTIONNAIRES, LEXIQUES 622
OUVRAGES, MANUELS, MÉLANGES, TRAITÉS 622
THÈSES DE DOCTORAT 633
ARTICLES, CHRONIQUES, COMMENTAIRES, CONTRIBUTIONS 637
RAPPORTS ET ÉTUDES 690

TABLE DE LÉGISLATION EUROPÉENNE 699

TRAITÉS ET CONVENTIONS COMMUNAUTAIRES 699
RÈGLEMENTS 699

DIRECTIVES 700
RECOMMANDATIONS 700
AUTRES SOURCES EUROPÉENNES 700

TABLE DE LÉGISLATION NATIONALE 701

LOIS ET ORDONNANCES 701
LOIS 701
ORDONNANCES 705
DÉCRETS 707
ARRÊTÉS 709
INSTRUCTIONS, CIRCULAIRES, ET AUTRES TEXTES ADMINISTRATIFS 709

INDEX DE JURISPRUDENCE 711

INDEX DES GRAPHIQUES 727

INDEX ALPHABÉTIQUE 728

DROIT

AUX ÉDITIONS L'HARMATTAN

Dernières parutions

LE RAPPORT DU DROIT ADMINISTRATIF NATIONAL AUX DROITS ADMINISTRATIFS ÉTRANGERS

Les cas de la France et de l'Espagne

Anna Neyrat

Préface de Fabrice Melleray

Les droits administratifs français et espagnol sont souvent présentés comme des idéaux types opposés dans leur rapport aux droits administratifs étrangers. Comme exportateur, le droit administratif français considère ses homologues étrangers comme un réceptacle de son influence ; comme importateur, le droit administratif espagnol les envisage comme source de son enrichissement. Si une telle présentation repose sur des raisons temporelles et culturelles qui ont fait du droit administratif français un modèle et de l'espagnol un imitateur, elle se révèle partiellement inexacte. Elle est notamment dépassée à l'heure de la globalisation. Cette recherche invite à poser un regard différent sur ces présupposés.

(Coll. Logiques Juridiques, 680 p., 49 euros)

ISBN : 978-2-343-16682-7, EAN EBOOK : 9782140114588

DROITS FONDAMENTAUX ET CRISE(S) DES SOLIDARITÉS

Fabien Bottini

La solidarité renvoie aux liens sociaux qui font le ciment d'une communauté. Si c'est pourquoi il semble plus juste de parler de solidarités au pluriel, l'Etat a pendant longtemps été leur garant au travers des droits sociaux fondamentaux. Mais le constat s'impose : des débats qui ont agité la réforme du droit du travail à ceux qui portent sur les régimes de retraites en passant par la crise des migrants ; des hésitations sur la place des territoires et de l'Union européenne dans la mise en oeuvre des politiques sociales à l'apparition d'un droit constitutionnel économique... Les interrogations ne manquent pas quant à savoir si ces droits fondamentaux parviennent encore à faire la solidarité. Si crises il y a, signent-elles la fin de l'âge d'or de la solidarité ou sa mutation ?

(Coll. Le Droit aujourd'hui, 276 p., 28,5 euros)

ISBN : 978-2-343-16201-0, EAN EBOOK : 9782140114274

DÉCLARATION DES DROITS DE L'HOMME ET DU CITOYEN

Postérité et actualité

Remi Puigventos

Responsables scientifiques : Jimmy Meersman et Rémi Puigventos

Le 26 août 1789, l'Assemblée constituante adopte les derniers articles du texte de la Déclaration des droits de l'homme et du citoyen qui, traversant les siècles, deviendra l'un des textes fondamentaux de la Cinquième République. Si la Déclaration de 1789 est l'une des pierres angulaires de la garantie des droits de l'homme, l'étude de sa postérité et de son actualité interroge. Le présent ouvrage contribue à en dévoiler les éléments les plus essentiels au travers d'une douzaine de contributions.

(Coll. Droit privé et sciences criminelles, 238 p., 25 euros)

ISBN : 978-2-343-16359-8, EAN EBOOK : 9782140112164

ANNUAIRE DES ENGAGEMENTS INTERNATIONAUX AYANT FAIT L'OBJET D'UNE LOI D'AUTORISATION SOUS LA VE RÉPUBLIQUE

Didier Jamot

Au cours de la Ve République, près de 2000 engagements internationaux ont fait l'objet d'une loi d'autorisation. Dans les années 1960, seulement 22% des lois votés par le Parlement avaient pour objet la ratification ou l'approbation de tels engagements, alors que désormais 40% des lois visent un tel objectif. Par conséquent, le nombre de normes internationales intégrées au droit interne est considérable. Mais leur importance n'est pas seulement quantitative : tout engagement international régulièrement ratifié et publié s'impose au législateur. Aucune loi ne peut ainsi lui être contraire. Par ailleurs, les conventions internationales embrassant l'ensemble des matières juridiques, plus aucune activité humaine n'échappe aux droits et obligations prévus par les conventions. Cet annuaire recense enfin ces engagements internationaux avec des index thématiques et par pays signataire.

(Coll. Logiques Juridiques, 432 p., 42 euros)

ISBN : 978-2-343-16237-9, EAN EBOOK : 9782140112089

LES TITRES DE NOBLESSE DE LA VICTIME DEVANT LA COUR PÉNALE INTERNATIONALE

Guy David Mbara A Betsem

Préface de Gilbert Bitti - Avant-propos de Jean Claude Tcheuwa

La victime a longtemps été tenue à l'écart du procès devant les juridictions pénales internationales d'avant le début du XIXè siècle. Depuis l'avènement de la Cour pénale internationale (CPI), la victime est désormais admise dans le procès pénal. Ces droits, qui ne sont autres que des titres de noblesse, confèrent donc des privilèges permettant à la victime d'accéder à une justice pénale internationale très sélective, mais surtout réservée à une certaine catégorie de personnes. La CPI pose la problématique du rôle de l'État dans la mise en oeuvre des droits des victimes.

(242 p., 25,5 euros)

ISBN : 978-2-343-16718-3, EAN EBOOK : 9782140111631

MÉDIATION ET ENTREPRISES

Regards croisés Droit et Gestion

Responsables scientifiques : Gulsen Yildirim, Isabelle Sauviat et Romain Dumas. Textes réunis par Romain Dumas

La médiation, mode alternatif de résolution des différends, est un mécanisme désormais bien connu en Droit. L'entreprise apparaît comme l'un des lieux privilégiés de son application et ce, qu'il s'agisse d'aplanir un différend tant dans ses relations internes qu'externes. Toutefois, à la différence du Droit, le concept de médiation apparaît beaucoup moins familier en Sciences de gestion. C'est cette interaction singulière entre Droit et Gestion qui permet de mesurer la place réelle de la médiation dans les entreprises et les organisations. Entre acclimatation à parfaite et hostilité, un équilibre est possible afin qu'elle devienne un outil efficace.

(Coll. Droit privé et sciences criminelles, 142 p., 16,5 euros)

ISBN : 978-2-343-16643-8, EAN EBOOK : 9782140111556

PHÉNOMÈNE DISCIPLINAIRE DANS LE DROIT PUBLIC HELLÉNIQUE CONTEMPORAIN

Sotirios Lytras

Attachée constamment à l'idée que la notion de discipline concernait en principe les relations entre les ensembles organisés et leurs agents, la théorie traditionnelle du droit public a laissé hors de son attention des domaines entiers de la vie publique. Parue en grec en 1989, cette étude a pu montrer qu'en droit positif hellénique le phénomène disciplinaire a manifesté sa présence forte dans des relations entre ensembles publics et des personnes physiques ou morales y étant rattachées. A travers ce phénomène, l'activité publique s'avère décisivement élargie.

(Coll. Logiques Juridiques, 262 p., 27 euros)

ISBN : 978-2-343-16125-9, EAN EBOOK : 9782140111310

RECEL ET BLANCHIMENT

Nouvelles sources de cumul de qualifications

Théo Touzeau

Préface de Gildas Roussel

A la lumière de la jurisprudence, la question de l'impossible cumul de l'infraction d'origine avec celle du recel de choses concernant un même auteur mérite de nouveau d'être posée. C'est que les juges de la Chambre criminelle, malgré leur opposition à ce cumul, ont depuis admis la condamnation d'un individu tant pour une première infraction que pour le blanchiment subséquent. Cette différence de traitement des deux infractions interroge nécessairement. Cet ouvrage, dressant le constat de la possibilité de dépasser les arguments qui fondent le rejet de « l'auto-recel », invite le lecteur à mettre de côté ses certitudes et à prendre position : rien ne semble s'opposer à l'admission du cumul de l'infraction d'origine et du recel de choses.

(Coll. Bibliothèques de droit, 138 p., 15,5 euros)

ISBN : 978-2-343-16624-7, EAN EBOOK : 9782140110962

LES LIENS ENTRE ÉTHIQUE ET DROIT

L'exemple de la question animale

Sous la direction de Lucille Boisseau-Sowinski et Delphine Tharaud

A priori distincts, le droit renvoyant à la régulation des comportements par la loi et l'éthique à la distinction entre bien et mal, ces deux domaines s'interpénètrent et se nourrissent, particulièrement sur la question animale. La réflexion sur l'éthique animale s'est amplifiée ces cinquante dernières années et a conduit à une prise en compte des intérêts et de la qualité d'êtres vivants des animaux. Le droit s'en est fait l'écho. Pour autant, cette dynamique n'est pas si évidente : quelles théories peuvent inspirer le droit ?

(Coll. Le Droit aujourd'hui, 176 p., 18,5 euros)

ISBN : 978-2-343-16449-6, EAN EBOOK : 9782140109553

CORRUPTION ET DROIT PÉNAL

Sous la direction de Jean-Paul Céré et Carlos Eduardo Japiassu

Le thème de la corruption a traversé le temps. L'intérêt du droit pénal est cependant renouvelé par les nombreuses affaires médiatisées qui gangrènent la vie politique et le monde des affaires dans de nombreux pays. L'arsenal législatif interne cherche à s'adapter sous l'effet des multiples textes qui ont vu le jour à l'échelle internationale et régionale. Une nette tendance à l'harmonisation des législations criminelles anti-corruption est perceptible. Cet ouvrage permet de saisir la diversité du phénomène dans sa dimension criminologique et juridique.

(Coll. Comité international des pénalistes francophones, 238 p., 24,5 euros)

ISBN : 978-2-343-16153-2, EAN EBOOK : 9782140109850

JUSTICE CONSTITUTIONNELLE ET SUBSIDIARITÉ

L'apport de l'expérience canadienne pour la construction européenne

Claire Aguilon

La précision des critères d'application de la subsidiarité et le développement de son contrôle par l'Union européenne constituent un progrès vers un plus grand respect du principe selon lequel l'UE, lorsqu'elle intervient dans une compétence partagée avec les Etats-membres, doit établir la plus-value d'une action à son niveau pour atteindre l'objectif visé. L'étude de la jurisprudence de la Cour de justice de l'UE montre ses réticences à un contrôle allant au-delà de la recherche d'une motivation formelle de la nécessité de l'intervention européenne. En droit canadien, la subsidiarité éclaire sous un jour nouveau la clause de commerce ou la doctrine de l'intérêt national.

(Coll. Logiques Juridiques, 460 p., 40 euros)

ISBN : 978-2-343-15311-7, EAN EBOOK : 9782140109522

UN COMBAT POUR LA PAIX

Récit

Nouvelle édition revue et augmentée

Daniel Lagot

Alors qu'il s'est refusé jusque-là à tout engagement devant la fragilité des choses humaines, un homme découvre l'amour et s'engage, avec la femme à ses côtés, dans un combat pour le droit, la justice et la paix. Après l'enthousiasme initial, les tensions et dilemmes vont se développer, en particulier lors des guerres en Libye et en Syrie. Comme dans une tragédie grecque, ces tensions conduiront les personnages à leur destin. Le récit est en partie romancé, mais est directement inspiré d'histoires et de faits réels. Face aux drames et menaces pesant sur l'humanité, doit-on céder au pessimisme ou conserver l'espoir ?

(Coll. Les Impliqués, 152 p., 16,5 euros)

ISBN : 978-2-343-16114-3, EAN EBOOK : 9782140109409

LES SENS DE LA PEINE

Hugo Cappadoro

Préface de Muriel Giacopelli

Quelle est la raison d'être de la peine ? C'est autour de cette question que se sont cristallisés, au temps des Lumières, les paradigmes punitifs modernes. Du fait des bouleversements que connait aujourd'hui notre droit répressif et de la crise du milieu carcéral, auquel la pénalité est identifiée, le législateur, les acteurs et penseurs pénaux sont amenés à s'interroger une nouvelle fois sur l'acte de punir. Cet ouvrage aborde ainsi les évolutions pénales et propose une réflexion mettant en évidence la difficulté pour la pénalité actuelle d'avoir un sens intelligible et pluriel, tant pour le condamné, que pour la victime et la société.

(Coll. Bibliothèques de droit, 212 p., 21,5 euros)

ISBN : 978-2-343-16461-8, EAN EBOOK : 9782140108945

SUR LA COUR EUROPÉENNE DES DROITS DE L'HOMME

Rétrospective d'un initié (1998-2016)

Bostjan M. Zupancic

La Convention européenne des droits de l'homme, prétendant expliciter ce que sont ces droits, est un court texte abstrait. Quatre-vingt-dix-neuf pourcent de ces droits seront concrétisés par les précédents prononcés en flux continu, autoréférentiel, par la Cour européenne des droits de l'homme (CEDH). En somme, les droits de l'homme sont simplement ce que la CEDH déclare qu'ils sont ou ne sont pas. Quarante-sept Etats signataires sont liés à cette jurisprudence de Strasbourg. Or, l'approche jurisprudentielle du stare decisis est étrangère au formalisme juridique européen. A l'autre extrême, l'auteur apporte une explication métaphysique du sens de la justice. Il présuppose le plus haut niveau d'autonomie morale et de raisonnement juridique.

(Coll. Logiques Juridiques, 452 p., 45 euros)

ISBN : 978-2-343-15739-9, EAN EBOOK : 9782140108808

GOUVERNANCE D'ENTREPRISE, RESPONSABILITÉ SOCIÉTALE EN DROIT MALIEN

Issiaka Cissé

Cet ouvrage interroge le droit positif malien dans l'appréhension des concepts de la gouvernance d'entreprise (GE) et de la responsabilité sociétale des entreprises (RSE). L'étude met en évidence le décalage du droit malien dans la construction évolutionniste de l'entreprise. Elle révèle que l'environnement juridique des entreprises maliennes n'évolue pas dans une économie pourtant en pleine mutation. Des contraintes liées à l'application des principes de ces deux concepts créent un déséquilibre en termes de compétitivité au plan national voire régional ou international.

(Coll. Études africaines, 390 p., 38 euros)

ISBN : 978-2-343-15230-1, EAN EBOOK : 9782140108464

POUR UNE NOUVELLE ÉDUCATION JURIDIQUE

Sous la direction de Massimo Vogliotti

Depuis quelques années, nous assistons en Europe à une floraison de réflexions et d'expériences novatrices relatives à la formation juridique. Ce phénomène peut être interprété comme le signe annonciateur d'une révolution de notre façon de concevoir l'enseignement du droit, encore liée au cadre théorique et mythologique du paradigme juridique moderne. Cet ouvrage met en avant la nécessité d'un renouvellement en profondeur de notre modèle traditionnel d'enseignement du droit.

(Coll. Logiques Juridiques, 228 p., 24,5 euros)

ISBN : 978-2-343-10744-8, EAN EBOOK : 9782140108426

Structures éditoriales du groupe L'Harmattan

L'Harmattan Italie
Via degli Artisti, 15
10124 Torino
harmattan.italia@gmail.com

L'Harmattan Hongrie
Kossuth l. u. 14-16.
1053 Budapest
harmattan@harmattan.hu

L'Harmattan Sénégal
10 VDN en face Mermoz
BP 45034 Dakar-Fann
senharmattan@gmail.com

L'Harmattan Cameroun
TSINGA/FECAFOOT
BP 11486 Yaoundé
inkoukam@gmail.com

L'Harmattan Burkina Faso
Achille Somé – tengnule@hotmail.fr

L'Harmattan Guinée
Almamya, rue KA 028 OKB Agency
BP 3470 Conakry
harmattanguinee@yahoo.fr

L'Harmattan RDC
185, avenue Nyangwe
Commune de Lingwala – Kinshasa
matangilamusadila@yahoo.fr

L'Harmattan Congo
67, boulevard Denis-Sassou-N'Guesso
BP 2874 Brazzaville
harmattan.congo@yahoo.fr

L'Harmattan Mali
Sirakoro-Meguetana V31
Bamako
syllaka@yahoo.fr

L'Harmattan Togo
Djidjole – Lomé
Maison Amela
face EPP BATOME
ddamela@aol.com

L'Harmattan Côte d'Ivoire
Résidence Karl – Cité des Arts
Abidjan-Cocody
03 BP 1588 Abidjan
espace_harmattan.ci@hotmail.fr

L'Harmattan Algérie
22, rue Moulay-Mohamed
31000 Oran
info2@harmattan-algerie.com

L'Harmattan Maroc
5, rue Ferrane-Kouicha, Talaâ-Elkbira
Chrableyine, Fès-Médine
30000 Fès
harmattan.maroc@gmail.com

Nos librairies en France

Librairie internationale
16, rue des Écoles – 75005 Paris
librairie.internationale@harmattan.fr
01 40 46 79 11
www.librairieharmattan.com

Librairie l'Espace Harmattan
21 bis, rue des Écoles – 75005 Paris
librairie.espace@harmattan.fr
01 43 29 49 42

Lib. sciences humaines & histoire
21, rue des Écoles – 75005 Paris
librairie.sh@harmattan.fr
01 46 34 13 71
www.librairieharmattansh.com

Lib. Méditerranée & Moyen-Orient
7, rue des Carmes – 75005 Paris
librairie.mediterranee@harmattan.fr
01 43 29 71 15

Librairie Le Lucernaire
53, rue Notre-Dame-des-Champs – 75006 Paris
librairie@lucernaire.fr
01 42 22 67 13

www.ingramcontent.com/pod-product-compliance
Lightning Source LLC
LaVergne TN
LVHW011214061026
849535LV00001BA/27
* 9 7 8 2 3 4 3 1 6 9 9 2 7 *